變態心理學

Abnormal Psychology

第二版

Ronald J. Comer 著   林美吟 譯

Abnormal Psychology

7th Edition

Ronald J. Comer

First published in the United States

by

WORTH PUBLISHERS, NEW YORK

Copyright 2010 by Worth Publishers

All rights reserved.

作者簡介

Ronald J. Comer 在過去 35 年，一直擔任普林斯頓大學心理學系的教授，而且大部分時間也是臨床心理學研究主任。他授課的課程——變態心理學、心理治療理論、兒童期心理病理學、實驗心理病理學，及臨床心理學的爭議問題——一直是此大學中最受歡迎的課程。

Comer 教授曾獲得普林斯頓大學傑出教學的校長獎。他同時也是執業的臨床心理師，並擔任自閉症患者伊登中心（Eden Institute），以及紐澤西州醫院與家庭醫學住院醫師培訓計畫的顧問。

除了撰寫《變態心理學》外，Comer 教授是《變態心理學基礎》（*Fundamentals of Abnormal Psychology*）教科書的作者，現在是第五版，以及《變態心理學個案研究》（*Case Studies in Abnormal Psychology*）的合著者；他也是一系列教育視聽資料的製作者，包括高等教育影像資料庫、變態心理學影像剪輯、神經科學影像剪輯、心理學導論影像卡，及發展心理學影像卡。他也在學術期刊上，發表過許多臨床心理學、社會心理學及家庭醫學等方面的論文。

Comer 教授畢業於賓州大學的大學部，及克拉克大學研究所。目前他與妻子 Marlene 住在紐澤西州的 Lawrenceville，他們有兩個兒子 Greg 和 Jon。

譯者簡介

林美吟

學歷

美國北科羅拉多大學教育博士

國立政治大學教育碩士

經歷

臺北市立教育大學（現臺北市立大學）心理與諮商學系教授

臺北市立教育大學（現臺北市立大學）教育學系講師、副教授、教授

臺北市立大學心理與諮商學系兼任教授

作者序

　　我撰寫變態心理學的教科書，已近三十年。本版的《變態心理學》是第七版。每一版我都把它們當作全新的工作來進行，我在各版新書的目標，是提供最新的、廣泛的、與呈現這個持續變化領域的當前狀況。這種每版是「新書」的作法，我認為是這些教科書能繼續成功的主要原因，本版也是秉持同樣的傳統來撰寫。

　　事實上，本版比以往各版有更多的變化，原因是：(1) 變態心理學的領域，在過去幾年有快速的進展；(2) 教育領域產生一系列新的教學法工具；(3) 出版界以新的、震撼的方式，為讀者提供材料；(4) 整個世界有驚人的改變，網際網路的盛行，媒體影響力愈來愈大，對人們的生活造成重大影響，並改變世界次序。本書以深入及統合的方式，納入這些影響人類功能的變化。

　　新版的《變態心理學》，我認為將再次激勵讀者，對他們敞開變態心理學領域的大門；書中我一再傳達我對此領域的熱情，並且期望由同事們及過去幾年使用此書的學生和教授們，得到廣大的回饋。我甘冒自吹自擂的譏諷，還是要描述本版書中，我認為特別的地方。

➡ 本版的新改變和特色

　　除了重視前述的變態心理學、教育領域，以及出版界和世界，在過去幾年產生重大變化的發展之外，本版增加的新改變和特色如下：

　　擴大多元文化內涵　過去 25 年來，臨床理論家和研究者，更關注種族、性別及文化因素，我過去的版本也包含這些重要因素。然而，在二十一世紀，這些因素的研究已提升為更廣的觀點──多元文化觀（multicultural perspective），認為對異常行為的理論和治療法，應考慮跨文化因素。對應此趨勢，本書包含多元文化內容如下：

1. 在每章內擴大「多元文化觀」的部分，檢視文化問題在異常模式的診斷、發展和治療上的影響。例如，包含文化敏感治療及性別敏感治療。

2. 全書包含許多多元文化的照片、圖表和個案，真實的反映我們社會及變態心理學領域的文化差異性。

　　增加「新浪潮」認知及認知─行為的理論和治療　1960 年代初期，認知和認知行為治療師試圖幫助患者，消除促成他們心理失功能的適應不良態度和思考歷程。然而近年來，重要的新焦點──「新浪潮」認知及認知─行為理論和治療，則在幫助患者「接受」及更客觀的看待那些不良適應的思考及觀點。本版充分地涵蓋這些「新浪潮」的理論和治療，包括內觀為本認知治療（mindfulness-based cognitive therapy）及接受與現實治療法（Acceptance and Commitment

Therapy, ACT），在書中有幾章，提出它們的主張、技術和研究。

擴大神經科學的內涵　二十一世紀見證了卓越的腦部影像技術、基因定位策略，及神經科學方法的持續成長及影響，這些技術擴大我們對腦部的了解；相應地，變態行為的生物理論和治療，在過去幾年也突飛猛進。除了過去版本呈現異常行為的生化觀點，本版包含更詳盡的內容如下：

1. 更廣泛地討論變態行為的基因基礎。
2. 更詳細地解釋腦部結構和功能，導致變態行為的根源。
3. 更啟迪性地描述神經影像技術，及它們在變態心理學研究的角色。
4. 有許多的腦部掃描照片，顯示變態行為的腦部結構及活動，及許多新的、當前的和啟發性的解剖圖片。
5. 分析基因因素、腦部化學作用及結構，如何與心理因素交互作用，而產生變態行為。

擴大重要疾患和專題的內涵　由於此領域愈來愈關注某些心理問題和治療，本書增加並擴充一些專題的內涵，如甲基安非他命的使用、變性議題、腦部的新技術，如迷走神經刺激術、穿顱磁刺激術，及深層腦部刺激術等。

擴大心理健康的促進和預防內涵　為符合臨床界逐漸重視預防、積極心理學及心理健康的趨勢，本書增加這些重要問題的探討。

重構兒童期和青春期疾患的內容　反映臨床界當前的方向，我在第十七章作了重大的改變，改為「兒童期與青少年期的疾患」。在此章中增加疾患的深度，且把範圍限制在年輕時期的疾患，如品行疾患、ADHD等。

特別著重今日世界的問題　本書除涵蓋傳統的變態心理學討論之內容，並把重點放在許多教科書常忽略的部分——現代的世界，探討今日不斷變動的世界，如何對行為造成影響。因此本書所用的主題、個案及照片，也呈現現代學生生活世界的問題，包含一些「新」因素的討論，生態焦慮、手機的使用、網路上癮等。

增加新專欄　本版把各樣的專欄分為四大類：

1. Psych Watch（心理觀察）專欄：提供在電影、新聞及我們周圍的世界，有關變態心理學的實例。
2. A Closer Look（深度探索）專欄：此專欄更深入地檢視與文內主題有關的疾患。
3. The Media Speaks（媒體觀點）專欄：由於媒體對人類行為、思想和知識有重大的影響，此新專欄是由新聞和雜誌的作者，提供變態心理學的主題和活動報導。
4. Eye on Culture（文化眼）專欄：此專欄是深度地探討多元文化的議題。

激底的更新　在新版中提供最近的理論、研究及事件，包括從2006到2009年間出版的兩千多篇的新文獻，以及數百張新的照片及圖表。

❧ 本書一貫的優點

　　在新版本中，我也仔細地保留過去證明成功且深受讀者熱烈接受的題目、教材和技術。

　　廣泛性與均衡　在這個領域中，很多的理論、研究、疾患以及治療，都完整而正確地呈現出來。所有重要的模式——心理的、生物的，及社會文化的觀點，都能涵蓋客觀的、均衡的，以及最新的資訊，而不對任何一種方法存有偏見。

　　各種模式的統整　本書所有的探討，特別是標題為「整合」的部分，旨在幫助學生了解各種模式在何處及如何協力工作，並說明彼此有何相異之處。

　　強化同理心　變態心理學中的對象是人，通常是遭受極大痛苦的人，因此我嘗試以同理心寫出，並且對學生傳達這種體認。

　　整合治療的內涵　在全書中都有治療問題的討論。除了在開始幾章對治療策略有完整的綜述外，接下來每章提到病態行為時，也會把相關的治療法作全面的討論。

　　豐富個案的資料　我整合很多文化不同的臨床案例，把理論和臨床問題活生生地呈現出來。本版超過 25% 的臨床資料，都是新的或經重大的修訂。

　　增加特別關切的專題　我費心用幾章，針對大學生和年輕人特別關注的重要專題作全面的陳述，例如，飲食疾患與自殺。我也論及目前大眾注意的爭論問題，包括利他能（Ritalin）使用的急遽增加、自殺的權利等。

　　DSM 檢核表　每個疾患的討論，都附有用來診斷此疾患準則的詳細 DSM-IV-TR 檢核表。

　　「整合」（Putting it Together）　每章的結論部分「整合」會問：是否彼此競爭的模式，能以更統合的方法協力合作；同時也對此領域目前的立場，及未來的發展方向，作一個總結。

　　具啟發性的圖表　每章為了說明各種概念、疾患、治療及應用，都附有生動的照片、圖表、曲線圖，及解剖圖。在本版中許多的照片及圖表都是新的，反映出目前最新的資料。

　　適應性　每章都包含一個單獨的題目，因此授課者可根據各自的情況，安排先後順序。

Ron Comer

於普林斯頓大學

譯者序

　　Ronald J. Comer 的《變態心理學》中譯本第一版，承蒙　心理出版社前許總經理麗玉之邀，個人與中原大學特殊教育學系客座教授施顯烇博士共同翻譯，並於 2004 年出版。中譯本第二版（Comer 原著第七版）原擬兩人繼續合譯，惟在美國的施博士因夫人的健康問題需要照顧，要延遲半年才能開始，由於時間緊迫，出版社希望個人先開始翻譯，其後一直沒有施博士的訊息，最後由個人獨力完成，未能與施博士再度合譯，深感遺憾。

　　變態心理學是研究異常行為的一門科學。自古以來，人類就有精神疾病的產生。精神疾病的成因及患者的心理世界，一直是人們好奇及探索的問題。早期人們由於對此特殊的疾病不甚了解，因而患者被施以各種不人道的方式對待。今日心理學蓬勃發展，人們對精神疾病的成因更為了解，治療方式也更為有效，但是由於有些人的心理學知識不足，仍有人將精神疾病與發瘋劃上等號，不敢看精神科，諱疾忌醫的結果，使病情更加嚴重，此不僅影響個人的生活功能、人際關係、工作效率，甚至造成社會重大的負擔。今日心理學知識一日千里，這本《變態心理學》希望能提供最新及豐富的資訊，使讀者對人類的異常行為，有更深入及正確的認知。

　　本書除了有過去版本的豐富內容及特色外，增加許多新的研究理論和治療法，以及新的研究資料、圖表、照片及專欄，並有新的精神疾病診斷準則——DSM-IV-TR，書後也附有數百個重要語彙，可說是同類書籍中內容最為豐富的一本。這本書的文字深入淺出，不但適合作為大專院校相關課程的教材，及心理輔導領域或心理實務工作者之參考，也適合一般社會大眾來閱讀。

　　本書中包含不少生物醫學知識，為了進一步了解，曾尋找各種參考資料及請教專家，以期更適當的翻譯出來；在精神疾病名稱及心理學名詞，由於國內的翻譯分歧，因此個人花很多時間參考各種辭典，而選擇最通用的譯名來使用，以提高閱讀的便利性。

　　本書的出版，承蒙　中山醫學大學附設醫院小兒科陳善銘醫師的協助、家人的全力支持，及心理出版社編輯部工作人員的盡心，得以順利完成。謹此一併致謝。

林美吟 謹識

2011 年 3 月

簡要目錄

目錄

第 一 章　變態心理學：過去與現在　　　　　　　　　　1

第二章　變態心理學的研究

第 三 章 變態的模式

第六章 壓力疾患
189

第七章 身體型疾患和解離性疾患
231

第八章　情感性疾患

第九章　情感性疾患的治療

第 十 章　自殺

345

第十一章　飲食性疾患

第 十 四 章　精神分裂症

第 十 五 章　精神分裂症及其他嚴重精神病的治療　　　539

第十八章　老年與認知的疾患

663

第一章

變態心理學：
過去與現在

　　Alisha 每晚都要哭泣到睡著為止。她確信未來除了痛苦以外，什麼都沒有。的確，這是她唯一能夠確定的事情：「我將遭受極大的痛苦，我的女兒們也會同樣的受苦。我們已經命中註定如此。這個世界是多麼的醜惡。我對這一生的每時每刻都非常的厭惡。」她在睡眠上有極大的困擾，她根本不敢闔起眼睛，當她闔起眼睛，生命的絕望感及等在女兒面前的險惡未來，就變得更加清晰。當她迷迷糊糊的睡著時，就開始做一些惡夢，這些惡夢裡充滿了可怕的影像——屍體、洪水、腐敗的東西、死亡，以及破壞。

　　有一天早上 Alisha 沒有辦法起床。一想到要面對新的一天，她實在受不了。這個時候她又希望，她和她的女兒都已經死了。「這樣子我們反而乾淨俐落。」由於憂鬱和焦慮，加上被絕望感所壓制，使她感覺整個人癱瘓無力；她實在太疲倦了而無法移動她的身體，也太消極了而不想嘗試任何的努力。這天早上，她把女兒們留在身邊，她要確實的看到拖車（活動房屋）所有的窗簾都已經拉下來，而且門都已鎖起來，她們整天就坐在黑暗的房間裡。她覺得自己被社會抨擊，然後被世界遺棄並任其腐化。她對人生感到憤怒，並且害怕這個人生。

＊　＊　＊

　　過去這一年來 Brad 曾經聽到一些神祕的聲音，告訴他要辭去他的工作、離開他的家及準備面對未來外星人的侵襲。這些聲音對 Brad 的生活帶來極大的困擾，而且造成情緒的混亂。他認為這些聲音是來自遙遠宇宙的一個生物，他們可能跟他發送電報。雖然這些聲音給他一個人生的目標，而且覺得自己非常的特殊，被這些「人」選來作為溝通的目標，他們也使他非常的緊張和焦慮。他對即將來臨的侵犯非常害怕。當他拒絕命令的時候，這個聲音就羞辱他及威脅他，讓他的白天也充滿了惡夢。

　　Brad 的三餐都吃得很少，因為他害怕這些敵人會在他的食物中下毒。他在離舊居很遠的地方找到一間安靜的公寓，同時在裡面囤積了很多的彈藥和武器。他的家人和朋友都想盡辦法要跟他保持聯繫，以了解他的困境，並勸阻他結束這種走火入魔的生活。可是，每一天他都更進一步退縮到自己的世界裡，那個充滿了神祕聲音以及想像的危險世界當中。

　　我們大部分的人可能認為 Alisha 和 Brad 的情緒、思想及行為有心理上的變態，這種變態我們有時稱為精神病態、適應不良、情緒困擾，或心理疾病等狀態的結果。這些名詞曾經用來描述，很多跟人類的頭腦和心靈有密切關係的問題。心理的變態，影響到有名的、低賤的，富有的和貧窮的人。不管過去或現在，許多的演員、作家、政治家，以及其他公眾人物，都曾因為這種狀況而掙扎。心理上的問題，可能帶來相當大的痛苦，但它們也可以說是靈感以及精力的泉源。

　　因為這些情況非常的普遍，而且跟人都有連帶的關係，這些問題引起我們很大的關切。無數的小說、戲劇、電影和電視節目，都會探索人類天性黑暗的一

面，有些通俗的自助書籍更充斥市場。很多心理健康的專家，變成電視節目和廣播電台最受歡迎的來賓，有些人甚至有他們自己的節目。

　　致力於這些引人注目問題的科學研究領域，稱為**變態心理學**（**abnormal psychology**）。就像其他任何一門科學，在此領域從事研究的人稱為臨床科學家，他們要有系統的收集資料，使他們能夠描述、預測、解釋所研究的現象。他們所得到的知識，就被臨床實務工作者加以應用，他們的角色是去發現、評估及治療變態的運作模式。

什麼是心理變態？

　　雖然臨床科學家、臨床實務工作者和其他科學專業人員，他們的一般目標都非常相似，但是他們面對另外一些特別的問題，使他們的工作非常艱難。最麻煩的一件事，是心理變態的界定非常困難。再回頭來看看 Alisha 和 Brad 的問題。為什麼我們這麼輕易地說他們的反應異常呢？

　　雖然多年以來，有關變態的定義已經提出很多，但是到目前為止並沒有一種公認的定義（Boysen, 2007）。不過，多數的定義都有一些共同的特徵，它們常被稱為「4D」：異常（deviance）、痛苦（distress）、失功能（dysfunction）及危險（danger）。也就是說，心理變態的模式，一般來講是異常的（不同、極端、不尋常，或甚至是古怪的）；痛苦的（使這個人產生不愉快或苦惱）；失功能的（干擾個人，以建設性的方式執行日常活動的能力）；以及可能是危險的。這些標準提供了一個有用的起點，由此我們能夠探索心理變態的現象。然而，就像我們所了解的，這種標準也有重大的限制。

異常

　　變態的心理功能是異常的（deviance）。但是跟什麼比較起來有異常呢？Alisha 和 Brad 的行為、思想以及情緒，跟我們目前視為正常的情況，有很大的不同。我們不期望看到一個人，每晚都要哭到睡著、憎恨這個世界、希望自己已經死亡，或要服從那些根本不存在的聲音。

　　總之，當人們的行為、思想及情緒，與社會對適當功能的想法顯著不同時，他們就被視為是變態的。每一個社會都會建立他們的**規範**（**norms**）：對適當的行為公開或默認的規則。行為違反法律的規範，我們就稱之為犯罪。行為、思想，以及情緒

⭐**異常與變態**　非洲尼日河流域 Wodaabe 族的男性，會在臉上塗著濃妝，穿上艷麗的服裝，來吸引女性。在西方社會中，同樣的行為可能會違背行為的規範，更可能被人判定為變態。

違反心理運作的規範，我們就稱之為心理變態。

　　對於變態的判斷，從一個社會到另一個社會，往往有所不同。一個社會的規範往往是由它特殊的**文化**（culture）：即它的歷史、價值觀、風俗、習慣、技能、科技，以及藝術所發展出來的。一個社會如果重視競爭和果敢的行為，他們就可能接受那些攻擊性的行為；然而，另有一種社會強調合作與溫馴，就不可能接受攻擊性的行為，甚至譴責它是一種變態。一個社會的價值觀，也可能因時間的改變而改變，我們對心理變態的觀點，也就跟著改變。例如：一百年前的西方社會，女人做生意被認為是不適當且奇怪的。但同樣一種行為在今天，卻是被讚賞的。

　　對於變態的判斷，我們不單依照社會文化的規範，也根據一些特殊的情況。例如：我們發現 Alisha 的極度絕望及不快樂，事實上是發生於 2005 年的夏天，卡崔娜（Katrina）颶風侵襲美國紐奧良之後的日子。這個致命的暴風，摧毀了她的家、奪去她所有的財物、粉碎她的社區，並且拆散她的鄰居、朋友及共同生活在一起的幾代親人。而水災和它緊接而來的衝擊，就如同一場惡夢。接下來的幾週和幾個月，情況更糟，Alisha 理解到如果沒有得到協助，她和她的女兒不可能再回到她們舊社區的家，她也不可能再與那些對她生活有重大意義的朋友和鄰居重聚。當她和她的女兒們由路易西安那州到密西西比州，搬到一個接一個暫時居住的破舊場所，Alisha 逐漸放棄可以回歸像過去一樣正常生活的希望，她和女兒們曾擁有的卑微及快樂生活已經失去，而且似乎是永遠的失去。由這些事實來看，Alisha 的反應並沒有特別不適當，如果說有任何異常的地方，應該是她所處的情境。許多人類所經歷的經驗：大規模的災難和天災、強暴、兒童虐待、戰爭、重病末期、長期的痛苦，都會產生激烈的反應（Miller, 2007）。面對這些情況，有沒有一種「適當的」反應方式呢？我們是不是把這些經驗的反應就叫作變態呢？

痛苦

　　即使有些運作我們認為是不尋常的，並不一定就視為是變態。根據許多臨床理論家的看法，行為、思想或情緒必須導致痛苦（distress），才能把它稱為變態。我們來看看密西根州的一群破冰人。他們從每年的 11 月一直到次年的 2 月，每個週末都要到湖裡游泳，天氣愈冷他們愈高興。有一個參加此團體已有 17 年的成員，說他喜歡這種人類和自然環境搏鬥的挑戰。有一個 37 歲的律師相信，每個禮拜這種衝擊經驗，對健康有很大的幫助。她說：「它對我的精神和心靈有很大的淨化作用；它讓我活躍起來而且給我力量。」另一個破冰人，特別喜歡這種隊員之間情感的連結。他說：「當我們在一起的時候，我們做了一些特殊的事情，有時候別人不了解我們為什麼這麼做。我甚至不會告訴相識的人，說我是一個破冰者。」

　　當然，這些人跟我們多數的人有很大的不同，但是他們的行為是不是變態呢？他們對那些經驗一點都不感到痛苦，他們感覺精力充沛及有挑戰性。他們那種正面的感覺，使我們不能隨便說他們有變態的功能。

　　那麼我們是不是可以下一個結論，感到痛苦是功能變態的必要條件？那倒不一定。有些人的功能異常，但是他們還保持一種相當正面的心境。這種情況，用在 Brad 身上又如何解釋呢？Brad 聽到一種神祕的聲音，他對於外星人就要侵襲，而且迫使他改變生活方式，的確感到非常的痛苦，但是假定 Brad 很喜歡聽到這種聲音，而且覺得他被外星人選上而感到非常的光彩，或是他期待著要擔起重任來拯救世界呢？那麼，我們還認為他的功能是變態的嗎？我們在第八章就會發現，有些人的行為被形容為躁狂，但是他們感覺相當的好，不過他們還是被診斷為心理障礙。的確，在很多的案例當中，因為他們的欣快感以及不成比例的幸福感，才會使他們獲得這種的診斷。

失功能

　　變態的行為有失功能的（dysfunctional）傾向，也就是，這種行為干擾到日常生活的運作。它是這樣的使人煩亂、分心或困惑，造成人們不能適當的照顧自己、從事日常的社會互動，或工作很有成果。就以 Brad 為例，他辭去了他的工作，離開他的家庭，而且準備從一個有生產性的生活中退出。

　　這裡再提到一個人所處的文化，在變態的界定扮演重要的角色。在我們的社會中，認為以有效的、自我提升態度，執行日常的活動是一種重要的特質。從這個標準來看，Brad 的行為可能被認為變態，而且不可取。但是，對那些破冰者來講，他們繼續妥善的執行日常工作，享受彼此之間的情誼，他們是有點不尋常，但不是變態。

　　同樣地，單單失功能，並不能說他們就有心理變態。有些人〔例如：印度先賢甘地（Gandhi）或美國勞工領袖凱薩‧查維斯（César Chávez）〕絕食或剝奪自我的需求，來抗議社會不公，我們並不在臨床上將他們標示為心理變態。事實上，他們是值得尊敬的人，他們關懷社會、犧牲自己，甚至因此變成英雄人物。

危險

　　也許心理失功能的最終結果，是他的行為對自己或對他人造成危險（danger）。有些人的行為是一而再、再而三的顯示出粗心、敵意或混亂，他們可能把自己或身邊的人，帶入一個危險的情境當中。就以 Brad 為例，他因為節食而給自己製造一個非常危險的情況；又因為囤積槍械和彈藥，也對別人的安全造成相當大的威脅。

　　雖然危險經常被引用為心理功能異常的特徵，研究指出，這是一種例外，而不是常見的現象（Freedman et al., 2007; Fazel & Grann, 2006）。儘管一般人有錯

誤的觀念，但是多數有焦慮、憂鬱，甚至有古怪思想的人，並沒有對他們自己或別人造成任何立即的危險。

變態捉摸不定的性質

　　如果有關變態的觀念，大部分是根據社會的規範和價值，那麼我們就會發現，我們界定心理變態的努力，往往引發很多的問題。因此，每個社會選擇一般的標準來界定變態，然後用這些標準來判斷特殊的案例。

　　注意到這個過程的社會角色，有一位臨床理論家 Thmoas Szasz（2006, 2005, 1997, 1960）認為，目前大家對於整個心理疾病的觀念，有些不實的說法，是不正確的。根據 Szasz 的說法，這種社會把它稱為變態的異常行為，事實上只是「生活上的問題」，並不是這個人本身有什麼問題。他堅信社會創造心理疾病的觀念，無非是讓社會能夠控制或改變一些人，因為他們不尋常的運作模式，會對社會秩序造成威脅或混亂。

⭐ **時代的變遷**　在數十年前，女人喜愛賽車被認為是奇怪的，甚至是變態的。今天 Danica Patrick（圖右）是美國最傑出的賽車手之一。

　　即使心理變態是有確實根據的概念，而且我們能夠正確的界定，我們還不一定能夠把這一種界定，應用在每一個情況中。譬如，大學生飲酒過量是常見的現象，但是我們社會並沒有認定這種行為是異常的、痛苦的、失功能的，或是危險的。成千上萬的美國大學生過分依賴酒精，以致干擾到他們的個人生活和課業，造成心理上極大的痛苦、危害健康，並且造成自己以及別人的危險。但是，他們的問題往往並沒有引起注意，當然他們也沒有被學校行政主管、其他學生，或健康專業人員診斷出來。喝酒是大學的次文化，所以容易被忽視，並且都把這種過量飲酒的變態行為，當作一種正常的行為來看待。

　　反過來說，一個社會往往很難區辨需要介入的變態、怪癖，或別人無權干涉的特異個性。我們不時會看到或聽到某些人的行為非常古怪，例如：一個獨居的人養了二十幾隻貓，而且與他人老死不相往來。這種人的行為的確很不尋常，也可能是痛苦的，或是失功能的，但是很多專業人員認為，它是有一點怪癖，而不算是變態。

　　總之，我們也許同意把心理變態界定為異常的、痛苦的、失功能的，甚至有時候是危險的運作模式，但是我們要明瞭，這一些標準往往是非常模糊，而且很主觀。本書所提到幾個變態的分類，很少能夠很明確的界定出來，而且有很多領域，到現在還繼續引起臨床工作人員的爭辯。

什麼是治療？

　　一旦臨床工作人員斷定一個人，的確遭受某種類型的心理異常之痛苦，他們就要想辦法去治療它。治療（treatment or therapy）是一種程序，把一個人變態的行為改變為比較正常的行為。它也需要很仔細的、小心的界定。對臨床科學家而言，這個問題跟界定變態有相當密切的關聯。我們現在來思考 Bill 的案例：

　　二月：他無法離開房子；Bill 清楚的知道這是一個事實。家是他唯一感到安全的地方。他所謂的安全，是指不會受到羞辱、危險，甚至毀滅。如果他出去工作，他的同事總表現出對他的輕視。一種指名道姓的品頭論足，或是一個懷疑的表情，都使他得到一種訊息——他們在嘲笑他。如果他到商店買東西，很快的，其他購物者就會一直瞪著他看。當然，其他的人也會看得出他那種陰鬱的心情和想法；他無法把這些想法和心情掩蓋起來。他甚至不敢自己一個人到樹林裡去走動——他的心會開始上下不停的跳動，他往往無法再走下去，他覺得沒有辦法喘氣、思想無條理，甚至沒辦法回到他的家裡。「不行！」他覺得最好還是待在自己的房間裡。他會想辦法挨過另外一個被詛咒的人生夜晚。

＊　＊　＊

　　七月：Bill 的生活是以他的一群好友為中心：他最近才升為顧客關係部的主任，他在這辦公室裡認識了 Bob 和 Jack；而 Frank 和 Tim 則是他週末打網球的球友。每週末他就在這些朋友的家裡輪流作客吃飯，閒聊個人的生活、政治和工作等等。在 Bill 的生活當中，特別重要的一個人就是 Janice。他們一起去看電影、去餐館吃飯，及看表演。她認為 Bill 是一個非常優秀的青年，而 Bill 發現自己只要有她在身邊，心情就非常愉快。Bill 每一天都盼望去工作，以及處理顧客之間的問題。他的確是在享受他的人生，也在許多的活動和人際互動中，享受到無限的溫暖。

　　二月間 Bill 的思想、感受和行為，對他的生活各方面都有非常大的干擾；然而，大部分的症狀，到七月間幾乎全部消失。對於 Bill 心理上的改善，可以歸因於好幾種因素：他的朋友和家人對他，可能提供很多的建議；有一個新的工作或假期；也許飲食有重大改變，或使用某種養生法。上面所提的事件，對 Bill 來講有相當的好處，但我們不能說這是一種治療。治療的名詞，通常是指以一種特殊的、有系統的方法，幫助人們克服心理困難的程序。根據臨床理論家 Jerome Frank 的說法，所有形式的治療，都包括下面三種主要的特徵：

1. 遭受心理痛苦的人，尋求治療人員的幫助來解除他的痛苦。
2. 一個受過特殊訓練、被社會所認可的治療人員，他的專長被尋求協助的人或他的專業社會團體所承認。
3. 治療人員與被治療者有連續的接觸，經過此接觸，治療人員試圖使患者的情緒狀態、態度和行為有所改變。

（Frank, 1973, pp. 2-3）

　　儘管這個定義相當直截了當，但是臨床治療卻圍繞著衝突和混亂。Carl Rogers 是現代臨床治療的先驅，他在第三章提到：「治療師對他們的目標或目的，並沒有完全一致的看法……他們對何謂成功的治療，有哪一些條件，也沒有完全同意。他們對什麼是治療失敗，也沒有一致的意見。這樣看來，心理治療的領域好像完全是一片混亂，而且各說各話。」

　　有些臨床工作人員視變態為一種疾病，因此他們認為治療就是要根治疾病的程序。其他的人則認為變態是一種生活上的問題，所以治療師是一個老師，協助患者建立更有功能的行為和思考。臨床工作人員甚至對接受治療者的稱呼，也有不同的意見：那些把變態當作一種疾病的人，就稱治療的對象是「病人」，而那些視變態為生活上的問題者，就稱他們服務的對象是「患者」。因為這兩個名詞很常見，所以本書提到這兩個名詞，也往往互相通用。

　　雖然彼此之間有很大的差異，大部分的臨床工作人員都同意，很多人的確需要某一種或另一種治療。之後我們會看到很多的證據，說明治療確實是很有幫助的（Hofmann & Weinberger, 2007）。

過去如何看待和治療心理變態？

　　在任何一個年度中，美國有 30% 的成人以及 19% 的兒童和青少年，顯示出有嚴重的心理困擾，而需要臨床的治療（Kessler et al., 2007, 2005, 1994; Kazdin, 2003, 2000; Narrow et al., 2002）。這種比率，在其他的國家也一樣高。而且，很多人在不同的時期難以因應，並經驗到長期的極度緊張、沮喪，或在生活中有其他類型的心理不適。

　　我們很容易做出一個結論，現代世界有些獨特的特性，是造成很多情緒問題的來源——快速的科技發展、恐怖主義威脅增加，或宗教力量、家庭，以及其他支援系統的衰退（Comer & Kendall, 2007; Schumaker, 2001）（參見 11 頁「心理觀察」專欄）。雖然現代生活中某種特殊的壓力，確實造成了心理的失功能，但很難說它是主要的原因。每一個社會，不管是過去或現在，都曾目擊心理的變態。也許，我們檢視變態的行為和治療，最恰當的方式，還是得從過去開始。

　　當我們回顧過去，我們可以看到每一個社會，都為了了解和治療心理問題，

而一直奮鬥著，並且我們觀察到現在很多的觀念和治療，是根植於過去的經驗。我們回過頭來看，過去在心理疾病的了解以及治療的進步，並非一直穩定的往前推進。事實上，今天我們在臨床領域遇到不適當或引起爭論的地方，跟過去的情況非常的相似。同時，回顧過去可以幫我們了解，近來很多的突破具有重大意義，而我們未來所面臨的旅程是多麼重要。

古代的觀點和治療

歷史學家把史前社會挖掘的骨頭、藝術品，以及其他古代社會所留下來的遺物仔細審查，所得的結論是，這些社會可能把變態行為當作是邪靈作祟。在史前社會的人，顯然地把一切現象都解釋作神奇力量的作用，有時候是一些邪惡而超自然的力量在主宰這個世界。尤其，他們認為人類的身體和心靈，都是外在善惡兩股勢力的戰場。變態的行為被解釋為邪靈的勝利，要治療這種行為，必須要把惡魔從受害者的身體驅逐。

以這種超自然觀點來解釋變態，可以追溯到 50 萬年前的石器時代。在歐洲和南美洲找到石器時代留下來的頭骨，證明當時有一種**顱骨環鋸術**（**trephination**），它使用石頭的器具或有柄的環鋸，在一個人的頭骨鑿穿一個洞。歷史學家猜測，這種早期的手術是用來治療嚴重的變態行為，包括幻覺——聽到或看到事實上並不存在的聲音；或是抑鬱症，特徵是極端的悲傷和身體不能行動。在頭骨上挖洞的目的，就是使邪靈能從這個人的身上釋放出來，因為它是造成問題的根源（Selling, 1940）。

近年來，有些歷史學家開始質疑，是否石器時代的人真的相信，邪靈引起變態的行為。顱骨環鋸術，可能是用來取出一個人的頭骨碎片或血液凝塊，那是在部落的戰爭中，被石器打傷所造成的（Maher & Maher, 2003, 1985）。不管哪一種說法，後來的社會的確把變態行為歸因於魔鬼附身。埃及人、中國人、希伯來人的文件記載，都以此種方式來解釋心理變態。例如：聖經上就曾描述，邪靈如何影響掃羅（Saul）國王，以及大衛（David）王如何的裝瘋，以說服他的敵人認為他有一種超人的力量附身。

在早期的社會裡，治療變態行為通常使用**驅魔**（**exorcism**），它的主要用意是勸誘邪靈離開此人的身體，或使這個人的身體讓邪靈感到很不舒服，而無法住下來。巫師（shaman）或神職人員，可能朗誦祈禱文、懇求邪靈、羞辱他、施巫術、製造巨響，或要此人喝苦藥。如果這些辦法都無效，就採取更極端形式的驅魔，如對這個人鞭打或讓他挨餓。

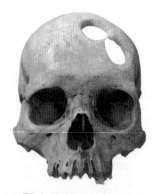

✪**驅走邪靈**　在考古中發現這個人的頭蓋骨上有兩個洞，顯示古時候此人接受顱骨環鋸術，目的可能是要釋放腦中的邪靈，來治療此人的心理功能失常。

古希臘和羅馬的觀點與治療

　　大約從西元前 500 年到西元 500 年之間，希臘和羅馬文明全盛時期，哲學家和醫生們，經常對變態行為提出不同的解釋和治療。被稱為古希臘醫學之父的 Hippocrates（西元前 460-377），教導社會大眾疾病有自然的肇因。他認為變態行為是由身體內在問題產生的疾病。更具體的說，他相信某種形式的腦部病變是主要的元凶。這種病變就像其他任何疾病，起因於四種流通在全身的液體或**體液**

（**humors**）：黃膽汁、黑膽汁、血液及黏液的不平衡（Arikha, 2007）。例如：過量的黃膽汁會引起躁狂，而處於狂亂活動狀態；過量的黑膽汁是抑鬱症（melancholia）的來源，特徵是極度的悲傷。

　　要治療這些心理的失功能，Hippocrates 認為要改變潛在的身體病態現象。例如：他認為分泌過多的黑膽汁造成抑鬱的現象，可以經由安靜的生活、多吃蔬菜、節慾、運動、獨身生活，甚至適度的放血。

❖**體液的作用**　Hippocrates 相信人身體四種體液的不平衡，會影響人格。圖中描述兩種體液的作用。左圖顯示黃膽汁驅使一個丈夫打他的妻子，右圖顯示黑膽汁使一個人抑鬱而要躺在床上休養。

Hippocrates 把變態行為的肇因，歸咎於病人本身內在的原因。這種觀點，和希臘的哲學家 Plato（西元前 427-347）以及 Aristotle（西元前 384-322）不謀而合，而且此觀點，後來被一些具有影響力的希臘和羅馬醫生加以發揚光大。

「心理觀察」專欄

現代壓力：現代問題

　　快速的節奏、多重的角色、不確定的經濟，及其他現代生活上的壓力，足以解釋今日高比率的心理疾病嗎？許多臨床理論家都說：「不。」這些因素可以促成心理失功能，但並不能解釋高比率的焦慮、憂鬱及其他心理問題的全貌。

　　同時，二十一世紀也像之前所有世紀一樣，產生新的恐懼及憂心的問題，這些都與無可匹敵的科技進展、社區威脅，及環境的危機有關聯。這些新恐懼的研究不多，它們是否反映變態的功能仍有爭議。雖然對非常實際的問題痛苦及擔心，實際上，我們認為有些人的表現是適當的。任何一種恐懼都已引起媒體及臨床觀察者的注意，而更重要的是，它已獲得令人

印象深刻的命名。

生態焦慮（Eco-Anxiety）　經歷此問題的人，被汙染及危險的環境，所感受的擔心及毀滅感所折磨。他們經常抱怨恐慌發作、喪失食慾、易怒，以及無法解釋的虛弱及失眠發作。這些恐懼，因媒體對全球暖化、漁業枯竭，及糧食短缺的大量報導而激起（Nobel, 2007）。有一種稱為生態心理學（ecopsychology）的治療法，已被許多治療師用來協助此種患者減輕焦慮（Glaser, 2008）。

恐怖主義驚駭（Terrorism Terror）　全球恐怖主義，已成為當代社會的主要焦慮來源，尤其是在 2001 年的 911 事件，美國紐約市世貿中心及華盛頓五角大廈，受恐怖攻擊之後，此種恐懼已逐漸擴展，籠罩現代生活的各層面。每天過去的麻煩陰影，已轉化為與恐怖主義者行動的潛在威脅連結（Furedi, 2007）。例如：搭飛機、搭地鐵或公車時，從前旅客只擔心飛行是否有風險、上班是否會遲到，或不能準時赴約的影響，現在則擔心運輸工具會變成恐怖主義者行動的目標或工具。事實上，對一些人來說，這種擔心已變成恐懼和強迫關注，使正常的旅行成為激發焦慮的經驗。

犯罪恐懼症（Crime Phobia）　今天人們對犯罪已逐漸增加恐懼。一些觀察者指出，犯罪的恐懼──主要是武器的暴力──已逐漸重組美國人的生活和機構的運作。「犯罪恐懼對人們及鄰近地區的強大影響，已超過犯罪本身。」政治科學家 Jonathan Simon 如是說。犯罪恐懼主導人們選擇住在哪裡、去哪裡工作，及送孩子去哪裡上學。這些選擇愈來愈多與犯罪有關（引自 Bergquist, 2002）。

許多理論家指出，媒體對暴力犯罪的過度渲染，是引起犯罪恐懼症的主因，特別的是，甚至在實際犯罪率下降之際，犯罪焦慮反而有持續上升趨勢（Stearns, 2006）。

電腦怕懼（Cyber Fear）　一些人，尤其是職場上的人，對電腦相當恐懼。這種人害怕不慎弄壞電腦，或不能學習新的電腦工作。在熟練電腦的使用者當中，許多人會害怕電腦當機、伺服器超載，或電腦病毒。有些人則深受犯罪恐懼症及電腦恐懼之苦，不斷地擔心電腦 e 化犯罪，例如：電腦惡作劇或詐欺、電腦身分盜竊，或網路恐怖主義。事實上，目前已發展了一些治療方案，以幫助人們處理這種焦慮，使他們回到無憂無慮的鍵盤操作。另一個網路連結的問題是資訊焦慮（information anxiety），它是愈來愈多湧入的訊息，現在透過網路和大眾傳播媒體工具轟炸人們，造成的一種脅迫和淹沒感（Wurman et al., 2000）。電腦怕懼的反面是網路上癮（internet addiction），即無法控制上網的需求──另一種科技驅策的問題，將於第十六章討論。

中世紀時期的歐洲：魔鬼論的重現

古希臘和羅馬時期，醫生和學者所提的啟發性觀點，並沒有阻止無知的人繼續相信惡魔。由於羅馬帝國的衰微，魔鬼論的觀點和實施又再度流行，這個時候整個歐洲又遍布對科學不信任的情況。

從西元 500 年到 1350 年（通稱的中世紀時期），整個歐洲教士的權力增加。在此時期教會拒絕科學形式的研究，而且控制所有的教育。高度迷信的宗教信仰及魔鬼論思想，控制了一個人各方面的生活。同樣的，行為通常被解釋為善與惡，或是神與魔鬼之間的衝突。凡是異常的行為，尤其是心理失功能，都被看作是魔鬼作祟的結果。雖然有些科學家和醫生，依然堅持要從醫學上去解釋和治療，但是在這種的氣氛中，他們的影響力相當的微小。

中世紀是一個非常緊張及焦慮的時期，有戰爭、城市暴亂，以及瘟疫。人們都把這些混亂歸因於魔鬼，並且恐懼被魔鬼附身。在此時期變態行為明顯的增加（Henley & Thorne, 2005）。此外，歐洲也爆發了集體瘋狂（mass madness）的現象，有大群民眾顯然的共有一些妄想（錯誤的信念）和幻覺（想像的景象和聲音）。其中一種集體瘋狂疾患，就是舞蹈症（tarantism）（也稱為 Saint Vitus 舞蹈）；它的現象是，有一群人會突然開始跳來跳去、手舞足蹈，而進入抽搐的狀態（Sigerist, 1943）；有些人穿得很怪異，另一些人扯破他們的衣服。這些人都相信他們是被狼蛛（現稱為多毛毒蜘蛛）所咬，而且被牠占有。為了治療這種病症，他們要跳一種塔朗特舞（tarantella）。另一種集體瘋狂的形式是變狼妄想狂（lycanthropy），有變狼妄想狂的人，認為他們是被野狼或其他的動物所占有。他們的行動就像一隻野狼，而且想像著他們的毛生長在全身各處。變狼妄想狂的故事，大家所熟知的狼人（werewolves），其傳說一直流傳下來，繼續激發一些作家、電影製作人及觀眾的想像。

不令人意外的，很多早期用魔鬼論來治療心理變態的情況，在中世紀又重新出現。這種治療的關鍵，也是將占據此人身體的惡魔驅逐出去。驅魔再度復甦，在此時期教士們通常主持治療的工作，他們會懇求、吟誦或祈禱惡魔或邪靈，能夠離開這些行為怪異者的身體（Sluhovsky, 2007）。如果這些方法都無效，他們可能會對這個人施以酷刑。

這種情形一直延續到中世紀結束，魔鬼論和它使用的方法才慢慢的失寵（Magherini & Biotti, 1998）。歐洲的城市愈來愈大，大城市的當權者也愈來愈有權力。他們逐漸掌管無關宗教的活動，包括管理醫院以及管理遭受心理疾病折磨的病人。變態的醫學觀點，重新得到大眾的重視。在十三世紀末期，英國以精神失常的審判（lunacy trial），來判定某些人是否精神正常的發展時，認為自然的原因，例如：「重擊某人的頭部」，或是「個人害怕父親」，都對個人的異常行為有責任（Neugebauer, 1979, 1978）。在這幾年中，很多有心理障礙的人，都在醫院裡面接受治療，例如：英國的聖三醫院（Trinity Hospital）（Allderidge, 1979, p. 322）。

文藝復興時期與精神病院的興起

文藝復興初期，是一個文化和科學活動非常昌盛的時期（大約在 1400-1700

✪**中邪還是迷惑？**　即使在文明鼎盛的文藝復興時代，對巫術的恐懼仍橫掃整個歐洲。上萬的人，尤其是女性，被指為與魔鬼訂有契約。當中有些人顯然是有心理疾患，因此行為非常奇怪（Zilboorg & Henry, 1941）。圖中這個人被一再的浸入水中，一直到她承認施巫術才罷休。

年），有關變態來自魔鬼論的觀點繼續衰退。第一位專門研究心理疾病的醫學工作者，德國醫生 Johann Weyer（1515-1588），認為心靈就像身體一樣，也會患病。他現在被公認為是現代精神病理學研究的創始者。

在這種氣氛中，對於心理疾病患者的照顧持續改善。在英國，這些人可能待在家裡，他們的家庭就由地方的教區提供經濟資助。在整個歐洲，宗教的神殿致力於用人道和愛來治療這些有心理疾患的人。這些神殿當中最有名的，是比利時的 Gheel。由十五世紀開始，世界各地的人都到這個神殿來作心理的治療。當地的居民很歡迎從外地來求治的人，而且有很多人就定居下來，變成全世界第一個心理病人的「殖民地」。Gheel 就是今日社區心理健康計畫的先驅。它也繼續證明，有心理障礙的人可以對愛、關切，以及有尊嚴的治療，有正向的反應（van Walsum, 2004; Aring, 1975, 1974）。今天許多心理疾患的病人，還是繼續被歡迎寄住在這種家庭裡，跟其他的居民互動，一直到他們完全康復為止。

遺憾的是，這些照顧的改進，到第十六世紀中途就開始衰微。當時的市政當權者，發現私人家庭以及社區住宅，只能夠容納少部分嚴重的心理病患，而醫院的數目太少，而且太小。他們逐漸把醫院和修道院變成**收容所**（asylums）：專門用來照顧心理疾病患者的機構。這種機構建立的原意，是提供良好的照護。但是，一旦收容所開始湧進太多的病人，它們實際上變成監獄，在裡面的病人處於非常汙穢的情境，而且受到難以形容的殘酷對待。

第一個收容所，是西班牙的回教徒在十五世紀初期所建立。這種做法一直到 1500 年代都沒有很大進展。在 1547 年，亨利八世（Henry Ⅷ）下令把伯利恆（Bethlehem）醫院劃歸倫敦，全部用來監禁心理疾病的患者。在這個醫院裡面的病人，被人用手鐐腳銬鎖住，可聽到大聲的哭鬧呼叫。尤其在月圓時期，他們可能被鐵鏈栓住及用鞭子抽打，以避免有暴動的情況（Asimov, 1997）（見以下「深度探索」專欄）。醫院甚至變成一個吸引遊客參觀的地方，很多人急著買票來看這一群大聲吼叫及胡言亂語的病患。這個精神病院被當地的居民叫做「瘋人院」（Bedlam），意思就是指一種混亂喧鬧的地方。同樣的，在維也納也有一個瘋人塔（Lunatics' Tower），在裡面病人被成群趕到一個狹窄的通道，此通道可以通到外牆去，以便觀光遊客可以從外面觀看他們。在巴黎的 La Bicêtre，是收容男性精神病患的病院，他們被人戴上鐐銬，鎖在又冷又黑的地窖裡面，他們的脖子掛著鐵環，吃的是別的地方賣不出去的腐敗食物（Selling, 1940）。這種精神病院的照護形式，到 1700 年代後期一直很廣泛的使用。

「深度探索」專欄

月亮和心靈

　　原始的社會裡，人們相信月亮有魔法的、神祕的力量，而且它的改變可以用來預測很多的事件。他們認為月亮可以使女人懷孕、使植物成長、使人們發瘋。晚近的社會，也相信月亮的力量可以影響行為——所謂的滿月抓狂效應（Transylvania Effect）——而且他們使用「瘋狂的」（lunatic）和「精神錯亂」（lunacy）的名詞，來形容一些人的怪異行為，及他們像月亮一樣的特質。甚至今天，有許多機構和人們也相信，一個人的行為受到月亮盈虧的影響（Wells et al., 2007; Owens & McGowan, 2006; Kung & Mrazek, 2005）。

　　有些科學家甚至提出理論，來解釋月球對人類可能的影響。有些人說，因為月亮造成了海洋的潮汐漲落，因此可以合理的推論，月亮對人類的體液也有相似的效果，因人體的成分超過80%是水（Thakur & Sharma, 1984）。在月圓的時候，很多孩子的出生，可能是因為月亮的能量影響到母親羊水的活動。同樣的，漲潮退潮以及地心引力的影響，也可以用來解釋，古怪行為在月圓的時候明顯增加的現象。但是懷疑論者指出，即使在月運週期和行為之間，確實存在一些小的關聯，它可能是由人們的期望所引起。也就是，因為有些人預期月圓的時候會受到影響，他們可能在那時，對自己內在的感覺或慾望特別注意及反應。

　　有些研究人員，對孩子出生、犯罪，以及不尋常行為，在月圓發生的數目，作精確的計算，試圖確定月亮的活動是否與人類的行為有關。有些研究者，確實發現月圓和非故意的中毒（Oderda & Klein-Schwartz, 1983）、侵犯行為（Lieber, 1978）、曠職（Sands & Miller, 1991）及犯罪（Thakur & Sharma, 1984）之間有關。然而，研究人員經常發現，月運週期和人類的生理和行為沒有關係（McLay et al., 2006; Owen & McGowan, 2006; Arliss et al., 2005; Kung & Mrazek, 2005）。

　　儘管少有研究支持，許多人繼續相信月亮的力量。這種爭論，到現在還在進行中，科學家和哲學家都同樣的試著澄清，精神錯亂的發生，到底是來自天上，還是在我們的心靈中。

十九世紀：改革與道德治療

　　將近 1800 年的時候，心理疾病患者的治療又開始好轉（Maher & Maher, 2003）。歷史學家通常都會提到，巴黎的 La Bicêtre，也是第一個改革的精神病院。在 1793 年法國革命時期，Philippe Pinel（1745-1826）被任命為主治醫師。他認為這些患者都是生病的人，他們的疾病應該用同情和仁慈來治療，而不是靠鏈鎖和鞭打來處理（van Walsum, 2004）。他把他們的手鐐腳銬束之高閣，並且允許他們在病院內外自由地從事各種活動，用有陽光和通風良好的房間，來替代黑暗的地窖，並且提供一些支持和建議。Pinel 的方法非常的成功，許多已被隔絕十年以上的病人，在短時間內就有相當大的進步，因此能夠從病院釋放出來。Pinel 後來把這種改革，帶進巴黎女性病人的精神醫院 La Salpetrière。

✿**瘋人院的跳舞**　道德治療中常見的特色，是「瘋人的舞會」。醫院的職員會帶著病人去跳舞狂歡。這幅油畫顯示一個瘋人院的舞會盛況。

同時，在英國基督教教友派，一位名叫 William Tuke（1732-1819）的教徒，在北愛爾蘭從事相似的改革。他在 1796 年建立了耶克（York）休養所，裡面約住了 30 位精神病患。他們在這個安靜的鄉村房舍裡，被當作賓客。病人的治療包括休息、談話、祈禱，以及做手工藝（Charland, 2007; Borthwick et al., 2001）。

道德治療的擴展

Pinel 和 Tuke 的方法稱為**道德治療（moral treatment）**，因為他們強調道德的指引、人道及尊重病人的技術，這種做法流行於歐洲及美國各處。有心理疾患的病人逐漸被理解，他們是有潛在能力的生產者，他們的心理功能只是在壓力之下造成崩潰。他們被認為應該得到個別化的照顧，包括討論他們的問題、從事有益的活動、工作、交誼，以及安靜的生活。

在美國，推展道德治療最有影響力的人是 Benjamin Rush（1745-1813）。他是賓州醫院一位相當著名的醫生，現在被公認為美國精神醫學的鼻祖。Rush 把他的心力集中在治療心理疾病，他發展創新且人道的方法來治療病人（Whitaker, 2002）。例如：他要求醫院雇用有智慧及敏感度高的護士來幫助病人，包括為病人閱讀、跟他們聊天、帶他們做例行的散步。他也認為醫生有時候帶一點小禮物送給病人，是一個具有治療性的做法。

Rush 的工作具有很大的影響力。然而，波士頓一位名叫 Dorothea Dix（1802-1887）的學校教師，則把人道的照顧變成美國公眾及政治的關懷。在 1841 年，她在當地監獄裡的主日學校教學，她對裡面所看到的情況感到非常震驚。不久，她對監獄情況的關注，擴大到全國的貧民以及心理疾病患者的惡劣處境。從 1841 到 1881 年，她奔走在各州的議會，以及國會，說出她在精神病院所看到的可怕情況，而且呼籲全面改革。Dix 全力的爭取建立新的法律，及政府提供更多的資金來改進心理疾病患者的治療（Zilboorg & Henry, 1941）。每一個州要負責建立有效的公立精神病院。Dix 本人也協助建立了 32 個這種**州立醫院（state hospitals）**，這些醫院都是提供道德治療（Boardman & Makari, 2007; Pomerantz, 2003; Viney, 2000）。在整個歐洲，類似的醫院也一個個被建立起來。

🍃 道德治療的衰退

在 1850 年代，有一些歐洲和美國的精神病院，報告使用道德治療相當成功。然而，到十九世紀末期，有幾個因素造成道德治療運動的逆轉（Bockoven, 1963）。其中一個因素，是道德治療的擴展太過快速。當精神病院大量增加的時候，就出現嚴重的資金和照顧人員的缺乏，病人的恢復率下降，而且醫院過分擁擠，變成一個重大的問題。另外一個因素，是對道德治療不正確的想法，認為病人只要接受人道以及尊嚴的治療，就能夠完全的根治。對某些人而言，這的確是足夠的；但對其他的人來講，他們需要更有效的治療，而這些有效的治療當時並沒有發展出來。另外一個造成道德治療衰退的因素，是對心理疾病患者存有偏見的新潮流出現。當很多精神病人從醫院裡面消失，而進入另一個較大的、較偏僻的精神病院時，社會大眾將他們看成是奇怪和危險的。因而輪到他們要捐贈金錢或分配政府的資金時，他們就沒有那麼的大方。再者，十九世紀末期，美國公立精神病院所收容的病人，都是一些貧窮的外國移民，社會大眾沒有多大的興趣來幫助他們。

二十世紀初，道德治療運動在美國和歐洲，幾乎都在停頓的狀態。公立精神病院只是提供監督照顧及一些無效的醫療，而且每年醫院愈來愈擁擠，長期住院又再次的成為常態。

二十世紀早期：體因性與心因性的觀點

就在 1800 年代後期，道德治療運動開始衰退的時候，兩個相反的觀點出現，而且開始吸引臨床工作人員的注意：**體因性觀點**（somatogenic perspective）認為心理功能異常，有身體的成因；**心因性觀點**（psychogenic perspective）認為功能異常的主因是心理的。這兩種觀點，在二十世紀進入全盛時期。

🍃 體因性觀點

體因性觀點，至少有 2,400 年的歷史——記得古希臘醫學之父 Hippocrates 的觀點，變態行為起因於腦部的疾病，以及體液的不平衡嗎？然而，一直到十九世紀後期，他的觀點才出現勝利性的逆轉，而且開始得到廣泛的接受。

有兩個因素是這種觀點復活的主要原因。其一是德國有名的研究者 Emil Kraepelin（1856-1926）的研究成果。他在 1883 年出版一本具有影響力的教科書，在書裡他主張身體因素，如疲倦，是造成心理失功能的原因。此外，我們在第四章可以看到，他也對變態行為的分類，建立第一個現代化系統。他鑑定出各種併發症狀或症候群，列出它們的身體成因，並且討論可能的病程（Engstrom et al., 2006; Decker, 2004; Kihlstrom, 2002）。

生物醫學的新發現，也刺激體因性觀點的興起。最重要的發現之一，是一種

✿ **事物變化得愈多……** 在孟加拉的現代精神病院的病人，在他們病房不遠的地板上吃午餐。這種情況，與進入二十世紀全美國的一些州立醫院的情況類似。

器質性的疾病：梅毒，導致全身輕癱症（general paresis），這是一種在生理和心理症狀不能逆轉的疾患，包括麻痺以及誇大妄想。在1897年，一個德國神經學家 Richard von Krafft-Ebing（1840-1902），把梅毒瘡注射在全身輕癱症的病人身上，發現這些病人沒有一個發生梅毒的症狀。他們的免疫可能是來自早期感染梅毒事例引起。由於全身輕癱症病人，現在都對梅毒產生免疫，因此 Krafft-Ebing 提出一個新的理論：梅毒是全身輕癱症的主要原因。最後，在1905年，一位德國動物學家 Fritz Schaudinn（1871-1906），發現一種微生物——梅毒螺旋體菌，認為是造成梅毒的原因，它轉而造成全身輕癱症。

由於 Kraepelin 的研究以及對全身輕癱症的新了解，使很多研究人員和臨床實務工作人員懷疑，身體的因素是造成許多心理疾患，甚至是所有心理疾患的主因。這些理論以及心理疾患迅速而有效的醫療解決途徑，對精神病院的工作人員來講，是非常鼓舞人心的消息，因為醫院病人正以驚人的速率不斷增加。

雖然一般人感到非常的樂觀，但是生物醫學的方法，在二十世紀的前半期，產生相當令人失望的結果。在此時期，雖然精神病院對病人的許多醫療方式已經發展出來，但是很多的技術都沒有效果。有些醫生嘗試過拔牙、扁桃腺切除術、水療法（使用冷水熱水交替沐浴），以及割除腦部某些神經纖維的腦葉切除術等。更糟的情況是，生物醫學的觀點和主張，導致某些集團提出不道德的解決方法，例如：優生絕育（eugenic sterilization），經由醫學或其他的手段，剝奪個人的生殖能力（見表 1-1）。但是直到 1950 年代，一些有效的醫療終於被發現，體因性的觀點，至此才真正給病人帶來新的曙光。

🍃 心因性觀點

十九世紀的後期，也看到了心因性觀點的出現，此觀點認為變態功能的主因，是來自心理因素。這種觀點也有一段很長的歷史。羅馬的一個政治家和演說家 Cicero（西元前 106-43），認為心理障礙能引起身體的疾病。希臘醫生 Galen（129-200）相信，很多心理上的疾病，是由恐懼、對愛情的失望以及其他心理的事件所造成。然而，心因性觀點當時並沒有得到很多的注意，一直到催眠術（hypnotism）的研究，才顯現出它的潛力。

表 1-1　優生和心理疾患

年份	事　件
1896	康乃迪克州成為美國第一個州，以法令禁止心理疾患者結婚。
1896-1933	美國各州通過法律，有心理疾患者禁止結婚。
1907	印第安那州成為第一個州，通過法案要求心理疾患者、罪犯，以及心智不健全者接受絕育。
1927	美國最高法院裁定，優生絕育符合憲法。
1907-1945	約 45,000 的美國人，在優生絕育法之下被絕育；其中有 21,000 的人是州立精神病院的病人。
1929-1932	丹麥、挪威、瑞典、芬蘭及冰島，通過優生絕育法。
1933	德國通過優生絕育法，在此法之下有 375,000 的人，於 1940 年被絕育。
1940	納粹德國開始使用毒瓦斯，殺害心理疾患者；在兩年內有七萬多人被殺。

資料來源：Whitaker, 2002.

　　催眠術是把一個人帶入一個類似昏迷的心理狀態程序，在這種狀態中，個人很容易受到別人暗示的影響。用這種催眠法來治療心理疾病，可以追溯到 1778 年，當時一個名叫 Friedrich Anton Mesmer（1734-1815）的奧國醫生，在巴黎設立了一個診所。他的許多病人蒙受歇斯底里症（hysterical disorders）之苦，他們有神祕的身體疾病，但是並沒有明顯的生理原因。Mesmer 要病人坐在一個充滿音樂的黑暗房間裡面，然後他出現了，穿著非常華麗的服裝，並且用一個特殊的權杖，碰觸病人有問題的部位。很奇怪的是，這種治療對很多病人有很大的療效，這種治療就稱為米斯瑪術（mesmerism，即催眠術）。患者身體上的疼痛、麻木或麻痺都消失了。有些科學家認為 Mesmer 引起病人一種類似恍惚的狀態，而這種狀態導致病人的症狀消失（Lynn & Kirsch, 2006）。然而，這種治療法引起激烈的爭論，最後 Mesmer 就在巴黎消失了（Spiegel, 2002）。

　　一直到 Mesmer 去世幾年後，許多研究者才有勇氣去研究他的治療程序，後來稱為催眠術（hypnotism）（來自希臘字的「睡眠」，hypnos），以及它對歇斯底里症的效果。最後法國 Nancy 市兩個開業醫生的實驗，對這一個問題有了真正的了解。Hippolyte-Marie Bernheim（1840-1919）及 Ambroise-Auguste Liébault（1823-1904）的研究指出，一些正常的人也可以在被催眠的情形下，引發出歇斯底里症。那就是，醫生可以使正常人經驗由催眠的暗示引起的耳聾、麻痺、眼睛失明，以及身體麻木，同時他們也可以把這種人為的症狀，用同樣的方法消除。

因此，他們認為一種「心理」的過程——催眠的暗示，可能會引起、甚至也會消除身體的功能失常。這方面居於領導地位的科學家，終於接受歇斯底里症大部分是由心理的因素所造成的概念，也因這樣，心因性觀點的聲望上升。

在研究催眠對歇斯底里症影響的學者之中，有一位維也納的醫生 Josef Breuer（1842-1925）。他發現他的病人在催眠當中，很坦率的說出以前使他心煩的事情，醒過來後有些病人的歇斯底里症就消失了。在 1890 年代，Breuer 的工作有另外一位維也納的醫生 Sigmund Freud（1856-1939）加入。正如第三章所述，Freud 的研究，最後使他發展出**精神分析**（**psychoanalysis**）理論。他主張許多變態和正常的心理運作方式，都是心因性的。他尤其相信，潛意識的心理過程是這樣運作的根源。

Freud 也發展精神分析的技術，它是一個討論的形式，使臨床工作人員幫助有心理障礙的人，對他們潛意識的心理過程有所洞察。他相信這一種洞察，即使沒有催眠的程序，也可以幫助病人克服心理的難題。

Freud 和他的工作人員運用精神分析治療法，主要是治療憂鬱和焦慮的病人，他們的問題大部分是不需要住院的。這些病人到診所去看他們的治療師，每次療程大約一個小時，然後繼續他們的日常活動——一種目前所稱的門診治療（out-patient therapy）。到二十世紀初期，精神分析的理論和治療，被西方世界廣泛的接受。

然而，精神分析的方法，對嚴重心理障礙病人的治療，效果不大。因為這種形式的治療，需要有清晰的思考、洞察力，以及語言能力，這些條件往往超出病人的能力範圍之外。而且精神分析往往需要花好幾年才能奏效，而在過度擁擠而缺乏治療人員的公立精神病院，並無法適應這種悠閒步調的治療方法。

目前的趨勢

我們實在很難正確的說，我們目前是生活在一個非常具有啟發性或可靠的心理疾患治療時期。事實上，過去十年中有幾個調查，發現 43%的受訪者認為，人們自己導致心理疾患；30%的人認為，這些疾患是由於罪惡的行為所引起；19%的人認為，心理疾患是由意志力或自律缺乏所引起（Stanford, 2007; NMHA, 1999; Murray, 1993）。不過，過去五十年來，臨床工作人員在了解和治療變態的心理功能的方法，已帶來重大的改變。現在有更多的治療理論和型態、更多的調查研究及資訊，或許因為這些理由，有關變態的心理功能，目前比過去有更多意見分歧的地方。從某個方面來看，有關心理疾患的治療和研究有相當大的進步。但是，從另一方面來看，臨床的科學家和實務工作人員也還在奮鬥，希望能夠在研究和治療方面有所貢獻。

嚴重心理障礙者如何得到照顧？

在 1950 年代，研究人員發現一些新的**影響精神藥物**（psychotropic medication）——這些藥物主要是用來影響腦部，並減輕許多心理功能失常的症狀。它們包括第一種抗精神病藥（antipsychotic drugs），用來改正極端混亂及扭曲的想法；抗憂鬱劑（antidepressant drugs），用來使憂鬱的人能夠振奮心情；以及抗焦慮劑（antianxiety drugs），用來減少緊張和憂慮。

由於這些藥物的使用，很多在精神病院裡面度過好幾年的病人，開始呈現進步的徵象。醫院的行政人員，由於這種治療結果的鼓舞，及社會大眾一再抗議公立精神病院可怖的壓力下，幾乎是立刻開始釋放病人回社會。

自從發現這些藥物，世界上大部分已開發國家的心理衛生專業人員，都奉行**去機構化**（deinstitutionalization）政策，從公立精神病院，釋放成千上萬的病人。在 1955 年，全美國每天約有 60 萬人住在公立精神病院（見圖 1-1）。今天，住在同樣的精神病院裡面的人數，全美大約只有 6 萬人（Torrey, 2006, 2001）。

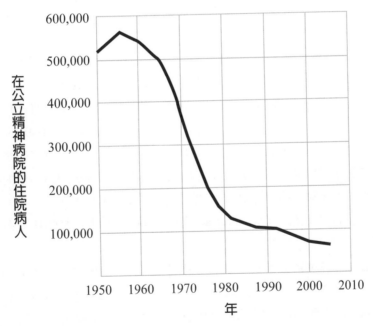

圖 1-1　**去機構化的衝擊**　美國目前住在公立精神病院的病人人數（60,000），只是 1955 年住院人數的微小部分（摘自 Torrey, 2006, 2001; Lang, 1999）。

總之，門診照護現在已經變成治療嚴重心理障礙病人的主要模式，這跟其他治療中度障礙者的模式很相近。今天，嚴重障礙者需要住院時，通常是安排短期的住院。最理想的情況是，在社區治療方案以及患者的住宅當中，提供門診心理治療和藥物治療（McEvoy & Richards, 2007）。

　　第三章和第十五章會更仔細的探討，目前所強調的對嚴重心理障礙者的社區照護──一種稱為社區心理衛生策略（community mental health approach）的哲學。對美國而言，這種方法對很多病人來講是很有幫助的，但是很少社區方案能配合美國目前的需要（Rosenberg & Rosenberg, 2006; Talbott, 2004）。因此，成千上萬有嚴重心理障礙的病人，沒有辦法持久的復原，只好在精神病院和社區之間，來來回回的奔波。從醫院出院之後，他們得到很少的照顧和治療，結果往往住在非常破舊的房舍或是街道上。事實上，目前只有40%嚴重心理障礙的病人，接受任何種類的治療（Wang et al., 2007, 2005, 2002）；每天至少有10萬此種障礙的人無家可歸；另外有13.5萬或更多的人，被監禁或入獄（Rosenberg & Rosenberg, 2006; Cutler et al., 2002; Torrey, 2001）。他們被社會遺棄，確實是一個國家的恥辱。

心理障礙較輕者如何治療？

　　比起那些嚴重心理障礙者來說，治療中度心理障礙者所呈現的景象，是比較光明亮麗的。自1950年代以後，門診治療繼續成為一般人樂於使用的治療模式，而且這種病人的求診人數與日俱增，治療設施也因此一再擴張，以符合實際的需要。

　　在1950年代以前，幾乎所有門診病人的治療，都是採取*私人心理治療*（**private psychotherapy**）的方式，這種方式是由個人直接付費給提供諮商服務的心理治療師。這種趨向變成一種昂貴的治療方式，只有一些有錢人才能夠辦得到。不過，1950年代以後，大部分的健康保險計畫，都已經包括私人心理治療的費用，所以現在一些中等收入的人也能享有這種治療。此外，門診的治療現在也在一些比較便宜的地方提供，如社區心理健康中心、危機介入中心、家庭服務中心，以及其他的社會服務機構。這些新設施，使因為心理問題尋求門診治療的病人數目戲劇性的增加。全國性的調查發現，美國每五個成人中有一個人，在一年當中會因為心理疾患而接受治療（Wang et al., 2007, 2005），大多數的病人在一年中看病少於五次。

　　門診治療現在也為更多其他類別的問題，提供了治療機會。當Freud和他的同事剛開始執業時，大部分的病人是患焦慮症或憂鬱症。這類問題，依然在今天的治療領域中占主要地位，幾乎有半數以上的病人有同樣疾患。不過，有其他種類疾患的病人，現在也在接受治療。此外，至少有20%案主中心治療法的病人，是因為生活上有一些輕微的問題：婚姻、家庭、工作、同儕、學校，或社區人際關係，而接受治療（Druss et al., 2007; Wang et al., 2005）。

　　1950年代以後，門診治療有另外的改變，就是發展出針對某種心理問題，提供特殊的治療方案，例如：目前有自殺預防中心、物質濫用方案、飲食疾患方案、恐懼症診所，以及性功能障礙方案。在這些方案的臨床工作人員，各有獨到的專精，他們的特殊技能，只能夠專注在某一個特殊的領域。

疾患預防及促進心理健康日益受到重視

　　雖然社區心理健康方案，不能滿足嚴重心理疾患者的需求，心理健康照護的重要原則——**預防**（**prevention**）開始興起（Bond & Hauf, 2007; Reese & Vera, 2007）。今天許多的社區方案，不再等待心理疾患的發生，而是試圖改正潛藏心理問題之下的社會情況（例如：社區暴力或貧窮）、確認並幫助處於發展情緒問題風險的人（例如：未成年母親或有嚴重心理疾患者的孩子）。以後我們將會發現，社區預防方案並非都很成功，它們也常常面臨資金有限的問題。但是在全美國及歐洲，它們的數量不斷的成長，也提供基本介入形式相當大的前景。

　　由於心理學領域在**正向心理學**（**positive psychology**）的關注增加（Seligman, 2007; Seligman & Steen, 2005），預防方案在過去幾年更形活躍。正向心理學是研究正向感的增進，如樂觀和快樂；正向的特質，如毅力和睿智；正向的能力，如人際技能及其他的才能；以及團體導向的美德，包括利他主義及寬容。

　　在臨床領域，正向心理學指出，實務工作人員能藉著促進正向的發展及心理健康，給予人們最大的幫助。當研究人員在實驗室中，研究和學習更多的正向心理學時，也有愈來愈多的臨床工作人員，開始應用它的原則在他們的工作上。他們教導病人面對壓力和不幸的因應技能，並且鼓勵他們更積極參與有意義的活動和人際關係（Bond & Hauf, 2007）。臨床工作人員試圖運用這種方式，增進病人的心理健康及預防心理疾患。

多元文化心理學

　　毫無疑問，我們目前是處在一個多元文化、種族和語言的社會。事實上，在未來的數十年，美國少數族裔的人數將會超過美國白人（Gordon, 2005; U.S. Census Bureau, 2000）。這種社會種族和人種成分的改變，部分原因是由於移民趨勢的變化，部分則是由於在美國少數族裔的出生率比較高。到美國的新移民，最多數是拉丁美洲人（34%）及亞洲人（34%）。此外，兒童出生的平均數，白人是 1.7，非裔美國人及拉丁美洲裔美國人，分別是 2.4 及 2.9。

　　反應這種日漸增加的變化，一種稱為**多元文化心理學**（**multicultural psycho-logy**）的新研究領域已出現（Jackson, 2006）。多元文化心理學家尋求了解文化、種族、性別及類似的因素，如何影響行為和思想；以及不同文化、種族及性別的人，在心理上有何不同（Alegria et al., 2007, 2004）。當你看完本書，多元文化心理學的領域，已對我們在了解及治療變態行為上有深遠的影響。

保險涵蓋範圍的影響日增

　　因為有那麼多人尋求治療，所以私人的保險公司最近已將心理疾患改變為心理健康病患的保險範圍。今天主導保險範圍的方式，是**管理式照護服務方案**

（managed care program）。在這個方案裡面，保險公司決定主要的問題，包括病人可以選擇什麼治療師、每次治療的費用、每個人接受治療的次數，以及哪些項目可以由保險公司付費（Shore, 2007; Reed & Eisman, 2006; Corcoran, Gorin, & Moniz, 2005）。

　　美國至少有 75%的民營保險者，目前加入管理式照護服務方案（Deb et al., 2006; Kiesler, 2000）。在此方案之下，心理健康治療的保險範圍，依循醫療保險範圍相同的基本原則，包括病人只能在有限的實務工作人員中作選擇、由保險公司預先核定作哪種治療，並以嚴格的標準來判斷是否有問題、治療應有的付費，以及進行中的檢查和評估。在心理健康領域，治療師與病人雙方，都不喜歡這種管理式照護服務方案（Cutler, 2007）。他們害怕這種方案，無法避免會縮短治療時間（縮短往往使病況惡化）、不平等的選擇某些治療，其結果是效果不能持久（例如：藥物治療）、造成有嚴重心理疾患者特別辛苦，以及由保險公司來決定治療，而不是由治療師來決定（Whitaker, 2007; Reed & Eisman, 2006; Mowbray et al., 2002）。

　　管理式照護方案及其他種類的保險方案，保險範圍的主要問題在於，它對心理疾患的付費低於一般疾病。這種差異不僅使努力克服心理障礙的人，明顯的處於不利地位，並且無可避免的影響他們在治療方面的質和量。最近聯邦政府和 35 個州通過了對等法規（parity laws），指示保險公司對心理和醫療問題，提供相等的保險範圍（Pear, 2008; Steverman, 2007）。然而，這些法規實際上能否導致對有心理問題者，有較好的保險範圍或改善醫療的景象，目前並不清楚（Busch et al., 2006; Harris et al., 2006）。

今天主導的理論和專業是什麼？

　　在現代心理變態功能的了解和治療，最重要的發展之一，是目前有很多理論的觀點，在臨床的領域裡同時存在。在 1950 年代以前，精神分析的觀點特別強調潛意識的心理問題，是變態行為的主因，是當時變態行為理論的主流。然後有效精神治療藥物的發現，激發體因性或生物學新觀點的發展。就像我們在第三章所述，其他具有影響力的觀點，在 1950 年代紛紛出現，包括行為、認知、人本─存在主義，以及社會文化的學派。目前並無任何一個觀點，主導臨床的領域，就像過去精神分析的觀點主導心理治療一樣。現在很多的觀點，看起來彼此有衝突和互相競爭；但是我們可以觀察到，在一些例子裡面，它們可以互補及結合，對心理疾患提供更完整的解釋和治療。

　　此外，現在有很多專業的實務工作人員，能對心理有問題的人提供幫助（Wang et al., 2006）。在 1950 年代以前，從事心理治療的只有精神科醫生：亦即在醫學院畢業後，完成三到四年變態心理功能的治療額外訓練之醫生。然而，在第二次世界大戰之後，數百萬的軍人回到美國及歐洲，心理健康服務的需求快

速擴張，所以其他的專業團體也加入，以滿足實際的需要（Humphreys, 1996）。

　　在其他的專業團體中，包括臨床心理師：經由完成四年的變態功能和治療的研究所課程，並在精神病院或心理健康機構完成一年的實習，而獲得臨床心理學博士學位的專業人員。在他們的專業責任擴大到治療領域以前，臨床心理師是變態功能主要的評估者和研究者。現在他們有些人還是會從事這種專門的研究工作。

　　心理治療以及相關的服務工作，也由一些諮商心理師、教育以及學校心理師、精神科護士、婚姻治療師、家族治療師，以及精神科社工師（見表 1-2）提供。各個特殊的專家，都有自己領域內取得資格的訓練計畫。從理論上來說，每種的治療，是以有特色的方式實施，但不同專業訓練的實際臨床工作人員，還經常使用相似的技術。事實上，在一個專業團體裡面的個別差異，甚至超過各種團體之間的一般差異。

☆ **一盎司的預防**　臨床界愈來愈重視預防，已影響雇主注意職場的壓力問題。約有 20% 的公司雇主目前提供某種減壓方案，如這個紐約市 Armani（時裝公司）的瑜伽班。

表 1-2　**美國心理健康專業人員簡介**

	學位	開始執業	目前人數	女性的百分比
精神科醫生	醫學博士	1840 年代	33,000	25
心理學家	哲學、心理學、教育博士	1940 年代後期	152,000	52
社工師	社會福利學碩士、社會福利救濟博士	1950 年代初期	405,000	77
諮商師	各種學位	1950 年代初期	375,000	50

資料來源：U.S. Bureau of Labor Statistics, 2008, 2002; AMA, 2007; APA, 2005; Weissman, 2000.

　　第二次世界大戰之後，在心理疾患的研究和治療最新的重要發展，是日漸了解從事有效研究的需要（Goodwin, 2007, 2002）。當理論和治療型態一再的累積，臨床的研究者也試圖去發現，哪一種概念對變態行為，提供最好的解釋和預測，哪一種治療最有效，哪一種修正最有需要。現在訓練有素的臨床研究人員在大學、醫學院、實驗室、精神病院、心理健康中心，以及全世界其他臨床服務的地方從事研究。由於他們的工作已經產生很多重要的發現，因而大大的改變我們對變態的心理功能的想法。

整合：正在進行中的工作

　　從古代開始，人類就嘗試去解釋、治療，並研究變態的行為。經由研究過去社會對這種行為的反應，我們比較能夠了解現在的觀點和治療的根源。此外，回顧過去，也可以幫助我們了解到我們走了多遠的路——我們目前的觀點是如何的人性化，我們最近的發現是如何的給人深刻印象，我們目前對研究的強調是多麼的重要。

　　然而，我們必須認識今日變態心理學的許多問題。這個領域到目前對變態的定義，還沒有一致的看法。現在各學派的想法和治療，有些是相互衝突的，彼此之間對別人的主張和成就，並沒有很大的興趣。而且現在臨床的實際工作，是由各種不同的專業人員使用各種不同方法來執行。

　　當我們觸及本書各種不同的題目，而且仔細的檢討變態功能的性質、治療，以及研究時，我們必須記住目前這個領域的優點和缺點、我們有哪些方面的進展、我們未來所要邁進的旅程。回顧此領域過去的歷史，也許我們最需要學習的課程是，我們目前對變態行為的了解，代表了我們的工作已有進展；這個臨床的領域是站在一個十字路口，有一些重要的洞察、調查研究，以及修正還有待完成。

　　那麼，我們要如何進行變態心理學的研究工作呢？我們首先要學習今天科學家和實務工作人員，認為最有用的基本工具和觀點。這些是我們後幾章所要探討的題目。第二章要描述研究的策略，這些可以增加我們有關變態功能的知識。第三章要探究影響今日臨床理論家和臨床實務工作者的觀點。最後，第四章要檢視變態行為目前是如何的衡鑑、診斷，以及治療。接下來的幾章會呈現心理變態主要的分類，並提到各類主要的解釋以及治療。在最後一章，我們要看變態心理這門科學和專業人員所要處理的社會議題，以及它和法律、社會，以及世界上各種不同機構的互動情況。

 摘要

　　●**什麼是心理變態？**　　變態的功能通常被認為是異常的（deviant）、痛苦的（distressful）、失功能的（dysfunctional），以及危險的（dangerous）。然而，行為也須考慮它發生的背景，而且變態的觀念，也要看討論中的社會規範（norms）以及價值觀（values）。

　　●**什麼是治療？**　　治療（therapy）是幫助人們克服心理困難的系統程序。治療通常需要病人（patient）、治療師（therapist），以及一系列的治療接觸（series of therapeutic contacts）。

　　●**過去如何看待和治療心理變態？**　　心理疾患的歷史，應該延伸追溯到古

代。

史前的社會：史前的社會，很顯然地把變態行為視為邪靈作祟。已有證據顯示，在石器時代的文化，使用一種非常原始的腦部手術——顱骨環鋸手術（trephination），來治療變態的行為。在早期的社會，人們也是使用驅魔（exorcism），把邪靈驅逐出身體之外。

古希臘和羅馬時期：希臘和羅馬帝國的醫生，對心理疾患提出更具啟發性的解釋。Hippocrates 相信，變態的行為是由於身體的四種液體或稱為體液（humors）：黑膽汁、黃膽汁、血液以及黏液的不平衡所引起。治療包括經由飲食和生活型態的改變，來改正潛在的生理病狀。

中世紀時期：在中世紀時期，歐洲回到以魔鬼論來解釋變態行為。當時的教士非常有影響力，而且主張心理疾患是魔鬼作祟。在中世紀時期結束的時候，這種解釋和治療開始衰微，愈來愈多有心理疾患的人，在醫院裡接受治療，而不是由教士提供治療。

文藝復興時代：在文藝復興時代早期，對心理疾患者的照顧和治療繼續有改善。有些宗教的神殿，用來作為這種病人的人道治療。然而，到十六世紀的中期，有心理疾患者，再度大批的被趕進收容所（asylums）。

十九世紀：到十九世紀，對於心理疾患者的治療，又開始有改善。在法國巴黎，Philippe Pinel 開始發起道德治療（moral treatment）運動。William Tuke 也在英國帶動相似的改革。同樣的，Dorothea Dix 也在美國帶頭從事保障心理疾患者的合法權益，及保護他們的安全和安寧，並設立州立精神病院來照顧他們。遺憾的是，道德治療運動，到十九世紀的後期就解體，很多精神病院再度的變成一種大倉庫，在裡面的收容者受到極少的照顧。

二十世紀早期：轉入二十世紀，體因性觀點（somatogenic perspective）重新出現。此觀點認為，變態的心理功能主要是由身體因素所引起。這種發展主要是來自於 Emil Kraepelin 在 1800 年代後期的研究成果，以及發現全身輕癱症（general paresis）是由於器質性疾病——梅毒所造成。同一時期也看到心因性觀點（psychogenic perspective）的興起。此觀點認為，變態功能的主因是心理的。它興起的一個重要的因素，是來自於使用催眠術（hypnotism）治療歇斯底里症（hysterical disorders）的病人。Freud 的心因性方法——精神分析（psychoanalysis），最後獲得廣泛的接納，而且影響到未來幾個世代的臨床工作人員。

● **目前的趨勢** 過去五十年來對變態功能的了解與治療，已帶來重大的改變。在 1950 年代，研究人員發現一些新的影響精神藥物（psychotropic medications）。這些藥物主要是影響腦部，並減少許多心理功能失常的症狀。使用藥物的成功促成去機構化（deinstitutionalization）政策的訂定，在這個政策之下，許許多多的病人，就從公立精神病院釋放出來。此外，門診治療（outpatient treatment）已變成心理疾患者主要的治療方法，不管他們的症狀是輕微的，還是嚴重的。預

防方案（prevention program）在數目及影響力日漸增加。多元文化心理學（multicultural psychology）領域，開始影響臨床工作人員對變態的觀點和治療。保險涵蓋的範圍在實施治療方式上，也產生重大的影響。最後，各種不同的觀點和專業人員，在變態心理領域中運作，而且很多受過良好訓練的臨床研究人員，目前正在研究這個領域的理論及治療。

第二章

變態心理學的研究

「頭腦是一個次要的器官。」

（Aristotle，希臘哲學家，西元前 4 世紀）

「女人可以說是一個低劣的男人。」

（Aristotle）

「（Louis Pasteur）有關細菌的理論是一種荒謬虛構的假定。」

（Pierre Pochet，生理學教授，1872）

「任何一種可以發明的東西，都已經被發明了。」

（Charles Duell，美國專利局，1899）

「如果說菸吸太多的確在肺癌扮演某種角色，它看起來是無關緊要的配角。」

（W. C. Heuper，國家癌症研究所，1954）

「太空旅遊是一種完全無聊的話。」

（Richard van der Riet Wooley，英國皇家天文學家，1956）

「吉他音樂即將過時。」

（Decca Recording Company, 1962）

「任何人在家裡有一部電腦，是完全不必要的事情。」

（Ken Olson, Digital Equipment Corp., 1977）

「640K 對任何人來說已經足夠。」

（Bill Gates, 1981）

「複製哺乳類動物……從生物學上來看，是不可能的事。」

（James McGrath & Davor Solter，遺傳研究專家，1984）

　　以上的每一種說法，有一度就像福音般地流傳著。如果它們的有效性沒有受到考驗；如果它們僅僅根據傳統性的智慧來作判斷；如果新的想法沒有被提出並考證，那麼人類的知識和進展就會受到嚴重的限制。到底是什麼因素，使一些思想家能夠超越這些錯誤的認知呢？這個答案很簡單，就是研究（research），也就是透過仔細地觀察和調查，有系統地尋找事實。

　　研究對變態心理學，及其他任何領域的研究都同樣重要。就以精神分裂症跟

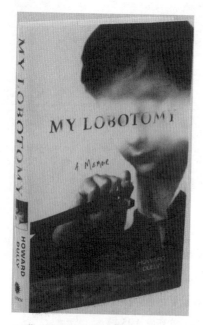

✪**我的腦葉切除術** Howard
Dully 在 12 歲接受腦葉切除術，
治療他的心理問題，經歷數十年
的悲慘和心理的痛苦之後，他將
這個歷程寫在他最近的自傳《我
的 腦 葉 切 除 術》（*My Lobo-
tomy*）中。在 Dully 和其他數萬
人接受腦葉切除術後，由嚴密實
施的研究顯示，這種形式的腦部
手術會引起不可逆的腦部損傷，
使許多病人變為退縮，甚至不省
人事。

腦葉切除術的治療方法為例，精神分裂症（schizophrenia）是一
種嚴重的疾患，它會導致一個人與現實生活失去接觸。他們的
想法、知覺，以及情緒變扭曲及混亂，他們的行為可能變得非
常的古怪及退縮。在二十世紀的前半期，這種情況都被歸因於
父母親不適當的教養。臨床工作人員把這種疾患，歸因於製造
精神分裂症（schizophrenogenic）的母親，他們把這種女人形容
成冷酷的、支配的，而且對孩子的需求無動於衷。我們在第十
四章可以看到，這種原來被廣泛持有的信念，到現在已經被證
實是完全錯誤的。

在同一時代，有些臨床實務人員發展一種據說可以治療精
神分裂症的手術，稱為腦葉切除術（lobotomy）。這是用一種
尖銳的器具插入腦中的額葉，並且旋轉以破壞大量的腦部組織
的方法。早期的臨床報告描述，經過腦葉手術的病人，顯示出
接近奇蹟似的進步，而這一種印象後來也證明完全是錯誤的。
但是，這種錯誤，一直到數萬的人都接受了手術才被發覺。它
不但完全沒有治癒精神分裂症，還造成無法逆轉的腦部傷害，
而且使得很多病人退縮，甚至昏迷不醒。

這些嚴重的錯誤，強調我們在變態心理學上，從事科學研
究的重要性。有些理論或治療的方法，對某些個別案例似乎是
合理而且是有效的，但是當它們應用在不同的人和情境時，就
會變成重大的災難。唯有從一大群有代表性的個案當中，嚴密
考驗一種理論或技術，臨床工作人員才能夠判斷這種構想或技
術的正確性和有效性。在臨床研究人員從事相關的研究之前，
就有上百萬的父母親已為他們兒女的精神分裂症傷心欲絕，還
被蒙上汙名，指其為孩子心理疾患的主要原因；還有無數精神
分裂症患者，早已被他們的症狀弄得疲憊不堪，但是他們由於腦葉切除術，使他
們永久的冷漠及毫無生氣。

臨床研究人員面對某些使研究特別困難的挑戰。例如：他們必須設想出如何
測量一些難以捉摸的概念，如潛意識動機、內在思想、心情轉變，以及人類的潛
能（Kazdin, 2003）。他們必須考慮被選為研究對象的不同文化背景、種族及性
別。此外，他們要確保這些研究對象，包括人類和動物，他們的權益不能受到侵
犯（Barnard, 2007; Joy, 2005）。雖然面臨這些困難，變態心理學的研究已跨出了
一大步，尤其在過去 35 年期間。過去大部分的臨床研究人員，受限於缺乏適當
的訓練，及有用的技術。現在研究所臨床計畫訓練了大批的學生，在臨床的主題
上設計和實施適當的研究。而且，由於一些新研究方法的發展，大大的提升我們
對心理失功能的了解和治療，甚至可以幫助預防心理疾患。

臨床研究人員從事什麼工作？

　　臨床研究人員，也稱為臨床科學家，試圖找出變態心理運作的普遍法則或原理原則。他們對變態的特質、成因，以及治療，尋求一般的或律則性（nomo-thetic）法則（律則性來自希臘文 nomothetis，即立法者）（Harris, 2003）。一般而言，他們並不衡鑑、診斷，或治療個別的病人；這些都是屬於臨床實務人員的工作，他們的重點，是要尋找變態行為的特殊標記（idiographic），或是個別特性，以了解變態行為（Hurlburt & Knapp, 2006）。我們在以後幾章，會探討這些臨床實務工作人員的工作。

　　要對變態心理學獲得**律則性法則的了解**（nomothetic understanding），臨床研究者和其他領域的科學家一樣，主要是依賴**科學方法**（scientific method）——那就是，透過仔細的觀察，有系統的收集和評估資訊。這些觀察，反而會使他們找出和解釋各種變項（variable）之間的關係。簡單的說，變項是任何能夠改變的特性或事件，而這些改變，可從某一個時間到另一個時間，從某一個地點到另一個地點，或是從某一個人到另外一個人。年齡、性別和種族都是人類的變項，同樣的，眼睛的顏色、職業，以及社會地位也都是。臨床研究人員所感興趣的變項，包括兒童時期的苦惱事件、目前生活的經驗、情緒、社會和職業的功能，以及他們對治療的反應。他們試圖去決定到底兩個或更多的變項，會一起改變，或某一種變項造成另外一個變項的改變。父母親的死亡，是不是造成孩子變為憂鬱？如果是，哪一種治療會減輕他的憂鬱？

　　這些問題，不能單靠邏輯推論來回答，因為科學家像其他的人一樣，會在思考上犯錯。所以，臨床研究人員主要必須依賴三種研究方法：個案研究法，通常集中在單一的個案；而相關法和實驗法，通常都是從很多人身上收集資訊。每一種方法，都適合於某種情況和問題（Martin & Hull, 2007; Beutler et al., 1995）。整體而言，這些方法使科學家可以形成和考驗**假設**（hypotheses），或預感某些變項與某些方式有關——他們也能夠對這種關聯形成廣泛性的結論。更正確地說，假設是對一種情況暫時的解釋，它提供將來作更進一步研究的基礎。

個案研究法

　　個案研究（case study）是指對一個人的生活和心理問題，作詳細及解釋性的描述。它描述一個人的歷史、現在的情況，以及症狀。它也推測為什麼問題會形成，並描述某一種特殊治療的使用，以及可能的結果。

　　在一個非常著名的小 Hans 個案研究（1909）中，Freud 討論一個四歲的男孩發展害怕馬的行為。Freud 從 Hans 的父親（一位醫生，曾參加有關精神分析的演

講）寄給他的信件，及自己對 Hans 的面談，來收集 Hans 的資料。Freud 關於小 Hans 個案的研究報告共有 140 頁，在這裡只呈現重要的部分：

有一天當 Hans 走在街上時，他病態的焦慮症突然發作……他的父親這樣寫著：「他開始哭起來，並且要求我帶他回家……到晚上還可以看得出來他害怕到極點；他哭得很厲害，而且無法離開母親。第二天當他們要帶他去街上散步的時候，他又開始哭起來，不願意出門，而且他也非常的害怕……從 Schönbrunn 回家的路上，經過一番內在的掙扎，他告訴母親說：『我害怕一匹馬會來咬我。』……這天晚上，他跟前天晚上發作一模一樣的症狀。」

但是，這種心理上的問題，應該追溯到更長遠以前的一件事情……Hans 的第一次報告，要追溯到當他還不到三歲的時候。在這時候透過各種不同的言談和問題，他對他身體的一部分，他把它稱為「widdler」（他對生殖器的用語），有特殊的興趣。

當他三歲半的時候，母親發現他把手放在生殖器上。她用這些話來威脅他：「如果你這樣做，我就要把你送去 A 醫生那裡，把你的「widdler」割掉。然後你怎麼小便啊？」……就是這種情況，造成他的「閹割情結」。

四歲時，Hans 進入一個非常激烈的性興奮狀態，他對性方面產生興趣的主要對象，就是母親。這種激烈的性興奮，在他兩次想要引誘母親時顯示出來。有一次剛好發生在他的焦慮發生之前。他的父親這樣的描述：「這一天早上 Hans 的母親照例幫他洗澡，洗了之後母親幫他擦乾身體，並且給他擦上爽身粉。當他的母親把粉灑在他的生殖器時，特別避免去碰到他的生殖器，小 Hans 說：『妳為什麼不把妳的手指頭放在這裡？……』」

這位父親和兒子在我的諮商的時間來看我……有一些細節的問題我現在已經知道了——Hans 對於馬在雙眼之前所戴的眼罩，以及牠嘴邊黑色的東西，特別感到困擾——這些事情從我們當時所得到的知識，實在無法解釋。但是當我看到這一對父子坐在我的面前，同時也聽到 Hans 描述使他焦慮的馬，另外一個解釋湧進了我的腦海中……我開玩笑的問 Hans，他所害怕的馬是不是戴了眼鏡，對這個問題 Hans 回答說沒有。然後我問他，他的爸爸是不是戴眼鏡，對這個問題，他違背了所有的物證，他再一次說沒有。最後我問他，馬嘴邊一些黑色的東西是不是指鬍鬚，然後我向他透露，他所害怕的是他的父親，正確的說，是因為他實在是太喜歡他的母親。我告訴他，他認為他的父親對這種事情一定非常的生氣；但事實不然，雖然這種事情發生了，他的父親還是非常的喜歡他。他可以毫無恐懼的對他的父親承認每一件事。我繼續告訴他，就在他來到這個世界以前，我就知道有一個小 Hans 會來看我，他很喜歡他的母親，他一定很怕他的父親，因為……

　　由於讓 Hans 清楚事情的緣由，我消除了他最強力的抗拒……這個小小的病人鼓起勇氣描述他恐懼的細節，而且，很快地他開始扮演一個參與精神分析的積極角色。

　　到這個時候，我們才明白小 Hans 不僅害怕馬來咬他——談到這一點他就沉默下來——而且他也害怕雙輪馬車、運貨馬車、家具搬運車，以及汽車等，或移動的馬、看起來大而重的馬及疾行的馬。這些特殊情況的涵意，由 Hans 自己來作解釋：他害怕馬會倒下來，結果他把每件可能會倒下來的東西，具體化為恐懼症。

　　在分析階段當中，Hans 回憶到這件本身並沒有重大意義的事件，這是在他心理症狀發作之前產生的，無疑的，這是引起他發作的原因。他和他的母親出去散步，看到一匹拖車的馬摔倒下來，而且四隻腳不停的踢。這件事對他產生深刻的印象。他真的是嚇壞了，而且認為這匹馬一定是死了。從這個時候開始，他以為所有的馬都會倒下來。他的父親指出：當他看到一匹馬倒下來，一定想到他（Hans 的父親），而且希望父親像馬一樣倒下來死掉。Hans 對這種解釋並不加辯駁……從這時候開始，他對父親的行為，就變為自在不拘束，也不再恐懼。事實上，他以前是被這些小事壓制住了。

　　特別有趣的事是……看到 Hans 性慾力（libido）轉換為焦慮的方式，是將它投射到主要的怕懼對象——馬。在所有大型的動物當中，他對馬最有興趣。和一些大孩子一起玩馬，是他最有興趣的活動。我有一個懷疑，而這種懷疑在我問他父親時，得到了印證。第一個讓 Hans 當馬騎的人，必然是他的父親……當這種思想被壓制下來，而且對這件事感到非常厭惡的時候，他雖然對馬非常喜歡，必然也產生恐懼的感覺。

　　後來 Hans 報告兩個有決定性的幻想，由於這兩個幻想，使他的恢復圓滿的達成。其中一個幻想是，一個水管工人給他一個新的，而且更大的生殖器……。這是他勝利的願望，也是他的幻想，此幻想使他克服了他的閹割恐懼……另一個幻想是，他承認他有與母親結婚的願望，而且要和母親有很多的孩子……他必須糾正那些他完全不能接受的思想部分。糾正的結果，不是殺掉他的父親，而是讓他和 Hans 的祖母結婚，使他變成無害的人。由於這個幻想，他的心理疾病以及分析，就得到一個適當的結束。

（Freud, 1909）

　　大部分的臨床工作人員把治療病人的過程，做筆記和做成紀錄。有些人像 Freud 一般，進一步的把這些筆記組織起來，變成正式的個案研究報告，而跟其他的專業人員，分享彼此的經驗。個案研究所提供的線索，可以協助臨床工作人員，在討論中對患者有更多的了解及治療（Stricker & Trierweiler, 1995）。除此之

✪ **心理功能失常是家庭遺傳？** 在變態心理學的研究中，一個最引人注意的個案研究，是同卵四胞胎姊妹的悲慘事件。這四個姊妹到 20 歲時，都患了精神分裂症。

外，個案研究也可以扮演律則性的角色，超越個別臨床個案的情況（Goodwin, 2007; Martin & Hull, 2007）。

個案研究有何優點？

個案研究可能變成有關行為新見解（new ideas）的來源，並且「提供發現的途徑」（Bolgar, 1965）。Freud 的精神分析理論，主要是根據自己開業看病人所得到的結果。他詳細的閱讀個案研究，例如他寫的有關小 Hans 的故事，以發現心理過程的一般現象及發展的原理原則。此外，個案研究可以提供某一種理論暫時性的支持。Freud 也把個案研究，當作是自己的理念正確性的證據。反過來說，個案研究也可以用來挑戰一個理論的假設（Elms, 2007; Kratochwill, 1992）。

個案研究也可以激發一些新的治療技術（new therapeutic techniques），或描述現有技術的特殊應用。精神分析的原則，是病人在討論他們的問題時，可以得到很大的益處，而且發現心理障礙的潛在原因，例如：著名的個案 Anna O. 的根源。它是由 Freud 的共同研究者 Josef Breuer 提出來的個案，我們將在第三章加以探討。同樣的，Freud 相信小 Hans 的個案，顯示對兒童用口頭方法治療，也跟大人同樣有效。

最後，個案研究對不會經常發生，以致沒有足夠的數量來適當觀察的不尋常問題，可提供研究的機會（Goodwin, 2007; Martin & Hull, 2007）。有關多重人格疾患的資訊，多年來，全部是根據個案研究而來。例如：有名的「三面夏娃」（The Three Faces of Eve），就是有關一個女人顯示三種交替出現的人格，每個人格各有一組獨特的記憶、嗜好及個人習慣的臨床報告（Thigpen & Cleckley, 1957）。

個案研究有何限制？

個案研究，雖然在很多方面很有幫助，但是它也有一些限制。第一，這些個案研究，都是由存有偏見的觀察者（biased observers）提出來的報告，也就是，有個人特殊喜好的治療師，希望能夠顯示他們的治療的效果（Markin & Kivlighan, 2007; Stricker & Trierweiler, 1995）。這些觀察者，多數的情況下，都是為了本身的利益，在個案研究中選擇要包括哪些事項。第二，個案研究依賴主觀的證據

（subjective evidence）。病人的失功能以及進步情況，真的是像治療師或病人所認為的事件引起的嗎？事實上，促成這種情況的事件，只是其中一小部分而已。除非研究人員能把問題的其他因素排除，只留下一個原因，這個研究才有內在的正確性，或**內在效度**（internal validity）（Wampold, 2006）。很明顯的，個案研究在這方面所得到的分數很低。

個案研究另外一個問題是，他們對研究結果的推論並沒有提供扎實的基礎。就算我們同意小 Hans 發展出對馬的恐懼，是因為害怕被閹割，而且害怕他的父親，我們又如何很有自信的說，其他人的恐懼都是來自同樣的原因呢？一些事件或治療對某一個案也許相當的重要，但是對其他個案的了解和治療，可能一點幫助也沒有。當一種研究的結果，可以推論到目前這個研究之外的情況，我們就說這個研究有外在的正確性，或有**外在效度**（external validity）（Wampold, 2006）。個案研究在外在效度方面，評分也是相當低（Goodwin, 2007）。

個案研究的缺點，大部分可以用其他兩種研究的方法來補足：相關法和實驗法。這兩種方法不像個案研究那樣，能夠提供豐富的細節，但是他們可以幫助研究人員，對大量母群體的異常現象，下一個比較廣泛的結論。所以這兩種方法目前在臨床的研究當中，是較受偏好的方法。這兩種方法有三個主要的特點，可以使臨床的研究人員得到律則性的洞察：(1)研究人員通常要觀察很多人。這樣子他們才能夠收集到大量的資訊或資料，來支持他們所得到的結論。(2)研究人員可以運用相同的治療程序。因此，其他的研究人員也可以重複或複製（replicate）一個特殊的研究，來查看另外一個研究，是否有一致的研究結果。(3)研究人員使用統計測驗去分析研究的結果。這些測驗能幫助顯示，廣泛的結論是否得到證明。

相關法

相關（correlation）是指各種不同的事件或特性，彼此之間關係變化的程度。**相關法**（correlational method）是一種研究的程序，用來決定各種變項之間的相互關係。舉例來說，這種方法能回答一個問題：「一個人生活中所受到壓力的數量，和他所經驗到憂鬱的程度是否有關係？」換句話說，人們不斷的經驗到壓力事件，他們可能會逐漸變為憂鬱嗎？要考驗這個問題，研究人員要收集個人的生活壓力分數（例如：在某一個時期，個人所遭遇到的威脅性事件到底有多少），以及憂鬱分數（例如：憂鬱測量所得到的分數），從這些資料來看，兩者之間是不是互有關係。

選擇來參與這個研究的人，就是研究的受試者或參與者（participants），總稱為樣本（sample）。這些樣本必須能夠代表研究人員希望去了解的大量母群體，否則在這個研究中所發現的關係，就無法應用到真實世界中的其他地方——這表示它沒有外在效度。舉例來說，如果研究人員發現生活壓力和憂鬱之間的關係，

是完全以兒童為研究的樣本，他們就不能作出明確的結論，說這種關係存在於成人之間。

相關的描述

假使我們要用相關法去從事憂鬱症的研究。我們收集 10 個受試者的生活壓力分數以及憂鬱分數，把這兩種分數繪成圖表，顯示如圖 2-1。你可以看到名叫 Jim 的受試者，最近的生活壓力分數是 7，表示過去三個月來，他有七次威脅性的事件發生；他的憂鬱分數是 25。所以它是被放在圖上的一個點，就是兩個分數相結合的地方。這個圖提供一個可見的資料描述。注意到每一個資料點，大約落在一個由下而上傾斜的直線。我們畫出這一條直線，以使資料的點盡量的靠近。這個直線稱為最適合線（line of best fit）。

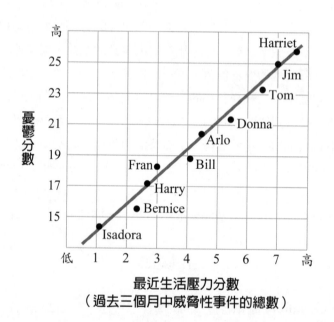

圖 2-1 **正相關** 最近壓力的數量與憂鬱感之間的關係，圖中假設的 10 個受試樣本，顯示近乎完全的「正」相關。

在圖 2-1 顯示出來的最適合線，是向上且向右傾斜，顯示我們所檢查的變項是一起增加，或一起減少。也就是說，一個人生活壓力的分數愈高，他的憂鬱的分數也會愈高。當這些變項往同樣的方向改變時，它們的相關可以說是正向，也就是一般所稱的正相關（positive correlation）。多數有關最近生活壓力和憂鬱症的研究，的確發現兩個變項之間有正相關（Monroe et al., 2007; Andrews & Wilding, 2004）。

相關也可以呈現負向，而不是正向的。在負相關（negative correlation）當中，一個變項的值增加，另外一個變項的值則減少。例如：研究人員發現，一種負相

關存在於憂鬱和活動的程度。一個人的憂鬱愈深，他的活動量愈少。我們把這種
負相關的分數畫在圖上，就產生一種向下的斜線，就像圖 2-2 所顯示的。

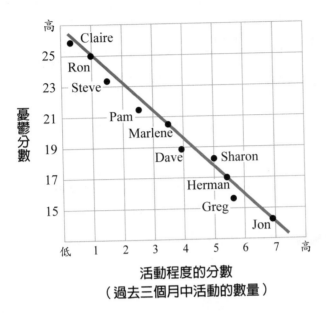

圖 2-2　**負相關**　活動的數量與憂鬱感之間的關係，圖中假設的樣本，顯示近乎
完全的「負」相關。

　　在相關的研究中，還有第三種可能的結果。在研究當中，各種變項可能彼此
並沒有相關（unrelated），表示它們之間，並沒有一致的關係。當我們發現一個
變項的值增加，而其他變項的值，有時增加有時減少，這種情況的曲線圖，看起
來就像圖 2-3 所顯示的。在這裡最適合線是水平的，並沒有任何的傾斜。例如：
很多研究發現，憂鬱和智能並無相關。

　　除了要知道相關的方向以外，研究人員還要了解相關的幅度（大小）（mag-
nitude）或強度（見圖 2-4）。也就是我們要了解兩個變項之間，彼此一致的程度
有多密切？一個變項總是跟其他的變項一起改變？或是他們的關係並沒有那樣的
確切？當兩個變項一起改變，而且改變得非常的緊密，亦即一個受試者和其他受
試者都有相同的現象，那麼我們可以說這種相關很高或是很強。

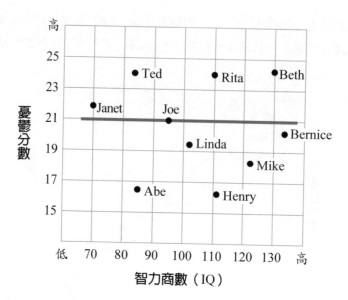

圖 2-3 **沒有相關** 智力與憂鬱感之間的關係，圖中假設的樣本，顯示兩者之間
是「接近零」相關。

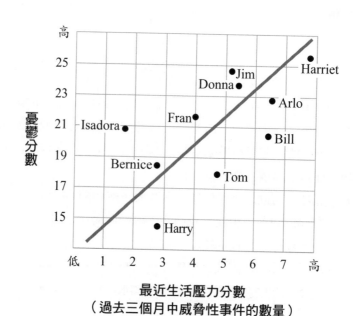

圖 2-4 **相關的強度** 最近壓力的數量與憂鬱感之間的關係，圖中假設的樣本，
顯示「中度的正相關」。

　　我們再來看圖 2-1。在憂鬱和生活壓力之間呈正相關的圖中，資料的點都緊
緊的落在最適合線上，研究人員如果知道一個人在某個變項上的分數，就可以有
很高度的信心來預測這個人在另一個變項的分數。但是如果憂鬱和生活壓力之間

的關係圖，看起來像圖 2-4 呢？現在資料的點，是分散的散布在最適合線上，而不是緊緊的靠在線上。在此情況下，研究人員就無法很正確的從受試者一個變項的分數，預測另外一個變項的分數。圖 2-1 的相關，與圖 2-4 比較，就可說前者的相關幅度較強或較大。

以數值來表示相關的方向和強度，統計的名詞稱為相關係數（correlation coefficient）。這種相關係數是用 r 字母來表示。相關係數可以從＋1.00，表示兩個變項有完全的正相關，一直到－1.00，表示完全負相關。係數的符號（＋或－）表示相關的方向；數目表示它的強度。一個 r 為 .00，表示零相關或在兩個變項間彼此沒有關係。這個 r 愈接近 .00，表示相關的強度愈弱或愈低。因此＋.75 跟－.75 的相關強度是一樣的，而＋.25 的相關比這兩者都低。

每一個人的行為都是可以改變的，而且人類的反應，都只能夠做一個大體的測量。因此，在心理研究所得到的相關，經常沒有辦法達到完全的正相關或負相關。例如：一項有 68 個成人樣本的生活壓力和憂鬱關係的研究，發現彼此的相關是＋.53（Miller, Ingham, & Davidson, 1976）。雖然談不上完全的相關，但是這種相關的強度，在心理學的研究上算是相當大的。

相關要如何才值得信賴？

科學家必須判斷，他們收集的受試樣本中，所得到的相關，是不是能夠正確反映全體母群體的真正相關。這種觀察得到的相關，會不會是偶然地發生？他們可能沒有辦法確切知道實際情況，但是他們可以經由資料的統計分析（statistical analysis），及使用或然率的原則，來考驗他們的結論。從實質而言，他們要問到底他們研究的特殊發現，有多少可能性是因為機會。如果統計分析的結果，顯示機會並不可能說明所發現的相關，那麼研究人員就可以下一個結論，說他們的發現反映出全體母群體的真正相關。

有一個分割點，可以協助研究人員作這種決定。從慣例來看，如果這個研究發現，來自於機會的可能性少於 5%（用 $p < .05$ 來表示），那麼這種發現，在統計上可以說是顯著的，而且反映大量母群體的情況。在早先提到有關生活壓力的研究，統計分析顯示樣本＋.53 正相關，表示他們來自於機會的可能性少於 5%。因此，研究人員可以相當自信的下結論：在一般的成人當中，憂鬱確實與個人最近生活壓力的總量同步增加。一般而言，取樣的數目增加，以及相關強度增加，我們的信心就會增加。他們的數量愈大，在統計上的相關愈有可能是顯著的。

相關法有何優點？

相關法有某些優點，優於個案研究法（見表 2-1）。第一，它具有高外在效度。因為研究人員要測量各種變項，觀察大量的樣本，而且要運用統計分析的方法。研究人員站在一個比較有利的地位，把所得到的相關推論到他們研究對象範

圍之外的人們。而且，他們可以輕易地重複相關的研究，使用新的受試樣本，來檢驗他們早先的研究結果。

表 2-1 各種研究方法相對的優點與缺點

	提供個人的資訊	提供一般的資訊（外在效度）	提供因果關係的資訊（內在效度）	統計分析的可能性	可以重複
個案研究法	有	無	無	不能	不能
相關法	無	有	無	能	能
實驗法	無	有	有	能	能

另一方面，相關的研究就像個案研究一樣，缺乏內在效度（Proctor & Capaldi, 2006; Field & Davey, 2005）。雖然相關讓研究人員，可以描述兩個變項之間的關係，但是他們無法解釋這一種關係。我們檢視許多生活壓力正相關的研究，可能會下結論：最近生活壓力的增加，使人們感到更憂鬱。事實上，這兩個變項彼此有相關，可能有下列三個理由中的一種：(1)生活壓力可能引起憂鬱；(2)憂鬱可能使人經驗到更多的生活壓力（例如：一個憂鬱的人所採取的生活方法，可能使個人對金錢處置失當或干擾到他的人際關係）；(3)憂鬱和生活壓力，可能由第三個變項所造成，例如財務問題（Mascaro et al., 2007; Andrews & Wilding, 2004）。

雖然相關並沒有提到因果關係，但是對臨床工作人員而言，仍有相當大的價值。例如：臨床工作人員知道，當人們比較憂鬱的時候，自殺的企圖會增加。因此，當他們治療一些嚴重憂鬱病人的時候，他們就會特別注意這些人自殺想法的徵兆。也許憂鬱直接造成了自殺行為，或也許有第三個變項，例如：一種無望感，就會引起憂鬱以及自殺的想法。不管他的肇因是什麼，僅僅了解到這種關係，可能使臨床人員採取有效的措施（例如：住院），來拯救這些人的生命。

當然，在其他的情況中，臨床工作人員需要了解，是否一個變項引起另一個變項。父母親婚姻的衝突，是不是引起孩子更加焦慮的原因呢？工作上的不滿意，是不是導致憂鬱感呢？某種治療的方法，是不是可以協助病人更有效因應生活上的困難呢？有關因果關係的問題，需要用實驗法，我們以後會探討這個問題。

相關研究的特殊形式

流行病學研究和縱貫研究，是廣泛被臨床研究人員使用的兩種相關法。**流行病學研究**（epidemiological study）是顯示某特定人口一種疾患的發生率及盛行率。**發生率**（incidence）是指在某一個特定時期，出現新個案的總數。**盛行率**（prevalence）是在某一個特定時期，整個人口中所發生的個案總數；盛行率包

括已經存在的個案，以及新個案兩者。許多研究人員也指出流行病學研究是「描述性的」，因為這些研究的目標，大部分在描述一種疾患的發生率或盛行率，而不在預測或解釋它們何時發生或為何發生（Compas & Gotlib, 2002, p. 69）。

過去三十年來，臨床研究人員在全美國，從事有史以來最大規模的流行病學研究，稱為流行病學的區域研究。他們在五個城市中，訪問兩萬多人，來決定許多心理疾患的盛行率，以及使用的治療方案（Eaton et al., 2007; Narrow et al., 2002; Regier et al., 1993）。美國另外兩個大規模的流行病學研究，是全國共病調查及全國共病調查複製，他們訪問了九千多人（Druss et al., 2007; Kessler et al., 2007, 2005, 2003）。這些研究，都曾進一步和特殊團體的流行病學研究作比較，例如：拉丁裔及亞裔美國人，或是和其他國家的流行病學研究作比較，以了解全世界心理疾患的比率和治療計畫，在團體之間和國家之間有何不同（Alegria et al., 2007, 2004, 2000; Kessler et al., 2006）。

這種流行病學研究，可以幫助研究人員，發現某些特殊疾患的高風險群。研究結果顯示，女性比男性有較高比率的焦慮症和憂鬱症；男性比女性有較高比率的酗酒；老年人比年輕人有較高的自殺率；拉丁裔美國人比美國其他種族的人，有較高比率的創傷後壓力疾患。而某些國家的人比其他國家的人，有較高比率的特定心理疾患，例如：厭食症的飲食疾患，在西方國家比非西方國家更普遍。這種趨勢，使研究人員懷疑某種群體特有的事物或環境，容易引起特殊的疾患。例如：老年人健康的衰退，很可能使他們容易自殺；同樣的，一個國家常見的壓力和態度，可能造成高比率的心理功能失常。然而，就像其他形式的相關研究，流行病學研究本身，並不能印證這種因果關係。

縱貫研究（longitudinal study），又稱為高風險（high-risk）或發展研究（developmental study）。它是研究人員在一段長時間內，對相同的受試者，於不同階段反覆進行觀察（Donnellan & Conger, 2007）。例如：在一個研究裡，研究人員經過幾年的時間，觀察父母親罹患精神分裂症的功能正常兒童（Schiffman et al., 2006, 2005, 2004; Mednick, 1971）。很多研究者的發現，其中一項是父母親患有嚴重精神分裂症的孩子，比較容易出現心理疾患，或在以後的日子裡容易犯罪。因為縱貫研究記錄事件發生的過程，他們所得到的相關，就能提供哪些事件是問題可能的原因，哪些是問題結果的線索。當然，孩子的問題，並不會造成父母親的精神分裂症。但是，縱貫研究還是不能斷定彼此之間有因果關係存在。這些產生心理問題的孩子，是否來自遺傳因素？或是他們的問題，是來自於父母親不適當的因應行為？或他們父母

✪**雙胞胎、相關和遺傳**　許多對雙胞胎的相關研究指出，遺傳因素和某些心理疾病的關聯。同卵雙胞胎（有相同的基因）比異卵雙胞胎（基因的構成不相同），在某些疾病顯示有較高的相關。

親因為住院的關係，長期不在家裡？或者還有其他的因素呢？這些問題只有經由實驗研究，才能夠提供答案。

實驗法

實驗（experiment）是操縱一個變項，觀察它對另一個變項影響的研究程序。事實上，我們大部分的人，在一生當中都在做實驗，但是我們並不知道我們的行為是這樣的具有科學性。假定我們去參加校園的派對，來慶祝期中考結束。當我們在派對中和一些人混在一起時，我們開始注意到很多人變得非常的安靜及沮喪。似乎我們的談話愈多，另一些人就愈沉默。當這個派對就在我們眼前逐漸惡化時，我們決定要有所作為，但是怎麼做呢？在我們排除這個問題以前，我們要知道到底是什麼因素，造成這個派對了無生氣。

我們的第一個直覺是，我們做了某些事情造成這種情況。也許是我們談到功課上的壓力，使每個人煩惱。我們決定改變談話的主題，談論到科羅拉多山上滑雪，然後我們觀察接下來的談話中，是不是有沮喪的徵象。情況似乎有好轉，大部分跟我們談話的人已經綻開笑容，甚至開始開懷大笑。當我們要再一次驗證我們的猜疑，又回頭和幾位我們碰到的人，談起學校的課業負擔時。他們憂鬱和陰沉的反應，使我們相信：我們談論學校的功課，確實是造成這種情況的原因。

我們剛才已經做了一個實驗，考驗我們的談話內容，與周圍沮喪情緒之因果關係的假設。我們操縱我們懷疑是原因的變項（談話的主題），然後，我們觀察所操縱的變項對其他變項的影響（我們周圍的人的情緒狀態）。在科學實驗中，被研究者操縱的變項稱為**自變項**（independent variable），而所要觀察的變項稱為**依變項**（dependent variable）。

為了要更深入的探討實驗法，我們來思考一個臨床工作人員經常提到的問題（Nathan, 2007）：「是否有某種特殊的治療法，可以減輕一種特殊疾患的症狀？」因為這個問題涉及到因果關係，只能經由實驗來回答。也就是說，實驗者要把問題中所提到的方法，用來治療有心理疾患的人，並且觀察他們是不是有進步。在這裡，治療法是自變項，而心理症狀的改善是依變項。

如果我們不能夠把依變項真正或主要變化的原因，跟其他很多可能的原因分開來，那麼這個實驗就只能提供我們很少的資訊。因此，實驗必須排除研究的**混淆因素**（confounds）──自變項之外，其他可能影響依變項的因素。如果在實驗當中存在一些混淆因素，那麼可能是這些因素，而不是自變項造成我們所觀察到的改變。

例如：情境變項，如治療辦公室的地點（鄉下一個非常安靜的場所），或辦公室播放和緩的音樂，在一個治療研究當中，可能對一些參與者有治療效果。或許參與者有不尋常的動機，或對這個治療的效能抱著很高的期望，這些都有可能

造成病情的進步。要防範實驗受到混淆因素的影響，研究人員在他們的實驗中，包含三個很重要的特色：控制組（control group）、隨機分派（random assignment），以及欺瞞設計（blind design）（Wampold, 2006）。

控制組

控制組（control group）是在研究中沒有接受自變項處理的一組受試者，但是他們的經驗跟實驗組（experimental group）是相似的。而實驗組的受試者卻要接受自變項處理。一個實驗者把這兩組作比較，就能夠決定自變項產生的效果。

舉一個例子來說，要研究某種特殊治療的效果，實驗者在獲得受試者同意參加實驗之後，就把他們分成兩組。實驗組進入辦公室接受一小時的治療，而控制組只是進入辦公室一小時而已。如果實驗者後來發現，實驗組患者的進步比控制組的患者多，實驗者就能夠下結論：這個治療是有效的，這一種效果超越了時間、辦公室的環境，以及其他的混淆因素。要防範實驗不受混淆因素的影響，實驗者提供所有參與實驗的人，不論是控制組還是實驗組，要在各方面有完全一致的經驗——只有自變項除外。

當然，在實驗組和控制組之間所觀察到的差異，有可能是來自機會，就像是相關研究一樣，研究者從事實驗的時候，必須把資料做統計分析，以確定他們觀察到的差異，是不是來自機會？如果可能性非常低——小於 5%（$p < .05$），那麼這兩組間的差異，被認為在統計上是顯著的，實驗者可以很有把握的作一個結論：這是由於自變項所造成的。通常如果受試樣本數量相當多、在兩組之間所觀察的差異很大、而各組內部之間分數全距很小，那麼這個實驗的發現，在統計上可能是顯著的。

隨機分派

研究人員也必須注意到，實驗組與控制組的組成份子彼此間的差異，因為這些差異可能會混淆研究的結果。例如：在治療的研究中，可能發生的情況是，研究人員無意間把較富有的受試者放在實驗組，而較貧窮的受試者放在控制組。這種財富方面的差異，而不是治療的差異，可能是後來導致實驗組的受試者，有更大進步的原因。為了要減少事先存在的差異，實驗者往往採用隨機分派（random assignment）。這是一般性的名詞，用來確保每一個實驗的受試者跟其他的人一樣，會分配到一個組裡的選擇程序。例如：實驗者可以用丟銅板，或從一頂帽子裡面抽名字的方法，來決定哪一個人到哪一組去。

欺瞞設計

最後一個混淆因素是偏向（bias）。實驗的受試者可能經由幫助或取悅實驗者，而影響實驗的結果（Fritsche & Linneweber, 2007; Goodwin, 2007）。例如：在

一個治療實驗中，那些接受治療、知道研究目的，並知道他們是在哪一組裡面的受試者，可能就會更用心使自己感覺好一點，或設法達成實驗者的期望。如果是這樣，則造成他們改善的因素，就是受試者的偏向，而不是治療的結果。

為了避免這種偏向，實驗者要避免參與實驗者知道，他們被分配到哪一組，這種策略稱為**欺瞞設計**（blind design），因為受試者對他們被分派的組別是盲目的。例如：在一個治療法研究中，對控制組的受試者給與安慰劑（placebo）。它看起來和吃起來，都像是真正的治療用藥，但是並沒有真正的藥物成分存在。這種假造的治療，稱為「**安慰劑治療**」（placebo therapy）。如果實驗組（真正的治療）的受試者，後來比控制組（安慰劑治療）的受試者更進步，那麼實驗者就有更大的信心說：真正的治療是造成他們進步的原因。

一個實驗也可能因為實驗者的偏向（experimenter bias），而混淆研究結果（Kazdin, 2003; Margraf et al., 1991）。那就是，實驗者對實驗結果可能有某些期望，他們把期望無意間傳達給受試者。例如：在一個藥物治療研究中，實驗者可能對實驗的參與者，提供真正的藥物時，面帶微笑並表現自信，而對控制組的參與者提供安慰劑時，皺眉頭及表現遲疑，這種偏向稱為羅氏效應（Rosenthal effect），它是取名自第一個發現這種偏向的心理學家（Rosenthal, 1966）。實驗者要消除本身的影響，可以用蒙蔽的方式安排。以藥物治療研究為例，一個助手可以確保真正的藥物和安慰劑藥物看起來是一樣的，然後實驗者實施藥物治療時，卻不知道哪個人接受了真正的藥物，哪個人接受了假的藥物。

受試者或實驗者，可能被安排在實驗中保持盲目，最好是雙方都是盲目的，稱為**雙盲設計**（double-blind design）。事實上，大部分用來考驗藥物效果的實驗，都是使用雙盲設計（Marder et al., 2007）。不單如此，在很多實驗中，病人的進步是由一些獨立的評判團體來評估，而這些評判人員組別的分配，也是盲目的，此種策略稱為三盲設計（triple-blind design）（Wheatley, 2004）。

變通的實驗設計

要設計一個控制嚴密，而且有突破性發現的實驗，是相當困難的事情。在實際的情況中，要控制每一個混淆因素是很難達成的。而且，因為心理實驗一般都是使用活生生的人，基於倫理和實際的考量，我們所能夠操縱的情況，就有很大的限制（Taylor, 2007）（見「深度探索」專欄）。因此，臨床研究人員只好退而求其次，改用沒有那麼完美的實驗設計。最常見的變化，包括準實驗設計、自然實驗、類比實驗，以及單一受試者實驗。

「**深度探索**」專欄

人類受試者也有權利

在祕密人體實驗方案（Project MK-ULTRA），及1970年代其他可恥的研究曝光後不久，美國政府制定相關的法規，以確保所有人類受試者的權利，尤其是那些有心理疾患的人，在研究時要特別受到保護。例如：在美國國會通過法律，要求每個研究機構，設立一個機構審查委員會（人體試驗審查委員會，Institute Review Board），去監督及保護病人在聯邦研究基金的福利（Bankert & Madur, 2006; De Vries et al., 2004）。

這些努力，使臨床研究的倫理有相當大的改進，但是仍有一些問題存在（Taylor, 2007; Emanuel et al., 2003）。事實上，最近幾年來，臨床界也發生了相當令人震驚的情況，因為有一連串新的報告顯示，在1980年代及1990年代期間，很多已經有嚴重心理疾患的病人，在臨床實驗中受傷害，或被安置在臨床研究的風險中（Emanuel et al., 2003; Kong, 1998）。這些值得質疑的研究，通常涉及使用抗精神病藥來治療有精神病的病人（與現實脫節）。很顯然的，很多病人在這些研究中，同意接受藥物治療（或不願接受），但是沒有十分了解它可能帶來的風險。此外，在這些研究中使用的藥物，已造成某些受試者更多嚴重的精神病症狀。在這裡要舉出四種的研究形式：

新藥研究　病人施與實驗性的藥物，以了解這些藥物是不是可以減少症狀。這些新藥，要經過試驗來了解它的效能、安全性、副作用，以及適當的劑量。亦即要了解這些藥物對病人是有益的、不影響的，或有傷害的。

安慰劑研究　當一個新藥物用來給實驗組的受試者時，研究人員可能給與控制組的受試者安慰劑。實驗組的受試者如果有進步，然後他們要和服用安慰劑的控制組受試者作比較，來決定新藥的效果。遺憾的是，在這些實驗中，使用安慰劑的控制組受試者，常常有嚴重的疾患，但是沒有得到任何的治療。

症狀惡化研究　有些病人給與某些藥物，其用意是增強他們的症狀，以使研究人員能夠了解到這種疾患的生物作用。例如：給與一些精神病患者 apomorphine、amphetamine、ketamine 以及其他的藥物，來導致更多的妄想、幻覺和其他的症狀。

藥物戒斷研究　有些病人使用藥物的結果，症狀就不再發作，但是研究人員會提前要他們停藥。研究人員要追蹤這些病人，看他們疾病復發的情況，希望更了解何時或如何移去病人特殊的藥物。

上述每種研究的目的，是在促進我們了解某些疾患的生物作用，以增進治療的效果。但是我們會冒多少風險？這些實驗可能對很多人有好處，但是對少數人所帶來的壞處是不是犧牲過大？當臨床研究工作人員以及社會大眾，更了解這些研究的危險性之後，他們呼籲要對有心理疾患的受試者提供更好的保護。在1999年，國家心理健康協會中止某些症狀惡化的研究，而且，近年來人類研究保護部，更積極保護人類受試者。儘管這種主動的行動，多數臨床理論家及政策制定者清楚的了解，此重要的議題離解決仍尚遠。

準實驗設計

在準實驗（quasi-experiment）或混合設計（mixed design）當中，研究人員並不把受試者，隨機分派到控制組和實驗組，而是使用已經存在的團體（Wampold, 2006）。例如：要研究兒童虐待的影響，由於此議題高度違反研究倫理，研究者實驗上不能隨機選取一群兒童，然後予以虐待。所以，他們要找一些已經有受虐歷史的兒童和沒有受虐待的兒童作比較。當然，這種人本策略違背隨機分派的法則，所以在實驗當中，可能介入了某些混淆因素。例如：受體罰的兒童，比起受到口頭處罰的兒童，往往是來自較貧窮或較大的家庭。那麼以後在兩組兒童的情緒和自我觀念所發現的差異，可能來自財富的差異以及家庭大小的差異，而不是來自虐待。

從事兒童虐待的研究人員，經由組成一個配對的控制組，來處理準實驗的混淆問題，也就是，他們要找出一些控制組的受試者，他們在年齡、性別、種族、家庭孩子的數目、社經地位、鄰近社區的型態，或其他重要的特性，要能夠跟實驗組的受試者相一致。在實驗組裡每個受虐的兒童，他們選擇一個有相同特性、沒有受虐待的兒童，安排在控制組。當此種研究資料顯示，受虐待的兒童比控制組沒有受虐待的兒童，較悲傷及低自尊，研究人員就能夠很自信的作結論：虐待是造成這些差異的重要因素（Widom et al., 2007）。

自然實驗

在自然實驗（natural experiment）當中，自然本身操縱自變項，研究人員只是系統的觀察這個操縱的結果。自然實驗用來研究不尋常及無法預測的事件，如洪水、地震、飛機失事及火災等，對心理產生的影響。因為受試者是被選自命運的意外事件，而不是有意的設計，所以自然實驗事實上是一種準實驗。

2004 年 12 月 26 日，印尼蘇門答臘島海域外的印度洋下，發生強度最大的地震。這個地震又接連引發巨大的海嘯，不僅淹沒海洋沿岸的地區，並奪去 11 個國家 225,000 人的生命，其中受災最嚴重的是印尼、斯里蘭卡、印度及泰國等國家，可說是歷史上最致命的自然災害之一。這個印度洋的海嘯，進一步造成許多災害，並留下數百萬生還者無家可歸。在這個災害幾個月內，好幾隊研究人員，從幾百個生還者，及住在當地但未直接受海嘯影響的控制組收集資料。這些災難

✪自然實驗　一個男人檢視颶風造成他的住家和財產的損害。在這種大災難之後實施的自然實驗，發現倖存者經驗持續的焦慮和憂鬱感。

的生還者，在焦慮和憂鬱（依變項）上的分數，比控制組高出很多。生還者也比控制組經驗到更多的惡夢，以及其他的睡眠困擾、疏離感、過度警覺、難以專注、驚恐反應以及罪惡感（Bhushan & Kumar, 2007; Tang, 2007, 2006; van Griensven et al., 2006）。

因為自然實驗是依賴不能預測發生的自然事件，而這些事件是不能任意複製的。同時，又因每個災難事件，在某些方面是獨特的，要從單一的研究來廣泛的類推，往往是不正確的。不過，過去幾年來，大災難提供數百個自然實驗的機會，而且某些發現重複出現。結果，臨床科學家已確認，經常發生在這些情境下的反應模式。我們在第六章會論述這些模式——急性壓力疾患及創傷後壓力疾患。

類比實驗

有一個方法，可使研究人員自由自在地操縱自變項，並可避免臨床研究在倫理和實務上的許多限制。他們可以在實驗室中，引發受試者表現跟實際生活類似的異常行為。然後對受試者做實驗，希望從中可以了解實際生活中的異常。這就是所謂的**類比實驗**（analogue experiment）。

類比實驗通常是以動物為受試者。動物的受試者比人類受試者，較容易收集及操控，他們做實驗也較少倫理上的問題。雖然動物受試者的需要和權利也需要考慮，但大部分的實驗者較願意讓動物，而不是人類受試者，去蒙受痛苦的情境。他們相信，從這種實驗中所得到的洞察，勝過動物所要忍受的痛苦，只要這種痛苦不是太過分（Barnard, 2007; Gluck & Bell, 2003）。此外，有些實驗者可以也經常使用人類受試者在類比實驗中。

我們在第八章將會看到，研究者 Martin Seligman 曾使用類比研究，研究人類憂鬱症的成因，而且有相當的成就。Seligman 創立一個理論：憂鬱症的產生，是因為人們相信他們對於生活中好或壞的事情，已經沒有任何控制能力。為考驗他的理論，他在實驗室中，反覆給受試者（動物和人類）負增強物（電擊、巨大噪音、作業失敗），以產生類似憂鬱的症狀，因為這些他們完全沒有辦法控制。在這些「學得無助感」（learned helplessness）研究中，受試者似乎放棄了掙扎、喪失主動性，而且變得很悲傷——對一些臨床治療人員提供了一個訊息：人類的憂鬱症本身，的確是由個人失去生命中事件的控制所造成。

有一點要特別記住的是，Seligman 不很

✪**相同嗎？**　猩猩和人類共有 90% 以上的基因，但是他們的大腦和身體，如知覺和經驗則與人類極為不同。因而，在動物類比實驗產生的異常行為，與研究中的人類異常可能不同。

清楚，在實驗室引發學得無助感的類比實驗，是否類似人類的憂鬱症。假使這種實驗室出現的現象，實際上只是表面上類似憂鬱症，那麼從這個類比實驗的臨床推論可能是錯的，而且是誤導的。事實上，這是所有類比研究的主要缺點：研究人員從來無法確定，他們在實驗中所看到的現象，跟他們所要研究的心理疾患是一樣的。

單一受試者實驗

有時候科學家沒有機會找很多受試者做實驗。例如：他們可能在研究一種罕見的疾患，可找到的受試者非常少。但是，他們用**單一受試者實驗設計（single-subject experimental design**）方式，實驗還是可行的。在這種設計中，是以一個單一的受試者，在操縱自變項之前和之後接受觀察。

研究人員在這種實驗，一開始就要依靠基準線資料（baseline data）——收集受試者行為在沒有任何操縱之前，所呈現的資訊。這些資料建立了一個標準，以後行為的改變可以和這個標準來作比較。研究人員接著要引進自變項，再觀察受試者的行為。任何行為上的改變，可以歸因於自變項的效果。最常使用的單一受試者實驗設計是 ABAB 設計和多重基準線設計（Dolezal et al., 2007; McKee et al., 2007; Newman & Wong, 2004）。

ABAB 設計

在 ABAB 或逆轉設計（reversal design）中，受試者的行為不僅在基準線期間（情境 A）和引入自變項後（情境 B），要測量和比較，而且在自變項移去後（情境 A），再引進自變項（情境 B）也要比較。如果受試者的反應根據自變項的改變，而來回變化的話，實驗者就可以作成結論：自變項導致反應的改變。重點是，在一個 ABAB 設計中，受試者是在不同情境下跟自己作比較，而不是要和控制組的受試者作比較。受試者在這種情況之下，是當自己的控制組。

有一個研究人員用 ABAB 設計，去試驗是否有系統的使用獎賞，可以幫助一個特殊班的少年，減少大聲講話干擾別人的習慣（Deitz, 1977）。這個治療方案，是針對一個智能障礙的孩子，規定他只要在 55 分鐘裡面，干擾班級不超過三次，老師就給他特別的教師時間作為獎賞。在基準線時期的觀察，此孩子被發現經常有大聲講話干擾課堂的情況。接著給孩子特別的教師時間作為增強（自變項）；他的大聲講話就像原來的預期一般，有戲劇性的減少。然後老師給他時間作為獎賞的情況停止，此孩子大聲講話又再增加。很明顯的，這個自變項的確是引起孩子行為進步的原因。為了要有更大的信心來達成此結論，研究者請老師，再運用這種獎賞的策略。再一次，受試者的行為有相當的進步。

❧ 多重基準線設計

多重基準線設計（multiple-baseline design），並不使用 ABAB 設計中的逆轉方式。相反的，這種實驗者選擇受試者所顯示的兩種或更多種的行為（兩個依變項），然後觀察操縱一個自變項，對每一個行為的影響（Bock, 2007; Winn et al., 2004）。假設在 ABAB 實驗設計當中的少年學生，顯示出兩種不適當的行為——在上課中談話擾亂別人及扮怪異的鬼臉。在多重基準線設計中，實驗者首先要收集在一節 55 分鐘的課堂上，這個孩子擾亂性的說話和扮鬼臉次數的基準資料。在下一個階段的實驗中，實驗者要用特別的老師時間，來增強他上課時減少講話次數，但是減少扮鬼臉並沒有得到增強。然後實驗者要測量這個孩子在講話和扮鬼臉兩種行為的改變，而期望他講話的干擾會減少，但是扮鬼臉仍保持以前的次數。在實驗的最後階段，實驗者也用老師特別的注意，來獎勵孩子減少扮鬼臉的行為，期望這個操縱現在也能夠減少扮鬼臉的行為。如果所期望改變的行為模式出現了，那麼我們可合理的下結論：是操縱自變項（老師的注意），而不是其他的因素，造成這兩種行為的改變。

很明顯的，單一受試者實驗——ABAB 和多重基準線設計——跟個案研究很相似，他們都是針對單一的受試者。但是，在單一受試者實驗中，自變項是很有系統的加以操縱，所以研究人員可以很有自信的作成結論，並指出造成行為改變的原因（Compas & Gotlib, 2002）。因此單一受試者實驗，比個案研究有更大的內在效度。然而，單一受試者實驗和個案研究一樣，都只有相當有限的外在效度。因為研究只有一個受試者，實驗者無法確定，受試者對自變項的反應可以適用於一般人（Goodwin, 2007）。

◎ 整合：多重研究方法的使用

本章一開始就提到，臨床科學家經常探究可解釋、治療，以及預防心理疾患的一般法則。然而，有各種的障礙，妨害了科學研究的進展。我們已注意到這些障礙。在最基本的方面，扼要說明如下：

1. 臨床科學家必須尊重人類和動物受試者的基本權益。倫理上的考量，大大的限制臨床科學家所能從事的研究。

2. 人類心理運作的成因非常複雜。因為人類的行為，通常來自多重因素共同作用的結果，很難明確的指出某一些特殊的原因。由於影響人類運作的因素實在太多，我們比較容易解釋人類心能（energy）以及問題的複雜性，而不容易了解人類的悲傷、壓力，和焦慮。

3. 人類是易變的。情緒、行為及思想都是波動的。今天在研究中的人，是不是真正像昨天的他一樣呢？不要說人與人之間的差別，單獨個體本身的變

化，就能限制研究人員對異常的運作所能下的結論。

4. 人類的自我意識可能影響臨床研究的結果。當人類的受試者，知道他們正在被研究的時候，這種認識就會影響他們的行為。他們會試圖反應出他們認為研究者期望的行為，或者設法呈現自己好的一面。同樣的，他們從研究人員那裡所得到的注意，本身可能增加他們的樂觀，並改善他們的情緒。有一個科學定理：每個測量物體的行為，就對這個物體有某種程度的扭曲。這一種情況，對人的研究尤其真實。

5. 臨床研究人員與他們的受試者，有特殊的關係。臨床科學家本身也經驗到情緒的變化、苦惱的思想，以及家庭問題。他們可能會溶入受試者的痛苦，或對他們的問題有個人的意見。這些感覺，可能影響研究人員企圖了解的變態情況。

總之，人類的行為是如此複雜，所以臨床的科學家，必須用各種不同的方法來研究它。每一種方法提出先天的問題，但是沒有任何一種方法能完全克服它們。個案研究法容許研究者，考慮到更廣泛的原因，但實驗法可以更明確的斷定原因。同樣的，相關法允許作廣泛的推論，但是個案研究法，在細節上比較充足。我們最好把各種不同的研究方法，當作一組通路的一部分。我們如果一起運用，可以對人類異常的運作有適當的了解。當我們使用幾種方法來研究一種疾患，確認每種方法的結果，是否都指向同一個方向是很重要的。如果是這樣，臨床科學家大概對了解和治療那種疾患，已經跨出了一大步。相反的，假如各種方法產生衝突的結果，臨床科學家就必須承認，在那個特殊領域上的知識，還是試驗性質的。

不過，在接受任何一種研究發現的時候，臨床領域的學生們，必須用極端批判的眼光來審查研究的細節。變項是不是適當的控制？受試者的選擇是不是具有代表性？樣本的數量是不是大到足以產生有意義的結果，而且偏見已被消除？研究人員所下的結論，是不是證明為正當的？或此結果有沒有其他的解釋？只有透過謹慎的審視，我們才能作出結論：這是一項真正具有教育價值的研究。

 摘要

● **臨床研究人員從事什麼工作？**　研究人員使用科學的方法（scientific method），去發現變態心理運作的律則性（nomothetic）原則。他們設法去確認和檢查各種變項之間的關係。主要使用三種研究方法：個案研究法、相關法及實驗法。

● **個案研究法**　個案研究（case study）是對一個人的生活和心理的問題，作詳細的描述。它可以作為有關行為觀念的來源、對理論提供支持、挑戰某些理論、澄清新的治療技術，或提供一個研究不尋常問題的機會。但是個案研究可能

是由一些具有偏見的觀察者提出報告，而且可能過分依賴主觀的證據。此外，它們傾向於低的內在效度（internal validity）以及低的外在效度（external validity）。

●**相關法**　相關研究，是有系統的觀察事件或特性一起變化的程度。這種方法，使研究人員能對大量母群體的異常情況作成廣泛的結論。

一個相關（correlation）可能有正的（positive）或負的（negative）的方向（direction），而且可能有高的或低的幅度（magnitude）。相關可以用數值計算及用相關係數（correlation coefficient）r 來表示。研究人員應用統計分析（statistical analysis），以決定一個研究所發現的相關，是否是廣大母群體真正的特質，或僅是來自機會。相關法通常有高的外在效度，但是缺乏內在效度。兩種最常使用的相關法形式，是流行病學研究（epidemiological study）及縱貫研究（longitudinal study）。

●**實驗法**　在實驗（experiments）中，研究人員操縱可疑的事項，來查看是否產生預期的結果。被研究人員所操縱的變項，稱為自變項（independent variable），而實驗結果被期望改變的變項，稱為依變項（dependent variable）。

混淆因素（confounds），是除了自變項之外，也會影響依變項的變項。為了減少混淆因素可能帶來的影響，實驗者使用控制組（control group）、隨機分派（random assignment），以及欺瞞設計（blind design）。實驗的發現，像相關法一樣，必須用統計來作分析。

●**變通的實驗設計**　臨床的實驗者，有時必須勉強接受一些較不完美的實驗設計，包括準實驗（quasi-experiment）、自然實驗（natural experiment）、類比實驗（analogue experiment），以及單一受試者實驗（single-subject experiment）。

●**多重研究方法的使用**　因為人類的受試者有受尊重的權利，行為的來源相當複雜且變幻無常，也因為觀察行為的人，本身的行為會影響到受試者的行為，因此可能很難評估臨床研究的發現。同時，研究者也必須注意到他們自己的偏向，以及研究無意間為受試者的行為帶來深遠影響。為了要對付這些障礙，臨床研究人員必須使用多重的研究方法。

第三章

變態的模式

Philip Berman 是一個25歲的單身漢，以前當過一家出版公司的編輯，但現在沒有工作。他在一次自殺事件中，用刮鬍刀片在他的手腕上劃下深長的切口，而住進了醫院。他告訴治療師，他如何坐在浴室的地板上，看著血一滴一滴的流入浴缸一段時間，然後他打電話給正在上班的父親來協助他。他的父親帶他到醫院的急診室把傷口縫合起來，但他說服了自己以及醫院的醫生，說他並不需要住院。第二天當他的父親建議他去尋求治療時，他把晚餐的東西掃落一地，而且氣沖沖地離開他的房間。後來恢復了平靜，才准許他的父親把他帶回醫院去。

他這一次突發的自殺企圖，是起因於不久以前的一個事件。他偶然地遇到了以前的女朋友，她正和新男友在一起。這個病人說他們一起喝了點酒，但是當他跟他們兩個人在一起的時候，他禁不住想著「他們兩個人就要離開，然後睡在一起」。他經驗到一種嫉妒的憤怒，他站起來，離開了這家餐廳。他開始想，他要如何對她報復。

Berman 過去幾年來經常有一些短期的憂鬱。尤其他對自己有限的社交生活，及無法跟他人生中交往的女人發生性關係，非常的自責。當他和治療師提到這個問題的時候，他把他的目光從地板上抬起，並帶著諷刺性的假笑說：「我是一個25歲的老處男，你現在就盡情地笑我吧。」他曾經和幾個女朋友約過會，他形容這些女人非常的漂亮，但是他說她們後來都對他失去了興趣。不過，當治療師更進一步詢問他的時候，很顯然的 Berman 對她們很挑剔，而且要求她們一定要達到他的每個要求，這對她們有相當大的傷害。這些女性發現他們之間的關係毫無報償，不久就去找了其他的男人。

過去兩年來，Berman 曾短暫地看過三位精神科醫生，其中有一位醫生開給他一種藥，藥名他已記不起來，但這種藥引起一些不尋常的反應，他必須在醫院住一夜。提到住院，這個病人說：「它是一個垃圾場。」工作人員從來不聽他說話，或回應他的要求，而且事實上，這些人對待病人像個「虐待狂」。諮詢他的醫生，證實 Berman 是一個難以相處的病人，他要求別人要特別的對待他，但在他住院期間卻對大部分的工作人員懷著敵意。在一次與一個助手對罵之後，他沒有經過允許就離開了醫院，後來還不聽醫療人員的勸告而辦理出院。

Berman 來自一個中產階級的家庭，是兩個孩子中的一個。他的父親55歲，在一個保險公司擔任經理級的職位。他認為他的父親是一個軟弱且無用的人，完全被他專橫而殘酷的母親所控制。他說他恨他的母親，「恨到幾乎無法控制」。他說在他的成長過程中，他的母親老叫他「性變態者」或「娘娘腔男子」，在某次爭執中她曾「踢到我的下部」。總而言之，他把他父母親看作是富有、威權而且自私，並逐漸認為他們看自己是一個懶惰、不負責任及行為有問題的人。當他的父母親打電話給治療師談到 Philip 的治療時，他們說他的問題開始於 Philip 10歲時，弟弟 Arnold 的出生。在 Arnold 出生以後，Philip 變得脾氣暴躁，口出穢言，而且很難管教。Philip 對這段時期的記憶非常的模糊，他說他母親曾有一次

因憂鬱症而住院，但現在「她壓根不信什麼精神病」。

Berman 以中等的成績從大學畢業，畢業以後，他在三家不同的出版公司做過事，但從沒有在任何一家公司工作超過一年。他總是找一些理由來辭職。辭職後的他，通常無所事事地蹲在家裡兩、三個月，直到他的父母逼他去找新的工作。他描述他的生命中，跟老師、朋友、雇主有無數的互動，他常常覺得被汙辱或遭受不公平的對待……以及經常與人爭論，使他感到痛苦……。他大部分的時間是一個人獨處，覺得非常的無聊。他沒有辦法和別人建立親密關係，他無法產生強烈的信念，也覺得對任何團體沒有忠誠感。

這個看起來非常瘦弱、皮膚蒼白及留著鬍鬚、戴著眼鏡的病人，他跟治療師之間很少保持視線接觸，而且對治療師有一種憤怒和諷刺的神態。雖然他抱怨有憂鬱症，但卻否認其他憂鬱症的症狀。看起來他受困於對父母親的憤怒，而且似乎特別要顯示自己的可悲形象……

（Spitzer et al., 1983, pp. 59-61）

很明顯的，Philip Berman 是個令人頭痛的人物，但是他為什麼會變成這個樣子呢？我們要如何解釋並且糾正他的問題呢？面對這一連串的問題，我們必須從一些廣泛的控訴，檢視我們所要了解的困難情況：Philip 的憂鬱和憤怒、他的社交失敗、他的失業、他對四周的人缺乏信賴感，以及他家庭內的問題。然後我們必須整理出各種潛在的原因，不管是內在的或外在的、是生物學的或人際關係的、是過去的或現在的。

雖然我們不了解問題所在，要理解 Philip 這個人和他的問題時，我們都使用一些理論的架構。在我們一生當中，每個人都發展出一套對事情的看法，幫助我們對別人所說的、所做的，加以解釋。在科學上，用來解釋現象的看法，就是我們所謂的**模式**（**models**）或**派典**（**paradigms**）。每個模式，都詳細說明科學家的基本假定、對研究領域做一個整理，並對研究設定指導方針（Kuhn, 1962）。這個模式，影響研究人員所要觀察的項目、所要探討的問題、所要收集的資訊，以及如何解釋這些資訊（Sharf, 2008）。要了解一個臨床工作人員，如何去解釋或治療一組特殊的症狀，像 Philip 的症狀，我們必須知道哪一種模式形成他對變態功能的看法。

直到最近，臨床科學家在特定地點和時間，似乎同意有變態的單一模式——一種受其文化信仰重大影響的模式。在中世紀用魔鬼論的模式，來解釋變態的功能。例如：他們大量地借用中世紀社會，對於宗教、迷信，以及戰亂的關切；中世紀的臨床治療人員，可能會認為魔鬼的手，牽引 Philip 去自殺，並導致他的憂鬱、憤怒、嫉妒，以及懷恨的感覺。同樣的，他們對他的治療，可能會著重在祈禱和鞭打，把他身上外來的惡靈驅逐出去。

今天，有幾種模式被用來解釋和治療變態的功能。這種多元化的情況，是來

自過去半世紀價值觀和信念的改變，及臨床研究上的進步。在此領域光譜中的一端是生物學的模式，此模式認為，生理的過程是人類行為的重要因素。在兩端中間有四個模式，專注於探討人類功能的心理和個人層面：心理動力的模式，研究個人潛意識的內在過程和衝突；行為的模式，著重行為以及行為學得的方式；認知的模式，專注於行為背後的思考；以及人本─存在主義的模式，強調價值及選擇在人類功能當中所扮演的角色。另一端是社會文化的模式，此模式主要是檢視社會與文化對個人行為的影響，此模式包括家庭─社會的觀點，聚焦於個人的家庭和社會互動；多元文化的觀點，強調個人的文化及共同分享此文化的態度、信念、價值觀和歷史。

由於不同的假定和觀念，這些模式有些時候是互相衝突的。那些遵循某一觀點或模式的人，經常嘲笑其他模式的解釋、研究和療效為「天真」。然而，沒有任何一種模式，本身是完整的。每種模式只是集中在人類功能的一個層面，而且沒有任何一種模式可以解釋變態的全貌。

生物學的模式

Philip Berman 是一個生物體。他的思考和感覺，來自腦部和身體的生化作用以及生物電作用的過程。生物模式（biological model）的支持者認為，要完全了解 Philip 的思想、情緒，以及行為，必須涵蓋了解他的生物基礎。很自然的，他們相信治療 Philip 的問題，最有效的方法還是從生物學切入。

生物理論家如何解釋變態的行為？

生物理論家採用醫學的觀點，視變態的行為是一種疾病，由有機體某些部分的功能失常所引起。他們指出，腦部的功能失常是變態行為的原因，而特別重視腦部的結構、腦部的化學作用問題（Lambert & Kinsley, 2005）。

🌿 腦部結構與變態行為

人類的腦部，大約是由一千億個稱為神經元（neurons）的神經細胞，以及有好幾億的支援細胞稱為神經膠質（glia，來自希臘字 glue，意為「黏結」）所組成。在腦部裡面有一大群的神經細胞形成不同的區域，或稱為腦部地區。為了更輕易地找出腦部裡各個不同的區域，我們可以想像腦部有很多的洲、國家及省。

在腦部最底下的大洲就叫作後腦（hindbrain），在裡面又由幾個國家所組成，它們叫作髓質（medulla）、橋腦（pons），以及小腦（cerebellum）（見圖 3-1）。在腦中部的大洲叫作中腦（midbrain）。而在頂端的大洲就叫作前腦（forebrain）。前腦是由幾個像國家的區域所組成，包括大腦（cerebrum）、視丘（thalamus），以及下視丘（hypothalamus）。每一個國家地區，又由一些像省的地區

所組成。以大腦為例，它是由皮質（cortex）、胼胝體（corpus callosum）、基底核（basal ganglia）、海馬迴（hippocampus），以及杏仁核（amygdala）共同組成（見圖 3-2）。每一個腦部地區的神經細胞，控制重要的功能。皮質是在腦部的外層；胼胝體連結兩個大腦半球；基底核在作計畫及產生動作扮演重要的角色；海馬迴控制情緒和記憶；杏仁核在情緒記憶扮演關鍵角色。臨床研究人員已經發

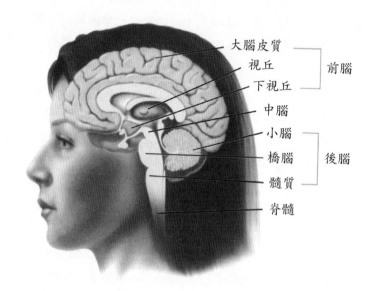

圖 3-1　人類的頭腦　從腦部中央的切片，顯示出幾個主要的部分和區域。每個區域由很多神經元組成，負責某種功能。

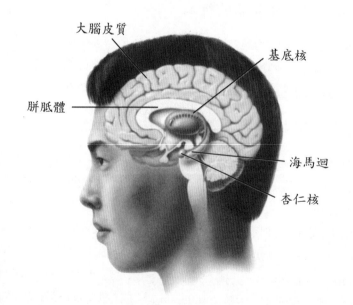

圖 3-2　大腦　某些心理疾患被查出是大腦神經元的功能異常，包括腦部的組織，如基底核、海馬迴、杏仁核、胼胝體及皮質。

現，某種心理疾患和腦部某個特殊地區的問題有關聯。此種疾患中的一種，是亨丁頓氏症（Huntington's disease），最明顯的特徵是激烈的情緒暴發、記憶力喪失、自殺想法、不隨意的身體動作，以及古怪的信念。這種疾患可以追溯到，在基底核有嚴重的細胞損傷。

腦部化學作用與變態行為

生物研究人員也得知，心理疾患可能與神經元到神經元間，訊息的傳送問題有關。訊息傳送到腦中各部分，是經由電脈衝（electrical impulse）方式，把訊息傳送到另一個或多個神經元。電脈衝首先由位於神經元的一端，像天線一樣延伸的樹狀突（dendrites）接收，然後由樹狀突向下移動到軸突（axon）——由神經細胞體延伸的長纖維。最後，訊息經由神經元最遠端的神經末梢（nerve endings），再傳送到其他神經元的樹狀突（見圖 3-3）。

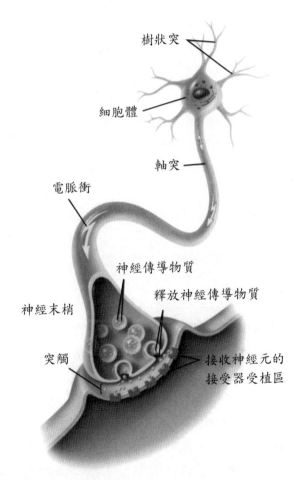

圖 3-3　**神經元傳導訊息**　訊息是以電脈衝的方式，由神經元的軸突向下傳送到神經末梢，神經傳導物質由此釋放及攜帶訊息，越過突觸的空間，將訊息送到接收神經元的樹狀突。

但是，訊息如何從一個神經元的軸突，傳送到另外一個神經元的樹狀突呢？事實上，神經元並沒有直接的接觸到另一個神經元。神經元之間有一個非常小的空間，稱為**突觸**（synapse）。這個空間把各個神經元隔開來，而訊息必須越過這個空間，傳送到另外一個神經元。當一個電脈衝到達神經元軸突的終端時，這個神經末梢就受到刺激，而釋放一種化學物質，稱為**神經傳導物質**（neurotransmitter）。它越過突觸的空間，到達毗連神經元的樹狀突**接受器**（receptors）。這個化學物質被接受了之後，神經傳導物質會命令接收神經元「激發」，也就是，引起自己的電脈衝。另外的神經傳導物質，則攜帶一種抑制的訊息：告訴接收神經元不要再激發。很顯然的，神經傳導物質在整個腦部的訊息傳送，扮演相當重要的角色。

研究人員已在腦部發現幾十個神經傳導物質，而且每個神經元只使用當中的某些神經傳導物質。有些研究發現，某種神經傳導物質的異常活動，可能導致某種特殊的心理疾患（Sarter, Bruno, & Parikh, 2007）。例如：某種焦慮症，可能跟神經傳導物質伽馬氨基丁酸（gamma-aminobutyric acid, GABA）的低活性有關係；精神分裂症，可能跟神經傳導物質多巴胺（dopamine）的活性過高有關係；而憂鬱症，可能跟神經傳導物質血清素（serotonin）和正腎上腺素（norepinephrine）的低活性有關係。也許血清素的低活性是 Philip Berman 憂鬱和憤怒的主因。

除了專注於神經細胞以及神經傳導物質之外，研究人員也發現，心理疾患有時與體內的內分泌系統（endocrine system），異常的化學活動有關。遍布在全身的內分泌腺與神經細胞，聯合運作來控制重要的活動，如成長、生殖、性活動、心跳、體溫、精力，以及對壓力的反應。這個腺體，釋放稱為**荷爾蒙**（hormones）的化學物質到血流中，然後推動身體器官從事活動，例如在面臨壓力期間，腎臟頂端的腎上腺（adrenal glands）就分泌可體松（cortisol）荷爾蒙，這種化學物質的異常分泌，可能跟焦慮症以及情感性疾患有關。

生物異常的來源

為什麼有些人的腦部結構或生物化學活動，與常模不同？近年來，有三種因素特別受到注意——遺傳（genetics）、進化（evolution），及病毒感染（viral infections）。

遺傳基因與變態行為　腦部結構或化學作用的異常，有時是基因遺傳所帶來的結果。人類的腦部和身體，每個細胞都包含著 23 對染色體（chromosomes），每個成對的染色體，遺傳自個人的父母。每個染色體又包含許多的**基因**（genes）——控制個人遺傳上的特質或特徵。每個細胞總共包含 3 萬到 4 萬的基因（Andreasen, 2005, 2001）。多年來科學家已知道，基因會決定身體上的特徵，如頭髮顏色、身高，以及視力。基因可以使人容易得到心臟病、癌症，或糖尿病，甚至使一個人擁有藝術或音樂的技能。

　　研究指出，遺傳也在情感性疾患、精神分裂症、智能障礙、阿茲海默氏症，以及其他的心理疾患扮演某種角色。然而，也有少數的例外，研究人員還不能確定哪一個特殊的基因，確實是這些障礙的元凶（Joseph, 2006）。他們也還不了解基因促成各種心理疾患的程度。似乎在大部分的情況，幾個基因組合起來，會產生我們的行動或反應，不管是正常或異常的功能。

　　近年來，許多基因能促成心理疾患，已經變得更為清楚。這些成果部分要感謝，在 2000 年的人類基因組方案（Human Genome Project）。在這個重大的工作裡，科學家運用分子生物學的工具，去繪圖、排列所有人類身體的基因細節。由於手邊有這種資訊，研究人員希望最後能夠預防或改變，那些引起身體疾病或心理疾患的基因（DeLisi & Fleischhaker, 2007; Holman et al., 2007）。

　　進化和變態行為　促成心理疾患的基因，通常被認為是不幸的出現——幾乎是遺傳的錯誤。有問題的基因可能是由於突變（mutation）——一種不適當基因的異常型態，由意外事件而出現；或是一個人可能遺傳了有問題的基因，它在開始進入這個家族系之後發生突變。不過，有些理論學家認為，促成變態功能的許多基因，事實上是正常進化（evolutionary）原則的結果（Fábrega, 2007, 2006, 2004, 2002）。

　　大體而言，進化理論家主張，人類的反應或基因造成的反應，因為幫助人們茁壯的成長和適應，已經經歷一段長期的過程。例如：祖先們能快速的奔跑或巧妙的躲藏，就最能夠逃避他們的敵人及繁殖。因而，基因造成有效的走、跑或解決問題時，就特別有可能由一代傳到另一代，直到今天。

　　有關變態功能的進化論見解，是依循相同的邏輯。根據進化學家的說法，經歷懼怕的學習能力，以及許多的實例，仍然是適應的結果。懼怕可以警告人們注意到危險、威脅及損害，以使人們能夠避開及逃離可能的問題。對危險特別敏感的人——對懼怕有較大反應的人——更可能在大災難或戰爭中生存，同樣的也更能繁殖，因而遺傳他們的懼怕基因。當然，今天世界上的壓力比過去更多、更微妙且複雜，許多有這種基因的人，陷入幾近無止境的恐懼及警覺的洪流中。就是說，這個幫助他們祖先生存和生殖的基因，現在可能留給人們特殊的懼怕反應和焦慮症的傾向。

　　事實上，今天的進化論學家更關心多種因素的結合——過去的適應行為、基因，以及基因和目前環境事件之間的交互作用（Fábrega, 2007, 2006, 2004, 2002）。儘管範圍很廣，進化論的觀點在臨床領域還有爭議，而且被許多生物學及非生物學的理論家拒斥。由於觀點不精確，而且有時不可能達成，這種天降神蹟的解釋，使許多科學家不能接受。雖然如此，由於基因的發現和理解日漸增加、基因差異可能的原因，以及它們和目前環境如何發生關聯也愈來愈受關注，使進化理論受到相當多的注意。

　　病毒感染和變態行為　腦部結構異常和生化作用功能失常，另外可能的來源

是病毒感染（viral infections）。例如：在第十四章將會探討的精神分裂症，研究人員指出它是一種有明顯的妄想、幻覺及脫離現實的疾患，可能是患者在幼兒期或出生前子宮內，曝露在某些病毒下有關（Meyer et al., 2008; Shirts et al., 2007; Koponen et al., 2004）。研究已發現，許多此種疾患者的母親，懷孕期間感染流行性感冒或相關的病毒。這些和相關的環境證明指出，損害性的病毒會進入胎兒的腦部，蟄伏停留到一個人的青春期或青年期，那時受到荷爾蒙變化的激發，或是其他的感染，病毒可能產生精神分裂症的症狀。在過去十年中，研究人員有時把病毒和焦慮疾患、情感性疾患，以及精神病相連結（Dale et al., 2004; Kim et al., 2004）。

生物的治療

當生物的實務工作人員要了解變態行為時，他們會仔細地尋找某些線索。此人的家庭有沒有這種行為問題的歷史，因此有可能是遺傳的傾向呢？（Philip Berman 的個案史，提到他的母親曾一度因憂鬱症而住院。）他行為的產生，是不是受到生理因素影響的結果？（Philip 在餐廳，因嫉妒引起憤怒，那時候他正在喝酒。）

一旦臨床工作者確定失功能的身體來源，他們就有較好的立場，運用生物的治療程序。今天有三種主要的生物治療，包括藥物治療（drug therapy）、電擊痙攣治療法（electroconvulsive therapy），以及神經外科（neurosurgery）。藥物治療是在這些方法中，最普遍的一種。

在 1950 年代，研究人員發現數種有效的**影響精神藥物（psychotropic medications**），這些藥物主要的效能，是影響情緒和思想的過程（見圖 3-4）。這些藥物大大的改變一些心理疾患的前景，而且今天已經被廣泛的使用。有的單獨使用，有的是跟其他的治療方法一起使用。然而，精神治療藥物的革命，也產生了一些重大的問題。許多人相信，這些藥物已經被過度的使用，而且雖然這些藥對許多個案很有效，但並不代表它能夠有效地治療每一個患者。

有四組主要的影響精神藥物：抗焦慮症、抗憂鬱症、抗雙極性情感疾患，以及抗精神病的藥物，被使用在治療中。**抗焦慮藥（antianxiety drugs**）又稱為**效力輕微的鎮靜劑或抗焦慮劑（minor tranquilizers or anxiolytics**），用來減輕緊張和焦慮；這些藥物包括 lorazopam（商品名為 Atavan）、alprazolam（Xanax）和 diazepam（Valium）。**抗憂鬱藥（antidepressant drugs**）是用來幫助憂鬱症的人改善他們的心情；這些藥物包括 sertraline（Zoloft）和 fluoxetine（Prozac），以及 escitalopram（Lexapro）。**抗雙極性情感疾患藥（antibipolar drugs**）也稱為**情緒穩定劑（mood stabilizers**），是用來幫助心情擺盪於躁狂和憂鬱的雙極性情感疾患者，情緒的穩定；這類最廣泛使用的藥物之一，是鋰鹽（lithium）。**抗精神病藥（antipsychotic drugs**）是用來減少精神病的混亂、幻覺，以及妄想，患者顯著的特徵是脫離現實；最常使用的抗精神病藥是 quetiapine（Seroquel）、

臨床前階段（5年）
新藥品被發展及鑑定。藥品先進行動物試驗，通常是老鼠，以確定藥品是否安全及有效。

↓

臨床階段 I：安全篩選（1.5年）
研究者在人類受試者試驗藥品，以確定它的安全性。
- 受試人數：10～100
- 典型費用：一千萬美元

↓

臨床階段 II：初步測試（2年）
研究者在人類受試者實施研究，以確定藥品是否有最好的評價，及獲得預估的正確劑量及治療程序。
- 受試人數：50～500
- 典型費用：二千萬美元

↓

臨床階段 III：最後測試（3.5年）
研究者實施控制研究，以充分確定藥品的效力及重要的副作用。
- 受試人數：300～30,000
- 典型費用：四千五百萬美元

↓

FDA（美國食品及藥物管理局）復審（1.5年）
FDA復審調查，確定藥品批准或不批准。

↓

銷售後監督（10年）
藥品上市後，繼續測試及收集醫生的報告，製造公司必須報告非預期的長期效力及副作用。

圖 3-4 **新藥品如何到達市場？** 美國製藥公司由產生新發現的藥品到市場，平均要花14年及數千萬美元。製藥公司也必須小心遵從法律規定的步驟。

risperidone（Risperdal）和 haloperidol（Haldol）。

第二種生物治療方式，主要是用來治療憂鬱症病人，這種方法是**電擊痙攣治療法（electroconvulsive therapy, ECT）**。它是有兩條電極附在病人的前額，以65至140伏特的電流很快速地通過腦部。這個電流引起腦部的痙攣，持續幾分鐘。在經過七到九次的ECT療程，每次間隔二到三天，很多病人覺得憂鬱的情況有很大的改善。每年有數萬的憂鬱症病人使用這種治療法，尤其是那些對其他治療法無效的病人，更常使用（Eschweiler et al., 2007; Pagnin et al., 2004）。

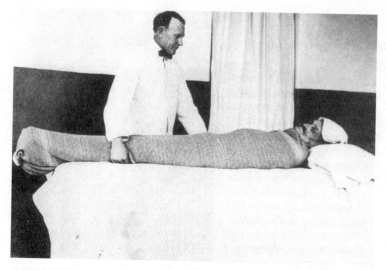

❁不久以前　在有效的抗精神病藥發現之前，精神病院的臨床工作人員，使用這種「濕布」（wet pack）技術，使激動的病人安定下來。

第三種生物治療方式，是**神經外科**（neurosurgery）或**精神外科**（psychosurgery），這是對有心理疾患的人做腦部手術。據說這種手術，是根源於顱骨環鋸術，在史前時期就已被使用，是一種在行為怪異者的頭骨上，鑿一個洞的做法。現代的手術是在 1930 年代，由葡萄牙的神經精神病學家 Antonio de Egas Moniz 最先發展。這個手術稱為腦葉切除術（lobotomy），是以手術切掉腦部額葉與腦部視丘之間連接的神經纖維。當今的精神外科程序，比過去的腦葉切除術更精確（Aouizerate et al., 2006）。即使如此，它們仍被認為是實驗性的，而且只能使用於採用其他方式，治療許多年也無效的嚴重疾患。

生物模式的評估

今天，生物模式贏得相當大的重視。生物的研究不斷地產生有價值的新資訊，而且當其他的治療法無效時，生物治療帶來極大的慰藉。然而，這種模式也有其缺點。有些生物治療的支持者，似乎是期望人類的行為都能用生物的名詞來解釋，以及用生物的方法來治療。這種觀點，可能限制而不是增進我們對變態功能的了解。我們的精神生活是一種生物和非生物因素的交互作用，了解這種交互作用，而不單單專注於生物的變項，是更為重要的。

此種模式的第二個缺點，是許多的證據指出，生物的解釋是不完整及未獲得結論的。例如：有很多腦部的研究是以動物為實驗對象，而這些動物的憂鬱、焦慮症狀或其他的異常，是由藥物、手術，或實驗的操縱所產生。研究人員不能確定，動物所經驗到的，跟人類研究的心理疾患是否相同。

最後，當今有些生物的治療，可能產生重大的不良結果。例如：某些抗精神病藥可能產生動作上的問題，如嚴重的顫抖、臉部和身體怪異的抽搐、極度的坐立不安。很明顯的，對於藥物的益處必須權衡，並考慮付出的代價。

心理動力的模式

心理動力的模式（psychodynamic model），是現代心理模式中最古老也最有

名的一種。心理動力理論家相信，一個人的行為不管是正常或異常，大部分是由一種潛在的心理力量所決定，而這種力量在個人意識上是不易察覺的。這些內在的力量稱為「動力」（dynamic），也就是，它們和另外一種動力發生互動；它們的交互作用就產生了行為、思想，以及情緒。變態的症狀可被視為，是這些心理動力之間衝突的結果（Luborsky, O'Reilly-Landry, & Arlow, 2008）。

　　心理動力理論家會認為，Philip Berman 是一個有衝突的人。他們就會探究他過去的經驗，因為根據他們的看法，心理的衝突與早期的人際關係，以及在兒童期發生的創傷經驗有密切關係。心理動力理論家是根據決定論（deterministic）的假設──沒有任何一種症狀或行為是「偶發的」，所有的行為是由過去的經驗所決定。因此，Philip 對他母親的懷恨、對母親殘酷和專橫、對父親軟弱和無能的記憶，以及當他 10 歲時弟弟的出生，都對他目前問題的了解相當重要。

　　心理動力模式，最先由維也納的神經學家 Sigmund Freud（1856-1939）在二十世紀初期建立。最初，Freud 跟另一位醫生 Josef Breuer（1842-1925）共同從事催眠和歇斯底里症的實驗，這類病人都有很奇怪的身體疾病，但是沒有明顯的醫學原因。在一個很有名的個案，Breuer 治療一位叫作 Anna O 的病人。她的歇斯底里症狀，包括腿部和右臂麻痺、耳聾，以及語無倫次。Breuer 把這個女人置於催眠狀態，預期在催眠狀態下給她的暗示，可幫助她消除歇斯底里症狀。然而，在催眠狀態之下，她開始談到過去的創傷事件，並表達她所感受到的強烈情緒。這種被壓抑記憶的發洩，似乎加強了治療的效果，Anna 稱它為「談話治療」。

　　根據這些早年的研究，Freud 發展出精神分析（psychoanalysis）理論，來解釋正常和異常的心理功能，及相應的治療方法──一種對談的方法，也稱為精神分析。在 1900 年代早期，Freud 和他在維也納精神分析社的幾位同事，包括 Carl Gustav Jung（1875-1961）以及 Alfred Adler（1870-1937），變成了西方社會最有影響力的臨床理論家。

Freud 如何解釋正常與變態的功能？

　　Freud 認為有三種主要的力量，形成一個人的人格：本能的需求、理性的思考，以及道德標準。他相信這些力量，都是在潛意識層運作，所以它們不能被輕易的意識到；而且他認為它們是有動力的，或是互相影響的。Freud 把這些力量稱為本我（id）、自我（ego），和超我（superego）。

本我

　　Freud 用**本我**（**id**）這個名詞，來表示本能的需要、驅力，及衝動。本我是根據唯樂原則（pleasure principle）來行事；也就是，它總是要尋求滿足。Freud 也認為所有本我的本能，傾向於性方面的滿足。我們注意到兒童在生命早期，其快樂來自母親的悉心照顧、排便、自慰或從事其他活動等等──這些活動，他認為

都有性的意義存在。他進一步指出，一個人的慾力（libido）或性的能量，提供了本我的動力。

自我

在早年的生活中，我們了解到環境無法滿足每個本能的需要。例如：我們的母親並不是經常可聽命於我們。因此，有一部分的本我分開，而變成**自我**（ego）。就像本我一樣，自我也是潛意識的尋求滿足，但它是根據現實原則（reality principle）行事，亦即透過經驗獲得的認識，了解坦率地發洩我們本我的衝動，是不能被接受的。自我使用理性來引導我們，去了解我們何時可以或不可以發洩那些衝動。

自我發展出的基本策略，稱為**自我防衛機轉**（ego defense mechanisms），用來控制不能被接受的本我衝動，以避免或減輕它們所引起的焦慮。最基本的防衛機轉──壓抑（repression），是避免不能接受的衝動到達意識層。當然，還有許多其他的自我防衛機轉，我們每個人往往偏向使用其中的某些機轉（見表3-1）。

超我

就像自我是從本我發展出來一樣，**超我**（superego）也是從自我發展出來。當我們從父母親學到，很多本我的衝動是不能接受的，我們潛意識地採取或內射（introject）父母親的價值觀。我們用他們的標準來評判自己。當我們遵從他們的價值，我們就感覺很好；反之，當我們違背了他們的標準，我們就覺得內疚。總而言之，我們發展出一種「良知」（conscience）。

根據 Freud 的說法，人格的三個部分──本我、自我、超我──經常有某種程度的衝突。一個健康的人格，是由三個動力形成一種有效的工作關係，亦即一種可接受的妥協。如果本我、自我，和超我過度的衝突，那麼這個人的行為就顯示出失功能的徵象。

Freud 學派的人，因此把 Philip Berman 看成是，人格力量有不良工作關係的人。他的自我和超我，不能控制本我的衝動，而導致他一再表現衝動和危險的行徑，包括自殺表現、嫉妒的盛怒、辭退工作、脾氣爆發，及與他人經常性的爭吵。

發展階段

Freud 指出，一個人從嬰兒到成熟的每一個發展階段中，都有新的事件或壓力向個人挑戰，而需要他的本我、自我、超我之間作適當的調適。如果調適非常成功，就會引導個人的成長；如果沒有，這個人就變為**固著**（fixated）或停滯在早期的發展階段。以後各階段的發展都會遭受到障礙，個人在未來會朝向異常的運作前進。因為父母親是個人早年生活環境的重要人物，他們經常被認為是不適

表 3-1　救援的防衛機轉

防衛措施	操　作	例　子
壓抑	一個人為了避免焦慮，而不讓痛苦或危險的想法進入意識層面。	一個經理想要發飆，並在董事會中攻擊董事長和同事，但他拒絕讓這種想法，進入意識層面。
否定	一個人拒絕承認外在焦慮來源的存在。	你對明天的期末考沒有充分的準備，但是你告訴自己，事實上這個考試並不重要，今晚沒有理由不看電影。
投射作用	一個人把自己不能被接受的衝動、動機或慾望，推到別人身上。	壓抑自己破壞性慾望的經理，可能把自己的憤怒投射到上司身上，並聲稱是他的上司對他懷有敵意。
合理化	一個人對行為編造能被社會接受的理由，事實上它反映出見不得人的動機。	一個學生對自己低劣的成績找藉口，說上大學的目的是要得到全面的經驗，太強調成績會妨礙全面的教育。
反向作用	一個人採取的行為，與他自己害怕承認的衝動恰恰相反。	一個男人有同性戀的感覺，卻採取一種堅決反對同性戀的立場。
替代	一個人把對某一危險對象的敵意，轉移到比較安全的替代者。	開車的人車位被占據之後，卻與室友發生爭吵，來發洩心中的憤怒。
理智化	一個人把情緒反應壓抑下來，對某一問題改用極度的邏輯反應。	一個女人被毆打及強暴之後，對這種暴力所帶來的影響，作一種與事分離而且過度理智的描述。
退化作用	一個人遇到非常不愉快的衝突事件，就退回到沒有人會期望他有成熟和負責行為的早期發展階段。	一個男孩因為對母親的拒絕非常生氣，但又無法應付這種憤怒的情緒，就退化到嬰兒的行為方式，在褲子上大小便，而且不再注意自己的基本需求。
昇華作用	一個人用社會能接受的方式，來發洩性方面及攻擊性的精力。	運動選手、藝術家、外科醫生，以及其他具有專業技能的人，可能由於把有害的精力，導入建設性的工作，而達到高度的成就。

當人格發展的原因。

　　Freud 將每個人格發展階段，以兒童在各階段影響最重大的身體部位或性感帶（erogenous zone）來命名。例如：他把人一生當中，最初的 18 個月稱為口腔期（oral stage）。在這個階段，兒童害怕餵養他或使他覺得舒適的母親不見了。有些兒童因為母親經常沒有滿足他們口腔的需要，可能就固著在口腔期，並顯示「口腔期性格」，一生中變成極端的依賴或極端的不信任別人。這種人特別容易發展憂鬱的傾向。正如以後各章所述，Freud 把固著連結到其他的發展階段——

肛門期（anal）（18 個月至 3 歲）、性器期（phallic）（3 至 5 歲）、潛伏期（latency）（5 至 12 歲），以及性徵期（genital）（12 歲至成人）──及其他種類的心理失功能。

其他心理動力的解釋與 Freud 的解釋有何不同？

由於 Freud 和他的同事們，在個人以及專業上有不同的看法，造成二十世紀初維也納精神分析社的分裂。Carl Jung、Alfred Adler 和其他人發展自己的新理論。雖然這些新理論在重要的觀點上，和 Freud 的見解有所不同，但是每種理論仍支持 Freud 認為人類的功能，是由動力的（交互作用）心理力量所形成的理念。因此，所有此類的理論，包括 Freud 的理論，都被稱為「心理動力」（psychodynamic）理論。

今天三種最有影響力的心理動力理論，是自我理論（ego theory）、自我論（self theory）及客體關係理論（object relations theory）。**自我理論家**（**ego theorists**）強調自我（ego）的角色，並且認為它比 Freud 所提到的自我，更獨立和更有力量（Sharf, 2008）。**自我論理論家**（**self theorists**）強調發展健康的自我關注，及對個人自己（self）所扮演的角色，給與更多注意的重要性──自我是一個統合的人格，而不是組成人格的成分。他們認為人類的基本動機，是要保存並且增強自己的完整性（Luborsky et al., 2008; Kohut, 2001, 1984, 1977）。**客體關係理論家**（**object relations theorists**）提出，人主要是由與他人有親密關係的需求引起動機，而兒童和他們的照顧者之間的關係如果有嚴重問題，可能導致異常的發展（Luborsky et al., 2008; Kernberg, 2005, 2001, 1997）。

心理動力的治療

心理動力治療的範圍，從古典的 Freud 精神分析，一直到以自我論或客體關係理論為根據的現代治療法。所有這類治療，都是要揭開過去的創傷經驗，以及由它們引起的內在衝突。他們都要協助病人解決或擺平那些衝突，再開始個人的發展。

根據多數心理動力治療師的看法，要尋求心理的洞察，不能夠急就章，或強人所難。治療師必須不著痕跡地指導病人探索自己的病情，使病人可以自己去發現潛在的問題。要從事這種過程，治療師依賴這些技術，如自由聯想、治療師的解析、宣洩，以及修通。

🍃 自由聯想

在心理動力治療當中，病人要負責開始及引導每個討論。治療師要病人去描述，任何在內心出現的思考、感覺，或影像，即使它看起來是不重要或無關係的。這種方法稱為**自由聯想**（**free association**）。治療師期望病人的聯想，最後

能夠揭開潛意識的事件,以及潛在的動力。以下是自由聯想如何幫助一個紐約的病人,發現她本身的威脅性衝動和衝突:

病　　人:所以我開始走,一直走,而且決定要走到博物館的後面,然後穿過中央公園。我走到一個比較偏僻的田野,覺得非常興奮而且感覺很好。我看到小樹叢的旁邊,有一張長板凳,我就坐了下來。在我身後有一些沙沙的聲音,使我非常的害怕。我想有男人躲藏在這個樹叢裡面。我想到在報紙上讀過有關中央公園的性變態者。我想是不是有人在我的身後暴露自己的身體。這個想法是令人厭惡的,但也使我興奮。這時,我想到我的父親,而且感到興奮。我想到勃起的生殖器。這件事與我的父親有關聯,且壓迫我的心。我不知道它是什麼東西,好像是在我的記憶邊緣。(停頓)

治療師:嗯哼。(停頓)在妳的記憶邊緣?

病　　人:(病人呼吸非常的急促,而且看起來相當緊張。)當我是一個小女孩的時候,我跟我的父親睡覺。我有一種很奇怪的感覺。在我的皮膚上有一種很奇特的感覺,有一種刺痛的感覺。它是一個非常奇怪的感覺,就像是失明一樣,什麼都看不到。我的心靈變得很模糊,而且這延伸到任何我看到的事情。我在公園裡面散步的時候,這一種感覺也斷斷續續的。我的思考似乎是空白的,就像是我不能想或不能吸收任何事情一樣。

(Wolberg, 1967, p. 662)

治療師的解析

　　心理動力治療師在病人講話時,都仔細地聽,同時尋找線索、下暫時的結論,然後當病人心理準備聽時,分享他的解釋。解析有三個特別重要的現象:阻抗、移情作用,以及夢。

　　當病人突然不能自由地聯想,或改變話題來避免痛苦的討論時,病人正顯示出**阻抗**(resistance),一種潛意識的拒絕完全地參與治療。當他們對心理師的行為或感覺,就像過去對他們生活中重要人物的行為或感覺一樣,尤其是父母、兄弟姊妹,或配偶,他們是顯示出**移情作用**(transference)現象。我們再來看看在中央公園散步的女人。當她繼續談話的時候,這個治療師就幫助她探索她的移情。

病　人：我對眼前所碰到的情形實在非常的興奮。我覺得我要抑制自己，以顯示我是一個很有教養的人。我真希望有時候能夠好好的放鬆一下，但是我辦不到。

治療師：因為妳害怕我的反應嗎？

病　人：最壞的事情就是你會不喜歡我。你不會再友善的跟我談話；你就不會再微笑；你就會覺得你不能再為我治療，不再鼓勵我來治療。但是我覺得並不是這樣，我知道這種情形。

治療師：妳想的這些態度是從哪裡來的？

病　人：當我 9 歲的時候，我讀到歷史上許多偉人的故事。我會引用他們的事蹟，而且把生活變得戲劇化。我要有一把寶劍在身邊；我打扮成一個印第安人。媽媽會再三的責罵我：不要皺眉頭，不要講那麼多話、做妳的事，不斷的重複。我做了各種不同的事情。我是一個調皮的孩子。她告訴我，我會受傷。14 歲的時候，我從馬背上摔下來，而且摔傷我的背部，我必須躺在床上。然後媽媽告訴我，在我要去騎馬那一天，她叫我不要去，她說我會受傷，因為地面結了冰。我是一個固執而且自以為是的孩子。我違背了她的願望，而且遭到意外，背部的骨頭斷裂，從此改變了我的一生。她的態度是：「我告訴過妳了。」我架上了石膏，而且躺在床上好幾個月。

（Wolberg, 1967, p. 662）

最後，很多心理動力治療師，會試圖幫助病人解釋他們的**夢**（dreams）（見圖 3-5 及表 3-2）。Freud（1924）把夢視為是「通往潛意識的最佳途徑」。他相信在睡覺的時候，一個人的壓抑和其他防衛機轉較少完全的運作，因此夢如果能夠正確的解釋，可以顯示出潛意識的本能、需要，以及願望。Freud 確認兩種夢的內涵，一種是外顯的，另一種是隱藏的。顯性內容（manifest content）是意識上記得的夢的情節，隱性內容（latent content）是夢的象徵意義。要解釋夢，治療師要把顯性內容轉譯成隱性內容。

宣洩

洞察是情緒的，也是智慧的過程。心理動力治療師認為，病人必須經驗到**宣洩**（catharsis），即一種過去被壓制感覺的釋放，期能解決內在的衝突，並克服他們的問題。

表 3-2 調查受試者常見的夢之百分比

	男人	女人
被追逐，沒有受傷	78%	83%
性的體驗	85	73
墜落	73	74
學校、老師、學習	57	71
到得太晚，如搭火車	55	62
瀕臨墜落	53	60
重複做某件事	55	53
一個人生不如死	43	59
在空中飛舞	58	44
感應生動的靈異	44	50
考試不及格	37	48
身體被攻擊	40	44
受驚嚇而呆住	32	44
一個人現在孤寂的生活	37	39
再當小孩	33	38

資料來源：Kantrowitz & Springen, 2004.

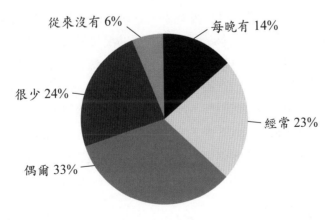

圖 3-5 **記得夢境** 雖然多數的成人每晚作幾次夢，但只有 14% 的人能記住每晚的夢，30% 的人很少或完全想不起他們的夢，兒童能回想夢境的很少（摘自 Kantrowitz & Springen, 2004; Strauch, 2004）。

🍃 修通

　　單獨一段經歷的解釋和宣洩，並不能改變一個人運作的方式。病人和治療師必須在很多次的療程中，一再地檢查同樣的問題，使每次對問題有更清楚的了解。這種過程稱為**修通**（**working through**）。它通常需要花很長的時間，往往要好幾年。心理動力治療的安排，是一個星期一次——是目前常見的安排形式。它是現在所稱的心理動力治療（psychodynamic therapy），或精神分析治療（psycho-analytic therapy）。精神分析的名稱，或只稱為分析，則只是指每天都要接受治療的情況。

🍃 心理動力治療的現代趨勢

　　心理動力治療的本質在繼續的演變。過去三十年已證實了一些真實的改變，尤其是在許多心理動力治療師的治療過程。由於聚焦在特殊問題及限制時間的需求增加，致使心理動力在治療上，努力尋求更有效率及成本效益。兩種現代的心理動力方法：短期心理動力治療（short-term psychodynamic therapy）及關係精神分析治療（relational psychoanalytic therapy），說明這種趨勢。

　　短期心理動力治療　有一些短期心理動力治療的形式，是病人選擇單一的問題——針對動力方面問題——並設法解決此問題，例如：與他人和睦相處有困難（Charman, 2004）。治療師和病人在整個治療中，集中精神在這個問題上，且只處理與心理動力有關的問題（譬如，未解決的口腔期需求）。只有少部分的研究，檢驗短期心理動力治療的有效性，但他們的發現確實指出，此法有時對病人相當有益（Present et al., 2008; Crits-Christoph et al., 2005）。

　　關係精神分析治療　雖然 Freud 認為心理動力治療師，在治療過程應該保持中立、疏遠的專家角色。有一個心理動力治療的現代學派，稱為**關係精神分析治療**（**relational psychoanalytic therapy**），主張治療師是病人生活中的重要人物——他的反應和信念應包括在治療過程的人物（Luborsky et al., 2008; Reis, 2005; Levenson, 1982）。在關係治療中，病人對那些發生在治療中的感受，被認為能透露他們長期的關係問題，因此，病人和治療師專注於治療的關係上，就能獲得有價值的洞察。關係治療的主要原則，是治療師也應表露他們的想法，尤其是他們對病人的反應，並且努力和病人建立更平等的關係。

心理動力模式的評估

　　Freud 與他的追隨者，對人類了解變態功能的方式，帶來重大改變（Corey, 2008）。由於他們的工作成果，今日有許多理論家在研究和治療方面，尋找答案和解釋時，超越生物的過程。心理動力理論家也幫助我們了解，變態的功能和正常的功能，可能是根源於同樣的過程。心理的衝突是一種常見的經驗，只有過度

的衝突,才會導致變態的功能。

　　Freud 和他的追隨者,在心理治療上有很多不朽的影響。他們是最先有系統的運用理論及技術,來從事治療的人。他們也是最先顯示,與生物治療相反的心理治療潛能,而且他們的概念變成許多其他心理治療方式的起點。

　　然而,心理動力模式也有某些重大的缺陷。他們所根據的概念很難界定及探究(Nietzel et al., 2003)。因為有些過程,如本我驅力、自我防衛,以及固著等非常的抽象,而且臆測是在潛意識層運作,因此,我們沒有辦法知道它們是否確實發生。也因此,心理動力的解釋和治療很少有研究的支持,心理動力理論家和治療師,大部分被迫依賴個案研究所提供的證據。然而,最近的證明指出,長期的心理動力治療,對許多有長期複雜疾患的病人有幫助(Leichsenring & Rabung, 2008),而且今天有 15%的臨床心理師,認為他們自己是精神分析的治療師(Prochaska & Norcross, 2007)。

行為的模式

　　就像心理動力理論家一樣,行為理論家也相信,我們的行動大部分是決定於我們生命中的經驗。然而,行為模式(behavioral model)完全集中在「行為」上,也就是有機體對環境的反應。行為可以是外在的(如,去上班),或內在的(如,感受或思想)。從行為的觀點來看,人們是他們所學行為的總體。因此,行為理論家把他們的解釋和治療,建立在學習原理(principles of learning)上——行為改變是對環境反應的過程。

　　很多習得的行為,可以幫助人們因應日常的挑戰,而且把人們帶入一個愉快的、具有生產力的生活。但是,變態行為也可能是學來的。行為學家解釋 Philip Berman 的問題,可能認為他是一個沒有得到適當訓練的人:他學到冒犯別人及重複地做出不利自己的行為。

　　心理動力模式,源自於醫生們的臨床工作;行為模式是開始於實驗室,心理學家在實驗室從事**制**

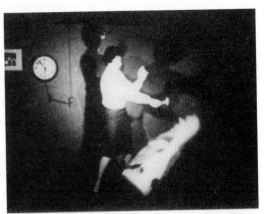

⭐**觀察和行動**　模仿可用來解釋某些變態的行為形式。Albert Bandura 和他的同事(1963)的著名研究證明,兒童觀察大人毆打一個玩偶,他也學會虐待玩偶。而另外一些沒有看過大人凌虐玩偶的兒童,則不會虐待玩偶。

約（conditioning）的實驗。制約是一種簡單的學習形式，研究人員操縱刺激（stimuli）和獎賞（rewards），然後觀察操縱的結果如何影響受試者的反應。

在 1950 年代期間，很多臨床工作人員，看到含糊籠統以及緩慢的心理動力模式，使他們非常的挫折。他們有些人就開始運用學習原理，研究和治療心理的問題。他們的努力導致變態的行為模式興起。

行為主義學家如何解釋變態的功能？

學習理論家已確認幾種制約的形式，而且每一種制約，都可能產生變態的行為和正常的行為。例如：在**操作制約**（operant conditioning）中，人類和動物由於受到獎賞——任何滿足的後果——他們學到以某種方式來表現行為。在**模仿**（modeling）中，個人僅經由觀察他人並重複他們的行為，就能學到某些反應。

第三種形式的制約學習，稱為**古典制約**（classical conditioning），這種學習的發生，是經由時間上的連結。當兩個事件一再地緊密出現時，它們在一個人的心裡結合起來，不久這個人對這兩種事件，都會產生相同的反應。如果一個事件帶來快樂的反應，另外一個事件也會有同樣的結果；如果一個事件帶來釋放的感覺，那麼其他的事件也會有同樣的效果。我們更進一步看看這種形式的制約，說明行為模式如何解釋變態的功能。

Ivan Pavlov（1849-1936）是俄國一位有名的生理學家，第一位以動物研究顯示古典制約的學者。他在一隻狗的面前放了一碗肉粉，所有的狗對肉都會產生一種自然的反應：牠們開始流口水（見圖 3-6）。接著 Pavlov 加上一個步驟：在呈現肉粉之前，響起鈴聲音。在幾次的鈴聲以及肉粉配對出現之後，Pavlov 注意到，狗一聽到鈴聲就開始流口水。這條狗已經學習到對聲音反應出流口水的行為。

圖 3-6　為 Pavlov 工作　在 Pavlov 的實驗裝置中，狗分泌的唾液經由一條管線收集，其數量是由波動曲線記錄器的旋轉圓筒，加以記錄。實驗者透過單向玻璃窗來觀察這隻狗。

在古典制約的詞彙中，肉是一種非制約刺激（unconditioned stimulus, US）。它引發流口水的非制約反應（unconditioned response, UR），也就是，流口水是這條狗生而具有的自然反應。鈴聲是制約刺激（conditioned stimulus, CS），一種以前的中性刺激，因為跟肉一再地連結配對，在狗的內心兩者已連結在一起，因為如此，它也引發流口水的反應。當流口水的反應是由制約刺激，而不是由非制約刺激所引發，就稱為制約反應（conditioned response, CR）。

制約以前	制約以後
CS：聲音 → 沒有反應	CS：聲音 → CR：流口水
US： 肉　→ UR：流口水	US： 肉　→ UR：流口水

古典制約也可用來解釋許多熟悉的行為。例如：一個年輕人聞到女朋友的香水味，引起了羅曼蒂克的感覺，就代表一種制約反應。最初香水對他並不會引起太多情緒上的反應，但是因為香水在過去幾次，與女友羅曼蒂克的約會時都出現，以後只要聞到香水味，就會引發羅曼蒂克的反應。

異常的行為也可經由古典制約來養成。例如：一個小男孩一再地被鄰居養的一隻大德國牧羊犬嚇到。每當這個孩子走過鄰居的前院，這條狗就大聲吠並衝向他，還好牠被繩子綁住。在這個不幸的處境中，男孩的父母親對他發展出怕狗的情緒並不驚訝。不過他們困惑的是，男孩顯示出另一種極端的恐懼，就是怕沙。他們不能了解，為什麼他們每次帶他去海灘，他就會大哭而且恐懼尖叫，即使只是沙子碰到他的皮膚。

這種怕沙的心理是從哪裡來的呢？是古典制約。原來是鄰居的院子裡放置了一個大沙盒讓這條狗玩。每次這條狗大聲吠，而且衝向這個孩子時，這個沙盒也在那裡。經過沙盒和狗一再地配對，這個孩子就怕沙，也怕這條狗。

行為的治療

行為治療法的目的，是要找出造成個人問題的行為，然後運用古典制約、操作制約，以及模仿的原理原則，建立更適當的行為，以取代那些問題行為（Wilson, 2008）。治療師對患者的態度是：他是老師，而不是醫治者。

例如：古典制約的治療，可以用來改變對某一個特殊刺激的異常反應。**系統減敏感法**（systematic desensitization）就是這些方法中的一種，經常用來治療恐懼症（phobia）──一種特殊及不合理的懼怕。在這種漸進的程序中，患者要學習平靜的反應，而不是對恐懼的事物或情境強烈的害怕（Wolpe, 1997, 1995, 1990）。首先，患者經過幾個療期的課程，被教導有關放鬆的技術。接著他們建立一種恐懼階層表（fear hierarchy）──害怕的物體或情境表。開始從那些最不害怕的，一直排列到最害怕的。以下是對一個怕被批評的人，尤其是有關他的精神穩定性，所設計出來的階層表：

1. 朋友在街上碰到他說：「嗨！你好嗎？」
2. 朋友在街上碰到他：「你這幾天感覺如何？」
3. 姊姊：「你要小心一點，他們才不會把你送到醫院去。」
4. 太太：「你在吃藥的時候，不應該喝啤酒。」
5. 母親：「到底是怎麼一回事啊？你心情不好嗎？」
6. 太太：「這都是你自己的事情，這些事情都是你自己想出來的。」
7. 加油站服務員：「你為什麼這樣抖動呢？」
8. 鄰居來借掃把：「你的腿有什麼問題嗎？你的膝蓋怎麼在抖動？」
9. 工作中的朋友：「你今天的血壓怎麼樣啊？」
10. 加油站服務員：「你今天發抖得很厲害，你是不是發狂了？或有什事情呢？」

（Marquis & Morgan, 1969, p. 28）

　　減敏感法的治療師，接下來要患者在非常放鬆的情況下，以想像或實際的方式，面對階層表中的每一個項目。然後再逐步把他所害怕的事項和放鬆配對，患者可提升階層表的項目去逐一體驗，直到最後他能面對每個項目而不會感到害怕。在第五章我們就可以看到，系統減敏感法以及其他古典制約技術的研究，已顯示它們可以很有效地治療恐懼症（Buchanan & Houlihan, 2008; Coldwell et al., 2007）。

行為模式的評估

　　從 1950 年代以來，行為臨床工作人員的數量就逐漸地增加，而且行為模式在臨床界中，變成一股具有影響力的主流。過去幾年來，各種不同的行為理論被提出，很多的治療技術也被發展出來。如圖 3-7 所示，今天大約有 10% 的臨床治療師報告，他們的治療方法主要是採取行為模式（Prochaska & Norcross, 2007）。

　　或許行為模式最具吸引力的地方，是治療效果通常可以在實驗室中檢驗，而心理動力理論沒有辦法如此印證。行為學家的基本概念——刺激、反應，以及獎賞——都是可以被觀察和測量的。更重要的是，研究結果對行為模式提供相當大的支持。實驗者成功的運用學習原則，使實驗室的受試者產生臨床症狀，指出心理疾患也可以用同樣的方法發展出來。此外，研究已發現，行為治療對有特殊怕懼、強迫行為、社會技能缺乏、智能障礙，以及其他問題，都有相當的幫助（Wilson, 2008）。

　　然而，研究也顯示出此模式的缺點。的確，有些行為的研究人員，可在受試者身上引起一些特殊的症狀，但這些症狀是否通常都以此種方式獲得？到目前為止，並沒有明確的證據指出，多數有心理疾患者，是不適當的制約所造成的犧牲

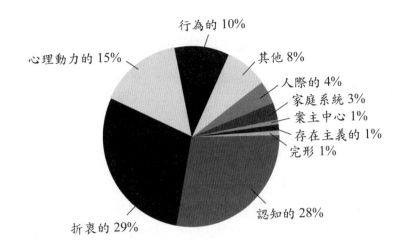

行為的 10%

其他 8%

心理動力的 15%

人際的 4%

家庭系統 3%

案主中心 1%

存在主義的 1%

完形 1%

認知的 28%

折衷的 29%

圖 3-7　**現今臨床心理師的理論取向**　一個調查顯示，29%的心理師自認理論取向是「折衷的」；28%認為自己是「認知的」；15%認為自己的取向是「心理動力的」（摘自 Prochaska & Norcross, 2007）。

者。同樣的，行為治療法也有它的限制。須注意的是，在治療師辦公室給病人帶來的進步，並不一定能夠延伸到實際的生活中。我們也不能說他們的治療效果可以持久，而不需再接受治療。

　　最後，有些批評認為行為模式的觀點，過分單純化，它的概念不能解釋人類行為的複雜性。在 1977 年，行為主義的學者 Albert Bandura，早先認為模仿是制約過程的重要部分，他認為一個人要感覺快樂，而且有效的行使職責，必須發展一種積極的**自我效能**（**self-efficacy**）感。那就是，他必須知道他能掌控和表現，在任何必要時所需要的行為。在 1960 和 1970 年代，另外一些行為主義者，也同樣的認識人類所從事的認知行為，例如：預期和解釋——以前的行為理論和治療，大部分忽略的思考方式。這些研究人員發展出認知—行為（**cognitive-behavioral**）的解釋，考慮看不見的認知行為（Meichenbaum, 1993; Goldiamond, 1965）。而且**認知—行為治療**（**cognitive-behavioral therapy**）幫助患者，改變他們產生不良後果的行為，以及功能失常的思考方式。

　　認知—行為理論家和治療師，在行為模式和認知模式之間搭起橋樑，這是我們接下來要討論的觀點。在某一方面，他們的解釋和治療大部分是根據學習的原理。例如：有些理論專家相信，認知的過程是由古典制約、操作制約和模仿而學來的。另一方面，多數的認知—行為理論家，也和其他的認知理論家有共同的信念：思考能力是人類功能方面最重要的一部分。

認知的模式

Philip Berman 跟我們每一個人一樣，都有認知（cognitive）能力——去思考、記憶和預測的特殊智能。這些能力可以幫助他在一生當中達成相當的成就。但是，這些能力也可能造成對他不利的情況。當 Philip 想到過去的經驗時，他可能發展出錯誤的想法。他可能把過去的經驗作錯誤的解釋，導致作出拙劣的決定、不適當的反應和痛苦的情緒。

在 1960 年代初期，有兩位臨床心理學家 Albert Ellis（1962）和 Aaron Beck（1967），提出認知過程是一個人行為、思考、情緒的中心，我們要了解變態的功能，最好是審視他們的認知——就是我們所謂認知模式（cognitive model）的觀點。Ellis 和 Beck 認為臨床工作人員，必須詢問患者一些問題：有關扭曲患者的知覺、耗盡個人精神的思考，及導致他們結論的假定和態度。其他的理論家和治療師很快的接受他們的說法，及擴展他們的觀點和技術。

認知理論家如何解釋變態的功能？

根據認知理論家的觀點，變態的功能可能來自幾種認知的問題。有些人可能採取某些困擾、不正確的假定（assumptions），和態度（attitudes）（Beck & Weishaar, 2008; Ellis, 2008）。例如：Philip Berman 似乎經常假設，他的過去迫使他處於一種無法逃脫的情境。他總認為他是父母的犧牲者，不僅現在或許直到永遠，他都是被過去的歷史所牽絆。他似乎對每一種新的經驗和人際關係，都期待著失敗和災難。

根據認知理論家的說法，不合邏輯的思考過程（illogical thinking process）是另外一種變態功能的來源。例如：Beck 發現，有些人一再以不合邏輯的方式思考，並作出使自己失敗的結論（Beck & Weishaar, 2008）。我們在第八章就可看到，Beck 確認一些通常發現在憂鬱症者的不合邏輯的思考過程，例如：過分推論（overgeneralization），就是根據單一的事件作廣泛的負面結論。有一位憂鬱的學生，在歷史課中，無法記得哥倫布（Columbus）第三次航行到美國的日期。由於過分推論，她花了一整天絕望地思考這一個無法克服的差錯。

認知的治療

根據認知治療師的說法，有心理疾患的病人，可以發展出一些新的、而且更有功能性的思考方式，來克服他們的問題。因為各種不同的變態類型，可能涉及各種不同的認知功能失常，所以認知治療師發展出一些認知策略。例如：Beck 已發展出被廣泛使用在憂鬱症個案的治療方法（Beck & Weishaar, 2008; Beck, 2004, 2002, 1967）。

Beck 的方法，可以簡單的稱為**認知治療**（cognitive therapy）。此法是治療師幫助患者，認識支配他們思考的負面想法、偏見的解釋及邏輯上的錯誤。根據 Beck 的說法，這些思考方式會使他們感到憂鬱。治療師也要指導患者，挑戰自己失功能的思考、試驗新的解釋，並最後應用新的思考方式在日常生活中。我們在第九章可以看到，憂鬱症患者使用 Beck 的方法治療，比起那些沒有接受治療的人，有更大的進步。

以下摘錄一位認知治療師，指導一個 26 歲患憂鬱症的研究生，了解她解釋過去經驗、感覺的方式及質疑解釋的正確性之間的關聯：

治療師：妳怎麼看待這件事情呢？

病　人：當事情出錯時我就覺得很憂鬱，就像我考試不及格一樣。

治療師：為什麼考試不及格就使妳憂鬱呢？

病　人：如果我考試不及格，就不可能進入法學院。

治療師：所以說考試不及格對妳而言是一件重大的事情。但是考試不及格就會把一個人帶入一個臨床的憂鬱中嗎？妳是不是說每一個人考試不及格，就會有憂鬱呢……？是不是每個考試不及格的人，都會變得憂鬱而需要治療呢？

病　人：並不是這樣，它要根據考試對這個人的重要性如何而定。

治療師：對，那麼誰來決定它的重要性呢？

病　人：我，我決定。

治療師：如果是這樣，我們要檢討妳對這個考試的觀點是怎麼樣，或說妳對這個考試有什麼想法，而且要了解這對妳進入法學院會有什麼影響。妳同意嗎？

病　人：對……

治療師：現在，考試不及格對妳來說，意謂著什麼？

病　人：（含著淚）那就是說我進不了法學院。

治療師：那麼這樣對妳來講是代表什麼？

病　人：那就是說我不夠聰明。

治療師：還有其他的理由嗎？

病　人：那麼我就會不快樂。

治療師：那麼這些想法，使妳有什麼感覺？

病　人：非常的不快樂。

治療師：所以說考試不及格使妳非常的不快樂。事實上，妳相信妳永遠不會快樂，是妳不快樂的重要因素。所以，妳使自己掉入了一個陷阱──「不能進入法學院，我就不會快樂」。

(Beck et al., 1979, pp. 145-146)

認知模式的評估

　　認知模式已經引起廣大的注意。除了多數的認知─行為臨床工作人員，應用認知和學習原理在他們的工作上，許多認知實務工作人員，只集中注意在患者的解釋、態度、假定及其他的認知過程。今天的臨床心理師，約有28%認為他們是使用認知治療（Prochaska & Norcross, 2007）。

　　認知模式的受歡迎有幾個理由。第一，他們專注在人類的獨特性，也就是人類的思考過程。因此，許多背景不同的理論家，也都投入這種模式，認為思考是正常或變態行為的主要原因。

　　認知理論家本身也從事各種不同的研究。研究人員發現，很多有心理疾患的人，的確作出理論家所提出的各種假定和錯誤的思考（Ingram et al., 2007; Brown & Beck, 2002）。但是，另外一個造成認知模式流行的理由，是認知治療及認知行為治療，有非常良好的治療效果。例如：它們已經顯示對憂鬱症、恐慌症、社交恐懼症，以及性功能障礙的治療非常有效（Beck & Weishaar, 2008）。

　　然而，認知模式也有一些缺點。第一，雖然失常的認知過程，被發現在許多變態的類型，但它們扮演的精確角色，尚未被確定。一個心理有障礙的人，其認知方式可能是一種結果，而不是導致他們心理障礙的原因。第二，雖然認知治療及認知─行為治療對很多病人相當有效，但不一定對每個人都有幫助。對一個心理功能失常的人而言，是否改變認知的方式就足夠？這種特殊的改變，是不是能夠使人們的感覺和行為，產生一般性和永久性的差異？愈來愈多的研究指出，Beck 和其他認知理論家提出的認知改變，不是經常能夠達成（Sharf, 2008）。

　　反映這些缺點，一個認知及認知─行為治療的新團體，有時稱為新浪潮（new wave）的認知治療，在最近幾年已經出現。這些新方法，例如：廣泛被使用的接受與現實療法（Acceptance and Commitment Therapy, ACT），它幫助患者能接受他們許多有問題的思想，而不去評判它、照章行事或嘗試徒勞的改變（Hayes et al., 2004; Hayes, 2002）。希望藉著承認原有的思想──僅僅是思想──最後患者經由他們的知覺，讓它們能被接受，不會特別對他們造成困擾。我們在第五章會看到，ACT 和新浪潮的認知治療，經常應用以內觀為本（mindfulness-based）的技術，幫助患者達到這種接受。這些技術經常借用冥想的形式，稱為自覺冥

❀臨床的先驅者　Aaron Beck 提出，許多異常的行為形式，可追溯到認知因素，如令人心煩的想法及不合邏輯的思考。

想（mindfulness meditation）。它教導一個人在冥想中，注意來自他們心中的思想和感覺，並以不批判的方式接受這些想法。早期的研究顯示，ACT 和新浪潮的認知治療，實際上在治療焦慮和憂鬱很有幫助（Hayes et al., 2004）。

　　最後認知模式的缺點，就像其他的模式一般，在某些方面相當的狹窄。雖然認知是人類一個非常特殊的層面，但它也只是人類功能當中的一部分而已。人類是不是僅是思考、情緒及行為的總和？我們在解釋人類的功能時，是否也要考慮到更廣泛的問題，如人們如何處理他們的生活、他們從哪裡得到他們的價值觀，以及他們如何處理人生意義的問題？這些都是人本—存在主義觀點的立場。

人本—存在主義的模式

　　Philip Berman 不只是他的心理衝突、習得的行為，或認知的總和。作為人類的一份子，他也有能力去追求哲理上的目標，如自我意識、強固的價值、人生的意義，以及選擇的自由。根據人本和存在主義理論家的看法，Philip 的問題，只能從這些複雜的人生目標來了解。人本和存在主義理論家，通常組合在一起——一種稱為人本—存在主義模式（humanistic-existential model）的取向——因為他們通常專注於較廣大的人類存在範疇。然而，他們彼此之間也有重大的差別。

　　人本主義者（humanists）在兩組中是比較樂觀的，他們相信人類生而具有友善、合作及建設性的自然傾向。這些理論家主張，人要達成**自我實現**（**self-actu-alize**）——也就是，要充分發展潛能達成美好情況和成長。然而，人們要達到自我實現，只有忠實地認識及接受他們的缺點和優點，並建立一種滿意的個人價值觀，來引導他們的生活。人本主義者更提議，自我實現導致自然地關心他人的福利，而且表現友愛的、勇敢的、自發的及獨立的行為（Maslow, 1970）。

　　存在主義者（existentialists）同意，人類必須對自我和生命的意義有正確的察覺——即他們所謂的「真實」——為了心理上有良好適應的人生。然而，這些理論家並不相信，人們有建設性生活的自然傾向。他們認為每個人生下來都有絕對的自由，不是面對我們的存在及賦予生命的意義，就是迴避自己的責任。那些選擇由自己的責任中躲避及看待自己是無助及軟弱的人，其結果是過著空虛、不真實及失功能的生活。

　　人本主義和存在主義對變態的觀點，可追溯到 1940 年代。當時 Carl Rogers（1902-1987）被認為是人本觀點的先驅。他發展案主中心治療法（client-centered therapy）。這是一種溫暖及支持性的方法，跟心理動力的技術恰恰相反。他也提出一種人格理論，但是較不重視無理性的本能及衝突。

　　有關人格和變態的存在主義觀點，也在同時期出現。它們許多的原理原則，是來自十九世紀歐洲存在主義哲學家的理念，認為人類是不斷的下定義，而且透過他們的行動賦予存在的意義（Mendelowitz & Schneider, 2008）。

✿ **無條件的積極關注** Carl Rogers 主張為了克服患者的心理問題，他們必須接受無條件的積極關注。以這種精神，有一些機構目前用溫和及無偏見的動物，安排與個人建立親密關係。

人本和存在主義的理論，提升精神及心靈的作用，在 1960 年代和 1970 年代非常受到重視，在這些年代裡，西方社會有很多心靈的探尋，以及社會的動亂。此後它們漸漸的失去吸引力，但也繼續影響很多臨床工作者的理念和實際工作。

Rogers 的人本理論與治療

根據 Carl Rogers（2000, 1987, 1951）的說法，通到功能失常的途徑源自嬰兒時期。我們都有從生命中的重要人物（主要是父母親）得到積極關注（positive regard）的基本需求。那些在生命早期，得到無條件（沒有批判的）積極關注的孩子，可能發展出無條件的自我關注（unconditional self-regard）。也就是說，他們認識到自己是一個有價值的人，即使知道自己並不是完美的。這種人會以更好的態度，去實現他們建設性的潛能。

不幸的是，有些小孩不斷感到他們並不值得別人積極的關注。結果他們產生了價值條件（conditions of worth），而這些標準告訴他們，只有在他們遵循著某種指導方針時，他們才是可愛的及可以被接受的。為了要維持積極的自我關注，這些人要對自己很有選擇性地審視，如果不能符合價值條件的標準，他們會否定或扭曲自己的想法和行動。因此，他們對自己以及經驗產生了歪曲的看法。他們不知道他們真正的感覺是什麼、他們真正的需要是什麼，或哪一種目標和價值觀，對他們有意義。這種情況之下，功能上的問題就發生了。

Rogers 可能會認為 Philip Berman 是一個走入歧途的人。他不會盡力去實現人類建設性的潛能，而是從一個工作轉到另一個工作；從一個親密關係換到另一個關係；從一個情緒爆發到另一個爆發。在每一個互動中，他都要防衛自己，他試圖以他能接受的方式來解釋事件，他經常把自己的問題歸咎於其他人。然而，他基本的負面自我形象，一再地顯示在情況中。Rogers 可能把 Philip 目前的問題，與過去他的母親在他整個兒童時期，如何以批判的方式對待他結合在一起。

採用 Rogers 案主中心治療法（client-centered therapy）的臨床工作人員，試圖營造一個支持的氣氛，在此氣氛下，患者可以很忠誠地審視和接納自己（Raskin, Rogers, & Witty, 2008）。治療師在整個治療過程中，必須顯示出三種重要的特質：無條件的積極關注（對患者表達完全及溫暖的接納）、正確的同理心（巧妙的傾聽說話及重新陳述），以及真誠（真心的溝通）。下面一段對話，顯示治療師使用這些特質，來帶領患者朝向更好的自我察覺。

患　者：是的，我知道我不應該為這件事擔心，但是我真的擔心。有很多事
　　　　情：金錢、人、衣服等等都讓我煩心。在教室裡面，我覺得每個人
　　　　都在等待機會要來打擊我……當我碰到某人，我就猜疑他對我有什
　　　　麼想法。然後我就開始想知道，我要如何對抗他的想法。

治療師：你覺得你對別人，對你的看法非常的敏感。

患　者：是的，但這種事情照說不應該讓我擔心。

治療師：你覺得這種事情你不應該生悶氣，但是它們卻使你非常的擔心。

患　者：只有其中一部分而已。多數的事情會使我擔心，是因為它們都是真
　　　　實的，就是我告訴過你的那些。但是有很多的小事並不是真的……
　　　　那些事情似乎在我的內心堆積……我有一種感覺，事情正不斷地累
　　　　積，好像就要爆炸了。

治療師：你覺得它是一種帶有挫折的壓力，而且幾乎沒有辦法掌握。

患　者：有一點這個樣子，但是有一些事情看起來並不合邏輯。我怕這種我
　　　　沒有完全了解的情形，但這是我面對的問題。

治療師：很好。你說出你的想法了。

（Snyder, 1947, pp. 2-24）

在這種氣氛下，患者期望感覺被他們的治療師所接納。然後他們能以真誠和接納來檢視自己——一種稱為體驗（experiencing）的過程。那就是，他們開始評估自己的情緒、思考，以及行為，以使他們免於缺乏安全感及懷疑，而阻礙了自我實現。

案主中心治療法並未在研究上得到完美的考驗和印證（Sharf, 2008; Greenberg et al., 1998, 1994）。雖然有些研究顯示，接受這種治療的人，比控制組受試者有長足的進步，許多其他的研究，則未能證明這種治療法的優點。然而，Rogers的治療法在臨床實務上，也有正面的影響（Raskin et al., 2008; Kirschenbaum, 2004）。它是替代心理動力治療的主要方法之一，而且它開創新方法的領域。Rogers也幫助心理師，從事實務的心理治療；這些領域以前被認為是精神科醫師獨有的領域。同時，他致力於臨床研究，推動了對治療有系統的研究。今天大約有 1%的臨床心理師、2%的社工人員，以及 4%的諮商心理師，報告他們使用案主中心治療法（Prochasca & Norcross, 2007）。

完形的理論與治療

完形治療法（Gestalt therapy）是另一種人本主義的方法，在 1950 年代由一個有吸引力的臨床人員 Frederick（Fritz）Perls（1893-1970）所發展。完形治療師和案主中心的治療師一樣，都是要引導他們的患者，達到自我認識和自我接納

（Yontef & Jacobs, 2008）。但是和案主中心的治療師不同的是，他們經常要以挑戰，甚至使患者受挫來達到治療的目標。Perls 最喜歡用的技術，是技巧的挫折、角色扮演，以及很多的規則和練習。

在技巧的挫折（skillful frustration）技術中，完形治療師拒絕滿足患者的期望和要求。這種挫折的使用，意圖幫助患者，看他們是否經常操縱別人來符合自己的需要。在角色扮演（role playing）的技術中，治療師教導患者去扮演各種不同的角色。患者可能被治療師指定扮演另外一個人、一個東西、另一個自我，甚至身體的一部分。角色扮演可能變成非常的緊張，因為個人被鼓勵要完全表達他的情緒。很多人大哭、大叫、拳打腳踢。經過這個經驗，他們能夠接納或擁有以前使他們自己覺得很不舒服的感覺。

Perls 同時也發展出一個規則表，來確保患者更仔細地檢視自己。例如：有些完形治療的形式當中，患者必須用「我」（I）語言，而不是用「它」（it）語言。他們必須說「我很害怕」，而不是說「這是個使人害怕的情況」。另外一個通用的規則，是要求患者要停留在此時此地（here and now）。他們現在有需要，他們把需要隱藏了起來，而現在必須要觀察這些需要。

約有 1% 的臨床心理師和其他的臨床工作人員，說他們自己是完形治療師（Prochaska & Norcross, 2007）。因為他們認為主觀的經驗和自我意識，無法被客觀的評量，所以，完形的治療師，很少以嚴密的控制來從事研究（Yontef & Jacobs, 2008; Strumpfel, 2006, 2004; Strumpfel & Goldman, 2001）。

靈性的觀點和介入

二十世紀的多數時候，臨床科學家看待宗教，在心理健康上是負面的，或至多是中立的因素（Blanch, 2007; Richards & Bergin, 2005, 2004, 2000）。例如：在 1900 年代初期，Freud 主張宗教信仰是防衛機轉，「由人的需求產生，使人能忍受無助」（1961, p. 23）。其後，臨床理論家提出，有強烈宗教信仰者比無宗教信仰者，更迷信、無理性、隱藏犯罪感及不穩定，而且較不能因應生活的困難。相應地，靈性原理和問題，在大部分的治療形式，都被認為是禁忌的話題。

臨床界和宗教之間的疏離情況，現在似乎已經結束。在過去十年，許多結合靈性問題，到臨床治療的論文和書籍已經出版。心理學家、精神科醫師和諮商師的倫理法規都訂定，宗教是一種心理健康專業的不同形式，必須被尊重（Richards & Bergin, 2005, 2004, 2000）。研究人員已了解，靈性實際上對人們的心理很有益。尤其是，多數研究檢查心理健康的人，發現他們都是虔誠的，並視神為溫暖、關懷、有幫助及可信賴的。這些人一再被發現，比沒有任何宗教信仰，或視神為冷漠及無同情心的人，他們較少寂寞、悲觀、憂鬱或焦慮（Loewenthal, 2007; Koenig, 2002; Bergin & Richards, 2001）。這些有宗教信仰的人，也在重大的生活壓力源——從疾病到戰爭，有較好的因應，而且較少自殺。此外，他們也較少濫

用藥物。這種種的發現，使許多治療師目前在治療信教的患者時，會包含靈性問題的觀點（Raab, 2007; Helmeke & Sori, 2006; Serlin, 2005; Shafranske & Sperry, 2005）。有些人更進一步鼓勵患者去運用靈性的資源，幫助他們因應目前的壓力及功能失常。

存在主義的理論與治療

就像人本主義者一樣，存在主義者認為心理的功能失常，是由於自欺所造成；但是存在主義者所談的，是另外一種自欺──人們逃避

☆ **宗教和心理健康**　一位泰國佛教僧侶，在學校的心理講習會中演說。在泰國的人要自個人的身心問題恢復，經常到當地的寺廟，藉由祈禱及冥想來尋求慰藉。

生命的責任，及不能認清賦予生命的意義，是由他們自己所決定。根據存在主義者的說法，很多人被當今社會的壓力所壓制，所以要找別人來解釋、指導和授權，他們忽視了個人選擇的自由，而且逃避他們對人生和作決定的責任（Mendelowitz & Schneider, 2008）。這種人會過著一種空虛的，而且不真實的生活。他們支配的情緒是焦慮、挫折、無聊、疏離及憂鬱。

存在主義者，可能把 Philip Berman 看成一個感覺完全被社會的勢力所壓制的人。他看待他的父母是「富有、權威且自私的」，而他覺得老師、相識者和雇主，有虐待及壓制別人的傾向。他無法辨別在生涯中的選擇，及發現生命意義和方向的能力。放棄變成他的習慣──他辭去一個個的工作、終止每個羅曼蒂克的關係、逃離許多困難情境。

在**存在治療法**（existential therapy）中，人們被鼓勵為自己的生活以及問題承擔責任。治療師試圖幫助患者，認識自己有充分的自由，使他們能夠選擇一種不同的途徑，而且活得更有意義及有更強烈的價值感（Schneider, 2008, 2004, 2003）。使用於存在治療的精確技術，每個治療師有相當大的差別。然而，多數人特別強調治療師和患者之間的關係，而且試圖營造一種坦率、努力工作的氣氛，並分享學習和成長。

> 病　人：我不知道為什麼一再到這裡來。我在這裡所做的是再三的告訴你同樣的事情，看來一點都沒有進展。
>
> 醫　生：我也厭倦一再地聽到同樣的事情。
>
> 病　人：也許我不應該再來。

醫　生：你當然可以作選擇。

病　人：你認為我應該怎麼做呢？

醫　生：你想要做些什麼？

病　人：我要使我的情況好轉。

醫　生：我並不責怪你。

病　人：如果你認為我應該留下來，好，我就留下來。

醫　生：你是否要我告訴你，你該留下來？

病　人：你知道什麼是最好的；因為你是醫生。

醫　生：我的言行像一個醫師嗎？

（Keen, 1970, p. 200）

　　存在主義治療師，不相信實驗法能夠適當的檢驗他們的治療效果。他們認為這種研究是減少對失掉人性的個人去作測量。因此，此種治療法的效果，很少用控制的實驗去從事研究，毫不令人驚訝（Mendelowitz & Schneider, 2008; Schneider, 2008）。不過，今天約有 1%的治療師，主要是使用存在主義的方法（Prochaska & Norcross, 2007）。

人本—存在主義模式的評估

　　人本—存在主義的模式，吸引許多臨床領域之內和外的人。在了解人類存在的特殊挑戰時，人本和存在主義理論家，開發其他模式忽略的心理生活層面（Cain, 2007; Wampold, 2007）。而且，他們認為有效功能的主要因素——自我接納、個人的價值、個人的意義、個人的選擇——確實是許多有心理障礙的人所缺乏的。

　　人本—存在主義模式的樂觀氣氛，也是另一個吸引人的地方。追隨這些原理原則的理論家，提供了很大的希望，他們認為雖然在現代的社會，有很多使人喘不過氣來的社會壓力，我們仍能夠自己作選擇、決定自己的命運，而且達成很多的成就。此模式吸引人的另外特色，是它特別強調健康。不像其他模式的臨床工作人員，他們把個人看成有心理疾病的病人，人本和存在主義者，只把他們看作潛能沒有充分發展的人。

　　然而，人本—存在主義專注於人類實現的抽象問題，從科學的觀點來看，就引起一個重大的問題：這些問題是很難去探究的。事實上，除了著名的Rogers花好幾年的時間，來研究自己的臨床方法之外，人本和存在主義者都排斥使用實徵研究方法。這種反研究的立場，現在開始改變。人本—存在主義的研究人員，在最近的幾個研究，已經使用適當的控制組及統計分析，並且他們發現他們的治療對某些個案有益（Schneider, 2008; Strumpfel, 2006; Elliott, 2002）。這種研究上新發現的利益，將導致未來幾年對此模式的優點，有重要的洞察。

社會文化的模式：家庭—社會和多元文化觀點

Philip Berman 也是一個社會人。他被人們和制度所包圍，他是家庭和文化團體的一份子，他參與社會的互動關係，並維持社會的價值。事實上，這種社會文化力量經常影響 Philip，對他設定界限及期望，這些期望引導他，並有時對他施以壓力，或幫助塑造他的行為、思考，以及情緒。

根據兩種社會文化觀點（sociocultural perspectives）：家庭—社會觀點（family-social perspective）及多元文化觀點（multicultural perspective）的說法，變態行為最好的了解，是根據影響個人的廣大社會和文化力量。什麼是個人的社會和文化的規範？一個人在社會環境中要扮演什麼角色？個人是何種家庭結構或文化背景的一份子？其他人如何看待他及對他反應？

家庭—社會理論家如何解釋變態的功能？

家庭—社會觀點的支持者認為，臨床理論家應該集中注意，「直接」影響個人生活行動的廣大力量——也就是，家庭關係、社會互動及社區事件。他們認為這些力量可幫助解釋正常和變態行為，他們特別注意三種因素：社會標記和角色（social labels and roles）、社交網（social networks），以及家庭結構和溝通（family structure and communication）。

社會標記和角色

給有障礙者貼標記及分派角色，對變態的功能有重大影響（Link & Phelan, 2006; Link et al., 2004, 2001）。只要人們偏離社會規範，社會就稱他們是異常的，或在很多個案中，稱他們為「心理有病」。這種標記很可能會一直跟隨著他。而且，當這些人被以特殊的方式看待時，他們就反應出「瘋狂」的行為，甚至於受到別人的鼓勵，使行為看起來更加病態，而他們也漸漸的學到接受和扮演這種社會角色。最後，這種標記看起來相當恰當。

有一位叫作 David Rosenhan（1973）的臨床研究者，所從事的著名研究，印證了這種情況。有八個正常的人，他們到各種不同的精神病院去，抱怨說他們聽到一些聲音說「空洞」、「空虛」，和「重擊」的字眼。僅僅根據這些抱怨，他們每個人都被診斷為精神分裂症，而且立刻住院。就像社會文化模式所預測的，這些假病人一旦被診斷為精神分裂症，他們就無法再說服別人，說他們在給與診斷標記之前是正常人。即使在進入醫院時，他們的行為是完全正常的，他們住院的期間也會從 7 天到 52 天不等。此外，這種精神分裂症的標記，繼續影響醫院工作人員對待和處理他們的方式。例如：有一位因為無聊在走廊上漫步的假病人，在當日的紀錄中就描述他為「焦躁不安」。從頭到尾，這些假病人在醫院裡

感到無能、隱形及無聊。

社交網和支持

　　家庭—社會理論家也關切影響人們運作的社交網，包括他們的社會和職業關係；他們和他人溝通情況如何？他們傳送給他人什麼樣的訊息，或從他人接到什麼訊息？研究人員經常發現，社交網與個人的功能缺陷，有重大的關係（Yen et al., 2007; Paykel, 2006, 2003; Segrin et al., 2003）。例如：他們特別提出，在生活中被孤立，以及缺乏社會支持或親密關係的人，比有配偶或溫暖友誼支持的人，在壓力之下較可能變為憂鬱，而且維持憂鬱的情緒較長久。

家庭結構和溝通

　　當然，個人重要的社交網之一，是他的家庭。根據**家族系統理論**（**family systems theory**），家庭是各個部分（家族成員）互動的系統，也就是說，家庭中的每一個成員，要以一致的方式與他人互動，並遵循每個家庭的獨特規則（Goldenberg & Goldenberg, 2008）。家庭的各份子是以能使系統本身維持和生存的方式互動——一種所謂的動態平衡（homeostasis）狀態。家族系統理論家認為，有些家庭結構和溝通的模式，事實上迫使家庭某個成員，表現從外界看來似乎是異常的行為。如果家庭的成員行為正常，他們反而可能會嚴重的破壞家庭的平衡狀態，及成員習慣的運作方式，而實際上增加自己或家庭的混亂。

　　家族系統理論主張，某些家族系統特別容易使成員產生變態的功能。例如：有些過度糾結（enmeshed）的家庭結構，其家庭成員過分涉入彼此之間的活動、思想，以及感覺。在這種家庭中成長的孩子，可能在他們自己的生活中很難獨立（Santisteban et al., 2001）。有些家庭顯示出彼此的疏離（disengagement），在這種情況下，成員之間有非常嚴格的界限。從這種家庭出來的孩子，可能很難在一個小團體中有良好的功能，給予或要求別人的支持（Corey, 2008, 2001）。

　　Philip Berman 的憤怒和衝動的個性，可看作是一個困擾的家庭結構的產物。根據家族系統理論家的說法，整個家庭——母親、父親、Philip 以及他的弟弟 Arnold——彼此之間的關係和互動方式，造成了今天 Philip 的行為模式。家族理論家可能對 Philip 母親和父親之間的衝突，及父母角色不平衡的現象，特別有興趣。他們認為 Philip 的行為，是對父母親行為的反應，也是被父母親的行為所激發。當 Philip 一再地表現出行為不當，或代罪羔羊的角色時，他的父母親可能很少有需要或有時間去懷疑他們彼此之間的關係。

　　家族系統理論家可能也要澄清，Philip 跟他父母親之間關係的確切性質，他是否過分涉入母親的生活，或跟父親的關係疏離？他們也要仔細的看一看，在這個家庭中支配兩兄弟之間關係的規範，雙親和他弟弟之間的關係如何，及了解在這個家庭上一代親子關係的性質。

家庭─社會的治療

　　家庭─社會觀點，已刺激幾種治療方法的發展，包括團體治療法（group therapy）、家族和伴侶治療（family and couple therapy），及社區治療（community treatment）。任何取向的治療師，可以跟病人在這些不同的形式，應用他們偏好模式的技術和原則進行治療。不過，愈來愈多使用這種形式的臨床工作人員，認為心理上的問題，是在某種家庭和社會情境中產生的，患者最好是在這種情境中接受治療。他們包含特殊的社會文化策略，用在治療上。

團體治療

　　有數以萬計的治療師專門研究**團體治療法**（**group therapy**），它是治療師和一群有相似問題的病人會見的形式。事實上，有一項對臨床心理師的調查研究，顯示幾乎有三分之一的人，在他們的業務部分採取團體治療方式（Norcross & Gold-fried, 2005, Norcross et al., 1993）。一般而言，團體治療的成員一起跟治療師會面，討論團體中一個人或更多人的問題。他們共同發展重要的洞察力、建立社會技能、強化自我價值感，以及分享有用的資訊或忠告（Yalom & Leszcz, 2005）。許多團體是為特殊病患群而設計，例如：酗酒者團體、生理障礙者團體及離婚、受虐或失親者團體。

　　研究結果顯示，團體治療法像個別治療一樣，對許多患者有幫助（Shaughnessy et al., 2007; Kosters et al., 2006; Guimon, 2004; McDermut et al., 2001）。這種團體形式也被使用在教育目的，而不是治療性的，如「喚起良知」及精神的鼓舞。

　　另外一種和團體治療相似的形式，就是**自助團體**（**self-help group**），或叫作**互助團體**（**mutual help group**）。在這裡，有相似問題的人們（失親、物質濫用、疾病、失業、離婚），在一起彼此幫助或支持，但沒有專業臨床人員的直接領導協助（Mueller et al., 2007; Munn-Giddings & Borkman, 2005）。根據估計，單就美國而言，今天就有 50 萬到 300 萬個自助團體，每年有 3%到 4%的人口參加。這種團體比團體治療法提供更多直接的建議，並鼓勵成員彼此交換資訊或提示。

家族治療

　　家族治療（**family therapy**）最先在 1950 年代引進心理學界。它是一個治療師跟家庭所有成員一起見面，指出問題行為以及互動的方式，並且協助整個家庭作改變（Goldenberg & Goldenberg, 2008; Bowen, 1960）。在這裡，整個家庭被看成治療中的一個單位，即使家庭中只有某一個成員得到臨床的診斷。以下是一個家庭成員與治療師之間互動的範例：

　　Tommy一動也不動的坐在一張椅子上，兩眼凝視著窗外。他現在 14 歲，但是以他的年齡來說是有點瘦小……Sissy 11 歲，坐在父親和母親中間的沙發上，臉上帶著一絲笑容。坐在他們對面的 Fargo 小姐，是家庭的治療師。

　　Fargo 小姐說：「你們能不能比較具體的說出 Tommy 最近的一些改變，以及這些改變何時發生的？」

　　Davis 太太首先回答說：「這個，我想大概是兩年以前。Tommy 開始在學校裡和同學打架。當我們在家和他談論這種事情時，他說這不關我們的事。他變得情緒不穩定，而且不聽話。我們要他做的事情，他一點也不做。他開始對他的妹妹非常的惡劣，甚至打她。」

　　Fargo 小姐問：「在學校裡打架，到底是怎麼一回事呢？」

　　這次換 Davis 先生回答：「Ginny 比我更擔心這種事情。我過去在學校時也經常跟別人打架，而且我認為這是很正常的……但是我那時候對我的父母親非常敬重，尤其是對我的爸爸。如果我有一點越軌的話，他就會打我。」

　　Fargo 小姐很溫和地問：「你有沒有打過 Tommy 呢？」

　　「當然，有一兩次，但是那看起來一點用處也沒有。」

　　突然間 Tommy 對這件事開始注意起來，他的眼睛集中在爸爸身上。「對啊，他經常打我，而且沒有任何理由！」

　　Davis 太太臉上帶有一種責備的表情說：「Tommy，那並不是真實的情況，如果你行為好一點點，人家就不會打你。Fargo 小姐，我並不喜歡用打的方式，但我了解有時候是因為 Bob 感到很挫折。」

　　Bob 看起來非常生氣的說：「親愛的，妳不知道它對我來說，是多麼挫折的事，妳並不需要在辦公室工作一整天，然後回到家裡還要吵這些事情。有時候我甚至不想回家。」

　　Ginny 給他一個難看的臉色：「你認為整天在家裡就很輕鬆嗎？我希望從你身上得到一些支持，但是你只知道要賺錢，其他的事都落在我身上。好吧，那麼我就不再做事了……」

　　Davis 太太開始哭泣：「我真的不知道要怎麼做才對。事情看起來真的是毫無希望。為什麼這個家，大家不能互相體諒而且善待別人呢？我認為我的要求並不太高，對不對？」

　　Fargo 小姐經過一番思考後，謹慎地說：「我感覺到在這家庭的人，都希望情況有所改變。Bob，可以看出來你上班很辛苦，而你回家後不能放鬆，對你來說是多麼挫折的一件事。而 Ginny 妳的工作也不容易，妳在家裡有很多事要做，Bob 並不能在家裡幫妳忙，因為他要賺錢養活這個家。你們孩子也希望情況有所改變。Tommy，對你來說，這些日子要面對這麼多的風波，

必定很辛苦。Sissy，我想妳沒有辦法在家裡很開心，對妳也很艱苦。」

　　她對家裡的每一個人瞄了一眼，而且確信有視線的接觸，然後說：「看起來，家裡發生了很多事……，我想我們要了解很多事情，而且我們要知道為什麼這些事情會發生。」

（Sheras & Worchel, 1979, pp. 108-110）

　　家族治療師可能遵循不同的理論模式，但是愈來愈多的人採用家族系統理論的原則。今天，有3%的心理師、13%的社工師，以及1%的精神科醫生，認為他們主要為家族系統治療師（Prochaska & Norcross, 2007）。

　　就如前述，家族系統理論主張，每一個家庭有它自己的規範、結構，以及溝通的模式，塑造各個家庭成員的行為。有一種家族系統的方法，叫作結構性家族治療（structural family therapy），治療師試圖改變家庭的權力結構、每個人所扮演的角色，以及成員之間的關係（Goldenberg & Goldenberg, 2008; Minuchin, 1997, 1987, 1974）。另外一種聯合家族治療（conjoint family therapy），治療師要協助家庭成員，認清和改變有害的溝通模式（Sharf, 2008; Innes, 2002; Satir, 1987, 1967, 1964）。

　　雖然研究尚未明瞭這種治療法的幫助有多大，各種不同的家族治療，往往對個人都很有幫助（Goldenberg & Goldenberg, 2008; Sexton & Alexander, 2002）。有些研究發現，65%的人使用家族治療獲得改善，然而其他的研究指出，其成功率很低。也沒有任何一種家族治療形式，被發現比其他的方式更有幫助（Alexander et al., 2002; Diamond & Diamond, 2002）。

伴侶治療

　　在**伴侶治療**（**couple therapy**）或**婚姻治療**（**marital therapy**）中，治療師要跟兩個有長期關係的人作治療。一般來說，他們都是丈夫和妻子，但是一對伴侶並不一定要結婚或住在一起。就像家族治療一樣，婚姻治療大部分集中在兩人關係的結構和溝通的模式（Baucom et al., 2006, 2005, 2000）。要是一個孩子的心理問題，可以追溯到存在於父母關係的問題，伴侶治療也可以使用。

　　雖然在任何一種長期的關係中，會有某種程度的衝突存在，在我們的社會中，很多成人經驗到嚴重的婚姻不和諧。在加拿大、美國和歐洲的離婚率，目前已經接近結婚率的50%（Marshall & Brown, 2008）。很多伴侶住在一起而沒有結婚，顯然地也有相似程度的難題（Harway, 2005）。

　　伴侶治療就像家族和團體治療一樣，可以根據任何主要治療取向的原理原則。例如：行為的伴侶治療（behavioral couple therapy），就運用了很多行為的技術（Shadish & Baldwin, 2005; Gurman, 2003）。治療師主要藉著教導特殊問題的

解決及溝通技能，幫助配偶認清及改變問題行為。一個較廣泛的，更趨向於社會文化的模式，稱為統合伴侶治療（integrative couple therapy），進一步的協助配偶，接受那些無法改變的行為，而且不管如何，都要維護彼此之間的關係（Christensen et al., 2006, 2004）。不管是夫婦或伴侶被要求了解，某些行為是因為彼此之間基本的差異所造成的結果。

　　接受伴侶治療的伴侶或是夫婦，比起有相同問題而沒有接受治療的人，均顯示出在彼此間的關係有改善（Fraser & Solovey, 2007），但是沒有哪一種形式的伴侶治療，顯著的優於其他的形式（Snyder, Castellani, & Whisman, 2006; Harway, 2005; Gollan & Jacobson, 2002）。雖然有三分之二接受治療的伴侶，在治療之後改善婚姻的功能；低於半數接受治療的人，說他們有快樂及沒有痛苦的關係。此外，某些研究顯示，高達三分之一治療成功的伴侶，可能在治療後兩年內又故態復萌。如果伴侶雙方的年紀比較輕、適應力比較強，及對性別角色的扮演較不僵化，他們就有較好的治療結果。

社區治療

　　社區心理健康治療（community mental health treatment）方案容許病人，尤其是那些有嚴重心理障礙的人，在熟悉的社會環境中接受治療，也在熟悉的環境中恢復他們的心理健康。1963 年，甘迺迪（Kennedy）總統呼籲用一種「大膽的新方法」，來治療心理疾患——使大部分有心理問題的人，能夠在住家附近的機構接受服務，即一種不必到遠地的設施或是機構接受治療的社區方法。在國會通過了《社區心理健康法案》後不久，全美國開始推動社區心理健康運動。其他國家也發起相似的運動。

　　正如第一章所述，社區治療最主要的原則是「預防」。根據此原則，臨床工作人員主動到外面去找服務對象，而不是等待病人上門接受治療。研究結果指出，致力於預防的努力通常非常成功（Hage et al., 2007; Harper & Dwivedi, 2004）。社區的工作人員認可三種形式的預防，他們稱為初期、第二期，以及第三期預防。

　　初期預防（primary prevention）包括努力去改進社區的態度和政策。它的目標是大家一起來預防心理疾患。社區的工作人員可能要說服議員以及議會，建立更好的社區休閒方案，並且跟地方的學校董事商議，舉辦減輕壓力的研習會（Bloom, 2008; LeCroy, 2005）。

　　第二期預防（secondary prevention）包括在早期階段的鑑定和治療心理疾患，使它們不會變得更嚴重。社區的工作人員，可能要與學校老師、神職人員，或警察一起工作，來認識心理功能失常的早期徵兆，並教導他們如何找到適當的治療（Ervin et al., 2007; Molina et al., 2005）。

　　第三期預防（tertiary prevention）的目標，是一有需要就立即提供有效的治

療，使中度或嚴重的疾患不會變成長期的問題。今天在全美各地的社區機構，確實對於好幾百萬有中度心理障礙的人，提供了相當成功的第三期照顧，但是正如我們在第一章所敘述的，他們往往無法對成千上萬有嚴重心理障礙者，提供所需要的服務。我們在以後各章可以看到，這種情況主要原因之一，是缺乏財源（Weisman, 2004; Humphreys & Rappaport, 1993）。

多元文化理論家如何解釋變態的功能？

文化（culture）是一個團體成員共有的一套價值觀、態度、信念、歷史和行為，以及代代相傳的溝通方式（Matsumoto, 2007, 2001, 1994）。無疑的，我們是一個多元文化的社會。事實上，在未來的幾十年，美國少數族裔的人數，將會超過美國白人（Gordon, 2005; U.S. Census, 2000）。這種社會種族成分的改變，部分由於移民趨勢的變化，部分由於美國少數族裔的出生率比較高。在美國新移民最多的，是拉丁美洲人（34%）及亞洲人（34%）；而且，兒童出生率的平均數，美國白人是 1.7，非裔美國人及拉丁美洲裔美國人，分別是 2.4 及 2.9。

部分反映這種成長的變化，使**多元文化的觀點**（**multicultural perspective**）出現（Jackson, 2006）。多元文心理學家尋求了解文化、種族、性別和類似的因素，如何影響行為和思想；不同文化、種族及性別的人們，在心理上有何不同（Alegria et al., 2007, 2004）。今天的多元文化觀點不同於以往，較缺乏啟迪的文化觀點：它沒有少數族裔的成員，在某些方面比多數人口的人，較次等或文化剝奪的含意（Sue & Sue, 2003）。更正確地說，此模式主張，一個人的行為，不管是正常或變態，要檢視這個人獨特的文化內容，從其文化的價值觀，到此文化下的成員所面對的特殊內在壓力，才能有最佳的了解。

在美國獲得多元文化研究人員最大關注的團體，是少數族裔（非裔美國人、拉丁美洲裔美國人、美國原住民及亞裔美國人），以及財力貧困者、同性戀者及婦女（雖然婦女技術上而言不是少數族裔）。這些團體的每一種，常遭遇美國社會的特殊壓力。某些個案是由於壓力感，產生變態的功能。例如：研究人員已經發現，心理的變態，尤其是特別嚴重者，事實上貧窮的人比富有的人，更加普遍（Byrne et al., 2004; Draine et al., 2002）。也許貧窮的壓力說明這種關係。當然，這些不同團體的成員，也有重疊的現象。例如：有許多少數族裔的成員，也生活在貧窮中。較高的犯罪率、失業、過度擁擠、無家可歸、較差的醫療，以及有限的教育機會，是貧窮者遭遇的情況，可能使有這種情況的許多少數族裔成員，面臨極大的壓力。

多元文化的研究人員也注意到，許多少數族裔面對的偏見和種族歧視問題，可能促成某些類型的功能異常（Nelson, 2006; Jackson et al., 2004）。女性在西方社會獲得焦慮症或憂鬱症的診斷，至少為男性的兩倍（McSweeney, 2004）。同樣的，非裔美國人通常經驗很高的焦慮症比率（Blazer et al., 1991）。拉丁美洲裔美

國人，尤其是年輕人，比其他種族的成員，有較高的酗酒率（Helzer, Burnman, & McEvoy, 1991）。美國原住民顯示，特別高的酗酒率和自殺率（Beals et al., 2005）。雖然許多因素可能結合而產生差異，種族和性別偏見及它們造成的問題，可能與異常的緊張模式、不快樂、低自尊和逃避有關（Nelson, 2006; Winston, 2004）。

當然，顯著的文化差異，不僅發生在國內，也發生在不同國家之間，多元文化研究人員，也要檢視這些差異。實際上，他們已經得知，某些在本書提到的疾患（厭食症、懼曠症、邊緣型人格疾患）在非西方的國家較少見（Anderson- Fye, 2004; Cooper, 2001; Paris, 2001）。它可能是西方主要的價值觀，如年輕及苗條外表的重要性、強調高機動性，及認可情緒的表現，幫助促成這些疾患。

多元文化的治療

許多研究發現，少數族裔比多數族裔的成員，在臨床治療上顯示較少的進步（Ward, 2007; Comas-Diaz, 2006; Mark et al., 2003; Lee & Sue, 2001）。同樣的，世界性的研究也發現，少數族裔的患者比多數族裔，較少運用心理健康服務（Wang et al., 2006; Stevens et al., 2005）。在某些案例，經濟因素、文化信念、語言障礙，或缺乏可利用的服務，可能阻礙少數族裔的人員尋求幫助。在其他的案例，這些人可能不信任專業機構，而依賴在他們的社會環境中，直接可用的傳統治療法。

調查研究也指出，少數族裔的成員比多數族裔的人較早停止治療。在美國的非裔美國人、美國原住民、亞裔美國人及拉丁美洲裔美國人，比美國白人，有較高的治療中退出比率（Lee & Sue, 2001）。這些族裔的成員中止治療，可能由於他們沒有能力繼續、感覺治療沒有益處，或是與另一族裔的治療師，難以發展出強固的關係（Richman et al., 2007; Gonzalez & Acevedo, 2006; Stevens et al., 2005）。

臨床工作人員如何對少數族裔的人們更有幫助？若干研究提出兩個治療特色，它們能增加治療師與少數族裔患者的效能：(1)對文化問題有較大的敏感度；(2)在治療兒童和青少年，可包含文化的行為原則和楷模（Castro, Holm-Denoma, & Buckner, 2007; Lee & Sue, 2001）。對於這些發現，有些臨床工作人員發展出**文化敏感治療法**（culture-sensitive therapies），尋求引導文化少數族裔成員，面對的獨特問題之方法（Carten, 2006; Comas-Diaz, 2006; Mio et al., 2006）。調適西方社會女性壓力的療法，稱為**性別敏感治療法**（gender-sensitive therapies）或**女性主義治療法**（feminist therapies），也遵循相同的原則。

文化敏感方法，通常包含下列的要素（Prochaska & Norcross, 2007; Wyatt & Parham, 2007）：

1. 治療師在他們研究所訓練計畫中的特殊文化教育。
2. 治療師對患者文化價值的知覺。

3. 治療師對有壓力、偏見，以及少數族裔身分形成刻板印象患者的知覺。

4. 治療師對移民兒童，所面對的艱難情況之知覺。

5. 幫助患者認識自己的文化和主流文化，對自己想法和行為的影響。

6. 幫助患者認清和表達壓抑的憤怒和痛苦。

7. 幫助患者達成雙文化的平衡，這種平衡他們感覺是公正的。

8. 幫助患者提高自尊——由負面訊息的產生而經常受損的自重感。

社會文化模式的評估

家庭—社會和多元文化觀點，對於了解和治療變態的功能，有相當大的幫助。今天，大部分的臨床工作人員，對家庭、文化、社會，以及社會問題都列入考慮，這些因素在 35 年前常被忽略。此外，臨床工作人員也察覺，臨床以及社會角色的影響力。最後，社會文化模式的治療型態，有時候是在傳統方法失效時能成功的治療法。

然而，社會文化模式就像生物和心理模式一樣，也有某些問題。首先，社會文化的研究發現經常難以解釋。實際上，那些研究的結果可能顯示，某些家庭或文化因素與特殊疾患的關係，但沒有辦法證明它們有因果關係。例如：有些研究曾經顯示，家庭衝突和精神分裂症之間的關係，但是那種發現，並不一定表示家庭功能失常會引起精神分裂症。一個家庭成員精神病的行為，所產生的緊張和衝突，也同樣可能使家庭的功能瓦解。

社會文化模式的另一個限制是，它對特異的個人沒有辦法預測其異常。例如：假定偏見和歧視的社會情況，是焦慮和憂鬱的主要原因，但為什麼卻只有少數人受制於此種威力，而出現心理疾患呢？是不是仍有其他必要的因素，造成心理疾患？

由於這些缺點，大部分的臨床工作人員，把家庭—社會與多元文化的解釋，視為生物和心理解釋結合的運作。他們同意家庭、社會和文化的因素，可能產生適合某種疾患發展的氣氛。不過他們相信，生物或心理的情況兩者也要出現，才會使疾患逐步形成。

 ## 整合：各種模式的統整

今天各種主要的模式（見表 3-3），彼此之間差別非常大。它們對行為的看法南轅北轍，首先有不同的假定，然後作出不同的結論，及採用不同的治療方法。然而，沒有任何一種模式能一再的證明比其他的模式更優異。每一種都幫助我們了解人類功能中的重要部分，而且每一種都有它重要的效力，以及嚴重的缺失。

表 3-3　各種模式的比較

	生物	心理動力	行為	認知	人本	存在主義	家庭—社會	多元文化
失功能的原因	生物的功能失常	潛在的衝突	不適當的學習	不適當的思考	自欺	逃避責任	家庭或社會壓力	外在壓力或文化衝突
研究支持度	很強	中等	很強	很強	很弱	很弱	中等	中等
當事者的稱呼	病人	病人	患者	患者	病人或患者	病人或患者	患者	患者
治療師的角色	醫生	解釋者	教師	說服者	觀察者	合作者	家庭／社會催化者	文化擁護者／教師
主要的治療技術	生物的處置	自由聯想與解析	制約	推論	內省	多種的	家庭／社會介入	文化—敏感介入
治療目標	生理的恢復	廣泛的心理改變	功能性的行為	適當的思考	自我實現	真實的生活	有效的家庭或社會系統	文化察覺和安慰

　　雖然不同的模式彼此有相當大的差異，但是它們所下的結論，以及所採用的方法，通常是相容的。當然，如果我們能夠了解到，個人問題包含生物、心理，以及社會文化等多種層面，而不單只是其中的某一種，我們對變態行為的了解和治療，就更加完美。因此，愈來愈多的臨床工作人員，對一種變態行為形成系統的解釋，每次考慮更多的原因，而不是只有一種。這些解釋，有時候稱為**生物心理社會理論**（biopsychosocial theories）。它說明變態是源自於遺傳的、生物的、發展的、情緒的、行為的、認知的、社會的、文化的，以及社會影響等因素交互作用的結果（Gatchel et al., 2007; Gatchel, 2005; Suls & Rothman, 2004）。若真如此，研究人員和臨床工作人員面臨的工作，是確認每個因素相對的重要性，而且要了解這些因素如何共同運作，而產生變態的功能。例如：一個憂鬱症的個案，可以朝向集體的因素來解釋，包括遺傳上有不利的基因、兒童時期創傷的失落經驗、負面的思考方式，以及社會孤立。

　　有些生物心理社會理論家，偏向以素質—壓力（diathesis-stress）的解釋，說明各種不同的因素如何一起運作，而引起變態的功能（「素質」意指一種易受傷或易患某種疾病的傾向）。根據這種理論，人們首先必須有生物的、心理的，或社會文化上的問題，使他們有易發展疾患的傾向，而且接著遭遇嚴重的壓力事件，才比較容易發病。就以憂鬱症為例，我們可能發現一種不利的基因和相關的生化異常傾向，使個人容易在喪失心愛的對象時，真正的觸發病情的開始。

　　其他生物心理社會理論家，偏向使用交互效果觀（reciprocal effects）來說明變態的功能。他們相信有些關鍵因素，藉著增加其他因素的可能性或強度，影響

其他的關鍵因素產生變態的功能（Saudino et al., 2004, 1997; Kendler et al., 1995）。例如：一個人遺傳到一種基因傾向，使他容易害羞及笨拙。由於笨拙和害羞，使這個人可能在生活中，更容易承受不好相處的朋友，因此增加他遭受有壓力的人際關係、分手，或生活陷入孤立期的機會——每種因素助長憂鬱症的發生。此外，他在人際關係中所經驗到的壓力，可能使血清素成為低活性，這是另一個促成憂鬱的因素。總之，因為很多相關的因素造成彼此之間嚴重的影響，可能結合起來迫使個人走向憂鬱症。

　　為尋求統合，很多治療師現在結合幾種不同模式的治療技術。事實上，今天有29%的臨床心理師及34%的社工師及53%的精神醫生，認為他們所採的方法是「折衷的」或「統合的」（Prochaska & Norcross, 2007）。研究證實，臨床上的問題結合各種方法，比任何單獨的治療法，通常有較好的反應。例如：藥物治療結合認知治療，有時候是對憂鬱症最有效的治療（TADS, 2005, 2004）。

　　基於最近生物心理社會理論和結合治療模式的興起，我們在整本書中，對變態行為的檢視，採用兩種方向。當出現不同的疾患時，我們要探究今天的模式如何解釋每種疾患、臨床工作人員如何堅持各自的模式，來治療有疾患的病人，以及他們的解釋和治療，研究的支持度如何。然而，同樣重要的是，我們也要觀察這些解釋和治療，是如何相互增進及增強，同時我們要檢視，這些模式目前朝向統整的努力。

 摘要

　　●**心理變態的模式**　科學家和臨床工作人員，使用模式（models）或派典（paradigms）來了解和治療變態行為。臨床實務工作人員，所採用的原則和治療技術，都跟他們所選擇的模式有關。

　　●**生物學的模式**　生物理論家注意人類功能的生物過程，朝向頭腦和身體在結構（anatomical）或生物化學（biochemical）作用上的問題來解釋變態的行為，這種變態有時是來自於遺傳基因的異常、正常的進化或病毒感染的結果。生物治療師使用生理和化學的方法，幫助人們克服他們心理上的問題。最主要的方法是藥物治療（drug therapy）、電擊痙攣治療法（electroconvulsive therapy），以及較少使用的精神外科（psychosurgery）。

　　●**心理動力的模式**　心理動力（psychodynamic）理論家認為個人的行為，不管是正常或異常，都取決於潛在的心理動力。他們認為心理的衝突，根源於早期的親子關係及創傷的經驗。心理動力的模式是由 Sigmund Freud 所建立。他認為三種動力——本我（id）、自我（ego）、超我（superego）——彼此互動而產生思想、感覺和行為。其他的心理動力理論，包括自我理論（ego theory）、自我論（self theory）及客體關係理論（object relations theory）。心理動力治療師，幫

助人們揭開過去的創傷經驗，以及由它們帶來的內在衝突。他們使用的一些技術，包括自由聯想（free association）及對心理現象的解釋，如阻抗（resistance）、移情作用（transference）及夢（dreams）。現代主要的心理動力方法，包括短期心理動力治療及關係心理動力治療。

●行為的模式　行為主義學家專注在行為（behaviors）上，而且認為行為的發展是依據學習原理（principles of learning）。這些理論家支持三種形式的制約——古典制約（classical conditioning）、操作制約（operant conditioning）、以及模仿（modeling）——來解釋所有的行為，不管是正常的或是失功能的行為。行為治療的目標，是要確認患者的問題行為，然後以更適當的行為來取代。使用的技術是根據一種或多種的學習原理。例如：古典制約的系統減敏感法（systematic desensitization），對治療恐懼症相當有效。

●認知的模式　根據認知的模式，我們必須了解人類的思想，才能了解人類的行為，當人們顯示出異常型態的功能，認知理論家朝向認知問題，如不適當的假定（maladaptive assumptions）以及不合邏輯的思考過程（illogical thinking process）。認知治療師試圖幫助人們，認識及改變他們的錯誤想法及思考過程。在認知治療中，最被廣泛使用的方法，是 Beck 的認知治療（cognitive therapy）。

●人本—存在主義的模式　人本—存在主義（humanistic-existential）的模式，把重點放在人類的需要。為了人生的滿足，他們要成功地面對一些哲理的問題，如自我察覺、價值觀、人生的意義，以及選擇等。

人本主義學者相信，人都有達成自我實現（self-actualize）的驅力。當這種驅力受到干擾時，可能產生變態的行為。有一群人本主義治療師，是案主中心治療師（client-centered therapists）。他們試圖營造一個極有支持性的治療氣氛，使人們能夠誠實地審視自己及接納自己，從而打開自我實現之門。另外一群是完形治療師（gestalt therapists），他們用更積極的技術，幫助人們認識及接受他們的需求。最近宗教的角色，在心理健康及心理治療上被視為重要的因素，已經引起研究人員及臨床工作人員的注意。

根據存在主義學者的理念，變態行為是因為一個人逃避人生的責任所致。存在主義治療師，鼓勵人們接受他們生活中的責任、了解他們可自由選擇（freedom to choose）不同的途徑，及選擇生活得更有意義。

●社會文化的模式　家庭—社會觀點，檢視三種外在因素。有些支持此觀點者集中焦點在社會標記和角色（social labels and roles）；他們認為社會把某些人稱為「心理有病」，那些人就會依循標記的暗示，表現相應的角色行為。有一些理論家，重視社交網與支持（social networks and supports），他們認為孤立、缺乏社會支持，及類似的情況，可能會造成心理的困境。另一些理論家強調家庭系統（family system），他們相信家庭的結構和溝通模式，可能迫使成員以變態的方式表現。家庭—社會的實務工作人員，使用的治療法是團體治療法（group therapy）、家族治療（family therapy）、伴侶治療（couple therapy）及社區治療（community treatment）。

多元文化（multicultural）的觀點主張，個人行為不管是正常或變態，要檢視他獨特的文化背景，才能真正了解，包括文化的價值觀，以及在此文化中的成員面對的特殊外在壓力。這種模式的實務工作人員，使用文化敏感治療法（culture-sensitive therapies），尋求解決少數族裔面對的獨特問題。

第四章

臨床的衡鑑、診斷和治療

Angela Savanti 小姐 22 歲，她和她的母親住在一起，並在一家大保險公司當祕書。她……曾有一段憂鬱期，可是她現在的沮喪感愈來愈嚴重。她最感困擾的是嚴重的憂鬱，而且經常哭泣，這種情況在過去兩個月來都沒有減輕。Angela 發現她很難集中注意力於工作，在晚上不容易入睡，而且缺乏食慾……。她的憂鬱，是在跟男朋友 Jerry 分手之後兩個月就開始了。

（Leon, 1984, p. 109）

　　因為沮喪感，Angela Savanti 去看一個當地諮商中心的治療師。首先，臨床工作人員要盡量了解 Angela 這個人，以及她的心理困擾。她是誰、她的生活是什麼樣子、她正確的症狀是什麼？這些答案可能有助於揭示問題的原因，以及現在功能失常的可能病程，並提出最可能幫助她的策略。Angela 的治療，是根據她的需求和特殊的變態功能模式，為她量身訂做。

　　在第二和第三章，我們看到變態心理學的研究者，如何對變態功能建立律則性（nomothetic）或一般性（general）的了解。臨床實務工作人員，應用這種一般性的資訊在他們的工作上，但是他們主要還是針對一個新的患者，收集有關此人**個人特性（idiographic）**資訊或個別的資訊（Bornstein, 2007）。為幫助特殊的患者克服他的問題，臨床實務工作人員必須對此人，有最充分的了解，而且要了解在哪一種情況之下，出現這種問題。只有對此人徹底的細查之後，治療師才能夠有效的應用相關的律則性資訊。臨床工作人員使用衡鑑和診斷程序，收集有關患者個人的資訊，然後才實施治療。

臨床的衡鑑：如何及為何患者的行為異常？

　　衡鑑（assessment）簡單的說，是收集相關的資訊，努力去獲得一個結論。這種情形，在每天的生活領域中一直進行著。我們要買哪一種早餐，或要投票給哪一位總統候選人，我們都在作衡鑑。大學入學許可的決策人員，要選出申請入學的「最好」學生，是根據他們的學業成績單、推薦書、成就測驗分數、晤談，以及申請書等資料來作決定（Sackett, Borneman, & Connelly, 2008）。雇主要預測哪一個求職者，是最有效能的工作人員，就要從履歷表、晤談、推薦書，甚至觀察現場操作來收集資訊。

　　臨床衡鑑（clinical assessment）是用來決定一個人，如何及為何行為變態，及如何幫助此人。這些資訊，也能使臨床工作人員在治療短時間後，評估病人的進步情形，並決定是否要改變治療方式。哪一種特殊的工具，可以用來作衡鑑，要根據臨床工作人員的理論取向而定。以心理動力臨床工作人員為例，他們使用的方法，是衡鑑患者的人格，以及探查患者可能經驗的潛意識衝突。這種衡鑑稱為**人格衡鑑（personality assessment）**，使他們能夠以符合他們模式的原則，把臨

床表徵拼湊起來。行為和認知的臨床工作人員，較可能使用能顯示出患者特殊的失功能行為和認知的衡鑑方法。這種衡鑑的目的，稱為行為衡鑑（behavioral assessment），它對個人的行為提出功能分析（functional analysis）——分析行為如何習得及如何被增強（Kenny et al., 2008; Berg et al., 2007）。

　　有數千種的臨床衡鑑技術和工具，已經發展出來。它們可以分為三類：臨床晤談、測驗，以及觀察。要使這些工具成為有用，必須使它標準化，而且有明確的信度和效度。

衡鑑工具的特質

　　為了得到有意義的結果，所有的臨床工作人員，在使用某種特殊的衡鑑技術時，必須遵從同樣的程序。要把一個技術**標準化**（**standardize**），就是要建立一個在每次實施時所遵循的共同步驟。同樣的，臨床工作人員以標準化的方法，解釋衡鑑的結果，以期了解某個特殊的分數具有什麼意義。例如：他們可以把一個測驗的分數標準化，要這樣做，第一步要以這個工具來測驗一群研究受試者，他們在測驗中的表現，便成為一種共同的標準或常模，根據這些常模，以後的個人分數可以用來比較。最初參與測驗的群體，稱為標準化樣本（standardization sample）。這些樣本，必須是測驗目標的代表性母群。例如：如果有一個攻擊性測驗，要衡鑑一般大眾的行為，但是卻根據一群海軍陸戰隊隊員來作標準化樣本，這個結果的常模，可能會偏高得很離譜。

　　信度（**reliability**）是指測量結果的一致性。一個好的衡鑑工具，在同樣的情況中，都會產生同樣的結果（Weiner & Greene, 2008; Allison et al., 2007）。假如每次對同樣的人施測，產生相同的結果，此衡鑑工具就有高的重測信度（test-retest reliability）——信度的一種。如果一個女人，在某一個特殊測驗的反應，顯示她通常是嗜酒如命的，那麼在一個星期以後，當她做同一個測驗時，也會得到同樣的結果。要測量重測信度，受試者要在兩個時間做測驗，而這兩個測驗的分數是相關的。相關愈高，這個測驗的信度也愈高（見第二章）。

　　另外一種信度，假如不同的獨立評判者，在如何打分數及如何解釋分數一致的話，衡鑑工具就顯示出高的評判間（或評定者間）信度〔interrater（or inter-judge）reliability〕。是非題與選擇題，不管是誰來評估都會產生一致的分數，但是其他的測驗，就需要評估者作一個判斷。我們來看一個測驗，它需要一個人去複製一幅圖畫，評判者要對他的正確性作評定。不同的評判者可能對同一幅圖畫給與不同的評定。

　　最後，一個衡鑑的工具必須有**效度**（**validity**）：它必須精確的測量出，它所要測量的是什麼（Weiner & Greene, 2008; Vieta & Phillips, 2007）。假定一個秤，每次放一包 10 磅的糖在上面，都顯示出來是 12 磅。雖然這個秤是值得信賴的，因為它顯示出來的讀數都是一致的，但那些讀數是不準確或無效的。

　　某一個衡鑑工具可能看起來是有效的，只因為它看起來有道理或看起來是合理的。然而，這種效度稱為表面效度（face validity），這種工具本身是不值得信賴的。例如：一個憂鬱測驗，可能包括這個人是不是經常哭的問題。因為憂鬱的人會哭是合理的，這種測驗問題有表面效度。然而結果是，很多人哭的次數很多，但並不是來自憂鬱，而有一些非常憂鬱的人，他們卻完全不哭。因此，一個衡鑑的工具，除非符合更精確的效度標準，如高的預測效度或同時效度，否則就不能拿來使用（Sackett et al., 2008）。

　　預測效度（predictive validity）是指一種測量工具，能預測未來的特質或行為的能力。比如說，一種測驗設計來識別國小學童，在他們進入國中後，有可能開始吸菸。這個測驗要收集有關學童父母親的資訊，包括他們個人的特性、吸菸的習慣，以及對吸菸的態度——根據這些資訊來確認高風險的兒童。要建立這個測驗的預測效度，研究者可用此測驗來測量一群國小學生，等到他們進入國中時，再檢查看看哪些孩子確實變成吸菸者。

　　同時效度（concurrent validity）是指某一個測驗工具所得到的結果，和另一個衡鑑方法所得到的結果，互相一致的程度。例如：受試者在為測量焦慮而設計的新測驗所得的分數，應該跟其他焦慮測驗的分數，或在臨床晤談所表現的行為，有高度的相關。

　　在任何衡鑑方法可以完全有效之前，它必須符合標準化、信度，和效度的必要條件。不管哪一種衡鑑方法，是如何的具有洞察力或精巧，如果它們是無法解釋的、不一致的、不準確的，臨床工作人員就無法從它的結果獲益。遺憾的是，很多臨床的工具不符合標準，顯示有些臨床的衡鑑也並不精確。

臨床晤談

　　大部分的人都會本能的認為，要了解一個人最好的方法，是面對面跟他談話。在這種情況之下，我們可以看他對我們所說的和所做的，是如何反應，我們也可以觀察及聽他的回答，看他如何觀察我們，而且通常可以對這個人有一個初步的概念。臨床晤談（clinical interview），就是一種面對面相遇的情況（Sommers-Flanagan & Sommers-Flanagan, 2007, 2003）。假使在一場臨床晤談中，一個人談到他的母親最近去世，使他非常傷心，但他看起來卻是愉快的，那麼臨床工作人員可能懷疑，這個人對喪母之痛，事實上是有衝突的情緒。絕大部分的臨床實務工作人員，都把晤談當作衡鑑過程的重要部分。

🍃 從事晤談

　　晤談通常是患者和臨床工作人員首次的接觸。臨床工作人員用這種方法，來收集個人的問題和感受、生活方式與人際關係，及個人歷史等詳細的資訊。他們也可能問這個人，對治療的期望及尋求治療的動機。這位跟 Angela Savanti 工作

的臨床人員，開始是用面對面的晤談：

Angela 在第一次晤談時，穿得非常整齊。她看起來很有吸引力，但是她的眼睛有點浮腫，而且眼眶周圍有黑眼圈。她以緩慢、單調的聲調，回答有關她的生活史問題及相關資訊。這種聲調聽起來有一種非關個人的感覺。她僵硬地坐在椅子上……

她說在她和男朋友分手前的一段時期，是她感情上極端混亂的時候。她實在沒辦法決定是否要和 Jerry 結婚，而他要求她在結婚與不結婚之間作個決定。Savanti 太太（Angela 的母親）看起來並不喜歡 Jerry，而且每當他到家裡來的時候，她非常的冷淡和冷漠。Angela 覺得她被夾在兩人之間，並且無法對她的未來作一個決定。就在為到底要不要結婚的事，而和 Jerry 數度起衝突之後，Jerry 告訴她，他覺得她從來就不作決定，所以他不想再跟她見面……

Angela 陳述她的兒童期是一個很不愉快的時期。她的父親很少在家，但當他在家時，父母親就不斷的爭吵……

Angela 回憶當 Savanti 先生離家時，她覺得非常內疚……她表示，每當她想到她的父親，她總覺得他離開這個家，自己應該負起部分責任……

Angela 形容母親是「長期受苦型」的人，她總是說她犧牲她的生活，來使她的孩子快樂，而她所得到的回報卻是悲傷和不快樂……。當 Angela 和她的姊妹開始和男朋友約會時，Savanti 太太就對她們的男朋友品頭論足，也對一般男人作出不屑的評斷……

Angela 表示，她經常被憂鬱的情緒困擾著。在高中時期，如果她在某一個科目得到的成績，比她預期的低，她最初的反應是憤怒，接著就是憂鬱。她開始認為因為她不夠聰明，所以無法得到好成績，而且她歸咎自己不夠用功。Angela 每次和母親發生爭吵，或覺得她在工作場合被人利用，她總是覺得消沉而絕望。

在她和 Jerry 關係決裂的時候，她所經驗到的情緒惡化的強度和持續時間，就更加嚴重。她沒有辦法了解為什麼會這樣憂鬱，但是她覺得到外面走一走，或是去上班都相當費力，跟別人談話也非常困難。Angela 發現，她自己很難集中注意力，而且她經常忘記某些她該做的事情……她寧願躺在床上，而不願跟任何人在一起，而且當她一個人獨處的時候，就開始哭泣。

(Leon, 1984, pp. 110-115)

除了這種基本背景資料的收集外，臨床晤談者也特別的注意任何他們認為最重要的主題（Wright & Truax, 2008）。心理動力模式的晤談人員，試圖了解個人

的需要，以及對過去事件和人際關係的記憶。行為模式的晤談人員，嘗試精確顯示有關異常反應的確切性質，包括激發這些反應和後果的刺激等資訊。認知模式的晤談人員，試圖發現影響此人的假定和解釋。人本主義的臨床工作人員，會詢問此人的自我評價、自我觀念，以及價值觀。生物模式的臨床工作人員，會收集個人的家庭史，以幫助發現遺傳傾向，並檢視生物化學或腦部功能失常的徵兆。而社會文化模式的晤談人員，則要詢問個人的家庭、社會，以及文化環境。

　　晤談可以是一種無結構式，或是結構式的形式（O'Brien & Tabaczynski, 2007; Rabinowitz et al., 2007）。在無結構式晤談（unstructured interview）中，臨床工作人員問一些開放式的問題，比如說：「你能不能告訴我有關你自己的事情？」由於缺乏結構性，所以允許晤談者能夠依循興趣的引導，探索在晤談前未預期的相關問題。

　　在結構式晤談（structured interview）中，臨床工作人員提出事先準備好的問題。有時候他們使用一種已經出版的晤談表——為所有晤談者設計的一組標準化問題。很多結構式的晤談，包括**心理狀態檢查（mental status exam）**，它是一組問題和觀察項目，能夠有系統的評估患者的察覺、時間和地點的定向感、注意廣度、記憶、判斷力和洞察力、思考的內容與過程、心情，以及外貌（Palmer, Fiorito, & Tagliareni, 2007）。結構式的方式，使一位臨床工作人員，在所有的晤談當中，都能包含同樣重要的問題，而且能對不同個體的反應作比較。

　　雖然多數的臨床晤談，會同時使用無結構式和結構式的方式，但是很多臨床工作人員較偏愛某一種。無結構式晤談，典型地對心理動力以及人本主義的臨床工作人員，比較有吸引力；而結構式的形式，被行為及認知臨床工作人員廣泛的使用，他們需要精確顯示個人的行為、態度或在異常行為之下的思考過程（Hersen, 2004; Thienemann, 2004）。

📖 臨床晤談有什麼缺點？

　　雖然晤談經常對人們產生有價值的資訊，但他們所獲得的訊息也很有限（Hersen & Thomas, 2007）。一個問題是，這種衡鑑技術，可能缺乏效度或正確性，有些人為了呈現自己的正面觀點，或避免談論困窘的題目，故意誤導晤談；或有些人可能在晤談中無法提出正確的報告。例如：有些憂鬱症患者，他們對自己的看法非常悲觀，經常把自己形容為工作缺乏效能，或自認是不適任的父母，事實上並不完全是這樣。

　　晤談人員可能曲解他們所收集的資訊，而作出錯誤的判斷。例如：他們經常過分依賴最先的印象，及過分重視對患者不利的資訊（Wu & Shi, 2005; Meehl, 1996, 1960）。晤談人員的偏見，包括性別、種族、年齡的成見，也會影響晤談者對患者談話的解釋（Ungar et al., 2006; McFarland et al., 2004）。

　　晤談，尤其是無結構式的方式，也可能缺乏信度（Wood et al., 2002; Wiens et

al., 2001）。人們對不同晤談人員有不同的反應，他們對一個冷淡的晤談者，比對一個溫暖和支持的晤談者，提供較少的資訊（Quas et al., 2007; Black, 2005）。同樣的，一個臨床工作人員的種族、性別、年齡以及外表，可能會影響患者的反應（Springman, Wherry, & Notaro, 2006; Caplan & Cosgrove, 2004）。

　　即使對同樣的人問同樣的問題，但因不同的臨床工作人員，可能得到不同的答案，並且作成不同的結論。有些研究人員認為，作為臨床衡鑑工具的晤談方式應該完全拋棄。然而，我們將會看到，其他兩種的臨床衡鑑方法，也有嚴重的缺點。

臨床測驗

　　測驗（tests）是用來收集個人有關心理功能資訊的工具，從這些工具裡，有關個人更廣泛的資訊可以被推論（Gregory, 2004）。表面上看來，要設計一個有效的測驗工具相當容易。每個月，雜誌和報紙都發表新的測驗，意圖告訴我們，有關我們的人格、人際關係、性生活、對壓力的反應，或達到成功的能力。這些測驗似乎很有說服力，但這些測驗大都缺乏信度、效度，以及標準化。也就是，它們並沒有產生一致而正確的資訊，或說明當我們和其他人比較，我們所處的地位在哪裡，或有什麼特殊的意義。

　　目前在全美國，至少有 500 種不同的臨床測驗在使用中。臨床工作人員最常使用的測驗，可分為六類：投射測驗、人格量表、反應量表、精神生理測驗、神經和神經心理測驗，以及智力測驗。

✪ 藝術的衡鑑　臨床工作人員經常把藝術品視為非正式的投射測驗。藝術家常由繪畫透露他們的衝突和心智的穩定性。例如，二十世紀初期的藝術家 Louis Wain 所畫的〈奇異的貓〉，常被人解釋為反映他經年累月與精神病的掙扎和痛苦。不過，另一些人認為這種解釋是錯誤的，並指出某些他後來繪畫的裝飾圖案，實際上是根據布料的設計。

🍃 投射測驗

　　投射測驗（projective tests），是要求受試者解釋一些模糊的刺激，如墨跡或是含糊的圖片，或依循開放式的指導，如「畫一個人」。就理論上而言，當線索和指示是非常含糊籠統時，這些受試者就會把他的某些方面人格，投射到這個活動上。投射測驗，它主要是由心理動力臨床工作人員使用，以幫助評估他們認為功能異常根源的潛意識驅力和衝突（Hojnoski et al., 2006; Heydebrand & Wetzel, 2005）。最

廣泛使用的投射測驗，是羅夏克測驗、主題統覺測驗、句子完成測驗，以及畫圖。

　　羅夏克測驗（Rorschach Test）　在 1911 年，一位瑞士精神科醫師 Hermann Rorschach，試驗使用墨跡在他的臨床工作上。他把墨水滴到紙上，然後把紙對折成一半，而產生了一個對稱的，而且完全偶然的圖案，如圖 4-1 所顯示的。Rorschach 醫生發現，每個人都在這些墨跡中看到各種影像。此外，一個人所看到的影像，似乎與他心理情況的重要方面相當一致。例如：診斷為精神分裂症患者，大多會看到與憂鬱症患者所描述的不同影像。

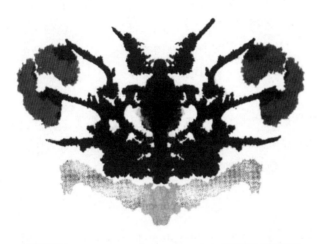

　　圖 4-1　類似於羅夏克墨跡測驗所使用的墨跡

　　Rorschach 選出了 10 張墨跡圖，在 1921 年出版，並有衡鑑使用的指示和說明。這套墨跡稱為「羅夏克心理動力墨跡測驗」（Rorschach Psychodynamic Inkblot Test）。八個月後，Rorschach 去世了，那時候他才 37 歲。他的工作就由其他人繼續推展，而且他的墨跡測驗，在二十世紀變成最廣泛使用的投射測驗。

　　臨床工作人員實施一般人所稱的「羅夏克」，他們每次呈現一張墨跡卡片，並且問回答者他們看到什麼、這個墨跡看起來像什麼，或使他們想起什麼。以下的對話，是一位抱怨自己無價值感，及缺乏自信的 32 歲緊張女性，對一張羅夏克的墨跡卡片的反應：

受　試　者：親愛的！我的天啊！好。這個上面的部分是隻小蟲，看起來像一隻螞蟻──這隻螞蟻是社會團體中的一個工人，牠想要去拖某種東西。我想這是一種吃的東西，要給其他的螞蟻。牠是一隻蜜蜂，因為牠有翅膀，一隻工蜂，牠帶來一些可以吃的東西，給其他的蜜蜂吃……這裡是蜜蜂的嘴巴和翅膀。我認為蜜蜂不吃葉

> 子，但是看起來是一片葉子，或一片萵苣。
>
> 臨床人員：哪一個地方看起來像是一片萵苣？
>
> 受 試 者：它的形狀，而且它在中間還有血管。牠一定是一隻蜜蜂。
>
> （Klopfer & Davidson, 1962, p. 164）

在初期幾年，羅夏克的測驗人員特別注意，墨跡引發的主題和影像，稱為主題內容（thematic content）（Weiner & Greene, 2008）。現在的測驗人員也重視反應的型態：患者是把圖案看成一個整體，或注意特殊的細節呢？他們是集中注意在墨跡上，或是墨跡之間空白部分？他們是注意、或是忽略某些卡片的明暗和顏色？他們在圖案中是看到人的動作或動物的動作？這裡是一位臨床工作人員，如何去解釋上面所提到的女性，對小蟲的反應：

> 這隻蜜蜂可能反映出，她把自己看成是一個努力工作者的影像（這個事實也由她的主管證實）。此外，她提到：「這隻蜜蜂為其他的蜜蜂，帶來一些可吃的東西。」則顯示她對別人有非常大的責任感。
>
> （Klopfer & Davidson, 1962, pp. 182-183）

主題統覺測驗（Thematic Apperception Test, TAT）　是一種圖片的投射測驗（Masling, 2004; Morgan & Murray, 1935）。接受主題統覺測驗的人，通常會給他們看 30 張黑白圖片，內容是在曖昧情境下的人物，然後要受試者對每張圖片編造戲劇性的故事。他們要說出圖片中發生了什麼事、為什麼會有這些事發生、圖中的人物有什麼感覺和想法，及這些情況未來可能產生什麼結果。

使用 TAT 的臨床工作人員認為，參與測驗的人會對每一張圖片的主角，或稱為英雄，有一種認同。所編造的故事，可能反映這個人自己的情況、需要、情緒，以及現實或幻覺中的感受。例如：一位女性個案針對圖 4-2 的 TAT 圖片，將她的感覺顯露在以下的故事裡：

> 這個女人懷恨她母親的記憶，使她覺得非常的困擾。她對待母親的方式，使自己感到很悲傷，她對母親的記憶使她感到非常苦惱。當她年紀愈來愈大時，這些感覺更為強烈，而且她看到自己孩子對待她的方式，跟她以前對她母親的情況一模一樣。
>
> （Aiken, 1985, p. 372）

圖 4-2　在主題統覺測驗中所使用的一張圖片

句子完成測驗（Sentence-Completion Test）　最先是在 1920 年代發展出來（Payne, 1928）。這種測驗要人們去完成一序列未完成的句子，例如：「我希望……」或「我的父親……」。這種測驗被認為是引起討論的好跳板，也是準確地確定所要探討題目的一個很迅速、很容易的方法。

畫圖（Drawings）　根據圖畫可以告訴我們，有關畫圖者的事物之假設。臨床工作人員經常要求患者畫一個人的圖形，而且要討論他們所畫的內容。這些圖畫的評估，是根據所畫的細節和形狀、鉛筆線條的堅實、圖畫在紙上的位置、人物的大小、人物的特性、使用的背景，以及這個人在畫圖時所作的評論。繪人（Draw-a-Person, DAP）測驗，是畫圖測驗中最盛行的一種。受試者首先要畫「一個人」；然後要畫另外一個性別相反的人。

投射測驗有什麼優點？　一直到 1950 年代，投射測驗是衡鑑人格最普遍的技術。不過，近年來臨床工作人員和研究人員，依賴這種測驗，大部分是用來獲得「輔助」性的洞察（Huprich, 2006; Westen et al., 1999）。這種轉變的一個原因是，採用較新模式的臨床實務工作人員，比心理動力臨床工作人員，較少使用這種測驗。更重要的是，這種測驗很少顯示出使人信服的信度或效度（Wood et al., 2002）。

在信度的研究當中，不同的臨床工作人員，對同一個人的投射測驗所打的分數，有相當大的差異。為了改善此問題及增進評分結果的一致性，有幾種施測和計分標準化程序的測驗已發展出來（Weiner & Greene, 2008）。例如：Rorschach

測驗綜合系統（Rorschach Comprehensive System）（Exner, 2007, 2003），它是被高度重視的計分系統，在受過訓練的臨床工作人員中使用時，經常產生引人注目的信度分數（Lis et al., 2007; SPA, 2005）。但是，只有少數投射測驗的行政人員，真正使用這種標準化的程序。

研究也挑戰投射測驗的效度。當臨床工作人員根據患者在投射測驗的反應，來描述他們的人格以及感覺的時候，他們的結論與患者的自我報告、心理治療師的觀點，或從廣泛的個案史所得到的資訊，有相當大的出入（Bornstein, 2007; Wood et al., 2002）。另外一個效度的問題是，投射測驗有時候對少數族裔存有偏見（Costantino, Dana, & Malgady, 2007; Dana, 2005）（見表 4-1）。例如：有人做主題統覺測驗編造圖片中的故事時，他們被假定應該認同測驗裡面的角色，但是在 TAT 的圖片裡面，並沒有少數族裔成員的圖片。針對這個問題，有一些臨床人員發展出類似 TAT 的測驗，在其中有非裔美國人，或拉丁美洲裔美國人（Costantino et al., 2007）。

🌿 人格量表

另外一個收集有關個人資訊的變通方法，是要個人對自己作衡鑑。**人格量表**（**personality inventory**）是問反應者關於他的行為、信念及感受的廣泛問題。在典型的人格量表中，個人對每一個陳述的問題，要表示是否可以適用在他身上。然後，臨床工作人員從這些反應，就能對這個人的人格和心理功能作成結論。

到目前為止，使用最廣泛的人格量表是明尼蘇達多相人格測驗（Minnesota Multiphasic Personality Inventory, MMPI）（Weiner & Greene, 2008）。兩種可用的成人版本，是 1945 年出版的原始測驗，及 1989 年的修訂本 MMPI-2。有一種用來測驗青少年的特殊版本，稱為 MMPI-A，也被廣泛的使用。

MMPI 包含 500 多個自我陳述題目，受測者要對這些題目回答「是」、「否」，或「無法回答」。這些題目描述對身體的關切、心情、信心；對宗教、性、社會活動的態度；以及心理症狀，如恐懼或幻覺。MMPI 的陳述題目是由 10 種量表組成，每個量表的分數從 0 分到 120 分。如果一個人在某量表得到的分數超過 70 分，就表示說他在那個量表的功能是異常的。當各個分數在圖上連結起來，就形成一種稱為側面圖的模式，顯示此人的一般人格。MMPI 測驗的 10 個量表如下：

慮病症（**Hypochondriasis, HS**）　這些題目顯示，對身體的功能有變態的關切（「我一週有好幾次的胸部疼痛」）。

憂鬱（**Depression, D**）　這些題目顯示，極度的悲觀及絕望（「我對未來覺得毫無希望」）。

歇斯底里（**Hysteria, Hy**）　這些題目顯示，此人利用生理或心理的症狀，潛意識的逃避衝突和責任（「我的心跳經常非常的劇烈，我實在對它沒有感

表 4-1　多元文化在衡鑑和診斷的焦點

文化焦點	衡鑑和診斷的影響
◎移民的患者	◎主流文化的衡鑑者
祖國的文化可能和目前國家的主流文化不同	可能誤解文化關聯的反應是病態
可能為了逃避戰爭或壓制而離開祖國	可能忽視患者易受創傷後壓力疾患傷害
在新國家的支援系統可能較差	可能忽視患者對壓力源高度易受傷
在新國家的生活型態（如財富和職業）可能低於祖國	可能忽視患者的失落感和挫折感
可能拒絕或無法學習主流的語言	可能誤解患者在衡鑑的反應，或忽視、誤判患者的症狀
◎少數族裔的患者	◎主流文化的衡鑑者
可能拒絕或不信任主流文化的成員，包括衡鑑者	可能與患者無法建立密切關係，或誤解患者的不信任為病態
可能不適應主流文化的價值觀（例如：果斷、比較），因而很難應用臨床治療師的建議	可能認為患者無動機
可能以文化關聯的方式顯示壓力（例如：腹痛的身體症狀）	可能對症狀的模式誤解
可能持有的文化信念對主流文化而言是奇怪的（例如：相信可以和死者溝通）	可能誤解文化的反應為病態（如妄想）
可能在衡鑑中表現不適應	可能忽視或加深患者的不適應
◎主流文化的衡鑑者	◎少數族裔的患者
可能不了解或對少數族裔的文化有偏見	文化差異可能是病態，或症狀可能被忽視
可能以非語言方式傳達對少數族裔患者的不適	可能會緊張和焦慮

資料來源：Dana, 2005, 2000; Westermeyer, 2004, 2001, 1993; López & Guarnaccia, 2005, 2000; Kirmayer, 2003, 2002, 2001; Sue & Sue, 2003; Tsai et al., 2001; Thakker & Ward, 1998.

覺」）。

精神病態（Psychopathic deviate, PD）　這些題目顯示，反覆及極端輕視社會習俗，和情緒的膚淺（「我的活動和興趣，經常遭他人批評」）。

男性化—女性化（Masculinity-femininity, Mf）　這些題目可區分出男性與女性的反應（「我喜歡插花」）。

妄想症（Paranoia, Pa）　這些題目顯示，變態的多疑，及誇大或被迫害妄想

（「有些邪惡的人想要影響我的心靈」）。

精神衰弱（Psychasthenia, Pt）　這些題目顯示，強迫思考、強迫行為、變態的恐懼，以及罪惡感和優柔寡斷（「我保存我買的每一樣東西，即使用不著它」）。

精神分裂症（Schizophrenia, Sc）　這些題目顯示，古怪或不尋常的思想或行為，包括極度的退縮、妄想，或幻覺（「我周圍的事物，看起來好像不真實」）。

輕躁症（Hypomania, Ma）　這些題目顯示，情緒激動、過分活動，及意念飛馳（「有時沒有明顯的理由，我覺得情緒非常的『高亢』或非常的『低落』」）。

社交內向（Social introversion, Si）　這些題目顯示，害羞、對人們少有興趣，以及沒有安全感（「我很容易感到困窘」）。

此外，在 10 個量表構成的題目中，MMPI 中設置了幾個題目，以檢驗回答者是否說謊、有防衛性，或回答時粗心大意（Greene, 2006; Graham, 2006）。

在 MMPI-2（也就是新版本的 MMPI）有 567 個題目，其中有許多與原來的版本相同，有一些改寫以反映現代的語言（例如：用「肚子不舒服」替代原來的「胃酸過多」），其餘都是新的題目。這個版本發展的原因，部分由於原始的 MMPI 設計者，使用範圍狹窄的標準化樣本，不能代表目前西方常態社會的不同群體。為了確保 MMPI-2 的效度和類推性，此量表的設計者，選取更能適當代表不同地區、種族、文化及性別的團體；以及不同職業、教育水平，接受治療和無接受治療的樣本，共 2,600 人。因而，MMPI-2 相較於原始的版本，是人格和功能異常更精確的指標（Butcher et al., 2007; Graham, 2006）。

MMPI 和其他的人格量表，與投射測驗比較具有幾個優點（Weiner & Greene, 2008; Wood et al., 2002）。因為它們是紙筆（或電腦化）測驗，不需要花很多的時間來實施，而且它們的評分很客觀。就像 MMPI，大部分的人格量表都已經標準化，所以一個人的分數可以和其他人作比較。而且，它們經常比投射測驗顯示更高的重測信度。例如：人們在兩週內再做 MMPI，他們幾乎得到相同的分數（Graham, 2006）。

人格量表比投射測驗，也顯示有較高的效度或正確性（Weiner & Greene, 2008; Lanyon, 2007）。然而，很難說它是一個很有效的測驗。如果臨床工作人員只單獨使用這種測驗，他們並不能正確的評定一個回答者的人格（Braxton et al., 2007; Johnson et al., 1996）。有一個問題是，這些測驗所要測量的人格特性，事實上並不能被直接檢驗。我們如何能單獨從患者的自我報告，完全了解一個人的性格、情緒，和需要呢？

另一個問題是，儘管 MMPI-2 的設計者，施測取樣更多不同的標準化團體，這個測驗和其他的人格測驗，仍保留某些文化的限制。尤其是它無法允許人們的

反應有文化上的差異（Chylinski & Wright, 1967; Dana, 2005）。有些反映在某一個文化中，顯示出有心理障礙，但是在另外一個文化中，可能被認為是正常的反應（Butcher et al., 2007）。例如：在波多黎各從事招魂術非常的普遍，在這種情況之下，如果一個人對 MMPI 的題目：「邪惡的靈魂有時候會占有我」，回答「是」，他的反應是正常的。在其他的文化中，此種反應可能表示精神不正常（Rogler, Malgady, & Rodriguez, 1989）。

儘管人格量表的效度有缺陷，它們仍持續受歡迎（Weiner & Greene, 2008; Butcher et al., 2007）。研究顯示，只要它們跟晤談或其他的衡鑑工具結合使用，可以協助臨床工作人員，對個人的人格型態和某些疾患有所了解。

反應量表

就像人格量表一樣，**反應量表**（**response inventories**）要求受試者提供有關於他們自己詳細的資訊，但是這些量表集中在功能的某一特殊層面。例如：有一個量表可能只是測量情感（情緒），另外一種測量社會技能，而另外一種則是測量認知過程。臨床工作人員應用這些工具，以決定這些因素在個人的心理障礙所扮演的角色。

情感量表（affective inventories）是要測量某些情緒，如焦慮、憂鬱，以及憤怒的嚴重性（Osman et al., 2008; Wilson et al., 2004）。使用最廣泛的一種情感量表，是貝克憂鬱量表（Beck Depression Inventory），顯示在表 4-2，用來評定人們的悲傷程度及它對他們功能的影響。社會技能量表（social skills inventories），特別被使用在行為以及家庭—社會模式的臨床工作人員，要求應答者表示他們在不同的社會情境，如何的反應（Wright & Truax, 2008; Deniz, Hamarta, & Ari, 2005）。認知量表（cognitive inventories）在顯示個人特有的想法和假定，並且要揭露可能是變態功能根源的反效果思考模式（Glass & Merluzzi, 2000）。它們通常是認知治療師和研究人員所使用。

因為反應量表是直接從患者本身收集資料，所以它們有很高的表面效度。因而，這種量表的數目，以及使用它們的臨床工作人員的數目，在過去 25 年來穩定的增加（Black, 2005）。然而，這些量表也有重大的限制。這種量表並不像人格量表那樣，包含一些顯示人們是否粗心大意，或描述不正確的題目。而且，除了重要的貝克憂鬱量表和其他少數幾個量表之外，反應量表通常並沒有仔細的依照標準化、信度，以及效度的程序（Weis & Smenner, 2007; Kamphaus & Frick, 2002）。它們經常是在有需要的時候臨時編製，而沒有真正的檢驗它們的正確性以及一致性。

表4-2 貝克憂鬱量表的樣本題目

題 目		細 目
自殺念頭	0	我從來沒有想過要自殺。
	1	我想過自殺，但我不會真正的實行。
	2	我想要自殺。
	3	我有機會就會自殺。
工作抑制	0	我可以像以前一樣工作。
	1	我做一件事都要費一番精神才能開始。
	2	我做任何事情都必須費力的驅策自己。
	3	我什麼事都無法做。
喪失慾力	0	我對性方面的興趣最近並無改變。
	1	我對性方面的興趣已經比以前減少。
	2	我現在對性方面的興趣已大為減少。
	3	我對性方面已完全失去興趣。

精神生理測驗

臨床治療師也可能使用**精神生理測驗**（**psychophysiological tests**）。它測量生理的反應，作為心理問題的可能指標（Vershuere et al., 2006; Blanchard & Hickling, 2004）。這種測量早在三十年前就開始，當時有些研究指出，焦慮的狀態都伴隨生理的變化，尤其是心跳、體溫、血壓、皮膚反應〔膚電反應（galvanic skin response）〕的增加，以及肌肉收縮。這種生理變化的測量，自此以後在衡鑑某些心理疾患時，扮演一個非常重要的角色。

有一種精神生理測量，稱為多種波動描記器（polygraph），或一般人所熟知的測謊器（lie detector）（Verschuere et al., 2006; Vrij, 2004）。有很多電極連接到一個人身體的不同部位，當一個人回答問題時，探查他的呼吸、出汗，以及心跳的變化。當受試者對問題回答「是」的時候，臨床工作人員觀察他的這些功能——這些問題平常都回答「是」，如：「你的父母都活著嗎？」然後當這個人回答測驗問題時，臨床人員也要觀察同樣的生理功能，這些問題像：「你有沒有參與這次的搶劫？」如果他的呼吸、流汗，以及心跳率突然增加，這個受試者就有說謊的嫌疑。

就像其他的臨床測驗一樣，精神生理測量也有它們的缺點。很多的測驗需要

昂貴的設備，它們又需要很仔細的調整與維護。此外，精神生理測量可能會不準確，而且是不可信賴的。實驗室的設備本身——精巧複雜，有時會使人心生恐懼——可以使一個人的神經系統激動，因而改變他的生理反應。當他們在同一期間反覆被測量，生理的反應也會有所改變。例如：膚電反應經常在反覆測驗中會減少。

神經及神經心理測驗

　　有些人格或行為上的問題，主要是因為腦部損傷或腦部活動改變所引起。頭部受傷、腦部腫瘤、腦部功能失常、酒精中毒、感染，以及其他的疾病都可能引起這種損傷。如果要有效的治療心理的功能失常，了解它是否因為腦部的生理異常所造成，是很重要的。

　　有一些技術可以幫助我們，精確的顯示腦部的異常現象。有些程序，像腦部手術、活組織檢查，以及X光檢查等等，都用了很多年。近年來，科學家發展出一些**神經測驗**（**neurological tests**），用來直接測量腦部的結構和活動的情況。有一種神經測驗稱為腦波圖（electroencephalogram, EEG），可以記錄腦波的情況——由於腦部神經元的激發，產生一些電流的活動。在這個程序中，電極安置在一個人的頭蓋骨上，傳送腦波的神經衝動到一個叫作示波器（oscillograph）的機器，此機器會記錄腦波。當大腦攝影圖顯示出異常的腦波模式，或是節律障礙（dysrhythmia），臨床工作人員會懷疑有腦傷、腦瘤、癲癇，或其他的腦部異常的存在，他們就要用更精確及更精巧的技術，來確定此問題的性質和範圍。有些其他的神經測驗，要確實照出腦結構或腦活動的「圖片」。這些測驗稱為**神經影像技術**（**neuroimaging techniques**），包括電腦斷層掃描（computerized axial tomography, CAT scan or CT scan）、正子斷層造影（positron emission tomography, PET scan）、核磁共振造影（magnetic resonance imaging, MRI），以及功能性核磁共振造影（functional magnetic resonance imaging, fMRI）。

　　電腦斷層掃描（**CT scan**），是由不同的角度對腦部的結構攝取X光影像，然後電腦將這些影像組合的程序。這種掃描被認為更優於常規的X光檢查，因為它能產生腦部結構的立體影像。

✪**腦波圖**（**EEG**）　電極貼在頭皮上，用來檢測腦部的電脈衝。圖中的腦波圖，是用來測量一個4個月大的嬰孩，受玩具刺激時的腦波，這是孩子腦部活動的一種顯示方法。

　　正子斷層造影（**PET scan**），不僅能顯示腦部結構，並且能顯示腦部不同區域的功能。經歷這種程序的人，是被施予一種無害的放射性化合物，這種化合物就在腦部運行。然後，當此人經驗特殊的情緒，或執行特殊的認知工作時（例如：閱讀或說話），用輻射線掃描他的腦部。在不同的腦部地區有較高的輻射線，就會反映出在那些地區有較高的血液流動及神經細胞活動。輻射線讀數被電腦轉換為動畫，能顯示個人在情緒經驗或認知行為中，腦部地區的活動狀態。

　　核磁共振造影（**MRI**），是電腦運用腦部氫原子的磁性特質來收集資訊，然後產生腦部結構詳細畫面的程序（Allen et al., 2008）。**功能性核磁共振造影**（**fMRI**），是更進一步產生腦部功能的詳細畫面。在這種程序，是個人經驗情緒或執行特殊的認知工作時，用MRI掃描器快速檢測，腦部各區的血液流動或體積的變化。這些血液的變化，是細胞在整個腦部活動位置的指標。然後，個人在情緒經驗或認知行為中，電腦產生腦部地區活動的影像，因而提供腦部功能的畫面。部分由於fMRI產生腦部功能的影像，比PET掃描的影像更加清晰，fMRI自1990年發展以來，在腦部研究人員中已產生巨大的狂熱。

　　這些廣泛使用的技術雖然非常的精細，但有時候並不能查出微妙的腦部異常。因此臨床工作人員發展出比較不直接，但有時更顯示功能的**神經心理測驗**（**neuropsychological tests**）來測量認知的、知覺的和某些作業的動作表現，並解釋異常的表現，作為腦部潛在問題的指標（Axelrod & Wall, 2007; Pelham & Lovell, 2005）。腦部的損傷，特別容易影響視覺知覺、記憶，以及視覺—動作的協調，因此神經心理測驗特別專注在這幾個領域。

　　班達視覺動作完形測驗（Bender Visual-Motor Gestalt Test）（Bender, 1938），是使用最廣泛的一種神經心理測驗，它包含9張卡片，每張卡片顯示一個簡單的圖案。測驗受試者要每次看一張圖案，並在一張紙上臨摹，然後他們要根據記憶，再畫出這些圖案。到12歲時，大部分的人能夠記得，並能夠很正確地將圖案重新畫出。如果在正確性有明顯的錯誤，就被認為反映出器質性的腦部損傷。類似的神經心理測驗也在之後被發展出來，並受到當今臨床工作人員的喜愛（見圖4-3）。為達到更高的精確性和準確度，以衡鑑腦部的異常，臨床工作人員經常用一個成套（battery），或系列的神經心理測驗，每一種測驗以特殊技能領域作為目標（Reitan & Wolfson, 2005, 2001, 1996）。

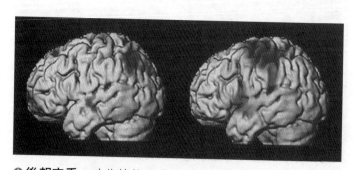

✪ **後起之秀**　功能性核磁共振造影（fMRI），近年來引起研究人員極大的興趣，因為它能產生非常清晰的腦部結構和腦部功能影像。

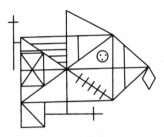

(a) 原始的測驗圖形

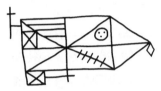

(b) 正常成人所畫的圖形

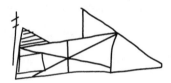

(c) 精神分裂症者所畫的圖形

圖 4-3 **受損的記憶** Rey 綜合圖形測驗是一種神經心理測驗，在測驗中個人先觀察圖形，然後根據記憶畫出複雜的圖樣。這裡呈現的是測驗的一個圖形：(a)原始的測驗圖形；(b)一個正常的成人由回憶所畫出的圖形；(c)一個精神分裂症者所畫的圖形，包含不尋常的重大錯誤，顯示有視覺記憶缺陷，及也許有器質性的腦部功能失常（摘自 Sutherland et al., 1982）。

智力測驗

智力的早期定義，將它描述為：「能夠作適當的判斷、推理，以及理解的能力。」（Binet & Simon, 1916, p. 192）因為智力是一種推論的特質，而不是一種特殊的生理的過程，所以它只能間接的測量。在 1905 年，法國的心理學家 Alfred Binet 以及他的助手 Theodore Simon 編製一套**智力測驗**（intelligence test），它包含需要人們使用語言及非語言技能的一系列作業。從這個智力測驗及後來的智力測驗，所得到普通的分數，稱為**智力商數**（intelligence quotient）或**IQ**。這樣的命名，是因為最初它代表一個人「心理年齡」以及「實足年齡」的比率，乘上 100。

現在可用的智力測驗，已經超過 100 種，包括廣泛使用的「魏氏成人智力測驗」（Wechsler Adult Intelligence Scale）、「魏氏兒童智力測驗」（Wechsler Intelligence Scale for Children），以及「斯比智力量表」（Stanford-Binet Intelligence

Scale）。我們在第十七章時會再討論智力測驗，在診斷智能障礙時所扮演的角色，此外它們也可以幫助臨床工作人員，確認其他的問題。

智力測驗是所有臨床測驗中，最精心建構的測驗（Kellerman & Burry, 2007; Williams et al., 2007; Gottfredson, 2005）。這些測驗已由施測大量的受試者取得標準化，因而臨床工作人員對每一個人的分數，可以和母群的結果作比較。這些測驗也顯示出相當高的信度：接受智力測驗的人，在幾年後重複同樣的測驗，都得到大致相同的分數。最後，主要的智力測驗顯示有相當高的效度，例如：兒童的智商分數，往往與他們在學校的成就，互有相關。

然而，智力測驗也有某些重要的缺點。有些跟智力無關的因素，例如低動機和高度焦慮，都會大大的影響一個人的測驗表現（Gregory, 2004）（見「媒體觀點」專欄）。此外，智力測驗可能在它的語言和作業上，包含文化的偏見，而使某一種特殊背景的人，比其他社會文化背景的人占優勢（Edwards & Oakland, 2006; Shuttleworth-Edwards et al., 2004）。同樣的，某些少數族裔的成員，可能很少有這種測驗的經驗，或他們也可能對白色種族的測驗人員覺得不安。不管是哪一種情況，他們的表現都有可能受到影響。

臨床觀察

除了晤談和測驗以外，臨床工作人員也可能有系統的觀察患者的行為。有一種技術，稱為自然觀察（naturalistic observation），是臨床工作人員在患者的日常環境中觀察他們。另一種是類比觀察（analog observation），他們要在人為的環境中，如診所的辦公室或實驗室，觀察患者的行為。最後，自我監督（self-monitoring），是患者接受指導來觀察自己的行為。

自然及類比觀察

自然的臨床觀察，通常是發生在家裡、學校，或機構，如醫院、監獄，或社區環境。它們大部分是專注於親子之間、手足間，或師生的互動，及恐懼、攻擊，或干擾性的行為（Murdock et al., 2005）。一般而言，這種觀察是由參與觀察者（participant observers）或患者環境中的重要人物作記錄，然後把觀察的結果向臨床工作人員報告。

要是自然的觀察實際上有窒礙難行之處，臨床工作人員會訴諸於類比觀察。它經常以特殊的設備輔助，例如：錄影帶或單面鏡（Haynes, 2001）。類比觀察常集中於孩子跟父母親的互動、已婚夫婦企圖解決歧見、演說焦慮者要從事演講，或是懼怕的人，接近他們害怕的事物。

雖然由實際目擊的行為，可以得知許多事情，臨床觀察也有某些不利的情況（Conner-Greene, 2007; Pine, 2005）。首先，他們並不總是可靠的。有可能觀察同一個人的不同臨床工作者，集中於行為的不同層面，或評估行為的方式不一樣，

「媒體觀點」專欄

測驗、eBay 及公眾利益

（Michelle Roberts，美聯社，2007 年 12 月 18 日）

　　智力測驗……要在 eBay 公司的拍賣網站出售，使測驗編製者擔心它們會被濫用。

　　魏氏智力測驗系列，由 San Antonio-based Harcourt Assessment 公司所製作，該公司認為測驗應該只賣或提供給臨床心理師或受過訓練的專業人員。

　　根據 Harcourt 的說法，全國一年超過一百萬次，智力測驗在為數眾多的測驗中，由檢察官及律師訂購，以確定犯罪被告的心理能力。例如：低 IQ 在判決時可提供作為放寬的理由。

　　學校使用智力測驗，以決定是否把學生安置在特殊計畫，是資優學生或學習困難學生。Harcourt 高層人員說，他們憂心測驗在 eBay 出售，會被指導的律師或父母濫用。

　　但是 eBay 拒絕他們限制測驗出售的要求。eBay 的高層人員說，出售測驗沒有不合法，並且他們不能監控 2.48 億網路的購買者及銷售者，測驗濫用的可能性。公司發言人 Hani Durzy 說，eBay 禁止銷售在某些州認為非法的試題，即使它們在其他州是合法。並且為了公眾的利益，它禁止出售某些合法的試題，例如：教師的教科書版本。不過，關於 Harcourt 的測驗，他說「在這一點上，這是我們的回應」。

　　Harcourt 的發言人 Russell Schweiss 說：「為了維持測驗的完整，有必要限制它的取得。」……「誤釋（問題及測驗任務）的結果，即使沒有惡意的意圖，也會導致在評估兒童智力上的錯誤。」Harcourt 臨床部門總裁 Aurelio Prifitera 如是說……

　　Schweiss 說 Harcourt 仍在考慮如何回應 eBay 的拒絕。他們已拿掉在 *The National Psychologist* 雜誌的全頁廣告，要求臨床工作者和測驗出版者與 eBay 接觸，表達他們的擔心。

　　全國犯罪辯護律師協會通訊主任 Jack King 說，智力測驗的結果很難捏造，因為認知能力和心理測驗，通常是一套測驗的部分，而且在多數個案，有一個可視為某種程度的無能力或障礙的分數簡圖。他說：「測驗不通過不能決定任何事，而且一個人可以再三地做測驗，若指患者在任何情況，試圖在心理測驗欺騙是不道德的。」

就會得到不同的結論。周密地訓練觀察人員，及使用觀測者檢核表，有助於減少這方面的問題。

　　同樣的，觀察人員可能犯錯，而影響他們觀察的效度或正確性（Aiken & Groth-Marnat, 2006; Pine, 2005）。觀察人員可能因為負荷太重，因此沒有觀察到或記錄所有重要的行為和事件。或者觀察人員也可能經歷觀察者飄移（observer drift），亦即，當觀察持續一段長時間後，由於疲倦或評量標準逐漸無意的改變，結果正確性穩定的下降。另外可能的問題，是觀察者偏見（observer bias）——觀察者的判斷，可能受到他對此人的資訊以及期望的影響（Markin & Kivlighan, 2007）。

　　一個患者的反應，也可能會影響到臨床觀察的效度；那就是，他的行為可能因為觀察者的出現而受到影響（Kamphaus & Frick, 2002）。例如：學童如果知道有個特殊的人在觀察他們，他們可能就會改變他們平常的教室行為，也許希望給別人好的印象。

　　最後，臨床觀察可能缺乏跨情境（cross-situational），或是外在效度。一個在學校表現攻擊性的孩子，但是在家中，或是放學時跟朋友在一起時，並不一定具有攻擊性。因為行為往往在一個特別的情況中，有特殊的表現，在某一個情境觀察到的行為，並不一定能適用到其他的情境（Kagan, 2007; Haynes, 2001）。

自我監督

　　我們早先看到，人格和反應量表，都是患者要報告他們自己的行為、感覺，或認知的測驗。在一個相關的衡鑑程序，叫作自我監督（self-monitoring）；人們要自我觀察，而且很仔細的記錄某一種行為、感覺，或者認知發生的頻率（Wright & Truax, 2008; Cho, 2007）。例如：一個使用毒品的人，他多久會有一次想用毒品；或一個經常頭痛的人，他多久會有一次頭痛，是在哪一種情境下產生那些感覺？

　　自我監督對一些發生頻率很低，不可能用其他觀察方法來衡鑑的行為特別有用。這種方法對一些經常發生的行為，而其他的方法不可能詳細觀察它們時，也很有用，例如：抽菸、喝酒，或使用毒品（Tucker et al., 2007）。第三，自我監督可以說是觀察和測量個人的思考和知覺的唯一方法。

　　然而，就像其他臨床衡鑑的程序，自我監督也有它的缺點（Wright & Truax, 2008; Achenbach et al., 2005）。在這裡效度也經常是一個問題。在這種形式的觀察，患者不一定得到適當的指導，他們也沒有經常正確地記錄他們的行為。而且，當人們自我監督時，他們可能無意間改變了他們的行為（Otten, 2004; Plante, 1999）。例如：吸菸者在監控自己時，抽菸的數量就會比平常少；吸毒者使用毒品的次數也會減少；老師們會給學生較多正面的鼓勵，較少負面的批評。

診斷：患者的症狀是不是跟已知的疾患相吻合？

　　臨床工作人員使用晤談、測驗，及觀察所得到的資料，建構一個引起和維持患者障礙因素的完整畫面。這種建構有時稱為臨床表徵（clinical picture）（Kellerman & Burry, 2007; Choca, 2004）。雖然研究指出，系統的統計分析衡鑑資料，可產生最正確的臨床判斷，臨床工作人員一般來說，是根據他們自己隱含的規則來形成臨床表徵（Garb, 2006; Wood et al., 2002; Grove et al., 2000）。這些表徵，有時候也會受到臨床工作人員的理論取向影響。這一位治療 Angela Savanti 的臨床治療師，是採取認知—行為的觀點來看變態，所以產生強調模仿和增強原

則，及對 Angela 的期望、假定，和解釋的臨床表徵：

　　　Angela 在學校的成就很少得到增強，而且她經常得到母親負面的關切，因為 Savanti 太太認為 Angela 在學校或在家中的表現非常的低劣。Savanti 太太一再告訴女兒，她是個無能的人，她發生的任何災難都是她自己的過錯……當 Savanti 先生拋棄這個家庭，Angela 的第一個反應是：她要對這件事負起責任。從她母親過去的行為，Angela 學習到去期待在某些方面，她該受到責備。當 Angela 和她男朋友分手時，她並不責備 Jerry，而是把這事情解釋為她自己的錯。結果，她的自尊更加低落。

　　　Angela 目睹母親和父親的婚姻關係模式，提示她婚姻生活像什麼的觀念。她把觀察自父母不和諧的互動，類推到她和 Jerry 最終會從事……的預期行為形式。

　　　她跟她男朋友 Jerry 的關係，是她最主要的喜悅來源，但是當這種關係被剝奪以後，她的徬徨更加的劇烈。儘管她一再懷疑到底要不要跟 Jerry 結婚，她跟 Jerry 在一起有許多愉快的時光。不管她要表達什麼感受，她總是和 Jerry 分享而不是其他的人。Angela 把 Jerry 終止他們的關係，作為她不值得引起別人興趣的證明。她認為眼前的不幸可能會持續下去，而且她把這種情形歸因於她自己的失敗。結果她變得非常的憂鬱。

（Leon, 1984, pp. 123-125）

　　手邊有衡鑑的資料及臨床表徵，臨床工作人員就可以作一個**診斷**（**diagnosis**），也就是，對個人心理的問題，構成特殊疾患的確定。當臨床工作人員經由診斷，確定患者的功能失常模式，反映一種特殊的疾患，他們是說，這個模式基本上，跟其他很多人所顯示出來的症狀是一樣的，它們在很多的研究已被觀察和調查過，而且可能對某種特殊形式的治療有所反應。然後，他們把對這種症狀已知的了解，應用到他們試圖幫助的特殊患者。例如：他們能更適當的預測此人問題的未來病程，以及可能有效的治療方法。

分類系統

　　診斷背後的原則可說是相當明確易懂的。當某一些症狀，很規則的一起出現〔一群症狀，稱為**症候群**（**syndrome**）〕，而且有特殊的病程，臨床工作人員就同意那些症狀可組成一種特殊的心理疾患。當人們顯示出這種特殊的症狀模式時，診斷人員就把他們歸類在那種診斷的類別。這種分類或疾患表，加上症狀的描述及把個人歸到此類別的指引，就是已知的**分類系統**（**classification system**）。

　　在 1883 年，Emil Kraepelin 對變態行為，發展出第一個現代的分類系統（見

第一章）。他的分類成為《國際疾病分類法》（International Classification of Diseases, ICD）心理部分的根據，這種分類系統目前被世界衛生組織使用。它們也影響《精神疾病診斷與統計手冊》（Diagnostic and Statistical Manual of Mental Disorders, DSM），一種由美國精神醫學會所發展的分類系統。DSM 就像 ICD 一樣，過去幾年來一再的修訂。DSM 在 1952 年首次出版之後，經歷好幾次重要的修訂，分別在 1968（DSM-II）、1980（DSM-III）、1987（DSM-IIIR），以及 1994 年（DSM-IV）。

DSM-IV 列出約 400 種的精神疾病（見圖 4-4）。每一項都描述疾患診斷的標準，及它的主要臨床特徵。此系統也描述經常發現，但不一定會呈現的有關特徵。這個分類系統進一步包含正文資訊（text information）（即背景資訊），例如：調查的指標；年齡、文化，或性別的趨勢；每種疾患的盛行率、風險、病程、併發症、易患病傾向因素，以及家庭型態。

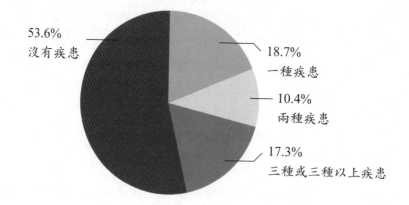

圖 4-4 **美國有多少人在其一生中符合 DSM 的診斷？** 根據一項調查，約有半數的人符合。其中有些人甚至經驗到兩種或兩種以上的不同疾患，稱為共病發生（摘自 Kessler et al., 2005）。

在 2000 年，美國精神醫學會出版 DSM-IV 正文資訊的修訂版，這個修訂版稱為 DSM-IV Text Revision（DSM-IV-TR），此版本也改變一些疾患的診斷標準（某些性疾患），可參見第十三章。因為 DSM-IV-TR，事實上在 DSM-IV 的分類和診斷標準，作了一些改變，雖然只有少許改變，許多臨床工作人員引用 DSM-IV-TR，當作 DSM 的現行版，本書將會依循這種趨勢。另一些臨床工作人員仍然表示 DSM-IV 是現行版。不管哪種方式，能清楚大部分 DSM-IV-TR 的診斷標準，在 1994 年的 DSM-IV 版本實際上都已納入，是很重要的。

DSM-IV-TR

DSM-IV-TR 是目前美國最廣泛使用的分類系統（APA, 2000）。它要求臨床工作人員在作診斷時，根據五個獨立的軸向，或資訊的分支，來評估患者的症狀。首先，他們必須決定一個人是否顯現，一種或多種發現在第一軸向的疾患，即引起顯著損傷的臨床症狀一覽表。在這個軸向最常被診斷出來的疾患，是焦慮性疾患以及情感性疾患，這些問題解釋如下：

焦慮性疾患（anxiety disorder） 　有焦慮疾患者，可能經驗到普遍的焦慮感和擔憂（廣泛性焦慮症）；焦慮集中在某種特殊的情境或對象（恐懼症）；間歇的恐慌發作（恐慌症）；持續的思考，或重複的行為，或者兩者都有（強迫症）；或對特別的創傷事件，持續的焦慮反應（急性壓力疾患及創傷後壓力疾患）。

情感性疾患（mood disorder） 　有情感性疾患的人，在一段長時間覺得非常悲傷，或非常振奮。這些疾患包括重鬱症及雙極性情感疾患（躁狂發作和憂鬱發作交替出現）。

接著，診斷者必須決定，一個人是否顯現第二軸向所列出的一種疾患，包括在第一軸向的疾患經常被忽略而長期間存在的問題。第二軸向的疾患只有兩類：智能障礙和人格疾患。我們在之後的幾章也會解釋這些模式：

智能障礙（mental retardation） 　有智障者，顯示嚴重的、低於平均的智能，而且有不良的適應功能，此種情況在 18 歲以前就已形成。

人格疾患（personality disorder） 　有人格疾患者，顯示持續許多年，非常僵化的內在經驗和外在行為不適應模式。例如：反社會型人格疾患者，會一再的忽視及侵犯別人的權益。依賴型人格疾患者，會持續的依賴他人、依戀別人、服從別人，以及很害怕和別人分離。

雖然人們通常從第一軸向或第二軸向得到診斷，他們也可能從兩個軸向同時得到診斷。Angela Savanti 可能從第一軸向得到重鬱症的診斷（一種情感性疾患）。假設臨床工作人員判斷 Angela 也顯示出依賴行為的生活史，那麼她也可以得到第二軸向依賴型人格疾患的診斷。

DSM-IV-TR 的其餘各軸向，引導診斷人員報告其他相關的因素。第三軸向是尋找有關此人目前蒙受的一般醫學狀況的資訊。第四軸向是查詢此人所面對的特殊心理社會或環境的壓力，例如：學校或住宅的問題。第五軸向要診斷者作一個整體功能的評估（global assessment of functioning, GAF），也就是在 100 點的量表，評定此人的心理、社會，以及職業上整體的功能。

例如：如果 Angela Savanti 有糖尿病，臨床工作人員可能把這訊息放在第三軸向。Angela 最近和她的男朋友關係破裂，可以記錄在第四軸向。因為在作診斷時，她的心理功能看起來相當失常，所以 Angela 在第五軸向的 GAF 可能大約

55，表示有中度的功能失常。那麼對 Angela Savanti 完整的診斷如下：

第一軸向（Axis I）：重鬱症

第二軸向（Axis II）：依賴型人格疾患

第三軸向（Axis III）：糖尿病

第四軸向（Axis IV）：有關社會環境的問題（婚約的終止）

第五軸向（Axis V）：GAF ＝ 55（目前）

　　因為 DSM-IV-TR 使用幾種的診斷資訊，每一種是以不同的「軸向」來界定，它稱為多軸向系統（multiaxial system）。在這種分類系統下所得到的診斷，比來自早期的 DSM，預期應可得到更多的資訊，也考慮得更周到。

DSM-IV-TR 是有效的分類系統嗎？

　　一個分類系統的好壞，就像衡鑑方法一樣，要由它的信度和效度來判斷。在這裡所謂的「信度」，是指不同的診斷者，當他們使用此系統去診斷相同的患者，很可能會有一致的診斷。早期的 DSM 版本，至多只有中等的信度（Spiegel, 2005; Malik & Beutler, 2002; Kirk & Kutchins, 1992）。例如：在 1960 年代初期，有 4 位臨床工作人員根據 DSM-I，個別晤談了 153 位病人（Beck et al., 1962）。他們的診斷只有 54%是彼此一致的。因為這四位臨床工作人員，是有經驗的診斷人員，連他們都沒有辦法達成一致的診斷，表示這種分類系統顯然有缺陷。

　　DSM-IV-TR 顯示比以前的 DSM 版本，有更大的信度（Keenan et al., 2007; Lyneham, Abbott, & Rapee, 2007; Black, 2005）。DSM-IV 的籌劃者從事全面的研究審查，精確地顯示過去 DSM 版本的分類，哪些是不明確及不可信任的。然後，他們發展出一些新的診斷標準和分類，最後從事廣泛的現場試驗，來確保這些新的診斷標準和分類，實際上是可信賴的。有許多臨床工作人員和研究人員，在他們的工作上使用新的診斷標準，並發現在多數的案例，同樣的患者或同一類的患者，都得到相同的診斷。

　　當 1994 年 DSM-IV 最初出版時，它宣布有「高度」可信的分類系統。然而，過去十年來臨床的使用及研究實施，顯示 DSM-IV（DSM-IV-TR 也一樣）確實包含某些信度問題（Black, 2005; Beutler & Malik, 2002）。例如：許多臨床工作人員，對某一類的焦慮症和另一類的焦慮症很難作區分。一個特殊疾患的患者，可能被一個臨床工作人員分類為廣泛性焦慮症，另一位臨床工作人員把他分類為懼曠症（害怕離開個人的家），另外一位則將他分類為社交恐懼症（懼怕社交情境）。而且，許多焦慮患者得到多重（共病）的診斷：例如：他們得到懼曠症和社交恐懼症兩種疾患的診斷。

　　可能現行的 DSM，某些類別的診斷標準重疊太多。例如：對困窘或屈辱過度的恐懼，都列在懼曠症和社交恐懼症的診斷標準中。另外的情況，可能只有一種

焦慮症的人，也有高度的傾向發展另一種焦慮症。不管哪一種，這類診斷的混淆不清，已激發人們對 DSM-IV-TR 的效度嚴重的關切。

分類系統的效度，是診斷的分類所提供資訊的正確性。當它顯示有預測效度時，這種分類對臨床工作者最有用——那就是，它們有助於預測未來的症狀或事件。例如：重鬱症常見的症狀是失眠或過眠。當臨床工作人員對 Angela 作出重鬱症的診斷時，他們預期她最後會產生睡眠的問題，即使目前並沒有。此外，他們也預期她對治療會有反應，因為這些治療對其他的憂鬱病患是有效的。這種預期愈正確，這個分類的預測效度就愈高。

DSM-IV 的籌劃者，試圖在出版前經由從事全面的研究複審，以及進行許多的現場研究，以確保 DSM 新版本的效度。結果它的診斷標準和分類，顯示比 DSM 較早的版本，有更強的效度（Reeb, 2000; Nathan & Lagenbucher, 1999）。然而，自 1994 年以來，許多臨床理論家證明，某些 DSM-IV（延續到 DSM-IV-TR）的診斷標準和分類，是根據不穩固的研究，以及反映性別和種族偏見的研究而來（Lowe et al., 2008; Vieta & Phillips, 2007; Cosgrove & Riddle, 2004）。

除了這些分類信度和效度的關注外，愈來愈多的理論家相信，有兩種基本的問題削弱了 DSM 的現行版本（Widiger, 2007; Widiger & Simonsen, 2005）。一個問題是 DSM-IV-TR 的基本假定：臨床疾患在「性質」上是和正常的行為不同。可能這個假定不正確。例如：每個人有時經歷的沮喪感，可能和臨床的輕度憂鬱症者，只有「程度」上不同，同樣的，輕度憂鬱症和重鬱症，也只是程度的不同，而不是種類的不同。在這種概念的支持上，有些研究發現，輕鬱症早期的特徵和徵兆，與重鬱症幾乎是相同的（Akiskal & Benazzi, 2008; Akiskal, 2005; Judd et al., 2004, 2002, 1997）。假如某些心理疾患，實際上和正常行為的不同，它們之間只是在程度上的不同，而不是種類的不同，許多今天的診斷標準和分類，至少是易引起誤解的。

另外（相關）的批評，集中在 DSM-IV-TR 使用分離（discrete）的診斷分類。也就是病理的每一類別，都是各自分離的。有些評論認為其中某些類別，事實上是反映單獨的、基本功能向度（dimension）程度上的變化，而不是不同的疾患。若我們以「負面影響」向度為例來考慮，或許這個向度應被用來描述異常模式。當一個人承受的負面影響達到最大程度，而且適應不良，呈現出特殊的特性，此人可能顯示出高度的焦慮。另一情況是，一個受到極端負面影響的人，可能顯現高度的憂鬱，或實際上是焦慮和憂鬱兩者都有。總之，與其區分為兩種疾患——憂鬱症及焦慮症——分類應著重在列舉出的每一模式，能顯示以負面影響為主要向度所造成的變化。如果這種有關向度的觀點是適當的，再一次，DSM-IV-TR 會誤導臨床工作人員，當其要求臨床人員決定人們受焦慮症或情感性疾患所苦。令人疑惑的是，臨床工作人員經常發現，重鬱症患者有高度的焦慮，或焦慮症患者中有極大的憂鬱感。愈來愈多的證據顯示，基本向度的確與 DSM 不同的種類抵

觸，那可能也就是對同一個患者，需被指定作多重診斷的理由。

經此考量後，無疑的新版的 DSM-V，將包含某些主要的改變，包括某些向度式的分類，重於類別式的分類。DSM-V 的特別小組目前已經成立（Oldham, 2007），它包含 12 個工作群組，每一個群組集中於特定的一組疾患，另外有四個研究群組，每一組檢視各種不同疾患，重疊的特徵及爭議問題。這些群組為增強工作，已經進行無數次的研究與計畫研討會議——考慮到對 DSM-V 應有什麼樣的適當改變的會議。在第五章和第十六章提到的，焦慮疾患和人格疾患的分類，特別可能看到改變。然而，DSM-V 的出現，並不是迫在眉睫，它可能要到 2012 年或之後才會完成（Garber, 2008）。目前臨床工作人員仍然仰賴 DSM-IV-TR，這個比之前優越，卻又充滿嚴重缺陷與疑問的分類系統。

診斷和標記會不會引起傷害？

即使有足以信賴的衡鑑資料，以及可信和有效的分類系統，臨床工作人員有時候也會獲得錯誤的結論（Rohrer, 2005; Wood et al., 2002）。就像所有的人類一樣，臨床工作人員也是瑕疵資訊的製造者。研究顯示，他們經常受到早期衡鑑過程，收集資料的不平衡影響（Dawes, Faust, & Meehl, 2002; Meehl, 1996, 1960）。他們有時過分的注意某一種訊息的來源，例如：父母對孩子的報告，而對其他方面的資訊漠不關心，如孩子本身的觀點（McCoy, 1976）。最後，他們的判斷，可能被一些個人的偏見所扭曲——性別、年齡、種族，以及社經地位（Vasquez, 2007; Winstead & Sanchez, 2005）。

由於衡鑑工具、衡鑑人員及分類系統的缺陷，有些研究發現，在診斷上有相當駭人的錯誤，尤其是在醫院裡面（Caetano & Babor, 2007; Chen, Swann, & Burt, 1996）。在一個研究中，有一個臨床治療小組，被要求重新評估紐約一個精神病院 131 個案例，他們跟這些人晤談，而且為每個人作診斷（Lipton & Simon, 1985）。然後研究人員比較小組的診斷，以及病人原來住院時的診斷。原來住院時有 89 個病人診斷為精神分裂

✪ **標籤的威力**　看到這張十九世紀後期，紐約某一個精神病院棒球隊的照片，大部分的觀察者會以為這些球員是病人。因此，他們都從球員的臉部表情和姿態「看到」憂鬱和困惑。事實上，這些球員都是病院的工作人員，甚至有些人尋求這個工作，目的是想加入病院的球隊來打球。

症，但是在重新評估之後，只有 16 人診斷為精神分裂症。而原來有 15 個病人獲得情感性疾患的診斷，但是現在有 50 個人得到這種診斷。臨床工作人員知道可能發生此類巨大的不一致，顯然是很重要的。

除了潛在的錯誤診斷外，將人們分類的行為，也可能導致意想不到的結果。例如：以第三章所述的情況為例，很多家庭—社會理論家相信，診斷的標記可能變成自驗預言。當人們被診斷為有心理障礙，他們可能得到相應的看待和反應。假如其他人期望他們表現病人的角色，他們可能開始認為他們有病，而且行為舉止都像個病人。而且，我們的社會經常把變態汙名化（Spagnolo, Murphy, & Librera, 2008; Corrigan , 2007; Corrigan et al., 2007; Link et al., 2004, 2001）。被標上有精神疾病，可能難以找到工作，尤其是要負責任的重要職位，或無法在社會關係中受歡迎。一旦被貼上標記，它就會跟著他一段很長的時間。

由於這些問題，有些臨床工作人員想要廢除診斷，另有些人則不同意。他們認為我們必須要做的，是增進對精神疾病的了解，並改進診斷的技術。他們主張分類和診斷，對了解和治療為精神疾病所苦惱的患者而言，是非常重要的。

治療：患者如何得到幫助？

在過去十個月中，心理師治療 Angela Savanti 的憂鬱症和相關的症狀。在此期間，她的症狀有相當大的進步，如同下列報告所描述的：

> Angela 經治療而顯示出一些進步時，她的憂鬱症也減輕。在結束治療前的幾個月，她和 Jerry 重新開始約會。Angela 和 Jerry 討論事情的時候，她覺得較能夠自由自在地表達她的情感，她也希望 Jerry 能夠對她表示更多的情感。他們討論到為什麼 Angela 會對結婚三心二意的原因，而且他們開始再談到未來結婚的可能性。不過，Jerry 也不強求 Angela 即時決定一個確定的日期，而且 Angela 覺得她不像以前那樣，對結婚的事情感到非常的恐懼……
>
> 心理治療提供 Angela 一個機會，去學習對與她互動的人表達她的感受，而這種感情的流露對她來說是相當有幫助的。最重要的是，她能把治療中的學習經驗加以推展，並在她和 Jerry 重新建立關係中，改變自己的行為。當然，Angela 在她和其他人互動的特性方面，仍有很多需要改進的地方，不過她在建立一個更快樂的人生方向，已跨出重要的一步。
>
> （Leon, 1984, pp. 118, 125）

很顯然，治療對 Angela 有相當的幫助，在快結束治療的時候，她已比起十個月前來尋求治療時，變成更快樂、生活功能更好的人。但是她的治療師如何決定

提供對她有幫助的治療方案？而且對 Angela 有效的治療效果，是不是其他的治療師也能提供給有同樣問題的患者？

治療的決定

Angela 的治療師，像其他的治療師一樣，要從資訊的評估及診斷決定開始。了解 Angela 問題的特殊細節和背景〔個人特性的資料（idiographic data）〕，並且把這些資料和有關憂鬱症的性質和治療資訊〔律則性資料（nomothetic data）〕結合，臨床工作人員就能對她建立一個治療計畫。

然而治療師在作治療決定時，也可能受到其他因素的影響。他們的治療計畫往往可以反映出他們的理論取向，以及他們過去從事治療的學習（Sharf, 2008; Mahrer, 2003, 2000）。治療師對一個接著一個的患者，使用他們偏愛的模式，他們就對這種治療的原則和技術更加熟悉，而且他們以後治療其他患者時，也傾向於依賴這種方法。

目前的研究，也扮演一個重要的角色。大部分的臨床工作人員說，他們重視研究的結果，作為從事治療的指導（Beutler et al., 1995）。不過，並不是所有的治療人員確實閱讀研究論文，所以他們並不是直接受到研究的影響（Stewart & Chambless, 2007）。研究的論文往往是為其他研究人員而寫，他們所用的技術性語言，一般來說，對臨床工作人員或其他類的讀者，都不是很容易了解的。因此，根據調查的結果，今日的治療師，實際上收集有關此領域最新的發展資訊，大部分是來自同事、專業通訊、研習會、研討會、書籍，以及其他的工具（Corrie & Callanan, 2001; Goldfried & Wolfe, 1996）。遺憾的是，這些資訊的正確性與有效性，有很大的差別。

為了幫助臨床工作人員更熟悉，以及應用研究發現，在美國及英國有一種日益增長運動，在其他地方稱為實證支持治療（empirically supported treatment），或實證為本（evidence-based）的治療（Nathan & Gorman, 2007; Norcross, Beutler, & Levant, 2006; Ollendick, King, & Chorpita, 2006; Kazdin, 2004; Chambless, 2002）。這種方法的支持者，已經成立工作小組，尋求識別那些已得到明確的研究支持、實施新治療法研究、發展治療指引及傳布這些資訊給臨床工作人員的治療法。例如：在仔細審視許多治療研究之後，一個重鬱症的工作小組，對此問題在認知治療、認知─行為治療、抗憂鬱劑治療或人際關係治療（第九章將談到的社會文化方法），何種治療最有效作出決定（Nemade, Reiss, & Dombeck, 2007）。實徵支持治療法的評論家，擔憂努力去區別有效與無效的治療，會變為過分簡化及偏見，有時會導致錯誤（Weinberger & Rasco, 2007; Mahrer, 2005; Westen et al., 2005）。不過，這個運動近年來已獲得推進力。

事實上，我們目前知道關於治療，以及有效治療的效果有多少？研究人員如何才能檢驗此問題？我們要在以下討論這些問題。

治療的效果

在今日的臨床領域中，總計有超過 400 種的治療法被使用（Corsini, 2008）。很自然的，最重要的問題是，查詢其中到底哪些確能達到治療的效果。如果這樣，實務工作人員就對患者執行一種有意義的服務。表面上看來，這個問題似乎非常的簡單。事實上，這是臨床研究者最難回答的問題之一。

第一個問題是，我們如何界定治療「成功」。就像 Angela 的治療師所提出的，在治療結束之後，她依然有許多地方需要改進，那麼她的復原是不是可被認為是成功的？第二個問題是，我們要如何「測量」進步（Markin & Kivlighan, 2007; Luborsky , 2004; Luborsky et al., 2003, 2002, 1999）。研究人員對患者、朋友、親戚、治療師，以及老師的報告，都給予同樣的比重嗎？他們是否應該用評定量表、量表、領悟治療、觀察，或者其他的測量？

也許在確定治療有效性的最大問題，是目前所使用治療的「多樣化」和「複雜性」。人們的問題、個人的風格，以及尋求治療的動機，都不盡相同。治療師在技能、經驗、理論的取向，以及人格也不同。而且治療師在理論、形式及環境，也有差異。因為個人的進步，受到所有的這些因素，以及其他因素的影響，某些特殊研究的發現，也就不能經常適用於其他的患者或治療師。

適當的研究程序，要特別考慮到這些問題。經由使用控制組、隨機分派、受試者的配對等，臨床研究人員對各種治療方法，能下一個比較確實的結論。然而，即使這些研究有相當完美的設計，但是由於治療的多樣化與複雜性，會限制確實的結論的達成（Kazdin, 2006, 2004, 1994）。

雖然有上述的困難，評估治療的工作必須做下去，而且很多臨床研究者正努力的進行中。事實上，研究人員從事成千上萬的治療效果研究，並評量各種治療的效果。這些研究通常會問下列三個問題中之一：

1. 治療通常是否有效？
2. 特殊的治療法通常是否有效？
3. 特殊的治療法對特殊的問題是否有效？

治療通常是否有效？

研究指出，治療往往比沒有治療或安慰劑更有幫助。有一項破天荒的複審，檢查 375 個嚴密的控制研究，包含在治療中可見到的廣大分類，總數約 25,000 人（Smith, Glass, & Miller, 1980; Smith & Glass, 1977）。這些複審人員用一種稱為後設分析（meta-analysis）的特殊統計技術，綜合這些研究發現。他們評估每個接受治療者及沒有接受治療的控制受試者，進步的程度，並計算兩組的平均差異。根據統計分析，接受治療的人，比 75% 未接受治療的控制受試者，有明顯進步的情況（見圖 4-5）。其他的後設分析，發現治療與進步之間的關係，也有類似的情況（Bickman, 2005）。

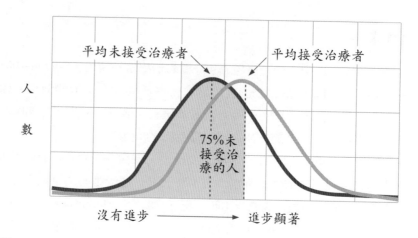

平均未接受治療者　　　平均接受治療者

人
數

沒有進步　　　→　　進步顯著

75%未
接受治
療的人

圖 4-5　**治療有效嗎**？　結合數百位研究的受試者及研究的結果，研究人員已確
定，接受治療者，比 75%有相似問題未接受治療者，有更大的進步（摘
自 Prochaska & Norcross, 2003; Lambert, Weber, & Sykes, 1993; Smith, Glass, &
Miller, 1980）。

　　有些臨床工作人員，也對一個重要的相關問題有爭議：治療會不會造成傷
害？精神分析家 Abraham Kardiner（1977）在《我與 Freud 的分析》（*My Analysis
with Freud*）書中，寫著：「每一次我對 Freud 說，精神分析不會對你造成什麼傷
害，他就會非常的生氣。他說：『照你這樣說，精神分析對我也沒什麼好處。假
使你不能造成傷害，你怎麼能夠得到好處呢？』」跟 Freud 意見一致的一些研究，
發現至少有 5%的病人，由於治療的結果使情況似乎更加的惡化（Nolan et al., 2004;
Lambert & Bergin, 1994）。由於患者不能從治療中獲益，他們的症狀變為更劇烈，
或發展出新症狀，如失敗感、罪惡感、自我觀念降低，或絕望感（Lambert, Sha-
piro, & Bergin, 1986; Hadley & Strupp, 1976）。

特殊的治療法通常是否有效？

　　截至目前為止我們所討論到的，都是把所有的治療放在一起，來考慮它們的
一般效果。然而，很多研究人員反對，把所有的治療當作同樣的事物來研究。有
一位評論家指出，這些研究是在一致性的神話之下運作——儘管治療師的訓練、
經驗、理論取向，以及人格有很大的不同，所有的治療法都是相同的一種錯誤信
念（Good & Brooks, 2005; Kiesler, 1995, 1966）。

　　因此，一個替代的方法，是檢查特殊治療的效果（Bickman, 2005）。多數的
研究顯示，每種主要的治療形式，比沒有治療或安慰劑的治療更優異（Prochaska
& Norcross, 2006, 1999, 1994）。另外一些研究，比較特殊的治療和其他的治療，
結果發現沒有任何一種形式的治療法，比其他的治療法更優異（Luborsky et al.,
2003, 2002, 1975）。

如果不同種類的治療，有類似的成功，那麼它們是否有一些共同性呢？一個**友善關係運動**（rapprochement movement）試圖確認一組共同的策略，可以使用在有效的治療師身上，而不必管他是採用哪一種的特殊取向（Portnoy, 2008; Castonguay & Beutler, 2006; Luborsky et al., 2003, 2002; Korchin & Sands, 1983）。例如：有一個對高度成功的治療師所做的研究，發現這些治療師大都給與病人回饋、幫助病人把他們的注意力集中在自己的思考和行為、留意他們與病人之間的互動，以及促進病人的自制力。總之，任何類型有效的治療師，實際上彼此之間的做法非常相似，雖然他們主張的觀點往往有很大的不同。

🌿 特殊的治療法對特殊的問題是否有效？

有不同心理疾患的人，可能對各種不同的治療方式有不同的反應（Corsini, 2008）。具有影響力的臨床理論家 Gordon Paul，在四十多年前說過，討論治療效果最適當的問題是：「哪一種特殊的治療法，由誰來從事治療，最能有效的處理某一個人在某種情況下發生的特別問題？」（Paul, 1967, p. 111）研究人員曾經調查某個特殊的治療法，在治療特殊的心理疾患有效程度如何。他們發現各個不同治療法之間，有相當大的差異。例如：行為治療法顯示對恐懼症的治療最有效果（Wilson, 2008），而藥物治療，則是唯一對精神分裂症最有效的治療（Awad & Voruganti, 2007; Weiden & Kane, 2005）。

我們先前也提到過，有些研究也顯示，某些臨床的問題，可能結合幾種方法比較有良好的反應（de Maat et al., 2007; Marder & Kane, 2005; TADS, 2004）。例如：藥物治療有時結合其他形式的心理治療法，來治療憂鬱症。事實上，現在病人看兩種治療師很普遍——其中一個是**精神藥理學家**（psychopharmacologist）（或藥物治療學家）——主要是開藥方的精神科醫師；另外一個是心理師、社工師，或其他從事心理治療的治療師。

顯然地，知道某種特殊治療法，對某種特殊的心理疾患較好，就可幫助治療師和患者，對治療作較好的決定（Clinton et al., 2007; Beutler, 2002, 2000, 1991）（見圖 4-6）。它也可以幫助研究人員，了解為什麼治療法有效，最後並能了解變態的功能。因此，對此問題本書不斷地重複加以檢視，那些治療師努力奮戰的疾患。

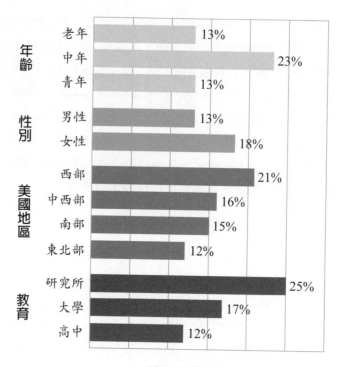

看過治療師的百分比

 哪些人尋求治療? 根據在美國實施的調查顯示,中年、女性、來自西部的州及受較高教育者,最可能在他們一生中的某段時間接受治療(摘自 Fetto, 2002)。

整合:經濟壓力的衝擊再受關注

我們在第三章已討論過,目前主要的變態行為模式,往往在它們的假定、結論,以及治療上有很大的不同。所以不令我們意外的,臨床工作人員在衡鑑和診斷的方法上,也有相當大的不同,或有些臨床工作人員偏愛某一種衡鑑的技術,有時候還會嘲笑使用其他方法的人。然而,並沒有哪一種技術比其他的技術更優異。數百種可用的衡鑑工具都有重大的限制,而且每一種衡鑑方法,頂多是對這個人的功能如何及為何,提供一個不完整的畫面。

總之,雖然有些衡鑑的程序,比其他的程序獲得較多研究的支持(而臨床工作人員,在決定使用時,也必須嚴密的注意這些研究發現),目前衡鑑和診斷的實施情況,是反對只根據某一種方法而遽下定論。正因如此,現在愈來愈多的臨床工作人員,用成套的衡鑑工具來作診斷(Iverson et al., 2007; Meyer et al., 2003, 2001)。這種成套測驗在衡鑑阿茲海默氏症,以及其他難以診斷的疾患,提供非常珍貴的引導,我們在以後會討論。

對臨床衡鑑的態度,在過去幾十年有重大的改變。在 1950 年代以前,心理

衡鑑在臨床實務中得到相當高的尊重。然而，在 1960 和 1970 年代之間，臨床模式在數量上不斷地增加；每種模式的追隨者，偏愛某種治療方法，甚於其他的方法，使心理衡鑑的工作變得支離破碎。同時，研究也開始顯示，有一些工具是不正確或不一致的。在這種氣氛中，很多臨床工作人員，對系統的衡鑑和診斷失去信心，有些人甚至捨棄系統的衡鑑和診斷。

不過，今天的治療人員又恢復對衡鑑和診斷的尊重，這種恢復關注的一個理由，是因為更精確的診斷標準的發展，就像《精神疾病診斷與統計手冊》第四版修正版（DSM-IV-TR）所呈現的。另一個理由是，研究人員努力用嚴密的測驗，找出適當的受試者作臨床研究。還有一個因素是，在臨床界愈來愈認識某些疾患必須經過仔細的衡鑑過程，才能夠適當的確認問題。

除了高度重視衡鑑和診斷，使研究增加，每一種主要的衡鑑工具——從投射測驗到人格量表——現在都經歷研究人員仔細的檢視。這種工作有助於臨床工作人員，更正確和更一致地執行他們的工作。這些對有心理問題的人，是一個值得鼓舞的消息。

諷刺的是，今天的臨床工作人員和研究人員，又再發現系統的衡鑑提高費用，經濟因素似乎阻礙了衡鑑工具的使用。尤其是管理式照護保險計畫，它重視抑制成本和較短期的治療，常拒絕提供大量的臨床測驗和觀察，作為保險項目（Wood et al., 2002）。有一個心理師的調查發現，有半數的回答者報告，他們比過去花更少的時間做臨床測驗、使用較少的測驗，或完全放棄這些測驗——全都是由於管理式照護政策（Piotrowski et al., 1998）。何種力量最後將在臨床衡鑑和診斷造成很大的影響——有前景的研究或經濟壓力？只能留待時間告訴我們……

 ## 摘要

●**臨床實務人員的工作**　臨床實務工作者的主要興趣，在於收集有關患者的個人特性（idiographic）資訊。他們經由臨床的衡鑑和診斷，尋求對患者問題的特殊性質和起因作一了解。

●**臨床衡鑑**　為了達到實際效果，衡鑑工具必須標準化（standardized）、可靠的（reliable）及有效的（valid）。多數的臨床衡鑑方法，可以分為三類：臨床晤談（clinical interviews）、測驗（tests）及觀察（observations）。臨床晤談使實務工作人員可以與患者互動，而且通常可以對患者獲得一般的了解。晤談可以用無結構式（unstructured）或結構式（structured）的形式。臨床測驗的形式，包括投射（projective）、人格（personality）、反應（response）、精神生理的（psychophysiological）、神經的（neurological）、神經心理的（neuropsychological）測驗，及智力測驗（intelligence tests）等。觀察的形式，包括自然觀察（naturalistic observation）及類比觀察（analog observation）。臨床實務工作人員也使用自

我監督（self-monitoring）：患者自我觀察，而且把指定觀察的行為、感覺或認知，在發生時記錄下來。

●**診斷**　在收集衡鑑的資訊之後，臨床工作人員形成一個臨床表徵（clinical picture），而且考慮後作成診斷（diagnosis）。這個診斷是從分類系統（classification system）中選擇出來。在美國使用最廣泛的系統，是《精神疾病診斷與統計手冊》（Diagnostic and Statistical Manual of Mental Disorders, DSM）。

●**DSM-IV-TR**　DSM 最新的版本，稱為 DSM-IV-TR，列出約 400 種疾患。臨床工作人員必須在五個軸向或資訊的種類中，評估患者的情況。DSM-IV-TR 的信度和效度，持續的受到臨床廣泛的審查和評論。

●**診斷和標記的危險性**　即使具備了值得信賴的衡鑑資訊，以及有信度和效度的分類系統，臨床工作人員並不能經常得到正確的結論。他們都是凡人，而且常會陷入各種偏見、誤解以及期望當中。另外與診斷有關的問題，是標記引起的偏見，它可能對被診斷的人造成重大的傷害。

●**治療**　治療師所作的治療決定（treatment decisions），可能受到衡鑑的資訊、診斷、臨床工作人員的理論取向和對研究的熟悉，以及此領域的知識狀況等方面影響。要確定治療的效果（effectiveness of treatment）是一個艱難的工作，因為治療師對所謂治療成功的界定和測量，極為不同。今天治療種類的多樣化和複雜性，也呈現另一個問題。治療結果的研究（therapy outcome studies）已導致三個一般的結論：(1)接受治療的人，比那些問題相似卻沒有接受治療的人，情況較佳；(2)不同的治療法在一般的效果上，並沒有顯示出重大的不同；(3)某些治療法或各種治療法的結合，對某些疾患確實顯示比其他的方法更有效。目前有一些治療師提倡實證支持治療（empirically supported treatment），它在活動鑑定、促進，及介入的指導，已經得到明確研究的支持。

第五章

焦慮性疾患

　　Bob Donaldson 是一個 22 歲的木匠，被介紹到社區醫院的精神科門診部門……在初期的晤談中，Bob 看來很苦惱，他顯得緊張、憂慮及害怕；他坐在椅子邊緣，輕敲著他的腳，並且不安的耍著一枝在精神科醫師桌子上的筆。當他試圖陳述他的情況時，在語句間他常常嘆氣和深呼吸，並可聽到間歇性的吐氣及變換姿勢：

Bob：那是可怕的一個月，我好像不能做任何事，我不知道何去何從，我害怕會發狂或發生什麼事情。

醫生：什麼原因使你那樣想？

Bob：我不能集中精神。我的老闆要我做某些事，我開始去做，但是在我採取五個行事步驟前，我不知從何開始。我開始頭暈，我能感覺到自己的心跳，每件事看來好像正在閃爍搖動或離我遙遠──實在令人難以置信。

醫生：當你這樣感覺時，你的內心有什麼樣的想法？

Bob：我只是想：「啊！上帝，我的心正在跳動，我的頭正在暈眩，我的耳朵正在鳴叫──我不是要死去就是發狂。」

醫生：然後發生什麼事？

Bob：它只持續了幾秒，我是指那種強烈的感覺，我就從夢中返回現實，於是我開始苦惱這是怎麼一回事，或測量我的脈搏跳得多快，或去感覺我的手心是否在出汗。

醫生：別人是否看到你所體驗的過程？

Bob：我不確定，我加以隱藏沒有讓我的朋友發現。下班後他們說：「我們去喝一杯吧」，或其他的建議，我都會找一些藉口，如我必須去處理房子周圍的事或車子的事。當我和他們在一起，我並沒有加入他們──我只是坐在那裡煩惱。我的朋友 Pat 說，我一直在皺眉頭。所以，我只有回家，打開電視或看看運動消息，但是我也沒有真正的專注在那上面。

　　Bob 繼續說，由於容易疲勞和難以集中精神，他已經停止打壘球；在過去兩週，有幾次由於太緊張而無法上班。

（Spitzer et al., 1983, pp. 11-12）

　　你不需經歷像 Bob Donaldson 那樣的恐懼和焦慮的煩惱。想想看，有時候你的呼吸加速、肌肉緊張、心臟劇跳及突然死亡的感覺。這種現象，是不是發生在下雨時，你的車子幾乎滑出路面？你的教授突然宣布要小考？你所愛的人與別人外出？或你的老闆指出你的工作要加強等？任何時間，當你的利益面臨嚴重的威脅時，立即引發驚恐狀態的反應，即是**恐懼（fear）**（Garrett, 2009）。有時候，你不能明確的指出使你驚恐的特定原因，但你仍會感覺緊張和急躁，如同你預期某些不愉快的事情會發生一般，這種處在危險中的模糊感覺，稱為**焦慮（anxiety）**。它也像恐懼一樣有相同的特徵──呼吸加速、肌肉緊張及出汗等。

　　雖然每天經歷恐懼和焦慮是不愉快的，但它們通常具有適應的功能：當有危險威脅時，它使我們準備採取行動——「戰或逃」（fight or flight）。它引導我們在暴風雨天開車更加小心、趕上我們的閱讀課業、對約會更敏感，以及工作更賣力。不幸的是，有些人蒙受使人喪失能力的恐懼和焦慮，以致不能過正常的生活（Koury & Rapaport, 2007）。他們的不適，不是太嚴重或太頻繁，就是持續太久或太容易引起。這些人被稱為有焦慮疾患（anxiety disorder）或焦慮相關疾患。

　　焦慮疾患在美國是最普遍的心理疾患。每年有 18.1% 的成人，罹患 DSM-IV-TR 認定的焦慮疾患中之一種或多種；而在所有人口中，接近 29% 的人，在他們一生中的某一個時間，發展其中一種疾患（Koury & Rapaport, 2007; Kessler et al., 2005）。他們當中只有約五分之一的人尋求治療（Wang et al., 2005）。這些疾患每年花費的社會成本，包括健康照護費、失去的工資，及失去生產力等，至少 420 億美元（Dozois & Westra, 2004）。

　　廣泛性焦慮症（generalized anxiety disorder）的患者，經驗全面和持續的擔憂和焦慮感。恐懼症（phobias）的患者，是對特定對象、活動或情境，經驗持續及不合理的恐懼。恐慌症（panic disorder）的患者，被反覆的強烈恐懼侵犯。強迫症（obsessive-compulsive disorder）的患者，會一再地被引起焦慮的想法侵襲，或必須重複執行某些動作以減輕焦慮。而急性壓力疾患（acute stress disorder）及創傷後壓力疾患（posttraumatic stress disorder）的患者，是在創傷事件（如戰爭、強暴、酷刑）之後，被恐懼和相關的症狀所折磨。多數有一種焦慮症的患者，也會有第二種的焦慮症（Angst et al., 2005）（見圖 5-1）。例如：Bob 蒙受廣泛性焦

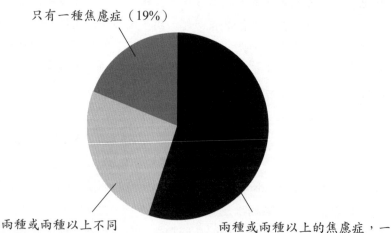

只有一種焦慮症（19%）

兩種或兩種以上不同的焦慮症（26%）

兩種或兩種以上的焦慮症，一種焦慮症被另一種引起（55%）

圖 5-1　**焦慮症會引起焦慮症？**　有一種焦慮症的患者，通常也會經驗另一種焦慮症，同時發生或發生在一生中不同時期。由焦慮症患者的研究發現，81% 的人事實上罹患多重的疾患（摘自 Ruscio et al., 2007; Rodriguez et al., 2004; Hunt & Andrews, 1995）。

慮症所發現的過度擔憂，也同時出現恐慌症特有的反覆恐慌發作。此外，超過90%的任一種焦慮疾患的患者，在他們一生中的某一段時間，也經驗不同的心理疾患（Garrett, 2009; Doughty et al., 2004; Kaufman & Charney, 2000）。情感性疾患與焦慮性疾患有極大的重疊，有 60%重鬱症患者，也在他們一生中經驗焦慮疾患，而且有16%的雙極性情感疾患者，也在某一時間顯現恐慌症。

　　本章將重點放在廣泛性焦慮症、恐懼症、恐慌症及強迫症。另外的焦慮疾患——急性及創傷後壓力疾患，將在下一章探討。它們是探討特殊強度或進行中的壓力，對我們心理和身體功能的影響。

廣泛性焦慮症

　　有**廣泛性焦慮症**（generalized anxiety disorder）的患者，在多數的情境下，經驗過度的焦慮，及擔心各種的日常瑣事。事實上，他們的問題有時被描述為自動游離性焦慮（free-floating anxiety）。像年輕的木匠 Bob Donaldson 一樣，他們的特徵是感覺坐立不安、緊張、急躁、容易疲倦、難以專注、肌肉緊張及睡眠障礙（Neckelmann et al., 2007）（見表 5-1）。這些症狀至少持續六個月。雖然如此，多數的廣泛性焦慮症患者，能略有些許困難的繼續社會關係及職業活動。

表 5-1　DSM 檢核表

廣泛性焦慮症

1. 針對許多活動或事件，過度焦慮及擔憂至少六個月以上。
2. 難以控制此憂慮。
3. 至少有下列三種症狀：
   坐立不安、容易疲累、易怒、肌肉緊張、睡眠障礙。
4. 造成重大的痛苦或功能損傷。

資料來源：APA, 2000.

　　廣泛性焦慮症在西方社會相當常見。調查指出，每年約有 3%的美國人有此疾患的症狀，而在加拿大、英國及其他西方國家也有相同的比率（Ruscio et al., 2007; Kessler et al., 2005）。在所有人口中共有接近 6%的人，在他們一生中的某個時間，發展出廣泛性焦慮症。任何年齡都可能出現此疾患，但是它通常開始於兒童期及青春期，女性被診斷有此疾患的數量超過男性，其比率為二比一。目前約有四分之一的此疾患患者接受治療（Burijon, 2007; Wang et al., 2005）。

　　許多因素被引用來解釋廣泛性焦慮症的發展。在此是由社會文化、心理動力、人本主義、認知及生物學等模式，提出的觀點和治療。行為主義的觀點，將

在本章後面的恐懼症中探討,因為每一種模式的方法,用在廣泛性焦慮症和恐懼症基本上都是相同的。

社會文化的觀點:社會和多元文化因素

根據社會文化理論家的觀點,最可能發展廣泛性焦慮症的,是那些真正面對危險社會情境的人。許多研究已發現,人們在高度威脅的環境裡,確實更能發展廣泛性焦慮症常見的緊張、焦慮感、疲倦、過度驚嚇反應及睡眠困擾(Andrews & Wilding, 2004)。

就以 1979 年 3 月,因核子反應爐發生意外後,生活在靠近三哩島(Three Mile Island)核能動力廠的心理影響之研究為例(Baum et al., 2004; Wroble & Baum, 2002)。在意外發生後幾個月,當地學前兒童的母親,被發現比生活在其他地區的母親,顯示多五倍的焦慮症和憂鬱症。雖然疾患的數目在次年降低,該地區的母親在一年後,仍顯出相當高水平的焦慮和憂鬱。同樣的,一個最近實施的研究,發現在 2005 年卡崔娜颶風之後的幾個月及幾年,廣泛性焦慮症及其他焦慮疾患,住在風災地區居民的比率,是其他未受風災影響居民的兩倍(Galea et al., 2007)。

最有力的社會壓力形式之一是貧窮。人們如果沒有穩當的生財之道,可能較無生活品質、較缺乏權力及較易受傷;生活在高犯罪率的破敗社區、擁有較少的教育和工作機會,以及冒較多健康問題的風險(Lopez & Guarnaccia, 2005, 2000)。社會文化理論家預測,這些人也有較高比率的廣泛性焦慮症。在美國,收入低的人患此疾患的比率,高於高收入者的兩倍(Kessler et al., 2005; Blazer et al., 1991)。當這個國家的薪資與工資減少時,廣泛性焦慮症的比率也穩定的增加(見表 5-2)。

表 5-2　焦慮疾患

焦慮疾患的患病率(與全體人口相比)

	女性	低收入	非裔美國人	拉丁美洲裔美國人	老年人
廣泛性焦慮症	較高	較高	較高	相同	較高
特定對象恐懼症	較高	較高	較高	較高	較低
社交恐懼症	較高	較高	較高	相同	較低
恐慌症	較高	較高	相同	相同	較低
強迫症	相同	較高	相同	相同	較低

資料來源:Hopko et al., 2008; Nazarian & Craske, 2008; Schultz et al., 2008; Kessler et al., 2005; Lopez & Guarnaccia, 2005, 2000; Glazer et al., 2004.

由於在美國，種族與收入及工作機會息息相關，因此它也和廣泛性焦慮症的盛行率有關（Blazer et al., 1991）。例如：每年大約有 6%的非裔美國人罹患此疾患，而美國白人為 3.1%。非裔美國婦女，可能是承受美國社會壓力最大的族群，有全體最高的比率——6.6%。不過，如果收入和工作機會，在各種族中維持穩定，這種種族的差異就消失。在一個大學生的研究中，學生們的所得潛力及雇用機會都相等，擔憂的數量及廣泛性焦慮症的比率，在非裔美國人、亞裔美國人及美國白人學生，也是相同（Scott, Eng, & Heimberg, 2002）。

多元文化研究人員並沒有發現，在美國的拉丁裔美國人中，有較高的廣泛性焦慮症比率。然而，他們注意到許多在美國和拉丁美洲的拉丁美洲人，罹患神經質（nervios），它是一種與文化有密切關聯的疾患，和廣泛性焦慮症有很大的相似性（Lopez & Guarnaccia, 2005, 2000; APA, 2000）。這些有神經質者，經驗對生活壓力源的易受傷感、嚴重的感情痛苦和身體症狀，並且無法有效運作。他們通常出現頭痛及頭腦疼痛（brain aches）、易怒、難以專注、腹部問題、睡眠障礙、神經質、流淚、顫抖、刺痛感和暈眩。

雖然貧窮和各種社會和文化壓力，可能引起發展廣泛性焦慮症的趨勢，但是社會文化變項，不是唯一產生影響的因素。畢竟有許多人處於貧窮、戰爭、政治迫害或危險環境中，並沒有發展出焦慮疾患。即使社會文化因素扮演一個主要的角色，理論學家仍必須解釋，為何有些人會發展此疾患，而另一些人不會。心理動力、人本—存在主義、認知及生物學界，都試圖去解釋其中的原因，並提供相應的治療方式。

心理動力的觀點

Sigmund Freud（1933, 1917）認為，所有的兒童經歷某些程度的焦慮，是其成長的一部分，而我們都使用自我防衛機轉，來控制這些焦慮。當兒童面對實際的危險時，他們感受到現實焦慮（realistic anxiety）；當他們表現本我的衝動，一再受到父母或環境的阻擾時，他們經驗到神經質焦慮（neurotic anxiety）；當他們由於表現本我衝動而受到處罰和威脅時，他們經驗到道德焦慮（moral anxiety）。根據 Freud 的說法，有些兒童經驗太強烈的焦慮，或他們的防衛機轉無法因應，就發展出廣泛性焦慮症。

心理動力的解釋：兒童期的焦慮未解決

Freud 認為，有些兒童受到神經質焦慮或道德焦慮折磨時，就產生廣泛性焦慮症。這些兒童可能由於早期的發展經驗，而導致高水平焦慮；例如：一個男孩在嬰兒期為喝牛奶而哭鬧，兩歲時弄髒褲子，或幼兒期露出性器，每次都被打耳光。最後的結果使他認為，他的各種本我衝動都是危險的，而且無論何時只要有這種衝動，他都會經驗到無法抗拒的焦慮。

　　另外，也有可能是兒童的自我防衛機轉太弱，無法對付正常的焦慮。那些被過度保護的兒童，所有的挫折和威脅都被父母護衛著，少有機會發展有效的防衛機轉。當他們面對成人生活的壓力時，他們的防衛機轉可能太弱，以至於無法因應產生的焦慮。

　　雖然今日的心理動力理論家，時常與 Freud 解釋廣泛性焦慮症的特殊觀點不一致，但是他們卻像 Freud 一樣，認為廣泛性焦慮症可以追溯到親子之間，早期不適當的關係（Scharf, 2008）。許多研究人員運用各種方法，來驗證心理動力的解釋。有一個策略是，他們試圖去證明，有廣泛性焦慮症的人特別有可能使用防衛機轉。例如：有一組調查人員，檢視患者早期治療的診斷文件，發現患者常有防衛反應的證明。當被治療師要求討論不舒服的經驗時，他們很快的就忘記〔壓抑（repress）〕正在談論的問題，而改變討論的方向，或否認有負面的感覺（Luborsky, 1973）。

　　另外的研究，研究人員細查一些在兒童時期，曾經因本我衝動而遭遇嚴厲處罰的人。正如心理動力理論家的預期，這些人在後來的生活，有較高水平的焦慮（Burijon, 2007; Chiu, 1971）。例如：在經常被威脅和處罰文化下成長的兒童，成年後有更多的怕懼和焦慮（Whiting et al., 1966）。此外，也有一些研究支持心理動力的立場——極端的父母保護，將導致這些小孩有高水平的焦慮（Hudson & Rapee, 2004; Jenkins, 1968）。

　　雖然這些研究與心理動力的解釋一致，有些科學家們仍然質疑，他們是否真正顯示出他們所要證明的。例如：當人們談論早期治療的不愉快事件有困難時，他們不必然是壓制那些事件，他們可能是有意專注於他們生活的積極面，或他們可能因為太困窘，不願去分享個人的負面事件，直到他們對治療師能發展出信任感時。

　　另外的問題是，有些調查研究和臨床報告，實際上卻與心理動力的解釋背道而馳。其中之一為，16 位廣泛性焦慮症者，被訪問關於他們的養育過程時（Raskin et al., 1982），發現有過度處罰或困擾的童年環境之此疾患患者，比精神動力學家所預期的少。

🌿 心理動力的治療

　　心理動力治療師，通常使用相同的技術去處理各種心理問題：自由聯想、治療師對患者的移情作用（transference）、阻抗（resistance）及夢的解析。依循 Freud 理論的心理動力治療師，運用這些方法幫助廣泛性焦慮症患者，對他們本我的衝動變為較不害怕，而且更能成功的加以控制。其他的心理動力治療師，尤其是客體關係治療師，使用這些方法去幫助焦慮症的病人，澄清及重構那些繼續在成人期產生焦慮的兒童期關係問題（Lucas, 2006; Nolan, 2002）。

　　控制研究顯示，心理動力的治療對廣泛性焦慮症的患者，只是稍有幫助

（Goisman et al., 1999）。這種全面性趨勢的例外情形，是短期心理動力治療
（short-term psychodynamic therapy）（見第三章），此法在某些個案，顯著的降
低廣泛性焦慮症患者的焦慮、擔憂及人際困難的程度（Crits-Christoph et al., 2004）。

人本主義的觀點

　　人本主義理論家認為，廣泛性焦慮症像其他心理疾患一樣，是由於人們不能
誠實的看待自己和接納自己而產生。一再的否認和扭曲他們真實的思想、感情和
行為，使這些人極度的焦慮，而不能充分發揮一個人的潛能。

　　人本主義對於為何人們會發展出廣泛性焦慮症的觀點，可以Carl Rogers的解
釋來說明。正如第三章所述，Rogers認為兒童不能從他人接受無條件的積極關注
（unconditional positive regard），可能變為過分批判自己及發展嚴格的自我標準，
也就是Rogers所謂的價值條件（conditions of worth）。他們試圖藉著重複扭曲和
否認他們真實的思想和經驗，來符合他們的自我標準。然而，不管如何努力，威
脅性的自我批判仍繼續不斷的出現，而引起他們強烈的焦慮。這種猛烈的焦慮，
引發廣泛性焦慮症或一些其他形式的心理功能失常。

　　Rogers的**案主中心治療法**（**client-centered therapy**）的實踐者，試圖對患者
表現無條件的積極關注及對他們有同理心。治療師希望一種真誠接納和關懷的氣
氛，有助於讓患者感到安全，而使他們了解自己真正的需要、想法及感情。當患
者誠實和輕鬆的對待自我，他們的焦慮或其他心理功能失常的症狀將會消失。下
面摘錄Rogers描述為一個有焦慮和相關症狀的患者，輔導的過程：

　　　治療就整體而言，是一種安全關係的自我經驗。最初她的罪惡感和關
心，超越對他人不良適應的責任，接著是她曾經在許多不同的生活面，尤其
是性的欺騙和種種的挫折上，感到怨恨和痛苦。然後是經驗自我受傷，自我
感覺被束縛的悲傷。但在這些自我經驗之外，如同有一種完全的能力……一
種關心他人的自我。最後……領悟治療師對她的關懷，治療師在意對她治療
的結果，他真正的重視她；她體驗她基本方向的適切性。她逐漸覺察到一些
事實，即經由她在每一個困境的自我細查，發現沒有事物在基本上是壞的，
更確切地說，她的心是積極和健康的。

（Rogers, 1954, pp. 261-264）

　　儘管有這些樂觀的個案報告，控制性研究對這種方法，沒有提出強力的支
持。雖然有些研究指出，案主中心治療法對焦慮症患者，比完全不治療更有幫
助，但這種方法事實上只比安慰劑治療好些（Prochaska & Norcross, 2006, 2003）。
此外，研究人員也發現，Rogers解釋廣泛性焦慮症及其他形式的異常行為，充其

量只獲得有限的支持。其他人本主義的理論和治療，也沒有得到很多的支持。

認知的觀點

認知模式的擁護者，主張心理問題經常是由不適當的思考方法所引起。過度焦慮———一種認知症狀———是廣泛性焦慮症的主要特色（見圖 5-2）。認知理論家對於此種特殊疾患的原因和治療有很多的說法，一點也不令人意外（Holaway, Rodebaugh, & Heimberg, 2006）。

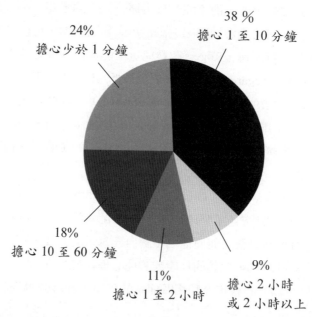

24%
擔心少於 1 分鐘

38 %
擔心 1 至 10 分鐘

18%
擔心 10 至 60 分鐘

11%
擔心 1 至 2 小時

9%
擔心 2 小時
或 2 小時以上

圖 5-2　**你的擔憂持續多久？**　一個調查顯示，有 62%的大學生，每天每次花不到 10 分鐘的時間擔心事情。相反的，有 20%的人其擔心超過一小時（摘自 Tallis et al., 1994）。

不適當的假設

最初認知理論家指出，廣泛性焦慮症主要是由不適當的假設（maladaptive assumptions）所引起，這種觀念持續造成影響。例如：Albert Ellis 提出，許多人由於受到非理性信念的引導，而使他們以不適當的方式行動和反應（Ellis, 2005, 2002, 1962）。Ellis 稱這些為**基本非理性假設**（**basic irrational assumptions**），他聲稱有廣泛性焦慮症的人們，常常有下列情況：

「一個成人被社區裡非常重要的人所愛和贊同，是一種迫切的需要。」
「當事情不是個人預期中的樣子，是可怕和悲慘的。」
「假如有些事情可能是危險或可怕的，個人應該非常的關心它，而且應不斷想著它會發生的可能性。」

「若個人認為自己很重要，一個人應該全能的、適當的去完成一切事情。」

（Ellis, 1962）

　　當作這種基本假設的人，面對一種壓力情況，如一個考試或他人安排的約會，他們可能將它解釋為高度的危險和威脅，因而反應過度及經歷恐懼。當他們運用這些假設於愈來愈多的生活事件時，他們可能開始發展廣泛性焦慮症（Warren, 1997）。

　　同樣的，認知理論家 Aaron Beck 認為，廣泛性焦慮症者經常持有無聲的假設，暗示他們是在緊急的危險中（Beck & Weishaar, 2008; Beck & Emery, 1985）。例如：「一種情境或一個人在證明為安全之前，都是不安全的」或「最壞的假設往往是最好的」。自從 Ellis 和 Beck 最初的提議，研究人員一再發現，有廣泛性焦慮症的人，確實持有不適當的假定，特別是對危險的事物（Riskind & Williams, 2005）。

　　哪一種人可能會對危險有誇大的預期？有些認知理論家指出，是那些生活在充滿不可預測的負面事件中的人。這些人通常對未知的事情懼怕，而且常常等待景氣下降。為了避免不測，他們試圖去預測負面事件。他們注意各處的危險徵兆，導致發現到處有危機，因而建立了一種焦慮的生活。此一觀點的支持，在於研究已證實，動物和人類的受試者，對不能預測的負面事件，比能預測事件者反應更害怕，而廣泛性焦慮症者對不確定的事物，顯現出比其他人更不安，對未來的憂慮也更多（Mineka & Zinberg, 2006; Dugas et al., 2005, 2002）。

新浪潮的認知解釋

　　近年來，廣泛性焦慮症有三種新的解釋，有時被稱為新浪潮的認知解釋（new wave cognitive explanation）已經出現。每一種解釋都是根據Ellis和Beck的工作，及他們強調的危險而創建。

　　後設認知理論（metacognitive theory），是由研究人員 Adrian Wells（2005）所發展。他提出有廣泛性焦慮症的人，對憂慮持有不明的正面和負面的信念。在正面方面，他們相信憂慮是有用的評估及因應生活威脅方式。因此，他們尋找及檢查所有可能危險的徵兆——那就是，他們不斷地憂慮。

　　Wells 同時認為，有廣泛性焦慮症的人，對憂慮也持有負面的信念，而且此負面的態度開啟了此疾患之門。因為社會教導他們憂慮是壞事，此人就相信他們一再地憂慮是有害的（心理和身體），及難以控制的。接著他們進一步擔心他們經常憂慮的事（稱為後設憂慮，metaworries）（見表 5-3）。所有憂慮的最後結果是：廣泛性焦慮症。

　　這種解釋，已獲得相當多的研究支持。例如：許多研究指出，對憂慮持有正面及負面兩種信念的人，特別容易發展廣泛性焦慮症（Khawaja & Chapman, 2007; Wells, 2005），而反覆的後設憂慮是發展此疾患的強力指標（Wells & Carter, 1999）。

表 5-3	擔心憂慮的事：後設憂慮問卷的題目

我對憂慮抓狂。

我的憂慮漸增，並且使我停止運作。

憂慮使我生病。

憂慮使我變得異常。

我的心理不能承受憂慮。

由於憂慮使我的人生失利。

我的身體不能承受憂慮。

資料來源：Wells, 2005.

　　另外新的廣泛性焦慮症解釋，是不能容忍不確定理論（intolerance of uncertainty theory）。它指出某些人相信，不管負面事件多小，它有發生的可能性，亦即這事件可能發生。由於不能忍受不確定的事，這種人總愛憂慮，結果更易發展廣泛性焦慮症（Dugas, Buhr, & Ladouceur, 2004）。想想看，當你碰到吸引你的人，第一次打電話給他之前有何感覺？或第一次等待此人與你聯繫時，有何感覺？根據此理論，此刻你所經驗的憂慮──不能忍受的不確定感──就是廣泛性焦慮症患者，在所有時間的感覺。

　　極度不能容忍不確定的事物，引起此症患者去檢查所有的情境──即使很輕微的威脅──以幫助減輕潛在的可怕後果。即使面對不太大的問題，他們不能忍受與此問題有關聯的不確定，並且努力保持擔心狀態，以及找出正確的解決途徑。因為他們不能確定任何的解決途徑是正確的，他們努力對付不能忍受不確定的程度，持續憂慮及試圖解決身邊的問題，因而他們陷入解決問題的迴路。

　　就像憂慮的後設認知理論，此理論也受到相當多研究的支持。研究已發現廣泛性焦慮症的患者，確實比正常焦慮程度的人，顯示更大的不能容忍不確定事物（Dugas et al., 1998）。事實上，這些人也比其他種類的焦慮性疾患患者，經歷較高水平的不能容忍不確定（Dugas et al., 2001）。

　　最後，第三種新的廣泛性焦慮症解釋，是迴避理論（avoidance theory），由研究者 Thomas Borkovec 所發展。他指出有廣泛性焦慮症的人，比其他人有較高的身體激發（較高的心跳率、流汗、呼吸），而憂慮減少這種激發，也許是個人分心到不愉快的身體感覺的結果。總之，迴避理論主張，有廣泛性焦慮症的人一再的憂慮，是為了減輕或避免身體激發的不適狀態。例如：當這些人發現自己是在一個不舒適的工作情境或社會關係時，他們聰明地選擇（也就是憂慮）失去工作或失去朋友，而不是憂慮強烈的負面激發狀態。憂慮是因應不愉快的身體狀態的快速方式，雖然最終還是不適應。

Borkovec 的解釋，也得到許多研究的支持。例如：實驗室受試者的研究發現，憂慮確實暫時減少心跳率，以及其他形式的身體激發。此外，臨床的研究顯示，廣泛性焦慮症患者，經驗特別快速及強烈的身體反應，他們發現這種反應是壓倒性及不愉快的，他們比其他人更憂慮會變為身體激發，每當他們憂慮時，就成功的減少身體的激發（Mennin et al., 2005, 2004, 2002; Roemer et al., 2005; Turk et al., 2005）。

認知治療

兩種認知治療方法，常被使用在廣泛性焦慮症的個案。一是根據 Ellis 和 Beck 開創的工作，治療師幫助患者，改變此疾患特色的不適當假設；另外，新浪潮的認知治療師，幫助患者了解憂慮在此疾患扮演的特殊角色，並改變他們對憂慮反應的觀點。

改變不適當的假設　在 Ellis 的**理情治療**（**rational-emotive therapy**）技術中，治療師指出患者持有的非理性假設，建議他們使用更適當的假設，並指定作業讓患者練習挑戰舊假設，及應用新假設（Ellis, 2005, 2002, 2001）。多數的研究指出，這些方法及類似的認知治療，對罹患廣泛性焦慮症的患者，至少產生少許的緩解（Ellis, 2005; Tafet et al., 2005）。這些方法，在 Ellis 與害怕失敗及工作受到非難的焦慮症患者，特別是在她為公司發展的一套測驗程序中，有如下的討論：

> 患者：我這些日子非常的苦惱，以至於幾乎無法專注一、兩分鐘做任何事情。我的心緒遊走在我設計的該死測驗程序中，它投入很多的金錢，但是我不知道它是否能進行順利，或只是浪費金錢和時間……
>
> Ellis：重點是妳必須承認妳正在告訴自己開始在擔心，妳必須注意，我是指真正的注意，妳一再灌輸自己在做無意義的事……這種錯誤的陳述是：「假定由於我的測驗程序行不通，而且我的工作無效率，或我的同事不要我或不贊同我，那麼我就是無價值的人」……
>
> 患者：但是假定我想做公司希望我去做的事，而我對他們沒有用處，是不是我對自己也是無用的？
>
> Ellis：不，除非妳自己認為如此。假定妳要去建立一個好的測驗程序，而妳做不到，當然妳會有挫折感，但妳難道因為受挫就需要極度的不快樂？或是因為妳不能完成生命中某件妳想要做的重要事情，而必須認為自己完全無用嗎？
>
> (Ellis, 1962, pp. 160-165)

Beck 的相似但更系統性的方法，簡稱為認知治療（cognitive therapy），它是一種對憂鬱症具有影響，及非常有效的治療方法（將在第九章討論）。研究人員已發現，它像 Ellis 的理情治療法，常可幫助減輕廣泛性焦慮症到更可忍受的程度（Tafet et al., 2005）。

聚焦於憂慮　反之，有些今天的新浪潮認知治療師，特別指導廣泛性焦慮症的患者，去認識和改變他們失功能的憂慮運作（Beck, 2008; Waters & Craske, 2005）。他們開始教育患者，有關憂慮在他們疾患的角色，並且要他們觀察在各種生活情境中，他們的身體激發和認知反應。結果患者更理解他們憂慮的引起、憂慮的錯誤觀念、控制和預測情感的誤導，以及他們憂慮的生活。當他們的洞察成長，患者被預期看待世界的威脅較少（也較少身體激發）、嘗試及採取更建設性的方式處理激發，並且對憂慮太多的事實，較少擔憂。研究也開始指出，集中注意在憂慮，實際上有助於輔助廣泛性焦慮症的傳統認知治療（Hollon et al., 2006; Waters & Craske, 2005; Mennin, 2004）。

對廣泛性焦慮症者的治療，此法和其他近年來相當流行的認知方法相似，是幫助他們認識憂慮的傾向。內觀為本認知治療法（mindfulness-based cognitive therapy），是由心理學家 Steven Hayes 和他的同事所發展。它是他們較廣泛的治療法——接受和實現治療法的一部分（Hayes et al., 2004; Hayes, 2004, 2002）。在內觀認知治療中，治療師幫助患者察覺他們思想的趨勢，包括他們的憂慮，當它們發生時能接受這些思想，只把它們當作心理的事件。經由接受他們的思想，而不試圖消除它們，患者預期可減少煩惱及受憂慮影響。

內觀認知治療法，也被運用在其他範圍的心理問題，如憂鬱症、創傷後壓力疾患、人格疾患，及物質濫用，經常有有希望的效果（Hayes et al., 2004）。下一章將探討大量借用冥想形式的認知治療法，稱為內觀冥想（mindfulness meditation），它教導患者在冥想中，專注於來自心中的思想和感覺，並且以不批判的方式接受這些思想。

生物學的觀點

生物理論家認為，廣泛性焦慮症主要是由生物因素所引起。多年來，這種主張主要由**家庭譜系研究（family pedigree studies）**所支持。此法是研究者由一個有某種疾患的人，來確定其親屬有多少人會患相同的疾患。假定廣泛性焦慮症的生物傾向是遺傳性的，則有遺傳相關的人們，就有相似的機率發展這種疾患。事實上，研究也已發現，與廣泛性焦慮症者有血緣關係的人，比沒有關係的人，更可能患此症（Wetherell et al., 2006; Hettema et al., 2005, 2003, 2001）。廣泛性焦慮症者的親屬，大約 15%也顯示有此疾患——高於發現在一般人口的 6% 終生盛行率，而親屬關係愈近（例如同卵雙胞胎，相對於異卵雙胞胎或其他兄弟姊妹），愈有可能罹患此疾患（APA, 2000）。

　　當然，調查者對這些研究的生物解釋，並沒有完全的信心。因為親屬彼此之間可分享相同的環境，他們共有的病症可能是環境和養育背景相同的反映，而非生物結構的相似。實際上，親屬關係愈密切，他們環境的經驗也可能愈相似。由於同卵雙胞胎在身體上比異卵雙胞胎更相似，他們甚至在養育上可能經驗更多的相似性。

🍃 生物學的解釋：GABA 反應不足（inactivity）

　　頭腦研究者近幾十年的重要發現，已提供了較清晰的證據，證明廣泛性焦慮症與生物因素有關。這個發現之一，首先出現於 1950 年代，當時研究者確定鎮靜劑 **benzodiazepines**（苯二氮平類），同類藥物包括 alprazolam（商品名為 Xanax）、lorazepam（Ativan）及 diazepam（Valium），可以減輕焦慮。最初沒有人了解為什麼 benzodiazepines 可以減輕焦慮，後來由於放射性技術的發展，使研究者能精確的指出受 benzodiazepines 影響的腦部位置（Mohler & Okada, 1977）。很明顯地，某些神經元有接受 benzodiazepines 的接受器，猶如一個鎖接受一把鑰匙。

　　研究者不久發現，這些 benzodiazepines 的接受器，通常接受**伽馬氨基丁酸**（**gamma-aminobutyric acid, GABA**），它是一種腦內普遍及重要的神經傳導物質。正如我們在第三章所述，神經傳導物質是將訊息由一個神經元傳送到另一個神經元的化學物質。GABA 傳達抑制的訊息：當接受器接到 GABA，就引起神經元停止激動。

　　以這些發現為根據，研究者最後拼湊出恐懼反應，是如何發生的情節。常態的恐懼反應，使遍布腦部的重要神經元更快速的激動，引發更多靜止神經元的激動，而產生一種腦部和身體各處的激動狀態。出汗、呼吸急促和肌肉緊張，這種狀態是在怕懼和焦慮時所經驗的。在神經元持續激動一陣之後，它引發一個回饋機制——那就是，腦和身體活動降低激動的水平。某些在腦部的神經元，釋放出神經傳導物質GABA，然後它連接某些神經元的GABA 接受器，並指示那些神經元停止激動，激動狀態因而被中止，而恐懼和焦慮也就平息了（Ator, 2005; Costa, 1985, 1983）。

　　有些研究人員認為，這種回饋機制的功能不良，會引起恐懼和焦慮不受抑制（Roy-Byrne, 2005）。事實上，當某些研究者降低 GABA 連接 GABA 接受器的能力時，他們發現受試的動物，反應出焦慮升高（Costa, 1985; Mohler, Richards, & Wu, 1981）。這個發現指出有廣泛性焦慮症的人，可能在他們的焦慮回饋系統進行上出了問題。也許是他們有太少的 GABA 接受器，或他們的 GABA 接受器不容易獲得神經傳導物質等。

　　這種解釋很有前瞻性，而且有許多支持者，但仍有疑問未決。第一個問題是，最近生物上的發現使這種狀況複雜化。例如：研究發現其他的神經傳導物

質，如血清素及正腎上腺素，可能也在焦慮和廣泛性焦慮症上扮演著重要的角色——單獨活動或連結GABA（Garrett, 2009; Burijon, 2007）。第二個問題是，很多焦慮的生物研究，是以實驗室的動物來觀察，當研究者引起動物的恐懼反應時，他們假定這些動物是經驗與人類焦慮相同的事，但是無法確定。動物可能經驗與人類焦慮十分不同的高度激動。

最後，生物理論家面對建立因果關係的問題。雖然有一些研究顯示，身體的功能和廣泛性焦慮症有關聯，但他們並沒有證實身體的情況會引起此疾患。就廣泛性焦慮症而言，焦慮者的生理反應可能是果，而不是因，例如：也許是長期的焦慮最後導致 GABA 接受器較差。

生物治療

治療廣泛性焦慮症的主要生物方法，是藥物治療（見表 5-4）。另外的生物介入是放鬆訓練（relaxation training），它教導人們放鬆全身肌肉，及生理回饋（biofeedback），是訓練患者學習自動控制促成他們問題的潛在生理過程。

表 5-4 減輕焦慮的藥物

分類／一般名稱	商品名稱
Benzodiazepines	
Alprazolam	Xanax
Chlorazepate	Tranxene
Chlordiazepoxide	Librium
Clonazepam	Klonopin
Diazepam	Valium
Estazolam	ProSom
Halazepam	Paxipam
Lorazepam	Ativan
Midazolam	Versed
Oxazepam	Serax
Prazepam	Centrax
Temazepam	Rostoril
其他	
Buspirone	BuSpar
Propranolol	Inderal
Atenolol	Tenormin

　　抗焦慮藥物治療　在1950年代末期，一群稱為苯二氮平類（benzodiazepines）的藥物，是市場銷售的**鎮靜劑**、**催眠劑**（sedative-hypnotic drugs）——它是低劑量可使人們平靜，較高劑量可幫助睡眠的藥物。這些新的抗焦慮劑，如巴比妥酸鹽（barbiturates），比以前的鎮靜劑、催眠劑較不會上癮，也較不會產生疲倦（Meyer & Quenzer, 2005），因而，它們很快為醫生和病人所接受。

　　數年之後，一些研究者終於了解benzodiazepines有效的原因。正如前述，研究人員最後得知腦部有接受benzodiazepines的特定神經元受植區（Mohler & Okada, 1977），而這些相同接受器受植區，通常接受神經傳導物質GABA。顯然地，當benzodiazepines連接神經元接受器受植區時，特別是那些稱為GABA-A的接受器之同時，它們也增加GABA連接它們的能力，因此促進GABA停止神經元激動，及減少焦慮的能力（Dawson et al., 2005）。

　　研究顯示，benzodiazepines確實可提供廣泛性焦慮症者暫時的放鬆（Burijon, 2007）。然而近年來，臨床工作人員開始理解，使用這些藥劑的潛在危險性。第一，當停藥之後，許多病人的焦慮恢復以前的強度；第二，長期服用大劑量的benzodiazepines之後，身體會對它們形成依賴；第三，這些藥物會產生不良的副作用，如昏睡、缺乏統合能力、記憶力喪失、憂鬱及攻擊行為；最後，這些藥物混合其他藥物或物質使用，會有傷害。例如：人們服用benzodiazepines又飲少量的酒，會使呼吸變慢而瀕臨危險，甚至致命（Meyer & Quenzer, 2005）。

　　近十多年來，仍有其他種類的藥物，對廣泛性焦慮症患者有效。特別的是，有一些用來提升憂鬱症者心情的抗憂鬱劑，也被發現有助於廣泛性焦慮症的患者。但只有某些抗憂鬱劑，可以減輕廣泛性焦慮症的症狀——就是，那些可增加神經傳導物質血清素活性的藥物。就像GABA一樣，血清素是在神經元間傳送訊息的神經傳導物質，然而，血清素比GABA，活動在更多不同的神經元和腦部地區。

　　根據此發現的部分，有些研究人員相信，廣泛性焦慮症也可能是血清素低活性的結果，而且實際上，治療廣泛性焦慮症，現今有更多的臨床工作人員，開的藥方是提高血清素的抗憂鬱藥物，而不是提高GABA的benzodiazepines（Burijon, 2007; Liebowitz et al., 2005）。

　　有些臨床研究人員質疑，假定低血清素在廣泛性焦慮症扮演主要角色，為什麼benzodiazepines藥物對此疾患的患者也有效，特別是現在有某些研究指出，benzodiazepines最初是降低腦部血清素的活性。此問題的答案，在於benzodiazepines的長期作用，雖然這些藥物最初確實是抑制血清素的活性，但是最後會產生補償作用，增加血清素的活性，就像它們增加GABA的活性一樣（Garrett, 2009）。

　　總之，就這一點上研究指出，廣泛性焦慮症可能與GABA低活性、血清素低活性，或兩者有相關，增加GABA的活性、血清素的活性或兩者兼具的藥物，都

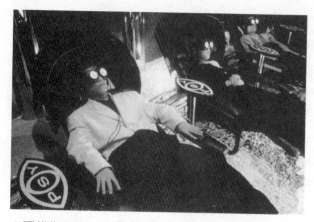

✿**現代化的放鬆**　在心腦健身房（Brain Mind Gym），企業主管們接收到輕微的脈動及來自護目鏡和耳機的聲音，此緩和他們的頭腦進入深度的放鬆。

對此疾患的患者有效。

　　放鬆訓練　通常使用於廣泛性焦慮症治療的非化學的生物技術，是**放鬆訓練（relaxation training）**。這種方法的前提，是身體的放鬆將導致心理狀態的放鬆。在一個說明中，治療師教導患者確認個人的肌肉群，先拉緊它們然後再釋放緊張，最後放鬆整個身體。繼續不斷的練習，人們能以意志力導引肌肉呈深度放鬆狀態，而降低焦慮的狀態。

　　調查研究指出，在廣泛性焦慮症的案例，放鬆訓練比沒有治療或安慰劑療法更有效，然而，它產生的進步不太大（Leahy, 2004; Butler et al., 1991），其他使人放鬆的技術，如冥想（meditation），也有相同的效果（Bourne et al., 2004; Kabat-Zinn et al., 1992）。當放鬆訓練結合認知治療或生理回饋法，對廣泛性焦慮症患者有最大的幫助（Lang, 2004; Brown et al., 2001）。

　　生理回饋　在**生理回饋（biofeedback）**法中，治療師利用身體發出的電位信號，訓練人們去控制生理的過程，如心跳或肌肉緊張。患者與提供他們身體活動連續訊息的監視器相連，藉著治療師的指導及監視器的訊號，他們逐漸學會控制如同是自發的生理過程。

　　最廣泛應用生理回饋作為治療焦慮的方法，是一種稱為**肌動電流描記器（electromyograph, EMG）**的儀器，它能提供有關身體肌肉緊張水平的回饋。其方法是把電極附在患者的肌肉上——通常在前額的肌肉——此處可測出伴隨肌肉緊張的細微電流活動（見圖 5-3），然後儀器轉換來自肌肉的電位成為影像，如螢光幕的線條，或隨著肌肉的緊張變化而改變強度的音調，因而當患者的肌肉變為較緊張或不緊張時，它們可被看到或被聽到。經由反覆的嘗試錯誤，個人在自動減輕肌肉緊張，以及在減輕日常壓力情境的緊張和焦慮上，變為更熟練。

　　研究顯示，EMG 生理回饋訓練，就像放鬆訓練一樣，只可幫助個人稍微降低焦慮（Brambrink, 2004; Brown et al., 2001, 1992）。下一章將會討論，這類或其他形式的生理回饋，在治療某些疾病問題，如頭痛、背痛、腸胃症狀、癲癇發作及大腦麻痺的神經肌肉障礙上，以生理回饋法作為輔助，顯示最有幫助（Astin, 2004; Engel et al., 2004）。

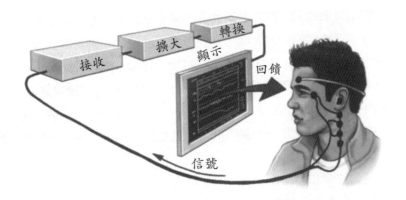

圖 5-3　**運作中的生理回饋系統**　這個生理回饋系統，正在記錄一個焦慮者前額肌肉的緊張；此系統會接收、擴大、轉換及顯示緊張的訊息在監視器上，使患者能觀察到，並試著降低他的緊張反應。

恐懼症

多數的人不會期望遇到蜘蛛或碰到雷雨，但是我們很少像 Marianne 或 Trisha 般的懼怕：

Marianne　看到蜘蛛使我極端的害怕、激動、發抖及頭暈。為了逃離這種情境，我有時會嘔吐和昏厥。在看到蜘蛛後，這些症狀會持續三、四天，寫實的圖畫也會引起同樣的結果，尤其是假如我不慎的把手放在一隻蜘蛛上。

（Melville, 1978, p. 44）

Trisha　在每年的三月底，我就開始激動不安，由於夏天即將來臨，也表示雷雨季到了。自二十歲早期，我開始害怕雷雨，但是最近三年來情況更為惡劣。雷雨後幾個小時，我心跳得很厲害，使我整個左胸劇痛⋯⋯我說我要待在房間，但是雷雨來了，我像是個果凍顫抖不已，無法減輕怕懼。我有一個小櫥櫃，我走到裡邊，用力壓住我的眼睛，以至於幾乎有一小時我看不清事物，假如我坐在櫥櫃超過一個小時，我的丈夫必須把我拉起來。

（Melville, 1978, p. 104）

　　恐懼症（phobia）（起源於希臘語的 "fear"）是持續的、不合理的懼怕一種特定事物、活動或情境。有恐懼症者，即使只想到他們所害怕的事物或情境，

也會恐懼，但是只要他們避開這些事物和有關它的思想，他們通常是安適的。

我們都有自己特定的怕懼範圍，有些事物比其他的事物更讓我們不舒服，甚至在我們生活的不同階段，怕懼不同的事物，這是正常的（Antony & Barlow, 2002）。一個對 Vermont 州 Burlington 社區居民的調查研究，發現其中 60 歲的人比其他年齡層，較普遍的怕懼是人群、死亡、受傷、疾病和分離（Agras, Sylvester, & Oliveau, 1969）；20 歲者最普遍的怕懼，則是蛇、高處、暴風、封閉空間及社交情境。

這些常見的怕懼和恐懼症有何不同？DSM-IV-TR 指出恐懼症，是更強烈和持續的想要逃避一些對象和情境（APA, 2000）。有恐懼症的人，往往感受極大的痛苦，以致他們的恐懼明顯的干擾個人的生活。

多數的恐懼症，是屬於特定對象恐懼症（specific phobias），DSM-IV-TR 把它歸類為，明顯及持續的懼怕特定的對象和情境。此外，有兩種一般的恐懼症：社交恐懼症（social phobia）——害怕社交或表演情境中，可能發生的困窘，及懼曠症（agoraphobia）——害怕進入公共場所，特別是單獨一個人時。因為懼曠症通常或經常與恐慌發作同時發生，未預期的恐怖發作，我們將在後文的恐慌症時，探討這種恐懼症。

特定對象恐懼症

特定對象恐懼症（specific phobia），是持續懼怕特定的物體或情境（見表 5-5）。當患者暴露在這些物體或情境中，他們通常立即經歷到恐懼。常見的特定對象恐懼症，是強烈懼怕特定的動物或昆蟲、高處、封閉空間、大雷雨和血。前面 Marianne 和 Trisha 的例子，是描述蜘蛛和大雷雨的特定對象恐懼症，以下是 Andrew 談論他的飛行恐懼症：

> 我們登上飛機，接著就要起飛，恐懼感如同漸增的速度再次出現，那種舊有的恐慌感使我毛骨悚然。我看每個人都像木偶一樣，全部用皮帶綁在座位上，無法控制他們的命運，包括我在內。每次飛機改變速度或航線，我的心臟就劇跳，慌忙的問發生什麼事；當飛機開始下降，我就恐懼著我們將要墜毀。
>
> （Melville, 1978, p. 59）

美國每年有 8.7%的人，有特定對象恐懼症的症狀（Kessler et al., 2005）。有12%以上的人，在他們一生中的某段時間會發展此症，許多人同時有不只一種的恐懼症，有此症的女性數量超過男性，其比率至少為二比一。特定對象恐懼症的盛行率，在少數族裔中也不同，其原因不清楚。但多數的研究發現，即使在經濟

表 5-5 DSM 檢核表

特定對象恐懼症

1. 過度或不合理的顯著持續害怕特定的物體或情境,至少六個月以上。
2. 暴露於使其怕懼的事物,通常立即引發焦慮。
3. 理解自己的怕懼是過度和不合理的。
4. 逃避所怕懼的情境。
5. 有重大的痛苦或功能損傷。

資料來源:APA, 2000.

因素、教育及年齡保持穩定,非裔及拉丁美洲裔美國人,他們的特定對象恐懼症至少多於美國白人 50%(Hopko et al., 2008; Breslau et al., 2006; Antony & Barlow, 2002)。同時值得注意的是,這種高比率只有對出生在美國的非裔及拉丁美洲裔美國人中,發生作用,那些在一生中的某一時間移民到美國的人,沒有這種現象(Hopko et al., 2008)。

特定對象恐懼症對個人生活的影響,端賴引起怕懼的是什麼(Scher et al., 2006)。當人們所害怕的對象是狗、昆蟲或水,這些常會碰見的懼怕事物時,想要避開就必須煞費苦心,而且可能大大的限制他們的活動。住在都市的蛇恐懼症者,較有自在的時候。大多數的特定對象恐懼症者,沒有尋求治療,他們只是試著避開他們懼怕的事物(Roth & Fonagy, 2005; Wang et al., 2005)。

社交恐懼症

許多人跟別人互動、談話或在他人面前表演,會感到極為不安。有一些娛樂節目表演人員,從歌唱家 Barbra Streisand,到演員 Sir Laurence Olivier、足球運動員 Ricky Williams,都描述在演出前有嚴重的焦慮發作。其他的人,像演員 Tom Hanks 及脫口秀主持人 David Letterman,報告他們在人生的不同時間,曾與令人討厭的害羞奮鬥。這種社交恐懼,常造成不愉快及不便,但是這些人通常能適當的控制,有時反而有更好的表現。

反之,有**社交恐懼症**(social phobia)的人,是嚴重、持續及不合理的害怕社交,或怕懼可能發生困窘的操作性情境(見表 5-6)。社交恐懼症的範圍可能很狹窄,例如:害怕在公眾面前說話,或在他人面前寫字;或是一種較廣泛的社交情境怕懼,例如在他人面前時,普遍害怕有失當的表現。這兩種形式的怕懼,當個人表現得比他們的實際情況差時,這些人會不斷地批判自己。

表 5-6 DSM 檢核表

社交恐懼症

1. 明顯而持續害怕社交性或操作性情境,包括必須面對不熟悉的人或可能被他人細查,至少持續六個月以上。害怕因行為失當而招致羞辱或困窘。
2. 暴露於社交情境通常引發焦慮。
3. 理解這種怕懼是過度或不合理的。
4. 逃避所怕懼的情境。
5. 有重大的痛苦或功能損傷。

資料來源:APA, 2000.

　　社交恐懼症會嚴重的干擾個人生活(Koury & Rapaport, 2007)。一個人在公共場合不能和他人互動與交談,可能無法執行重要的職責;一個人不能在公開場合用餐,可能拒絕晚餐的邀請及其他社交的約會。由於社交恐懼症者常隱藏他們的怕懼,他們的社交厭惡,常被誤解為勢利、缺乏興趣或有敵意。

　　調查顯示,美國和其他西方國家,每年有 7.1%的人(女男之比約為三比二)曾經經歷社交恐懼症(見表 5-7)。約有 12%的人,在一生中的某一段時間發展社交恐懼症(Ruscio et al., 2008; Kessler et al., 2005)。此症常常開始於兒童期後期或青春期,且可能持續到成年期(APA, 2000)。

表 5-7 焦慮疾患簡介

	一年盛行率	女:男	開始年齡	近親盛行率	目前接受治療百分比
廣泛性焦慮症	3.0%	2:1	0-20 歲	高	25.5%
特定對象恐懼症	8.7%	2:1	不定	高	19.0%
社交恐懼症	7.1%	3:2	10-20 歲	高	24.7%
恐慌症	2.8%	5:2	15-35 歲	高	34.7%
強迫症	1.0%	1:1	4-25 歲	高	41.3%

資料來源:Ruscio et al., 2007; Kessler et al., 2005, 1999, 1994; Wang et al., 2005; Regier et al., 1993.

　　有一些研究指出,社交恐懼症在非裔和亞裔美國人,比美國白人更常見。例如:在某些調查發現,非裔和亞裔美國人的受試者,有較高的社交焦慮及社交憂慮分數(Schultz et al., 2008, 2006; Akazaki et al., 2002)。此外,一種與文化關聯

的疾患，稱為對人恐懼症（taijn kyofusho），在亞洲國家的日本和韓國特別普遍（Scultz et al., 2008; APA, 2000）。雖然這種疾患傳統界定為，使其他人感覺不適的廣泛性恐懼，但是現在有一些臨床工作人員質疑，此症患者主要的恐懼，是被其他人負面的評價，它也是社交恐懼症的重要特徵（Magee et al., 2006; Schultz et al., 2008; Suzuki et al., 2003）。

✪文字的限制 在 2004 年，奧地利作家、諾貝爾文學獎的得主 Elfriede Jelinek，由於有社交恐懼症，使她無法親自參加在斯德哥爾摩的慶祝活動，而必須以視訊傳輸接受此有名望的榮譽和發表演講。她是四十年來文學獎第一位不能參加頒獎典禮的得主。

引起恐懼症的原因

每一種不同的模式，對恐懼症提出不同的解釋。目前的趨勢支持行為學派的解釋。行為主義學家認為恐懼症患者，最初是經由制約學到害怕某種物體、情境或事件（Wolfe, 2005; King et al., 2004）。一旦已學到這些怕懼，個人就會逃避可怕的物體或情境，使這些怕懼更定型化。

行為的解釋：如何學得怕懼？

行為主義學家主張，**古典制約**（classical conditioning）是獲致恐懼症的反應最普遍的方式。兩個發生時間很接近的事件，會讓人在心理上產生聯想，因此，就如我們在第三章所述，此人對兩者會有同樣的反應：假如一個事件誘發一種怕懼反應，另一個也會有相同的反應。

在 1920 年代，一個臨床工作者描述一個年輕女性的個案，她顯然是經由古典制約學得流水恐懼症（Bagby, 1922）。當她還是 7 歲的孩子時，她跟母親和姑母去野餐，在午餐之後她自己跑進森林裡，當她在攀登大岩石時，她的腳卡在兩塊岩石中間，她愈想擺脫卻愈陷愈深，沒有人聽到她的尖叫，她變得愈來愈恐懼。以行為主義學家的術語來說，她陷入的困境誘發了怕懼反應。

陷入困境 → 怕懼反應

當女孩奮力去鬆開她的腳時，她聽到附近的瀑布聲，在她的內心把流水與她對岩石的害怕交戰連結，而發展成對流水的恐懼。

流水 → 怕懼反應

　　後來她的姑母發現了這尖叫的孩子，幫她從岩石中掙脫並安撫她，但是此事件已經造成她心理上的傷害。自此以後，這個女孩害怕流水。有好幾年，她的家人必須拉住她為她洗澡。當她坐火車旅行時，朋友必須遮住窗子，以免她看到任何的溪流；這位年輕的女士，顯然是經由古典制約學到了恐懼症。

　　以制約的術語來說，陷入困境是一種非制約刺激（unconditioned stimulus, US），會引起怕懼的非制約反應（unconditioned response, UR），流水代表制約刺激（conditioned stimulus, CS），一種以往的中性刺激，在孩子的內心之中轉為與陷入困境相連結，結果引發怕懼反應，這種新學到的怕懼就是制約反應（conditioned response, CR）。

　　　　　非制約刺激：陷入困境 → 非制約反應：怕懼
　　　　　制約刺激：流水 → 制約反應：怕懼

　　另一種學到怕懼反應的方式是**模仿（modeling）**，也就是經由觀察和仿效（Bandura & Rosenthal, 1966）。一個人可能經由觀察他人害怕某種事物或事件，而發展同樣的怕懼。試想一個年幼的男孩，他的母親害怕疾病、醫生和醫院，假定母親經常表現那些怕懼，不久以後，這個男孩也可能害怕疾病、醫生和醫院。

　　為什麼一個難過的經驗，會發展為長期的恐懼症？這個受困的女孩後來看到流水，對她有沒有傷害？這個男孩後來會不會視生病只是暫時的，而醫生和醫院是有幫助的？行為主義學家認為學到怕懼反應之後，人們嘗試避開他們所怕懼的事物；每逢他們發現靠近可怕的事物，他們會快速的逃開。他們也可能會預先計畫確保這種遭遇不會發生。記得女孩的朋友遮住火車的窗子，使她避免看到溪流嗎？恐懼症者不接近可怕的物體，他們往往也能意識到，這些物體實際上是完全無害的。

　　行為主義學家也認為，學到對特定事物的怕懼愈多，愈會發展成廣泛性焦慮症，這種發展被推測是經由**刺激類化（stimulus generalization）**而產生：對一個制約刺激反應，與其相似的刺激也會引發反應。在岩石中學到害怕流水的女孩，可能類化到相似的刺激，如怕牛奶倒入杯子的聲音，或有泡沫聲音的音樂。也許一個人經歷到一連串苦惱事件之後，每一種事件會產生一個或更多可怕的刺激，而此人對那些刺激的反應類化到其他的刺激，這個人就增加許多的怕懼，最後發展為廣泛性焦慮症。

🍃 行為的解釋在研究有何進展？

　　有一些實驗室的研究，發現動物和人類確實可經由古典制約，訓練怕懼某些事物（Miller, 1948; Mowrer, 1947, 1939）。心理學家 John B. Watson 和 Rosalie Rayner（1920），在一個著名的研究報告，描述如何訓練一個小男孩 Albert 害怕白老鼠。有好幾週 Albert 被允許和白老鼠玩，而且他也表現出很喜歡這樣做。然

而，有一次當Albert伸手去摸老鼠，實驗者即以鐵鎚敲擊鐵棒發出巨響，使Albert感到恐懼和苦惱，其後幾次，當 Albert 伸手去摸老鼠時，實驗者就作出巨響，Albert因而學到對老鼠的怕懼和逃避反應。正如 Watson（1930）的描述：「在老鼠出現的片刻，這個孩子就開始哭⋯⋯並開始快速的爬行。」（p. 161）根據相同的報告，Albert 的害怕白老鼠也類化到此類物體，如白兔、白頭髮、棉花，甚至聖誕老人的假面具。

　　研究也支持行為主義的怕懼能經由模仿學得的立場。例如：心理學家 Albert Bandura 及 Theodore Rosenthal（1966），讓人類受試者，觀察一個每當蜂音器響起就受到電擊的人，這個受害者實際上是實驗者的同謀——以研究術語來說，即同夥——每逢蜂音器聲音持續，他就以抽筋和喊叫假裝遭受痛苦。不知情的受試者，觀察幾次這種情節之後，每當聽到蜂音器響聲，他們就有恐懼的反應。

　　雖然這些研究，支持行為主義學家對恐懼症的解釋，其他的研究則對這種解釋表示懷疑（Ressler & Davis, 2003）。有些以兒童和成人的實驗室研究，發現沒有制約的怕懼反應。此外，雖然多數的個案研究，追溯恐懼症是古典制約或模仿伴隨而來的可能結果，但有相當多的研究卻無法證明是如此。因此，儘管恐懼症看起來好像能經由古典制約或模仿而學得，然而許多研究者並沒有辦法確立此症通常是以這種方式而學到。

🌱 行為—進化的解釋

　　有一些恐懼症比其他的恐懼症更為普遍。對動物、高度及黑暗的恐懼反應，比對肉、牧草及房子的恐懼反應更為普遍。理論學家常提出，作為物種之一的人類，有發展某些怕懼的傾向，來解釋這些差異（Scher et al., 2006; Mineka & Ohman, 2002; Seligman, 1971）。這個概念與「準備」（preparedness）有關，因為理論上講，人類是準備去學到怕懼而非學到其他反應。以下的個案描述這個要點：

> 　　一個4歲的女孩在公園玩耍，她看到了一條蛇，她跑到父母的車子跳進裡面，猛然關上門，不幸的，她的手被關上的車門夾住，其結果是劇烈的疼痛，以及要看幾次醫生。在此之前她可能已經怕蛇，但不是很懼怕，在這次經驗之後，她發展出恐懼症，不是怕車子或車門，而是怕蛇，蛇的恐懼症持續到成年期，那個時間她來找我尋求治療。
>
> （Marks, 1977, p. 192）

　　在一系列的預備性試驗中，心理學家 Arne Ohman 及他的同事，在兩組的人類受試者制約不同的怕懼（Lundqvist & Ohman, 2005; Ohman & Soares, 1993; Ohman et al., 1975）。在一個研究中，他們對所有的受試者顯示臉、房子、蛇和

蜘蛛的幻燈片。有一組每次看到臉和房子的幻燈片，就受到電擊；另一組是看到蛇和蜘蛛，就受到電擊。是否受試者更預備去害怕蛇和蜘蛛？運用皮膚反應或膚電反應（galvanic skin responses, GSRs）作為怕懼的量尺，實驗者發現在反覆的電擊配對之後，兩組都學到害怕預定的物體。但是他們注意到一個有趣的差異：在短暫的消除電擊期後，學習怕臉和房子的人，出現這些事物時，停止顯示高的膚電反應，但是學到怕蛇和蜘蛛的人，卻對牠們長久繼續顯示高的膚電反應。有一種解釋是，對人類的恐懼症，動物和昆蟲較諸臉和房子是更強的誘發者。

　　研究人員不知道人類的怕懼傾向，是否由於進化或是環境因素所造成（Ohman & Mineka, 2003; Mineka & Ohman, 2002）。進化解釋的擁護者，認為怕懼傾向是經由進化過程中遺傳的傳遞。我們的祖先中容易學到，害怕動物、黑暗、高度或類似事物的人，更能繁殖生存。環境解釋的擁護者，認為早期的生活經驗教導我們，某些物體是正當的怕懼來源，這種訓練使許多人容易學到相應的恐懼。

恐懼症如何治療？

　　調查顯示，19%的特定對象恐懼症及 24.7%的社交恐懼症患者，目前正在治療（Wang et al., 2005）。每一種理論模式都有其治療恐懼症的方法，但是行為模式的技術，比其他的模式更被廣泛使用，尤其是對特定對象恐懼症。研究顯示它們有較高的成效，即使是在勢均力敵的比較也比其他方法好。因此，我們將主要的焦點集中於行為治療。

🍃 特定對象恐懼症的治療

　　特定對象恐懼症是第一個在門診治療成功的焦慮疾患。治療特定對象恐懼症，最主要的行為治療是系統減敏感法、洪水法，及示範法，這些方法被稱為**暴露治療法（exposure treatments）**，因為這些方法，都是使個體暴露於他們所害怕的物體和情境。

　　由 Joseph Wolpe（1997, 1987, 1969）發展的**系統減敏感法（systematic desensitization）**，是讓患者在治療中學習放鬆，逐步面對他們所恐懼的物體或情境。由於放鬆和恐懼是不相容的，因此新的放鬆反應可取代恐懼反應。系統減敏感法治療師，首先提供患者放鬆訓練，教導他們如何以意志引起肌肉呈深度放鬆狀態；此外，治療師幫助患者訂定**恐懼階層表（fear hierarchy）**——一種恐懼物體和情境的表，表中的項目，依輕微的恐懼，到極端的恐懼之順序來排列。

　　然後患者學習把他們恐懼的物體和情境與放鬆配對。當患者在放鬆狀態下，治療師讓患者面對階層表最下層的事件。這種方式可用實際的面對，稱為**實景系統減敏感法（in vivo desensitization）**過程，例如：一個怕高的人，可以讓他站在椅子上或爬到階梯上；或是以想像的方式面對，稱為**內隱系統減敏感法（covert desensitization）**過程。在此例中，當治療師描述恐怖事件時，讓患者加以想像。

患者在進行整個階層表時，每個恐懼的項目都配合放鬆反應。因為第一個項目只是輕微的恐懼，它通常很短暫，患者在它出現時能完全放鬆，經過幾個療期，患者提高他們的恐懼階層，直到他們達成及克服大部分的恐懼。

　　另外的特定對象恐懼症的行為治療是**洪水法（flooding）**。此法的治療師認為，重複暴露患者於恐懼的事物中，並使他們理解這些事物，實際上是完全無害的，患者就會停止對它們的怕懼。在洪水法中，恐懼症患者被迫面對他們恐懼的物體和情境，而沒有實施放鬆訓練，也沒有逐步建立忍受度。洪水法的過程，像系統減敏感法一樣，可以是實景的或內隱的。

　　當洪水法治療師引導患者想像恐懼的物體或情境時，他們常常誇大的描述，以激發患者緊張的情緒。在一個有蛇恐懼症女性的案例，治療師要她想像下列的景象：

> 　　再閉上妳的眼睛，想像蛇正在妳的面前，現在想像妳把蛇撿起來，伸出手撿起牠，放在妳的膝蓋上，感覺牠在妳的膝上蠕動，把妳的手放在牠上面，放開妳的手去感覺牠的蠕動。用妳的手指和手探索牠的身體，妳不喜歡抓牠，妳一定要去做。真正的握住蛇，握緊一點，去感覺牠，感覺牠好像開始纏繞妳的手。隨牠去，把妳的手放下，感覺牠碰到妳的手且纏繞著手，纏繞在妳的手腕上。
>
> （Hogan, 1968, p. 423）

　　在示範法（modeling）或替代性制約（vicarious conditioning）中，治療師在患者觀察下，面對恐懼的物體和情境（Bandura, 2004, 1977, 1971; Bandura, Adams, & Beyer, 1977）。行為的治療師扮演楷模的角色，去證明此人的恐懼是無稽的。在幾個療期之後，許多患者能鎮定的接近這些物體和情境。在另一個示範法裡──參與模仿（participant modeling），患者被鼓勵主動的參與，和治療師做同樣的事。

　　臨床研究人員一再發現，每一種暴露治療法，都可幫助特定對象恐懼症的患者（Pull, 2005; Wolfe, 2005）。所有這些治療成功的關鍵，似乎是實際去接觸懼怕的物體或情境（van Hout & Emmelkamp, 2002）；因而，實景系統減敏感法比內隱系統減敏感法更有效；實景洪水法比內隱洪水法更有效；參與模仿比嚴密的觀察模仿更有幫助。此外，愈來愈多的

✪**參與模仿**　使用參與模仿的暴露技術，治療師 Pete Cohen 在治療一位懼蛇症的患者時，首先他自己先握住一條蛇，然後鼓勵患者去觸摸蛇。

治療師使用虛擬實境法（virtual reality）——以 3D 電腦動畫，模擬真實世界的物體和情境——作為有效的暴露工具（Winerman, 2005）。

🍃 社交恐懼症的治療

近年來臨床工作人員，在治療社交恐懼症才開始有較多的成效（Ruscio et al., 2008; Cottraux, 2005; Kearney, 2005）。他們新發現的成果，部分由於漸漸認識社交恐懼症，有兩種明顯的特色互相關聯：(1)恐懼症者可能有無法抗拒的社交怕懼，及(2)他們也許缺乏初步的談話技巧、傳達他們的需要或適應他人需要之技能。基於這種洞見，臨床工作人員現在藉著減輕社交怕懼，或提供社交技能訓練，或兩者來治療社交恐懼症。

如何減輕社交怕懼？　不像特定對象恐懼症一樣，通常對精神治療藥物無反應，社交怕懼症則往往經由藥物而減輕（Julien, 2008）。令人驚異的是，抗憂鬱藥物對此症相當有幫助，往往比 benzodiazepines 或其他的抗焦慮劑藥物更有效（Burijon, 2007; Davidson, 2004）。

✪吶喊：其他的故事　Edvard Munch 的〈吶喊〉（*The Scream*），是世界最著名的繪畫之一，但是很少人知道此藝術作品背後的故事。當這位藝術家和兩位朋友走在有日落景象的橋上，他停下來欣賞美景。然而，Munch 的朋友則繼續向前走，當他發現他們離開時，他經歷了巨大的焦慮，由此他後來完成這不朽的畫作。

同時，有幾種心理治療的方式，在減輕社交怕懼時，也被證明和藥物一樣有效，而且運用心理治療幫助患者，顯然比單獨使用藥物的人較少復發（Rodebaugh, Holaway, & Heimberg, 2004）。這些建議，使臨床工作人員在治療社交怕懼時，運用到心理的方法。

有一種心理治療法稱為暴露治療法（exposure therapy），是對特定對象恐懼症有效的行為治療法；此法的治療師以引導、鼓勵和勸服方式，要社交怕懼患者暴露在自己害怕的社交情境中，直到他們的怕懼平息（Rodebaugh et al., 2004）。這種暴露通常是用漸進的方式，配合實施在社交情境的家庭作業。此外，團體的治療法，為暴露治療提供一種理想的環境，讓人們在支持和關懷氣氛下，面對他們所害怕的社交情境（McEvoy, 2007; Turk et al., 2001）。例如：在一個團體裡，一個害怕他的手在他人面前會發抖的人，必須在團體面前寫黑板及為其他的成員端茶（Emmelkamp, 1982）。

認知治療（cognitive therapies）常常結合行為治療技術，也被廣泛的使用來治療社交怕懼（McEvoy, 2007; Hollon et al., 2006）。Albert

Ellis 在下面的討論中使用理情治療法，去幫助一個害怕在眾人面前說話，會被拒絕的人。這個討論發生在一個人做了指定家庭作業，他觀察到不利自己的社交期望，及強迫自己在社交情境，說出心中不管是多笨的想法之後：

在家庭作業兩週後，這位患者進行接下來的療程及報告：「我做了你要我做的事……正如你告訴我的，每次我從人群退卻，我即告訴自己：現在，即使你不能看到它，也必定有某些句子存在，它們是什麼？最後我發現它們，它們有很多，都說同樣的事。」

「什麼事？」

「我會被拒絕……假定我認為我會被拒絕，假定我被拒絕不是什麼很可怕的事，或者沒有理由發生那種我會被以可怕的方式拒絕的情況。」……

「你有沒有做第二部分的家庭作業？」

「強迫自己大聲說話及表達自我？」

「是的，那個部分。」

「那是很糟的事，那相當困難，比我想像的還困難，但是我做了。」

「然後呢？」

「並不壞，我大聲講了幾次，比我過去說的次數還多，有些人很驚訝，Phyllis 也很驚訝，但是我說話了。」……

「你自我表達之後，有何感覺？」

「太不尋常了，我不記得我上次這樣的感覺，但我覺得很不同——很好，真正感覺到某一些事，但是它太困難了，我幾乎做不到。這一週有幾次我必須再強迫自己做，我做到了，我非常高興！」

(Ellis, 1962, pp. 202-203)

研究顯示理情治療法和其他認知方法，確實有助於減輕社交恐懼（McEvoy, 2007; Hollon et al., 2006），這些減輕能持續許多年。另一方面，研究也指出，多數的認知治療，就像藥物治療及暴露治療法一樣，不能完全克服社交恐懼症。它能減輕社交怕懼，但是不能完全的幫助人們在社交領域有效的運作，因此社交技能訓練成為最主要的方法。

如何增進社交技能？　在社交技能訓練（social skills training）中，治療師結合幾種行為技術，來幫助人們增進社交技能。他們通常示範適當的社會行為，鼓勵患者演練，然後患者和治療師作角色扮演，演練新行為直到熟練為止。在整個過程中，治療師提供真誠的回饋，及增強（讚美）患者有效的表現。

同樣的社交困難，由他人的社會增強，往往比單獨由治療師增強更為有效。在社交技能訓練團體和自我肯定訓練團體（assertiveness training groups）中，各

成員在其他成員面前，嘗試和演練新的社交行為，這種團體也能提供適當的社交指導。根據研究，個別或團體形式的社交訓練，都能幫助許多人在社交情境中，有較好的表現（Fisher et al., 2004）。

恐慌症

有些時候，焦慮反應是以窒息的、惡夢似的恐慌形式，人們事實上並未察覺自己在做什麼的失控行為表現出來。當一種實際的威脅突然隱約浮現時，任何人都會有恐慌的反應，然而，有些人經歷**恐慌發作（panic attacks）**——突然發生間歇的、不連續的恐慌發作，症狀在十分鐘之內達到高峰，然後逐漸消失。

發作的特徵至少有以下恐慌症狀的四種：心悸、手或腳刺痛感、呼吸急促、出汗、瞬間熱和冷、發抖、胸痛、窒息感、暈眩、頭昏眼花及不真實感。有一點令人驚訝的是，許多人在恐慌發作中害怕自己會死去、發狂或失去控制。

> 我正在一個熱鬧的購物區裡，突然發生下列現象：在短短幾秒鐘裡，我像一個發狂的女人。它好像一個惡夢，只有我醒著；每樣東西都是黑色的，我大量的出汗——我的身體、我的手，甚至頭髮都濕透了。我的血液好像流光了；我像鬼一樣蒼白的行走；我感覺我好像要不支倒地；我好像無法控制我的手臂；我的背和腿非常虛弱無力，並感覺好像無法移動。我好像被某種強大的力量控制著；我看到所有的人都在看我——只有臉，沒有身體，且合而為一。我的心在我的頭和耳邊劇跳；我想我的心要停止跳動了。我看到黑色和黃色的光。我聽到人們的聲音來自遠處。除了我的感覺外，我無法想到任何事情，現在我必須走出去及快速逃離，否則我會死掉。我必須逃到有新鮮空氣的地方。
>
> （Hawkrigg, 1975）

當面對某些懼怕的事物時，許多人會經歷恐慌發作；實際上，超過四分之一的人，在他們一生當中的某一段時間，有一次或多次的恐慌發作（Kessler et al., 2006）。不過，有些人沒有顯著的原因，出現反覆及未預期的恐慌發作，他們可能罹患了**恐慌症（panic disorder）**。除了恐慌發作之外，被診斷為恐慌症者，也必須經驗到由於發作一個月或更長的時間，他們的行為和思考產生功能不良的變化（見表 5-8）。例如：他們可能持續擔心再次的發作、關心這種發作代表什麼意義（「我是不是發瘋？」），或圍繞著未來發作的可能性，計畫他們的行動。

表 5-8　DSM 檢核表

恐慌症

1. 反覆未預期的恐慌發作。
2. 至少有一次恐慌發作，在發作一個月（或更長時間）後，仍有下列各項中至少一項：
   (a) 持續關心有另外的發作。
   (b) 擔憂發作的併發症或後果。
   (c) 與發作相關聯的行為有顯著改變。

資料來源：APA, 2000.

　　恐慌症經常伴隨**懼曠症**（**agoraphobia**），它是前面提到的三類恐懼症中的一種。有懼曠症（來自希臘語的「害怕市場」）的人，害怕離家在外，或身處公共場所，或其他逃脫困難、不易得到救助的地方，而發展出恐慌症狀。懼曠症的強度會有變動，嚴重的患者，事實上會成為自己住家的囚犯，他們的社交生活減少，他們也不能擁有工作。

　　直到最近，臨床工作人員仍無法確認，懼曠症和恐慌發作之間的密切關聯。目前他們了解，恐慌發作或某些類似恐慌的症狀，造成懼曠症的發展：在經歷過一次或多次未預期的恐慌發作之後，某些人確實變得恐懼到救助或逃脫困難的公共場所，會有新的恐慌發作。Anne Watson 的困境，說明一個典型的懼曠症的開始：

　　Watson 女士描述，直到兩年前，目前的問題浮現之前，她過著正常和幸福的生活。那時，一個童年期很親近的伯父，突然死於未預期的心臟病發作……在他死後六個月，有一天晚上她下班正要回家，她忽然感覺呼吸困難，她的心猛烈跳動及冒冷汗，事物變得不真實，她的腿感覺像鉛一樣沉重，她確信在到家之前，會死掉或昏倒。她請求路人幫忙叫計程車，送她到附近醫院的急診室。醫院的醫生發現她的身體檢查，血球數、生化作用及心電圖完全正常……

　　四週之後，Watson 女士在家準備晚餐時，有第二次類似的發作。她去看她的家庭醫生，但是所有的檢查也同樣都正常，她決定不去想這件事，繼續她的正常活動，然而，後來幾週她有四次的發作，她開始擔心下一次什麼時候會發生……

　　然後在發作繼續時，她發現自己時常的焦慮；為了害怕在發作時，處於困境、無助和單獨一人，她開始害怕獨自離家。為了害怕發生恐慌發作時，她必須提早離開的窘境，她開始避開看電影、聚會和朋友晚餐；當處理家庭

瑣事必須開車時，她必須等到她的孩子或朋友可以一起坐車；她也開始徒步20個街口去辦公室，以免恐慌發作發生時，可能被陷在地下鐵的兩站之間。

（Spitzer et al., 1983, pp. 7-8）

不是每一個恐慌症者都會發展為懼曠症，但是有不少人確實如此。因此DSM-IV-TR 將它區分為未伴隨懼曠症的恐慌症，及伴隨懼曠症的恐慌症兩種類型。美國每年患任一型態的恐慌症患者，約為所有人口的 2.8%；一生中的某段時間發展某一種型態者接近 5%（Burijon, 2007; Kessler et al., 2006, 2005）。這兩種類型的恐慌症，大多在青春期末期和成年期早期發展，而女性至少為男性的兩倍（APA, 2000）；恐慌症的盛行率，在美國不同的文化和族群都相同。而且，此疾患在世界不同文化的國家，也發現同樣的人口，儘管各國有其特殊的名詞和稱謂——在拉丁美洲及加勒比海的國家，稱為 ataque de nervios（英文 "attack of nerves"），在柬埔寨稱為 kyol goeu（"wind overload"），在伊朗稱為 heart distress（Nazarian & Craske, 2008; Nazemi et al., 2003; Hinton et al., 2001）。調查顯示，在美國約有35%的恐慌症患者，目前在接受治療（Wang et al., 2005）。

生物學的觀點

1960 年代，臨床工作者很驚異的發現，恐慌症使用某些減輕憂鬱症狀的抗憂鬱劑，比使用大部分治療廣泛性焦慮症的藥物 benzodiazepine，更為有效（Klein, 1964; Klein & Fink, 1962）。這個觀察所得，導致了恐慌症最初的生物學解釋和治療。

哪些生物因素導致恐慌症？

為了解恐慌症的生物作用，研究人員從逆向來研究，即由他們了解能控制它的抗憂鬱劑著手。他們知道減輕恐慌症的抗憂鬱劑，主要的作用是在腦部改變**正腎上腺素**（norepinephrine）——腦部神經元間傳遞訊息的一種神經傳導物質——的活性。假如這些藥物也能消除恐慌發作，研究人員想知道，恐慌症是否最先由正腎上腺素的活性異常所引起？

有些研究已提出證明，有恐慌發作的人確實正腎上腺素有不規則的活性。例如：在中腦富有正腎上腺素神經元的**藍斑**（locus ceruleus）區，當猴子被電流刺激此區時，牠會表現類似恐慌的反應，指出也許恐慌反應，可能與正腎上腺素在藍斑的活性增加有關（Redmond, 1981, 1979, 1977）。同樣的，在其他方向的研究，科學家對人類注射會影響正腎上腺素活性的化學藥物，也誘發了人類的恐慌發作（Bourin et al., 1995; Charney et al., 1990, 1987）。

這些發現強調，正腎上腺素和藍斑與恐慌發作的關聯。然而，近年來的研究

顯示，恐慌發作的根源，可能比單獨的神經傳導物質或單獨的腦部地區，更加複雜。研究人員已確定，各種情緒反應是繫於腦部迴路——腦部結構的網狀組織，它一起運作會激發彼此的反應，並產生特殊的情緒反應。產生恐慌反應的迴路，包括腦部的杏仁核、下視丘腹內核（ventromedial nucleus of the hypothalamus）、中樞灰質（central gray matter）和藍斑（Ninan & Dunlop, 2005; Mezzasalma et al., 2004）（見圖 5-4）。當一個人面對驚恐的事物或情境，**杏仁核（amygdala）**——一個處理感情訊息的小杏仁形狀的結構——就被激發。然後，杏仁核刺激此迴路的其他腦部地區，開始「警覺和逃跑」反應（增加心跳、呼吸及血壓等等），這些與恐慌反應非常類似（Gray & McNaughton, 1996）。常態地，這種反應與其他腦部地區的活動相反，因此個人能冷靜下來，去因應身邊的情境。

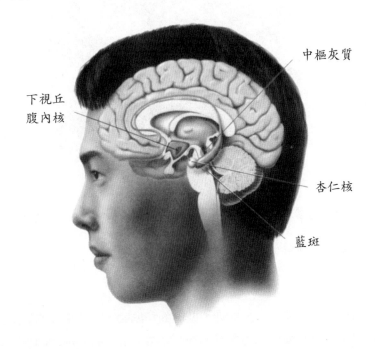

中樞灰質

下視丘
腹內核

杏仁核

藍斑

圖 5-4　恐慌的生物學　在腦部迴路產生的恐慌反應包括的區域，如杏仁核、下視丘腹內核、中樞灰質及藍斑。

今天大部分的研究人員贊同，經歷恐慌症者可能腦部迴路的功能不適當，但是不同意迴路問題所在的位置。許多研究人員持續相信，藍斑和神經傳導物質正腎上腺素，是主要禍首（Burijon, 2007; Bailey et al., 2003）。然而，其他的調查者則認為，此迴路的其他腦部組織或神經傳導物質功能不良，是恐慌症的主因（Maron et al., 2005, 2004; Bellodi et al., 2003; Gorman, 2003）。

值得注意的是，腦部迴路對恐慌反應承擔的責任，不同於迴路對焦慮反應的責任（其反應比恐慌反應，更擴散、繼續及由擔憂所控制）（見圖 5-5）。功能不適當的廣泛性焦慮症者，焦慮的腦部迴路包括杏仁核、前額葉皮質，及前扣帶

皮質（McClure et al., 2007）。雖然，兩種迴路在腦部地區和神經傳導物質有明顯的重疊——特別是，每個迴路中心的杏仁核——但恐慌的腦部迴路與焦慮的腦部迴路不同，此一發現使研究人員更進一步確信，恐慌症和廣泛性焦慮症在生物上不同，而且也和其他的焦慮疾患不同。

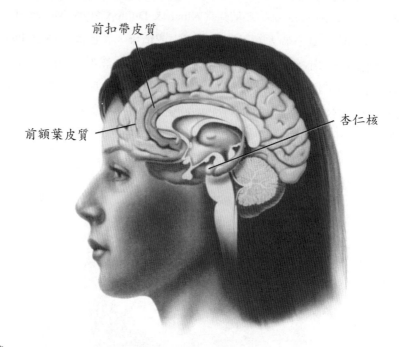

圖 5-5　**焦慮的生物學**　研究人員已發現，連結焦慮反應的腦部迴路，與連結恐慌反應的迴路不同，指出廣泛性焦慮症的生理與恐慌症不同。焦慮迴路與恐慌迴路共享杏仁核，它進一步包括前額葉皮質及前扣帶皮質的腦部區域。

　　為什麼有些人在正腎上腺的活性、藍斑的功能或恐慌的腦部迴路部分異常？有一個可能性是，易發展出此種異常的傾向是遺傳的（Burijon, 2007; Maron et al., 2005; Torgersen, 1990, 1983）。假定確實是遺傳因素的作用，則近親應比遠親有更高的恐慌症比率。有些研究確實發現，在同卵雙胞胎（雙胞胎共享所有的基因）中，假如一個雙胞胎有恐慌症，另一個雙胞胎也患同樣疾患的情況為 24% 至 31%（Tsuang et al., 2004）；在異卵雙胞胎（雙胞胎只共享部分的基因）中，假如一個雙胞胎有恐慌症，另一個雙胞胎也患同樣疾患的情況，僅有 11%（Kendler et al., 1995, 1993）。

藥物治療

　　1962 年，研究人員發現，某些抗憂鬱劑能防止恐慌發作，或減少發作的次數。正如前述，這種發現最初令人驚異，然而從那時起，世界各地的研究一再證實這種發現（Julien, 2008; Burijon, 2007; Pollack, 2005）。事實上，不管恐慌症是

否有伴隨憂鬱症狀，這些藥物似乎很有效。

任何對恢復藍斑區正腎上腺素的適當活性，及恐慌迴路起作用的抗憂鬱劑，都有助於防止或減輕恐慌症的症狀（Pollack, 2005; Redmond, 1985）。這些藥物，至少使 80% 的恐慌症病人帶來某些進步；約有半數的病人明顯或完全恢復，而且沒有停藥的話，會無限期的持續進步（McNally, 2001）。最近 alprazolam（商品名為 Xanax）和其他幾種強有力的 benzodiazepines 藥物，也證明非常有效（Julien, 2005; Pollack, 2005）。顯然的，benzodiazepines 藥物經由間接減少腦部正腎上腺的活性，而幫助了恐慌症患者。

臨床工作人員也發現，抗憂鬱劑或有效力的 benzodiazepines，對多數伴隨懼曠症的恐慌症患者很有幫助（Clum & Febbraro, 2001）。當這些藥物消除或減少恐慌發作，患者會變得有信心再次走入公共場所。然而，有些患者需要結合藥物和行為的暴露治療法，才能完全克服他們的懼曠恐懼（Wolfe, 2005; Antony & Swinson, 2000）。

認知的觀點

認知理論家已覺察到，生物因素僅是引起恐慌發作的部分原因。根據他們的觀點，經歷完全的恐慌反應，僅產生於人們「誤解」某些發生在他們身體上的生理情況，認知治療是以改正這些誤解為目的。

認知的解釋：誤解身體的感覺

認知理論家認為有恐慌傾向的人，可能對某些身體的感覺非常敏感，當他們未預期的經驗這些感覺，他們會將它誤解為一種醫療災難的前兆（Casey et al., 2004）。不同於了解如「我吃了某些東西」或「我和老闆爭吵」等可能原因的感覺，此種恐慌傾向是愈來愈擔憂，會失去控制、害怕變糟、失去所有的希望，然後快速的陷入恐慌。例如：許多恐慌症患者在壓力的情境，會過度呼吸或過度換氣，異常的呼吸使他們認為處在窒息的危險中，因而恐慌（Dratcu, 2000）。這些人進而發展出一種信念——這些「危險的」感覺有隨時再發的可能性，並開始預期他們未來會恐慌發作。

在**生理挑戰試驗**（biological challenge test）中，研究者經由給與患者藥物，或指導他們呼吸、運動，或用某種方式思考，就能使患者產生過度換氣或其他的生理感覺。正如人們所預期的，在這些試驗中，有恐慌症的患者比無此症的受試者，經驗更大的焦慮，尤其是當他們相信，他們的身體感覺是危險的，或失去控制的（Masdrakis & Papaskostas, 2004）。

為什麼有些人會有這種誤解的傾向？一個可能因素是，有恐慌傾向者通常比其他人，經驗更頻繁及更強烈的身體感覺（Nardi et al., 2001）。事實上，在恐慌症者最常誤解的這類感覺，似乎是血液中的二氧化碳增加，改變了血液的壓力，

並增加心跳率——這些身體的情況，部分是由藍斑及腦部恐慌迴路所控制。

其他的臨床理論家指出，假定個人缺乏因應技能或社會支持、兒童期充滿不可預測的事件、缺乏控制力、家人有慢性病，或父母對兒童的身體症狀過度反應，使人們較有誤解身體感覺的傾向（Stewart et al., 2001）。

無論真正的原因為何，調查指出有恐慌傾向的人，有高度的**焦慮敏感性（anxiety sensitivity）**，也就是，他們經常專注於身體的感覺，不能合理的評估它們，並以潛在的傷害來解釋它們（Wilson & Hayward, 2005）。有一個研究發現，在焦慮敏感性調查得分高的人，比其他人有五倍的可能性發展為恐慌症（Maller & Reiss, 1992）。其他的研究也發現，有恐慌症的人比其他的人，有更高的焦慮敏感性分數（Dattilio, 2001; McNally, 2001）。

🍃 認知治療

認知治療師，試圖改正人們對身體感覺的錯誤詮釋（McCabe & Antony, 2005）。第一個步驟是，教育患者有關恐慌發作的一般性質、身體感覺的實際原因，及患者有誤釋他們感覺的傾向。第二個步驟是，教導患者在壓力情境中，應用更正確的解釋，如此可在初期阻斷恐慌發作的連續發生。治療師也教導患者更有效的因應焦慮——例如：應用放鬆和呼吸技術——或藉著與他人談話，來轉移對自己身體感覺的注意。

認知治療師也運用生理挑戰程序（用在治療時，稱為內感暴露，interoceptive exposure），誘發恐慌的感覺，以使患者在小心的監督下，應用他們的新技術（Meuret et al., 2005）。例如：有些人的發作，主要是由快速的心跳引起，他們可能被要求跳上跳下幾分鐘，或快速的爬樓梯，然後他們練習適當的解釋所發生的感覺，並且心中不再老是盤據那些感覺。

根據調查，認知治療往往對恐慌症的患者很有幫助（Hollon et al., 2006; Otto & Deveney, 2005）。在國際性的研究中，施行這種治療的85%參與者，只要兩年或兩年多就可免除恐慌，而控制組的受試者則只有13%。當它與藥物治療一起使用時，認知治療有時僅對伴隨懼曠症的恐慌症患者有效。對許多的恐慌症患者，治療師在認知治療程序加上暴露技術——此種附加法已產生較高的成功率。

認知治療已證明，至少像抗憂鬱劑或alprazolam一樣，對恐慌症的治療有效，有時效果更好（McCabe & Antony, 2005）。鑑於認知和藥物治療二者的效果，許多臨床工作者已嘗試去結合兩種來治療（Julien, 2008; Baskin, 2007; Biondi & Picardi, 2003）。然而，目前尚不清楚是否這種策略，比單獨使用認知治療更有效。

強迫症

強迫思考（obsessions）是持續的想法、信念、衝動或影像，侵入個人的意

識；**強迫行為**（compulsions）是個人為了防止或減輕焦慮，反覆去執行刻板的行為或心智活動。如圖 5-6 所示，輕微的強迫思考和強迫行為，是大多數人熟知的。例如：我們可能發現自己的思想，充滿了即將來臨的表演或考試；或不斷地想著是否忘記關掉火爐或鎖門；我們可能覺得避免踩在裂縫上、避開黑貓、每天早上走固定的路線，或以特殊的方式來安排我們的衣櫥會比較好。

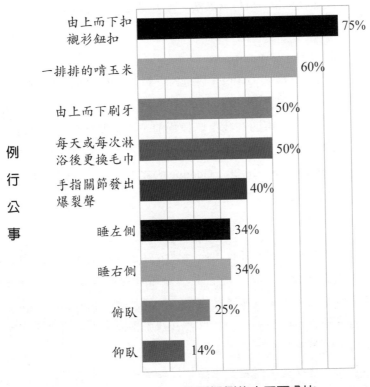

圖 5-6　**常態的例行公事**　多數人發現遵循慣常的方式，執行每天的活動，會感到舒適，而且如果人們被迫背離他們的慣例，40%的人會變為煩躁（摘自 Kanner, 2005, 1998, 1995）。

　　輕微的強迫思考和強迫行為，在日常生活中扮演有益的角色。小的儀式動作，能使我們在面對壓力時冷靜下來。一個人在考試當中，反覆哼一首曲調或輕扣手指，可能可以釋放緊張，並因而提高他的表現。許多人發現重複宗教或文化儀式，會使人感覺舒適，例如：觸摸聖書、灑聖水、手指撥弄念珠等。

　　根據DSM-IV-TR，當強迫思考和強迫行為非常嚴重，個人知覺其過度和不合理，並引起極大的痛苦、浪費很多時間或干擾日常生活的功能（見表 5-9），就被診斷為**強迫症**（obsessive-compulsive disorder）。強迫症被分類為焦慮症，是由於受害者的強迫思考引起強烈的焦慮，而他們的強迫行為是以防止或減輕焦慮為目的。此外，假定他們試圖去抗拒其強迫思考和強迫行為，他們的焦慮就會升高。

表 5-9　DSM 檢核表

強迫症

1. 定期重複強迫思考和強迫行為。

2. 過去和現在，認知這種強迫思考和強迫行為，是過度和不合理的。

3. 此症狀引起嚴重的痛苦、損傷或混亂，每天超過一小時以上。

資料來源：APA, 2000.

有一位此種疾患的婦女 Georgia 陳述：「除非我確信房子的每一件東西都擺在適當的位置，以便我早上起床時，房子是井然有序的，否則我無法睡覺。我像發狂般的工作，讓每一件東西在我上床睡覺前，都安置整齊，但是每當我早上起床，我又想到有幾千件我該做的事情……我不能忍受，知道某些事該做而我沒有去做。」（McNeil, 1967, pp. 26-28）Georgia 的家人，竟然受到她僵化的行為模式影響，以下是她的丈夫對她的描述：

有時我認為她整夜都沒睡。有一晚我清晨四點起床，她正在樓下洗衣服……假如我忘記把髒鞋子放在後門外，她給我的臉色就像我在手術室中拉屎。我常常逗留在外，當我必須待在家裡時我就像半個石頭。她甚至要我把狗趕走，因為她說牠總是骯髒的。以前有朋友來晚餐，她神經質的在他們周圍不斷來回，使得他們無法吃下食物；我討厭打電話邀請他們過來，因為他們經常吞吞吐吐地捏造不能過來的藉口。甚至孩子們走在路上時，她也擔心他們會弄髒。我快要發瘋了，但是你不要告訴她。她剛在發脾氣，並花兩次的時間清洗東西。我們常請一些孩子來洗牆壁，由於經常的刷洗，我想房子遲早會倒塌。

（McNeil, 1967, pp. 26-27）

在美國和全世界其他的國家，每年有 1%至 2%的人蒙受強迫症之苦（Bjorgvinsson & Hart, 2008; Wetherell et al., 2006; Kessler et al., 2005）。有 2%至 3%的人，在他們一生中的某一段時間，發展強迫症。在不同的種族和族裔中，患此疾患的男女比率相等；此疾患通常開始於成年期早期，通常持續許多年，但症狀及其嚴重性會隨時間而變動（Angst et al., 2004）。估計有超過 40%的強迫症患者尋求治療（Kessler et al., 1999, 1994）。

強迫思考和強迫行為有何特徵？

強迫思考，是患者感覺為侵入的〔自我相斥（ego dystonic）〕及外來的〔自我疏離（ego alien）〕一些思想。企圖忽視或抗拒這些思想，可能引發更大的焦慮，而且不久之後，它們捲土重來的強度可能比以前更強。像 Georgia 一樣，有強迫思考者，相當清楚他們的思想是過度和不合理的。

強迫思考常以強迫希望（例如：反覆希望他的配偶死掉）、強迫衝動（反覆想在工作中或在教堂猥褻的大叫）、強迫影像（掠過禁止的性景象幻影）、強迫觀念（細菌潛藏在各處的想法）、強迫懷疑（擔心個人已作或將作一個錯誤的決定）等形式呈現。以下引述一個臨床工作者，對一位被強迫懷疑折磨的 20 歲大三學生的描述：

> 他現在每晚要花好幾個小時重溫白天的事件，尤其是有關和朋友與老師的互動。他不斷的推論其適當性且不斷的懊悔。他將此比喻為，每個事件在內心一再重複放錄影帶的過程，詢問自己表現是否適當，並告訴自己已經竭盡全力去做，或已經正確的說出事情的每個步驟方法。他坐在桌前想這些事，想像正在用功，他通常不看時鐘，在一段時間的反芻加上詮釋之後，令他驚訝的是已經過了二或三個小時。
>
> （Spitzer et al., 1981, pp. 20-21）

有一些基本的主題，耗損多數強迫思考者的思想（Abramowitz, McKay, & Taylor, 2008; APA, 2000）。最常見的主題是怕髒或怕受汙染（Tolin & Meunier, 2008），其他常見的主題是，暴力和攻擊、井然有序、宗教及性方面的事。這些主題的盛行率，因文化而有不同。例如：宗教的強迫思考，在嚴格的宗教規範和宗教價值的文化或國家，似乎較為常見（Bjorgvinsson & Hart, 2008; Rasmussen & Eisen, 1992）。

強迫行為在許多方面，和強迫思考相似。例如：雖然強迫行為技術上是在自發的控制之下，患者卻覺得他們必須去做這些事情，很少有選擇感。許多人承認他們的行為是不合理的，但是他們同時也相信假如不執行這些強迫行為，某些可怕的事情將會發生。在完成強迫行為之後，短期間內他們通常較不會感覺焦慮。有些人的強迫行為發展為瑣細的儀式（rituals）。每次他們必須根據特定的規則，正確的以相同方式通過儀式表現出來。

正如強迫思考一樣，強迫行為也有各種形式。清潔強迫行為（cleaning compulsions）最為普遍，像 Georgia 一樣，有這種強迫行為的人，感覺被迫不斷的清洗自己、洗衣服及打掃家裡。清洗也可能遵循一些儀式規則，而且一天重複幾十

次或幾百次。有檢查強迫行為（checking compulsions）的患者，是再三檢查同樣的事物——門鎖、瓦斯開關、重要文件——確信諸事都已妥當（Radomsky et al., 2008）。另一種常見的強迫行為是，不斷的尋求順序或平衡（Coles & Pietrefesa, 2008）。有這種強迫行為的人，必須根據嚴格的規則，以完美的順序放置某些物品（衣服、書籍、食物）。

觸摸（touching）、口頭的（verbal）和計算（counting）的強迫行為也相當常見。有觸摸強迫行為者，是反覆觸摸或避免去觸摸某些事物；有口語儀式動作者，感覺被迫反覆詞句、片語或歌曲；有計算強迫行為者，感覺被迫去計算他們周圍所看到的事物。

雖然有些強迫症患者，只有強迫思考或只有強迫行為，而多數人兩者都有（Clark & Guyitt, 2008）。事實上，強迫行為往往是對強迫思考的反應（Foa & Franklin, 2001）。一個研究發現，在多數的案例中，強迫行為似乎是強迫懷疑、意念或慾望的產物（Akhtar et al., 1975）。一個持續懷疑房子安全的女人，可能產生強迫懷疑，而表現出反覆檢查門鎖和瓦斯開關；或是一個強迫恐懼汙染的男人，可能對那種恐懼表現清洗的儀式動作。研究也發現，有時強迫行為用來控制強迫思考。以下是位十多歲的女孩，描述她如何藉著一些計算和口頭的儀式動作，以控制恐懼汙染的強迫思考：

患　者：假如我聽到一些言詞，像那些與細菌或疾病有關、被認為不好的事物，我的內心就會出現像「刪掉就沒問題」的選擇。

晤談者：像哪一類事情？

患　者：像一種保護裝置的數字或語詞。

晤談者：什麼數字或語詞？

患　者：它是以 3 或 3 的倍數起頭，及像「肥皂和水」之類的語詞，然後 3 的倍數愈來愈高，當它們高達 124 或類似那樣，我就會受不了。

(Spitzer et al., 1981, p. 137)

許多強迫症的人，擔心他們會將強迫思考付諸行動。一個有強迫影像要傷害所愛者的男人，會擔心他的行為與謀殺只差一步；一個想在教堂大叫的強迫衝動女人，擔心有一天她會屈服於這種衝動，而使自己困窘。實際上，這些擔心是無根據的。雖然許多強迫思考會導致強迫行為——特別是清潔和檢查強迫行為——但它們通常不會導致暴力或不道德行為。

強迫症曾經是心理疾患中，最少被了解的一種。不過，近年來研究人員開始更認識它。對強迫症最具有影響的解釋和治療，來自心理動力、行為的、認知的及生物的模式。

心理動力的觀點

正如前述，心理動力理論家認為，當兒童害怕自己的本我衝動，並運用自我防衛機轉以減輕焦慮時，焦慮症就會開始發展。如何區分焦慮症與強迫症？根據他們的觀點，強迫症是誘發焦慮的本我衝動及減輕焦慮的防衛機轉之間的交戰，它不是隱藏在潛意識，而是以引人注目的行為和思想表現。本我的衝動通常以強迫思考的形式表現，而自我防衛機轉則以相反的思想或強迫行為顯現。例如：一個持續有母親衰弱及流血臥倒影像的女人，可能以重複檢查整個房子的安全，來抗拒那種思想。

根據心理動力理論家的說法，有三種的自我防衛機轉，在強迫症中特別常見：隔離、抵消作用和反向作用。訴諸隔離（isolation）機轉者，與不愉快和不想有的思想斷絕關係，使它們好像是外來的侵入者。使用抵消作用（undoing）機轉者，他們表現出的行為，意謂著消除不愉快的衝動；例如那些反覆洗手的人，可能象徵著消除他們不能接受的本我衝動。發展反向作用（reaction formation）者，採取與不能接受之本我衝動正好相反的生活方式；一個人為了對抗無法接受的攻擊衝動，可能以強迫性的仁慈和熱愛他人過活。

Sigmund Freud 探索強迫症在肛門階段（anal stage）的發展（約發生於兩歲）。他認為在此階段，有些兒童由於負面的便溺訓練，而經歷強烈的憤怒和羞愧。其他的心理動力理論家則認為，早期的盛怒反應是根源於不安全感（Erikson, 1963; Sullivan, 1953; Horney, 1937）。不管何種說法，它們皆認為兒童有反覆表達強烈的本我攻擊衝動之需求，同時他們也試圖抑制及控制這種衝動。假定本我和自我之間的衝突持續，最後就發展出強迫症。大體而言，並沒有研究明顯的支持各種心理動力的理論（Fitz, 1990）。

心理動力治療師，運用慣常的自由聯想及解析技術，揭露和克服人們潛在的衝突和防衛，來幫助強迫症患者。然而，研究很少提出證明，指出傳統的心理動力療法很有成效（Bram & Bjorgvinsson, 2004; Foa & Franklin, 2004）。因而，目前有些心理動力的治療師，喜歡採用第三章所述的短期心理動力治療，來治療此疾患的病人，它比傳統的技術更直接且更具行動導向。

行為的觀點

行為主義學家專注於強迫行為的解釋和處理，而較不重視強迫思考。他們認為人們發生強迫症是相當隨機的過程。假如在一個可怕的情境中，他們正好同時發生洗手、說話或以某種方式打扮；當威脅升高時，他們把情況的改善和那種特殊行動連結在一起。與偶發事物反覆的連結之後，他們相信這種行動帶給他們好運，或實際改變了情境，因此他們在類似情境之下，一再表現相同的行為。這種行為變成避免或減輕焦慮的主要方法（Frost & Steketee, 2001）。

著名的臨床科學家 Stanley Rachman 和他的同事們已證明,強迫行為確實可以經由焦慮的減輕獲得獎賞。例如:在他們的一個實驗中,讓 12 位有洗手儀式的強迫行為受試者,接觸他們認為弄髒的東西(Hodgson & Rachman, 1972)。正如行為主義學家的預期,這些受試者的洗手儀式似乎減輕了他們的焦慮。

假如強迫症的人持續表現強迫行為,以防止不好的結果,並確信有正向的結果,他們能否被教導,這種行為並不能真正達成這個目的?行為的治療法,稱為**暴露與不反應(exposure and response prevention),或暴露及儀式行為防止法(exposure and ritual prevention)**。它最初由精神科醫師 Victor Meyer 所發展(1966)。在此方法中,強迫症患者反覆的暴露在引起焦慮、強迫性恐懼和強迫行為的事物或情境中,但是他們被要求去抗拒表現他們感覺與執行有關的行為。由於人們發現難以抗拒這些強迫行為,因此治療師最初常樹立榜樣。

目前許多行為治療師,在個別或團體形式的治療,運用暴露與不反應的治療程序。有些人也要求患者在家裡實行自助程序(Foa et al., 2005)。也就是,治療師指定暴露與不反應的家庭作業,例如:給予一位有清潔強迫行為婦女的作業如下:

- 一個星期不打掃浴室的地板,之後使用一支普通的拖把,在三分鐘內清掃地板,然後不經過清洗,再使用這拖把清掃其他雜物。
- 買一件絨毛運動衫穿一星期,晚上脫下它時,不除去上面的毛球。一星期不打掃房子。
- 妳、妳的丈夫及孩子必須一直穿著鞋子。一星期不打掃房子。
- 丟一塊餅乾在髒地板上,撿起餅乾並吃下去。
- 把報紙雜誌和毛毯隨意丟在地板,然後把它們放到床上,一週不去變動它們。

(Emmelkamp, 1982, pp. 299-300)

最後這位婦女能建立合理的清洗自己和家庭的例行工作。

有 55% 至 85% 的強迫症患者,發現使用暴露與不反應方法,有相當大的改善,這種改善的持續往往不定(Abramowitz et al., 2008; Hollon et al., 2006; Franklin, Riggs, & Pai, 2005)。這種方法的效用指出,強迫症患者,像舊笑話裡不斷的捻手指使大象離開的迷信男人。當有人指出「這附近並沒有大象啊?」這男人回答「看吧,它行得通!」有人評論以「事後孔明」來說,強迫思考的人捻他的手指頭是有可能的,但除非他停止動作(不反應),並同時四下察看(暴露),否則他不會學到更多關於大象的真義(Berk & Efran, 1983, p. 546)。

同時,研究也顯示暴露與不反應法的限制。有少數接受這種治療的患者,克服了所有的症狀,但也有四分之一的患者完全沒有改善(Foa et al., 2005; Frost & Steketee, 2001)。此外,許多人退出或拒絕這種治療,因為他們認為此法要求太多,或產生威脅(Radomsky et al., 2008)。最後,用來幫助有強迫思考而沒有強迫行為者,此法的幫助有限(Hohagen et al., 1998)。

認知的觀點

認知理論學家對強迫症的解釋，是指出每個人有重複、不想要及強制的思想。例如：每個人都可能有傷害他人，或被病毒汙染的思想，但是多數人很容易將它們拋到腦後或忽視它們（Baer, 2001）。然而，那些發展出強迫症者，特別為這種想法責備自己，而且預期某些可怕的後果將會接踵而來（Shafran, 2005; Salkovskis, 1999, 1985）。為了避免這些負面後果，他們試圖**中和**（**neutralize**）這些思想——以意謂著消除這些思想或行為的方式，在內心把事情糾正或加以補償（Salkovskis et al., 2003）。

中和的行為，可能包括要求他人特別的再保證、仔細考慮一些滿意的想法、洗自己的手，或檢查危險可能的來源。當某種中和的努力，引起心理不安暫時得到減輕時，它就會被增強且可能一再重複。最後，中和的思想或行為經常被使用，它就確定的變成強迫思考與強迫行為。同時，此人也愈來愈確信，他的不愉快強制思想是危險的。當個人恐懼此種思想增加，這種思想發生的頻率就愈頻繁，它們也就變成強迫思考。

這種解釋的支持，是有些研究已發現，強迫症患者比其他人更常經驗侵入的思想、比其他人更常訴諸於複雜的中和策略，並且在使用中和策略之後，確實減輕了焦慮（Shafran, 2005; Salkovskis et al., 2003）。

雖然每個人有時有不想要的思想，但只有某些人發展出強迫症。為何這些人對正常的思想會引起困擾？研究人員發現這些人有下列傾向：(1)比一般人更憂鬱（Hong et al., 2004）；(2)有非常高的行為和道德標準（Rachman, 1993）；(3)相信他們侵入的負面思想等同於行為，會對自己或他人造成傷害（Steketee et al., 2003）；(4)他們通常認為應該完美的控制所有的思想和行為（Coles et al., 2005; Frost & Steketee, 2002, 2001）。

認知治療師的治療，專注於產生和維持強迫思考和強迫行為的認知歷程。首先，他們提供心理教育，教導患者認識對不想要思想的錯誤詮釋、過度的責任感及中和行為，然後幫助患者確認、挑戰及改變他們扭曲的認知。許多治療師也在療程中使用**習慣化訓練**（**habituation training**），指導患者一再喚起他們的強迫思考；臨床工作人員期望，反覆密集的暴露於那些思想，將會消除他們害怕或威脅的動力，因而產生較少的焦慮，並較少引起新的強迫思考或強迫行為（Franklin et al., 2002; Salkovskis & Westbrook, 1989）。這些認知技術，經常能有效減少強迫思考和強迫行為的次數和影響（Rufer et al., 2005; Eddy et al., 2004）。

行為的方法（暴露與不反應）及認知的方法，都對強迫症的患者有成效，但有些研究人員指出，結合兩種方法比單獨使用其中一種，更為有效（Foa et al., 2005; Franklin et al., 2005; Clark, 2004）。在此類的認知—行為治療，是教導患者檢視他們不正當出現的強迫思考，而不在於自認為有責任，並且必須付諸行動的

有效的及危險的認知。當他們更能識別和了解這些思想——認識它們是什麼——他們就減少表現相關的行為,而更願意去遵從嚴格的暴露與不反應,並更能在行為的技術獲益。

生物學的觀點

家庭譜系研究提供最早的提示——強迫症與生物因素有部分的關聯(Lambert & Kinsley, 2005)。在雙生子的研究發現,假定一個同卵雙胞胎有強迫症,另一個雙胞胎也有 53%發展強迫症;反之,在異卵雙胞胎中,兩個異卵雙胞胎顯示有強迫症的只有 23%。總之,假定雙胞胎中有一個顯現此疾患,兩個個體的基因組合愈相似,兩者愈有可能罹患強迫症。近年來,有更多的直系基因研究,試圖明確的了解基因或基因的組合,可能使某些個體有發展強迫症的傾向(Miguel et al., 2005, 1997; Delorme et al., 2004)。

目前有兩種研究路線,證明生物因素在強迫症扮演了重要角色,也發展出前瞻性的強迫症生物治療。這些研究朝向(1)神經傳導物質血清素異常的低活性;(2)腦部重要地區的功能異常。

血清素活性異常

血清素(serotonin)像 GABA 和正腎上腺素一樣,是在神經元間傳遞訊息的腦部化學物質。它在強迫症角色的最初線索,是被臨床研究人員意外的發現——兩種抗憂鬱藥物 clomipramine 和 fluoxetine(商品名為 Anafranil 和 Prozac),會減輕強迫思考和強迫行為的症狀(Stein & Fineberg, 2007)。由於這些特殊的藥物也增加血清素的活性,有些研究人員推斷,此疾患是由於血清素的低活性所引起。事實上,僅有那些增加血清素活性的抗憂鬱劑,才能幫助強迫症的個案;主要對其他神經傳導物質發生作用的抗憂鬱劑,則對個案沒有效果(Jenike, 1992)。

雖然血清素是最常被引用,來解釋強迫症的神經傳導物質。最近的研究指出,其他的神經傳導物質,特別是 glutamate、GABA,以及 dopamine,都在發展強迫症上扮演重要的角色(Lambert & Kinsley, 2005)。有些研究人員甚至主張,關於強迫症,血清素作為神經調節劑(neuromodulator)的作用較大,因為這種化學物質的主要功能,是增加或減少其他主要神經傳導物質的活性。

腦部結構和功能異常

另外一個路線的研究,是強迫症與腦部特殊地區功能異常之關聯,特別是眼眶額葉皮質(orbitofrontal cortex)(正好在每個眼睛上)和尾狀核(caudate nuclei)(位於腦部大腦皮質下的基底核部位),這些地區是腦部迴路的一部分,它可轉變感覺訊息為思想和行動(Stein & Fineberg, 2007; Chamberlain et al., 2005; Szeszko et al., 2005)。此迴路開始於眼眶額葉皮質,此處產生性、暴力和其他的

原始衝動。這些衝動然後前進到尾狀核，尾狀核的作用像過濾器，只傳送最有力的衝動到迴路下一站的視丘（thalamus）（見圖 5-7）。假定衝動到達視丘，此人被迫去進一步的思考，並產生可能的行動。目前許多理論學家認為，某些人不是眼眶額葉皮質就是尾狀核過度活動，導致不斷爆發使人苦惱的思想和行動（Lambert & Kinsley, 2005）。此腦部迴路的其他部分，近年來也被確認，包括扣帶皮質及杏仁核（Stein & Fineberg, 2007）。當然結果是，這些地區在強迫症也扮演主要角色。

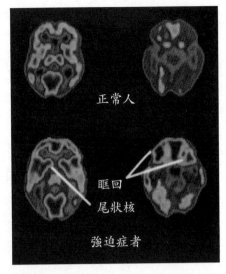

❂ **強迫症的掃描** 這些正子斷層造影清楚顯示，強迫症者的腦部（下圖）比正常人的腦部（上圖），尾狀核及眼眶額葉皮質的活動更活躍（Baxter et al., 1987）。

這種腦部迴路解釋的支持是，醫學科學家多年來已觀察到，當眼眶額葉皮質、尾狀核或腦部相關地區，受到意外或疾病傷害之後，強迫症狀有時確實產生或消失（Coetzer, 2004; Berthier et al., 2001）。在一個引人注意的個案裡，一個強迫症病人試圖射擊自己的頭部自殺。雖然他在射擊之後倖存，他的腦部卻受到相當大的傷害，但也許是受傷的結果，他的強迫思考和強迫行為症狀戲劇化的減輕。同樣的神經損傷研究，提供腦部功能和結構的影像，也顯示強迫症受試者的尾狀核和眼眶額葉皮質，比控制組的受試者更活躍（Chamberlain et al., 2005; Baxter et al., 2001, 1990）。

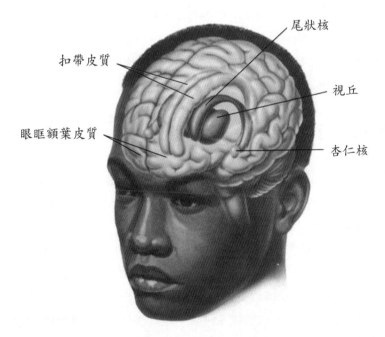

圖 5-7 **強迫症的生物學** 某些腦部結構與強迫症有關，包括眼眶額葉皮質、尾狀核（位於基底核）、視丘、杏仁核、扣帶皮質。這些結構可能在強迫症患者過分活躍（摘自 Rapoport, 1989, p. 85）。

血清素及腦部迴路的解釋，兩者有可能相關聯。研究證明，神經傳導物質血清素——以及神經傳導物質 glutamate、GABA 和 dopamine——在眼眶額葉皮質、尾狀核以及其他腦部迴路的運作，扮演相當重要的角色，一種或多種神經傳導物質的活性異常，可能造成迴路的功能不適當。

生物治療法

自從研究人員最初發現某些抗憂鬱藥物，有助於減輕強迫症，這些藥物就被用來治療強迫症（Julien, 2008）。我們現在知道這些藥物，不僅增加腦部血清素的活性，也使眼眶額葉皮質和尾狀核，產生更正常的活動（Stein & Fineberg, 2007; Baxter et al., 2000, 1992）。研究發現抗憂鬱藥物 clomipramine、fluoxetine 和 fluvoxamine（商品名分別為 Anafranil、Prozac 和 Luvox），以及類似的抗憂鬱藥物，使 50%至 80%的強迫症患者產生改善（Bareggi et al., 2004）。強迫思考和強迫行為通常不會完全消失，但是在八週的治療後幾乎可以減輕一半（DeVeaugh-Geiss et al., 1992）。然而，僅以藥物為主的治療者，若停藥很容易復發。因而，愈來愈多的強迫症患者，現在是結合行為、認知和藥物治療法來治療。根據研究，這種結合的治療法，優於單獨使用一種方法，它能使患者產生較高程度的症狀減輕及解除痛苦，這種改善也可持續許多年（Kordon et al., 2005; Rufer et al., 2005）。

顯然的，強迫症的治療，像恐慌症的治療一樣，在過去 15 年已有很大的進步。強迫症曾經是非常難處理的問題，目前它對幾種形式的治療法有良好效果，幾種方法經常結合使用。事實上，至少有兩種研究指出，行為、認知和生物治療法，最後對腦部有同樣的效力。在這些研究中，用認知—行為治療法的受試者，和用抗憂鬱藥物的受試者，都明顯的顯示減輕尾狀核的活動（Stein & Fineberg, 2007; Schwartz & Begley, 2002; Baxter et al., 2000, 1992）。

整合：行為的素質—壓力觀點

臨床工作人員和研究人員，對廣泛性焦慮症、恐懼症、恐慌症及強迫症，已發展出很多觀念。然而，有時為數眾多的觀念和發現，卻使掌握這些疾患的真正原因產生了困難。

大體而言，說目前臨床工作人員對恐懼症、恐慌症及強迫症的原因，比對廣泛性焦慮症更了解，這種說法是確實的。值得注意的是，對恐慌症和強迫症的洞察——過去在此領域中是最難解的——一直到臨床理論家由更多的觀點檢視這些疾患，並整合這些觀點才出現轉機。例如：今天恐慌症的認知解釋，直接建立在生物學的觀念上——此疾患起因於異常的腦部活動，以及異常的身體知覺。同樣的，強迫症的認知解釋也是由生物學的立場引導，就是某些人比其他人易於經驗更多不想要及侵入性思想的傾向。

要能更完全的了解廣泛性焦慮症，可能同樣的有待各種模式的統整。事實上，這種統整已經開始展開。例如：廣泛性焦慮症新的認知解釋之一，是與患者擔心高度的身體激發之認知過程有關。

同樣的，愈來愈多理論家採用素質—壓力觀點，來解釋廣泛性焦慮症。他們認為某些人必定有生理上易受傷傾向，而發展此疾患——易受傷傾向最後被心理和社會文化因素引發，而顯露出來。事實上，遺傳學研究者已發現某些基因，可能兼具決定一個人是否以平靜，或以緊張的方式來反應生活的壓力源；發展研究人員也發現，即使在生活最早期的階段，當受到刺激時，有些嬰兒會變得特別激動（Burijon, 2007; Lonigan et al., 2004; Kalin, 1993）。也許這些容易激動的嬰兒，遺傳了功能有缺陷的 GABA，或有其他的生理缺點，使他們容易患廣泛性焦慮症。假定在生活過程中，這些人也遭遇緊張的社會壓力，及學到對世界解釋為危險的地方，或把擔憂視為有用的工具，他們確實可能成為發展廣泛性焦慮症的人選。

素質—壓力的原理，也可能對發展恐懼症產生影響。例如：有些研究指出，某些天生有社交抑制或害羞型態的嬰兒，可能增加發展社交恐懼症的風險（Smoller et al., 2003; Kagan & Snidman, 1999, 1991）。因而，假定要發展特殊的恐懼症，也許人們必須具有遺傳傾向，以及不幸的制約經驗二者。

在治療領域方面，不同模式的統合，已經出現在各種焦慮疾患的治療。例如：治療師發現，藥物結合認知技術，治療恐慌症更有效；藥物結合認知—行為技術治療強迫症更有效。同樣的，認知治療技術現在常常結合放鬆訓練或生理回饋，來治療廣泛性焦慮症——一種稱為全套的**壓力管理方案**（stress management program）（Taylor, 2006）。而社交恐懼症的治療方案，通常包含藥物、暴露治療法、認知治療，以及社交技能訓練的結合。數百萬罹患各種焦慮疾患的人，這種治療的結合，是受歡迎的發展。

 摘要

● **廣泛性焦慮症**　有廣泛性焦慮症（generalized anxiety disorder）的人，對廣大範圍的事件及活動，經驗過度的焦慮和擔心。雖然最近的認知和生物治療法，似乎很有前景，但此症的各種解釋和治療，只獲得有限的支持。

根據社會文化（sociocultural）的觀點，社會情境的危險（societal dangers）、經濟壓力（economic stress）或種族和文化有關的壓力增加，造成廣泛性焦慮症的情況更有可能發展的趨勢。

在心理動力（psychodynamic）最初的解釋，Freud 認為，當過度焦慮及防衛機轉（defense mechanisms）崩潰和功能不良，可能發展廣泛性焦慮症。心理動力治療師使用自由聯想、解析及有關的心理動力技術，幫助患者克服這種問題。

　　人本主義（humanistic）主要的理論家 Carl Rogers 認為，廣泛性焦慮症的人是在兒童期無法得到重要他人無條件的積極關注（unconditional positive regard），以至於過度的自我批判。他以案主中心治療法（client-centered therapy）來治療這些患者。

　　認知的（cognitive）理論家認為，廣泛性焦慮症是由不適當的假設（maladaptive assumptions）和信念（beliefs）所引起，它導致人們視大部分的生活情境為危險的。許多認知理論家進一步認為，對擔憂的力量和價值的盲目信念，在發展和維持此症特別重要。認知治療師在幫助患者改變這些想法，並指導他們在壓力情境中，更有效的因應的方法。

　　生物的（biological）理論家主張，廣泛性焦慮症是由於神經傳導物質 GABA 的低活性而引起。最常見的生物治療是抗焦慮劑（antianxiety drugs），特別是苯二氮平類（benzodiazepines），以及增加血清素的抗憂鬱劑（antidepressant drugs）。放鬆訓練（relaxation training）和生理回饋（biofeedback）也被應用在許多的個案。

　　●恐懼症　恐懼症（phobia）是嚴重的、持續的和不合理的害怕一種特定的物體、活動和情境。恐懼症主要有三類：特定對象恐懼症（specific phobias）、社交恐懼症（social phobias）及懼曠症（agoraphobia）。行為主義學家對恐懼症的解釋，特別是特定對象恐懼症，是今日最有影響力的解釋。行為主義學家認為，恐懼症是從環境中，經由古典制約（classical conditioning）或模仿（modeling）而學得，然後由逃避行為而維持。

　　特定對象恐懼症，是運用行為的暴露技術（exposure technique），引導人們去面對他們懼怕的事物，已獲得最成功的治療。這種暴露技術的方式，可以是漸進及放鬆的系統減敏感法（desensitization）、增加緊張的洪水法（flooding）或替代性的模仿（modeling）。

　　治療師處理社交恐懼症，通常將疾患區分為兩個部分：社交怕懼（social fears）及社交技能不良（poor social skills）。他們使用藥物治療、暴露技術、團體治療、各種認知治療法或這些方法的結合，以減輕社交怕懼。他們也運用社交技能訓練（social skills training）來改善患者的社交技能。

　　●恐慌症　恐慌發作（panic attacks）是間歇的、不連續的恐慌發作突然發生。恐慌症（panic disorder）患者，沒有明顯的原因，經歷反覆和未預期的恐慌發作。當恐慌症導致懼曠症（agoraphobia），就稱為伴隨懼曠症之恐慌症（panic disorder with agoraphobia）。

　　有些生物理論家認為，在腦部的藍斑（locus ceruleus）正腎上腺素（norepinephrine）的活性異常，是恐慌症的關鍵。另一些人認為，相關的神經傳導物質和腦部地區，也扮演重要角色。生物治療師使用某些抗憂鬱劑，或強力的苯二氮平類（benzodiazepines）來治療恐慌症患者。伴隨懼曠症之恐慌症患者，需要結合

藥物治療和行為的暴露治療法（exposure treatment）來治療。

認知理論家認為，有恐慌傾向的人，專注於某些他們身體的感覺，將它誤解為疾病大災難的前兆而恐慌，某些人就發展為恐慌症。這些人有高度的焦慮敏感性（anxiety sensitivity），而且在生理挑戰試驗（biological challenge tests）中，也經驗較大的焦慮。認知治療師教導患者，能更正確的解釋他們的身體感覺，及更適當的因應焦慮。對伴隨懼曠症之恐慌症的患者，臨床實務工作人員，可能結合認知治療和行為的暴露技術來治療。

●**強迫症**　有強迫症（obsessive-compulsive disorder）的患者，為強迫思考（obsessions）、執行強迫行為（compulsions）或兩者所苦。強迫思考常見的主題是怕受汙染和暴力；強迫行為常見的主題，集中於強迫清潔和檢查，其他普遍的強迫行為包含觸摸、口頭儀式或計算。強迫行為往往是對個人強迫思考的反應。

根據心理動力的觀點，強迫症是由於顯現強迫思考的本我衝動，與採取相反思想或強迫行為形式的自我防衛機轉，兩者之間的交戰而產生。行為主義學家認為強迫行為，是經由偶然的連結而發展。主要的行為治療法，是結合延長暴露與不反應（exposure with response prevention）的方法。認知理論學家認為強迫症，是由人類有不想要和不愉快思想（unwanted and unpleasant thoughts）的正常傾向而形成。有些人努力去了解、消除或逃避這些思想，因而導致強迫思考和強迫行為。強迫症的認知治療法，包括心理教育及有時使用習慣化訓練（habituation training）。行為治療及認知治療，每種都對強迫症患者有效。研究人員指出，結合認知—行為的治療法，比單獨使用一種治療法更有效。

生物研究人員認為，強迫症是血清素（serotonin）的低活性，與尾狀核（caudate nuclei）和眼眶額葉皮質（orbitofrontal cortex）的功能異常有關。能提高血清素活性的抗憂鬱劑，是一種有效的治療方式。

第六章

壓力疾患

　　專業人員 Latrell Robinson，是 25 歲單身的非裔美國人，曾是活躍的國家自衛隊員（在伊拉克戰爭服役）。他過去是個專職的大學生及優秀的運動員，由單親母親養育在國民住宅……

　　他最初在交通部門受訓，被要求從事活動性的任務，接著再次接受憲兵訓練，並安排在巴格達的現役單位服役。他對工作的調動，感到高度的滿意，而且由於積極進取和自信，他被大家公認為非正式的領導者。他有很多戰鬥經驗，在幾個場合用輕武器，執行護送任務及保安細節，目擊了死亡、受傷的平民及伊拉克士兵，當他被迫採取退縮或逃避行動時，有時感覺無力。街頭的惡化，使他開始對伊拉克的環境產生不信任感。他經常感覺他和他的同袍，被置於沒有必要的傷害中。

　　在一次例行的護送任務（2003 年），他為指揮 HUMVEE 駻馬車擔任駕駛，他的車子被簡易型爆炸裝置攻擊，砲彈碎片散落在他的頸、手臂和腿，車子上的另一同伴傷勢更嚴重，他當場沒有感覺很痛苦。他被撤退到戰鬥支援醫院（CSH），在那裡接受治療……幾天之後，縱使需要撐著枴杖加上彈片留在頸部的慢性疼痛，他仍被送回他的單位服務。由於他沒有能力卻還要他執行任務，他對命令及要他留在伊拉克的醫生感到憤怒。他開始產生失眠、高度警醒及驚嚇反應。他最初夢到創傷事件，變為更加強烈及頻繁，他也遭受侵入性的思想及反覆閃現攻擊的畫面。他開始和朋友疏遠，並有快感缺乏症、與他人有疏離感，並恐懼未來的時間會縮短。他被推薦給 CSH 的心理醫生……

　　在他的戰爭傷害心理復健無效，並有更嚴重的憂鬱和焦慮症狀，兩個月之後，他被送到……一個軍人醫療中心（在美國）……他的精神病症狀再接受檢查，並交由門診評估和處理。他符合 DSM-IV 的急性創傷後壓力疾患診斷標準，他被給予藥物治療、支持治療及團體治療……他對完成治療或康復回家很矛盾，因為害怕在家裡或女友周圍，他是不同的、易怒的或攻擊的。在軍人服務中心三個月之後，他除役並被推薦到當地的 VA 醫院接受追蹤照護。

（National Center for PTSD, 2008）

　　在恐怖的戰鬥當中，士兵們經常有高度的焦慮、憂鬱及身體疾病。而且，許多人就像 Latrell 一樣，這些極端的壓力反應，會持續到戰鬥經驗外。

　　但是不只作戰的士兵會受壓力影響。壓力也會提高戰爭創傷的程度，而深深影響心理和身體的運作。來自各種大小和形式的壓力，我們都會重大的受它的影響。

　　每逢我們面對一些需求，或需要我們在某些方法改變時，我們感覺到某種程度的壓力。壓力狀態有兩個組成要素：壓力源（stressor）──產生需求的事件，及壓力反應（stress response）──個人對需求的反應。生活的壓力源，包括日常生活紛亂的干擾，如尖峰時間的交通或非預期的訪客出現；轉捩點事件，如大學

畢業或結婚;長期問題,如貧窮、健康不佳或過度擁擠的生活情境;或創傷事件,如重大的意外、攻擊、颶風或戰爭。我們對這些壓力源的反應,是受我們對事件及我們能有效反應事件能力的評估所影響(Russo & Tartaro, 2008; Folkman & Moskowitz, 2004; Lazarus & Folkman, 1984)。感覺有能力和資源去因應的人們,可能毫無困難的克服壓力源或作出建設性的反應。

當我們評定一個壓力源為險惡時,自然的反應就是激發(arousal)和恐懼感——一種如第五章所介紹,經常出現的反應。正如前述,恐懼事實上是反應的組合——包括身體的、情緒的及認知的。身體方面,有出汗、呼吸快速、肌肉緊張及心跳加快,臉色變為蒼白、起雞皮疙瘩及感覺作嘔等的生理反應。當認知領域的恐懼,干擾我們的專注能力或扭曲我們對世界的看法時,對極度威脅的情緒反應,包括恐怖、懼怕及恐慌。這時,我們可能過度誇大真正威脅我們的傷害,或在威脅消失之後對情況有不正確的記憶。

壓力反應及其產生的恐懼感,經常出現在心理疾患。正如第五章所述,經驗許多壓力事件的人,特別有發展焦慮症的傾向。同樣的,壓力的增加也和憂鬱症、精神分裂症、性功能障礙及其他心理問題的發病有關。

此外,壓力在某些心理和身體疾患扮演更主要的角色。在這些疾患中,壓力的特徵變為更嚴重並使人衰弱,停留的時間更長,而且使個人不可能有正常的生活。主要心理的壓力疾患,是急性壓力疾患(acute stress disorder)及創傷後壓力疾患(posttraumatic stress disorder, PTSD)。DSM-IV-TR 將這些型態列為焦慮疾患,但是它們的特徵擴大遠超過焦慮的症狀。身體的壓力疾患典型地稱為心理生理疾病(psychophysiological disorders),目前 DSM-IV-TR 將這些問題,列在心理因素影響醫學狀況(psychological factors affecting medical condition)的標題下。這些心理和身體的壓力疾患,是本章的焦點。在探究它們之前,我們要先了解大腦和身體對壓力如何反應。

壓力和激發:戰或逃反應

激發和怕懼的特徵是由腦部的下視丘所引發。當我們的大腦將一個情況解讀為危險時,下視丘的神經傳導物質就被釋放出,引發腦部神經元的激發,釋放化學物質到全身。特別是,下視丘使兩個重要系統產生活動——自律神經系統及內分泌系統。**自律神經系統**(autonomic nervous system, ANS)是連結中樞神經系統(腦和脊髓)和其他的身體器官的廣大神經纖維網,它幫助控制這些器官的不自主活動——呼吸、心跳、血壓、流汗等(見圖 6-1)。**內分泌系統**(endocrine system)是遍布全身的腺體網(正如第三章所述,這些腺體釋放荷爾蒙,到體內的血流及身體各器官)。自律神經系統和內分泌系統,它們的責任和活動經常重疊。經由兩個路徑——交感神經系統路徑和下視丘—腦下腺—腎上腺路徑,這些

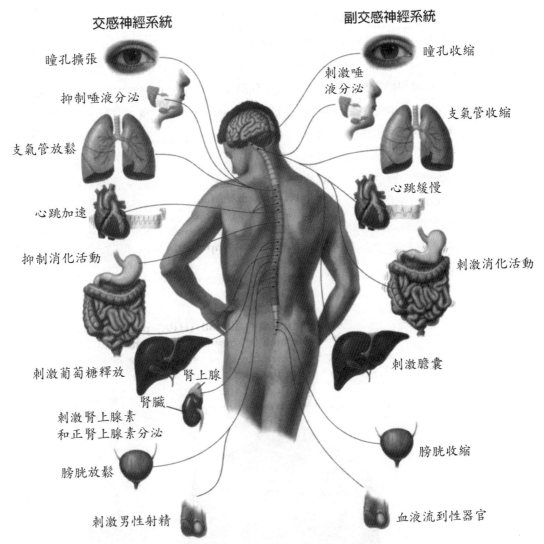

交感神經系統　　　　　　　　　　　　副交感神經系統

瞳孔擴張　　　　　　　　　　　　　　　　　瞳孔收縮

抑制唾液分泌　　　　　　刺激唾液分泌

支氣管放鬆　　　　　　　　　　　　　　　支氣管收縮

心跳加速　　　　　　　　　　　　　心跳緩慢

抑制消化活動　　　　　　　　　　　刺激消化活動

刺激葡萄糖釋放　　　　腎上腺　　　　　　刺激膽囊

　　　　　　腎臟

刺激腎上腺素
和正腎上腺素分泌

膀胱放鬆　　　　　　　　　　　　　　膀胱收縮

刺激男性射精　　　　　　　　　　血液流到性器官

圖 6-1　自律神經系統（ANS）　當自律神經系統中的交感神經被激發時，它會刺激一些器官及抑制其他的器官，結果呈現興奮狀態。相反的，副交感神經的激發，會導致全面的平靜效果。

系統產生激發和怕懼反應。

　　當我們面對危險情境時，下視丘首先刺激**交感神經系統（sympathetic nervous system）**，它是自律神經系統的纖維群，能加速心跳及產生我們在經歷恐懼或焦慮時的變化。這些神經可以直接刺激身體的器官——例如：它們可直接刺激心臟，增加心跳率。它們也可經由腎上腺（位於腎臟頂端），間接影響器官，尤其是這些腺體的內層，稱為腎上腺延髓（adrenal medulla）。當腎上腺的此層被刺激，就釋放出化學物質腎上腺素及正腎上腺素。這些化學物質是大腦運作時，重要的神經傳導物質。然而，當它們由腎上腺延髓釋放時，它們像荷爾蒙一樣，經由血液運行到不同的器官和肌肉，進一步產生激發和恐懼。

　　當我們察覺到危險消失，第二群自律神經系統的神經纖維——**副交感神經系統**（**parasympathetic nervous system**），幫助我們恢復正常的心跳和其他的身體運作。交感和副交感神經系統，共同運作幫助控制我們的激發和恐懼反應。

　　激發和恐懼的反應產生的第二個路徑，是**下視丘—腦下腺—腎上腺路徑**〔**hypothalamic-pituitary-adrenal（HPA）pathway**〕（見圖 6-2）。當我們面對壓力源時，下視丘也對附近的腦下腺發出信號，分泌促腎上腺皮質荷爾蒙（adrenocorticotropic hormone, ACTH），有時被稱為身體的「主要壓力荷爾蒙」。ACTH 然後刺激腎上腺的外層，稱為腎上腺皮質的地區，它引起一群稱為**腎上腺皮質類固醇**（**corticosteroids**）的壓力荷爾蒙，包括可體松（cortisol）荷爾蒙的釋放。這些皮質類固醇，運行到各種身體器官，進一步產生激發和怕懼反應。最後皮質類固醇刺激海馬迴（hippocampus）——腦部控制記憶的結構，包括情感記憶，而海馬迴則協助關閉身體的激發。

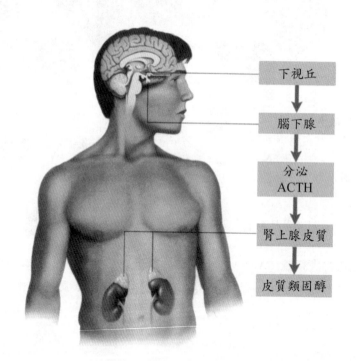

圖 6-2　**內分泌系統：HPA 路徑**　當個人察覺到一個壓力源，下視丘會激發腦下腺分泌促腎上腺皮質荷爾蒙或促腎上腺皮質激素（ACTH），它會刺激腎上腺皮質。腎上腺皮質釋放稱為皮質類固醇的壓力荷爾蒙在身體器官，引起激發和恐懼反應。

　　表現在兩種路徑的反應，合稱為戰或逃（fight-or-flight）反應，精確的說，它使我們的身體激發，並準備對危險作反應（見圖 6-3）。每個人都有自己特殊的自律神經系統和內分泌運作模式，以及經驗激發和怕懼的方式。有些人經常放

鬆，而另一些人即使沒有威脅出現，也經常感覺緊張。一個人通常的激發和焦慮水平，有時稱為特質焦慮（trait anxiety），因為它是個人導致生活事件的一般特徵（Spielberger, 1985, 1972, 1966）。心理學家已發現，在出生後不久就有特質焦慮的個別差異（Leonardo & Hen, 2006; Kagan, 2003）。

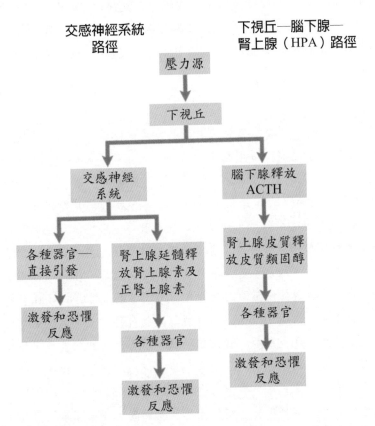

圖 6-3　**激發和恐懼的路徑**　當我們面臨壓力源時，我們的身體經由兩個路徑，產生激發和恐懼反應。第一，下視丘傳送訊息到交感神經系統，然後它直接引起重要的身體器官活動，或是經由腎上腺延髓釋放腎上腺素及正腎上腺素進入血液引起活動。另一個路徑是，下視丘傳送訊息到腦下腺，接著它發出信號通知腎上腺皮質釋放皮質類固醇——壓力荷爾蒙——到流動的血液中。

人們對威脅情境的感覺也不盡相同（Fisher et al., 2004）。走過一座森林，對某人而言，可能是可怕的，對另一人卻是輕鬆的；坐飛機飛行，可能引起某些人恐懼，而另一些人則只是覺得無聊。這些差別，稱為情境性焦慮（situation anxiety）或狀態焦慮（state anxiety）差異。

心理的壓力疾患：急性壓力疾患和創傷後壓力疾患

當我們實際面對壓力情境時，我們不會去想「喔，那是我的自律神經系統」或「我的戰或逃反應似乎開始見效」。我們只感覺到心理和身體的激發，並經驗到恐懼感產生。假定壓力的情境真的很特別及非常的危險，我們暫時經驗到激發、焦慮和憂鬱的程度，可能是超出我們的了解。例如：Mark 在越南戰爭的最初幾週的反應。

Mark 記得他第一次的交火及與越共遭遇的經驗。他的大小便有好幾分鐘失去控制。他敘述道：「我極度的恐懼，大小便弄髒全身；老兄，我陷入悲慘境地，我告訴你，我太恐懼了，我想我是活不了的，我很確信那樣。Charlie 要我們全身髒透地釘在原地幾個小時，我們陷身於汽油彈和炸彈之中。」在第一次的攻擊時，步兵 Mark 經歷戰場上可怕的景象和聲音，他目擊無頭的身體。有一個夥伴對我說：「嘿，Mark，生澀的菜鳥，你看到頭顱飛過越共的肩膀嗎，那是不是很不得了？」兩週之內，Mark 看到正奔跑的夥伴的頭由他的肩膀脫落，無頭的身體在落地前移動了幾呎。Mark 作嘔及嘔吐了好久，認為自己活不了多久了：「我無法把那個景象從我的腦中消除，它繼續回到我的夢中，是惡夢。像鐘擺一樣，我看到 R 的頭在飛，他無頭的身體跌落地上。我認識這傢伙，當我剛到這部隊時，他對我很好。除了他沒有人理會我，他調教我。我彷彿看到他的頭和身體，噢，我的天啊！」Mark 在最初幾週的戰鬥中常發現自己在哭，「我想回家，我很孤單、無助，而且真的很害怕。」

（Brende & Parson, 1985, pp. 23-24）

對 Mark 來說，他一旦離開戰區和回到家鄉，這些反應就會消失。然而，有些人的焦慮和憂鬱及其他症狀，在混亂的情境結束後，仍持續的存在。這些人可能罹患急性壓力疾患或創傷後壓力疾患，那是對心理創傷事件產生的反應模式。這些事件通常包含對個人、家人或朋友，實際的或威脅性的嚴重傷害。不像第五章所談的焦慮症，是由多數人認為不具有威脅的事物和情境所引發，而引起急性壓力疾患或創傷後壓力疾患的情境──戰爭、強暴、地震、飛機失事等──對任何人都是創傷性的（Burijon, 2007）。

假如症狀開始於創傷事件發生後四週內，及持續少於一個月，DSM-IV-TR 把它診斷為**急性壓力疾患**（acute stress disorder）（APA, 2000）；假如症狀持續超過一個月，就被診斷為**創傷後壓力疾患**（posttraumatic stress disorder, PTSD）。

創傷後壓力疾患的症狀，可能立即出現於創傷事件之後，也有可能是幾個月或幾年後（見表 6-1）。

表6-1　DSM 檢核表

創傷後壓力疾患

1. 此人曾經驗、目擊，或被迫面對一或多種事件，這些事件牽涉到死亡、嚴重傷害，或威脅到自己或他人身體的完整性。對事件的反應包含強烈的害怕、無助感，或恐怖的感受。

2. 此創傷事件，以至少一種以上的下列方式，持續再度被體驗：
   (a) 反覆痛苦的回憶。
   (b) 反覆痛苦的惡夢、幻覺、瞬間經驗再現（flashbacks），或再體驗當時經驗的感受。
   (c) 在類似創傷事件的情境，引起強烈的痛苦。
   (d) 在類似創傷事件的情境，產生生理的激發反應。

3. 持續逃避與創傷事件相關的事物，且有主觀的麻木感、疏離感或情感遲鈍反應。

4. 至少有兩項警醒度增加的症狀：
   (a) 睡眠困難。
   (b) 易怒。
   (c) 難以保持專注。
   (d) 過分警覺。
   (e) 過度驚嚇反應。

5. 此症狀至少持續一個月，造成嚴重的痛苦或功能損傷。

資料來源：APA, 2000.

研究顯示，有 80% 的急性壓力疾患個案，發展為創傷後壓力疾患（Burijon, 2007; Bryant et al., 2005）。我們回到本章開始的案例，在伊拉克的士兵 Latrell，在他的護送任務中，受到攻擊後幾天內，出現焦慮、失眠、擔憂、憤怒、憂鬱、急躁、侵入性思想、創傷記憶瞬間再現，及社會疏離——因此符合急性壓力疾患的診斷。當他的症狀惡化，並持續一個月以上——甚至直到他回到美國之後——這時診斷就變成 PTSD。除了開始和持續時間不同外，急性壓力疾患和 PTSD 的症狀幾乎相同：

再度體驗創傷事件　這些人可能為反覆出現與事件相關的思想、記憶、作夢或受惡夢所苦（Clark, 2005; Michael et al., 2005）；有些再體驗事件，在他們的內心過於逼真（瞬間經驗再現），使他們誤以為事件再度發生。

逃避　這些人通常會逃避使他們想起創傷事件的活動，而且逃避相關的思

想、感受或談話（Marx & Sloan, 2005; Asmundson et al., 2004）。

減少反應　這些人與他人有疏離感，對過去帶來快樂的活動失去興趣。有些人經驗解離（dissociation）症狀，或心理疏離（Marx & Sloan, 2005）：他們感覺眩暈、失憶、現實感喪失（感覺環境不真實或陌生），或經驗自我感喪失（感覺個人的思想或身體是不真實或外來的）。

增加警覺、焦慮和罪惡感　有此疾患的患者，可能經驗過分的警覺、易受驚嚇、難以專注，以及產生睡眠障礙。由於他們在創傷事件後倖存，而其他人死亡，使他們有強烈的罪惡感。有些人也對他們必須生存有罪惡感。

我們可以從一些越戰退伍軍人返鄉幾年後的回憶中，看到這些症狀：

> 　　我不能從我的腦中擺脫那些記憶。它通常被不重要的事物引發，像門砰然關上的聲音或炸豬排的味道，所有影像以生動的細節重現。昨晚我上床睡覺，為了改善情況，要好好睡一覺。然後到了清晨，暴風雨前一個爆裂的閃電雷聲，我立即醒來，凍結在恐懼中。我馬上回到了越南，在雨季中我守衛的駐軍地。我相信在下一波的攻擊會被打中，而且我確信我會死去，我的手凍僵了，然而汗水流滿全身，我感覺我頸後的頭髮豎立，我的呼吸困難，我的心快速跳動，我聞到一股潮濕的硫磺味道。
>
> （Davis, 1992）

觸發心理的壓力疾患因子為何？

急性壓力疾患或創傷後壓力疾患，可能發生在任何年齡層，甚至在童年時期，而且對個人、家庭、社交和職業生涯造成影響。有這些壓力疾患的患者，也可能有憂鬱症、焦慮症或藥物濫用，有些人甚至自殺（Koch & Haring, 2008）。調查顯示，美國每年約有 3.5%的人經歷壓力疾患中的一種；有 7%至 9%的人在其一生中罹患壓力疾患中的一種（Burijon, 2007; Kessler et al., 2005）。約有三分之二的人，在其一生中的某一段時間尋求治療，但是只有 7%的人，在最初發展壓力疾患時接受治療（Wang et al., 2005）。女性發展此疾患至少為男性的兩倍：約有 20%女性遭受嚴重的創傷，可能發展一種壓力疾患，而男性只有 8%（Koch & Haring, 2008; Russo & Tartaro, 2008; Khouzam et al., 2005）。

任何創傷事件都可能觸發壓力疾患，然而某些事件特別有可能，其中最普遍的是戰爭、災害、虐待和受害。

戰爭和壓力疾患

多年來，臨床工作人員已發現許多士兵在戰爭期間，發展出嚴重的焦慮和憂鬱症狀。這種症狀的型態，在第一次世界大戰期間，它被稱為「彈震症」（shell shock）；在第二次世界大戰和韓戰期間，它被稱為「戰鬥疲乏」（Figley, 1978）。然而，直到越戰之後，臨床工作人員得知，許多士兵在戰爭後，也遭遇嚴重的心理症狀（Koch & Haring, 2008）。

在 1970 年代後期，許多越戰退伍軍人經歷戰爭有關的心理困難問題，卻更為明顯（Roy-Byrne et al., 2004）。目前我們知道，有 29% 曾在越南服役的男女退役軍人，罹患急性壓力疾患或創傷後壓力疾患；而另外 22% 的人，至少有一些壓力症狀（Weiss et al., 1992）；事實上，有 10% 的越戰退役軍人，仍經驗嚴重的創傷後壓力疾患症狀，包括瞬間經驗再現、夜驚、惡夢及縈繞不去的影像和思想。

同樣的模式，目前也顯現在伊拉克和阿富汗戰爭的退役軍人。在 2008 年，一個非營利的研究組織 RAND Corporation，完成第一個大量表。它以非政府的組織評估，自 2001 年以來在兩個戰爭中服役的軍人，他們的心理需求（Gever, 2008; RAND Corporation, 2008）。研究發現，有 160 萬美國人被調動去參與這些戰爭，目前接近 20% 的人，報告有創傷後壓力疾患的症狀。縱使並非所研究的每個人，都會面對長期戰爭有關的壓力，事實上它也占很高的比例。而且，只有 53% 有此症狀的人尋求治療，以及半數的人接受最低限度的適當照顧。在這個廣大的研究中，半數被訪問的退役軍人，描述曾看見朋友嚴重的受傷或被殺的創傷；45% 的人報告，看見死亡或嚴重受傷的平民；10% 的人說自己本身受傷並住院。此報告估計，返回軍中服役人員的心理問題，在兩年中將花費國家超過 60 億美元，包括直接的醫療費用及喪失生產力的費用。

值得注意的是，在伊拉克的戰役，包含許多後備軍人重複的調動，那些多次徵調服役的人中，50% 的人比只有一次服役的人，經驗急性的戰爭壓力，嚴重的提高他們發展為創傷後壓力疾患的風險（Tyson, 2006）。

🍃 災害和壓力疾患

急性壓力疾患或創傷後壓力疾患，也可能在自然和意外的災害後發生，如地震、水災、龍捲風、火災、飛機失事及嚴重的車禍（見表 6-2）。實際上，因為它們經常發生，民眾牽連在壓力疾患的創傷，至少為戰爭創傷的 10 倍（Bremner, 2002）。例如：有一些研究已發現，40% 嚴重交通意外的受害者（成人或兒童），在意外發生的一年內發展 PTSD（Hickling & Blanchard, 2007; Wiederhold & Wiederhold, 2005）。

同樣的，在 1992 年，安德魯（Andrew）颶風，肆虐美國佛羅里達和部分東南部地區，及墨西哥，有幾個研究也發現，這些地區的倖存者有壓力反應（Ibanez et al., 2004; Vernberg et al., 1996）。在颶風過後一個月，邁阿密的國內暴力熱線收到許多電話，女性請求警察保護的數目增加兩倍（Treaster, 1992）。在颶風過後六個月，很明顯的許多小學兒童，也成為創傷後壓力疾患的受害者，他們的症狀從在學校表現不良行為，到成績退步及睡眠困擾（Vernberg et al., 1996）。

表 6-2　過去一百年中最嚴重的天然災害

災害	年份	地點	死亡人數
水災	1931	中國黃河	3,700,000
海嘯	2004	南亞	280,000
地震	1976	中國唐山	242,419
熱浪	2003	歐洲	35,000
火山爆發	1985	哥倫比亞 Nevado del Ruiz 火山	23,000
颶風	1998	中美洲，Mitch	18,277
山崩	1970	秘魯，Yungay	17,500
雪崩	1916	義大利阿爾卑斯山脈	10,000
暴風雪	1972	伊朗	4,000
龍捲風	1989	孟加拉 Shaturia	1,300

資料來源：CBC, 2008; CNN, 2005; Ash, 2001, 1999, 1998.

受害和壓力疾患

　　受虐待和受害的人常經驗持久的壓力症狀。研究指出，超過三分之一的身體或性侵害者，發展出創傷後壓力疾患（Burijon, 2007; Brewin et al., 2003）。同樣的，有半數直接暴露在恐怖行動或酷刑的人，發展此疾患（Basoglu et al., 2001）。

　　性侵害　在我們今日的社會中，最普遍的受害形式是性侵害。**強暴（rape）**是對未經同意的人強迫性交或性行為，或與未成年者從事性行為。調查指出，美國每年有超過 30 萬人，是強暴或強暴未遂的受害者（Ahrens et al., 2008; Rennison, 2002）。多數的強暴者是男人，而多數的受害者是女人。約有六分之一的女人，在其一生中曾被強暴（Ahrens et al., 2008; Rozee, 2005）。調查也指出，多數的強暴受害者是年輕的：29%是 11 歲以下，32%介於 11 歲和 17 歲之間，29%介於 18 歲和 29 歲之間。近 70%的受害者，是被相識的人或親戚強暴（Ahrens et al., 2008; Rennison, 2002）。

　　強暴的比率在種族之間似乎不同。在 2000 年，美國 46%的強暴受害者是白人，27%是非裔美國人，19%是拉丁美洲裔美國人（Ahrens et al., 2008; Tjaden & Thoennes, 2000）。這些比率明顯的與 2000 年一般人口分配形成對比：75%白人，12%非裔美國人，13%拉丁美洲裔美國人。

　　強暴對受害者的心理影響是立即的，而且可能持續長久時間（Russo & Tartaro, 2008; Koss, 2005, 1993; Korinthenberg et al., 2004）。典型的強暴受害者，在受攻擊

後的一週會經歷巨大的痛苦。在其後的三週壓力繼續升高，大約在另一個月維持一個高峰水平，然後開始改善。在一個研究中，強暴受害者在大約受攻擊的 12 天後被觀察，94%的強暴受害者，完全符合急性壓力疾患的臨床診斷（Rothbaum et al., 1992）。雖然，大部分的強暴受害者，在三、四個月內心理上有改善，但是事件的影響可以持續 18 個月或更久。受害者通常繼續有高於平均水平的焦慮、懷疑、憂鬱、自尊問題、自責、恐怖經驗再現、睡眠困擾及性功能失常（Ahrens et al., 2008）。下列個案描述強暴明顯持久的心理影響：

✪ **防止創傷** 2001 年東京的鐵路公司，為需要在夜晚坐車的通勤女性，指定一種「女性專用車」。這種特殊車廂的指定，是受到日本市郊火車深夜性攻擊，急遽增加的刺激而產生。

　　Mary Billings 是一位 33 歲的離婚護士，被推薦到 Bedford 心理失常醫院的受害者診所，接受督導她的護理長諮商輔導。Mary 兩個月前被強暴，當她正在睡覺時，攻擊者進入她的公寓，當她醒來時，發現他壓在她的身上，帶著一把刀子威脅她順從他的要求，否則就要殺害她和她的孩子（她睡在隔壁房間）。他強迫她脫去衣服，反覆強暴她一個多小時，然後警告她，如果她告訴任何人或把事件報告警察，他將會再回來攻擊她的孩子。

　　在攻擊者離開後，她打電話給她的男朋友，男友立刻來到她的公寓，幫她聯絡警察局的性犯罪單位，目前他們正在調查此案子。然後他帶她到一個當地醫院做身體檢查，並為警方收集證據（精液的遺跡、陰毛的樣本、指甲的碎屑）。她被施打抗生素以預防性病。然後 Mary 和女性朋友回家，她陪 Mary 度過剩餘的夜晚。

　　經過幾週，Mary 仍然害怕單獨一人，她的女性朋友搬來跟她同住。她一心想著她所發生的事及再發生的可能性。她很恐懼強暴者再回到她的公寓，因此她另外在門和窗上安裝了鎖。她太苦惱而且難以集中注意力，因此還不能回去工作。幾週之後她回去上班，她仍然有明顯的苦惱，她的長官建議她經由心理諮商來幫助她。

　　在醫院的臨床晤談中，Mary 有條理的以相當理性且緩和的聲音說話，她敘述有關性強暴的反覆和強制思想，使得她的注意力受損、做家事也有困難，例如為她和她的女兒做飯。她覺得她不能有效率的工作，她仍然害怕離

家、接電話、提不起興趣與朋友或親戚接觸。

　　……Mary 以同樣的音調，談論不管是性攻擊或較少情緒性的題目，例如她的工作史。她很容易被突然的聲響所驚嚇；因為持續想到攻擊事件，她也無法睡著；她沒有食慾，當她試圖吃的時候，她感覺噁心。想到性她感到厭惡，雖然她表示願意擁有男友與他的安慰，但她長時間不想要有性。

（Spitzer et al., 1983, pp. 20-21）

　　雖然許多強暴受害者被他們的攻擊者嚴重傷害，或經歷由於攻擊所造成的身體問題，只有半數的人接受像 Mary 一樣正式的醫療照顧（Logan et al., 2006; Rennison, 2002）。有 4%到 30%的受害者患性傳染病（Koss, 1993; Murphy, 1990），5%的人懷孕（Beebe, 1991; Koss et al., 1991）；然而調查顯示，60%的強暴受害者，未接受懷孕檢驗或預防措施，或人類後天免疫不全病毒（HIV）的檢驗（National Victims Center, 1992）。

　　女性強暴和其他犯罪的受害者，也可能比其他沒受害的女人，更可能蒙受嚴重的長期健康問題（Leibowitz, 2007; Koss & Heslet, 1992）。針對 390 位女性的訪問顯示，這些受害者至少在暴行的五年後，經驗到健康的衰退，而且看醫生次數是過去的兩倍。

　　在第十七章將會談到，家庭內的傷害和虐待——尤其是兒童和配偶的虐待——也會導致心理壓力疾患。由於這些形式的虐待，可能經過一段長時間，而且違背家庭的信任，許多受害者也發展其他的症狀和疾患（Dietrich, 2007; Woods, 2005）。

　　恐怖行動　恐怖行動的受害者，或生活在恐怖行動威脅之下的人，經常經驗創傷後壓力疾患的症狀（Galea et al., 2007; Tramontin & Halpern, 2007; Hoven et al., 2005）。不幸的是，這種創傷壓力的來源，在我們的社會日益增加。很少人會忘記 2001 年 9 月 11 日的事件，被劫持的飛機撞擊紐約市的世界貿易中心，並破壞 Washington, D. C. 部分五角大廈，殺死了數千受害者及救難人員，數千人被迫不顧一切的逃跑、爬行，甚至挖掘安全的通路。此罪大惡極的事件，留給後人的許多事物之一，是心理影響的延續；它使一些直接受影響的人及他們的家人，與數千萬的其他人，只在當天看到電視上呈現災難的影像，就受到精神創傷。有一些研究清楚的說明，恐怖攻擊幾天之後，壓力反應在受害者和觀察者中，非常普遍，而且有許多案例，他們的創傷後壓力症狀延續多年（Tramontin & Halpern, 2007）。其後的恐怖行動研究，例如：2004 年馬德里通勤火車的轟炸，及 2005 年倫敦地下鐵及公車的爆炸，都顯示類似的故事（Chacon & Vecina, 2007）。

　　酷刑　酷刑意指使用「殘忍的、卑鄙的及使人混亂的策略，讓受害者處於完全無助的狀態」（Okawa & Hauss, 2007）。它經常有政治的動機——在政府指示

下進行，或其他的當權者脅迫個人提供資訊、供認等（Gerrity, Keane, & Tuma, 2001）。事實上根據估計，酷刑目前被實施在全世界150多個國家（AI, 2000）。

折磨那些被懷疑是「恐怖戰爭」的囚犯的倫理問題，過去幾年來已有很多的討論。最初這種的討論，是對美國政府提出要求所引起，美國被懷疑用酷刑以吸取資訊，並且為了取得資訊，送一些恐怖份子到其他國家，讓他們在那兒受折磨（Okawa & Hauss, 2007; Danner, 2004）。

在全世界真正有多少人受到酷刑，很難得知。因為這些人通常被多數政府隱瞞（Basoglu et al., 2001）。不過根據估計，世界上 1,500 萬的戰俘中，有 5%到 35%的人至少在某一段時間曾遭受酷刑，而超過 40萬的全世界酷刑倖存者，目前住在美國（ORR, 2006; AI, 2000; Baker, 1992）。當然，這些人中沒有列入數萬曾受酷刑後留在他們國家的受害者。

在世界各地，各階層的人蒙受酷刑——從被懷疑的恐怖份子，到學生激進主義份

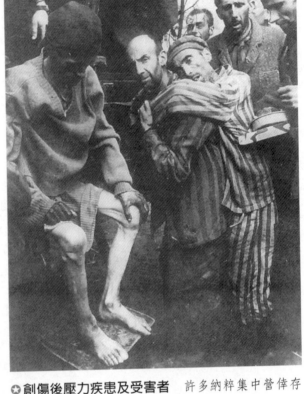

✪創傷後壓力疾患及受害者　許多納粹集中營倖存者，面對恢復心理健康的漫漫長路（Joffe et al., 2003）。然而，創傷後壓力疾患的存在，到近年來才被認識，多數的倖存者必須在沒有專業人員的幫助下，自己尋求恢復的方法。

子，以及宗教、種族和文化少數族裔的人員。被運用在他們身上的手段，包括身體折磨（鞭打、電刑）、心理折磨（死亡威脅、模擬處死刑、口頭辱罵、降低地位）、性折磨（強姦、對性器施暴、性羞辱），或剝奪式折磨（剝奪睡眠、知覺、社交、營養、醫療或衛生條件）。

酷刑的受害者由於折磨的結果，經常遭受身體或醫學疾病，從傷痕及骨折到神經問題和慢性疼痛。但是許多理論家認為，折磨逗留不去的心理影響，問題更嚴重（Okawa & Hauss, 2007; Basoglu et al., 2001）。從各種不同的研究發現，有30%至 50%的酷刑受害者，發展創傷後壓力疾患（Basoglu et al., 2001）。甚至沒有充分發展出疾患一切特徵的人，出現像作惡夢、瞬間再現創傷事件、壓抑記憶、自我感喪失、難以專注、爆發憤怒、悲傷及自殺想法等症狀很常見（Okawa & Hauss, 2007; Okawa et al., 2003; Ortiz, 2001）。此外，折磨也長期影響受害者的家庭。有些家庭可能必須與受害者斷絕關係，在其他國家找尋庇護所。這種分開的時間很長，以致婚姻關係受損，或在流放期間小孩不記得他們的父母親（Wenzel, 2002）。

發展心理壓力疾患的解釋

很明顯的，特殊的創傷會引起壓力疾患。然而，單獨壓力事件並不能解釋全貌。的確，任何經驗不尋常創傷的人，會受到事件的影響，但是只有某些人會發展壓力疾患（Koch & Haring, 2008）（見 206 頁「深度探索」專欄）。為了更完全的了解壓力疾患的發展，研究人員注意倖存者的生物過程、人格、童年期經驗、社會支持系統、文化背景及創傷的嚴重性。

生物和遺傳因素

研究人員已得知，創傷事件在腦部和身體引發的生理變化，可能導致嚴重的壓力反應，而且在某些個案造成壓力疾患。例如：他們發現在戰爭的士兵、強暴的受害者、集中營倖存者，及其他嚴重壓力倖存者的尿液和血液中，其荷爾蒙可體松（cortisol）及神經傳導物質正腎上腺素，有異常的活性（Burijon, 2007; Delahanty et al., 2005; Neylan et al., 2005）。

一些腦部研究的證據也顯示，一旦壓力疾患開始，個人會進一步遭受生化的激發，這種持續的激發，最後會損傷重要的腦部區域（Carlson, 2008; Mirzaei et al., 2005; Pawlak et al., 2003）。有兩個腦部特殊的地區會受影響——海馬迴和杏仁核。通常海馬迴在記憶和調節身體的壓力荷爾蒙，扮演重要的角色。明確地說，功能失常的海馬迴，會產生侵入性記憶，並繼續激發，就是創傷後壓力疾患的特徵（Bremner et al., 2004; Shin et al., 2005）。同樣的，正如第五章所述，杏仁核幫助控制情緒反應，包括焦慮和恐慌反應。杏仁核也和海馬迴共同運作，產生情緒成分的記憶。功能失常的杏仁核，會產生創傷後壓力疾患者，所經驗的反覆情緒症狀，及強烈的情緒記憶（Protopopescu et al., 2005; Shin et al., 2005）。總之，由特別的創傷事件產生的過度激發，可能造成某些人的壓力疾患，而壓力疾患進一步產生腦部異常，更穩固地鎖住壓力疾患。

創傷後壓力疾患也可能使有此疾患者的孩子，導致生化作用的傳送異常。有一組研究人員，檢查 2001 年 9 月 11 日期間，遭恐怖份子攻擊而發展 PTSD 的已懷孕婦女可體松的水平（Yehuda & Bierer, 2007）。這些婦女不僅有高於平均的可體松水平，而且她們在恐怖攻擊之後出生的嬰兒，也顯示有較高的可體松水平；研究人員指出，這些嬰兒遺傳了發展同樣疾患的體質。父母的 PTSD 會影響他們子女的生理和體質，也由納粹對猶太人大屠殺倖存者孩子的研究，及對老鼠的研究，獲得支持（Yehuda & Bierer, 2007）。

許多理論家相信，對壓力的生化反應非常強烈的人，比他人更易於發展急性壓力疾患和創傷後壓力疾患（Carlson, 2008; Burijon, 2007; Beck, 2004）。但是為何某些人有較強的生物反應傾向？一個可能性是此傾向由遺傳而來。更明確的說，這是由剛才討論的母子研究指出的。遺傳的見解，也由數千對曾在戰爭服役

的雙胞胎研究提出。這些研究發現，假定一個雙胞胎在戰後發展壓力症狀，同卵雙胞胎比異卵雙胞胎更可能發展相同的問題（Koenen et al., 2003; True et al., 1993）。然而，我們必須記住，在這些同卵雙胞胎看到的相似性，並非常常反映遺傳的影響；兒童期的經驗、人格和支持系統，同卵雙胞胎比異卵雙胞胎更相似，因而可以解釋他們對壓力的反應，有較大的相似性。更直接的基因研究，目前正在進行中，以確定一個特殊的基因或幾個基因的結合，使個人有發展 PTSD 的傾向（Bachmann et al., 2005）。

人格

有些研究指出，具有某種人格特質、態度及因應型態的人，特別可能發展出壓力疾患（Burijon, 2007; Chung et al., 2005）。例如：在 1989 年，暴風 Hugo 事件結束後一段時間，兒童在暴風前有高度焦慮者，比其他兒童更可能發展嚴重的壓力反應（Hardin et al., 2002; Lonigan et al., 1994）。同樣的，在被強暴之後最可能發展壓力疾患的受害者，大部分是那些在被強暴之前就有心理問題的人，或是在壓力的生活情境中掙扎的人（Darvres-Bornoz et al., 1995）。在戰爭中也相同，有壓力疾患的退役軍人，是在進入戰場前就有心理問題（Dikel et al., 2005; Orsillo et al., 1996）。

研究也發現，通常視生活的負面事件超出他們所能控制的人，比那些對生活較能控制的人，在遭受性或其他的犯罪攻擊後，傾向發展更嚴重的壓力症狀（Taylor, 2006; Bremner, 2002; Regehr et al., 1999）。同樣的，那些在創傷事件之後，難以從不愉快情境衍生出積極性的人，比以更積極的情緒或其他方式（感恩、關注、愛），接受嫌惡情境的人，其適應更差（Bonanno, 2004; Fredrickson et al., 2003）。這些發現與另外的發現相符合：許多人以一套積極的態度來對壓力反應，總稱為復原力（resiliency）或堅韌性（hardiness），使他們得以堅強、自我掌控和有所期許的過他們的日子（Bonanno, 2004; Oulette, 1993）。

童年期經驗

研究人員發現，童年期經驗似乎會使某些人，在後來處於急性壓力疾患或創傷後壓力疾患的風險中。在兒童期具有貧困特徵者，顯示在面對後來的創傷時，更可能發展這些疾患。家庭成員有心理疾病的人；年幼時經驗攻擊、虐待或大災難的人；或在 10 歲前父母分居或離婚的人，也有類似的情況（Koch & Haring, 2008; Koopman et al., 2004; Ozer et al., 2003）。

這些童年期經驗，可能促成與壓力疾患相關的人格型態或態度產生。也許他們的早期情境教導兒童，世界是不可預測及危險的地方。在第五章我們已看到，這種世界觀可能造成廣泛性焦慮症。同樣的，它會導致人們對特殊的創傷更無助和恐懼，因此增加發展為壓力疾患的風險。

「深度探索」專欄

適應障礙症：一個折衷的分類？

　　有些人對生活中的主要壓力源，反應出長期及過度的焦慮感、憂鬱情緒或反社會行為。這些症狀並不等於急性壓力疾患或創傷後壓力疾患，也不是焦慮症或情感性疾患的反映，但是它們確實會引起相當大的苦惱，或干擾個人的工作、學業和社交生活。這些反應應該被視為常態嗎？DSM-IV-TR不認為如此，而認為在有效的因應策略和焦慮症之間，存在著適應障礙症（adjustment disorders）（APA, 2000）。

　　DSM-IV-TR列出幾種適應障礙症的型態，包括帶有焦慮的適應障礙症，以及有憂鬱情緒的適應障礙症。假如有人在壓力源開始的三個月內發展出症狀，就會得到如此的診斷。假如壓力源是長期的，如一種醫學情況，則適應障礙症的持續時間不確定。

　　幾乎任何種類的壓力源都可引起適應障礙症。較常見的是關係破裂、婚姻問題，及生活在鄰近犯罪率高的地區。這種疾患也可能受發展中的事件所引發，如離開學校、結婚或退休。

　　高達30%的門診病人得到這樣的診斷結果——遠超過最常對保險公司提出治療費補償的一種（APA, 2000）。然而，有些專家懷疑，適應障礙症有像提到的數字那樣普遍，而認為這種診斷結果，似乎是臨床工作者的最愛——它能很容易的適用在一定範圍內的種種問題，而較少像其他的類別受到責難。

社會支持

　　社會和家庭支持系統薄弱的人，被發現在創傷事件之後，更易發展出壓力疾患（Charuvastra & Cloitre, 2008; Ozer, 2005; Simeon et al., 2005）。強暴受害者，感覺被他們的親友所愛、關懷、重視和接納，會恢復得更順利。那些在刑事司法系統中，被尊嚴和敬重的對待者也是如此（Murphy, 2001; Davis et al., 1991; Sales et al., 1984）。相反的，臨床報告顯示，某些退伍軍人由於缺乏社會支持，已促成創傷後壓力疾患的發展（Charuvastra & Cloitre, 2008; Dirkzwager, Bramsen, & van der Ploeg, 2005）。

多元文化因素

　　多年來臨床理論家已預期，創傷後壓力疾患的比率，在美國各種族間不同。畢竟如前所述，易患此疾患是與一些因素有關，如個人的因應型態、一般的態度、控制感、兒童期經驗，以及社會支持系統等，而這些因素在不同文化間往往不同。然而，PTSD 整體的比率，在各團體間出人意外地穩定。美國白人、非裔美國人、拉丁美洲裔美國人及亞裔美國人，都顯示相同的 PTSD 比率——一年盛行率 3.5%。

　　但是現在情況改變中。更仔細的檢視研究文獻指出，實際上創傷後壓力疾患的發生，在各文化間有重大的差異——這些差異是以前臨床工作人員忽略的。特別的是，拉丁美洲裔美國人比其他的文化團體，更易罹患此疾患（Koch & Haring, 2008; Galea et al., 2006; Pole et al., 2005）。

　　就一些案例來看：(1)由越戰及伊拉克戰爭的退伍軍人的研究，發現退伍軍人當中，拉丁美洲裔美國人比美國白人及非裔美國人，有較高的創傷後壓力疾患比率（RAND Corporation, 2008; Kulka et al., 1990）；(2)研究指出，有 PTSD 的拉丁美洲裔退伍軍人，比其他的種族團體，平均而言有更嚴重的症狀（Rosenheck & Fontana, 1996）；(3)在警員方面的調查報告，指出拉丁美洲裔的警員比非拉丁美洲裔的同伴，通常有更嚴重的職務相關壓力症狀（Pole et al., 2001）；(4)颶風受害者的資料顯示，在颶風之後，拉丁美洲裔美國人的受害者比其他種族的受害者，有顯著高的 PTSD 比率（Perilla et al., 2002）；(5)在 2001 年 9 月 11 日恐怖攻擊之後幾個月，所實施的紐約市居民調查報告，顯示有 14% 的拉丁美洲裔美國居民發展 PTSD，而非裔美國居民則為 7%，美國白人為 7%（Galea et al., 2002）。

　　為什麼拉丁美洲裔美國人比其他的族裔，更易患創傷後壓力疾患？有幾種解釋被提出。有一種解釋集中在創傷事件，拉丁美洲裔美國人最初的反應。初期的解離反應（意識狀態改變），似乎是個體發展出 PTSD 最有力的指標之一（Ozer et al., 2003）。同時由拉丁美洲的研究知道，解離症狀在一些拉丁文化關聯的心理疾病，非常普遍（Escobar, 1995）。假定拉丁美洲裔美國人比其他人，更容易對創傷事件以解離症狀反應，他們就特別有發展 PTSD 的傾向（Pole et al., 2005）。

　　另外的解釋主張，作為文化信仰系統的一部分，許多拉丁美洲裔美國人視創傷事件，是不可避免及不可改變的，這種因應反應，可能增加創傷後壓力疾患的風險（Perilla et al., 2002）。

　　其他的解釋指出，拉丁文化重視社會關係及社會支持，當創傷事件剝奪重要的關係和支持系統，會使拉丁美洲裔的受害者（暫時或永久）處於特殊的風險中。事實上，在二十年前實施的研究，發現有壓力疾患的拉丁美洲裔退伍軍人中，缺乏家庭和社會關係的支持者，遭受最嚴重的症狀（Escobar et al., 1983）。

創傷的嚴重性

　　正如人們的預期，創傷事件的嚴重性及其性質，能決定個人是否會發展壓力疾患。有些事件甚至超越兒童期的教養、正向的態度和社會支持（Tramontin & Halpern, 2007）。有一個研究，曾檢查 253 名越戰戰俘，在他們釋放五年之後，儘管所有人被評估在囚禁前有良好的適應，23% 的人症狀仍符合臨床的診斷（Ursano et al., 1981）。

　　一般而言，創傷愈嚴重及愈直接暴露於事件之中，愈有可能發展出壓力疾患（Burijon, 2007）。例如：越戰戰俘中，被囚禁最長久及受最嚴厲的對待者，有

最高的患病率。傷殘及嚴重的身體傷害，似乎特別容易增加壓力反應的風險，目擊他人的受傷或死亡也是如此（Koren et al., 2005; Ursano et al., 2003）。如同一個創傷事件的倖存者曾說的：「成為倖存者很艱苦。」（Kolff & Doan, 1985, p. 45）

臨床工作者如何治療心理壓力疾患？

整體而言，約有半數的創傷後壓力疾患的個案，在六個月內改善（Asnis et al., 2004），其餘的個案可能持續幾年。因而，治療對已被創傷事件壓倒的人非常重要（DeAngelis, 2008; Bradley et al., 2005）。一個調查發現，創傷後壓力症狀的治療，平均持續三年，但不超過五年半（Kessler & Zhao, 1999; Kessler et al., 1995）。同時，有超過三分之一的 PTSD 患者，在治療許多年後沒有成效（Burijon, 2007; Cloitre et al., 2004）。

目前對苦惱的倖存者之治療程序，因創傷的不同而不同。它是屬於戰爭、恐怖主義行動、性侵害或重大的意外？然而所有的方案都有共同的基本目標：幫助倖存者結束持久的壓力反應、獲得痛苦經驗的洞察力，及恢復建設性的生活（Bryant et al., 2005; Ehlers et al., 2005）。罹患創傷後壓力疾患退伍軍人的治療方案，可說明這些問題應如何處理。

退伍軍人的治療

治療師運用許多技術，以減輕退伍軍人的創傷後壓力疾患症狀。其中最常見的是藥物治療、行為的暴露技術、領悟治療法（insight therapy）、家族治療和團體治療。由於沒有一種治療法能有效的減輕所有的症狀，因此結合使用幾種方法是其特色（DeAngelis, 2008; Munsey, 2008）。

抗焦慮藥物，幫助許多退伍軍人控制緊張。此外，抗憂鬱藥物可以減輕惡夢、恐慌發作、瞬間經驗再現，及憂鬱感的發生（Koch & Haring, 2008; Cooper et al., 2005; Davidson et al., 2005）。

行為的暴露技術也幫助減輕特殊的症狀，而且導致整體適應的改善（Koch & Haring, 2008）。事實上，有些研究顯示，不管突然陷入的創傷如何，暴露治療法是壓力疾患患者單一最有效的方法（Wiederhold & Wiederhold, 2005）。此發現對許多臨床理論家指出，一種或兩種的暴露法應該成為治療情況的一部分。在一個案例中，使用暴露技術的洪水法，加上放鬆訓練，幫助一位 31 歲的退伍軍人，擺脫恐怖的瞬間經驗再現和惡夢（Fairbank & Keane, 1982）。治療師，首先喚起退伍軍人經常再經驗的戰爭景象，然後，治療師幫助他仔細想像這些景象中的某一個場景，並要求他繼續保持此景象，直到他的焦慮停止為止。在每一種洪水法的練習後，治療師要此人轉換為建設性的影像，以及做放鬆練習。

最近一種廣泛使用的暴露治療法，是**眼動心身重建法**（eye movement desensitization and reprocessing, EMDR）。這種方法是當患者內心充滿他們逃避的事

物和情境的影像時，他們以掃視或節奏的方式，來回移動眼球。某些個案研究和控制的研究指出，這種治療法對創傷後壓力疾患者，經常很有成效（Russell et al., 2007; Gonzalez-Brigmardello & Vasquez, 2004; Taylor et al., 2003）。許多理論家主張，EMDR 的暴露特色，是此疾患治療成功的原因，而不是眼球的運動（Lamprecht et al., 2004; Foa et al., 2003）。

雖然藥物治療和暴露技術能讓痛苦減輕，但多數的臨床工作人員認為，有創傷後壓力疾患的退伍軍人，不能單靠這些方法中的一種而完全恢復：他們也必須直接面對深植腦海的戰爭陰影，以及這些經驗持續的影響（Burijon, 2007）。因此臨床工作者試圖幫助退伍軍人，引出深層的感覺、接受他們所做的和經驗的事、少自我

❄「電腦虛擬」暴露　暴露治療是對創傷後壓力疾患的戰爭退役軍人，一種主要的治療方式。近年來這種方法更為進步，它使用實際事物的軟體，讓患者生動地面對持續困擾他們的物體和情境。在圖中的人戴上虛擬實境耳機，帶他進入伊拉克戰爭的場景。電腦螢幕反映戴耳機所看到的事物。

批判，並學習再相信他人，及有效地與他人相處（Turner et al., 2005; Resick & Calhoun, 2001）。

同樣的，認知治療師協助創傷後壓力疾患的人，系統地檢視和改變由於創傷事件的結果，而出現的功能不良態度和解釋方式（DeAngelis, 2008; Ehlers et al., 2005; Taylor et al., 2005）。循此方向的研究，心理學家 James Pennebaker 發現，說出（或寫出）創傷的經驗，能減輕逗留不去的焦慮和緊張，特別是假定個人嘗試在他們的討論或著作，發展其觀點和成長（Cohen et al., 2004; Smyth & Pennebaker, 2001）。

有心理壓力疾患的人，有時更進一步，以伴侶或家族治療的型態來幫助他們（DeAngelis, 2008; Johnson, 2005; Monson et al., 2005; Rodgers et al., 2005）。創傷後壓力疾患的症狀，對直接受患者的焦慮、憂鬱情緒或爆發憤怒所影響的家庭成員特別明顯。由於家庭成員的幫助和支持，創傷的受害者慢慢理解他們的感覺、檢視他們對別人的影響、學習較好的溝通，及改進他們的問題解決技巧。

退伍軍人們也可從團體治療獲益，經常被提供的方式稱為**討論小組（rap group）**，在此團體中他們遇見一些情況相同的人，一起分享經驗和感覺、發展洞察力及相互支持（Lifton, 2005; Ford & Stewart, 1999）。討論小組處理的重要問題之一，是罪惡感——即他們為生存所做的事，或他們存活下來而親密朋友卻死亡的罪惡感（Burijon, 2007）。這些小組也會注意許多退伍軍人感受的憤怒。

今天全美各地有數百個小的退伍軍人服務中心（Veterans Outreach Centers），

及許多的治療計畫，在退伍軍人管理醫院和心理健康診所，提供團體治療（Welch, 2007; Batres, 2003; Ford & Stewart, 1999）。這些機構也提供個別治療，對處於困境的退伍軍人配偶和孩子作心理諮商、家族治療，及幫助找尋工作、教育和津貼。臨床報告指出，它們提供了一個必要的、有時是救命的治療機會。Julius 在他由越南回來之後立即尋求幫助，他的不幸是許多退伍軍人共有的苦難：

> 　　當我從越南回來，我知道我需要心理治療或類似的事。我只知道如果我沒有獲得幫助，我會自殺或殺人……我去看醫生，他勉強為我作檢查，我感覺他看我進來，知道我所有的病。對他來說我是病人，他只繼續問我，我殺了多少孩子，我是否對那些有罪惡感和感到沮喪。他問我對殺人的感覺如何，他也問我的兄弟和姊妹，但他從沒有問我，像有關我在越南的經歷，他從未問過。我讓他治療約一個月——大概三次，但是我放棄了，因為沒有進展……他只是給我愈來愈多的藥，我幾乎可以開設藥房。我需要有個人可以談論我的問題，我真正的問題，不是扯一些我的童年，我需要一個願意幫我的人。此診所後來介紹我另外一個精神科醫師……我猜想她想誠懇的待我，她告訴我她不是一個退伍軍人，沒有去過越南，也不知道我出了什麼問題。她也告訴我，她沒有處理越南退伍軍人的經驗，我應該去退伍軍人機構尋求幫助……
>
> 　　三年前，我的妻子打了一個重要的電話，給當地的退伍軍人服務中心，我開始感覺我有希望，有一些能為我做的事，我得到我一直需要的幫助。後來，我發現較容易擁有一份工作及照顧我的家庭；我的惡夢也不再像過去一樣令人恐懼或頻繁。現在一切事情都改善了，我學習信任別人，給予我的妻子和孩子更多的付出。
>
> （Brende & Parson, 1985, pp. 206-208）

危機減壓團體：行動取向的社會文化模式

　　被災難、傷害或意外所創傷的人，可運用幫助戰爭倖存者同樣的治療法而獲益。此外，因為創傷是發生在他們的社區，當地的心理健康資源近在咫尺，根據許多臨床工作人員的說法，這些人可由社區立即的介入而獲益。這種主要的方法稱為**危機減壓團體**（**psychological debriefing**）或**危機事件壓力釋放**（**critical incident stress debriefing**）。

　　危機減壓團體實際上是一種危機處理方式，要創傷的受害者盡量的說出來——一個典型的講習，約持續三到四小時——要受害者說出在危機事件幾天之內，他們的感受和反應（Mitchell, 2003, 1983; Mitchell & Everly, 2000）。因為這

種講習，是期望去預防或減輕壓力的反應，它們通常應用在還沒有顯現症狀的受害者，以及有症狀的受害者。講習中往往以團體的方式實施，諮商師引導這些人，描述最近創傷的細節，以及伴隨事件逼真呈現的思想，在事件被誘導出來時，他們發洩及再體驗情緒，並陳述繼續逗留的反應。臨床工作人員接著對受害者澄清，他們對恐怖事件的反應是完全正常的，並提供壓力管理訊息，如果有必要也推薦專業人員，為受害者提供長期的諮商。

每年數萬的諮商人員，包括專業及非專業的人員，現在接受危機減壓團體訓練，而且這種密集的方式，應用在無數的創傷事件結束之後（McNally, 2004）。每當創傷事件影響為數眾多的人時，來自各處的危機減壓訓練諮商師，聚集在意外現場，為受害者實施減壓講習。例如：在 2001 年，世界貿易中心 911 攻擊事件之後的幾天和幾週當中，有 1,600 位諮商人員被動員，為受害者作諮商服務（Tramontin & Halpern, 2007; Pepe, 2002）。

這種動員方案規模最大之一，是災難反應網（Disaster Response Network, DRN），係由美國心理協會和美國紅十字會，於 1991 年成立。這個網狀系統由 2,500 多位志願的心理學家組成，他們在北美的災難地點，提供緊急事件免費的心理健康服務（APA, 2008）。 他們曾為某些災難動員，如加州的大地震、1995 年奧克拉荷馬市的轟炸案、1999 年科羅拉多州 Columbine 高中 23 人的射殺案、2001 年世界貿易中心的攻擊案，及 2005 年由卡崔娜颶風引起的水災。此外，有些災難反應網的成員也旅行到南亞，幫助發生在 2004 年末的毀滅性海嘯受害者，並緊急動員世界各地的諮商員，為此地區的受害者作諮商服務（APA, 2005）。

在社區的動員行動，諮商人員可能直接到住戶敲門，或到受害者的避難所及服務中心。雖然各種社經團體都有受害者，有些理論家認為，生活貧困的人尤其需要社區層級的介入。這些受害者在災難後，明顯的比高收入的倖存者，經驗更多的心理苦惱（Gibbs, 1989），因為他們無力承擔個人的諮商費用，他們也較不知道去何處尋求諮商。

救援的工作人員，也一樣會被他們所目擊的創傷擊倒（Carll, 2007; Creamer & Liddle, 2005; Simons et al., 2005）。例如：在 1992 年洛杉磯暴動中，許多社區諮商員的重要任務是幫助紅十字會的人員，發洩和接受他們的感覺、教導他們關於壓力疾患，及如何確認需要更進一步治療的受害者。許多住在災區的諮商員，他們本身也需要諮商輔導，因為他們也是倖存者。

危機減壓團體有效嗎？

顯然地，為災害受害者的快速動員方案，具體化社會文化模式的行動。而且，研究和個人的推薦，對這些方案往往很有利（Watson & Shalev, 2005; Mitchell, 2003; Raphael & Wilson, 2000）。然而，有一些研究對這類介入的有效性表示懷疑（Tramontin & Halpern, 2007; McNally, 2004; McNally et al., 2003）。

在 1990 年代初期實施的調查研究，最先提出對災難心理健康方案的憂心（Bisson & Deahl, 1994）。危機諮商員對波灣戰爭中，對處理和辨認被殺者遺體工作的 62 位英國士兵，提供危機減壓講習。儘管有減壓講習，在九個月後訪問時，有半數的士兵出現創傷後壓力疾患的症狀，此發現使得一些理論家推斷，災難介入方案並沒有帶來很大的差異。

一項對燒傷住院治療受害者，在幾年之後所實施的控制研究，研究者將受害者分成兩組（Bisson et al., 1997）。一組在燒傷後 2 到 19 天內，接受一對一的危機減壓團體講習，另一（控制）組的燒傷受害者，沒有接受此種處置。三個月之後，發現危機減壓團體組和控制組的病人，都有相似的創傷後壓力疾患比率，再次指出危機減壓團體無法防止或減少壓力反應。

這種特殊研究的後續追蹤，甚至更加困擾。在危機減壓講習 13 個月之後，事實上創傷後壓力疾患的比率，危機減壓團體組的燒傷受害者（26%）「高於」控制組（9%）。幾個針對其他災難的研究，也產生類似模式的結果（Van Emmerik et al., 2002; Rose et al., 2001）。明顯地，這些研究提高有關廣泛和高度關心方法的嚴重問題。有些臨床工作人員認為，早期介入方案可能鼓勵受害者，長期停留在他們所經歷的創傷事件中。而且，有些人擔心開始階段的災難諮商，可能不慎對受害者提出建議性問題，而促成壓力疾患的產生（McNally, 2004; McClelland, 1998）。

最後，危機諮商員在社區介入的人文能力（cultural competence），已有一些問題產生。例如：在 2001 年 9 月 11 日的攻擊之後，數千位諮商員動員到紐約市，許多人緊張的與靠近世貿中心附近的中國城居民工作（Tramontin & Halpern, 2007; Stoil, 2001）。這些諮商員的諮商技術，對喜歡說廣東話的人，是否完全適當並不清楚，因他們的文化，對西方治療具有的開放特徵，經常是不安的。

目前臨床的趨勢繼續支持災難諮商，而且研究最後澄清，這些方案像許多諮商員的信念一樣，是有幫助的。然而，對災難諮商認真考慮的關注已升高。我們要記住，就像其他地方一樣，在變態心理學領域，也需要不斷小心的研究。

身體的壓力疾患：心理生理疾病

正如前述，壓力會重大的影響我們心理的功能（見圖 6-4），它也能影響我們身體的功能，造成某些人發展出醫學的問題（Asmundson & Taylor, 2005）。壓力和有關的心理因素，能促成身體疾病的觀念，有古老的根源。然而，它在二十世紀之前，只有少數的擁護者。十七世紀，法國哲學家笛卡兒（René Descartes），繼續主張心靈與身體是分開的──一種稱為心身二元論（mind-body dualism）的立場。

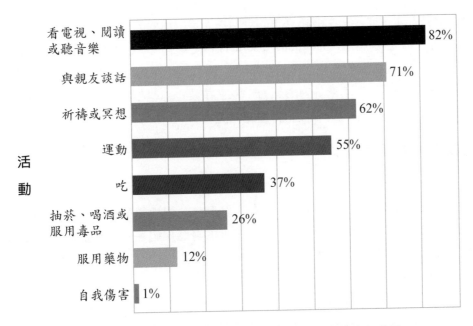

人們有壓力時，所進行活動的百分比

圖 6-4　**人們如何減輕壓力？**　根據一個大型的調查，顯示多數人是看電視、閱讀或聽音樂（MHA, 2008）。

　　直到二十世紀，醫學科學家使人相信，壓力和相關的心理因素，會重大的促成身體疾病。由於臨床工作者最先發現，一群似乎源自生理、心理和社會文化因素交互作用的身體疾病，使這種觀念在八十年前開始變強（Dunbar, 1948; Bott, 1928）。早期版本的DSM，把這種疾病稱為**心理生理疾病（psychophysiological disorders）**或**心身症（psychosomatic disorders）**，但DSM-IV-TR 將它們稱為心理因素影響的醫學狀況（psychological factors affecting medical condition）（見表6-3）。本章將使用更常見的「心理生理性」一詞。

表 6-3　**DSM 檢核表**

心理因素影響的一般性醫學狀況

1. 出現一般性醫學狀況。
2. 心理因素以下列方法中的一種，不利地影響一般性醫學狀況：
   (a)影響一般性醫學狀況的過程。
   (b)妨害一般性醫學狀況的治療。
   (c)引起另外的健康風險。
   (d)壓力有關的生理反應，促成或使一般性醫學狀況惡化。

資料來源：APA, 2000.

　　認識心理生理疾病會引起真正的身體損傷是很重要的。它們和明顯的身體疾病不同──人為疾患（factitious disorders）或身體型疾患（somatoform disorders）──這些疾患能完全以隱藏的需要、壓抑或增強等因素來說明，這類問題將在下一章細查。與本章針對的壓力，及它在某些心理和身體疾患的直接角色一致的，只有心理生理疾病，我們將在此處討論。

傳統的心理生理疾病

　　在 1970 年代以前，臨床工作者認為僅有少數的疾病，是心理生理性的。這些最熟悉及最常見的疾病是潰瘍、氣喘、失眠症、慢性頭痛、高血壓及冠狀動脈心臟病。然而，最近的研究顯示，許多其他的身體疾病──包括細菌和濾過性病毒引起的感染──可由心理社會和生理因素的交互作用引起。我們首先聚焦於傳統的心理生理疾病，然後再討論較新的疾病。

　　潰瘍（ulcers）是在胃或十二指腸壁所形成的損害（洞），導致在胃部有發熱感或疼痛，有時嘔吐或胃出血。在美國經驗此病症的人高達 2,000 萬人，每年超過 6,000 人死於此症。潰瘍經常由壓力因素，如環境壓力、憤怒或焦慮的緊張感，以及生理因素，如幽門螺旋菌（H. pylori）感染的交互影響所引起（Carr, 2001）。

　　氣喘（asthma）是由身體的氣道（氣管和支氣管）週期性的狹窄，使空氣難以來回通過肺部所引起。產生的症狀是呼吸短促、發出喘聲、咳嗽及恐怖的窒息感。目前有 2,000 萬的美國人罹患氣喘，為 25 年前的兩倍（AAAAI, 2005）。第一次發作時，許多患者是兒童或少年（Melamed, Roth, & Fogel, 2001）。所有案例的 70%，是由壓力因素，如環境壓力、不良的家庭關係或焦慮；及生理因素，如對特殊物質過敏、遲緩的交感神經系統，或衰弱的呼吸系統等交互作用所引起（NCHS, 2005; Melamed et al., 2001）。

　　失眠症（insomnia）是難以入睡或難以維持睡眠，每年折磨35%的人口（Taylor, 2006）。雖然許多人有短暫陣發、持續幾個晚上的失眠，然而許多人經驗的失眠，是持續幾個月或幾年。他們感覺好像不斷的醒來。慢性失眠症往往在白天很想睡，而很難有效率地工作。他們的問題可能由於心理社會因素，如高度的焦慮或憂鬱，以及生理問題，如過度活躍的喚醒系統或某些疾病等的結合而產生（Thase, 2005; VandeCreek, 2005）。

　　慢性頭痛（chronic headaches）是在頭部和頸部經常劇烈的疼痛，它不是由其他的身體疾病所引發。它有兩種形式：**肌肉收縮性頭痛**（muscle contraction headaches）或**壓力性頭痛**（tension headaches），是發現在頭部前或後，或頸部後的疼痛。當圍繞頭骨的肌肉拉緊，使血管變窄時發生。約 4,000 萬的美國人罹患此種頭痛。**偏頭痛**（migraine headaches）是非常嚴重、經常在頭部一邊近乎麻痺的疼痛。它們在發生前常有稱之為預兆（aura）的警示感，且有時伴隨著

暈眩、反胃，或嘔吐。有些醫學理論家認為偏頭痛的發展有兩階段：(1)腦部血管狹窄，因而腦部某些部分的血液流動減少；(2)同樣的血管後來擴張，因而血流通過快速，刺激許多神經元末梢而引起疼痛。美國約有 2,300 萬人罹患偏頭痛。

　　研究指出，慢性頭痛是由壓力因素，如環境壓力、或一般的無助感、憤怒、焦慮或憂鬱，以及生理因素，如神經傳導物血清素的活性異常、血管問題，或肌肉衰弱等的交互作用所引起（Andrasik & Walch, 2003; McGrath & Hillier, 2001）。

　　高血壓（hypertension）是一種慢性血壓高的狀態。亦即，血液從心臟抽吸到身體動脈，對動脈壁產生太大的壓力。高血壓有一些外顯症狀，但是它妨害整個循環系統的適當作用，大大地增加中風、冠狀動脈心臟病，及腎臟問題的可能性。在美國估計 6,500 萬人有高血壓，每年有 14,000 人直接因高血壓而死亡，數百萬疾病的死亡因它而起（Kalb, 2004; Kluger, 2004）。約 10%的所有個案，是單獨由生理異常所引起，其餘皆源自心理社會和生理因素的結合造成，稱為原發性高血壓（essential hypertension）（Taylor, 2006）。有些原發性高血壓主要的心理社會起因，是持續的壓力、環境的危險，及一般的憤怒或憂鬱感。生理起因包括肥胖、吸菸、腎臟調整鹽分與液體有缺陷，及在個人的血管有高的膠原比例，而不是彈性組織（Taylor, 2006; Kluger, 2004）。

　　冠狀動脈心臟病（coronary heart disease）是由於冠狀動脈（coronary arteries）——環繞心臟及負責運送氧氣到心臟肌肉的血管，阻塞所引起的。此術語實際上涉及幾個問題，包括胸肌心絞痛（angina pectoris），由部分冠狀動脈阻塞所引起的極端胸痛；冠狀動脈閉塞（coronary occlusion），是冠狀動脈完全封閉，血液停止流動到心臟肌肉的各部分；及心肌梗塞（myocardial infarction，一種心臟病發作）。有近 1,400 萬的美國人，罹患某種型態的冠狀動脈心臟病（AHA, 2005）。它是美國超過 35 歲的男性和 40 歲的女性，死亡的共同主要原因。美國每年超過 100 萬人因之而死亡，幾乎為全國死亡人數的 40%（Travis & Meltzer, 2008; AHA, 2005, 2003）。大多數的冠狀動脈心臟病個案，是與心理社會因素，如工作壓力、高度的憤怒或憂鬱，及生理因素，如高膽固醇、肥胖、高血壓、抽菸或缺乏運動等的交互作用有關（Travis & Meltzer, 2008; AHA, 2005; Wang et al., 2004）。

　　過去多年來，臨床工作人員已確定一些變項，會漸漸促成心理生理疾病的發展（見圖 6-5）。這些變項，有些與促成心理壓力疾患——急性壓力疾患與創傷後壓力疾患——的開始相同。這些變項分為生物的、心理的和社會文化的因素。

🌱 生物因素

　　我們在前面提到，腦部經由自律神經系統（ANS）——連結身體器官與中樞神經系統的神經纖維網——的運作，去激發身體器官。Hans Selye（1976, 1974）是首先描述壓力和自律神經系統之間關係的研究者之一。他提出人們對壓力的典

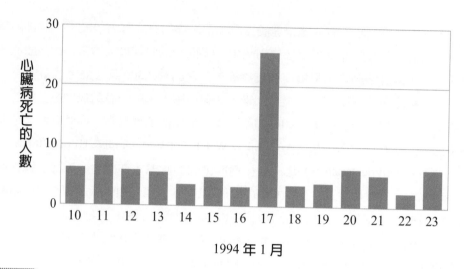

圖 6-5 **冠狀動脈心臟病和壓力** 在 1994 年 1 月 17 日洛杉磯發生大地震，當天有 24 位心血管疾病的居民，心臟病發作而死亡，是平常總數的五倍（Leor et al., 1996）。此凸顯壓力和其他心理社會變項，在冠狀動脈心臟病扮演重要的角色。

型反應，有三個階段，他總稱為一般適應症候群（general adaptation syndrome）。第一，當威脅出現，交感神經系統增加活動，並激起全身的反應（警覺階段）；接著副交感神經系統試圖對抗這種反應（抗拒階段）；最後，假如壓力繼續呈現，抗拒可能失敗，被自律神經系統控制的器官，變為過度工作而故障（衰竭階段）。

　　由於自律神經系統是承擔對壓力正常反應的身體系統，此系統有缺陷，被認為會促成心理生理疾病的發展（Hugdahl, 1995）。如果一個人的自律神經系統很容易被激起，例如：在多數人認為只是輕微壓力的情境下，它卻反應過度，最後會損傷某些器官，並引起心理生理疾病（Boyce et al., 1995）。

　　其他更特殊的生理問題，也可能促成心理生理疾病。例如：一個有衰弱的腸胃系統者，可能成為潰瘍的主要人選，而某些有衰弱的呼吸系統者，可能易於發展氣喘症。在相關的傾向，人們可能顯示個別的生理反應偏向，而增加他們發展心理生理疾病的機會。有些人對壓力反應會出汗，有些人會腹痛，另有些人則經驗血壓升高（Fahrenberg, Foerster, & Wilmers, 1995）。雖然這種變化相當正常，但反覆過度使用一個系統，則會削弱它的功能，最後促成它引發心理生理疾病。例如：研究指出，當面臨壓力時，有些人特別可能經驗暫時性的血壓升高（Gianaros et al., 2005），他們可能會有發展高血壓的傾向。同樣的，有些嬰兒比其他嬰兒，在壓力之下分泌較多的胃酸（Weiner, 1977; Mirsky, 1958）。也許經過幾年之後，這種生理反應會削弱胃和十二指腸的裡層，使個人處於易於潰瘍的狀態。

最近 Johns Hopkins 醫學院，令人意外的臨床報告與這些見解一致。一組醫學中心的心臟病科醫師，治療 19 位有嚴重心臟病發作症狀的病人（Wittstein et al., 2005），結果沒有任何一位病人，有心臟組織損傷或冠狀動脈阻塞——也就是，沒有人患心臟病發作。但是，所有人最近都有高度的壓力經驗，並且他們都顯示極端異常的 ANS 及荷爾蒙活動。幸好這種腦部和身體活動，這時沒有導致真正的心臟病發作，但反覆發作在未來會真正地促成冠狀動脈心臟病（Akashi et al., 2004）。

心理因素

根據許多理論家的說法，某些需求、態度、情感，或因應型態，會引起人們反覆對壓力源過度反應，因而增加發展心理生理疾病的機會（Chung et al., 2005）。例如：研究人員已發現，在實驗所誘發的壓力中，有壓抑因應型態（repressive coping style）（不願表達不安、憤怒和敵意）的男性，當他們有壓力時，傾向於經驗特別激烈的血壓及心跳率升高（Pauls & Stemmler, 2003; Coy, 1998）。

另外，會促發心理生理疾病的人格型態，是 **A 型人格型態**（**Type A personality style**），它是由兩位心臟病學家 Meyer Friedman 和 Raymond Rosenman（1959）引出的概念。有此種人格型態者，被認為常表現持續的憤怒、憤世嫉俗、拚命、性急、競爭及野心。根據 Friedman 和 Rosenman 的說法，由於他們和世界的互動方式，產生不斷的壓力，常導致冠狀動脈心臟病。相反的，**B 型人格型態**（**Type B personality style**）的人，被認為較放鬆、較少侵略性及較不擔心時間。他們較不會遭遇循環系統的惡化。當然，實際上多數人介於這兩極端之間，較傾向一種或另外一種，但是都具有兩者的特性。

A 型人格型態和冠狀動脈心臟病之間的關係，已得到許多研究的支持。在一個超過 3,000 人的知名研究，Friedman 和 Rosenman（1974）把健康的四十幾和五十幾歲的男人，分為 A 型和 B 型兩類，並在之後的八年追蹤他們的健康情況，發現 A 型男性發展出冠狀動脈心臟病超過兩倍；後來的研究發現，A 型功能同樣的與女性的心臟病有關（Haynes, Feinleib, & Kannel, 1980）。

最近的研究發現，A 型人格型態和心臟病的關係，沒有像早期研究提出的有那樣強大的關係。然而，這些研究確實顯示，有些被假定為組成 A 型人格的特性，特別是敵意及時間急迫，最可能與心臟病有關係（Taylor, 2006; Boyle et al., 2004）。

社會文化因素：多元文化的觀點

不利的社會情況，可能發展心理生理疾病。這些情況產生不斷的壓力源，引發前述的生物和人格因素及交互作用。這些壓力源範圍很廣，如來自戰爭或自然災害的壓力源。一個典型的研究，是實施在 1979 年，美國賓州的三哩島（Three

Mile Island）核能發電廠的意外事件之後，發現居住在發電廠附近的居民，經歷高量的心理生理疾病，而且持續許多年（Wroble & Baum, 2002; Baum et al., 1983）。另外，當地的社會情境也會產生持續的緊張感，例如：生活在一個隱藏罪犯的近鄰，或從事一份不滿意及壓力性的工作（Landsbergis et al., 2003, 1994）。

　　當然，社會最不利的社會情境之一是貧窮。許多研究發現，富有的人比貧窮的人，有較少的心理生理疾病、較好的健康及較佳的健康結果（Matsumoto & Juang, 2008; Adler et al., 1994）。這種關係的一個明顯理由，是貧窮的人比富有的人，通常經驗較高的犯罪率、失業率、擁擠，以及其他的負面壓力源。此外，他們通常獲得較差的醫療照護。這些因素的每一種，都顯示會影響一個人的健康。

　　研究也顯示，屬於種族和文化的少數族裔，增加發展心理生理疾病和其他健康問題的風險（Travis & Meltzer, 2008）。這種關係的主要因素，也是經濟問題。亦即，許多少數族裔的成員，居住在貧窮地區，結果經歷高犯罪和失業率，以及較差的醫療照護，而導致較差的健康後果。例如：人口調查資料顯示，所有人口沒有健康保險的70%，是拉丁美洲裔、非裔及亞裔美國人（U.S. Census Bureau, 2006）。而且，這些少數族裔的女性，在健康照護上特別處於不利地位。例如：拉丁美洲裔女性，在美國有最差的健康照護入口機會（Travis & Meltzer, 2008）。貧窮的拉丁美洲裔美國女性比其他的女性，通常沒有固定的健康照護提供者，也比其他的女性，較不可能知道自己的血壓及膽固醇水平，或其他的醫療指導者。近半數居住在貧苦地區的拉丁美洲裔美國女性，沒有健康保險（Travis & Meltzer, 2008; Pamuk et al., 1998）。

　　研究進一步指出，少數族裔的狀況和心理生理疾病的關係，擴大超越經濟因素。例如：一再發現高血壓在非裔美國人中（43%），比美國白人更普遍（Kluger, 2004）。雖然這種差異部分可解釋，是許多非裔美國人居住在危險的環境，以及很多人必須做不滿意的工作（Cozier-D'Amico, 2004; Peters, 2004），另外，其他的因素也會產生影響。例如：非裔美國人中的生理素質，可能增加他們發展高血壓的風險；許多非裔美國人經常面對種族歧視的情況，也會構成特殊的壓力源，助長升高他們的血壓（Matsumoto & Juang, 2008; Brondolo et al., 2003）。

　　在一個研究中，非裔和美國白人女性，被指導說出三個假設的情節（Lepore et al., 2006）。一個情節是考慮種族的壓力源，研究的受試者必須描述，在商店偷竊的不公平指控。另一個情節考慮非種族壓力源，受試者討論航班延誤而被捕。第三個情節，包含很小或沒有壓力源，受試者要描述在校園遊覽。非裔的受試者比白人受試者，在討論種族壓力源情節時，顯示較顯著的血壓升高。根據此發現，實驗者下結論，種族歧視的察覺，對非裔美國女人促成較大的生理壓力，而為產生高血壓、心理生理疾病及較差的健康做好準備。

　　顯然地，生理、心理及社會文化變項的結合，而產生心理生理疾病。事實上，心理社會及生理因素的交互作用，現在已被視為身體運作的規則，經過許多

年之後愈來愈多的疾病，已加入傳統的心理生理疾病的範圍。接著我們要討論
「新」的心理生理疾病。

新的心理生理疾病

自 1960 年代以來，研究者已發現，心理社會壓力和廣大範圍的生理疾病間
的關係。讓我們首先來看看這種關係如何確立，接著，一種新領域的研究——心
理神經免疫學（psychoneuroimmunology），進一步把壓力和疾病與身體的免疫系
統連結起來。

身體疾病是否與壓力有關？

1967 年，Thomas Holmes 和 Richard Rahe 兩位研究者，編製「社會適應評定
量表」（Social Adjustment Rating Scale），它對多數人在日常生活某些時候經驗
的壓力，設定數值（見表 6-4）。由大樣本受試者的回答顯示，在量表裡最重大
的壓力事件是配偶死亡，它在生活變化單位（life change units, LCUs）的得分為
100。量表中較低的為退休（45 LCUs）及小的違規事件（11 LCUs）。甚至正向
事件，如個人傑出的成就（28 LCUs），也有一些壓力。此量表給研究者一個衡
量標準，測量一個人在某一段時間面對壓力的總量。例如：假定在一年之中，一
位女性開始一個新行業（39 LCUs）、兒子離家上大學（29 LCUs）、搬到新居
（20 LCUs），及經歷親密的朋友死亡（37 LCUs），則她這一年的壓力指數是
125 LCUs，顯示她在這一段時間內有相當大的壓力。

透過「社會適應評定量表」，研究者能檢查生活壓力和疾病開始之間的關
係。他們發現生病者在生病前一年中，比健康者有較高的 LCU 得分（Holmes &
Rahe, 1989, 1967）。如果一個人生活變化總量，一年中超過 300 LCUs，此人特別
易於發展出嚴重的健康問題。

過去幾年來，「社會適應評定量表」已被不同研究者更新和修訂（Hobson et
al., 1998; Miller & Rahe, 1997）。不論使用原量表或修訂的量表，許多研究把各種
壓力與廣泛的身體狀況連結，從戰壕口腔牙齦炎、上呼吸道感染到癌症等（Cohen,
2005; Taylor, 2004）。大體上說，生活壓力的數量愈大，生病的可能性愈大（見
圖 6-6）。研究者甚至發現，創傷性壓力和死亡的關係。例如：鰥夫和寡婦，被
發現在他們哀傷失親的一段期間，顯示增加死亡的風險（Rees & Lutkin, 1967; Yo-
ung et al., 1963）。一個特殊的喪失所愛對象之後的驚人情況，可由以下的例子看
到：

> Charlie 和 Josephine 是 13 年來分不開的伴侶。在一個無意識的暴力行動
> 中，Josephine 全程目睹 Charlie 在與警察的混戰中被射殺。Josephine 最初不

動的站著,然後慢慢的靠近他伏倒的軀體,彎下她的膝蓋,沉默地把頭靠在沾滿血跡和死亡者的身上,關心者企圖讓她離開,但是她拒絕移動,他們隨她去,希望她不久可以克服無可抗拒的悲傷。但是她沒有再站起來,她在 15 分鐘之內死亡。現在,這個故事值得注意的地方是,Charlie 和 Josephine 是動物園裡的駱馬。牠們在暴風雪中自獸欄逃離。Charlie,一隻卑賤的動物,當牠被證明難以駕馭時被射殺了。我從動物園管理員處得知,Josephine 在悲劇發生的前一刻是正常的嬉戲和健康的。

(Engel, 1968)

表 6-4　最有壓力的生活事件

成人:「社會適應評定量表」*	學生:「大學生壓力問卷」†
1. 配偶死亡	1. 死亡(家庭成員或朋友)
2. 離婚	2. 有許多考試
3. 分居	3. 期末考週
4. 入獄	4. 申請研究所
5. 近親死亡	5. 罪行的受害者
6. 個人受傷或疾病	6. 所有科目的指定作業在同一天到期
7. 結婚	7. 與男友或女友分手
8. 被解雇	8. 發現男友或女友欺騙你
9. 婚姻修睦	9. 碰上許多截止期限
10. 退休	10. 財物被偷
11. 家庭成員的健康改變	11. 辛苦的一週即將來臨
12. 懷孕	12. 參加未準備的測驗
13. 性方面的困難	13. 遺失東西(特別是錢包)
14. 增加新家庭成員	14. 寵物死亡
15. 事業重新調整	15. 考試比預期糟糕
16. 財力狀況改變	16. 面試
17. 親密朋友死亡	17. 計畫、研究報告到期
18. 更換不同的職業	18. 考試考壞
19. 與配偶爭吵次數改變	19. 父母離婚
20. 抵押借款超過 10,000 美元	20. 依賴他人
21. 喪失抵押或貸款贖回權	21. 與室友衝突
22. 工作負擔改變	22. 汽車或腳踏車故障,如輪胎漏氣等

*全部量表 43 項
資料來源:Holmes & Rahe, 1967

†全部量表 83 項
資料來源:Crandall et al., 1992.

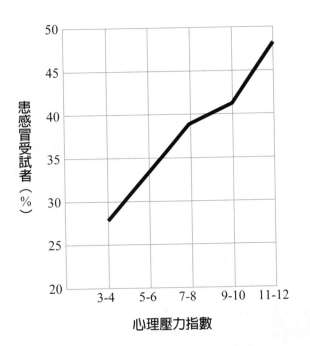

50
45
40
35
30
25
20

患感冒受試者（％）

3-4　5-6　7-8　9-10　11-12

心理壓力指數

圖6-6　**壓力和常見的感冒**　在一個指標的研究，健康的人給予含有感冒病素的
鼻滴劑，然後隔離（Cohen et al., 1991）。結果發現那些最近經驗高度壓
力的受試者，比最近經驗較少壓力源的受試者，更可能染上感冒。

Holmes 和 Rahe 的「社會適應評定量表」的缺點，是它沒有考慮特殊人口的
特殊生活壓力因素。例如：在他們編制的量表裡，研究者取樣的對象，以美國白
人占絕大多數，少於 5%的受試者是非裔美國人。但是既然他們日常生活中的經
驗有重大的不同，非裔美國人和美國白人，對各種生活事件的壓力反應難道不會
不同嗎？一個研究指出，它們確實不同（Komaroff, Masuda, & Holmes, 1989,
1986）。在非裔美國人和美國白人兩者，配偶死亡都是最重大的生活事件，但是
非裔美國人，在一些重大的個人傷害或疾病、工作責任的重大改變，或生活情況
的重大改變等事件上，比美國白人經驗更大的壓力。同樣的，研究顯示女性和男
性，對量表上某些生活變化的反應也不同（Miller & Rahe, 1997）。例如：面對親
人死亡、失業、重大的傷害或疾病、收入減少、信用問題，或住所的改變等，女
性傾向於比男性經驗更大的壓力。

最後，大學生面對的壓力源，與「社會適應評定量表」所列的項目不同。大
學生的困擾是室友、學科不及格，或申請研究所，代替婚姻困難、被解雇，或應
徵工作。當研究者編制特殊量表，更正確的測量此人口的生活事件時（見表 6-4
右半部），他們再度發現壓力事件和疾病之間的關係（Crandall et al., 1992）。

🌿 心理神經免疫學

　　壓力事件如何導致濾過性病毒和細菌的感染？一個新的研究領域，稱之為**心理神經免疫學**（psychoneuroimmunology），試圖經由揭開心理社會壓力、免疫系統和健康之間的關係，來回答此問題。

　　免疫系統（immune system）是識別及破壞**抗原**（antigens）──外來侵入者，如細菌、病毒、菌類和寄生蟲──和癌細胞的身體活動網絡。免疫細胞位於骨髓、胸腺、淋巴結、脾臟、扁桃腺、盲腸及小腸。此系統中最重要的細胞，是數十億的**淋巴細胞**（lymphocytes），它是循環在淋巴系統和血液的白血球。當抗原被激發，淋巴細胞快速的行動，幫助身體克服入侵者。

　　淋巴細胞的一型，稱為輔助性 T 細胞（helper T-cells），它能辨認抗原，然後繁殖並引起其他各種免疫細胞的產生；另外一型的淋巴細胞，稱為自然殺手 T 細胞（natural killer T-cells），它找出和破壞已被濾過性病毒感染的身體細胞，從而幫助制止病毒感染的擴散；第三型淋巴細胞，稱為 B 細胞（B-cells），它產生抗體（antibodies），辨別及連結抗原的蛋白質分子，標明這些破壞的外來物質，阻止它們引起感染。

⊛ 運作中的殺手 T 細胞　這些殺手 T 細胞圍繞一個較大的細胞，並把它破壞，從而幫助防止惡性腫瘤的擴展。

　　現在研究者相信，壓力會干擾淋巴細胞的活動，使它們活動減緩，因而增加個人對濾過性病毒和細菌感染的感受性（Lutgendorf et al., 2005; Benight et al., 2004; Ader et al., 2001）。在一個劃時代的研究中，R.W. Bartrop 和他的同僚（1977），在澳大利亞的 New South Wales，比較 26 個配偶已死亡八週的人，與 26 個配偶沒有死亡的配對控制受試者之免疫系統。血液樣本顯示，失親者的淋巴細胞功能比控制組受試者低。其他的研究也顯示，遭受長期壓力者的免疫功能較低。例如：研究者發現，那些面對阿茲海默氏症親人，提供長期照護工作的挑戰者，有較差的免疫功能（Vitaliano et al., 2005; Redwine et al., 2004; Kiecolt-Glaser et al., 2002, 1996）。

　　這些研究似乎說明一個值得注意的情況。當一些健康的個人，偶然經驗不尋常的壓力水平，他們表面上仍保持健康，但是他們的經歷使免疫系統功能明顯的下降，因而他們變為容易生病。假如壓力影響我們擊敗疾病的能力，也難怪研究者一再發現，生活壓力和各種疾病之間的關係。但是為什麼及何時壓力會干擾免疫系統？有幾個因素，影響壓力是否會導致免疫系統功能的下降，包括生化活

動、行為的變化、人格型態，及社會支持的程度。

生化活動　正如前述，正腎上腺素及皮質類固醇的活性異常，會促成急性及創傷後壓力疾患的發展。同樣的，這種化學作用在長期的壓力期間，涉及降低免疫系統的功能。我們已知，壓力會導致交感神經系統的活動增加，包括遍布腦部和身體的正腎上腺素增加釋放。它顯然超出交感神經系統活動的支持，這種化學作用最後助長降低免疫系統的功能（Carlson, 2008; Lekander, 2002）。在低壓力和壓力的早期階段，正腎上腺素移向某種淋巴細胞接受器，並發出訊息要淋巴細胞增加它們的活動。然而，當壓力持續或升高時，神經傳導物移向其他淋巴細胞的接受器，並給予它們抑制的訊息，停止它們的活動。因而，在低水平的壓力，正腎上腺素的釋放促進免疫系統的功能，而正腎上腺素在高水平的壓力，實際上大幅降低免疫的功能。

同樣的，腎上腺皮質類固醇（corticosteroids）——可體松和其他所謂的壓力荷爾蒙——在長期的壓力期間，促成較差的免疫系統功能。當一個人在壓力之下，內分泌腺會釋放皮質類固醇。首先，身體釋放皮質類固醇，刺激身體器官產生較大的活動。然而，在壓力持續 30 分鐘或更長之後，壓力荷爾蒙行進到身體的某個接受器位置，並給予抑制的訊息，此幫助鎮定有過度壓力的身體（Manuck et al., 1991）。一個此群的接受器受植區是位於淋巴細胞上，當皮質類固醇連結這些接受器，它們的抑制訊息，實際上降低了淋巴細胞的活動（Bauer, 2005; Bellinger et al., 1994）。因而，此特有的生化作用最初是幫助人們應付壓力，最後卻使免疫系統變為遲緩。

最近的研究進一步顯示，皮質類固醇的作用之一，是引起細胞激素及連結全身接受器的蛋白質之產量增加。在壓力初期和中度的壓力，細胞激素在免疫系統扮演重要角色，它幫助對抗感染。但是如果壓力持續，更多的皮質類固醇被釋放，產量的增加及細胞激素散布，會導致全身慢性的發炎。其他的活動，細胞激素運行到肝臟，導致C反應性蛋白質（C-reactive protein），或CRP的產量增加。CRP是一種蛋白質，它進入血液遍布全身，一段時間之後會造成心臟病、中風或其他的疾病（Travis & Meltzer, 2008; Suarez, 2004; McEwen, 2002）。

行為的變化　壓力會造成一連串行為的變化，而間接影響免疫系統。例如：有些人在壓力之下，變為焦慮或憂鬱，或甚至發展為焦慮症或情感性疾患。結果，他們可能睡眠變差、吃得較少、運動較少，或抽菸及喝酒更多——這些是已知能使免疫系統減緩的行為（Irwin & Cole, 2005; Kiecolt-Glaser & Glaser, 2002, 1999）。

人格型態　個人的人格型態，在決定因壓力使免疫系統減緩多少的程度，也扮演重要角色（Chung et al., 2005; Sarid et al., 2004）。根據研究指出，通常對生活壓力以樂觀、建設性的因應及彈性的反應者——亦即，欣然接受挑戰及樂意控制他們日常的衝突者——有較好的免疫系統功能及對擊退疾病有較好的準備

（Taylor, 2006, 2004）。例如：有些研究發現，有所謂「堅韌的」或彈性人格者，在壓力事件之後仍維持健康，而那些人格較不堅韌者，則較易於生病（Bonanno, 2004; Oulette & DiPlacido, 2001）。有一個研究甚至發現，持續絕望感的男性，因心臟病和其他原因而死亡，高於平均的比率（Everson et al., 1996）（見圖6-7）。同樣的，愈來愈多身體的研究指出，有宗教信仰的人比沒有宗教信仰的人更健康，而且有幾個研究，把靈性與較好的免疫系統功能連結在一起（Thoresen & Plante, 2005; Lutgendorf et al., 2004）。

相關的研究中，有些研究注意到某些人格特性和癌症復原之間的關係（Hjerl et al., 2003; Greer, 1999）。他們發現某種表現無助的因應型態形式的癌症病人，和不輕易表現他們的感覺，尤其是憤怒的病人，比會表現情緒的病人，成功復原的傾向較小。然而，另外的研究，卻發現性格和癌症的後果之間沒有關聯（Urcuyo et al., 2005; Garssen & Goodkin, 1999）。

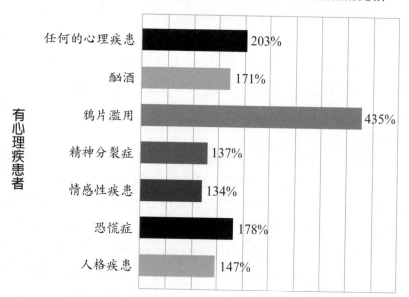

與同年齡自然原因死亡者可能性的比較

圖 6-7　**警告：心理疾患可能危及健康**　心理疾患本身是壓力的來源，能導致醫學的問題。有疾患者，是沒有心理疾患自然原因死亡者的兩倍（摘自 Harris & Barraclough, 1998）。

社會支持　較少社會支持及感覺寂寞的人，在面對壓力時，比不感覺寂寞者，顯示有較差的免疫功能（Curtis et al., 2004; Cohen, 2002）。有一個研究，對醫科學生施以加州大學洛杉磯分校寂寞量表（UCLA Loneliness Scale），然後分為「高」和「低」寂寞組（Kiecolt-Glaser et al., 1984），發現高寂寞組在期末考期間，顯現較低的淋巴細胞反應。

其他的研究發現，社會支持和親密關係，實際上可幫助人們免受壓力、不良的免疫系統功能及後來的疾病，或幫助加速疾病或手術的復原（Matsumoto & Juang, 2008; Taylor, 2006; Kiecolt-Glaser et al., 2002, 1998, 1991）。同樣的，有些研究指出，某種類型的癌症病人，在他們個人生活或支持性療法上，得到更多的社會支持，有較佳的免疫系統功能，進而比沒有這類社會支持的病人，有更成功的復原（Taylor, 2006; Spiegel & Fawzy, 2002）。

身體疾患的心理治療

當臨床工作者發現，壓力和相關的心理社會因素，會促成身體疾患，他們應用心理治療在愈來愈多的醫學問題上（Antoni, 2005; Gatchel & Maddrey, 2004）。最常見的方法，是放鬆訓練、生理回饋、冥想、催眠、認知治療、領悟治療法及支持團體。這種結合心理和生理方法，來處理或預防醫學問題的治療領域，稱為**行為醫學**（behavioral medicine）。

放鬆訓練

正如第五章所述，人們可被教導以意志來放鬆他們的肌肉。放鬆訓練是一種有時減輕焦慮感的程序。放鬆對焦慮和神經系統給予正向的影響，臨床工作者認為**放鬆訓練**（relaxation training）有助於預防和治療與壓力有關的醫學疾病。

放鬆訓練常結合冥想，已廣泛地使用在高血壓的治療（Stetter & Kupper, 2002）。有一個研究，分派高血壓受試者，進行三種治療形式中的一種：藥物治療、藥物治療加上放鬆訓練，或藥物治療加上支持性心理治療（Taylor et al., 1977）。只有那些接受放鬆訓練及結合藥物治療者，顯示高血壓有明顯的降低。放鬆訓練也對治療頭痛、失眠症、氣喘、糖尿病、手術後的疼痛、血管疾病，以及癌症治療不良的副作用，都有一些成效（Devineni & Blanchard, 2005; Carmichael, 2004）。

生理回饋

正如我們在第五章所述，施以**生理回饋訓練**（biofeedback training）的患者，與提供不自主身體活動連續讀數的機器相連結，這些訊息使他們能逐漸對身體活動獲得控制。此程序對焦慮症的治療有適當的幫助，也被

✪ **全力釋放**　根據研究，有許多樣的考試，是大學生最有壓力的生活事件第二項。2007 年的期末考期間，這些西北大學的學生在宿舍中，試圖以原始的尖叫來發洩緊張情緒。

應用於愈來愈多的身體疾患。

在一個典型的研究中，以肌動電流描記器（electromyography, EMG）回饋系統，用來治療16位遭受下顎肌肉緊張，引起臉部疼痛的病人（Dohrmann & Laskin, 1978）。在 EMG 程序中，電極連接在病人的肌肉上，使肌肉的收縮能察覺到，並轉換為病人能聽到的音調。音調的高低或音量的變化，表示肌肉緊張的變化。在反覆聽EMG生理回饋之後，這16位病人，學會如何以意志放鬆下顎肌肉，後來報告臉部的疼痛有所減輕。相反的，有 8 位控制組的受試者，使用同樣的設備，但是沒有給予生理回饋訓練，顯示在肌肉緊張和疼痛的改善很少。

EMG 回饋也被成功的使用在治療頭痛，及中風或意外引起的肌肉無力上。另有其他形式的生理回饋訓練，在治療心跳不規則（心律不整）、氣喘、偏頭痛、高血壓、口吃及燙傷痛，有一些幫助（Martin, 2002; Moss, 2002; Gatchel, 2001）。

🍃 冥想

雖然自古就有冥想的實施，但西方的健康照護專業人員，僅僅在最近才察覺它在緩和身體痛苦上有效。**冥想（meditation）**是轉變個人內在的專注，達到意識狀態輕微的改變，並暫時忽視所有壓力源的一種技術。最常見的方法，是冥想者到一個安靜的地方，採取一種舒服的姿勢，發出聲音或想一個特殊的聲音（稱為真言，mantra），以幫助集中注意力，使他們的精神忽視外在的思想和憂慮（Dass & Levine, 2002）。

冥想的一種形式，被應用在有嚴重疼痛的特殊病人，是內觀冥想（mindfulness meditation）（Carey, 2008; Kabat-Zinn, 2005）。在此型態的冥想中，人們必須注意充滿在內心的感受、思想和感覺，但這時他們要超脫和客觀，最重要的是沒有任何評價。只有內觀，但不評斷他們的感覺和思想，包括痛苦的感覺，而他們較少去標記它們、固著它們，或對它們負面的反應。

許多定期冥想的人報告，他們感覺更平和、專注及有創造力。冥想也用來幫助控制疼痛，治療高血壓、心臟問題、氣喘、皮膚疾患、糖尿病、失眠，甚至病毒的感染（Stein, 2003; Andresen, 2000）。

🍂 催眠術

正如第一章所描述的，接受**催眠術（hypnosis）**的人，是由催眠者引導進入像睡眠、易受暗示的狀態。在此狀態中，他們被指示以不尋常的方式行動、經歷不尋常的感覺、記起似乎遺忘的事件，或忘掉記得的事件。透過訓練，有些人甚至能自我誘發催眠狀態（self-hypnosis）。催眠術目前用來作為心理治療的輔助，並幫助治療許多的身體症狀（Shenefelt, 2003）。

催眠術似乎對疼痛的控制特別有幫助（Kiecolt-Glaser et al., 1998）。有一個

個案研究，描述一位病人在催眠暗示下，接受牙齒的手術：在引起催眠狀態後，牙醫暗示病人，他在一個愉快和放鬆的情境，傾聽一個朋友描述，在催眠之下成功的進行同樣的牙齒手術。然後這位牙醫開始執行 25 分鐘成功的手術（Gheorghiu & Orleanu, 1982）。雖然僅有少數人能單獨用催眠麻醉接受手術，但催眠結合化學藥品的麻醉方式，顯然對許多病人有益（Fredericks, 2001）。除了使用在疼痛的控制之外，催眠術也成功的用來幫助有關皮膚疾病、氣喘、失眠、高血壓、疣和其他形式的感染問題（Modlin, 2002; Hornyak & Green, 2002）。

認知治療

有身體疾病者，有時被教導對他們的疾病，以新的態度和認知反應，作為治療的一部分（Devineni & Blanchard, 2005; Kiecolt-Glaser et al., 2002, 1998）。例如：一種稱為**自我指導訓練**（**self-instruction training**）的方法，幫助病人因應嚴重的疼痛（Allison & Friedman, 2004; Meichenbaum, 1997, 1993, 1977, 1975）。在自我指導訓練中，治療師教導病人確認及排除，在痛苦事件中持續出現的不愉快思想（所謂的負面自我陳述，如「不，我不能承受這種痛苦」），而以因應的自我陳述取代（「當痛苦來到時，就暫停思考；繼續專注在你必須做的事情上」）。

領悟治療法和支持團體

假設焦慮、憂鬱、憤怒等促成個人的身體疾病，以治療法減輕這些負面的情緒，應有助於減輕病症（Antoni, 2005; Hawkins, 2004）。對這些個案，醫師可能推薦領悟治療法、支持團體或兩者，幫助病人克服他們的醫療困難（Antoni, 2005）。研究指出，討論過去和目前的煩惱，實際上對個人的健康會有所助益，也有助於個人的心理功能（Leibowitz, 2007; Smyth & Pennebaker, 2001）。在一個研究中，氣喘和關節炎的病人，僅要求寫下他們對壓力事件的想法和感覺，幾天下來，顯示他們的症狀有持續的改善。同樣的，壓力有關的寫作，被發現對感染 HIV 的病人很有益處（Petrie et al., 2004）。此外，由研究顯示，從癌症或其他的疾病痊癒，有時是經由參與支持團體而得到改善（Antoni, 2005; Spiegel & Fawzy, 2002）。

組合的方法

研究已發現，對身體問題的各種心理治療，傾向有相同的效力（Devineni & Blanchard, 2005; Brauer, 1999）。例如：放鬆訓練和生理回饋訓練，在治療高血壓、頭痛及氣喘，有同樣的幫助（比安慰劑更有幫助）。實際上，心理的介入，當它們結合其他的心理治療和藥物治療，有最大的效果（Suinn, 2001）。在一個研究中，潰瘍病人被施以放鬆訓練、自我指導及自我肯定訓練和藥物治療，相較於只接受藥物治療的病人，被發現焦慮減輕及有較舒服、較少的症狀，及較佳的

長期結果（Brooks & Richardson, 1980）。

組合的療法也有益於改變A型人格的行為型態，並減少A型的人中，冠狀動脈心臟病的風險（Williams, 2001; Cohen et al., 1997）。有一個著名的研究，將862位在前六個月中，曾有心臟病發作的病人，分派到兩組中的一組（Friedman et al., 1984）。控制組給予三年的心臟病諮商（飲食、運動及醫療的忠告）；實驗組接受同樣的諮商，加上A型行為諮商，他們被教導有關A型的人格型態，並認識在壓力情境下，他們過度的生理、認知及行為反應。他們也被訓練放鬆及指導他們改變會產生不良後果的態度。

這種附帶的A型行為諮商，導致在生活方式和健康有重大的差異。接受A型行為諮商和心臟病諮商兩者三年的病人，將近80%的人減少A型行為，而那些只單獨接受心臟病諮商的人，只有50%減少A型行為。而且，接受結合諮商實驗組的病人，較少有其他的心臟病發作——與控制組病人的13%相較，他們只有7%。

顯然的，身體疾病的治療狀況，已有顯著的改變。雖然藥物治療繼續處於支配地位，今日的醫療實務工作者，正走向一個遠離過去幾世紀心身二元論的過程。

 ## 整合：擴展變態心理學的界線

壓力的概念每個人都很熟悉，然而近幾十年來，臨床科學家及實務工作人員才更成功的了解及治療它，並認識它在我們功能上的普遍影響。目前壓力的影響已經確認，此領域研究的努力，正以近閃電般的速度前進。研究者曾經認為壓力和心理功能不良，或壓力和生理疾病之間的關係不明確，現在則理解它是許多變項錯綜複雜交互作用的結果。這些因素，如生活變化、個人心理和身體反應、社會支持、生化活動，以及遲緩的免疫系統，都被認清會促成心理壓力疾患和身體壓力疾患。

各種壓力疾患治療的洞察已快速的累積。近年來臨床工作人員，已得知各種方法的結合——從藥物治療到行為技術、到社區介入——對急性壓力疾患及創傷後壓力疾患者有效。同樣的，心理治療，如放鬆訓練和認知治療，通常結合傳統的藥物治療，被運用在各種身體疾病的治療。許多臨床實務人員確信，這種治療的組合，最後會成為多數身體疾病治療的基準，受到少部分人的質疑。

最近這些方面的發展，令人興奮的是社會環境、腦部和身體其他部分相互關係（interrelationship）的領域，愈來愈受到重視。研究人員一再注意到，當社會文化、心理及生理的因素都加以考慮時，心理疾病往往能最有效的被了解及治療。他們現在認識這種交互影響，也有助於解釋醫學問題。我們要記住腦是身體的一部分，兩者都是文化背景的部分。不管怎麼樣，三者是糾結在一起互有關聯的。

另外壓力研究令人興奮的方面，及其廣泛的影響，是它激發關注疾病的預防

和健康促進（Compas & Gotlib, 2002; Kaplan, 2000）。假如壓力是發展心理和身體疾患真正的關鍵，也許這些疾患，能經由消除或減輕壓力來預防——例如：幫助人們更適當的因應，或使他們的身體對壓力的影響，有更好的準備。對此觀念的重視，疾病預防和健康促進方案，目前正在全世界發展。例如：臨床理論學家已設計學校課程方案，以幫助促進兒童的社會能力（social competence）（Weissberg, 2000），並教導兒童更樂觀的思考方式（Gillham et al., 2000, 1995）。

同樣的，預防方案也進一步擴展，教導父母離婚的兒童因應技能（coping skills），並教導這些父母減少衝突技能（Wolchick et al., 2000）。而在急性及創傷後壓力疾患方面，一組臨床研究人員，發展即刻提供強暴受害者的方案，結合放鬆訓練、暴露技術、認知治療，以及有關強暴影響的教育，盡量在心理或生理症狀開始之前實施（Muran, 2007; Foa et al., 2005, 1995）。研究顯示，接受這種預防措施的女性，在她們受侵犯幾個月之後，確實比其他的強暴受害者，發展較少的壓力症狀。

在這些振奮人心和快速展開的發展之中，也發現一些應該小心謹慎的問題。當問題被熱烈研究時，常見的是公眾、研究人員及臨床工作人員，提出的結論常過於大膽。例如：在心理學領域，以創傷後壓力疾患來說，部分由於它有很多症狀，也由於很多種生活事件可視為創傷性的，並且此疾患受到很大的關注。許多人（可能太多了）目前得到創傷後壓力疾患的診斷。同樣的，愈來愈多心理生理疾病及心理神經免疫學的研究，有些人（包括一些臨床工作人員）過分簡化的朝向心理社會因素，如產生反效果的態度、信心太少或缺乏社會支持，快速地解釋醫療問題。這類反映在複雜研究濫用的解釋，已顯現在壓力和健康的研究。因此，當我們考察目前受到極大關注的問題，如注意力缺失／過動疾患、兒童期虐待的抑制記憶，及多重人格疾患時，對其可能潛在的問題，必須予以更仔細的檢視。因為啟發與過度熱忱之間，常只是一線之隔。

 ## 摘要

●**壓力的影響**　當我們評估一個壓力源是威脅的，我們會經驗包括激發和恐懼感的壓力反應。激發和恐懼的特徵，是由下視丘促發，它是引發自律神經系統和內分泌系統的腦部區域。這些系統產生激發和恐懼，經由兩個路徑——交感神經系統（sympathetic nervous system）路徑和下視丘—腦下腺—腎上腺（hypo-thalamic-pituitary-adrenal）路徑。

●**心理壓力疾患**　有急性壓力疾患或創傷後壓力疾患的人，在創傷事件之後，表現焦慮和相關症狀，包括再體驗創傷事件、逃避相關事件、比常態明顯的減少反應，及增加警覺、焦慮和罪惡感。創傷事件可能是戰爭經驗、災害或受害。急性壓力疾患（acute stress disorder）的症狀，在創傷後不久即開始，持續不

超過一個月。創傷後壓力疾患（posttraumatic stress disorder）可開始於創傷後任何時間（甚至幾年），可能延續幾個月或幾年。

　　試圖解釋為什麼有些人會發展心理壓力疾患，而其他人不會，研究者集中焦點於生物因素、人格、兒童期經驗、社會支持、多元文化因素，及創傷事件的嚴重性。用於治療壓力疾患的技術，包括藥物治療和行為的暴露技術。臨床工作人員也運用領悟治療法、家族治療及團體治療〔包括退役軍人的討論小組（rap groups）〕，以幫助受害者發展洞察力和展望。另外，遵循危機事件壓力釋放（critical incident stress debriefing）的原則，在大規模的災難之後，由災難反應網（Disaster Response Network）提供的快速動員社區治療，也很有幫助。

　　●**心理生理疾病**　心理生理疾病（psychophysiological disorders）是由心理社會和生理因素交互影響引起身體的問題。與此疾患有關的因素包括生物因素，如自律神經系統或特殊器官的缺陷；心理因素，如特殊需要、態度或人格型態；及社會文化因素，如嫌惡的社會情境和文化壓力。

　　多年來臨床研究者，挑出少數的心理生理疾病的生理疾病。這些傳統的心理生理疾病，包括潰瘍、氣喘、失眠症、慢性頭痛、高血壓及冠狀動脈心臟病。最近許多其他的心理生理疾病已被確認。科學家連結許多與壓力有關的生理疾病，並發展新的研究領域，稱為心理神經免疫學（psychoneuroimmunology）。

　　●**心理神經免疫學**　身體的免疫系統（immune system）包含淋巴細胞（lymphocytes）、其他擊退抗原（antigens）——細菌、濾過性病毒，及其他外來的入侵者——的細胞及癌細胞。壓力會降低淋巴細胞的活動，因而干擾免疫系統保護在壓力期間生病的能力。影響免疫功能的因素，包括正腎上腺素和皮質類固醇的活性（norepinephrine and corticosteroid activity）、行為的改變（behavioral changes）、人格型態（personality style）及社會支持（social support）。

　　●**身體疾患的心理治療**　行為醫學（behavioral medicine）結合心理和生理治療，以處理或預防醫學問題。心理的方法，如放鬆訓練（relaxation training）、生理回饋訓練（biofeedback training）、冥想（meditation）、催眠術（hypnosis）、認知技術（cognitive techniques）、領悟治療法（insight therapy）及支持團體（support groups），納入在各種醫學問題的治療上逐漸增加。

　　●**疾病預防和健康促進**　近年來臨床工作人員，設計以消除及減輕壓力為目的的方案增多，幫助人們逐漸對壓力有更好的因應，及壓力對身體的影響更有準備。這些方案背後的邏輯，是人們更能掌控壓力，就更能減少由壓力產生的心理疾患和生理疾患。

第七章

身體型疾患和
解離性疾患

Brian 和他的太太 Helen 在帆船上度過一個星期六。海浪有些不平靜，但是在他們認為安全的範圍內。他們有一段非常愉快的時光，但是沒有注意到天色慢慢的變黑。風吹得愈來愈強烈，帆船也更加難以駕馭。經過幾個小時的航行以後，他們才發現他們已經遠離岸邊，進入一個強有力而且危險的暴風雨中。

這個暴風雨快速的增強，Brian 在大風和大浪中實在沒有辦法控制這條帆船。他和 Helen 試圖穿上他們在出海前忘記要穿的救生衣，但是在救生衣還沒穿上前，船就已經翻覆了。Brian 游泳技術比較好，能夠游到翻覆的帆船，抓住它的邊緣，繼續為珍貴的生命奮鬥，但是 Helen 實在沒有辦法克服狂暴的海浪游回船邊。就在 Brian 眼睜睜看著這種恐懼而無法置信的情況時，他的太太就從他的視線中消失。

過了一會兒，暴風雨開始緩和下來。Brian 把這條帆船重新恢復適當的位置，而且駛回岸邊，最後他安全抵岸。但是這個暴風雨給他帶來的後果才開始。第二天充滿了痛苦和更進一步的震驚：海邊巡邏人員發現了 Helen 的屍體……和朋友談論……自責……悲痛，以及接踵而來的事情。

夾雜著震驚的是，這意外事件也留給 Brian 嚴重的身體損傷——他不能正常的走路。他最初注意到這個可怕的損傷，是正好在事故之後，他把船開回岸邊時。當他試圖駕駛帆船去尋求幫助時，他的腿幾乎不能移動，在他到達附近的海灘餐廳，他只能用爬行的。兩位協助者必須抬他到椅子上，在他說出真相後，官方人員警覺到他必須送醫。

最初 Brian 和醫院的醫生，都認為他是在意外中受傷，然而，醫院一個接著一個測試，都顯示沒有問題——骨頭沒有折斷、脊髓沒有損傷，什麼事也沒有。沒有什麼能解釋這種嚴重的損傷。

第二天早上，他腿部的無力幾乎變成麻痺。由於醫生們無法確定他受傷的性質，他們決定讓他盡量減少活動。他不被允許和警方說話太久，必須由其他人通知 Helen 的父母她的死訊。讓他最感懊悔的是，他甚至不被允許去參加 Helen 的葬禮。

這難以理解的事，在後來幾天和幾週變得更強烈。Brian 的麻痺持續，他變得愈來愈退縮、不能會見很多朋友和親人，並且無法處理與 Helen 的死有關的不愉快工作。他不能回去工作，或使生活更有進展。幾乎從 Brian 的麻痺開始，他變得只關心自己，情感漸漸枯竭，無法追憶也無法前進。

前面兩章已描述，壓力和焦慮如何負面地影響功能。事實上，焦慮是一些疾患的主要特徵，如廣泛性焦慮症、恐懼症、恐慌症及強迫症等。而壓力也能產生逗留不去的反應，在急性壓力疾患、創傷後壓力疾患，以及心理生理疾病都可見到。

其他與壓力和焦慮有關的兩種常見疾患，是身體型疾患和解離性疾患。身體

型疾患（somatoform disorders）顯現醫學的問題，但實際上是由心理社會因素引起。不像心理生理疾病，是由心理社會因素與身體疾病，交互作用的結果；身體型疾患，是心理疾患偽裝成身體問題。Brian 可能罹患一種身體型疾患。解離性疾患（dissociative disorders），是完全由心理社會因素所引起，而不是身體的問題。

　　身體型疾患和解離性疾患，有很多共同的地方。例如：兩者都發生在對嚴重壓力的反應，並且兩者在傳統上，被視為逃避壓力的形式。此外，有一些人罹患身體型疾患和解離性疾患兩者（Brown et al., 2007; Sar et al., 2004）。實際上，理論家和臨床工作人員，經常以相同的方法，解釋和治療這兩類疾患。

身體型疾患

　　回想 Brian，這位遭遇不幸帆船意外的年輕人，使他變成不能行走。當各種醫學的檢測未能解釋他的麻痺時，醫生們確信他的問題起因在別處。

　　當身體的疾病沒有顯而易見的醫學原因時，醫生可能轉而懷疑是**身體型疾患**（**somatoform disorder**），即大部分由心理社會因素引起的身體不適型態。有身體型疾患的人，不是有意識地或有目的地想引起他們的症狀，就像 Brian 一樣，他們一直相信他們的問題是真正的醫學問題（Phillips, Fallon, & King, 2008）。有些身體型疾患，大家已知的歇斯底里身體型疾患（hysterical somatoform disorders），是在身體功能引起真正的變化；另外，偏見性身體型疾患（preoccupation somatoform disorders），是健康者執著於錯誤的信念，擔心他們的身體有某些毛病。

什麼是歇斯底里身體型疾患？

　　歇斯底里身體型疾患（**hysterical somatoform disorders**）者，在他們的身體功能上經歷真正的變化。這種疾患經常很難與真正的醫學問題作區分（Phillips et al., 2008）。事實上，被診斷為歇斯底里身體型疾患，常有可能是錯誤的，此病人的問題，實際上是未被查出的器質性原因（Merskey, 2004）。DSM-IV-TR列出三種歇斯底里身體型疾患：轉化症、體化症，及與心理因素有關的疼痛症。

轉化症

　　轉化症（**conversion disorder**）是心理社會衝突或需求，轉變為戲劇性的身體症狀，影響自主運動或感覺功能（見表 7-1）。Brian，此人有無法解釋的麻痺，可能會得到這種特殊的診斷。這些症狀常為神經性的，如麻痺、目盲，或感覺喪失（麻木），因而被稱為「假性神經症」（pseudoneurological）（APA, 2000）。以下一位婦女產生暈眩，是對她不愉快婚姻的明顯反應：

一位 46 歲的已婚家庭主婦，描述她被極端的暈眩感壓倒，伴隨輕微的反胃，一週有四、五個晚上會有這些症狀。在這種情況發作時，她感覺房屋的周圍呈現閃爍搖動的光，並有正在漂浮的感覺，使她無法保持平衡。這種不能理解的發作，經常發生在下午四點左右。她通常必須躺在沙發上，一直到晚上七或八點才感覺好些。在恢復之後，她經常在剩下的夜晚時間看電視；多半時候她睡在起居室，一直到清晨兩點或三點才到臥室睡覺。

病人被內科醫生、神經科醫生、耳鼻喉專家診斷不只一次，且醫生都宣稱她身體健康；而血糖過少的問題，已被葡萄糖耐受性測驗排除。

當問及她的婚姻，病人描述她的丈夫像暴君，常常對她和四個孩子苛求和口頭辱罵。她承認每天害怕他下班回家，會批評屋子的凌亂及晚餐，尤其是準備的菜不是他所喜歡的話。最近由於開始暈眩發作，她無法做晚餐，她的丈夫和四個孩子就去麥當勞或披薩店用餐。飯後，丈夫會坐在臥室看球賽，他們很少交談。儘管如此的困境，病人仍宣稱她愛她的丈夫，而且很需要他。

（Spitzer et al., 1981, pp. 92-93）

表 7-1　DSM 檢核表

轉化症

1. 一種或多種的身體症狀或功能缺失，影響自主運動或感覺功能，令人聯想存在一種神經學狀況或其他一般性醫學狀況。
2. 可判斷心理因素與此症狀或功能缺失相關聯。
3. 此症狀或功能缺失，不是有意製造或假裝的。
4. 此症狀或功能缺失，無法以一般性醫學狀況或一種物質使用來完全解釋。
5. 造成重大的痛苦或功能損傷。

體化症

1. 病史有許多身體抱怨，在三十歲前即開始，發生於幾年的期間內，而導致尋求醫療或重大的功能損傷。
2. 長時間的身體抱怨包括：
   (a) 四種不同的疼痛症狀。
   (b) 兩種腸胃症狀。
   (c) 一種性功能症狀。
   (d) 一種假性神經學形式（neurological-type）的症狀。
3. 身體症狀無法以已知的一般性醫學狀況、或物質使用、或超過這些狀況的影響來解釋。
4. 這些症狀並非有意製造或假裝的。

表 7-1　DSM 檢核表（續）

與心理因素有關的疼痛症

1. 嚴重的疼痛是臨床主要的問題。
2. 心理因素可判斷在此疼痛的初發、嚴重度、惡化、或延續上扮演重要角色。
3. 此症狀或功能缺失，並非有意製造或假裝的。
4. 造成重大的痛苦或功能損傷。

資料來源：APA, 2000.

多數轉化症患者，開始於兒童期後期及成年期早期；女性患者至少為男性的兩倍（Abbey, 2005; APA, 2000）。轉化症通常突然發生，有時是極端的壓力，而且持續大約數週。有些研究指出，發展此症者，通常易受他人的影響；例如：許多人易受催眠程序暗示的影響（Roelofs et al., 2002）。轉化症被認為相當罕見，每 1,000 人至多 5 人。

🍃 體化症

Sheila 廣泛的症狀使醫學專家困惑：

> 　　Sheila 描述自 17 歲就一直有腹痛的毛病，經歷必要的探究手術，卻沒有得到適當的診斷。她有幾次的懷孕，每次都有嚴重的反胃、嘔吐及腹痛；她後來由於「子宮傾斜」動了子宮切除術。自 40 歲她遭遇暈眩和突然發昏，這些症狀她後來被告知可能是多發性硬化症或腦瘤。由於虛弱、視力模糊、排尿困難，她持續長期臥病。43 歲時，由於抱怨脹氣和無法忍受種種的食物，她做裂孔疝檢查。她也曾因其他的問題住院，像神經症、高血壓及腎臟的診斷檢查，所有的檢查都無法作出決定性的診斷。
>
> （Spitzer et al., 1981, pp. 185, 260）

有**體化症**（**somatization disorder**）者，像 Sheila 一樣，有許多長期持續的身體疾病，而很少或沒有器質上的根據（見表7-1）。這種歇斯底里的型態，在 1859 年最先被 Pierre Briquet 所描述，因此稱為**布利卡氏症候群**（**Briquet's syndrome**）。獲得這種診斷，一個人必須有多種的疾病，包括幾種疼痛症狀（如頭痛及胸痛）、腸胃症狀（如反胃及腹瀉）、性功能症狀（如勃起或月經困難）及假性神經學症狀（如雙重影像或麻痺）（APA, 2000）。體化症患者通常不斷的看醫生，以尋求慰藉。他們常以引人注意及誇大的言詞，描述許多的症狀。多數患者也感到焦慮和憂鬱（Fink et al., 2004; APA, 2000）。

美國每年有 0.2%至 2.0%的女性遭受體化症，而男性則少於 0.2%（Eifer & Zvolensky, 2005; North, 2005; APA, 2000）。這種疾患經常有家庭遺傳；10%至 20%此症女患者的女性近親，也發展出此症。它通常開始於青春期和成年期早期之間。

體化症比轉化症持續更長，通常會持續許多年（Yutzy, 2007）。此症狀可能因時間而變動，但沒有治療很難完全消失（Abbey, 2005; Smith, Rost, & Kashner, 1995）。美國每年有三分之二的此症患者，由於身體疾病，接受醫療和心理健康專家的治療（Regier et al., 1993）。

與心理因素有關的疼痛症

當心理社會因素在疼痛的開始、嚴重性或持續性，扮演主要的角色時，病人可能被診斷為**與心理因素有關的疼痛症**（pain disorder associated with psychological factors）（見表 7-1）。轉化症或體化症患者也可能經驗疼痛，但疼痛是此症的主要症狀。

雖然明確的盛行率無法確定，與心理因素有關的疼痛症似乎相當常見（de Waal et al., 2004）。此症可開始於任何年齡，而女性患者比男性多（APA, 2000）。它經常於意外事件之後發展，或在疾病中引起真正的疼痛，而此種疼痛會持久存在。一個 36 歲的女性 Laura，描述她的疼痛超過一般稱為肉狀瘤病的小瘤症症狀：

> 在開刀之前，我有輕微的關節痛，它並沒有帶給我很大的困擾。但在開刀之後，我的胸部和肋骨有嚴重的疼痛，這些問題在開刀之前是沒有的……我必須在半夜十一點、十二點，或一點去急診室。我服了藥，第二天它停止疼痛，但我還要再回去。在這一段時間，我去看其他的醫生，抱怨同樣的事，想查明是什麼毛病；他們也查不出我有什麼毛病……
>
> ……在某些時刻，當我外出，或我的丈夫和我外出，因為我開始疼痛，我們必須提早離開……由於某種原因，我的胸部在疼痛，許多時候我不想做事……兩個月前，當醫生在為我做檢查時，另一位醫生看著X光片，當時他說沒有看到任何肉狀瘤的徵象，他們現在正在研究血液或各種可能的情況，以了解它是否和肉狀瘤病有關……
>
> （Green, 1985, pp. 60-63）

歇斯底里症對醫學症狀

如前所述，要由歇斯底里身體型疾患，與「真」的醫學問題中加以區分很困難。全世界的研究指出，所有向基層醫療醫生尋求醫療的病人中，有五分之一實際上是罹患身體型疾患（Mergl et al., 2007; de Waal et al., 2004; Fink et al., 2004）。

　　由於歇斯底里身體型疾患，與真正的醫學疾病很相似，醫生有時依據病人醫學表徵的古怪，來區分兩者（Phillips et al., 2008; Kirmayer & Looper, 2007）。例如：歇斯底里症的症狀，可能在神經系統的運作方式，有奇特的現象（APA, 2000）。在一種稱為手套式感覺喪失（glove anesthesia）的轉化症狀，其麻木突然開始於手腕，並均衡的延伸到指尖；如圖 7-1 所示，真正的神經損傷，突然的或均衡的分布很少見。

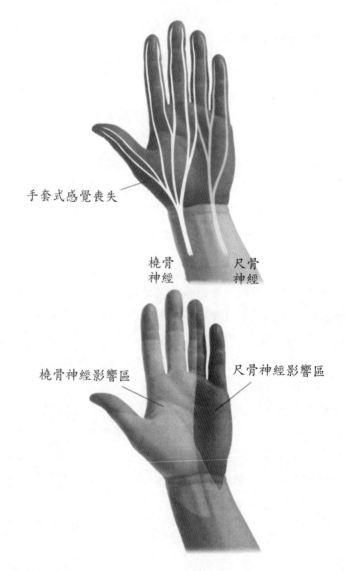

手套式感覺喪失

橈骨
神經

尺骨
神經

橈骨神經影響區

尺骨神經影響區

圖 7-1　**手套式感覺喪失**　在轉化症的症狀（上圖），是整隻手由指尖至腕部產生麻木感，麻木分布範圍像手套狀，不會往上臂延伸；反之，真正的尺骨神經生理損傷（下圖），是小指、無名指及腕部至上臂的支配部位麻痺；橈骨神經的損傷會造成部分無名指、中指、食指和拇指至上臂的支配部位麻痺（摘自 Gray, 1959）。

歇斯底里症的身體影響，也與那些相應的醫學問題，對身體的影響不同。例如：當手腕以下的麻木或半身不遂，是由脊椎神經的損傷所引起，除非運用物理治療，否則患者的肌肉會萎縮或消瘦；相反的，由轉化症的結果而產生麻木者，通常沒有出現萎縮現象。也許他們有活動他們的肌肉，但自己沒有察覺。同樣的，轉化症的目盲者，比器質性的目盲者，較少發生意外，顯示他們至少仍有一些視力，即使他們未察覺到。

歇斯底里症對人為症狀

歇斯底里身體型疾患，與故意引起或假造醫學症狀者的模式不同。例如：一個病人可能詐病（malingering）——有意假造生病，以得到某些外在的利益，如財力的補助或延期服役等（Phillips et al., 2008）。或是一個病人有意製造或捏造身體症狀，僅是希望成為病人；亦即，假裝病人角色的動機，是在於角色本身。然後，醫生會確定此病人是顯現**人為疾患**（factitious disorder）。

　　一位 29 歲的女性實驗室技師，由於血尿被安置在急診室做醫療檢查。病人說她是被另一個城市的醫生，以紅斑性狼瘡來治療。她也提到兒童時有血液性血友病（一種罕見的遺傳血液疾病）。在她住院的第三天，一個醫學院學生提到這個住院者，幾週前他曾看過她在當地的不同醫院，病人也以同樣的問題受處置。調查病人的親屬，顯示她有貯存抗凝血劑藥物的事實。當以此訊息質詢病人時，她拒絕討論這件事，並且不接受醫療勸告而倉促離去。

（Spitzer et al., 1981, p. 33）

人為疾患者經常走極端的製造疾病的現象（Phillips et al., 2008; Ford, 2005）。許多人祕密的自己使用藥物；有些人，像剛才描述的那位女性，注射藥物以引起流血。高燒特別容易假造。有一個對持續神祕發燒病人的研究，發現超過 9%的人最後被診斷為人為疾患（Feldman, Ford, & Reinhold, 1994）。人為疾患患者常常研究他們假定的疾病，並對醫學有豐富的常識令人印象深刻。當面對症狀是捏造的指證時，他們典型地否認這種指控，而且去找別的醫生，或進入另一家醫院。

人為疾患最普遍的族群是：(1)兒童時期由於真正的身體疾病，接受廣泛的醫療；(2)兒童時期經歷家庭破裂，或身心受虐待；(3)對醫療行業帶有怨恨；(4)曾當過護士、實驗室技術人員，或醫療的助理；或(5)有潛在的人格問題，如極度的依賴（Ford, 2005; APA, 2000; Feldman et al., 1994）。他們往往缺乏社會支持、幾乎沒有持久的社會關係，及很少的家庭生活。

精神治療醫師和臨床實務工作人員，常對人為疾患的患者感到憤怒，認為這些人簡直在浪費他們的時間。然而，有人為疾患者，像多數的心理疾患者一樣，

感覺他們無法控制自己的問題，並經常經驗極大的痛苦。

　　孟喬森症候群（**Munchausen syndrome**），是極端和長期的人為疾患形式。它的命名，來自一位十八世紀的騎兵軍官 Baron Munchausen，在歐洲旅行時，從一個小客棧到另一個小客棧，暴露不實的、假想的軍事冒險而得名（Ford, 2005; Feldman, 2004）。相關的疾患，**代理性孟喬森症候群**（**Munchausen syndrome by proxy**），或**代理性人為疾患**（**factitious disorder by proxy**），是父母在他們的孩子身上，製造或引起身體疾病，導致某些個案重複痛苦的診斷試驗、藥物治療及手術（見以下「深度探索」專欄）。

「深度探索」專欄

代理性孟喬森症候群

　　Jennifer 曾經住院200次，接受40次的手術。醫生切除她的膽囊、盲腸及部分腸子，並將導管插入她的胸腔、胃部及腸子。這個來自佛羅里達的 9 歲小女孩，受到 Florida Marlins 的照顧，並且把她當作健康醫療改革的範例，與希拉蕊（Hillary Rodham Clinton）的合照張貼於白宮走廊。然後警方通知她的母親說，她正處於兒童虐待的調查中。突然之間，Jennifer 的病情戲劇性的好轉，在接下來的九個月裡，她只住院一次，由於濾過性病毒感染……專家說 Jennifer 眾多無法理解的感染，是「某人將骯髒的排泄物持續地」放入她的餵食管及導尿管。

❂ Frank Holl 的作品 *Convalescent*

（Katel & Beck, 1996）

　　最近幾個像Jennifer的案例，震驚社會大眾，並引起對代理性孟喬森症候群（Munchausen syndrome by proxy）的注意，它是在 1977 年首先被確認的模式。此疾患是由照顧者以種種的技術，引起兒童的症狀，例如：給兒童服藥物、篡改藥物、汙染餵食管子或甚至悶死兒童等。雖然這種疾患可以各種形式出現，最常見的症狀是流血、痙攣、氣喘、昏迷、下痢、嘔吐、「意外」中毒、感染、發燒，及突然的幼兒猝死等（Leamon et al., 2007; Ayoub, 2006; Feldman, 2004）。

　　因代理性孟喬森症候群的症狀而死的受害者，介於 6%至 30%之間，8%的倖存者則終生殘廢或有生理損傷（Ayoub, 2006; Mitchell, 2001）。他們在心理的、教育的及身體的發展也受到影響（Libow & Schreier, 1998; Libow, 1995）。Jennifer 失學太久，因此，9 歲僅能簡單的閱讀

和書寫。

　　此疾患很難診斷，並且可能比臨床工作人員想像的更為普遍（Feldman, 2004; Rogers, 2004）。這些父母親（通常是母親）很投入照顧，以至於博得別人的同情和稱讚（Abdulhamid, 2002）。然而當小孩與父母分開時，身體的問題反而會消失。有很多案例顯示，病童的兄弟姊妹也是受害者（Ayoub, 2006）。

　　什麼樣的父母會周密地強加痛苦與疾病在自己的小孩身上？此疾患典型的母親有情緒上的飢渴：她渴望因為用心照顧生病的小孩，而獲得別人的注意與稱讚（Noeker, 2004）。她在醫療的系統之外，很少得到社會支持。這類母親常具有某種的醫療背景——也許曾在某一診所工作過。她們通常都會否認她們的所作所為，即使面對明顯的證據，她們也拒絕接受治療。事實上，成功的治療極少見（Bluglass, 2001）。

　　執法單位不願將代理性孟喬森症候群視為心理疾患，而將之視為一種罪行——一種處心積慮的兒童虐待形式（Slovenko, 2006; Mart, 2004）。司法單位幾乎都要求病童和母親永遠的分開（Ayoub, 2006; Ayoub et al., 2000）。同時，訴諸於此行為的父母，很明顯的有嚴重的心理障礙，且亟需臨床的協助。因此，臨床研究者和臨床實務工作人員，目前須更認真地去發展更清楚的洞見及更有效的治療方法，來幫助此類父母和他們幼小的受害者。

什麼是偏見性身體型疾患？

　　慮病症和身體畸形性疾患，是屬於**偏見性身體型疾患**（preoccupation somatoform disorders）。有這些問題的患者，對身體症狀或特徵，經常錯誤的詮釋及反應過度，不管親友和醫生的說法。雖然偏見性身體型疾患也引起很大的痛苦，但它們對個人生活的影響，不同於歇斯底里症。

慮病症

　　罹患**慮病症**（hypochondriasis）者，不切實際的將身體症狀，解釋為一種嚴重疾病的徵兆（見表7-2）。他們的症狀經常僅是常態的身體變化，如偶爾咳嗽、疼痛或出汗。雖然有些患者知道他們的擔心是過度的，許多人並不認為如此。

　　慮病症呈現的表徵與體化症很相似（Noyes, 2008, 2003, 1999; Fink et al., 2004）。二者均典型的包含許多身體症狀、常常看醫生，及引起很大的擔心。如果焦慮很大，身體症狀很輕微，則診斷為慮病症是適當的；如果症狀超過病人的焦慮，它們可能顯示為體化症。

　　雖然慮病症可開始於任何年齡，但它通常開始於成年期早期，男性和女性的數量相等，所有人口中有 1% 至 5% 的人患此症（Asmundson & Taylor, 2008; Bouman, 2008; APA, 2000）。與心理因素有關的疼痛症，醫生表示見過許多此種個案（Mitchell, 2004）。被基層醫療醫生看過的病人，有 7% 顯示為慮病症（Asmundson & Taylor, 2008）。多數患者的症狀，經過數年後有的增加，有的減少（Bou-man, 2008）。

表 7-2 DSM 檢核表

慮病症

1. 基於對自己身體症狀的錯誤解釋，而專注於害怕或相信個人罹患嚴重的疾病，持續至少六個月。
2. 縱使已經過適當的醫療評估和再保證，此專注想法仍持續。
3. 沒有妄想。
4. 造成重大的痛苦或功能損傷。

身體畸形性疾患

1. 專注於想像的或誇大的外表缺陷。
2. 造成重大的痛苦或功能損傷。

資料來源：APA, 2000.

身體畸形性疾患

經驗**身體畸形性疾患**（**body dysmorphic disorder**）的人，也就是大家熟知的**畸形恐懼症**（**dysmorphophobia**），他們會過度擔心外表上某些想像的、或微小的缺陷（見表 7-2）。他們經常專注於皺紋、皮膚的斑點、過多的臉毛、臉部腫脹或畸形的鼻子、嘴、下巴或眉毛（McKay, Gosselin, & Gupta, 2008; Shapiro & Gavin, 2006; Veale, 2004）。有些人擔心腳、手、胸部、陰莖或身體其他部分的外觀（見 244 頁「文化眼」專欄）；另有些人擔心來自汗水、呼吸、生殖器或直腸的異味（Phillips & Castle, 2002）。我們來看看這個案例：

> 一位 35 歲的婦女，16 年來一直擔心她的汗聞起來很可怕。這種恐懼開始於結婚前，她和一位親密的朋友共同坐在床上，朋友說有些人在工作時，氣味聞起來很不好，患者覺得這種談論是針對她。由於恐懼自己發出的氣味，五年來除非她的丈夫或母親陪伴，她沒有去過任何地方；三年來她沒有和鄰居談話，因為她無意中聽到鄰居與她的朋友談到她。她也避免去電影院、舞會、商店、咖啡廳及別人的家……她不允許丈夫邀請朋友到家裡來；對於她的氣味，她不斷尋求丈夫的再保證……由於害怕在店員面前試穿衣服，她的丈夫為她買所有的新衣服。她使用大量的防臭劑，並常在外出前沐浴和換衣服，每天高達四次。
>
> （Marks, 1987, p. 371）

關心外表在我們的社會很常見（見圖 7-2），例如：許多青少年擔心粉刺。
然而，身體畸形性疾患患者的擔心是過度的。患病者嚴格的限制和他人接觸、不
敢用眼睛去看別人，或竭盡全力去隱藏他們的「缺陷」——比如說，經常戴太陽
眼鏡，以隱藏他們想像的畸形眼睛（Phillips, 2005）。有半數的身體畸形性疾患
患者，求助於整形外科，或皮膚科治療，並且他們時常覺得整形之後比以前更糟
（McKay et al., 2008; Miller, 2005）。有一個研究發現，30%的此疾患研究參與者
足不出戶，而 17%的人曾企圖自殺（Phillips et al., 1993）。同樣的，有此疾患的
人比他人，更可能沒有工作，及學業成就有限（Frare et al., 2004）。

　　多數的身體畸形性疾患個案，開始於青春期。然而，許多人常常多年不表露
出他們的擔心（McKay et al., 2008; Phillips et al., 2005）。在美國高達 5%的人
——包括許多大學生——罹患身體畸形性疾患（Ovsiew, 2006; Miller, 2005）。臨
床報告指出，此疾患的男女性比率相等（APA, 2000）。雖然此疾患的男性和女
性，都抱怨他們的皮膚、頭髮和鼻子，但女性更關心她們的臀部、屁股和胸部，
而男性特別專注於塑身、性器和身高（McKay et al., 2008）。

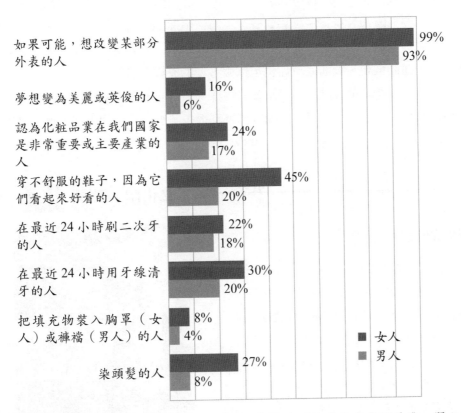

如果可能，想改變某部分
外表的人　99% / 93%

夢想變為美麗或英俊的人　16% / 6%

認為化粧品業在我們國家
是非常重要或主要產業的
人　24% / 17%

穿不舒服的鞋子，因為它
們看起來好看的人　45% / 20%

在最近 24 小時刷二次牙
的人　22% / 18%

在最近 24 小時用牙線清
牙的人　30% / 20%

把填充物裝入胸罩（女
人）或褲襠（男人）的人　8% / 4%

染頭髮的人　27% / 8%

■ 女人
■ 男人

圖 7-2　**「鏡子，鏡子，掛在牆上……」**　身體畸形性疾患患者不是唯一關心自
　　　　己外貌的人，研究發現，在重視外表的社會，極大百分比的人經常考慮
　　　　及試圖改變他們看起來的樣子（Noonan, 2003; Kimball, 1993; Poretz & Sinrod,
　　　　1991; Weiss, 1991; Simmon, 1990）。

引起身體型疾患的原因為何？

理論家對偏見性身體型疾患典型的解釋，很多與他們對焦慮症所作的解釋雷同（Asmundson & Taylor, 2008; Bouman, 2008; Noyes, 2008, 2003, 2001）。例如：行為主義學家認為，在慮病症和身體畸形性疾患所發現的怕懼，是經由古典制約和模仿而學得（Marshall et al., 2007）。認知理論學家指出，這些疾患的患者對身體的症狀太敏感，以及誤解身體的暗示而感受威脅（Williams, 2004）。

相反的，歇斯底里身體型疾患——轉化症、體化症，及疼痛症——被廣泛的認為是非常獨特的，而需要特別的解釋。古代的希臘人相信，只有女人有歇斯底里症。未得到性滿足的女人子宮，被認為會在她的全身遊走，尋求願望的實現，它停留在哪裡就會產生一種身體症狀。因此，希臘醫生 Hippocrates 提出，結婚是對這些疾患最有效的治療方式。

十九世紀後期，Ambroise-Auguste Liébault 及 Hippolyte Bernheim 的研究，開始今天所流行的見解——心理因素會引起歇斯底里症。這些研究者在巴黎創立 Nancy 研究所，從事心理疾患的研究和治療。他們能在正常人身上引起歇斯底里症狀（耳聾、麻痺、目盲、失去知覺）；而經由催眠的暗示，他們也能以同樣的方法（見第一章）除去這些症狀。假定催眠的暗示，能同時產生和除去身體的功能失常，他們推斷，歇斯底里症也可以由心理的歷程引發。

今日的歇斯底里身體型疾患主要的解釋，來自心理動力的、行為的、認知的及多元文化模式。然而，沒有一種解釋得到很多研究的支持，因而此種疾患仍難以了解（Kirmayer & Looper, 2007; Yutzy, 2007）。

「文化眼」專欄

文化的畸形恐懼症

幾乎每個地方的人都想要引人注意，而且他們在意別人的目光。然而，這種擔心的方式，會因文化而不同。

西方社會的人們，特別擔心他們的體型及面貌特徵，而緬甸 Padaung 部落的婦女，則專注於她們頸部的長度，且戴上一疊沉重的銅環努力去伸長它。雖然有許多婦女試圖以此吸引觀光客來賺錢；但有些人拚命努力是為了達到他們文化上完美的頸部。有位婦女說：「當頸部真的很長，就是最美的。頸部愈長，愈美麗。我不會脫下頸環……我將跟它們一起埋葬。」（Mydans, 1996）

心理動力的觀點

　　正如第一章所述，Freud 的精神分析理論，開始致力於歇斯底里症狀的解釋。事實上，當人們有真正的問題時，他是當時認真的治療這種症狀的少數臨床工作者之一。Freud 在巴黎研究催眠，並熟悉 Liébault 及 Bernheim 的工作之後，他對一位較老的醫生 Josef Breuer（1842-1925）的工作感到興趣。Breuer 曾經成功的使用催眠，治療一位叫 Anna O. 的女士。她罹患歇斯底里的耳聾、語無倫次及麻痺。批評家質疑 Anna O. 的疾病，是否完全為歇斯底里症，是否 Breuer 的治療對她的幫助與他所宣稱的一樣多（Ellenberger, 1972）。但是以此及相似的個案為基礎，Freud（1894）相信，歇斯底里症代表潛在的情緒衝突，轉化為身體的症狀。

　　觀察到多數的歇斯底里症患者是女人，Freud 乃集中他的歇斯底里症解釋，在女孩的性器期中（從 3 歲到 5 歲）所經驗到的需要和衝突。他認為，在那個時期，所有女孩發展一種慾望的模式，稱為戀父情結（Electra complex）：每一個女孩對她的父親經驗到性的感覺，同時她認清為得到父親的愛，必須和母親競爭。不過，知覺到母親更有權利地位，以及順從文化的禁忌，女孩壓抑她的性感覺，並去除早期對父親的慾望。

　　Freud 認為，如果孩子的父母對她的性感覺反應過度，例如：激烈的處罰，戀父衝突並未解決，而此孩子在往後的整個人生，將再經驗性的焦慮。每當事件引起性的感覺，她會潛意識的將此需求隱藏起來。Freud 推斷某些女人隱藏她們的性感覺，經由潛意識將它們轉化為身體症狀。

　　今日多數的心理動力理論家，修正了 Freud 歇斯底里症的解釋，特別是他將此症追溯於未解決的戀父衝突之見解（Verhaeghe, Vanheule, & de Rick, 2007; Hess, 1995）。然而，他們繼續相信，此症的患者有兒童期發展的潛意識衝突，這些衝突引起焦慮，個人乃轉化此焦慮為「更可容忍的」身體症狀（Brown et al., 2005）。與此信念一致的是，研究已發現有此症的人，在兒童時期有創傷、虐待或被忽視的歷史（Sar et al., 2004; Noyes et

✪ **戀父情結的扭曲**　Freud 認為，歇斯底里症產生於父母親過度反應，女兒幼年時對父親所顯示的情感。兒童可能到成年期繼續表現性的壓抑，並轉化性的感覺為身體疾病。

al., 2002）。

　　心理動力理論家主張，有兩個防衛機轉在歇斯底里身體型疾患上運作——初級收穫和次級收穫（van Egmond, 2003）。當歇斯底里症症狀，使他們的內在衝突離開意識時，人們得到*初級收穫*（**primary gain**）。例如：在一個辯論中，一個對表達憤怒有潛在的恐懼者，可能發展為轉化性的手臂麻痺，因而阻止他的憤怒感到達意識層。當歇斯底里症狀進一步使人避開一些不愉快的活動，或獲得他人的同情時，他們得到*次級收穫*（**secondary gain**）。例如：轉化性的麻痺，使一個士兵免除打仗的責任，或轉化性的目盲，阻止人際關係的破裂等，有次級收穫的作用。同樣的，在船難意外失去妻子的 Brian，他的轉化性麻痺，使他在意外事故之後，可以避免許多痛苦的責任，從通知妻子的雙親女兒的死亡，到參加她的葬禮及恢復工作等。總之，初級收穫引發歇斯底里症狀，而次級收穫則是症狀的副產物。

🍃 行為的觀點

　　行為理論學家提議，歇斯底里症的身體症狀，給患者帶來酬賞（見表 7-3）。也許這些症狀使人擺脫不愉快的人際關係，或引起他人的注意（Whitehead et al., 1994）。對這些酬賞的反應，患者學習表現愈來愈多顯著的症狀。行為理論家也認為，熟悉某種疾病的人們，會更容易採取它的身體症狀（Garralda, 1996）。事實上，研究發現，許多患者在他們或他們的親友，有相似的醫學問題之後，發展出歇斯底里症狀（Marshall et al., 2007）。

表 7-3　有身體症狀的疾患

疾患	有意控制的症狀？	症狀與心理因素有關？	有明顯的目的？
詐病	是	可能	是
人為疾患	是	是	無*
身體型疾患	不是	是	可能
心理生理疾病	不是	是	不是
身體疾病	不是	可能	不是

*除了要引起醫療注意

　　行為學派所重視的酬賞，與心理動力強調的次級收穫觀念相似。主要的差異在於，心理動力理論家視收穫實際上是續發性的——亦即，獲得酬賞僅在潛在的衝突產生此症之後；而行為學家視酬賞為發展此症的主要原因。

　　正如心理動力的解釋一樣，歇斯底里症的行為觀點，在研究上得到的支持也

不多。甚至臨床的個案報告，也只偶爾支持這種立場。圍繞此症的諸多個案的痛苦和苦惱，似乎勝過任何症狀可能帶來的酬賞。

認知的觀點

有些認知理論家提出，歇斯底里症是溝通的形式，當人們在難以表達情緒時，提供其表達情緒的一種方法（Mitchell, 2004）。就像他們的心理動力同僚，這些理論家也支持有歇斯底里症病人的情緒，被轉化為身體症狀。然而，他們認為轉化的目的不是在防衛焦慮，而在於傳達強烈的感覺——憤怒、恐懼、憂鬱、罪惡感、嫉妒——以一種病人熟悉及舒服的「身體語言」來表達（Koh et al., 2005）。

根據此觀點，容易罹患歇斯底里症者，是那些對認清或表達他們的情緒特別有困難的人。因此，那些「認識」身體症狀語言者，透過真正的身體疾病，得到直接的體驗。由於兒童較無法以口語表達他們的情緒，他們特別可能發展身體症狀，作為溝通的形式（Dhossche et al., 2002）。然而，像其他的解釋一樣，認知觀點也沒有獲得廣泛的試驗或研究的支持。

多元文化的觀點

正如前述，歇斯底里身體型疾患主要的特色是身體化（somatization），即對個人的苦惱反應，發展出身體症狀。個人顯現的身體化，不管是否達到疾患充分發展的程度，或僅是被孤立的症狀，在多數西方國家都被認為不適當（Escobar, 2004）。有些理論家認為，此種態度反映西方國家所持有的偏見——視身體症狀是一種處理情緒的低等方法之偏見（Moldavsky, 2004; Fabrega, 1990）。

事實上，轉換個人的痛苦為身體疾病，在許多非西方國家是正常的（Draguns, 2006; Kleinman, 1987）。在這些文化中，身體化被視為在社會上或醫學上，對生活壓力源的反應是恰當的——並很少被汙名化。

在全世界非西方的醫療環境，研究已發現高比率的身體化症狀，包括中國、日本及阿拉伯的國家（Matsumoto & Juang, 2008）。在拉丁國家的人，顯現異乎尋常的身體症狀人數（Escobar, 2004, 1995; Escobar et al., 1998, 1992）。即使在美國，來自拉丁美洲文化的人，在面對壓力時，比其他的人口顯示更多的身體症狀。

正如第六章所述，在美國的各族群中，拉丁裔美國人的創傷後壓力疾患，比其他族群更為普遍。不過更有趣的是，研究澄清這種傾向，只存在出生於美國或住在美國幾年的拉丁裔美國人當中（Escobar, 2004, 1998）。實際上，最近的拉丁移民，比其他國家的人們，顯示較低的創傷後壓力疾患比率。可能是最近的移民，尚未受到西方對身體化偏見的影響，即對創傷事件以熟悉的身體症狀反應，而這些症狀有助於防止完全成熟的創傷後壓力疾患開始。

從多元文化的發現學到的功課，不著重在對壓力以身體反應，優於心理的反

應，或反之；而是了解對生活壓力源的反應，時常受個人的文化影響。忽略這一點，會導致對膝蓋反射貼錯標籤或錯誤診斷。

🍃 生物的可能角色

　　雖然歇斯底里身體型疾患的界定，被認為大部分是心理和社會文化因素的結果，但生物過程的影響也不能忽略（Ovsiew, 2006）。為了解此觀點，研究人員最先考慮的，是安慰劑和安慰劑效應（placebo effect）。

　　好幾世紀醫生已觀察到，罹患各種疾病的病患，由暈船到咽喉痛，可以用沒有醫療作用的物質──**安慰劑**（placebo），來緩和痛苦（Price, Finniss, & Benedetti, 2008; Brody, 2000）。有一些研究，對經由安慰劑幫助病人的實際數目，提高懷疑（Hrobjartsson & Goltzsche, 2006, 2004, 2001），但是通常同意這種「假性」的治療，確實對許多人有幫助。

　　為什麼安慰劑有治療的效果？理論家過去相信，它的作用完全是心理的方法──暗示的力量神奇地在身體上起作用。不過，近年來研究人員已發現，一個信念或期望，能引發某些遍布全身的化學物質轉為行動，然後這些化學物質產生醫療效果（Price et al., 2008）。第六章談到，常見相關的身體化學物質，是荷爾蒙和淋巴細胞，以及第十二章將談到的腦內啡──天然的麻醉劑。此學科主要的理論家 Howard Brody，訪問了製藥業比較安慰劑的效果：

　　我們的身體能產生許多物質，治癒各種疾病，並使我們感覺更健康和更有活力。當身體自己本身分泌這些物質，我們常使用的術語是「自發痊癒」。有些時候，我們的身體反應遲緩，外在的訊息可用來警告我們內在的藥房。安慰劑的反應，因而在我們內在藥房的警告反應可被看到。

（Brody, 2000, p. 61）

　　如果安慰劑能以這種方式，警告我們的內在藥房，或許創傷事件和有關的關心和需求，也正在做同樣的事（雖然是以負面的方式），在轉化症、體化症或與心理因素有關的疼痛症的個案。那就是，這些事件和反應，事實上可能觸發我們內在的藥房，並展開歇斯底里身體型疾患的身體症狀。

身體型疾患如何治療？

　　有身體型疾患的人，通常把尋求心理治療當作最後的求助手段。他們十分相信他們的問題是醫學的，因此最初會拒絕各種的建議（Asmundson & Taylor, 2008）。當一個醫生告訴他們，他們的問題沒有生理上的根據時，他們通常是去求助另一位醫生。然而，最後許多此疾患的病人，同意作心理治療、精神藥物治療，或是兩者。

有偏見性身體型疾患的人——慮病症及身體畸形性疾患——通常接受應用於焦慮症的治療法，特別是強迫症的方法（Bouman, 2008; Barksy & Ahern, 2004）。例如：有些研究顯示，任何一種偏見性身體疾患的病人，以對強迫症個案同樣有效的抗憂鬱劑治療時，獲得很大的改善（Bouman, 2008; Greeven et al., 2007; McKay et al., 2008）。

同樣的，在一個研究中，17 個身體畸形性疾患的病人，以暴露與不反應（exposure and response prevention）法治療——經常用來幫助強迫症病人的行為療法。經過四週的療程，患者一再被提醒他們知覺的身體缺陷，同時阻止他們做任何動作（例如：檢查他們的外貌），以減輕他們的不適感覺

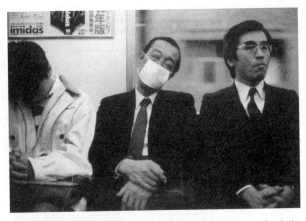

✪ **慮病症的極端案例？**　不見得。經過 1918 年流行性感冒奪走 2,000 萬人的性命之後，日本人開始戴口罩，以預防遊走的病菌侵襲。有些人，像這位通勤者，在寒冷及流行性感冒的季節，沿襲傳統繼續戴口罩。

（Neziroglu et al., 2004, 1996）。在治療後期，這些人變為較不在意他們的缺陷、檢視身體各部分和照鏡子的時間較少，及較不逃避社會互動。行為的方法結合認知治療，成功的情況愈來愈多，因為認知的方法也能幫助身體畸形性疾患患者，確認、測試及改變他們對外貌和社交影響的扭曲想法（Sarwer, Gibbons, & Crerand, 2004; Geremia & Neziroglu, 2001）。

這種認知—行為治療法，也被應用在慮病症的個案。在此治療中，治療師一再對患者強調身體的變化，同時阻止他們尋求慣常的醫療照顧。此外，治療師指導患者確認和改變幫助他們維持症狀的疾病有關的認知（見表 7-4）。這種方法，得到有前景的研究支持（Bouman, 2008; Greeven et al., 2007; Taylor et al., 2005）。

歇斯底里身體型疾患的治療——轉化症、體化症及疼痛症——通常專注在疾患的成因（身體症狀背後的創傷或焦慮），並且應用創傷後壓力疾患個案相同的技術，特別是領悟、暴露及藥物治療。例如：心理動力治療師，幫助歇斯底里症的患者，覺察及分辨他們潛在的焦慮，從而消除將焦慮轉換為身體症狀的需求（Hawkins, 2004）。行為主義的治療師，使用暴露治療法：治療師將患者，暴露在最初引發他們身體症狀的可怕事件中，期望透過反覆暴露的療程，使患者變得較不焦慮，轉而較能直接面對苦惱的事件，不再憑藉身體的手段（Stuart et al., 2008; Ciano-Federoff & Sperry, 2005）。生物治療師是使用抗焦慮劑或某些抗憂鬱劑，幫助減輕歇斯底里症患者的焦慮（Eifert et al., 2008; Han et al., 2008）。

表 7-4 慮病症患者常見的信念

對身體的信念	只有當我對身體沒有任何異樣感覺時,我是健康的。
	身體不適經常是疾病的徵兆。
	皮膚上的紅疤是皮膚癌的徵兆。
	關節痛意味著我的骨頭在退化。
	真正的症狀不是由焦慮引起。
對疾病的信念	假如我生病,我會遭受很大的痛苦和災難。
	假如我生病,人們會避開我或拒絕我。
	處處都有嚴重的疾病。
	人們不能從嚴重的疾病恢復。
易受傷的信念	我的循環系統非常敏感。
	因為我的身體虛弱,我要避免費力的事。
	疾病是失敗和不勝任的預兆。
	假如我生病了,人們會遺棄我。
對醫生的信念	醫生應能解釋所有身體的疾病。
	醫生不能信任,因為他們經常犯錯。
	假定醫生推薦我做進一步的醫療檢測,他必須相信我的身上有嚴重的毛病。
	假定你沒有給醫生完全及詳細的症狀描述,醫療評估是不可靠的。
對擔心的信念	擔心我的健康使我感覺安全。
	我需要經常檢查我的身體,以發覺疾病最早的徵兆。
	我需要周密地注意我的健康,否則有些可怕的事會發生。

資料來源:Taylor & Asmundson, 2004.

　　其他的治療師,試圖處理歇斯底里症的身體症狀,而不著重原因,應用的技術包括暗示(suggestion)、增強(reinforcement)或面質(confrontation)(Yutzy, 2007)。應用暗示的治療師,提供病人情緒的支持,並告訴病人他們的身體症狀不久將會消失(Anooshian et al., 1999),或在催眠之下,對他們暗示同樣的事情(Elkins & Perfect, 2007; Moene et al., 2002)。使用增強方法的治療師,對病人的病態行為不予酬賞,只對健康有益的行為增加酬賞(North, 2005)。運用面質法的治療師,以坦率的方式告訴患者,他們的症狀沒有醫學根據,試圖迫使病人脫

離有病的角色（Sjolie, 2002）。

　　研究者沒有徹底的評估，這些特殊的方法對歇斯底里症的效果（Ciano-Feder-off & Sperry, 2005）。然而，個案研究指出，轉化症和疼痛症比體化症，對治療的反應較佳；而使用面質策略，比暗示和增強法無效（Miller, 2004）。

解離性疾患

　　當我們在跟世界互動時，多數都經驗到一種完整及持續感。我們意識到自己不單是隨機的把一些孤立的感官經驗、感覺，以及行為集合起來而已。換句話說，我們有一個身分（identity），亦即我們是怎樣的一個人，以及我們在生活環境中是站在何處的感覺。其他的人認識我們，而且期望我們有某一種表現。但更重要的是，我們認識自己，並有自己的期望、價值觀，以及目標。

　　記憶（memory）是一個人這種身分感的重要關鍵，它把我們的過去、現在，以及未來貫穿起來。我們對過去經驗的回憶雖然不一定完全精確，但是它可以幫助我們對現在的事情作反應，並引導我們對未來的事情作適當的決定。我們認識我們的朋友和親戚、老師和雇主，並且對他們作適當的反應。如果沒有記憶，我們每一件事情都要重新開始；有了它，我們的生命才會往前移動。

　　人們有時會經驗到記憶、身分或意識的重大瓦解。例如：他們喪失回憶剛學到的新資訊，或以前學得很好的舊資訊的能力。如果此種記憶的改變，並沒有明顯的生理原因，它們被稱為**解離性疾患**（dissociative disorders）。此種疾患，個人部分的記憶，似乎跟其他的部分分離或分開。

　　有幾種不同的解離性疾患：解離性失憶症（dissociative amnesia）的主要症狀，是不能回憶重要的個人事件以及資料；解離性漫遊症（dissociative fugue）的人，不僅忘記過去的事情，而且漫遊到一個新的地方，並且採用一個新的身分；解離性身分疾患（dissociative identity disorder）〔以前稱為多重人格症（multiple personality disorder）〕的人，有兩個或兩個以上各別的身分，他們可能一直不知道彼此之間的思想、感覺，以及行為。

　　有些使人懷念的書或電影，就是以描述解離性疾患為主題。最著名的兩本書是《三面夏娃》（*The Three*

✪**風險** 這位以色列士兵在一場激烈的戰爭之後，臉上看來嚇呆的樣子，使人聯想到困惑、震驚及精疲力竭。戰場的士兵特別易有失憶症及解離反應。他們可能忘記特別恐怖的事物、個人資料，或甚至他們的身分。

Faces of Eve）和《西碧兒》（*Sybil*）。兩本書都描述一個女人有多重的人格。這個論題是如此的迷人，以至於多數的電視劇，在每季至少包含一個解離的戲目，而造成這種疾患相當普遍的印象（Pope et al., 2007）。不過，很多臨床工作人員卻認為，它們是很罕見的。

DSM-IV-TR 也列出自我感喪失疾患（depersonalization disorder），亦是一種解離性疾患。有此問題的人，經驗到他們由自己的心理過程或身體脫離，以及自己好像是個外在的旁觀者。這種列舉是矛盾的，因為自我感喪失疾患者的記憶和身分，並未損傷。它主要在於自我感發生變化：他們的心理過程和身體，感覺不真實或疏遠。在本章稍後，會討論更多有關這種疾患。不過，在這種討論之外，解離性疾患將探討，包含記憶和身分清楚改變的問題：解離性失憶症、解離性漫遊症，及解離性身分疾患。

當你閱讀本章接下來的部分，要記得解離性的症狀，經常被發現在急性壓力疾患或創傷後壓力疾患的個案。回想第六章所述，罹患那些疾患的人，會感覺暈眩、對事情的回憶困難，或經驗不實際的感覺。當這種症狀的發生，是壓力疾患的一部分，他們不需要表現由解離症狀控制的解離性疾患。另一方面，研究指出，有些此種疾患的人，也發展出其他的疾患（Bremner, 2002）。

解離性失憶症

在本章的開始，你看到一位名叫 Brian 的不幸男人。Brian 在創傷性的船難意外妻子死亡後，發展出轉化症。為了幫助檢視解離性失憶症，讓我們再次回顧這個案例，改變 Brian 在創傷事件後發展的反應和症狀。

Brian 和他的太太 Helen 在帆船上度過一個星期六。海浪有些不平靜，但是在他們認為安全的範圍內。他們有一段非常愉快的時光，但是沒有注意到天色慢慢的變黑，風吹得愈來愈強烈，帆船也更加難以駕馭。經過幾個小時的航行以後，他們才發現他們已經遠離岸邊，進入一個強有力而且危險的暴風雨中。

這個暴風雨快速的增強，Brian 在大風和大浪中實在沒有辦法控制這條帆船，他和 Helen 試圖穿上他們在出海前忘記要穿的救生衣；但是在救生衣還沒穿上前，船就已經翻覆了。Brian 游泳技術比較好，能夠游到翻覆的帆船，抓住它的邊緣，繼續為珍貴的生命奮鬥。但是 Helen 簡直沒有辦法克服狂暴的海浪游回船邊。就在 Brian 眼睜睜看著這種恐懼而無法置信的情況時，他的太太就從他的視線中消失。

過了一會兒，暴風雨開始緩和下來。Brian 經過一番掙扎以後，把這條帆船重新恢復適當的位置，而且划到岸邊。最後他安全抵岸。但是這個暴風

雨給他帶來的後果才開始。第二天充滿了痛苦和更進一步的震驚：海邊巡邏人員發現了 Helen 的屍體……和警方討論這個事件……發布消息給 Helen 的父母……和朋友談論……自責、悲痛，以及很多很多煩人的事情。在星期三，也就是那個奪命的下午之後五天，Brian 使自己鎮定以參加 Helen 的葬禮。這是在他一生當中最長而且最艱苦的一天。大部分的時間，他覺得他處在一個恍惚的狀態中。

禮拜四上午醒來後不久，Brian 發覺自己有一個非常糟糕的情況。雖然盡力的思考，他仍無法記得過去幾天來所發生的事情。他記得這個意外的事件、Helen 的去世，以及海岸警衛發現 Helen 屍體時給他的電話。但是除此之外，其他所有事情都從他的記憶裡頭消失了，一直到他太太葬禮以後的事才能記得。最初他甚至想今天是星期天，而他跟他家庭的親友討論到葬禮的事情，都是在星期天以前發生的事情，但是報紙、葬禮簽到簿，以及他和他哥哥的電話談話，不久就使他確信他已失去他的生命中過去的四天。

在這個改編的情節裡，Brian 對創傷經驗的反應，是**解離性失憶症**（dissociative amnesia）的症狀。具有解離性失憶症的人，無法回憶重要的資訊，它通常是在他們生活中具有苦惱的性質（APA, 2000）。這種記憶的喪失，比常態的遺忘更嚴重，而且它並不是由器質因素所引起（見表 7-5）。失憶症的發作，經常是直接由特殊的煩惱事件所觸發（McLeod, Byrne, & Aitken, 2004）。

表 7-5　DSM 檢核表

解離性失憶症

1. 一次或多次的發作，不能記起重要的個人資料，通常本質上與創傷或壓力有關，其範圍太廣泛，而無法以普通的遺忘來解釋。

2. 造成重大的痛苦或功能損傷。

解離性漫遊症

1. 突然、非預期地離開家或慣常的工作地點開始漫遊，且無法回憶個人的過去。

2. 對個人的身分感覺困惑，或採用新的身分。

3. 造成嚴重的痛苦或功能損傷。

解離性身分疾患（多重人格疾患）

1. 出現兩種或兩種以上不同的身分或人格狀態。

2. 至少有兩種以上的身分或人格狀態，一再地控制此人的行為。

3. 不能記起重要的個人資料，其範圍太廣泛，而無法以普通的遺忘來解釋。

資料來源：APA, 2000.

解離性失憶症可能是局部的、選擇性的、廣泛性的，或連續性的。這些種類的失憶症，可能都由像 Brian 一樣的創傷經驗所引發，但是每一種都代表一種特殊的遺忘模式。Brian 是遭受一種局部的失憶症（localized amnesia）或有界限的失憶症（circumscribed amnesia），這是解離性失憶症中最常見的型態，此種失憶是個人喪失某段時間內所有有關事件的記憶，而且它幾乎經常開始於非常心煩的事件。我們記得 Brian 在葬禮之後第二天醒來，無法回憶過去幾個非常艱困的日子所發生的事件，這些事件是開始於翻船的悲劇。他記得在翻船事件以前的每件事，及包括這個事件本身，他也能回憶在葬禮之後所發生的事情，但是在其中幾天發生的事情，他腦中一片空白。這個遺忘的時期稱為失憶發作期（amnestic episode），在此期間，人們可能顯現非常的迷惑；在某些個案可能會無目的的漫遊。他們已經驗到記憶的困難，但他們似乎沒有察覺到這種情況。例如：在改編的情況中，Brian 覺得他一直是在 Helen 葬禮這一天的失神狀態中。

有選擇性失憶症（selective amnesia）的人，是解離性失憶症中第二種常見的型態，這種人對某一期間所發生的事情，只記住一部分而非全部。如果 Brian 有選擇性失憶症，他可能會記得跟朋友的某些談話，但是他對葬禮這部分可能不記得。

有某些個案，喪失記憶可能延伸到創傷時期之前。Brian 在葬禮第二天醒來的時候，他可能發現除了忘記過去這幾天的事情之外，他也無法想起發生在生命早期的事件。在這種情況下，他可能經驗到廣泛性失憶症（generalized amnesia）。在一些極端的個案，Brian 也許甚至不記得他是誰，也不認得他的親戚和朋友。

目前為止所討論的解離性失憶症形式，被失憶症影響的時期總會結束。但對繼續性失憶症（continuous amnesia），他的遺忘一直持續到目前。Brian 可能忘記新的或是正在進行的經驗，以及在悲劇發生以前和悲劇整個期間的事情。在解離性失憶症的個案，連續性的遺忘相當少，但是在第十八章我們將可發現，此在器質性失憶症的個案比較常出現。

所有解離性失憶症的形式，都很相似，也就是失憶症主要的干擾情節記憶（episodic memory）——個人資料的記憶；但是語意記憶（semantic memory）——抽象或廣博資料的記憶——通常保持完整。因而患有解離性失憶症的人，就像其他人一樣，知道美國總統的姓名，也知道寫、讀或開車等等。

臨床工作人員不知道解離性失憶症有多普遍（Pope et al., 2007），但是他們知道許多個案，似乎開始於嚴重的威脅健康和安全的期間，像戰爭和天然災害時（Cardena & Gleaves, 2008; Witztum et al., 2002）。身經百戰的軍人經常報告，他們的記憶有幾個小時或幾天的空白，有時候甚至忘記了個人的資料，例如：他們的姓名和住址（Bremner, 2002）。兒童時期的虐待，特別是兒童的性虐待，有時也會引發解離性失憶。事實上，在 1990 年代目擊許多報告，成人宣稱憶起長

久遺忘的兒童期性虐待經驗。此外，解離性失憶症也可能發生在平常的情況中，例如：因為被厭棄或死亡而突然失去所愛的人，或某種不道德行為所產生的罪惡感（如婚外情）（Koh et al., 2000）。

　　解離性失憶症對個人的影響如何，視他忘記的部分有多少而定。很明顯的，兩年的失憶發作，比只失憶一、兩個小時的問題更嚴重。同樣的，個人的失憶發作期是在生命關鍵性的轉捩點，比發生在個人平靜無事的情況中，可能造成更大的困難。

解離性漫遊症

　　患有**解離性漫遊症**（**dissociative fugue**）的人，不僅忘記自己的身分及過去生活的細節，而且逃到一個完全不同的地方（見表 7-5）。有一些人漫遊到一個短距離之外，而在這個新地方建立新的社會關係（APA, 2000）。他們的漫遊是很短暫的（幾個小時或幾天），而且會突然的結束。不過，其他的案例，可能離家到很遠的地方、換了一個新名字及建立一個新身分、發展出新的社會關係，甚至尋求一個新行業的工作。這些人甚至表現一種新的人格特質；他們往往變得比較外向（APA, 2000）。更特別的漫遊被發現在十九世紀末期，著名的心理學家 William James 所描述牧師 Ansel Bourne 的案例：

　　在 1887 年 1 月 17 日，羅德島有一個人叫作 Ansel Bourne，他從 Providence 的銀行領出了 551 美元，用這些錢在 Greene 買了一塊地，付了一些帳，然後就坐上一輛往 Pawtucket 的馬車，這是他最後能夠記起來的事件。那天他沒有回家，而且有兩個月的時間沒有聽說過他的消息。當地的報紙登出他失蹤的消息，也有人懷疑他詐欺，但是警察搜索他的行蹤，毫無著落。然而，3 月 14 日早上，在賓州 Norristown 一個自稱 A. I. Brown 的人，在六個星期前租了一個小店舖，放置了一些文具、糖果餅乾、水果，以及其他的小東西，而且很平靜的從事他的小買賣，一點也看不出有什麼不自然或異常的情況。突然間，他從睡夢中驚醒，而且叫起房間裡面的人，告訴他們他是從哪裡來的。他說他的名字叫 Ansel Bourne，他說他對 Norristown 一點都不熟悉，他對於開店一點也不了解，他所記得最近的事──就像只是昨天一樣──是從 Providence 的銀行把錢領出來等等……他看起來非常的虛弱，就在他離奇行為的一段時間裡他瘦了 20 磅。他對這個小糖果店具有極大的恐懼，也因此他拒絕再踏進這家小商店。

　　他喪失記憶而不知道他做什麼事情的最初兩個禮拜，在他恢復正常的人格以後，他完全沒有記憶，而且似乎也沒有認識他的人，在他離家之後看過他。當然，最重大的改變，是這個自稱 Brown 的人從事的特殊職業。在 Brown

> 的一生中，沒有一點做生意的經驗。Brown 的鄰居描述他是一個沉默寡言的人，他的習慣是有條不紊，一點也不古怪。他有好幾次到費城，重新補貨；在店鋪後面燒飯，也睡在店鋪裡；定期的上教堂，有一次在祈禱會中，旁聽者認為他作了一個很好的禱告。在這個過程，他提到的事件，已為自然狀態的 Bourne 作證明。
>
> （James, 1890, pp. 391-393）

　　約有 0.2% 的人經歷解離性漫遊症。就像解離性失憶症一樣，漫遊症通常發生在嚴重的壓力事件之後（Cardena & Gleaves, 2008; APA, 2000）。有些青少年離家出走，可能處於漫遊狀態（Loewenstein, 1991）。就像解離性失憶症的個案，漫遊通常影響個人的（情節）記憶，而不是廣博的或抽象（語意）的知識（Maldonado & Spiegel, 2007; Glisky et al., 2004; Kihlstrom, 2001）。

　　漫遊往往會突然的結束，在某些個案，就像牧師 Bourne 一樣，此人在一個奇怪的地方突然的「覺醒」，圍繞的都是一些不熟悉的面孔，而且疑惑他如何來到這個地方。另外有一些個案，因為缺乏個人的來歷，可能引起懷疑。也許是交通事故，或其他法律上的問題，導致警察發現這個人的不實身分；有些時候是親友找尋，而發現這個失蹤的人。有些人在他們漫遊沒有結束之前，就被找到。在這種情況之下，治療師可能要問許多有關他們生活的細節，而且要一再地提醒他們是誰，甚至在他們恢復記憶之前開始心理治療。有些人恢復他們過去的記憶，有些人遺忘漫遊期間的事情（APA, 2000）。

　　多數經歷解離性漫遊症的人，重新恢復大部分或全部的記憶，而且這種情形不會再發生。由於漫遊通常很短暫，而且可以完全的逆轉，個人不會經驗到很多的後效。不過，有些離開幾個月或幾年的人，對重新適應在逃離期間發生的改變，經常有相當的困難。此外，有些人在他們的漫遊狀態中，從事違法或暴力的行為，在他們恢復以後，就必須面對這些行為的後果。

✪ **遺失和尋獲**　1996 年 Cheryl Ann Barnes 在佛羅里達由她的祖母和繼母扶持下飛機。這位 17 歲的高中傑出學生，從佛羅里達的家中走失。一個月以後，在紐約的一家醫院被尋獲，她在醫院登記的名字是 Jane Doe，顯然的，她罹患了漫遊症。

解離性身分疾患（多重人格疾患）

解離性身分疾患具有相當的戲劇性及缺陷，我們在 Eric 的案例，可以看出來：

29 歲的 Eric 被人拳打腳踢一番以後，精神恍惚並且身體有多處傷痕，2 月 9 日他被人發現在 Daytona 海灘的購物中心漫步，狀極狼狽……六個禮拜以後他被轉介到 Daytona 海灘的人類資源中心去接受治療。Eric 開始用兩種聲音對醫生說話：一種是「年輕的 Eric」，嬰兒式的音調，來自聲音微弱而且很恐懼的小孩；另外一個慎重的聲調是「較老的 Eric」，陳述一個恐怖的兒童虐待故事。根據較老的 Eric 的說法，在他移民的德國籍父母親去世以後，他嚴厲的繼父和繼父的情人，從南卡羅萊納州把他帶到毒品販賣商在佛羅里達州沼澤區的隱匿處。他說有幾個流氓強暴他，他也看到他的繼父謀殺了兩個人。

三月末的一天，一個機警的輔導人員，看到 Eric 的臉部扭曲成兇暴怒吼的樣子。Eric 放肆可怕地吼叫及口出惡言，就像是伏魔師所發出來的聲音。這是中心一位心理師 Malcolm Graham 親眼目睹的，他說：「這是我所看到的病人中，最暴烈的一種情況。」那個出現無禮要求的新人格，被稱為 Mark；這是 Graham 處理的罕見及嚴重情感疾患的最先徵兆：真正的多重人格疾患……

Eric 在接下來的一週，出現另外的表現：安靜、中年的 Dwight；歇斯底里、又聾又啞的 Jeffrey；自大的賽馬騎師 Michael；賣弄風情的 Tian，她被 Eric 形容是一個妓女；以及善於爭論的律師 Phillip。Graham 說：「Phillip 經常要求 Eric 的權利」、「他是可憎的，事實上，Phillip 是痛苦的來源。」

讓 Graham 訝異的是，Eric 逐漸顯示 27 種不同的人格，包括三位女性……年齡層從胎兒到汙穢的老人，他一再地說服 Eric 當傭兵，到大溪地去打仗。Graham 報告，在某次療程中的一小時內，Eric 轉換九次的人格。他說：「我覺得我在療程中失去了控制。」這位已有 11 年臨床工作經驗的心理師說：「有些出現的人格不跟我講話，而另外一些對我的行為有很高的洞察力，也知道 Eric 的行為。」

(Time, October, 1982, p. 70)

有**解離性身分疾患**（dissociative identity disorder）或**多重人格疾患**（multiple personality disorder）的人，發展出兩種或兩種以上不同的人格，經常稱為**副人格**（subpersonalities），或**交替人格**（alternate personalities）。每個人格都有獨特的一組記憶、行為、思想，以及情緒（見表 7-5）。在某一個時期中，

✪ **我是夏娃** 1975 年 Chris Sizemore 透露，她就是《三面夏娃》這本書和這部電影中的夏娃。在人格完全統整超過三十年之後，她是一位相當有成就的作家、藝術家，以及心理健康的代言人。

其中一個副人格就站在舞台中心，並控制此人的運作。通常出現得比其他人格更頻繁的一個副人格，稱為主人格（primary personality or host personality）。

從一個副人格轉變到另一個人格，就稱為轉換（switching），轉換通常是很突然的及戲劇性的（APA, 2000）。例如：當 Eric 改變人格時，會扭曲他的面孔、大聲的咆哮，以及用粗話罵人。雖然，臨床工作人員也可以藉著催眠的暗示，引起人格的轉換，但人格的轉換，通常是由壓力的事件所引發（APA, 2000）。

第一次有關解離性身分疾患個案的報導，差不多在三百年前（Rieber, 2002）。很多臨床工作人員認為，這種疾患非常罕見，但是有些報告指出，此疾患可能比過去想像的更普遍（Sar et al., 2007; Lilienfeld & Lynn, 2003; APA, 2000）。大多數的個案，是在青春期晚期或成年期早期第一次被診斷出來，但是它的症狀通常是在兒童期早期，經過一段時期的虐待（通常是性虐待）以後開始，或許是在 5 歲以前（Maldonado & Spiegel, 2007; Roe-Sepowitz et al., 2007; Ross et al., 1991）。女性得到這種診斷，至少為男性的三倍（APA, 2000）。

🌿 副人格如何互動？

副人格和其他副人格如何互動或喚起，視個案而有不同。然而，通常可以歸納為三種的關係型態。在相互失憶的關係（mutually amnesic relationships）中，這些副人格不知道另外的副人格（Ellenberger, 1970）。相反的，在互相認識模式（mutually cognizant patterns）中，每個副人格與其他的副人格彼此知道，他們可聽到另一人的聲音，甚至互相交談。有些彼此相處得很和諧，有些則無法和睦相處。

在一個單向的失憶關係（one-way amnesic relationships）中，最常見的關係模式是，有些副人格知道其他人格的存在，但是這種察覺並不是相互的（Huntjens et al., 2005）。那些察覺到其他人格存在的，稱為共同意識（co-conscious）副人格，他們是「安靜的觀察者」，觀察其他副人格的行動和思想，但是不跟他們互動。有時當其他的副人格出現時，共同意識的副人格，經由間接的方法來使別人知道他的存在，如聽幻覺（也許是下命令的聲音）或「自動的書寫」（此目前的人格，可能寫下他自己所無法控制的文字）。

研究人員過去認為，大部分的解離性身分疾患個案，包含兩個或三個副人

格。不過，現在的研究指出，每個病人平均出現的副人格數目更高——女人有 15 個，男人有 8 個（APA, 2000）。事實上，也有個案被觀察到有 100 個或更多的副人格（APA, 2000）。這些副人格每次經常以兩人或三人一組出現。

在著名的書籍和電影《三面夏娃》中，Eve 這個案例有三個副人格——Eve White、Eve Black 和 Jane（Thigpen & Cleckley, 1957）。Eve White 是主人格，她是安靜的及嚴肅的；Eve Black 是無憂無慮的及喜歡惡作劇的；而 Jane 是成熟的及智慧的。根據這本書的描述，這三個副人格最後合併為 Evelyn，實際上是三個副人格整合的穩定人格。

然而，這本書是錯誤的；這並不是 Eve 解離症的結局。在 20 年後的自傳中，她揭露在她的一生中，總共出現 22 個副人格，包括在 Evelyn 之後的 9 個副人格。通常他們是以三個副人格為一組出現，因此《三面夏娃》的作者，顯然並不知道她以前或後來的副人格真正情況。她現在已克服她的疾患，成為單一穩定的身分，而且人家稱她為 Chris Sizemore 已有 30 年（Sizemore, 1991）。

副人格波此有何不同？

就像 Chris Sizemore 的案例一樣，副人格經常表現戲劇性的不同特性。他們都有自己的姓名和不同的生命統計資料（vital statistics）、能力和偏好，甚至生理的反應。

生命統計資料　副人格可能有不同的特徵，如年齡、性別、種族以及家庭史，像著名的 Sybil Dorsett 個案。Sybil 的解離性身分疾患症狀，曾經以小說的形式描述（在《西碧兒》小說中），它是根據一個精神科醫師 Cornelia Wilbur 提出來的真實個案，病人的名字是 Shirley Ardell Mason（Schreiber, 1973）。Sybil 顯現 17 個副人格，而且每一個都有不同的可識別的特徵，他們包括成人、一個少年，以及一個名叫 Ruthie 的嬰兒；其中兩個是男性，叫作 Mike 和 Sid。Sybil 的副人格，每一個對他們本身和其他人都有特殊的印象。例如：名叫 Vicky 的副人格，把自己看成是一個有吸引力的金髮美女；另外一個叫作 Peggy Lou，被描述為帶有獅子鼻的小精靈；Mary 是一個豐滿及有一頭深色頭髮的人；而 Vanessa 是一個高個子、紅頭髮及身材苗條的女孩。

能力和偏好　雖然抽象和廣博知識的記憶，通常不會受到解離性失憶症或漫遊症的影響，但是他們通常受解離性身分疾患的困擾。不同的副人格有不同的能力，非常普遍：一個人格可能會開車、說外國語言，或彈奏一種樂器，而其他的人格就不會（Coons & Bowman, 2001; Coons et al., 1988）。他們的筆跡也可能不一樣。此外，副人格通常對食物、朋友、音樂和文學有不同的愛好。Chris Sizemore（Eve）後來指出：「如果我用一個人格來學習縫紉，那麼當我用另一個人格來縫紉時，我就辦不到。開車也是一樣。在我的人格中，有些不能開車。」（1977, p. 4）

生理的反應　研究人員發現，副人格可能有生理的差異。例如：自律神經系統的活動、血壓的水平，以及過敏都有所不同（Putnam, Zahn, & Post, 1990）。有一個研究，經由測量誘發電位（evoked potentials）——亦即，腦電波記錄器所記錄的腦部反應模式——來看不同副人格的腦部活動（Putnam, 1984）。一個人對一個特殊的刺激（如一道閃光）所產生的反應，在腦部的模式往往是獨特和一致的。不過，當誘發電位測驗，實施在 10 位解離性身分疾患者中的四個副人格，其結果非常的戲劇性。每個副人格的腦部活動模式都是獨特的，它們顯示的變化，通常發現在完全不同的人身上。

這種誘發電位研究，也用在假裝有不同副人格的控制受試者。這些正常人被指示去產生及練習替代的人格。跟真正的病人不同的是，這些受試者從一個副人格變更到另一個副人格，他們腦部反應的模式並沒有變化。顯示單純的假裝，不能產生發現在多重人格個案的腦部反應變化。

解離性身分疾患是不是普遍？

正如前述，解離性身分疾患傳統上被認為是很罕見的。有些研究人員甚至爭辯，很多或所有的案例都是誤診致病（iatrogenic）——也就是，由臨床實務工作人員無意中引起（Loewenstein, 2007; Miller, 2005; Piper & Merskey, 2005, 2004）。他們認為治療師在治療中，巧妙地暗示有另外一個人格的存在，而引起這種疾患，或在催眠之下，治療師明確地要求病人產生不同的人格。此外，他們相信一個尋找多重人格的治療師，當病人顯示解離症狀時，治療師表現更大的興趣和注意，可能會增強這種模式。

這種爭論似乎得到事實的支持，許多解離性身分疾患的個案，第一次引起治療人員的注意，是他們在為一些比較不嚴重的問題作治療時發現的。但並不是所有的個案都是這樣；另外很多病人尋求治療，是因為他們注意到在他們的生活中時間的失誤，或因為他們的親友觀察到他們的副人格（Putnam, 2000, 1988, 1985）。

這些年來，診斷出解離性身分疾患的人數逐漸地增加（Sar et al., 2007; Casey, 2001）。雖然這種疾患依然罕見，但是現在單單在美國和加拿大，就有數千的個案被診斷出來。有兩種因素可說明這種增加的情況，第一，今天愈來愈多的臨床工作人員相信，這種疾患確實存在，而且願意作這種診斷（Merenda, 2008; Lalonde et al., 2002, 2001）。第二，今天的診斷程序比過去更加精確。二十世紀的大部分時間，精神分裂症是臨床領域最常作的診斷之一。廣泛的不尋常的行為模式，被歸入精神分裂症，經常是錯誤的，這種情況也許包括解離性身分疾患（Turkington & Harris, 2001）。在 DSM 最近版本較嚴格的標準下，臨床工作人員現在在診斷精神分裂症時能夠更正確，使更多的解離性身分疾患個案被確認（Welburn et al., 2003）。此外，目前有幾種診斷測驗也已發展出來，以幫助查出解離性身分疾患

（Cardena, 2008）。儘管這些的改變，但是很多臨床工作人員繼續質疑，這種分類的正當性（Lalonde et al., 2002, 2001）。

理論家如何解釋解離性疾患？

有各種不同的理論對解離性疾患提出解釋。較早的解釋，像心理動力以及行為理論家提出的，並未被很多的研究所接受（Merenda, 2008）；然而，較新的觀點，結合認知、行為，以及生物的原則，並強調這些因素，如情境依賴學習（state-dependent learning），以及自我催眠（self-hypnosis），開始獲得臨床科學家的關注。

心理動力的觀點

心理動力理論家相信，解離性疾患是由壓抑（repression）所引起，它是最基本的自我防衛機轉：人們潛意識地阻止痛苦的記憶、思想或衝動進入意識，來排除焦慮。每個人多多少少會使用壓抑，但是有解離性疾患的人，被認為是過分的壓抑他們的記憶（Fayek, 2002）。

根據心理動力的觀點，解離性失憶症和漫遊症是大量壓抑的單獨事件。這兩種疾患中，個人總是潛意識的阻止極端痛苦事件的記憶，以避免面對它的痛苦（Turkington & Harris, 2001）。壓抑可能是避免他們遭受壓倒性焦慮的唯一做法。

相反的，解離性身分疾患，可能是起因於終身的過度壓抑（Wang & Jiang, 2007; Brenner, 1999; Reis, 1993）。心理動力理論家相信，一個人繼續不斷的使用壓抑方法，是由兒童期創傷性的事件所引發，尤其是父母的虐待。例如：幼小的Sybil，便是一再遭受心理失常的母親Hattie，以荒謬絕倫的方式折磨：

> 一個她所喜愛的儀式……是用一根長的木製湯匙把 Sybil 的雙腿分開，把她的雙腳用毛巾綁到湯匙上，然後把她綁在電燈泡繩子末端，從天花板懸吊下來。當這個孩子在空中晃盪，她的母親就去水龍頭那邊等水冷卻下來，抱怨一陣後說：「這個水已經不能更冷了。」她把成人用的灌腸袋子裝滿了冷水，然後回到女兒的身邊。當這個孩子在空中晃來晃去時，這母親把灌腸袋頂端的附加物，插入這個孩子的尿道中，並把她的膀胱裝滿了冷水。Hattie完成了她的任務時，就發出一種勝利的尖叫說：「我做到了！我做到了！」這個尖叫聲跟隨著狂笑，而這個狂笑繼續不停。
>
> （Schreiber, 1973, p. 160）

根據心理動力理論家的說法，經驗這種創傷的兒童，可能變為害怕他們所生活的危險世界，藉著假裝她是一個在遠方安全的他人，得以從這危險的世界逃

逸。受虐的孩子也會害怕他們的衝動，他們相信這些衝動是他們遭受過分處罰的理由。每當「壞」的想法或衝動出現了，他們潛意識地排除及否定它們，並且把這些不能接受的思想、衝動，以及情感分派到其他人格上。

　　心理動力立場的支持，大部分是來自於個案的歷史。它報告兒童期的一些慘痛經驗，如鞭打、刀割、香菸燒傷、關到儲藏室、強暴，以及大量的語言虐待。然而，有些解離性身分疾患的病人，在他們過去的背景似乎沒有經驗過虐待（Bliss, 1980）。而且，兒童虐待似乎比解離性身分疾患更加的普遍。那麼，為什麼只有小部分的受虐兒童發展出這種疾患呢？

🍃 行為的觀點

　　行為主義學家認為，解離是由正常的記憶歷程發展，如幻想或遺忘。尤其他們主張，解離是經由操作制約學習到的一種反應（Casey, 2001）。有些經驗到恐怖事件的人，後來當他們的精神轉移到其他的事物時，發現暫時得到解脫。對某些人而言，這種瞬間的遺忘，導致焦慮的減輕，增加了未來遺忘的可能性。總之，他們遺忘和學習的行為被增強——沒有察覺他們正在學習——這些行為幫助他們從焦慮的情境中逃脫。因而，就像心理動力理論家一樣，行為主義學家將解離看作一種逃避行為，但是行為主義學家認為是增強過程，而不是努力運作的潛意識，使一個人未察覺到他們正用解離作為一種逃脫的手段。

　　行為主義學家就像心理動力理論家一樣，大部分的研究是根據個案的歷史，去支持他們解離性疾患的觀點。這些描述確實經常可以支持他們的觀點，但是他們也和其他的解釋一致：一個顯示增強的遺忘案例，通常也可以解釋為一種潛意識壓抑的情況。此外，行為的解釋並不能夠精確的解釋，暫時及正常地逃避痛苦的記憶，如何發展成複雜的疾患，或為什麼很多人並不因此而發展解離性疾患。

🍃 情境依賴學習

　　假使人們在一種特殊的情境或心理狀態學習某件事，他們較可能在同樣的情況之下回憶它。例如：一個人在酒精的影響下學習某項工作，他們以後在酒精的影響下，去回憶這種資訊可能最強固（Overton, 1966）。同樣的，如果他們在學習的時候抽菸，那麼以後當他們抽菸時，就較能回憶起他們所學的資訊。

　　這種情境與回憶的關聯，稱為**情境依賴學習**（**state-dependent learning**）。它最初是在實驗室中，觀察動物被餵某種藥物，然後教牠們做某些工作。研究人員一再地發現，動物後來在測驗中的表現，是在使用同樣的藥物狀態時最為優異（Rezayof et al., 2008; Vakili et al., 2004; Overton, 1966, 1964）。在後來人類受試者的研究，同樣顯示情境依賴學習，也與個人的心境狀態有關聯：一個人在愉快的心情中學習資料，以後當受試者在快樂時回憶得最好；在悲傷的情境中學習，以後在悲傷情境中最容易回憶起來（de l'Etoile, 2002; Bower, 1981）（見圖7-3）。

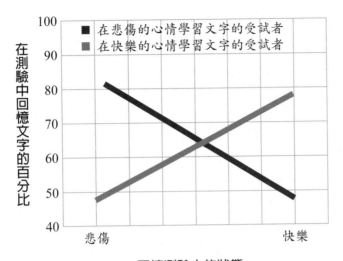

圖 7-3　**情境依賴學習**　在一個研究中，受試者在催眠引發的快樂狀態中學習一序列文字。在後來的回憶測驗中，如果心情快樂，記得的字比心情悲傷時多；相反的，在悲傷的心情學習文字的受試者，在以後測驗回憶這些文字時，悲傷的心情記得的字比心情快樂時多（Bower, 1981）。

　　到底是什麼因素造成情境依賴學習呢？有一個可能性是喚醒水平（arousal levels），它是學習和記憶重要的層面。那就是，一個特殊的喚醒水平，就有一組記得的事件、思想，以及技能跟它連結在一起。當一種情境引起特殊的喚醒水平時，這個人可能更容易回憶跟這個情境有關的事件的記憶。

　　雖然有些人在某種喚醒情境中，回憶某些事件比別人更好，多數的人在各種的狀態下都能夠回憶事件。不過，有解離性疾患傾向的人，情境與記憶的連結，非常的僵化和狹窄。也許他們的任何一種思想、記憶，和技能，僅限於跟一個特殊的喚醒情境結合在一起，以至於他們要回憶一個特定事件，必須目前的喚醒情境與過去獲得記憶的喚醒情境完全一致。例如：當這些人很平靜的時候，他們可能忘記在壓力狀態時所發生的事情，因此埋下解離性失憶症和漫遊症的根基。同樣的，在解離性身分疾患中，不同的喚醒水平，可能產生完全不同組的記憶、思考，以及能力——也就是，不同的副人格（Dorahy & Huntjens, 2007; Putnam, 1992）。這些能解釋為什麼解離性身分疾患的人格轉換，往往是突然的，而且跟壓力有關係。

自我催眠

　　就像我們在第一章所述，被催眠的人進入一種類似睡眠狀態，他們很容易接受別人的暗示。在這種狀態中，他們能夠以通常看起來不可能的方式表現行為、知覺，以及思考。例如：他們可能變成暫時的目盲、耳聾，或對痛楚無感覺。催

眠也可以幫助人們回憶起幾年前發生而被遺忘的事件,這種潛力被很多心理治療師使用。相反的,它也會使人們忘記事實、事件,甚至他們個人的身分——稱為催眠的失憶作用。

多數的催眠失憶研究,都採取相同的形式。受試者被要求學習一系列的字或資料,一直到他們能夠正確的複述這些資料。在催眠之下,研究人員指示他們要遺忘這些資料,一直到他們得到取消的信號(如彈手指),在這個時候,他們會突然的恢復對這些資料的記憶。經過反覆的實驗,發現這些受試者的記憶力,在催眠失憶期間非常的拙劣,但是在取消的信號出現後,他們就重新的恢復他們的記憶。

催眠的失憶以及解離性疾患之間的相似性,非常的引人注意。這兩種情況都是人們在一段時間裡忘記了某些資料,但是後來又能想起它。這兩種情況中,人們忘記事情,根本不了解為什麼他們會忘記,或察覺到底哪些東西忘記了。這些相似情況,導致某些理論家推斷:解離性疾患可能是一種**自我催眠**(self-hypnosis)的形式,人們以自我催眠來遺忘一些不愉快的事件(Maldonado & Spiegel, 2007, 2003; Bryant et al., 2001)。例如:解離性失憶症可能發生在有意識或無意識的自我催眠者身上,用來遺忘最近在他們生活中發生的恐怖經驗。如果自我引發的失憶,包含所有個人的過去和身分之記憶,那麼此人可能會經歷解離性漫遊症。

自我催眠也可以用來解釋解離性身分疾患。根據幾個研究,有些理論家相信,此疾患開始於 4 歲到 6 歲之間,這個期間通常兒童很容易受到別人的暗示,而且很容易受催眠(Kluft, 2001, 1987; Bliss, 1985, 1980)(見圖 7-4)。這些理論家認為,有些經驗到虐待或其他恐怖事件的兒童,他們就用自我催眠來逃避威脅的世界,把他們的心靈和身體分開來,並且實現他們變成另外一個人,或者另外一些人的願望。有一個多重人格病人觀察到:「我在兒童時期中,經常處於一個精神恍惚狀態。那裡有一個我能夠坐下來的小地方,閉起我的眼睛去想像,一直到我覺得非常放鬆,就像催眠的狀態。」(Bliss, 1980, p. 1392)

有關催眠的性質,各學派有不同的想法(Kihlstrom, 2007, 2005; Lynn et al., 2007; Hilgard, 1992, 1987, 1977; Spanos & Coe, 1992)。有些理論家把催眠看作一種特殊的過程,一種不尋常的運作情況。相應的,這些理論家主張,有解離性疾患的人,把自己帶入一個內在的精神恍惚狀態,在此狀態中,他們的意識功能有重大的改變。另外的理論家相信,催眠中的行為以及催眠的失憶,是從一般的社會與認知的過程所產生,像高度的動機、集中注意、角色設定,以及自我實現的期望。根據這種觀點,被催眠的人僅僅是有高度動機的人,執行被指定的工作,而且相信催眠狀態始終在替他做這件工作。一般過程(common-process)理論家認為,有解離性疾患的人提供自己(或由他人提供)一個強有力的暗示去遺忘,而由社會與認知機制執行這些暗示。不管催眠是一種特殊的或一般的歷程,催眠

研究有效的顯示，我們正常思考過程的能力，並提出解離性疾患並沒有那麼特殊
的觀念。

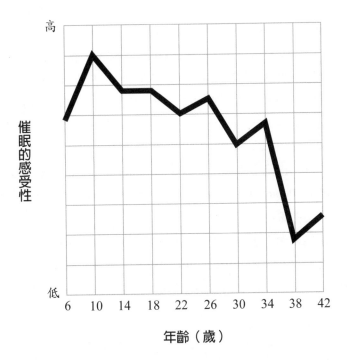

圖 7-4 **催眠的感受性與年齡** 多重人格疾患通常在 4 到 6 歲開始，這時兒童受
催眠的感受性正在上升中。一個人的催眠感受性一直上升到青春期前，
然後逐漸下降（摘自 Morgan & Hilgard, 1973）。

解離性疾患的治療

正如前述，患有解離性失憶症和漫遊症的人，經常自己恢復正常。只有少數
的案例，他們的記憶問題繼續存在，因此需要治療。反之，患有解離性身分疾患
者通常需要治療，以恢復他們喪失的記憶，並發展出一個統整的人格。對解離性
失憶症和漫遊症的治療，比解離性身分疾患有更成功的傾向，可能由於前者較不
複雜。

治療師如何幫助解離性失憶症和漫遊症患者？

雖然解離性失憶症和漫遊症最主要的治療，是心理動力治療、催眠治療，以
及藥物治療，而這些方法的支持，大部分來自個案研究，不是控制的研究（Mal-
donado & Spiegel, 2003）。心理動力治療師指導此症的病人，去探查他們的潛意
識，希望把遺忘的經驗帶回到意識層（Bartholomew, 2000; Loewenstein, 1991）。
心理動力治療的重點，似乎特別適合此疾患病人的需求。畢竟，這種病人需要恢
復他們喪失的記憶，而一般心理動力治療師的方法，以及其他的心理過程，是試

圖再揭開被壓抑的記憶。因而很多理論家，包括平常並不贊同心理動力方法的人，相信心理動力治療，可能是治療此疾患最適當的方法。

　　另外，對解離性失憶症和漫遊症常見的治療，是**催眠治療**（hypnotic therapy, or hypnotherapy）（見表 7-6）。治療師把病人催眠，然後引導他們回憶遺忘的事件（Degun-Mather, 2002）。實驗一再地顯示：催眠的暗示可以成功地引出遺忘的記憶，而且經驗也顯示，有解離性疾患的人，通常對催眠有高度的感受性（Maldonado & Spiegel, 2003）。由於解離性失憶症和漫遊症，有可能都是一種自我催眠的形式，催眠治療的介入特別適當。這種方法可以單獨使用，也可以結合其他的方法一起使用。

　　有時候靜脈注射巴比妥酸鹽，如 sodium amobarbital（商品名 Amytal）或 sodium pentobarbital（Pentothal）等藥物，可以幫助解離性失憶症和漫遊症的人，恢復失去的記憶。這些藥物經常被稱為「能使人吐露實情的麻醉藥」，但是它們成功的關鍵，是它能夠使人鎮定下來，及使人減少抑制的能力，因而能夠使他們想起引起焦慮的事件（Fraser, 1993; Kluft, 1988）。不過，這種藥物並不是經常有效，如果完全使用藥物，也要結合使用其他的治療方法（Spiegel, 1994）。

表 7-6　關於催眠的迷思

迷　思	事　實
催眠是一切有充分想像力的事。	生動的想像能力與催眠無關。
放鬆是催眠的重要特色。	催眠是在猛烈的運動中引起。
它是故意假裝的。	生理的反應顯示被催眠的對象沒說謊。
它是危險的。	標準的催眠程序像演講一樣不會痛苦。
它是在類似睡眠狀態做事。	被催眠的對象是完全清醒的。
對催眠的反應就像對安慰劑的反應。	安慰劑的反應與可催眠沒有相關。
被催眠的人會失去自我的控制。	被催眠的對象，絕對能說不或結束催眠。
催眠能使人再體驗過去。	退化的成人表現就像假裝成兒童的成人。
人們被催眠時，能記得更準確。	催眠實際上是將記憶和想像的特性混在一起，並且人為的膨脹自信。
被催眠者能被誘使去做與慣常價值衝突的行為。	被催眠的對象能完全遵守他們的道德標準。
被催眠者自發的忘記發生在催眠期間的事。	催眠後的失憶不會自發的發生。
催眠使人能表演不可能的力量、耐力、學習和敏銳等技藝。	隨著催眠的暗示以增加感覺肌肉強度、學習及感覺活動，不會超過有動機的實驗對象，在催眠之外所能達成的。

資料來源：Michael Nash, 2006, 2005, 2004, 2001.

治療師如何幫助解離性身分疾患的患者？

不像解離性失憶症或漫遊症的受害者，患有解離性身分疾患的人，沒有治療很少恢復正常（Maldonado & Spiegel, 2003; Spiegel, 1994）。就像這種疾患本身一樣，它的治療是複雜及困難的。治療師通常設法幫助病人：(1)完全了解疾患的性質；(2)恢復記憶的缺口；及(3)統整他們的副人格，成為一個功能性的人格（North & Yutzy, 2005; Kihlstrom, 2001）。

認識症狀　一旦診斷出解離性身分疾患，治療師通常試圖把主人格和每個副人格結合起來（Kluft, 1999, 1992）。在結合形成以後，治療師就要設法教育病人，幫助他們充分的認識疾患的性質（Krakauer, 2001; Allen, 1993）。有些治療師事實上把病人催眠之後，互相引見各個副人格，甚至要病人看其他不同副人格的錄影帶（Ross & Gahan, 1988; Sakheim, Hess, & Chivas, 1988）。很多治療師也發現，團體治療可以幫助教育病人（Fine & Madden, 2000）。加入一個都是多重人格者的團體，可以幫助他們緩和孤立感。家族治療也可用來幫助教育配偶或兒女，有關此疾患的情況，同時也收集對病人有益的資訊（Kluft, 2001, 2000; Porter et al., 1993）。

恢復記憶　為了幫助病人恢復他們過去流失的片段，治療師使用治療其他解離性疾患的許多方法，包括心理動力治療、催眠治療，以及藥物治療（Kluft, 2001, 1991, 1985）。這些技術治療解離性身分疾患的病人，速度相當緩慢，因為有些副人格可能會抗拒，否認其他副人格回憶的經驗（Lyon, 1992）。其中的一個副人格甚至扮演「保護者」的角色，阻止主人格再遭受回憶創傷經驗所帶來的痛苦。有些病人在此治療階段，可能產生自毀或暴力（Kelly, 1993）。

統整副人格　治療的最後目標，是合併不同的副人格，成為一個單一、統整的身分。統整是在整個治療中持續不斷的過程，直到病人「擁有」他們所有的行為、情緒、感覺及知識。**融合（fusion）**是最後兩個或更多副人格的合併。很多病人不會相信這個最後的治療目標，很多副人格很可能

✪ **催眠回憶**　Northwood University 的學生在催眠的暗示下，做出他們正在夏威夷的海灘及需要防曬油的反應。許多臨床工作人員使用催眠程序，幫助患者回憶過去的事件。然而，研究顯示，當揭開真正的記憶時，也能產生錯誤的記憶。

將統整看作是一種死亡的形式（Kluft, 2001, 1999, 1991）。如同一個副人格這麼說：「多重人格有很多好處，也許我們被治療師出賣了。」（Hale, 1983）治療師使用非常廣泛的方法，以幫助合併副人格，包括心理動力的、支持的、認知的，以及藥物治療（Goldman, 1995; Fichtner et al., 1990）。

一旦副人格統整以後，進一步的治療，是鞏固完整的人格，並教導他們社交和因應技能，以防止以後的解離發生（Kihlstrom, 2001）。在一些個案的報告中，有些治療師報告此方式有相當高的成功率（Coons & Bowman, 2001; Kluft, 2001, 1999, 1993）。但是，另外一些報告指出，病人繼續的抗拒全部以及最後的統整。有些治療師甚至質疑全面統整的需要。由於提供出來的案例相當有限，一般來講，研究人員不大容易收集足夠的樣本，從事此種疾患治療的啟發性研究。

在 Sybil 的個案，達成全面統整的過程很緩慢，且有時暫停，因而經歷了 11 年的治療。她不同階段的治療過程，被追蹤節錄如下（Schreiber, 1973）：

1957　統整？差得遠呢。一旦過去的事大量湧入，就有更多的理由回到其他的自我，保護過去。（p. 270）

1958　Peggy Lou 的記憶變成 Sybil 的。由對 Peggy Lou 記憶的反應，就好像是她自己的……Sybil 能夠回憶兒童時期自我交替的一個事件。Sybil 立即理解在那重要時刻，她感覺不只像 Peggy Lou：她與她是一個人。（p. 272）

1962　每一個自我問 Dr. Wilbur：「我會死嗎？」有些自我的統整，看來好像和死亡的性質相同。雖然一個自我和 Sybil 在一起，醫生保證這自我不會結束，似乎只有部分使人信服。Vanessa 告訴 Marcia：「我有很多事要做，妳要理解我將不會長久存在」。（p. 316）

1965　Sybil 對這些自我的態度……已完全的改變，從最初的否認，到敵意到接受——甚至愛。她學習去愛她的這些部分，她實際上以自愛取代自毀。這種取代是她的統整和恢復重要的手段……Dr. Wilbur 把 Sybil 催眠，呼喚 Vicky Antoinette，醫生問：「妳好嗎？Vicky，在支配下的進展如何？」Vicky 回答：「我現在是 Sybil 的一部分，她經常想像我一樣，現在我們是一個人。」（p. 337）

自我感喪失疾患

正如前述，雖然**自我感喪失疾患**（depersonalization disorder）和其他的解離模式極為不同，DSM-IV-TR 將它分類在解離性疾患（Maldonado & Spiegel, 2007;

APA, 2000）。它的主要症狀是持續及重複的人格解體（depersonalization），亦即個人的自我經驗發生變化，使一個人的心理功能或身體，感覺不真實或不屬於本身的。

> 一位 24 歲的研究生因為感覺喪失心智，而來尋求治療。他開始懷疑自己的真實性。他覺得自己生活在夢中，在夢裡他看見自己消失，而且沒有感覺到他的身體和思想的連結。當他經由自己的眼睛看自身，他意識到身體的幾部分是扭曲的──他的手和腳看來好像很大。當他走過校園，他覺得看到的人們像是機器人，他開始反覆思考他頭昏的拼字──這是否意指他有腦瘤？……他經常注意他花很多時間思考他的情境──除了對自己的處境普遍的不適，他失去所有感覺的聯繫。
>
> 在第二個療程，他全神貫注在他的知覺，對鞋子而言他的腳太大，並且苦惱是否要和女朋友分手，由於他懷疑自己對她的感覺的真實性，而且開始以扭曲的方式察覺她。他說在回來第二次約會之前他曾經猶豫，因為他懷疑他的治療師是否真正活著。他對是否能被治療非常悲觀，而且有模糊的自殺念頭。他的症狀經由醫學和神經學的評估，並沒有發現器質性的原因。
>
> （Kluft, 1988, p. 580）

就像這個研究生一樣，自我感喪失疾患的人，感覺好像與他們的身體分開，並且從外面觀察自己。有時他們的心智好像漂浮在他們上面幾呎──一種雙重的感覺。他們的身體好像不屬於他們的，手和腳比平常更小或更大。許多患者描述他們的感情狀態如同「機械的」、「夢一般的」或「頭暈目眩的」。然而，貫穿整個自我感喪失經驗，他們能察覺他們的知覺是扭曲的，在那種感覺下他們仍保持與現實接觸。

有些個案不真實的感覺，延伸到其他的知覺經驗和行為。例如：有些人經驗他們的觸覺和嗅覺、時間和空間的判斷扭曲，或感覺他們失去語言或行為的控制。

自我感喪失常伴隨一種失實感（derealization）的經驗──感覺外在世界，是不真實和奇怪的。物體可能改變形狀或大小；其他人似乎在機械式的移動，或甚至死亡。例如：這個研究生開始以扭曲的方式，察覺他的女朋友，並且猶豫回去做第二次的治療，因為他懷疑治療師是否真正的活著。

有自我感喪失經驗，並非就表示為自我感喪失疾患。短暫的自我感喪失反應相當常見，而自我感喪失疾患則不是（Maldonado & Spiegel, 2007; Miller, 2005; APA, 2000）。三分之一的人說，有時他們感覺好像看見自己在電影中。同樣的，三分之一面臨生命威脅危險經驗的人，曾感覺自我感喪失或失實感。有些人有時在練習冥想後，有自我感喪失的感覺；有些人旅遊到新地方，經常報告有暫時的自我感喪失感。年幼的兒童在發展自我察覺能力時，有時也會經驗自我感喪失。

多數的這種個案，扭曲症狀能清除，並且繼續適當有效的功能運作，一直到暫時的發作結束。

相反地，自我感喪失疾患的症狀，會持續和重複的引起相當大的痛苦，而且干擾社會關係及工作表現（Maldonado & Spiegel, 2007; Simeon et al., 2003）。此疾患經常發生在青春期和成年初期，超過 40 歲的人很少發生（APA, 2000）。它的開始通常很突然，由極端的疲勞、身體疼痛、強烈壓力、焦慮、憂鬱，或由物質濫用恢復而引發。創傷經驗的倖存者，或遇到生命威脅情境的人，如人質或綁架的受害者，特別容易受此損傷（APA, 2000）。此疾患有長期持續的傾向，症狀有時會改善或暫時消失，只有在嚴重壓力期間，會復發或變強烈。像我們討論的研究生案例，許多此疾患者害怕會發狂，及專注在擔心他們的症狀。

就像其他的解離症狀一樣，自我喪失感和失實感，也會出現在其他的疾患。例如：恐慌症患者通常會經驗一些不真實的感覺。同樣地，急性壓力疾患和創傷後壓力疾患，也經常有失實感。

有幾個理論提出自我感喪失疾患的解釋，而且有少數調查從事此問題的研究。最近有些研究者利用腦部掃描技術，如正子斷層造影及功能性核磁共振造影，以確定疾患是否伴隨腦部活動的特殊變化（Medford et al., 2006; Phillips et al., 2001）。不過，清楚的生物因素還沒出現。同樣地，此疾患的治療，雖然有很多的方法，包括心理動力、認知、催眠及藥物等治療法，但並沒有很多研究的試驗（Maldonado & Spiegel, 2007; Sierra et al., 2001）。

整合：疾患的重新發現

身體型疾患和解離性疾患，是臨床領域中最早確認的心理疾患。事實上，正如第一章所述，它們是心因性觀點發展的關鍵。例如：Anton Mesmer 在十八世紀末期，治療歇斯底里身體型疾患的病人，而發展出催眠術的程序。同樣的，Freud 在十九世紀末期發展精神分析模式，大部分來自顯現歇斯底里和解離性疾患病人的工作而形成。

儘管這些早期的影響，臨床領域在二十世紀中期時，停止去注意這些疾患。許多臨床理論家的感覺，這些個案是退縮的，有些人質疑這種診斷的合法性。

這種想法在過去 20 年已經改變。臨床界熱衷於關注壓力對健康和身體疾病的影響，連帶再喚起對身體型疾患的關注。同樣的，在第十八章將會看到，近年來此領域加強努力，在了解和治療阿茲海默氏症上。這種研究已激發在記憶運作的廣大興趣，包括對解離性疾患的關注。

過去 25 年來，幫助臨床工作人員認識、了解，以及治療無法解釋的身體和記憶疾患之研究劇增。雖然這些研究，尚未產生清晰的洞察或高度有效的治療，但已指出這些疾患，可能比臨床理論家所相信的更普遍。而且，愈來愈多的證據

指出，這些疾患可能植基其他領域研究熟知的過程，例如：對身體的作用過分注意、認知的誤釋、情境依賴學習以及自我催眠。由於新浪潮的研究熱忱，在未來幾年，我們可以目擊這些疾患的了解和治療，將有重大的成長。

研究人員在這些疾患增加關注，公眾熱切的關心也隨著產生。並且鼓舞許多臨床工作人員，對身體型疾患和解離性疾患，產生更大的信念。例如：目前愈來愈多治療師對目前確認為多重人格疾患的病人，試圖提供相應的治療。

隨著這種高度的關心和研究，出現了新的問題（Mayou et al., 2005）。今天許多臨床工作人員擔心，專注於身體型疾患和解離性疾患，可能擺盪得太遠了——即對它們高度的關注，可能在疾患的盛行和重要性造成錯誤的印象（Pope et al., 2007; Piper & Merskey, 2004）。例如：有些臨床工作人員注意到，醫生們經常對無從捉摸的醫學問題，如慢性疲勞症候群及狼瘡，快速的貼上「軀體化」的標籤——顯然對有這種嚴重問題的病人及科學醫學的進展，造成相當的傷害。同樣的，一些臨床工作人員也擔心，有些根據解離性身分疾患，或其他解離性疾患的法律辯護，可能是不自然或不正確的。當然，這種可能性只是強調，進一步繼續對這些疾患全面研究的重要性。

 摘要

● **身體型疾患** 身體型疾患（somatoform disorders）的病人，大部分是由心理社會因素引起的身體不適。而且這些患者真正地相信，他們的疾病是器質性的。

歇斯底里身體型疾患（hysterical somatoform disorders）包含身體功能真正的喪失或改變。它們包括轉化症（conversion disorder）、體化症（somatization disorder）〔或布利卡氏症候群（Briquet's syndrome）〕及與心理因素有關的疼痛症（pain disorder associated with psychological factors）。診斷者有時能由觀察病人醫學症狀的古怪，來區分歇斯底里身體型疾患，與「真正」的醫學問題。他們也必須能區分歇斯底里身體型疾患，與詐病（malingering）和人為疾患（factitious disorders）。

Freud 發展最初的歇斯底里身體型疾患的心理動力觀點，主張此疾患代表一種潛在的情緒衝突轉化為身體症狀。根據行為學家的觀點，這些疾患的身體症狀對患者帶來酬賞，這種增強幫助症狀的維持。有些認知理論家提出，此疾患是溝通的形式，這些患者經由他們的身體症狀來表達他們的情緒。生物因素也有助於解釋歇斯底里身體型疾患，如最近的安慰劑（placebo）研究。歇斯底里疾患的治療，重視領悟、暗示、增強或面質。

偏見性身體型疾患（preoccupation somatoform disorders）的患者，有先入為主的觀念，認為他們的身體上有某些毛病。此類疾患包括慮病症（hypochodriasis）及身體畸形性疾患（body dysmorphic disorder）。理論家對偏見性身體型疾患的解

釋，多數和焦慮症的說法一樣。此疾患的治療包括藥物治療、暴露與不反應，以及其他焦慮症最初發展的治療法。

●**解離性疾患**　記憶在連接我們的過去、現在和未來的功能，扮演重要的角色。有解離性疾患（dissociative disorders）的人，在記憶、意識和身分，經驗重大的改變，而這種改變沒有明顯的生理起因。一般而言，有部分的記憶或身分被分離，或與其餘的部分分離。有解離性失憶症（dissociative amnesia）患者，是突然無法回憶重要的個人資料和過去的生活事件；而有解離性漫遊症（dissociative fugue）患者，不僅無法記得個人的身分，而且逃離到不同的地方，甚至建立一個新身分。

另一個解離性疾患，是解離性身分疾患（dissociative identity disorder）（多重人格疾患，multiple personality disorder）。這種人顯示有兩種或更多不同的副人格（subpersonality）。這些副人格經常和其他的副人格有複雜的關係，而且在生命統計資料（vital statistics）、能力和偏好（abilities and preferences），以及生理反應（physiological responses）通常也不同。主人格（primary personality）可能比其他的副人格，出現得更頻繁。近幾年來，被診斷出有解離性身分疾患的數目，一再地增加。

●**解離性疾患的解釋**　解離性疾患還沒有被全然的了解。到目前為止，被引用來解釋它們的過程，包括過度壓抑（extreme repression）、操作制約（operant conditioning）、情境依賴學習（state-dependent learning），以及自我催眠（self-hypnosis）。後兩種現象，特別的引起臨床科學家的關注。情境依賴學習的解釋，指出患有解離性疾患者的思考、記憶，及技能，和特殊的喚醒狀態有密切的關係；也就是，當他們第一次經驗到或得到這種思考、記憶和技能的時候，不管當時他們的情緒或心理狀態是怎麼樣，以後這個心理狀態一出現，這些思考、記憶和技能就會出現。自我催眠的解釋，認為有這種疾患的人，是用自我催眠來遺忘他們生活中的恐怖經驗。

●**解離性疾患的治療**　解離性失憶症和解離性漫遊症，可能會自己恢復，也可能需要治療，而解離性身分疾患一般需要治療。通常用來幫助解離性失憶症和漫遊症病人恢復記憶的方法，包括心理動力治療、催眠治療，以及兩種巴比妥酸鹽藥物 sodium amobarbital 及 sodium pentobarbital。治療解離性身分疾患者的治療師，也使用同樣的方法，但是集中於幫助患者了解他們疾患的性質和範圍、恢復他們記憶的缺口，以及統整他們的副人格成為一個功能性的人格。

●**自我感喪失疾患**　自我感喪失疾患（depersonalization disorder）者，感覺他們好像從自己的心理歷程或身體分離，及從外面觀察自己。有些人也經驗失實感（derealization）。短暫的自我感喪失經驗相當普遍，而自我感喪失疾患並不常見。經驗創傷事件的人，似乎特別容易患此疾患。

第八章

情感性疾患

　　……大約有六個月，她的易怒處於無理性的邊緣。每次髒碟子遺留在咖啡桌或臥室的地板時，她就會憤怒的喊叫或絕望的哭泣。當每天需計劃晚餐的菜單時，就會誘發她極度痛苦的優柔寡斷。漢堡的優點和缺點，如何與義大利麵作正確的比較？……她使整個家庭處於危機邊緣，她想如果她死掉，他們會好過些。

　　Beatrice 無法應付她的工作。身為一個大連鎖店的分店經理，她必須作許多的決定。當她無法自己作決定時，她會問一些較無能力提出忠告的職員，然後她又無法決定採用誰的忠告。每個早上在上班前，她抱怨開始反胃……

　　Beatrice 的丈夫很愛她，但是他不了解什麼地方出了問題。他認為假使他接管更多的家事、烹飪和照顧孩子，使她的生活舒適些，她的情況也許會改善。但他的幫助卻使 Beatrice 感覺更罪惡感和無用。她想對家庭有所貢獻，她想「像正常人」一般做家庭雜務，但是當完美的工作有最小的阻礙時，她就哭出來……。幾個月過去，Beatrice 的問題更為嚴重。有些日子她太苦惱以至於無法去工作。她停止探望朋友，她花多數的時間在家裡，不是吼叫就是哭。最後，Beatrice 的丈夫打電話給精神病醫師，堅持認為她一定什麼地方出了嚴重問題。

（Lickey & Gordon, 1991, p. 181）

　　多數人的心情有變化起伏。對日常的事件，他們會有興高采烈或悲傷感是可被了解的反應，並且對生活不會有重大的影響。反之，有情感性疾患者的心情，則持續較長的時間。在 Beatrice 的例子中，其心情影響她和外界的互動，而且干擾重要領域的正常功能。

　　憂鬱和躁狂是情感性疾患的重要情緒。**憂鬱**（depression）是一種低落、悲傷的狀態，在此狀態中，生活似乎變為黑暗，並且無法抗拒它的挑戰。憂鬱的反面，**躁狂**（mania），是一種令人喘不過氣的欣快感、或無窮的精力狀態，在此狀態下，這種人可能有誇大的信念，認為世界是屬於他們的……。多數情感性疾患的患者，只經歷憂鬱的情緒，此型態稱為**單極型憂鬱症**（unipolar depression）。他們沒有躁狂的歷史，當他們的憂鬱消失，他們可以恢復正常或幾乎正常的心情。另一些人經驗幾週期的躁狂和憂鬱交替，此型態稱為**雙極性情感疾患**（bipolar disorder）。人們可能合理的推測，有第三種的情感性疾患型態——單極型躁狂（unipolar mania），即人們只單純經歷躁狂，但是此種型態很罕見（APA, 2000）。

　　情感性疾患常常引起人們的關注，部分的原因是許多名人曾受此疾患之苦。《聖經》談及巴比倫王尼布甲尼撒、掃羅王及摩西有嚴重的憂鬱症；英國維多利亞（Victoria）女王及美國總統林肯（Abraham Lincoln），曾有憂鬱症的反覆發作。情感性疾患也折磨一些作家，如海明威（Ernest Hemingway）、歐尼爾（Eugene O'Neill）、吳爾芙（Virginia Woolf），及普拉斯（Sylvia Plath）等。他們的情感問題，也是數百萬人共有的問題，並造成今日每年超過 800 億美元的經

濟成本損失（工作喪失、治療、住院）（Sullivan et al., 2004; Greenberg et al., 2003）。當然，人類罹患此疾患所造成的損失難以估計。

單極型憂鬱症

每當我們感覺特別不愉快時，我們可能自己描述為「憂鬱」。實際上，這些大多僅是我們對悲傷的事件、疲勞，或不愉快思想的反應。輕率的使用這種的術語，會混淆完全正常的情緒，轉為一種臨床的症候。其實我們不時會感到沮喪，但是只有一些人會經歷單極型憂鬱症。

正常的沮喪，很少嚴重到顯著地影響日常的運作，或持續長久的時間。這種沉滯的心情，甚至是有益的。花一段時間沉思，可以引導我們探討內在的自我、我們的價值觀，以及我們的生活方式，使我們出現一種更有力、清晰及果斷的感覺。

另一方面，臨床的憂鬱症沒有可補償的特性。它會產生嚴重和長期的心理痛苦，並可能隨著時間的流逝而更為強烈。那些患有此疾患的人，會失去實踐最簡單的生活活動的意志，有些人甚至失去生存的意願。

單極型憂鬱症有多普遍？

美國每年有 7% 的成人罹患嚴重的單極型憂鬱症，而有 5% 罹患輕微形式的憂鬱症（Taube-Schiff & Lau, 2008; Kessler et al., 2005）。約有 17% 的成人，可能在其一生中的某個時間，經歷嚴重的憂鬱症。這種盛行率在加拿大、英國、法國和許多其他的國家相似（Vasiliadis et al., 2007; WHO, 2004）（見表 8-1）。

任何年齡的人都會罹患憂鬱症。不過，在多數的國家，40 歲的人比其他年齡群，更可能有憂鬱症（Blanchflower & Oswald, 2007）。但它開始的平均年齡，目前在美國為 34 歲，且有逐代下降的趨勢，並且世界性的研究方案指出，遭受此問題的風險，自 1915 年以來穩定的增加（Drevets & Todd, 2005; Weissman et al., 1992, 1991）。

女性遭受嚴重憂鬱症的比率，至少為男性的兩倍（Taube-Schiff & Lau, 2008; McSweeney, 2004）。有 26% 的女性，在她們一生中的某一段時間有憂鬱發作，而男性只有 12%。在第十七章我們會看到，兒童之中憂鬱症的盛行率，女孩和男孩相似（Avenevoli et al., 2008）。這些比率在各種不同社經階層和種族團體，維持相當的穩定。

約有半數的憂鬱症患者，在六週內恢復，90% 的人在一年內恢復，有些人沒有經過治療（Kessler, 2002; Kendler et al., 1997）。然而，大多數人在他們往後的生命，至少經驗一次另一個憂鬱發作（Taube-Schiff & Lau, 2008）。

表 8-1 全世界每年成人罹患憂鬱症的百分比有多少？

美　　國	9.6%
法　　國	8.5%
哥倫比亞	6.8%
黎巴嫩	6.6%
西班牙	4.9%
墨西哥	4.8%
義大利	3.8%
德　　國	3.6%
日　　本	3.1%

註：被視為情感性疾患的是重鬱症、輕鬱症及雙極性情感疾患。

資料來源：WHO, 2004.

憂鬱症有哪些症狀？

　　憂鬱症的表徵可能因人而異。我們早先看到 Beatrice 的優柔寡斷、無法控制的哭泣、失望、憤怒及無用感，使她的工作和社交生活停滯。其他的憂鬱症者，症狀較不嚴重，雖然他們的憂鬱症，剝奪了他們的效率或快樂，他們卻維持正常的運作，像 Derek 的例子：

　　Derek 可能在他的成人期就罹患憂鬱症，只是多年來他沒有察覺而已。他認為自己是夜貓型的人，即使經常在清晨四點就醒來，他卻宣稱不到午後不能清晰的思考。他試圖訂出在小鎮報紙社論工作的時間表，以便他在一天的開始，就能與他的憂鬱情緒共存。因此，他在早上安排會議、與使他感到有活力的人談話，而保留寫作和作決定在一天中較晚的時間。

　　Derek 個人的思想少有快活和自信。他覺得婚姻僅是一種事業的合夥關係，他提供金錢，而妻子提供一個家和小孩。Derek 和他的妻子很少互相表達感情。有時他會出現騎自行車失事、飛機失事，或被不明的攻擊者謀殺的激烈死亡影像。

　　Derek 感覺他時常在工作失敗的邊緣。他的社論沒有吸引大報的注意，他覺得很失望。他確信有一些報社的年輕人，比他有更好的見解和寫作技巧。他常常為了十年前寫的一篇不當社論，不斷的責罵自己。雖然那一篇特

殊的文章，沒有達到他平常的水準，一般人可能在它出現一週後就忘掉。但是十年後，Derek 仍然在反芻那篇社論……

　　Derek 不理會他自身在早上出現的混亂，認為只是缺乏迅速反應的智能。他一點也不知道它是憂鬱症的症狀，他也不了解他的死亡影像，可能是自殺想法。人們不會談論這些事，Derek 認為，每個人都有類似的想法。

(Lickey & Gordon, 1991, pp. 183-185)

　　Beatrice 和 Derek 的例子顯示，憂鬱症除了悲傷，還有許多其他的症狀，這些症狀會使彼此加劇，涵蓋五個領域的功能：情緒的、動機的、行為的、認知的與身體的。

情緒的症狀

　　多數有憂鬱症的人，常會感覺悲傷和沮喪。他們描述自己感覺「悲傷的」、「空虛的」和「羞愧的」。他們失去幽默感，聲稱很少從任何事情得到快樂，有些個案顯示喜樂不能（anhedonia）——完全不能感受任何快樂。有一些人也經驗到焦慮、憤怒或激動。這悲慘的海浪可能導致哭喊一段時間。一位成功的作家和編輯，描述她每天早上憂鬱症出現時，經驗到的極度痛苦：

　　晚上我能夠掌控，我很容易入睡，而且睡覺使我忘記一切。但是早上很難控制，每天早上醒來，再度想起我定義自我無用的世界。在張開眼睛後不久，嚎哭開始發作，我獨自坐了好幾個小時，哭泣和哀痛我的損失。

(Williams, 2008, p. 9)

動機的症狀

　　憂鬱症患者，典型地喪失追求他們慣常活動的慾望。幾乎所有的憂鬱症者，報告他們缺乏驅力、進取心和自發性。他們必須強迫自己去上班、和朋友說話、吃飯或做愛。這種狀態被描述為一種「意志的癱瘓」（Beck, 1967）。敘述非裔美國人的憂鬱症一書 *Black Pain* 的作者 Terrie Willams，描述她在憂鬱症發作期間的社會退縮：

　　一天早上，我在腹部糾結的恐懼中醒來，由於太嚴重使我不能面對光線，更不用說白天，並且由於太強烈了，在陰影和沒有光線下，我待在床上

三天。

　　三天中，我沒有回電話、沒有查看 e-mail。我完全和外界隔絕，我也不在意。後來第四天早上，有人敲我的門，由於我沒有訂食物，我就沒理它。敲門繼續不斷，我持續未理會。我聽到前門發出鑰匙轉動聲，臥室門慢慢打開，從門口進入令人不快的光線，我看到兩位老朋友的人影：「Terrie，妳在嗎？」

（Williams, 2008, p. xxiv）

　　自殺代表著從人生的挑戰中徹底逃離。正如將在第十章探討的，許多憂鬱症患者，變為對生活不感興趣或希望死亡；有一些人想要自殺，而有些人則真正的去自殺。根據估計，有 6%至 15% 罹患嚴重憂鬱症者自殺（Taube-Schiff & Lau, 2008; Stolberg et al., 2002）。

行為的症狀

　　憂鬱症患者通常較不活動且少有生產力。他們花大部分時間獨處，及長時間待在床上。有人回憶說：「我很早就醒來，但我僅是躺在那兒——何必起床開始痛苦的一天呢？」（Kraines & Thetford, 1972, p. 21）憂鬱症的人甚至行動和說話也變得緩慢（Joiner, 2002）。

認知的症狀

　　憂鬱症患者對自己有極端負面的看法。他們認為自己是不適當的、不受歡迎的、拙劣的或罪惡的。他們也幾乎為每一件不幸的事件而自責，即使事情跟他們無關；並且他們也很少讚美自己實際的成就。

　　憂鬱症另外的認知症狀是悲觀。患病者通常確信沒有任何事情可以獲得改善，而且對於任何生活上的改變，他們覺得無能為力。由於他們總是預期最壞的結果，他們因此經常延遲事情。他們的絕望和無助感，使他們特別容易有自殺的念頭（Taube-Schiff & Lau, 2008）。

　　憂鬱症患者常常抱怨自己的智能不好。他們感覺混亂、記性不好、容易分心，並且即使很小的問題也無法解決。實驗室的研究顯示，憂鬱症的受試者比無憂鬱症的受試者，確實在執行某些記憶、注意力和推理作業上的能力較差（Bremner et al., 2004）。然而，這些困難可能反映的是動機問題，而不是認知的問題。

身體的症狀

　　憂鬱症患症者常常有一些身體上的毛病，如頭痛、消化不良、便祕、頭暈及不明的疼痛（Fishbain, 2000）。事實上，許多憂鬱症最初被誤診為醫學問題。食

慾和睡眠的困擾也特別常見（Neckelmann et al., 2007; Genchi et al., 2004）。多數的憂鬱症患者，比他們患病前吃得更少，睡得更少，感覺更易疲倦；然而，另有些人則是吃和睡眠過多。Terrie Williams 描述她睡眠型態的改變如下：

> 　　最初我沒有注意到這個變化，然後事情變得更糟糕。我總是憎恨醒來，但它緩慢地改變為更深遠的事；它較不像我不想醒來，而更像我不能醒來；我不感覺疲倦，但我缺乏活力；我不感覺想睡，但我歡迎睡神張開手臂。我感覺巨大的重量，看不見它但卻像巨人似的壓住我，幾乎把我壓碎在床上，並把我按住不能行動。
>
> （Williams, 2008, p. xxii）

單極型憂鬱症的診斷

　　根據DSM-IV-TR，重鬱發作（major depressive episode）是指在一段時期，有明顯的五種以上憂鬱症狀，而且持續兩週或兩週以上（見表 8-2）。在一些極端的個案，重鬱發作可能包括精神病症狀，其特徵是喪失現實感，如妄想（delusions）──出現沒有根據的古怪信念，或幻覺（hallucinations）──知覺到不是實際存在的事物。一個有精神病症狀的憂鬱症患者，可能想像他不能吃東西，「因為我的胃腸已經變壞，不久就要停止運作」，或他相信看到死去的妻子。

　　經驗重鬱發作者，沒有任何躁狂的歷史，就被診斷為**重鬱症（major depressive disorder）**。此症也有另外的分類，若是因之前的發作所引起，稱之為復發（recurrent）事件；若是因季節的改變而發生，稱之為季節的（seasonal）憂鬱症（例如：每到冬季就憂鬱症復發）；若其特徵不是不動就是過分活動，稱之為緊張性（catatonic）憂鬱症；若是在生產後四週內發生，稱之為產後（postpartum）憂鬱症（見 282 頁「心理觀察」專欄）；若是此人完全不受愉快事件的影響，稱為憂鬱性（melancholic）憂鬱症（APA, 2000）。有時明顯的重鬱症病例，事實上是雙極性情感疾患型態內的憂鬱發作──在此型態，個人的躁狂發作尚未出現。當此人後來經驗躁狂發作，診斷就改為雙極性情感疾患（Angst et al., 2005; Bowden, 2005）。

　　顯示長期持續（至少兩年）但較少憂鬱症的失能型態者，可能獲得**輕鬱症（dysthymic disorder）**的診斷。當輕鬱症發展為重鬱症，則稱之為雙重憂鬱症（double depression）（Taube-Schiff & Lau, 2008; Dunner, 2005）。

引起單極型憂鬱症的原因為何？

　　憂鬱症的發作，似乎經常由壓力事件所觸發（Henn & Vollmayr, 2005; Paykel,

表 8-2 DSM 檢核表

重鬱發作

1. 在兩週內，至少出現五項下列的症狀：幾乎每天多數的時間，有憂鬱的心情；幾乎每天多數的時間，對大部分的活動失去興趣和快樂；顯著體重下降或體重增加，或幾乎每天減少或增加食慾；幾乎每天失眠或嗜眠；幾乎每天有精神運動性激動或遲鈍；幾乎每天疲憊或喪失精力；幾乎每天有無價值感和過度的罪惡感；幾乎每天思考能力或專注能力減退，或無決斷能力；反覆想到死亡或自殺、有自殺企圖或實行自殺的特別計畫。

2. 有明顯的痛苦或功能損傷。

重鬱症

1. 出現重鬱發作。

2. 沒有躁狂和輕躁狂發作的歷史。

輕鬱症

1. 多數時間有憂鬱的心情，至少持續兩年，憂鬱的日子比沒有憂鬱的日子多。

2. 當憂鬱出現時，至少有兩項下列症狀：缺乏食慾或吃得過多；失眠或嗜眠；活力低或疲累；低自尊；難以專注或作決定困難；無望感。

3. 在兩年期間中，沒有症狀的情況，每次不超過兩個月。

4. 沒有躁狂或輕躁狂發作的歷史。

5. 有明顯的痛苦或功能損傷。

資料來源：APA, 2000.

2003）。事實上，研究人員發現，憂鬱症患者在他們疾患開始的前一個月，比同一時期中的其他人，經驗更多的生活壓力事件（Kendler et al., 2004, 1999; Monroe & Hadjiyannakis, 2002）。當然，壓力的生活事件也先於其他的心理疾患，但是憂鬱症患者報告，比其他人經歷更多這些事件。

有些臨床工作人員認為，將直接的壓力事件（外因的，exogenous）引發之反應性憂鬱症（reactive depression），與反應內在因素的內因性憂鬱症（endogenous depression），予以區分是重要的（Kessing, 2004）。但是一個人是否能確定憂鬱症，是屬於反應性的或不是？即使壓力事件發生於憂鬱症開始之前，那個憂鬱症可能不是反應性的，這些事件可能實際上是巧合（Paykel, 2003）。因此，今日的臨床工作人員通常會專注於，理解憂鬱症個案的情境和內在兩方面的因素。

當前憂鬱症的解釋，指向生物學的、心理學的，和社會文化因素。正如臨床工作人員目前認為，每一個憂鬱症皆包含有內在和外在情境的特性，因此，許多人認為只有將各種不同的解釋共同地考慮，才能了解憂鬱症的全貌。

快樂時光的悲傷

　　許多婦女通常預期嬰兒出生是一種愉快的經驗。但是有 10% 至 30% 的新母親，在嬰兒出生的幾週或幾個月後，產生臨床憂鬱症（Rubertsson et al., 2005; Grace et al., 2003; O'Hara, 2003）。典型的產後憂鬱症（postpartum depression），是開始於嬰兒出生後四週之內（APA, 2000），而且它比單純的輕微情緒低落的產後憂鬱（baby blue）更嚴重，它也不同於其他的產後症候群，如產後精神病，此問題將在第十四章討論。

　　輕微情緒低落的「產後憂鬱」是如此的普遍——有 80% 的婦女經驗過它——以致多數的研究者認為它是正常的。當新母親試圖因應不能入睡的晚上、慌亂的情緒，以及伴隨新生兒到來的其他壓力，她們會哭泣、疲倦、焦慮、失眠和悲傷。這些症狀通常在幾天或幾週之內消失（Horowitz et al., 2005, 1995; Najman et al., 2000）。

　　然而，產後憂鬱症的憂鬱症狀是持續的，且可維持到一年。其症狀包括極度的悲傷、絕望、易哭、失眠、焦慮、強制性思想、強迫行為、恐慌發作、無力因應感，及自殺想法（Lindahl et al., 2005; Stevens et al., 2002）。結果使母子關係及兒童的健康受損（Monti et al., 2004; Weinberg et al., 2001）。經歷產後憂鬱症的母親，有 25% 至 50% 的機率，在其後的孩子誕生時會再發展（Stevens et al., 2002; Wisner et al., 2001）。

　　許多臨床工作者認為，分娩帶來的荷爾蒙變化引發產後憂鬱症。所有婦女在分娩後經歷一種荷爾蒙的下降；原有雌激素和黃體激素的水平，在懷孕中增加正常的 50 倍，現在則急劇下降低於正常的水平（Horowitz et al., 2005, 1995）。甲狀腺荷爾蒙、催激乳素、可體松的水平也改變（Abou-Saleh et al., 1999）。可能有些婦女，特別容易受到荷爾蒙顯著變化的影響。而其他理論學者，則提出產後憂鬱症的遺傳傾向。一位有情感性疾患家族史婦女，即使她本身在以前沒有情感性疾患，卻顯示有較高的風險（APA, 2000; Steiner & Tam, 1999）。

　　同時，心理和社會文化因素，對產後憂鬱症也可能扮演重要的角色。嬰兒的出生會引起巨大的心理和社會變化（Gjerdingen & Center, 2005; Nicolson, 1999）。生產後一位婦女在她的婚姻關係、日常例行工作和社會角色上，皆面臨許多變化；睡眠和娛樂可能減少，以及經濟壓力增加；或許她感受放棄工作、或努力去維持工作的額外壓力。這種壓力的堆積，會增加憂鬱症的風險（Horowitz et al., 2005; Swendsen & Mazure, 2000; Terry et al., 1996）；母親碰到嬰兒生病或氣質是難纏的嬰兒，可能經驗額外的壓力。

　　幸運的是，對多數產後憂鬱症的婦女，治療結果可能造成很大的差異。自助支持團體對此症的婦女，證明有很大的幫助（O'Hara, 2003; Stevens et al., 2002; Honikman, 1999）。此外，應用於其他形式的憂鬱症相同之方法——抗憂鬱藥物、認知治療、人際心理治療法，或這些方法的結合，他們多數的反應均良好（O'Hara, 2003; Stuart et al., 2003）。

　　然而，許多可從治療獲益的婦女，由於她們有時對別人認為應該快樂的事悲哀，感覺羞愧，或她們擔心被嚴厲的批判，因而沒有尋求幫助（APA, 2000）。對產婦、配偶及親近的家屬，大量的教育是適切的。即使是正向的事件，如嬰兒誕生，假定帶來個人生活重大的改變，也會有壓力。能認清及提出這種感受，是符合每個人最佳利益的事。

生物學的觀點

醫學的研究者多年來已察覺到，某些疾病和藥物會引起心境的變化。而憂鬱症是否也有生物學的起因？從遺傳、生物化學，以及解剖學研究的證明，指出確實如此。

遺傳因素

有四類的研究——家庭譜系、雙胞胎、養子女、分子生物基因研究——指出有些人遺傳一種憂鬱症的體質。家庭譜系研究（family pedigree studies），選擇有憂鬱症者的淵源者（probands）（淵源者是遺傳研究的重點人物），檢查他們的親屬，以查看憂鬱症是否也折磨其他的家族成員。假定憂鬱症的體質是遺傳的，則淵源者的親屬應比一般的大眾，有較高的憂鬱症比率。事實上研究者已發現，憂鬱症親屬的罹患率有 20%（見表 8-3），而一般人口則低於 10%（Taube-Schiff & Lau, 2008; Berrettini, 2006）。

假定憂鬱症的體質是遺傳的，則我們也可預期在淵源者的近親中，會發現許多的個案。雙胞胎的研究已支持這種的預期（Richard & Lyness, 2006; Kalidindi & McGuffin, 2003）。最近的一個研究，調查約 200 對的雙胞胎。當一個同卵雙胞胎有憂鬱症，另一個雙胞胎會有 46%的機率，得到相同的疾患；相反的，當一個異卵雙胞胎有憂鬱症，另一個雙胞胎僅有 20%的機率，發展此疾患（McGuffin et al., 1996）。

最後，養子的研究發現，至少在嚴重憂鬱症的個案中，也含有遺傳因素。在丹麥有一個針對收養家庭中，養子憂鬱症的研究，指出這些因憂鬱症而住院治療

表 8-3　情感性疾患簡表

	一年盛行率（%）	女男的比率	初發年齡（歲）	第一等親的盛行率	目前接受治療的百分比
重鬱症	7.5%	2：1	24-29	高	32.9%
輕鬱症	1.5-5.0%	在 3：2 和 2：1 之間	10-25	高	36.8%
第一型雙極性情感疾患	1.6%	1：6	15-44	高	33.8%
第二型雙極性情感疾患	1.0%	1：1	15-44	高	33.8%
循環性情感疾患	0.4%	1：1	15-25	高	不清楚

資料來源：Taube-Schiff & Lau, 2008; Kessler et al., 2005, 1994; APA, 2000, 1994; Regier et al., 1993; Weissman et al., 1991.

的養子，他們的親生父母確實比控制組無憂鬱症養子的親生父母，有較高的嚴重憂鬱症（不是輕微的憂鬱症）發生率（Wender et al., 1986）。有些理論家解釋這些發現意謂著，嚴重的憂鬱症比輕微的憂鬱症，更可能由遺傳因素所引起。

最後，今天的科學家，由分子生物學領域的處理技術，幫助他們直接鑑定基因，及確定是否某些基因異常與憂鬱症有關。運用這些技術，研究人員已發現證據，憂鬱症可能與染色體 1、4、9、10、11、12、13、14、17、18、20、21、22 的基因及染色體 X 有關聯（Carlson, 2008）。例如：一些研究人員發現，有憂鬱症的人經常在他們的 5-HTT 基因異常，它是位於染色體 17 的基因。此基因負責生產腦部血清素轉運體（serotonin transporters），或 5-HTTs 的蛋白質，用以幫助神經傳導物質血清素，由一個神經元傳送訊息，到另一個神經元（Hecimovic & Gilliam, 2006）。在下一部分將談到，血清素低活性與憂鬱症的密切相關（Brody et al., 2005; Murphy et al., 2004）。有異常的血清素轉運體基因的人，比其他人更可能在其腦部顯示血清素低活性，並可能更有經驗憂鬱症的傾向。

🍃 生化因素

兩種神經傳導化學物質**正腎上腺素**（norepinephrine）和**血清素**（serotonin）的低活性，與憂鬱症有強烈的關聯。在 1950 年代，有幾項證明開始指出這種關係（Carlson, 2008）。第一，醫學研究者發現，血壓平（reserpine）和其他的高血壓藥物，常常引起憂鬱症（Ayd, 1956）。結果發現，這些藥物有的降低正腎上腺素的活性，有的降低血清素的活性。第二，是發現第一種真正有效的抗憂鬱藥物。雖然這些藥物是偶然被發現，但研究者不久就得知，藉著增加正腎上腺素或血清素的活性，可以減輕憂鬱症。

多年來，一般均認為正腎上腺素或血清素，任一種的低活性，會產生憂鬱症，但是研究者目前卻認為，它們與憂鬱症的關係，可能較之前的說法更複雜（Carlson, 2008; Drevets & Todd, 2005）。研究指出，正腎上腺素和血清素之間的活性，或這些神經傳導物質和腦部其他的神經傳導物質之間，會產生交互作用，而非任何一種單獨的運作，可以解釋憂鬱症。例如：有些研究暗示，憂鬱症者是神經傳導物質血清素、正腎上腺素、多巴胺和乙醯膽鹼的活性，全體有不平衡的

✪ **林肯的私人戰爭**　1841 年林肯致函他的朋友，「我現在是活著最不幸的人，假如將我的感受平均分配給所有的家庭，則世上沒有一個人會有愉快的容顏」。

現象（Thase et al., 2002）。這個理論的變異是，有些研究者認為血清素，實際上是一種神經調節劑（neuromodulator），主要功能是增加或降低其他重要神經傳導物質的活性，也許血清素的低活性，瓦解其他神經傳導物質的活性，而導致憂鬱症。

　　生物學研究者也獲知，人體的內分泌系統在憂鬱症可能扮演重要角色。正如前述，遍布全身的內分泌腺釋放荷爾蒙，這些化學物質依次刺激身體的器官去活動（見第六章）。有憂鬱症患者被發現可體松（cortisol）有異常的水平，這種荷爾蒙是由腎上腺在壓力期間釋放（Neumeister et al., 2005）。這種關係並不令人驚訝，事實是壓力事件常常引發憂鬱症。另一種與憂鬱症有關的荷爾蒙，是褪黑激素（melatonin），有時稱為 "Dracula hormone"，因為它只有在黑暗中釋放。

　　然而其他的生物研究者開始相信，憂鬱症與神經元內發生何種問題，比神經元間訊息傳送的化學物質更有密切關係（Julien, 2008）。他們認為，重要的神經傳導物質或荷爾蒙的活動，最後導致某些蛋白質或神經元內化學物質的缺陷，特別是大腦衍生滋養因子（brain-derived neurotrophic factor, BDNF）——促進神經元成長和生存的化學物質——有缺陷（Higgins & George, 2007; Duman, 2004; Wallace et al., 2004）。神經元內的這種缺陷，會損害神經元的健康，並因而導致憂鬱症。

　　生物學對憂鬱症的解釋，引起很多的狂熱，但是此領域的研究有某些的限制。例如：其中之一即依賴類比研究，使在實驗室被研究的動物，產生像憂鬱症的症狀。但研究者不能確定，這些症狀是否確實反映人類的疾患。同樣的，直到近年來，由於技術上的限制，人類憂鬱症的研究，必須間接測量腦部的生化活動。結果，研究人員並不能確信發生在腦部的生化活動。最近的研究使用較新的技術，如正子斷層造影（PET）和核磁共振造影（MRI），能幫助消除此種腦部活動的不確定現象。

🍃 腦部解剖和腦部迴路

　　第五章提到許多的生物研究者目前認為，心理疾患的根源比單獨神經傳導物質，或單獨腦部地區，更為複雜。他們判定各種的情緒反應，與腦部迴路有關——腦部共同運作、彼此引發活動及產生特殊情緒反應的結構網。腦部迴路似乎與廣泛性焦慮症有很大的關係，其他的是恐慌症和強迫症。雖然研究還不完整，腦部迴路對憂鬱症承擔的責任，已開始顯露（Insel, 2007）。一系列的腦部影像研究，指出幾個腦部區域，很可能是此迴路的成員，特別是前額葉皮質、海馬迴、杏仁核，及布羅德曼第 25 區（Brodmann Area 25）——正好位於腦部扣帶皮質之下的地區（見圖 8-1）。

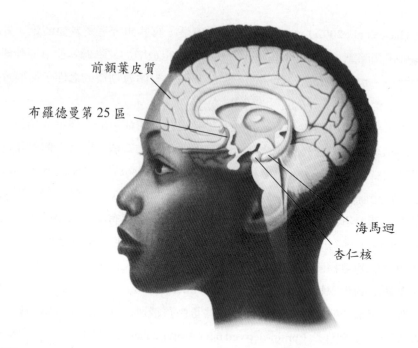

前額葉皮質

布羅德曼第 25 區

海馬迴

杏仁核

<u>圖 8-1</u>　**憂鬱症的生物學**　研究人員認為憂鬱症的腦部迴路，包括前額葉皮質、
海馬迴、杏仁核及布羅德曼第 25 區。

　　前額葉皮質（prefrontal cortex）位於腦部額葉皮質內。因為它從一些其他的
腦部地區接收訊息，前額葉皮質包含許多重要的功能，包括情感、注意及免疫功
能（Lambert & Kinsley, 2005）。幾個影像研究已發現，憂鬱症的受試者比無憂鬱
症的受試者，在前額葉皮質有較低的活動及血液流動（Lambert & Kinsley, 2005;
Rajkowska, 2000）。不過，其他針對選擇前額葉皮質地區的研究，發現它在憂鬱
期間增加活動（Carlson, 2008; Drevets, 2001, 2000）。相應的研究發現，憂鬱症者
在使用某些抗憂鬱劑成功的治療後，前額葉皮質的活動增加；但是使用其他種類
的抗憂鬱劑成功的治療後，前額葉皮質的活動卻減少（Cook & Leuchter, 2001）。
由這些不同的發現，研究人員目前認為，前額葉皮質在憂鬱症，扮演一個關鍵的
角色，但此角色的特殊性質尚未清晰的界定（Higgins & George, 2007; Goldapple
et al., 2004）。

　　前額葉皮質與憂鬱症腦部迴路的另一部分——海馬迴（hippocampus），有強
烈的神經連結。實際上，訊息的傳送和接收，是在這兩個腦部地區之間。海馬迴
是在整個成年期，產生新神經元的幾個腦部地區之一，此活動即已知的神經形成
（neurogenesis）（Carlson, 2008）。有幾個研究指出，當一個人變為憂鬱時，海
馬迴的神經形成會戲劇性地減少（Airan et al., 2007; Sapolsky, 2004, 2000）。相應
地，當憂鬱症者以抗憂鬱劑成功地治療後，海馬迴的神經形成也回復正常（Mal-
berg & Schechter, 2005；Duman, 2004）。而且，有些成像研究發現，有憂鬱症者
海馬迴的大小也減少（Campbell et al., 2004; Frodl et al., 2004）。記得第六章談到，

海馬迴在幫助控制腦部和身體對壓力的反應，以及在形成和回憶感情記憶，扮演一個角色。因此，它在憂鬱症的角色並不令人驚異。

我們也可回憶第五章和第六章，杏仁核是一再與表現負面情緒，及記憶有關的腦部地區。它也被發現是每個腦部迴路的重要角色，與廣泛性焦慮症、恐慌症及創傷後壓力疾患有關聯。顯然地，它也在憂鬱症扮演一個角色。正子斷層造影及功能性核磁共振造影顯示，杏仁核中的活動和血液流動，憂鬱症者比無憂鬱症者大 50%（Drevets, 2001; Links et al., 1996; Drevets et al., 1992）。事實上，有一個研究指出，當一個人的憂鬱嚴重程度增加，他的杏仁核活動也成比例地增加（Abercrombie et al., 1998）。而且，在無憂鬱症的研究受試者中，當他們看了悲傷面容的圖片，杏仁核的活動就會增加；而在憂鬱症的受試者中，當他們回憶生活中的悲傷時刻，杏仁核的活動也增加（Carlson, 2008; Liotti et al., 2002; Drevets, 2000）。

憂鬱症腦部迴路的第四部分——布羅德曼第 25 區（Brodmann Area 25），近幾年來獲得極大的注意（Insel, 2007; Mayberg, 2006, 2003; Mayberg et al., 2005, 2000, 1997; Drevets et al., 1997）。此區正位於扣帶皮質之下，憂鬱症比無憂鬱症的人更小。而且，就像杏仁核一樣，在此區域，憂鬱症的人比沒有憂鬱症的人更活躍。事實上，腦部掃描顯示，當個人的憂鬱症消失，他的第 25 區的活動顯著的減少。由於第 25 區的活化作用，隨憂鬱症的發作變化不斷，有些理論家認為，它可能是一種「憂鬱症開關」——一種接線盒，它的功能不良是憂鬱症發生的必要和充分條件。

第 25 區也引起憂鬱症研究人員的注意，因為此腦部地區充滿血清素轉運體，或 5-HTTs，這些蛋白質幫助血清素，從一個神經元到另一個神經元傳送訊息。正如前述，有異常的 5-HTT 基因的人，更有發展憂鬱症的傾向。這些人通常比其他人，有更小及更活躍的第 25 區（Pezawas et al., 2005）。

心理學的觀點

心理模式最被廣泛應用於憂鬱症的，是心理動力、行為的和認知的模式。心理動力的解釋沒有被研究強力的支持，而行為的觀點只獲得有限的支持。相反的，認知的解釋已獲得相當多的研究支持，而且帶動後續的研究。

心理動力的觀點

Sigmund Freud（1917）和他的學生 Karl Abraham（1916, 1911），首先發展憂鬱症的心理動力解釋。他們開始是由於注意到，臨床的憂鬱症和喪失所愛對象者的悲痛之相似性：不斷流淚、失去食慾、難以入睡、喪失生活的樂趣，及普遍的退縮。

根據 Freud 和 Abraham 的觀點，當所愛的對象死去，引起一連串的潛意識過

程。悲傷者無法接受失落,最先退化到口腔期的發展——嬰兒不能區分父母與本身的完全依賴時期。藉由退化到此階段,悲傷者把自己本身和他們喪失的對象融合在一起,因而象徵性的再獲得喪失的對象,此過程稱為內射(introjection),他們將對所愛對象的所有感覺,包括悲傷和憤怒,指向自己。

對多數的悲傷者而言,內射是暫時的。然而,某些人的悲傷會加劇。他們感覺空虛、繼續逃避社會關係,而且喪失感增加,他們就變為憂鬱。Freud 和 Abraham 認為有兩類的人,在面對失落時特別可能引發憂鬱:那些在口腔期中,父母不能養育和滿足他們需要的人,以及父母過度滿足他們需要的人。嬰兒的需要沒有適當的滿足,在整個人生會繼續保持對他人過度的依賴、感覺不值得愛和低自尊。而那些需要被過度滿足的人,發現口腔期是如此令人愉快,以至於他們抗拒前進到下一階段。其中任何一種,這些人會將他們的生活專注於他人,拚命地尋求別人的愛和贊同。他們也會因所愛的對象死亡,而有更大的失落感(Busch et al., 2004; Bemporad, 1992)。

當然,許多人沒有喪失所愛的對象也變為憂鬱。究其原因,Freud 提出**象徵性失落**(symbolic loss)或**想像的失落**(imagined loss)之概念,亦即對一個人來說,其他的事件等同於喪失所愛的對象。例如:一個大學生在微積分課程經驗失敗,就如同是失去父母親,認為他們只有當她有優越的學業成就才會愛她。

雖然許多心理動力理論家,背離 Freud 和 Abraham 最初的憂鬱症理論,但它繼續影響近代心理動力的思想(Busch et al., 2004)。例如:客體關係理論家——重視關係的心理動力學家,主張當人際關係使人們感覺不安全和危險時,憂鬱就會產生(Allen et al., 2004; Blatt, 2004)。那些因父母促使他們過度依賴或過度自立的人,當他們後來失去重要的關係時,更可能變成憂鬱症。

以下是治療師描述一位中年的憂鬱症婦女,來說明心理動力的依賴、喪失所愛對象、象徵的失落,和內射的概念:

> Marie Carls 女士⋯⋯常感覺非常依戀她的母親。事實上,他們以前稱她為「郵票」,因為她纏住母親,就像郵票黏住信封。她常常撫慰個性火爆的母親,並盡可能的取悅她⋯⋯
>
> 她和 Julius 結婚之後,繼續她的服從和順從模式。在她婚前,她很辛苦地遵從一個火爆的母親,結婚之後,她自動的採取一個順從的角色⋯⋯
>
> 當她 30 歲時⋯⋯Marie 和她的丈夫,邀請單身的 Ignatius 來跟他們同住,Ignatius 和患者不久後發現彼此互相吸引,他們試著去排除那種感覺,但是當 Julius 必須去另一個城市幾天,這所謂的迷戀變為不同。他們有幾次的身體接觸⋯⋯有強烈的精神吸引力⋯⋯幾個月之後,他們都必須離開這城市⋯⋯他們沒有再聯絡。兩年之後⋯⋯Marie 聽說 Ignatius 已經結婚,她感覺非

常的孤單和喪氣……

　　當她理解到老年將至，及她失去所有的機會時，她的苦惱變為更尖銳。Ignatius 留下的是機會已逝的記憶……她順服和曲從的人生，並沒有容許她達到目的……當她察覺這些想法時，她感到更為憂鬱……她覺得她人生中的每件事都是錯誤的，或甚至根基於錯誤的前提。

（Arieti & Bemporad, 1978, pp. 275-284）

　　針對心理動力的觀點，憂鬱症可能由於重要的失落所觸發，多數研究提出普遍的支持。René Spitz（1946, 1945）的著名研究發現，123 個被放在托兒所的嬰兒，與他們的母親分離，19 個嬰兒在母親分離後，變為愛哭泣及悲傷，而且從環境中退縮───一種稱為**依賴型憂鬱症（anaclitic depression）**的型態。對與母親分離的幼猴之研究，也被發現有相似明顯的憂鬱型態（Harlow & Zimmermann, 1996; Harlow & Harlow, 1965）。

　　其他包括人類和動物的研究指出，早年時期遭遇失落，可能引發後來的憂鬱症（Pryce et al., 2005; Lara & Klein, 1999）。例如：對 1,250 個內科病人，在訪問他們的家庭醫師時實施憂鬱量表，那些父親在童年期死亡的病人，被發現有較高的憂鬱症得分（Barnes & Prosen, 1985）。

　　相關的研究也支持心理動力的觀念：幼年期的需求沒有適當滿足的人，在經驗失落後更可能變為憂鬱症（Goodman, 2002）。有一些研究，讓憂鬱症的病人填寫「父母親的依戀測驗」，測驗可以顯示個人在兒童期得到的關愛和保護的感覺。許多憂鬱症病人認為，他們雙親的養育型態是「無感情的控制」───由低關愛和高控制二者組成（Martin et al., 2004; Parker et al., 1995）。

　　這些研究對心理動力的憂鬱症觀點，提供了某些支持，但是這種支持仍有重大的限制。第一，雖然這些發現顯示，失落和不適當的教養方式，有時引起憂鬱症，但他們沒有確立要對此症負責的典型因素。例如：在幼童和幼猴的研究中，只有一些和母親分離的受試者，顯示出憂鬱反應。事實上，根據估計不到 10% 的人，在人生經歷重大的失落後，真正變為憂鬱症（Bonanno, 2004; Paykel & Cooper, 1992）。第二，是許多的發現不一致。雖然有些研究發現童年期的失落和後來的

✪**跨越物種**　Harry Harlow 與他的同僚發現，幼猴與母猴分開會反映出明顯的絕望。即使幼猴由代理的母親養育───包著海綿乳膠，再覆蓋厚絨布的鐵絲圓柱體───對它也會形成依戀，當它不在時會悲痛。

憂鬱症之間有關係的證明，但其他的研究卻沒有（Parker, 1992）。最後，某些心理動力解釋的特徵，幾乎不可能驗證。例如：因為象徵的失落，是潛意識層的運作，研究者很難確定它們是否發生，或何時發生。

🌿 行為的觀點

行為主義學家認為，憂鬱症起因於人們在生活中得到的獎懲，產生重大的改變（Farmer & Chapman, 2008）。臨床研究者Peter Lewinsohn，發展一種主要的行為解釋（Lewinsohn et al., 1990, 1984）。他指出某些人生活中的正增強減少，導引他們表現出愈來愈少建設性的行為。例如：當一個年輕女性從大學畢業並找到工作時，大學生活的獎賞就消失；或一個上年紀的棒球選手，當他的技術退步時，就喪失高薪和奉承的獎賞。雖然許多人會以其他的滿足方式，來填補他們的生活，但有些人則變為特別沮喪。他們生活上正向的特色甚至更少，而獎賞的減少導致他們表現更少的建設性行為。以此種方式，此人可能消沉的走向憂鬱症。

在一系列的研究中，Lewinsohn 和他的同事們發現，人們在人生中獲得獎賞的數量，實際上與憂鬱症的出現與否有關。在他早期的研究中，憂鬱症受試者報告，他們不但比無憂鬱症受試者，得到較少的正增強，而且當他們的增強開始增加時，他們的心情也改善（Lewinsohn, Youngren, & Grosscup, 1979）。同樣的，最近的調查發現，在積極的生活事件，與生活的滿足感及快樂感之間，存有強大的關係（Lu, 1999）。

Lewinsohn 和其他的行為學家更進一步主張，社會的酬賞對低落的憂鬱症特別重要（Farmer & Chapman, 2008; Lewinsohn et al., 1984）。他們的主張已獲得支持，研究顯示憂鬱症患者比無憂鬱症患者，經驗較少的社會增強；當他們的心情改善時，他們的社會增強也增加。雖然憂鬱症患者有時是社會環境的犧牲者，然而也可能是他們陰鬱的心情，及單調的行為，造成社會增強的減少（Joiner, 2002; Coyne, 2001）。

行為主義學家在支持此一理論的資料收集上，已做了值得讚揚的工作，但是此項研究也有其限制。它過分依賴憂鬱症患者的自我報告，而且正如第四章所述，這種測量方式可能有偏見和不正確；憂鬱症患者的報告，可能嚴重的受其沮喪的情緒和負面的看法所影響；而且，行為的研究有很大的相關性，且沒有確立獎賞事件的減少是開始憂鬱症的原因。例如：正如前述，憂鬱的心情本身，可能導致負面行為及活動的減少，因而得到較少的獎賞。

🌿 認知的觀點

認知理論家認為，憂鬱症患者持續的以負面的方式看待事件，這種觀念導致他們的疾患。兩種最有影響力的認知解釋，是負面思考（negative thinking）和學得無助感（learned helplessness）理論。

負面思考　Aaron Beck 認為負面思考是憂鬱症的核心，而不是潛在的衝突或正增強的減少（Beck, & Weishaar, 2008; Beck, 2002, 1991, 1967）。其他的認知理論家 Albert Ellis，也指出不適當的想法是憂鬱症的關鍵，但是 Beck 的理論更經常與憂鬱症連結。根據 Beck 的說法，不適當的態度（maladaptive attitudes）、認知三元素（cognitive triad）、錯誤的思考方式（errors in thinking）及自動化思考（automatic thoughts）等結合，而產生憂鬱症。

　　Beck 認為有些人在兒童時期，發展不適當的態度，例如「我的整個價值繫於我所做的每件工作」或「假如我失敗，其他人會討厭我」。此種態度起因於個人自我的經驗、家庭關係和他們周圍的人的判斷（見圖 8-2）。在全部的、積極的生活面，許多失敗是無可避免的，因而，這些態度是不正確的，並引發各種負面的思考和反應。Beck 指出，在這些人的生活後期，令人不安的情境，會引發負面思考擴大周而復始。這種思考典型的以三種形式表現，他稱為**認知三元素**（**cognitive triad**）：個人反覆以導致他們感覺憂鬱的負面方式，來解釋(1)他們的經驗，(2)他們自己，及(3)他們的未來。認知三元素在這個憂鬱症患者的思考上，是如此運作的：

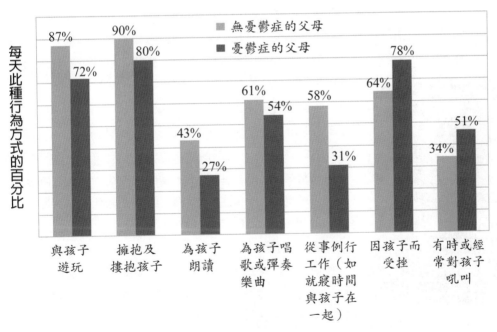

圖 8-2　**憂鬱症的父母和他們的孩子如何互動？**　憂鬱症的父母比無憂鬱症的父母，每天較少與孩子玩、擁抱、朗讀、唱歌，或從事例行工作。他們也較容易每天在和孩子日常活動中受到挫折（摘自 Princeton Survey Research Associates, 1996）。

> 　　我不能忍受它。我不能忍受這丟臉的事實──我是在這世界上，唯一不能照顧家庭、不能盡一位真正妻子和母親的本職，及不受社區所敬重的人。當我跟小兒子 Bill 談話時，我知道我不能讓他失望，但是我覺得我沒有能力照顧他，使我感到害怕。我不知道要做什麼及調整什麼方向，整件事太令人沮喪……我必定成為笑柄。我無法外出及跟他人聚會，這個事實很清楚的提醒了我。
>
> （Fieve, 1975）

　　根據 Beck 的觀點，憂鬱症者也在他們的思考上犯錯。一個最普遍的邏輯錯誤，是他們任意推論──根據少數的證據作出負面結論。例如：一個人走過公園，經過一個正在附近看花的女人，他就作結論「她在逃避看我」。同樣的，憂鬱症患者對正向經驗常常縮小其意義，或擴大負向的經驗。例如：一個大學生在困難的英文考試得到 A，但是她卻認為，這成績反映出教授的慷慨，而不是她本身能力（縮小化）。此週稍晚，同一位學生未趕上一次英文課，她就相信無法跟上整學期後面的進度（擴大化）。

　　最後，憂鬱症者經驗**自動化思考**（**automatic thoughts**），這是一種持續認為自己不適當及情境是無望的不愉快想法。Beck 把這種思考稱為「自動化」，因為它們有如反射般發生。在一個只有幾個小時的課程裡，憂鬱症患者可能有幾百個如下的想法出現：「我是無用的……我不在乎任何事情……我讓每個人沮喪……每個人都恨我……我的責任是無法抗拒的……我是個失敗的父母……我是愚笨的……每件事對我是困難的……事情無法改變。」一位治療師談到一個憂鬱症患者「在一日終了，她筋疲力竭，她活在許許多多痛苦的意外事件之中，參與許許多多的死亡，哀悼許許多多的錯誤」（Mendels, 1970）。

✪追蹤思考　這位大學生的腦波被用腦電描記器（EEG）測量，以查出她心智錯亂時，腦部出現什麼狀況。研究者已發現，在不愉快情緒中不斷反芻的人，更易發展臨床憂鬱症，但是很少人知道，為什麼有些人特別有反芻的傾向。

　　很多的研究提出證明，支持 Beck 的解釋。例如：有一些研究確認憂鬱症患者擁有不適當的態度，他們擁有這些不適當態度愈多，他們愈傾向於憂鬱（Evans et al., 2005; Whisman & McGarvey, 1995）。其他的研究已發現，認知三元素在憂鬱症患者的運作（Ridout et al., 2003）。在各種的研究中發現，憂鬱症的受試者回憶不愉快的經驗，比正向的經驗容易；他們在實驗室的作業表現，被評價比無憂鬱症的人低，而且在說故事測驗，選擇悲觀的陳述（例如：「我預期我的計畫會失敗」）。

　　Beck 有關邏輯錯誤的主張，也得到研究的支持（Cole

& Turner, 1993）。有一個研究，女性的受試者（有些人有憂鬱症，有些沒有）被要求閱讀和解釋，有關女人在困難情境的一段文字。憂鬱症的受試者，在她們的解釋上，比無憂鬱症者產生更多的邏輯錯誤（如任意推論）（Hammen & Krantz, 1976）。

最後，研究也支持 Beck 與憂鬱症有關的自動化思考。在一些研究裡，無憂鬱症的受試者，被操控去閱讀類似負面自動化思考的自我陳述後，變得愈來愈憂鬱（Bates, Thompson, & Flanagan, 1999; Strickland, Hale, & Anderson, 1975）。相關的研究顯示，持續在憂鬱的心境中作反芻反應者——亦即，心理反覆停留在他們的心境之中，而沒有採取改變的行動——比避免這種反芻反應的人，經驗更長期的憂鬱情緒，並更可能在後來發展為臨床憂鬱症（Nolen-Hoeksema & Corte, 2004; Nolen-Hoeksema, 2002, 1998, 1995）。

這個研究的主體顯示，負面思考確實與憂鬱症有關，但是它無法顯示，這種思考模式是憂鬱症的起因和核心。它可能是一種主要的心境問題，導致思考的困難，然後更進一步在心情、行為和生理上付出代價。

學得無助感　無助感充滿在一個年輕憂鬱症女性的描述：

> Mary 是個 25 歲的大學四年級學生……被要求詳述她最近的生活，Mary 開始哭泣。她哭訴說，自去年她的生活開始失去控制，而最近的壓力（學校開學，與她的男朋友失和）使她有無價值感和害怕。由於她的視力逐漸惡化，她現在必須整天戴眼鏡，她說「戴眼鏡使我看起來很可怕」，而且「我不再看別人的眼睛」。而令她驚慌的是，她去年增加了 20 磅，她認為自己看起來超重且沒有吸引力。有時她深信有足夠的錢買隱形眼鏡，和有足夠的時間做運動，她可以擺脫她的憂鬱；有時候她又認為做任何事都沒用……Mary 認為她生活的其他方面也變糟。她第一次覺得她的生活被課業壓倒的是學業檢驗……除了不滿意她的外表及害怕她的學業成就之外，Mary 抱怨缺少朋友。她的社交網只由男友組成，她和他生活在一起。雖然有時她經驗到這種親密關係，幾乎是無可忍受的挫折，但她覺得無力去改變它，且對現狀無法改變使她感覺悲觀……
>
> （Spitzer et al., 1983, pp. 122-123）

Mary 感覺她是「生活失去控制」。根據心理學家 Martin Seligman（1975）的說法，這種無助感是她憂鬱症的核心。自 1960 年代中期，Seligman 發展憂鬱症的**學得無助感**（learned helplessness）理論。此理論主張，當人們想著(1)他們不再能控制生活中的增強物（獎賞和懲罰），及(2)他們自己對這種無助狀態有責任，他們會變為憂鬱。

　　Seligman 的理論，最初成形於他在實驗室對狗的研究。第一個步驟，他用皮帶綁著狗進入一個稱為吊床（hammock）的裝置，在裡面無論牠們做什麼，都間歇性地遭受電擊。第二天每隻狗被放進一個穿梭箱（shuttle box）——一個被柵欄隔成一半的箱子，動物只要跳過柵欄，就可以到另一邊（見圖 8-3）。Seligman 在箱子對這些狗施以電擊，期望牠們像其他在此情境中的狗，很快地學會跳過柵欄來逃避電擊。然而，多數的狗，牠們在穿梭箱沒有學到任何事情。在混亂的活動之後，牠們僅是「躺下及安靜的哀鳴」來接受電擊。

　圖 8-3　**跳到安全區**　被實驗的動物會逃脫或避開在穿梭箱一端的電擊，經由跳躍而到另一端的安全區。

　　Seligman 斷言，在這一天之前，當狗在吊床接受無可逃避的電擊時，牠們已經學到牠們無法控制生活中不愉快的事件（電擊）。那就是，牠們已學到做任何事情以改變負面的情境，對牠們是無能為力的。因而，當牠們後來被放到新情境（穿梭箱），牠們事實上能夠掌控牠們的命運，但牠們始終認為牠們是無能為力的。Seligman 注意到這種學得無助感的效果，與人類憂鬱症的症狀非常類似，他主張人們事實上在發展出無法控制生活中的增強物的信念後，變為憂鬱。

　　在許多人類和動物的研究中，接受無助感訓練的受試者，也顯示出與憂鬱症狀相似的反應，例如：當人類的受試者，被暴露在無法控制的負面事件時，他們在後來的憂鬱情緒調查分數，高於其他的受試者（Miller & Seligman, 1975）。同樣的，受無助感訓練的動物受試者，對性和社交活動喪失興趣——一種人類憂鬱症的常見症狀（Lindner, 1968）。最後，無法控制的負面事件在一些老鼠上，也導致較低的正腎上腺素和血清素活性（Wu et al., 1999）。當然，這與發現在人類憂鬱症者，腦部神經傳導物質的活性極為相似。

　　憂鬱症的學得無助感解釋，在過去二十年來已有某些修正。根據修正的新理論——無助感歸因理論（attribution-helplessness theory）指出，當人們視事件超越

他們所能掌控時，他們會反問自己為何會如此（Taube-Schiff & Lau, 2008；Abramson et al., 2002, 1989, 1978）（見表 8-4）。假如他們把目前的無法掌控，歸因於一些全面（global）及穩定（stable）的內在因素（「我做每件事都是不適當的，而且經常如此」），去避免未來的負面結果，他們會感覺無能為力，而且可能經驗憂鬱症。假如他們作其他的歸因，這種反應就不太可能。

表 8-4　內在和外在歸因

事件：「今天我的心理測驗考壞了。」

	內 在 因 素		外 在 因 素	
	穩定	不穩定	穩定	不穩定
全面的	「我有測驗焦慮問題。」	「與我的室友陷入爭論，耗掉我整天。」	「用筆試評量知識是不公平的方式。」	「在放假之後，沒有人考試可以考得好。」
特殊的	「我就是不理解心理學。」	「當我無法回答前兩個問題時，我會苦惱和呆住。」	「大家都知道這位教授喜歡不公平的考試。」	「由於著作到期的壓力，這位教授不會花太多心思在考試上。」

　　試想一個大學生和他的女友分手，假如他歸因這種失控，為全面及穩定的內在因素——「那是我的過錯（內在的），我毀掉每一件我碰到的事（全面的），我經常如此（穩定的）」——然後，他推論在未來預期有相同的失控事件，通常會經驗一種無助感。根據學得無助感的觀點，他是憂鬱症首要的候補者。相反的，假如這學生歸因分手的原因是特殊的（「過去幾週我的表現方式，搞壞了關係」），不穩定的（「我不知道為何使我陷入這種情況——我通常不會有這種行為」），或外在的（「她向來不知道她要什麼」），他可能不會再有失控的預期，也不可能經驗無助感和憂鬱症。

　　有許多的研究支持歸因型態、無助感和憂鬱症之間的關係（Taube-Schiff & Lau, 2008; Yu & Seligman, 2002）。有一個研究，憂鬱症患者被要求在治療成功之前與之後，填寫歸因型態問卷（Attributional Style Questionnaire）。在治療之前，他們的憂鬱症伴隨著內在的／全面的／穩定的歸因型態，在結束治療的一年後，他們的憂鬱症已經改善，而他們較少局限於內在的、全面的和穩定的歸因型態（Seligman et al., 1988）。

　　最近幾年，有些理論家將無助感模式修正得更完善。他們認為只有當個人進一步產生絕望感（hopelessness），歸因才可能導致憂鬱症（Abela et al., 2004; Abramson et al., 2002, 1989）。將此因素列入考慮，臨床工作人員常能更精確的預

測憂鬱症（Robinson & Alloy, 2003）。

雖然憂鬱症的學得無助感理論，有極大的影響，它也有不完美之處。第一，實驗室的無助感，在各方面並不等同於憂鬱症。例如：在實驗室中無法控制的電擊，幾乎都會產生焦慮和無助感的效應（Seligman, 1975），但是人類的憂鬱症，並不經常伴隨著焦慮。第二，許多學得無助感的研究，依賴動物的受試者（Henn & Vollmayr, 2005）；但是動物的症狀，是否確實真正的反映人類的臨床憂鬱症現象，不得而知。第三，此理論的歸因特色引起一些困難問題。狗和老鼠的學得無助感又是如何？動物是否也會作歸因，即使是不明顯？

社會文化的觀點

社會文化理論家主張，憂鬱症是受人們周圍的社會背景事件，重大的影響。他們的看法，與較早的討論（此症經常由外在壓力源所觸發）之發現一致。社會文化的觀點有兩種：家庭—社會觀點（family-social perspective），它檢視人際的因素，在發展憂鬱症扮演的角色；及多元文化觀點（multicultural perspective），它把憂鬱症和性別、種族及社經地位等因素相連結。

🍃 家庭—社會觀點

前面敘述有些行為理論家認為，社會獎賞的減少在發展憂鬱症特別重要。雖然它們代表部分的行為解釋，此觀點與家庭—社會觀點一致。

在社會獎賞減少和憂鬱症之間的關聯，是雙向道路。一方面，研究人員已發現憂鬱症者，經常表現較差的社會技能，及拙劣的溝通（Joiner, 2002; Segrin, 2001, 1990）。他們通常比無憂鬱症者，說話較慢、較平靜及更單調，在字句之間停頓較長，對他人的反應時間較長（Taube-Shiff & Lau, 2008; Talavera et al., 1994）。他們也一再尋求他人的再保證（Joiner & Metalsky, 2001, 1995）。這些社會缺陷使其他人感覺不舒服，並使他們避開憂鬱症的人。結果是，憂鬱症者社會接觸和獎賞減少，並且當他們參與社會互動愈來愈少，他們的社會技能也進一步惡化。不令人訝異的，憂鬱症者，特別是一再經驗憂鬱症發作的人，會降低恢復社會關係的期望，並減縮他們的社交野心（Coyne & Calarco, 1995）。

與這些發現一致的是，憂鬱症一再與缺乏社會支持有關，就如在幸福婚姻所發現的事實（Doss et al., 2008; Kendler et al., 2005）。如圖 8-4 所示，在全美國分居和離婚者憂鬱症的比率，顯示為已婚或寡居者的三倍，為未婚者的兩倍（Weissman et al., 1991）。在某些個案，配偶的憂鬱症可能導致婚姻不和諧、分居或離婚，但是更多的個案是，因紛爭關係中的人際衝突及低社會支持，而導致憂鬱症（Highet et al., 2005; Franchi, 2004; Whisman, 2001）。

通常在婚姻衝突的水平和悲傷程度之間，有高的相關：男性為 .37 女性為 .42（Whisman, 2001）。在憂鬱症的人中，其相關提高到 .66。在一個研究中，研究

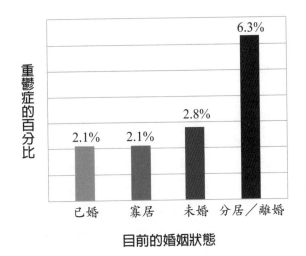

圖 8-4　**婚姻狀態與憂鬱症**　目前分居或離婚者比已婚者，有三倍罹患憂鬱症的可能性（摘自 Weissman et al., 1991）。

人員最初是評估受試者，婚姻關係的滿意度。經過 12 個月之後，他們發現有不滿意婚姻關係的受試者，經歷重鬱發作的可能性，為有滿意關係者的三倍（Whisman & Bruce, 1999）。這個發現使實驗者估計，假定婚姻壓力消除，有三分之一的重鬱症案例可以預防。

最後，生活孤立和被剝奪親密關係的人，特別可能在遭遇壓力時變成憂鬱症（Kendler et al., 2005; Nezlek et al., 2000）。數十年前在英國受高度重視的一些研究，顯示有三個或更多年幼孩子、缺乏親近的知己朋友，及外面沒有工作等情況的女性，在經驗壓力的生活事件後，比其他的女性更容易變成憂鬱症（Brown et al., 1995; Brown & Harris, 1978）。研究也發現，缺乏社會支持的憂鬱症患者，比有支持的配偶和溫暖友誼者，維持更長期的憂鬱（Moos & Cronkite, 1999）。

多元文化觀點

兩類的關係吸引多元文化理論家的注意：(1)性別和憂鬱症之間的關聯，及(2)文化、種族背景和憂鬱症之間的連結。在性別的情況，與憂鬱症有強大的關係已被發現，但對這種關係清晰的解釋尚未出現，臨床界仍正在整理出存在於文化因素和憂鬱症之間的關係。

性別和憂鬱症　正如前述，在性別和憂鬱症之間有強大的關係。在相隔遠至巴黎、瑞典、黎巴嫩、紐西蘭，以及美國的女性，被診斷出憂鬱症，至少為男性的兩倍（Whiffen & Demidenko, 2006; McSweeney, 2004; Pajer, 1995）。在憂鬱症出現時，女性也顯示較年輕、發作較頻繁及持續較長，以及治療較無效。為何憂鬱症在性別之間有巨大的差異？有種種的理論提出解釋（Russo & Tartaro, 2008; Nolen-Hoeksema, 2002, 1995, 1990, 1987）。

　　加工理論（artifact theory）認為，男性和女性憂鬱症的傾向相同，但是臨床工作人員往往不能發現男性的憂鬱症（Brommelhoff et al., 2004）。或許男性發現承認憂鬱感或尋求治療，較不能為社會接受。或許憂鬱症的女性，顯示更多較易於被診斷的情緒症狀，如悲傷及哭泣；而憂鬱的男性則在傳統的「男子氣概」面具之下，偽裝他們的憂鬱症狀，如發怒。雖然是一種廣為流傳的解釋，此觀點並未獲得研究一致的支持（McSweeney, 2004）。結果是女性比男性，更沒有意願或不能確認她們的憂鬱症狀，以及尋求治療（Nolen-Hoeksema, 1990）。

　　荷爾蒙的解釋（hormone explanation）認為，荷爾蒙的變化觸發許多女人的憂鬱症（Parker & Brotchie, 2004; Dunn & Steiner, 2000）。女性的生理生活，從十多歲到中年，荷爾蒙水平頻繁的變化是其特徵。憂鬱症比率的性別差異，也跨越同樣的時間。不過，研究指出，單獨荷爾蒙的變化，不是女性憂鬱症高比率的主因（Kessler et al., 2006; Whiffen & Demidenko, 2006）。發生在青春期，重要的社會和生活事件、懷孕及更年期，同樣地有所影響。荷爾蒙的解釋，也受到性別主義者的批評，因為此理論暗示，女性的正常生理有缺點。

　　生活壓力理論（life stress theory）指出，女性在我們的社會，比男性經驗更多的壓力（Kessler et al., 2006; Keyes & Goodman, 2006; Hankin & Abramson, 2001）。一般而言，她們面對更多的貧窮、更卑賤的工作、不合適的住宅，以及比男性受更多不公平待遇——這些因素都與憂鬱症有關係。並且許多的家庭，在兒童照顧和家事方面，女性承擔不成比例的責任。

　　身體不滿意解釋（body dissatisfaction explanation），說明西方社會的女性幾乎從出生就被教導，要追求低體重及苗條的體型——是不合理、不健康及達不到的目標。正如將在第十一章探討的，文化標準對男性較寬大。當女孩接近青春期，同儕的壓力，使她們對體重和身材愈來愈不滿意，也增加憂鬱症的可能性。與此理論一致的是，憂鬱症的性別差異，確實最先出現在青春期（Avenevoli et al., 2008; Nolen-Hoeksema & Girgus, 1995），並且有飲食疾患的人，經常經歷高度的憂鬱（Stewart & Williamson, 2008）。然而，飲食和體重的關注是否真的引起憂鬱症，並不清楚，它們也可能是憂鬱症的結果。

　　缺乏控制理論（lack-of-control theory），根據學得無助感的研究，認為女性更有憂鬱症的傾向，因為她們比男性感覺不易控制她們的生活。事實上，有些研究指出，在實驗室中，女性比男性更易於發展學得無助感（Le Unes, Nation, & Turley, 1980）。此外，任何一種的受害，從搶劫到強暴，經常產生無助感，並增加憂鬱症狀。在我們的社會，女性比男性更易成為受害者，特別是性侵犯和兒童虐待（Whiffen & Demidenko, 2006; Nolen-Hoeksema, 2002）。

　　自我歸因解釋（self-blame explanation）認為，女性比男性更易於把她們的失敗，歸因於缺乏能力，而把成功歸因於運氣——一種歸因型態，試回想憂鬱症與無助感歸因理論的關係（Abramson et al., 2002）。然而，研究指出今日的男性和

女性，可能在自尊和自我歸因沒有很大的差異（Kling et al., 1999）。

　　最後對憂鬱症性別差異的解釋，是反芻理論（rumination theory）。正如前述，反芻是一種憂鬱時持續專注在個人感覺，及反覆思考憂鬱症的原因和後果的傾向（「為什麼我的情緒低落？……假如我持續這樣，就不能完成工作……」）。研究顯示，每當感覺悲傷就不斷反芻的人，可能易於變成憂鬱，而且憂鬱停留得更長久。結果證明女性在心情陰鬱時，比男性更可能反芻，也許使她們更易發展臨床憂鬱症（Nolen-Hoeksema & Corte, 2004; Nolen-Hoeksema, 2002, 2000）。

　　每一種憂鬱症性別差異的解釋，提供思考的資料。每種解釋都收集足夠引起大家關注支持的證明，並對它的有益引起的疑問，提出了足夠的證據（Russo & Tartaro, 2008）。因而，目前在憂鬱症的性別差異，在臨床界仍保持很多談論、但很少了解的現象。

　　文化背景和憂鬱症　憂鬱症是一種遍及全球的現象，並且它的一些症狀在所有的國家，似乎是不變的。在四個國家重大的研究——加拿大、瑞士、伊朗和日本——發現這些非常不同的國家，多數憂鬱症者所報告的症狀，是悲傷、沒有歡樂、焦慮、緊張、缺少活力、喪失興趣、喪失專注力、不適任的觀念，及自殺的想法（Matsumoto & Juang, 2008; WHO, 1983）。然而，除了這些核心症狀之外，憂鬱症的確切表徵，因不同國家而有不同（Kleinman, 2004; Tsai & Chentsova-Dutton, 2002）。例如：非西方國家——中國和奈及利亞——憂鬱症患者更可能有身體症狀的困擾，如疲憊、虛弱、睡眠障礙和體重減輕，而憂鬱症在這些國家，則較少顯現認知症狀的特徵，如自責、低自尊和罪惡感。當這些國家變為更西化時，其憂鬱症也如同西方國家一樣，表現更多認知症狀的特徵（Matsumoto & Juang, 2008; Okello & Ekblad, 2006）。

　　在美國內部，研究人員發現憂鬱症的症狀，在不同種族中的成員差異很少。整體憂鬱症的比率，在少數族裔中也沒有發現有差異。然而，當研究者檢視生活在特殊環境之下的特殊種族時，卻發現有顯著的差異（Matsumoto & Juang, 2008; Ayalon & Young, 2003）。例如：在一個美國印安社區的研究中，顯示女人在一生中發展憂鬱症的風險是 37%，男人為 19%，全體為 28%，比率高於一般的美國人口（Kinzie et al., 1992）。這種高盛行率，是因為生活在印第安人保留區者，面對嚴重的社會和經濟壓力所導致。同樣的，一個

✪ **非西方的憂鬱症**　非西方國家的憂鬱症患者，傾向於有較少的認知症狀，如自責，但有較多的身體症狀，如疲憊、虛弱及睡眠困擾。

對公共住房的拉丁美洲裔和非裔美國人的調查，發現接近半數的回應者報告，他們罹患憂鬱症（Bazargan et al., 2005）。在這些少數族裔內，憂鬱症的可能性，隨個人的貧窮程度、家庭的大小及成員的健康問題而上升。

當然，每個少數族裔本身，包含不同的背景和文化價值。因此，憂鬱症在一些族裔中分布不均，並不令人意外。就像焦慮症一樣，憂鬱症在出生於美國的拉丁美洲裔和非裔美國人，比移民的拉丁美洲裔和非裔美國人，更為常見（Matsumoto & Juang, 2008; Miranda et al., 2005）。而且，在拉丁美洲裔美國人中，波多黎各人比墨西哥裔或古巴裔美國人，表現顯著高比率的憂鬱症（Matsumoto & Juang, 2008; Oquendo et al., 2004; Cho et al., 1993），而在非裔美國人中，原來的家庭直接由非洲到達美國，或由加勒比海島到美國，有著同樣的憂鬱症比率（Miranda et al., 2005）。

雙極性情感疾患

有雙極性情感疾患的人，經驗低落的憂鬱和高昂的躁狂。許多人描述他們的生活如同情感的雲霄飛車，在兩個極端的情緒中來回變換。這個搭乘雲霄飛車和他對親友的影響，可在下述的個案研究中看到：

在他早年的學校生涯中，他是個卓越的學生，且顯現他在水彩和油畫的天分。後來他在巴黎攻讀藝術，他與在當地碰到的一個英國女孩結婚。最後他們在倫敦定居。

十年之後，當他 34 歲時，他說服他的妻子和唯一的兒子，伴隨他去夏威夷，他向他們保證，在那兒他會成名。他覺得他將能賣出他的畫作，高出他在倫敦所得價格的數倍。根據他妻子的說法，他一直在加速行動的狀態，而且在已搬離時，毫不懷疑的相信他的畫，會帶給他們迫切期待的好運。當他們到達夏威夷時，卻發現幾乎沒有他傳聞認識的人在畫界。在夏威夷沒有他預期的賣畫和交易的聯絡管道。定居下來後，患者的行為表現得比以前更奇怪。年輕的妻子和孩子在忍耐幾個月患者的興奮、過度活動、體重減輕、不斷說話和難以置信的少量睡眠之後，對他的心智是否健全開始感到恐懼。他並沒有實現任何計畫，在太平洋上的夏威夷度過五個月之後，由於財務逐漸陷於困窘，患者的過度活動平息，他陷入憂鬱狀態。

此期間他不活動、不畫畫或離開房子。他體重減輕了 20 磅，變為完全依賴妻子，堅持不見任何一個他在躁狂狀態下結交的朋友。他的沮喪變得相當嚴重，幾位到家診治的醫生勸他去精神病院接受治療。他很快的同意，並接受 12 次的電擊治療，這種治療減輕他的憂鬱狀態。不久之後，他又開始

作畫，並賣掉少數畫作。他開始為遠東地區畫廊和評論家所認識，有些評論讚賞他的畫作非常的出色。

這是他的終身情緒擺盪生涯的開始。當他仍在夏威夷時，他再次變為嚴重的憂鬱……四年後他回到倫敦，情緒變為高昂……當他的躁狂期平息時，他檢視生活中的乖離，接著有 18 個月的正常情緒的間隔，之後他又轉換為深度的憂鬱症。

(Fieve, 1975, pp. 64-65)

躁狂的症狀有哪些？

不像憂鬱症者陷入陰暗的憂鬱情緒，那些躁狂狀態者，通常經驗戲劇性及不適當的高昂情緒。躁狂的症狀，涵蓋如同憂鬱症一樣的功能領域——情緒的、動機的、行為的、認知的和身體的——但是躁狂是以相反的方式影響那些領域。

躁狂發作者有活躍的、強烈的情緒，尋求宣洩。其極度的欣喜和舒適心境，超越個人實際生活事件的所有比例。一個躁狂者解釋「我感覺沒有一點限制感和監督，我不怕任何事和任何人」(Fieve, 1975, p. 68)。然而，不是每一個躁狂者都顯現快樂的狀況，有些人反而變為暴躁和易怒，特別是當其他人妨礙他們誇大的野心時。

在動機的領域，躁狂者好像需要不斷的刺激、參與及交誼。他們熱切的找尋新朋友和舊朋友、新的和舊的興趣，而很少察覺到他們的社交型態，是強烈的、跋扈的及過度的。

躁狂者的行為，通常非常活躍。他們走得很快，好像沒有足夠的時間，去做他們想做的事；他們說話快速及大聲，談話充滿笑料，並努力去表現聰明；或相反地，充滿抱怨和火爆的言辭。浮誇的表現也極為常見：穿著閃亮的衣服、給陌生人大筆錢，或參與危險的活動。

在認知的領域中，躁狂者通常顯示不良的判斷和計畫。好像由於感覺太好或行動太快，以至於沒有時間考慮可能的陷阱。由於充滿樂觀主義，當他人試圖要他們放慢速度時，他們很少聽從、不會中斷他們購買的狂熱行為，或無法阻止他們不智的金錢投資。他們也堅持自我膨脹的意見，有時他們的自尊近乎誇大。在嚴重的躁狂發作期間，有些人難以保持條理或與現實保持接觸。

✪ **不同的戰爭** 從 1977 至 1983 年，在《星際大戰》電影中，飾演無敵公主 Leia 的女演員 Carrie Fisher，被診斷出雙極性情感疾患。Fisher 的疾患目前在藥物幫助下獲得控制，她說：「我不希望和平在我的生命中，我只是不希望戰爭」(Epstein, 2001, p. 36)。

最後，在身體的領域，躁狂者感覺精力極為充沛。他們的特色是睡眠很少，然而感覺和行為卻完全清楚，即使他們有一兩晚沒睡覺，他們仍保持很高的精力水準。

雙極性情感疾患的診斷

當一個人顯示異常高昂或易怒的心情，並至少持續一週有三種躁狂的症狀（見表 8-5），他們就被視為躁狂發作（manic episode）。這種發作可能包含精神病的特徵，如妄想或幻覺。當躁狂的症狀較不嚴重（引起輕微的損傷），此人即是經歷一種輕躁狂發作（hypomanic episode）（APA, 2000）。

表 8-5 DSM 檢核表

躁狂發作

1. 在一段時期內，異常且持續地具有高昂的、膨脹的，或易怒的心情，延續至少一星期。
2. 下列症狀中至少有三項持續存在：膨脹的自尊或自大狂、睡眠需求減少、比平時多話或不能克制地說個不停、意念飛躍或主觀經驗到思緒在奔馳、注意力分散、增加活動或精神運動性激動、過分參與極可能帶來痛苦後果的快樂活動。
3. 造成重大的痛苦或功能損傷。

第一型雙極性情感疾患

1. 出現一次躁狂、輕躁狂，或重鬱發作。
2. 若最近有輕躁狂或重鬱發作，有躁狂發作的病史。
3. 造成重大的痛苦或功能損傷。

第二型雙極性情感疾患

1. 出現一次輕躁狂或重鬱發作。
2. 若最近有重鬱發作，有輕躁狂發作的病史；若最近有輕躁狂發作，有重鬱發作的病史，沒有躁狂發作的病史。
3. 造成重大的痛苦或功能損傷。

資料來源：APA, 2000.

DSM-IV-TR 將雙極性情感疾患分為兩類——第一型雙極性情感疾患和第二型雙極性情感疾患。**第一型雙極性情感疾患**（bipolar I disorder）者，有躁狂和重鬱發作。他們多數經歷一種交替的發作，例如：在一段期間的健康狀態之後，接著幾週的躁狂，然後是跟著憂鬱發作。然而，有些人是混合發作，即在同一天，他們從躁狂擺盪到憂鬱症狀，然後又回復。**第二型雙極性情感疾患**（bipolar II disorder），是輕躁狂——即輕微的躁狂——發作，在病程中與重鬱發作交替。有些此種型態的人，在他們輕躁期間，能完成大量的工作。

　　任一型的雙極性情感疾患患者，沒有加以治療，其情感發作有復發的傾向（Julien, 2008）。假如一年期間，個人經驗四次或更多次的發作，他們的疾患更進一步被分類為快速循環型（rapid cycling）。《躁狂》（*Manic: A Memoir*）自傳書的作者 Terri Cheney，描述她的快速循環型節錄如下：

　　　　我的疾患精確的名稱是「超快速循環」型，它的意思是，沒有藥物治療我會受自己驚人的心情擺盪支配：情緒在幾天的「高昂」（令人高興的、健談的、過分熱情的、有趣的和多產的，不睡覺及最後難以起床），然後「低落」，主要表現是不活動，每次持續幾週……

　　　　……愛不用隱藏：你必須讓某人知道你是誰，但是每一時刻之間，我不用提供我是誰的線索。當我約會時，可能和 Madame Bovary（註：《包法利夫人》女主角）上床睡覺，而醒來時和 Hester Prynne（註：小說《紅字》的女主角）在一起。最糟糕的是，我的躁狂，那迷人的自我，不斷的把我放進低落的自我所不能操控的情境中。

　　　　例如：有一天早上，我在超市的貨品走道遇見一個男人。我已經三天沒睡覺，但你不會知道我看起來的樣子。我的眼睛發出綠光，我略帶金黃的紅色頭髮使草莓蒙羞，並且我簡直是閃耀的（我穿著金色閃光裝飾片的襯衫去超市——躁狂的品味通常很差）。我是飢餓的，但不是為食品而飢餓，我是為他飢餓——他穿著合身的牛仔褲，戴著洋基帽有點歪斜。

　　　　我拖著手推車到他旁邊，開始挑動情慾的壓一個桃子……我所需要的是一個開頭，然後我停下來，我告訴他我的名字，問他喜愛及不喜愛的水果、運動、總統候選人和女人。我講得很快幾乎沒有時間去聽他回答。我沒有買任何桃子，但我帶著一個星期六的晚餐約會離開。那是兩天後的約會，所以我還有很多時間休息、剃我的腿毛，以及挑選完美的全套服裝。

　　　　但是當我回到家時，黑幕已經低垂，我不喜歡打開衣櫥，或卸下食品雜貨。我把它們留在長桌上，不管會不會腐敗——有什麼關係？我甚至沒有換下閃亮的襯衫。我跌入床上動也不動，我感覺身體有如泡在緩慢乾燥的混凝土中，我所能做的只是反覆的吸氣和呼氣。我開始純粹單調的哭泣，然而眼淚流個不停。

　　　　星期六下午電話鈴響了，我還躺在床上，我必須強迫自己翻身去接電話：「我是桃子事件的 Jeff，只是打電話來確認妳的地址。」Jeff？桃子？我模糊地記得與符合這種描述的人說話，但是那好像是前世的事，當時講這種話的不是我，至少不是現在的我——我從來沒有在早上穿閃亮的衣服。但我的意識較清楚，我的耳朵發出聲音：「快起床，穿衣服」、「她定的約會沒有關係，妳必須幫她解決困難」。

　　　　　　　　　　　　　　　　　　　　　　　　　　　　　　　　　（Cheney, 2008）

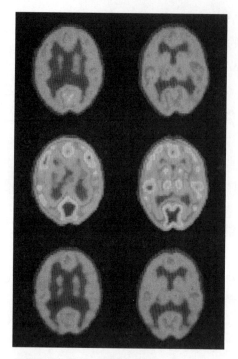

✪ 雙極性情感疾患及腦部 正子斷層造影（PET）掃描雙極性情感疾患者腦部十天的過程。這些掃描顯示，一個人從憂鬱（上排）變為躁狂（中排），然後回到憂鬱（下排）。

無論他們的特殊型態為何，雙極性情感疾患的人，幾年來傾向於經歷憂鬱多於躁狂（Julien, 2008）。在多數的案例，憂鬱發作的發生三倍於躁狂，並且憂鬱發作也持續較長。

世界各地的研究顯示，每年罹患雙極性情感疾患的成人，介於 1% 至 2.6% 之間（Merikangas et al., 2007; Kessler et al., 2005）。有 4% 的人在其一生中，經歷雙極性情感疾患中一型。第一型雙極性情感疾患比第二型雙極性情感疾患略微常見（Rihmer & Angst, 2005; Kessler et al., 1994）。在所有的社經階層與種族中，此疾患男女的比率相同（Shastry, 2005; APA, 2000）。然而，女性比男性經歷更多的憂鬱發作，及較多的快速循環型（Curtis, 2005; Papadimitiou et al., 2005）。此疾患開始的時間，通常發生在 15 至 44 歲之間。多數未治療的雙極性情感疾患個案，躁狂和憂鬱的發作最後會平息，只會在過一段時間復發（APA, 2000）。通常復發時，正常期的間隔就愈來愈短（Goodwin & Jamison, 1984）。雙極性情感疾患者也顯示，比一般人發展更多的疾病（Kupfer, 2005）。

當個人經驗許多時期的輕躁狂症狀和輕微的憂鬱症狀，DSM-IV-TR 就診斷為**循環性情感疾患**（cyclothymic disorder）。此種輕微症狀型態的雙極性情感疾患，持續兩年或兩年以上，中間偶爾中斷，持續幾天或幾週的正常心情。此疾患和第一型與第二型雙極性情感疾患一樣，通常開始於青春期或成年期早期，男性與女性的比率相似。至少有 0.4% 的人口，發展循環性情感疾患（APA, 2000）。某些個案，由較輕微的症狀，後來發展為第一型或第二型雙極性情感疾患。

引起雙極性情感疾患的原因為何？

二十世紀的前半期，探究雙極性情感疾患的成因少有進展。雖然有各種的解釋被提出，但研究並未支持它們的有效性。例如：心理動力理論家認為躁狂就像憂鬱症，源自於喪失所愛的對象，而有些人內射失去的對象，變為憂鬱症；而另一些人否認失落，而變為躁狂。為避免由失落而產生的可怕衝突，他們遁入一輪昏亂的活動中（Lewin, 1950）。雖然個案的報告有時符合這種解釋（Krishnan et al., 1984; Cohen et al., 1954），但只有少數的控制研究，發現人生早期或後來的失落，與躁狂發作的開始之間有關係（Tsuchiya et al., 2005; Furukawa et al., 1999）。

近年來，生物學的研究已產生某些有希望的線索。生物學的新洞見來自神經傳導物質的活性、鈉離子活動、腦部結構，及遺傳因素的研究。

神經傳導物質

記得第三章提到，神經傳導物質從神經元軸突的末梢釋放，傳送訊息到鄰近的神經元與接受器連結的樹狀突。正如前述，不同的心理疾患，與各種神經傳導物質的功能異常有關，包括正腎上腺素。正腎上腺素的活性過高是否與躁狂有關？此可回溯到 1960 年代，研究者最先發現，一些臨床工作者所預期的正腎上腺素低活性和憂鬱症之間的關係（Schildkraut, 1965）。有一個研究發現，躁狂者正腎上腺素的活性，確實高於憂鬱症者或控制研究的受試者（Post et al., 1980, 1978）。另一個研究，給雙極性情感疾患患者服用，一種可減少正腎上腺素在腦部活性的降血壓藥 reserpine，有些躁狂症狀會因而消失（Telner et al., 1986）。

因為憂鬱症的血清素活性，經常和正腎上腺素的活性相對應，因此有些理論家預期躁狂也會與血清素的高活性有關聯，但是這種關係沒有被發現。相反的，研究指出躁狂像憂鬱症一樣，可能與血清素的「低」活性有關聯（Shastry, 2005; Sobczak et al., 2002）。或許血清素的低活性，作用像神經調節劑，可打開情感性疾患的門，容許正腎上腺素（或其他的神經傳導物質）活動，以確定疾患採取的特殊型態。亦即，血清素的低活性，伴隨正腎上腺素的低活性，會導致憂鬱症；血清素的低活性，伴隨正腎上腺素的高活性，則會導致躁狂。

離子活動

神經傳導物質在神經元之間的溝通，扮演重大的角色，離子則在神經元內重演傳輸的訊息，扮演關鍵性的角色。也就是，離子幫助傳送訊息，由神經元軸突下行到神經末梢。在每一個神經元細胞膜的兩側，有帶正電荷的鈉離子（Na+）。當神經元在休止狀態時，多數的鈉離子坐落在細胞膜的外側；然而，當神經元的接受器受植區，因訊息進入而被激發時，細胞膜氣孔打開，允許鈉離子由細胞膜外側移入內側，此會啟動一波電生化活動，而會持續下行整個神經元的全長，而造成神經元的激發。神經元激發之後，大量的鉀離子（K+）由細胞膜內側往外側移動，來幫助神經元回到原先的休止狀態（見圖 8-5）。

如果訊息能由軸突而下有效的進行，這些離子必須要正確地在神經細胞膜內側和外側，來回移動。有些理論家相信這些離子不適當地輸送，可能會引起神經元太容易激發（造成躁狂）或抗拒激發（造成憂鬱症）（Li & El-Mallakh, 2004; El-Mallakh & Huff, 2001）。研究人員已發現，在雙極性情感疾患患者的神經元細胞膜上的缺陷，並觀察到幫助輸送離子通過神經元細胞膜的蛋白質之功能異常（Sassi & Soares, 2002; Wang et al., 1999）。

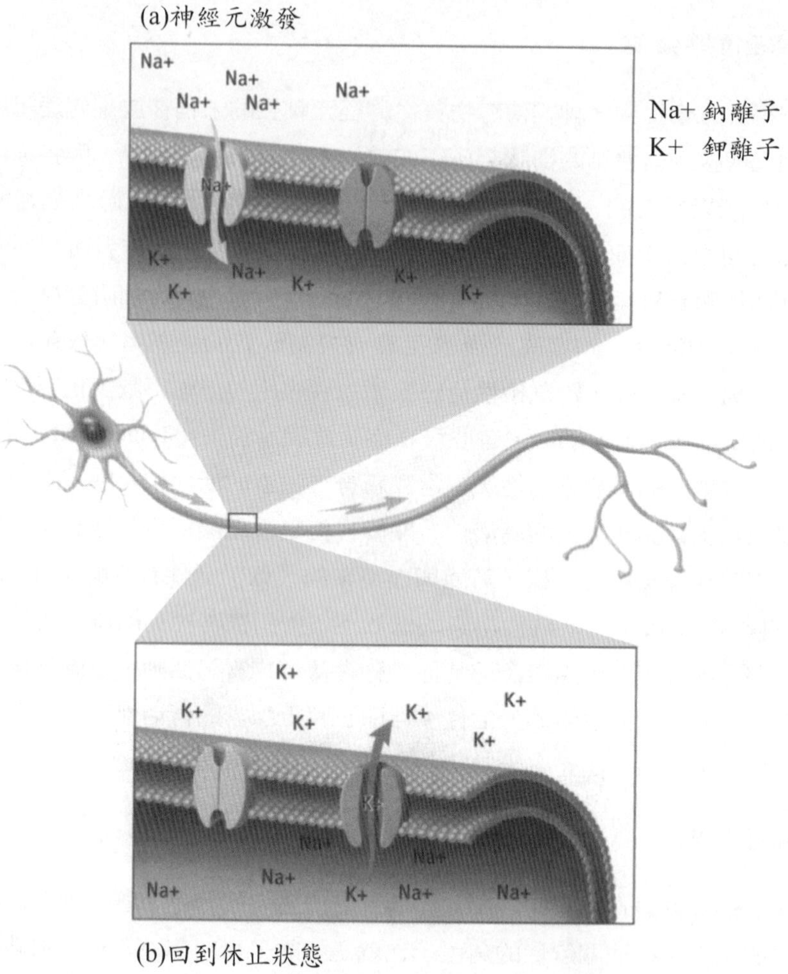

(a)神經元激發

Na+ 鈉離子
K+ 鉀離子

(b)回到休止狀態

圖 8-5　**離子和神經元的激發**　神經元藉著經軸突朝向神經末梢行進之神經衝動來傳遞訊息。當神經衝動沿著軸突行進時，鈉離子（Na+）會由細胞膜外往膜內移動，而引起軸突上的神經衝動向下傳遞。一經鈉離子流入，鉀離子（K+）會往細胞膜外移動，可幫助膜電位之平衡及回到休止狀態，以等待新的神經衝動到達。

腦部結構

　　腦部影像和屍體解剖的研究，已確認一些雙極性情感疾患患者，具有異常的腦部結構（Lambert & Kinsley, 2005; Shastry, 2005; Baumann & Bogerts, 2001; Stoll et al., 2000）。特別是，這些人的基底核和小腦，較其他的人小。此外，他們的背側縫合核、紋狀體、杏仁核及前額葉皮質，有一些結構異常。這種結構異常，在雙極性情感疾患扮演什麼角色不清楚。他們可能幫助產生前述的神經傳導物質，以及離子異常，例如：背側縫合核是腦部產生血清素的部位。另外，結構問題可能只是神經傳導物質或離子異常的結果，或許多雙極性情感疾患病人目前使用藥

物的結果。

遺傳因素

許多理論家認為，人們因遺傳一種發展雙極性情感疾患的生物體質。家庭譜系研究，支持此一概念（Maier et al., 2005; Shastry, 2005; Gershon & Nurnberger, 1995）。有雙極性情感疾患者的同卵雙胞胎，有 40% 的可能性發展同樣的疾患；異卵雙胞胎、兄弟姊妹，及此人的其他近親，則有 5% 至 10% 的可能性；而一般的人口，則有 1% 到 2.6% 的盛行率。

研究人員也實施遺傳關聯研究（genetic linkage studies），以確認雙極性情感疾患在遺傳上的

✪ **大家族和遺傳研究**　極少有幾世代近親結婚而緊密結合的大家族，它是最吸引遺傳關聯研究注意的對象，這些研究試圖確定遺傳性疾患可能的型態，例如，雙極性情感疾患可能的遺傳型態研究，曾在賓州的 Amish 家族進行。

可能模式。他們選擇經過幾代有高比率的此疾患大家族，觀察此疾患在家庭成員中的分配型態，以確定是否它密切的跟隨已知的家族遺傳特徵〔稱為遺傳標記（genetic marker）〕的分配型態，如色盲、紅髮或特殊的病症。

在研究以色列、比利時和義大利，幾代顯示有高比率的雙極性情感疾患的家族記錄之後，有一組的研究人員，把雙極性情感疾患與 X 染色體上的某些基因相連結（Mendlewicz et al., 1987, 1980），然而，其他的研究小組，後來使用分子生物學的技術，去檢查這些大家族的基因型態，他們把雙極性情感疾患與染色體第 1、4、6、10、11、12、13、15、18、21 及 22 的基因相連結（Maier et al., 2005; Baron, 2002）。這種廣泛的發現指出，某些基因的異常，可能結合而產生雙極性情感疾患（Payne, Potash, & DePaulo, 2005）。

整合：理解已知的事實

由於情感性疾患在各個社會如此的普遍，也難怪它會成為許多研究的焦點。有關此疾患的大量資料已被收集，臨床工作者仍無法完全了解所有他們已知的事。

有幾個因素與憂鬱症有密切的相關，包括生物的異常、正增強物的減少、負面的思考方式、無助感的知覺、生活壓力，及社會文化的影響等。相較於許多其他的心理疾患，的確有更多促成的因素與憂鬱症有關，然而，這些因素與憂鬱症

相關的精確性如何仍不清楚。幾種可能的關係是：

1. 許多因素中的一種，可能是憂鬱症的關鍵原因。那就是，某一個理論在預測和解釋憂鬱症如何發生，可能比其他的理論更有用。假定如此，理論指出認知和生物因素，是主要的候補者，由於這幾種的因素已被發現，有時是前導及預測憂鬱症的因子。

2. 不同的人開始憂鬱症可能來自不同的原因。例如：有些人可能開始於血清素的低活性，造成他們易於在壓力情境，反應出無助感、負面的解釋事件，及在生活上較少享有樂趣。其他人可能最初遭遇嚴重的失落，引發無助感反應、血清素低活性，及正增強減少。不管開始的原因為何，這些因素可能合併成為憂鬱症最後共通的路徑。

3. 兩種或更多種特殊因素之間的交互作用，是產生憂鬱症的必要條件（Klocek, Oliver, & Ross, 1997）。也許人們之所以發生憂鬱症，只因為他們有低水平的血清素活性、感覺無助，及對負面事件反覆自責。

4. 各種因素可能在憂鬱症裡扮演不同的角色。有些可能引起此症、有些可能由此症引起、有些可能使此症持續。Peter Lewinsohn 和他的同事（1988），評量 500 多個無憂鬱症的人，然後將他們與憂鬱症的各種因素連結，在 8 個月後再評量受試者，以發現哪些人真正變為憂鬱症，及哪些因素能預測憂鬱症。他們發現負面的思維、自我不滿及生活壓力，為前導和預測憂鬱症的因素；不良的社會關係和正增強的減少則不是。研究小組的結論是，前者的因素有助於導致憂鬱症，而後者的因素僅是伴隨或起因於憂鬱症，及可能維持憂鬱症。

正如憂鬱症，在過去 35 年期間，臨床工作者和研究人員對於雙極性情感疾患已了解許多。但是，對雙極性情感疾患最適當的解釋，大部分集中於一個變項——生物因素。證明指出，也許遺傳和生活壓力引發的生物的異常，引起雙極性情感疾患。不管其他因素所扮演的角色為何，最主要的一個因素似乎是落在此領域裡。

因此，我們可以理解一種情感性疾患，可能源自多種原因，而另外的結果，可能主要來自單一因素。雖然今日愈來愈多的理論家，尋找解釋各種心理疾患的交叉因素，但這不是最有啟發的方向。它視疾患而定。最重要的是認清疾患的原因，或疾患組成的原因是什麼。然後科學家能更有效的投注他們的精力，臨床工作人員也更能理解他們工作的對象。

情感性疾患的研究，無疑的已有豐碩的成果及有價值的洞見，未來幾年勢必繼續展開。目前臨床研究者已收集許多重要的未知部分，他們必須組合這些部分，成為更有意義的圖案，它將會提供預測、預防和治療這些疾患更好的方法。

摘要

　　●**情感性疾患**　情感性疾患的患者，有持續幾個月或幾年的心情問題，支配他們與世界的互動，而且破壞他們的正常功能。憂鬱（depression）和躁狂（mania）是這種疾患的兩種主要情緒。

　　●**單極型憂鬱症**　單極型憂鬱症（unipolar depression），是情感性疾患最普遍的型態，患者只有蒙受憂鬱之苦。憂鬱症的症狀涵蓋五個領域的功能：情緒的、動機的、行為的、認知的和身體的。憂鬱症者也處於自殺想法和行為的極大風險之中。女性經驗嚴重的憂鬱症，至少為男性的兩倍。

　　●**憂鬱症的解釋**　每一種主要的模式，都提出對憂鬱症的解釋。生物學的、認知的，及社會文化的觀點，已得到研究的最大支持。

　　根據生物學的觀點，兩種神經傳導物質，正腎上腺素（norepinephrine）和血清素（serotonin）的低活性，助長引起憂鬱症。荷爾蒙因素（hormonal factors）也可能產生作用。在某些神經元之內，重要蛋白質和化學物質的缺陷，也會引起憂鬱症。腦部影像的研究，也把憂鬱症和腦部地區迴路異常連結在一起，包括前額葉皮質（prefrontal cortex）、海馬迴（hippocampus）、杏仁核（amygdala），及布羅德曼第 25 區（Brodmann Area 25）。所有這些生物的問題，可能和遺傳因素有關。

　　根據心理動力的觀點，有些人經驗真正的或想像的失落（real or imagined losses），會退化（regress）到較早期的發展階段，他們內射（introject）對喪失對象的感覺，最後變為憂鬱症。

　　行為的觀點認為，當人們在生活中所經驗的正向獎賞大量的減少時，他可能表現的正向行為愈來愈少，此反應導致更低比率的正向獎賞，最後變為憂鬱症。

　　憂鬱症主要的認知解釋，集中於負面思考（negative thinking）和學得無助感（learned helplessness）。根據 Beck 的理論，負面思考、不適當的態度（maladaptive attitudes）、認知三元素（cognitive triad）、錯誤的思考方式（errors in thinking）及自動化思考（automatic thoughts），會促成憂鬱症的產生。根據 Seligman 的學得無助感理論，當人們相信已失去生活中增強物的控制，及歸因這種喪失的原因是內在的（internal）、全面的（global）及穩定的（stable）因素，就變為憂鬱症。

　　社會文化理論主張，憂鬱症是受社會和文化因素的影響。家庭—社會（family-social）理論家指出，低的社會支持經常與憂鬱症有關聯。多元文化理論家，注意憂鬱症的特性和盛行率，會因性別和文化而不同。

　　●**雙極性情感疾患**　雙極性情感疾患（bipolar disorders）是躁狂發作與憂鬱交替或混合發作。此種疾患較憂鬱症不普遍。它們的型態有第一型雙極性情感疾患

（bipolar I disorder）、第二型雙極性情感疾患（bipolar II disorder），或循環性情感疾患（cyclothymic disorder）。

●**雙極性情感疾患的解釋** 躁狂可能與正腎上腺素的高活性，及血清素的低活性有關。有些研究者，也把雙極性情感疾患與離子在神經元細胞膜內外，來回不正常的傳送相連結。其他的研究者，集中於重要的蛋白質，及某些神經元內化學物質的缺陷；而另外的研究者，發現在重要的腦部結構異常。遺傳的研究指出，人們可能遺傳一種生物異常的體質。

第九章

情感性疾患的治療

　　我想，憂鬱症從某個角度來說，已經使我成為更強的人，我的意思是指學習
處理這一類的事情。我想我必須去發展一些先前未具備的技能。敏感性也是，它
使我更具同情心，由於同情心，使我對憂鬱症更了解，而且我也更了解其他人及
他們所經歷的。[我也]更想對整個生命過程作了解……

　　　　　　　　　　　　　　　　　　　　　　　匿名（Karp, 1996, p. 130）

　　我將在餘生服用 Zoloft（抗憂鬱藥），我心甘情願這樣做。

　　　　　　　　　　　　　　　Mike Wallace，電視新聞記者（Biddle et al., 1996）

　　以我的狀況，ECT（電擊痙攣治療法）是一項奇蹟。我的妻子對它半信半疑，
但是當她進入我的房間之後，我坐起來說：看看誰回到生活裡。它像一根神奇的
魔杖。

　　　　　　　　　　　　　　　　　　　　　Dick Cavett，脫口秀主持人（People, 1992）

　　……醫院是我的救星，但它有些部分卻是自相矛盾的；在這簡樸的地方，有
深鎖的大門，及孤寂的綠色走廊……我發現在我騷動腦部的平靜、緩和，那是我
在我安靜的農舍所不能得到的……對我來說，真正的藥物是隱遁和時間。

　　　　　　　　　　　　　　　　　William Styron，小說家（Styron, 1990, pp. 68-69）

　　由於我認為我自己應該能操控我逐漸激烈的擺盪情緒，因此在最初的十年，
我並沒有尋求任何治療。甚至在身體狀況變為緊急，我仍間歇的抗拒藥物治療
……最後當我理解開始及停用鋰鹽的悲慘後果之後，我忠實的服用它，並發現我
的生活比料想的更穩定及更可預測。我的情緒依然緊張，我的性情也很容易激
動，但是我能作更確定的計畫，完全的黑暗期較少，也較不偏激……我現在很害
怕我會再變為病態的憂鬱或惡性的躁狂——任何一種症狀，結果都會扯裂我的生
活、人際關係和我認為最有意義的工作各方面——使我很認真的考慮在醫療方面
的任何改變。

　　　　　　　Kay Redfield Jamison，臨床研究者（Jamison, 1995, pp. 5, 153, 212）

　　這些人都遭遇及克服了嚴重的情感性疾患，而且很明顯的，他們都相信他們
所接受的治療，是他們病情改善的關鍵——打開了正常、穩定和有生產力的生活
之門的關鍵。然而這些幫助他們的治療方法，似乎分別有很大的不同。心理治療
法，幫助第一個人回到最初控制的、有同情心和有意義的生活；電擊痙攣治療
法，眾所周知的電擊療法，讓 Dick Cavett 從嚴重的憂鬱症黑洞裡解放；住院治療
和短期的治療是 William Styron 的答案；而抗憂鬱劑是 Mike Wallace 恢復的關鍵；
Kay Jamison 藉由鋰鹽——一種被發現在礦物鹽裡普遍而便宜的成分——的幫助，

脫離如乘雲霄飛車般的雙極性情感疾患。

　　為什麼這些不同的治療法，對罹患相同和相似的疾患者有效？正如本章顯示的，情感性疾患——極端痛苦和使人傾向失能的疾患——比多數其他形式的心理功能失常，在面對各種治療時，有更成功的反應（見圖 9-1）。許多治療的選擇，是數百萬強烈渴望能再控制他們心情到某種程度的患者，尋求安心和希望的來源（Lewis & Hoofnagle, 2005）。

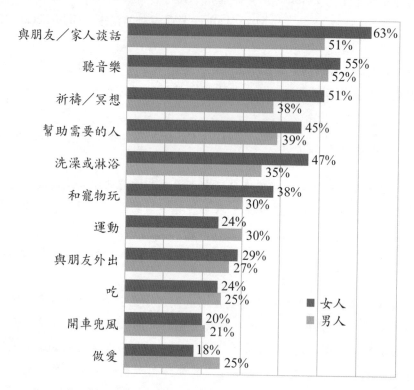

圖 9-1　**人們做什麼事來改善心情？**　　約三分之二的女人與朋友和家人談話，半數的人聽音樂，半數的人祈禱或冥想；約半數的男人與朋友及家人談話，半數的人聽音樂，三分之一的人洗澡或淋浴，四分之一的人做愛（Wallis, 2005）。

單極型憂鬱症的治療

　　每年約有三分之一的單極型憂鬱症者（重鬱症和輕鬱症），接受心理健康專業人員的治療（Wang et al., 2005）。此外，另有許多治療中的患者，是由其他的疾患而經驗到憂鬱感，如飲食疾患，或是生活上遭遇的改變或一般問題的結合。因而，今日有更多的治療法被用來治療憂鬱症。

　　目前有種種的治療方法，被廣泛使用於單極型憂鬱症。本章首先探討心理的方法，集中於心理動力的、行為的，和認知的治療法；然後我們轉向社會文化的

方法，包括一種受高度注意的人際心理治療法；最後，我們著眼於有效的生物方法，包括電擊痙攣治療法、抗憂鬱劑及新的腦刺激法。在治療過程中，將可發現單極型態的憂鬱症，事實上是所有心理疾患中治療最成功的。

心理的方法

最常使用於對抗憂鬱症的心理治療法，來自心理動力的、行為的和認知學派的思想。心理動力治療法，是所有現代心理治療法中最老的，雖然研究沒有對它的有效提出強力的證明，但仍繼續被廣泛的使用於憂鬱症的治療。行為治療法，主要是對輕微和中度的憂鬱症有效，目前不像過去幾十年使用的那麼普遍。認知治療和認知—行為治療法，研究證實有很好的效果，也被愈來愈多的臨床工作人員擁護。

心理動力治療法

心理動力治療師認為，憂鬱症是源自潛意識對真實或想像的失落之悲痛，結合對他人過度的依賴而產生。心理動力治療師試圖幫助患者，將潛在的問題帶回意識層，並重構它們。治療師運用心理動力的基本程序，他們鼓勵憂鬱症患者在治療中自由聯想；並對患者的聯想、夢、阻抗和移情作用的表現，提出解釋；而且幫助患者再體驗和重溫過去的事件及感覺（Busch et al., 2004）。例如：自由聯想，幫助一個男人回憶他早期的失落經驗，根據治療師的說法，那些經驗造成他的憂鬱症：

> 「在他最早期的記憶中，可能是所有記憶中最早的，是他的嬰兒車被推在高架鐵道上走，而且單獨留在那裡。另外，在分析中明顯重現的記憶，是約 5 歲時的手術，他被麻醉，他的母親把他留下來和醫生在一起，他回憶母親離他而去，而他如何憤怒的踢和尖叫。」
>
> （Lorand, 1968, pp. 325-326）

心理動力治療師預期在治療的過程中，憂鬱症患者最後會對生活中的失落得到察覺，變為較少依賴他人、更有效的因應失落，並在他們的生活運作相對的改變。這種用治療的察覺轉變為實際生活的改變，可發現於一個中年業務主管的案例中：

> 患者的父親仍住在一個療養院，患者定期去探視他。有一次，當他完成了一個成功的商務交易後，他懷著很高的期望去看他的父親。然而，當他開

始對父親描述他的成就時，他父親完全忽視兒子的談話，而只為了兒子穿一件被他認為不合身分的粉紅色襯衫，猛烈的責備他。他父親的此種反應是正常的，但是這時候，由於治療已經完成，患者能客觀的分析他最初的失望感，及沒有讓老人家愉快的深度失敗感。雖然這種經驗導致短暫的憂鬱狀態，但它也顯示患者完全的依賴生活型態——他利用別人去滿足他的價值感。觀察到治療達成的效果，這種經驗對洞察增加真實性空間，並帶給患者徹底改變幼年被父親角色移情到自己身上的動機。

（Bemporad, 1992, p. 291）

　　儘管有這種成功的案例報告，研究者發現長期的心理動力治療法，僅偶爾對一些憂鬱症的個案有幫助（Prochaska & Norcross, 2007）。此治療法中的兩個特色，可能限制它的效果：第一，憂鬱症患者可能太被動，及對此治療法要求完全參與的敏感討論感覺厭倦（Widloecher, 2001）；第二，當這種長期的治療法，無法提供患者極度渴求的快速減輕痛苦時，他們變為沮喪，而且提早結束治療。通常，心理動力治療法對下列憂鬱症的個案最有幫助——有明顯的童年期失落或創傷歷史、長期的空虛感、完美主義及極度的自我批評（Blatt, 1999, 1995）。短期的心理動力治療法比傳統的方法，執行的效果更好（Prochaska & Norcross, 2007; Leichsenring, 2001）。

行為治療法

　　行為主義學家的憂鬱理論，把心情與個人生活的獎賞連結在一起，發展出對應的憂鬱症治療。多數這種治療法，是模仿 Peter Lewinsohn 所提出的方法（在第八章敘述的行為理論家的憂鬱症理論）。在典型的行為治療法中，治療師必須：(1)重建憂鬱患者快樂的事件和活動；(2)適當的增強患者的憂鬱和不憂鬱行為；及(3)幫助患者增進社會技能（Farmer & Chapman, 2008; Addis & Martell, 2004; Lewinsohn et al., 1990, 1982）。

　　首先，治療師選擇患者認為快樂的活動，如逛街或照相，鼓勵患者建立從事這些活動的每週日程表。研究顯示，增加個人生活的積極活動——有時稱為行為的活化——確實能導致較好的心情（Farmer & Chapman, 2008; Leenstra, Ormel, & Giel, 1995）。以下的個案是描述這種過程的例證：

　　此病人是一位 49 歲的婦女……她過去生活的主要興趣是畫畫，事實上她是個很有才華的藝術家。由於嚴重的呼吸感染，使她沒有能力工作，而表現出憂鬱症的冷淡、自我毀損和焦慮特徵。在她憂鬱症發作時，她不能畫畫，

也對她的藝術工作失去興趣和信心。她的治療師認為如果她有動機回到畫架前，她能重建她的增強來源。在提供支持性關係一個月之後，治療師計劃作家庭訪問，去看她的畫作，當她拾起刷子在畫布上畫畫時，他觀看並與她談話。在治療師到達的時候，她已經開始作畫，且在幾週之內，她的憂鬱症逐漸減輕。

（Liberman & Raskin, 1971, p. 521）

　　將快樂事件再度引入患者的生活時，治療師也要確定，患者的各種行為被正確地酬賞。行為主義學家主張，當人們有憂鬱症時，他們的負面行為——哭、抱怨或自我輕視——使他人對他保持距離，且減少酬賞的經驗和互動機會。為改變這種型態，治療師引導患者監控自己的負面行為，並嘗試新的、更正面的行為（Farmer & Chapman, 2008; Addis & Martell, 2004）。此外，治療師也使用後效處理法（contingency management approach），系統化的忽視患者的憂鬱行為，而以讚美或其他的方法酬賞建設性的陳述和行為，如去上班。有時家庭成員和朋友被請來協助這種有特色的治療（Liberman & Raskin, 1971）。

　　最後，行為治療師訓練患者有效的社會技能（Segrin, 2000; Hersen et al., 1984）。例如：在團體治療方案，團員們在一起活動，改進他們的眼神接觸、臉部表情、姿態及其他傳達社會訊息的行為。

　　這些行為技術，當只運用其中一種時，似乎幫助有限。例如：一個研究中，被指導增加快樂活動的憂鬱症患者，其成效顯示不如僅要他們保持慣常活動的控制組人員（Hammen & Glass, 1975）。然而，治療計畫結合兩種或更多種的行為技術，行為治療顯現更能減輕憂鬱症狀，尤其是對輕度的憂鬱症（Farmer & Chapman, 2008; Jacobson et al., 2001, 1996; Teri & Lewinsohn, 1986）。值得注意的是，Lewinsohn 近年來結合行為技術和認知策略，此法與我們以下要討論的認知—行為治療法極為相似。

認知治療

　　第八章我們看到，Aaron Beck 視憂鬱症起因於負面的思考模式，而這種負面思考可能由最近令人不安的情境引發（見 321 頁「深度探

❂ 發洩個人的情緒　雖然正規的治療，對嚴重的憂鬱症通常有必要，但輕度憂鬱症者盡個人的努力做某些事，如去度假或和朋友在一起，也會有顯著的改善。例如，研究顯示，規律的運動可幫助人們防止或減輕憂鬱感，以及其他的心理症狀（Dunn et al., 2005）。

索」專欄）。不適當的態度，導致人們反覆的以負面方式，看待他們自己、他們的世界及他們的未來——所謂的認知三元素（cognitive triad）。此種偏差的觀點，結合不合邏輯的思考，產生自動化思考，使不退讓的負面思想充斥內心，而引起憂鬱症的症狀。

　　為幫助患者克服負面思考，Beck 發展一種治療法，他稱為**認知治療**（**cognitive therapy**），他使用這種名稱，是因為這種方法主要被設計來幫助患者，認識和改變他們負面的認知過程，從而改善他們的心情（Beck & Weishaar, 2005; Beck, 2002, 1985, 1967）。不過，這種方法也包含一些行為的技術（圖 9-2），治療師試圖讓患者再活動，並鼓勵他們嘗試新行為。因而，許多理論家認為此種方法，是一種認知—行為治療（cognitive-behavioral therapy），而不是它的名稱所指的純粹認知治療（Farmer & Chapman, 2008）。Beck 的方法類似 Albert Ellis 的理情治療法（rational-emotive therapy）（第三章和第五章討論過），但是它適合於特殊認知錯誤的憂鬱症。Beck 的方法依循四個階段，通常需要 20 次以下的療期（見表 9-1）。

時間	星期一	星期二	星期三	星期四	星
9-10		去雜貨店	去博物館	準備外出	
10-11		去雜貨店	去博物館	開車去看醫生	
11-12	看醫生	打電話給朋友	去博物館	看醫生	
12-1	午餐	午餐	在博物館午餐		
1-2	開車回家	清掃起居室	開車回家		
2-3	看小說	清掃起居室	洗滌		
3-4	打掃臥室	看小說	洗滌		
4-5	看電視	看電視	看電視		
5-6	準備晚餐	準備晚餐	準備晚餐		
6-7	與家人用餐	與家人用餐	與家人用餐		
7-8	打掃廚房	打掃廚房	打掃廚房		
8-12	看電視、看小說、睡覺	打電話給妹妹、看電視、看小說、睡覺	清潔地毯、看小說、睡覺		

圖 9-2　增加活動　在憂鬱症的認知治療早期階段，患者和治療師準備一個像這樣的活動時間表。簡單的活動，像是看電視，而打電話給朋友則是特殊的活動（摘自 Beck et al., 1979, p. 122）。

表 9-1　情感性疾患和治療

疾　患	最有效的治療	初期治療的平均時間（週）	治療進步的百分比（%）
重鬱症	認知、認知—行為、人際心理治療	20	60
	抗憂鬱劑	20	60
	電擊痙攣治療法（ECT）	2	60
輕鬱症	認知、認知—行為、人際心理治療	20	60
	抗憂鬱劑	20	60
第一型雙極性情感疾患	抗雙極性情感疾患藥（情緒穩定劑）	不確定	60
第二型雙極性情感疾患	抗雙極性情感疾患藥（情緒穩定劑）	不確定	60
循環性情感疾患	心理治療或抗雙極性情感疾患藥	20 到不確定	不清楚

階段 1：增加活動及鼓舞情緒　利用行為技術進行認知治療，治療師首先鼓勵患者更積極和自信，在每一個療期中，患者花時間準備以小時為單位的一週詳細活動時間表。當他們一週週變得更活躍時，他們的心情就可能改善。

階段 2：挑戰自動化思考　一旦人們變為更活躍並感覺情緒緩和時，治療師開始教育有關他們的負面自動化思考。當自動化思考發生時，患者被教導去識別和記錄下來，在每次的療程要把他們的紀錄表帶來。然後治療師和患者檢驗這些思考背後的真實性，最後他們的結論是，那些想法經常是無根據的。Beck 提出下列的交談，作為回顧此法的例證：

治療師：為什麼你認為你不能依自己的選擇進入大學？

患　者：因為我的成績不是頂好。

治療師：你的平均成績如何？

患　者：高中最後一學期前都還不錯。

治療師：你一般的平均成績如何？

患　者：A 和 B。

治療師：每一種各多少？

患　者：我想大部分的成績是 A，但是我最後一學期的成績很糟糕。

治療師：那時的成績如何？

患　者：我得到兩個 A 和兩個 B。

治療師：既然你的平均成績幾乎都是 A，為什麼你認為不能進入大學？

患　者：因為競爭得很厲害。

> 治療師：你有沒有找出大學入學的平均成績？
>
> 患　者：有些人告訴我平均 B+ 就足夠。
>
> 治療師：你的平均是不是更好？
>
> 患　者：我想是。
>
> （Beck et al., 1979, p. 153）

階段 3：確認負面思考和偏見　當人們開始認清他們的自動化思考是錯誤時，認知治療師指出他們不合邏輯的思考過程，如何促成這些想法。例如：當憂鬱症的學生斷定任何成績低於 A 是「可怕的」時，她正在使用極端兩極化思考（全有或全無）。治療師也引導患者去認清，他們幾乎對所有事件的解釋，都有負面的偏見，並改變那種解釋的型態。

階段 4：改變根本的態度　治療師幫助患者，改變最初造成他們憂鬱症的不適當態度。在過程的部分，治療師常常鼓勵患者去測試自我的態度，如下列的治療討論：

> 治療師：妳根據什麼認為沒有男人妳就會不快樂？
>
> 患　者：我有一年半的時間沒有男伴，在這段期間裡，我真的很沮喪。
>
> 治療師：為什麼妳會沮喪，是否有其他的原因？
>
> 患　者：正如我們所討論的，我以扭曲的方式來看待每件事情，但是我仍不清楚，假定沒有人對我有興趣，我是否會感到快樂。
>
> 治療師：我也不清楚，有什麼方法我們可以找出原因？
>
> 患　者：可以做個實驗，我在一段時間不外出約會，看看我有什麼感覺。
>
> 治療師：我想這是個很好的主意。雖然這個實驗方法也有瑕疵，但目前它是發現事實的最好方法，妳能以實驗的方式進行是幸運的。現在，在妳的成年期第一次發現妳不需要依賴男人。假定妳發現沒有男人也很快樂，將會使妳自強，也能使妳未來的人際關係變得更好。
>
> （Beck et al., 1979, pp. 253-254）

過去三十年來，許多的研究顯示，Beck 的治療法和類似的認知及認知—行為治療法，對憂鬱症很有幫助。接受這些治療法的憂鬱症成人，比那些接受安慰劑或完全沒有治療的人，有更多的進步（Taube-Schiff & Lau, 2008; Hollon et al., 2006, 2005, 2002; DeRubeis et al., 2005）。大約 50% 至 60% 的患者，顯示幾乎完全消除了他們的症狀。有鑑於研究強力的支持，許多治療師已採用認知和認知—行為治療法，有些人則提供團體治療的方式（Petrocelli, 2002）。

　　值得注意的是，今日愈來愈多的認知—行為治療師，不贊同 Beck 的主張，即為了克服憂鬱症，個人必須完全拋棄他們負面的認知。在第三章和第五章提到的新浪潮認知—行為治療師，包括實施接受與現實療法（acceptance and commitment therapy, ACT）的人，引導憂鬱症患者認識和接受他們負面的認知，只是流過心中的想法，不是對行為和決定很有價值的指引。當患者愈能接受原來的負面思想，在生活路線的引導上，他們就愈能改變想法（Zettle, 2007; Hayes et al., 2006）。

「深度探索」專欄

哀傷的過程

　　每年有千百萬人經歷近親或朋友的死亡。這種痛苦的失親反應，可能相似於 Freud 和 Abraham 根據精神分析對臨床憂鬱症的解釋。但是哀痛是一個自然的過程，它使我們最後能控制失親之痛，而重新開始我們的生活。

　　不幸的是，對於哀傷有許多共通的誤解。最常見的是，認為哀痛有一個固定的時間表（Oyebode, 2008; Hansson & Stroebe, 2007）。朋友和相識者，常讓哀傷者僅有幾週的時間去回復正常的生活。事實上，在一個人準備好之前，有時要好幾個月。所需時間的多少，視哀傷者和已故者的關係、哀傷者的年齡及人格等因素而定（Oyebode, 2008; Stroebe et al., 2007, 2005, 2000）。

　　死別的過程，在不同的文化團體也有不同的經驗（Walker, 2008; Stroebe & Schut, 2005; Morgan & Laungani, 2002; Wikan, 1991）。日本的佛教徒信仰與死去的祖先保持聯繫，因此，幾乎每個家庭有一個祭壇供奉他們的牌位，獻祭食物和對死者講話，是常見的慣例。而美國印第安人的霍皮族（Hopi），認為與死者聯繫會引起汙染，因此他們會很快的清除死者的遺物。埃及的回教徒認為，失親者應該停留於傷痛中，而其他人則圍繞著他們，分擔他們的悲傷。但是在峇里島（Bali）的回教徒，則被教導要控制他們的悲傷，代之以歡笑和快樂。

　　西方的社會把死別視為常規生活的一種干擾，是麻煩的、削弱情緒的反應，一個人必須盡快且有效地克服

✪當著名或重要的人物死亡，成千上萬的人聚在一起哀悼，極為常見。圖為 2005 年，天主教宗保羅二世喪禮的情景。

（Oyebode, 2008）。這種看法並非都是西方社會的常態。例如：在十九世紀中期，透過降靈術及巫師，與死者溝通非常普遍。當所愛的對象死亡，一個人感覺悲傷的量，顯示出其關係的強度和重要性。死別被期待專注於以後和死者在天堂重聚。

　　儘管有個別差異，今日許多西方社會的哀傷者，經歷一種可預測的情感反應順序（Thompson et al., 2007; Osterweis & Townsend, 1988）。死別的過程，開始可能為震驚：生存者很難相信此人已經死亡，而常接著產生一種失落和分離感，有時導致錯誤的知覺和幻覺——如瞥見死者在街上或夢見此人仍活著。一旦哀傷者完全接受死者不會再回來的事實，絕望就此開始。在此階段，憂鬱、暴躁、罪惡感、宗教的懷疑，以及易怒都是自然的反應。這時社會關係可能惡化，有些哀傷者可能因而生病（Stroeb et al., 2007）。

　　一旦哀痛過程結束，人們也會想到死者，但卻不致被絕望和喪失感所壓倒。在此時，表示一個人已準備好回歸到正常生活，雖然在許多年之後，週年紀念日和其他特別的日子，仍可能會引起突然的悲傷。

　　無論文化或個人對失親的反應如何，研究指出，社會支持在死別的過程扮演重要角色（Sandler et al., 2008; Schneider, 2006; Hullett, 2005）。事實上，許多失親的自助團體出現在全世界，它們讓哀傷者有機會與其他的喪失所愛者聚在一起，討論感情上和實際上所面對的問題。這些團體顯然對許多的哀傷者非常有幫助，讓它進行應有的必要過程——沒有壓力、誤釋或批判。

社會文化的方法

　　正如第八章所述，社會文化理論家將憂鬱症的原因，追溯到人們生活的廣大社會結構和被要求扮演的角色。有兩類社會文化治療法，目前被廣泛的應用在憂鬱症個案——多元文化的方法（multicultural approaches）和家庭—社會的方法（family-social approaches）。

多元文化的治療

　　第三章所述的文化—敏感治療師，試圖處理文化少數族裔成員，所面對的獨特問題（Carten, 2006; Comas-Diaz, 2006）。此法通常包含特殊文化訓練的治療師；治療師對患者的文化價值、文化有關的壓力源、偏見及患者面對的刻板印象，有高度的察覺；治療師努力幫助患者，達到兩種不同文化混合的平衡自在，並認識他們本身的文化及主流文化，對自我觀點和行為的影響（Prochaska & Nor-cross, 2007）。

　　在憂鬱症的治療，愈來愈多的文化—敏感治療法，結合傳統的心理治療方式，以最大的可能來幫助少數族裔患者，克服他們的疾患。例如：今日有些心理治療師對少數族裔的憂鬱症患者，提供認知—行為治療，而治療同時也聚焦於患

者的經濟壓力、少數族裔的特性，及有關的文化議題（Stacciarini et al., 2007; Satterfield, 2002）。一系列的研究顯示，當文化—敏感焦點，加上患者能接受的心理治療方式，拉丁美洲裔、非裔、美洲印第安人及亞裔美國人的患者，更能克服他們的憂鬱症（Ward, 2007）。遺憾的是，這種憂鬱症結合的治療法雖然增加，對多數的少數族裔患者仍然無法完全利用（Dwight-Johnson & Lagomasino, 2007）。

　　許多少數族裔的憂鬱症患者，也出現藥物治療的需要，特別是貧窮的人不能適當地滿足其需求。在本章後面可以看到，少數族裔患者比歐裔患者，較不可能獲得最有幫助的抗憂鬱藥物。

🍃 家庭—社會治療

　　使用家庭和社會方法治療憂鬱症的治療師，幫助患者改變他們生活中親密關係的處理。最有效的家庭—社會治療法，是人際心理治療法和伴侶治療。

　　人際心理治療法　此法是由臨床研究者 Gerald Klerman 和 Myrna Weissman 所發展。**人際心理治療法**（interpersonal psychotherapy, IPT）認為，四種人際問題領域的任何一種，都可能導致憂鬱症而必須被處理，包括：人際關係的喪失、人際角色的紛爭、人際角色的轉變及人際關係的缺陷（Weissman & Markowitz, 2002; Klerman & Weissman, 1992）。在全部約 16 次的療程中，IPT 治療師提出這些領域的作法。

　　第一，正如心理動力理論家指出的，憂鬱症患者可能經驗一種重要的人際關係喪失（interpersonal loss）的哀傷反應，即喪失所愛的對象。在這些案例裡，IPT 治療師鼓勵患者探索他們與死者的關係，及表達他們發覺的任何憤怒感。最後，患者能發展回憶死者的新方式，並尋找新的關係。

　　第二，憂鬱症患者可能發現自己處於人際角色的紛爭（interpersonal role dispute）中。當兩個人對他們的關係及每個人應扮演的角色，有不同的期望時，角色紛爭就發生。IPT 治療師幫助患者檢查他們捲入的任何角色紛爭，然後發展解決這些問題的方法。

　　憂鬱症患者也可能經歷，一種由生活重大改變引起的人際角色轉變（interpersonal role transition），如離婚或孩子出生。他們感覺被因生活變化而伴隨的角色改變所壓倒。在這些個案中，IPT 治療師幫助患者，發展社會支持和新角色所需要的技能。

✿**角色轉變**　重大的生活變化，如結婚、孩子誕生或離婚，會出現角色轉變的難題。人際心理治療師對憂鬱症患者提供的治療，其中角色轉變即為四種人際問題領域之一。

最後，有些憂鬱症患者顯現出人際關係的缺陷（interpersonal deficits），如極度的害羞或社交笨拙，而使他們無法與他人建立親密關係。IPT 治療師幫助患者認清他們的缺陷，並教導他們社會技能及自我肯定，以促進他們的社會效能。在下面的討論，治療師鼓勵一個憂鬱症患者，認識他的行為對他人的影響：

> 患　者：（在眼睛下垂、悲傷的臉部表情及消沉的姿勢，長時間的中斷之後）人們常常取笑我，我想我就是這種類型的人，所謂的獨行俠，該死。（深深的嘆氣）
>
> 治療師：你能不能再做一次？
>
> 患　者：什麼？
>
> 治療師：嘆氣，再深一點。
>
> 患　者：為什麼？（停頓）好，但是我不了解……好吧。（患者再嘆氣及微笑）
>
> 治療師：你那一刻笑了，但多數時候，當你嘆氣而且看起來悲傷時，我覺得我最好避免在你悲傷時打擾你，我會非常小心，不要太接近你，否則我會對你造成更多傷害。
>
> 患　者：（他的聲音有一點生氣）對不起，我只是想告訴你我的感覺如何。
>
> 治療師：我知道你覺得悲哀，但是我也收到你想跟我保持距離的信息，我無法接近你。
>
> 患　者：（緩慢的）我覺得我像一個孤獨的人，我甚至覺得你不關心我——在取笑我。
>
> 治療師：我想是否其他人也需通過這個試驗？
>
> （Beier & Young, 1984, p. 270）

對於憂鬱症，研究指出 IPT 和有關的人際關係治療，與認知和認知—行為治療法，有相似的成功率（Markowitz, 2006; Weissman & Markowitz, 2002）。亦即，有 50% 至 60% 的患者接受治療後，症狀幾乎完全消失。在 IPT 之後，患者不但經驗憂鬱症狀的減少，而且在他們的社交和家庭互動功能上也更有效率。不令人意外的，IPT 被認為對拉鋸於社交衝突，或經歷職業、社會角色改變的憂鬱症患者特別有效（Weissman & Markowitz, 2002）。

伴侶治療　正如前述，憂鬱症會起因於婚姻不和諧，而且沒有得到配偶支持者，其憂鬱症往往恢復緩慢（Franchi, 2004）。事實上，有一半的憂鬱症患者，產生於關係的不良。因而許多憂鬱症的個案，已實施**伴侶治療**（couple therapy）並不令人感到意外，在此法中，治療師與共有長期關係的兩人同時進行。

提供行為婚姻治療法（behavioral marital therapy）之治療師，透過指導夫婦

特殊的溝通和解決問題技巧，幫助他們改變有害的婚姻行為（見第三章）。當憂鬱症患者的婚姻充滿衝突，此法和類似的方法，與個別的認知治療、人際心理治療法或藥物治療，在幫助減輕憂鬱症一樣有效（Snyder & Castellani, 2006；Franchi, 2004）。此外，接受伴侶治療的憂鬱症患者，比那些接受個別治療法者，在治療後更滿意他們的婚姻。

生物的方法

就像一些心理和社會文化治療法一樣，生物治療能有效的緩和憂鬱症患者的痛苦。通常生物治療指使用抗憂鬱劑或流行的草本補充品，但是對其他治療方式沒有反應的嚴重憂鬱症患者，有時是指已使用 70 多年的電擊痙攣治療法，或腦部刺激（brain stimulation），它是一種相當新類的方法。

電擊痙攣治療法

對憂鬱症治療最受爭議的方式之一，是**電擊痙攣治療法**（electroconvulsive therapy）或 ECT。一位患者描述他的經驗：

> 你被皮帶綑在擔架上，用推車推進 ECT 房，電擊的機器在清楚可見的地方，這是一個嚴肅的場合，很少人說話。護士、看護及麻醉師有條不紊的著手做準備。你的精神科醫師走進來，他似乎很實際的、有條理的，也許有一點匆忙的說：「每件事都會很順利，我已經做過幾百次的治療，沒有人死掉。」你縮在內側，不解為什麼他說那些話？沒有時間去思考這些問題，他們已經準備好，電極已就位，從瓶子上面長而透明的塑膠管，它終端的注射針插入你的血管，一經打針，突然間很可怕的，你不再呼吸，然後……你醒來時發現是在醫院的床上。你的腿在疼痛，你的手臂瘀血，你都無法解釋。你困惑的發現，很難恢復記憶。最後你停止奮鬥，了解你沒有記憶是因為已被蒸發了。你是被安排做電擊痙攣治療法，但是必定發生了什麼事，也許它延期了。但是護士過來問你：「你覺得怎樣？」你自己想：「它一定做過了」，但是你不記得。一陣混亂和不舒服，你開始害怕回到 ECT 房，你已經忘記，但是有些關於它的事仍留下，你仍感到很害怕。
>
> （Taylor, 1975）

臨床工作者和病人對 ECT 的意見，同樣有很大的不同。有些人認為它是有極小風險的安全生物程序；另一些人則認為它是極端的方法，能引起麻煩的記憶喪失，甚至神經的損傷。儘管這種爭論激烈，ECT 使用得很頻繁，大部分的原因是，因為它是一種對憂鬱症有效和快速起作用的治療方法。

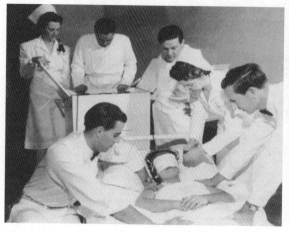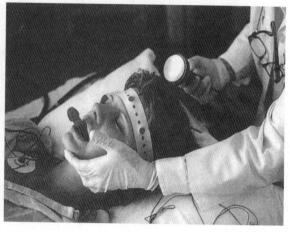

✪ **電擊痙攣治療法（ECT）：過去和現在** 自早期的 ECT 治療以來，其實施技術已有重大的改變。1930 年代至 1940 年代（左圖）的 ECT 治療中，病人是清醒的，並且整個過程中被護理人員控制自由。今天（右圖）病人都給予藥物，幫助他們入睡及肌肉放鬆，以避免嚴重的身體抽搐和骨頭斷裂，並使用氧氣保護腦部免受傷害。

治療程序 在電擊痙攣治療法（ECT）的程序，有兩個電極附著在病人的頭上，在半秒或少於半秒時間，65 至 140 伏特的電流通過腦部，電流會引起腦部痙攣發作，持續 25 秒到幾分鐘。間隔二到四週，在 6 到 12 次的治療之後，多數患者覺得憂鬱減輕（Garrett, 2008; Fink, 2007, 2001）。雙側的 ECT，是各有一個電極放在前額的一側，讓電流通過腦部的兩邊。單側的 ECT，其電極只裝置在一邊，讓電流只通過一邊。

ECT 的起源 電擊可用來治療是偶然的發現。1930 年代，臨床研究人員誤認為腦部癲癇或伴隨的抽筋（嚴重的身體痙攣），能治癒精神分裂症和其他的精神病。他們觀察精神病患者很少罹患癲癇（腦部癲癇症），而癲癇患者很少有精神病，因此推斷腦部痙攣或抽筋可稍微防止精神病。我們現在知道，所觀察到的痙攣與沒有精神病症狀之間的關聯，不必然意味一個事件會引起另一個事件。然而，在 1930 年代，臨床工作人員受到錯誤邏輯的影響，尋求引起痙攣發作的方法，作為對精神病人的治療法。

一位匈牙利醫生 Joseph von Meduna，他給精神病人 metrazol 藥物，另一位維也納醫生 Manfred Sakel 給病人大劑量的胰島素〔胰島素休克治療法（insulin coma therapy）〕。這些程序會產生渴望的腦部痙攣發作，但是每種方法都很危險，有時甚至導致死亡。後來，義大利的精神病醫師 Ugo Cerletti 發現，他能運用電流在病人的腦部，更安全的引起痙攣，他和他的同事 Lucio Bini 不久發展電擊痙攣治療法，作為精神病的治療方法（Cerletti & Bini, 1938）。正如某些人的預期，他們最初臨床應用 ECT，有很多的不確定和混亂伴隨發生。是否實驗者，有權利強施這種未經試驗違反病人意志的治療法？

精神分裂症患者從米蘭乘坐火車到達，沒有車票和任何識別證。他身體健康、全身髒兮兮的，交替以沉默或由怪異的語詞組成難以理解的亂語來表達。病人被帶進來，儘管已有大量的動物實驗，他們仍很憂慮和害怕病人受傷害，因此，電擊謹慎地設定為每十分之一秒 70 伏特。使用預期只會產生微小抽筋的低量電流，之後病人突然開始歌唱。Cerletti 建議另一次的電擊使用較高伏特，引起在場的人興奮和熱烈的討論……所有的人反對更進一步的電擊，斷言病人可能會死亡。Cerletti 很熟悉這些工作夥伴，並知道延期無可避免的意謂著延後，且可能永久的耽擱，所以他決定繼續進行半秒內 110 伏特的電擊。然而，在他如此做之前，病人已聽見但沒有參與討論，坐起來以清晰而沒有怪腔調的義大利文大叫：「不要再做，它會殺死我！」Bini 教授遲疑片刻，但還是繼續進行。在恢復之後，Bini 問病人：「你發生了什麼事？」病人回答：「我不知道，也許我睡著了。」他使用沒有怪腔調的語言，且完整的自我解釋，而且在經過兩個月 11 次的完全治療和 3 次不完全治療的療程之後，完全恢復後離開。

(Brandon, 1981, pp. 8-9)

ECT 不久成為普遍使用的治療法，且被試驗在廣泛的心理問題，一如新技術常被採用的模式。它對特殊嚴重的憂鬱症效果很明顯。然而諷刺的是，關於它對精神病的效用，不久引起懷疑，而且自那時起，除了有嚴重的憂鬱症狀個案之外，許多研究者斷定它對多數的精神疾患無效（Taube-Schiff & Lau, 2008）。

ECT 治療程序的改變 雖然 Cerletti 因他的治療程序而聞名國際，最後他卻放棄 ECT，而在後來幾年為心理疾患尋求其他的治療方法（Karon, 1985）。理由是：他憎惡有時由於 ECT 的嚴重痙攣，導致頸部或肩膀的骨頭斷裂或脫臼、記憶喪失、混亂和癲癇引起的腦部損傷。然而，其他的臨床工作人員繼續使用這種程序，幾年之後並加以改變，以減少許多不良的後果。今日的臨床實務工作人員，在治療中給予病人強力的肌肉緩和劑，使痙攣減到最小，從而消除骨折或脫臼的危險。他們也使用麻醉劑〔巴比妥酸鹽（barbiturates）〕，使病人在治療過程中睡覺，以減輕他們的恐懼。由於這些預防措施，ECT 在醫療上比過去更複雜，但是較不危險，也較少引起不安（Garrett, 2008; Gitlin, 2002）。

接受 ECT 的病人，特別是雙側的 ECT，有難以回憶起治療前或緊接在治療後的事件。大多數的個案，這種記憶喪失會在幾個月內好轉（Calev et al., 1995, 1991; Squire & Slater, 1983）。然而，有些病人卻經歷更久遠的記憶空窗期，而且這種形式的失憶症是永久性的（Wang, 2007; Squire, 1977）。可理解的是，這些人會由於這種程序而留下悲慘的命運。

ECT 的效用 ECT 在治療憂鬱症有明顯的成效。研究發現有 60% 至 80% 之

間的 ECT 病人獲得改善（Richard Lyness, 2006; Pagnin et al., 2004）。這種程序對有妄想的嚴重憂鬱症病人特別有效。然而，為何 ECT 會有良好的作用，很難確定（Garrett, 2008; Lambert & Kinsley, 2005）。畢竟，這種程序會引起腦部所有的神經元激發，並導致各種神經傳導物質的釋放，造成腦部地區廣泛的傷害，並影響全身許多其他的系統。

雖然 ECT 是有效的，ECT 的技術也有改進，但它的使用從 1950 年代以來，慢慢的衰退。根據估計，美國在 1940 年代至 1950 年代間，每年接受 ECT 的病人超過 10 萬人，今日每年少於 5 萬人接受 ECT 治療（Cauchon, 1999）。此法的衰落有兩個原因，一是由於 ECT 引起記憶的喪失，及恐懼這種程序的性質，另外是有效的抗憂鬱劑出現。

🍃 抗憂鬱藥物

在 1950 年代，有兩種減輕憂鬱症狀的藥物被發現：單胺氧化酶抑制劑〔mono-amine oxidase（MAO）inhibitors〕和三環抗憂鬱劑（tricyclics）。這些藥物最近有第三群加入，即所謂的第二代抗憂鬱藥物（見表 9-2）。

單胺氧化酶抑制劑　單胺氧化酶抑制劑（**MAO inhibitors**）被發現作為憂鬱症的治療非常偶然。有些醫生注意到，一種用來測試結核病患者的藥物 iproniazid，有一種有趣的效用：它可使病人較快樂（Sandler, 1990）。它也被發現對憂鬱症的病人有相同的功效（Kline, 1958; Loomer, Saunders, & Kline, 1957）。這些與幾種相關的藥物有相同的生化作用，是它們減緩身體產生酵素單胺氧化酶（monoamine oxidase, MAO），因此它們被稱為 MAO 抑制劑。

正常的情況，腦部供給酵素 MAO，會破壞或降低神經傳導物質正腎上腺素，而 MAO 抑制劑則能阻斷 MAO 執行這種行動，因而停止正腎上腺素的破壞。此結果提高了正腎上腺素的活性，轉而減輕憂鬱症狀。將近半數的憂鬱症患者，服用 MAO 抑制劑，病情有改善（Thase, Trivedi, & Rush, 1995）。然而，這些藥物也有潛在的危險。假如人們所吃的食物包含化學物質酪胺（tyramine），如乳酪、香蕉、及某些酒等，服用了 MAO 抑制劑，會引起血壓升高的危險。因此，人們使用它必須遵守嚴格的飲食規定。近年來，MAO 另一種可用的方式，是皮膚貼片，它讓患者的身體緩慢及持續的吸收藥物（Julien, 2008; Amsterdam, 2003）。因為藥劑經由皮膚吸收是緩慢的，像 MAO 抑制劑的食物危險的交互作用，較少出現。

表 9-2　減輕憂鬱症藥物

類別／一般名稱	商品名稱
單胺氧化酶抑制劑（MAOI）	
Isocarboxazid	Marplan
Phenelzine	Nardil
Tranylcypromine	Parnate
Selegiline	Eldepril
三環抗憂鬱劑（Tricyclics）	
Imipramine	Tofranil
Amitriptyline	Elavil
Doxepin	Adapin; Sinequan
Trimipramine	Surmontil
Desipramine	Norpramin; Pertofrane
Nortriptyline	Aventil; Pamelor
Protriptyline	Vivactil
第二代抗憂鬱劑（Second-Generation Antidepressants）	
Maprotiline	Ludiomil
Amoxapine	Asendin
Trazodone	Desyrel
Clomipramine	Anafranil
Fluoxetine	Prozac
Sertraline	Zoloft
Paroxetine	Paxil
Venlafaxine	Effexor
Fluvoxamine	無
Nefazodone	無
Bupropion	Wellbutrin
Mirtazapine	Remeron
Citalopram	Celexa
Escitalopram	Lexapro
Duloxetine	Cymbalta
Reboxetine	Edronax
Atomoxetine	Strattera

資料來源：Julien, 2008.

　　三環抗憂鬱劑　在 1950 年代，**三環抗憂鬱劑**（**tricyclics**）的發現，也相當偶然。尋求新藥物以對抗精神分裂症的研究者，在一種稱為 imipramine 的藥物進行某些實驗（Kuhn, 1958）。他們發現 imipramine 對精神分裂症的患者沒有幫助，但它確實可減輕許多人的憂鬱症。這種新藥（商品名為 Tofranil）和相關的化合物，變為已知的三環抗憂鬱劑，因為它們都共有三環的分子結構。

　　許多研究顯示，服用三環抗憂鬱劑的憂鬱症病人，比使用安慰劑的相同病人，有更大的改善；雖然在病況改善前，這種藥物必須至少服用 10 天（Julien, 2008; APA, 1993）。大約有 60% 至 65% 服用三環抗憂鬱劑的病人，都獲得它的幫助（Gitlin, 2002; Hirschfeld, 1999）。我們在第八章看到的個案 Derek，是典型的代表：

> 　　某個冬天，Derek 報名參加一個稱為「對心理有顯著影響藥物的使用和濫用」的夜間課程，因為他想在未來的藥物使用新聞專欄，針對高中和大學生提供正確的背景知識。此課程包含精神病和娛樂性的藥物，當教授在黑板列舉情感性疾患的症狀時，Derek 閃現一個察覺：也許他罹患了憂鬱症……
> 　　然後 Derek 和精神科醫師交換意見，醫師確認了 Derek 的懷疑，並開了藥方（一種抗憂鬱劑）。一週之後，Derek 一直睡到鬧鐘響起；兩週之後的早上 9 點，他可寫他的專欄，及對敏感主題的社論專欄作一些困難的決定。他開始寫某些藥物的特別報導，因為他對這個主題有興趣。寫作比過去幾年更愉快，他橫死的影像消失，他的妻子發現他更有反應，會熱烈的與她交談、回答她的問題，沒有……很長的耽擱。
>
> （Lickey & Gordon, 1991, p. 185）

　　假若憂鬱症患者在病情減輕後，立即停止服用三環抗憂鬱劑，他們會在一年內有高的復發風險；然而，假定他們沒有憂鬱症狀之後，繼續服用藥物五個月或五個月以上——稱為「繼續治療」（continuation therapy）策略——他們復發的機會就減少很多（Mauri et al., 2005; Kessler, 2002）。有些研究更進一步提出，病人在開始改善之後，服用抗憂鬱劑三年或三年以上——稱為「維持治療」（maintenance therapy）策略——更能減少復發的風險。結果，許多臨床工作人員，要求病人無限期地繼續服用抗憂鬱劑。

　　許多研究人員推斷，三環抗憂鬱劑能減輕憂鬱症，是經由阻斷神經傳導物質「回收」（reuptake）機制的作用（Julien, 2008）。記得第三章所述，我們已了解訊息是經由神經傳導物質——一種由傳送神經元軸突末梢的化學釋放——從「傳送」神經元越過突觸空間（synaptic space）運送到接收神經元。然而，此過程有一點複雜，當傳送神經元釋放神經傳導物質時，在神經元末梢的類似唧筒機制，會立即以一種稱為「回收」（reuptake）的過程再吸收它。此回收過程的目的，是預防神經傳導物質在突觸空間停留太久，而反覆刺激接收神經元。不幸地，回收的進行並非總是適當，某些人的回收機制可能太有效了——中斷正腎上腺素和血清素的活動太快，而阻止訊息到達接收神經元，並引起臨床的憂鬱症。三環抗憂鬱劑阻斷這種再回收過程，使神經傳導物質停留在突觸較久，因而增加它們刺激接收神經元（見圖 9-3）。

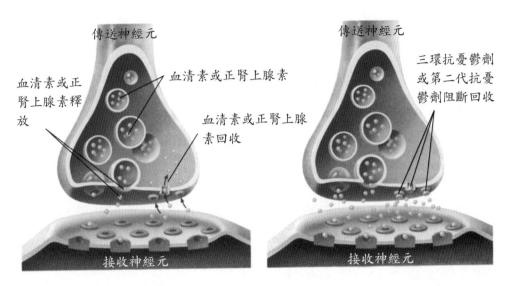

圖 9-3　回收和抗憂鬱劑　（左）當神經元釋放神經傳導物質，如血清素和正腎上腺素，進入突觸空間，就激發類似唧筒的回收機制，重接收過多的神經傳導物質。然而，憂鬱症的這種回收過程太活躍，在它們連接接收神經元之前，消除太多的神經傳導物質。（右）三環抗憂鬱劑及多數的第二代抗憂鬱劑，阻斷這種回收過程，使正腎上腺素或血清素能停留在突觸較久，並連接到接收神經元。

　　假定三環抗憂鬱劑的作用，可即刻增加正腎上腺素和血清素的活性，為何在藥物治療開始之後 10 天或 10 天以上，憂鬱症的症狀繼續存在？目前愈來愈多的證據顯示，當三環抗憂鬱劑被吸收，它們開始延緩使用正腎上腺素和血清素的神經元活動（Lambert & Kinsley, 2005; Blier & de Montigny, 1994）。讓這些細胞的再回收機制立即改正，從而使神經傳導物質更有效的傳送，但是神經元本身則藉著釋放較小量的神經傳導物質，來反應這種變化。在一、兩週之後，神經元最後適應三環抗憂鬱劑，回到釋放神經傳導物質的正常數量。現在回收機制的修正開始有令人渴望的效果：較多的神經傳導物質到達接收神經元，因而引發更多的神經激發，並導致憂鬱的減輕。

　　在發現三環抗憂鬱劑之後，這類的抗憂鬱劑的處方，比 MAO 抑制劑更多，它們不需要像 MAO 抑制劑一樣，限制個人的飲食，且服用三環抗憂鬱劑的人，也顯示比服用 MAO 抑制劑者，有較高的改善比率。另一方面，有些人對 MAO 抑制劑的反應，比三環抗憂鬱藥物或下面描述的新抗憂鬱劑更好，他們繼續被給與 MAO 抑制劑（Julien, 2008; Thase, 2006）。

　　第二代抗憂鬱劑　第三群有效的抗憂鬱藥物，其結構不同於 MAO 抑制劑和三環抗憂鬱劑，已經在過去幾十年中發展。多數的第二代抗憂鬱藥物，稱為**選擇性血清素回收抑制劑**（selective serotonin reuptake inhibitors, SSRIs），因為它

們特別增加血清素的活性，而沒有影響正腎上腺素或其他的神經傳導物質。SSRIs 包括 fluoxetine（商品名 Prozac）、sertraline（Zoloft），及 escitalopram（Lexapro）。新發展的選擇性正腎上腺素回收抑制劑（只增加正腎上腺素的活性），如 atomoxetine（Strattera），以及血清素—正腎上腺素回收抑制劑（增加血清素和正腎上腺素二者的活性），如 venlafaxine（Effexor），目前也被使用。

　　第二代抗憂鬱劑的效力和作用速度，與三環抗憂鬱劑大約相同的水準（Julien, 2008），然而它們的銷售額猛漲。臨床工作人員較喜歡新的抗憂鬱劑，因為它比其他類的憂鬱劑，較不會發生藥劑過量的問題。此外，它們不會引起 MAO 抑制劑的飲食規定問題，或使用三環抗憂鬱劑產生的某些不良效果，例如：口乾和便祕。然而，新的抗憂鬱劑也會引起令人不快的副作用，例如：有些人經驗到性慾降低（Julien, 2008; Taube-Schiff & Lau, 2008）。決定給予病人何種抗憂鬱劑，也受其他的因素影響，如保險範圍或財政手段。

腦部刺激法

　　雖然到目前為止，本章所描述的各種治療方法經常有效，但並不能幫助每個罹患憂鬱症的人。事實上，一個仔細查看治療成果的研究顯示，三分之一或更多的憂鬱症患者，並未由那些治療法獲得幫助。因此，臨床研究者對憂鬱症，繼續尋求替代的方法。近年來，三種有前景的生物治療法已發展出來——迷走神經刺激術、穿顱磁刺激術及深層腦部刺激術。

　　迷走神經刺激術　我們每個人有兩條迷走神經（vagus nerves），在身體的每邊各有一支。迷走神經是人類身體最長的神經，由腦幹通過頸部和胸部至腹部，是腦部和大部分重要器官，如心、肺和腸之間的主要溝通管道。

　　幾年前，一群憂鬱症的研究人員推測，他們以電極刺激迷走神經，可能可刺激腦部。他們希望模仿 ECT 的正面效果，同時卻沒有產生連結 ECT 不受歡迎的效果和創傷。他們的努力產生憂鬱症的新治療法——**迷走神經刺激術（vagus nerve stimulation）**。

　　在這種程序，外科醫生植入一個稱為脈衝產生器（pulse generator）的小儀器，在胸部的皮膚下面。然後外科醫生把脈衝產生器延伸的導線，接上頸部並附著在左邊的迷走神經（見圖 9-4），電的信號從脈衝產生器經由導線傳到迷走神經。受刺激的迷走神經轉而傳送電的信號到腦部。通常在此程序中，以電池發電的脈衝產生器，是循序漸進式的刺激迷走神經（依次是腦部），每開動 30 秒後關掉 5 分鐘。

　　在 2005 年，美國食品和藥物管理局（FDA），對長期、復發或嚴重的憂鬱症，以及使用其他至少四種的治療法之後，沒有改善的憂鬱症個案，批准使用此種治療程序。認可的理由為何？從 1998 年，迷走神經刺激最先試用在憂鬱症者直到現在，研究已發現這種程序能引起顯著的痛苦減輕。實際上，對其他任何治

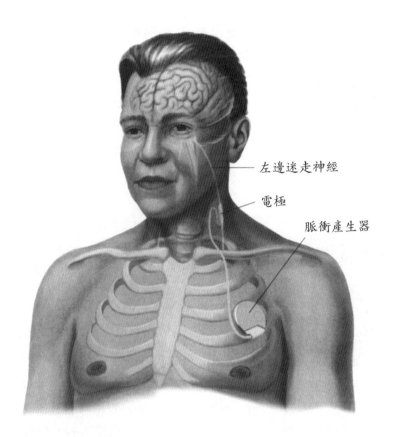

左邊迷走神經

電極

脈衝產生器

圖 9-4 迷走神經刺激術　在迷走神經的程序中，一個植入的脈衝產生器，傳送
電的信號到左邊的迷走神經，受刺激的迷走神經再傳送電的信號到腦
部。這種腦部的刺激可幫助許多病人減輕憂鬱症。

療法沒有反應的嚴重憂鬱症患者的研究，發現使用迷走神經刺激術治療後，有
40%的人有顯著的進步（Graham, 2007; Nahas et al., 2005）。

如同 ECT 一樣，研究人員尚未精確的了解，為什麼迷走神經刺激術能減輕憂
鬱症。像 ECT 一樣，這種程序活化神經傳導物質及腦部各地區，它包含的不限於
血清素和正腎上腺素，及與憂鬱症有密切關係的腦部地區（George et al., 2000; Jobe
et al., 1999）。

穿顱磁刺激術　穿顱磁刺激術（transcranial magnetic stimulation, TMS）是
另外一種技術，試圖刺激腦部而不會使憂鬱症患者，蒙受像電擊痙攣治療法討厭
的後果或創傷。這種程序最早在 1985 年發展，臨床工作人員在病人頭上，放置
電磁的線圈，此線圈會發送電流到前額葉皮質。就如前章所述，有憂鬱症者的前
額葉皮質有些部分機能不足，TMS 顯示可增加那些地區的神經元活動。

TMS 已經被研究人員用在一系列疾患的檢驗，包括憂鬱症。一些研究發現，
每天實施這種程序二到四週，可減輕憂鬱症（Garrett, 2008; Triggs et al., 1999; George
et al., 1995）。而且，根據一些調查，TMS 正如電擊痙攣治療法一樣，對其他形

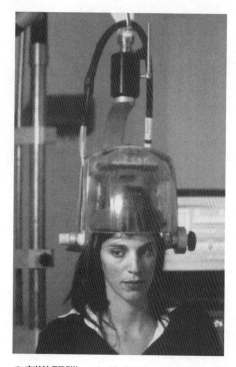

✪刺激頭腦　此種穿顱磁刺激術，是一個女人坐在頭盔下，這個頭盔包含電磁圈，可傳送電流進入並刺激她的頭腦。

式的治療沒有反應的嚴重憂鬱症病人，有所幫助（Grunhaus et al., 2003; Janicak et al., 2002）。不過，對憂鬱症的治療，它尚未得到 FDA 的認可，部分原因是由於此程序，對病人的頭皮會導致重大的不舒服，並且在某些個案引起癲癇發作（Carlson, 2008）。

深層腦部刺激術　正如前述，研究人員最近把憂鬱症，與布羅德曼第 25 區（Brodmann Area 25）的高度活動連結在一起，它位於腦部扣帶皮質下的地區，有人懷疑此區可能是一種「憂鬱症的開關」。此發現導致神經學家 Helen Mayberg 和她的同事（2005），對 6 位嚴重的憂鬱症病人，試驗稱為**深層腦部刺激術**（deep brain stimulation, DBS）的治療，這些病人過去對其他各種形式的治療都沒有反應，包括電擊痙攣治療法。

Mayberg 的方法，成為後來深層腦部刺激法的典範，被成功的運用在腦部癲癇症和巴金森氏症的病人，這兩種疾病都與腦部地區過度活動有關。對憂鬱症病人，Mayberg 的小組在病人的頭蓋骨鑽兩個小洞，並在布羅德曼第 25 區植入電極。此電極與植入病人胸部（男性）或腹部（女性）的電池或節律器（pacemaker）相連接。節律器給電極提供動力，發送穩定的低伏特電流到第 25 區。Mayberg 期望這種反覆的刺激，會減輕第 25 區的活動到正常水平，並且調整憂鬱症者的腦部迴路。

在 DBS 最初的研究，六分之四的嚴重憂鬱症病人，大約幾個月內幾乎沒有憂鬱症（Mayberg et al., 2005）。其後的其他嚴重憂鬱症病人研究，也出現有前景的發現（Burkholder, 2008）。接受此程序的病人報告，除了心情顯著的改善之外，他們的短期記憶及生活品質也改進。

可理解的是，這些情況在臨床界已產生相當大的熱衷（Dobbs, 2006）。然而，了解 DBS 的研究是在它的最早階段，是很重要的。研究者尚未發展使用於大量研究受試者的適當控制研究程序，以確定其長期的安全性，或完全澄清它的令人不快後果。我們必須記住，過去某些心理疾患有前景的腦部治療，如腦葉切除術，後來證明有嚴重問題，甚至在嚴密的檢驗後發現它是危險的。

單極型憂鬱症治療法的比較

對多數的心理疾患，不超過一種或兩種治療法，或幾種治療的結合，會出現很高的成功率。單極型憂鬱症則是例外，它是所有異常的型態探討最多的一種，它可對任何的治療法產生反應。過去二十多年中，研究者執行一些治療結果的研

究，顯示一些重要的趨向：

1. 認知、認知—行為、人際關係及生物治療，每一種治療法對輕微到重度的憂鬱症，都有很大的成效（DeRubeis et al., 2005; Hollon et al., 2005, 2002）。在多數勢均力敵的比較，它們在減輕憂鬱症狀都有相同的效力，然而，有些憂鬱症患者，對某一種治療比另一種有更好的反應（Weissman & Markowitz, 2002; Thase et al., 2000）。

　　憂鬱症治療最規模宏大的研究之一，是由美國國家心理健康研究院（NIMH）贊助六年的調查研究（Elkin, 1994; Elkin et al., 1989, 1985）。實驗者將 239 位中度和重度憂鬱症患者，分為四個治療組。其中一組施以 16 週 Beck 的認知治療，第二組是採用 16 週的人際心理治療法，第三組是使用三環抗憂鬱劑 imipramine，第四組接受安慰劑。總共有 28 位治療師實施這些治療。

　　使用漢彌爾頓憂鬱評估量表（Hamilton Rating Scale for Depression）的工具來評估憂鬱。調查者發現三種治療法中的每一種，已完成治療的 50% 至 60% 受試者，幾乎完全消除憂鬱症狀；而接受安慰劑者，只有 29% 的人顯現症狀有改善——其他的評估工具也被使用，雖然較無效力，但其趨向仍可採用。這些研究發現，與多數其他比較結果的研究相符（Hollon et al., 2006, 2005, 2002）。

　　此研究發現，藥物治療比認知和人際關係治療，對減輕憂鬱症狀更快速，但是這些心理治療法，在最後四週配合藥物的治療，則更為有效。此外，最近的某些研究指出，除非藥物治療繼續延長一段時間，否則認知治療和認知—行為治療，比藥物治療法在預防憂鬱症的復發上，更為有效（Hollon et al., 2006, 2005, 2002）。儘管這些比較顯示，認知和認知—行為治療法較優，但過去幾十年來已證明，醫生開抗憂鬱劑的處方顯著增加。實際上，抗憂鬱劑處方的數量，由 1980 年的 250 萬，成長到 1990 年的 470 萬，以至今天的 2.03 億（Horwitz & Wakefield, 2007; Koerner, 2007; Olfson & Klerman, 1993）。

2. 雖然認知、認知—行為和人際關係治療，使復發的可能性降低，但卻很難證明不會復發。有些研究指出，對這些治療方法有反應的 30% 憂鬱症患者，事實上，在完成治療後的幾年內復發（Weissman & Markowitz, 2002; Cameron et al., 1999）。為了防止復發，目前有些認知、認知—行為和人際關係治療師，在憂鬱症消除之後，有時用團體或教室的形式，以減少發作頻率為目標，繼續提供治療——一種類似在使用抗憂鬱劑的「繼續」或「維持」方法。這種延長的治療方式，事實上在初期顯示，成功治療的病人中確實減少復發率（Taube-Schiff & Lau, 2008; Hollon et al., 2005; Klein et al., 2004）。實際上，有些研究指出，已痊癒的憂鬱症患者，不管他們最

✿花的力量　取自金絲桃（Hyperi-cum perforatum），一般人熟知的聖約翰草（Saint-John's-wort），是目前治療憂鬱症熱賣的產品。聖約翰草是一種矮生、有黃花的野生灌木，它用來作為草本的民俗療法，已有2,400 年的歷史。

初接受的是藥物或心理治療，如果接受繼續或維持治療，較不可能復發（Reynolds et al., 1999）。

3. 當憂鬱症患者經歷重大的婚姻不和諧時，伴侶治療與認知、認知—行為、人際關係，或藥物治療一樣有效。

4. 在勢均力敵的比較，憂鬱症患者接受嚴謹的行為治療，比接受認知、認知—行為、人際關係或生物治療法，顯示較少進步。然而，行為治療被證明比安慰劑治療或完全沒有接受治療更有成效（Farmer & Chapman, 2008; Emmelkamp, 1994）。正如我們的發現，行為治療對嚴重憂鬱症患者，比對輕微或中度憂鬱症患者，較沒有效果。

5. 多數的研究指出，傳統的心理動力治療，在治療各種不同程度的憂鬱症，比其他的治療法較少成效（Svartberg & Stiles, 1991; McLean & Hakstian, 1979）。不過，許多心理動力臨床工作者辯稱，此種治療方法只是不適合實徵研究，它的效力應該由治療師的個案復原和進展報告，來作判斷（Busch et al., 2004）。

6. 多數研究發現，對憂鬱症患者，結合心理治療（通常為認知、認知—行為或人際關係）和藥物治療，比單獨使用一種治療法效果更好（Taube-Schiff & Lau, 2008; Hollon et al., 2006, 2002）。

7. 在第十七章將會看到，這些不同的趨向，並非經常存在於憂鬱症兒童或青少年的治療。例如：一個六年期的大計畫，稱為「青少年憂鬱症的治療研究」（Treament for Adolescents with Depression Study, TADS），顯示結合認知和藥物治療，比單獨使用一種治療法，對憂鬱症的青少年更有效（TADS, 2007）。

8. 生物治療法中，電擊痙攣治療法（ECT）對減輕憂鬱症，比抗憂鬱劑更有成效（Pagnin et al., 2004），而且 ECT 作用更快速。然而，使用其中的任一種治療法，有半數的患者在一年內復發，除非開始治療後，採取進一步繼續的藥物治療或心理治療（Gitlin, 2002; Fink, 2007, 2001）。此外，新發展的腦部刺激治療，似乎對若干一再對藥物治療、ECT，或心理治療沒有反應的嚴重憂鬱症者，很有幫助。

今天對輕度到重度的憂鬱症，選擇生物治療的臨床工作者，他們通常開某一種抗憂鬱劑。某些案例，患者可能根據朋友的推薦，或他們所看到的廣告，要求特殊的一種藥物。除非患者的憂鬱症很嚴重，而且藥物治療和心理治療也無效，否則臨床工作者不會推薦患者使用 ECT（Gitlin,

2002）。ECT顯示對 50% 至 80% 使用抗憂鬱劑無反應的嚴重憂鬱症患者，很有效果（APA, 1993; Avery & Lubrano, 1979）。假定憂鬱症患者有高自殺的風險，有時臨床工作人員會很快讓他們做 ECT 治療（Gitlin, 2002; Fink, 2007, 2001）。雖然 ECT 清楚的顯示，短期內對自殺行為有幫助，但研究沒有清楚指出，它對自殺率有長期的影響（Prudic & Sackeim, 1999）。

雙極性情感疾患的治療

　　一直到二十世紀的後半期，罹患雙極性情感疾患者，註定要生活在情感的雲霄飛車上。心理治療師的報告幾乎沒有成功的，而抗憂鬱劑的幫助則很有限（Prien et al., 1974）。事實上，這些藥物有時引發躁狂發作（Post, 2005; Suppes et al., 2005）。電擊痙攣治療法，也僅偶爾減輕雙極性情感疾患的憂鬱發作或躁狂發作。

　　當 1970 年，美國食品和藥物管理局認可使用**鋰鹽（lithium）**，作為雙極性情感疾患的治療藥物，這種發現在自然界各處普通鹽礦裡的銀—白元素，戲劇性的改變其陰暗的形象。其他的**情緒穩定劑（mood stabilizing drugs）**，或**抗雙極性情感疾患藥（antibipolar drugs）**從那時開始發展，有一些藥物目前使用得比鋰鹽更廣泛。因為它們有的產生較少令人不快的結果，或甚至比鋰鹽更有效。

　　不過，鋰鹽是最先對罹患雙極性情感疾患者帶來希望的藥物。當鋰鹽還被當作實驗的藥物時，Anna 在 1960 年代開始服用鋰鹽，她的經驗顯示鋰鹽所造成的特別影響。

　　Anna 是一個 21 歲的大學生，在她生病之前，她是安靜、優雅的，甚至有點拘謹的女孩。在她大學二年級的秋天，有輕度的憂鬱症發作，此開始於她十分努力的歷史報告得到 C，同一天她又接到一封父親偽善的信，提醒她送她上大學有財力上的困難，並警告她要專心讀書，不要和男人玩樂。Anna 開始變得沮喪，她懷疑父母是否值得為她犧牲。Anna 的憂鬱症對她的室友、其他的朋友或甚至她自己而言，並非不尋常。憂鬱症似乎是對她父親無理性的信，及恐懼她不能達到他設定的標準的自然反應。回想起來，這種輕微的憂鬱症，是她首次的雙極性情感疾患發作。

　　幾個月之後，Anna 變為不安、憤怒和惹人討厭。她講話快速及滔滔不絕、意念快速的轉換。她的說話充滿押韻、雙關語及性的諷刺。在聖誕節假期中，她常常在全家人面前，對她兄弟的朋友作討厭的性提議。當 Anna 的母親要求她表現更文雅的舉止時，她開始哭叫，然後朝母親的嘴上打一巴掌。那整個晚上她沒睡覺，她低泣。在哭泣時她大嚷大叫沒有人了解她的問題，甚至沒有人嘗試去了解她。第二天，她的家人帶她去醫院……當她出院

兩星期之後，她較少發怒，也不再攻擊。但是她覺得不舒服，沒有回到學校。她的思緒和講話仍然焦躁。她對自己的吸引力有誇大的想法，並期望男人在她初次微笑時就迷戀她。當他們忽視對她的注意時，她就發怒。憂鬱症狀仍然和躁狂交替混雜。當她無法引人注意，或她的父母批評她的穿著和行為時，她常會哭泣。

　　Anna 在第二年秋季回到學校，她經歷另一次憂鬱發作，在七個月內又跟著另一次的躁狂發作，她必須退學進入醫院。此次……精神病醫生診斷她的病症是雙極性情感疾患，並開始以鋰鹽治療……在使用鋰鹽 17 天之後，Anna 的行為變為相當正常。她在心理治療的面談時，她是有吸引力的，並很注意打扮穿著。較早時候，她一直漫不經心的誘惑人；她的頭髮散亂、上衣半開、口紅模糊一片、鮮明的胭脂在臉頰、鮮綠的眼影在眼瞼。由於鋰鹽的幫助，她獲得一些忍受挫折的能力。在她住院的第一週，她曾經對一位護士吼叫，因為護士不准她晚上看書看太晚，違反病房晚上 11 點熄燈的規定。鋰鹽的治療過程中，Anna 仍然為這種適用於青少年的規定而苦惱，但是她較能控制自己的憤怒。她對自己的疾病有一些洞察，也理解她的躁狂行為，對她自己和其他人是有破壞性的。她也認清憂鬱時常和躁狂交替……她承認「事實上，當我高亢時，我實際上感覺情緒低落，為了感覺自己更重要，我必須要誇張」。

　　因為 Anna 是在研究病房，為確認鋰鹽的效力，必須除去此藥物。當她取消鋰鹽四、五天後，Anna 開始顯現躁狂和憂鬱兩種症狀，她像從前一樣，用誇大的性聯想威脅她的精神病醫師。她以鬼祟的聲音警告：「我有辦法讓這醫院的首長聽命於我，他曾爬著來求我，他還要再這樣做；只要我彈我的手指頭，他就會來到這病房，把你踩在他的腳下。」不久之後，她威脅著要自殺。她後來解釋：「前一晚我感覺情緒很低落，假如有人給我一把刀子或槍，我會自我了斷。」在取消鋰鹽的第 9 天，Anna 說的話幾乎是不能理解的：「悲傷是如此的美麗，像水由水龍頭滴下……」在 16 天內重做鋰鹽治療，Anna 再次恢復，並繼續使用鋰鹽。

（Lickey & Gordon, 1991, pp. 236-239）

鋰鹽和其他的情緒穩定劑

　　發現鋰鹽有效的減輕雙極性情感疾患的症狀，也像其他的醫學發現一樣，十分的偶然。在 1949 年，澳大利亞的精神病醫生 John Cade，假設躁狂行為是由體內尿酸的中毒水平所引起。他開始測試這個理論，注射尿酸在豚鼠上，但他最初是摻合鋰鹽，以增加它的溶解度。

令 Cade 驚異的是,這些豚鼠在注射之後,沒有躁狂而且嗜睡。Cade 懷疑是鋰鹽產生這種效果。後來當他使用鋰鹽在 10 位有躁狂的病人身上,也發現它使他們的情緒變為安靜和正常。不久之後,雖然許多國家開始使用鋰鹽在雙極性情感疾患,但直到 1970 年,美國的食品和藥物管理局才同意它的使用。

決定給病人鋰鹽正確的藥量,是一個精密的過程。它需要分析血液和尿液的樣本,及做其他實驗室的測試。太低的劑量對雙極性情感疾患擺盪的情緒,只有少許或甚至沒有效果;但太高的劑量則會導致鋰鹽中毒(intoxication,字義上,即中毒),此會引起反胃、嘔吐、遲鈍、顫抖、頭昏眼花、說話含糊、癲癇發作、腎功能失常,甚至死亡。然而,在正確的劑量,鋰鹽經常產生顯著的改變。有些病人對其他的情緒穩定藥物有較好的反應,例如:抗癲癇藥 carbamazepine(商品名 Tegretol)、valproate(Depakote),或這些藥物的結合(Bowden & Singh, 2005; Singh et al., 2005)。另有其他反應較好、結合情緒穩定劑及非典型抗精神病藥的藥物治療,將在第十五章討論(Dunner, 2005; Kasper, 2005)。

由於鋰鹽和其他情緒穩定劑的效力,每年約有三分之一的雙極性情感疾患患者,現在尋求心理健康專業人員治療,另有 15% 的人由家庭醫生治療或監督(Wang et al., 2005)。

✪**鋰鹽之前的絕望** 具有影響力的英國小說家和散文家 Virginia Woolf(1882-1941),在 13、22、28 及 30 歲時,曾經歷嚴重的憂鬱和躁狂發作,但在其餘生較少出現嚴重的情緒擺盪。有效的雙極性情感疾患治療,在 Woolf 的一生並不存在,由於恐懼自己會再發狂,她在 59 歲時以溺水結束自己的生命。

鋰鹽和其他情緒穩定劑的效力

所有方法的研究,都證實鋰鹽和其他情緒穩定劑,對治療躁狂發作的效果(Grof, 2005)。超過 60% 的躁狂患者,由於這些藥物而獲得改善。此外,只要病人繼續服用這些藥物,多數人經驗較少的新發作(Carney & Goodwin, 2005)。有一個研究發現,假定病人停用情緒穩定劑,復發的風險大於 28 倍(Suppes et al., 1991)。這些發現指出,情緒穩定劑也是一種預防疾病的藥物,實際上它有助於預防症狀的發展(Julien, 2008)。因而,今日的臨床工作人員,在病人的躁狂平息之後,仍會讓他們繼續使用情緒穩定劑(Swann, 2005; Cusack, 2002)。

情緒穩定劑也幫助雙極性情感疾患者,克服他們的憂鬱發作,雖然比幫助他們躁狂發作的程度較少(Hlastala et al., 1997)。由於這種藥物對憂鬱發作的效力較小,許多臨床工作人員,結合使用情緒穩定劑及抗憂鬱劑,來治療雙極性情感疾患(Swann, 2005; Grunze, 2005)。此外,繼續給予情緒穩定劑(或情緒穩定劑結合抗憂鬱劑),明顯地能減輕未來憂鬱症發作,及企圖自殺的風險,正如它們可預防躁狂再度發作一般(Carney & Goodwin, 2005)。

　　此發現導致研究者想知道，情緒穩定劑是否也有助於憂鬱症個案的治療。其結果是混合的。有一些研究指出，情緒穩定劑確實對某些憂鬱症的病人有效（Lenox et al., 1998），並且有時可預防那種型態的復發（Abou-Saleh, 1992）。當然，情緒穩定劑對憂鬱症患者之所以有效，實際上也可能雙極性情感疾患的患者，他的躁狂尚未出現之故（Post, 2005; Sharma et al., 2005）。

　　同樣的脈絡，鋰鹽和其他的情緒穩定劑，也常常增進對憂鬱症處方的抗憂鬱劑效力（Fava, 2000）。例如：有一個研究指出，高達三分之二對三環抗憂鬱劑無反應的病人，當鋰鹽加入他們的抗憂鬱劑治療，他們變為有反應（Joffe et al., 1993）。

情緒穩定劑的運作模式

　　研究者並不完全了解，情緒穩定劑如何發揮作用（Lambert & Kinsley, 2005）。他們猜想這些藥物，以不同於抗憂鬱劑的方式，改變神經元在突觸的活動。神經元快速的激發，實際上包括幾個階段，當神經傳導物質與接收神經元的接受器結合，使接收神經元引起激發時，就發生一系列的改變。在神經元傳遞那些變化的物質，常被稱為**第二傳訊者**（second messengers），因為它們從接受器受植區，把原來的信息傳遞到神經元激發機制（神經傳導物質本身，被認為是第一傳訊者）。而抗憂鬱藥物會影響神經傳導物質的神經元最初接受器，情緒穩定劑則顯示會影響神經元的第二傳訊者（Julien, 2008）。

　　不同的第二傳訊者系統，會在不同的神經元發生作用（Andreasen, 2001）。最重要的系統之一，稱為phosphoinositides（包含糖和脂質）的化學製品，一旦神經傳導物質被接收就產生。研究指出，鋰鹽或其他的情緒穩定劑，影響這個特殊的傳訊者系統（Manji et al., 1999）。可能這些藥物，影響任何使用第二傳訊者系統的神經元活性，而如此的作用可矯正導致雙極性情感疾患的生物異常。

　　在相同的脈絡也發現，鋰鹽或其他的情緒穩定劑，能增加神經保護蛋白質（neuroprotective proteins）的產生——在某些神經元內的重要蛋白質，它的職責是防止細胞死亡。如此一來，藥物就可增加那些細胞的健康和功能，然後減輕雙極性情感疾患的症狀（Gray et al., 2003; Ren et al., 2003）。

　　另外，情緒穩定劑可能經由改變神經元的鈉和鉀離子活動，而改正雙極性情感疾患的功能（Swonger & Constantine, 1983）。第八章我們提到，雙極性情感疾患是由腦部某些沿著神經元薄膜的離子，不穩定的錯位所引發。假定不穩定性是雙極性情感疾患的關鍵問題，情緒穩定劑被預期，對離子的活動有某種效力。事實上，有些研究指出，鋰鹽離子常常替代鈉離子，雖然不完全是（Lambert & Kinsley, 2005; Baer et al., 1971）；另外的研究指出，鋰鹽會改變推動離子來回穿越神經薄膜的運送機制（Soares et al., 1999; Lenox et al., 1998）。

輔助性的心理治療

單獨的心理治療法很少對雙極性情感疾患者有效。同時，臨床工作者也了解，僅用情緒穩定劑治療往往是不夠的。有 30% 或超過 30% 以上的此症患者，對鋰鹽或有關的藥物無反應、沒有接受適當的劑量，或服用它時復發。此外，有些病人由於受藥物不良的作用困擾、感覺很健康而認為不需要它、失去躁狂發作中的欣快感，或擔心服藥後變為缺乏生產力，而停用情緒穩定劑（Julien, 2008; Lewis, 2005）。

有鑑於這些問題，許多臨床工作人員，目前使用個別、團體或家族治療，作為情緒穩定劑的輔助（Leahy, 2005; Vieta, 2005）。多數治療師使用這些形式，強調繼續藥物治療的需要、增進可能受雙極性情感疾患發作影響的社會技能和人際關係、教育病人和家屬認識雙極性情感疾患、幫助病人解決由他們的疾患引起的家庭、學校和工作的問題，及防止病人企圖自殺。有些控制的研究已驗證輔助性治療的效力，除了這些研究之外，有更多的臨床報告指出，它對減少住院治療、改善社會功能，及增加病人獲得和持有工作的能力，有所幫助（Scott & Colom, 2005; Vieta, 2005; Colom et al., 2003）。在治療第八章所描述的，輕度雙極性情感疾患型態之循環性情感疾患，心理治療扮演更重要的角色。事實上，有此問題的患者，通常單獨的接受心理治療，或結合情緒穩定劑（Klerman et al., 1994）。

整合：成功帶來的新問題

情感性疾患是所有心理疾患中最能治療的。雙極性情感疾患治療的選擇是有限和單純的：藥物治療，或許伴隨心理治療法，是唯一最成功的方法。雖然治療並非完全無效，但憂鬱症的表徵是更多樣化和複雜。認知、認知—行為、人際關係及抗憂鬱劑治療，對任何嚴重性的患者都有幫助；伴侶治療，對選擇性的患者有幫助；純粹的行為治療，對輕度和中度的患者有幫助；電擊痙攣治療法，則對嚴重的患者有效用。

為什麼幾種不同的方法，在治療憂鬱症有高度的效果？有兩種的解釋被提出。第一，假定憂鬱症是由許多因素所促成，除去其中任何一種因素，能改善所有領域的功能是合理的。事實上研究有時也發現，當一種治療法有效時，患者在各方面的功能也變為更好。例如：當某種抗憂鬱劑是有效時，患者的思考和社會功能也同樣的改善，而這些通常由認知和人際關係治療產生（Meyer et al., 2003; Weissman, 2000）。

第二種解釋指出，憂鬱症有不同的種類，每一種對不同的治療法都會有反應。證明指出，人際心理治療法對由社會問題引起的憂鬱症，比自然發生的憂鬱症，更有幫助（Weissman & Markowitz, 2002; Thase et al., 1997）。同樣的，抗憂

鬱劑治療比其他的治療法，似乎對有明顯食慾和睡眠困擾、突然發病及有憂鬱症家族史的個案，更為有效（McNeal & Cimbolic, 1986）。

不管最後的解釋是什麼，單極型憂鬱症和雙極性情感疾患患者的治療前景，是很有希望的。目前使用單一或結合的治療法，都可減輕他們的症狀。然而留下來的嚴肅課題是，40%情感性疾患者，在接受治療後沒有改善，而必須蒙受躁狂或憂鬱症之苦，走到人生的盡頭（Gitlin, 2002）。

 摘要

● **情感性疾患的治療** 超過60%的情感性疾患的患者，能經由治療而獲益。
● **單極型憂鬱症的治療** 有種種的治療法，被使用在單極型憂鬱症。心理動力治療師，試圖幫助憂鬱症患者，察覺並重構他們真正的或想像的失落經驗，以及對他人過度的依賴；行為治療師幫助患者，重建昔日喜愛的事件和活動、增強不憂鬱的行為，及教導人際的技能；認知治療師幫助憂鬱症患者，認清及改變他們功能不良的認知；認知─行為治療師，試圖結合認知和行為的技術，幫助患者減輕憂鬱症。

社會文化理論家從人際關係、社會和文化因素，追溯憂鬱症的起因。有一種家庭─社會的方法，是人際心理治療法（interpersonal psychotherapy），它根據的前提是，憂鬱症由社會問題產生，因而治療師試圖幫助患者，發展他們對人際關係問題的洞察、改變人際問題及引起人際問題的情況，並學習在未來保護自我的技能。另一種家庭─社會的方法，是伴侶治療（couple therapy），可用於因不良的親密關係引起憂鬱症的患者。

多數的生物治療包含抗憂鬱劑，但是電擊痙攣治療法仍使用於治療嚴重的憂鬱症患者，而且有幾種腦部刺激（brain stimulation）技術最近已發展出，用來治療對其他治療形式無效的嚴重憂鬱症患者。電擊痙攣治療法（electroconvulsive therapy, ECT）雖然是作用快速的治療法，尤其是對嚴重的憂鬱症、對其他治療法無效者，或表現妄想特徵者特別有效，但其做法仍受議論。抗憂鬱劑（antidepressant drugs）包含三類：單胺氧化酶抑制劑（MAO inhibitors）、三環抗憂鬱劑及第二代抗憂鬱劑。MAO 抑制劑，阻斷正腎上腺素的活性降低，使神經傳導物質的活性增強，而減輕憂鬱症狀。服用 MAO 抑制劑者，必須小心避免吃有酪胺（tyramine）的食物。三環抗憂鬱劑（tricyclics）藉著阻斷神經傳導物質的回收（reuptake）機制，因而增加正腎上腺素和血清素的活性。第二代抗憂鬱劑（second-generation antidepressants）包含選擇性血清素回收抑制劑（selective serotonin reuptake inhibitors, SSRIs），這些藥物選擇性的增加血清素的活性，與三環抗憂鬱劑有同樣的功效，並較少產生不良的後果。而腦部刺激技術，包括迷走神經刺激術（vagus nerve stimulation）（已被 FDA 認可使用在憂鬱症個案）、穿顱磁刺激術

（transcranial magnetic stimulation）及深層腦部刺激術（deep brain stimulation）。

●**單極型憂鬱症治療法的比較** 認知、人際關係和生物治療，顯示對輕度到重度的憂鬱症最有效；伴侶治療，是對伴隨嚴重婚姻不和諧的憂鬱症患者有益；行為治療對輕度和中度的患者有效；電擊痙攣治療法和腦部刺激治療，是對嚴重的患者有效；而結合心理治療和藥物治療，比任何單一的方法更有效。

●**雙極性情感疾患的治療** 鋰鹽（lithium）和其他的情緒穩定劑（mood stabilizing drugs），如 carbamazepine 或 valproate，在減輕和預防雙極性情感疾患的躁狂或憂鬱發作，被證明相當有效。它們對 60% 或 60% 以上的患者有幫助。這些藥物可減輕雙極性情感疾患的症狀，是受第二傳訊者系統（second-messenger systems）的活性、重要蛋白質，或其他遍布腦部某些神經元的化學製品之影響。另外，鋰鹽和其他的情緒穩定劑，可直接改變鈉和其他離子在神經元的活動，例如：改變離子越過神經元薄膜的傳送。

近年來，臨床工作者理解到，情緒穩定劑藉著輔助性心理治療（adjunctive psychotherapy）的補充，病人可變得更健康。經常被心理治療師提出的議題，是藥物處理、社交技能和人際關係、病人教育，及解決由雙極性情感疾患發作所引起的家庭、學校及職業上的問題。

第十章

自殺

對 Jonathan Michael Boucher 來說，伊拉克戰爭從來沒有結束。沒有在他由巴格達搭飛機回家時結束、沒有在為了新的開始，搬到 Saratoga Springs 時結束，尤其是沒有在夜間來臨時結束。

18 歲的 Boucher，被軍隊在 2003 年間進行祕密的侵襲和占領，所看到的景象折磨，他被診斷為創傷後壓力疾患（PTSD），其後在不到兩年內從軍隊光榮的除役。

5 月 15 日，Boucher 24 歲生日的前三天，這位年輕的退伍軍人，在他的公寓浴室自殺，震驚了他的朋友和家人……沒有留下任何字條……

Boucher 短促和熱情的生命，表現出冒險精神和對家庭、國家及軍隊熱愛的特徵。他在喜愛戶外活動和滑板滑雪中成長，並經常探望在加州 Saratoga 地區的家族。他的家人說：他有高度的工作倫理及道德界線……

因為受 2001 年 911 恐怖攻擊的情緒推動，Johnny Boucher 在 2002 年由康乃狄克州的 East Lyme 高中畢業後，就加入軍隊。他的父親 Steven Boucher 說：「他覺得為美國效勞，是他的職責。」

入伍不久，這個 6 呎 2 吋高的士兵，被調到「狼群」兵團（Wolf Pack）——第 41 砲兵團，第一營——在伊拉克北邊作戰。他和他的單位駐守在巴格達國際機場，並負責守衛它。由於「在解放巴格達特別英勇」，此營獲得總統特別的表揚。

但是在那些戰爭的前幾個月間，Johnny Boucher 的戰鬥罪惡已深印在他的內心。他看到一個伊拉克男孩，抱著頭部被射死的父親景象因而身心交瘁。後來，靠近機場，這位士兵看到他火砲連的四個好朋友，在汽車意外事件中死亡，其中一位還是在解除他的職務幾分鐘之後，他的父親說。

「Boucher 曾試圖營救這些士兵。由於他對家庭的敏感性，並且非常愛國，當他回來之後，朋友的死亡及他兒子所看到的其他景象，深深影響了他的心靈。」Steven Boucher 說……

每當日落，戰鬥及喪失朋友的記憶達到頂峰，引起這位昔日的砲兵嚴重的惡夢。有時他捲縮成球狀及哭泣，使得父母要盡力安撫他……「到夜晚，他就被困擾」……「我想，是被戰爭困擾。」Steven Boucher 說……戰爭的痛苦悄悄地產生，使這位苦惱的前軍人開始飲酒平靜自己……

Johnny Boucher 受熱愛的大家庭支持……他最近在富蘭克林街買了公寓，他似乎回到正軌。他看來很平靜及享受生活。但是這很難判斷，他仍然害怕睡覺，他的父親說。他們計劃遠足、生日派對及參加他弟弟 Jeffrey 的畢業……然後，沒有任何警訊，Johnny Boucher 走了。他選擇在聖經、他的軍隊制服及一個花園天使雕像旁上吊，他的母親說。在他沒有露面工作兩天後她發現……

（Yusko, 2008）

　　鮭魚在精疲力竭的溯溪,游到牠們的出生地之後,產卵後死亡;旅鼠集體跳海而亡。鮭魚和旅鼠的行為是本能反應,此舉最後幫助牠們的種族繁衍。但是只有人類會有意地自殺,只有人類的自殺行為,是以結束生命為目的的特定行動。

　　自殺在整個歷史上已有記載。在《舊約聖經》描述掃羅國王的自殺:「掃羅拿出一把劍,並倒在劍上自刎而死」,古代的中國、希臘和羅馬也有許多實例。近代,二十世紀自殺的名人,包括如作家海明威、女演員瑪麗蓮夢露及搖滾歌星Kurt Cobain,使大眾震驚和迷惑。甚至,如 1997 年天堂之門教派集體自殺事件,更令人震撼。

　　在你看完此頁時,在美國的某些人將試圖自殺。至少有 60 個美國人,明天此時將奪走自己的生命……許多有自殺意圖的人會一再嘗試,有些用致命的方式達成。

(Shneidman & Mandelkorn, 1983)

　　今天在世界各地,自殺是死亡的主要原因之一。據估計,每年因自殺死亡的人數為 70 萬人或更多人,單是在美國就超過 31,000 人(Sadock & Sadock, 2007; Stolberg et al., 2002)(見表 10-1)。全世界有數百萬人——在美國有 60 萬人——自殺未遂;這種企圖自殺稱為**假性自殺**(**parasuicides**)。事實上,要獲得正確的自殺數字很困難,許多調查者認為這些估計往往偏低。首先,自殺很難與非故意的藥物過量、汽車撞擊事故、溺死和其他的意外區分(Wertheimer, 2001; Lester, 2000)。許多表面的「意外事故」可能是故意的。另外,由於自殺在社會上是不贊同的,因此經常導致親友拒絕承認所愛的人以自殺結束生命。

　　自殺沒有被 DSM-IV-TR 列為心理疾患,但是臨床工作人員,卻察覺其高頻數的心理失功能——因應的技能受損、情緒混亂、生活觀點扭曲——在自殺行為上扮演了一個角色。雖然自殺常與憂鬱症連結在一起,但至少有半數的自殺,起因於其他的心理疾患,如精神分裂症、酒精依賴,或捲入完全不清楚的心理疾病(Maris, 2001)。本章開始提到的年輕退役軍人 Jonathan Boucher,有強烈的憂鬱感,並發展嚴重的豪飲,但是這些症狀和他的自殺行為,似乎起源於吞沒他的生命和功能的創傷後壓力疾患。

　　社會各階層的人自殺,他們都有充分的理由。公眾往往對自殺的症狀和原因,有所誤解。一世代前,研究者對幾百個大學生實施自殺「真相測驗」,平均分數只有 59% 的人正確(McIntosh, Hubbard, & Santos, 1985)。然而,由於自殺已經成為臨床領域注意的焦點,同時人們的洞察力也有改善,最近對加拿大和美國學生做同樣的測驗,所得分數已較高(MacDonald, 2007)。

表 10-1 美國最常見的死亡原因

排名	原因	每年死亡人數	死亡總數的百分比
1	心臟病	696,947	28.5
2	癌症	557,271	22.8
3	中風	162,672	6.7
4	慢性呼吸疾病	124,816	5.1
5	意外事故	106,742	4.4
6	糖尿病	73,249	3.0
7	肺炎及流行性感冒	65,681	2.7
8	阿茲海默氏症	58,866	2.4
9	腎臟病	40,974	1.7
10	敗血病	33,965	1.4
11	**自殺**	**31,655**	**1.3**

資料來源：National Center for Health Statistics, *National Vital Health Statistics Report* (2005).

什麼是自殺？

並非每個自己造成的死亡就是自殺。例如：一個人開車睡著後撞樹而導致死亡，並不能視為自殺，因此，對此主題最有影響力的作家之一 Edwin Shneidman（2005, 1993, 1981, 1963），定義**自殺**（suicide）是一種有意的死亡——一種自己造成的死亡，它是一個人有意的、直接的及有意識的努力去結束個人的生命。

有意的死亡可能採取不同的形式。仔細想想下列的例子：都是有意死亡的三個人，但是他們的動機、關心的事及行為，卻大大的不同。

Dave 是一個成功的男人，年近 50 歲的他，任職於一間雖小卻賺錢的投資公司，且已經晉升為副總裁。他有一個有愛心的妻子，及兩個十多歲尊敬他的兒子。他們生活在一個鄰近中上階層的地區，有寬廣的房子，並享有舒適的生活。

在他 50 歲那年的八月，事情發生了變化，Dave 被解雇了。由於經濟景氣變差，公司的營利下降，總裁想嘗試新的、新穎的投資策略，因此他想試用年輕人接替 Dave 的職位。

對 Dave 來講，這種被拒絕、失落和空虛的經驗是壓倒性的。他尋找其他的工作，但是僅找到他必須低就的低薪工作。每天當他尋找工作時，他變得愈來愈沮喪、焦慮和絕望。他想嘗試自己開投資公司，或從事一些顧問工作，但是在寒冷的晚上，他知道這是他自欺的想法。經濟正走向悲慘境地——樂觀、努力及才能並不會有所差別。Dave 也確信，假如他不能維持他們的生活方式，他的妻子和兒子將不再愛他。即使他們還愛他，在這種情況之下，他也不能愛自己。他繼續消沉、遠離他人，並感覺愈來愈絕望。

失業之後的 6 個月，Dave 開始考慮自殺。這種痛苦太大，屈辱無止境，他痛恨現在而畏懼未來。整個二月裡，他徘徊在自殺與不自殺之間。某一天他確定要去死，但另一天，由於有一個快樂的夜晚，或振奮精神的談話，他可能暫時的改變心意。二月底的星期一，他得知一個工作機會，並期待第二天的面談，似乎提振了他的精神，但是星期二的面談並不順利，很顯然的他不能得到這份工作。他回到家，從上鎖的抽屜拿出他最近購買的手槍，射殺自己。

* * *

Demaine 從未真正由母親的死亡走出來，他只有 7 歲，對這種失親沒有準備。他的父親暫時送他去與祖父母同住，到一個有新友伴的新學校及過新的生活方式。在 Demaine 的內心，這些改變只是變得更糟。他失去過去的快樂與歡笑，他想念他的家、他的父親及他的朋友，而他最想念的人是母親。

他不能真正了解母親的死，他的父親說她現在在平安、快樂的天堂；她也不想死亡或離開 Demaine，是一個意外奪走她的生命。Demaine 的不快樂和寂寞日復一日，他開始以自己的方式組合事情，他認為假如能和母親相聚他會再快樂，他感覺母親正在等待他，等待他去會合。這些想法對他似乎很恰當，它們帶給他安慰和希望。一天晚上，在與他的祖父母道晚安後不久，Demaine 爬下床，爬上樓梯到公寓房屋的屋頂，跳下後摔死。在他的內心認為，他即將與母親在天堂相聚。

* * *

Tya 和 Noah 已經一年形影不離。這是 Tya 首次認真的關係，也是她生活的全部，因此當 Noah 告訴她，他不再愛她，他要為某個人離開她，Tya 很震驚和顫慄。

幾週過去，Tya 充滿兩種對抗的感覺——憂鬱和憤怒，有幾次她打電話給 Noah，請求他重新考慮，並再給她一次機會。同時，她又恨他使她經歷如此的痛苦。

Tya 的朋友愈來愈擔心她，最初她們同情她的痛苦，認為它不久會消失，然而時間過去，她的憂鬱和憤怒更為惡化，而且 Tya 開始表現怪異。原本只

是喝一點酒的她，開始猛烈的喝酒，並在飲料中混合各種藥丸。

一天晚上，Tya 進入浴室，拿出一瓶安眠藥丸，吞了一把，她想使她的痛苦消除，並且她想要 Noah 知道他導致她多大的痛苦，她繼續吞藥丸一個接一個，她在嚎哭和咒罵中吞下這些藥。當她開始感覺昏昏欲睡時，她決定打電話給親密的朋友 Dedra，她不確定為什麼打電話，也許說再見、解釋她的行為，或確定Noah被告知，或也許把心事說出來。Dedra懇求和規勸她，試著激發她求生的動機，Tya 想要聽，但是變得愈來愈沒有條理，Dedra 掛上電話，火速打電話給 Tya 的鄰居和警察。當 Tya 的鄰居到達時，她已經處於昏迷狀態。當 Tya 的朋友和家人在醫院的休息室等候消息，幾個小時之後，她還是宣告不治了。

Tya 對死亡有混雜的感覺，Dave 卻很清楚希望去死；Demaine 視死亡為到天堂的旅程，Dave 卻把它看作生存的結束。在努力了解和處理自殺者時，這些不同是很重要的。所以 Shneidman 把故意結束生命者分為四類：死亡尋求者、死亡促發者、死亡忽視者和死亡不確定者。

死亡尋求者（death seekers）在他們企圖自殺時，很清楚想要結束生命。這個單獨的目的，可能僅持續短暫的時間，在下一小時或下一天，轉為困惑，然後很短的時間又回頭尋死。中年的投資顧問 Dave，就是死亡尋求者，他對自殺有許多的疑慮，而且對自殺有好幾週的矛盾。但是在星期二的晚上，他是一個死亡尋求者——很清楚自己想死的慾望，而最後以保證致命的方式付諸實現。

死亡促發者（death initiators）也很清楚想要結束生命，但是他們是把一種信念付諸行動，死亡的過程已經在進行中，他們僅是加速這過程。有些人期待自己在幾天或幾週後會死亡。許多老年人及重病者的自殺屬於此類。強健的小說家海明威，在他接近 62 歲生日時，深切的擔心他日漸衰弱的身體（終生飲酒影響他的健康，並且有心血管的毛病）——有些觀察家認為，這種擔心是他自殺的主要原因。

死亡忽視者（death ignorers）不認為他們自己造成的死亡，是代表著他們存在的結束，而是他們相信他們正在把目前的生活，轉變為更好或更快樂的存在。許多兒童的自殺，就像 Demaine 及某些成人的死亡，屬於此類。他們相信自殺之後，在來世能得到另一種形式的生活。例如：1997 年震驚全世界的是，有 39 位天堂之門教派的信徒，把死亡詮釋為能釋放他們的靈魂，並能使他們進入「崇高的王國」之信念，在聖地牙哥一個昂貴的房子外集體自殺。

死亡不確定者（death darers）有些人在想要死亡、甚至企圖死亡的時刻，經歷混雜的感覺，或正反兩極感情與想法，他們在行動時顯示出這種矛盾。雖然某些程度他們希望死，而且也的確常常導致死亡，但他們的冒險行為並不保證死

亡。玩俄羅斯輪盤者——即拉開左輪手槍的板機，隨機裝入一顆子彈——是一個死亡不確定者。許多死亡不確定者，想要贏得他人的注意、使某人有罪惡感，或表達內心的憤怒（Brent et al., 1988）。Tya 可視為死亡不確定者，雖然極度的不快樂和憤怒，她並沒有確定要死，甚至在服藥時，還打電話給朋友，說出她的行動，而且聆聽朋友的懇求。

當個人對其死亡扮演間接的、隱蔽的、部分的，或無意識的角色時，Shneidman（2001, 1993, 1981）把他們歸類為類似自殺，稱之為**隱性自殺（subin-tentional death）**。重症病患未依指示服藥，屬於此類。相關的研究，具有影響力的臨床理論學家 Karl Menninger（1938），將此類稱為慢性自殺（chronic suicide）。這些人在長時間表現危及生命的行為，也許將生命消耗在過量飲酒、濫用毒品，或沉溺在冒險的活動或工作。雖然他們的死亡可能代表一種自殺的形式，但他們真正的意圖不清楚，因此這些人沒有包括在本章的討論。

自殺如何研究？

自殺研究者面臨一個重要的障礙：他們的研究對象已不存在。調查者如何對不能再解釋他們行動的意圖、感覺和情境的人，獲得正確的結論？有兩種研究方法試圖解決這個問題，但每種方法只有部分的成功。

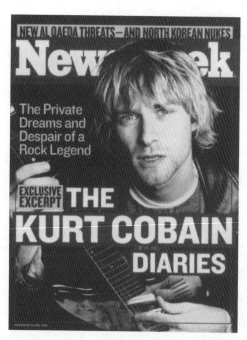

有一種策略是**回溯分析（retrospective analysis）**，它是一種心理的事後分析，此法是臨床工作人員和研究者，拼湊自殺者過去的資料（Wetzel & Murphy, 2005）。有關的親戚、朋友、治療師或醫生可回想過去，自殺者透露自我毀滅之陳述、談話和行為。回溯的資料，也有些是由自殺者遺留的遺書提供（Handelman & Lester, 2007）。

然而，這些資料來源不是經常可取得。約所有自殺者的半數，從來沒有做過心理治療（Stolberg et al., 2002），不到三分之一的人留下遺書（Maris, 2001）。回溯資料也不必然有效，因為一個悲傷、受罪惡感支配的親屬，和極煩惱的治療師，可能無法客觀的回憶，或不情願去討論被社會汙名化的行為（Sudak et al., 2008; Lukas & Seiden, 2007）。

由於這些限制，許多研究者也使用第二種策略——研究自殺未遂的生還者。根據估計，在所有的致命自殺，有 8 到 20 個非致命的自殺未遂（Maris, 2001）。當然，自殺生還者在重要的方法上，可能與未生還者不同（Cutler et al., 2001; Diekstra et al.,

✪**回溯分析**　1994 年搖滾明星 Kurt Cobain 自殺公開的回溯分析，2002 年由於個人日記的出版，又帶來新刺激——800 頁的日記，包括 Cobain 的想法和擔心的描述、憂鬱症的陣發，以及毒癮。

1995）。例如：他們之中，有許多人實際上並不想死。不過，自殺研究者發現，研究自殺生還者很有用；本章會思考企圖自殺者和真正自殺了斷者，多少有相似之處。

型態和統計

自殺的發生與社會背景有很大的相關，研究者已收集很多，關於在此種社會背景發生死亡的統計資料。例如：他們發現自殺率，國家與國家之間各有不同（Sadock & Sadock, 2007; Humphrey, 2006）。俄羅斯、匈牙利、德國、奧地利、芬蘭、丹麥、中國及日本，有非常高的自殺率，每年每 10 萬人中自殺超過 20 人；相反的，埃及、墨西哥、希臘和西班牙，有相當低的自殺率，每十萬人中不到 5 人；美國和加拿大介於兩者之間，自殺率每 10 萬人中約有 12 人，而英國的比率是每 10 萬人中有 9 人。

加入宗教和信仰，有助於解釋這些國家之間的差異（Sadock & Sadock, 2007; Brown, 2002）。例如：有大量天主教徒、猶太教、或回教徒的國家，傾向於低自殺率；也許這些國家，嚴格的禁令反對自殺，或強烈的宗教傳統，制止許多人去自殺（Matsumoto & Juang, 2008; Stack & Kposowa, 2008）。然而，這種暫時性的標準，也有例外。一個羅馬天主教統治的國家——奧地利，是世界上自殺率最高的國家之一。

研究開始指出，宗教教義不像擁有虔誠信仰的人一樣，可以預防自殺，不管人們的特殊信仰為何，信仰虔誠的人似乎較少自殺（Thio, 2006; Stack & Kposowa, 2008）。同樣的，對生命持有較大敬意的人們，較少有考慮或企圖自殺的傾向（Lee, 1985）。

男性和女性的自殺率也不同（見圖 10-1）。女性企圖自殺是男性的三倍，然而男性的成功率超過女性三倍以上（Sadock & Sadock, 2007; Humphrey, 2006）。全世界每年每 10 萬人中，約有 19 個男人自殺；女性的自殺率，則是每 10 萬人中有 4 人（Levi et al., 2003）。

這些比率顯現不同的一個原因，是在於男性和女性使用的方法不同。男性傾向於使用更激烈的手段自殺，如射擊、刺殺，或上吊；而女性使用較不激烈的方法，如服藥過量。幾乎有三分之二的美國男性自殺，是使用手槍，而女性以手槍自殺的比率則為 40%（Maris, 2001）。

自殺也與社會環境和婚姻狀態有關（Cutright et al., 2007）。一個研究發現，約有半數自殺的人，沒有親密的朋友（Maris, 2001），少數人與父母及其他家人仍有親密關係。在相關脈絡的研究顯示，離婚的人比已婚或同居者，有較高的自殺率（Stolberg et al., 2002）。

最後，至少在美國，其自殺率依種族而有所不同。美國白人整體的自殺率，每 10 萬人中有 12 人，幾乎兩倍於非裔美國人、拉丁美洲裔美國人，及亞裔美國

人（Walker et al., 2008; Oquendo et al., 2005; Stolberg et al., 2002）。這種型態的一個重大例外，是美洲印第安人有極高的自殺率，整體為全國平均數的一倍半（Alcantar & Gone, 2008; Humphrey, 2006）。雖然許多美洲印第安人極端貧困，可以部分解釋這種傾向，但研究顯示另有其他原因，如酗酒、模仿、槍械的取得方便，也扮演重要角色（Goldston et al., 2008; Berman & Jobes, 1995, 1991）。在加拿大美洲印第安人的研究，也產生同樣的結果（Matsumoto & Juang, 2008）。

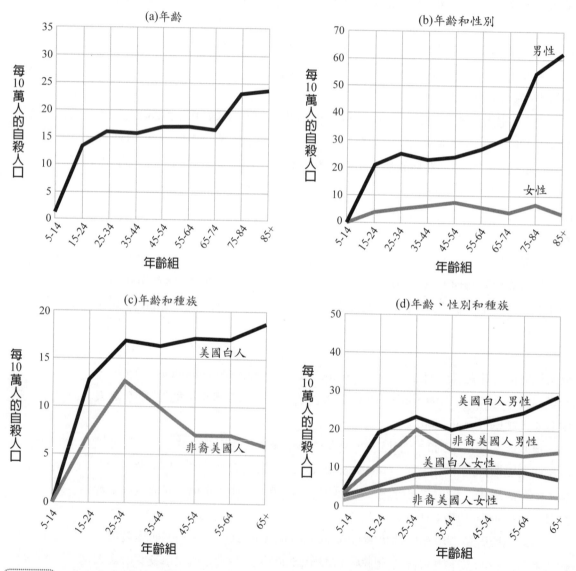

圖 10-1　美國目前的自殺率　(a)老年人比其他年齡組者更可能自殺；(b)男性比年齡相當的女性，有較高的自殺率；(c)美國白人比年齡相當的非裔美國人，有較高的自殺率；(d)年老的美國白人男性，有最高的自殺風險（摘自 CDC, 2008; U.S. Census Bureau, 2008, 1994, 1990）。

最近有某些自殺的統計受到質疑
（Leach & Leong, 2008）。有一個分析指
出，真正的自殺率，非裔美國人可能比公布
的數據高15%，女性比公布數據高出 6%
（Phillips & Ruth, 1993）。這些群體的人比
其他人，使用常被誤認為是意外身亡的自殺
方式，如中毒、藥物過量、汽車撞擊事件，
及徒步意外。

觸發自殺的因素爲何？

自殺的行為，可能與個人生活最近的事
件，或當前的情況有關。雖然這些因素可能
不是自殺的基本動機，但它們能促其發生。
常見的觸發因素，包括壓力的事件、心情和
思想的變化、酒精和藥物的使用、心理疾
患，以及模仿。

壓力事件和情境

研究者計數自殺嘗試者最近的生活，發
現比無自殺嘗試者的生活，有更多的壓力事

☺ 自殺的前奏？ 這是著名的藝術家 Vincent van
Gogh 的自畫像。他度過痛苦和不快樂的一生，並於
1890 年以左輪手槍自殺。在他的人生中，他曾表現
自責和自殘的行為，包括 1888 年聖誕夜傳奇的意外
事件，他在與好友、藝術家 Paul Gauguin 爭吵之後，
用刀子割掉自己的一隻耳朵。

件（Kessler et al., 2008; Hendin et al., 2001）。在一個研究中，自殺嘗試者報告，
在他們企圖自殺的前一年中，比無自殺的憂鬱症患者或有其他心理問題的患者，
有兩倍的壓力事件（Cohen-Sandler et al., 1982）。與自殺有一致相關的壓力源，
是戰鬥壓力。研究顯示，經歷幾次戰鬥的退役軍人，比不是退役軍人，有兩倍的
自殺可能性（Kaplan et al., 2007）。例如：本章開始所述的年輕人，在伊拉克經
歷巨大的戰鬥壓力之後，回復平民的生活卻自殺。

導致自殺的壓力源，並不需要像戰鬥一樣的恐怖。發現在自殺個案常見的立
即壓力形式，是經由死亡、離婚，或被拒絕，而喪失所愛的對象（Ajdacic-Gross
et al., 2008）、失去工作（Yamasaki et al., 2005），以及颶風或天然災害經驗的壓
力，甚至也發生在年幼的兒童。自殺嘗試也可能受一連串的突然事件結合的影
響，而不是一個單一事件，例如下列的例子：

Sally 的自殺嘗試事件背景，發生於家庭極端困難的一年。Sally 的母親
和繼父結婚 9 年後分居，而父親搬出去後，仍不定時的來探訪。在他搬走 4

個月之後，母親的男朋友住進來，母親計劃和丈夫離婚，而與男朋友結婚，後者變成孩子主要的管教者，此事實引起 Sally 強烈的怨恨，她也抱怨與母親曾有的親密關係被忽略。Sally 另外的問題，是過去兩年換兩個學校，使她感覺沒有朋友。此外，在最後這段特殊期間，她所有的科目都不及格。

（Pfeffer, 1986, pp. 129-130）

人們企圖自殺也反應長期的壓力，而不是只有最近的壓力。三種特別常見的長期壓力源，是嚴重疾病、虐待的環境及工作壓力。

嚴重疾病

疾病引起重大的痛苦或嚴重的無行為能力者，可能會企圖自殺，他們認為死亡是不可避免及迫切的（Schneider & Shenassa, 2008; Hendin, 2002, 1999），他們也認為由疾病所引起的痛苦和問題，是超出他們所能忍受的。有一些研究發現，三分之一死於自殺的人，在自殺行為的前幾個月中，有不良的身體健康（Sadock & Sadock, 2007; Conwell et al., 1990）。事實上，近年來，與疾病相關的自殺，更為常見及受到爭議。雖然醫生目前能使嚴重的病人活得更長久，但他們往往不能提供病人生活的舒適和品質（Werth, 2001）。

虐待的環境

一個受虐或壓抑環境下的受害者，在其環境中他們幾乎沒有（或毫無）逃跑的希望，有時會自殺。例如：戰俘、集中營的犯人、受虐的配偶、受虐的兒童、監獄的犯人，會試圖結束他們的生命（Konrad et al., 2007; Thio, 2006; Akyuz et al., 2005）（見圖 10-2）；或像那些有重病者，他們可能覺得可以不再忍受更多的痛苦，而且認為他們的情況沒有改善的可能。

工作壓力

有些工作產生緊張或不滿足感，可能引發自殺。研究發現精神科醫生、心理師、醫生、牙醫、律師、警察、農夫及技能拙劣的工人，有特別高的自殺率（Tanner, 2008; Sadock & Sadock, 2007; Stack, 2005）。這些關聯不必然表示，工作的壓力直接引起自殺行動。也許非熟練工人，他們的企圖自殺，是對財力的不安全反應，而非工作壓力（Wasserman & Stack, 2000）。同樣的，自殺的精神科醫生和心理師，不是對他們工作的情緒緊張狀態的反應，而可能是最初激發他們從事此行業且長期困擾他們的情緒問題。

臨床工作人員一度認為，擁有工作的已婚婦女，也許由於家庭的需求和工作之間的衝突，比其他的婦女有較高的自殺率（Stack, 1987; Stillion, 1985）。不過，

最近的研究指出，已婚婦女外出工作，實際上與較低的自殺率有關，就像男人的
情況一樣（Kalist et al., 2007; Stack, 1998）。

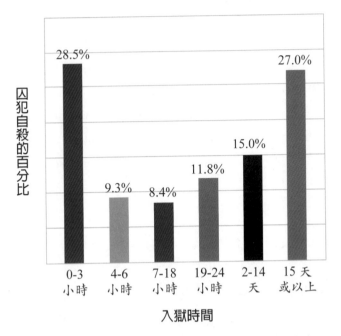

囚犯自殺的百分比

28.5%　　　　　　　　　　　　27.0%

9.3%　8.4%　11.8%　15.0%

| 0-3 小時 | 4-6 小時 | 7-18 小時 | 19-24 小時 | 2-14 天 | 15 天 或以上 |

入獄時間

圖 10-2　**監獄的自殺**　美國每年在監獄的囚犯，每 10 萬人約有 107 人自殺，為
全國比率的許多倍。多數的自殺發生在監禁的第一天（摘自 Cerny & Noff-
singer, 2006; Dahle et al., 2005; Bonner, 1992; Hayes & Rowan, 1988）。

心情和思想的改變

　　許多自殺嘗試者，在行動之前有心情的變化，這種變化並沒有嚴重到據以作
出心理疾患診斷的根據，但它確實代表個人過去心情的重大改變。最常見的變化
是悲傷增加。其他也常見的是，增加焦慮感、緊張、挫折、憤怒或羞愧（Fawcett,
2007; Werth, 2004）。事實上，Shneidman（2005, 2001）認為，自殺的關鍵是「心
理的痛楚」，一種心理痛苦的感覺，使此人無法忍受。最近一項對 88 位病人的
研究發現，那些在「心理痛苦評估量表」得到高分者，比其他人更可能自殺（Pom-
pili et al., 2008）。一位以手槍射殺自己而生還的男人說：

　　我的精神鎖定在我的目標。我的想法是：它很快就結束了，我將獲得我
長期所追求的平靜。生存和成功的意志已被摧毀與擊敗，我像一個戰場上被
敵人包圍的將軍：恐懼、仇恨、自貶、悲哀……

（Shneidman, 1987, p. 56）

　　自殺嘗試之前也有思考模式的改變。個人的心思可能被他們的問題及喪失前景所占據，並視自殺是唯一有效解決他們困難的方式（Shneidman, 2005, 2001, 1987），他們往往發展出**絕望感**（**hopelessness**）——一種對他們目前的情況、問題、或心情無法改變的悲觀信念。事實上，一項追蹤 13 年的研究發現，通常表現絕望感的人，比沒有絕望感的人，有 11 倍的可能自殺。有些臨床工作人員認為，絕望感是自殺意圖唯一最可能的指標，當他們評估自殺風險時，他們特別注意尋找絕望感的徵兆（Van Orden et al., 2008; Sadock & Sadock, 2007）。

　　許多自殺嘗試者，成為極端**兩極化思考**（**dichotomous thinking**）的受害者，他們認為問題和解決，只有嚴格的二擇一（Shneidman, 2005, 2001, 1993）。下列陳述一個跳樓生還的女人，描述她當時的兩極化思考，她視死亡為痛苦唯一的替代物：

　　我是如此的絕望，我覺得，我的天啊，我不能面對這件事，每件事好像一個可怕的混亂漩渦。我想：只有一件事可以做，就是失去意識，那是逃離它的唯一方法，我想，失去意識的唯一方法，就是跳下去……

（Shneidman, 1987, p. 56）

酒精和其他藥物的使用

　　研究顯示，70%的企圖自殺者在行動之前飲酒（Lejoyeux et al., 2008; McCloud et al., 2004）。驗屍分析顯示，這些人約四分之一是法定的酒醉（Flavin et al., 1990）。事實上，以所測到的高度酒精值看來，驗屍官更可能把他們的死亡歸類為意外（Crompton, 1985），但是在自殺之前過量的飲酒，可能性相當高。也可能是飲酒，降低自殺者的恐懼、釋放潛在的攻擊感，或損害自殺者的判斷和問題解決能力。研究指出，其他藥物的使用，可能同樣的與自殺有關，特別是在少年和青年（Darke et al., 2005; Lester, 2000）。例如：1994 年 Kurt Cobain 自殺時，在他的血液中被發現高濃度的海洛因（Colburn, 1996）。

心理疾患

　　雖然企圖自殺者可能有困擾或焦慮，他們並不一定有 DSM-IV-TR 所界定的心理疾患。然而，多數的自殺嘗試者，確實顯示有心理疾患（Tatarelli et al., 2007; Carrier & Ennis, 2004）。研究指出，所有自殺受害者的半數，遭遇嚴重的憂鬱症、20%長期酗酒，及 10%有精神分裂症（見表 10-2）。相應地，15%有這些疾患的人企圖自殺。同時有憂鬱症和酒精依賴的人，特別有自殺衝動的傾向（Sadock & Sadock, 2007; Sher et al., 2005）。某些焦慮性疾患，包括創傷後壓力疾患與恐慌

症，也與自殺有關聯，但是，這些疾患的多數自殺個案，發生於連結重鬱症、物質關聯疾患，或精神分裂症的情況（Inoue et al., 2007; Fawcett, 2007）。也有一些事例，許多邊緣型人格疾患者（將在第十六章探討的廣泛型態）試圖傷害自己或做出自殺姿態，是其障礙的部分特質（Weinberg & Maltzberger, 2007）。這些人努力解決的問題和對治療的反應，往往與其他的自殺者有很大的不同。因而，邊緣型人格疾患的自殺特徵和治療，將在第十六章檢視。

表 10-2　常見的自殺指標

1. 憂鬱症及某些其他心理疾患
2. 酗酒和其他形式的物質濫用
3. 自殺的念頭、談話、準備；某種宗教信念
4. 以前有自殺企圖
5. 致命的方法
6. 社會退縮、孤立、獨居、失去支持
7. 絕望感、感覺陷入困境、認知僵化
8. 衝動及冒險行為
9. 年老的美國白人男性
10. 模仿、自殺家族、遺傳
11. 經濟或工作問題；某些職業
12. 婚姻問題、家族精神病
13. 心情顯著的改變
14. 焦慮
15. 壓力和壓力的事件
16. 憤怒、攻擊、急躁
17. 精神病
18. 身體疾病

資料來源：摘自 Van Orden et al., 2008; Rudd et al., 2006; Papolos et al., 2005.

　　正如第八章所述，重鬱症患者常常經驗自殺想法。那些憂鬱症包含特別強烈的絕望感者，可能企圖自殺。瑞典有一個方案，藉著教導醫生，如何在早期認識及治療憂鬱症，因而減少公眾的自殺率（Rihmer, Rutz, & Pihlgren, 1995）。然而，即使憂鬱症患者的心情已顯示改善，他們仍保留高度的自殺風險。事實上，在那些嚴重的憂鬱症患者當中，當他們的心情改善，實際上可能會增加自殺風險，而且他們更有精力去執行他們的自殺願望（Sadock & Sadock, 2007）。例如：本章

開頭的退伍軍人 Jonathan Boucher，在他自殺之前，根據他的家人和朋友的說法，他似乎是平靜的，而且恢復對生活的喜愛。

對嚴重的身體疾病者來說，嚴重的憂鬱症也可能在自殺嘗試中扮演關鍵的角色（Werth, 2004）。一個針對 44 位疾病末期病人的研究，顯示低於四分之一的病人有自殺念頭，或希望早些死亡，而那些確實自殺的人，都是罹患重鬱症的患者（Brown et al., 1986）。

有一些在自殺嘗試前飲酒或吸毒者，實際上有長期的物質濫用史（Lejoyeux et al., 2008; Cottler et al., 2005）。物質關聯疾患和自殺之間關聯的主要部分，仍不清楚。也許許多此種疾患者的悲慘生活方式，或他們陷入物質使用的無望感，導致自殺的想法。此外，第三種因素（例如：心理痛苦，或自暴自棄）可能引起物質濫用和自殺念頭兩者（Sher et al., 2005）。這些人可能受困於下陷的漩渦：由於心理的痛苦和失落，驅使他們使用物質，結果發現使他們更加陷於物質濫用模式，而不是解決他們的問題（Maris, 2001）。

正如我們將在第十四章探討的，精神分裂症患者，可能聽到不是實際存在的聲音（幻覺），或持有明顯錯誤和怪異的信念（妄想）。有一種普遍的看法是，當這些人自殺，他們必定是對一種想像的聲音，命令他們作如此的反應，或對自殺是崇高和高貴表現的妄想反應。然而研究顯示，有精神分裂症者的自殺，往往是沮喪感的反映，或恐懼進一步的心理惡化（Heisel, 2008; Pompili & Lester, 2007）。例如：許多年輕及失業的受害者自殺，他們是多年來有幾次的舊病復發，結果相信這種疾患將永遠毀滅他們的生活。另有一些人的自殺，似乎是對他們低於標準的生活情境感到沮喪。自殺是這些精神分裂症者中，比預期早死的主要原因（Pompili & Lester, 2007; Pompili et al., 2004）。

模仿：自殺的傳染

對某些人，特別是少年們，在觀察或閱讀有些人自殺之後，嘗試自殺，此種現象並非罕見（Feigelman & Gorman, 2008; Stack, 2005, 2003）。也許這些人一直在和重要的問題奮鬥，而其他人的自殺，似乎啟發一種可能的解決方案；或他們一直想要自殺，而其他人的自殺似乎給他們許可，或最後說服他們採取行動。上述兩種的任一情況，一個自殺行為顯然地對他們提供了一種示範。名人的自殺、高度宣傳的自殺、合作者或同事的自殺，是特別常見的觸發者。

 名人

研究指出，演藝人員、政治人物，及其他知名人物自殺後，全國自殺的人數，隨之不尋常規則的增加（Cheng et al., 2007; Stack, 2005, 1987）。例如：在 1963 年，瑪麗蓮夢露自殺之後一週內，美國的自殺率上升 12%（Phillips, 1974）。

高度宣傳案件

奇特和不尋常的自殺，常常受到新聞媒體強力的報導影響（Blood et al., 2007; Wertheimer, 2001）。這種高度的宣傳報導，可能導致類似的自殺（Gould et al., 2007）。例如：英國政治動機的自焚自殺，在廣大的宣傳之後一年中，另有 82 人也以同樣致命的結果自焚（Ashton & Donnan, 1981）。驗屍報告顯示，那些人多數有情感問題的歷史，沒有一個自殺有如高度宣傳的自殺之政治動機。這些模仿者反應他們問題的方式，似乎是由他們觀察或閱讀到的自殺所觸發。

即使是很明確地意圖教育及幫助觀眾的媒體節目，也可能有刺激模仿者的矛盾效果。有一個研究發現，在電視公開發表10多歲少年跳下火車自殺的記錄影片之後，德國10多歲少年的自殺率顯著的增加（Schmidtke & Häfner, 1988），在電視節目播送之後，10多歲男孩鐵路自殺的數目增加 175%。

⭐ **自殺想法** 在最近的訪問中，「哈利波特」系列書的創作者 J. K. Rowling，揭露在 1990 年代中期罹患憂鬱症時，她有「自殺想法」。揭開這個真相，她希望反擊與憂鬱症有關的汙名，但是有些人也擔心，名人自殺行為和坦白的感染效應，特別是對 10 多歲的少年們。

有些臨床工作人員認為，更有責任的報導，能減少高度宣傳性自殺的驚恐衝擊（Blood et al., 2007; Cheng et al., 2007; Gould et al., 2007）。一個報告自殺的慎重方法，是呈現在對 Kurt Cobain 自殺的媒體報導。音樂頻道（MTV）在夜間反覆出現的主題是「不要自殺」。事實上，在Cobain自殺幾小時後，數千的青年，打電話給 MTV 和其他的無線電台及電視台，說出他們的沮喪、害怕，並且有一些自殺個案。有一些電台公布自殺預防中心的電話、訪問自殺專家，及直接對來電者提供諮商和勸導服務。或許由於這些努力，在Cobain的家鄉西雅圖，及其他地方，在其後數週的自殺率保持平穩（Colburn, 1996）。

合作者與同事

在學校、工作場所或小社區，以口耳相傳的方式傳播自殺事件，可能引發一連串的自殺嘗試。例如：一個美國海軍訓練學校新兵的自殺，是緊跟著另一個學校的自殺未遂兩週之內發生。為防止自殺有變為流行之虞，此學校對教職員開始一個自殺的教職員教育計畫，及對與自殺者較親近的新兵進行團體治療（Grigg, 1988）。

自殺的解釋

　　多數人面對困難的情境不會嘗試自殺。為了了解為什麼有些人比其他人更有自殺傾向，理論家主張對自殺行動作更基本的解釋，而不是考慮本章前一節提到的立即觸發因素。這些主要的理論，來自心理動力、社會文化，及生物學的觀點。然而，作為一個團體，這些假設只得到有限的研究支持，而且不能說明自殺行動的全貌，因而臨床界目前對自殺仍缺乏滿意的了解。

心理動力的觀點

　　許多心理動力理論家認為，自殺起因於憂鬱及對他人的憤怒，轉向對付自己。此理論最初由 Wilhelm Stekel，在 1910 年維也納的會議中提出，當時他宣稱：

🟊**集體自殺**　1997 年 39 位天堂之門教派的成員，在聖地牙哥郊外的房子集體自殺，世界才得知他們的怪異信仰。受教派領袖 Marshall Herff Applewhite（如圖）的影響，這些成員相信，他們的身體是崇高天國聖靈的容器，他們的死亡可以釋放他們靈魂到崇高的王國。

「沒有一個自殺者不想殺死別人，或至少希望他人死亡」（Shneidman, 1979）。幾年之後，Sigmund Freud（1920）寫道：「神經症者沒有自殺的念頭，因他不會將對別人的謀殺衝動轉向自己。」Karl Menninger 同意此見解，把自殺稱為「轉 180 度的謀殺」。

　　正如第八章所述，Freud（1917）和 Abraham（1916, 1911）指出，當人們經驗真正或象徵的喪失所愛對象，他們最後內射喪失的對象。亦即他們潛意識裡合併此人成為自己的身分，他們對自己的感覺，如同他們對另一個人的感覺。短時間內，對喪失所愛者的負面情緒，轉為憎恨自我；對所愛者的憤怒，可能轉為對自己強烈的憤怒，最後成為憂鬱症。自殺被認為是一種憎恨自己的極端表現。以下描述一個自殺的病人，說明這種力量如何運作：

> 　　一個 27 歲誠實且負責任的女人，拿刀子割自己的手腕，懲罰自己的暴虐、不可信任、自我中心和謾罵。這種不尋常的自毀事件，使她感到困窘和害怕，她的治療師指出她的行為，反應的不是針對自己，而是對最近過世父親的情緒反應。
>
> （Gill, 1982, p. 15）

　　對 Freud 觀點的支持，是研究者經常發現兒童期的失落——真實或想像的——與後來自殺行為之間的關係（Ehnvall et al., 2008; Read et al., 2001）。一項

200 個家庭史的研究發現，自殺嘗試者當中，早年喪失父母的情況（48%），比無自殺的人（24%）更為普遍（Adam, Bouckoms, & Streiner, 1982）。常見的失落形式是，父親死亡、父母離婚或分居。同樣的，一個對 343 位憂鬱症患者最近的研究，發現感覺在兒童時期被父母拒絕或忽視的人，比其他人更易於在成年時企圖自殺（Ehnvall et al., 2008）。

在 Freud 的生涯晚期，他提出人類有基本的「死的本能」，他把這種本能稱為「自我毀滅本能」（Thanatos），與之相反的，稱為「生的本能」。根據 Freud 的說法，多數人學習改變死亡本能的方向，把它針對別人；而自殺的人是被自我憤怒的網絆住，斷然的把它指向自我。

社會學的發現與這種自殺的解釋相符。全國的自殺率，被發現在戰爭期間下降（Sadock & Sadock, 2007; Maris, 2001），人們認為那時是，人們被鼓勵把自我毀滅的力量，指向「敵人」。此外，在世界許多地方，有高殺人率的社會，則傾向低的自殺率，反之亦然（Bills & Gouhua, 2005）。然而，研究不能證實，自殺者事實上是由強烈的憤怒感所支配。雖然在某些自殺情況，敵意是一個重要因素（Sher et al., 2005），不過有些研究發現，其他的情緒狀態甚至更為普遍（Castrogiovanni et al., 1998）。

在 Freud 的生涯末期，他表示對他自己的自殺理論不滿意。其他的心理動力理論家，多年來也質疑這個概念。然而失落和自我引導攻擊的論題，通常仍被作為許多心理動力解釋的中心（King, 2003）。

Durkheim 的社會文化觀點

十九世紀後期，社會學家 Emile Durkheim（1897），發展出自殺行為的綜合性理論，今天這種理論持續具有影響力，並且經常獲得研究的支持（Fernquist, 2007）。根據 Durkheim 的說法，自殺的可能性，是決定於個人對社會團體，如家庭、宗教機構和社區的依附程度如何，個人愈徹底地隸屬於團體，自殺的風險愈少。相反地，與所處的社會有不良關係的人，則有較大的自殺風險。他界定幾種自殺的類別，包含利己型、利他型，和脫序型的自殺。

利己型自殺（egoistic suicides）是不受社會約束或控制的人所做的行為。這些人不關心社會的規範或規則，他們也不將自己融入社會結構中。根據 Durkheim 的說法，這種自殺多數為孤立的、疏遠的和無宗教信仰的人。這種人生活在社會的人數愈多，社會的自殺率愈高。

利他型自殺（altruistic suicides）是與社會結構緊密結合的人所做的行為，為了社會的利益，他們有意的犧牲自己的生命。如士兵以自己的身體抵擋手榴彈，以便拯救他人；第二次世界大戰期間，日本神風特攻隊飛行員，駕機撞擊敵艦犧牲自己，及佛教的僧侶和尼姑，以自焚反抗越戰──都是利他的自殺（Leenaars, 2004; Stack, 2004）。Durkheim 認為，社會鼓勵利他的死亡，及以死亡去維

護個人榮譽（如遠東某些社會的做法），可能有較高的自殺率。

　　脫序型自殺（anomic suicides），Durkheim 提出的另一類自殺，是那些社會環境不能提供穩定的結構，如家庭和宗教，以支持及給予有意義的人生者，所做的行為。這樣的社會情境稱為脫序（anomie）（按照字面的意義是「沒有法律」），使個人沒有歸屬感。利己型自殺，它是一種拒絕社會結構者採取的行動，而脫序型自殺，是對已經混亂的、不適當的、通常腐敗的社會，產生失望者的行動。

　　Durkheim 認為社會經歷脫序的時期，它們的自殺率會增加，歷史的趨向支持這種主張。經濟不景氣時期，一個國家可能產生某些程度的脫序，在此時期中，全國的自殺率也傾向升高（Maris, 2001）。人口結構改變和移民增加時期，也傾向產生脫序的狀態，且自殺率再升高（Kposowa et al., 2008; Ferrada et al., 1995）。

　　個人當前環境重大的改變，而不是一般社會問題，也能導致脫序型自殺。例如：突然繼承一大筆錢者，由於他們的社會關係、經濟和職業的結構已發生變化，可能經歷一段脫序期。因此 Durkheim 預測，個人財富或地位有較大改變機會的社會，將有較高的自殺率，這種預測也得到研究的支持（Cutright & Fernquist, 2001; Lester, 2000, 1985）。反之，從社會遷移到監禁的環境的人，會經驗到脫序，正如前述，研究證實這種人的自殺率增高（Konrad et al., 2007; Tartaro & Lester, 2005）。

　　雖然今日的社會文化理論家並不欣然接受 Durkheim 的特殊理念，多數人仍同意社會結構和文化壓力，常在自殺扮演重要的角色（見 366 頁「文化眼」專欄）。事實上，社會文化的觀點，擴展了自殺的研究範圍。回顧前面討論的許多自殺研究，常將自殺與廣泛的社會文化因素，如宗教信仰、婚姻狀況、性別、種族和社會壓力等，連結在一起，其影響自不言而喻，當然我們也會考慮自殺和年齡之間的關聯性。

　　儘管如 Durkheim 的社會文化理論有其影響，但其理論本身不能解釋，為什麼有些經驗特殊壓力者會自殺，而大多數人卻沒有。Durkheim的推論是，最後可能的解釋在於，社會和個人因素間的交互作用。

生物學的觀點

　　多年來生物學的研究者，主要依賴家庭譜系的研究，以支持他們的生物因素促發自殺行為的立場。他們一再發現，若父母和近親中有人自殺的，比那些親人中沒有人自殺的，有更高的自殺率（Bronisch & Lieb, 2008; Mittendorfer- Rutz et al., 2008; Brent & Mann, 2003）。事實上，有一個研究發現，三分之一參與研究的自殺少年者，有一個近親曾企圖自殺（Gould et al., 2003, 1990）。這些發現指出，遺傳和一些生物因素會發生作用。

　　雙胞胎的研究，也支持這種自殺的觀點。例如：一個著名的研究中，研究者

研究 1870 至 1920 年，出生於丹麥的雙胞胎，找出 19 對同卵雙胞胎和 58 對異卵雙胞胎，兩組中至少有一個雙胞胎自殺（Juel-Nielsen & Videbech, 1970），在 19 對中的 4 對同卵雙胞胎，其中另一個雙胞胎也自殺（21%），而其他的異卵雙胞胎中的另一個雙胞胎，則沒有人自殺。

在所有家庭譜系和雙胞胎的研究個案，也發現非生物學的詮釋。心理動力臨床工作者指出，近親自殺的兒童會有憂鬱症和自殺傾向，係因為在發展的關鍵期失去所愛的對象。行為理論家則強調，是由於自殺的父母和近親，扮演示範的角色。

在過去二十年，實驗室的研究，對自殺的生物觀點，提供更直接的支持。在自殺的人當中，常發現其神經傳導物質血清素有低活性現象（Mann & Currier, 2007; Chen et al., 2005）。這種關係早期的提示，是來自精神病學研究者 Marie Asberg 和她的同事（1976）的研究。他們研究 68 個憂鬱症病人，發現有 20 個病人血清素有特別低水平的活性。其結果顯示，有 40% 血清素低活性的病人企圖自殺，而血清素高活性的病人只有 15% 企圖自殺。研究人員解釋，此意指血清素低活性可能是「自殺行為的指標」。後來的研究發現，血清素低活性的自殺嘗試者，比血清素活性較高的自殺嘗試者，一再和連續地企圖自殺的可能性多 10 倍（Roy, 1992）。

其後解剖自殺者大腦的驗證研究，也指出相同的方向（Mann & Currier, 2007; Stanley et al., 2000, 1986, 1982）。例如：有些研究發現，自殺者比沒有自殺的人，神經元有較少正常接受血清素的接受器受植區。同樣的，最近正子斷層造影的研究顯示，深思或企圖自殺者，在其腦部包含許多使用血清素神經元的地區──第五章及第八章談到的地區，如前額葉皮質、眼眶額葉皮質及扣帶皮質，表現異常的活動（Mann & Currier, 2007; Oquendo et al., 2003）。

乍看之下，這些及相關研究似乎告訴我們，僅有憂鬱症患者經常企圖自殺。畢竟，憂鬱症和血清素的低活性有關。另一方面，在沒有憂鬱症病史的自殺者中，也有血清素低活性的證明（Mann & Currier, 2007）。那就是，除了憂鬱症之外，血清素的低活性，也在自殺扮演一個角色。

那麼血清素的低活性，如何增加自殺行為的可能性？一個可能性是它促成攻擊和衝動行為。例如：在有攻擊性男性的血清素活性，被發現比無攻擊性男性低，而且在那些有攻擊行動者，如縱火和謀殺，也常發現有血清素低活性現象（Oquendo et al., 2006, 2004; Stanley et al., 2000）。而且，針對攻擊和衝動（不一定有憂鬱症）者的正子斷層造影研究，顯示他們的前額葉皮質、眼眶額葉皮質、扣帶皮質，及其他富有血清素的腦部地區，有異常的活動（Mann & Currier, 2007; New et al., 2004, 2002）。最後，其他的研究也發現，血清素低活性的憂鬱症患者，比血清素有較高活性的憂鬱症患者，更常自殺、使用更致命的方法，及在一些人格測驗上，有較高的敵意和衝動分數（Oquendo et al., 2003; Malone et al., 1996;

Van Praag, 1983）。這些發現指出，低血清素活性幫助產生侵略感及衝動行為。在臨床憂鬱症患者中，血清素低活性可能產生攻擊傾向，使他們特別容易有自殺想法和行動。然而，即使沒有憂鬱症，血清素低活性者，可能發展出對自己或他人有危險的侵略感。

自殺與年齡有關嗎？

雖然所有年齡層的人都會嘗試自殺，但自殺的可能性通常隨著年齡而增加。目前美國每年自殺人數，每 10 萬個兒童中有 1 人（年齡 10～14 歲），每 10 萬個少年中有 7.3 人，每 10 萬個年輕成年人中有 12.1 人，每 10 萬個中年人中有 16.6 人，而超過 65 歲的人，每 10 萬人中有 19 人（CDC, 2008; Cohen, 2008; NAHIC, 2006）。值得注意的是，這些整體年齡趨勢並沒有持久不變，少年的自殺率，在 1993 及 2003 之間，劇烈下降（30%），而在同時期中，中年人的自殺猛烈上升（20%），這種趨勢不能完全被了解。在這些特殊年齡群，同樣的比率變化，可在英國和其他國家觀察到（Biddle et al., 2008）。

最近臨床工作者特別注意，三個年齡群的自毀行為：兒童、青少年及年長者。雖然在本章討論的自殺理論和特徵，適用於所有年齡群，但每群所面對的獨特問題，可能對其成員的自殺行動，扮演著關鍵的角色。

「文化眼」專欄

日本人的自殺

根據一個美國和日本醫科學生的比較，美國人傾向認為自殺是一種憤怒和攻擊的表現，而日本人則視它為正常和合理的行為（Domino & Takahashi, 1991）。社會學家 Mamoru Iga（2001, 1993）主張這種差異，反映其文化的宗教和哲學對生和死的認知。

日本神道和佛教的傳統，強調不斷的改變和人生的無常。依佛教的觀點，人生是悲苦的，而死亡是從虛幻和痛苦中解脫的方式。而且，許多日本人的最高人生目標，是完全從現世的掛念、絕對的自我否定中超脫。在此架構下，死亡可看作是一種積極的、純真的表現（makoto），或對羞愧的適當反應。因而根據 Iga 的觀點，「在日本，自殺已是一種在傳統上雖不受歡迎，但卻是可以接受的解決嚴重問題的方法……自殺在日本不是一種罪惡；它不會被神處罰。自殺不被看作是社會和國家的事件，而是個人的問題。」

在西方，引起自殺的許多因素──身體的疾病、酒精濫用、心理疾病──同樣也是引起日本人自殺的原因（Fushimi et al., 2005; Lester & Saito, 1999）。然而，兩種文化對死亡和自殺的不同態度，有助於解釋自殺率在日本（每 10 萬人中有 26 人）和美國（每 10 萬人中有 12 人）之間，何以會有那麼大差異的原因。

Iga 和其他理論家也指出，日本不重視人道主義的傳統。自我表現、自我提升及自愛是西方顯著的價值觀，由這種傳統出現阻止自殺的推動力。然而，日本社會珍視個人對社會秩序的屈從（Young, 2002），並強調人性和自然的和諧：人類必須屈服於自然，因此，在日本沒有根深柢固要求人們不要自殺的原則。

最後，Iga指出幾種進一步促成日本高自殺率的社會文化因素。一種是日本文化長期的、普遍的男性至上主義；另一種是年輕人學業壓力及中年男性的工作壓力增加。日本的經濟壓力也不容忽視（Fushimi et al., 2005; Yamasaki et al., 2005, 2004）。在 1990 年代日本嚴重的不景氣中，自殺總數的增加，超過三分之一。

當然，今日的世界東西方接觸頻繁，文化之間的交流，也實際影響日本人關於自殺預防的態度。在訪問洛杉磯自殺預防中心之後，某些日本心理學家和精神科醫生，於 1971 年在日本成立第一個自殺預防中心。他們最初擔心，羞愧會妨礙日本人尋求幫助（Matsumoto & Juang, 2008），但是預防中心是如此的成功，以至於日本於 1990 年，又在 33 個城市成立分支機構，而且目前還有其他預防自殺的努力在推展中（Shiho et al., 2005; Ueda & Matsumoto, 2003）。

兒童

Tommy（7 歲）和他的弟弟正在一起玩耍，結果吵了起來，母親出面解決了問題，她處理完後離開房間。母親回憶這意外事件和無數的相似事件，覺得沒有什麼區別。在她離開幾分鐘後，她想起 Tommy 出奇的平靜而折返，發現他滿臉通紅地在空中掙扎，他用跳繩打一個結，然後纏繞在脖子上，並猛力拉緊它。

（French & Berlin, 1979, p. 144）

親愛的媽媽和爸爸：
我愛你們。請告訴我的老師我無法再忍受，我放棄了。請不要再帶我去學校，請幫助我。我要離開你們。不要阻止我。我要自殺，所以不要找尋我，因為我已經死了。我愛你們，我一直愛你們。記得我。
幫助我

愛你們的 Justin（10 歲）
（Pfeffer, 1986, p. 273）

雖然自殺在兒童中較少，但在過去幾十年來已持續的增加（Dervic, Brent, & Oquendo, 2008）。事實上，所有 10 歲至 14 歲的死亡兒童中，超過 6% 是由自殺

所引起（Arias et al., 2003）。男孩在數量上超過女孩，為五比一。此外，據估計，每 100 個兒童有 1 個試圖傷害自己，而每年有數千個兒童，由於精心的自毀行動而住院，如刺傷、割傷、灼傷、服藥過量、由高處跳下或用槍射傷自己（Fortune & Hawton, 2007; Cytryn & McKnew, 1996）。

研究者發現，幼小的自殺嘗試者，通常在自殺之前有下列的行為模式出現，如離家出走、易於發生意外事故、攻擊衝動行為、脾氣暴躁、自貶、社會退縮及寂寞、對他人的批評極端敏感、挫折容忍力低、不易了解的幻想、白日夢或幻覺、明顯的人格改變，及對死亡和自殺高度的關注（Dervic et al., 2008; Cytryn & McKnew, 1996）。研究更進一步將自殺與最近或預期失去所愛的對象、家庭壓力和父母失業、被父母虐待及臨床的憂鬱症相連結（Renaud et al., 2008; Van Orden et al., 2008）。

多數人發現，很難相信兒童十分清楚自殺行為的意義。他們認為兒童的思想有限，企圖自殺的兒童屬於 Shneidman 的「死亡忽視者」的類型，像之前提到的 Demaine，尋求和母親在天堂相聚。然而，許多兒童的自殺，顯然是基於對死亡清楚的了解，及清楚的希望死亡（Pfeffer, 2003）。此外，即使在正常的兒童中，自殺念頭顯然地比多數人曾料想的更普遍（Kovacs et al., 1993）。對學童的臨床面談顯示，有 6%至 33%之間的兒童，曾想過自殺（Riesch et al., 2008; Culp, Clyman, & Culp, 1995）。

青少年

親愛的媽媽、爸爸和大家：

對我自己所做的事我很抱歉，但我愛你們，我會永遠愛你們。請、請你們不要為它責備自己，那全部是我的過錯，不是你們或其他任何人的錯。假定我現在不做，我以後也會做。我們總有一天都會死，我只是死得較早些。

愛你們的 John

（Berman, 1986）

自殺的 John，年齡 17 歲，並不是不尋常的事件。自殺行為在 14 歲之後，比任何較早的年齡更常見。根據官方的紀錄，美國每年有超過 1,500 個少年（15～19 歲），或每 10 萬個少年中有 7 人自殺（Van Orden et al., 2008）。此外，每年至少有十二分之一的少年企圖自殺，及六分之一的少年想過自殺（Goldston et al., 2008）。由於年輕人之中致命的疾病很少見，在意外和被殺之後，自殺成為此年齡群第三個主要的死亡原因（Shain, 2008）。所有青少年死亡中，約 11%是自殺的結果（Arias et al., 2003）。

大約半數的少年自殺，像其他的年齡群一樣，與臨床的憂鬱症（見以下「深

度探索」專欄）、低自尊、無望感有關，但也有許多試圖自殺的少年，似乎是與憤怒和衝動拉鋸，或有嚴重的酒精或毒品問題（Renaud et al., 2008; Witte et al., 2008）。此外，有些少年自殺，可能是他們分辨和解決問題的能力有缺陷（Brent, 2001）。

　　考慮或企圖自殺的少年，常常有很大的壓力。他們之中經驗長期的壓力，如不良（或不足）的親子關係、家庭衝突、不適當的同儕關係，及社會孤立（Capuzzi & Gross, 2008; Apter & Wasserman, 2007; Stellrecht et al., 2006）。他們的行動也更可由當前的壓力所引發，如父母親的失業或生病、家庭的財力衰退，或社會的失落，如男女朋友分手問題（Orbach & Iohan, 2007; Fergusson et al., 2000）。學校的壓力，也是企圖自殺少年特別常見的問題。有些人功課跟不上，另有一些成績優異者，是感受到維持完美和名列前茅的壓力（Ho et al., 1995; Delisle, 1986; Leroux, 1986）。

　　有些理論家認為，青春期本身產生一種壓力氣氛，使自殺行為更可能產生（King & Apter, 2003）。青春期是一個快速成長的時期，它的特徵是在家庭和學校常有衝突、憂鬱感、緊張和困難。少年們比其他年齡群的人，有對事件的反應更敏感、更易怒、更戲劇化，和更衝動的傾向；因而在壓力期間，自殺行為的可能性也增加（Greening et al., 2008）。最後，少年們的易受暗示和渴望去模仿他

「深度探索」專欄

黑框警語的爭議──抗憂鬱劑會引起自殺嗎？

　　在臨床界重要的爭論是，抗憂鬱劑對憂鬱症兒童和少年，是否有高度的危險。在 1990 年代期間，多數的精神病醫師始終認為抗憂鬱劑（特別是第二代抗憂鬱劑），是對兒童和少年安全和有效的藥物，就如它們對成人一樣，因此他們很輕易地開立那些藥物的處方（Kutcher & Gardner, 2008; Holden, 2004）。然而，回顧很多的臨床報告，並研究 3,300 位使用抗憂鬱劑的病人，在 2004 年，美國食品及藥物管理局（FDA）斷定，這種藥物對某些兒童和青少年，真正引起自殺行為風險的增加，雖然是少量，特別是在治療中的最初幾個月，因而 FDA 指示，所有的抗憂鬱劑外盒

✪**青澀的歲月**　憤怒、混亂、矛盾和衝動是青少年的典型特徵，提供發展自殺想法和企圖的溫床。

要附有「黑框」（black box）警語，説明這種藥物「增加兒童自殺想法及行為的風險」。在 2007 年，FDA 擴大這種警語的對象包含青年（Howland, 2008）。

雖然許多臨床工作人員對 FDA 的指示很滿意，另一些人擔心它可能是不完美的忠告。他們認為這些藥物，實際上增加 2% 至 3% 的年輕病人自殺想法，以及自殺企圖的風險，然而在大多數服用藥物的兒童和少年，這種自殺風險實際上是減少的（Kutcher & Gardner, 2008; Henderson, 2005）。對此論點的支持，他們指出，在逐漸進入 2004 年的 10 年間，整體的少年自殺率減少 30%，而此時對兒童及少年提供抗憂鬱劑的數量是劇增的。

黑框警語的評論家，也指出警語對處方模式及少年自殺率，在美國和其他國家的最初效應。某些研究指出，在最初兩年，美國和荷蘭遵從黑框警語的機構，用抗憂鬱劑的數量下降 22%，而少年自殺率在美國上升 14%，荷蘭則上升 49%，是自 1979 年以來增加最多的自殺率（Fawcett, 2007）。雖然其他研究質疑這些數字（Wheeler et al., 2008），黑框警語確實可能間接剝奪許多年輕病人的藥物治療，而這些藥物是他們對抗憂鬱及阻止自殺真正需要的。目前對憂鬱症少年的抗憂鬱劑處方似乎再上升，逆轉少年自殺率趨向的效應，有待仔細的觀察。

儘管 FDA 黑框警語行動可能的缺點，臨床界逐漸認識抗憂鬱劑有時引起自殺想法，價值觀顯而易見的，對少數的年輕病人可能會受藥物不利的影響。當這些人使用藥物時，對他們提高警覺，他們的父母及臨床工作人員可以挽救他們的生命。

另外的黑框爭議的好處，是 FDA 最近已擴大它的關心，到抗憂鬱劑以外其他有自毀性副作用的藥物。它現在要求製藥公司，在新發展的藥物（如減肥及癲癇藥物）主動地測試自毀性的副作用（Carey, 2008; Harris, 2008）。過去有一些致命結果的藥物，直到被同意及使用在好幾百萬的病人身上，才真相大白。

人，包括他人的企圖自殺，可能造成自殺行為（Apter & Wasserman, 2007）。有一個研究發現，93% 的企圖自殺少年，認識某個曾企圖自殺的人（Conrad, 1992）。

少年自殺：未遂對完成

少年企圖自殺比實際的自殺更多——其比率可能高到 200 比 1。這種不尋常大量的不成功自殺，意謂著少年在試圖自殺，比做此企圖的年長者較不確定。然而，有些人確實希望死，許多人僅是想要他人了解他們如何的絕望、想得到幫助，或給別人一個教訓（Apter & Wasserman, 2007; Leenaars et al., 2001）。高達半數的少年企圖自殺者，會做未來新的自殺嘗試，且有 14% 的人最後自殺而死（Wong et al., 2008; Borowsky et al., 2001; Diekstra et al., 1995）。

為什麼自殺未遂的比率，在少年（也在青年）中如此高？有幾個指向社會因素的理論，提出解釋。第一，少年和青年在一般人口的數目和比率持續上升、工作競爭、大學排名、學業和運動榮譽的激烈競爭等，導致夢想和抱負逐漸地破滅

（Holinger & Offer, 1993, 1991, 1982）。另外的解釋指向家庭的關係薄弱（它可能產生許多今日年輕人的疏離感和拒絕感），及酒和毒品取得方便，和青少年使用它們的壓力增加（Brent, 2001; Cutler et al., 2001）。

　　大量媒體報導青少年的自殺，也可能促成青少年自殺嘗試率的升高（Apter & Wasserman, 2007; Gould et al., 2007）。近年來媒體和藝文對少年自殺提供詳細的描述，成為思考自殺少年的示範。最著名的一個例子，發生於 1987 年紐澤西州（New Jersey）的一個小鎮，在大肆宣傳 4 名少年自殺的幾天之內，全美國的許多少年採取同樣的行動（其中至少有 12 位致命）——就在一週後，有兩位在同一個車庫自殺。同樣的，有一個研究發現，在電視播放自殺影片的一週中，紐約市的青少年自殺率上升 7%，與之相對的，同一週成人的自殺率，只增加 0.5%（Maris, 2001）。

🌿 少年自殺：多元文化問題

　　在美國少年的自殺率，因種族而不同。每年每 10 萬美國白人少年，約 7.5 人自殺，而每 10 萬非裔美國少年有 5 人，每 10 萬拉丁美洲裔美國少年有 4.8 人（Goldston et al., 2008; NAHIC, 2006）。雖然這些數目確實表示，美國白人少年更有自殺的傾向，但是三個族群的比率已逐漸接近。美國白人自殺的比率，在 1980 年比非裔美國人高出 150%，目前只高出 50%。這種接近的傾向反映，年輕的非裔美國人、拉丁美洲裔美國人及美國白人，逐漸增加同樣的壓力——例如：成績和進入大學機會的競爭，目前三個族裔競爭很激烈。年輕的非裔和拉丁美洲裔美國人自殺率漸增，也可能與他們的失業率上升、許多都市生活的焦慮和經濟壓力，及遭遇社會的種族不平等及歧視的憤怒感有關（Duarte-Velez & Bernal, 2008; Goldston et al., 2008; Kubrin et al., 2006）。最近的研究進一步指出，目前每年每 10 萬的亞裔美國少年，有 4.5 人自殺。

　　所有的少年自殺率最高者，顯現在美洲印第安人。近年來，每年每 10 萬美洲印第安少年，有 15 人以上自殺，其比率為美國白人少年的兩倍，其他少數族裔少年的三倍。臨床理論家把這種異常高的比率，歸因於幾個因素，如多數美洲印第安少年面對極度的貧窮、教育及就業機會有限、酗酒率特別高，以及住在保留區經驗地理的孤立（Alcantara & Gone, 2008; Goldston et al., 2008; Beals et al., 2005）。此外，某些美洲印第安人保留區，出現極高的自殺率——稱為「群集自殺」。住在此社區的少年，通常更可能接觸到自殺、使生活混亂、觀察自殺範例，及在自殺傳染的風險中（Bender, 2006; Chekki, 2004）。

老年人

Rose Ashby 走到乾洗店，去拿她有點舊但是極為華麗的晚禮服。Rose 雖

然對洗衣的費用感到震驚，但她告訴櫃台有同情心的女職員說：「不用擔心，沒有關係，我不再需要這些錢。」

走過佛羅里達的 St. Petersburg 街道，她仍希望是在邁阿密。西岸的青春之泉半島，不像東岸一樣溫暖。如果 Chet 留下更多的保險金，Rose 就有能力住在邁阿密。在 St. Petersburg，Rose 沒有找到 de León 允諾的存款。

上週她告訴醫生，她感覺寂寞和沮喪，醫生說她應該振作起來，她有值得活下去的一切事物。他知道什麼？他有在一年內，失去像 Chet 一樣的丈夫及左乳房得到癌症嗎？他的一生可曾罹患關節炎？他的卵巢可曾壞到必須接受子宮切除術？他可曾在沒有家庭和朋友的支持下，面對更年期的痛苦？他可曾住在破舊的房子？他的家具是否損壞？地毯是否陳舊？他知道什麼？他的每一天可能是最後一天嗎？

當 Rose 走回她的白色破舊公寓大樓，豐腴的 Green 太太問她，晚上是否要去社區中心。誰要去？社會工作者確實說過 Rose 應該去，因為 Rose 的健康良好，她能幫助那些健康不如她的人。

幫助他們做什麼？像小孩一樣用手畫圖？或像精神病人一樣編籃子？縫紉？誰有眼力縫紉？此外，誰會賞識她？誰會感謝她？誰能聽她訴苦？誰關心她？

當她告訴醫生她無法睡覺，他開給她處方，但是告訴她所有的老年人都有睡眠的困擾。他知道什麼？他有一個只會在最近離婚才想到她的中年女兒，或只會感謝她在生日的支票背書的孫兒嗎？他的所有朋友都已死亡或離開了嗎？他可知道死去的丈夫的所有保險金都已用完？他知道什麼？誰能在這種破房子睡覺？

回到她的公寓，Rose 洗澡及做頭髮，自己做是不錯的。看看這些頭髮如此的細，如此的稀少，如此的不整潔，美容師將會怎麼想？

然後化妝。粉底，胭脂，口紅，鮮紅的。香水？不，今天的 Rose 不要廉價的香水。記得 Joy Chet 買給她的那幾瓶？他一直要她用最好的，他誇耀她有每一樣東西，而且她的人生不需要工作。

Chet 會抽著他的雪茄菸說：「她不用舉起她的小指頭」，Joy（Joy 也意指歡樂）現在在哪裡？隨著 Joy 的死亡走了。Rose 諷刺的笑著，生命的歡樂（Joy）與先生（Joy）一起消失了。

她套上晚禮服，仔細從梳妝台看。「Chet 你現在不能看到這張臉，太好了，它看起來多麼的老和醜呀。」

她從抽屜拿出一些薰衣草圖樣的便條紙，站在櫃子邊書寫。為什麼沒有人警告她，變老以後就像這樣子？太不公平了，但他們不關心。人們除了自己以外，不會關心任何人的。

留下便條在櫃子上，她突然感到興奮。現在呼吸困難了，她跑到水槽——誰能說一個客廳的水槽是廚房？——並弄一杯水。

Rose試著使自己輕鬆，當她坐在躺椅時，她整理裙子的褶。當她服下所有的膠囊時，很小心的飲水，以免弄髒她的口紅，Rose開始安靜的低泣。在有生之日最後的流淚之後，這將是她最後的一件事。她留在梳妝台的字條是簡短的，不是寫給某一個人，而是每個人。

「你不知道你必須變老和死亡，會是什麼樣子？」

（Gernsbacher, 1985, pp. 227-228）

在西方社會中，老年人比其他年齡群更可能自殺。在美國大約每 10 萬超過 65 歲的人，有 19 人自殺。在 1980 年代，全美國自殺者的 19% 以上是老年人，然而他們只占總人口的 12%。

有許多因素促成這種高自殺率（Vannoy et al., 2008; Oyama et al., 2005）。當人們變老，他們常常生病、失去親近的親友、喪失生活的控制，及失去社會地位。這種經驗可能導致絕望感、寂寞、憂鬱，或老年人無可避免會發生的事，以至於增加他們企圖自殺的可能性。有一個研究發現，三分之二的自殺老人（超過 80 歲），在自殺前兩年經歷醫療住院（Erlangsen et al., 2005）。其他研究顯示，最近喪失配偶的老人自殺率特別高（Ajdacic-Gross et al., 2008）。在喪親最初幾週期間的風險最大，但是其後的幾個月和幾年也維持很高。一個調查指出，44% 的自殺老人給了一些提示，他們的自殺行動是由於害怕被安置在療養院所引起（Loebel et al., 1991）。

老年人在決定死亡時，典型的比年輕人更堅決，而且他們較少預告他們的意圖，因此他們的成功率相當高（Woods, 2008; DeLeo et al., 2001）。顯然的每四個老年人中，有一人自殺嘗試會成功。當我們考慮老年人的決心及身體的退化，有些人認為，想死的老年人如果很清楚他們的想法，就應該允許他們去實現願望。然而，臨床的憂鬱症，顯示在 60% 的老年自殺者中扮演重要的角色，因而有人指出，許多自殺的老年人，他們的憂鬱症應該接受治療（Awata et al., 2005; Peter et al., 2004）。

✪ **尊敬的力量** 在很多傳統的社會裡，年長者因累積多年的知識而受到高度的尊重。生活於這些文化下的老年人，比許多現代工業化國家中的老年人，有較低的自殺率，也許不是巧合。

　　自殺率在美國某些少數族裔中的老人較低（Alcantara & Gone, 2008; Leach & Leong, 2008; Utsey et al., 2008; McIntosh & Santos, 1982）。例如：雖然美洲印第安人有全國最高的自殺率，但美洲印第安老人的自殺率卻相當低。美洲印第安的老人受到高度的尊重，因為他們經過許多年所獲得的智慧和經驗受到重視，此有助於說明他們的低自殺率。這種高度尊重，與美國白人老年人常經驗到地位喪失，形成強烈的對比。

　　同樣的，非裔美國老人的自殺率，只有美國白人老人的三分之一。這種低自殺率的原因，可能在於非裔美國老人面對的壓力：「只有最強者才能生存」（Seiden, 1981）。那些到達高齡的人，已經克服重大的逆境，且常常對他們的成就感到驕傲。由於到達高齡對美國白人而言，它本身不是一種成功的形式，他們對老年的態度是較負面的。其他可能的解釋是，非裔美國老人，已經成功的克服，促使許多非裔美國年輕人自殺的暴怒傾向。

自殺的治療

　　自殺者的治療主要分為兩類：自殺未遂之後的治療和自殺的預防。如果自殺者的親友在其自殺死亡或自殺未遂之後，他們的失落感、罪惡感和憤怒極為強烈，治療也可能有益於他們的親友（Cerel et al., 2008; Wertheimer, 2001）。此處討論的只限於對自殺者本身提供的治療。

在自殺未遂之後使用的治療

　　在自殺未遂之後，多數的受害者需要醫藥治療。有些人留下嚴重的傷害、腦部受損，或其他醫學問題。一旦身體的傷害被醫治，心理治療和藥物治療就接著開始，以住院或門診的方式展開。

　　不幸的是，甚至在試圖自殺之後，許多自殺者不能接受有系統的後續治療（Goldney, 2003; Beautrais, Joyce, & Mulder, 2000）。在幾百個少年的隨機調查之中，發現 9% 的人至少有一次的自殺嘗試，這些人在自殺之後只有半數接受心理治療（Harkavy & Asnis, 1985）。同樣的，另一個研究發現，三分之一的青少年企圖自殺者報告，在他們嘗試自殺之後，沒有得到任何的幫助（Larsson & Ivarsson, 1998）。有些個案，是健康管理專家的錯；有些是企圖自殺者，拒絕進一步的治療。

　　治療的目標是讓人們存活、幫助他們達到不自殺的心態，及引導他們發展管理壓力較適當的方法（Reinecke et al., 2008; Shneidman, 2001）。有各種的治療法被運用，包括藥物、心理動力、認知、認知—行為、團體和家族治療（Tarrier et al., 2008; Baldessarini & Tondo, 2007; Hawton, 2001）。治療似乎是有幫助。研究發現沒有接受治療的自殺未遂者，30%會再嘗試自殺，而接受治療者為 16%（Nordstrom et al., 1995; Allard et al., 1992）。

　　研究指出，認知及認知─行為治療法，對自殺的人特別有幫助（Ghahra-manlou-Holloway et al., 2008; Tarrier et al., 2008）。這些方法大部分聚焦於自殺者的痛苦思想、絕望感、二分法思考、不良的因應技巧，及自殺者其他具有的認知和行為運作特徵。治療師使用 Beck 的認知治療要素，幫助自殺患者，去評估、挑戰和改變他們許多的負面思考，及不合邏輯的思考過程（Brown et al., 2005）。治療師也運用內觀認知治療法的原理，引導自殺患者，敏銳的發覺痛苦的思想及湧進內心的感覺，並能「接受」這些思想和感覺，而不試圖排除它們（Zettle, 2007）。此種接受是期望增加患者，對心理痛苦的耐受力。最後，治療師運用治療練習、指定家庭作業，及其他認知─行為方法，試圖教導患者有更適當的因應和問題解決技巧（Chiles & Strosahl, 2005）。

什麼是自殺預防？

　　在過去五十年期間，全世界已經從強調自殺治療，轉變為自殺預防（Kerkhof, 2005）。在某些方面，這種改變是最適當的：使許多潛在的自殺受害者，在第一次自殺嘗試前存活的最後機會。

　　美國第一個**自殺預防計畫**（**suicide prevention program**），是在 1955 年成立於洛杉磯；英國最先開始於 1953 年，稱為撒馬利亞慈善諮詢中心（the Samari-tans）。目前美國和英國有幾百個自殺預防中心。此外，現今尚有許多心理健康中心、醫院急診室、教牧（pastoral）諮商中心及毒物控制中心等，它們的服務項目均包括自殺預防計畫。

　　美國也有幾千個自殺防治熱線，一天 24 小時的電話服務。來電者連線到一個諮商師，亦即一個典型的輔助性專業人員──接受諮商訓練但沒有正式學位的人員。他在心理健康中心專業人員的監督下，提供服務。

　　自殺預防計畫及熱線，對處於個人危機中的自殺者──即在重大壓力之下、無法因應、感受到威脅或傷害，及認為他們的處境是不能改變的，提供及時的回應。因而，這些計畫提供**危機介入模式**（**crisis intervention**）：他們試圖幫助自殺者，更正確的了解他們的情境、作較佳的決定、行動更有建設性，及克服他們的危機（Van Orden et al., 2008; Frankish, 1994）。由於危機可能發生在任何時間，此中心為他們的熱線宣傳，並歡迎人們不必預約就進來。

　　今天的自殺預防不但在特殊環境辦理，而且也在治療師的辦公室。自殺專家鼓勵所有治療師，不管患者尋求治療的各種理由為何，要找出和提出患者的自殺思想和行為的徵象（McGlothlin, 2008; Lester et al., 2007）。根據這種看法，有一些指導方針已發展出來，幫助每日與患者工作的治療師，有效的發現、評估、預防及處理自殺的思想和行為（Van Orden et al., 2008; Fawcett, 2004; Schneidman & Farberow, 1968）。

　　雖然治療師之間，使用的特殊技術不同，各預防中心也有不同的特色，但洛杉磯自殺預防中心使用的一般方法，卻反映許多臨床工作人員及機構的目標和技術。在中心最初的接觸中，諮商師有下列幾項工作：

建立積極的關係　由於來電者必須信任諮商師，為了能使來電者對他們有信心並聽從他們的建議，諮商師努力在討論中，營造積極和舒適的氣氛。他們傳達他們是傾聽的、了解的、有興趣的、不批判的及可用的。

了解和澄清問題　諮商師首先要努力去了解來電者危機的全貌，然後以清晰和建設性的措辭，幫助此人理解此一危機。特別的是，他們試圖幫助來電者看清危機的核心問題、危機的易變性及認清自殺的替代方案。

評估自殺的可能性　洛杉磯自殺預防中心的危機處理人員，必須填寫一個問卷，此問卷常被稱為致命量表，用以評估來電者自殺的可能性。它幫助他們確定來電者的壓力程度、相關的人格特質、自殺計畫有多詳細、症狀的嚴重性，及來電者可用的因應資源。

評估和動員來電者的資源　雖然自殺者視他們本身是無能的、無助的和孤獨的，其實他們通常有許多力量和資源，包括親戚和朋友們。諮商師的職責是去組織、指出，及善用那些資源。

發展行動計畫　危機處理人員和來電者共同發展一個行動計畫。在本質上，他們對脫離危機的方法取得一致的意見，即一種自殺行動的替代方案。多數計畫包括後來幾天或幾週一系列的追蹤輔導期，採取個人親自到中心來，或用打電話的方式。每個計畫也要求來電者，在他們個人的生活上，採取某些行動及做某些改變。諮商師通常和來電者協議一個不自殺的合約——一個不自殺的承諾，或至少承諾如果來電者再次考慮自殺時，再重建合約。雖然這種合約的使用很流行，但近年來合約的有效性也受到質疑（Rudd et al., 2006）。此外，若來電者正在企圖自殺之際，諮商師要努力去找出他們的下落，並立即讓他們獲得醫療的救助。

　　雖然危機處理對某些自殺者而言，似乎就具有足夠的治療，但對多數的自殺者，較長期的治療是必要的（Lester et al., 2007; Stolberg et al., 2002）。假定一個危機處理中心無法提供這種治療，諮商師會推薦當事人到其他的地方。

　　當自殺預防運動在 1960 年代中展開時，許多臨床工作者推論，危機處理技術，應該也可被應用在自殺之外的其他問題。過去三十年來危機處理，被作為範圍更廣泛問題的處理形式，如毒品和酒精濫用、強暴受害者，及配偶虐待。

　　而另外一種協助預防自殺的方式，是減少大眾接近常見的自殺方法（Hawton, 2007; Nordentoft et al., 2007; Reisch et al., 2007）。例如：英國在 1960 年，每 10 萬人約有 12 人以吸入煤氣（它含有一氧化碳）自殺。1960 年代，英國以天然瓦斯取代煤氣（它沒有含一氧化碳）作為能源的來源，在 1970 年代中期時，煤氣自殺率就降為零（Maris, 2001）。事實上，英國全部的自殺率，至少就老年人而言

也下降。另一方面在荷蘭，瓦斯所導致的自殺率下降，代之以其他的方法則增加，特別是藥物過量。

同樣的，加拿大自 1990 年代通過法律，限制某些槍枝的取得和使用，被觀察到全國使用槍枝的自殺率也減少（Leenaars, 2007）。有些研究指出，這種減少沒有被其他種類的自殺增加所取代；然而，另外的研究則發現，使用其他方法的自殺增加（Caron, Julien, & Huang, 2008; Leenaars, 2007）。因而，雖然許多臨床工作者希望，使用槍枝管制、較安全的藥物、較好的橋樑護欄，及汽車排氣管制等方法，來降低自殺率，但他們的願望不能得到保證。

自殺預防計畫有效嗎？

研究者很難評估自殺預防計畫的成效（De Leo & Evans, 2004）。有許多種類的計畫，每一種有它自己的程序及服務的人口，它在數量、年齡等各不相同。有高自殺風險因素的社區，如較高的老年人口或經濟問題，會比其他不重視當地預防中心效果的社區，仍繼續有較高的自殺率。

自殺預防中心，是否減少社區的自殺人數？臨床研究者不清楚（Van Orden et al., 2008; De Leo & Evans, 2004）。地方的自殺率，在成立社區預防中心之前及之後的比較研究，已產生不同的發現。有些社區發現自殺率下降，有些則沒有變化，而另一些仍然增加（De Leo & Evans, 2004; Leenaars & Lester, 2004）。當然，即使某種程度的增加，假如與較大社會全體的自殺行為比較仍偏低的話，也可代表一種正面的影響。一個調查者發現，雖然自殺率在某些有預防計畫的城市確實增加，但沒有此種預防計畫的城市，甚至增加得更多（Lester, 1991, 1974）。

自殺者是否與預防中心聯繫？顯然地只有少數。而且通常都市預防中心的來電者，是年輕的、非裔美國人及女性，而自殺最多的人數則是老年的男性白人（Maris, 2001; Lester, 2000, 1989, 1972; Canetto, 1995）。自殺者的主要問題是，他們不必要承認或與他人談論他們的感受，即使是專業人員（Stolberg et al., 2002）。事實上，一個研究發現，超過半數在精神病院的憂鬱症自殺病人，以前否認有自殺想法，或承認有自殺的模糊想法（Fawcett, 1988）。

預防計畫，似乎確實降低那些打電話來的高風險自殺者的數量。一個研究發現，8000 個高風險者，與洛杉磯的自殺預防中心聯絡（Farberow & Litman, 1970）。約有 2% 來電者後來自殺，而通常在同樣高風險群的自殺率，則為 6%。顯然地，這些中心需要更能引起想要自殺者的注意及方便聯繫。在報紙、電視及布告欄上逐漸增加的廣告及宣傳，顯示出此種方向的行動。

部分由於許多自殺預防計畫及它們產生的資料，使今日的臨床工作者更了解自殺，並比過去更有能力去評估它的風險。一些研究顯示，對自殺常識最豐富的專業人員，是心理師、精神病醫師，及實際參與預防計畫工作的人員（MacDonald, 2007; Domino & Swain, 1986）。自殺者可能會聯絡的其他專業人員，如神職人

員，但他們的資訊可能不足（Leane & Shute, 1998; Domino & Swain, 1986）。

有些理論家要求，對自殺進行更有效的大眾教育，作為終極的預防形式。而且至少某些自殺教育計畫——它們多數集中於教師和學生——已開始出現（Gibbons & Studer, 2008; Van Orden et al., 2008）。這些計畫的課程內容有很多爭議，不過，臨床工作者通常認同這些計畫的目標，也認同 Shneidman 所說的話：

自殺的預防主要在於教育。這種途徑是經由彼此教導及……大眾，自殺會發生在任何人，有口頭和行為的線索可循……，幫助是有效的……
總而言之，自殺的預防是每個人的職責。

（Shneidman, 1985, p. 238）

整合：心理和生理的洞察落後

曾經是神祕的和隱密的問題，很難被大眾知道，且幾乎沒有專業人員從事調查，自殺在今日受到相當多的注意。特別在過去 35 年當中，研究者已認識許多關於生和死的問題。

與本書所涵蓋的其他多數問題相比，自殺受到社會文化模式的關注，比其他模式更多。例如：社會文化理論家強調，社會的變遷及壓力、國家和宗教的聯繫、婚姻狀態、性別、種族，及大眾傳播媒體的重要性。而由心理和生物研究者的洞察和收集的資訊，則相當有限。

雖然社會文化因素，確實揭露自殺的一般背景和引發事件，但它們留給我們的是，無法預測任何人會企圖自殺。當該說的說了，該做的也做了，臨床工作者仍尚未了解，為什麼在同樣情境下有些人會自殺，而另一些人去尋求更好的方法去面對他們的問題。假定臨床工作者要真實的解釋和了解自殺，則心理的和生物的洞察，必須能趕上社會文化洞察的腳步。

自殺的治療也引起一些困難問題。臨床工作者尚未為自殺者，發展出清楚而成功的治療方法。雖然自殺預防計畫，確實顯示臨床界願意幫助自殺者的承諾。但這種計畫截至目前為止，真正降低整體的自殺風險或自殺率有多少，並不清楚。

然而，自殺研究數量的成長，提供了很大的前景。也許最有希望的是，臨床工作者目前協助大眾對抗此問題。他們要求對自殺作更廣泛的公眾教育——計畫針對年輕人和老年人。我們可合理的期望在現在的努力下，會導致將來對自殺更清楚的了解及更成功的治療。這些目標對每個人是重要的。雖然自殺本身是孤獨的和險惡的行動，但這些行動的影響確實非常廣泛。

摘要

●**何謂自殺？** 自殺（suicide）是自己造成的死亡，即個人有意的、直接的和意識的努力，去結束個人的生命。有意結束自己的生命者可分為四類：死亡尋求者（death seeker）、死亡促發者（death initiator）、死亡忽視者（death ignorer）及死亡不確定者（death darer）。

●**研究策略** 使用在自殺的研究有兩種主要的策略：回溯分析（retrospective analysis）（一種心理解剖法）及研究自殺未遂的生還者，由於假定他們和那些致命的自殺者是相似的。每種策略都有它的限制。

●**型態和統計** 在西方社會，自殺排名在前十大死亡原因中。自殺率各國不同，一個原因是，宗教的聯繫、信念、或虔誠程度（degree of devoutness）的文化差異。自殺率也根據種族、性別和婚姻狀態而有不同。

●**觸發自殺的因素** 許多自殺行動，是由個人生活當前的事件或情境所引發。這些行動可能由最近的壓力源（recent stressors）所引起，如喪失所愛的對象、失去工作，或長期的壓力源，如嚴重的疾病、虐待的環境及工作壓力。個人在自殺之前可能有心情和思想的改變，尤其是絕望感（hopelessness）的增加，而導致自殺。此外，酒精和各種物質的使用、心理疾病或其他的自殺新聞，也是企圖自殺的前因。

●**自殺的解釋** 自殺主要的解釋，來自心理動力、社會文化的及生物學的模式。每一種都只獲得有限的支持。心理動力理論家認為，自殺通常起因於憂鬱症和自我引導的憤怒。Emile Durkheim 的社會文化理論，根據個人和社會的關係將自殺分為三類：利己型（egoistic）、利他型（altruistic）及脫序型（anomic）自殺。生物理論家主張，自殺者其神經傳導物質血清素有特別低的活性。

●**不同年齡群的自殺** 自殺的可能性因年齡而有不同。雖然在過去幾十年，兒童群的自殺逐漸增加，但兒童的自殺較少見。

青少年的自殺比兒童自殺更常見，但是自殺率過去十年降低。青少年自殺與臨床憂鬱症、憤怒、衝動、重大壓力，及青少年生活本身有關。自殺率在青少年升高，與年輕人在一般人口比率和數量增加、家庭聯繫變弱、年輕人毒品容易取得及使用增加，及年輕人自殺被媒體廣為報導有關。美洲印第安少年的自殺率，是美國白人少年的兩倍，是非裔、拉丁美洲裔及亞裔美國少年的三倍。

在西方社會中，老人比其他年齡群的人更可能自殺。失去健康、朋友、控制和地位，可能產生絕望感、寂寞、憂鬱，或在此年齡群無可避免的事。

●**自殺的治療** 治療是跟隨在自殺未遂之後。在此情況下，治療師試圖幫助個人，達到心理上不再有自殺念頭的狀態，並發展處理壓力和解決問題的較適當方法。

　　過去三十年來，轉變為重視自殺預防。自殺預防計畫（suicide prevention programs）包括一天 24 小時的熱線，及不須預約隨時有許多輔助性專業人員（paraprofessional）提供協助的中心。在他們初次和自殺者接觸時，諮商師努力建立一種積極的關係、了解和澄清問題、評估自殺的可能性、評估和動員來電者的資源，及發展克服危機計畫。在這種危機介入模式之外，多數的自殺者也需要長期的治療。目前自殺預防更擴大的努力，大眾的自殺教育計畫正開始出現。

第十一章

飲食性疾患

　　Janet Caldwell 是……5 呎 2 吋高及 62 磅重……Janet 12 歲時開始節食，當時她有 115 磅重，由於又矮又胖被她的家人和朋友指責。她繼續限制食物的攝取超過兩年，當她變得愈來愈瘦時，她的父母開始愈來愈擔心她的飲食行為……

　　Janet……感覺到她的體重出問題是開始於青春期。她說當她 12 歲第一次開始節食時，她的家人和朋友都支持她達成減輕 10 磅重的努力。Janet 沒有採取任何特殊的節食方法，而是在進餐時限制食物的攝取，通常是減少碳水化合物和蛋白質的攝取，吃大量的沙拉，並且完全停止兩餐之間的點心。最初她很高興她進行的減重計畫，靠著牢記自己設定的減重目標，她能忽視自己的飢餓感。然而，每次她達到減輕幾磅的既定目標後，她就決意只要再減輕幾磅即可。因此，她繼續為自己設定新的體重目標。以此種方式，她的體重在第一年的減重控制法中，從 115 磅下降到 88 磅。

　　第二年的節食，Janet 感覺她的體重繼續減輕且超出她的控制……她堅信她的身體內一定有某種情況，不讓她增加體重……Janet 解釋，雖然過去幾年，有些時候她相當的「情緒低落」或不快樂，她仍有被驅使去繼續節食的感覺。因而，她常走路、為家人跑腿，及花許多時間打掃房間，讓家中一塵不染和維持一成不變的擺設。

　　當 Janet 的體重持續下降，超過了第一年所減的重量時，她的父母堅持要她去看家庭醫生，而且她的母親 Caldwell 太太陪她一起去。他們的家庭醫生對 Janet 的外貌十分震驚，開了高卡路里的飲食處方給她。Janet 說她的母親花很多時間懇求她吃，而且設計她認為 Janet 有興趣的各種樣式的食物。Caldwell 太太也對 Janet 談到許多關於充足營養的重要。另一方面，Caldwell 太太逐漸對這些討論不耐煩，而以命令的方式要她吃。當時 Janet 會試著吃一點，但是最後總是含著淚衝出房間，因為她實在吞不下被命令去吃的食物。她說她常對父母的懇求作出反應，告訴他們她確實吃了，但是他們並沒有看到。她常列舉出她已吃完的食物，事實上她把這些食物沖進馬桶。她估計她每天大約只吃 300 卡的熱量。

（Leon, 1984, pp. 179-184）

　　雖然實際狀況並非都是如此，但是今日的西方社會把苗條跟健康和美麗劃上等號（見圖 11-1）。事實上，在美國苗條已變為全國的強迫觀念。雖然許多人全神貫注於吃了多少的量，以及食物的味道和營養價值，然而，一點也不令人驚訝的，在過去三十年間，我們也看到核心問題是病態的恐懼體重增加，導致了兩種飲食性疾患的增多。厭食症（anorexia nervosa）的受苦者，就像 Janet Caldwell，堅信她們需要變得非常瘦，而減輕太多的體重，以至於她們可能因挨餓而死亡。暴食症（bulimia nervosa）的患者，經常進行暴食，在暴食發作期間，她們無法控制地吃下大量的食物，然後以自我催吐或其他極端的方法，避免體重增加。

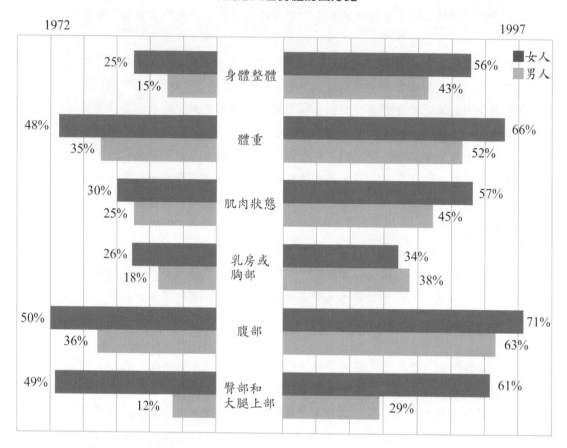

不滿意自己身體的百分比

1972		1997

■ 女人
▨ 男人

身體整體：1972 女人25% 男人15%；1997 女人56% 男人43%

體重：1972 女人48% 男人35%；1997 女人66% 男人52%

肌肉狀態：1972 女人30% 男人25%；1997 女人57% 男人45%

乳房或胸部：1972 女人26% 男人18%；1997 女人34% 男人38%

腹部：1972 女人50% 男人36%；1997 女人71% 男人63%

臀部和大腿上部：1972 女人49% 男人12%；1997 女人61% 男人29%

圖 11-1 對自己身體的不滿意情況上升中　根據調查，目前我們社會中的男人和女人，比上一代的人更不滿意他們的身體（Adams et al., 2005; Garner et al., 1997; Rodin, 1992）。

　　新聞媒體已發表許多有關厭食和暴食行為的報告。一個逐漸引起大眾關注的原因，是它可能導致令人恐懼的醫學後遺症（Kerr, Lindner, & Blaydon, 2007）。公眾最先知覺這種後果是在 1983 年，一位流行歌手——木匠兄妹的 Karen Carpenter，死於厭食症引起的醫學問題。另一個引起關心的原因，是這種疾患在青春期少女和年輕婦女中有不相稱的盛行率。

　　目前臨床工作人員了解到，厭食症和暴食症之間的相似性，與它們之間的差異性一樣重要。例如，許多厭食症患者，當他們堅持要減掉危險的體重量時，會暴飲暴食，有些人後來發展為暴食症（Fairburn et al., 2008; Tozzi et al., 2005; APA, 2000）。相反地，暴食症患者經過一段時間，有時會發展為厭食症。

厭食症

Janet Caldwell，一個 14 歲、八年級的女孩，出現許多**厭食症**（**anorexia nervosa**）的症狀：她拒絕維持超過她應有正常體重的 85%、極度害怕超重、對體重和體型有扭曲的看法，以及無月經（見表 11-1）。

> ## 表 11-1　DSM 檢核表
>
> **厭食症**
>
> 1. 拒絕維持就其年齡和身高所應有的最低正常體重水準以上。
> 2. 縱使體重已經過輕，仍強烈害怕體重增加。
> 3. 對身體的知覺出現障礙，體重和身材對自我評價有不當的影響，或否認目前體重過低的嚴重性。
> 4. 月經已開始的女性，發生無月經症。
>
> 資料來源：APA, 2000.

像 Janet 一樣，至少有半數的厭食症患者，藉著限制食物的攝取來減輕體重，此型態稱為禁食型厭食症（restricting-type anorexia nervosa）。最初，他們取消甜點及易長胖的點心，然後又漸漸排除其他的食物（APA, 2000）。最後，這種厭食症患者顯示在飲食上幾乎沒有變化。然而，還有一些患者藉著在餐後迫使自己嘔吐，或使用瀉藥或利尿劑來減輕體重，而且他們甚至會暴食，此型態稱為暴食／清除型厭食症（binge-eating/purging-type anorexia nervosa），我們將在談到暴食症時更詳細的討論（APA, 2000）。

約有 90% 至 95% 厭食症的個案，發生在女性身上（Zerbe, 2008; Freeman, 2005）。雖然此症可能出現在任何年齡，但它開始的高峰期，是在 14 歲至 18 歲之間（APA, 2000）。約 0.5% 至 2% 西方國家的女性，在其一生中發展厭食症，而許多人會顯示幾種厭食症的症狀（Culbert & Klump, 2008; Hudson et al., 2007）。此症在北美、歐洲及日本正在增加之中。

厭食症通常開始於個人有輕微的超重，或節食以保持正常體重之後（Couturier & Lock, 2006）。厭食症嚴重性的升高，常伴隨壓力事件之後，如父母分居、搬出家裡，或經驗個人的失敗（Wilson et al., 2003）。雖然多數的受害者恢復健康，但有 2% 至 6% 的厭食症者變成嚴重的疾病以至死亡，通常是由於挨餓引起的醫學問題或自殺（Pompili et al., 2007; Millar et al., 2005）。

臨床表徵

變瘦是厭食症患者的重要目標，但是「恐懼」則提供了他們的動機。此症患

者害怕變胖、怕對增加吃的慾望讓步，且通常更怕失去對他們身材尺寸和外形的控制。此外，雖然他們聚焦於苗條，並嚴格的限制食物的攝取，厭食症患者卻全神專注於食物上。他們會花很多時間去思考，甚至閱讀有關食物的資料，並計畫他們有限的膳食（Herzig, 2004; King et al., 1991）。許多報告顯示，他們的夢充滿了食物和吃的影像（Knudson, 2006; Levitan, 1981）。

　　此種對食物的專注，實際上可能是食物剝奪的結果，而不是它的原因。一個著名的「飢餓研究」，實施於 1940 年代末期，它將因良心理由拒服兵役的 36 位正常體重者，施以半飢餓的飲食六個月（Keys et al., 1950）。像厭食症患者一樣，這些自願者變為專注於食物和吃。他們每天花幾個小時計劃他們微量的一餐、談論食物比其他的話題多、研究食譜和烹飪法、以奇特的組合調配食物，以及耗費時間在進餐上。許多人也會做關於食物生動的夢。

　　厭食症患者的思考方式也是扭曲的。例如，他們通常對自己的體型有較低的評價，並認為自己無吸引力（Eifert et al., 2007; Kaye et al., 2002）。此外，他們可能高估他們實際身材的比例。多數西方社會的女性，高估自己的體型大小，尤其是那些厭食症患者。一個 23 歲的病人說：

> 　我每天照穿衣鏡至少四或五次，我實在看不出自己太瘦。有時在幾天嚴格的節食之後，我感覺自己的體型還可以，但奇怪的是，在多數的時間裡，我總認為鏡子裡的我太胖。
>
> （Bruch, 1973）

　　這種高估體型大小的傾向，已在實驗室獲得證明（Farrell, Lee, & Shafran, 2005）。有一種廣為流傳的評估技術，是讓受試者經由一個可調整的透鏡來看自己的照片。他們被要求調整鏡頭，直到他們看到的影像與他們實際的體型一致。此影像可改變得比實際的外形更瘦 20%或更胖 20%。一個研究發現，超過半數的厭食症受試者高估了他們體型，當影像大於他們實際的體型時，他們停下鏡頭設定在那裡。

　　厭食症的扭曲思想，也採取某些不適當的態度和錯誤的知覺形式（Fairburn et al., 2008; Vartanian et al., 2004）。患者傾向持有這些信念，如「我在各方面必須很完美」、「假如我不是目前這個樣子，我會變得更美好」，及「我不吃就可以避免罪惡感」。一位由厭食症恢復的婦女，回憶 15 歲時說：「我的思考過程變得很不實際，我覺得為了一個較高的目標，我必須去做一些我不想做的事情，它控管我的生活，它令人發狂。」（Bruch, 1978, p. 17）

　　厭食症患者也顯現某些心理的問題，如憂鬱、焦慮及低自尊（Godart et al., 2005; O'Brien & Vincent, 2003）。有些人也經驗失眠症或其他的睡眠障礙；有些人

努力與物質濫用搏鬥；許多人顯示強迫症模式，他們會對準備食物或甚至切割食物為特殊造形，而訂出嚴格的規則。更廣泛的強迫模式也很常見（Culbert & Klump, 2008; Sansone et al., 2005）。例如，許多強迫性運動者，他們把這種活動比生活中的其他活動，列為更優先（Fairburn et al., 2008）。有些研究發現，厭食症患者和其他的強迫症患者，在強迫思考和強迫行為的得分一樣高（Culbert & Klump, 2008; Bastiani et al., 1996）。最後，厭食症患者有完美主義的傾向，這種特性通常出現於厭食症開始之前（Pinto et al., 2008; Shafran, Cooper, & Fairburn, 2002）。

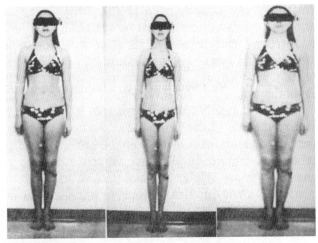

✪**視覺的欺騙**　在一個研究技術中，人們可經由一個特殊的透鏡看自己的照片，並可調整鏡片，直到他們認為是自己實際的影像為止。一個研究參與者可改變她的實際影像（圖左），從變瘦20%（圖中）到變大20%（圖右）。

醫學問題

　　厭食症的挨餓習慣，會引起一連串的醫學問題（Zerbe, 2008; Tyre, 2005）。女性會發展**無月經症**（amenorrhea），即沒有月經週期；其他的問題包括低體溫、低血壓、身體浮腫、骨質密度下降及心跳緩慢；新陳代謝和電解質也發生不平衡，並可能因心臟會衰竭或循環系統的衰退而導致死亡。厭食症嚴重的營養缺陷，也引起皮膚粗糙、乾燥和裂開；指甲變脆；手和腳變冷和發青；有些人掉髮，有些人在身軀、四肢和臉上長出胎毛（lanugo）（新生兒具有的纖細、柔軟毛髮）。

　　顯然地，厭食症患者是被惡性的循環所困住。他們害怕肥胖及扭曲的身體形像，導致他們的自我挨餓；挨餓轉而導致對食物的熱衷、增加焦慮、憂鬱和醫學問題，甚至引起他們更恐懼自己的體重、飲食和自我會失去控制，然後他們以拒食方式更努力去達成苗條的目的。

暴食症

　　暴食症（bulimia nervosa）者——一種所謂的**暴食╱清除症候群**（binge-purge syndrome）障礙——反覆發生無法控制的飲食過量或**暴食**（binges）。暴食發生在一段獨立的期間內（往往是一個小時），在此期間個人吃下的食物量，多於大多數人在類似時間下所吃的食物量（Stewart & Williamson, 2008; APA, 2000）。此外，此症患者反覆從事不適當的補償行為（compensatory behaviors），如自我催吐、不當的使用瀉藥、利尿劑、灌腸、禁食或過度運動（Kerr et al.,

2007）（見表 11-2）。如果患者有規律的補償行為，包括催吐，或不當的使用瀉藥、利尿劑、灌腸，就被診斷為清除型暴食症（purging-type bulimia nervosa）；反之，如果個人的補償行為，是靠禁食和激烈的運動，就被診斷為非清除型暴食症（nonpurging-type bulimia nervosa）。一位有清除型暴食症模式的已婚婦女，復原後描述她在患病中某一個早上的情形：

　　今天我會過得很好，那是指吃下某些預定部分的食物，沒有比我想吃的多吃一口。我很小心查看我有沒有比 Doug 吃得多，我以他的身體來作為判斷標竿，我能感覺出緊繃的身段。我希望 Doug 能趕快離開，讓我能開始行動。

　　一等他關上門，我試圖專注於明細表上種種要做的事項之一，我痛恨所有這些事，我只想爬進一個洞，什麼事也不想做，我寧願吃。我是孤單的、我是神經質的、我不好，不管怎樣我常做錯每件事、我無法控制、我無法度過一整天，日子長久以來每天都一樣。

　　我記得早餐吃的是糊狀的麥片，我進入浴室站在磅秤上，它量起來重量一樣，但是我不想停留在一樣的狀態，我想要更苗條。我注視鏡子，我想我的大腿看起來是難看和變形的。我看到一個粗重的、笨拙的、梨形體型的軟弱無能者。我所看到的經常有某些錯誤，陷入身體的困境使我感到挫折，我不知道該怎麼辦。

　　我移動到冰箱，清楚的知道那裡有什麼，我從前晚的杏仁巧克力糖開始。我經常由甜點開始，我狼吞虎嚥一下子就吃光了。但是我的胃口太大，我決定去吃另一組巧克力。我知道有半包的餅乾放在浴室，是前一晚上丟在那邊的，我立刻把它們吃掉。我喝一些牛奶，使我的催吐會順暢些，我喜歡在喝下一大杯牛奶之後，有飽足的感覺。我拿起在烤肉器旁邊的六片麵包和土司，把它們翻過來夾上塗奶油的小圓餅，再放在烤肉器直到它們熱騰騰的。我把六片全部放在盤子裡並走向電視，又回去弄一碗麥片及一根香蕉。在最後的一片土司吃完之前，我已預備好另一盤的六片，可能另外再加五個杏仁巧克力糖棒和兩大碗的冰淇淋、優格或軟乾酪。我的胃被擴張為肋骨下的一個巨球。我知道我不久必須去浴室，但是我想延緩它，我是在幻想的國度。我正在等待、感覺壓力、慢慢的在房間地板上踱步。時間在消逝，時間在消逝，時間終於來到。

　　我無目的地漫遊在每個房間，再整理使整個房子整潔及回復原狀，最後我走向浴室，穩住我的腳，把我的頭髮拉到後面，伸出手指壓在我的喉嚨，用力壓擠兩次，吐出一大堆食物，又壓三、四次，吐出一堆其他的食物。我看見每樣東西恢復原狀，我很高興看到那些巧克力糖棒，因為它們太易長

肥。但倒空食物的節奏被打破了，我的頭開始疼痛，我站起來，感覺暈眩、
空虛及衰弱。這整個事件花了約一個小時。

（Hall, 1980, pp. 5-6）

表 11-2 DSM 檢核表

暴食症

1. 重複發生暴食發作。
2. 一再出現不適當的補償行為，以避免體重增加。
3. 症狀持續，平均每週至少兩次，共達三個月。
4. 體重和身材對自我評價有不當的影響。

資料來源：APA, 2000.

　　正如厭食症一樣，暴食症的 90%至 95%個案，通常發生在女性（Stewart &
Williamson, 2008）。它開始於青春期及成年期早期（多數在15歲和21歲之間），
通常持續幾年，週期性的停止。暴食症患者的體重，通常維持在正常的範圍，雖
然它可能在這範圍內有明顯的變動（APA, 2000）。然而，有些暴食症患者變為嚴
重的體重不足，最後反而符合厭食症的診斷條件（見圖 11-2）。臨床工作者也觀
察到某些人，他們有的超重，卻顯示出一種沒有催吐或其他補償行為的暴食模
式。此種模式常被稱為劇食症（binge-eating disorder），雖然它可能在下一版的
DSM 列入，但它目前尚未列在 DSM（Fairburn et al., 2008; Mitchell et al., 2008）。
2% 到 7% 之間的人口，及四分之一嚴重超重的人，被認為有劇食症。

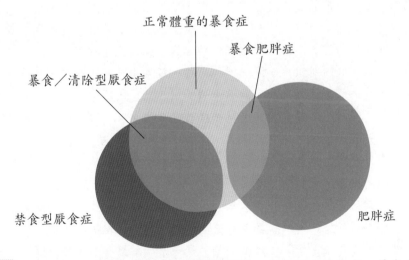

圖 11-2 **厭食症、暴食症及肥胖症的重疊型態** 有些厭食症患者，暴食並催吐
以減輕體重，有些肥胖的人暴食；然而，多數的暴食症患者沒有肥胖，
而且多數的超重者也沒有暴食（摘自 APA, 2000; Garner & Fairburn, 1988;
Russell, 1979）。

許多青少年，在他們由朋友或媒體得知這些補償行為之後，有時發生暴食或嘗試催吐、使用瀉藥。實際上，根據全球的研究，有 25% 到 50% 的學生，報告他們會定期暴食或自我催吐（Zerbe, 2008; McDermott & Jaffa, 2005）。然而，這些人中只有某些人具備合格的暴食症診斷條件。針對幾個西方國家的調查指出，有 5% 的女性發展完全的症狀（Stewart & Williamson, 2008; Favaro et al., 2003）。在大學生中其比率可能更高（Zerbe, 2008; Feldman & Meyer, 2007）。

暴食

有暴食症的患者，每週可能有 1 到 30 次的暴食發作（Fairburn et al., 2008）。多數的個案祕密進行暴食行為。他們很少咀嚼，快速的吃下大量食物——通常是甜的、軟質的高卡路里食物，如冰淇淋、餅乾、甜甜圈及三明治。暴食者在一次的發作中，通常吃下 1,000 卡路里以上的食物（有時甚至超過 3,000 卡）。

暴食之前通常有強烈的緊張感（Crowther et al., 2001）。患者感覺急躁的、「不真實的」（unreal），及無力控制去吃被禁食物的壓倒性需求。在暴食發作當中，此人感覺無法停止暴食行為。雖然暴食本身，可能經驗到無法忍受的緊張減輕所帶來的愉快感，隨之而來的卻是極度的自責、羞愧、罪惡感、憂鬱，以及恐懼體重增加與被發現（Fairburn et al., 2008; Hayaki et al., 2002）。這種感覺顯現在一位成功的公關主任的描述：

> 我有社會提到所有使我們快樂的事物：成功、金錢、門路，但在我的人生中沒有一件事能使我快樂。在所有的那些活動及人們中，我感覺我好像被單獨的監禁。我開始去因應這些空虛感，並恐懼對食物麻木的痛苦——我盼望唯一的一件事是，在一天的 16 小時以後。在回家途中，我會挑選點心、冰淇淋、鬆脆餅乾、乳酪……把它們和餐廳的晚餐混在一起，吃到我過度飽足為止。但是我的飢餓感一週一週的增強，每半小時我要起床，並且到冰箱拿點心。我的體重逐漸增加；體重愈增加，我愈感到厭惡；我愈感覺自我厭惡，我愈想隱藏吃和睡覺的痛苦。就像毒品一樣，食物每天給我減輕的痛苦不多，但是我卻依戀它。它是在我的生活中，唯一能撫慰我的一件事——是我必須幫助自己在無法容忍的感覺中費力前進時，僅有的支撐物。但開始是給予安慰的來源，之後卻變成另一個監獄。
>
> 最可悲的是長久以來我竟然獨自承受，沒有周遭任何友人注意或願意對我說些關心的話語。被不斷暴食打擾的夜晚，使得我白天得用盡所有力氣去應對客戶，像單身女超人般能幹沉著、意志堅強。我是強悍的黑人女士，如同代表野心與成就的海報女郎。呈現了這樣的表象令我覺得訝異與悲傷，而且我的同事和客戶所關心的工作，竟然都能妥善完成。
>
> （Williams, 2008, p. xxiii）

補償行為

在暴食之後，暴食症患者試圖去補償和消除它的後果。許多人訴諸於催吐，但是催吐事實上無法防止在暴食中吃下的半數卡路里的吸收，而且反覆催吐的結果影響個人飽足感的能力，因而導致更大的飢餓，及更頻繁和強烈的暴食。同樣地，瀉藥或利尿劑的使用，幾乎無法完全消除暴食的卡路里（Fairburn et al., 2008）。

催吐和其他的補償行為，可能暫時緩和不舒適的生理飽足感，或減輕附屬於暴食的焦慮感及自我厭惡（Stewart & Williamson, 2008）。然而，時間久了會發展出一種循環，即清除行為導致更多的暴食，而暴食則需要更多的清除行為。最後，這種循環使此症患者感到無力和自我厭惡（Hayaki et al., 2002）。多數人完全了解他們有飲食疾患。我們前面提到的已婚婦女，回憶當她十多歲時在寄宿學校，所持有的暴食、清除行為模式和自我厭惡：

> 進入我嘴裡咬的每一口，都是不適當和自私的放縱，我變得愈來愈厭惡自己……
>
> 我第一次把手指伸進我的喉嚨，是在學期末的最後一週，我看見一個女孩由浴室出來，她的臉部通紅及眼睛脹大。雖然她的身材實際上很好，但她常談到她的體重及想要如何節食。我立即知道她剛才所做的事，我必須嘗試看看……
>
> 我在宿舍裡供應自助餐的一樓吃早餐。我學到我能吃的食物必須是容易恢復原狀的。當我早上醒來，我必須決定是否在半小時之內吃得飽飽的，然後在上課前吐掉，或是不要吃過量去維持一整天……我常常想當我在進餐時拿了一大堆食物，人們一定會注意到，但是我認為他們會假定我是運動員，我會容易快速的消耗……一旦暴食在進行中，我就不會停下來，一直到我的肚子看起來像孕婦，並且我覺得我無法再吞嚥為止。
>
> 那是我九年的強迫性飲食和催吐型態的第一年。……我不想告訴任何人我正在做的事，而且我不想停止……儘管有相愛的人或其他的事分心，讓我偶爾減少那種渴望，但我仍常常恢復對食物的愛好。
>
> （Hall, 1980, pp. 9-12）

正如厭食症，暴食症的暴食型態，通常開始於一個劇烈的節食期之中或之後，個人獲得成功並贏得家人和朋友的讚美（Couturier & Lock, 2006; Helgeson, 2002）。研究已發現，正常的受試者在極端嚴格的節食下，也會發展出暴食的傾向（Eifert et al., 2007）。例如，有些在「飢餓研究」因良心理由拒服兵役的受試

者，當他們後來恢復正常的飲食時，卻有暴食現象，而且有些人甚至在吃大餐之後，繼續感覺飢餓（Keys et al., 1950）。一個最近的研究，是在低卡路里減重計畫結束時，檢視受試者的暴食行為（Telch & Agras, 1993）。此研究發現，在計畫停止之後，立刻有 62% 以前沒有暴食的受試者，報告有暴食發作，雖然在治療停止三個月之後，此種發作確實減少許多。

暴食症對厭食症

暴食症與厭食症在許多方面相似。兩種疾患典型的開始於恐懼變胖者，節食一段時期之後；他們追求瘦身，專注於食物、體重和外表，並努力與憂鬱、焦慮、強迫思考及完美的需求對抗（Fairburn et al., 2008, 2003）。任一種飲食疾患的患者，都有高度的自殺企圖風險（Pompili et al., 2007; Ruuska et al., 2005），他們可能伴隨物質濫用，或開始過度使用減肥藥丸。無論實際的體重或外表如何，任何一種飲食疾患的人，都認為他們的體重太重，看起來太笨重（Stewart & Williamson, 2008; Kaye et al., 2002）。兩種疾患，都明顯的對吃有擔心的態度。

然而，兩種疾患在重要的方面也有所不同（見表 11-3）。雖然任一種疾患者都很在意他人的評價，但那些暴食症患者，傾向於更關心使他人愉快、對他人有吸引力及有親密的關係（Zerbe, 2008; Eddy et al., 2004; Striegel-Moore et al., 1993）。他們也比厭食症患者，有更多性經驗和更活躍的性活動。特殊困擾方面，他們可能有較長的心情擺盪史、變為容易挫折和厭煩，以及對如何有效的因應或控制衝動感到苦惱（Claes et al., 2002; APA, 2000）。暴食症患者也易於被強烈的情緒所控制，而且常常改變朋友及親密關係。超過三分之一的暴食症患者，顯示有人格違常的特徵，特別是邊緣型人格疾患，此部分我們將在第十六章更詳細的討論（Stewart & Williamson, 2008）。小群的暴食症者也顯現自我傷害行為，如以剃刀、小刀或玻璃割自己的手臂。

另外的不同是，兩種疾患所伴隨的醫學併發症的性質（Birmingham & Beumont, 2004）。相較於厭食症患者的幾乎全部停經，暴食症女性只有半數停經或有不規則的月經週期（Zerbe, 2008; Crow et al., 2002）。另一方面，一再催吐使牙齒和牙床沉浸在鹽酸中，導致某些暴食症女性

✪危險的行業　近年來雖然有些超級名模，公開承認異常的飲食模式，但是 21 歲的巴西模特兒 Ana Carolina Reston，在 2006 年死於厭食症的併發症，卻引起時尚界的震驚。2004 年，由於一次試鏡中有人告訴她「太胖」，她開始限制飲食，只吃蘋果及蕃茄，最後導致全身性感染的惡化而死亡。這位身高 5 呎 8 吋的模特兒，在死亡時體重僅 88 磅。

表 11-3　厭食症對暴食症

禁食型厭食症	暴食症
拒絕維持健康功能應有的最低體重	體重不足、體重正常、接近正常體重或過重
否認飢餓和有病；常為體重的管理感到驕傲、對身材較滿意	經驗強烈的飢餓、清除暴食型有異常的經驗、對身材有很大的不滿
較少反社會行為	有較多反社會行為及酒精濫用傾向
停經持續時間至少三個月相當普遍	經期不規則較常見；停經較少見，除非體重太輕
不信任他人，特別是專業人員	更信任他希望求助的人
傾向於有強迫觀念	傾向於引人注意
較能自制，但是情感過分控制，體驗及表達感覺有問題	更衝動及情緒不穩定
性方面較不成熟及經驗不足	有更多的性經驗，性方面很活躍
女性更可能拒絕傳統的女性角色	女性更欣然接受傳統的女性角色
開始年齡約 14 至 18 歲	開始年齡約 15 至 21 歲
患病前最高的體重，傾向於接近同年齡者的正常體重	患病前最高的體重，傾向稍高於同年齡者的正常體重
較少家族肥胖傾向	較多家族肥胖傾向
患病前較傾向於順從父母	患病前較傾向於與父母衝突
傾向於否認家庭衝突	傾向於知覺強烈的家庭衝突

資料來源：Zerbe, 2008; APA, 2000, 1994; Levine, 1987; Andersen, 1985; Garner et al., 1985; Neuman & Halvorson, 1983.

有嚴重的牙齒問題，例如琺瑯質受損，甚至失去牙齒（Stewart & Williamson, 2008; Helgeson, 2002）。而且，經常催吐或長期的腹瀉（由於使用瀉藥）會引起危險的鉀不足，而導致身體虛弱、腸疾患、腎臟病或心臟損傷（Zerbe, 2008; Turner et al., 2000）。

引起飲食性疾患的原因為何？

現今多數的理論家和研究人員，使用一種**多向度風險觀**（multidimensional risk perspective）來解釋飲食性疾患。那就是，他們確認幾種置個人於此疾患風

險的關鍵因素（Zerbe, 2008）。這些因素出現愈多，個人發展飲食性疾患的可能性愈大。最常舉出的幾個主要因素，包括心理問題（自我、認知及情感障礙）、生物因素，及社會文化情境（社會、家庭及多元文化壓力）。

心理動力因素：自我缺陷

　　飲食性疾患的研究和治療先驅 Hilde Bruch，發展出基於心理動力觀點的此疾患理論。她認為不正常的母子互動，導致兒童有嚴重的自我缺陷（ego deficiencies）（包括自主和控制的缺乏感）及嚴重的知覺障礙（perceptual disturbances），共同促成紊亂的飲食型態產生（Bruch, 2001, 1991, 1962）。

　　根據 Bruch 的說法，父母對孩子們的需求，呈現不是有效的就是無效的兩極反應。有效能的父母（effective parents），能正確地照顧兒童生理和情感的需求，當他們因飢餓而哭叫時就給予食物，當他們因恐懼而哭鬧時就給予安慰；相反地，無效能的父母（ineffective parents），不能注意兒童的需要，沒有正確的理解兒童的實際情況，以確定他們的孩子是出於飢餓、寒冷或疲倦。他們可能在孩子焦慮的時候餵他們，而不是飢餓時；或在孩子疲倦的時候安撫他們，而不是在焦慮時。接受這種教養的孩子，在長大之後常會對自己內在真正的需要困惑或未能察覺，不知道自己何時飢餓或何時飽足，及不能確認他們的情緒。

　　這些兒童無法依賴自己內在的信號，只好轉向外在的引導，例如他們的父母。他們看來好像「模範兒童」，但是他們不能發展真正的獨立自主，感覺自己「如同沒有擁有自己的身體，不能控制自己的行為、需要和衝動」（Bruch, 1973, p. 55）。到青春期，青少年增加了自主性的基本慾望，然而他們卻覺得無能為力。為了克服這種無助感，於是他們開始過度的控制他們的體型大小、身材和飲食習慣。18 歲的 Helen 描述她的經驗：

　　　有一個奇怪的矛盾現象——每個人都認為你做得很好，每個人都認為你是優秀的，但是你真正的問題是，你認為你自己不夠好。你害怕無法實踐對自己的期許。你有一個重大的恐懼，也就是一般的，或普通的或常見的恐懼——只是不夠好的感覺。這種特殊的節食開始於這種焦慮，你想證明你能控制，你能做得到。它的特別之處，是它使你感覺自己不錯，使你感覺「我能完成某件事情」，它使你感覺「我能做其他人不能做的事」。

　　　　　　　　　　　　　　　　　　　　　　　　　　　　（Bruch, 1978, p. 128）

　　臨床報告和研究，已對 Bruch 的理論提供某些支持（Eifert et al., 2007; Pearlman, 2005）。臨床工作者觀察到，飲食性疾患少年的父母，確實傾向於專斷的決定兒童的需要，而不是讓兒童去確定他們自己的需要（Ihle et al., 2005; Steiner et al., 1991）。Bruch 曾訪問 51 位厭食症兒童的母親，許多母親洋洋得意地回憶，她們常常事先預料孩子的需要，絕不會容許孩子「感覺飢餓」（Bruch, 1973）。

　　研究也支持 Bruch 的信念：飲食性疾患者對內在暗示的知覺，包括情感的暗示，常不正確（Fairburn et al., 2008; Bydlowski et al., 2005）。例如，當飲食疾患的受試者感到焦慮或心煩時，他們之中許多人誤認為他們也是飢餓的（見圖 11-3），且作出他們飢餓時的反應——吃。事實上，有飲食疾患者經常被臨床工作人員描述為述情障礙（alexithymic），亦即他們對描述自己的感覺有極大的困難（Zerbe, 2008）。最後，某些研究支持 Bruch 的論點：飲食性疾患者過度依賴他人的意見、希望和觀點。他們比其他人更擔心別人如何看待他們、尋求贊同、順從別人，並且對他們的生活感覺缺乏控制感（Travis & Meltzer, 2008; Button & Warren, 2001）。

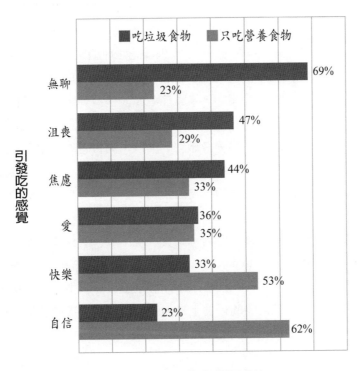

圖 11-3　**人們在什麼時候尋求垃圾食物？**　顯然地，是當他們感到不快樂的時候（Haberman, 2007; Hudd et al., 2000）。當感到不快樂時吃垃圾食物的人，人數勝過在相同情境下吃營養食物的人。相反地，更多的人在感到愉快時，會吃營養食物（Rowan, 2005; Lyman, 1982）。

認知因素

　　如果你仔細注意 Bruch 對飲食性疾患的解釋，會發現它包括幾個認知的特徵。

✪ 模特兒和人體模型　人體模特兒一度製作得很苗條，以顯出服裝的線條，俾有利於銷售。今日理想女性的體型和人體模特兒，已沒有什麼區別，有愈來愈多的年輕女性，企圖達到此種理想體型。

例如，她認為無效能教養的結果，使飲食疾患的受害者，不適當的歸類自己的內在感覺和需要，逐漸感覺對自己的生活控制不多，轉而過度的渴望控制自己的體型大小、身材，以及飲食習慣。根據認知理論家的說法，這些缺陷促成在飲食疾患核心的廣大認知扭曲，那就是，厭食症及暴食症患者，經常根據自己的身材和體重，以及控制它們的能力，專斷地評判自己（Fairburn et al., 2008; Eifert et al., 2007）。認知理論家說，這種「核心病狀」增強疾患的所有其他特徵，包括一再努力的減輕體重，及專注於考慮身材、體重及飲食。

根據認知理論家，這種扭曲的思考清楚地顯現在禁食型厭食症個案，而且它也影響暴食症個案（Fairburn et al., 2008）。由於其對身材及體重不相稱的關切，暴食症者試圖堅持許多極端及特殊的飲食規則。當他們不可避免的破壞這些規則——甚至犯一點小疏忽——此人解釋此疏忽是缺乏自我控制的清楚證據，感覺像徹底的失敗，而暫時地放棄所有限制飲食的努力。也就是，他們開始暴食。總之，暴食又加劇對飲食、身材及體重控制的關切，而立即引發改正此情況的努力（清除食物），並導致更大的努力重建飲食控制。

正如前述，研究顯示飲食疾患者，確實表現出解釋飲食疾患指出的各種認知缺陷（Eifert et al., 2007; Vartanian et al., 2004）。雖然研究尚未澄清這種缺陷是飲食疾患的成因，許多認知—行為治療師由此假定出發，集中他們對疾患的治療在矯正患者的認知扭曲，及伴隨的行為上。你將很快看到，這種認知—行為治療，是所有飲食疾患治療中使用最廣泛的（Fairburn et al., 2008）。

情感障礙

許多飲食性疾患者，特別是暴食症的患者，經驗憂鬱症的症狀（Stewart & Williamson, 2008; Speranza et al., 2005）。這種發現引起許多理論家認為，情感性疾患是造成飲食性疾患的肇因。

他們的主張有四種證據支持。第一，許多飲食性疾患者，比一般人具備更多重鬱症的臨床診斷條件（Stewart & Williamson, 2008; Duncan et al., 2005）；第二，有飲食性疾患者的近親，比沒有此種疾患者的近親，有較高的情感性疾患比率（Moorhead et al., 2003; APA, 2000）；第三，如前所述，許多飲食性疾患者，特別是暴食症患者，有神經傳導物質血清素低活性的現象，而憂鬱症患者也同樣的發

現有血清素異常；最後，飲食性疾患者使用減輕憂鬱症的抗憂鬱劑，也經常有效。

雖然這些發現指出，憂鬱症可能引起飲食性疾患，但也可能有其他的解釋。例如，飲食性疾患者具有的壓力和痛苦，也會引起情感性疾患。無論正確的解釋是什麼，許多與飲食性疾患拉鋸的人，在其他的心理問題中，也遭受憂鬱症之苦。

生物因素

生物理論學家懷疑，某些基因可能使有些人特別易受飲食性疾患的影響（Kaplan, 2005）。與此概念相符的是，飲食性疾患者的親戚，發展此疾患的可能性，比其他人高達六倍（Stewart & Williamson, 2008; Strober et al., 2001, 2000）。而且，如果一個同卵雙胞胎有厭食症，另一個雙胞胎也有 70% 的個案發展此症；相反地，遺傳相似性較少的異卵雙胞胎，其比率則是 20%。在暴食症的案例，同卵雙胞胎顯示有 23% 的一致率，而在異卵雙胞胎中的一致率則為 9%（Zerbe, 2008; Kendler et al., 1995, 1991）。雖然這些家庭和雙胞胎的發現，不能排除環境的因素，但它們卻鼓舞生物研究者，更進一步的探究特殊的生物原因。

引起研究者興趣的一個因素，是血清素可能的角色。幾個研究小組已發現，飲食性疾患和負責生產此種神經傳導物質的基因有關，而其他人也測出，許多飲食性疾患者有血清素低活性現象（Stewart & Williamson, 2008; Eifert et al., 2007）。血清素在憂鬱症和強迫症扮演重要的角色——它也是飲食性疾患常伴隨的問題——但血清素低活性導致的其他疾患，可能比飲食性疾患來得普遍。另一方面，也許血清素的低活性直接促成飲食性疾患——例如，經由引起身體的渴望，暴食含碳水化合物較高的食物（Kaye et al., 2005, 2002, 2000）。

另外解釋飲食性疾患的生物研究者，是指向**下視丘（hypothalamus）**——腦部調節許多身體功能的一部分（Zerbe, 2008; Higgins & George, 2007; Uher & Treasure, 2005）。研究者找出下視丘兩個分別幫助控制進食的區域。其一，**下視丘外側核（lateral hypothalamus, LH）**，在下視丘的邊區，當它被激發時，會產生飢餓。當實驗室的動物以電刺激 LH 部位時，即使動物剛被餵食過，牠還是會繼續吃。相反地，另外的**下視丘內側核（ventromedial hypothalamus, VMH）**，在下視丘的下端和中間，當此部位被激發時，會減少飢餓。當 VMH 部位以電激發，實驗室的動物就停止吃。

這些下視丘區域及有關的腦部結構，顯然是依賴個人是否正在吃或絕食，而由腦部和身體的化學作用所激發（Zerbe, 2008）。兩種這類腦部的化學作用，是自然食慾抑制劑縮膽囊素（cholecystokinin, CCK），及類升糖激素胜肽-1（glucagon-like peptide-1, GLP-1）（Higgins & George, 2007; Turton et al., 1996）。例如，當一個研究小組人員採集和注射 GLP-1 到老鼠的腦部，這種化學藥品進入下視丘的接受器，會引起老鼠幾乎完全減少食物的攝取，即使牠們已經 24 小時沒有進食。相反地，當吃飽的老鼠被注射阻斷 GLP-1 到下視丘接受器的藥物，牠們的食

物攝取會倍增。

　　有些研究者認為，有關的腦部區域、LH、VMH，以及化學物質，像 CCK、GLP-1 等的共用作用，構成一個「體重自動調節器」性質的身體，負責使個人維持在一個特殊的體重水平，稱為**體重定點**（**weight set point**）（Higgins & George, 2007; Keesey & Corbett, 1983）。先天遺傳和早年的飲食習慣，似乎決定了每個人的體重定點（Stewart & Williamson, 2008）。當一個人的體重下降到低於他的特殊定點時，LH 和某些腦部區域會被激發，而且藉著飢餓的產生和降低身體的新陳代謝率，尋求恢復失去的體重；當一個人的體重上升到高於他的定點，VMH 和某些腦部區域會被激發，並藉著飢餓的減少和增加身體的新陳代謝率，以消除過量的體重。

　　根據體重定點理論，當人們節食及體重下降低於定點時，他們的大腦開始努力去恢復失去的體重。下視丘和有關的腦部活動，產生專注於食物及暴食的慾望。它也引起身體的變化，以防止進一步失去體重，並促使體重增加，然而卻吃得不多（Higgins & George, 2007; Spalter et al., 1993）。一旦腦部和身體共同開始以此方式去增加體重，節食者實際上進入不利於自己的戰爭。有些人顯然關閉自己內在的自動調節器，並完全控制自己的飲食，這些人逐漸發展為禁食型厭食症。另一些人，則朝向惡性循環的暴食／清除模式。雖然體重定點的解釋，已引起臨床界相當多的爭論，但它仍受理論家及實務工作人員廣泛的接受（Higgins & George, 2007; Pinel et al., 2000）。

社會壓力

　　飲食性疾患在西方國家，比世界其他地區更常見（見 401 頁「文化眼」專欄）。相應地，許多理論家認為，西方女性吸引力的標準，部分促成飲食性疾患的出現（Russo & Tartaro, 2008; Jambor, 2001）。西方女性美麗標準的改變貫穿整個歷史，近數十年來一種引人注目的改變，是傾向偏愛苗條的女性身材（Gilbert et al., 2005）。有一個研究，追蹤從 1959 至 1978 年的美國小姐選拔，競爭者的身高、體重和年齡，發現競爭者的體重每年平均下降 0.28 磅，而優勝者的體重每年下降 0.37 磅（Garner et al., 1980）。研究者也檢視所有《花花公子》雜誌資料，同一時期（1959-1978），在該雜誌中央摺頁的模特兒，其平均體重、胸圍及臀部尺寸，也每年穩定的減少。對美國小姐競爭者和《花花公子》摺頁模特兒的最近研究，顯示此種趨向在持續中（Rubinstein & Caballero, 2000）。

　　由於苗條在時裝模特兒、演員、舞蹈家和某些運動員的次級文化中，特別受到重視，因此這些團體的成員也特別擔心他們的體重。事實上，研究已發現這些職業的人，比其他人更易有飲食性疾患的傾向（Kerr et al., 2007; Couturier & Lock, 2006）。而且近年來，這些行業裡的許多知名的年輕女性，公開承認她們有極為不正常的飲食型態。一個全美國大學運動員的調查，顯示超過 9% 的女大學運動

員罹患飲食性疾患，另外 50% 的人承認她們的飲食行為，使她們處於罹患此疾患的風險（Kerr et al., 2007; Johnson, 1995）。一個對所有體操選手的調查，顯示 20% 的人有飲食性疾患（見圖 11-4）。

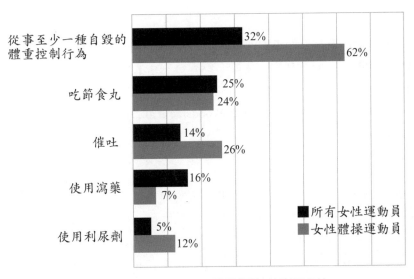

從事至少一種自毀的體重控制行為　32%　62%

吃節食丸　25%　24%

催吐　14%　26%

使用瀉藥　16%　7%

使用利尿劑　5%　12%

■ 所有女性運動員
■ 女性體操運動員

顯示行為者的百分比

圖 11-4　**危險的捷徑**　根據調查，從陸上曲棍球到體操的運動，有許多女性運動員從事一種或多種的自毀行為，以控制她們的體重（Kerr et al., 2007; Taylor & Ste-Marie, 2001）。一項研究發現，近三分之二的大學女性體操運動員，從事至少一種此類行為（摘自 Rosen & Hough, 1988; Rosen et al., 1986）。

　　對苗條所持的態度，也有助於解釋飲食性疾患的比率在社經上的差異。在過去，上流社經階層的女性，比低社經階層的女性，顯示更關心瘦身和節食（Margo, 1985; Stunkard, 1975）。相對地，飲食性疾患在社經階層較高的女性中，也較為普遍（Foreyt et al., 1996; Rosen et al., 1991）。然而近年來，由於節食和專注於苗條在所有社經階層，已有某些程度的增加，造成飲食性疾患的流行（Germer, 2005; Striegel-Moore et al., 2005）。

　　西方社會不僅崇尚苗條，而且對體重過重者，產生一種偏見的趨勢（Russo & Tartaro, 2008; Goode & Vail, 2008）。然而以少數民族、種族及性別為基礎的侮辱，通常是不能被接受的，但是對肥胖者殘酷的玩笑，卻常常是電視秀、電影、書刊、雜誌等的標準戲碼和主題（Gilbert et al., 2005）。研究指出，對肥胖者的偏見是根深蒂固的（Grilo et al., 2005）。將一組圓胖兒童、體型適中及瘦弱兒童的照片，給即將為人父母者觀看，他們對前者的評語，是較不友善、缺乏活力、較不聰明及不令人滿意的。另一個研究中，讓學前兒童在胖及瘦的布偶之間作選

擇，大多數人選擇瘦的布偶，雖然他們說不出理由。有一點令人感到疑惑的是，有半數小學女孩嘗試減輕體重，並有 61% 的中學女孩目前正在節食（Hill, 2006; Stewart, 2004）。

家庭環境

家庭在發展出飲食性疾患上，扮演一個關鍵角色（Stewart & Williamson, 2008; Eifert et al., 2007）。研究指出，半數有飲食性疾患者的家庭，有重視苗條、身體外觀及節食的長期歷史。事實上，這些家庭的母親比其他家庭的母親，更可能有節食及完美主義的傾向（Zerbe, 2008; Woodside et al., 2002）。16 歲的 Tina 描述她飲食性疾患的根源：

> 當我還是個約六、七歲的小孩時，我的媽媽總是帶我去雜貨店。她是胖的，她買各種減重的書籍和雜誌。每當我們談話，像我從學校回家後，所談的幾乎都是節食和如何減輕體重……我繼續和媽媽節食，持續與她相伴。
>
> 我的身材變得比她更好。我的飲食性疾患是我母親的治療……它也是我們在一起的方式——從事節食和運動。自從我得了厭食症，我們停止談節食，現在我不知道我們能談什麼。
>
> （Zerbe, 2008, pp. 20-21）

家庭內不正常的互動或溝通方式，也可能引起飲食性疾患（Reich, 2005; Vidovic et al., 2005）。家族系統理論家認為，發生飲食性疾患者，往往開始於家庭功能不良，而家庭中一個飲食性疾患的成員，只是一個較重大問題的反映。例如，有影響力的家庭理論家 Salvador Minuchin 認為，他所謂的**黏密家庭模式**（**enmeshed family pattern**），常常導致飲食性疾患（Eifert et al., 2007; Minuchin, Rosman, & Baker, 1978）。

在一個黏密體系，家庭成員過度捲入彼此的事務，及過度關心彼此生活上的瑣事。在積極面上，黏密家庭是彼此深愛和忠誠的；在消極面上，他們形成過度的依戀及養成依賴性。父母過分捲入孩子的生活，會對兒童的個性和獨立性提供較少的發展機會。Minuchin 認為，在這些家庭中少年會引發特殊的問題；少年追求獨立的正常衝勁，會威脅家庭表面的和諧和親密程度。對此問題的反應，此類家庭可能巧妙的迫使兒童承擔「患病的」角色——發展出飲食性疾患或其他的疾病。此孩子的疾患能使家庭維持它表面的和諧。這個生病的孩子需要家庭的照顧，而家庭成員也重新團結起來以保護患者。有些個案的研究支持家族系統的解釋，但系統的研究沒有顯示特殊的家庭型態，會一致的造成飲食性疾患的發展（Wilson et al., 2003, 1996）。實際上，家庭有厭食症或暴食症患者呈現極為多樣化。

「文化眼」專欄

世界各地的飲食疾患

　　一直到過去十年，厭食症和暴食症通常被認為是與文化相關的變態。它們盛行在美國和其他的西方國家，在非西方的文化並不普遍（Matsumoto & Juang, 2008）。例如，一個 1990 年代中期實施的研究，比較非洲國家迦納的學生，及美國有飲食疾患問題的學生，他們對體重、身體知覺及苗條的態度（Cogan et al., 1996）。迦納人更可能認為體型較大為理想，而美國人較傾向於節食及顯現飲食疾患。同樣地，沙烏地阿拉伯國家的人，不會被幾乎完全覆蓋的女性外形及身體吸引，其飲食疾患在臨床文獻很少被提及（Matsumoto & Juang, 2008; Al-Subaie & Alhamad, 2000）。

　　然而，過去十年實施的研究顯示，失調的飲食行為和態度，在非西方文化逐漸上升中，這種趨勢似乎與這些國家暴露於西方文化相關。例如，研究發現，飲食疾患在巴基斯坦逐漸增加，尤其是已暴露於西方文化的婦女中（Suhail & Nisa, 2002）。

　　非西方國家飲食疾患的普及，在南太平洋的斐濟群島，實施的一系列研究特別明顯（Becker et al., 2007, 2003, 2002, 1999）。1995 年衛星電視在遙遠的部分島嶼，最先開始播放西方的表演節目和時尚。幾年之後研究發現，每週至少三晚看電視的斐濟少女，比其他人更可能感覺「太大或肥胖」。此外，幾乎有三分之二的少女在過去幾個月節食，而且有 15% 的人，在過去幾年中以催吐來控制體重（在沒有電視前是 3%）。

多元文化因素：種族差異

　　在 1995 年受歡迎的電影《獨領風騷》（Clueless）中，不同種族的富裕少年朋友 Cher 及 Dionne，由男孩到學校的一切事物，有著相似的愛好、信仰和價值觀。特別是，她們有同樣的飲食習慣及美麗的理想，而且她們甚至在體重和身體形態都相似。這些年輕女性的故事，是否實際的反映我們社會中的美國白人婦女和非裔美國婦女？

　　1990 年代初期，此問題的答案似乎是完全否定的。在電影發行期間為止實施的多數研究，顯示年輕的非裔美國女性的飲食行為、價值和目的，比起年輕的美國白人女性更健康（Lovejoy, 2001; Cash & Henry, 1995; Parker et al., 1995）。例如，在 1995 年，一個廣為宣傳的 Arizona 大學研究發現，年輕非裔美國女性的飲食行為和態度，比年輕的美國白人女性的飲食行為和態度更正面。特別是，近 90% 的白人受試者不滿意她們的體重和體型，而非裔美國青少年則只約為 70%。

　　研究也指出，美國白人和非裔少女對美的理想不同。要求美國白人青少年界定「完美的女孩」，他們的描述是一個 5 呎 7 吋，體重在 100 磅及 110 磅之間的女孩——此比例反映所謂的超級名模。許多人說，達到完美的體重是「完全快

樂」的關鍵，而且他們表示苗條是討人喜歡的必要條件。相反地，非裔美國回應者強調人格特質高於身體特徵。他們界定完美的非裔美國女孩，是聰明、愉快、容易交談、不自大，以及有趣的；只要她能好好修飾，她不需要很「漂亮」；非裔美國少年描述的身體尺寸，在典型的女孩較可能達到；例如，他們喜歡豐滿的臀部。並且，非裔美國回應者比美國白人回應者，較不可能長期節食。

　　不幸的是，過去十年實施的研究指出，身體形象的關心、失功能的飲食模式，以及飲食性疾患，在年輕的非裔美國女性及其他少數族裔的女性，在上升中（Stewart & Williamson, 2008）。例如，美國發行量最大的非裔美國人雜誌 *Essence*，最近實施的研究，以及幾個研究人員小組的研究，發現當今非裔美國婦女發展飲食性疾患的風險，接近美國白人婦女。同樣地，她們對身體形象、體重及飲食的態度，正接近美國白人婦女（Annunziato et al., 2007; Walcott et al., 2003; Mulholland & Mintz, 2001; Pumariega et al., 1994）。在 *Essence* 的研究中，65% 非裔美國回應者報告有節食行為、39% 的人說食物控制他們的生活、19% 的人在飢餓時避免飲食、17% 的人使用瀉藥，及 4% 的人用催吐以減輕體重。種族的差距在年輕的女孩間已縮小。一個針對兩千多位 9 到 10 歲女孩的研究，40% 的回應者——同樣判斷基準的非裔美國人和美國白人參與者——報告想要減輕體重（Schreiber et al., 1996）。

　　非裔美國婦女在飲食行為和飲食問題的改變，部分似乎與文化適應（acculturation）有關（Stewart & Williamson, 2008）。一個研究比較非裔美國女性在美國白人占多數的大學，與非裔美國女性占多數的大學，在前者學校者發現有顯著高的憂鬱分數，並且那些分數與飲食問題有正相關（Ford, 2000）。

　　另外的研究顯示，拉丁美洲裔美國青少女，從事失調的飲食行為，及表示身體不滿意的比率，與美國白人婦女相同（Stewart & Williamson, 2008; Erickson & Gerstle, 2007; Germer, 2005）。並且，那些認為自己更適應白人文化者，似乎有特別高的飲食性疾患比率（Cachelin et al., 2006）。一個研究甚至發現，不滿意自己體重的拉丁美洲裔美國婦女，比同樣關心體重的美國白人婦女或非裔美國婦女，顯示有更嚴重的暴食行為（Fitzgibbon et al., 1998）。

　　在年輕的亞裔婦女及幾個亞洲國家的年輕婦女，也顯示飲食性疾患正增加中（Stewart & Williamson, 2008; Pike & Borovoy, 2004）。實際上，一項台灣的研究，調查 843 個 10 至 14 歲的女學童，發現 8% 的人嚴重體重不足，10% 的人有些體重不足（Wong & Huang, 2000）。約 65% 的體重不足女孩，仍希望她們更苗條。

多元文化因素：性別差異

　　男性只占所有飲食性疾患個案的 5% 至 10%（Kerr et al., 2007; Langley, 2006）。這種顯著的性別差異原因不很清楚，但是西方社會對吸引力的雙重標準，至少是原因之一。我們社會對女性比對男性，更重視苗條的外表，有些理論

家認為，這種差異使女性更想要瘦身、更想要節食及更有飲食性疾患的傾向（Cole & Daniel, 2005）。例如，一個大學男生的調查發現，多數人選擇「肌肉發達、強壯及肩膀寬闊」來描述理想的男性體格，而以「瘦的、苗條的及有點體重不足」來描述理想的女性體格（Toro et al., 2005; Kearney-Cooke & Steichen-Ash, 1990）。

　　第二個飲食性疾患男女比率不同的原因，可能是男人和女人喜愛的體重減輕方法不同。根據一些臨床的觀察，男人較可能用運動來減重，而女人經常用節食（Toro et al., 2005; Braun, 1996）。而節食常常導致飲食性疾患的開始。

　　為何有些男人發展出飲食性疾患？在一些個案，其疾患是與工作或運動的要求及壓力有關（Kerr et al., 2007; Beals, 2004）。根據一項研究，37% 有飲食性疾患的男性，視控制體重對工作或運動極為重要，相較之下，女性的比率為 13%（Braun, 1996）。男性飲食性疾患者的最高比率，發現在賽馬騎師、摔角選手、長跑健將、健身者及游泳者。賽馬騎師通常在比賽前，花好幾小時做蒸汽浴，擺脫 7 磅的體重，並且限制食物的攝取、使用瀉藥和利尿劑，及強迫催吐（Kerr et al., 2007）。同樣地，高中和大學的男摔角選手，通常限制食物直到比賽前三天為止，以控制體重。有些人藉著穿幾層保暖衣服或橡皮衣服練習或賽跑，在賽前體重減輕 5 磅的水分重量。

　　頂尖的賽馬騎師 Herb McCauley，參加兩萬多次的賽馬競賽，在獲勝中贏得七千萬美元，卻罹患飲食性疾患二十年，一直到他的賽馬生涯結束。他描述他的清除方式，是使用瀉藥 Ex-Lax 及利尿劑 Lasix：

> 　　我什麼都試。在我不能吃 Hershey 巧克力條的這一天，我服許多黏稠的瀉藥 Ex-Lax。評論利尿劑 Lasix 時，他說：「它可減輕 5 到 6 磅體重，但也使其他的液體，如電解質和礦物質脫離你的身體。突然你的身體痙攣起來，你不再是你想像的騎師，你在直線跑道倒下來，以為熱的火鉗正穿過你的臀部。」
>
> （Fountaine, 2000, p. 2）

　　其他發展飲食性疾患的男性，就像女性一樣，身體形象（body image）似乎是關鍵的因素。許多人報告，他們想要與女性理想體型相似的「苗條、健康狀態、清瘦」身材，而非典型男性理想的肌肉發達、肩膀寬闊的體型（Soban, 2006; Kearney-Cooke & Steichen-Ash, 1990）。這並不是說那些渴望典型的男性理想體型的人，就可免於飲食性疾患。一個對 548 位男性的研究——包括年輕和年老者——顯示有 43% 的人在某種程度上，對他們的身體感到不滿意，許多人表示渴望增加肌肉質量，特別是腹部及胸部（Garner & Kearney-Cooke, 1997）。對身體最不滿意的是三十和五十世代的男人，不滿意最少的是二十世代的男人。

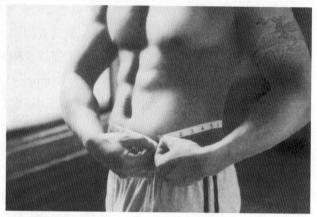

★**不是女性專有**　今天有愈來愈多的男性發展飲食疾患。有些男性渴望有消瘦的體型，如新型男模特兒所顯示的過度纖瘦（圖左），並且發展出厭食症或暴食症；另有一些人渴望極度的肌肉發達，像健身者顯示的（圖右），並且發展新類型的飲食疾患，稱為肌肉畸形恐懼症。

　　由於這樣的關注，一種新的飲食性疾患出現並不令人驚異，它所發現的幾乎都是男人，稱為反向厭食症（reverse anorexia nervosa）或肌肉畸形恐懼症（muscle dysmorphobia）。顯示這種疾患的男人非常健壯，但是仍認為自己是骨瘦如柴及體型很小，因而持續經由極端的手段，如過度的舉重或類固醇濫用，努力去保持完美的身材（Stewart & Williamson, 2008; Goldfried et al., 2006）。肌肉畸形恐懼症的人，通常對自己的身體形象感到羞恥，許多人有憂鬱、焦慮及自傷強迫行為的病史。約三分之一的人會顯現與功能不良有關的行為，如暴食。

飲食性疾患的治療

　　今日飲食性疾患有兩個治療的目標。首先，是盡快矯正危害個人健康的異常飲食模式；其次，是處理導致及維持目前飲食問題的廣泛心理和情境因素。在幫助克服此疾患上，家庭和朋友也扮演著重要的角色。

厭食症的治療

　　厭食症治療的立即目標，是幫助個人回復失去的體重、恢復常態的營養狀況及能正常地飲食。然後治療師導引心理上和家庭環境的改變，幫助患者能獲得應有的體重。

🌿 如何恢復適當的體重及常態的飲食？

有種種的治療法被用來幫助厭食症的病人，在數週內快速的增加體重及恢復健康。過去的治療，幾乎都是採住院方式，但是現在經常提供門診治療（Vitousek & Gray, 2006; Gowers et al., 2000）。

已威脅到生命的個案，臨床工作者對付那些拒絕吃的病人，可能需以強制手段，使用管子餵食或靜脈注射（Tyre, 2005）。不幸地，使用強制手段會造成病人的不信任（Robb et al., 2002）。相反地，行為的體重恢復方法，要臨床工作者使用獎賞（rewards）的方式，每當病人適當地吃或體重增加就給予獎賞；否則就不給予獎賞（Tacon & Caldera, 2001）。

或許近年來最受歡迎的體重恢復技術，是結合支持性的悉心照護（supportive nursing care）、營養諮商，及高卡路里飲食（Sorrentino et al., 2005; Roloff, 2001）。在此方案的護士會逐漸增加病人的飲食，在數週的療程每天超過 3,000 卡路里（Zerbe, 2008; Herzog et al., 2004）；護士教育病人有關方案的內容、追蹤他們的進步、給予鼓勵，讓他們理解他們體重的增加是在控制之下，並且不會繼續變胖。研究發現，在悉心照護方案下的病人，通常經過 8 到 12 週就會獲得所需要的體重。

🌿 如何獲得持久的改變？

臨床研究者發現，厭食症患者為了達成持久的進步，必須對抗他們潛在的心理問題。治療師通常使用一種結合教育、心理治療及家庭的方法，以幫助病人達成此廣大的目標（Zerbe, 2008; Hechler et al., 2005）。治療精神異常藥物對某些個案也有幫助，但是研究發現，對長期療程的厭食症，這些藥物通常幫助有限（Zerbe, 2008）。

認知─行為治療　多數厭食症的治療計畫，是結合應用行為和認知的方法。這種技術設計來幫助患者理解和改變，使他們持續限制飲食的行為及思考過程（Fairburn et al., 2008; Gleaves & Latner, 2008）。在行為方面，患者通常被要求去監督（也許記日記）自己的感覺、飢餓程度和食物攝取，以及這些變項之間的關係。在認知方面，他們被教導去識別「核心病狀」──事實上這些是根據他們的身材、體重和控制身體特徵的能力來判斷的深層信念。由於限制飲食代表一種因應行為的形式，患者也被教導用替代或更適當的方式，處理壓力或解決問題。這種認知─行為的方法，可用個別治療或團體治療方式實施。

使用此法的治療師，特別細心的幫助厭食症患者，認識他們獨立的需求，並教導他們以更適當的方式去練習控制（Zerbe, 2008; Dare & Crowther, 1995）。治療師也教他們識別和信任他們內在的知覺和感覺（Fairburn et al., 2008; Kaplan & Garfinkel, 1999）。下列的對話，治療師嘗試幫助一位 15 歲的患者，認識和分享

她的感覺：

> 病　人：我不會談論我的感覺，我絕不會這樣做。
> 治療師：你想我會像其他人一樣的反應嗎？
> 病　人：你是什麼意思？
> 治療師：我想你可能害怕我不會密切注意你內在的感覺，或者我會告訴你不必受你的感覺影響——那就是，感覺害怕、感覺肥胖、懷疑自己、擔心在學校的表現如何、老師對你的察覺、你有多漂亮等，是多麼愚笨。
> 病　人：（看起來有些緊張和激動）我常常被告知對他人要有禮貌及尊重，好像一個愚笨、無臉的洋娃娃（裝出一個愚蠢的洋娃娃姿勢）。
> 治療師：我是否給你一種分享你的感覺是失禮的印象，不管它們是什麼？
> 病　人：不全然如此，我不知道。
> 治療師：我不能，也不會告訴你這對你是很容易的……但是我答應你，你可以自由去說出你內心想說的，我不會輕視你。
>
> （Strober & Yager, 1985, pp. 368-369）

　　治療師也特別注意幫助厭食症患者，改變他們對飲食和體重的錯誤態度（Gleaves & Latner, 2008; McFarlane, Carter, & Olmsted, 2005）（見表 11-4）。治療師引導患者去認清、挑戰及改變不適當的假定，如「我必須經常是完美的」或「我的體重和身材決定我的價值」（Fairburn et al., 2008; Lask & Bryant-Waugh, 2000）。他們也教育患者，有關典型的厭食症所具有的知覺扭曲，並幫助他們了解他們對自己身材的評價是不正確的。即使一個患者不能學到對她的體型作正確的判斷，她至少可以想到她所說的一個要點：「我知道厭食症的一個重要特徵，是對自己的體型有誤解，因此不管我實際的體型如何，我都會認為自己是胖的。」

　　雖然認知—行為技術對厭食症患者，經常有很大的成效，研究指出這種技術通常必須有其他方法輔助，才能產生較好的結果（Zerbe, 2008）。例如，家族治療往往包含在此種技術裡面。

　　改變家庭的互動　家族治療經常是厭食症治療計畫重要的一部分，尤其是此疾患的兒童和青少年（Gleaves & Latner, 2008; Lock & le Grange, 2005; Reich, 2005）。正如其他的家族治療情況，治療師把家庭當作一個整體，指出有麻煩的家庭模式，及幫助家庭成員作適當的改變。特別是，家族治療師試圖幫助厭食症患者，從其他的家庭成員區分她的感覺和需要。雖然家庭的角色對厭食症的發展，仍不十分清楚，但研究者熱烈的指出家族治療法（或至少父母諮商），對此疾患的治療極有幫助（Gleaves & Latner, 2008; McDermott & Jaffa, 2005）。

表 11-4　飲食性疾患量表樣本題目

每一個題目決定它對你的真實度，在總是（A），慣常（U），常常（O），有時（S），很少（R），沒有（N）中，圈選符合你評定的字母。

A	U	O	S	R	N	我認為我的腹部太大。
A	U	O	S	R	N	當我心煩時就吃。
A	U	O	S	R	N	我用食物填滿自己。
A	U	O	S	R	N	我考慮節食。
A	U	O	S	R	N	我認為我的大腿太粗大。
A	U	O	S	R	N	在吃過量後我有極大的罪惡感。
A	U	O	S	R	N	我很害怕體重增加。
A	U	O	S	R	N	我對我感覺的情緒感到困惑。
A	U	O	S	R	N	我發生暴食時我覺得無法停止。
A	U	O	S	R	N	關於我是否餓或不餓，我變得混亂。
A	U	O	S	R	N	我認為我的臀部太大。
A	U	O	S	R	N	如果我增加 1 磅，我就擔心會繼續增加。
A	U	O	S	R	N	為了減輕體重，我想嘗試催吐。
A	U	O	S	R	N	我認為我的屁股太大。
A	U	O	S	R	N	我祕密地吃和喝。
A	U	O	S	R	N	我有完全控制自己身體的強烈需求。

資料來源：Garner, 2005; Garner, Olmsted, & Polivy, 1991, 1984.

母　親：我想我知道 Susan 正經歷的事：各種成長階段產生的懷疑和不安，形成她的個性。（轉向含淚的病人）假如妳能信任自己，並獲得妳周圍關懷者的支持，每件事都會變得更好。

治療師：妳為幫助她隨時做好準備？讓她時常求助妳、依賴妳……

母　親：那是父母所希望的。

治療師：（轉向病人）妳的想法如何？

Susan　：（轉向母親）我不能繼續依賴妳，媽媽，或其他任何人。那就是我一直做的，它使我厭食……

> 治療師：妳是不是認為妳的母親寧可在母子之間沒有祕密——一個開放的門？
>
> 姊　姊：我有時是這樣想。
>
> 治療師：（對病人和年輕的妹妹）妳們認為怎樣？
>
> Susan　：是的，有時正像是我感覺到的，她應該有這種感覺。
>
> 妹　妹：是的。
>
> （Strober & Yager, 1985, pp. 381-382）

🍃 厭食症的預後如何？

雖然復原之路困難重重，而且研究的發現有時混淆，但結合治療法的使用，對厭食症患者的前景有很大的幫助。此疾患的病程和結果的變化因人而異，但是研究者已注意到某些趨向。

在積極面上，一旦治療開始，體重通常快速的恢復（McDermott & Jaffa, 2005），且治療的效益可持續數年（Haliburn, 2005; Ro et al., 2005）。有一項研究，是在病人開始恢復後幾年作訪問，發現83%的病人繼續顯示進步：約25%的人完全恢復，58%的人部分恢復（Zerbe, 2008; Herzog et al., 1999; Treasure et al., 1995）。

另外積極的特徵，是多數厭食症的女性，當她們恢復體重時又再度有月經，而且其他的醫學問題隨著改善（Zerbe, 2008; Fombonne, 1995）。值得鼓舞的是厭食症的死亡率也下降。早期的診斷及較安全和快速的體重恢復技術，可以說明這種趨向。死亡的發生通常是由於自殺、飢餓、感染、胃腸問題，或電解質失衡所引起。

在消極面上，接近20%的厭食症者，其嚴重困境繼續維持許多年（Haliburn, 2005; APA, 2000）。而且，當恢復確實發生時，並不表示經常是永久性的。有三分之一已恢復的病人，再度發生厭食行為，通常由於新壓力觸發，如結婚、懷孕或重大的遷移而引起（Eifert et al., 2007; Fennig et al., 2002）。甚至幾年之後，許多恢復者繼續表示對他們體重和外表的擔心。有些人繼續限制他們的飲食到某種程度，當他們和他人一起吃時感到焦慮，或對食物、飲食和體重持有某些扭曲的信念（Fairburn et al., 2008; Fichter & Pirke, 1995）。

約有半數罹患厭食症者，在治療幾年之後，繼續遭遇某些感情的問題——特別是憂鬱、強迫性意念，及社交焦慮。在那些沒有成功達到完全的常態體重者，這些問題特別普遍（Steinhausen, 2002; Halmi, 1995）。

個人失去的體重愈多，開始從事治療之前經過的時間愈長，恢復的預後愈差（Fairburn et al., 2008）。個人在此疾患開始之前，已經有心理或性的問題者，比沒有此種病史者，有較差的恢復率（Finfgeld, 2002; Lewis & Chatoor, 1994）。少

年似乎比年齡較大者，有較佳的恢復率（Richard, 2005; Steinhausen et al., 2000）。
女性則比男性有較好的恢復率。

暴食症的治療

暴食症的治療計畫經常被提供在飲食性疾患診所。它們共有的近程目標，是幫助患者消除暴食／清除模式，及建立良好的飲食習慣；較一般性的目標，是消除暴食模式的潛在原因。這些計畫強調教育和治療一樣重要（Fairburn et al., 2008; Zerbe, 2008）。認知—行為治療對暴食症個案特別有幫助——甚至比厭食症個案更有幫助（Gleaves & Latner, 2008）。抗憂鬱劑治療對厭食症者的幫助有限，對許多暴食症患者卻非常有效（Zerbe, 2008; Steffen et al., 2006）。

認知—行為治療

在治療厭食症患者時，認知—行為治療師，應用許多使用在厭食症個案相同的技術。然而，他們會針對暴食症獨特的特徵（例如，暴食及清除行為），及暴食症運作的特殊信念，而修改其技術。

行為技術　行為治療師經常教導暴食症患者記日記，包括飲食行為、飢餓和飽食感的變化，及其他起伏的感覺（Stewart & Williamson, 2008; Latner & Wilson, 2002）。此方法可幫助他們更客觀的評估他們的飲食模式，及認清引起他們暴食慾望的情緒和情境。

治療師也使用行為的暴露與不反應（exposure and response prevention）技術，以幫助患者打破暴食／清除的循環。如在第五章所述，此法是讓人們暴露在通常引起他們焦慮的情境，然後阻止他們執行慣常的強迫反應，直到患者學到這些情境是無害的，及他們的強迫行為是不必要的。對暴食症，治療師要求患者吃特殊種類及數量的食物，然後阻止他們催吐，以顯示吃是無害的且實際上是具建設性的、不需要取消的活動（Williamson et al., 2004; Toro et al., 2003）。一般治療師在患者吃被禁止的食物時，與他坐在一起，並停留到患者清除的衝動消失。研究發現，此種治療方式能幫助患者，減少與吃有關的焦慮、暴食和催吐。

認知技術　除了行為的技術，主要專注於認知—行為的治療師，試圖幫助患者認識和改變他們對食物、飲食、體重和體型的不適當態度（Fairburn et al., 2008; Stewart & Williamson, 2008）。治療師通常教導個人去確認和挑戰，那些暴食前習慣性的驅策他們的負面思考——「我無法自我控制」、「我最好放棄」、「我看起來是肥胖的」（Fairburn, 1985）。他們也指導患者去識別、質問，最後並改變他們完美主義的標準、無助感及低自我觀念。認知—行為的方法幫助 65% 的病人，停止暴食和清除模式（Eifert et al., 2007; Mitchell et al., 2002）。

其他形式的心理治療

由於認知—行為治療對暴食症的治療有效，它通常比其他的治療最先被考慮使用。假如患者對此法沒有反應，接著就試用有希望但過去的成果較少予人深刻印象的方法。常見的選擇是人際心理治療（interpersonal psychotherapy），此種治療是尋求改進人際的功能（Eifert et al., 2007; Phillips et al., 2003）。心理動力治療法也常被使用於暴食症的個案，但僅有少數的調查研究，驗證和支持它的有效性（Zerbe, 2008, 2001; Valbak, 2001）。各種形式的心理治療——認知—行為、人際及心理動力——經常用家族治療輔助（le Grange et al., 2008, 2007）。

認知—行為、人際及心理動力治療，每種方法都提供個別或團體治療形式。團體治療方式，包括自助團體，讓暴食症患者有機會和他人分享他們的憂慮及經驗（Kalodner & Coughlin, 2004; Riess, 2002）。團體成員學到，他們的疾患不是獨特的或是可恥的，他們從他人得到支持，以及真誠的回饋和洞察。在團體裡，他們也能直接面對使人不愉快的他人，或怕被批判的潛在怕懼。研究指出，團體治療法至少對75%的暴食症個案有些幫助（Valbak, 2001; McKisack & Waller, 1997）。

抗憂鬱藥物治療

過去十年中，抗憂鬱藥物——所有種類的抗憂鬱劑——一直被用來治療暴食症（Steffen et al., 2006; Sloan et al., 2004）。與厭食症相比，暴食症者經常由這些藥物得到極大的幫助（Zerbe, 2008）。根據研究，這些藥物幫助40%的病人，減少他們的暴食平均達67%，減少催吐56%。再者，藥物治療法結合其他形式的治療法似乎效果最好，特別是認知—行為治療（Stewart & Williamson, 2008）。變通的做法，有些治療師是等待看看，是否認知—行為治療或其他的心理治療有效，才使用抗憂鬱劑（Wilson, 2005）。

暴食症的預後

若不加以治療，暴食症會持續許多年，有時會暫時得到改善，但是接著又恢復（APA, 2000）。然而，經過治療，則有40%的患者產生立即的、顯著的進步：他們停止或大大地減少他們的暴食或清除行為、飲食適當及維持常態的體重（Richard, 2005）。另外40%的人顯示有適度的反應——至少減少一些暴食和清除行為。有20%的人很少顯示立即的進步。追蹤研究指出，在治療十年之後，有89%的暴食症患者恢復：完全恢復 70%，部分恢復 19%（Zerbe, 2008; Herzog et al., 1999; Keel et al., 1999）。那些部分恢復者，繼續再反覆的發生暴食或清除行為。研究也指出，治療幫助很多暴食症患者，但不是所有的暴食症患者，在他們整體的心理和社會功能上達到持久的改善（Keel et al., 2002, 2000; Stein et al., 2002）。

即使對治療反應成功者，復發也是個問題（Olmsted et al., 2005; Herzog et al.,

1999）。如同厭食症一樣，暴食症的復發通常由於新的生活壓力，如即將到來的考試、工作改變、結婚或離婚引起（Liu, 2007; Abraham & Llewellyn-Jones, 1984）。一個研究發現，將近三分之一由暴食症恢復者，在治療的兩年中，通常在六個月內復發（Olmsted, Kaplan, & Rockert, 1994）。在治療前有較長期的暴食症史、在患病中有更頻繁的催吐、有藥物濫用史、在治療早期階段進步較慢，以及治療之後繼續孤獨與不信任他人者，較有復發的可能（Fairburn et al., 2004; Stewart, 2004; Keel et al., 2002, 1999）。

整合：一個統合觀點的標準

貫穿本書我們觀察到，當個人嘗試去解釋或處理各種形式的功能異常時，同時考慮社會文化的、心理的及生物的因素，經常是有用的。毫無疑問的，在飲食性疾患的情況，結合這些觀點將更為有力。根據許多理論家採納的多向度風險觀，各種因素的共同運作，會助長飲食性疾患的發展。某些個案可能起因於社會壓力、自主權問題、青春期身體和情緒的變化，及下視丘過度活動；而另一些個案可能起因於家庭壓力、憂鬱及節食的結果。也難怪對飲食性疾患最有益的治療計畫，結合了社會文化的、心理的及生物的方法。當多向度風險觀應用於飲食性疾患時，證明不同領域的科學家和臨床實務工作人員，可在相互尊重的氣氛下，有成果地一起工作。

今日許多飲食性疾患的研究不斷揭示新的驚奇，迫使臨床工作者去調整他們的理論和治療計畫。例如，近年來研究者學到，暴食症患者有時對他們的症狀，感覺到奇妙的存在（Serpell & Treasure, 2002）。例如，一個恢復的病人說：「我仍會想念我的暴食，如同一個我死去的老朋友」（Cauwels, 1983, p. 173）。由於這些感覺，許多治療師現在幫助患者，重構失去症狀的悲傷反應，這些反應可能發生在他們開始克服飲食性疾患時（Zerbe, 2008）。

當臨床工作人員和研究者，對飲食性疾患尋求更多的答案時，患者本身已開始採取主動的角色。目前有些病人的管理機構，經由網站、全國電話熱線、專家的推薦、業務通訊、研習會及討論會，提供資訊、教育和支持。

摘要

● **飲食性疾患**　隨著苗條成為全國性的強迫觀念，飲食性疾患的比率已戲劇性地增加。有兩種主要的疾患屬於此類：厭食症（anorexia nervosa）和暴食症（bulimia nervosa），它們共有許多的相似性及重要的差異性。

● **厭食症**　厭食症患者追求極度的苗條，因而喪失達危險的體重量。他們可能採取禁食型厭食（restricting-type anorexia nervosa）或暴食／清除型厭食（binge-eating/purging-type anorexia nervosa）模式。厭食症的主要特徵是追求苗條、不合理的害怕體重增加、對食物有偏見、認知障礙，心理問題，如憂鬱感或強迫性功能，及由此結果而發生的醫學問題，包括無月經症（amenorrhea）。

約所有厭食症個案的 90% 至 95% 是發生在女性。此症通常開始於一個人稍微超重，或節食以保持正常體重之後。

●**暴食症**　有暴食症的患者經常從事暴食（eating binges），然後驅使自己催吐或從事其他不適當的補償行為（compensatory behaviors）。他們可能採取清除型暴食（purging-type bulimia nervosa）或非清除型暴食（nonpurging-type bulimia nervosa）模式。暴食常發生在緊張增加時，而且罪惡感及自責隨之而來。

最初補償行為可由一些情況得到強化：不舒服的飽足感暫時緩和，焦慮感、自我厭惡及伴隨暴食的失控感減輕。然而，一段時間之後，患者通常對自己感覺厭惡、有憂鬱和罪惡感。

暴食症患者可能會經歷情感的擺盪，或難以控制自己的衝動。有些人顯示出人格違常。約半數的人會停經，有些人有牙齒的問題，有些人發生鉀不足。

臨床工作人員也觀察到某些人顯示暴食模式，但並沒有催吐或其他不適當的補償行為。此種模式稱為劇食症（binge-eating disorder）。雖然它已被考慮包含在下一版的 DSM，現在尚未列在 DSM。

●**解釋**　目前多數的理論家採取多向度風險觀（multidimensional risk perspective），來解釋飲食性疾患，並確定幾種關鍵的促成因素。其中主要的因素，是自我缺陷；認知因素；情感障礙；生物因素，如下視丘（hypothalamus）的活動、生化活動（biochemical activity）及身體的體重定點（weight set point）；社會重視苗條及對肥胖有偏見；家庭環境；種族差異；性別差異。

●**治療**　治療厭食症的首要步驟，是使用支持性的悉心照護（supportive nursing care）策略，增加卡路里的攝取及快速的恢復個人的體重；第二個步驟，是結合使用教育、認知—行為治療及家族治療，處理患者潛在的心理和家庭問題。約有83%接受厭食症治療的成功者，在幾年後繼續顯示完全的或部分的進步。然而，他們當中有些人於過程中復發，許多人繼續擔心他們的體重和外表，半數的人繼續遭遇某些情感問題。大部分的人當他們恢復體重時，月經也恢復。

暴食症的治療，首先集中於停止暴食／清除模式，然後對付此症的潛在原因。有幾種治療策略經常被結合運用，包括教育、心理治療（特別是認知—行為治療），及抗憂鬱藥物（antidepressant medications）治療。約有 89% 接受治療者，最後完全或部分的改善。復發是暴食症患者的一個問題，可能由於新的壓力促其發生。許多人經由治療，而導致在心理和社會功能上持久的進步。

第十二章

物質關聯疾患

「我是 Duncan，我是一個嗜酒者。」聽眾坐在椅子的深處，聽這些熟悉的話。另一個習慣性酗酒的死亡及重生的心路歷程，即將在匿名戒酒會（Alcoholics Anonymous）展開……

「……我第一次喝酒，是在我剛過 15 歲的生日時。像許多其他的人一樣……它像一個奇蹟。有一小瓶啤酒在我的肚子裡，世界就整個改觀。我不再是軟弱的，我能打倒街上的任何人。而女朋友？哈！你可以想像幾瓶啤酒給我的感覺，好像我能擁有我想要的任何女人……

儘管現在喝酒對我來說是家常便飯，但在上高中及大學後，它卻是一個問題，只是那時我並沒有這樣想。畢竟每個人都喝酒、酒醉且行為愚蠢，實際上我並不認為我是與眾不同的……我猜想事實是，我沒有真正地昏頭昏腦，而且我能忍受幾天不喝酒，使我安心的認為事態沒有超出控制。它一直是這樣子，一直到大學的第三年我發現自己愈喝愈多——次數更頻繁——而受飲酒之苦也更多。

……我的室友，一個高中時期的朋友，開始對我的飲酒煩惱。此煩惱不是來自我必須在次日睡一整天及缺課，而是他開始聽到其他的朋友談到，有關我在宴會中所做出的愚蠢行為。他看見我在第二天早上如何的顫抖，及看見我飲許多酒後如何的不同——不再受控制超乎他的想像。而且他能算出我留在房間的許多酒瓶，以及喝酒和狂飲對我成績的影響……部分由於我確實在意我的室友，及我不想失去他這個朋友，我開始把飲酒量減半或一半以上。我只在週末飲酒——然後只在晚上……就這樣我度過其餘的大學生活，及法律研究所的日子……

在獲得法律學位之後不久，我與第一任妻子結婚，……從開始飲酒以來，我第一次完全沒有任何飲酒的問題，我可以每次忍受幾週不碰一滴酒……

我的婚姻，在第二個兒子——也是我的第三個小孩——出生後開始變糟。我是個非常重視事業和成功取向的人，我花很少的時間與家人在一起……我的旅行多了起來，旅途會碰到一些令人興奮的人，包括一些美麗有趣的女人。因而家庭變得微不足道，除了嘮叨、厭煩的妻子和我完全不感興趣的孩子。由於很多時候花在旅行上，我的飲酒也開始變本加厲；當我不外出旅行時，午餐必須努力做些令人愉快的事及試著緩和家裡的爭論。我猜想一週下來，我會因某事喝了將近 1 加侖精釀的蘇格蘭威士忌。

當情況繼續，飲酒開始影響我的婚姻和事業。由於喝得凶，加上疏於履行對妻子和孩子的責任之罪惡感的壓力之下，我有時會對他們動粗。我毀壞家具、亂摔周邊的東西，然後氣沖沖的開車走人。我發生過幾次的交通事故，其中的一次，讓我失去了駕照兩年。最痛苦的是當我嘗試停止喝酒時，我卻已完全上癮，每次我試圖停止酗酒時，我就經驗所有恐怖的戒斷現象……包括嘔吐、顫抖，無法平靜的坐下或躺下。這種情況每次都要持續好幾天……

然後，約四年前，我的生活毀滅，我的妻子離我而去，孩子跟著她，失業及噩運接踵而來，我找到（匿名戒酒會）……我目前已經戒酒兩年多，由於運氣和

支持，我可以保持不喝酒……」

（Spitzer et al., 1983, pp. 87-89）

　　人類享有許多不尋常的各樣食物和飲料。地球上的每種物質可能被某些人、在某個地方、於某個時間嘗試過。我們也發現有趣但無營養效力的物質——如醫用的及令人愉快的東西——在我們的腦部和身體的某些部位。我們可吞下一顆阿斯匹靈去平息頭痛、服抗生素去對抗感染，或服鎮靜劑使我們安靜下來；我們可以在早上喝咖啡去展開一日的行動，或與朋友喝酒放鬆身心；我們以抽菸來緩和我們的神經。然而，許多物質我們吃下之後卻會傷害我們，或擾亂我們的行為或情緒。這些物質的濫用，已成為社會最大的問題之一；據估計，濫用藥物的花費，單單在美國每年至少有 2,000 億美元（ONDCP, 2008）。

　　「藥物」被界定為除了食物之外，會影響我們身心的任何物質。它不一定是內服藥或不合法的。部分由於許多人不能理解，像酒精、菸草及咖啡等物質，也是藥物，目前「物質」（substance）的專有名詞，經常被用來代替「藥物」（drug）。當一個人攝取一種物質——不管是酒精、古柯鹼、大麻或某種形式的藥物——會有一兆強力的化學分子湧入血流，然後進入腦部。一旦到達腦部，這些分子開始一系列的生化作用，而干擾腦部和身體的正常運作。然後，不令人意外地，物質濫用可導致各種功能的異常。

　　藥物可引起行為、感情和思想暫時的改變。以 Duncan 為例，過量的酒精可導致中毒（intoxication）（字面的意義為「毒害」），是一種暫時的判斷力欠佳、情感變化、易怒、說話含糊及協調不良的狀態。而像 LSD 的藥物，會產生特殊的中毒形式，有時稱為幻覺症（hallucinosis），包括知覺扭曲和幻覺。

　　有些物質也會導致長期性的問題。慣常攝取它們的人，可能發展出適應不良的行為模式，並改變他們身體的生理反應（APA, 2000）。此模式的一種，稱為**物質濫用**（substance abuse），它是指個人過度和長期地依賴藥物，這種行為會損害一個人的家庭、社會關係、工作能力，或置自己和他人於危險中。更進一步的模式，稱為**物質依賴**（substance dependence），即人們所謂的**上癮**（addiction）；在此模式，人們不僅濫用藥物，而且把他們的生活集中在上面，並養成身體對它的依賴，表現的特徵為對它的耐受性、戒斷症狀，或兩者兼具（見表 12-1）。當人們發展**耐受性**（tolerance），為了獲得渴望的效果，他們需要增加藥物的劑量。**戒斷**（withdrawal）包含不愉快、甚至危險的症狀——痙攣、焦慮發作、出汗及反胃——出現在個人突然停止或減量服用藥物時。

表 12-1　DSM 檢核表

物質濫用

1. 一種適應不良的物質使用模式，導致重大的損害或痛苦。

2. 在一年期間內發生至少下列的特徵中之一項：

　(a)一再地物質使用，導致無法執行其工作、學校或家庭的主要角色責任。

　(b)在物質使用對身體有害的狀況下，仍一再使用此物質。

　(c)一再捲入與物質使用關聯的法律糾紛。

　(d)縱使物質使用造成或加重此人的社會或人際問題，仍繼續使用此物質。

物質依賴

1. 一種適應不良的物質使用模式，導致重大的損害或痛苦。

2. 至少有下列各項中的三項：

　(a)耐受性。

　(b)戒斷。

　(c)此物質之攝取，常比此人所意願的更為大量及更長時期。

　(d)對物質使用有持續的渴望，或控制物質使用有多次不成功的努力。

　(e)花費許多時間去取得此物質、使用此物質，或由物質作用恢復過來。

　(f)物質使用代替重要的活動。

　(g)縱使由於物質使用，一再造成或加重身體或心理問題，此人仍繼續使用此物質。

資料來源：APA, 2000.

　　Duncan 對匿名戒酒會的會員所作的描述，是屬於酒精依賴模式。當他還是大學生和後來成為律師時，酒精傷害了他的家庭、社交、學業和工作。一段時間之後，他也增強物質的耐受性，當他嘗試停止使用時，並經驗戒斷症狀，如嘔吐及顫抖。美國每年有 9.2% 的少年和成人，約 2,300 萬的人，顯示物質濫用或依賴模式（NSDUH, 2008）。美國最高的物質濫用和依賴比率，被發現在美洲印第安人（19%），而最低的比率是亞裔美國人（4.3%）。美國白人、拉丁美洲裔美國人及非裔美國人，顯示的比率在 9% 及 10% 之間（見圖 12-1）。他們當中只有 26% 的物質濫用和依賴者，接受心理健康專業人員的治療（Wang et al., 2005）。

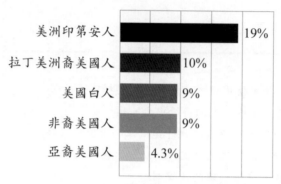

美洲印第安人　19%
拉丁美洲裔美國人　10%
美國白人　9%
非裔美國人　9%
亞裔美國人　4.3%

顯示物質濫用或依賴者的百分比

圖 12-1　物質濫用和依賴在種族間有何不何？　在美國，美洲印第安人比其他種族或文化族群的成員，更有可能濫用或依賴物質；相反地，亞裔美國人較少出現物質濫用或依賴（NSDUH, 2008）。

　　許多藥物在我們的社會可輕易取得，且幾乎天天有新藥物問世。其中有些藥物是由自然界獲得，有些由自然物質衍生，有些是由實驗室製造出來。有些藥物，如抗焦慮劑及巴比妥酸鹽，需要醫生的處方才可合法的使用；而酒精和尼古丁，成人才可合法使用；其他如海洛因，在任何情況下都是不合法的。1962 年，美國只有 400 萬人曾經使用大麻、古柯鹼、海洛因或其他不合法的物質；今天此人數已超過 9,400 萬人（NSDUH, 2008）。事實上，在過去一年內，有 2,800 萬人使用幾種不合法的物質，而現在只使用其中一種的就有 2,040 萬人。在過去一個月內，約有 22% 的高中生使用一種不合法的藥物（Johnston et al., 2007）。

　　人們濫用的物質可分為幾類：鎮靜劑（depressants），如酒精和鴉片類，可使中樞神經系統變遲鈍；中樞神經系統的興奮劑（stimulants），如古柯鹼及安非他命；幻覺劑（hallucinogens），如 LSD，會引起妄想、幻覺及其他感覺知覺很大的改變；大麻類（cannabis），如大麻（marijuana），會引起幻覺劑、鎮靜劑及興奮劑的混合效應。許多人每次服用不只一種物質，是一種所謂的多種藥物使用（polydrug use）習慣。在本章我們將研討某些最有問題的物質，及它們可能產生的異常模式。首先詳細討論各種物質之後，再探討物質關聯疾患的原因和治療。

鎮靜劑

　　鎮靜劑（depressants）會減緩中樞神經系統的活動。它們會減輕緊張和抑制，並干擾個人的判斷力、運動反應和注意力。三種最被廣泛使用的鎮靜劑群是酒精、鎮靜安眠藥物，及鴉片類。

酒精

　　根據世界衛生組織估計，全球有 20 億的人喝**酒**（alcohol）。美國超過半數的人，不時喝含有酒精的飲料（NSDUH, 2008）。美國每年單在購買啤酒、葡萄酒及烈酒上總計有數百億美元。

　　一個人在單一場合喝五杯或五杯以上，稱為**暴飲**（binge-drinking）事件。在美國 11 歲以上（5,700 萬人）有 23% 的人每個月暴飲（NSDUH, 2008）。過去十年，每人暴飲總數已增加 35%——飲酒者中有 25% 超過 25 歲，未成年中飲酒者有 56%（Naimi et al., 2003）。81% 的男性對暴飲事件負有責任。

　　超過 11 歲近 7% 的人，約 1,700 萬人是酗酒者，他們每個月至少在五個場合，喝至少五杯酒（NSDUH, 2008）。在酗酒者中，男性的數量勝過女性，比例為二比一，約 8% 比 4%。

　　所有酒精飲料包含**乙醇**（ethyl alcohol），它是能經由胃壁和腸壁，快速被血液吸收的一種化學製品。當乙醇通過血流到中樞神經系統（腦部和脊椎神經），立即開始產生效應，此時它會壓抑或減緩連接各種神經元的功能。乙醇所連接的一組重要的神經元，正是那些通常可接受神經傳導物質 GABA 的神經元。正如第五章所述，當 GABA 被某些神經元接受時，它傳送抑制的信息——一種停止激發的信息。當酒精連接那些神經元的接受器，顯然地幫助 GABA 使神經元停工，因而有助於使飲酒者放鬆（Ksir et al., 2008; Staley et al., 2005）。

　　首先，乙醇壓制腦部控制判斷和抑制的地區，使人們變得較鬆懈、較多話及較友善。當他們內在的控制失敗，他們會感覺放鬆、自信及快樂。當吸收更多的酒精時，會使中樞神經系統的其他地區減緩，使飲酒者不能作明智的判斷、說話較少防衛及較無條理，並且使記憶更差。許多人產生強烈的情緒，也許會喧鬧及攻擊。

　　當持續飲酒，個人動作會增加困難，時間反應變慢。可能站或走不穩，甚至在執行簡單的活動也變得笨拙。他們可能掉落東西、撞到門和家具，及誤判距離。他們的視力變為模糊，特別是周圍或側面的視力，而且他們的聽力有困難。因此，飲酒過量者，在開車或解決簡單的問題上，會有極大的困難。

　　乙醇作用的範圍，是由它在血液中的濃度和比例所決定。因而，一個特定的酒精量，塊頭大的人比瘦小的人，較不受影響（見表 12-2）。性別也影響酒精在血液中的濃度。女性的胃有較少的**酒精脫氫**（alcohol dehydrogenase）酵素，它可以在酒精進入血液之前，在胃部就將酒精破壞。因此，等量的酒精，女性比男性更容易醉，並且喝等量的酒精，對身體和心理的損傷，女性比男性有更大的風險（Brady & Back, 2008; Ksir et al., 2008）。

　　損害的程度，則與乙醇在血液中的濃度有密切關係。當酒精濃度達到血液容積的 0.06%，個人通常感覺放鬆和舒服；然而，當它達到 0.09% 時，飲酒者就越

表 12-2　性別、體重、口服酒精及血液中酒精水平之間的關係

純酒精 （盎司）	飲料 吸收*	血液中酒精水平（百分比）					
		女性 （100 磅）	男性 （100 磅）	女性 （150 磅）	男性 （150 磅）	女性 （200 磅）	男性 （200 磅）
1/2	1 盎司烈酒† 1 杯酒 1 罐啤酒	0.045	0.037	0.03	0.025	0.022	0.019
1	2 盎司烈酒 2 杯酒 2 罐啤酒	0.090	0.075	0.06	0.050	0.045	0.037
2	4 盎司烈酒 4 杯酒 4 罐啤酒	0.180	0.150	0.12	0.100	0.090	0.070
3	6 盎司烈酒 6 杯酒 6 罐啤酒	0.270	0.220	0.18	0.150	0.130	0.110
4	8 盎司烈酒 8 杯酒 8 罐啤酒	0.360	0.300	0.24	0.200	0.180	0.150
5	10 盎司烈酒 10 杯酒 10 罐啤酒	0.450	0.370	0.30	0.250	0.220	0.180

*一小時內
†100-標準強度的酒
資料來源：Ksir et al., 2008, p. 209.

界成為酒醉。如果它高達 0.55% 時，可能導致死亡。然而，多數人在到達此水準之前，即已喪失意識。不過，美國每年仍有 1,000 人以上，因血液中太高的酒精度而死亡（Ksir et al., 2008）。

　　酒精的消退作用，只有當酒精的濃度在血液中下降才會發生。多數的酒精被破壞或新陳代謝，是經由肝臟轉為二氧化碳和水，而被蒸發和排泄掉。此種新陳代謝的平均速率，是每小時 1 盎司的 25%，但是每個人的肝臟運作速度也不同，因而「清醒」的速率也就不同。不管通俗的看法如何，只有時間和新陳代謝能使一個人清醒。喝不加糖咖啡、灑冷水在臉上，或其他各種提振精神的方法，都不能加速此歷程。

酒精濫用和依賴

　　喝酒雖然合法，實際上卻是最危險的娛樂性藥物之一，它的影響能延續一生。事實上，約 10%的小學生承認喝一點酒，而接近 45%的高中生每個月都喝酒（多數達到酒醉點），並有 3%的學生報告每天喝酒（Johnston et al., 2007）。同樣地，酒精濫用也是大學校園的重大問題（見以下「心理觀察」專欄）。

　　一年之中，有 6.6%的世界人口，陷入長期的酒精濫用或依賴模式，任何一種都是俗稱的「酗酒」（alcoholism）。13.2%的人，在其一生中的某個時期，顯示其中的一種模式（Somers et al., 2004）。同樣地，研究顯示超過一年期間，7.6%的美國成人，約 1,900 萬人，顯現一種酒精使用障礙（NSDUH, 2008）。9%和 18%之間的全國成人，在他們一生中的某段時期，顯示這種障礙，而男性的數量勝過女性，比例至少為二比一（Kessler et al., 2005; NSDUH, 2005）。許多的少年也經歷酒精濫用或依賴（Johnston et al., 2007）。

　　每年酗酒的盛行率，美國白人、非裔美國人及拉丁美洲裔美國人，幾乎相同（7%至 9%）（SAMHSA, 2008）。然而，此群體中的男性，顯示出顯著不同的年齡型態。美國白人和拉丁美洲裔美國男性，酗酒比率最高——超過 18%——在成年期早期，同年齡群的非裔美國人則為 8%。非裔美國男性，比率最高是在中年後期，為 15%，而在同年齡群的美國白人男性和拉丁美洲裔美國男性，則為 8%。

　　美洲印第安人，尤其是男性，比任何族群顯示有較高的酒精濫用和依賴比率。雖然獨特的盛行率，在美洲各印第安人保留區不相同，他們總體上 15%有酒精濫用或依賴（SAMHSA, 2008; Beals et al., 2005）。大體而言，在美國或其他地方的亞洲人，比來自其他文化的人們，有較低的酗酒率（3%）。這些人半數缺乏酒精脫氫——擔負破壞酒精的化學作用，因此他們即使只飲一點酒，就會有不良的反應，因而阻止他們持續使用（Wall et al., 2001; APA, 2000）。

「心理觀察」專欄

大學的暴飲問題：課外的危機

　　在短時間內飲大量的酒或暴飲，是美國大學校園及其他許多環境的嚴重問題（NSDUH, 2008）。研究顯示，40%的大學生每年至少暴飲一次，他們之中有些人每個月飲酒六次或更多次（NCASA, 2007; Sharma, 2005; Wechsler et al., 2004），他們比同年齡的非大學生，顯示更高的比率（Ksir et al., 2008）。在許多社團裡，大學生飲酒是被接受的大學生活之一部分。從社會的角度而言，是否對此問題太過輕忽？想一想以下的一些統計數字：

• 飲酒有關的逮捕，可說明 83%的校園逮捕（NCASA, 2007）。

- 飲酒是造成將近 40% 的學業問題及 28% 大學生被退學的原因（Anderson, 1994）。
- 飲酒不僅影響飲酒的人，也影響沒有飲酒者；每年近 60 萬的學生，受到飲酒學生身體或情感的創傷，或是攻擊（NCASA, 2007; Hingson et al., 2002）。
- 暴飲與嚴重的健康問題及嚴重的傷害、車禍、無計畫及無保護的性行為、攻擊行為，及各種的心理問題有關。大學生的暴飲也與 1,700 人的死亡、50 萬的受傷及每年數萬的性侵有關聯，包括約會強暴（NCASA, 2007; Wechsler & Wuethrich, 2002; Wechsler et al., 2000）。
- 少年在 13 歲開始暴飲，並持續到青少年期，在 24 歲時比沒有暴飲的同儕，有近四倍的可能超重或高血壓（Oesterle et al., 2004）。
- 在大學生當中，女生暴飲的人數已比過去增加 31%。

　　這些發現已導致某些教育學者，指陳暴飲為全職大學生的「第一號公共健康危害物」，許多研究者和臨床工作人員也已注意到此問題。例如，哈佛公共健康研究所的研究者，調查美國 120 所大學 5 萬名以上的學生（Wechsler & Nelson, 2008; Wechsler et al., 2004, 1995, 1994）。根據他們的調查，最可能暴飲者，是那些住在兄弟會或女學生聯誼會、追求宴飲的生活方式、從事如物質濫用或有多重性伴侶等高風險行為的人。此研究也發現，高中時期暴飲的學生，更有可能在大學時暴飲。

　　致力於改變這種模式，已經帶來了一番新風貌。例如，有些大學現在提供無物質宿舍：宿舍中 36% 的住宿者是暴飲者；根據研究，與住在兄弟會或女學生聯誼會比較，暴飲者為75%（Wechsler et al., 2002）。

　　這個研究結果，是根據自我填答的問卷，及可能有偏見的受試者之反應而來。也許暴飲者比非暴飲者，更可能對此問卷反應。然而，此研究已明顯的指出：大學生飲酒或某些暴飲問題，的確可能比過去所認知的更普遍及更有害。至少，對此問題深入研究的時機已到來。

　　酒精濫用　一般來說，酒精濫用者會定期的過量飲酒，並依賴它去做一些事情，否則會使他們焦慮。最後，飲酒干擾他們的社會行為、思考和工作的能力。他們可能經常與家人或朋友爭論、一再錯過工作，甚至失去工作。以核磁共振掃描長期酗酒者，顯示他們的腦部許多地區有損害，並在短期記憶、思考速度、注意能力及平衡，也同樣有損傷（Grilly, 2006; Meyerhoff et al., 2004）。

　　然而，人們個別在酒精濫用的模式呈現多樣化。有些人每天豪飲，而且持續喝到酒醉；另一些人週期性的酗酒暴飲，持續幾週或幾個月。他們可以保持幾天的酒醉，其後也不記得此期間的任何事情；其他人可能限制自己的過度飲酒，只在週末或晚上，或二者。

　　酒精依賴　對多數人而言，酒精濫用的模式包括酒精依賴。他們的身體對酒精增加耐受性，使他們需要飲用更大的量才能感覺到它的效果。當他們停止飲酒時，他們也經驗到戒斷現象。在幾小時之內，他們的手、舌及眼瞼開始抖動；他們感覺虛弱及反胃、冒汗及嘔吐、心跳快速及血壓升高。他們也變為焦慮、憂

鬱、無法入睡，或急躁（APA, 2000）。

少數的酒精依賴者，經驗一種特殊顯著的戒斷反應，稱為**震顫性譫妄**（de-lirium tremens, "the DTs"）或**酒精戒斷譫妄**（alcohol withdrawal delirium）。它包含恐怖的視幻覺，在停止或減少喝酒的三天內開始。有些人看見小的、可怕的動物，在追逐他們或在他們身上爬行；或有一些東西在他們眼前飛舞。馬克吐溫（Mark Twain）在《頑童歷險記》（*Huckleberry Finn*）一書裡，對 Huckleberry 父親的描述，提出一個經典的震顫性譫妄寫照：

> 我不知道我睡了多久，但是……有一個可怕的尖叫聲，我從床上起來。有個看起來瘋狂的爸爸，到處亂跳及吼叫著有蛇。他說牠們爬在他的腿上，然後他跳起來和尖叫，說有一隻蛇咬了他的臉頰——但是我沒有看到蛇。他驚嚇的繞著屋子奔跑……喊叫著：「把牠弄走，牠正在咬我的脖子！」我從未看過一個男人的眼睛如此的狂暴。很快地……他氣喘的倒下；然後他打滾……亂踢東西、他的手在空中打擊和抓取，並尖叫……有魔鬼抓住他……不久他精疲力竭……他說……
>
> 「踩—踩—踩：那是死人；踩—踩—踩；它們緊跟著我，但是我不想去。喔，它們在這裡；不要碰我……它們是冷酷的；別管我……」
>
> 然後，他倒下並用四肢爬行；請求它們放過他……
>
> （Twain, 1885）

像其他多數的酒精戒斷症狀，震顫性譫妄順其自然發展，通常兩三天就好了。然而，經驗嚴重的戒斷反應者，也會出現痙攣、喪失意識、中風，或甚至死亡。今日某些醫療程序，已可幫助防止或減少這些極端的反應（Doweiko, 2006）。

酗酒的個人和社會影響為何？

酗酒破壞數百萬的家庭、社會關係和職業生涯（Murphy et al., 2005; Nace, 2005）。醫療、失去生產力，及由於酗酒死亡的損失，每年耗費社會成本多達數十億美元。此症在三分之一以上的自殺、殺人、攻擊、強暴及意外死亡，包括 30% 全美國致命的汽車意外事件，扮演著重要的角色（Ksir et al., 2008; Doweiko, 2006; Yi et al., 2005）。合計酒醉駕駛人，要對每年 12,000 人的死亡負起責任。超過 3,000 萬的成人（12.4%），過去一年至少一次在酒醉時駕駛（NSDUH, 2008）。

酗酒也嚴重影響有此症者的 3,000 萬兒童。這些兒童的家庭生活，可能包括許多衝突、性虐待或其他形式的虐待。因而導致這些兒童的一生中，有較高比率的心理問題，如焦慮、憂鬱、恐懼症、品行疾患、注意力缺失／過動疾患及物質關聯疾患（Hall & Webster, 2002; Mylant et al., 2002）。許多人因此有低自尊、溝

☆胎兒酒精症候群 在懷孕期間過度飲酒，可能引起初生嬰兒的胎兒酒精症候群。這種症候群的患者，顯示有智能和身體上的問題，如圖中的孩子臉部不對稱。

通技能不良、缺乏社交能力及婚姻問題（Watt, 2002; Lewis-Harter, 2000）。

長期過度飲酒也嚴重的損害個人的身體健康（Myrick & Wright, 2008; Nace, 2005）。因肝臟工作過度，以致人們可能演變為不可逆轉的病況，稱為肝硬化（cirrhosis），此狀況會使肝臟損傷及功能不良。肝硬化造成每年有 27,000 人的死亡（CDC, 2008）。酒精濫用和依賴也損害心臟，並降低免疫系統克服癌症、細菌感染及抗拒感染後引發 AIDS 的能力。

長期過量飲酒也會引起重大的營養問題。酒精使人感覺飽足及降低對食物的慾望，然而酒精沒有營養價值。結果，長期飲酒者會營養不良、虛弱及易於生病。他們的維他命和礦物質缺乏，也會引起某些問題。例如，酒精關聯的維他命 B（硫胺素）缺乏，可能導致**柯沙科夫症候群**（**Korsakoff's syndrome**），一種伴有極端的混亂、記憶喪失，及其他神經症症狀特徵的疾病（Doweiko, 2006）。有柯沙科夫症候群者，不記得過去的事或所學得的新資訊，且可能以虛構（confabulating）來填補他們喪失的記憶——陳述編造的事件去填滿空隙。

最後，在懷孕中飲酒的婦女，將置她們的胎兒於風險中（Finnegan & Kandall, 2008）。在懷孕中過量飲酒，可能引起**胎兒酒精症候群**（**fetal alcohol syndrome**），即出生的嬰兒產生異常的症狀，包括智能不足、過動、頭和臉畸形、心臟缺陷，及生長遲緩（Grilly, 2006; Hankin, 2002）。據估計，全部人口中帶有此症候群的嬰兒，1,000 個中有 0.2 至 1.5 個（Ksir et al., 2008; Floyd & Sidhu, 2004）。但有飲酒問題的婦女，其嬰兒患此症的比率，增加為 1,000 個嬰兒中有 29 個。假如所有酒精有關的初生缺陷都計算在內（稱為胎兒酒精效應），每 1,000 個重度飲酒婦女此比率變為 80 到 200 個這種初生兒。此外，在懷孕初期大量飲酒，常常會導致流產。根據調查，11.2% 的懷孕婦女在過去一個月曾飲酒；4.5% 的懷孕婦女暴飲發作（NSDUH, 2008）。

鎮靜安眠藥物

鎮靜安眠藥物（**sedative-hypnotic drugs**），也稱為**抗焦慮**（**anxiolytic**，意為「降低焦慮」）**劑**，它會產生放鬆和昏睡感。在低劑量時，它有鎮靜或平靜的效果；在高劑量時，它們是睡眠的誘導物，或催眠藥。鎮靜安眠藥物包括巴比妥酸鹽和 benzodiazepines（苯二氮平類）。

🌿 巴比妥酸鹽

首先發現於一百多年前的德國，**巴比妥酸鹽**（**barbiturates**）在二十世紀的前半世紀，被廣泛處方於對抗焦慮和幫助睡眠。儘管它被較安全的苯二氮平類（benzodiazepines）取代，有些醫生仍開巴比妥酸鹽處方。然而，巴比妥酸鹽引起許多問題，最多的是濫用和依賴。一年有幾千人死亡，是由於偶然的或自殺性的藥劑過量所引起。

巴比妥酸鹽通常以藥丸或膠囊形式服用。在低劑量時，它們經由連接有抑制作用的神經傳導物質 GABA 的神經元接受器，及經由幫助 GABA 在那些神經元運作，以類似酒精的方式降低個人的興奮水平（Ksir et al., 2008; Grilly, 2006; Gao & Greenfield, 2005）。人們使用大劑量的巴比妥酸鹽，就像酒精一樣會中毒，並且巴比妥酸鹽也像酒精一樣會損壞肝臟。高劑量的巴比妥酸鹽，也會抑制腦部的網狀結構（reticular formation）——使人腦部保持清醒的部分受抑制，所以想睡。太高的劑量，它們會造成呼吸停止、血壓降低，及導致昏迷和死亡。

一再地使用巴比妥酸鹽，會快速的導致濫用模式（Dupont & Dupont, 2005）。使用者會耗費時間與精力在中毒、急躁及無法工作的問題上，也導致依賴。使用者圍繞著此一藥物安排他們的生活，並增加它的用量，以獲得平靜或入睡。巴比妥酸鹽依賴所造成很大的危險是，即使身體對它的鎮靜效果增加耐受性，其藥物致命的劑量仍維持相同。一旦處方的劑量停止減輕焦慮或引起睡眠，使用者可能在沒有醫療監督的情況下增加用量，最後可能攝取了致命的劑量。那些有巴比妥酸鹽依賴的人，也可能經驗戒斷症狀，如反胃、焦慮及睡眠障礙。巴比妥酸鹽戒斷特別危險，因為它會引起抽搐。

🌿 Benzodiazepines

第五章描述的 **benzodiazepines**（**藥品，苯二氮平類**），開發於 1950 年代的抗焦慮劑，是最流行、最易取得的鎮靜安眠藥物。Xanax、Ativan 和 Valium 是臨床使用的許多混合物的三種。總計這類藥物每年被開的處方約一億（Bisaga, 2008）。如同酒精和巴比妥酸鹽，它們經由連接接受 GABA 神經元接受器，及經由增加 GABA 在那些神經元的活性，使人們平靜（Ksir et al., 2008）。然而，這些藥物緩和焦慮，不像其他類的鎮靜安眠藥物一樣，使人昏昏欲睡。它們也較不會減緩個人的呼吸，因此也較不可能在藥劑過量的情況下，引起死亡（Nishino et al., 1995）。

當 benzodiazepines 最初被發現時，它們似乎很安全和有效，以至於醫生大量的開藥，它們被使用得很普遍。最後發現此藥使用高劑量時，會引起中毒及導致濫用或依賴（Bisaga, 2008; Dupont & Dupont, 2005）。在北美有 1% 的成人在他們的一生中某一時期，濫用抗焦慮劑或變為身體的依賴（Sareen et al., 2004; Goodwin et al., 2002; APA, 2000），因而使某些研究者相信，benzodiazepines 的過量使用，會有像巴比妥酸鹽濫用同樣的危險。

鴉片類

鴉片類（opioids）包括鴉片——從罌粟花樹汁提煉出來——及由它衍生出來的藥物，如海洛因、嗎啡及可待因。鴉片（opium）本身已經被使用數千年。由於它有減輕身體和情緒痛苦的功用，過去它被廣泛的使用於醫學疾病的治療。然而，醫生最後發現此藥物會使身體上癮。

1804 年，出現一種新物質嗎啡（morphine），它源自鴉片。它是以希臘的睡眠之神 Morpheus 命名。嗎啡緩和痛苦甚至比鴉片更有效，最初被認為是安全

的。不過，廣泛的使用此藥物，最後顯示它也會導致上癮。許多美國內戰期間受傷的士兵，接受嗎啡注射，以致嗎啡依賴變為所謂的「士兵的疾病」。

在 1898 年，嗎啡被轉換為另一種新的痛苦緩和物：海洛因（heroin）。有好幾年的時間，海洛因被視為一種神奇的藥物，並被用為咳嗽藥及其他的醫療目的。然而，最後醫生得知，海洛因甚至比其他的鴉片類更易上癮。1917 年，美國國會斷定所有源自鴉片的藥物都會上癮（見表 12-3），並立法通過，除了醫療目的，鴉片類都是不合法的。

💿**純的混合物**　海洛因來自如圖中墨西哥的罌粟花，它現在比 1980 年代更純及更強烈（65%純度對 5%純度）。

表 12-3　藥物誤用的風險和後果

	中毒可能性	依賴可能性	器官損傷或死亡風險	嚴重的社會或經濟後果風險	嚴重或長期心理和行為改變風險
鴉片類	高	高	低	高	低到中
鎮靜安眠藥物					
巴比妥酸鹽	中	中到高	中到高	中到高	低
苯二氮平類	中	中	低	低	低
興奮劑（古柯鹼、安非他命）	高	高	中	低到中	中到高
酒精	高	中	高	高	高
大麻類	高	低到中	低	低到中	低
混合藥物	高	高	高	高	高

資料來源：Ksir et al., 2008; APA, 2000; Gold, 1986, p. 28.

　　仍有其他源自鴉片的藥物，及合成的（實驗室合成）鴉片類也已發展出，如美沙酮（methadone）。所有這些鴉片藥物——天然的及合成的——均為所謂的麻醉劑（narcotics）。每種藥物有不同的強度、作用速度及耐受性水平。嗎啡及可待因（codeine）是醫療的麻醉劑，通常被作為緩和痛苦的處方。海洛因在美國，不論在什麼情境，都是不合法的。

　　麻醉劑的攝取是吸煙、口服、鼻孔吸入、以針注射到皮膚下（皮下注射）或直接注射入血流（靜脈注射）。雖然其他的技術近年來的使用已增加，注射似乎是麻醉劑使用最普遍的方法（NSDUH, 2008）。注射可快速帶來快感（rush）——一種溫暖的痙攣，及有時與高潮相似的狂喜。短暫的痙攣緊接著幾個小時的愉快感，稱為飄飄然（high）或迷迷糊糊狀態（nod）。在飄飄然中，藥物的使用者感覺放鬆、快樂，及對食物、性或其他身體的需要漠不關心。

　　鴉片類經由抑制中樞神經系統產生這些效力，尤其是幫助控制情緒的中樞。這些藥物連結腦部接受器受植區，通常接受**腦內啡**（endorphins）——幫助緩和痛苦及減輕情緒緊張的神經傳導物質（Kreek, 2008; Ksir et al., 2008）。當此接受器受植區的神經元接收到鴉片類，他們會產生愉快和平靜感，正如他們收到腦內啡的作用一樣。除了減輕痛苦和緊張，鴉片類會引起反胃、瞳孔縮小（「針尖大小的瞳孔」）及便祕——經由釋放腦部的腦內啡，也會引起身體的反應。

海洛因濫用和依賴

　　海洛因的使用，可作為由鴉片類引起的各種問題的例證。在重複使用海洛因幾週之後，使用者可能陷入濫用模式：藥物嚴重地干擾他們的社會和職業功能。在多數的個案中，海洛因濫用也導致依賴模式，使用者不久將他們的生活集中在此物質上，增加對它的耐受性，且在他們停用時會經歷戒斷反應（Kreek, 2008; Ksir et al., 2008）。最初的戒斷症狀，是焦慮、坐立不安、冒汗及呼吸快速；其後包括嚴重的痙攣、疼痛、發燒、嘔吐、腹瀉、喪失食慾、高血壓、體重減輕高達15磅（由於失去身體的液體）。這些症狀通常在第三天達到高峰，然後漸漸消退，並在第八天消失。一個人在戒斷狀態時，不是等待症狀消失，就是再服用海洛因以結束戒斷。

　　依賴海洛因者，很快地就需要服用它，以避免進入戒斷狀態，而且為了達到同樣的放鬆，他們必須不斷的增加劑量。短暫的快感變為較不緊張，及較不狂妄自大。多數的人花很多時間計畫下次的劑量，許多個案轉向犯罪活動，如偷竊或賣淫，以支撐他們昂貴的「習慣」（Allen, 2005）。

　　調查指出，接近 1% 的美國成人，在他們一生中的某段時間，變為海洛因或其他鴉片類上癮者（APA, 2000）。依賴的比率，在 1980 年代期間有相當大的下降，1990 年代初期上升，1990 年代後期下降，目前似乎又相對的高升（NSDUH, 2008）。最近這些藥物上癮的人，據估計有 323,000 人。然而，實際的人數可能

更高，因許多人不願承認參與不法的活動。

🌿 海洛因濫用的危險性為何？

過量的使用海洛因會造成立即的危險，它會停止腦呼吸中樞的運作，許多個案幾乎因無力呼吸而引起死亡。當一個人無法有意識的呼吸時，特別可能在睡眠中死亡。在戒絕海洛因一段時間之後，恢復海洛因的使用者，常常犯致命的錯誤，就是服用他們過去相同的劑量。然而，由於他們的身體已經有一段時間沒有海洛因，他們無法再忍受如此的高劑量。每年將近 2% 依賴海洛因及鴉片類的人，常因藥劑過量而死亡（Theodorou & Haber, 2005; APA, 2000）。

使用者也冒其他的風險。販賣毒品者經常會把海洛因，與其他便宜的藥劑，或甚至致命的物質混合，如氰化物或電池酸。此外，髒的針頭或其他無消毒器具會散布傳染病，如 AIDS、C 型肝炎及皮膚膿瘡（Batki & Nathan, 2008; Kennedy et al., 2005）。在美國某些地區，人體後天免疫缺乏病毒（HIV）的感染率，在海洛因依賴者中高達 60%（APA, 2000）。

興奮劑

興奮劑（stimulants）是增加中樞神經系統活動的物質，會導致血壓升高及心跳加速、警覺性增強及加速行為和思考。興奮劑中最麻煩的是古柯鹼（cocaine）和安非他命（amphetamines），它們對人們的影響很相似。當使用者報告不同的結果時，往往是由於他們攝取藥物的分量不同。另外其他兩種廣泛使用及合法的興奮劑，是咖啡因（caffeine）及尼古丁（nicotine）。

古柯鹼

古柯鹼（cocaine）——古柯樹的最有效成分——被發現在南美洲，是目前已知最有效力的天然興奮劑。此藥物在 1865 年，最初由植物中提煉出來。由於它可提供精力和增加警覺性，南美土著自史前時期即咀嚼此種植物的葉子。處理過的古柯鹼〔氫氯化物粉末（hydrochloride powder）〕是一種無味的、白色的、鬆鬆的粉末。作為娛樂使用，它常常以鼻嗅的方式，經由鼻黏液薄膜吸收。有些使用者喜歡更強力的效果，則使用靜脈注射，或使用煙斗或捲菸抽它。

福爾摩斯（Sherlock Holmes）從壁爐架的角落拿起瓶子，並從精美的摩洛哥山羊皮盒拿出他的皮下注射器。他以修長白皙神經質的手指，調整纖細的針頭，並捲起左邊襯衫的袖口。在短暫的片刻，他的眼睛靜止，注視著肌肉發達的前臂和腕部，那裡布滿了無數針刺痕跡的疤痕。最後，他用力將銳

利的針尖刺入手臂並壓下活塞，然後以滿足的長長嘆息，靠在天鵝絨的扶手椅中。

有好幾個月，一天三次，我目擊這些演出，但是這個習慣並沒有使我對它產生認同……

「今天是哪一樣？」我問。「嗎啡或古柯鹼？」

他從打開的老舊黑字厚書，抬起疲倦的眼睛。

「古柯鹼！」他說：「7% 溶劑，你願意嘗試嗎？」

「不，真的不要。」我直率地回答，「我的體力尚未從阿富汗戰役中恢復，我不能投入任何額外的沉重壓力。」

他對我的激烈反應微笑著，「也許你是對的，Watson」他說。「我認為它的影響對身體是不好的，然而，我發現它對心靈有如此超凡的鼓舞及淨化作用，以至於它所引起的續發性行動只是很短暫的。」

「但是，要慎重考慮。」我認真的說，「算算它的代價！你的腦部，正如你所說的，可被激起及興奮，但是它是一種病理上及病態的過程，包含組織的變化增加及……一種永久的虛弱。你也知道，你會突然產生陰鬱的反應。說真的，這種遊戲很不值得。」

（Doyle, 1938, pp. 91-92）

多年來，人們相信古柯鹼除了中毒，及偶爾會引起暫時性的精神病外，問題不是很大。像福爾摩斯一樣，許多人覺得其好處勝過所花的代價，但是後來的研究者才了解到它的許多危險。他們的洞察，是在社會大眾目睹藥物的流行，及有關使用它所衍生的問題劇增之後。1960 年代初期，美國估計有 10,000 人嘗試過古柯鹼。今天已有 2,800 萬人嘗試它，而且 240 萬人——大部分是少年或青年——最近正使用它（NSDUH, 2008）。事實上，在過去一個月內，有 2% 的高中生使用古柯鹼，並且有近 6% 的人在過去一年內使用它（Johnston et al., 2007）。

古柯鹼能產生欣快的幸福和自信感。施與高劑量，會引起與海洛因相同的高度感官快感。首先古柯鹼刺激中樞神經系統的快感中心，使服用者感覺興奮、精力充沛、多話及欣快感。當服用更多量時，它會刺激中樞神經系統其他中心，產生較快的脈搏跳動、較高的血壓、較快及較深的呼吸，及更進一步的引起亢奮和警醒。

古柯鹼產生這些明顯的效力，主要是經由遍布腦部重要神經元的神經傳導物質，多巴胺（dopamine）增加供應所致（Haney, 2008; Kosten et al., 2008; Messas et al., 2005）（見圖 12-2）。更明確地說，古柯鹼阻止神經元釋放多巴胺再回收它，正如它們通常所運作的。因此，過量的多巴胺行進到遍布中樞神經系統的接收神經元，並過度的刺激它們。此外，古柯鹼明顯的增加腦部某些地區的神經傳導物

質，正腎上腺素及血清素的活性（Haney, 2008; Ksir et al., 2008; Hall et al., 2004）。

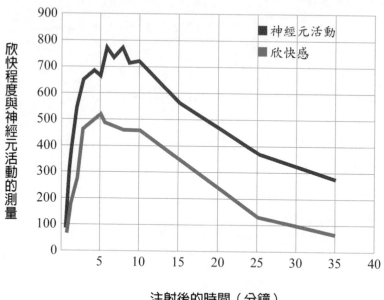

注射後的時間（分鐘）

圖 12-2　**生化的欣快感**　古柯鹼注射後產生的自覺欣快感，相當平行於古柯鹼
與使用多巴胺神經元的反應。經驗到的欣快高峰約發生在神經元活動
高峰附近（Fowler, Volkow, & Wolf, 1995, p. 110; Cook, Jeffcoat, & Perez-
Reyes, 1985）。

高劑量產生的古柯鹼中毒（cocaine intoxication），其症狀是肌肉協調不良、
誇大、判斷力差、憤怒、攻擊、強迫行為、焦慮和混亂。有些人經驗幻覺或妄
想，或是兩者，稱為古柯鹼誘發之精神疾患（cocaine-induced psychotic disorder）
症狀（APA, 2000）。

　　一個年輕人描述在吸食古柯鹼後，他如何走到衣櫥去拿他的衣服，但是
他的衣服問他：「你想要什麼？」他害怕地走向門口，大門告訴他「回去」，
他往後退，然後他聽到沙發說：「假如你坐下來，我會踢你的屁股。」隨著
逼近的毀滅感、強烈的焦慮及瞬間的恐慌，這位年輕人跑到醫院並獲得幫助。
　　　　　　　　　　　　　　　　　　　　　　　　　（Allen, 1985, pp. 19-20）

當古柯鹼的興奮作用消失，服用者會有類似憂鬱的沮喪經驗，一般稱為墜落
感（crashing），包括頭痛、頭昏眼花及虛弱的型態（Doweiko, 2002）。對偶爾
服用者，後效通常在 24 小時內消失，但是服用特別高劑量者，可能持續較久。

這些人會陷入不省人事、深睡，或有些個案出現昏迷。

古柯鹼濫用和依賴

習慣性的使用古柯鹼，會導致濫用模式，在此情況下，此人每天服用多量來維持它的效力，以至於損害其社會關係和工作。習慣性的藥物使用，也會引起短期記憶或注意力問題（Kubler et al., 2005）。古柯鹼依賴也會不斷加深程度，以至於它支配個人的生活；為獲取渴望的效果需要較高的劑量，而且停止使用會導致憂鬱、疲憊、睡眠障礙、易怒和焦慮（Ksir et al., 2008; Acosta et al., 2005）。這些戒斷症狀，在停用藥物後，可能持續數週或甚至幾個月。

在過去，古柯鹼的使用和影響，受限於其高費用。而且，古柯鹼通常是用鼻吸，此種攝取方式比抽煙或注射，較少產生強力的影響。然而，自從 1984 年，更新的、更有效力及更便宜的古柯鹼易於取得，使古柯鹼濫用和依賴大量的增加。目前全美國 11 歲以上 0.7% 的人（170 萬的使用者），顯現古柯鹼濫用或依賴（NSDUH, 2008），而全部的使用者有五分之一陷入此模式。目前許多人攝取古柯鹼採用**加熱精煉法**（free-basing），此技術是純古柯鹼基本的生物鹼以化學方法離析，或從處理後的古柯鹼予以游離，以火焰加熱蒸發並經由管子吸入。

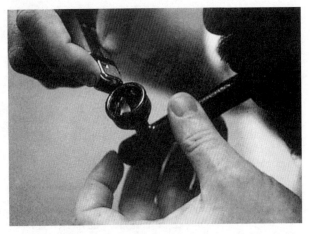

✪抽純古柯鹼　純古柯鹼（快克），是一種加熱吸用的強力古柯鹼形式，由加熱精煉的古柯鹼成為結晶球狀，而用特殊的管子來抽。

數百萬人使用純古柯鹼／**快克**（crack），一種加熱精煉、煮沸為水晶球體，效力大的古柯鹼。它以特殊管子吸煙，當它吸用時發出爆裂聲（由是而得名）。快克被以小量且相當低的費用來賣，導致它在大都市貧民區，以前無力購買古柯鹼的人群中開始流行（Acosta et al., 2005）。將近 2% 的高中生，報告在過去一年內使用快克，比 1993 年的 1.5% 上升許多，而在 1999 年從 2.7% 的高峰下降（Johnston et al., 2007）。

古柯鹼的危險是什麼？

古柯鹼有害的影響除了行為之外，此藥物也引起嚴重的身體危險（Kosten et al., 2008; Doweiko, 2006）。它以有效力的方式使使用者逐漸增加，使美國每年與古柯鹼有關的急診室意外事件的人數，自 1982 年以來增加 44 倍，從約 4,000 個案增加到 45 萬個案（SAMHSA, 2007）。此外，古柯鹼使用也與 20% 的 61 歲以下自殺男性有關（Garlow, 2002）。

古柯鹼使用最大的危險是藥劑過量。過多的劑量對腦部呼吸中樞有強大的影

響；最初刺激它，然後抑制它，此時呼吸可能停止。古柯鹼也會產生重大的、甚至致命的心率不規則或腦癲癇，因而引起呼吸或心臟功能突然停止（Ksir et al., 2008; Doweiko, 2006）。此外，懷孕婦女使用古柯鹼也有流產的風險，而且使兒童在免疫功能、注意力及學習、甲狀腺大小，及腦部多巴胺和血清素活性等的異常（Kosten et al., 2008; Ksir et al., 2008; Delaney-Black et al., 2004）。

安非他命

安非他命（amphetamines）是實驗室製造的興奮劑。常見的樣品是安非他命（商品名 Benzedrine）、右旋安非他命（Dexedrine）及甲基安非他命（Methedrine）。此藥物最初生產於 1930 年代，用來幫助治療氣喘，不久在嘗試減重者、尋求額外爆發力的運動員、軍人、卡車司機、試圖維持清醒的飛行員及熬夜準備考試的學生之中流行。目前醫生了解這些藥物非常危險，不能漫不經心的使用，因此他們不隨便開處方。

雖然有些人以靜脈注射藥物或抽煙，以得到更快、更有力的效果，然而，安非他命最常採用的是藥丸和膠囊的形式。像古柯鹼一樣，當安非他命使用小劑量時，它會增加精力和警覺，以及降低食慾；使用高劑量時會產生快感、中毒和精神病，並且當它們離開身體時會引起情緒低落。雖然安非他命的活動與古柯鹼有某些不同，安非他命也像古柯鹼一樣，會經由增加遍布腦部的神經傳導物質多巴胺、正腎上腺素及血清素的釋放，刺激中樞神經系統（Haney, 2008; Ksir et al., 2008; Rawson & Ling, 2008）。

安非他命耐受性的發展非常快速，因而使用者會有很高的風險成為依賴（Acosta et al., 2005）。例如，開始使用它來降低食慾及減輕體重者，不久將會發現他們的飢餓如前，而對劑量的反應卻增加。使用安非他命增加活力的運動員，不久以後也會發現，需要愈來愈大的劑量。所謂的「興奮劑成癮的人」，是此種人多日整天服藥，發展出極高的耐受性，以至於現在服用安非他命的劑量，為開始時的兩百倍。當依賴藥物者停止服用它，他們就陷入深度的憂鬱狀態及沉睡，與古柯鹼的戒斷完全相同。在美國每年約有 0.4% 的成人（39 萬人）顯示安非他命濫用或依賴（NSDUH, 2008）。接近 1.5% 至 2% 的人，在其一生中某段時期，成為安非他命依賴（APA, 2000; Anthony et al., 1995）。

安非他命的一類是甲基安非他命（methamphetamine）〔又稱注射毒品（crank）〕，近年來愈來愈普及，並成為特別的焦點。美國 11 歲以上的人，約 6% 使用這種興奮劑至少一次；約 0.3%（731,000 人）目前使用它（NSDUH, 2008）。它是結晶的形式〔又名冰塊（ice）或冰毒（crystal meth）〕，而使用者用吸煙的方式使用。

美國多數非醫療用的甲基安非他命，是在小「爐頂實驗室」製成，它通常在偏僻的地區運作幾天，然後移到新的、較安全的地點（Ksir et al., 2008）。這種實

驗室自 1960 年代已出現，但它們在過去十年已增加 8 倍——在數量、產量、官方的徵收等。這種祕密實驗室，在健康上受重大的關注，是它會排出危險的濃煙及殘餘物（Burgess, 2001）。

　　自 1989 年，媒體最先開始報導吸甲基安非他命的危險，卻使得它的使用戲劇性的上升。1994 年，不到 400 萬的美國人曾嘗試此興奮劑至少一次。此數量在 1999 年上升超過 900 萬，今天則為 1,500 萬（NSDUH, 2008）。直到最近，使用此藥物在美國西部更為盛行（NSDUH, 2007）。僅僅幾年前，西部各州的人們使用甲基安非他命，可能超過中西部和南部各州的兩倍，而可能為東北部各州的 12 倍。然而，證明指出，甲基安非他命的使用現在擴展到東部。例如，甲基安非他命濫用的治療許可，在紐約、亞特蘭大、明尼阿波里斯／聖保羅，及聖路易正增加中（Ksir et al., 2008; CEWG, 2004）。同樣地，造訪甲基安非他命有關的急診室，在全國各地醫院也在增加中（DAWN, 2008）。

DON'T LET DRUG DEALERS CHANGE THE FACE OF YOUR NEIGHBOURHOOD.
Call Crimestoppers anonymously on 0800 555 111.

☺ **甲基安非他命依賴**　這個有力的廣告顯示，一個甲基安非他命上癮的婦女，經過四年的退化效應——上圖為 36 歲，下圖為 40 歲。

　　甲基安非他命的使用，女性可能和男性相同。目前約 40% 的使用者是女性（NSDUH, 2008）。此藥物現今特別流行在飛車幫、鄉村的美國人及都市同性戀社區，並由於這類藥物經常發現在夜間舞會或喧鬧的派對，被廣泛使用而獲得「俱樂部毒品」的名稱（Ksir et al., 2008）。

　　就像其他種類的安非他命一樣，甲基安非他命增加神經傳導物質多巴胺、血清素及正腎上腺素的活性，而引起激動、注意，及有關的作用增加（Rawson & Ling, 2008）。在使用者的身體、心理及社會生活，也有嚴重的負面影響（NSDUH, 2007）。特別令人憂心的是，它會損害神經末梢——經由藥物長時間（超過六小時）停留在腦部和身體，使神經性毒素（neurotoxicity）更顯著（Rawson & Ling, 2008）。但是在使用者當中，這些問題被甲基安非他命立即的積極影響壓倒，包括使他們感覺性慾極強及不受約束（Jefferson, 2005）——這些已造成一些重大的社會問題。例如，在大眾健康層面，2004 年，愛滋病病毒檢驗是陽性的洛杉磯男性，三分之一報告曾使用此藥物。在法律執行方面，警察機構的一個調查發現，有 58% 的人報告，甲基安非他命是他們今日搏鬥的最主要藥物。同樣地，調查指出，過去幾年國內的暴力事件、攻擊及搶劫的增加，與甲基安非他命的使用有關。

咖啡因

　　咖啡因（caffeine）是世界上最廣泛使用的興奮劑。約 80% 的世界人口每天

喝它（Rogers, 2005）。多數的咖啡因是以咖啡的形式飲用（從咖啡豆）；其餘是喝茶（從茶葉）、可樂（從可樂堅果）、所謂的活力飲料、巧克力（從可可樹豆），及很多的處方和不經醫師處方在店面買的藥物，如 Excedrin。

約 99% 攝取的咖啡因被身體吸收，而且在一小時內達到濃度高峰。它的作用就像中樞神經系統的興奮劑，在腦部產生神經傳導物質多巴胺、血清素和正腎上腺素的釋放（Julien, 2008; Cauli & Morelli, 2005）。因而它增加覺醒、活動力及減少疲勞；它也會擾亂心情、精細動作活動及反應時間，並會干擾睡眠（Judelson et al., 2005; Thompson & Keene, 2004）；最後，在高的劑量，它會增加呼吸的速率和腹部胃酸的分泌（Ksir et al., 2008）。

超過二到三杯的現煮咖啡（250 毫克的咖啡因）能引起咖啡因中毒，它包括下列症狀：坐立不安、神經質、焦慮、胃痛、痙攣及心跳增加（Paton & Beer, 2001; APA, 2000）。癲癇大發作、致命的呼吸衰竭，或循環系統衰竭，會發生在劑量大於 10 克的咖啡因（約 100 杯的咖啡）。

許多突然停止或減少平常攝取之咖啡因量的人，會經驗戒斷症狀——即使有些人固定的喝少量（每天兩杯半的咖啡或七罐可樂）。一項研究，讓成人受試者喝他們平常充滿咖啡因的飲料及食物兩天，然後戒絕所有含咖啡因的食物兩天，而服用他們認為含有咖啡因的安慰劑藥丸，然後在他們服用真正的咖啡因藥丸時，戒絕含咖啡因的食物兩天（Silverman et al., 1992）。許多受試者在兩天的使用安慰劑期間，而不是在使用咖啡因期間，經驗頭痛（52%）、憂鬱（11%）、焦慮（8%）、疲倦（8%）。此外，受試者報告使用更多未經許可的藥物（13%），且在服用安慰劑期間比服用咖啡因期間，其執行實驗性作業時速度更慢。

調查者常藉著喝咖啡的測量，來評估咖啡因的影響，然而咖啡因也包含可能危害個人健康的其他化學成分。雖然某些早期的研究，暗示咖啡因和癌症之間的關係（特別是胰臟癌），此說法並無決定性的證明（Ksir et al., 2008）。另一方面，研究指出，高量的咖啡因和心臟律動不規則（心律不整）、高膽固醇及心臟病發作風險之間可能有相關（Ksir et al., 2008）。並且在懷孕期間使用高劑量的咖啡因，出現增加流產的風險（Weng, Odouli, & Li, 2008）。當大眾警覺這些可能的健康風險增加後，咖啡因的消費已下降，而去咖啡因的飲料在過去幾十年則增加。然而，咖啡因消費的跡象，最近再次上升（Ksir et al., 2008; Vega, 2008; Pressler, 2004）。

幻覺劑、大麻類及物質的混合

其他種類的物質，也可能對它們的使用者及社會引起問題。幻覺劑（hallucinogens）引起妄想、幻覺及其他知覺的變化。大麻物質（cannabis substances）引起知覺的變化，而且也有鎮靜劑和興奮劑的效果，因此在 DSM-IV-TR 它們被

考慮排除在幻覺劑之外。而許多人是多種物質混合服用（combinations of substances）。

幻覺劑

幻覺劑（hallucinogens）是引起知覺極大的變化，由增強個人的常態感覺到誘發妄想和幻覺的一些物質。他們產生的感覺是如此超乎尋常，以至於它們有時被稱為「迷幻經驗」。此迷幻可能是興奮的或令人害怕的、誇張或危險的，端視個人的精神和藥物如何互相影響而定。幻覺劑也稱為「引起迷幻的藥物」（psychedelic drugs），包括 LSD、梅斯卡林（mescaline）、迷幻蘑菇（psilocybin）及快樂丸（MDMA）。這些物質多數來自植物或動物；另一些是在實驗室裡製造出來。

迷幻藥（lysergic acid diethylamide, LSD），為最有名和最強力的幻覺劑之一，是 1938 年瑞士的化學家 Albert Hoffman，從一群天然的麥角生物鹼（ergot alkaloids）藥物提煉出來。1960 年代期間，是社會革命和實驗的十年，數百萬人求助於藥物，作為擴展他們經驗的方式。在吞下 LSD 兩小時內，它會引起一種幻覺劑中毒狀態，有時稱為幻覺症（hallucinosis），明顯的特徵是整體的知覺增強，特別是視覺知覺，與心理變化和生理症狀。這些人可能專注於細微末節——例如，皮膚的毛孔或青草的葉片；出現鮮豔色彩或呈現紫色的陰影。他們可能有錯覺，使物體看起來好像扭曲，及似乎在移動、呼吸或變形。一個人在 LSD 的影響下，也可能產生幻覺——看見並不實際存在的人、物體或形狀。

幻覺症也會引起一個人聽到更清楚的聲音、感覺四肢刺痛或麻木，或對冷熱的感覺混亂。有些人在接觸火焰後受到嚴重燙傷，在 LSD 的影響下，對此卻感覺涼快。此藥物會交叉引起不同的感覺，這一種作用稱為共感覺（synesthesia）。例如，色彩可被「聽到」或「感覺到」。

LSD 也能誘發強烈的情緒，從愉快到焦慮或憂鬱。時間的知覺可能會戲劇性的變慢。長期遺忘的思想和感覺可能浮現。而身體症狀，包括冒汗、心悸、視力模糊、發抖及統合感覺不良。這些效果會發生在使用者完全清醒或警覺狀態下，而且它們持續約六小時才逐漸消退。

LSD 產生的這些症狀，主要經由連結通常接受神經傳導物質血清素的某些神經元，改變神經傳導物質在那些受植區的活性（Julien, 2008; Ksir et al., 2008; Appel, West, & Buggy, 2004）。這些神經元通常幫助腦部傳送視覺訊息及控制情感（如第八章所述）；因而，LSD 活動的地方產生各種視覺和情感的症狀。

美國有超過 14% 的人，在他們一生中的某段時期，使用 LSD 或其他的幻覺劑。目前約有 0.4％，或 160 萬的人使用此藥物（NSDUH, 2008）。當停用 LSD 時，雖然人們對 LSD 通常不會發展耐受性或有戒斷症狀，但是此藥物對以前或長期使用者會造成危險。任何劑量不管多少，它都很有效力，可能產生巨大的知

覺、情感和行為的反應。有時這些反應極端不愉快——一種稱為「惡性幻覺」的經驗。LSD 使用者，傷害自己或他人的報告，通常包括這類反應：

> 一個 21 歲的女人與她的情人一起住院。他有使用一些 LSD 的經驗，並確信她服用它會使她較少性方面的抑制。大約半小時，攝取將近 200 萬微克之後，她注意到牆壁的磚塊，開始進進出出，以及光線對她發生怪異的影響。當她了解到她無法從所坐的椅子，區分她的身體或情人的身體時，她變得驚恐。她想到她不能恢復自己之後，她的恐懼變為更明顯。在住院期間，她表現過度活動及不適當的發笑。她的談話不合邏輯及情緒不穩定。兩天之後，這些反應才終止。
>
> （Frosch, Robbins, & Stern, 1965）

另外的危險是，LSD 可能有長期的影響（Weaver & Schnoll, 2008）。有些使用者最後發展出精神病、情感疾患或焦慮疾患。一些人有瞬間經驗再現（flash-backs）——LSD 離開身體之後，會再發生藥物誘發的感覺和情緒改變（Doweiko, 2006; Halpern et al., 2003）。瞬間經驗再現可能發生，在上次 LSD 經驗的幾天或甚至幾個月之後。雖然它們典型的在幾個月內變為較不嚴重及消失，有些人報告瞬間經驗再現，是在服用藥物之後一年或更久的時間。

大麻類

大麻植物學名 cannabis sativa，生長在全世界氣候溫暖的地區。從各種大麻植物製造成的藥物，總稱為**大麻（canna-bis）**。它們之中最有效力的是哈希什（hashish，由印度大麻花及葉提煉而成）；效力較弱而最有名的一種大麻類形式，是**粗製印度大麻（marijuana，又稱大麻）**，是自大麻植物的芽、壓碎的葉子和雌花頂部混合製成。這些藥物的每一種，被發現各有不同的強度；因為大麻的效力深受植物生長的氣候、調製的方式、儲藏的方法及期間的影響。大麻有幾百種活躍的化學物，**四氫大麻酚（tetrahydrocannabinol, THC）**是大麻最有效力的成分。THC 含量愈多，大麻的效力愈大：哈希什含有大量的 THC，而粗製印度大麻的 THC 含量較少。

當抽大麻菸時，它會產生一種幻覺劑、鎮靜劑及興奮劑的混合效果。在低劑量時，抽菸者通常有欣喜及放鬆感，而且變得不是安靜就是多話。然而，有些人變為焦慮、多疑或易怒，尤其當他們的心情很壞或在混亂的環境之下抽大麻。許多抽大

✪**大麻的來源**　大麻是由大麻植物 cannabis sativa 的葉子製成。此植物是一年生草本植物，成長高度在 3 到 15 呎之間，生長在廣大範圍的緯度、氣候和土壤上。

麻者報告他們有敏銳的知覺，並有迷人的強烈聲音和景象圍繞著他們。時間變慢了，距離和大小也好像比實際更大。這整個飄飄然的情況，術語稱為大麻中毒（cannabis intoxication）。身體的變化，包括眼睛變紅、心跳加快、血壓上升及食慾增加、口乾舌燥，及頭昏眼花。有些人則變得困倦及沉睡。

　　使用高劑量時，大麻會產生奇特的視覺經驗、改變身體影像及幻覺。抽大麻者也會變為混亂或衝動，有些人擔心別人要傷害他們。多數大麻的效力持續二到六小時。然而，心情的變化延續較久。

大麻濫用和依賴

　　直到 1970 年代初期，人們使用效力較弱的大麻（marijuana），都很少導致濫用或依賴。然而，今天許多人，包括大多數的高中生，都陷入一種大麻濫用的模式，他們使用大麻得到快感，但卻發現在社交和職業或學業大受影響（圖 12-3）。許多經常的使用者，也對大麻產生身體的依賴。他們對它發展耐受性，且當他們停用時，會經驗像流行性感冒症狀、坐立不安，及易怒（Chen et al., 2005; Smith, 2002; Kouri & Pope, 2000）。約有 1.7% 的美國人（420 萬人）在過去一年，顯示大麻濫用或依賴；有 4% 至 5% 的人，在他們一生當中某一時期，成為大麻濫用或依賴（NSDUH, 2008; APA, 2000）。

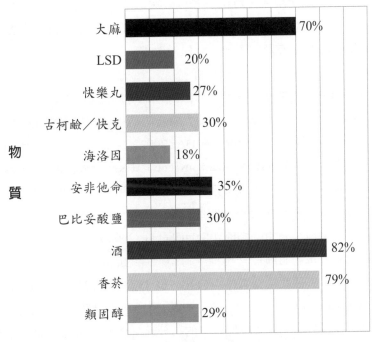

少年認為易取得物質的百分比

> **圖 12-3　少年取得物質有多容易？**　調查多數十年級學生，認為很容易取得的是香菸、酒及大麻；而約三分之一的少年認為容易取得的是快樂丸、安非他命、類固醇及巴比妥酸鹽（Johnston et al., 2007）。

　　為什麼大麻濫用和依賴，在最近三十年增加？主要是因為藥物的變化（Do-weiko, 2006）。今日在美國可廣泛取得的大麻，它比 1970 年代初期使用的效力至少更強四倍。今日大麻 THC 的含量，平均高到 8%，相較於 1960 年代後期則只有 2%（APA, 2000）。大麻現在生長在炎熱地區和乾燥的氣候，此增加了 THC 的含量。

大麻是否危險？

　　當大麻的效力和使用增加，研究者發現它會造成某些危險。它有時引起與幻覺劑相似的恐慌反應，使有些抽大麻者害怕會精神錯亂（Doweiko, 2006; APA, 2000）。這些反應與大麻其他的效力，典型的會在三至六小時內消失。

　　由於大麻會干擾複雜的感覺動作運作，以及認知功能的表現，它已引起許多汽車的意外事故（Kauert & Iwersen-Bergmann, 2004; Ramaekers et al., 2006）。而經常大量使用大麻的人，無論他們如何專注，他們卻經常無法記憶訊息，尤其是最近學習的任何事物，因此，抽大量的大麻者，在學業及工作上有嚴重的不利（Lundqvist, 2005; Ashton, 2001）。

　　有一項研究，比較長期使用大麻者及不使用者的血液流量（Herning et al., 2005）。在戒絕抽大麻一個月之後，長期使用者比不使用者，繼續顯示較高的血液流量；而少量大麻使用者（每週少於 16 次）及中度的使用者（每週少於 70 次），儘管血液流量仍舊高於正常，但在一個月的戒絕療期確實有點改善；然而，重度使用者的血液流量，顯示沒有任何改善。這種延長的效應，有助於解釋大麻長期重度使用者的記憶和思考問題。

　　有些資料指出，慣常抽大麻者也導致長期的健康問題（Deplanque, 2005）。例如，引發肺部的疾病。研究顯示，抽大麻會降低從肺部排出空氣的能力（Tashkin, 2001），更甚於抽菸草的情況（NIDA, 2002）。此外，抽大麻比抽菸草，明顯含有更多的焦油和安息香比林（benzopyrene）（Ksir et al., 2008），而這兩種物質均與癌症有關。另外值得關心的是，慣常抽大麻對人類生殖作用的影響。自1970 年代後期以來的研究，發現長期抽大麻的男性，有較低的精子數，而且女性抽大麻者，也被發現有異常的排卵（Schuel et al., 2002）。

　　努力去教育大眾，有關於一再抽大麻所增加的危險，在整個 1980 年代已獲得成效。高中生每天抽此物質者的百分比，從 1978 年的 11%，降低為 1992 年的2%（Johnston et al., 1993）。而且，在 1992 年約 77% 的高中生，相信慣常抽大麻會引起嚴重的健康風險，高於較早幾年的百分比。然而，年輕人抽大麻，在 1990年代又再暴升。今日每天有 5% 的高中生抽大麻，而且約 55% 的人相信，慣常的使用有害健康（Johnston et al., 2007）（見圖 12-4）。

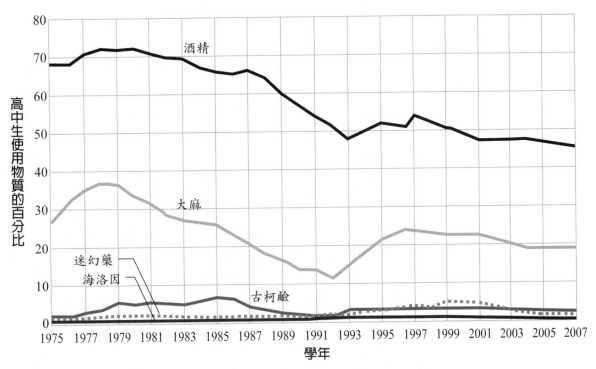

圖 12-4　**少年與物質使用**　全體高中生承認使用非法物質，在被調查的 30 天內至少使用一次的百分比；1970 年代上升，1980 年代下降，1990 年代初再上升，而自 1997 年略微下降（Johnston et al., 2007）。除了此圖中顯示的藥物，高中生在過去一個月內使用的其他藥物，包括快樂丸（1.6%）、吸入劑（1.2%）、甲基安非他命（1.2%），及類固醇（1%）。

大麻類和社會：一種障礙重重的關係

　　幾個世紀以來，大麻類在醫療上扮演重要的角色。兩千年前，它被中國醫生推薦為手術上的麻醉劑，而且被其他國家使用在治療霍亂、瘧疾、咳嗽、失眠症及風濕症。當大麻在二十世紀初期進入美國時，主要是以粗製印度大麻形式出現，它同樣使用在各種醫療的目的。然而，不久更有效的醫藥取代了它，大麻有利的觀點開始改變。大麻開始被作為娛樂用毒品，且它的不合法供銷變為司法厲行取締的問題。官方認為它有高度危險性，並宣布為不合法的「殺手菸草」。

　　但是大麻並沒有就此消失。在一個不再幻想、抗議及自我探究的 1960 年代中，年輕人發現從抽大麻得到快感的樂趣。在 1970 年代末期，1,600 萬人報告使用它至少一次，目前人口裡有 11% 是大麻使用者。

　　在 1980 年代，研究者發展精確的技術來測量 THC，及從大麻提取純的 THC；他們也發展實驗室作法的 THC。這些發明打開大麻類新的醫療應用（Mack & Joy, 2001; Watson et al., 2000），如使用它在治療青光眼——一種嚴重的眼睛疾病。大麻類也發現可幫助長期痛苦或氣喘病人、減少癌症病人在化學治療的反胃和嘔吐，以及促進愛滋病人的食慾，因此可克服此症病人體重的減輕。

根據這些發現，幾個有興趣的團體，在 1980 年代後期從事大麻的醫療合法化活動，他們指出它在腦部和身體開刀時，比實驗室發展的 THC 膠囊效力更快。然而，1992 年，美國食品藥物管理局停止覆審大麻「慈悲使用」的要求。他們堅持處方純的 THC，適合所有醫療功能的需要。然後，大麻醫療使用的擁護者，加快努力挑戰此立場，因此自 1996 年有 12 州通過法律，授予醫生對嚴重疾病或末期疾病的病人，有處方大麻的權利，而且世界上最有聲望的醫學刊物之一《新英格蘭醫學期刊》，刊登社論贊同大麻的醫療使用。

聯邦政府繼續反對及懲罰以醫療為目的，生產和銷售大麻。2005 年，美國最高法院裁定 6 比 3，抽大麻治病者，及幫助他們種植或取得大麻者，即使由醫生處方，及他們居住的州醫療用大麻是合法的，都可被起訴。雖然此裁定最初被視為對醫療用大麻的打擊，擁護者爭鬥到底；許多人依循最高法院法官 John Paul Stevens，在裁定時寫給多數人的忠告，指出醫療使用大麻者，注意國會廢除醫療用大麻的法律。事實上，美國國會最近考慮幾個法案及修正案，以保護醫療的大麻使用病人及處方的醫生。

同時，加拿大政府對此問題採取不同的方針。根據一系列的研究及試驗計畫，國家的健康照護管理者──Health Canada，目前准許罹患嚴重及使人衰弱的疾病者，使用醫療用的大麻，並且允許醫療用的大麻，在特定的藥房出售。使加拿大繼荷蘭之後，成為如此實施的第二個國家。

物質的混合

由於人們常每次不只服用一種藥物，稱之為多種物質使用（polysubstance use）模式，研究者乃研究各種藥物彼此間的相互影響。兩種重要的發現已經呈現在研究上：交叉耐受性和共同作用效應的現象。

有時兩種或更多種藥物，它們對腦部和身體的作用極為相似，以至於人們對一種藥物發展耐受性的同時，也對另一種藥物發展出耐受性，即使他們從未使用後者。相應地，顯示此**交叉耐受性**（**cross-tolerance**）的使用者，能藉著服用另一種藥物，來減輕所產生的戒斷症狀，例如，酒精和抗焦慮劑有交叉耐受性，因此，給與 benzodiazepines（苯二氮平類）、維他命和電解質，可能減輕酒精戒斷的譫妄性震顫反應（Ksir et al., 2008; Doweiko, 2006）。

當不同的藥物同時在身體裡面，它們可能倍數增加彼此的效力。此種相加的影響，稱為**共同作用效應**（**synergistic effect**），它是指大於每種藥物單獨使用的效應之總和：一種小劑量藥物混合另一種小劑量藥物，能使身體的化學作用，產生巨大的變化。

當兩種或更多種的藥物有相似作用時，共同作用效應即發生。例如，酒精、benzodiazepines、巴比妥酸鹽，及鴉片類──都屬鎮靜劑──當它們結合時，會嚴重的抑制中樞神經系統（Ksir et al., 2008）。甚至它們以小劑量結合在一起，也

會導致極度的中毒、昏迷，甚至死亡。例如，一位年輕人可能只是在派對中喝一些酒，之後即刻服用少量的巴比妥酸鹽幫助入睡。他認為他的行為有節制及有良好的判斷力——然而他可能不會再醒來。

當藥物有相反的或拮抗作用時，會產生不同的共同作用效應。例如，興奮劑干擾肝臟處理巴比妥酸鹽和酒精的功能。因此，混合使用巴比妥酸鹽或酒精，與古柯鹼或安非他命者，鎮靜劑藥物在他們系統的程度，可能增進中毒，甚至致命。服用安非他命幫助熬夜唸書的學生，然後服用巴比妥酸鹽去幫助睡眠，會不知不覺置自己於嚴重的危險之中。

每年有數萬人因多種藥物意外事件而住院，而他們當中有幾千人死亡（SAM-HSA, 2007）。有時其原因是粗心或無知。然而，使用多種藥物者，他們確實往往是由於喜歡共同作用效應。實際上，**多種物質關聯疾患（polysubstance-related disorders）** 在美國、加拿大及歐洲，變得與個別的物質關聯疾患一樣普遍（Rosenthal & Levounis, 2005; Wu et al., 2005）。有 90% 使用一種不合法藥物者，也使用另一種藥物到某種程度。深入調查一個快克使用者的團體治療活動，顯示有些團體成員也使用其他的物質：

治療師：現在，Gary，你能不能列出一個你所使用過的藥物表給我？

Gary　：Pot（大麻）、Coke（古柯鹼）、Crack（快克）、Mescaline（梅斯卡林）、Acid（迷幻藥）、Speed（脫氧麻黃鹼）、Crystal meth（晶體甲基）、Smack（海洛因）、Base dust（鹽基），有時還有 alcohol（酒）。

Dennis：Alcohol、Pot、Coke、Mescaline、LSD、Amyl nitrate（戊烷基硝酸鹽）、Speed 及 Valium（安定）。

Davy　：Coke、Crack、Reefer（大麻菸）、Alcohol、Acid、Mescaline、Mushrooms（迷幻蘑菇）、Ecstasy（快樂丸）、Speed、Smack。

Rich　：Alcohol、Pot、Ludes（鎮定劑）、Valium、Speed、Ups（安非他命）、Downs（巴比妥酸鹽）、Acid、Mescaline、Crack、Base、Dust（天使丸），就是那些。

Carol　：Alcohol、Pot、Cocaine、Mescaline、Valium、Crack。

（Chatlos, 1987, pp. 30-31）

許多影歌迷，現在仍哀痛許多位多種物質使用，而失去生命的名人之死亡。貓王 Elvis Presley 細心的處理興奮劑和鎮靜劑的均衡作用，最後置他於死地。Janis Joplin 混合酒精和海洛因使用，最後致命。而 John Belushi 及 Chris Farley，喜愛古柯鹼和鴉片類的混合效果，也以悲劇收場。

引起物質關聯疾患的原因為何？

　　臨床理論家在人們為何對各種物質濫用和依賴問題，發展出社會文化的、心理的和生物學的解釋。然而，沒有單一的解釋，獲得廣大的支持。正如其他許多的疾患，過度及長期的藥物使用逐漸增加，被認為是這些因素結合的結果。

社會文化的觀點

　　有些社會文化理論家主張，當人們生活在壓力的社經情境之下，最可能發展物質濫用或依賴模式。實際上，研究已發現，較高失業水平的地區有較高的酗酒率。同樣地，較低社經階層比其他的階層，有較高的物質濫用率（Franklin & Markarian, 2005; Khan, Murray, & Barnes, 2002）。在相關的脈絡，與 8.8% 的專職工作者與 9.4% 的兼職雇員相比，有 18.5% 的失業成人，目前使用一種不合法的藥物（NSDUH, 2008）。

　　其他社會文化理論家指出，在物質使用被重視，或至少被接受的家庭和社會環境中，物質濫用和依賴更可能出現。事實上，研究發現問題性的飲酒，在父母和同輩有飲酒習慣，及家庭環境是壓力的和無支持的少年中，相當普遍（Ksir et al., 2008; Lieb et al., 2002）。而且，在猶太人和新教徒中發現較低的酒精濫用率，這些團體的飲酒，只在保持清醒的限度內被接受；而酗酒率較高的愛爾蘭人及東歐人，一般而言，飲酒沒有清楚的界線（Ksir et al., 2008; Ledoux et al., 2002）。

心理動力的觀點

　　心理動力理論家認為，物質濫用者可追溯到他們的早期，有強烈的依賴需求（Lightdale et al., 2008; Stetter, 2000）。他們主張當父母不能滿足幼兒養育的需求，兒童為了獲得幫助和舒適，可能逐漸形成對他人過度依賴，而努力去找尋幼年時缺乏的營養物。假如此種尋求外在支持的需求，包含了毒品的嘗試，則此人可能對物質發展出一種依賴關係。

　　有些心理動力理論家也認為，某些人對他們早期被剝奪的反應，是發展出物質濫用人格（substance abuse personality），使他們特別有藥物濫用傾向。在人格測驗和病人的訪談中，實際上也顯示藥物濫用和依賴者，比其他人更有依賴、反社會、衝動、尋求新奇及憂鬱的傾向（Ksir et al., 2008; Coffey et al., 2003）。這些發現是有關聯的，然而，仍然沒有澄清是否這種人格特性會導致藥物使用，或是否藥物使用引起人們成為依賴、衝動及其他類似的現象。

　　為了確立較清楚的因果關係，一個縱貫研究測量一大群不喝酒年輕男性的人格特性，然後追蹤每位男性的發展（Jones, 1971, 1968）。幾年之後，在中年發展飲酒問題男性的特質，與沒有發展這些問題男性的特質作比較，發現已發展飲酒

問題的男性，在少年時更衝動，而且此特性持續到中年。研究進而指出衝動的男性，確實更有發展酒精問題的傾向。同樣地，在一個實驗室的調查，「衝動的」老鼠——那些對延緩獎賞有困難者——在提供牠們酒時，被發現比其他老鼠喝得更多（Poulos, Le, & Parker, 1995）。

此種爭論方向的主要缺點，是與物質濫用和依賴的人格特性有關的範圍很廣。事實上，不同的研究指出不同的「關鍵」特性。由於某些藥物上癮者顯現依賴，有的人顯現衝動，而另有些人則顯現反社會，因此研究者目前不能斷定任何一種人格特性或團體特性，是凸顯物質關聯疾患的要素（Chassin et al., 2001）。

認知──行為的觀點

根據行為主義學家的說法，操作制約可能在物質濫用扮演關鍵的角色（Ksir et al., 2008; Higgins et al., 2004）。他們認為藉著藥物產生暫時減輕緊張或提升精神，具有獎賞的作用，因而增加使用者再尋求此種反應的可能性。同樣地，物質的獎賞作用，也導致使用者最後嘗試較高的劑量，或更強效的攝取方法（見表12-4）。認知理論家進一步主張，這種獎賞最後產生將會有物質獎賞的預期，而此種期望刺激個人在緊張時，更增加藥物的使用（Chassin et al., 2001）。

表 12-4 物質服用的方法

方　法	途　徑	到達腦部時間
抽煙吸入	藥物以煙霧的形式吸入，經由嘴和肺部到循環系統。	7 秒
鼻孔吸入	藥物以粉末方式吸入鼻子。有些藥物落在鼻子的黏液薄膜，被血管吸收進入血流。	4 分
注射	液體狀的藥物，經由針頭直接進入身體。注射可為靜脈內或肌肉內的（皮下的）。 　靜脈內的 　肌肉內的	20 秒 4 分
口服	藥物以固體或液體方式，通過食道和胃部，最後進入小腸。它是被腸的血管吸收。	30 分
其他途徑	藥物可經由含有黏液薄膜的區域吸收。藥物可放置在舌下、插入肛門及陰道，及以眼滴方式實施。	不定

資料來源：Ksir et al., 2008; Landry, 1994, p. 24.

對行為和認知觀點的支持，在研究上已發現，許多受試者當他們感覺緊張時，確實喝更多的酒或尋求海洛因（Ham et al., 2002; Cooper, 1994）。有一項研究，當受試者從事困難的拼字遊戲時，一個研究者安排的同謀，對他們作不公平

的批評和貶抑（Marlatt, Kosturn, & Lang, 1975）；然後受試者被要求去參加一個
「酒類試飲工作」，表面上是去比較和評定含酒精的飲料。這些受騷擾的受試
者，比沒有被批評的控制組受試者，在試飲工作中喝更多的酒。第三組受試者，
當他們在拼字遊戲時被騷擾，但是給予機會去回敬對他們的批評；這些受試者在
試飲工作中，喝得相當少。他們的報復行為，顯然減輕了他們的緊張，並減少對
酒精的需求。

可以說，認知—行為理論家認為，許多人當他們感覺緊張時，就吃藥物來
「治療」自己。果真如此，則罹患焦慮症、憂鬱症或其他類似問題者，預期將有
較高的藥物濫用率。事實上，超過22%罹患心理疾病的成人，在過去一年有酒精
或其他物質的依賴或濫用。例如，研究顯示約四分之一的嚴重憂鬱症者，有藥物
濫用或依賴（NSDUH, 2008）。

當然，並非所有的藥物使用者在最初使用時，就發現藥物令人快樂或有強化
的妙用。例如，許多人報告他們第一次抽大麻，並沒獲得快感；有些鴉片使用
者，在最初的經驗是不受影響或作嘔的。而且，即使當藥物開始產生愉快感和獎
賞時，一個使用者對它們的反應，也隨時間而改變。例如，有些人服用藥物愈來
愈多時，他們變為焦慮和憂鬱（Ksir et al., 2008; Roggla & Uhl, 1995; Vaillant,
1993）。那麼，為什麼使用者繼續服用藥物？

有些行為學家用Richard Solomon的相對歷程理論（opponent-process theory）
來回答此問題。Solomon（1980）認為腦部是以一種快樂情緒的方式構成，例如，
藥物誘發的欣快感，無可避免的會導致對抗的歷程——負面的後效——使此人會
感覺比平常更糟。人們繼續使用帶來快樂的藥物，必然發展相對的副作用，如渴
求更多的藥物、增加對藥物的需求，及戒斷反應。根據Solomon的說法，此對抗
歷程最後的控制及逃避負面後效，取代了服藥追求快樂的最初動機。雖然它是一
個極受注意的理論，但對抗歷程的解釋並未受到系統研究的支持。

還有其他的行為主義學家，認為古典制約在藥物濫用和依賴扮演一個角色
（Haney, 2008; Drobes, Saladin, & Tiffany, 2001）。正如第三章和第五章所述，古
典制約的發生，是兩個刺激出現的時間很接近，在個人的心理上變為連結在一
起，以致最後此人對每個刺激有相同的反應。與服藥物時同時出現在環境中的暗
示或物體，其作用像古典制約刺激，結果產生如同藥物本身帶來的快樂一般。例
如，只是出現皮下注射的針頭、藥物夥伴，或經常供給者的景象，就足以安慰海
洛因或安非他命濫用者，並緩和他們的戒斷症狀。以相同的方式，在戒斷痛苦中
出現的暗示或物體，也可產生類似戒斷的症狀。一位以前有海洛因依賴，經驗反
胃和其他戒斷症狀的男人，當他回到他過去經歷戒斷的鄰近地區時——引導他再
開始使用海洛因的反應（O'Brien et al., 1975）。雖然古典制約似乎出現在某些個
案，或藥物依賴及濫用方面，它並沒有獲得廣泛研究的支持，而把它當作此種模
式的主要因素（Drobes et al., 2001）。

生物學的觀點

近年來，研究者懷疑藥物濫用可能有生物的原因。遺傳傾向和特殊的生化歷程，已提供這種猜疑的某些支持。

遺傳傾向

多年來，許多生育實驗被實施，以理解是否某些動物有成為藥物依賴的遺傳傾向（Kreek, 2008; Li, 2000; Kurtz et al., 1996）。例如，有幾個研究，調查者最初先確認喜愛酒精甚於其他飲料的動物，然後把牠們與其他的動物交配。通常這些動物的後代，被發現也顯示不尋常的酒精偏愛（Melo et al., 1996）。

同樣地，人類雙胞胎的研究指出，人們可能遺傳濫用物質的傾向。一個經典的研究發現，酒精濫用的一致率，在同卵雙胞胎團體為 54%；亦即，假如一個同卵雙胞胎有酒精濫用，另一個雙胞胎有 54% 的個案也有酒精濫用。相反地，異卵雙胞胎團體的一致率只有 28%（Kaij, 1960）。其他的研究已發現類似的雙胞胎模式（Legrand et al., 2005; Tsuang et al., 2001; Kendler et al., 1994, 1992）。然而，正如我們的觀察，這些發現不能排除其他的解釋。首先，兩個同卵雙胞胎所得到的教養，比兩個異卵雙胞胎所得到的更為相似。

遺傳在物質濫用和依賴扮演某種角色的一個更有力指標，是來自出生後不久即被領養者的酗酒率研究（Walters, 2002; Cadoret et al., 1995; Goldstein, 1994）。這些研究，是以被領養者的親生父母有酒精依賴，與親生父母無酒精依賴來作比較。在成年期時，這些親生父母有酒精依賴的人，典型的比親生父母無酒精依賴者，顯示有較高的酒精濫用率。

遺傳關聯方法及分子生物技術，對遺傳解釋的支持，提供更直接的證明（Gelernter & Kransler, 2008）。一個調查方法發現，有異常形式的多巴胺-2（D2）接受器基因，出現在多數的酒精、尼古丁及古柯鹼依賴的受試者身上，而無依賴的受試者則少於 20%（Preuss et al., 2007; Connor et al., 2002; Blum et al., 1996, 1990）。在物質關聯疾患的某些研究，也發現與其他基因有關（Gelernter & Kransler, 2008; Kreek, 2008）。

生化因素

過去數十年，研究者已把藥物耐受性及戒斷症狀的幾個生物解釋拼湊起來（Kleber & Galanter, 2008; Koob, 2008; Kosten et al., 2005）。根據其中一種主要的解釋是，當一種特殊藥物被攝取，它增加某些傳導物質正常的鎮靜、減輕痛苦、提升情感，或增加警覺的活動。當一個人繼續服用藥物，腦部明顯作出調適，並減少其神經傳導物質的產量。由於藥物增加神經傳導物質的活性或效能，較不需要腦部的行動。當藥物攝取增加，身體內神經傳導物質的產量繼續降低，使人需

要愈來愈多的藥物以達到它的效果。以此方式，藥物服用者對藥物發展耐受性，變為愈來愈依賴它，而不是以自己的生理歷程去感覺平靜、舒適、快樂或警覺。假如他們忽然停止服藥，他們的神經傳導物質的供應會暫時降低，而產生戒斷症狀。戒斷會持續到腦部恢復它常態的神經傳導物質的產量。

　　哪一些神經傳導物質會受到影響，視所使用的藥物而定。長期及過度使用酒精或 benzodiazepines，會降低腦部神經傳導物質 GABA 的產量；經常使用鴉片類，可能減少腦部腦內啡的產量；而經常使用古柯鹼或安非他命，也會降低腦部多巴胺的產量（Haney, 2008; Volkow et al., 2004, 1999）。此外，研究者已確認稱為anandamide〔來自梵文字「極樂」（bliss）〕的神經傳導物質，其作用很像THC；過度使用大麻，可能減少此種神經傳導物質的產量（Hitti, 2004; Johns, 2001）。

　　這種理論有助於解釋為何慣常服用物質的人們，會經歷耐受性和戒斷反應。但是為什麼這些藥物會有如此的酬賞，及為什麼某些人首先求助於它？一些腦部影像的研究指出，許多或也許所有的藥物，最後會刺激一個腦部的**獎賞中心**（**reward center**）或「愉快路徑」（pleasure pathway）（Haney, 2008; Koob & LeMoal, 2008; Schultz, 2006）。此獎賞中心，明顯的從腦部稱為腹側被蓋區（ventral tegmental area）（在中腦）延伸到伏隔（nucleus accumbens）及額葉皮質（見圖 12-5）。在此愉快路徑，關鍵的神經傳導物質是多巴胺（dopamine）

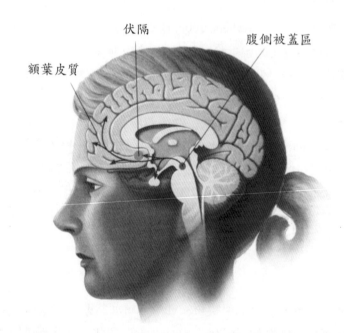

額葉皮質　　伏隔　　腹側被蓋區

圖 12-5　腦部的快樂中心　藥物產生愉快感的一個原因，是因為它們增加神經傳導物質多巴胺的水平。它們沿著腦部的「愉快路徑」，從腹側被蓋區延伸到伏隔，然後到額葉皮質。這種快樂中心的活化，在上癮扮演一個角色。

（Higgins & George, 2007; Volkow et al., 2004）。當在愉快路徑的多巴胺被刺激，一個人會經驗到愉快。音樂可刺激獎賞中心的多巴胺，擁抱或讚美的話也一樣，藥物也是。有些研究者認為其他的神經傳導物質，也在獎賞中心扮演重要的角色。

某些藥物，顯然會直接刺激獎賞中心。記住，古柯鹼、安非他命及咖啡因會直接增加多巴胺的活動。其他的藥物似乎以間接的方式刺激它。由酒精、鴉片類及大麻引起的生化反應，可能發動一系列的生化情況，最後導致增加多巴胺在獎賞中心的活動。

有些理論學家，懷疑藥物濫用者罹患**獎賞缺乏症候群**（**reward-deficiency syndrome**）：他們的獎賞中心，不容易被他們生活中的日常事件所激發（Blum et al., 2000; Nash, 1997）。因此，他們求助於藥物去刺激此愉快路徑，特別是在有壓力時。異常的基因，如異常的 D2 接受器基因，被證明可能是引起此症候群的原因（Finckh, 2001; Lawford et al., 1997）。

物質關聯疾患如何治療？

許多的方法被用來治療物質關聯疾患，包括心理動力的、行為的、認知—行為的、生物學的及社會文化的治療法。雖然這些治療有時取得極大的成功，但是它們通常只提供些許的幫助（Myrick & Wright, 2008; Frances et al., 2005; Prendergast et al., 2002）。今日的治療法，典型的是使用門診或住院方式，或結合二者（Carroll, 2008, 2005; Weiss et al., 2008）（見圖 12-6）。

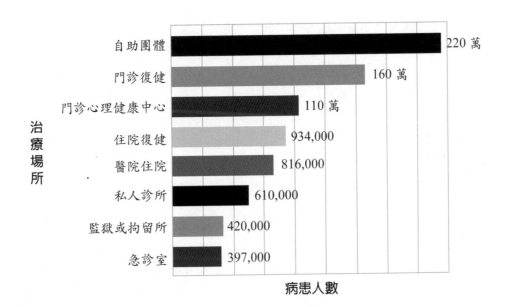

圖 12-6 人們在何處接受治療？ 大多數的物質濫用和依賴者，在自助團體、門診復健中心或心理健康中心治療（NSDUH, 2008）。

　　治療物質濫用和依賴的評價，很難確定。畢竟不同的物質關聯疾患造成不同的治療問題。而且，有些人完全沒有治療就恢復，而另一些人恢復，然後又復發（Miller, 2000）。最後，不同的臨床研究者，使用不同的標準。例如，一個人要戒絕物質使用多久，才稱為是一個成功的治療？完全戒絕是唯一的標準，或減輕藥物使用就可接受？

心理動力治療法

　　心理動力治療師首先引導患者，揭開及重構他們潛在的需要，以及他們認為導致疾患的衝突。然後治療師幫助他們改變物質有關的生活型態（Lightdale et al., 2008; Dodes & Khantzian, 2005）。雖然此治療法經常被運用在物質關聯疾患，但研究發現它對物質關聯疾患的個案，沒有特殊的效果（Cornish et al., 1995; Holder et al., 1991）。可能原因是藥物濫用或依賴，不管它最初的原因為何，最後都會變為一種難以對付的獨立問題，假如人們要擺脫藥物，它必須是治療的直接目標。當心理動力治療法結合其他多層面的治療方案，會有較大的幫助（Lightdale et al., 2008; Galanter & Brooks, 2001）。

行為治療法

　　對物質關聯疾患廣泛使用的行為治療，是*嫌惡治療法*（aversion therapy），它是根據古典制約原理的一種方法。在每次人們正要服用藥物時，對他們反覆呈現不愉快的刺激（例如，電擊）。在反覆如此的配對之後，他們被預期對物質有負面的反應，並失去對它的渴望。

　　嫌惡治療法被應用在酒精濫用和依賴，多於其他的物質關聯疾患。在此種治療法的一種方式，是將喝酒行為與藥物誘發的反胃和嘔吐配對在一起（Owen-Howard, 2001; Welsh & Liberto, 2001）。其他的方式是內隱敏感法（covert sensitization），此法要求酗酒者去想像，他們在喝酒時極為心煩、令人厭惡，或驚恐的景象（Cautela, 2000; Kassel et al., 1999）。將想像的景象與酒精配對在一起，是期望患者對酒精產生負面的反應。以下是治療師引導患者去想像的某類景象：

　　　我要你逼真地想像，你正在喝酒及品嚐（啤酒、威士忌等等）。你正在一個餐廳（或 pub 等），其他人也正在那裡飲酒。看著你自己正在那兒喝酒。捕捉酒確切的滋味、顏色和氣味。運用你所有的感覺，想像你真正的在喝它、嚐它、吞它、感覺在你手中的玻璃杯；並且察覺它的溫度、味道和香味，特別是滋味。

　　　當你吞下酒時，坐在離你不遠的男人發出低聲的呻吟，他把酒杯放回桌子，並推開它。當他用雙手緊抓胃部時，他的頭低垂及不斷呻吟。他愁眉苦

臉及慢慢搖他的頭，他的眼睛現在緊閉。他的臉變為陰沉的蒼白，當他開始做快速吞下的動作時，他的手在顫抖。他張開眼睛並匆忙把雙手覆蓋在嘴上，但是無法忍住而嘔吐出來。你很清楚地看到這些。食物殘渣黏在他的臉上，弄濕他的衣服，甚至延及杯子。他繼續嘔吐，他最後進餐的殘渣黏在他的下巴，熱濕的酒精味傳到你這兒。他是一種真正令人討厭的景象。他現在在乾吐，沒有多餘的東西可吐出，但是他的臉仍然蒼白，而且繼續呻吟。

我要你逼真地想像，你正在喝酒及品嚐（啤酒、威士忌等等）。看著你自己正在喝它，捕捉它確切的滋味、顏色和濃度。運用你所有的感覺，在你品嚐了酒之後，你注意到有一些小的和白色的漂浮物在玻璃杯裡——它很引人注目。你俯身靠近去仔細檢查它，你的鼻子現在正在杯子上，氣味充滿你的鼻孔，正如你所記憶的飲料味道。現在你能看到杯子中有些什麼。有一些蛆漂浮在水面上。當你注視時，令人噁心的，有一隻蛆黏住杯子，蠕動爬行在杯子上。甚至比你最初所想的，有更多令人厭惡的生物在杯子上。你領悟到你已經吞下了牠們一些，而且你察覺到在嘴裡的味道，你感到很噁心，而且希望你完全不再碰杯子及飲酒。

(Clarke & Saunders, 1988, pp. 143-144)

對濫用古柯鹼及其他藥物濫用者，短期治療有效的行為方法是後果處置（contingency management）；它使誘因（如，現金、證書、獎品，或給予特權）取決於患者提出的尿液樣本中，沒有藥物成分（Higgins & Silverman, 2008; Kosten et al., 2008）。有一個開創的研究，68%完成六個月後果訓練計畫的古柯鹼濫用者，達到繼續戒絕藥物至少八週（Higgins et al., 1993）。

當僅用一種行為的治療方法來治療物質濫用和依賴時，通常只有有限的成效（Carroll, 2008）。最主要的一個問題，是此法只有當個人有動機，不管它們產生的不愉快或要求，都願意繼續此種治療方式者才會有效（DiClemente et al., 2008）。通常行為的治療結合生物或認知的方法，效果最好（Higgins & Silverman, 2008; Grilly, 2006）。

認知—行為治療法

有兩種結合認知和行為技術常用的方法，可幫助人們對物質相關行為獲得控制（Carroll, 2008）。一種是**行為自我控制訓練（behavioral self-control training, BSCT）**，應用在特殊的酗酒，治療師首先要患者追蹤自己的飲酒行為（Bishop, 2008; Adelson, 2005; Miller et al., 1992; Miller, 1983）。患者要記下自己飲酒的時間、地點、情緒、生理變化及其他飲酒的情況，因而他們變得更能察覺使他們會過度飲酒的風險情境。然後他們被教導當出現這些情境時，可使用的因應策略。

　　例如，他們學習對飲酒設定界限（見以下「深度探索」專欄），當認清達到臨界點時，就控制自己的飲酒速率（也許保持飲酒的間隔，或啜飲而非大口的飲），並練習放鬆技術、果斷技巧，及其他不同飲酒情境的因應行為。約 70% 完成此訓練的人，明顯地顯示有一些進步，尤其是對那些年輕及生理上無酒精依賴的人（Deas et al., 2008; Ksir et al., 2008; Walters, 2000）。

　　另外有關的認知—行為方法，是**預防復發訓練（relapse-prevention training）**，嚴重的酗酒者，被指定許多像自我控制訓練患者一樣的作業（Witkiewitz & Marlatt, 2007, 2004）。他們也被指導對喝多少酒是適當的、喝什麼及在何種情況下喝，在事前作好計畫。雖然多數的患者，只有在反覆預防復發治療之後達到成功，此法往往能降低酒精中毒的頻率（Witkiewitz & Marlatt, 2007, 2004）。此法也被使用在大麻和古柯鹼濫用的治療，以及其他的疾患，如性倒錯（見第十三章），有些許的成效。

「深度探索」專欄

控制藥物使用，抑或戒絕使用

　　是否完全戒絕，是藥物濫用和依賴唯一的選擇？或物質關聯疾患者，學習在控制之下維持藥物使用？此問題已經爭論多年，尤其是有問題的藥物是酒精的話（Ksir et al., 2008; Adelson, 2005）。

　　一些認知—行為理論家認為，假如人們學習設定適當的飲酒限度，他們可繼續適度的飲酒。他們認為要求人們絕對的戒絕，事實上如果他們有單獨飲酒的機會，可能導致他們完全失去自我控制（Witkiewitz & Marlatt, 2007, 2004; Marlatt et al., 2001）。相反地，那些視酗酒為疾病的人，採取匿名戒酒會（AA）「一旦成為酗酒者，就一直是酗酒者」的立場，則認為酗酒的人，當他們相信他們能安全的喝一杯時，事實上更可能復發（Pendery et al., 1982）。他們所持的這種錯誤觀念，遲早會再度開啟喝酒的大門，及導致無法控制的飲酒行為。

　　此事給人的感覺如此的強烈，以至於 1980 年代的人們，有時一方挑戰另一方的動機和誠實（Sobell & Sobell, 1984, 1973; Pendery et al., 1982）。然而研究顯示，克制飲酒和戒絕二者，可能是有用的治療目標，則端視個人的人格及特殊飲酒問題的性質而定。例如，研究認為對有長期的酒精依賴者，戒絕是較適當的目標；而克制飲酒，則對年輕沒有生理依賴的飲酒者較有幫助。年輕人實際上需要被指導非濫用形式的飲酒（Deas et al., 2008; Ksir et al., 2008; Witkiewitz & Marlatt, 2007, 2004）。研究也指出，相信戒絕對他們是唯一的答案者，採取戒絕是適當的（Carbonari & Di Clemente, 2000; Rosenberg, 1993）。這些人的確在只飲一次酒之後，便可能復發。

　　一般來說，戒絕及克制飲酒，對酗酒者是極端難以達成的。雖然治療可幫助他們改善一段時間，許多人仍會復發（Myrick & Wright, 2008; Adelson, 2005; Allsop et al., 2000）。這種統計提供一種嚴肅的提示，物質濫用及依賴，是社會繼續存在的最無力問題。

生物治療法

　　生物的方法可用來幫助人們的物質戒斷、戒絕它們或僅維持使用不會進一步增加的水平。正如同其他形式的治療，單獨使用生物治療法很少帶來長期的進步，但是當它結合其他方法時，會很有幫助。

🍃 解毒

　　解毒（detoxification）是系統及醫療的監督藥物的戒斷。有些解毒方案是以門診方式提供；其他是醫院和診所也提供個別和團體治療，即一種「全方位服務」制度的方法，也漸漸普遍。有一種解毒方法，是讓患者逐漸戒斷物質，服用愈來愈少的劑量，一直到他們完全戒掉它（Wright & Thompson, 2002）。第二種解毒策略──往往是醫療的首選──是給與患者其他的藥物，以減輕戒斷的症狀（Ksir et al., 2008; Oslin, 2006）。例如，抗焦慮劑有時用來減輕嚴重的酒精戒斷反應，如震顫性譫妄及痙攣等。解毒方案似乎可幫助有動機的人們戒斷藥物（Diclemente et al., 2008; Allan et al., 2000）。然而，在患者解毒成功之後，若沒有接受後續的治療形式──心理的、生物的或社會文化的──將有高復發率的傾向（Polydorou & Kleber, 2008）。

🍃 拮抗劑

　　在成功的停止藥物使用之後，人們必須避免退回濫用或依賴的模式。為了幫助抗拒誘惑，有些物質關聯疾患者被給與**拮抗劑**（antagonist drugs），它具有阻斷或改變上癮藥物的作用 （O'Brien & Kampman, 2008; McCance-Katz & Kosten, 2005）。例如，雙硫醒（disulfiram）（戒酒硫），常給與試圖遠離酒精的人使用。使用低劑量此藥物，會有一些負面效果。一個飲酒者服用雙硫醒，會經驗強烈的反胃、嘔吐、臉紅、心跳加快、頭昏眼花及甚至暈眩。服用雙硫醒的人較不可能飲酒，因為他們知道可怕的反應在等待他們，即使他們只飲一次。雙硫醒證明是有效的，但是只為有動機服用它的人才開藥方（Diclemente et al., 2008; Grilly, 2006）。

　　有幾種其他的拮抗劑目前被試驗，作為酒精依賴者可能的治療（Ehrenfeld, 2005）。不像雙硫醒，當它們和酒精結合時，不會使個人不適，但它們改變腦部神經傳導物質GABA的釋放，因而降低個人對酒精的渴望。一種在研究之下的此類藥物是topiramate（商品名Topamax），它是一種多年用來治療腦部癲癇症的藥物（DeSousa et al., 2008）。

　　在鴉片依賴領域，幾種麻醉性拮抗劑，如 naloxone 及 naltrexone，是被用來治療此類上癮者的藥物（O'Brien & Kampman, 2008; Kirchmayer et al., 2002）。這種拮抗劑連結遍布腦部的腦內啡接受器受植區，使鴉片類不可能有它們平常的效

力。由於沒有快感或飄飄然，繼續使用藥物變為無意義。雖然麻醉性拮抗劑有效果——尤其在緊急情況，拯救鴉片類服用過量的人——但有些臨床工作者，認為以它們作為鴉片依賴的正規治療太危險。這種拮抗劑必須小心使用，因為它們有使上癮的人進入嚴重戒斷的能力。近年來，號稱局部的拮抗劑（partial antagonists）已被發展出來，它是產生較不嚴重的戒斷症狀之麻醉性拮抗劑（Ksir et al., 2008; O'Brien & Kampman, 2008）。

最近的研究顯示，麻醉性拮抗劑在治療酒精和古柯鹼的依賴也有效（Bishop, 2008; Oslin, 2006; O'Brien & McKay, 2002）。例如，在某些研究發現，麻醉性拮抗劑 naltrexone，對降低酒精的渴望有幫助（O'Malley et al., 2000, 1996, 1992）。為什麼麻醉性拮抗劑運作在腦部的腦內啡接受器，能幫助酗酒，它主要與GABA受植區的活性有關嗎？此答案在於腦部的獎賞中心（Gianoulakis, 2001）。假定各種藥物最後會刺激相同的愉快路徑，那麼以迂迴方式，作為一種藥物的拮抗劑，也可能影響其他藥物的作用，似乎是合理的推論。

藥物持續治療法

與藥物有關的生活方式，可能是比藥物直接的效力更大的問題。例如，許多由海洛因上癮的傷害，是由藥劑過量、非無菌的針頭，及伴隨發生的犯罪生活所引起。當美沙酮持續方案（methadone maintenance programs）在 1960 年代發展，用以治療海洛因上癮，臨床工作者對它非常的狂熱（Dole & Nyswander, 1967, 1965）。在此方案中，給與上癮者實驗室合成的鴉片美沙酮，作為海洛因的替代。雖然患者接著轉為美沙酮依賴，但他們新的上癮是在安全的醫療監督之下。不像海洛因，美沙酮只可用嘴服用，因而消除針頭的危險，而且一天只需服用一次。

最初，美沙酮方案似乎非常有效，因此在美國、加拿大及英國各地成立很多此種方案。然而，由於美沙酮本身的危險，這些方案在 1980 年代中，變為較不流行。許多臨床工作者後來認為，把一種上癮以另一種上癮來替代，不是可接受的物質依賴「解決」辦法，而且許多上癮者抱怨，美沙酮上癮產生另外的藥物問題，把他們本來的問題複雜化（McCance-Katz & Kosten, 2005）。事實上，美沙酮比海洛因更難戒斷，因為戒斷症狀持續更久（Ksir et al., 2008; Backmund et al., 2001）。而且，懷孕婦女繼續服用美沙酮，增加藥物對胎兒影響的憂慮。

儘管有這些憂慮，美沙酮持續治療——或用 buprenorphine，另一種廣泛使用的替代藥——近年來再度引起臨床工作者的關注，部分由於新研究的支持（Strain & Lofwall, 2008），及部分由於愛滋病毒及 C 型肝炎病毒，在靜脈注射的藥物濫用者與他們的性伴侶和孩子中，快速的擴展（Galanter & Kleber, 2008; Schottenfeld, 2008）。1990 年代初期，超過四分之一的愛滋個案報告，發現直接與藥物濫用有關，且靜脈注射的藥物濫用，間接導致 60% 的幼年期愛滋個案。美沙酮治療，不

僅比街頭的使用鴉片更安全，而且目前許多美沙酮方案，它們的服務包含 AIDS 教育及其他的健康教育（Sorensen & Copeland, 2000）。研究指出，美沙酮持續方案，結合教育、心理治療、家族治療及職業諮商，最為有效（Schottenfeld, 2008; O'Brien & McKay, 2002）。今日，全美國有數千個診所提供美沙酮治療（MTC, 2008; ONDCP, 2002, 2000）。

社會文化治療法

正如前述，社會文化理論家——家庭—社會及多元文化理論家二者——認為心理的問題若發生在社會環境，則最佳的治療是在社會的背景。有三種社會文化方法，被應用在物質關聯疾患：(1)自助方案；(2)文化及性別敏感方案；(3)社區預防方案（Ritvo & Causey, 2008）。

自助及住宅治療方案

許多藥物濫用者沒有專家的協助，自己組織起來，去幫助其他人復原。藥物自助運動始於 1935 年，當時俄亥俄州兩位蒙受酗酒之苦的男士，在一起討論替代治療的可能性。這種最初的討論，導致其他人及最後自助團體的形成，團體成員討論酒精相關問題、交換意見及提供支持。此組織成為所謂的**匿名戒酒會**（**Alcoholics Anonymous, AA**）。

今日匿名戒酒會，在全美國和其他 180 個國家，有 113,000 個團體，成員超過 200 萬人（AA World Services, 2008）。它提供同伴的支持及道德和精神指導方針，去幫助人們克服酗酒。不同的成員明顯的發現，匿名戒酒會有不同方面的幫助（Tonigan & Connors, 2008）。有些是友伴支持；有些則是精神層面的。匿名戒酒會的集會定期舉行，成員在一天 24 小時內可互相幫助。

此組織經由提供生活指導方針，幫助成員戒絕「一天一次」的想法，力勸他們接受自己無力克服酒精這個「事實」，及假定他們要過正常的生活，他們必須有完全與永久地停止飲酒的打算（Nace, 2008）。相關的自助組織 Al-Anon 和 Alateen，也對住在一起的人和關心酗酒者提供支持（Galanter, 2008）。其他物質關聯疾患的自助方案也陸續發展，如麻醉劑和古柯鹼匿名團體。

許多自助方案已擴展為**住宅治療中心**（**residential treatment centers**）或**治療性社區**（**therapeutic communities**）——如 Daytop Village 及 Phoenix House——那兒以前依賴藥物生活、工作及社會活動的人們，在戒除藥物的環境下，進行個人、團體及家族治療，並轉變為正常的社區生活（Brook, 2008; De Leon, 2008）。

維持自助和住宅治療方案，主要以個人推薦形式進行。數萬人顯示他們是這些方案的成員，並相信他們會轉變他們周圍的生活。這些方案的研究也有有利的發現，但它們的數量有限（De Leon, 2008; Moos & Timko, 2008; Tonigan & Connors, 2008）。

■ 文化及性別敏感方案

許多物質濫用者，生活在一個極為窮困及暴力的環境。今天愈來愈多的治療方案，試圖對特殊的社會文化壓力，及面對貧窮、無家，或少數族裔團體成員問題的藥物濫用者，有更高的敏感度（Cabaj, 2008; Westermeyer & Dickerson, 2008）。能對患者生活的挑戰保持敏感的治療師，更可幫助患者應付導致復發的壓力。

同樣地，治療師也變得更加察覺，女人所需要的治療方法不同於為男人設計的方法（Brady & Back, 2008; Blume & Zilberman, 2005）。例如，男人和女人對藥物有不同的生理和心理反應。此外，物質濫用女人的治療，由於性虐待的影響、她們服藥時有懷孕的可能性、養育孩子的壓力，及恐懼在懷孕期間濫用藥物犯罪的起訴等，使問題可能更複雜化（Finnegan & Kandall, 2008）。因而，有此疾患的許多女人，在性別敏感性診所或住宅方案尋求幫助，會感覺更舒適；有些這種方案，也允許兒童與恢復中的母親住在一起。

■ 社區預防方案

或許對物質關聯疾患最有效的方法是預防它們（Clayton et al., 2008; Ksir et al., 2008）。最初藥物預防的努力，是在學校中實施。今天預防方案也提供在工作場所、活動中心、其他社區環境，及甚至透過媒體（NSDUH, 2008）。超過 11% 的青少年報告，在過去一年他們已在校外參加物質使用預防方案。約 80% 的人看到或聽到物質使用預防的訊息；並約有 60% 在過去一年告訴父母，酒精和其他藥物的危險。

有些預防方案主張完全戒絕藥物，而其他的方案則教導負責任的使用。有些尋求中斷藥物使用，另外的則試圖延遲人們初次嘗試藥物的年齡。這些方案在提供藥物教育、指導替代的藥物使用、嘗試改變可能使用者的心理狀態、改變友伴關係，或結合這些技術也有所不同。

預防方案可能專注於個人（例如，提供有關藥物不愉快作用的教育）、家庭（教導親職技巧）、同儕團體（教導抗拒同儕壓力）、學校（建立穩固的藥物強制策略），或整個社區（用公共服務布告，如 1980 年代及 1990 年代的「說不」運動）。最有效的預防努力，是針對這些區域提供所有個人生活範圍，有關藥物濫用的訊息（Clayton et al., 2008; Ksir et al., 2008）。有些預防方案已擴展到學前兒童。

整合：一個熟悉故事的新難題

在某些方面，藥物誤用的傳聞，今天和過去一樣；物質使用仍然猖獗，而經

常產生有害的心理疾患。新藥物繼續出現，並且公眾經歷相信期，天真的認為它們是「安全」的，人們只有逐漸地學習到這些藥物也會引起危險。因此，物質關聯疾患的治療，依然只有有限的效果。

　　然而在這個熟悉的傳聞上，又有重要的新難題。研究者開始對藥物如何作用在腦部和身體，發展一個較清晰的了解。在治療領域，自助團體和復健方案正方興未艾。使人們察覺藥物誤用危險的預防教育也已展開，而且似乎有效果。這種改善的理由之一，是研究者和臨床工作人員停止孤立工作，代之以在他們自己的工作和其他模式的工作之間尋求交集。同類的整合努力，也幫助其他的心理疾患，對研究和治療物質關聯疾患產生新的前景和希望。

　　也許從這些整合的努力獲得最重要的洞察，是幾個模式已在正確的軌道上。社會壓力、人格特質、獎賞及遺傳傾向，都似乎在物質關聯疾患扮演重要角色，並且事實上在一起運作。例如，有些人可能遺傳功能不良的生物獎賞中心，因而需要特殊分量的外在刺激——例如，強烈的關係、大量的某種食物或藥物——以刺激他們的獎賞中心。他們追尋外在的獎賞，可能呈現上癮人格的特徵（Ebstein & Kotler, 2002）。此種人當他們的社會團體易於取得藥物，或面對劇烈的社會及個人壓力時，特別有嘗試藥物的傾向。

　　正如每種模式已發現，發展物質關聯疾患的重要因素，每種模式對治療也有重要的貢獻。正如前述，各種治療方式，當它們結合其他模式的方法，使統合的治療成為最富有成效的方法，其成果最好。

　　這些最近的發展受到鼓舞，然而，大量及增加藥物使用的水準仍在持續。幾乎每天都有新藥物和合成藥物出現，因而產生新的問題、難題及需要新的研究和新的治療。也許最有價值的功課是老生常談：天下沒有白吃的午餐。來自這些物質的快樂，因而產生昂貴的心理和生理的代價，有些甚至還無法估算。

 ## 摘要

●**物質誤用**　物質（substances）（或藥物，drugs）誤用，可能導致行為、情感或思想暫時的改變，包括中毒（intoxication）。長期及過度的使用，會導致物質濫用（substance abuse）或物質依賴（substance dependence）。對藥物依賴者可能對它發展耐受性（tolerance），或當他們戒除它時，經驗不愉快的戒斷症狀（withdrawal symptoms），或二者兼具。

●**鎮靜劑**　鎮靜劑（depressants）是減緩中樞神經系統活動的物質。每種主要的鎮靜劑，呈現某些問題和危險。長期及過度的使用這些物質，會導致濫用和依賴模式。

　　酒精（alcoholic）飲料包含乙醇（ethyl alcohol），它由血液運送到中樞神經系統，壓抑它的功能。當酒精的濃度在血流中達到 0.09%，就會發生中毒。其他

的活動中，酒精增加神經傳導物質GABA，在腦部重要受植區的活性。過度使用酒精與意外事件、健康問題及某些心理疾患有關。鎮靜安眠藥物（sedative-hypnotic drugs），包括巴比妥酸鹽（barbiturates）和苯二氮平類（benzodiazepines）會使人產生放鬆和困倦感。這些藥物也增加 GABA 的活性。

鴉片類（opioids）包含鴉片和從它衍生的藥物，如嗎啡（morphine）、海洛因（heroin）及實驗室製造的鴉片類。它們都會減輕緊張和痛苦，並產生其他的反應。鴉片類通常連接接受腦內啡（endorphins）的神經元，而起作用。

●興奮劑　興奮劑（stimulants）是增加中樞神經系統活動的物質。它們可導致中毒、濫用、依賴，包括有憂鬱、疲勞及易怒特徵的戒斷模式。古柯鹼（cocaine）、安非他命（amphetamines），及咖啡因（caffeine）（較無效力，但較廣泛使用），經由腦部多巴胺、正腎上腺素及血清素的活性增加，而產生效力。

●幻覺劑　幻覺劑（hallucinogens），如LSD，主要是引起感覺知覺重大改變的物質。它們使知覺增強，及發生妄想和幻覺。LSD是經由干擾神經傳導物質血清素（serotonin）的釋放，明顯地引起這些效應。LSD 的效力極強，它可導致一種「惡性幻覺」或瞬間經驗再現（flashbacks）。

●大麻類　Cannabis sativa 是一種大麻植物，主要成分是四氫大麻酚（tetrahydrocannabinol, THC）。大麻（marijuana），是最流行的大麻類（cannabis）形式，今天它變得比過去多年來的效力更強。它會引起中毒，並且經常地使用會導致濫用和依賴。

●物質的混合　許多人每次同時服用超過一種的藥物，這些藥物會互相影響。在同一時間使用兩種或更多種的藥物──多種物質使用（polysubstance use）──已愈來愈普遍。同樣地，多種物質關聯疾患（polysubstance-related disorders）也變為重大的問題。

●物質關聯疾患的解釋　對物質濫用和依賴的幾個解釋已經被提出。其中沒有單一的解釋，完全得到研究的支持，但是他們的結合對疾患帶來曙光。根據社會文化的（sociocultural）觀點，最可能濫用藥物者，是那些生活在產生壓力的社經情境，或家庭價值觀容許藥物的使用。心理動力學觀點（psychodynamic view）認為，轉向物質濫用者，可歸因於早期的生活有過度依賴（dependency）的需求。有些心理動力理論家也相信，某些人有物質濫用人格（substance abuse personality），使他們有藥物使用傾向。主要的行為觀點指出，藥物使用最初被強化，是因為它會減輕緊張及提振精神。根據認知理論家的說法，這種減輕也導致藥物將會令人舒適及有效的期望。

生物學（biological）的解釋，由雙胞胎、養子、遺傳關聯及分子生物學的研究支持，認為人們可能遺傳一種物質依賴的傾向。研究者也得知，藥物的耐受性和戒斷症狀，可能在過度及長期藥物使用中，腦部特殊神經傳導物質的產量減少所引起。最後，生物學研究指出，許多（或許所有）的藥物，可能最後會導致增

加腦部獎賞中心（reward center）的多巴胺活性。

　　●**物質關聯疾患的治療**　物質濫用和依賴的治療非常多樣化，通常是幾種方法結合使用。心理動力治療師試圖幫助患者，察覺及矯正導致他們藥物使用的潛在需求及衝突。一種常見的行為技術是嫌惡治療法（aversion therapy），它將一種不愉快的刺激與個人濫用的藥物配對。認知行為技術，是行為自我控制訓練（behavioral self-control training, BSCT）及預防復發訓練（relapse-prevention training）等形式的結合。生物的（biological）治療法，包括解毒（detoxification）、拮抗劑（antagonist drugs）及藥物持續治療法（drug maintenance therapy）。社會文化的治療，藉著自助團體（self-help groups）〔例如，匿名戒酒會（Alcoholics Anonymous）〕、文化及性別敏感治療（culture- and gender-sensitive treatments）及社區預防方案（community prevention programs）等方法，以社會背景處理物質關聯疾患。

第十三章

性疾患及
性別認同障礙

Robert，一位 57 歲的男子，由於無法勃起，與妻子一起來作性治療。他沒有勃起的問題，直到六個月前，有個晚上外出喝了幾次酒之後，欲進行性行為時才發生。他們把他勃起失敗歸因於「喝了一些酒」，但是之後幾天，他開始擔心自己可能變成性無能。在後來的性行為，他發現自己無法全心投入正在進行的事，因為他太專注於自己是否能夠勃起。因此性行為再次失敗，使他們兩人都很苦惱。他的勃起失敗持續到後來的幾個月。Robert 的妻子心情非常煩亂及……挫折，甚至指控他有外遇，或覺得她不再有吸引力。Robert 則懷疑他自己是否老了，或是否他服用一年的高血壓藥物，可能干擾他的勃起……當他們來作性治療時，他們已經兩個多月沒有任何的性活動。

（LoPiccolo, 1992, p. 492）

性行為是我們私密想法和公眾話題兩者的重要焦點。性的感覺是我們成長及日常功能的重要部分，性活動關係到我們基本需求的滿足，性的表現則與我們的自尊有關。多數人被他人異常的性行為所迷惑，並擔心自己性能力是否正常。

專家認定兩類一般的性障礙：性功能障礙（sexual dysfunctions）和性倒錯（paraphilias）。性功能障礙患者，是經驗性反應上的問題。例如 Robert，有所謂勃起障礙的性功能失常，而在性活動中一再無法達到或維持適當的勃起。性倒錯的患者，是對社會認為不適當的物體或情境，一再出現強烈的性衝動或幻想，而且他們也會表現不適當的行為。例如，他們可以經由想像和一個兒童發生性關係，或對陌生人暴露性器官而激起情慾，以及根據這些慾望而採取行動。除了這些性疾患之外，DSM 還包括稱為性別認同障礙（gender identity disorder）的診斷，是一種與性有關的模式，患者持續感覺他們被生為錯誤的性別，而且實際認同與自己不同的性別。

在本章中，除了性別差異，有關種族和文化在性方面的差異，較少被人了解；正常的性模式、性功能障礙及性倒錯也一樣。雖然不同文化的團體，多年來一直被標記為性慾極強、易激動、奇特的、熱情的及服從的等等，這種不正確的刻板印象，並非從客觀的觀察或研究得來，而是來自全然的無知或偏見（McGoldrick et al., 2007; Lewis, 2006）。事實上，性治療師及性研究者，最近才開始有系統的注意，文化和種族性差異問題的重要性（McGoldrick et al., 2007）。

性功能障礙

性功能障礙（sexual dysfunctions），此類患者是在性功能的重要方面，不能正常的反應，以至於在享有性行為的樂趣上，引起困難或不可能。一個大型研究指出，美國有 31% 的男性和 43% 的女性，在他們的人生中遭受此種功能障礙之苦（Laumann et al., 2005, 1999; Heiman, 2002）。性功能障礙典型的特徵是非常

苦惱，並且經常導致性的挫折、罪惡感、喪失自尊及人際關係的問題（Basson, 2007; Basson et al., 2001）。這些功能障礙經常互有關聯，許多病人有其中的一種障礙，也會經驗到另一種障礙。此處描述的性功能障礙，是就異性戀的夫婦而言，也是在治療中所看到的大多數夫婦。然而，同性戀夫婦也有相同的性功能障礙，治療師使用相同的基本技術來治療他們（LoPiccolo, 2004, 1995）。

人類的性反應，可以四個階段的週期（cycle）來描述：慾望、興奮、高潮及消退（見圖 13-1）。性功能障礙，影響前三個階段中的一個或多個。消退只包含高潮之後的放鬆及興奮降低。有些人在他們的一生中，不斷的與性功能障礙搏鬥（DSM-IV-TR 分類為終身型）；其他的個案，在性功能障礙發生之前，有正常的性功能（後天型）。有些個案，其障礙是出現在所有的性情境中（廣泛型）；另一些人的障礙，是與特殊的情境有關（情境型）（APA, 2000）。

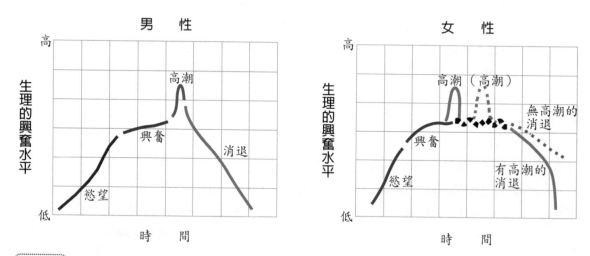

圖 13-1 **正常的性反應週期** 研究人員發現，男性和女性有相似的性反應階段，然而，有時候女性無法達到高潮；在那種情況下，消退階段沒有那麼突然。而有時候女性在消退階段之前，連續經驗兩次或更多次的高潮（摘自 Kaplan, 1974; Masters & Johnson, 1970, 1966）。

性慾望障礙

性反應週期的**慾望階段**（**desire phase**），包括性的強烈需求、性幻想及對他人有性吸引力（見圖 13-2）。兩種功能障礙——性慾望不足障礙及性厭惡障礙——影響慾望階段。一位患者 Clara Bryarton，經驗了這兩種的障礙：

　　Randall 與 Clara Bryarton 已經結婚 14 年，並有三個孩子，年齡分別為 8 到 12 歲之間。他們（Clara 抱怨）自結婚以來，從沒有享受過性的樂趣。

　　他們在結婚之前，雖然只有兩次的性行為，Clara 被接吻和愛撫而強烈的激起情慾，並感覺她用她的吸引力去引誘她的丈夫與她結婚；然而，她對婚前的兩次性行為，有強烈的罪惡感；在蜜月期間，她開始想到性是不可能愉快的瑣事。雖然她定期消極的順從性活動，她幾乎沒有自發的性慾望。她從來沒有自慰，也沒有達到高潮，想到所有的性交變化方式，例如口交，她都看作是極為令人厭惡的事，而且一心一意想著，假如她曾做這種事，她的家庭會如何的反對。

　　Clara 確信，在老一輩她所尊敬的女人中，沒有人真正享受性的樂趣，而所謂「新風尚」的性活動，不過是那些舉止隨便、沒有教養的婦女讓自己表現得像「動物」一般。這些觀念，導致一種規律的，但是頻率少的性模式，性對她和她的丈夫充其量只是相互適應，根本很少或沒有樂趣可言。每當 Clara 開始有性興奮的感覺時，許多負面的想法就會進入她的腦海，如：「我是誰，一個蕩婦嗎？」「如果我喜歡這些事，他會不會常常要求做這種事」或「在做這些事之後，我怎麼看待鏡中的自己？」這些思緒無可避免的伴隨冷酷的感覺，並對感官的快樂感覺遲鈍。結果，性常常是不愉快的經驗。幾乎任何藉口，例如，疲倦或忙碌，都可以讓她合理化地去避開性行為。

　　然而，聰明的 Clara 不禁懷疑「我是不是有什麼毛病？」

（Spitzer et al., 1994, p. 251）

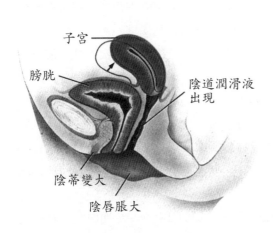
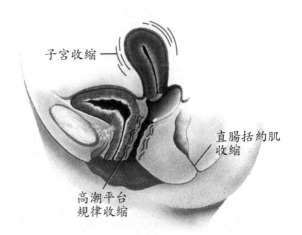

欲望階段　　　　　　　　　　　　**高潮階段**

圖 13-2　正常女性性剖析　女性性反應週期，不同階段發生的變化剖析（摘自 Hyde, 1990, p. 200）。

　　有性慾望不足障礙（hypoactive sexual desire disorder）的人，是缺乏性的興趣，轉而表現很少的性活動（見表 13-1）。然而，性慾望不足者從事性活動時，他們的生理反應正常，而且喜愛這種經驗。儘管我們的文化描繪男人希望得到所有他們能得到的性，不過有 16%的男性被發現有性慾望不足，而尋求治療的人數在過去十年中有增加的趨勢（Maurice, 2007; Laumann et al., 2005, 1999）。性慾望不足也發現在 33%的女人身上。英國的調查研究也產生相似的數據（Mercer et al., 2003）。有些人有正常的性興趣和興奮，但是選擇不從事性關係作為一種生活型態，這些人就不被診斷為有性慾望不足障礙。

表 13-1　DSM 檢核表

性慾望不足障礙
1. 對性活動持續或一再缺乏性的幻想及慾望。
2. 造成顯著的痛苦或人際關係的困難。

性厭惡障礙
1. 持續或一再極端地厭惡及逃避所有與性伴侶之間的生殖器性接觸。
2. 造成顯著的痛苦或人際關係的困難。

資料來源：APA, 2000.

　　DSM-IV-TR 界定性慾望不足為「在性活動中，缺乏或沒有性幻想與慾望」，但是它沒有明確說明「缺乏」的標準為何。事實上，此標準很難界定（Basson, 2007; Maurice, 2007; LoPiccolo, 2004, 1995）。年齡、結婚年數、教育、社會階層及其他的因素，都可能會影響性活動的次數（見 466 頁「心理觀察」專欄）。在一項研究中，93 對婚姻幸福美滿的夫婦，被問及他們渴望的性行為頻率，幾乎所有的人都說他們希望每兩週至少有一次，而約 85%的人則渴望一週能有幾次或更多。以此調查為根據，只有當一個人渴望性的次數少於每兩週一次，其性慾望才被視為不足。

　　有性厭惡障礙（sexual aversion disorder）者，覺得性確實不愉快或令人厭惡。性的接觸令他們作嘔、厭惡或害怕。有些人對性的特殊方面排斥，如侵入陰道；另外有些人對所有的性刺激，包括接吻和觸摸感到厭惡。性厭惡在男性極為罕見，女性則稍微普遍（Wincze, Bach, & Barlow, 2008; Maurice, 2007; Heiman, 2002）。

　　一個人的性慾望，是由生物、心理及社會文化等因素的結合而決定，其中的任何一種因素，都可能降低性的慾望。多數性慾望不足或性厭惡的個案，主要是由社會文化及心理因素所引起，但是生理狀況也能顯著降低性慾望。

生物起因

　　一些荷爾蒙的相互作用，會產生性的慾望及行為，若它們的活動異常，也會降低性慾望（Ashton, 2007; Maurice, 2007; Hyde, 2005）。不論男性和女性，有高水平的荷爾蒙催乳激素（prolactin）、低水平的男性荷爾蒙睪固酮（testoster-one），及高或低水平的女性荷爾蒙雌激素（estrogen）當中的一種，都會導致低的性慾望。例如，包含在某些避孕藥中高水平的雌激素，與低的性慾望有關。相反地，它也被發現與許多更年期的女性或最近生產的女性，低水平的雌激素有關。長期的身體疾病也會降低性慾望（Basson, 2007; Stevenson & Elliott, 2007）。低的性慾望可能是疾病的直接結果，或由於壓力、疼痛，或由疾病所引起的憂鬱症的間接結果。

　　性慾望會因服用某些止痛藥、影響精神藥物及一些不合法藥物，如古柯鹼、大麻、安非他命及海洛因等而降低（Stevenson & Elliott, 2007; Clayton et al., 2002）。少量的酒精，可經由降低個人的抑制而促進性慾望；然而，大量的酒精則會降低性慾望（Ksir et al., 2008）。

心理起因

　　一般而言，焦慮、憂鬱或憤怒的增加，可降低男人或女人的性慾望（Basson, 2007; Hartmann et al., 2004）。正如認知理論家注意到的，性慾望不足及性厭惡患者，常常對性持有一些促成他們功能障礙的特別態度、怕懼或記憶，例如，性是不道德的或危險的信念（Wincze et al., 2008; LoPiccolo, 2004, 1995）。另有一些人是過於害怕他們的性慾會失去控制，以至於他們試圖完全的抗拒它。還有的人是害怕懷孕。

　　某些心理疾患也可能促成性慾望不足及性厭惡。即使輕度的憂鬱症也會干擾性慾望，甚至某些強迫症患者，發現接觸他人的體液和氣味，也會感覺非常的不愉快（Basson, 2007; Maurice, 2007; LoPiccolo, 2004, 1995）。

社會文化起因

　　促成性慾望不足及性厭惡的態度、怕懼及心理疾患，發生在某些特別的社會背景中，因而，某些社會文化因素也與這些功能障礙有關聯。許多患者感受到某些情境的壓力——離婚、家人死亡、工作壓力、不能生育、新生兒出生等（Basson, 2007; Laumann et al., 2005）。另一些人可能有人際關係的問題（Wincze et al., 2008）。人們有不愉快的人際關係、對伴侶失去感情，或對伴侶感覺無力，及感覺被伴侶支配，都會對性失去興趣（Maurice, 2007; Metz & Epstein, 2002）。即使在根本上有快樂的關係，但如果一個伴侶對性很缺乏技巧，或不熱衷的話，另一個人也會開始失去性的興趣。有時伴侶對親密的需求不盡相同。內心要求更多屬

於個人空間的人，可能發展出性慾望不足，以保持必要的距離（LoPiccolo, 2004, 1997, 1995）。

文化標準也會造成性慾望不足及性厭惡。有些男性採取社會的雙重標準，因而對他們所愛及所尊敬的女人，不會有性的慾望（Maurice, 2007）。更普遍的情況是，因為我們的社會把性吸引力和年輕畫為等號，許多中年及年老的男人和女人，失去性的興趣，以符合社會期許的自我形象，或他們對伴侶的吸引力也隨著年歲的增長而消失（LoPiccolo, 2004, 1995）。

被性侵害或攻擊的創傷，特別可能導致性功能障礙者的怕懼、態度和記憶。性厭惡在性虐待的受害者之中相當常見，並可能持續好幾年，甚至數十年（Hall, 2007; Heiman & Heard-Davison, 2004）。有些案例，他們可能在成年後的性活動中，經歷逼真的攻擊經驗重現。

「心理觀察」專欄

一生的性行為模式

所謂性功能障礙，根據定義，是指與正常的性功能模式不同。但是在性的領域裡，什麼是「正常」？在 1980 年代中期，臨床工作人員發現，他們努力去預防 AIDS 的擴散時，由於缺乏可用的資料而受到阻礙，因此開始對性行為實施大量的調查。整體而言，過去二十年實施的研究，已提供大量有益的、啟發性的有關北美洲人口「常態」的性模式資料（CDC, 2007; Lindau et al., 2007; McAnulty & Burnette, 2006; Smith, 2006; Kelly, 2005; Laumann et al., 2005, 1999, 1994; Brown & Ceniceros, 2001; Seidman & Rieder, 1995; Janus & Janus, 1993）。

少年

超過 90% 的男孩，在青春期的後期有自慰行為，女孩則為 50%。多數人在 14 歲開始自慰。男孩的自慰頻率，平均每週一到二次，女孩是每月一次。

約 20% 的少年，在 15 歲時有性行為，80% 的人在 19 歲。今日少年開始有性行為的年齡，比上一代的人提早。多數有性經驗的少年，每次同時只有一個性伴侶。然而，過了少年的階段，多數人則至少有兩個性伴侶。

即使少年們有肉體親密關係，長期沒有性行為的仍然很普遍。半數有性經驗的青春期女孩，性行為一個月只有一次或更少；有性經驗的男孩，平均一年內有六個月沒有性行為。

少年使用保險套，過去十年來已有增加，部分是由於對 AIDS 的警覺。然而，僅有半數的少年報告，最近的性行為有使用保險套。只有不到三分之一的少年，持續和適當的使用保險套。

成年期早期（18 至 24 歲）

每年超過 80% 的未婚青年有性行為。那些性活躍的人，近三分之一每個月有二或三次的性行為，另有三分之一的人則每週有二或三次。自慰行為在年輕人當中仍然普遍：將近 60%

的男性自慰，三分之一的人每週至少一次；36% 的女性自慰，她們之中十分之一的人每週至少一次。

成年期中期（25 至 59 歲）

從 25 至 59 歲，性關係持續較長的時間，並且多是一夫一妻的。此年齡層每年超過 90% 的人有性行為。半數的未婚男性，每年有兩個或更多個性伴侶；而未婚女性，每年有兩個或更多個性伴侶的占四分之一。

性活躍的成人當中，近 60% 的男性，有高達一週三次的性行為，而約 60% 的女性，一週有一或二次。中年的成人仍有自慰行為，半數的中年男性至少每個月一次，半數的 25 至 50 歲之間的女性，至少每個月自慰一次，但是 51 至 64 歲間的女性，只有三分之一如此。

老年期（超過 60 歲）

當年歲愈長，愈來愈多的人停止性行為，其比例為 40 幾歲的人 10%，50 幾歲的人 15%，60 幾歲的人 30%，70 幾歲的人 45%。男性的性活動下降，通常在他們年齡增加，及健康衰退時逐漸發生。年長的女性性活動，更可能由於伴侶的死亡或疾病而急遽下降。年長的女性，失去性興趣的年齡，也比年長的男性來得早。半數的女性 60 歲後，對性的興趣有限，男性的比例則低於 10%。

維持性活躍的老年人中，60 幾歲的人，平均一個月有四次性行為；70 幾歲的人，平均一個月有二或三次。約 70% 的老年男性及 50% 的老年女性繼續有性幻想。約有半數的男性及四分之一的女性，到 90 幾歲仍繼續有自慰行為。

對大多數的人而言，即使當他們變老及對性反應改變到某種程度，性的興趣和行為，明顯地仍然是生活的重要部分。

性興奮障礙

性反應週期**興奮階段**（excitement phase）的表現特徵，是骨盆區的變化、整體的生理興奮，及心跳、肌肉緊張、血壓和呼吸率增加。男性方面，血液聚集在骨盆，而導致陰莖勃起；女性方面，陰核和陰唇膨脹，以及陰道增加潤滑。影響興奮階段的功能障礙，是女性性興奮障礙（以前稱為「性冷感」），及男性勃起障礙（以前稱為「性無能」）。

女性性興奮障礙

有**女性性興奮障礙**（female sexual arousal disorder）的女人，是在性活動中，持續無法達到或維持適當的潤滑或性器膨脹反應（見表 13-2）。可理解的是，她們當中也有許多人，經驗性高潮障礙或其他的性功能障礙。事實上，此障礙很少被單獨的診斷（Heiman, 2007; Heard-Davison et al., 2004）。它的盛行率估計，在不同的研究呈現極大的差異，但是多數研究都同意，超過 10% 的女性經驗

此障礙（Laumann et al., 2005, 1999, 1994; Bancroft et al., 2003）。因為缺乏性興奮的女性，往往與性高潮障礙有關，研究者通常一起研究和解釋這兩個問題。相應地，本章在探討性高潮障礙時，將一起考慮這些問題的起因。

表 13-2　DSM 檢核表

女性性興奮障礙

1. 持續或一再不能達到或維持性興奮期適當的性器潤滑或膨脹反應，直到整個性活動完成。
2. 造成顯著的痛苦或人際關係的困難。

男性勃起障礙

1. 持續或一再不能達到或維持適當的勃起，直到整個性活動完成。
2. 造成顯著的痛苦或人際關係的困難。

資料來源：APA, 2000.

 男性勃起障礙

有**男性勃起障礙**（**male erectile disorder**）的男人，是在性活動中，持續不能達到或維持適當的勃起（見表 13-2）。此問題發生在約 10% 的一般男性人口，包括本章開頭的男性 Robert 所遇到的困難（Laumann et al., 2005, 1999; Heiman, 2002）。Carlos Domera 也有勃起障礙：

> Carlos Domera 是一位 30 歲的服飾製造業者，22 歲時從阿根廷來到美國，他和一位美國婦女 Phyllis 結婚，她也是 30 歲。他們沒有小孩。Carlos 的問題是，由於不能達到或維持適當的勃起，已經超過一年沒有性活動。在前五個月，除了兩次他不能維持勃起而結束的短暫做愛嘗試之外，他一直逃避和妻子所有的性接觸。
>
> 由於他們之間的性問題，及彼此不能感覺舒服的緊張狀況，這對夫婦一個月前協議分居。兩人仍承認愛對方和關心對方，但是嚴重的懷疑彼此有解決性問題的能力……
>
> Carlos 遵循「大男人氣概拉丁情人」的刻板模式，認為他「應該經常很容易勃起，並能在任何時間做愛」。由於在性方面他不能「履行」，他感到丟臉和不適任，他對此問題的處理方式，不僅是逃避性活動，而且也包括不對妻子有任何的情感表達。
>
> Phyllis 覺得「丈夫不努力嘗試，也許他根本就不愛我，而我不能與沒有性、沒有情感及他的壞脾氣生活在一起」。她要求暫時的分居，他立即同意。然而，最近他們一週見面兩次……

　　在評估當中，他陳述勃起困難的開始，是他的事業在當時正處於不順遂的緊張期。在幾次性行為完全的「失敗」之後，他斷定自己是「無用的丈夫」，因而「徹底的失敗」。應付企圖做愛的焦慮，對他而言是太大的負擔。

　　他勉強承認，他偶爾會私下自慰，卻能完全、堅挺的勃起，並達到滿意的高潮。然而，他對此行為感覺羞恥和罪惡感，一方面是來自童年時期自慰的罪惡感的殘留記憶，另一方面是感覺在「欺騙」妻子。他也注意到，偶爾在早上醒來時會堅挺的勃起。除了抗憂鬱劑外，病人沒有服用其他藥物，他也沒有喝太多的酒，也沒有身體的疾病。

（Spitzer et al., 1983, pp. 105-106）

　　不像Carlos，多數有勃起障礙的男性，年齡超過50歲，許多個案大部分是與疾病或老年人的疾病有關（Cameron et al., 2005）。有7%的30歲以下男性經驗此障礙，但60歲以上男性則增加到50%（Rosen, 2007）。而且根據調查，有半數成年男性在性活動期間，有時會經驗勃起困難。

　　大部分勃起障礙的案例，起因於生理的、心理的及社會文化過程的交互作用。一項研究發現，此障礙的63位個案，只有10位純粹是由心理社會因素引起，而有5位是單獨由生理的損傷引起（LoPiccolo, 1991）。

　　生物起因　荷爾蒙的不平衡，會引起性慾望不足，也會產生勃起障礙（Hyde, 2005）。然而，更常見的血管問題——身體的血管有問題——則是開始的肇因（Wincze et al., 2008; Rosen, 2007; Bach et al., 2001）。當陰莖充滿血液時就發生勃起，因而任何減少血液流入陰莖的狀態，如心臟病或動脈阻塞，都會導致此障礙。它也能因糖尿病導致神經系統的損傷、脊椎神經受傷、多發性肝硬化、腎臟功能喪失，或洗腎治療等而引起（Wincze et al., 2008; Stevenson & Elliott, 2007）。此外，如同性慾望不足個案一樣，使用某些藥物及各種物質濫用，從酒精濫用到抽菸，都可能干擾勃起功能。

　　醫療的程序，包括超音波記錄及血液試驗，已被用來診斷勃起障礙的生物起因。**夜間陰莖膨脹**（nocturnal penile tumescence, NPT）測試，或在睡眠中的勃起，在鑑定是否為生理因素造成特別有用。某些男性，在快速動眼（REM）睡眠期——睡眠時作夢階段，會勃起。一位健康的男性，每晚可能有二到五個快速動眼睡眠期，且可

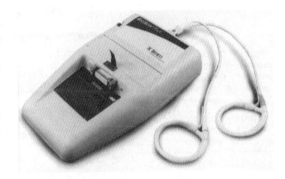

❂**心理或器質性問題？**　RigiScan（夜間陰莖勃起記錄器），是測量男性病人在睡眠中勃起的儀器。它包括一台電腦及兩條圍繞在陰莖的帶子。假如電腦讀出器顯示，此帶子在晚上始終膨脹，表示此男性在快速動眼睡眠期有正常的勃起，而他如果在性交中勃起失敗，可能是心理因素引起。

能有二到三小時的陰莖勃起（見圖 13-3）。夜間勃起異常或缺乏，通常（不是經常）顯示某些生理基礎的勃起失敗。有一種簡略的篩檢裝置，是在睡覺前將病人的陰莖綁住簡單的「易斷裂勃起測定」（snap gauge）細線，然後在第二天早上檢查它。細線斷裂顯示陰莖在夜間發生勃起，沒有斷裂即表示夜間沒有勃起，並可據以指出，此人的勃起問題可能是生理的原因。較新的儀器是進一步將細線連結到電腦，電腦會提供整晚勃起的精確測量（Wincze et al., 2008）。今天這種儀器在臨床上的使用，不像過去幾年那樣多。本章稍後談到治療勃起障礙的 Viagra（威而剛）或其他藥物，通常是給予沒有對問題作很多正式評估的病人使用（Rosen, 2007）。

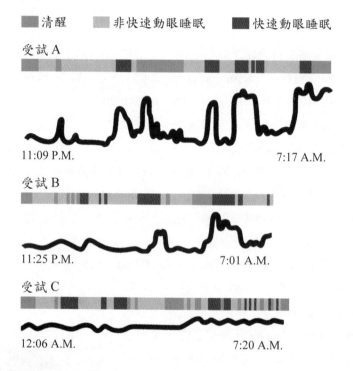

圖 13-3　**睡眠中的勃起測量**　圖中的受試 A，沒有勃起問題，在快速動眼睡眠有正常的勃起。受試 B，有勃起問題，可能部分是心理性的，否則在快速動眼睡眠不可能有勃起。受試 C 的勃起障礙與器質問題有關，從快速動眼睡眠沒有勃起可以解釋（摘自 Bancroft, 1989）。

心理起因　任何性慾望不足的心理原因，也會干擾興奮且導致勃起障礙（Rosen, 2007）。例如，所有嚴重憂鬱症的男性，有 90% 經驗某些程度的勃起障礙（Stevenson & Elliott, 2007）。

　　一個廣受支持的勃起障礙心理解釋，是由 William Masters 和 Virginia Johnson（1970）共同發展的認知—行為理論。此解釋強調**執行焦慮**（**performance anxiety**）及**旁觀者角色**（**spectator role**）。一旦一個男人開始經驗勃起問題，不論

什麼理由，他都會變為恐懼勃起失敗，而且在每次性接觸時都會擔心。因此他們不是放鬆的享受性的歡愉感，而是從性活動中保持距離，觀看自己及專注於能否達成勃起的目標。他不再是性興奮的參與者，而是變成一個評判和旁觀者。不管勃起障礙最初的原因為何，此種旁觀者的角色，變成後續進行的問題所在。在這種惡性循環之下，最初勃起失敗的原因比起恐懼失敗，已顯得微不足道。

　　社會文化起因　促成性慾望不足的各種社會文化因素，也與勃起障礙有關。例如，失去工作且有財務壓力的男性，比其他的男性更可能發展出勃起困難（Morokoff & Gillilland, 1993）。婚姻的壓力，也與此障礙有關（Wincze et al., 2008; Metz & Epstein, 2002）。有兩種關係模式特別可能促成勃起障礙（Rosen, 2007; Perelman, 2005; LoPiccolo, 2004, 1991）。第一種關係模式，是妻子對衰老的丈夫，提供太少的身體刺激。由於衰老的變化，丈夫需要更強烈、直接和較長時間的陰莖刺激，來促使勃起。第二種關係模式，是一對夫婦認為只有性交才能帶給妻子高潮，此種觀念增加男人勃起的壓力，使他更容易有勃起障礙。假如在他們的性活動中，妻子能以手或口達到高潮，則男人的壓力可以減輕。

性高潮障礙

　　在性反應週期的**性高潮階段**（**orgasm phase**），個人的性愉悅達到高峰，而且骨盆區的肌肉收縮或有節奏地拉引，可釋放性的緊張（見圖 13-4）。此階段男性會射出精液，女性的陰道壁外側三分之一部位會收縮。性反應週期在此階段的障礙，是快速射精或早洩、男性性高潮障礙及女性性高潮障礙。

快速射精或早洩

Eddie 是許多經驗快速射精男性的典型：

> 　　Eddie，一個 20 歲的學生，在女朋友結束他們的關係之後尋求治療，因為他的早洩留給她性方面的挫折。Eddie 以前只有一次性關係，是在他高三時。他和兩個朋友開車到鄰鎮，找一個可靠的妓女。他們接了她之後，開車到偏僻的地區，他們輪流與她發生關係，而其他人則在車外等待。因為害怕被警察發現，加上冬天天氣很冷，妓女和他的朋友都催促他趕快結束。當 Eddie 開始和他的女朋友發生性關係時，他的整個性史就是包括快速的性行為，及幾乎沒有前戲的動作。他發現撫摸女朋友的乳房和性器，以及她觸摸他的陰莖是如此的興奮，以至於有時在陰莖完全進入之前，或性行為至多只花一分鐘左右，就射精了。
>
> 　　　　　　　　　　　　　　　　　　　　　　（LoPiccolo, 1995, p. 495）

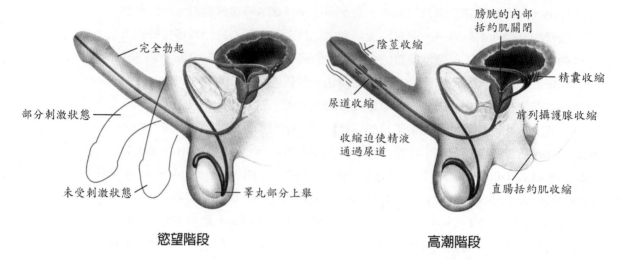

慾望階段　　　　　　　　　　　　高潮階段

圖 13-4　**正常男性性剖析**　男性性反應週期，不同階段發生的變化剖析（摘自 Hyde, 1990, p. 199）。

　　一個罹患**快速射精**（**rapid ejaculation**）或**早洩**（**premature ejaculation**）的男性，是在他希望射精之前，於極少的性刺激下，持續在性交之前、當時或之後，短時間就達到高潮及射精（見表 13-3）。在美國約有 30% 的男人，在某些時間經驗快速射精（Jannini & Lenzi, 2005; Laumann et al., 2005, 1999, 1994）。在我們的社會，持久的性行為在過去數十年已有增加，因而增加蒙受快速射精之苦男性的痛苦。雖然這種障礙是許多年輕男性會有的經驗，但它不單單是年輕男性的障礙。研究指出，任何年齡的男性都可能遭受快速射精之苦（Althof, 2007; Laumann et al., 2005, 1999）。

表 13-3　DSM 檢核表

早洩

1. 在此人希望射精之前，於極少的性刺激下，持續或一再地在性交之前、當時或之後，短時間內即射精。
2. 造成顯著的痛苦或人際關係的困難。

男性性高潮障礙

1. 男性於性活動中，在正常的性興奮期後，持續或一再地性高潮延遲或缺乏。
2. 造成顯著的痛苦或人際關係的困難。

女性性高潮障礙

1. 女性於性活動中，在正常的性興奮期後，持續或一再地性高潮延遲或缺乏。
2. 造成顯著的痛苦或人際關係的困難。

資料來源：APA, 2000.

心理的因素，尤其從行為的觀點解釋快速射精，比其他的解釋得到更多研究的支持。此障礙在年輕人中很常見，像 Eddie 這樣無性經驗的男性，他們只是沒有學到減速、控制他們的興奮，以及延長做愛的愉快過程（Althof, 2007; Metz & Pryor, 2000）。事實上，快速射精在初次性接觸的年輕男性，經常發生。隨著性經驗的增加，多數的男性對他們的性反應，學到較大的控制能力。任何年齡只偶爾有性活動的男性，也有快速射精的傾向（Althof, 2007; LoPiccolo, 2004, 1985）。

臨床工作人員也指出，快速射精可能與青少年時期的焦慮、倉促的自慰經驗（害怕被父母撞見），或對自我性興奮的認知不足有關（Althof, 2007; Westheimer & Lopater, 2005）。然而，這些理論只偶爾獲得明確的研究支持。

在許多臨床理論家中一個逐漸增長的信念，是生物因素也可能在快速射精的案例扮演重要的角色。研究正在最早階段，但從有限的研究結果顯示，至目前為止已有三種生物理論出現（Althof, 2007; Mirone et al., 2001; Waldinger et al., 1998）。第一種理論陳述，有些男性生來就有發展此種障礙的遺傳傾向。事實上，一項研究發現，罹患快速射精的 91% 小樣本男性，其一等親也顯示有此障礙。第二種理論主張，有快速射精男性的腦部，含有某些血清素接受器，它們有的過於活躍，有的不夠活躍；此理論是根據齧齒動物的研究。第三種理論認為，有此障礙的男性，在他們的陰莖部位，感受較大的敏感性及神經傳導；至目前為止這種概念得到研究的支持並不一致。

男性性高潮障礙

有**男性性高潮障礙**（male orgasmic disorder）的男人，在正常的性興奮之後，一再無法達到高潮，或經驗到達高潮的延遲（見表 13-3）。此障礙症在男性人口占 8%（Hartmann & Waldinger, 2007; Laumann et al., 2005, 1999），並且通常是重大挫折和苦惱的來源，如 John 的例子：

> John 是一位 38 歲的銷售代表，已經結婚 9 年。由於 32 歲妻子的堅持，這對夫婦為他們的性問題——在性行為中 John 無法射精，來尋求諮商。在他們結婚的初期，他的妻子經驗達到高潮的困難，直到他學到長時間的延緩射精之後，問題才解決。為了做到這一步，他使用分散注意力及經常在做愛之前抽大麻的方法。最初 John 對他能做愛愈來愈久而沒有射精，感覺非常滿意，而且把他的性能力視為男性化的象徵。
>
> 在尋求諮商之前三年，在他們唯一的孩子出生之後，John 發現在他能射精之前，他無法勃起。他的妻子建議不同的性交姿勢，但是他愈努力嘗試，發現愈難以達到高潮。由於他的挫折，這對夫婦開始完全避免性行為。由於連續的失敗，面對他的問題，John 經驗愈來愈多的執行焦慮及無助感。
>
> （Rosen & Rosen, 1981, pp. 317-318）

男性睪固酮不足、某些神經疾病，以及頭部或脊椎受傷，都會干擾射精（Stevenson & Elliott, 2007; McKenna, 2005）。使交感神經系統減緩的藥物（如酒精、某些高血壓藥物及影響精神藥物），也會影響射精。例如，服用抗憂鬱劑fluoxetine或Prozac，及其他提高血清素的抗憂鬱劑，顯示干擾至少30%服用它們的男性之射精（Ashton, 2007; Clayton et al., 2002）。

男性性高潮障礙主要的心理原因，似乎是執行焦慮和旁觀者的角色；認知—行為因素也包含在男性勃起障礙之內。一旦一個男性開始專注於如何達到高潮，他在性活動中，可能停止成為激起情慾的參與者，而變為一個沒有興奮的、自我批判的及擔心的觀察者（Hartmann & Waldinger, 2007; Wiederman, 2001）。另外男性性高潮障礙的心理原因，可能是過去的自慰習慣。例如，如果一位男性在他的一生中，是以性器摩擦床單、枕頭或其他的物品來自慰，當他缺乏與這些物品有關的敏感和技巧，就很難達到高潮（Wincze et al., 2008）。最後，男性性高潮障礙，可能由性慾望不足發展出來（Apfelbaum, 2000; Rosen & Leiblum, 1995）。一個從事性活動的男人，若主要是由於伴侶的壓力，而本身並沒有任何真正的慾望去做這件事，也就沒有足夠的興奮去達到高潮了。

女性性高潮障礙

Stephanie 和 Bill 已結婚 3 年，由於妻子完全缺乏高潮，一起來作性治療。

> Stephanie 從未以任何方式達到高潮，但是由於 Bill 很在意，因此她在性活動中一直假裝高潮。直到最近，她告訴他實情，因而他們一起來尋求治療。Stephanie被養育在一個嚴格的宗教家庭。她想不起曾看過父母親吻或對彼此的身體顯示的情愛。在大約 7 歲時，她被嚴厲的處罰，因為母親很偶然地發現她在看自己的生殖器。Stephanie沒有從父母那裡得到性教育，當她開始有月經時，她的母親只告訴她，這代表她可能懷孕，因此她不能親吻男孩或讓男孩碰她。她的母親嚴格地限制她的約會，並反覆的警告她：「男孩子只想做那件事。」她的父母甚至批評和苛求她（例如，為什麼她的成績單，在連續的 A 當中，還有一個 B），他們是她所愛戴的父母，而且他們的讚許對她非常的重要。

> (LoPiccolo, 1995, p. 496)

有**女性性高潮障礙**（female orgasmic disorder）的女人，很少達到性高潮或通常經驗到高潮延遲。約有 24% 的女性顯然有此問題——包括超過三分之一的更年期以後的女性（Heiman, 2007, 2002; Laumann et al., 2005, 1999, 1994; Rosen & Leiblum, 1995）。研究指出，不管是自慰或性交當中，有 10% 或更多的女性從來

沒有達到高潮；另外至少有 9% 很少有高潮（Bancroft et al., 2003; LoPiccolo, 1995）。同時，有半數的女性在性活動中，經常地經驗到高潮（LoPiccolo & Stock, 1987）。對性更自我肯定的女性（Hurlbert, 1991），及在自慰感覺更舒適的女性（Kelly, Stressberg, & Kircher, 1990）的女性，更傾向於經常有性高潮。女性性高潮障礙，在單身的女性，比結婚或與人同居的女性，似乎更常見（Laumann et al., 2005, 1999, 1994）。

多數的臨床工作人員同意，性交中的高潮不是性功能正常的唯一標準（Wincze et al., 2008）。許多女性與她的伴侶，替代地經由直接刺激陰核達到高潮（LoPic-colo, 2002, 1995）。雖然早期的精神分析理論，認為性交中缺乏高潮是病態的，證明卻指出，依賴陰核刺激達到高潮的女性，是完全正常和健康的（Heiman, 2007）。

正如前述，女性性高潮障礙，通常與女性性興奮障礙有關，而且兩者傾向於一起被研究、解釋和治療。再一次強調，生物的、心理的及社會文化因素能結合而產生這些障礙（Heiman, 2007）。

生物起因　各種的生理狀況，能影響女性的性興奮和高潮（Wincze et al., 2008; Heiman, 2007）。糖尿病會損傷神經系統，因而干擾興奮、陰道的潤滑及高潮。缺乏性高潮，有時與多發性硬化症及神經性疾病、與干擾男性射精相同的藥物，及更年期後皮膚的敏感性、陰核、陰道壁或陰唇的結構，發生變化有關。

心理起因　性慾望不足和性厭惡的心理原因，包括憂鬱，也會導致女性性興奮和高潮障礙（Heiman, 2007; Heard-Davison et al., 2004）。此外，如同心理動力理論家預料的，童年時期的創傷記憶和人際關係，有時與這些障礙有關聯。一個大型的研究發現，童年期不愉快的記憶或失親，與成年期缺乏高潮有關（Raboch & Raboch, 1992）。另外的研究發現，童年期依賴父親、與母親的正向關係、父母的感情、母親的積極人格等記憶，及母親正向情緒的表現，都是高潮的預言者（Heiman, 2007; Heiman et al., 1986）。

社會文化起因　多年來，許多臨床工作者認為女性性興奮和高潮障礙，可能源自於社會對女性反覆的傳達：她們應該壓抑及否定她們性慾的信息，而此信息往往導致女性比男性「較少放縱」的性態度和行為（見圖 13-5）。而且，實際上許多有女性性興奮和性高潮障礙的女性描述，她們受到極度嚴格的宗教教養、童年期自慰被處罰、月經開始沒有獲得指導、少年期的約會受到限制，而且被告知「好女孩不該做這些」（LoPiccolo & van Male, 2000; LoPiccolo, 1997）。

然而，性的限制史，在性活動中功能良好的女性一樣普遍（LoPiccolo, 2002, 1997; LoPiccolo & Stock, 1987）。此外，有關女性性慾文化的訊息，在最近幾年已更趨實際，然而女性性興奮和性高潮障礙的比率仍維持相同。那麼，為什麼某些女性會，而其他人卻不會發展性興奮和性高潮障礙？研究者指出，不尋常的壓力事件、創傷或人際關係，可能產生這些障礙特有的恐懼、記憶及態度

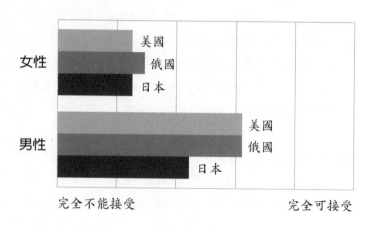

偶然關係中性的可接受性

圖 13-5　**能接受偶然關係的性**？　全球的男性和女性對此問題有不同的意見。一個研究顯示，美國、俄國及日本的大學女性，一般認為偶然的性「不能接受」，而那些國家的男性則從「尚可接受」到「頗可接受」（Sprecher & Hatfield, 1996）。不同國家的男性和女性通常認為，有婚約或婚前伴侶的性「完全可接受」。

（Westheimer & Lopater, 2005; Heiman & Heard-Davison, 2004）。例如，許多在兒童時期被騷擾或強暴的女性，到成人時有性興奮和性高潮障礙（Hall, 2007; Heiman, 2007）。

研究也指出，高潮行為也和女性親密關係的品質有關（Heiman, 2007; Metz & Epstein, 2002; Heiman et al., 1986）。例如，研究發現，達到性高潮的可能性，繫於一個女性第一次性經驗情感投入的多寡，及此關係持續多久、女性在性經驗中獲得的愉悅、她目前對伴侶身體的吸引力，及她的婚姻的幸福程度。有趣的是，同一個研究發現，與目前伴侶在性活動中的色情幻想，有性高潮的女性比沒有性高潮的女性更普遍。

性疼痛障礙

有兩種性功能障礙，不完全符合性反應週期的特定階段。性疼痛障礙包括陰道痙攣及性交疼痛兩種，其特徵是在從事性活動時，生理上均有極大的不適。

陰道痙攣

陰道痙攣（**vaginismus**），是陰道外側三分之一部位肌肉不自主的收縮，阻礙陰莖的進入（見表 13-4）。嚴重的個案會阻礙夫婦的性活動。此問題的研究相當少，但估計也許有 20% 的女性，偶爾在性活動中經驗到痛苦；陰道痙攣發生在不到 1% 的女性身上（LoPiccolo & van Male, 2000; LoPiccolo, 1995）。

表 13-4　DSM 檢核表

陰道痙攣

1. 陰道外側三分之一部位的肌肉，一再或持續不自主性的痙攣，以至於妨礙性交。
2. 造成顯著的痛苦或人際關係的困難。

性交疼痛

1. 不論男性或女性，有一再或持續伴隨性交時的生殖器疼痛。
2. 造成顯著的痛苦和人際關係的困難。

資料來源：APA, 2000.

　　多數臨床工作人員，贊同認知—行為的立場，陰道痙攣通常是透過學習獲得的恐懼反應，起因於女性預期性行為將會產生痛苦和受傷。許多因素顯然會造成此種恐懼，包括對性行為的焦慮及無知、誇大女性第一次性行為會如何疼痛及流血的情節、技巧不熟練的情人，在女性興奮和陰道潤滑之前，性器強行進入陰道引起的創傷，及童年期性虐待或成人強暴的創傷等（Binik et al., 2007; Hall, 2007; Heiman & Heard-Davison, 2004）。

　　有些女性經驗性交疼痛，是由於陰道或尿道的感染、婦科疾病，如單純泡疹，或月經的生理影響。有這些情況的女性只要接受醫療，陰道痙攣的病症就能克服（LoPiccolo, 2002, 1995）。多數有陰道痙攣的女性，也有其他的性功能障礙（Heard-Davison et al., 2004; Reissing et al., 2003）。然而，有些人很享受性、有強烈的性慾，並用刺激陰核來達到高潮。她們只是害怕陰道的侵入。

性交疼痛

　　有**性交疼痛**（dyspareunia）（來自拉丁文，意為「痛苦的交配」）的人，在性活動中生殖器經驗嚴重的疼痛。研究指出，有 14% 的女性和 3% 的男性，蒙受某種程度的此問題之苦（Heiman, 2007, 2002; Laumann et al., 2005, 1999）。有 8% 的女性在全部或多數的時刻，經驗痛苦的性行為（Wincze et al., 2008）。患者通常喜愛性並能獲得興奮，但他們的性生活卻因伴隨疼痛而很有限。

　　女性的性交疼痛通常有生理的原因（Binik et al., 2007; Bergeron et al., 2002）。最常見的是陰道、子宮頸、子宮或骨盆韌帶在分娩中受傷。同樣地，會陰切開術（一種使陰道口變大及容易生產的切開手術）留下的傷痕，也會引起疼痛。性交疼痛也跟陰莖與部分留下的處女膜的碰觸、陰道的感染、生硬的陰毛在性活動中摩擦陰唇、骨盆疾病、腫瘤、囊腫，及對化學的陰道灌洗器和避孕乳霜、橡膠製的保險套或子宮帽，或精液的蛋白質等過敏反應有關。

　　雖然心理因素（例如，升高的焦慮與對個人的身體過度關注）或人際關係問題，可能促成此障礙，單單心理社會因素很少是造成它的原因（Binik et al., 2007,

2002）。在真正屬於心理性的案例中，女性事實上更可能罹患性慾望不足（Steege & Ling, 1993）。亦即，進入一個沒有興奮及缺乏潤滑的陰道是痛苦的。

性功能障礙的治療

過去 35 年來，性功能障礙的治療已產生重大的改變。二十世紀的前半期，性功能障礙主要的治療方法，是長期的心理動力治療。臨床工作人員認為，性功能障礙是由於性心理發展階段，適當的發展失敗所引起，他們運用自由聯想技術及治療師的解析，幫助患者對自我及他們的問題再度獲得洞察。雖然心理動力治療預期較大的人格改變，將有助於改善性功能障礙，但心理動力治療通常是無效的（Bergler, 1951）。

在 1950 年代和 1960 年代，行為治療對性功能障礙提供新的治療。通常他們運用像放鬆訓練和系統減敏感法的程序，試圖減輕他們認為引起這些障礙的恐懼（Lazarus, 1965; Wolpe, 1958）。這些方法都有某些成效，但是在某些個案的基本問題上它們行不通，包括接受錯誤的訊息、負面的態度及缺乏有效的性技巧（LoPiccolo, 2002, 1995）。

性功能障礙革命性的治療，出現於 1970 年，William Masters 和 Virginia Johnson 出版的劃時代書籍《人類性障礙》（*Human Sexual Inadequacy*）。他們引進的性治療方案，已發展出複雜的治療方法，目前包括各種模式的技術，特別是認知─行為、伴侶及家族系統治療法，與一些性的特殊技術（Leiblum, 2007; Bach et al., 2001）。近年來，生物的方法，特別是藥物治療，已加入治療領域（Leiblum, 2007; Segraves & Althof, 2002）。

性治療一般的特色為何？

現代的性治療是短期及指導性的，通常持續 15 至 20 個療期。它集中於特殊的性問題，而不是廣泛的人格問題（Wincze et al., 2008; LoPiccolo, 2002, 1995）。我們稍早提到有勃起障礙的阿根廷男子 Carlos Domera，對現代多重技術的性治療法，有很成功的反應：

在評估期結束，精神科醫生對這對夫婦再確認，Domera 先生有幾種因素造成的「可逆的心理」（reversible psychological）性問題，包括憂鬱、最近的焦慮和困窘、高標準及某些文化和人際關係困難，使溝通棘手及幾乎不能放鬆。這對夫婦被建議採取一種短期的試驗治療，直接集中於性問題，它可能在 10 至 14 次的療程產生顯著的進步。他們被告知問題確實的起因不是生理的，而是心理性的，因此預後相當良好。

Domera 先生很震驚及懷疑，但是這對夫婦同意開始每週的治療，而且他們被分派了典型的第一次在家的「指定作業」：一起撫抱按摩練習，而且特別指示即使有勃起產生，也完全不可有生殖器刺激和性交。

不令人意外的是，在第二次的療期中，Domera 先生以靦腆的笑容報告，他們有「欺騙」及「違反規定」的性交。這是他們一年多以來首次成功的性行為。他們的成功和快樂被治療師認同，但是他們被強烈的告誡，開始時快速的進步常會發生，但在後來幾週會增加執行焦慮，並回復開始的問題。他們被幽默地懲戒及鼓勵再嘗試性接觸，包括撫抱及無需求的輕微性器刺激、沒有勃起或高潮的期待及避免性交。

第二和第四週當中，Domera 先生在性愛的遊戲中沒有達到勃起，此療期的處理是幫助他接受自己有或沒有勃起，而且學習享受沒有性交的官能接觸。他的妻子幫助他真正的相信，他能以手或口的刺激使她愉快，雖然她喜愛性交，但她也喜愛其他的刺激方式，只要他能夠放鬆。

Domera 先生與他所謂「男人」的文化形象搏鬥，但是他必須承認，他的妻子似乎也喜愛他無性交的愛撫技術。他被鼓勵去看待他的新做愛技術是一項「成功」，並且認清在許多方面，他比許多的丈夫變為更好的情人，因為他願傾聽妻子的話，並且回應她的需求。

在第十五週，此病人以放鬆的自信成功的性交，而且在第九療期有經常的勃起反應。他們兩人同意，他們可以選擇性交或其他的性技術去達到高潮。在第十個療程之後，治療結束。

（Spitzer et al., 1983, pp. 106-107）

正如 Domera 先生的治療顯示，現代的性治療包括多樣化的原則和技術。以下技術被應用於多數的個案，不管其性障礙是什麼：

1. **評估及把問題概念化**　最初病人給與身體檢查，及面談有關他們的「性歷史」（見圖 13-6）。治療師在面談中，聚焦於蒐集有關過去的生活事件，特別是促成此障礙的最近因素（Heiman, 2007; Leiblum, 2007; Bach et al., 2001）。有時，適當的評估需要一組專家，也許包括一位心理學家、泌尿科醫生和神經科醫生。

2. **共同的責任**　治療師強調共同責任的原則。不管誰有實際的障礙，配偶兩人在關係中分擔性的問題，並且兩人一起治療時，治療結果會更成功（Hall, 2007; Bach et al., 2001）。

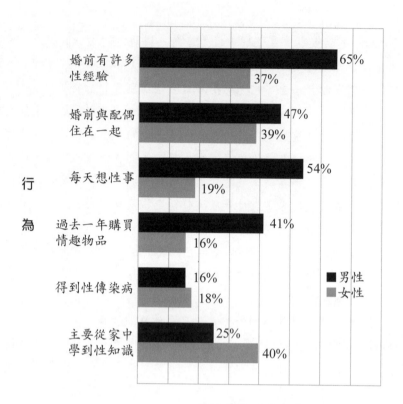

報告行為者的百分比

圖 13-6　**性行為和性別**　根據問卷調查，在過去一年中，男性比女性每天更會想到性，以及購買性的物品，如色情雜誌。女性更可能從家中學到性知識（摘自 Michael et al., 1994; Janus & Janus, 1993）。

3. **性方面的教育**　許多蒙受性功能障礙之苦的病人，對有關生理學和性活動的技巧了解得很少（Wincze et al., 2008; Heiman, 2007; Rosen, 2007）。因而性治療師可以討論這些主題，以及提供教育的資料，包括指導的書籍、錄影帶及網站。

4. **態度的改變**　依循認知治療的重要原則，性治療師幫助病人，檢查和改變任何阻礙性興奮和愉快的性信念（Wincze et al., 2008; Heiman, 2007）。這類錯誤的性信念，有些在我們的社會廣泛地流行，它們產生於過去的創傷事件、家庭態度或文化觀念。

5. **消除執行焦慮及旁觀者角色**　治療師經常教導夫婦感覺集中（sensate focus），或無所求的愉悅（nondemand pleasuring）：一系列有時稱為「愛撫」演練的感覺作業；在此活動中伴侶專注於性的愉快，可經由在家裡探索和愛撫彼此的身體而獲得，不要求性交或達到高潮——若有要求可能會干擾興奮。夫婦首先被告知在家裡要避免性交，且限制他們的性活動僅止於接吻、擁抱及身體各部分官能的按摩，但是乳房和生殖器除外。經過一

段時間，他們學習如何給予和接受更大的性快樂，並且重建性的活動。

6. **增加性及一般的溝通技巧**　夫婦被教導使用感覺集中技巧，及在家裡應用新的性技術和姿勢。例如，他們可嘗試不同的性姿勢，被愛撫者可引導另一個人的手，控制愛撫的速度、力量和位置（Heiman, 2007）。夫婦也被教導互相給予無威脅的、有益方式的指導（「過去一點，輕一點，感覺較好」），而不是一種威脅的、無益的方式（「你觸摸我的方式，無法使我興奮起來」）。而且，對夫婦如何彼此有最好的溝通，給予較廣泛的訓練（Wincze et al., 2008; Basson, 2007; Bach et al., 2001）。

7. **改變破壞性的生活方式和婚姻互動**　治療師鼓勵夫婦改變他們的生活方式，或採取其他步驟，去改善有破壞性影響他們關係的情境，例如，疏遠親戚的干擾，或改變要求太多的工作。同樣地，假如平常的夫婦關係，顯現出衝突的特徵，治療師會努力幫助他們改善它，往往是在性問題工作前，先處理問題本身（Rosen, 2007; Metz & Epstein, 2002）。

8. **處理生理和醫學的問題**　當性功能障礙是由醫學問題所引起，例如，疾病、受傷、藥物或物質濫用，治療師會努力去處理這些問題（Ashton, 2007; Basson, 2007）。例如，假定抗憂鬱藥物引起一位男性的勃起障礙，臨床工作人員可能減少藥物的劑量、改變一天服用藥物的次數，或考慮處方不同的抗憂鬱劑。

哪些技術可應用於特殊的性障礙？

性治療法除了一般的常用要素外，特殊的技術能有助於改善各種性功能障礙。

性慾望不足和性厭惡

性慾望不足和性厭惡是其中最難以處理的障礙，由於許多問題是經由它們所引起（Maurice, 2007; LoPiccolo, 2004, 2002）。因此，治療師通常應用結合的技術。在情感察覺（affectual awareness）技術中，要病人想像性的景象，以發現任何的焦慮感、弱點，以及其他影響他們性的負面情緒。另外的技術，是病人接受認知的自我指導訓練（self-instruction training），幫助他們改變對性的負面反應。亦即，他們在性活動中學習以「因應的敘述」（coping statements），取代負面的敘述，例如：「我允許自己享受性；它不代表我會失去控制。」

治療師也使用行為的方法，幫助提高病人的性慾望。他們教導病人去記「情慾日記」，在裡面記錄他們的性幻想和感覺、閱讀及觀看色情內容的書籍和電影，及作性幻想。也鼓勵愉快的分享各種活動，如一起跳舞和散步（LoPiccolo, 2002, 1997）。

起因於性攻擊或童年期性侵害的性厭惡，可能需要其他的技術（Hall, 2007）。病人被鼓勵去回憶、談論及思索性攻擊事件，一直到這些記憶不再引起

他的恐懼和緊張為止。或個人被教導與侵害者作嘲弄式的對話，以表達歷久猶存的盛怒和無力感（LoPiccolo, 2002, 1995）。

這些以及有關的心理方法，顯然幫助許多性慾望不足和性厭惡障礙的女性和男性，最後能夠有一週超過一次的性交（Heard-Davison et al., 2004; Hurlbert, 1993）。然而，這些技術只有幾個控制的研究曾實施研究。

最後，生物療法，如荷爾蒙治療已被使用，特別是對問題起於拿掉卵巢之後或生命晚期的女性。此法已獲得一些初步研究的支持（Ashton, 2007; Davis, 2000, 1998）。然而，這種荷爾蒙的治療，以人類來實施研究相當少，而且荷爾蒙施行產生的複雜影響，使此領域的了解仍然有限（Blaustein, 2008）。

勃起障礙

勃起障礙的治療，集中於減少男人的執行焦慮或增加刺激，或兩者兼具，使用方法包括行為、認知及人際關係的介入 （Rosen, 2007; Segraves & Althof, 2002）。在感覺集中練習中，有一個技術是教導夫婦嘗試撫弄技術（tease technique）：配偶繼續不斷撫摸丈夫的性器，如果他已勃起，配偶立即停止撫弄，直到他的勃起消失。此練習可減輕男性執行的壓力，同時教導夫婦，只要配偶不再專注於執行，就會對刺激自然的發生勃起反應。另外的技術是，夫婦被指導使用手或口交，努力去達到女性的高潮，進而減輕男人在執行上的壓力（LoPiccolo, 2004, 2002, 1995）。

生物的方法，由於 1998 年 sildenafil〔商品名 Viagra（威而剛）〕的發展，已獲得極大的迴響（Rosen, 2007）。此藥在攝取一小時內，會增加血液流向陰莖；增加血液流動，能使使用者在性活動中達到勃起。除了某些患有冠狀動脈心臟病及心血管疾病的男性，尤其是那些服用硝化甘油及其他心臟藥物的人外，sildenafil 顯示相當的安全（Stevenson & Elliott, 2007）。過去十年，有兩種其他的勃起障礙藥物已被批准——tadalofil（Cialis）及 vardenafil（Levitra）——目前積極地與 Viagra 競爭，共享有利可圖的市場。這三種藥物都是治療勃起障礙最常見的方式（Rosen, 2007）。有 75% 使用它們的男性，能有效的恢復勃起。

在 Viagra、Cialis 及 Levitra 發展之前，一系列其他勃起障礙的醫療方法已發展。這些方法目前被視為「第二線」治療，主要是應用在藥物治療無效或有太大風險的人（Rosen, 2007; Frohman, 2002）。這些方法包括凝膠坐藥、注射藥物到陰莖，及真空吸引儀器（vacuum erection device, VED）——將陰莖放入圓形套筒內，男性使用手唧筒將圓筒內的空氣抽出，吸取血液進入陰莖使產生勃起。另外的生物方法，目前很少實施，是由外科醫生植入人工陰莖（penile prosthesis）——由矽膠及金屬線製成的一種半硬式棒——可產生人為的勃起（Rosen, 2007）。

男性性高潮障礙

像治療男性勃起障礙一樣，治療男性性高潮障礙的技術，包括減輕執行焦慮和增加刺激（Hartmann & Waldinger, 2007; LoPiccolo, 2004）。在一種此類技術裡，一位男性被教導在他的配偶前自慰達到高潮，或在自慰即將達到高潮前插入性器性交（Marshall, 1997）。此法增加他在性交中射精的可能性。然後他被教導在自慰的更早階段放入陰莖。

當男性性高潮障礙是由生理因素引起，如神經損害或受傷，其治療包括增加交感神經系統興奮的藥物（Stevenson & Elliott, 2007）。然而，有系統的試驗此種治療效力的研究並不多（Hartmann & Waldinger, 2007; Rosen & Leiblum, 1995）。

快速射精

多年來快速射精或早洩，已經被行為的程序成功的治療（Althof, 2007; Masters & Johnson, 1970）。在停止—開始，或暫停（stop-start, or pause）的程序，是用手刺激男性的陰莖，直到引起他高度的興奮。然後配偶暫停動作直到他的興奮平息，接著重新開始再予刺激。在刺激達到射精前，此程序反覆幾次，使當事人比從前經驗更久的刺激時間（LoPiccolo, 2004, 1995）。最後，這對夫婦進行把性器放入陰道，每當丈夫變得太興奮時，立即將陰莖抽出和暫停動作。根據臨床報告，許多夫婦在兩、三個月之後，能享受延長的性交，不需要任何中斷（Althof, 2007; LoPiccolo, 2004, 2002）。

在相關的程序——擠壓技術（squeeze technique），是有此障礙的男性達到接近射精時，他或他的配偶對龜頭下的隆起部位，施以穩固的擠壓。如果正確的運作，擠壓會導致勃起部分或全部消失（Masters & Johnson, 1970）。就像停止—開始的程序一樣，此步驟須反覆幾次。研究指出，這種程序經常導致顯著的改善（Althof, 2007）。然而，許多對擠壓、停止—開始，或其他的行為技術有反應的男性，會有復發現象，因而復發預防策略——在治療停止之後，定期輔助或維持研習——已加入這種治療方案。

有些臨床工作人員以 SSRIs——提高血清素的抗憂鬱劑，來治療快速射精。因為這些藥物常常降低性的興奮或高潮，因此推論它們可能對經驗快速射精的男性有幫助。許多研究已報告使用此法的正面結果（Althof, 2007, 1995; Ashton, 2007; Stevenson & Elliott, 2007）。這種方法的效果，與早先提及的生物理論一致，就是在快速射精男性的腦部，血清素接受器有功能異常。

女性性興奮和性高潮障礙

治療女性性興奮和性高潮障礙的特殊技術，包括認知—行為技術、自我探索、增加身體的察覺及指導自慰訓練（Heiman, 2007, 2002, 2000; Millner, 2005; Lo-

Piccolo, 2002, 1997）。這些步驟,對在任何情境下都沒有高潮的女性特別有效。生物治療,包括荷爾蒙治療或 sildenafil（威而剛）的使用,也被試用,但是研究沒有發現這些方法有一致的效果（Heiman, 2007; Davis, 2000, 1998）。

在**指導自慰訓練**（directed masturbation training）中,女性被逐步地教導在性互動中,如何有效的自慰,最後達到高潮。此種訓練包括,使用圖片及閱讀資料、個人自我刺激、使用色情用品和幻想,以及「高潮觸發」——守住她的氣息或用力推擠她的骨盤,感覺集中於她的伴侶,以及在性活動中較容易刺激到陰核的姿勢等。此訓練方案顯現有很高的效果:超過90%的女性在自慰中學習到有高潮,約80%的人在她們的伴侶愛撫中,及約30%的人在性交中得到高潮（Heiman, 2007; LoPiccolo, 2002, 1997）。

正如前述,在性交中缺乏高潮,不必然是性功能障礙,事實上可經由她的伴侶或她自己的愛撫,就能使女性享受性愛及達到高潮。基於此理由,有些治療師認為最明智的做法,是教育只關心在性交中缺乏高潮的女性,讓她們知道她們其實是十分正常的。

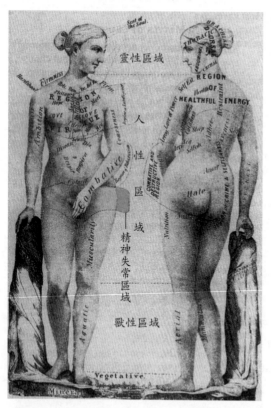

✪ **精神失常的區域**　醫學權威人士描述,維多利亞時代的女性「過分激情」是危險的,且可能導致精神失常（Gamwell & Tomes, 1995）。此圖是來自十九世紀的醫學教科書,它甚至標示女性的生殖器官為她的「精神失常區域」。

🍃 陰道痙攣

對陰道周圍肌肉不自主收縮的陰道痙攣,其特殊的治療方法有兩種（Kabakci & Batur, 2003; Heiman, 2002）。第一,女性可練習收縮和放鬆她的陰道肌肉,以達到更自主的控制它們。第二,她可接受漸進的行為暴露治療,幫助克服侵入的恐懼,例如,在家裡開始以自己的進度,在陰道插入逐漸加大的擴張器,最後能插入伴侶的陰莖（Binik et al., 2007; Rosenbaum, 2007）。多數以此程序治療陰道痙攣的女性,最後能達到無痛苦的性交（Heiman, 2002; Beck, 1993）。近年來有某些醫療方法被應用。例如,幾個臨床研究人員,在有問題的陰道肌肉注射 Botox,以幫助那些肌肉減少痙攣（Ghazizadeh & Nikzad, 2004; Romito et al., 2004）。然而,這種方法的研究缺乏系統。大體而言,許多有此問題的女性報告,她們初次尋求醫生的幫助時,得到無效及不正確的治療方式（Ogden & Ward, 1995）。

🍃 性交疼痛

正如前述,性交疼痛是在性活動中生殖器會

疼痛，其最普遍的原因是生理的，如引起痛苦的傷痕、病害或感染的後果。當原因已經知道，就要試行疼痛的處理程序及性治療技術，包括伴侶學習避免在受傷區施加壓力的性姿勢。醫療方法——從局部的藥膏到手術——也被試用，但是它們必須結合其他的性治療技術，以克服多年的性焦慮及性興奮的缺乏（Binik et al., 2007; Heard-Davison et al., 2004; Bergeron et al., 2002, 2001）。因為許多性交疼痛的個案，實際上是由尚未診斷出的生理問題所引起，因此患者接受專門的婦科檢查是很重要的。的確許多專家認為，多數的陰道痙攣及性交疼痛個案，最好由一個專業小組來評估及治療，包括婦科醫生、物理治療師、性治療師或其他的心理健康專業人員（Rosenbaum, 2007）。

當前性治療的趨勢為何？

目前性治療師已遠離 Masters 及 Johnson 最初發展的方法。例如，今日的性治療師，經常治療生活在一起但是沒有結婚的伴侶。他們也治療由於心理疾患引起的性功能障礙，如憂鬱症、躁狂、精神分裂症及某些人格疾患（Leiblum, 2007; Bach et al., 2001）。此外，性治療師不再排除嚴重的婚姻不和諧、年老的、醫學疾病、身體殘障及同性戀的患者，或沒有長期性伴侶的個人（Nichols & Shernoff, 2007; Stevenson & Elliott, 2007）。性治療師也更關心有時被稱為性慾過度（hypersexuality）或性上癮（sexual addiction）的過度性慾患者（Kafka, 2007, 2000）。

目前許多性治療師擔心，藥物使用以及其他藥物治療，在性功能障礙上急遽的增加，特別是性慾望不足和男性勃起障礙。他們的擔心是，治療師選擇生物療法逐漸增加，而不是統合生物的、心理的及社會文化的治療法。事實上，任何一種範圍狹窄的方法，不可能完的應付引起多數性問題的複雜因素（Leiblum, 2007; Rosen, 2007）。性治療師花了許多年才確認，統合的治療法對性功能障礙有相當多的益處。新藥物治療的發展，不可能導致對統合治療的放棄。

性倒錯

性倒錯（paraphilias）疾患，是個人重複出現強烈的性衝動、幻想或性行為，針對非人類的物體、兒童、未表同意的成人，或使自己或伴侶經驗痛苦或羞辱的行為。許多性倒錯者，只要性倒錯的刺激出現，不論是幻想或付諸行動，都會引起興奮。有些人在壓力期間或特殊情境之下，也許只需要一點點刺激就會發生。

根據 DSM-IV-TR，性倒錯的診斷只適用於性衝動、幻想或行為持續至少六個月（見表 13-5）。大部分適用於此診斷的性倒錯，也必須是其性衝動、幻想或行為引起極大的痛苦，或干擾個人的社會生活及職業表現（APA, 2000）。然而，對某些性倒錯而言，DSM-IV-TR 闡明，即使個人未經驗痛苦或損傷，但是其性行為的表現就顯示一種障礙（APA, 2000）。例如，主動與兒童性接觸者，成為戀童癖

診斷的證明，不管個人遭遇了什麼樣的困境。

> **表 13-5**　DSM 檢核表

性倒錯

1. 至少六個月期間，一再出現強烈性興奮的幻想、性衝動或行為，一般針對某些不適當的刺激或情境（不屬人類之物件；使自己或性伴侶痛苦或羞辱；或兒童或其他未表同意的人們）。

2. 這些幻想、性衝動或行為，造成重大痛苦或損害（某些性倒錯──戀童癖、暴露症、窺視癖、觸摩癖、性虐待狂──即使沒有造成痛苦或損害，倒錯行為的實行顯示一種障礙）。

資料來源：APA, 2000.

　　某些有一種性倒錯的人，也同時顯示其他的性倒錯（Marshall et al., 2008; Langstrom & Zucker, 2005）。極少數人被正式診斷為性倒錯，但是性倒錯的色情畫刊，有廣大的網際網路和消費者市場，使臨床工作者懷疑此種模式可能十分普遍（APA, 2000）。捲入兒童或未表同意成人的性倒錯者，當他們陷入法律紛爭時，常引起臨床工作者的注意（Maletzky & Steinhauser, 2004）。有些專家認為，非經對方同意的性倒錯行為，是只有當它們是達到性興奮或高潮的唯一或喜愛的方法時，其性倒錯活動才應該視為一種障礙（Marshall et al., 2008）。

　　儘管理論家對性倒錯提出各種的解釋，但很少有正式的證明來支持他們（Abramowitz, 2008; McConaghy, 2005）。而且，許多用於性倒錯的治療法，沒有一種曾作過許多研究或證明有明顯的效果（Roche & Quayle, 2007; McConaghy, 2005; Maletzky, 2002）。性倒錯的心理和社會文化治療法，被運用得最久，但是今日的專家也開始使用生物治療。有些臨床工作者給與稱為抗雄性激素（antiandrogens）的藥物，它可降低男性荷爾蒙睪固酮的產生，並且降低性驅力（Marshall et al., 2008; Hyde & DeLamater, 2006; Briken et al., 2003）。雖然此類藥物確實可減少性倒錯的模式，但是它們有的也破壞正常的性感覺和行為。因此，這些藥物主要應用於，對個人本身或他人會造成危險的性倒錯。臨床工作者也愈來愈多使用SSRIs──提高血清素的抗憂鬱劑，來治療性倒錯者，希望此藥物可以像幫助減輕其他的強迫症一樣，降低類似強迫症的性行為（Wright & Hatcher, 2006）。此外，當然 SSRIs 普遍的效果，是降低性興奮。

戀物症

　　戀物症（fetishism）的主要特徵，是一再反覆強烈的性衝動、性興奮的幻想或行為，內容是使用無生命的物體，而經常把其他的刺激排除在外。此疾患通常男性比女性更普遍，開始於青春期。幾乎任何東西都可以成為性倒錯的戀物；女

人的內衣、鞋子、長統靴尤其常見（APA, 2000）。有些戀物症患者，為了盡可能收集渴望的物件而去偷竊。當此人在自慰時，此物件可以觸摸、嗅聞、穿戴或以其他方式使用，或在性行為時，個人要求伴侶穿上此物件（Marshall et al., 2008）。下列的例子可發現某些這種特徵：

> 　　一個 32 歲的單身男性……敘述，雖然女人對他有點性的吸引力，但是她們的「內褲」更吸引他。
>
> 　　此病人很清楚的記得，性興奮大約開始於 7 歲，當時他偶然看到色情雜誌，對圖片中部分裸體女人所穿的「內褲」感覺刺激。他第一次的射精發生在 13 歲，是經由幻想與穿著內褲的女人發生關係。他偷了姊姊的內褲沒讓她知道，用內褲自慰。後來他偷朋友或在社交認識的女性的內褲。在社交場合，他會找藉口溜進女人的臥室，快速的翻尋她們的所有物，直到發現一件他滿意的內褲。他後來用這些內褲自慰，然後將它們保存在一個「隱密的貯藏室」。這種用女性內褲自慰的模式，從青春期持續到現在，是他達到性興奮和高潮最喜愛的方法。
>
> （Spitzer et al., 1994, p. 247）

　　研究人員尚未準確的確定戀物症的原因。心理動力理論家視戀物症為：幫助人們避開由正常的性接觸引起焦慮的一種防衛機轉。然而，心理動力的治療對戀物症卻少有成效（LoPiccolo, 1992）。

　　行為主義學家認為，戀物症是經由古典制約養成（Roche & Quayle, 2007; Akins, 2004; Doctor & Neff, 2001）。在一個開創的行為研究中，男性受試者被提供一系列裸體女性，以及長統靴的幻燈片（Rachman, 1966）。經過許多次的試驗之後，受試者單單看長統靴的圖片，也會變為興奮。假如早期的性經驗，同樣在出現特殊物體時發生，也許是發展為戀物症的肇因。

　　行為主義學家有時用嫌惡治療法（aversion therapy）來治療戀物症（Wright & Hatcher, 2006; Krueger & Kaplan, 2002）。在一個研究裡，當戀物的受試者，想像他們性渴望的物體時，他們的手臂或大腿就被施以電擊（Marks & Gelder, 1967）。所有在此研究的受試者，經過兩週的治療之後，顯示有些進步。其他的嫌惡技術，如內隱敏感法（covert sensitization），是戀物症患者被指導去想像愉快的物體，並把此影像一再與想像的嫌惡刺激結合在一起，直到性愉快的物體不再引起情慾為止。

　　其他的戀物症的行為治療，是**自慰饜足**（**masturbatory satiation**）（Wright & Hatcher, 2006; Krueger & Kaplan, 2002）。在此法中，患者想像適當的性物體，以自慰達到高潮後，接著更仔細的幻想戀物的物體及一再自慰，並如此繼續一小

時。此程序的用意是在於，讓患者因而產生無聊的感覺，並使它與所戀的物體相連結。

另一種戀物症的行為治療法，是**高潮再教育**（**orgasmic reorientation**），也使用於其他的性倒錯上。此法教導個體，對更適當的性刺激來源作反應（Wright & Hatcher, 2006）。當人們對非慣例的物體反應時，對他們顯示慣例的刺激。例如，對鞋子迷戀的人，可能被指導由鞋子圖片得到勃起，然後開始對裸體女人的圖片自慰。假如他開始失去勃起，他必須回到鞋子的圖片，直到他能有效地自慰為止，然後再回到裸體女人的圖片。當高潮即將達到時，他必須將所有的注意力指向慣例的刺激。

❂**團體的方法**　Crossroads 是扮異性戀物症的自助團體，成員一再需求穿上女性的服裝，作為達到性興奮的手段。

扮異性戀物症

扮異性戀物症（**transvestic fetishism**），也稱為**異裝癖**（**transvestism**）或**穿異性服裝**（**cross-dressing**），是為了達到性興奮，一再需求或渴望穿異性的衣服。下面一段文章，是一位 42 歲已婚的父親描述他的模式：

　　當我穿起異性的服裝時，有人說我像 Whistler 的母親（笑），尤其是我沒有將鬍子刮得很乾淨的時候。我重視細節，當我穿女人的服裝時，我會設法將我的指甲修好，並塗上相配的顏色。老實說，當我開始男扮女裝時，很難決定約會對象……若要強迫我說，我想大概在我 10 歲的時候開始，我無意間開玩笑的穿上母親的衣服……然後小心翼翼的把每樣東西放回它原來的地方，18 年來都是如此，我的母親從來沒有懷疑或質問過我，關於穿她的衣服這件事。我屬於一個支持異性裝扮的團體……，一個穿異性服裝的團體。有些團體是同性戀者，但大多數不是。我是真正的異裝癖，因此我知道我不是同性戀。在團體裡我們完全不歧視別人，唉，要被當作正常人而不是一群怪人來看待，已經夠我們煩的了。他們大多數像我一樣，他們是一群好人……真的。

　　多數人（團體中的男性）會告訴家人，有關他們的異性裝扮傾向，但是那些已婚的則是採混合方式；有的妻子知道，有的不知道，她們只是懷疑。我相信坦白，所以在結婚前告訴我的妻子這件事。我們現在分居，但是我不認為這是由於我的男扮女裝……當我長大，有些朋友建議我去作心理治療，

> 但我不把它視為一個問題。如果它困擾別人，那表示他們有問題⋯⋯我和妻子的性生活配合得很美好，雖然有時她要花一些時間使我舒服的穿上女性內褲；是的，有時我在做愛時穿上它，它使我更興奮。
>
> （Janus & Janus, 1993, p. 121）

跟這個人一樣，典型的異裝癖者，幾乎都是異性戀的男性（Marshall et al., 2008），他們在童年時期或青春期開始穿異性服裝（Langstrom & Zucker, 2005; Doctor & Neff, 2001）。在日常生活中，他是典型的男子氣概形象，通常在他獨處的時候才異裝。比例極少的男性，會穿異性服裝去酒吧或社交俱樂部。有些人在他們的男性服裝下，穿上單項的女裝，如內褲或襪子；另有一些人打扮和穿著完全像女人。有些已婚的異裝癖者，讓他的妻子介入他的異裝行為（Kolodny, Masters, & Johnson, 1979）。這種疾患常和性別認同障礙相混淆，但是我們應該了解，它們是兩種不同的障礙，只有在某些人有重疊。

扮異性戀物症的發展，有時似乎是依循操作制約的行為法則。這些案例在兒童時，父母或其他成人公開鼓勵個人穿異性服裝，甚至獎賞他們此種行為。有一個案例是，一個女人很高興的發現，她年幼的姪兒喜愛穿女孩的衣服，她一直想要有個姪女，於是她開始買衣服和珠寶飾物給他，而且有時把他打扮成女孩，並帶他逛街。

暴露症

暴露症（exhibitionism）患者，一再出現對他人暴露生殖器的衝動，幾乎都是對異性或有性興奮幻想對象做出此行為。他也會實行此衝動，但是他很少企圖對他所暴露的對象從事性的活動（APA, 2000; Maletzky, 2000）。他通常只想去引起震驚或使人意外。有時一個暴露症者，會在特殊時間在臨近地區暴露自己。一項針對 2,800 位男性的調查發現，他們之中的 4.3% 報告，曾做出暴露症的行為（Langstrom & Seto, 2006）。而三分之一至半數間的女性報告，曾經看到或與暴露症者或所謂的閃客（flasher）直接接觸（Marshall et al., 2008）。這種暴露的慾望，通常一個人在空閒的時候或在重大的壓力之下，特別強烈。

一般來說，此症開始於 18 歲之前，男性較為普遍（APA, 2000）。有些研究指出，暴露症患者通常是在處理異性的問題不成熟，以及在人際關係上有困難（Marshall et al., 2008; Murphy & Page, 2006）。這些人約有 30% 已婚，另外 30% 離婚或分居；他們和妻子的性關係通常不滿意（Doctor & Neff, 2001）。有許多人懷疑或恐懼他們的男子氣概，有些人似乎對具占有慾的母親有強烈的依戀。正如其他的性倒錯一樣，治療方法通常包括嫌惡治療法及自慰饜足，也可能結合高潮再教育、社交技能訓練，或認知─行為治療（Marshall et al., 2008; Murphy & Page,

2006; Maletzky, 2002, 2000）。

窺視癖

有**窺視癖**（voyeurism）者，一再出現強烈的性衝動，去偷窺不知情的人脫衣服，或暗中察看夫妻之間的性行為。此人也可能在偷窺行為當中自慰，或在事後藉著回想來自慰，但是他們通常不會尋求與被偷窺者發生性行為。此症通常開始於 15 歲以前，而且有持續的傾向（APA, 2000）。

被偷窺的受害者，如果知道他們被偷窺，他們可能有被羞辱的感覺，這經常是使這些人快樂的部分。此外，被發現的風險往往增加偷窺的刺激，正如下列一位此症男性的敘述：

> 觀看一個裸體的女友，不如以偷偷摸摸方式觀看她那樣令人興奮。它不只是裸體，而是偷偷的看到你不應該看到的。被抓到的風險使它更為刺激，我不想被抓，但是每次我外出，我就重蹈覆轍。
>
> （Yalom, 1960, p. 316）

窺視癖像暴露症一樣，是性興奮幻想的來源。它在正常性活動中也扮演某種角色，但是這些例子，他們通常是在伴侶的同意和了解下進行。臨床窺視癖表現的特徵，是一再地侵犯他人的隱私。有些窺視癖者不能有正常的性關係；然而，另有一些人，除了有窺視癖外，也有正常的性生活。

許多心理動力臨床工作者認為，窺視癖者可能因為他們覺得在性及社交方面感到羞怯或不適應，藉著此種行為去獲得超越他人的權力（Metzl, 2004）。另一些人解釋窺視癖，是試圖減輕最初由成人性器的景象產生的閹割懼。理論上，窺視癖者反覆出現會令對方產生驚恐的行為，目的是對自己保證沒有什麼可害怕的（Fenichel, 1945）。行為主義學家對此症的解釋，認為它是一種學得的行為，可追溯於有機會祕密觀察性興奮的景象。假如旁觀者在反覆幾次偷看時同時自慰，偷窺的模式就會逐漸形成。

觸摩癖

發展**觸摩癖**（frotteurism）者，一再發生強烈的性衝動，去觸摸或摩擦未表同意的人，或想如此做以滿足性興奮幻想，此人也可能把衝動付諸行動。摩擦產生性慾（frottage，來自法文 frotter，「摩擦」），通常在擁擠的地方發生，例如地下鐵或擁擠的人行道（Horley, 2001; Krueger & Kaplan, 2000）。這些人幾乎都是男性，以性器去摩擦受害者的大腿或屁股，或用手撫摸她的性器或胸部。典型的患者，在行動中會幻想他和受害者有情愛關係。此種性倒錯通常開始於十多歲

或更早，在他觀看他人做出觸摩的行為之後。此種人在約 25 歲以後，會逐漸減少這類行為，甚至消失（APA, 2000）。

戀童癖

有戀童癖（pedophilia）者，是經由對未達青春期的兒童觀看、觸摸或從事性行為，以獲得性的滿足，通常是對 13 歲或更年幼的兒童。某些戀童癖者，是經由觀看兒童色情圖片（Linz & Imrich, 2001）或純真無邪的資料，如兒童的內衣褲廣告，以得到滿足；另一些人，是被驅使去實際的觀看、撫摸或與兒童從事性行為（Durkin & Hundersmarck, 2008）。有些戀童癖者只受兒童吸引；另一些人也受成人吸引（Roche & Quayle, 2007; APA, 2000）。男孩和女孩二者都可能是戀童癖的受害者，但是證據指出，三分之二的受害者是女孩（Doctor & Neff, 2001; Koss & Heslet, 1992）。

有戀童癖者其疾患通常發展於青春期。他們之中許多人在兒童時曾有被性虐待的經驗，並有許多人兒童時期被忽視、過度處罰，或剝奪真誠的親密關係（McAnulty, 2006; Sawle & Kear, 2001; Berlin, 2000）。他們當中已婚、有性方面的困難，或生活上有其他的挫折也極為常見，這些因素導致他們尋求一個他們能掌控的舞台。這些人常常是不成熟的：他們的社交和性技巧可能發展不良，而且一想到正常的性關係就使他們充滿焦慮（McAnulty, 2006; Emmers-Sommer et al., 2004）。有些戀童癖者也顯現扭曲的想法，如「與兒童有性行為，只要他們同意就可以」（Roche & Quayle, 2007; Abel et al., 2001, 1994, 1984）。同樣地，有戀童癖者指責與成人性接觸的兒童，或堅持認為兒童從性經驗受益，並不少見（Durkin & Hundersmarck, 2008; Lanning, 2001）。

雖然許多戀童癖者認為，他們的感覺確實是錯誤和異常的，而另一些人則認為，成人和兒童的性活動是可被接受及正常的。有些人甚至加入擁護廢除年齡同意法的戀童癖團體。網際網路已在這些人之中，打開溝通的管道。事實上，目前有一系列廣泛的網站、網路群組、聊天室及討論廣場，集中於戀童癖及成人—兒童間的性（Durkin & Hundersmarck, 2008）。有些研究發現，多數的戀童癖男性顯示，至少有一種其他的心理疾患，如焦慮疾患、情感疾患、物質關聯疾患、其他的性倒錯，或人格疾患（McAnulty, 2006; Cohen & Galynker, 2002）。近年來，有些理論家提出，戀童癖可能與生化作用或腦部結構異常有關（Cantor et al., 2004; Maes et al., 2001），但是研究尚未顯現清楚的生化因素。

多數戀童癖犯罪者當他們被捕時，會被監禁或強制治療（Stone et al., 2000）。畢竟，當他們採取任何手段對兒童性接觸，他們就犯下兒童性虐待罪。而且，目前全美國有許多的住宅登記及社區通告，幫助法律執行機構及大眾，負起責任和控制被判兒童性犯罪者，在哪裡生活及工作。

治療戀童癖的方法，包括前面提及的性倒錯治療法，如嫌惡治療法、自慰饜

足、高潮再教育、認知—行為治療，以及抗雄性激素藥物（Krueger & Kaplan, 2002; LoPiccolo, 1992）。一種對戀童癖廣泛應用的認知—行為治療法，是預防復發訓練（relapse-prevention training），它是以治療物質依賴使用的復發—預防方案，作為參考模式（Wright & Hatcher, 2006; Marques et al., 2005; Witkiewitz & Marlatt, 2004）。在此法中，患者確認通常引發他們戀童幻想和行為的情境（如憂鬱的心情或扭曲的想法）。然後他們學習避開這些情境，或學習更有效的因應策略。預防復發訓練有時（但不是一直）對戀童癖及某些性倒錯有幫助（Marshall et al., 2008）。

性受虐狂

有**性受虐狂**（sexual masochism）者，是經由被羞辱、毆打、綑綁或其他造成痛苦的行為或想像，以引起強烈的性興奮。許多人有被迫陷入違反他們意志的性行為幻想，但是只有那些被幻想造成極端痛苦或傷害的人，才獲得此種診斷。有些此症患者，受虐的強烈衝動行為是針對自我，如綑綁、針刺或甚至割傷自己。另一些人要求性伴侶對他們執行受虐行為，包括監禁、綑綁、蒙眼、掌摑、打屁股、鞭打、痛打、電灼、針刺或羞辱他們（APA, 2000）。

滿足性受虐狂者的一種企業產品和服務已出現。以下是一位 34 歲的女性，描述她在性施虐受虐狂店的工作情形：

> 來店裡的人，全都是在尋求他們認為對他們最適當、應受的痛苦。不要問我為什麼他們想要痛苦，我不是心理學家；但是當他們一旦找到我們，他們通常就不會去其他的地方。在別的地方，某些女孩花一小時或甚至兩小時，讓這些傢伙感覺他們好像得到他們要的治療——我能使他們在 20 分鐘左右就達到目的……不要忘記，這些都是生意人，他們不僅買我的時間，他們也必須回去工作，因此時間對他們來說是很寶貴的。
>
> 在我所做的事情中，做得確實快速和妥當的是：我把衣夾夾住他們的奶頭，或用針刺他們的「睪丸」。有些人要看到自己的血以後，才會離開……
>
> ……整個時間，折磨的景象一直繼續，並有連續不斷的對話。……我對這傢伙尖叫，並告訴他，他是不中用且下流的混蛋、做這些甚至對他太好、他知道他應得到更糟的待遇，而且我開始列舉他的罪狀，它每次都有效。我不是瘋子，我知道我正在做什麼。我的舉動雖然很粗魯和嚴厲，但我實際上是一個很敏感的女人。而且你必須小心此人的健康……你不能殺了他，或使他心臟病發作……我知道其他的地方有人死去。我從來沒有因為死亡而失去顧客，雖然他們在我的「治療」中，可能希望死亡。記住，這些都是重複出現的顧客。我有常客，而且我有良好的聲譽。
>
> （Janus & Janus, 1993, p. 115）

性受虐狂中的一種形式——缺氧性窒息或缺氧性癖（hypoxyphilia），是有些人為了提高他們的性快樂，勒頸或使自己窒息（或要求他們的伴侶勒住他們）。實際上，不少令人不安的臨床報告，指出自體性慾窒息或窒息式自慰（autoerotic asphyxia）案例，其中的人通常是男性及 10 歲左右的年輕人，他們在自慰時，懸吊、窒息或勒緊自己，意外地引起致命的缺氧。是否這種習慣是性受虐狂的特徵，有一些爭論，但是它通常伴隨著其他的束縛行為（Blanchard & Hucker, 1991）。

多數性受虐狂的性幻想，開始於童年時期。然而，他們直到後來才表現出此衝動，通常是在成年期早期。此症典型的持續許多年。有些人在特殊壓力的期間或之後，實行愈來愈危險的動作（Santtila et al., 2006, 2002; APA, 2000）。

許多性受虐狂的個案，似乎經由行為的古典制約歷程而發展（Akins, 2004）。一個經典的個案研究，陳述一個折斷手臂的十多歲男孩，當醫生在醫治他的斷臂時，他被一個有魅力的護士撫摸和親密的擁抱，竟然不必使用麻醉藥就完成治療（Gebhard, 1965）。此種讓這男孩感覺痛苦和夾雜性興奮的強力結合，可能是他後來的性受虐衝動和行為的肇因。

性虐待狂

性虐待狂（sexual sadism）者通常為男性，由施加他人痛苦之想法或行為，而得到強烈的性興奮，包括支配、束縛、蒙眼、刀割、勒頸、殘害身體或甚至殺死受害者（Marshall & Kennedy, 2003）。此名稱來自有名的 Marquis de Sade（1740-1814）的名字，他為了滿足自己的性慾去折磨他人。有性虐待狂幻想者典型的想像，是他能完全控制受虐待行為驚嚇的受害者。許多人對同意的伴侶執行虐待行為，對方也時常是一個有受虐狂的人。然而，有些人把他們的衝動付諸於未表同意的受害者（Marshall et al., 2008; Mar-

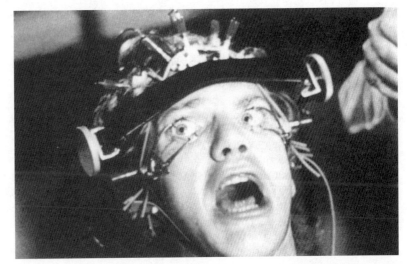

✪ **電影的介紹**　電影界最著名的鏡頭之一，是在《發條橘子》電影中，扮演性虐待症角色的 Alex，被迫去觀看他經驗痛苦的胃痙攣劇烈影像。大眾對嫌惡治療法的態度，深受此 1971 年治療方法的劇照之影響。

shall & Hucker, 2006）。例如，有些強暴者及性謀殺犯，顯示有性虐待狂。在所有個案裡，真實或幻想的受害者的痛苦，是引起他們性興奮的關鍵。

性虐待狂的性幻想，像那些性受虐狂者一樣，首次出現於童年時期（Johnson & Becker, 1997）；發生性虐待行為，則於成人期早期發展（APA, 2000）。性虐待狂的模式是長期的。性虐待行為有時停留在相同的殘酷水平，但是隨著時間的流逝，性虐待的嚴重度往往增加（Santtila et al., 2006, 2002）。顯然地，此症的嚴重患者，對他人來說可能有高度的危險。

某些行為學家認為，性虐待狂是古典制約學習的結果（Akins, 2004）。當他施加痛苦在動物或人的身上，也許是無意的，卻使一個少年可能感受強烈的情緒和性興奮。這種施加痛苦和引起性興奮之間的連結，促成性虐待狂的模式。行為學家也主張，此症可能起因於青少年觀察他人，經由施加他人痛苦而達到性滿足的模仿。我們的社會中，有許多的性網站、性雜誌、書刊及錄影帶，使此類的示範更易於獲得（Seto, Maric, & Barbaree, 2001）。

心理動力及認知理論家，視性虐待狂者有潛在的性不適應感；他們施加痛苦是為了得到權力或控制感，它轉而增加他們的性興奮（Doctor, 2003; Rathbone, 2001）。與此強烈對比的是，某些生物學的研究發現，性虐待狂者在內分泌系統可能有異常的徵兆（Langevin et al., 1988）。然而，這些解釋沒有一個被徹底的研究。

性虐待狂多以嫌惡治療法處置。大眾的看法和對此種程序的厭惡，受到 Anthony Burgess 的小說《發條橘子》（*A Clockwork Orange*）（後來拍成電影）所影響，它描述對一個性虐待的年輕人，同時呈現性虐待的影像及藥物誘發的胃痙攣，一直到他被制約看到這種影像就反胃。嫌惡治療法對性虐待狂個案的效果不清楚。然而，預防復發訓練，運用在某些犯罪的個案似乎有效（Wright & Hatcher, 2006; Marques et al., 2005; Maletzky, 2003, 2002）。

謹慎用詞

性倒錯的定義，如同性功能障礙一樣，強烈的受特殊社會規範的影響（McConaghy, 2005; APA, 2000）。有些臨床工作人員認為，除了人們被他們傷害外，許多性倒錯行為完全不應該被視為疾患。尤其鑑於性疾患與汙名連結在一起，以及許多人當他們認為他們有這樣的疾患時，經驗自我厭惡，使我們需要很小心的對他人或自己使用這些標記。請記住，多年前臨床專業人員還將同性戀視為性倒錯，而且他們的意見，甚至被用於證明法律及警察行為的正當性，來反對同性戀者（Kirby, 2000）（見以下「文化眼」專欄）。只有當同性戀的權利運動，幫助改變社會對同性戀的了解和態度，臨床工作者才停止視它為一種疾患。同時，臨床界已不經意的造成數百萬人，由於個人不同於習俗規範的性行為，而帶來困擾、焦慮和屈辱。

「文化眼」專欄

同性戀和社會

同性戀不是新問題；它一直存在所有的文化中，就如一直有爭議圍繞著它一樣。多數的文化不會公開擁護同性戀，在歷史過程中，少數人曾像今日的西方文化一樣，強烈地責難它（Kauth, 2006; Minton, 2002）。然而，研究顯示，一個社會對同性戀者的接受或拒絕，不會影響同性戀的比率。

1973 年之前，《心理疾病診斷與統計手冊》（DSM）把同性戀列為性疾患。由於激進主義團體和許多心理治療師的抗議，最後導致它從診斷手冊的性疾患被排除（Robertson, 2004）。多數西方世界的臨床工作人員，現在將同性戀看成是正常性行為的變體，而不是一種疾患（Crary, 2007）。

儘管同性戀行為在臨床界的接受度增加，但是許多西方社會的人們，還是繼續保持反對同性戀或害怕同性戀的態度，並且散布同性戀者生活方式的迷思（Kirby, 2000; Parker & Bhugra, 2000）。與這些迷思相反的，研究顯示同性戀者沒有遭受性別混亂之苦，而且沒有可證明的「同性戀人格」。

心理學家持續爭論一個議題：同性戀是否為心理因素（例如，認知情緒或訊息處理因素），或生物因素（例如，遺傳傾向或胎兒時事件）導致。這些爭論被一系列的研究所激發，它們包括這些不同因素的支持和反駁二者（Kauth, 2006; Hyde, 2005; Savic et al., 2005; Minton, 2002）。由於這些結合的結果，有幾個身心交互影響理論也被提出，但是它們尚未被有系統地檢驗（Kauth, 2006, 2000; Diamond, 2003; Woodson & Gorski, 2000）。

同性戀者可發現在每個社經團體、種族及行業中。除了他們的性取向之外，要確認他們與其餘人口有不同的特徵是不可能的。同性戀者社群認為，既然性取向是區分異性戀和同性戀伴侶的唯一變項，同性戀伴侶應該與異性戀伴侶有相同的權利。今天有一些婚禮是為同性的伴侶舉行（Kauth, 2006; Leiblum, 2004）。此外，在過去只為異性戀伴侶保留的區域，同性戀伴侶主張他們應享有更多權利，從配偶健康保險範圍、房屋供給機會，到較公平的稅、繼承法及社會安全福利，最近法院決議已認可這些權利的部分。

有 4% 至 7% 的美國人確認他們是同性戀者。目前多數心理學家同意，同性戀不是疾患，但仍留下一個重要議題：社會要如何對通常與其他人只有一方面不同——性取向，而在人口中重大比例的人反應？到目前為止，西方社會不能聲稱對此問題很有效及公正的處理，但是至少似乎朝向了解和平等的趨向展開。研究指出，經由持續的教育和媒體報導，不同性取向的人，能學習彼此接受及一起工作（Guth et al., 2004）。

性別認同障礙

作為兒童和成人，多數人喜歡和認同他們自己是男人或女人——一種與他們出生性別一致的感覺和認同。但是社會和臨床界終於理解，有許多人並沒有經驗這種清晰的性別認同。反之，他們有跨性別經驗（transgender experiences）——即他們實際的性別認同與他們出生的生理性別不同，或它在一般男性與女性的類別外的感覺（Carroll, 2007）。許多有這種跨性別經驗的人，與他們的性別不一致達成妥協，以某種方式調和性別，而對非典型的性別認同變得自在（Carroll, 2007）。然而，另一些人則經驗性別焦慮（gender dysphoria）——對他們特定的性別感到痛苦——而經常為他們的問題尋求治療。DSM-IV-TR 將這些人歸類為**性別認同障礙**（gender identity disorder）——患者持續感覺被造成重大的錯誤，以及被出生為錯誤性別的障礙（見表 13-6）。

表 13-6　DSM 檢核表

性別認同障礙

1. 強烈而持續認同異性的性別（例如，陳述想成為異性的意願、時常被認為是異性、想要過異性般的生活或被當成異性看待，或堅信自己有異性的典型感受及反應）。
2. 對自己的性別持續感覺煩惱，或對自己性別的性別角色感覺不適當（例如，專注於除去自己的主要及次要性徵，或相信自己生錯了性別）。
3. 此障礙造成重大的痛苦或損害。

資料來源：APA, 2000.

DSM-IV-TR 的性別認同障礙的分類，近年來有些爭議。許多人認為跨性別經驗，反映非傳統的——不是病態的——個人經驗性別認同的方式。並且，即使跨性別經驗引起痛苦，像那些稱為性別焦慮的人，也不應該被視為障礙。另一方面，很多人認為性別認同障礙，事實上是醫學的問題，它能引起個人的痛苦。根據此種立場，性別認同障礙不應該歸類為心理疾患，正如腎臟病和癌症的醫學情況，也會產生痛苦，但並不將它分類為心理疾患一樣。雖然這些觀點的其中一種，確實被證明是更適當的觀點，本章主要依循 DSM-IV-TR 目前的立場，認為性別認同障礙不只是一種不同的生活方式，並且也不是明確界定的醫學問題，它將考驗臨床理論家相信，他們了解的性別認同障礙模式和治療。

有性別認同障礙的人，想要除去他們主要和次要的性徵——他們之中許多人發現很討厭自己的生殖器——想要獲得另一種性別的特徵（APA, 2000）。性別認

同障礙男性的人數多於女性，約 2 比 1。有此問題的人經常經歷焦慮或憂鬱，而且可能有自殺的念頭（Hepp et al., 2005; Bradley, 1995）。這些反應可能與此疾患本身引起的困惑和痛苦，或個人表現此模式時經驗歧視有關（Whittle, 2002; Lombardi et al., 2001）。研究也指出，有些性別認同障礙者進一步顯示人格違常（Hepp et al., 2005）。雖然「變性」的稱號仍普遍應用，但在那些渴望及尋求完全改變性別的人，當今多數的臨床工作者，已用「性別認同障礙」一詞取代舊有的「變性慾」（transsexualism）。

　　有時性別認同障礙也出現在兒童身上（Carroll, 2007; Zucker, 2005）。就像此疾患的成人一樣，他們對自己被分派的性別感到苦惱，且渴望變為異性的成員。此種兒童期的模式，通常到青春期或成年期消失，但是有些個案發展為成人的性別認同障礙（Cohen-Kettenis, 2001）。因此，此疾患的成人可能有兒童期的性別認同障礙，但是多數性別認同障礙的兒童，不會變為性別認同障礙的成人。一些母親的調查顯示，約 1% 至 2% 的年幼男孩，想要成為女孩，而 3% 至 4% 的年幼女孩，想要成為男孩（Carroll, 2007; Zucker & Bradley, 1995）。然而，不到 1% 的成人顯示有性別認同障礙。這種性別認同障礙盛行率年齡的變化，也是今天主要的性別焦慮護理標準手冊，強烈反對此模式使用任何形式的生理治療，直到個人至少 16 歲為止的部分原因（HBIGDA, 2001）。

性別認同障礙的解釋

　　有不同的理論，對性別認同障礙提出解釋（Carroll, 2007; Gehring & Knudson, 2005; Doctor & Neff, 2001），但是試驗這些觀點的研究有限，而且相當薄弱。許多臨床工作人員，質疑生物因素——基因的或產前的——在此疾患扮演關鍵的角色（Henningsson et al., 2005; Bailey, 2003）。

　　與基因的解釋一致之證明，是此疾患有時有家族遺傳（Green, 2000）。此外，一項生物學的研究，已獲得相當大的注意。荷蘭的研究者，解剖 6 位由男性變為女性死者的腦部。他們發現在下視丘稱為終紋床核（bed nucleus of stria terminalis, BST）的一群細胞，這些受試者只有控制組正常男性的一半大。常態的情況，女性的 BST 比男性小，性別認同障礙的受試者，實際上被發現有女性大小的 BST。最近的研究顯示相似的情況（Swaab, 2005）。科學家不能確定 BST 在人類的作用，但是他們知道它幫助控制雄老鼠的性行為。雖然可能也有其他的解釋，但發展性別認同障礙的男性，有重大的生物差異，此使他們對被指派的性徵非常不自在。

性別認同障礙的治療

　　為了更有效的評估及治療性別認同障礙者，臨床理論家試圖區分，在臨床工作最常遇到的性別焦慮模式。

🌿 性別焦慮患者類型

美國西北大學教授及性別焦慮專家 Richard Carroll（2007），描述性別認同障礙者最常尋求治療的三種類型：(1)女變男的性別焦慮（female-to-male gender dysphoria）；(2)男變女的性別焦慮：喜男癖型（androphilic type）；及(3)男變女的性別焦慮：女性幻想症型（autogynephilic type）。

女變男的性別焦慮　女變男的性別焦慮類型者，是生為女人，但在早期就以典型男性的方式表現及行為——經常是在 3 歲或更小時。在兒童時，她們經常玩粗野的遊戲或運動、喜歡男孩友伴、討厭女孩的衣服，並陳述想要成為男人的希望。到青少年時，她們厭惡青春期生理的變化，以及性的吸引對象是女性。雖然她們在少年和成人時，有女同性戀關係，但這些從未讓她們的性別焦慮感得到滿意的解決，因為她們想要其他女人，被她們作為男性所吸引，而不是作為女性。

男變女的性別焦慮：喜男癖型　男變女性別焦慮的喜男癖型者，是生為男人，但從出生就以典型女性的方式表現及行為。在兒童時，他們被視為女人氣的、漂亮及和善的，避免粗野的遊戲，而且討厭穿男孩的衣服。到青少年時，他們性的吸引對象是男性，他們常出現同性戀，及發展同性戀關係（androphilic 一詞，意為被男人吸引）。但是到成年時，他們清楚這種同性戀關係，不能真正滿足他們的性別焦慮感，因為他們想成為異性戀的男人，吸引他們的是女人。

男變女的性別焦慮：女性幻想症型　男變女性別焦慮的女性幻想型者，在他們的性別焦慮型態中，他們沒有被男人性吸引，而是他們幻想自己成為女人（autogynephilic 一詞，意為對自己成為女人的想法吸引）。此種型態的性別焦慮者，在小孩時的行為是典型的男性方式，在童年時期開始喜歡穿女人衣服，青春期之後，當他們穿異性服裝時，會引起性興奮。他們也像扮異性戀物症男性一樣，在青春期中或青春期之後，他們被女性吸引，但他們也逐漸察覺，當他們能穿女性衣服，及想像有女性的身體，在這種異性戀關係中，他們的性興奮最大。然而，不像扮異性戀物症者一樣，發展這種男變女性別焦慮的人，變為女性的幻想，在成人期間愈來愈強。最後他們全神貫注於變為女人的需求。

總之，穿異性服裝是性倒錯的扮異性戀物症男性，及男變女性別焦慮型態的男性之特徵。前者是完全為得到性興奮而男扮女裝，而後者發展穿異性服裝有更深的理由，就是性別認同。

🌿 性別認同障礙的治療方式

許多性別認同障礙者接受心理治療（Affatati et al., 2004）。然而，控制的研究顯示，多數的此疾患患者，並沒有經由心理治療，完全的接受他們出生的性別（Carroll, 2007）。因而，很多人經由生物方法處理他們的擔心和衝突。例如，許多此疾患的成人，用荷爾蒙治療來改變他們的性徵（Andreasen & Black, 2006; Hepp et al., 2002）。醫生開女性荷爾蒙雌激素處方給男性病人，以引起乳房發育、減少體重和臉毛，及改變體脂肪的分布。同樣的治療，男性荷爾蒙睪固酮是施予性別認同障礙的女性。

荷爾蒙治療及心理治療，能使許多此症患者，讓他們認為足以代表他們真正認同的性別角色而感到滿意。然而，另有些人認為這樣仍不夠，他們的不滿足導致他們接受最具爭議的醫療措施之一：**變性手術**（sex-change surgery），或**性別重建手術**（sexual reassignment surgery）（Andreasen & Black, 2006; Hepp et al., 2002）。在手術之前，先實施一至兩年的荷爾蒙治療。男性方面的手術，包括切除陰莖、創造一個人工陰道，以及臉部整形手術。女性方面的手術，包括兩邊的乳房及子宮切除。創造一個起作用的陰莖過程，稱為陰莖形成術（phalloplasty），有些個案整形後運作得很不錯，但是目前還不完美（Doctor & Neff, 2001）。不過，醫生已發展一種矽膠的人工陰莖，使病人有男性生殖器的外觀。在歐洲的研究，每3萬個男性中有1位，以及每10萬個女性中有1位，尋求變性手術（Carroll, 2007; Bakker et al., 1993）。在美國方面，估計超過 6,000 人，已接受變性手術（Doctor & Neff, 2001）。

臨床工作者曾激烈的討論，手術對性別認同障礙是否是一種適當的治療。有些人認為它是一種人性化的解決方法，也許是對認同障礙患者最滿意的一種方式。另一些人認為，變性手術是對此複雜疾患的「徹底不解決」。不管哪種方式，性別重建手術顯示在增加中（Olsson & Moller, 2003）。

雖然多數的研究有重大的方法瑕疵，但性別重建手術的調查結果指向有利的方向（Carroll, 2007）。根據這些調查，多數的病人——包括男性和女性——陳述對手術的結果滿意，並報告在他們後來人生的社會、心理及職業方面有所改善，特別是在自我滿意及人際互動上（Michel et al., 2002）。不過，在手術後性功能的改善，缺乏研究資料（Schroder & Carroll, 1999）。

性別重建手術結果不良的比率，至少有 8%（Carroll, 2007; Abramowitz, 1986）。女變男病人一致顯示，在心理社會適應有最好的結果。那些顯現性別焦慮的女性幻想症型者（亦即有扮異性戀物症的人），可能比其他的性別焦慮類型者，對性別重建手術會感到後悔，並有不良的結果。最後，在治療前有嚴重的心理困擾（例如，

✪**James 和 Jan**　感覺像一個女人被設計在一個男性的身體裡。英國作家 James Morris（左圖）進行了變性手術，在他 1974 年出版的自傳 *Conundrum* 曾詳細描述。今天 Jan Morris（右圖）是一位成功的作家，她對性別的改變似乎很滿意。

人格疾患），特別會對性別重建手術感到後悔，並更可能比其他人在後來自殺。這些都是在開始進行此種治療法之前，必須小心審查的；當然對各類型及手術程序的長期影響有較好的了解，就是繼續研究。

我們的性別對我們的自我認同感是如此的重要，因此我們若想要改變它會覺得很困難，更無法想像那些質疑他們被分派錯誤性別者，所經驗到的衝突感和壓力。不論潛在的原因是生物的、心理的或社會文化的，性別認同障礙是引人注意的問題，它經常動搖受害者存在的基礎。

 ## 整合：一個私密的話題引起公眾的注意

多數的民眾對性疾患有興趣，臨床理論家和臨床實務工作者，最近才開始了解它的性質及治療它們的方法。過去幾十年所完成的研究結果，使有性功能障礙的人，不再註定終生要面對性的挫折。然而，對其他性疾患——性倒錯及性別認同障礙——的起因和治療方法的洞察，仍然有限。

性功能障礙的研究，已指出許多心理的、社會文化的及生物學的起因。正如我們看到的許多有關的障礙，經常有好幾個原因互相作用，而產生一種特殊的性功能障礙，如勃起障礙及女性性高潮障礙。然而，有些性功能障礙只受單獨一種原因支配，因此整合的解釋可能不正確及沒有結果。例如，性交疼痛通常有生理的原因。

最近的工作成果，在治療性功能障礙已產生重大的進展，有此問題的人，目前經常由治療得到極大的幫助。今天的性治療通常是一種複合的計畫，為個人或伴侶的特殊問題量身打造。雖然某些例子的特殊問題，只要求一種方法，但各種模式的治療技術可能被結合使用（Bach et al., 2001）。

對所有工作出現的最重要洞察之一，是性功能障礙的教育和治療同樣重要。目前對性迷思（sexual myths）的接受仍然極為嚴重，以至於常導致羞恥感、自我憎惡、孤立及絕望感——自己本身的多種感覺，促成性的困難。即使只是少量的教育也能幫助正在治療中的人。

事實上，多數人能從更正確的了解性功能而獲益。有關性功能的民眾教育——經由書籍、電視和收音機、學校計畫、團體示範等——已變成主要的臨床焦點。這些努力的持續及加強，在未來幾年是很重要的。

 ## 摘要

● **性功能障礙**　性功能障礙（sexual dysfunctions）使個人擁有或享受性行為，變為困難或不可能。

● **性慾望障礙**　DSM-IV-TR列出性反應週期（sexual response cycle）慾望階

段（desire phase）的兩種障礙：性慾望不足障礙（hypoactive sexual desire disorder），表現特徵是缺乏性的興趣；及性厭惡障礙（sexual aversion disorder），表現特徵是持續厭惡性活動。此障礙的生物原因，包括荷爾蒙水平異常、某些藥物及醫學疾病。心理及社會文化的原因，包括特殊怕懼、情境壓力、人際關係問題，以及性侵害或強暴的創傷。

●**性興奮障礙**　性興奮階段（excitement phase）的障礙，包括女性性興奮障礙（female sexual arousal disorder），表現特徵是在性活動中，持續不能達到或維持適當的潤滑或生殖器膨脹反應；及男性勃起障礙（male erectile disorder），是在性活動中，一再無法達到或維持適當的勃起。男性勃起障礙的生物原因，包括荷爾蒙水平異常、血管問題、醫學狀況及某些藥物影響。心理及社會文化的原因，包括執行焦慮（performance anxiety）及旁觀者角色（spectator role）的結合；情境壓力，如失業及人際關係問題。

●**性高潮障礙**　快速射精（rapid ejaculation）或早洩（premature ejaculation），是在插入陰道之前或之後片刻，持續有達到高潮及射精的傾向；它經常被歸因於行為的原因，如早年不適當的學習和缺乏經驗；近年來，可能的生物因素也被提出。男性性高潮障礙（male orgasmic disorder），是一再發生性高潮缺乏或延遲；生物的原因，如男性荷爾蒙睪固酮（testosterone）不足、神經的疾病及某些藥物的影響；心理的原因，如執行焦慮和旁觀者角色。這種性障礙也可能由性慾望不足而發展。

女性性高潮障礙（female orgasmic disorder），是女性持續的性高潮缺乏或延遲。它和女性性興奮障礙一樣，與生物的原因有關，如醫學疾病及更年期後的變化；心理的原因，如兒童時期的創傷記憶；社會文化的原因，如人際關係問題。多數的臨床工作者同意，性交的高潮不是正常性功能必不可少的，女性可由她的伴侶給予陰核直接刺激達到高潮。

●**性疼痛障礙**　陰道痙攣（vaginismus），是陰道外側三分之一部位肌肉不自主的收縮，以至於妨礙性行為。性交疼痛（dyspareunia）是個人在性活動中，生殖器經驗嚴重的疼痛。性交疼痛通常發生在女性，典型的有生理的原因，如來自分娩的受傷。

●**性功能障礙的治療**　1970年代，William Masters 和 Virginia Johnson 的努力，導致性治療（sex therapy）的發展。今日性治療結合各種認知的、行為的、伴侶及家族系統治療法。它通常包含的特色，如仔細的評估、教育、共同責任的接受、改變態度、感覺集中（sensate focus）的練習、增進溝通及伴侶治療。此外，每種性功能障礙的特殊技術已被發展。對性功能障礙生物治療的使用，也在增加中。

●**性倒錯**　性倒錯（paraphilias）的特徵，是一再出現強烈的性衝動、幻想或行為，包含無生命的物體、兒童、未表同意的成人，抑或使人經驗痛苦及羞

辱。此疾患被發現主要為男性。性倒錯包括戀物症（fetishism）、扮異性戀物症
（異裝癖）〔transvestic fetishism（transvestism）〕、暴露症（exhibitionism）、
窺視癖（vo-yeurism）、觸摩癖（frotteurism）、戀童癖（pedophilia）、性受虐狂
（sexual mas-ochism）及性虐待狂（sexual sadism）。這些疾患雖然有不同的解釋
被提出，但由研究對其原因揭露的仍極少。已經試驗的治療法，包括嫌惡治療法
（aversion therapy）、自慰饜足（masturbatory satiation）、高潮再教育（orgasmic
reorientation）及預防復發訓練（relapse-prevention training）。

　　●**性別認同障礙**　　有性別認同障礙（gender identity disorder）的人，持續的
感覺他們被分派錯誤的性別。近年來，一些理論家批評把性別認同模式，歸類為
臨床疾患。有性別認同障礙的男性，數量明顯多於女性，約 2 比 1。它的起因不
十分清楚。荷爾蒙治療（hormone treatments）及心理治療法（psychotherapy），
被用來幫助認為所採取的性別角色對他們是適當的患者。變性手術（sex-change
operations）也被運用，但是手術作為治療形式的適當性，一直被激烈地爭論。

第十四章

精神分裂症

　　精神分裂症對我來說是什麼意思？它是指疲憊和困惑；它是指要辛苦的把每一個經驗分辨出什麼是真實的，什麼是不真實的，而且有時候並不能辨別出彼此重疊的邊緣在哪裡；它是指面臨一個迷宮時，你想要有條理的思考，而思考好像從腦袋裡一直被吸出去，因而在一個會議當中，你感到難為情而沒有辦法說話；它表示有時候你可以感覺到你是在你的頭腦裡，而且看到你在頭腦中行走，或看到另外一個女孩穿著你的衣服，而且在替你行動，就像你想到這些行動一樣；它表示你會一再地感覺到你是被別人「監視著」，因此你在一生當中永無成功機會，因為所有的法律都是對你不利，而且你知道最終的毀滅就在眼前。

(Rollin, 1980, p. 162)

　　類似這種條理清楚的第一手描述一個人，罹患**精神分裂症（schizophrenia）**的痛苦，會不會使你感到驚奇？有這種疾患的人，雖然他們過去的功能非常的正常，或至少能夠被接納，但後來竟退化到充滿了不尋常的知覺、古怪的想法、煩亂的情緒，以及動作異常的孤立荒野中。在第十五章我們就會看到，精神分裂症不再是一個像過去的無望疾患，而且有一些遭受這種病害的人，現在有非常好的復原情況。不過，在本章我們首先要來看這種疾患的症狀，以及已經發展出來解釋這種疾患的理論。

　　精神分裂症的病人都會體驗到**精神病（psychosis）**，它是一種與現實脫節的情況。他們對環境刺激的接受和反應能力，變得非常混亂，以至於他們在家、與朋友在一起、在學校或在工作時，都無法有正常功能。他們可能有幻覺（錯誤的感覺知覺），或妄想（錯誤的信念），或可能退縮到一個私人隱密的世界。就像第十二章所述，有些人服用LSD、濫用安非他命或古柯鹼，可能產生精神病的現象。腦部受傷或腦部的疾病，也可能有類似的情形。但是，最常見的精神病是出現在精神分裂症。

　　自有歷史以來，精神分裂症就跟隨著我們；這種情況通常被描述為「瘋狂」（Lavretsky, 2008; Cutting, 1985）。例如，在聖經中提到，掃羅（Saul）王瘋狂的憤怒和驚恐，以及為了能從敵人手中逃出，大衛（David）王假裝發瘋。在1865年，一位名叫 Benedict Morel（1809-1873）的比利時精神科醫生，用早期失智症（early dementia）的名稱，來形容一個出現此疾患之症狀的14歲男孩。在1899年，Emil Kraepelin用拉丁形式介紹Morel所提的標記，稱為早發性癡呆（dementia praecox）。然而，在1911年，瑞士的精神科醫生 Eugen Bleuler（1857-1939），把希臘文字表示「分裂的心靈」結合起來，創造一個新名詞「精神分裂症」（schizophrenia）。Bleuler用這個名詞來表示：(1)思考過程的破碎；(2)思考和情感的分裂；及(3)從現實中退縮。

　　世界上每100個人中約有1人，在他的一生當中會遭受精神分裂症的折磨（APA, 2000）。據估計，全世界有2,400萬人經驗此疾患之苦，美國有250萬人

（Lambert & Kinsley, 2005; Bichsel, 2001）。它在財務上的花費非常巨大——估計
美國每年要花費超過 630 億美元，包括住院的費用、工資的損失、殘障的救濟金
支出（Wu et al., 2005）。情緒障礙所付出的代價更高。此外，此疾患的受害者有
高的自殺風險，以及經常有致命的生理疾病（Rystedt & Bartels, 2008; Kim et al.,
2003）。正如第十章所述，根據估計，至少有 15% 此疾患的人自殺未遂（Heisel,
2008; Pompili & Lester, 2007）。

　　雖然精神分裂症出現在所有的社經階層，但是它發生在低社經階層的情況比
較多（Lambert & Kinsley, 2005）（見圖 14-1），這種現象使一些理論家相信，貧
窮本身造成的壓力，可能是導致此疾患的主因。不過，它也可能是精神分裂症引
起其受害者，從一個較高的社經階層掉到較低的社經階層；或是因為他們沒有有
效的生活功能，所以變得貧窮潦倒（Priebe & Fakhoury, 2008; Ritsner & Gibel,
2007）；或是健康照護費用耗盡他們的財力（Samnaliev & Clark, 2008）；或是他
們汙名化的標記，嚴重的限制了工作場所的選擇（Corrigan & Larson, 2008）。此
有時被稱為「向下沉淪理論」（downward drift theory）。

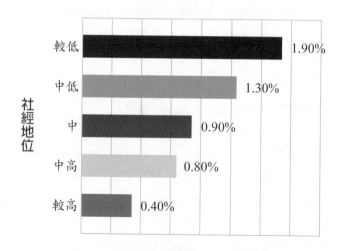

精神分裂症的一年盛行率

圖 14-1　**社經階層與精神分裂症**　在美國窮人比富人更可能經歷精神分裂症（摘
自 Keith et al., 1991）。

　　得到精神分裂症的診斷，男性和女性的人數相等（Seeman, 2008）。不過，
男性發病的時間往往比較早，而且症狀更為嚴重（Folsom et al., 2006）。男性疾
病初發的平均年齡是 21 歲，女性則為 27 歲。離婚或分居的人，在他們一生當
中，約有 3% 的人，會受到精神分裂症的侵犯；而相較於結婚的人則為 1%；單身
的人為 2%。然而，婚姻問題是原因，或是結果，並不很清楚（Solter et al., 2004;
Keith et al., 1991）。

　　現代的人與過去的人一樣，對精神分裂症顯示有極大的興趣，人們成群結隊

地去觀看，那些揭發或探索精神分裂症迷人的戲劇和電影（包括很受歡迎的恐怖電影）（見以下「心理觀察」專欄）。但是，在我們國家許多有精神分裂症的人往往被忽略，他們真正的需要幾乎完全被忽視了。雖然有效的治療已被發展，但大部分受苦者沒有得到適當的治療，而且幾乎沒有發展他們做一個有尊嚴的人的潛能（Ritsner & Gibel, 2007; Torrey, 2001）。

「心理觀察」專欄

《美麗境界》：電影與實際

✪ 此圖是《美麗境界》電影中的 Nash，由演員 Russell Crowe 所扮演。

✪ 此圖是數學家 John Forbes Nash，在獲得諾貝爾經濟學獎後不久所攝。

　　心理疾病及罹患心理疾病的人，始終是藝術歡迎的題材，當然包括電影。近年來最成功的電影之一：《美麗境界》（*A Beautiful Mind*），是根據 John Forbes Nash 的真實故事改編。電影中顯現，Nash 是一個傑出的數學家，在他的學術和研究生涯早期，發展出精神分裂症，並與此疾患奮鬥了 35 年，因而在這幾年中無法擁有學術地位，及獨立的功能。雖然如此，由於早期的博士研究——博弈理論，此理論是數學的衝突解決模式，使他在 1994 年得到諾貝爾經濟學獎。1951 年他的博士論文以重要的方法改變此理論，當他後來與精神分裂症奮鬥時，他修改的理論繼續重大地影響經濟學領域——因而他的諾貝爾獎是在此領域。

　　此影片真實的反映，Nash 對精神分裂症的奮鬥及最後的勝利。同樣地，它也捕捉 Nash 和妻子關係的要素，Alicia 對愛的獻身、支持及耐性，每個人都認為是他病情改善和後來成就的關鍵。同時，電影取得 Nash 的生活和奮鬥事實的某些許可。由於此影片如此受歡迎且有影響力——提供數百萬精神分裂症者的基本教育——故而修正某些電影不實的陳述是有幫助的，所做的每件事都以藝術特許證的精神處理。

電　影	實　際
• Nash 的妄想開始於 1948 年，當時他是 20 歲的普林斯頓大學研究生。	• Nash 的症狀最先出現在 1958 年，當時他是 30 歲，在麻省理工學院教學和研究。同一年 *Fortune* 雜誌提名他為國家重要的數學家之一（Wallace, 2002）。
• Nash 在普林斯頓，經常和一個急躁的室友及麻省理工學院祕密的聯邦間諜互動，他們每一個都只是視幻覺。	• 在精神分裂症的戰鬥中，Nash 只有經歷聽幻覺（聲音），從來沒有視幻覺。
• Nash 曾有一次因出現精神病症狀而住院。	• 在整個病程中，他曾在精神病院住院數次。
• Nash 1952 年在麻省理工學院遇見他的妻子，當時 Alicia 主修物理，修他的微積分課程。他們在 1957 年結婚，並維持至今。	• 在 Nash 疾病惡化及激烈的對她指責之後，因為被激怒和害怕，Alicia 在 1963 年與他離婚，然而她保持對他的熱愛。在 1970 年 Nash 的母親過世之後，Alicia 同意與他復合，從那時起他們繼續在一起。他們在 2001 年再婚（Nasar, 2002）。
• 雖然 Nash 有幾年停止服用抗精神病藥，在電影最後他又恢復服藥，說他由於新的（非典型）抗精神病藥獲益。	• Nash 在 1970 年拒絕服用任何藥物，他也報告自那時起，沒有服用此類藥物。
• Nash 只有一個孩子，名叫 John Charles Nash 的男孩，是他和 Alicia 所生。	• Nash 還有一個大兒子，叫 John David Stier，是他和 Alicia 結婚之前，與一個和他有關係的婦女所生。Nash 目前與兩個兒子都保持親密關係。
• Nash 的兒子 John Charles Nash，被描寫為健康的孩子，沒有精神疾病。	• John Charles Nash 像他的父親一樣，繼續發展精神分裂症。儘管有精神疾病，這個兒子也在數學領域得到博士學位。

精神分裂症的臨床表徵

　　過去多年來，精神分裂症都被一些從事診斷的人，當作是一種「垃圾桶的分類」，特別在美國，此標記可能用在任何行動無法臆測或怪異的人。有些臨床工作人員會說：「即使只有一點點精神分裂症的痕跡，就算是精神分裂症」（Lewis & Piotrowski, 1954）。這種疾患在今天有更精確的界定，但是在症狀之間仍有極大的不同，而且在觸發因素、病程，以及對治療的反應，也有不同（APA, 2000）。事實上，有很多臨床工作人員認為，精神分裂症確實是一組種類不同的

疾患，這些疾患的發生有共同的特點（Tamminga et al., 2008; Cohen & Docherty, 2005）。要理解各種不同類型的精神分裂症，我們要來思考三個被診斷為精神分裂症的病人。這些案例，都是從一個有名的精神分裂症理論家 Silvano Arieti（1974）的檔案當中找出。

Ann，26 歲

　　Ann 從高中及商業藝術學校畢業……她在 18 歲時開始和 Henry 約會……他們不久以後就訂婚，而且經常一起外出，直到他們結婚為止……婚姻生活對 Ann 和 Henry 來說，都是無聊的例行公事。他們兩個人之間很少交談……

　　Ann 和 Henry 的失望與日俱增。他們兩人沒有什麼共通點；她有藝術的天分，而他只有一個普普通通、傳統看法的人生。在這個時候她開始外出跳舞，然後遇見了 Charles。她對他的興趣與日俱增，但是離婚是天主教教條所不容許的。她內在的衝突逐漸地增加，而且把她帶入一個躁動的狀態……

　　有一天晚上她跳舞回家，告訴她的母親她要放棄丈夫 Henry，跟 Charles 結婚，和他一起去巴西，而且要有 20 個孩子。她說話非常快速，而且提起很多事情，有些無法使人了解。同時，她也告訴她的母親，她看到聖母瑪麗亞的影像。然後她去找她的婆婆，並且要她把她的兒子 Henry 帶回去，因為他實在是很不成熟。第二天她去上班的時候，她想辦法要讓全辦公室的同事跪下來和她一起朗誦玫瑰經。幾天以後，她的母親帶她去看神父，這個時候，她把神父無緣無故地責罵一頓，最後朝他的臉上吐口水。後來他們帶她去看精神科醫生，而且醫生建議她應該住院治療。

(pp. 173-177)

Richard，23 歲

　　在高中的時候，Richard 是一個表現平平的學生。高中畢業以後，他被徵召入伍……Richard 回憶說他從部隊退伍後的那段時間……是他一生當中最痛苦的時段……任何一個即使是遙遠、預期的失望，都會激起他的焦慮發作……

　　回到平民生活大約兩年以後，Richard 辭去了他的工作，因為他痛苦的感覺到自己喪失了信心，他拒絕去找另外一份工作。他幾乎整天待在家裡。他的母親不斷地嘮叨他太懶惰，什麼事情都不願意做。他穿衣服、脫衣服的動作愈來愈慢，而且也喪失自我照顧能力。當他離開家門的時候，他感覺被迫對他所看到的事情，都要做一個「解釋」。他離開家門就不知道該做什麼事、該到哪裡去，或該在哪裡轉彎。如果他在十字路口看到一個紅燈，他就解釋這是他不該走到那個方向的訊息。如果他看到一個箭頭，他就跟這個箭

頭走,他解釋說這是上帝給他必須朝那個方向去的訊號。他感覺迷失方向,而且非常恐懼,於是趕緊回家,而且待在家裡,害怕再出門,因為每次出門都要作決定或選擇,這種事情對他來講非常困難。這時,他大部分的時間都待在家裡。就算待在家裡,他也是被他的症狀所折磨。他沒有辦法行動;任何動作對他來講都是不能克服的障礙,因為他不知道該不該做這件事。他愈來愈害怕做錯事情。這種恐懼妨礙他穿衣服、脫衣服、吃飯等等。他覺得整個身體麻木,就躺在床上一動也不動。他逐漸變得愈來愈糟糕,完全不動,因此必須住院治療……

由於他無法作決定,他覺得他的思考和行動都被限制了,他經常保持沉默及靜止不動,就像是一個雕像,甚至有好幾天都是如此。

(pp. 153-155)

Laura,40 歲

Laura 的願望是能夠獨立,並且盡快離開她在奧地利的家……她 20 歲就成為一個職業的舞蹈家……在很多歐洲國家的歌舞劇劇場演出……

有一次在德國的巡迴演出當中,Laura 遇見她的丈夫……他們結婚了,並且在她先生經商的一個法國小城市住下來……她在這個小城市住了一年,而且非常不快樂……最後,Laura 和她的丈夫決定移民到美國……

他們沒有孩子,Laura 對小動物表現高度的興趣。她有一條狗,她對這條狗愛護有加。這條狗有一次生病,而且身上局部麻痺,獸醫認為沒有復原的希望……最後她的丈夫問她:「到底這條狗是要讓他活下來,還是讓他安

✪**內在的折磨** 如同這位年輕的女性一樣,有精神分裂症的患者,似乎經常要努力擊退,那些充滿在他們腦中的奇怪思想與知覺。

樂死?」從這個時候開始,Laura 就變得急躁不安、激動,而且憂鬱……

……後來 Laura 開始抱怨關於鄰居的問題。她說住在他們樓下的女人,常常敲牆壁來惹她生氣。根據她丈夫的說法,這個女人的確敲了幾次牆壁;他也聽到這些敲牆壁的聲音。然而,Laura 對這件事愈來愈關切。她會在半夜三更醒過來,而且看來她聽到公寓樓下的聲音,為此她對鄰居非常的憤怒,並且變成情緒混亂……後來她變得更煩亂。她開始覺得她的鄰居現在會把她說的每件事情都錄音下來;他們可能在公寓裡面暗藏了一些電線。她開始有古怪的感覺。這個時候,有很多她也不知道該如何解釋的奇怪事情發生;在街上,人們會用奇異的眼光來看她;在肉販的店裡,雖然她排在隊伍中間,但是肉店老闆故意在最後才為她服務。在接下來的幾天裡,她感覺到人們設計要傷害她或她的丈夫……晚上她看電視時,她覺得電視上的節目明顯的上演著她的生活情況。電視上那些人講過的話,只是重複她想過的問題。他們事實上是偷竊了她的想法,她要到警察局去告這些人偷了她的想法。

(pp. 165-168)

精神分裂症有什麼症狀?

Ann、Richard、Laura 都從一個正常功能的水平,逐漸惡化到對這個世界的事情都無法有效的處理。他們每個人都經歷到精神分裂症的一些症狀。這些症狀可以分為三類:正性症狀(正常的思考、情緒和行為過多)、負性症狀(正常的思考、情緒和行為不足),及精神運動性症狀(奇特的動作或姿勢)。雖然正性和負性症狀兩者,通常顯示在一定的程度,但是有些精神分裂症患者,受較多的正性症狀支配,而另一些患者則受較多的負性症狀支配(Vahia & Cohen, 2008; Alves et al., 2005)。平均而言,患有精神分裂症的男性比女性,較可能呈現負性症狀,但是不管男女,都出現同樣程度的正性症狀(Usall et al., 2002)。此外,約有半數的精神分裂症患者,在記憶和其他的認知功能,顯現重大的困難(Julien, 2008; Rogers et al., 2007)。

正性症狀

正性症狀(positive symptoms)是指個人的行為「病態的過度」,或古怪。妄想、解組混亂的思想和語言、增高的知覺和幻覺,以及不適當的情感,都是在精神分裂症經常發現的現象。

妄想 有很多精神分裂症的患者,發展出妄想(delusions)——他們全心全意相信沒有事實根據的信念。有妄想的人也許認為他們的信念具有啟發性,或它使他們感到困惑。有些患者有單一的妄想,主宰他們的生活和行為;而另有一些人有很多的妄想。被迫害妄想(delusions of persecution)是精神分裂症最常見的

一種（APA, 2000），有此妄想者，相信他們被陰謀設計，或被歧視、暗中監視、誹謗、威脅、攻擊，或蓄意的欺騙。Laura 深信她的鄰居試圖惹她生氣，而其他的人也試圖傷害她和她的丈夫。另外一個精神分裂症的女人，也生動地回憶她的被迫害妄想：

> 　　我覺得我好像在天堂裡被審判，由於我做了一些壞事，因此我該對上帝負責。另外有時我覺得因為我的一些不忠實的行為，政府在追蹤我……我覺得政府機構已在我的公寓裡設置發話器及接受器，因此他們能夠聽到我所說的話，我也能夠聽到他們在說什麼；我也覺得政府在我的衣服裡裝設竊聽器，以至於每當我離開公寓到外面去，就覺得我好像被追蹤。我覺得好像一天 24 小時都有人在跟蹤我、監視我。
>
> 　　我必須指出這些是我那時的感覺，但是事後想起來，我對這些政府機構沒有任何厭惡的感覺。我現在知道這種持續的監視，是上帝的僕人給我的一種處罰，因為我在早年做了一些壞事（就好像在地獄裡被處罰，而我現在還是活著），或另外一種想法，雖然比較沒有可能——那就是，我只是在想像這些事情。
>
> （無名氏，1996, p. 183）

⭐ **誇大妄想**　1892 年，一位精神病院病患的畫家，宣稱享有這幅基督畫像的榮譽。雖然很少精神分裂症患者具有藝術技能，但仍有些人顯示出類似的誇大妄想。

精神分裂症患者，也可能經歷關係妄想（delusions of reference），即他們對別人的行動或各種的事物或事件，都賦予特殊或個人的意義。例如，Richard 解釋在街上看到的箭頭記號，是他應該朝此方向的指示物。經驗到誇大妄想（delusions of grandeur）的人，相信自己是偉大的發明家、宗教的救星，或被特殊授權的人。而那些有被控制妄想（delusions of control）的人，相信他們的感覺、思考，以及行動是被其他的人所控制。這位因精神分裂症而住院治療的人，想像他是被一種傳心術所控制：

> 這裡的住院者恨我入骨，因為我是一個神智清楚的人……他們用傳心術不分晝夜連續不停的跟我說話……他們藉著想像力，每天持續在我的頭上、腦部、眼睛、心臟、腸胃，以及我身體的每一部分，製造極度的疼痛。他們也藉著想像力，每天不斷的舉起我的心臟和腸胃，而且他們拉扯我的心臟，停止它、移動它、扭轉它、搖動它，並且扯破它的肌肉和組織……藉著傳心術和想像，他們無論想要我說什麼，都可以逼迫我把事情說出來。我從來沒有說我想說的話，我從來沒有製造自己的想法或影像。
>
> （Arieti, 1974, pp. 404-405）

解組混亂的思考和語言 精神分裂症的人，可能無法從事邏輯的思考，而且以獨特的方式說話。這種**思考流程障礙**（formal thought disorders）會造成受害者極大的困惑，而且使溝通變得非常困難。他們經常出現正性症狀（病態的過度），像聯想鬆散、新語症、語句反覆症及語韻。

有些人有**聯想鬆散**（loose associations），或**思考脫軌**（derailment），這是思考流程障礙最常見的現象，他們經常很快地從一個主題跳到另外一個主題，他們相信這種語無倫次的陳述是有意義的。在一個句子裡面，單一的或不重要的字，變成一個句子的重心。有一個精神分裂症患者，被問到他發癢的手臂，他如此回答：

> 「這個問題在昆蟲。我的弟弟以前收集昆蟲。他現在已經有 5 呎 10 吋高。你知道 10 是我最喜愛的幸運數字。我也喜歡跳舞、畫畫以及看電視。」

有些有**新語症**（neologisms）的精神分裂症患者，會編造一些只對他們具有意義的文字。例如，有一個人說：「我來自一個外在的宇宙……所有的修正案必須是 plausity，以通過兒童的規則……它是一個 amorition 法……兒童必須有這個 accentuative 法，如此他們不必進入教堂的 mortite 法」（Vetter, 1969, p. 189）。另外，有些顯示**語句反覆症**（perseveration）的思考流程障礙者，他們會把一些字或陳述一再地重複。最後，有些人會以**語韻**（clang）或押韻來思考或表達自我。有一個人當別人問他感覺如何時，他會說：「很好、很少、煎熬，而且事情很難搞。」另外一個人這樣形容天氣：「天氣實在很熱，熱得我很餓。」

思考流程障礙並不是精神分裂症獨特的症狀。例如，聯想鬆散和語句反覆症，在嚴重的躁狂個案中也相當常見。甚至正常功能的人，也可能在語言陳述的結構上鬆散，或有時候用一些其他人不了解的字眼，尤其是他們很疲倦或身體不舒服的時候更是如此；但是思考流程障礙的實例，在精神分裂症中更加普遍及嚴

重（Rogers et al., 2007; Holzman, 1986）。研究指出，有些解組混亂的語言或思考，甚至早在精神分裂症還未完全發病之前就已經出現（Covington et al., 2005; Metsanen et al., 2005）。

升高的知覺和幻覺　在 Edgar Allan Poe 的《洩密的心臟》（*The Tell-Tale Heart*）當中，有一個瘋狂的角色，他說：「我不是告訴過你，對瘋狂的誤解只是感官上過分的尖銳嗎？」同樣的情況，有些精神分裂症者的知覺和注意力，似乎非常的強烈。他們覺得他們的感官和知覺，被圍繞他們的景象和聲音所淹沒。這種情況，使他們幾乎不可能對其他重要的事情加以注意：

> 　　每件事情似乎都會引起我的注意……我現在正在和你說話，但是我可以聽到隔壁以及走廊上的一些聲響。我覺得很難把這些聲音排除掉，讓我集中精神在正要對你說的話上，變得非常的困難。
>
> （McGhie & Chapman, 1961）

實驗室的研究也一再發現，在精神分裂症患者當中，有知覺和注意力的問題（Savla et al., 2008; Rogers et al., 2007）。在一個研究中，受試者要聽某一種預先錄音的語言交談，並分辨出特殊的音節（Harris et al., 1985）。如果背景的談話很簡單，那麼不管受試者有沒有精神分裂症，都同樣會很成功地找出音節；但如果背景的談話非常的複雜而使人分心，精神分裂症的受試者就不能夠確認這些音節。在許多的研究中，有精神分裂症的受試者，也顯示有眼睛平穩追蹤運動（smooth pursuit eye movement）的缺陷，這種弱點可能和注意力的問題有關。當要求受試者保持頭部不動，以他們的眼睛來回追蹤移動的物體，有精神分裂症的受試者比沒有精神分裂症受試者，表現得更差（Tamminga et al., 2008; Boudet et al., 2005）。

✪ **追蹤不良**　臨床研究者 Michael Obuchowski，示範一種能顯示病人視線追蹤移動之雷射光點的儀器。精神分裂症患者在使用這種及其他眼球追蹤作業，有表現不佳的傾向。

在精神分裂症的各種知覺和注意力的問題上，可能在疾患真正的開始前好幾年，就已經發展（Cornblatt & Keilp, 1994）。在許多遭遇精神分裂症的人，這些問題也可能進一步造成記憶力的損傷（Savla et al., 2008; Hartman et al., 2003）。

精神分裂症病人另外的知覺問題是**幻覺**（**hallucinations**）。這是在缺乏外在刺激之下，感官經驗到的知覺。有聽幻覺的人，到目前為止是精神分裂症中最為普遍的。他們聽到的聲音和說話聲，好像來自他們的頭腦之外（Waters, Badcock, & Maybery, 2007; Folsom et al., 2006）。精神分裂症的聽幻覺，幾乎

不是獨有的。許多正常的人在即將睡著時，會聽到聲音和說話聲。而且，罹患偏頭痛、甲狀腺機能亢進、顳葉癲癇，或失智症的人，也會經驗聽幻覺（Smith, 2007）。

在精神分裂症患者當中，這些談話聲會對有幻覺的人直接說話，也許是給他一些命令，或危險的警告，或者他們可以感覺是來自頭上：

> 這些講話的聲音……大部分是在我的頭腦裡聽到的，雖然我經常聽到它們在空中出現，或是在房間裡不同的位置迴響。每一個聲音都不一樣，而且每一種都美麗動聽。一般來講，講話或歌唱都是用不同的音調，而且和一些親戚朋友的聲音非常相近。在我的頭腦裡面出現很多聲音，應該可以說有 14 種以上。我根據不同的型態把它們分類，有的是悔恨的聲音，有的是愉快的或榮耀的講話聲音。
>
> （"Perceval's Narrative," in Bateson, 1974）

研究指出，有聽幻覺的人，事實上是在他們的腦中產生一個神經訊號的聲音，也就是聽到它們，然後相信外界的來源製造了這些聲音（Woodruff, 2004; Keefe et al., 2002）。有一個研究，測量在腦部的布洛卡區（Broca's area）血液的流動。此區是幫助人們產生語言的腦部區域（Waters et al., 2007; McGuire et al., 1996, 1995, 1993）。研究人員發現，當這些病人經驗聽幻覺的時候，布洛卡區的血液流動大大增高。在一個相關的實驗中，指示六個有精神分裂症的人，當他們經驗到聽幻覺時，就要按一下電鈕（Silbersweig et al., 1995）。腦部正子放射斷層攝影顯示，每當他們按下電鈕的時候，他們接近腦部表面的腦部聽覺中心的組織，就增加活動。

幻覺也會涉及其他的感官。觸幻覺可能產生一種刺痛、燃燒，或電擊的感覺；身體的幻覺，感覺好像身體內有某事發生，例如，一條蛇在一個人的肚子爬行；視幻覺可能產生顏色、雲彩的模糊知覺，或清楚的人物或物體的幻影；有味幻覺的人，通常會發現他們的食物或飲料，嘗起來很奇怪；而有嗅幻覺的人，聞到別人並沒有聞到的味道，像聞到毒物或煙霧。

幻覺和妄想的想法經常一起發生（Bach, 2007）。例如，有一個女人聽到說話聲在發布命

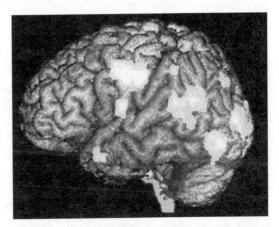

✪幻覺中的人腦　這是正子斷層掃描所攝，病人在經歷聽幻覺及視幻覺的圖片，顯示在產生說話及聽到聲音的布洛卡區，有高度的活動（淺色區塊）（Silbersweig et al., 1995）。反之，負責判斷聲音來源的前腦，在幻覺中卻是平靜的。因而，有幻覺者覺得聽到的聲音是來自自己的腦部，但大腦卻無法分辨出這些聲音事實上是來自內部。

令，同時也有這個命令是由別人放在她腦裡的妄想。一個有被迫害妄想的人，可能產生在他的臥房有毒品的氣味，或在他的咖啡有毒品的味道的幻覺。是不是一種症狀會引起另一種症狀？不管是什麼原因，或不管哪一個先出現，幻覺和妄想終究會彼此增強（見以下「心理觀察」專欄）：

> 　　我想我聽到的這些說話聲，是透過公寓的牆壁及透過洗衣機和烘乾機傳送過來。這些機器會講話，而且告訴我一些事情。我覺得政府機構在我的公寓放置了發話器和接受器，以至於我能夠聽到他們正在講什麼，而他們也能夠聽到我在講些什麼。

（無名氏，1996, p. 183）

「心理觀察」專欄

以嚎叫來引起注意

　　「那是當我被一隻瘋狗咬到……當我情緒上非常混亂的時候，我覺得我好像要變成另外一種東西：我的手指開始麻木，覺得像有些針就插在我的手中，我沒有辦法控制我自己……我感到我要變成一隻野狼。我在鏡子裡目擊到我自己的轉變。它不再是我自己的臉，它已經完全的改變了。我凝視著我的瞳孔放大，而且我覺得好像身上長滿了長毛，我的牙齒也漸漸變長……我覺得我的皮膚都不再是我的了。」

（Benezech, Dewitte, & Bourgeois, 1989）

　　變狼妄想狂（lycanthropy）是一種變成動物的妄想，也是一種罕見的心理症候群（Nejad, 2007）。「lycanthropy」這個字，是來自希臘字 lykos（野狼）和 anthropos（男人）所組成。具有狼或其他動物的特性和行為者，在世界各地都有記述。相信狼人的傳說已持續好幾個世紀。在中世紀時期，變狼妄想狂被認為是魔鬼附身的結果（Kemp, 2000; Lehmann, 1985）。在某些社會中，經常為了宗教的理由，有人塗上特殊的油膏，它也許是引發幻覺的藥物，這些情況就會產生（Rao, 2005; Lévi-Strauss, 1977）。在另外一些社會中，這種案例可能跟心理疾患有關，包括精神分裂症、嚴重的情感性疾患，以及某種形式的腦傷。

　　提起狼人的故事，有人繼續製造一些影像，說變成狼的人，在濃霧籠罩的荒地，對一個害怕的村

✪ 此圖是電影《美國狼人在倫敦》，一個被狼占有的人，當他的身體變為狼時，恐怖的嚎叫。

民，露出牠的犬牙。傳說這個人是被另外一個狼人咬傷了，因此這個傳說就一直流傳下來。但是現在這種型態的行為有更合理的解釋。有一種解釋是，有些人被狼人妄想狂折磨，實際上是得了一種極為罕見的先天性普遍多毛症（congenital generalized hypertrichosis），而在臉部和上身產生大量的毛髮（Kemp, 2000; Maugh, 1995）。另外一些狼人，可能罹患一種遺傳上的血液疾病——紫質症（porphyria），受害者會產生額外的臉部毛髮，而且對陽光非常敏感（Osterweil, 2003）。目前還有一些解釋，把狼人跟顳葉活動的障礙連結在一起，因顳葉是腦部可能跟視幻覺有關係的區域。

雖然有這些理性的假設，但是相信狼人是一種超自然生物的說法，可能會持續下去。另外，魔鬼附身的說法，可能比先天的疾病或顳葉異常的情況，更吸引人們的注意和興趣。此外一些出版商和電影的製片人，也不可能對這些故事說再見。對於狼人古老的解釋，可能在科學的觀點上站不住腳，但是他們所產生的商業利益，卻不是一種妄想。

不適當的情感　很多精神分裂症的患者，表現**不適當的情感**（inappropriate affect），也就是情感的表現與情境不相稱。當他們談一些憂傷的事情或聽到一個非常可怕的消息時，他們可能微笑著，或在一些他們應該是快樂的情境中，看起來很生氣。他們的情感也經歷不適當的改變。例如，在跟太太溫柔的交談時，一個精神分裂症的男人，會突然對她厭惡的吼叫，而且罵她是個沒用的人。

至少在某些個案中，這些情緒可能只是其他疾患特性的反應。一個精神分裂症的女人，當別人告訴她，她丈夫重病時，她卻發笑。事實上她並不是對這個消息感到高興；她也許並不了解它，甚至於沒有聽到此訊息。例如，她可能對很多感覺的刺激有所反應，也許是對聽幻覺中的一個笑話發出笑聲。

負性症狀

負性症狀（negative symptoms）是指那些行為看起來「病態的不足」，也就是說有些特性個人是缺乏的。語言貧乏、遲鈍及平板的情感、喪失意志力，以及社會退縮，通常都被發現在精神分裂症者身上。這些能力的不足，對一個人的生活和活動有相當大的影響。

說話貧乏　精神分裂症的人經常顯現**貧語症**（alogia），或**說話貧乏**（poverty of speech），即很少說話或談話的內容貧乏。有負性症狀的思考流程障礙者，思考和說話非常的少。另外有些人可能說了很多話，但他們所表達的意義卻非常有限。這些說話問題，並不必然繼續存在於寫作的領域（Salome et al., 2002）。二十世紀最偉大的芭蕾舞者之一 Vaslav Nijinsky，在 1919 年 2 月 27 日，他的精神分裂症愈來愈明顯時，仍然在日記中寫下這一段：

> 我並不希望別人認為，我是一個偉大的作家，或是一個偉大的藝術家，甚至我是一個了不起的人。我是一個單純的、承受很多的痛苦的男人。我認為我受到的痛苦比耶穌基督還多。我熱愛我的生命，而且想要活下去，想哭但是哭不出來——我感覺在我靈魂中的痛苦——一種使我非常害怕的痛苦。是我的靈魂有病，不是我的心理有病。我的醫生們不了解我的病，我知道我要復原。我的病實在太嚴重，不能很快的治癒。我是患不治之症的人。任何一個人讀到這一段都會感到痛苦——他們都會了解我的感受。我知道我所需要的是什麼。我是強壯的而不是脆弱的人。我的身體並沒有病——只是我的靈魂有病。我受苦，每一個人都會感受到也會了解。我是一個人，不是野獸。我喜愛每一個人，我有缺陷，我是一個人而不是神。我希望能夠像神一樣，因此我努力改進自己。我要去跳舞、畫畫、彈鋼琴或寫詩歌，我要去愛每一個人。這是我人生的目標。
>
> （Nijinsky, 1936）

遲鈍與平板的情感 很多精神分裂症的患者，有遲鈍的情感（blunted affect）——他們比多數人顯示較少的憤怒、悲傷、喜悅，以及其他的感受。甚至有些人根本不顯示出任何的情感。這種情況稱為**平板的情感**（**flat affect**）。他們的表情木然、與人缺少視線接觸，而且他們講話的聲音很單調。在某些個案中，有此種問題的人，可能呈現喜樂不能（anhedonia），一種普遍的缺乏愉快和快樂的情況。然而，另外一些個案，遲鈍或平板的情感，可能反映出他們沒有能力像其他人一樣的表達情感。有一個研究，要受試者看一段很感人的影片。精神分裂症的受試者，比其他人顯示較少的面部表情；然而，他們報告的感受，也包括同樣多正性和負性的情感，而且事實上，他們的皮膚也顯示較大的喚起反應（Kring & Neale, 1996）。

喪失意志力 很多精神分裂症的病人經驗到**無動機**（avolition）或情感淡漠，即在常態的目標上，有精力和興趣枯竭感，並且不能開始一項活動，或讓一些行動持續下去（Lysaker & Bell, 1995）。這種問題，對精神分裂症存在多年的人特別普遍，好像他們已經被這種情況完全削弱。同樣地，有此疾患的人可能表現矛盾的情感（ambivalence），或是對大部分的事情有衝突感。這種無動機和矛盾的情況，發生在早先提到過的年輕男性 Richard 的身上，使吃飯、穿衣和脫衣，對他來講變成不可能的折磨。

社會退縮 精神分裂症的人，可能會從他們的社會環境中退縮下來，而且只注意自己的想法和幻想。因為他們的想法是不合邏輯及混亂的，退縮使他們更進一步從現實生活中疏遠。事實上，有一個研究發現，此症受試者比起其他的人，對日常社會問題更無知（Venneri et al., 2002; Cutting & Murphy, 1990, 1988）。這

種社會的退縮，似乎也導致社會技能的障礙，包括正確的認識他人的需要和情緒的能力（Tenhula & Bellack, 2008; Moore & Walkup, 2007）。

精神運動性症狀

精神分裂症的病人，有時候會經驗到精神運動性症狀（psychomotor symptoms），例如，動作笨拙、一再地扮鬼臉或怪異的姿勢。這種不尋常的姿態經常有個人的用意——也許是儀式性的或有魔力的。

✪**緊張性姿勢** 拍攝於 1900 年代的早期，這些病人顯示緊張症的特徵，包括緊張性姿態，他們長時間採取古怪的姿勢。

精神分裂症的精神運動性症狀，可能採取一種極端的形式，總稱為**緊張症**（catatonia）（Weder et al., 2008）。在緊張性木僵狀態（catatonic stupor）的人，不再對他們的環境有所反應，在一段長時間保持不動和不語。記得 Richard 有好幾天躺在床上一動也不動，而且一句話也不講嗎？有一些表現緊張性僵硬（catatonic rigidity）的人，會保持一種僵硬的、直立的姿勢幾個小時，而且抗拒他人試圖移動他們。另有些人會表現緊張性姿態（catatonic posturing），顯出笨拙、古怪的姿勢，持續一段很長的時間。他們可能有幾個小時，舉起他們的雙臂，保持一個 90 度的角度，或保持一種蹲坐的平衡姿態。他們也可能顯現蠟像屈曲（waxy flexibility），他們會無限期的保持別人所擺佈的姿態。例如，一個護士舉起病人的手臂，或使他的頭偏向一邊，這個人就會保持這種姿勢，直到有人再移動他為止。最後，表現緊張性興奮（catatonic excitement）的人，與其他形式的緊張症不同，他們會很興奮地走動，有時候會瘋狂的揮動他的手臂和雙腳。

精神分裂症的病程為何？

精神分裂症通常首次出現，在一個人的少年晚期和 35 歲之間（APA, 2000）。雖然它的病程在各個案例之間，有相當大的不同，許多的患者似乎經歷三個階段：前驅期、活躍期和殘餘期（Hafner & an der Heiden, 2008; Andreasen, 2001）。在前驅期（prodromal phase）中，精神分裂症的症狀還不明顯，但是個人日常生活的能力開始退化。他們可能社交退縮、說話含糊或古怪、有奇怪的想法，或很少情感的表現。在活躍期（active phase）中，症狀變得非常明顯。有時此期常由個人的生活壓力所引發。就像先前描述過的中年婦女 Laura，她最近的觸發因素，是失去了她心愛的狗。最後，很多精神分裂症的人進入殘餘期（residual phase），在此期他們回到像前驅期的功能水平。在活躍期所出現的嚴重症狀，到此期已經減少，但是有些負性症狀，例如遲鈍的情感表現，可能會繼續存在。雖然有四分之一或更多的病人，完全從精神分裂症恢復，但大部分的人至少有某些殘餘的問

題，伴隨他們的餘生（Fischer & Carpenter, 2008; Roe & Davidson, 2008）。

　　這些時期的每個階段，可能會持續幾天或幾年。要完全從精神分裂症中復原，較可能的是在發病以前功能良好的人（精神病態前有好的功能），或他們的疾患最初是由壓力所引發、突然地出現，或在中年期才發展（Conus et al., 2007; Mamounas et al., 2001）。復發顯然在生活壓力期間，較有可能發生（Bebbington & Kuipers, 2008）。

精神分裂症的診斷

　　DSM-IV-TR 要求精神分裂症的診斷，要等到此疾患的症狀已經持續六個月以上才能確定。除此之外，那些懷疑有精神分裂症的人，必須在他們的工作、社會關係，以及自我照顧的能力，顯示出退化（見表 14-1）。Emil Kraepelin 在 1896 年的著作，區分三種型態的精神分裂症：青春型（hebephrenic）（現在稱為「混亂型」）、緊張型（catatonic），以及妄想型（paranoid）精神分裂症。除了此三類以外，DSM-IV-TR 又增加兩種類型的精神分裂症：未分化型（undifferentiated）以及殘餘型（residual）。

表 14-1　DSM 檢核表

精神分裂症

1. 下列症狀中至少出現兩項，在一個月期間中，每一項症狀的出現占據相當長的時間：
   (a)妄想。
   (b)幻覺。
   (c)解組混亂的語言。
   (d)非常混亂或僵直的行為。
   (e)負性症狀。
2. 重要領域的功能明顯的低於發病前的水準。
3. 連續有病徵的時期至少持續六個月以上，其中至少有一個月的時間出現完全及活躍期症狀（與減弱的形式相反）。

資料來源：APA, 2000.

　　混亂型精神分裂症（disorganized type of schizophrenia）的主要症狀，是行為混亂、語無倫次，以及平板或不適當的情感表現。另外還有注意力和知覺的問題、極端的社會退縮，以及古怪的舉止，或扮鬼臉都相當普遍。平板或不適當的情感表現也是。特別的是愚蠢的情況很常見；有些病人沒有明顯的理由而不停格格地笑。為什麼這種型態最初稱為「青春型」（hebephrenic），這是根據希臘神話的一位女神叫作 Hebe，她經常扮演小丑來使其他眾神發笑。不令人意外的，混

亂型精神分裂症的人，通常都無法好好地照顧自己、保持良好的社會關係，或擁有一份工作。

緊張型精神分裂症（catatonic type of schizophrenia）的主要特色，是有某種精神運動性的障礙。有此類型的人，大部分的時間陷在緊張性木僵狀態中，另外有些人，則痛苦掙扎在一種緊張性興奮當中。失業的年輕人 Richard，變為不說話及像雕像一樣，可能就會得到這種類型的診斷。

有妄想型精神分裂症（paranoid type of schizophrenia）的人，有系統組織的妄想和聽幻覺，操縱他們的整個生活。Laura 可能得到這種診斷。她相信有人要來傷害她（被迫害妄想），以及電視上的人偷竊她的想法（關係妄想）。此外，她也聽到公寓樓下的吵雜聲音，而且有一種奇怪感覺，這種感覺更堅定她的信念。

有精神分裂症的症狀，但並不完全屬於這些分類中之一種者，他們被診斷為未分化型精神分裂症（undifferentiated type of schizophrenia）。因為這個類型有一點模糊，過去幾年來，一直被廣泛地分類到不尋常的型態當中。有一些臨床工作人員認為，它事實上是一種過度使用。

當精神分裂症的症狀，在強度和數量上減少，但還保持殘餘的形式，那麼這個病人的診斷，通常要改變為殘餘型精神分裂症（residual type of schizophrenia）。正如前述，這種類型的病人，可能繼續表現遲鈍或不適當的情感、社會退縮、異常的行為，以及不合邏輯的思考。

除了 DSM-IV 的分類之外，很多研究人員相信，把它區分為第一型和第二型精神分裂症，有助於預測此疾患的病程。第一型精神分裂症（Type I schizophrenia）主要是由正性症狀所支配，如妄想、幻覺，以及某種思考流程障礙（Crow, 2008, 1995, 1985, 1980）。第二型精神分裂症（Type II schizophrenia）的人，大部分顯示負性症狀，如平板的情感、說話貧乏，以及喪失意志力。一般而言，第一型的病人比第二型的病人，在發病之前有較好的適應、症狀開始較晚、進步的可能性較大。此外，第一型精神分裂症的正性症狀，似乎跟腦部生化的異常有關聯，而第二型精神分裂症的負性症狀，可能跟腦部的結構異常有關。

理論家如何解釋精神分裂症？

就像許多其他的心理疾患一樣，生物的、心理的，以及社會文化的理論家，都對精神分裂症提出解釋。到目前為止，生物的解釋已獲得最多研究的支持。這並不是說心理和社會文化的因素，對這種疾患沒有扮演重要的角色。更確切地說，有一種素質—壓力關係（diathesis-stress relationship）發生作用：只有在某些事件或壓力源也出現，有此生物素質的人，才可能發展精神分裂症（Glatt, 2008; Tamminga et al., 2008）。同樣地，素質—壓力關係，也經常在發展其他的精神疾患運作。

生物學的觀點

　　毫無疑問的，在過去數十年期間精神分裂症的研究，數量最多也最有啟發性的，是來自遺傳學和生物學的研究（Downar & Kapur, 2008; Glatt, 2008）。這些研究顯示遺傳及腦部活動，在發展這種疾患所扮演的重要角色，並在它的治療開啟重大改變之門。

遺傳因素

　　依循素質─壓力觀點的原則，遺傳的研究人員相信，有些人遺傳到一種精神分裂症的生物素質，後來當他們面對極端的壓力時，就發展出此疾患，而這種情況通常發生在青春期後期或成年期早期（Glatt, 2008）。精神分裂症的遺傳觀點，由幾方面的研究得到支持：(1)有精神分裂症者的親屬；(2)有精神分裂症的雙胞胎；(3)被領養的精神分裂症者；以及(4)遺傳關聯性和分子生物學。

　　親屬關係是不是容易受到傷害？　家庭譜系研究一再發現，精神分裂症在有這種疾患的親屬中，更為普遍（Tamminga et al., 2008; Higgins & George, 2007）。而且親屬跟精神分裂症患者的血緣關係愈接近，發展此疾患的可能性愈大（見圖14-2）。

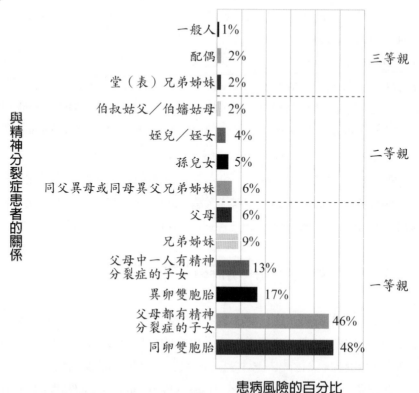

圖 14-2　**家族的關聯**　人們要是在生物上與精神分裂症患者有關，在其一生中患此疾患的風險會增高。他們之間生物的關係愈接近（亦即基因的組合愈相似），患病的風險愈高（Coon & Mitterer, 2007; Gottesman, 1991, p. 96）。

正如前述，一般人口當中，有 1% 的人發展出精神分裂症。這種盛行率在有此疾患的二等親中——亦即同父異母或同母異父的兄弟姊妹、叔叔伯伯、姑姑阿姨、姪兒、姪女，以及孫兒女，升高為 3%（Gottesman & Reilly, 2003; Gottesman, 1991; Gottesman & Shields, 1983）；在患者的一等親中（父母、兄弟姊妹，以及兒女），這個比率增加到 10%。當然這種趨勢本身，並不是建立一個精神分裂症的遺傳基礎。一位神精科學家 Solomon Snyder（1980）指出：「進入哈佛大學的人也是某些家族共有的傳統，但是我們不能認為這是一種遺傳的特徵。」血緣相近的家庭成員，像精神分裂症的人一樣，都暴露在很多相同環境的影響中，可能是這些影響導致了此疾患。

同卵雙胞胎是否比異卵雙胞胎較容易受到傷害？ 雙胞胎是遺傳最接近的親屬，他們已受到精神分裂症研究人員特殊的研究。如果一對雙胞胎雙方面都有特殊的特性，那麼他們可以說是有一致的特性。如果遺傳因素在精神分裂症發生作用，則同卵雙胞胎（共有全部的基因）比異卵雙胞胎（只共有某些基因），在此疾患應有較高的一致率。這種可能性已得到研究一致的支持（Higgins & George, 2007; Folsom et al., 2006; Gottesman, 1991）。研究結果發現，如果一個同卵雙胞胎出現精神分裂症，另外一個雙胞胎有 48% 的機會也會患此症。另一方面，如果雙胞胎是異卵的，那麼另外一個雙胞胎患此症的機會大約只有 17%。

不過，再一次說明，遺傳以外的其他因素，也可能解釋這種一致率，例如，有一個雙胞胎在出生之前，暴露在一種特殊的危險中，如損傷或病毒，另外一個雙胞胎也會碰到這種情況（Davis & Phelps, 1995）。這種情況對同卵雙胞胎而言尤其是如此，因為他們出生以前的環境特別相同。所以造成精神分裂症的傾向，可能是胎兒期問題的結果，而雙胞胎，尤其是同卵雙胞胎，仍被預料有較高的一致率。

一個被領養者血緣上的親屬是否容易受到傷害？ 有些領養研究，調查一些在嬰兒時期就被領養的精神分裂症成人，與他們血緣的及領養的親屬做比較。因為他不是在有血緣關係的親屬中養育，如果在有血緣關係的親屬中有相同症狀，就表示是遺傳的影響。相反地，如果他們的症狀相似於領養的親屬，那麼就是環境的影響。

Seymour Kety 與他的同事（1988, 1978, 1975, 1968），在丹麥的哥本哈根實施開創的研究。他在該地建立有關領養和心理疾患的詳細資料。有 5,500 個成人樣本，在生命的早期就被領養，研究人員發現，其中 33 人有精神分裂症。然後他們在同樣的樣本中，找出 33 個配對的控制受試者——與精神分裂症受試者在年齡、性別和教育相似的正常的領養者。接著調查人員找出 365 個有血緣關係和領養關係的親屬。這些都是這 66 個被領養者的親屬，包括父母親和兄弟姊妹。然後把這些親屬分成四組：(1)精神分裂症被領養者的血緣親戚；(2)精神分裂症被領養者的領養親戚；(3)被領養正常者的血緣親戚；(4)被領養正常者的領養親戚。

有 37 個親戚，被發現符合精神分裂症，或類似精神分裂症診斷的標準（見表14-2）。結果大部分的人都是精神分裂症被領養者的血緣親屬，這種結果強烈的支持遺傳的解釋。整體而言，精神分裂症被領養者 14% 的血緣親屬，本身也可以列入精神分裂症，而只有 2.7% 精神分裂症被領養者的領養親屬，得到這種診斷。正常受領養者的血緣親屬和領養親屬，發生精神分裂症的盛行率，分別是 3.4% 和5.5%。最近在其他國家的領養研究，也有相似的發現（Janicak et al., 2001）。

遺傳關聯和分子生物學的研究有什麼發現？ 就如雙極性情感疾患（見第八章），研究人員也從事遺傳關聯（genetic linkage）和分子生物學（molecular biology）的研究，以準確地確定精神分裂症可能的遺傳因素（Glatt, 2008; Walsh et al., 2008）。在一個研究中，他們選擇了一些精神分裂症非常普遍的大家庭，他們從所有的家庭成員取得血液及 DNA 樣本，然後比較有精神分裂症和沒有精神分裂症成員的基因碎片。應用這種程序在全世界的家庭，不同的研究已確認，在染色體 1、6、8、10、13、15、18 及 22 可能的基因缺陷，每一個缺陷，都可能使一個人有發展出精神分裂症的傾向（Folsom et al., 2006; Harrison & Weinberger, 2005）。

這些不同的發現，指出一些可疑的基因部位，有錯認身分的實例，但不會真

表 14-2 精神病疾患系列

疾　患	主要特質	持續時間	一生的盛行率
精神分裂症	有各種精神病的症狀，如妄想、幻覺、解構的言語、平板或不適當的情感表現，以及緊張症	六個月或六個月以上	1%
短期精神病	有各種精神病的症狀，如妄想、幻覺、解構的言語、平板或不適當的情感表現，以及緊張症	一個月以內	不清楚
類精神分裂症	有各種精神病的症狀，如妄想、幻覺、解構的言語、平板或不適當的情感表現，以及緊張症	一到六個月	0.2%
情感性精神分裂症	具有精神分裂症與情感性疾患的症狀	六個月或六個月以上	不清楚
妄想症	持續出現不古怪、也不是由於精神分裂症的妄想；被迫害、嫉妒、誇大，以及身體的妄想相當普遍	一個月或一個月以上	0.1%
共有型精神病	一個人採信別人持有的妄想，如父母或兄弟姊妹的妄想	沒有最低的時限	不清楚
由於一般醫學情況引起的精神病	由於生病或腦傷引起的幻覺或妄想	沒有最低的時限	不清楚
物質誘發的精神病	幻覺或妄想是直接由物質引發，如藥物濫用	沒有最低的時限	不清楚

正的促成精神分裂症。換言之，可能不同類的精神分裂症，與不同的基因有關聯。不過，最可能的是，精神分裂症就像其他的疾患一樣，是一種多基因的疾患（polygenic disorder），是由某些缺陷基因的結合而引起（Tamminga et al., 2008; Harrison & Weinberger, 2005）。

遺傳因素如何導致精神分裂症的發展？研究已發現兩種可能來自遺傳的生物異常：生物化學異常（biochemical abnormalities）與腦部結構異常（abnormal brain structure）。

生化異常

正如前述，頭腦是由神經元所構成，它們的電脈衝（或訊息），是由神經傳導物質由一個神經元傳到另一個神經元。在電脈衝到達接收神經元之後，它就由神經元的軸突向下前進一直到神經末梢。然後這個神經末梢就釋放神經傳導物質，它們越過突觸的空間，連接另一個神經元接受器，以此方式而傳遞訊息到另一「站」。這種神經元的活動，稱為「激發」。

在過去三十年期間，研究人員發展一種**多巴胺假說**（dopamine hypothesis），來解釋他們在精神分裂症的發現：某些神經元的神經傳導物質多巴胺，激發的次數太多，而且傳送太多的訊息，因此產生精神分裂症的症狀（McGowan et al., 2004）。這種假說近幾年來受到挑戰，而且有所調整，但它仍然是目前解釋精神分裂症的生物化學根據。導致此假說的一連串事件，開始於**抗精神病藥**（antipsychotic drugs）的意外發現，此種藥物可幫助病人除去精神分裂症症狀。在第十五章我們可以看到，第一群的抗精神病藥物**phenothiazines**（酚噻嗪類），是在1950年代由一些尋找較好的抗組織胺劑，以對抗過敏症的研究人員所發現。雖然 phenothiazines 沒有達到抗過敏症的效果，但減少精神分裂症狀的效果卻非常明顯，而臨床工作人員也開始廣泛地開此藥方。

研究人員很快地發現，這些早期抗精神病藥物，經常產生麻煩的肌肉抖顫的問題，與帕金森氏症的主要症狀，一種無能的神經學疾病相同。抗精神病藥物不良的反應，給研究人員第一個重要的線索，了解到精神分裂症的生物層面。科學家早就知道，帕金森氏症病人的腦部，有異常低水平的神經傳導物質多巴胺，缺乏多巴胺是他們無法控制顫抖的原因。如果說抗精神病藥物使精神分裂症的病人產生帕金森氏症的症狀，而消除他們精神病的症狀，也許這種藥物減少了多巴胺的活性。而科學家更進一步推論：假如減少多巴胺的活性，可以幫助除去精神分裂症的症狀，也許精神分裂症與多巴胺的過高活性有關。

多巴胺和精神分裂症的關聯有多密切？ 自從1960年代以來，研究已支持並幫助澄清多巴胺的假說。例如，研究發現有些有帕金森氏症的人，他們如果服用太多的L-dopa——一種提高病人多巴胺水平的藥物，病人就出現精神分裂症的症狀（Grilly, 2002; Carey et al., 1995）。L-dopa很顯然的提高多巴胺的活性，結果

產生精神病。

　　支持多巴胺的假說，也來自安非他命的研究。我們在第十二章談過安非他命會刺激中樞神經系統。在 1970 年代的研究者首先注意到，使用高劑量的安非他命，會發展出安非他命精神病（amphetamine psychosis）── 一種與精神分裂症很相似的症候群。他們也發現，抗精神病藥物可以減少安非他命精神病的症狀，正如它們能減少精神分裂症的症狀一樣（Janowsky et al., 1973）。最後研究者得知，安非他命會增加腦部多巴胺的活性，因而產生像精神分裂症的症狀。

　　研究人員已找出腦部富有多巴胺接受器的區域，而且發現 phenothiazines 和其他的抗精神病藥物，連結這些多巴胺接受器（Burt et al., 1977; Creese et al., 1977）。很顯然地，這些藥物是多巴胺拮抗劑（antagonists）──是約束多巴胺接受器的藥物，以避免多巴胺在那裡集結，由此而防止神經元的激發（Iversen, 1975）。研究人員已確認，在腦部的五種多巴胺接受器──稱為 D-1、D-2、D-3、D-4，以及 D-5 接受器──並發現 phenothiazines 很強烈地連結 D-2 接受器（Julien, 2008）。

　　什麼是多巴胺的正確角色？　這些和有關的發現指出，訊息傳送是由神經元釋放多巴胺，到另一個神經元的多巴胺接受器，尤其是 D-2 接受器，在精神分裂症可能傳送太容易或太頻繁。這種理論之所以引起興趣，是因為大家都知道有些多巴胺神經元，在引導注意力方面扮演一個重要的角色（Sikstrom & Soderlund, 2007）。有些由於多巴胺的活性過高，而注意力嚴重受干擾的人，可能會遭受出現在精神分裂症者身上的注意力、知覺，以及思考方面的問題。

　　為什麼精神分裂症的人，多巴胺活性會過高呢？可能是有此心理疾患的人，比平常人有更多的多巴胺接受器，特別是 D-2 接受器，或他們的多巴胺接受器運作異常（Tamminga et al., 2008; Sedvall, 1990; Seidman, 1990）。記得當多巴胺傳送訊息到接收神經元，它必須要跟另一個神經元的接受器連結。接受器的數量太多，或接受器運作異常，就會導致更多的多巴胺連結，因而引起更多神經元的激發。由屍體解剖已發現，患有精神分裂症者，有不尋常大量的多巴胺接受器（Owen et al., 1987, 1978; Lee & Seeman, 1980），而影像研究也顯示，在精神分裂症的病人，有特別高水平的多巴胺 D-2 接受器（Tamminga et al., 2008）。

　　多巴胺假說雖然帶來許多的啟發，但也遭遇某些問題。最大的挑戰，是由於最近發現的一群新抗精神病藥，稱為**非典型抗精神病藥（atypical antipsychotic drugs）**，這種藥往往比傳統的藥更有效。這種新藥不僅像傳統的或常見的抗精神病藥一樣，跟 D-2 多巴胺接受器連結，而且也連結許多 D-1 接受器，以及其他神經傳導物質的接受器，如血清素（Goldman-Rakic et al., 2004; Roth et al., 2004）。因此，這可能證明精神分裂症，與多巴胺和血清素的異常活性或互相影響有關，甚至也涉及其他的神經傳導物質（例如，穀氨酸鹽及 GABA），而不單是多巴胺的異常活性而已（Bach, 2007; Folsom et al., 2006）。

另外一個多巴胺假說的挑戰是：有些理論家宣稱，過度的多巴胺活性主要是促成精神分裂症的正性症狀，如妄想和幻覺。這種見解的支持是，正性症狀對傳統的抗精神病藥，特別有良好的反應，這種藥物跟 D-2 接受器有強烈的連結，而一些負性症狀（如平板的情感和喪失意志力），對非典型抗精神病藥有比較好的反應，這種藥與 D-2 接受器的連結較不強烈（Julien, 2008; Arango et al., 2004）。然而其他的研究指出，負性症狀可能主要與腦部結構的異常有關，而不是多巴胺活性過高（Maruff et al., 2005）。

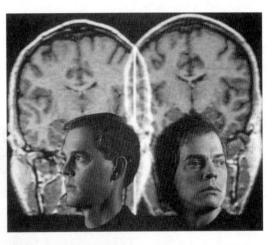

✪**不一樣的同卵雙胞胎** 左邊的人是正常的，然而右邊，他的同卵雙胞胎兄弟卻有精神分裂症。背景中呈現的磁核共振造影顯示，雙胞胎精神分裂症患者的頭腦，整體而言比他的兄弟小，並且腦室較大，像黑色蝴蝶形空間顯示的。

🍃 腦部結構異常

過去十年期間，研究人員也把精神分裂症，特別是由負性症狀支配的案例，與腦部的結構異常結合在一起（Eyler, 2008; Weyandt, 2006）。例如，他們使用電腦斷層攝影（CAT）和核磁共振造影（MRI）掃描，發現很多精神分裂症患者的腦室——腦部含有腦脊髓液體的腔穴部分，有擴大現象（Cahn et al., 2002; Lieberman et al., 2001）。平均而言，精神分裂症者的腦室，比其他人的腦室大 15%（Torrey, 2002, 2001）。此外，有腦室擴大的病人，顯現有較多的負性症狀，及較少的正性症狀，在發病之前的社會適應較差、有較多的認知困擾，以及對傳統的抗精神病藥的反應較差（Bornstein et al., 1992）。

擴大的腦室事實上可能是一種徵象，腦部鄰近的部分沒有適當的發展或是受到損害，或許這些問題才造成精神分裂症。有些研究也指出，許多精神分裂症的病人，比其他人有較小的顳葉和額葉、較少量的皮質灰質，而最重要的是，有異常的血液流動——減少或增加——在腦部的某些區域（Tamminga et al., 2008; Higgins & George, 2007; Whitford et al., 2005）。然而其他的研究，是把精神分裂症與其他腦部地區當中，海馬迴、杏仁核及視丘的大小、結構及細胞組成的異常相連結（Folsom et al., 2006; Spaniel et al., 2003）（見圖 14-3）。

🍃 病毒的問題

在許多的精神分裂症案例中，到底有什麼因素引起生物化學以及結構的異常？不同的研究指向遺傳因素、營養不良、胎兒的發展、出生時的併發症、免疫的反應，以及毒素（Ellman & Cannon, 2008; Bach, 2007）。此外，有些研究者指出，腦部的異常可能起因於胎兒出生前，暴露在病毒中所造成。也許病毒進入胎

兒的腦中，並阻礙腦部適當的發展，或是病毒一直靜靜地潛伏，直到青春期或成年期早期，這時由於荷爾蒙改變，以及其他病毒的感染而被激發，它們一起引起精神分裂症的症狀（Lambert & Kinsley, 2005; Torrey, 2001, 1991）。

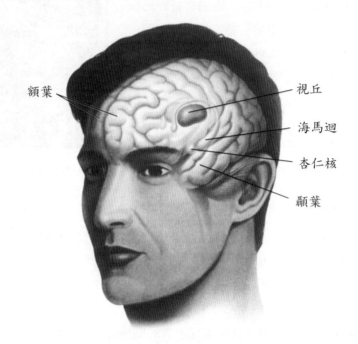

額葉

視丘

海馬迴

杏仁核

顳葉

圖 14-3　**精神分裂症的生物學**　某些研究顯示，精神分裂症患者有相當小的顳葉和額葉，以及海馬迴、杏仁核與視丘等的結構異常。

　　支持病毒理論的證據，是來自動物模式的研究，及某些與情境有關的證明，例如，研究發現異常大量的精神分裂症患者，是在冬天出生（Meyer et al., 2005; Torrey, 2001, 1991）。精神分裂症患者中冬天的出生率，比一般人高 5%至 8%（Tamminga et al., 2008）。這種發現可能由於，胎兒或嬰兒暴露在病毒的情況，在一年中那段時間特別增加。這種病毒理論也得到指紋研究的支持。一般而言，同卵雙胞胎幾乎有相同的脊狀指紋，但是精神分裂症患者，比他們無精神分裂症的同卵雙胞胎，有顯著的較多或較少脊狀指紋的情形（Van Os et al., 1997; Torrey et al., 1994）。胎兒在第二個三月期的懷孕中，形成他們的指紋形狀，這個時候也是胎兒容易受到某種病毒傷害的時候。因此某些精神分裂症者指紋的不規則現象，可能反映出在他們胎兒期受到病毒的感染，而這種感染也可能使一個人易有精神分裂症的傾向。

　　對於造成精神分裂症的病毒理論，更直接的證據來自於一些研究，它們顯示精神分裂症者的母親比沒有精神分裂症者的母親，在她們懷孕中更可能受到流行性感冒病毒的侵害（Brown et al., 2004; Limosin et al., 2003）。另外的研究發現，經常在動物體內發現的特殊病毒抗體，經常發現在 40% 精神分裂症受試者的血液

中（Leweke et al., 2004; Torrey et al., 1994）。這種抗體的存在，顯示受試者在某個時間可能暴露在特殊的病毒中。

整合生化、腦部結構及病毒的發現，對精神分裂症的神祕顯示更清楚。同時，認清許多顯示這種生物異常的人，沒有發展精神分裂症是很重要的。為何沒有？可能正如前述，因為生物的因素只是為精神分裂症做好準備，心理及社會文化的因素必須出現，疾患才會顯現。

心理學的觀點

在 1950 和 1960 年代，當精神分裂症的研究人員，開始確認遺傳和生物的因素時，很多臨床工作人員放棄此疾患的心理學理論。不過，在過去十年中，情況又峰迴路轉，心理因素再度被視為精神分裂症拼圖裡重要的部分。主要的心理學理論是來自心理動力的、行為的，以及認知的觀點。

心理動力的解釋

Freud（1924, 1915, 1914）相信，精神分裂症的發展是來自兩種心理的過程：(1) 退化到自我階段之前的情況；(2) 努力重建自我的控制。他舉出這些病人的世界，是極端的嚴酷或壓制的——例如，父母親特別冷酷或缺乏關愛——發展精神分裂症的人，就退化到他們人格發展中的最早處，也就是自我發展以前的原始自戀狀態（primary narcissism），在此狀態中他們主要是識別及滿足自己基本的需求。他們幾乎完全的退化，導致自我中心的症狀，如新語症、聯想鬆散，以及誇大妄想。Freud 繼續說，一旦人們退化到這種嬰兒狀態，接著他們會試圖重建自我的控制，並且與現實接觸。他們的努力引起其他的精神分裂症的症狀，例如，聽幻覺可能是一個人試圖用來代替現實感的喪失。

幾年以後，一位著名的心理動力臨床專家 Frieda Fromm-Reichmann（1948），把 Freud 的見解：冷酷或缺乏關愛的父母，可能引起孩子的精神分裂症，更詳細的說明。她描述精神分裂症病人的母親，是冷酷的、跋扈的，而且對孩子的需要不關心。根據 Fromm-Reichmann 的說法，這些母親看來好像是自我犧牲，但事實上她們是利用孩子來滿足自己的需要。她們立刻或過度的保護和拒絕，使她們的孩子覺得非常的困惑，而且造成精神分裂症功能的出現。她稱她們是**製造精神分裂症的母親**（**schizophrenogenic mothers** 或 schizophrenia-causing mothers）。

Fromm-Reichmann 的理論，就像 Freud 的理論一樣，很少得到研究的支持（Willick, 2001）。大多數有精神分裂症的人，他們的母親並沒有出現符合「製造精神分裂症的母親」的描述。事實上，有些研究指出，有一種不同的人格型態，在精神分裂症患者的母親中，相當普遍。在一個研究中，精神分裂症者的母親，在其他的特性中，被發現是害羞的、沉默寡言及焦慮的。而沒有精神分裂症者的母親，看起來更可能顯示 Fromm-Reichmann 所謂的精神分裂症的母親型態

（Waring & Ricks, 1965）。

　　當今大部分的心理動力理論家，事實上排斥 Freud 和 Fromm-Reichmann 的觀點。雖然這些理論家可能保留某些早期的見解（Karon, 2008; Spielrein, 1995），愈來愈多的理論家相信，生物的異常使某些人特別容易產生極端的退化，或其他促成精神分裂症的潛意識行為（Berzoff, Flanagan, & Hertz, 2008; Willick, Milrod, & Karush, 1998）。例如，相信精神分裂症反映一種掙扎破裂的自我之自我理論家，提出生物的缺陷可用以解釋，精神分裂症患者為何不能發展一個完整的自我（Lysaker & Hermans, 2007; Kohut & Wolf, 1978）。

🍃 行為的觀點

　　行為主義學家通常引用操作制約以及增強原理，來解釋精神分裂症的成因。他們認為大部分的人，都精通於判讀或反應社會的暗示——就是，他人的微笑、皺眉，以及批評。人們能以社會接受的方式來反應這種暗示，較能夠滿足他們自己情緒的需要，及達成他們的目標（Bach, 2007; Liberman, 1982; Ullmann & Krasner, 1975）。然而，有些人對社會暗示的注意並沒有得到增強，有一種可能是由於不尋常的情況，或是因為在他們生活中的一些重要特質，在社會上是不適當的。結果他們不再專注於這些暗示，反而注意無關的暗示——房間裡燈光的亮度、頭上飛的鳥，或者一個字的聲音而不是它的意義。當他們愈來愈注意無關的暗示時，他們的反應就變為愈加古怪。當這些古怪的反應，得到外來注意的增強，或其他形式的增強，他們就可能一再反覆那樣做。

　　對行為觀點的支持是有限度的。我們在第十五章中將會看到，研究人員已發現，精神分裂症的病人，事實上至少能夠學習某些適當的言詞或社會行為，只要醫院的人員繼續不理會他們的古怪反應，而且用香菸、食物、注意，或其他的獎賞，來增強他們正常的反應（Kopelowicz, Liberman, & Zarate, 2007）。如果他們古怪的言語和社會反應，可以透過適當的增強而加以消除，也許這些行為最先是經過不適當的學習過程而獲得。當然，有效的治療並不一定要指出疾患的原因。現在行為的觀點，通常被認為至多只解釋精神分裂症的一部分。雖然它可以幫助解釋一個人在某些情況中，可能比其他的情況更容易表現精神分裂症的行為，但是很多人認為，它用來解釋精神分裂症的起源及許多症狀，是很有限的。

🍃 認知的觀點

　　精神分裂症主要的認知解釋，同意生物學的觀點：在幻覺中以及相關的知覺有困難的時候，精神分裂症患者的腦部，的確產生奇怪及不真實的感覺——由生物的因素所引發的感覺。不過，根據認知的解釋，當個人企圖要了解他們不尋常的知覺經驗時，此疾患的主要特色就更加的出現（Tarrier, 2008; Waters et al., 2007）。當他們第一次遭遇講話聲，或其他使他們感到困擾的感覺時，這些人會

求助於親友。自然地，他們的親友們會否認他們感覺的真實性，最後這些受苦的人斷定，其他人都試圖隱藏事實。他們開始拒絕所有的回饋，而且發展出一些信念（妄想），認為他們是被迫害的，尤其如果這些聲音被理解為負面或惡意的（Perez-Alvarez et al., 2008; Bach, 2007）。總之，這個理論認為，精神分裂症的人是對瘋狂「採取一種合理的途徑」（Zimbardo, 1976）。

研究人員已經建立一個想法，精神分裂症患者確實經驗感覺和知覺上的問題。就像我們早先看過的例子，很多人有幻覺，而大部分的人很難集中他們的注意力。但是研究人員尚未提供直接而清晰的證據，來支持認知觀點——對感覺問題錯誤的詮釋，事實上是產生精神分裂症症候群之原因。

社會文化的觀點

社會文化理論家認為，有心理疾患的人是受制於廣大的社會和文化力量。他們主張多元文化因素（multicultural factors）、社會標記（social labeling）及家庭功能失常（family dysfunctioning），都會促成精神分裂症的發展。同時，雖然這些力量被認為在這種疾患扮演重要角色，但研究尚未澄清其確切的因果關係為何。

🍃 多元文化因素

精神分裂症的比率，在不同的種族和族裔間似乎不同，特別是在非裔美國人和美國白人間。有 2.1%的非裔美國人得到精神分裂症的診斷，相較之下白人為1.4%（Lawson, 2008; Folsom et al., 2006）。同樣地，研究發現非裔美國病人比白人病人，更有可能被評定有幻覺、妄想及多疑的症狀（Mark et al., 2003; Trierweiler et al., 2000）。另外的研究指出，有精神分裂症的非裔美國人，在州立醫院出現過多（Lawson, 2008; Barnes, 2004）。例如，雖然田納西州的人口，只有 16% 是非裔美國人，但州立醫院診斷為精神分裂症的人，有 48% 是非裔美國人（Lawson, 2008; Barnes, 2004）。

為什麼非裔美國人比白人，有更高的可能性得到這種診斷，原因並不清楚。一個可能性是，非裔美國人更有發展此疾患的傾向；另一個可能性則是，多數族裔的臨床工作者，在診斷非裔美國人有非故意的偏見，或將文化差異錯誤地解釋為精神分裂症的症狀（Lawson, 2008; Barnes, 2004）。

然而對非裔美國人和白人之間的差異，另外的解釋在於經濟地位。一般而言，非裔美國人可能比白人更窮，而且事實上把經濟差異加以控制時，精神分裂症的盛行率，在兩個族裔間變得接近。經濟因素的解釋，發現在拉丁美洲裔美國人也一致，一般而言他們也是經濟的弱勢團體，雖然他們得到精神分裂症診斷的比率，沒有像非裔美國人一樣高，卻顯示比白人有更高的可能性，得到精神分裂症的診斷（Blow et al., 2004）。

雖然精神分裂症的整體盛行率很穩定——約 1%，但在精神分裂症的重要方

面，不同國家之間也顯示有差異；即全世界各國家此疾患的病程和結果相當的不同。根據世界衛生組織（WHO），對 10 個國家實施的研究顯示，住在發展中國家的 2,500 萬精神分裂症病人，比西方及其他發達國家的病人，有較佳的復元率（Vahia & Vahia, 2008; Jablensky, 2000）。WHO 從發展中國家（哥倫比亞、印度及奈及利亞）追蹤 467 個病人兩年期間的進步情形，並把它與發達國家（捷克共和國、丹麥、愛爾蘭、日本、俄羅斯、英國及美國）603 個病人作比較。如圖 14-4 所示，在病程的兩年觀察期間，發展中國家的精神分裂症病人比發達國家的病人，更可能從疾患中復元，並且較少經驗持續或短暫的症狀、顯示社會功能損傷、需要大量的抗精神病藥物，或需要住院治療。

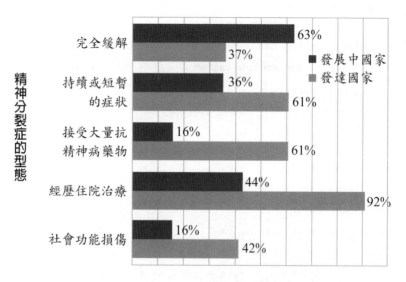

病人顯示型態的百分比

圖 14-4 **精神分裂症的病程及治療結果，是否在國家之間不相同？** 　根據世界衛生組織的研究，確實如此。發展中國家的病人比發達國家的病人，似乎恢復得更快、更多及更完全（摘自 Jablensky, 2000）。

　　有些臨床理論家認為，這些差異部分反映人口間的遺傳差異。然而，另一些人主張，發展中國家的心理社會環境，比發達國家更有支援及有療效，導致對精神分裂症病人更有利的結果（Vahia & Vahia, 2008; Jablensky, 2000）。例如，發展中國家似乎對精神分裂症病人，提供更多的家庭和社會支持、有更多的親友可以幫助照顧這些病人，而且對精神分裂症病人較少衝動的判定、批評及敵意。例如，奈及利亞的文化比西方文化，通常更能容忍聲音的出現（幻聽現象）（Matsumoto & Juang, 2008）。

🌱 社會標記

　　很多社會文化理論家相信，精神分裂症的特徵是受診斷本身的影響而來（Modrow, 1992）。根據他們的意見，社會對沒有辦法遵守常規行為的人，就給他戴上「精神分裂症」的標記。一旦這個標記加在他們身上，不管適當不適當，就會變成一種自驗預言，而促使很多精神分裂症症狀的發展。的確，精神分裂症的受害者，已證明標記在他們生活中的影響力量：

> 　　就像其他有價值的努力一樣，要變成一個精神分裂症的人，需要一段長時間嚴厲的訓練。我這種特殊訓練的召喚開始在 6 歲的時候。那時我有些迷惑的母親把我帶到華盛頓大學，去接受精神科醫生的檢查，希望能夠找出我到底有什麼毛病。這個精神科醫生告訴我的母親：「我們不知道你兒子確切的問題，但是不管問題是什麼，它是非常嚴重的。我們建議把他立刻送到醫院來，否則他在一年以內就會完全的變成精神病。」我的母親沒有立刻把我送到醫院去，因為她了解這樣的行動對我會有極端的傷害。但經過這些不吉利的預言以後，我的父母親就開始認為並對待我如同我是個小瘋子，或至少是在變成那種情況的過程中。我 7 歲時，有一次母親看到我在玩一些看起來很髒的東西，而且我把它混合起來，她很嚴肅而鄭重地告訴我：「有些人就是因為做了這種事，被人送到精神病院去。」當我母親說這些事時，她臉上呈現出非常的恐懼……我最輕微的奇怪行為，就足以激起我父母的恐懼週期性發作。我父母的恐懼轉而使我害怕自己就要發瘋了……我的命運不是被我的基因鎖定，而是被我父母的態度、信念，以及期望鎖定了……而我實在很難責備我的父母，他們說我好像就要發瘋了，事實上那是因為精神科醫生以絕對肯定的語氣告訴他們。
>
> 　　　　　　　　　　　　　　　　　　　　　　　　　　　　（Modrow, 1992, pp. 1-2）

　　就像這個人一樣，有些被叫作精神分裂症的人，他們也可能是被人以「瘋狂」來看待和對待。也許是由於別人的期望，微妙的鼓勵個人去顯示精神病的行為。然後他們必然也接受他們被指派的角色，而且學習如何確實扮演這個角色。

　　我們早已看到診斷的標記真正的危險性。我們在第三章已討論到，一個有名的 Rosenhan（1973）研究，有 8 個正常的人到各種不同的精神病院去，抱怨他們聽到談話聲音，說「空洞」、「空虛」，以及「砰砰作響」這些字，他們很快地就被診斷為精神分裂症，而且 8 個人都住院。雖然這些假病人後來都不再顯示症狀，而且行為正常，但他們要除去標記仍有很大的困難，而且無法從醫院釋放出來。

　　這些假病人報告說，醫院的人員對待病人都是權威式的，跟他們接觸的時間相當有限，而且對他們的問題草率及心不在焉的反應。事實上，他們把病人當作隱形人對待。「一個護士在整個病院男病人的觀看下，解開她制服的鈕扣來調整她的胸罩，她並沒有感覺她可能會引誘別人。相反地，她並沒有注意到這些病人的存在」。此外，這些假病人描述他們覺得無能、無聊、疲倦，及漠不關心。這種欺瞞設計，以及這種研究可能帶來的影響，已激起臨床工作人員和研究人員的情緒，不管是贊成或反對。不過，這個調查研究證明，精神分裂症的標記本身有負面的效力——不單單是別人如何看待他們，而且是他們自己如何感覺，以及產生行為舉止。

🌿 家庭功能失常

　　多年來，理論家一再建議：某種家族互動的模式，可能促進或至少維持精神分裂症的症狀。一個主要的家族理論，特別集中於矛盾牽制溝通（double-bind communication）。

　　矛盾牽制溝通會造成精神分裂症？　　精神分裂症最有名的家族理論之一，是**矛盾牽制假說（double-bind hypothesis）**（Visser, 2003; Bateson, 1978; Bateson et al., 1956）。這種理論是說，有些父母一再使用成對互相矛盾的訊息來溝通，使孩子處在一種所謂的矛盾牽制情況中：孩子無法避免惹父母親生氣，因為他們所做的，不管怎麼樣，沒有一樣是對的。從理論上來講，精神分裂症的症狀，代表孩子企圖要處理這種矛盾牽制的情況。

　　矛盾牽制的訊息，典型的包括語言溝通〔主要溝通（primary communication）〕，以及伴隨相互矛盾的非語言溝通〔後設溝通（metacommunication）〕。如果有一個人對另一個人說：「我很高興看到你。」但是卻皺眉頭及避免視線的接觸，這兩種訊息是不一致的。根據這種理論，一個孩子若一再暴露在矛盾牽制的溝通中，就會採取特殊的生活策略來因應它們。例如，一種策略是經常忽視主要的溝通，而且只對變換溝通有所反應：猜疑這個人說的是什麼，懷疑它的真正意義，而只集中注意在他們的姿態與語調所提供的暗示。愈來愈多用這種方式來反應訊息的人，可能進展為妄想型精神分裂症。

　　矛盾牽制假說，與心理動力「製造精神分裂症的母親」之概念，有密切的關係。Fromm-Reichmann 形容造成精神分裂症的母親，呈現過分保護，然而卻同時排斥的情況。事實上她是說，有些人可能發出一種矛盾牽制的訊息。就像製造精神分裂症的母親之理論，矛盾牽制假說在過去幾年，也在臨床領域中流行，但是系統的研究並沒有對它表示支持（Chaika, 1990）。在一個研究中，臨床工作人員分析父母寫給住院兒女的信函（Ringuette & Kennedy, 1966）。有一組是有精神分裂症孩子的父母親；另外一組是他們的孩子有其他的疾患。一般而言，這兩組父母所寫的信，都包含相似程度的矛盾牽制溝通。

　　家庭壓力的角色　雖然矛盾牽制的解釋，及其他精神分裂症的家族理論，並沒有得到很多研究的支持，但有些研究指出，精神分裂症就像一些其他的心理疾患一樣，往往跟家庭壓力有關（Boye et al., 2002; Schiffman et al., 2002, 2001）。精神分裂症患者的父母，往往(1)顯示更多的衝突；(2)彼此之間的溝通有更大的困難；及(3)比其他的父母，對孩子有更多的批評以及過度的干涉。

　　家族理論家早就覺察到，有些家庭是屬於高度的**情緒表達**（expressed emotion）──那就是，家庭成員經常彼此表達批評、反對及敵意，而且侵犯其他人的隱私。設法從精神分裂症中恢復的人，假使他們是住在這種家庭裡，比住在低情緒表達的家庭，他們更可能復發的機會有四倍之多（Ritsner & Gibel, 2007; Nomura et al., 2005）。這是不是說家庭功能失常，通常會造成並維持精神分裂症？不必然是這樣。也有的情況是有精神分裂症的人，對家庭生活造成相當大的混亂，在這種情況當中，他們本身也可能造成家庭的問題，而這些問題是臨床工作人員以及研究人員，需要繼續研究的（Barrowclough & Lobban, 2008）。

R. D. Laing 的觀點

　　精神分裂症最後一個社會文化的解釋，是值得特別的檢視，因為它很著名及有爭議，並且在廣大民眾仍有眾多的支持者。著名的臨床理論家R. D. Laing（1967, 1964, 1959）結合社會文化原則，以及變成其標誌的存在主義哲學。他主張精神分裂症事實上是一種建設性的過程，在此過程中，病人試圖治癒他們自己由社會環境引起的困惑及不愉快。Laing 相信，任由他們去完成此過程，精神分裂症的人確實能夠達到健康的結果。

　　根據 Laing 的存在主義原則，為了賦予自己生活的意義，人類必須和他們真實的自己接觸。不幸的是，Laing 認為它在今天的社會很難做到。別人的期望、要求及標準，都要求我們發展出不誠實的自我，而不是真實的自我。根據 Laing 的說法，有些有精神分裂症的人，有特別困難的障礙需要處理。他們終身經驗困惑的溝通以及來自家庭和社區的要求。要脫離絕望，他們最後試圖從內在尋求力量和目的，他們從人群中退縮，而且逐漸更加注意自己內在的暗示，以便恢復為一個完整的人。Laing 主張，假如允許他們繼續內在的探索，這一些人會變得更強壯，而不那麼困惑。但是他們所看到的是，社會以及臨床工作人員，告訴這些人他們有病，操縱這些人來扮演病人的角色，把他們帶去治療，這些事實上產生更進一步的精神病症狀。他說，企圖去治癒這些人，社會判定他們中止在一個內在的世界中。

　　今天多數的理論家，排斥 Laing 的精神分裂症是建設性的爭議觀念。在大多數情況下，研究根本不提到這個問題。Laing 的概念也對實徵研究沒有幫助，存在主義者雖贊同他的觀點，卻對傳統研究的方法很少具有信心（Burston, 2000; Howells & Guirguis, 1985）。不過，值得一提的是，很多精神分裂症的病人，本

身也排斥這種理論。

> 「精神分裂症是針對一個不合理社會的一個合理反應」。在報紙、詩歌、小說上是動聽的說法。但是如果你是一個精神分裂症的人，它的含意就沒有那麼樣令人愉快……。Laing 最大的錯誤，是愉快地及使人迷惑且輕描淡寫地提到這種受苦的人……。他從事一個革命，而且開始一個真理和美滿似乎不可能得到勝利的新時代，因為你甚至沒有辦法刷牙，而且沒有辦法走路，何來自我實現。
>
> （Vonnegut, 1974, p. 91）

整合：心理與社會文化的模式落後

精神分裂症——一種古怪而且使人害怕的心理疾患——在整個二十世紀中被深入的研究。不過，一直到抗精神病藥物的發現，臨床工作人員才獲得病程與成因實際的了解。在此之前，出現很多的理論，但通常都不能得到實徵的支持。相反地，他們對精神分裂症患者以及他們的父母，提供了不正確的刻板印象，結果導致無效的治療方式。

過去四十年來所從事的研究，已改變早期把精神分裂症，當作有多重面貌的單一疾患的看法。現在很多研究指出，不同型態的精神分裂症，可能實際上代表不同的疾患（Tamminga et al., 2008; Grilly, 2002）。換句話說，每種型態可能有不同的病程，不同的生物、遺傳、心理和社會文化因素的起因，以及對治療有不同的反應。

就像對多數的心理疾患，臨床的理論家現在相信，不管是哪一種類型的精神分裂症，可能是由多種因素的結合所引起。同時，研究人員在心理和社會文化因素外，更成功的確認生物因素的影響。生物的研究，集中在特殊的基因、腦部生物化學和結構的異常，甚至病毒的感染。但是，大部分的心理和社會文化的研究，只能引用一般的因素，如家庭衝突以及診斷的標記。很明顯地，如果要對此疾患獲得全盤的了解，研究人員必須更精確的確認心理和社會文化因素。目前精神分裂症生物研究所作的驚人進步，有時確實給人們深刻的印象，但是我們不要因為這樣就忽略嚴重的缺口、未知數，以及困惑，這些情況會混淆我們的觀點。

摘要

●**精神分裂症的臨床表徵**　精神分裂症（schizophrenia）是一種由於混亂

的思考過程、扭曲的知覺、不正常的情感及動作異常，而造成個人的、社會的及職業功能惡化的疾患。在世界的人口中，約有 1% 的人罹患這種疾患。

●**精神分裂症的症狀**　精神分裂症的症狀可以分為三組。正性症狀（positive symptoms），包括妄想（delusions）、思考流程障礙（formal thought disorders）、幻覺（hallucinations）、其他的知覺和注意力障礙（disturbances in perception and attention），以及不適當的情感（inappropriate affect）表現。負性症狀（negative symptoms），包括說話貧乏（poverty of speech）、遲鈍和平板的情感（blunted and flat affect）、缺乏意志力（loss of volition），以及社會退縮（social withdrawal）。此疾患也可能包括精神運動性症狀（psychomotor symptoms），它們的極端形式總稱為緊張症（catatonia）。精神分裂症通常是在青春期後期或成年期初期出現，其病程經過三個時期：前驅期（prodromal）、活躍期（active）及殘餘期（residual）。

●**精神分裂症的診斷**　DSM-IV-TR 確認五種精神分裂症的型態：混亂型（disorganized）、緊張型（catatonic）、妄想型（paranoid）、未分化型（undifferentiated），以及殘餘型（residual）。而且，有些病人被正性症狀支配，而另一些人則顯示更多的負性症狀，也相當常見。

●**生物學的解釋**　精神分裂症的生物學解釋，是指向遺傳的、生化的、結構的，以及病毒的成因。遺傳的（genetic）觀點，是由親屬、雙胞胎、被領養者的研究，以及遺傳關聯與生物分子學的研究所支持。主要的生化（biochemical）解釋，認為精神分裂症者的腦部，尤其是有許多正性症狀的人，含有不尋常大量的多巴胺接受器，特別是 D-2 接受器（D-2 receptors），導致了多巴胺過度活躍。腦部影像技術也檢查出，許多精神分裂症者有異常的腦部結構（abnormal brain structures），特別是有一些負性症狀的人，包括擴大的腦室（enlarged ventricles）以及腦部某些部分異常的血液流動（abnormal blood flow）。最後，有些研究人員相信，精神分裂症與病毒（virus）有關。這些病毒安靜的停留在胎兒中，一直到青春期或成年期早期才開始發作。

●**心理學的解釋**　精神分裂症主要的心理解釋，是來自心理動力的、行為的，以及認知的模式。在具有影響力的心理動力（psychodynamic）解釋，Freud 認為精神分裂症涉及個人退化（regression）到原始的自戀狀態，及設法要恢復（restore）自我的控制。而 Fromm-Reichmann 認為是製造精神分裂症的母親（schizophrenogenic mothers）引起這種疾患。然而，現代心理動力理論家認為，這種疾患是由於生物以及心理動力因素的結合而成。行為主義者認為，精神分裂症患者是沒有學到對社會暗示做適當的反應。而認知理論家認為，當精神分裂症患者試圖去了解他們奇怪的生理感覺時，發展出妄想的思考。但是這些理論中，並沒有任何一種得到強而有力的研究支持。

●**社會文化的解釋**　社會文化的解釋認為，多元文化的差異會影響精神分

裂症的盛行率和特性,以及疾患在美國及全世界的復原。另外的社會文化的解釋認為,社會期望被標示為精神分裂的人,以某種方式表現行為,而這種期望事實上導致了更進一步的症狀。然而,其他的社會文化理論家指出,家庭功能失常(family dysfunctioning)是造成精神分裂症的主因,包括這些特徵,如矛盾牽制溝通(double-bind communications)。雖然一般家庭的壓力和衝突,一再顯示與精神分裂症有關,然而這些特殊的家庭特徵並沒有得到研究的印證。最後,R. D. Laing 提出,精神分裂症是一種建設性(constructive)的過程,在此過程中,病人試圖治癒自己由於家庭和社會所引起的困惑,以及不愉快。

●**素質—壓力的解釋**　　大部分的臨床理論家目前同意,精神分裂症可被追溯到生物的、心理的,以及社會文化因素的結合。然而,生物因素已更精確地被確認。

第十五章

精神分裂症及其他嚴重精神病的治療

他們稱我們是精神病患者——但事實上，他們跟我們一樣的矛盾，跟我們一樣的古怪和善變。這個人尤其是這樣。有一天，他冷酷無情地嘲笑及譏諷我；接下來他跟我談得很傷心。今天早上他跟我談到未來命運的時候，他的眼睛裡充滿了眼淚。他咒罵自己也咒罵自己的智慧！

他在我的耳邊反覆的唱出單調的悲歌：「太自私、太自私、太自私，應該有不同的想法。」——我該怎麼做，我該……我該……我該……怎麼做？我該怎麼做？我曾經設法接受他的建議這麼做，但是沒有辦法學到其他的想法。這只是白費力氣而已。到底我是怎麼回事？

（Jefferson, 1948）

Lara Jefferson 是一個有精神分裂症的年輕女人，她用上述這些話，來描述她在 1940 年代的治療經驗。她的痛苦和挫折，是在那個時期數十萬類似病人的典型經驗。事實上，在大部分的人類歷史，精神分裂症的人被認為是無法治療和幫助的。這些患者和他們的治療師，面對著一個令人氣餒的工作，就是他們必須設法溝通，但雙方所使用的語言卻是截然不同。今天這種疾患依舊很難治療，但是臨床工作人員卻比過去有更多成功的機會（Roe & Davidson, 2008）。這方面的功勞應歸功於抗精神病藥物（antipsychotic drugs），它幫助許多精神分裂症病人能夠清晰的思考，而且由過去認為對他們無效的治療法中獲益。

接著我們會看到，每一種模式對精神分裂症提供的治療，在某一段時期或另一段時期，都具有很大的影響力。然而，當各種治療方法在過去幾年逐步發展，僅僅描述不同的方法，並不能傳達此疾患受害者的不幸和痛苦。精神分裂症的患者比其他種類的病人，更容易遭受虐待或漠視。甚至在今天，他們多數人並未得到適當的照顧，主要的原因是因為經濟和政治的優先順序中，他們的權益未引起大眾的關切（Torrey, 2001）。

為了更適當的傳達精神分裂症患者的困境，本章和其他各章節慣常採用的形式不同，而要從歷史的觀點來討論治療。最後，我們要查看過去幾年來治療如何的改變，以幫助我們了解這種疾患的性質、問題，以及今天各種治療方法的遠景。正如第十四章所述，整個二十世紀的多數時間，「精神分裂症」的標籤被加在大部分的精神病——亦即，與現實脫節——患者身上。然而，臨床理論家現在理解，許多有精神病症狀的人，事實上是雙極性情感疾患或重鬱症的嚴重形式的表現，而許多這種人在過去不正確地給予精神分裂症的診斷。因此，我們討論過去精神分裂症的治療，特別是公立機構照護的失敗，可像精神分裂症一樣，應用於其他的嚴重精神疾病。

今天，診斷程序以及 DSM 的改善，幫助精神分裂症從其他的疾患分開。然而，任何包含精神病特徵的疾患，在治療都呈現難以克服的障礙，甚至一些我們討論的精神分裂症現行方法也如此；如社區心理健康運動，也同樣應用在其他嚴

重的心理疾患。

過去公立治療機構的照護

　　二十世紀的前半時期,多數被診斷為精神分裂症的病人,都是收容在公共的精神病院裡。因為此疾患的病人對傳統的治療沒有反應,所以這些機構主要的目的,僅是管束他們及提供他們食物、住所,以及衣著。病人很少看到他們的治療師,而且他們通常被忽視。許多人被虐待。說來奇怪,這些事情被揭發出來,是基於一種善意。

　　正如第一章所述,把病人收容在公立的醫院是在 1793 年開始,當時法國的醫師 Philippe Pinel 在 La Bicêtre 收容所,「解除這些瘋子的枷鎖」,並開始從事所謂的「道德治療」。過去幾個世紀以來,有嚴重障礙的病人,第一次被視為應該以同情和仁慈來照顧的人類。當 Pinel 的觀念傳播到歐洲與美國,他們建立大規模的精神病院,而不是收容所,來照顧這些有嚴重心理疾患的人(Goshen, 1967)。

　　這些新的精神病院,一般都是設置在被孤立的地區,在那裡土地和勞工比較便宜,意在保護這些病人免於日常生活的壓力,並提供他們有益於心理健康的環境,在這裡他們能夠跟治療師有較多接觸的機會(Grob, 1966)。在美國各州,甚至制定法令要求建立公立的精神病院,叫作**州立醫院**(**state hospital**),收容那些付不起私人醫療的病人。

　　不過,最後這種州立醫院制度遭遇嚴重的問題。在 1845 和 1955 年之間,在美國各州總共設置約 300 所州立醫院,而住院的病人也從 1845 年的 2,000 人,增加到 1955 年的近 60 萬人。在這擴展期間,病房愈來愈擁擠,住院人數持續上升,而政府的資金無法支持龐大的開銷。很多治療交由護士和管理人員負責,而這些人的知識和經驗是相當有限的。

　　公立精神病院的優先事項,以及提供的照顧品質,在這 110 年中也有重大的改變。在面對病人過分擁擠以及工作人員嚴重不足的情況下,醫院服務的重點就從人道的照顧變成秩序的維護。在精神病院又返回收容所的時期,難以控制的病人就被限制、孤立及處罰;同時,個人的照顧也完全消失。如果病人沒有很快的進步,他就被移送到精神障礙病房或慢性病房(Bloom, 1984)。在這些

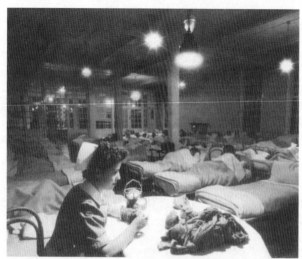

✪**過分擁擠的環境**　1956 年一位夜班護士,在公立精神病院的病房中,趁病人睡覺時補襪子。這個病房中擠滿了病床,使病人一點也沒有個人的空間。

病房的病人大部分患有精神分裂症（Hafner & an der Heiden, 1988）。精神障礙病房事實上變成人類的倉庫，擠滿無望的病人。工作人員依賴緊身衣和手銬來對付難相處的病人。那時所提供最進步的治療形式，包括如腦葉切除術（lobotomy）的醫療法。

許多病人不但在這種情況下沒有進步，甚至發展出其他的症狀，這顯然是因為住進精神病院本身所產生的結果。最常發現的退化型態被稱為「社會瓦解症候群」（social breakdown syndrome）：極端的退縮、憤怒、身體攻擊，以及對個人外表不關心和功能的喪失（Oshima et al., 2005; Gruenberg, 1980）。病人的這些新症狀比原來的症狀更麻煩，即使他們最初住進醫院的症狀以某種方法恢復，但這些新症候群卻使他們不可能回到原來的社會中。

公立治療機構照護的好轉

1950 年代，臨床工作人員發展出兩種策略，終於使那些長期住院的病人有了一線希望：根據人道原則，發展出來的環境治療法（milieu therapy），以及根據行為的原理，設計出來的代幣制方案（token economy program）。這些策略特別有助於改善病人個人的管理及自我形象，這些在過去的公立治療機構已惡化的問題。這些方法不久被許多公立機構採用，且目前成為公立機構照護的標準特色。

環境治療法

根據人本主義理論家的意見，收容在公共機構病人的惡化，是因為他們被剝奪練習獨立、負責任、積極自愛，及從事有意義活動的機會。所以**環境治療法**（**milieu therapy**）的大前提是，精神病院對病人並沒有幫助，除非它們能夠創造出一種社會氣氛或環境，以此促進有生產的活動、自尊，以及個人的責任。

這種方法的倡導者，是一位倫敦的精神科醫師 Maxwell Jones，他在 1953 年把一個收容不同心理疾患病人的醫院，變成一個治療性的社區。這些病人就稱為「居民」，他們被視為有能力經營自己的生活，並且自己作決定。他們參與社區的管理，和工作人員一起設計管理規則，並且決定如何制裁。事實上，病人和工作人員在這裡同樣被尊重為重要的治療執行官。這裡的氣氛是要互相的尊敬、支持，而且敞開心胸彼此接納。病人也可以從事特殊的計畫、工作和休閒活動。總之，他們日常的時間表，設計得與醫院外的生活類似。

在醫院成立環境型態的方案，已遍及西方社會。這些方案各環境間有所不同，但是最低的限度是，他們要鼓勵病人與工作人員之間的互動（尤其是團體互動），使病人積極而活躍，增加他們能達成期望的機會。

過去幾年來的研究顯示，精神分裂症和其他嚴重心理疾患的病人，在病院的環境治療方案中，經常比主要為提供監護方案的病人，有較高的進步及出院率

（Paul, 2000; Paul & Lentz, 1977; Cumming & Cumming, 1962）。不過，許多這種病人仍有心理的重大障礙，而在出院以後必須住在庇護的設施裡。儘管環境治療方案有缺點，它仍經常結合醫院的其他方法，繼續在許多機構實施（Gunter, 2005; Dobson et al., 1995）。而且，在本章稍後我們會探討許多今日的中途之家，以及針對嚴重心理疾患者的社區計畫，都是根據證明在醫院的環境方案，相當有效的居民自我管理及工作時間表同樣的原則。

代幣制

在 1950 年代，行為主義者在精神病院裡沒有多大的分量，而且他們只被允許處理那些沒有希望的病人問題。在所謂沒有希望的病人中，有很多是被診斷為精神分裂症的病人。經過多年的實驗，行為主義學家發現，在醫院病房有系統的應用操作制約技術，可以改變這些病人的行為（Ayllon, 1963; Ayllon & Michael, 1959）。應用這些技術的方案，稱為**代幣制方案**（**token economy programs**）。

在代幣制方案中，當病人表現可接受的行為，就會得到獎賞；若行為是不能被接受的，他們就不能得到獎賞。可接受行為的立即獎賞，通常是使用一種代幣，這種代幣可以換取食物、香菸、醫院的特權，以及其他他們想要的事項，因此創造出「代幣制」。選擇作為可接受的行為，包括照顧自己的生活起居和所有物（鋪床及穿衣）、參與工作、有條理的說話、遵循醫院的規則，以及訓練自我控制。

代幣制方案的效果如何？

研究人員已經發現，代幣制的確幫助病人，減少精神病的和相關的行為問題（Combs et al., 2008; Dickerson et al., 2005）。在一個相當成功的方案中，Gordon Paul 和 Robert Lentz（1977）為醫院的 28 個慢性精神分裂症的病人設計代幣制，多數的人在這個制度之下，行為有相當大的改善。四年半之後，這些病人有 98% 已出院，而大部分住在有庇護照顧的設施中；相較於在環境方案中治療的病人，則只有 71% 出院；在只提供監護的病院裡，只有 45% 的病人出院。

代幣制有什麼缺點？

有些臨床的工作人員，對代幣制所宣稱的效果持保留態度。許多代幣制研究的一個問題是，它並不像 Paul 和 Lentz 那樣，病人是沒有加以控制的。當管理者建立代幣制時，通常是把所有住院病人分配到方案中，而不是將他們分成代幣制組和控制組。結果病人的進步，只能和他們過去的行為作比較——一種可能有誤導性的比較。例如，物理環境的改變，或工作人員對病人增加關注，可能是造成病人進步的原因，而不是代幣制本身所造成。

許多臨床工作人員也提高倫理和法律的關懷。如果代幣制方案要有效果，實

施方案的人員就要控制病人生活中重要的獎賞，也許包括食物或者一張舒服的床等基本的需要。但是這些生活中的事物，不是所有的人類都有權來獲得嗎？現在法院裁決病人確實有某些基本的權利，臨床工作人員不能隨意剝奪，不管他們治療方案的積極目的是什麼。他們有權得到食物、貯藏的空間、家具，以及活動的自由（Emmelkamp, 1994）。

　　另一個對臨床工作人員產生的疑問，是代幣制方案下所造成的進步品質如何。是否行為主義者，對病人的精神病思想及知覺有任何改變，或他們只是改進病人模仿正常行為的能力？這個疑問可以從一個中年男子 John 的個案來說明。John 有一個妄想，他是美國政府官員（Comer, 1973）。每次他講話時，他的語氣就像是一個政府官員：「我們很高興看到你……我們很需要像你這種人來提供服務……我們要在 John 的身上完成我們的工作。」當 John 轉入代幣制病房，醫療工作人員把減少妄想的陳述作為改變的目標，並且要求他對自己的身分有適當的表態才能獲得代幣。如果他稱他自己是John，他就能夠得到代幣；如果他堅持說他是政府官員，那麼他就不能得到任何東西。實施代幣制方案幾個月之後，John 就不再說他自己是政府官員。當人家問他名字的時候，他會說「John」。雖然醫院的工作人員可以理解地很高興看到他的進步，但John本身對這種情況卻有不同的看法。在私下討論的時候他說：

　　　我們對這種事情很厭煩。每次在狗屎的時間，我們想要一根香菸，我們都要通過他們的廢話：「你叫什麼名字？……誰要這根香菸？……政府在哪裡？」今天我們急著要抽菸，我們也就找了 Simpson，這個狗屎的護士，而她也要我們作慣例的等候。「假如你要一根菸，你就告訴我你的名字。你叫什麼名字？」當然，我們都說「John」，因為我們需要香菸。如果我們告訴她實話，就得不到香菸。當然我們沒有時間耗在這些狗屁倒灶的事情，我們有我們要做的事情，國際的事務、改變法律、網羅人才。可是這些人只一再地玩他們的文字遊戲。

（Comer, 1973）

　　批評行為方法的人，會說John還是有妄想，他和以前一樣有精神病。不過，行為主義者也爭論說，至少 John 對他的行為後果有判斷力，而且事實上有了進步。他學習到把妄想保持在自己私人的思考，甚至在改變他私下的思考，跨出一大步。

　　最後，很多病人很難把醫院的代幣制方案，滿意地移轉到社區的生活中。在一個有適當的行為才能夠得到獎賞的環境中，就只有在得到獎賞以後適當的行為才會出現。有些病人發現，在其他現實的世界中，並不是如此具體地獎賞他們，

所以他們就放棄新學到的好行為。

　　然而，代幣制方案對精神分裂症和其他嚴重心理疾患病人的治療，有非常重要的效果。他們第一次在醫院的治療中，確實改變了精神病的症狀，而且使那些慢性病人能夠再活動。這些方案目前不如以前那樣的流行，但是他們在很多的精神病院裡還是繼續使用，通常是和藥物一起使用，也使用在許多的社區住宅（Kopelowicz, Liberman, & Zarate, 2008）。這種方法也被應用在其他的臨床問題，包括智能障礙、少年犯罪或過動症，以及其他的領域，如教育界和工商界（Spiegler & Guevremont, 2003）。

抗精神病藥物

　　環境治療法以及代幣制方案，幫助精神分裂症病人扭轉黯淡的景況，但是直到 1950 年代**抗精神病藥物**（**antipsychotic drugs**）的發現，才真正的對此疾患的治療，產生了革命性的改變。這些藥物消除它的許多症狀，而且幾乎是今天治療中不可或缺的一環（見圖 15-1）。就像我們在第十四章看到的，它們大大的影響到現在臨床工作人員對精神分裂症的看法。

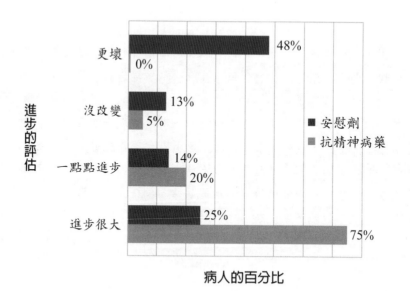

圖 15-1　**抗精神病藥的效果**　一個早期的研究發現，在治療 6 週之後，75% 的精神分裂症病人，服用抗精神病藥有長足的進步，但服用安慰劑的病人只有 25% 有進步。事實上，使用安慰劑的病人，有一半比以前更惡化。這個開創性研究的發現，已被過去 45 年實施的數千種藥物治療結果的研究確認（摘自 Cole et al., 1964）。

　　抗精神病藥物的發現，要追溯到 1940 年代，那時研究人員發展出第一種抗組織胺劑（antihistamine drugs）用來對抗過敏，雖然這種抗組織胺劑也使病人產生疲憊和困倦，但很快地被廣泛的使用，而且很多類似的藥物被發展出來。法國的外科醫師 Henri Laborit 不久發現，有一組抗組織胺劑稱為 phenothiazines，可以幫助病人在手術時平靜下來。在試驗過幾種 phenothiazines 的抗組織胺劑之後，他對一種稱為 chlorpromazine 的藥物最有印象。Laborit 報告說：「這種藥並不會造成意識的喪失，也不會改變病人的智力，但有些微的昏睡傾向，而最重要的是，使病人對他的周遭環境不再感到興趣。」

　　Laborit 推測 chlorpromazine 對有嚴重的心理疾患者，可能也有鎮靜的效果。兩位精神科醫師 Jean Delay 和 Pierre Deniker（1952）因此對 6 個有精神病症狀的病人試驗這種藥物，也的確看到他們症狀有明顯的減輕。1954 年，chlorpromazine 被批准在美國銷售，當作一種抗精神病藥，商品名為 Thorazine。

　　自從發現 phenothiazines，其他的抗精神病藥物也被發展。在 1960、1970 和 1980 年代所發展的藥物，現在都稱為「傳統」抗精神病藥物（conventional antipsychotic drugs），以跟近幾年來所發展的「非典型」抗精神病藥物（atypical antipsychotic drugs）（或稱為「第二代」抗精神病藥物）有所區別。傳統的藥物又稱為**神經安定劑（neuroleptic drugs）**，因為這些藥經常產生非想望的肢體動作，就像神經學的疾病一樣。一般人最熟悉的傳統藥物，包括 thioridazine（商品名 Mellaril）、fluphenazine（Prolixin）、trifluoperazine（Stelazine），及 haloperidol（Haldol）。正如第十四章所述，抗精神病藥物減少精神分裂症的症狀，部分是因為它阻斷神經傳導物質多巴胺的過高活性，尤其是多巴胺 D-2 接受器（Combs et al., 2008; Julien, 2008）。

抗精神病藥物的效果如何？

　　研究已一再顯示抗精神病藥物，可減輕至少 65% 精神分裂症病人的症狀（Julien, 2008; Sadock & Sadock, 2007）。而且，直接藥物的比較顯示，治療精神分裂症使用的藥物，比其他任何一種治療方法單獨使用要有效，如心理動力治療法、環境治療法，或電擊痙攣治療法等（May, Tuma, & Dixon, 1981; May & Tuma, 1964）。

　　多數的個案，在藥物開始治療的最初六個月內，產生最大的進步（Kutscher, 2008; Szymanski et al., 1996）；但是如果病人太早停藥，症狀可能會重新出現（Saba et al., 2007）。在一個研究中發現，慢性精神分裂症病人使用抗精神病藥五年之後，改變為安慰劑，結果有 75% 的人，在一年內復發，而另一些繼續服藥的相似病人，只有 33% 的人復發（Sampath et al., 1992）。

　　正如第十四章所述，抗精神病藥物，特別是傳統的藥物，可以更完全或至少更迅速的減少精神分裂症的正性症狀，如幻覺和妄想；至於負性症狀，如平板的

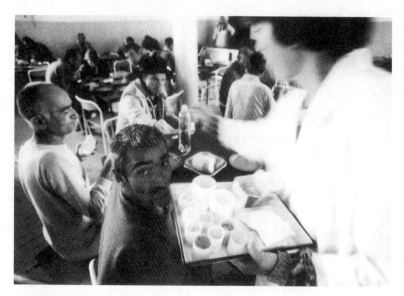

情感、說話貧乏，以及喪失意志力，則效果不彰（Combs et al., 2008; Julien, 2008）。相應地，顯示較多正性症狀的人，比那些負性症狀占優勢的人，通常在精神分裂症有更好的恢復率。由於精神分裂症的男性比女性，傾向有較多的負性症狀，不用說，男人需要比較高的劑量，而且較不容易對抗精神病藥物有反應（Seeman, 2008; Szymanski et al., 1996, 1995）。

☆藥物的革命　自 1950 年代開始，藥物變成精神分裂症以及其他嚴重精神病，住院病人治療的重點。藥物治療使病人只要住院幾個星期，而不是好幾年。

雖然抗精神病藥物目前被廣泛的接受，但是不管想要治療或不想治療的病人，經常討厭它們強大的影響，而且有些人拒絕服藥（Saba et al., 2007; Gilmer et al., 2004）。但是像 Edward Snow 這位克服精神分裂症的作家一樣，很多人都得到藥物極大的幫助。

> 　　就我的病例來講，我需要借助於特殊的藥物方案。我是一個合法的用藥上癮者。我的劑量是：每日 Thorazine 100 毫克和 Stelazine 60 毫克。我並沒有感覺到藥劑對我有何作用，但是有人告訴我，這是非常強烈的，會使一個正常的人倒下。醫生也同意，它使我神智清醒，並有很好的精神。如果沒有這種我所稱的「頭腦糖果」，我會立刻回到精神病院去。我對精神病院的景象早有領教，所以我不願意再回去。
>
> 　　　　　　　　　　　　　　　　　　　　　　　　　　　（Snow, 1976）

傳統抗精神病藥物的不良副作用

　　傳統抗精神病藥物，除了減少精神病的症狀以外，有時候會產生相當困擾的肢體動作問題（Julien, 2008）。這些結果稱為**錐體外徑作用**（extrapyramidal effects），它是因為藥物在腦部錐體外徑區域，造成重大的影響，導致動作控制能力的喪失。由於這種副作用非常的普遍，所以在 DSM-IV-TR（APA, 2000）分別列出，當作一種個別的疾患——藥物誘發之運動性疾患（medication-induced movement disorders）。它們包括帕金森氏症及相關的症候群（Parkinsonian and related symptoms）、神經惡性症候群（neuroleptic malignant syndrome），以及遲發性運動異常（tardive dyskinesia）。

帕金森氏症以及相關的症候群

最常出現的錐體外徑作用效應是帕金森氏症。它是一種類似神經學疾病的帕金森氏症特性的反應。至少有一半的病人，服用傳統性抗精神病藥物之後，都經歷肌肉顫抖和僵硬，這種經驗在接受治療一段時間就出現。他們可能會發抖、動作遲緩、走路拖曳，以及很少表現臉部的表情（Combs et al., 2008; Janno et al., 2004; APA, 2000）。其他有關的症狀包括：肌張力障礙（dystonia），是不自主的肌肉緊縮，而產生古怪及無

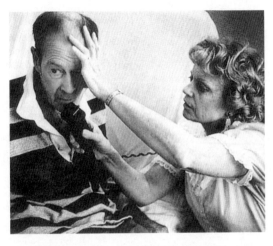

✪有害的副作用　此人有嚴重的帕金森氏症。它是由多巴胺低活性造成的疾患，並由於肌肉顫抖而無法自己刮鬍子。傳統的抗精神病藥，常會造成類似帕金森氏症的症狀。

法控制的臉部、脖子、舌頭以及背部的動作。靜坐不能（akathisia），是極為坐立不安、激動、四肢感覺不舒服，致使病人一再地揮動手臂和腿部來尋求紓解。

這種帕金森氏症及相關的症狀，似乎與藥物誘發多巴胺的活性，在腦部協調動作和姿態的基底核及黑質（substantia nigra）減少的結果（Combs et al., 2008; Julien, 2008）。對大多數的案例而言，如果他們將抗帕金森氏藥和抗精神病藥一起服用，就會使這種情況好轉。其他替代的辦法是，臨床工作人員必須減少抗精神病藥的劑量，或根本停藥。

神經惡性症候群

大約有 1% 的病人，尤其是年紀比較大的患者，傳統的抗精神病藥會產生神經惡性症候群。它是一種嚴重的、可能致命的反應，包括肌肉僵硬、發高燒、意識改變，以及自律神經系統的功能失常（Strawn et al., 2007; Keltner & Folks, 2001）。一旦此種症候群確定，抗精神病藥就要停止服用，而且每一種神經症狀都要用藥物處理。此外，個人可能要給予提高多巴胺藥物。

遲發性運動異常

大部分不良的副作用，在使用抗精神病藥物之後，幾天或幾週內就會出現，但一種稱為**遲發性運動異常（tardive dyskinesia）**（意為晚期出現的動作異常）反應，通常在服用傳統抗精神病藥物至少一年才會出現。有時候甚至要等到停止服用藥物之後才會出現（Julien, 2008; Wyatt, 1995）。這種症候群可能包括舌頭、嘴唇、臉部，或整個身體，不由自主的扭轉或抽搐；不自主的咀嚼、吸吮，以及

嘴唇發出響聲；並有手臂、雙腳或整個身體抽筋的動作。它有時候也伴隨記憶障礙（Sorokin et al., 1988）。

多數的遲發性運動異常案例是溫和的，而且包含單一的症狀，如舌頭顫動；不過，有些較嚴重的症狀，包括一些特徵，如身體連續的前後擺動、呼吸不規則，及怪異的扭轉臉和身體。一般相信，長期使用傳統抗精神病藥的病人中，超過 10%的人，會產生某些程度的遲發性運動異常，而且使用藥物的時間愈長，風險愈高（Julien, 2008; APA, 2000）。超過 50 歲的病人風險更高。

遲發性運動異常，可能很難或有時沒辦法消除（Combs et al., 2008）。如果症狀發現較早，而且傳統的藥物立刻停止，大部分的個案最後症狀會消失（Grilly, 2002; APA, 2000）。然而，早期的發現經常難以捉摸，因為有些症狀與精神病的症狀相似。臨床工作人員可能很容易忽略，而繼續開出這些藥物，因此在無意間引起更嚴重的遲發性運動異常案例。病人使用傳統抗精神病藥的時間愈久，他們的遲發性運動異常症消失的可能性愈小，即使他們的藥物已停用。研究人員也不完全了解，為什麼傳統抗精神病藥物會引起遲發性運動異常，不過他們懷疑，此問題是與藥物影響基底核與黑質的多巴胺接受器有關（Julien, 2008）。

傳統性抗精神病藥物應該如何處方？

今天的臨床工作人員比過去更有專業知識，而且對傳統抗精神病藥物的處方更小心。過去病人如果使用一種藥物沒有進步，臨床工作人員會一再地增加劑量（Kane, 1992）；現在的臨床工作人員，通常會停止這種藥物。同樣地，今天的臨床工作人員試圖對每個病人開藥方，是從最低的劑量開始，而且當病人開始出現正常功能後幾個星期或幾個月，就逐漸減少劑量或甚至停止藥物（Addington & Addington, 2008; Kutscher, 2008）。

新的抗精神病藥物

第十四章提到的「非典型」抗精神病藥物，在近幾年已被發展出來（見表 15-1）。最有效及最廣泛使用的新藥，包括 clozapine（商品名 Clozaril）、risperidone（Risperdal）、olanzapine（Zyprexa）、quetiapine（Seroquel）、ziprasidone（Geodon），及 aripiprazole（Abilify）。正如前述，這些藥物稱為非典型藥物，是因為它們的生物作用跟傳統的抗精神病藥物不同：非典型藥物比傳統藥物，較少被多巴胺 D-2 接受器接收，而較多在 D-1、D-4 和血清素接受器（Julien, 2008）。

表 15-1 抗精神病藥

種類／一般藥名	商品名
傳統抗精神病藥	
Chlorpromazine	Thorazine
Triflupromazine	Vesprin
Thioridazine	Mellaril
Mesoridazine	Serentil
Trifluoperazine	Stelazine
Fluphenazine	Prolixin、Permitil
Perphenazine	Trilafon
Acetophenazine	Tindal
Chlorprothixene	Taractan
Thiothixene	Navane
Haloperidol	Haldol
Loxapine	Loxitane
Molindone hydrochloride	Moban、Lidone
Pimozide	Orap
非典型抗精神病藥	
Risperidone	Risperdal
Clozapine	Clozaril
Olanzapine	Zyprexa
Quetiapine	Seroquel
Ziprasidone	Geodon
Aripiprazole	Abilify

　　事實上，非典型抗精神病藥物，似乎比傳統的藥物更有效果，它幫助 85% 的精神分裂症病人，而多數傳統的藥物只能幫助 65% 的病人（Julien, 2008）。不像傳統的藥物，這些新藥不僅減少精神分裂症的正性症狀，也能減少負性症狀（Combs et al., 2008; deLima et al., 2005）。另一個非典型抗精神病藥物的重大好處，是它較少引起錐體外徑的症狀，並且似乎不會引起遲發性運動異常（Dolder, 2008; Conley & Kelley, 2005）（見圖 15-2）。由於這些優點，超過半數精神分裂症藥物治療的病人，現在都使用非典型藥物，而這些藥物也被視為此疾患的第一線治療（Combs et al., 2008; Sajatovic et al., 2008）。而且，許多雙極性情感疾患及嚴重心理疾患的病人，也得到幾種非典型抗精神病藥物的幫助。例如，研究顯示，olanzapine 單獨處方或與情緒穩定劑結合，對急性躁狂最為有效（Julien, 2008; Dennehy et al., 2003）。

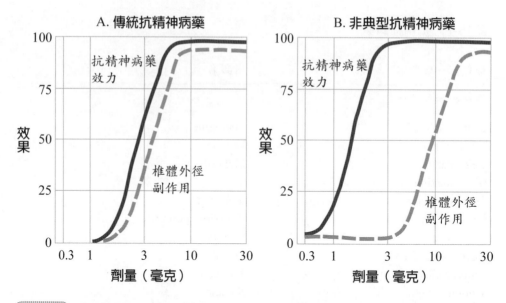

圖 15-2　**傳統與非典型抗精神病藥：副作用的優勢**　傳統抗精神病藥比非典型抗精神病藥，更可能產生令人討厭的椎體外徑症狀。(A) 傳統藥物的劑量反應曲線顯示，在開始低劑量的藥物，椎體外徑的副作用就出現，隨著藥物劑量的增加繼續增強。(B) 相反地，非典型抗精神病藥的劑量反應曲線顯示，椎體外徑的副作用直到病人服用相當高的劑量才出現（摘自 Casey, 1995, p. 107）。

　　不過，非典型抗精神病藥物也有嚴重的問題（Folsom et al., 2006）。例如，在病人服用 clozapine 以後，約有 1% 的人會患有**顆粒性白血球缺乏症**（**agranu-locytosis**）的風險，一種威脅生命的白血球細胞遽減（其他的非典型抗精神病藥不會產生此副作用）。服用 clozapine 的病人，因此要經常做血液檢查，使它的副作用可以早期發現，而停止藥物使用（Sajatovic et al., 2008）。此外，有些非典型抗精神病藥物會引起體重增加，特別是在女人；頭暈目眩；以及顯著的血糖升高。它們的價錢也很昂貴（Dolder, 2008; Seeman, 2008）。

心理治療

　　在發現抗精神病藥物之前，心理治療法並不是精神分裂症病人確實的選擇。大部分的病人實在是過分的與現實脫節，而無法從心理治療得到好處。有少數的治療師，很顯然的具有特別的耐心和技術，專門研究精神分裂症的心理療法，而且報告有某種程度的成功（Will, 1967, 1961; Sullivan, 1962, 1953; Fromm-Reich-mann, 1950, 1948, 1943）。這些治療師相信，從事治療的首要工作，是贏得精神分裂症病人的信任，然後與他們建立密切的治療關係。

例如，最有名的臨床理論家和治療師 Frieda Fromm-Reichmann，在開始的時候告訴病人，他們可以繼續把她從他們的私人世界中排除，而擁有他們的疾患，只要他們希望如此。她報告最後在經過一番的試探和付諸行動，病人終於接納、信任，而逐漸的依附她，也開始對她談到他們的問題。個案研究似乎證實了這種方法的有效性，也顯示出信賴和情感的結合，在治療中的重要性。這裡是一個復原的女病人告訴她的治療師，在他們早期的互動中，她的感受如何：

在開始的時候，大部分的時間，我對妳所說的事情都沒有聽進去，但我像一隻老鷹，仔細觀察妳的表情以及妳說話的聲音。在晤談之後，我就把整個印象組織起來，看看這些訊息是否顯示出一種愛。這些語言比起妳所顯示出的感情實在是微不足道。我可以感受到，妳覺得有信心使我可以得到幫助，而且對未來的確感到有希望……

精神分裂症的問題是，病人不能相信任何人，他們不能把雞蛋全部放入一個籃子。醫生不管病人如何反對，總是奮鬥進入病人的生活中……

關愛在剛開始的時候是不可能的，因為他把你變成一個無助的小嬰孩。病人不會感到安全，就不會顯示出他們的愛，直到他完全確信醫生了解他的需要，並提供他的需要。

(Hayward & Taylor, 1965)

今天心理治療在很多精神分裂症案例，相當的成功（Kopelowicz et al., 2008）。經由幫助病人減少思考和知覺的困擾，抗精神病藥物使精神分裂的人，能了解他們的疾患、積極參與治療、對他們與別人的關係有更清楚的思考、改變他們的行為，以及因應他們生活中的壓力（Rosenberg & Mueser, 2008; Awad & Voruganti, 2007）。最有效的心理治療法，包括認知—行為治療，以及兩種社會文化治療法——家族治療以及社會治療。這些方法經常結合使用，並且適應病人的特殊需要（Kopelowicz et al., 2008）。

認知—行為治療

正如前章所述，精神分裂症的認知解釋，開始於一個前提——有此疾患的人由於生理引起的知覺，確實聽到了聲音（或經驗到其他的幻覺）。根據這個理論，當個人解釋這些奇怪的感覺，並作出不正確的推斷，認為聲音是來自外界，他們被迫害、他們接到神聖的指示，或其他這類想法，精神分裂症的歷程就成形。這些錯誤的詮釋，實質上是妄想，它們幫助建造精神分裂症進一步的症狀——情感的、行為的及認知的。

考慮幻覺和妄想的觀點，愈來愈多的臨床工作人員，現在對精神分裂症應用

認知—行為治療，尋求改變個人的觀點，及他們產生幻覺經驗的反應（Morrison, 2008; Tarrier, 2008）。治療師認為如果個人能被引導，以更正確的方式解釋此種經驗，他們就不會遭受由妄想的錯誤詮釋，而引起恐懼、混亂和其他的症狀。要改變患者誤釋和反應，治療師結合使用行為和認知的技術：

1. 他們提供患者教育，以及生物因素引起幻覺的證據。
2. 他們幫助患者更認識這些來來去去的幻覺和妄想。例如，個人學習監督引發腦中的聲音，是來自哪一類的事件和情境。同樣地，患者要系統的觀察，對他們幻覺和妄想採取反應的許多「逃避」和「安全」行為。
3. 治療師挑戰患者，有關他們幻覺力量的不正確信念；例如，那些聲音是萬能的、無法控制的，並且必須服從的想法。相同地，治療師要患者實施行為實驗，把這些想法做實驗。例如，假定患者偶爾抗拒遵循幻覺聲音的命令，會發生什麼？
4. 治療師教導患者重新歸因及更正確的說明他們的幻覺。例如，患者可能逐漸採用和應用替代的結論，像「它不是真正的聲音，它是我的疾病」。
5. 當患者愈來愈懷疑他們幻覺和妄想的好處，他們也被教導因應不愉快感覺（幻覺）的技術。例如，他們學習減少伴隨幻覺的生理激發——應用特殊的呼吸和放鬆技術、正向的自我陳述等。同樣地，每當幻覺發生時，他們學習轉移注意的焦點或分心。有一個案例報告，治療師一再地走在精神分裂症患者後面，作嚴屬和批判的陳述，試圖冒充患者的聽幻覺，然後引導他們集中注意在過去的聲音，以及手邊的工作（Veiga-Marinez et al., 2008）。

系統的應用這些行為和認知技術，能幫助精神分裂症患者，對他們的幻覺獲得更大的控制感、對幻覺的反應發展更功能的方式、減少妄想信念及負面情感和行為，以及朝向較少混亂、更快樂及更有目的之生活前進（Tarrier, 2008）。同時，此技術並不能消除幻覺，它們只是使得幻覺效力較小及較少毀滅性。有辦法更進一步減少幻覺對個人不愉快的影響嗎？新浪潮的認知—行為治療師說「有」。

正如第三章所述，新浪潮的認知—行為治療師，包括接受和現實療法（Acceptance and Commitment Therapy）的實務工作者，認為最有用的治療目標，是幫助患者接受許多有問題的思想，而不批判它們、對它們採取行動，或嘗試徒勞的改變（Hayes et al.,

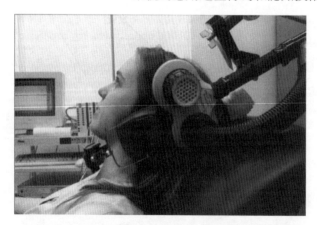

✪ **減少聽幻覺**　耶魯大學研究人員 Ralph Hoffman 及其同事，使用穿顱磁刺激程序，激發精神分裂症病人腦部聽覺中心。圖中的這種程序，明顯地經由減少腦部聽覺區神經的易激動，確實減少許多病人的幻覺（Hoffman et al., 2007, 2000）。

2004; Hayes, 2002）。例如，這些治療師幫助高度焦慮的人，僅留心吞沒他們思考的煩惱，並接受這些負面思考，當作心靈的無害事件。同樣地，對精神分裂症個案，新浪潮的認知—行為治療師幫助患者，對幻覺成為分離和自在的觀察者——僅僅留心不尋常的感覺，並接受它們——除此以外，個人照常進行他們的工作及生活事件（Bach, 2007; Gaudiano, 2005; Bach & Hayes, 2002）。

　　研究顯示，精神分裂症的各種認知—行為治療，對精神分裂症患者通常很有幫助（Morrison, 2008; Tarrier, 2008; Saba et al., 2007; Gaudiano & Herbert, 2006）。許多接受此種治療的患者報告，對他們的幻覺較不感覺苦惱，並且顯示較少的妄想。的確，這些人經常能夠擺脫精神分裂症的診斷。使用認知—行為治療的患者中，再入院治療減少 50%。

　　認知—行為認為，幻覺應被接受（而不是誤釋或過度反應）的觀點，事實上與許多有幻覺者的普遍觀念相容。目前有許多自助團體由聽幻覺患者組成，他們的指導原則，是幻覺本身是無害及確實的經驗，只要患者能接受及學習和這些經驗共存，就沒有問題。

家族治療

　　病人從精神分裂症及其他嚴重的心理疾患恢復以後，有50%以上的人是與家人同住：父母、兄弟姊妹、配偶，或孩子（Barrowclough & Lobban, 2008）。這種情況產生特別的壓力，即使家庭壓力並不是此疾患發病的因素，病人的復原可能受到家庭成員的行為和反應極大的影響。

　　一般而言，有精神分裂症的人，對親屬的感覺如果是正面的，在治療的結果較良好（Camacho et al., 2005; Lebell et al., 1993）。然而，就像在第十四章看到的，復原的病人與高情緒表達（expressed emotion）的家人同住——那就是，親屬非常的挑剔、情感上過分的干預，及敵意——他們往往比那些與更積極和支持的家屬同住的病人，有較高的復發率（Ritsner & Gibel, 2007; Janicak et al., 2001）。

　　在家裡，其他的家庭成員，可能受到精神分裂症病人的社會退縮，以及特殊行為的影響（Barrowclough & Lobban, 2008; Magaña et al., 2007; Creer & Wing, 1974）。例如，有個人這樣抱怨：「有一個晚上你走入起居室，而裡面一片漆黑，你把電燈打開，發現他就坐在那裡，兩眼凝視著前面。」

　　為了處理這些問題，現在臨床治療人員通常把家族治療，併入精神分裂症的治療中，為家庭成員提供指引、訓練、實用的忠告、有關精神分裂症的心理教育，以及情感的支持和同理心（Kopelowicz et al., 2008）。在家族治療中，親屬可建立更實際的期望、變為更容忍、較少內疚，而且更願意嘗試新的溝通模式。家族治療也幫助精神分裂症病人，因應家庭生活的壓力，好好地運用家庭成員，避免令人苦惱的互動。

　　研究已發現，家族治療，尤其當它跟藥物治療結合在一起時，有助於減輕家

庭內的緊張，如此也會使復發率減少（Barrowclough & Lobban, 2008; Falloon, 2002）。這種方法的原理，從下面的敘述中可以得到驗證：

Mark 是一個 32 歲的單身漢，跟他的父母住在一起。他有一段長期和激烈的精神分裂症史，並有多次的精神病發作，但有時候也點綴一些短時期的良好功能。Mark 的父親是一個聰明但受神經過敏折磨的受苦者，他受強迫思考和抑制所掌控。Mark 的母親看起來非常的疲倦、疏離，而且承受很多的苦難。Mark 的父母親都認為 Mark 復原的機會相當渺茫，而且因為需要照顧他，干擾到他們的生活，而為此非常的怨恨。他們的言行看起來好像是有意的受處罰。逐漸明顯的情況是，他的父親事實上有很深的內疚和自我懷疑。他懷疑他的妻子對 Mark 從嬰兒時期就非常的冷漠及排斥。對這種情形，他並沒有即時的介入，由於他並不願意和太太發生衝突，而且因為研究所的課業重擔，使他和家庭的生活疏遠。他產生一種幻想：Mark 的病是對他這種情形的處罰。每當 Mark 開始顯示進步的時候──包括減少症狀及增加生活功能──他父母的反應好像它是一種殘忍的痛苦，先去提高他們的希望，然後 Mark 的情況再度惡化，又把他們推入更深的失望中。當 Mark 獲得一份工作的時候，這種情況尤其明顯。結果是，在這個時候，他的父母親變得對 Mark 更挑剔及敵意，他就變得更加的防衛而且更加沒有安全感，終於發展出被害妄想，而且 Mark 通常都是因為恐慌發作和激動而住進醫院。

這一種情況在心理教育的課程中可以明顯的看出來。當這種模式由治療人員給這個家庭指點出來的時候，他們能認清他們的自驗預言，而且有動機要處理這個問題。結果是，治療師決定要和家庭所有的人共同討論。在討論中，他們探討有關此模式的具體實例及它的後果、父母親的變通反應也被發展。治療師鼓勵父母親和 Mark 公開討論他們的焦慮，及對 Mark 進步的懷疑，而不是激發另一個失敗的期待。治療師保持定期跟 Mark 個別的治療課程，及跟家庭的治療課程。結果，Mark 史無前例成功地擁有了一份工作 12 個月之久。

（Heinrichs & Carpenter, 1983, pp. 284-285）

精神分裂症病人的家庭，也可以尋找家庭支持團體，以及家庭心理教育方案以得到協助、鼓勵，以及忠告（Chien et al., 2004; Powder, 2004）。在這些方案中，家庭成員要跟其他情況相似的家庭，分享彼此的想法和情感、提供相互的支持，以及認識有關精神分裂症。雖然研究結果還沒有確定這些團體治療的有效性，但是這種方法已經愈來愈普遍。

社會治療

很多臨床治療人員深信，治療精神分裂症患者應該包括適當的技術，來處理患者生活中的社會及個人困難問題。這些臨床工作人員提供實用的建言；和患者一起從事問題的解決、作決定、社會技能訓練；確實掌握患者按時服藥；甚至幫助他們找工作、提供財務上的協助、適當的健康照護，以及適當的住所（Ridgeway, 2008; Sherrer & O'Hare, 2008; Kersting, 2005）。

研究發現，這種實際的、積極的及廣泛的方法，稱為社會治療（social therapy）或個人治療（personal therapy），它確實能幫助精神分裂症的病人不必住院（Hogarty, 2002）。一項研究比較四組長期住在公立精神病院的病人，在出院以後進步的情況（Hogarty et al., 1986, 1974）。有一組病人接受抗精神病藥物，並在社區接受社會治療，而其他各組只接受藥物治療，或只接受社會治療，或沒有接受任何的治療。研究人員發現，慢性病人需要繼續服藥，以避免再次住進精神病院。在兩年的期間，80% 沒有繼續服藥的病人，必須再住院；而繼續用藥的病人，只有 48% 需要再住院。他們也發現，在藥物治療的病人中，如果也接受社會治療，以適應社區生活以及避免重新住院，是最成功的。很顯然，社會治療在他們的復原，扮演一個重要的角色。

社區方法

治療精神分裂症及其他嚴重心理疾患，最廣泛的方法是社區的方法（community approach）。在 1963 年，部分因為反應公立精神病院的情況非常糟糕，及部分由於抗精神病藥物的出現，美國政府下令必須從病院釋放病人出來，而且在社區裡接受治療。國會通過了《社區心理健康法案》，規定有心理疾患的病人，必須接受一系列心理健康的服務——門診治療、住院治療、緊急照護、預防照護，以及病後的照護——就在他們的社區，不需要離開他們的家而轉送到其他的精神病院。這個法案計畫包含各種類型的心理疾患，但是精神分裂症的病人，尤其是那些長期住院的人，所受的影響最大。不久以後，世界各國都採取相似的社會文化治療計畫（Wiley-Exley, 2007; Hafner & an der Heiden, 1988）。

如此開始了四十年的**去機構化**（**deinstitutionalization**），成千上萬的精神分裂症病人以及其他慢性的心理病患，從精神病院出院而進入社區。在 1955 年，每天大約有 60 萬名病人住在州立精神病院，今天大概只有 6 萬人住在那些機構裡（Salzer et al., 2006; Torrey, 2001）。臨床工作人員已了解到，精神分裂症及其他嚴重心理疾患的病人復原以後，可由社區方案獲得很大的益處。然而，我們可以看到，在美國，社區對這些人的照顧品質很不適當，結果許多病人變成「旋轉門」症候群（revolving door syndrome）：他們出院進入社區，在幾個月內又重新

回到精神病院，第二次出院，然後又再次的進到精神病院，如此一而再、再而三的發生（Sadock & Sadock, 2007; Torrey, 2001）。

有效的社區照護有何特徵？

由精神分裂症及其他嚴重心理疾患恢復的病人，他們需要藥物治療、心理治療，以幫助病人因應每天的壓力和責任、引導作決定、訓練社會技能、居住環境的監督，以及職業諮商；這種綜合性的服務，有時稱為自我肯定社區治療（assertive community treatment）（DeLuca, Moser, & Bond, 2008; Coldwell & Bender, 2007）。那些有提供這些服務的社區病人，比沒有提供此服務的社區病人，有較大的進步。這種有效的社區照護方案有幾個主要特色：(1) 病人的協調服務；(2) 短期住院；(3) 部分住院；(4) 有督導的住所；(5) 職業訓練。

🌿 協調服務

《社區心理健康法案》通過的原意，是期望社區照護由**社區心理健康中心**（community mental health center）提供，這個中心要對嚴重心理障礙的人，提供醫藥、心理治療及住院的緊急照護，同時也協調其他社區機構共同提供服務。每個中心被指派服務一個特定的範圍，就是 5 萬人到 20 萬人口的地理區域。

一旦社區心理健康中心設立起來，而且提供一系列的服務，精神分裂症及其他嚴重心理疾患的病人，經常有顯著的進步（Rapp & Goscha, 2008; Fenton et al., 2002）。比起那些只接受標準化照顧的門診病人，他們比較能夠融合到社區裡，而且展現更有效的生活功能（Madianos & Madianou, 1992）。這種協調治療服務的設施，對那些所謂的精神疾病又濫用藥物的人（mentally ill chemical abusers, MICAs）而言，尤其重要。這些病人不但有精神疾病，而且有物質關聯疾患（見 561 頁「心理觀察」專欄）。

🟊**治療性的藝術** 藝術與其他創造性的活動，對精神分裂症及其他嚴重心理疾病的患者，可能具有治療功效。巴西里約熱內盧一個博物館展出 25 萬件病人創作的藝術品。圖為其中一位最有名及最有天分的病人 Fernando Diniz，和他傑出的藝術作品合照。

🌿 短期住院

當一個人出現嚴重的精神病症狀，今天的臨床工作人員，首先採用門診的方式來治療他們，通常包括抗精神病藥物以及心理治療（Addington & Addington, 2008）。如果這種方法無效，那麼持

續幾週（不是幾個月或幾年）的短期住院——在精神病院或一般醫院的精神科——就要試一下（Soliman, Santos, & Lohr, 2008; Sadock & Sadock, 2007）。病人在醫院裡面有進步，很快的就出院，接受**後續照顧（aftercare）**，這是所謂追蹤性的社區照護和治療。短期住院通常比長期住院，會導致更大的進步，而且有較低的再入院率（Soliman et al., 2008; Caton, 1982）。現在全世界的國家都贊同這種策略（Wiley-Exley, 2007）。

🍃 部分住院

有些人並不需要全天住院，但是需要在門診提供的治療之外，有更多的照顧，有些社區就提供**日間護理站（day centers）**或**日間醫院（day hospitals）**。這種全天候方案，病人在晚上就可以回家。這種方案，事實上是 1933 年發源於莫斯科，當時因為病房有限，很多病人需要比預期提早出院。今天的日間護理站，提供病人每天的督導活動、治療，及增進社會技能方案。從日間護理站復原的精神分裂症及其他嚴重心理疾患的病人，比那些長期住在醫院或傳統門診治療的病人，有較好的復原情況（Mayahara & Ito, 2002; Yoshimasu et al., 2002）。

另外一種治療精神分裂症及其他嚴重心理疾患病人，變為流行的機構是半醫院（semihospital）和住宅危機處理中心（residential crisis center）。半醫院是利用社區的房舍或建築物，提供嚴重心理疾患病人 24 小時的照護（Soliman et al., 2008; Torrey, 2001）。許多公立精神病院照護的病人，目前都轉到這些半醫院。

🍃 有督導的住所

許多人並不需要住院，但無法自己生活或無法與家人生活。**中途之家（halfway houses）**也稱為危機管理之家（crisis houses），或團體收容所（group homes），也提供個人居住環境和基本照顧（Levy et al., 2005）。這種住宅，可供十多個到二十多個病人居住。在這裡有一些與病人住在一起的半專業人員（paraprofessionals）——接受心理健康專業訓練，並由心理健康專業人員監督的外行人。這些收容所通常是採用環境治療的哲學，特別強調互相支持、居住的責任，以及自我管理。研究顯示，中途之家協助精神分裂症，及其他嚴重心理疾患的復原病人，適應社區的生活，並避免再入院治療（Hansson et al., 2002; McGuire, 2000）。這裡是一個在 12 年中住院 10 次的女性患者，後來住到中途之家的描述：

這個中途之家改變了我的一生。首先我發現，有一些工作人員也曾經是中途之家的病人！就是那個單一的事實提供我一線希望。這是我第一次親眼看到有些方案的確幫助了某些病人。也就是說，它使一個人重新掌握自己的生活及變為獨立。這個收容所是以民主的方式來管理；每一個住在這裡的居

民，都能夠投下一票，而工作人員只有 5 對 22 的比例，他們不能設定管理規則或沒有得到多數病人的同意，就遣走一個病人。這裡有一個「住宅權利規定」，而且每一個人都要嚴格的遵守這個規定，我們彼此協助，彼此支持。當病人處在危急的情況中，工作人員並不會將他們帶走，或增加藥物的劑量，使他們安靜下來。病人哭鬧的時候，工作人員就安慰及擁抱他們，直到找出解決途徑或接受這個事實，病人有權去感覺到心情惡劣的情況。甚至憤怒也是一種可以接受的感覺，不需要害怕，而且可以發洩出來，變成一種建設性的能量。如果你對這種方案的某些方面或有些工作人員的行為不滿意，你可以改變情況，而不是消極的接受發生的事。選擇的權利是真實的，而且失敗與成功同樣被接受……漸漸地，我的不信任感慢慢的消除，我的恐懼也漸漸的減少。我睡得更好，而且結交了朋友……有些病人和工作人員有幻覺已經好幾年，現在已能夠控制他們的幻覺，能夠和我分享他們的一些方法。像節食……和人際關係，變成我的一些方法。

（Lovejoy, 1982, pp. 605-609）

職業訓練

　　就業會提供收入、獨立、自尊，以及在跟其他人工作中得到適當的激勵。工作也帶來日常生活的秩序和友誼。因為這些理由，職業的訓練和安置，對精神分裂症及其他嚴重心理疾患的患者，是相當重要的服務（Becker, 2008; DeLuca et al., 2008）。

　　很多從這些疾患復原的人，在**庇護工場**（sheltered workshop）接受職業訓練。庇護工場是一個有人監督，而沒有競爭性和複雜工作的場所。此工場複製一個典型的工作環境：如製造玩具或簡單的家庭用具，成品可以出售，工人根據他們的成果來領取工資，而且所有人被要求按時及規律的上班。對有些人來說，庇護工場變成他們永久性的工作場所。對另一些人而言，這是進入較高薪或更高要求性職位，或回到原來工作的重要步驟（Becker, 2008; Chalamat et al., 2005）。在美國，職業訓練並不是每一個嚴重心理疾患病人，都能獲得的機會（Torrey, 2001）。有些研究發現，只有不到15%的患者競爭地被雇用（Honberg, 2005; Blyler, 2003）。

「心理觀察」專欄

有心理疾病又濫用藥物者：對治療的挑戰

「一個州級上訴法院，昨天下令 Larry Hogue 在下個禮拜的聽證會之前，要繼續待在政府的精神病院裡面。這個人過去幾年來，在紐約曼哈頓的上西城一帶，由於古怪的行為讓附近的居民感到非常害怕……在他被警方逮捕之前，攻擊過路人和汽車……

……Hogue先生已被逮捕30次，而且至少被關過6次，被關的期限從五天到一年不等。他現在要面臨一個犯罪的控訴，因為他去年八月，把人家車子的烤漆刮下來。」

（《紐約時報》，2月9日，1993年）

在 1990 年代，Larry Hogue 的鄰居都叫他是「西 96 街的野人」，成為全美國最有名的心理疾病兼藥物濫用者（mentally ill chemical abuser, MICA）。MICAs 也稱為雙重診斷病人，他們是患有心理疾患（在 Hogue 的案例是精神分裂症）以及物質關聯疾患兩者的人。目前美國 MICA 的問題顯現比過去更多。在所有的慢性心理疾患者中，有 20%至 50% 可能是 MICAs（Kavanagh, 2008; Torrey, 2001）。

MICAs的患者，通常是年輕的男性。他們時常在社會的功能及學業成就，被評定為低於平均水平，而他們的貧窮程度則高於平均水平；他們常出現作弄別人的行為，是急診室的常客，並且常和刑事司法系統打交道（McKendrick et al., 2007; Sullivan et al., 2007）。研究報告通常指出，MICAs 比起其他有心理疾患但沒有濫用藥物的人，有較大的痛苦及較差的治療效果（Potvin et al., 2008）。

✪「西 96 街的野人」　這位稱為「西 96 街的野人」Larry Hogue 的個案，把「心理疾病兼藥物濫用者」（MICAs）的困境，帶入大眾關切的焦點中。

物質濫用和心理功能失常之間的關係，非常的複雜。一個人的心理疾患可能出現在物質濫用之前，而使用藥物可能是一種自我治療的方式，或也可能是判斷力受損的結果（Potvin et al., 2008; Ziedonis et al., 2000）。相反地，物質濫用可能引起精神病態和惡化。例如，古柯鹼和安非他命使精神病的症狀惡化，甚至快速的增強精神分裂症的症狀。不管是哪一方面先開始，物質濫用和心理疾患交互作用，會製造出複雜和獨特的問題，那就是，整體大於部分之和（Kavanagh, 2008; Meydan et al., 2005）。每種疾患的發展過程和結果，可能受另一個問題重大的影響。

由於病人會掩飾他們藥物濫用的問題，使臨床工作人員無法作適當的診斷，治療MICAs可能非常的困難（Wohlheiter & Dixon, 2008; Lehman et al., 1996）。沒有認清病人物質濫用，可

能導致錯誤的診斷或疾患的誤解。MICAs的治療更複雜化，是由於許多的治療設施和機構，通常都只是用來治療心理疾患或藥物濫用中的一種；只有某些機構有適當的設備或願意同時治療兩者。結果MICAs的病人，通常在物質濫用和心理健康方案被拒絕，而沒有接受適當的治療（NSDUH, 2008, 2005; Torrey, 2001）。許多這種病人通常陷入一種三不管地帶，結果是他們常被關到監獄裡面，就像 Larry Hogue 一樣，或者被送到為流浪漢所設置的庇護所，他們尋求接受治療的願望常常落空（Egelko et al., 2002; Blanchard et al., 2000）。

專家們認為理想的 MICA 治療方案，應該是在一個安全而有支持性的治療環境，提供適當的技術，來處理心理疾患和物質濫用的問題，而且能夠顧及兩種疾病交互作用所產生的獨特情況（Kavanagh, 2008; Akerele & Levin, 2002）。有一個特別令人鼓舞的發展是，最近在MICAs 居住的社區，成立自助團體。

陷入三不管地帶，也許是無家的 MICAs 最沉痛的問題（Felix et al., 2008; Blanchard et al., 2000）。研究人員估計，在 10% 到 20% 無家可歸的人口，可能是 MICAs（NCH, 2007）。MICAs的病人變成無家可歸，通常比其他無家可歸的人時間更久，而且容易陷入非常艱難的情況，例如冬天住在寒冷的街頭，而不是在為無家可歸的人所設置的庇護所。他們更可能被送到監獄裡、為食物或金錢而從事色情的交易、共用同一個針頭、從事沒有保護的性活動，或者在其他方面變成受害者（Felix et al., 2008; Susser et al., 1996）。無家可歸的 MICAs 病人，需要有一些特別的實施計畫，來建立互相的信賴，提供強化的個案管理制度，以及長期實際的協助（Coldwell & Bender, 2007; Egelko et al., 2002）。總之，治療師對獨特問題結合的MICAs治療計畫必須量身訂作，而不是希望他們能夠適應傳統性的照顧方式。

社區治療為何失敗？

毫無疑問的，有效的社區計畫促進精神分裂症及其他嚴重心理疾患病人的康復。不過，需要這種治療服務的人，還不到一半能獲得適當的社區心理健康服務（Lehman et al., 2004; McGuire, 2000; PORT, 1998）。事實上，每年大約有 40% 至 60% 的精神分裂症及其他嚴重心理疾患之患者，完全沒有接受任何治療（Wang et al., 2002; Torrey, 2001）。有兩種因素是主要的原因：各種服務缺乏協調，以及服務設施的短缺。

服務缺乏協調

在一個社區裡的各種心理健康機構，經常彼此無法有效的溝通（Leshner et al., 1992）。例如，在附近的中途之家可能有床位提供給患者，但是在社區心理健康中心的治療師，並不知道有這個機會。此外，甚至在一個社區機構內，一個病人可能不會繼續跟同樣的工作人員接觸，所以無法得到一致的服務。另外一個問題是，公立精神病院和社區心理健康中心之間缺乏溝通（Torrey, 2001）。有時候，

一個病人從醫院裡被送走，社區的機構卻沒有被告知。這種問題源自早期的去機構化，很多醫院常被迫釋放病人，但是很多社區心理健康中心，還沒有開放及準備來服務這些人（Leshner et al., 1992）。

　　有愈來愈多社區的治療師，變為精神分裂症及其他嚴重心理疾患患者的**個案管理員**（case managers），並不值得驚奇（Rapp & Goscha, 2008; Sherrer & O'Hare, 2008; Kersting, 2005）。就像早先所描述的社會治療師一樣，他們提供治療和忠告、教導問題解決和社會技能，及確定患者適當的服用藥物。此外，他們協調社區的服務、引導患者適應社區系統的複雜情況，以及最重要的，幫助患者保護他們的法定權利。現在很多專業人員相信，有效的個案管理，是一個社區計畫成功的重要關鍵。

服務設施的短缺

　　社區方案對嚴重心理疾患的病人而言，數目可悲的不足（Julien, 2008）。目前美國的社區心理健康中心大約有 800 個，這只是在 1960 年代早期，所計畫需要量的三分之一。中途之家和庇護工場也是同樣的短缺。

　　同樣使人感到困擾的是，目前存在的社區心理健康中心，通常無法對嚴重疾患者提供適當的服務。他們傾向把他們的努力和金錢，用在比較輕微的失能問題患者，例如焦慮症或社會適應問題。精神分裂症及其他嚴重精神病的病人，只代表社區心理健康中心治療的一小部分人而已（Torrey, 2001）。

　　為什麼對嚴重心理疾患病人提供的設施這麼短缺？第一，這似乎是因為多數的心理健康專業人員，只比較喜歡提供服務給那些問題較不嚴重，及期限較短的病人（Torrey, 2001）。第二，基於恐懼、無知、偏見或歧視，鄰近的居民經常反對在附近建立社區的服務設施，來治療復原的嚴重疾患病人，有時候甚至進一步設置糾察隊、抗議，甚至任意破壞社區的設施（Corrigan & Larson, 2008; Cowan, 2002）。這種情況，有人稱為 NIMBY 症候群——不要成為我的左鄰右舍（not in my backyard）的頭字語。

　　也許社區照護設施缺乏的主要原因，是經濟的緣故。一方面，現在比過去有更多公共的財源，來對心理疾患的人提供服務。在 1963 年，總共有 10 億美元用在這方面，而現在每年已有 1,040 億美元的經費，用在處理心理疾患者身上（Mark et al., 2008, 2005; Redick et al., 1992）。如果把通膨因素及實際的錢加以計算，這種增幅並不像它所顯現的那麼大，但是它確實出現增加。另一方面，這些新增加的經費，很少是用在社區治療計畫，去針對嚴重的心理疾患者。大部分的錢是用在處方藥物、每月的收入支付，如社會安全制度失能給付、為養老院或一般醫院中有心理疾患的人提供服務，以及對問題並不太嚴重的人提供社區服務。而且，還有一大部分的經費用在公立的精神病院，雖然從 1963 年以來，這些公立醫院的病人已經減少了 80%。今天提供社區治療給慢性嚴重疾患者的財務重擔，往往

落在地方政府，以及其他非營利的機構上，而不在聯邦或州政府。可是，地方政府的財源往往無法應付這種挑戰（Samnaliev & Clark, 2008; Torrey, 2001）。

🍃 不適當的社區治療有何後果？

對於一些在社區無法提供所需要的服務設施，家庭又付不起私人治療的精神分裂症及其他嚴重疾患的病人（見圖 15-3），他們該怎麼辦呢？正如前述，很多人完全沒有接受任何治療；有很多人在公立精神病院住一段短的時間，或部分住院，然後還沒有治好就出院，他們往往沒有得到適當的追蹤治療（Torrey, 2001）。

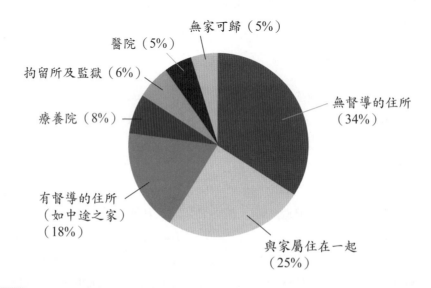

無家可歸（5%）
醫院（5%）
拘留所及監獄（6%）
療養院（8%）
有督導的住所（如中途之家）（18%）
無督導的住所（34%）
與家屬住在一起（25%）

📑 圖 15-3　**精神分裂症患者住在何處**？　超過三分之一的人住在沒有督導的住所，6% 的人在監獄，及 5% 的人無家可歸（Torrey, 2001）。

很多精神分裂症及其他嚴重心理疾患的病人，回到他們的家，接受一些藥物治療，並得到一些情感或財務的支持，但是除此之外，在治療上得到很少的支持（Barrowclough & Lobban, 2008）。大約有 8% 的人，進入替代的機構，如療養院或養護中心，在那裡他們只得到一些保護性的照護和藥物治療（Torrey, 2001）。18% 的病人，被放置在私人經營的住宅，由沒有受專業訓練的人管理——寄養家庭（小型或大型的）、供膳宿舍或公寓、集合照護之家，以及類似的設施。這些住宅的品質差異極大。它們有些有正規的「床和照護」設施、提供一天三餐、提醒服藥，以及至少有限度的工作人員管理。然而，有些住宅甚至無法提供最少量的服務。

另外 31% 的精神分裂症及其他嚴重心理疾患者，住在完全沒有管理的環境。有些人等於挑戰獨居、有效的自我支持，及維持備有美好家具的公寓。但是許多人沒有十分獨立的功能，而住在失修的單人房旅館（SROs），或出租房間的公

寓，這些住宅通常位於貧民區附近（Torrey, 2001）。他們可能居住在不夠標準和不安全的情況下。

　　大部分住在管理不足或沒有管理環境的居民，靠政府的殘障津貼度日（Torrey, 2001; Barker et al., 1992），很多人在鄰近的街上晃來晃去。所以有時說嚴重心理疾患者，現在是被「丟棄」到社區裡，就像以前是關在精神病院的「倉庫」裡一樣。

　　最後，有許多精神分裂症及其他嚴重心理疾患的病人，變成無家可歸（Felix, Herman, & Susser, 2008; Folsom et al., 2006）。在美國，有 40 萬到 80 萬的人無家可歸，他們大約三分之一有很嚴重的心理疾患，其中最普遍的是精神分裂症（Coldwell & Bender, 2007; NCH, 2007; Sadock & Sadock, 2007）。很多這種人是從醫院釋放出來的；另外有一些是從來沒有住過醫院的年輕人；其他則有 13.5 萬或更多的人，有嚴重的心理疾患，由於疾患而導致違反法律，結果被關進監獄（Morrissey & Cuddeback, 2008; Peters et al., 2008; Perez et al., 2003）。對這些人來說，去機構化以及發展社區心理健康運動確實是完全失敗了，而且許多人報告，事實上如果他們可以回到醫院，反而感覺安心。

社區治療的遠景

　　雖然面臨這些嚴重的問題，適當的社區照護，對協助精神分裂症和其他嚴重疾患的恢復，已顯示出相當大的潛力，並且臨床工作人員和政府官員也繼續堅持，使這種服務能夠更有效。此外，世界各國已設立一些全國性關切團體，努力推動更好的社區治療（Frese, 2008; Archibald, 2007; Torrey, 2001）。例如，美國有一個「心理疾病國家聯盟」的組織，在 1979 年創立時有 300 個會員，目前已擴大到 22 萬個會員，有超過 1,100 個分支機構（NAMI, 2008, 2002）。這些團體大部分是由嚴重心理疾患者（尤其是精神分裂症、雙極性情感疾患，以及重鬱症）的親屬所組成。他們不僅成為其成員的資訊和支持的來源，也變成在州議會強有力的遊說力量；同時他們大力推動，促使社區心理健康中心，治療更多精神分裂症和其他嚴重心理疾患的病人。

　　今天全世界各國社區照護的主要特色，是對嚴重心理疾患者復原的治療（Wiley-Exley, 2007）。有些國家從美國去機構化的錯誤中學習，現在組成它們更好的社區計畫，結果更為成功（Honkonen et al., 2003; Fakhoury & Priebe, 2002）。在美國及海外的其他國家，多樣化及協調良好的社區治療，已被作為解決精神分裂症及其他嚴重疾患問題的重要途徑（DeLuca et al., 2008; Rapp & Goscha, 2008）。

整合：重要的一課

經過多年來的挫折和失敗，臨床工作人員現在有一個有效的武器，用來對抗精神分裂症和其他嚴重的心理疾患——藥物治療、醫院機構治療計畫、心理治療，以及社區治療計畫。今天抗精神病藥物打開了這些疾患的復原之門，已經變得很清楚，但在大部分的個案，使用其他的治療，來協助他們走進復原的過程也是很需要的。各種方法必須以不同的方式結合，來滿足個人的特殊需要。

治療精神分裂症和其他嚴重心理疾患的病人，教導治療師重要的一課：不管生物肇因的證明是如何的令人注目，以嚴格的生物方法來治療心理疾患，多半是錯誤的。大部分以生物的發現及藥物學的進步為基礎，使數十萬精神分裂症及其他嚴重心理疾患的病人，在 1960 年代被釋放到社區裡。由於這些人在心理和社會文化的需要並未引起注意，很多人從那時起被困在他們的精神病態中。臨床治療人員必須記取這個教訓，尤其是在今天的潮流中，個案管理制度以及政府的優先順序，經常提倡用藥物作為處理心理問題唯一的方法。

當 Kraepelin 在二十世紀初期描述精神分裂症時，他估計只有 13% 的受害者會進步。今天，即使缺乏社區照護，有更多病人顯示進步（Roe & Davidson, 2008; McGuire, 2000）。至少 25% 或更多的病人，被相信能完全從精神分裂症中恢復，而且另有 35% 的病人，回到相當的獨立生活，雖然他們的職業和社會的功能，可能低於原先的水平（Combs et al., 2008; Harrow et al., 2005; Jobe & Harrow, 2005）。儘管有這些進步，臨床界還是有很長的路要走（Conley et al., 2005）。一些研究指出，恢復率應該相當的高（McGuire, 2000）。許多有這些嚴重疾患的病人，獲得很少或沒有任何有效的社區介入，這是令人無法接受的事實；更糟糕的是有數萬人變成無家可歸的遊民。雖然有很多的因素造成這種情況，但是臨床實務工作人員的忽略，確實扮演重大的角色。現在就要看這些專業人員以及其他政府官員，如何滿足所有精神分裂症和其他嚴重疾患者的特殊需要。

摘要

●**治療的綜述**　多年來，治療精神分裂症的各種努力，都只帶來挫折。這種病症目前依然不容易治療，但是今天的治療比過去更為成功。

●**過去公立治療機構的照護**　二十世紀的前半時期，對精神分裂症和其他嚴重心理疾患的治療，主要是住進公立醫院裡（institutionalization），而且只得到監督的照護（custodial care）。因為病人對傳統的治療法沒有適當的反應，他們通常被安置在過分擁擠的公共機構〔在美國稱為州立醫院（state hospitals）〕，被關在精神障礙病房裡（back wards），那裡主要的目標是供養他們，及限制他

們的行動。在 1845 到 1955 年之間，州立醫院以及心理病患的數目不斷增加，但照護的品質卻降低。

●**公立治療機構的改善**　1950 年代，有兩個住院的治療方法被發展出來，包括環境治療法（milieu therapy）及代幣制方案（token economy programs）。它們經常帶來病人的進步，尤其是幫助病人自我照顧，及使病人對自己的觀感更好。

●**抗精神病藥物**　1950 年代抗精神病藥物（antipsychotic drugs）的發現，徹底改變精神分裂症及其他嚴重精神病的治療。今天藥物幾乎變成治療不可缺少的一環。理論家相信，第一代的抗精神病藥物，是經由在腦部減少多巴胺的過高活性而產生效果。這些「傳統的」抗精神病藥物，更加完整及快速的減少精神分裂症的正性症狀，但對負性症狀就沒有那麼明顯的效果。

傳統的抗精神病藥物（conventional antipsychotic drugs）也能產生引人注目的不良副作用，特別是動作方面的異常，稱為錐體外徑作用（extrapyramidal effects），包括帕金森氏症及相關的症狀、神經惡性症候群，以及遲發性運動異常。遲發性運動異常，明顯地出現在 10% 以上，長期服用傳統抗精神病藥物的病人，而且很難或者不可能消除這些副作用，甚至藥物停止，還是無法逆轉。最近，非典型的抗精神病藥物（atypical antipsychotic drugs）（如 clozapine、risperidone 及 olanzapine）已被發展。這些藥物似乎比傳統的抗精神病藥物有更好的效果，而且引起較少或沒有出現錐體外徑作用。

●**心理治療**　今天的心理治療（psychotherapy）經常結合抗精神病藥物，運用得更成功。有效的心理治療形式，包括認知—行為治療（cognitive-behavioral therapy）、家族治療（family therapy），以及社會治療（social therapy）。家庭支持團體（family support groups）以及家庭心理教育方案（family psychoeducational programs）的數目，也不斷地增加。

●**社區方法**　社區方法（community approach）用來治療精神分裂症和其他嚴重的心理疾患，是在 1960 年代開始，當時在美國去機構化（deinstitutionaliza-tion）政策的推動，造成數十萬的病人大規模外流，從公立治療機構進到社區裡。在有效的社區照護方案中，最主要的因素是社區心理健康中心（community mental health center）、短期住院（short-term hospitalization）、追蹤後續照顧（after-care）、日間護理站（day centers）、中途之家（halfway houses），互相協調提供病人的服務，以及職業訓練（occupational training）。

不幸的是，對精神分裂症患者以及其他嚴重心理疾患者所提供的社區服務，不管是品質和財力，在整個美國都非常的短缺，因此經常造成了「旋轉門」症候群。結果是很多這類疾患的人，現在變成無家可歸或被關在監獄。另外有些人是住在療養院或養護中心，在那裡他們沒有得到有效的治療；還有一些是住在供膳宿舍（boardinghouses），或是在旅館裡的單人房（single-room-occupancy hotels）中。

　　●**社區治療的遠景**　適當的社區治療，協助人們從精神分裂症或其他嚴重的心理疾患中復原的潛力，繼續引起臨床工作人員以及政策制定人員的注意。一個重大的發展，是組成全國性關切團體（national interest groups），這種團體很成功的促進對這些心理疾患者的社區治療。

第十六章

人格疾患

　　當 Frederick 去面談，希望得到一份編輯的工作，他說：「這聽起來也許有點自大，但我確實是資賦非常優異。我保證能夠在這個位子上做出轟轟烈烈的事情，而且我自己以及這份報紙，將很快地給這個城市的新聞業樹立一個新榜樣。」面談委員會對他留下深刻的印象。當然，Frederick 的資歷相當強，更重要的是他的自信和大膽，贏得面談人員的讚賞。

　　一年之後，同一批人中有許多人對 Frederick 有不同的評價——傲慢、自大、冷酷、自私自利及萎靡。作為一個編輯他表現得不錯（雖然不像他所說的那樣傑出），但是他的表現抵不過他「令人無法忍受的人格」。他的同事，不管是他的下屬或是他的上司，都對他的操縱、情緒爆發、拒絕對事負責、不斷的自我吹噓，以及不切實際的計畫，已經感到厭煩。Frederick 已經不再受到歡迎。

　　Frederick 為了確保自己的魅力，他知道如何奉承，使別人覺得重要，來達到他自己的目的。也因此他經常有一群朋友及一些崇拜者在身邊。但是在現實的情況中，這些人都只是擦身而過的路人而已，一旦 Frederick 對他們感到厭倦，或覺得他們缺乏熱誠，來達成他自己的期望和好高騖遠的計畫，而覺得他被出賣了；或一直到他們不能夠再忍受下去時，這些人就不存在了。

　　雖然他是精明和成功的，Frederick 經常覺得他有資格得到更多——在學校得到更好的成績、在工作上得到更多的報酬、從女友處得到更多的關懷。即使是輕微的批評，他都會狂怒的反應，並確信這種批評，都是因為別人嫉妒他的高超智慧、技能和外表。乍看之下，Frederick 在他的社會生活中似乎有很多人支持。特別的是，當他被發現在一種深厚的、有意義的羅曼蒂克關係中——他可能對他的友伴是溫柔的、體貼的，以及投入的。但是，Frederick 經常在幾個禮拜或幾個月之後，就對他的友伴產生厭惡，轉為冷淡甚至不屑。他經常跟一個女友的關係還沒有結束，就跟另外一些女人開始了關係。他跟女友分手通常是不愉快的，有時甚至是難堪的。這種情況很少給他帶來悲傷或痛悔，而且他從來也不會再去想起過去的友伴。他永遠只有他自己。

　　我們每個人都有人格（personality）：一種內在經驗及外在行為的獨特和持久模式。我們傾向於以我們自己可以預料的，及一致的方式來反應。這種一致性往往稱為人格特質（personality traits）。它可能來自遺傳的特質、習得的反應，或兩者結合的結果。然而，我們的人格也是具有彈性的。我們從經驗中學習。當我們跟周遭環境互動的時候，我們就嘗試各種不同的反應，來看哪一種最有效。這種彈性在有人格疾患的患者，通常並不具備。

　　人格疾患（personality disorder）是缺乏彈性的內在經驗以及外在行為模式。這種模式可以發現在很多的人際互動中，並持續許多年，而且跟一般人期望的經驗和行為有顯著的不同（見表 16-1）。Frederick 似乎顯示這種人格違常。他生命中多數的時間，表現自我陶醉、誇大其辭、情緒暴躁，以及對別人缺乏敏感度

等，都極為過度，而且支配他的生活功能。人格疾患患者僵化的特質，經常導致個人心理的痛苦，及社會適應或工作上的困難，也可能給其他人帶來了痛苦。Frederick 的同事和他的女友們，都曾目擊他的煩躁和混亂。

表 16-1　DSM 檢核表

人格疾患

1. 一種內在經驗和行為的持續模式，與此人文化的期望偏離甚遠，而且在下列領域中至少有兩種受影響：認知、情感度、人際功能、衝動控制。
2. 此模式在廣泛的個人與社會情境中，皆缺乏彈性且普遍存在。
3. 此模式相當穩定且持久，它的發生至少可追溯至青春期或成年期早期。
4. 造成重大的痛苦或功能損傷。

資料來源：APA, 2000.

　　人格疾患通常在青春期，或成年期早期就可辨識出來，有些人則可能在兒童時期就已經出現（Kernberg & Wiener, 2004; APA, 2000）。這是所有心理疾患中治療最困難的一種。很多患者甚至根本不知道自己有人格上的問題，也無法察覺他們的困難是來自缺乏彈性的思考方式和行為。據估計，所有成人中，有9%到13%的人可能有人格疾患（O'Connor, 2008; Lenzenweger et al., 2007）。

　　正如我們在第四章所述，DSM-IV-TR 把第二軸向和第一軸向的疾患作明顯的區分。第二軸向的疾患是長期的疾患，通常在成年期之前開始，而且一直持續到成年的生活；第一軸向的疾患是較急性的疾患，在一個人平常的行為中可以看到明顯的改變，而且許多的案例，發病期間都比較短暫。人格疾患屬於第二軸向的疾患；這種模式通常在行為強度的變化不顯著，或有清楚的進步時期。

　　一個有人格疾患的患者，經常會同時罹患急性的（第一軸向）疾患，這種兩者兼具的關係稱為共病（comorbidity）（Fowler, O'Donohue, & Lilienfeld, 2007）。也許人格疾患使一些人容易發展某種第一軸向的疾患。例如，具有迴避型人格疾患的患者，害怕所有的人際關係，也可能容易發展出社交恐懼症。同樣地，某些第一軸向的疾患，容易造成人格疾患。也可能是某些生物的因素，造成這兩種疾患同時出現的傾向（Patrick, 2007）。不管這兩者之間的關係如何，研究人員指出，出現人格疾患會使情況複雜，減少此人從心理問題中成功復原的機會（Skodol et al., 2005; Tyrer & Simmonds, 2003）。

　　DSM-IV-TR 確認 10 種人格疾患，並把它們分為三組，稱為組群（clusters）（APA, 2000）。第一群的特徵，是古怪或異常的行為，包括妄想型、類分裂型，以及分裂病型的人格疾患。第二群的特徵，是戲劇化的行為，包括反社會型、邊緣型、戲劇型，以及自戀型的人格疾患。最後一群的特徵，是高度的焦慮，包括迴避型、依賴型，以及強迫型的人格疾患。

DSM-IV-TR列出的各種人格疾患之間，有很多的重疊，以至於彼此很難區分（見圖16-1）。事實上，診斷人員有時候判定某個人，可能有一種以上的人格疾患（O'Connor, 2008）。此外，有些臨床工作人員，也經常對DSM-IV-TR 人格疾患患者的恰當診斷產生質疑。這種缺乏一致性，已造成目前 DSM 分類的效度（正確性）和信度（一致性）的嚴重問題（Fowler et al., 2007）。事實上，本章後面將探討臨床界愈來愈多的動向，希望取消目前的分類，而採用替代的——向度（dimensional）——方式，來思考和分類人格疾患。不過，在考慮這些替代方式之前，讓我們檢視目前 DSM-IV-TR 的 10 種分類。在此分類中的兩種——反社會型和邊緣型人格疾患——受到特別的注意，因為它們比其他的人格疾患，受到臨床工作人員、研究及民眾最多的關注。

當你開始研讀DSM-IV-TR的人格疾患，會清楚的發現人格疾患的診斷，可能易於被過度的應用。我們可能瞥見自己或我們認識的人，就在這些違常的描述中，可能誘使我們下結論，我們或他們有人格違常。在絕大多數的案例中，這種詮釋往往是不正確的。我們都顯示出各種人格特質，只有少數人的人格特質，是非常沒有彈性的、適應不良的，以及造成痛苦的。有這些情況，才能視為人格疾患。

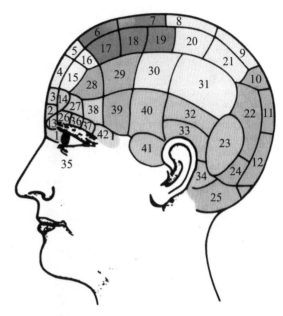

1.外型　2.個性　3.可能性　4.比較　5.人性
6.慈善　7.尊敬　8.堅定　9.自尊　10.一致性
11.棲息　12.父母愛心　13.大小　14.地點　15.因果
16.同意　17.模仿　18.精神　19.希望　20.良知
21.讚許　22.友情或依附　23.好鬥性　24.婚姻
25.抗病　26.重量　27.時間　28.歡樂　29.理想
30.莊嚴　31.謹慎　32.祕密　33.破壞　34.求生
35.語言　36.顏色　37.秩序　38.曲調　39.建造
40.貪得　41.滋養物　42.計算

✪早期的人格概念　科學家早就推測生物因素，可以用來說明人格和人格疾患的形成。Franz Joseph Gall（1758-1828）根據骨相學的理論指出，腦部是由幾個區域組成，每個區域主管人格的某些部分。骨相學家要衡鑑人格就摸頭骨上的腫塊和凹處。

「怪異的」人格疾患

怪異的（odd）人格疾患群，包括妄想型、類分裂型，以及分裂病型的人格疾患。有這些疾患的人，通常都顯示古怪和異常的行為，這些行為看起來與精神分裂症很相似，但不像精神分裂症那樣嚴重，包括極端的多疑、社會退縮、以奇怪的方式思考和理解事物。這些行為往往使一個人被孤立。有些臨床工作人員相信，這種人格疾患事實上與精神分裂症有關，而且把它稱為精神分裂症系列疾患（schizophrenia-spectrum disorders）。這種觀點的支持，是有此種人格疾患的患者，往往另外具備精神分裂症的合格診斷條件，或是他們的近親有人患精神分裂症

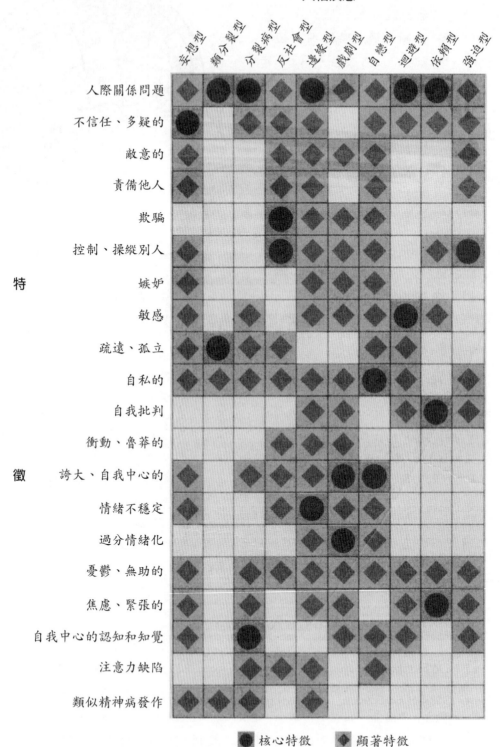

圖 16-1　DSM-IV-TR 的 10 種人格疾患之核心特徵和顯著特徵　各種人格疾患的症狀，經常有很多重疊之處，而導致對患者有誤診或多重診斷的情況。

（Bollini & Walker, 2007; APA, 2000）。

　　臨床工作人員目前對怪異的人格疾患症狀，有更多的了解，但是還無法成功的確定其成因和如何治療。事實上，此種疾患的病人，很少尋求治療（Mittal et al., 2007）。

妄想型人格疾患

　　有妄想型人格疾患（paranoid personality disorder）的患者，對別人極端的不信任，而且懷疑別人的動機（APA, 2000）。他們認為每個人都想要傷害他們，因此會避開親密的人際關係。他們過度的信任自己的想法和能力，就如我們看到Amaya 的案例：

　　　沒有任何理由，她相信鄰居們讓他們的小孩在她的公寓門外製造噪音，是在騷擾她。她沒有去要求鄰居更體貼，卻停止跟他們談話，而且開始了不斷的對抗性行為戰役：給他們「臭臉」、在走廊上侵略性地推擠通過他們、砰然關門，以及行為粗暴地對待他們的訪客。經過一年之後，鄰居最後質問她有關她的可憎行為，她指責他們故意騷擾她。她說：「人人都知道這些門薄如紙，我能聽到走廊上發生的每件事，你們是故意做這些事。」鄰居說什麼都不能使她信服。儘管鄰居更周到的考慮她公寓門外的噪音，她繼續以粗魯的行為及攻擊性態度對待他們。

　　　鄰居和訪客評論Amaya，說她看來好像緊張及憤怒。她的臉好像堅硬的面具，他們甚至很少看見她微笑。她走在附近都戴著黑色的太陽眼鏡，甚至陰天也如此。她經常被看到對她的孩子吼叫，這種行為使她在孩子學校的家長中，得到「尖叫者」的綽號。由於不滿意孩子所接受的教育，她強迫孩子在相同的學區內，轉學好幾次。一個未說明的理由是，也許她疏遠了許多其他家長。她白天在家裡工作，這種工作需要與他人接觸的機會很少。她很少社會接觸，而且在與人交談中經常被察覺有諷刺及吹毛求疵的行為。

（Bernstein & Useda, 2007, p. 42）

　　像Amaya一樣的人，會持續認為自己是被欺騙的目標，時時刻刻在設防及十分小心，而且認為威脅來自四面八方（見圖 16-2）。他們在每件事物上都發現有隱藏的意義，那些通常是易忽視或具有威脅性的。有一個研究，要求人們去作角色扮演，有妄想的受試者比控制組的受試者，較易對別人的行為解釋為懷有敵意。此外，他們也更常選擇憤怒，作為適當的角色扮演的反應（Turkat et al., 1990）。

　　具有妄想型人格疾患的人，急於挑戰相識者的忠心和值得信賴的程度，結果

他們常保持冷漠及與人疏遠。例如，一個女人可能不會信賴任何人，害怕被人傷害；或一個丈夫沒有任何理由，持續地質疑太太的忠實。雖然這種質疑是不正確及不適當的，但他們的懷疑通常不是妄想；他們的想法也不至於太古怪或太堅持，所以不會與現實完全脫節（Bernstein & Useda, 2007）。

此種疾患的人，對於他人的缺點和錯誤，愛加以批評，尤其在工作的場合中，更會挑剔。不過，他們都不能認清自己的錯誤，卻對別人的批評非常敏感。好爭論及嚴格的特性，使他們常把生活中的不如意怪罪別人，而且持續地對人懷有怨恨。約有 0.5% 到 3% 的成人，被認為患有此種疾患，而且顯然地，男性多於女性（O'Connor, 2008; Mattia & Zimmerman, 2001）。

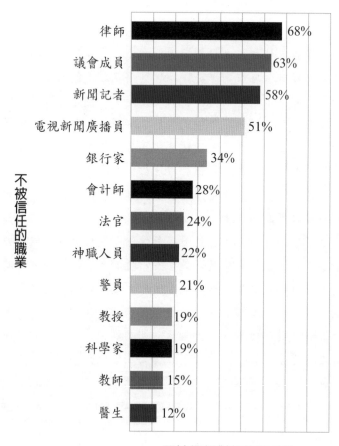

圖 16-2　**你不相信誰？**　雖然妄想型人格疾患有不信任和多疑的特徵，但不是此種疾患的人，也有驚人的不信任情形。在最近廣泛的社會調查中，大多數的人說他們不信任律師、議會成員、新聞記者及電視新聞廣播員（Harris Poll, 2006）。

妄想型人格疾患的解釋

對於妄想型人格疾患的解釋，就像其他的人格疾患一樣，有系統的研究不多（Bernstein & Useda, 2007）。心理動力理論是對此種違常最古老的解釋。它可追溯早期與苛求的父母互動的模式，尤其是疏遠、嚴屬的父親及過分控制、排斥的母親（Kernberg & Caligor, 2005; Sperry, 2003）。（我們會看到心理動力幾乎對所有人格違常的解釋，都是以相同的方式開始——在兒童時期一再受到虐待，而且缺乏愛。）根據心理動力的觀點，由於父母持續不合理的要求，有些人將他們的環境看成是充滿敵意的，因為他們無法相信別人，他們總是提高警覺，並可能會發展出極端的憤怒感。他們也會把這些感覺投射到他人身上，結果逐漸增加被迫害感（Koenigsberg et al., 2001）。同樣地，有些認知理論家指出，妄想型人格疾患患者，通常採取廣泛而適應不良的假設，如：「人們是邪惡的」及「人們有機會就會攻擊你」（Beck et al., 2004, 2001）。

生物理論家提出，妄想型人格疾患有遺傳的起因（Bernstein & Useda, 2007; Jang & Vernon, 2001）。有一個研究檢查澳洲 3,810 對雙胞胎，有關多疑的自我報告，發現如果有一個雙胞胎過分多疑，那麼另一個雙胞胎多疑的可能性也會大大的增加（Kendler et al., 1987）。不過，我們必須注意雙胞胎之間的相似性，也可能來自共同環境的經驗。

妄想型人格疾患的治療

妄想型人格疾患的患者，通常認為他們沒有特別需要幫助的地方，也很少人願意去接受治療（O'Connor, 2008）。此外，很多在治療中的患者，視病人的角色是低等的，並且不信任及反抗他們的治療師（Bender, 2005）。因此，這種的治療，像多數的人格疾患一樣，效果相當有限，進步也非常緩慢（Piper & Joyce, 2001）。

客體關係治療師——強調重要階段的人際關係之心理動力治療師——試圖理解病人過去的憤怒，並致力於病人對滿意的人際關係的強烈希望（Salvatore et al., 2005）。自我治療師——集中於健康及統一的自我之需求的心理動力臨床工作者——試圖幫助患者重建自我凝聚（一個統一的人格），他們認為此人持續負面的專注於他人時，已失去其統一（Silverstein, 2007）。認知與行為的技術，經常結合成完整的認知—行為方法，應用在妄想型人格疾患的個案上。在行為方面，治療師幫助患者控制他們的焦慮，及增進他們解決人際關係問題的技能；在認知方面，認知治療師引導患者對他人的話及行動，發展更實際可行的解釋，而變為更了解別人的觀點（Farmer & Nelson-Gray, 2005; Leahy, Beck, & Beck, 2005）。藥物治療通常效果有限（Agronin, 2006）。

類分裂型人格疾患

類分裂型人格疾患（schizoid personality disorder）的患者，會持續地避開及遠離社會關係，也很少表露情緒（APA, 2000）。像妄想型人格疾患者一樣，這種人跟別人沒有親密的關係。不過，他們避免社會接觸的理由，與不信任或多疑的妄想沒有關係；因為他們真的喜愛個人獨處，而不想跟別人來往。就以Roy為例：

> 　　Roy是一位相當成功的公共衛生工程師，參與設計和維護一個大城市的水資源；他的工作需要相當多的遠見和獨立判斷，而較少有監督別人的職責。一般而言，他被評價為不算傑出，但是個有能力及值得信賴的職員。工作場合對他並沒有很多人際關係的要求，大部分的同事認為他是一個沉默寡言及害羞的人；但有些人認為他是一個冷淡而與人疏遠的人。
>
> 　　他的問題主要出現在他與太太之間的關係。在她的催促下，他們尋求婚姻諮商，這時她說：「他不願意參與家族的活動、對孩子的事不感興趣、沒有什麼感情，而且對性方面沒有什麼興趣。」
>
> 　　這種社會冷漠、感情平板及人際孤立的模式，代表Roy行為的特性。這對那些並不要求親密人際關係的情況是無關緊要的；然而，對他的家庭成員來說，這些特性造成重大的傷害。
>
> （Millon, 1969, p. 224）

像Roy這種人，往往被描述為「獨行俠」，他沒有努力去建立或保持友誼、對性的關係少有興趣，甚至對他的家庭不關心。他們尋找的工作，都要求很少或沒有跟他人接觸的機會。如果有必要，他們也能夠建立差強人意的工作關係，但是他們還是喜歡自己一個人。很多人自己單獨的過活。很自然地，他們的社會技能非常欠缺。如果他們結婚，會對親密的關係缺乏興趣，並可能造成婚姻或家庭的破裂，就像Roy的情況。

類分裂型人格疾患的患者，通常都是專心於自身的利益，對別人的批評或稱讚漠不關心。他們很少顯示自己的感覺，也不表達愉快或忿怒。他們似乎不需要別人的注意或接納；通常被認為冷漠、缺乏幽默感，或乏味的；並且通常成功的被忽視。此疾患的盛行率，估計少於人口的1%（Mittal et al., 2007; Samuels et al., 2002）。此疾患發生在男性比女性稍多，而且男性的損傷也更嚴重（APA, 2000）。

類分裂型人格疾患的解釋

很多心理動力理論家,特別是客體關係理論家認為,類分裂型人格疾患有它的根源,在於對人類的接觸都沒有滿足他們的需要(Kernberg, 2005; Kernberg & Caligor, 2005)。這種患者的父母,像那些妄想型人格疾患的父母一樣,對子女不能夠接納,甚至會虐待他們的孩子。而妄想型症狀的人,對教養的反應主要是不信任,但類分裂型人格疾患患者的阻礙,是他們缺乏給予或接受愛的能力。他們因應的方法是避開所有的關係(Sperry, 2003)。

認知理論家認為,類分裂型人格疾患患者,他們的思考模式有缺陷。他們的思考傾向於含糊籠統及空洞,而且他們在審視環境來得到正確的知覺上有困難。因為不能由他人獲得情感的暗示,他們無法對情緒有所反應(Smith, 2006; Beck & Freeman, 1990)。根據這種理論的預測,患有類分裂型人格疾患的孩子,在語言和動作技能的發展,不管他們的智慧水平如何,都非常緩慢(Wolff, 2000, 1991)。

類分裂型人格疾患的治療

由於社會退縮,阻止很多類分裂型人格疾患的患者,進入治療的關係中,除非他們有其他的症狀,如酗酒,必須接受治療(Mittal et al., 2007)。這種患者大多與治療師保持情感的距離,他們似乎對治療毫不關心,而且進步的情況也相當有限(Millon, 1999)。

認知—行為治療師,有時會幫助這類患者經驗更正向的情緒,以及更滿意的社會互動(Farmer & Nelson-Gray, 2005; Beck et al., 2004)。在認知目標,他們使用的技術,包括呈現情緒表給患者,讓他們想一想或寫下來,及回憶愉快的經驗。在行為目標,行為治療師有時成功的教導患者社會技能,使用角色扮演、暴露技術,以及指定家庭作業等方法。團體的治療顯然是很有用的,因為它提供安全的環境來促進社會接觸,但患者可能抗拒要求他們參與的壓力(Piper & Joyce, 2001)。正如妄想型人格疾患一樣,對這種患者,藥物治療的效果很有限(Koenigsberg et al., 2002)。

分裂病型人格疾患

分裂病型人格疾患(schizotypal personality disorder)的患者,顯示出人際關係的違常,明顯的對親密的人際關係,覺得非常不舒服、有奇特的思考和知覺模式,而且行為偏離常態(APA, 2000)。他們和其他人在一起時非常焦慮不安,他們尋求孤立,並且很少親密的朋友;有很多人感覺非常孤獨。此種疾患比妄想型和類分裂型人格疾患更加嚴重,就如 Harold 的例子:

Harold 在七個孩子中排行第四……大家都叫他「鴨子」，他一向是個退縮、驚恐及「呆頭呆腦」的孩子。「鴨子」的外號，是因為他走路時搖搖擺擺的怪樣子，引起別人的非難和嘲笑。Harold 很少和他的兄弟姊妹或鄰居的孩子一起玩耍；由於他走路的樣子，以及他對惡作劇者的恐懼，他被人毫不留情的取笑。Harold 在鄰居中是一個最好的代罪羔羊；甚至有人朝他的方向無害的瞄視，都會對他造成極大的威脅……

Harold 的家人很驚奇的發現，他在學校的最初幾年表現得滿不錯。不過，在他進入中學階段以後，開始畏縮。大約 14 歲的時候，他的功課一落千丈，他拒絕進到教室，而且抱怨種種不清楚的生理疼痛。15 歲的時候，他完全地離開學校，留在家裡的地下室，跟兩個弟弟住在一起。家中的每個人開始談論，他是「著魔」了。他想到「宗教上無意義、奇怪的事情」；他開始畫一些「奇怪的事物」，而且自言自語。16 歲時，有一次他從家裡跑出去，尖叫著說：「我離開了、我離開了、我離開啦……！」說他的「身體已經到了天堂」，而且說他要跑到屋子外找回他的身體。很有趣的是，這事件是在他的父親被送去州立精神病院不久發生的。17 歲的時候，Harold 一天到晚喋喋不休，經常大聲談論毫無意義的話語；他甚至拒絕在家裡的飯桌用餐。

（Millon, 1969, pp. 347-348）

就像 Harold 一樣，分裂病型人格疾患患者，思考和行為有明顯的失常。這些症狀包括「關係意念」（ideas of reference）——相信有些不相關的事件，以某種重要的方式，跟他們發生關聯；以及身體的錯覺（bodily illusions）——如能感覺到一種外在的「力量」，或外在的東西出現。一些此疾患的患者，認為他們有超感覺能力，另外有些人認為他們有特殊的魔力，能夠控制別人。這種分裂病型偏離常態的例子，包括反覆的排列罐頭，使它們的標籤排成一條線、過分的整理衣櫥，或穿上搭配怪異的衣服。這種人的情緒表達，可能很不得體、平板，或是毫無幽默感。

有分裂病型人格疾患的患者，經常在集中注意力有極大的困難。相應地，他們的談話通常是離題及含糊籠統的，甚至散布鬆散的聯想（O'Connor, 2008）。他們傾向於無目的的遊蕩，而導致閒散而沒有生產力的生活方式（Skodol et al., 2002）。他們可能選擇一些要求不高的工作，這些工作不需要他們有太高的能力，也不必與其他人打交道。根據估計，在所有的人當中，有 2%至 4%可能有分裂病型人格疾患，男性患者稍多於女性（Bollini & Walker, 2007; Mattia & Zimmerman, 2001）。

分裂病型人格疾患的解釋

因為分裂病型人格疾患的症狀，經常和精神分裂症相似，研究者假設有相似的因素造成這兩種疾患（Koenigsberg et al., 2005）。事實上，他們發現分裂病型的症狀，像精神分裂症的模式一樣，經常與家庭衝突及父母的心理疾患有關聯（Millon & Grossman, 2007; Carlson & Fish, 2005; Asarnow et al., 1991）。而且，他們也發現注意力和短期記憶的缺陷，可能造成分裂病型人格疾患，就像它們明顯地造成精神分裂症一樣（Bollini & Walker, 2007）。例如，這兩種疾患的受試者，在「後向遮蔽」（backward masking）的表現非常貧乏。這是一種實驗室的注意力測驗，它要求受試者在前一個視覺刺激閃現及離開螢幕之後，立即確認另一個視覺刺激。有這種疾患的人，很難把前面的刺激排除掉，而注意到第二個刺激。最後，研究人員也開始連結分裂病型人格疾患，到某些發現在精神分裂症患者相同的生物因素，像神經傳導物質多巴胺的高活性、腦室擴大、顳葉較小，以及灰質減少（Bollini & Walker, 2007; Coccaro, 2001; Downhill et al., 2001）。正如第十四章所述，這些生物因素可能有遺傳的基礎。

雖然這些發現確實指出，分裂病型人格疾患與精神分裂症之間有密切的關係，此外此人格疾患也和情感性疾患有關。有半數的此人格疾患患者，在他們一生中的某個時期，也罹患重鬱症（APA, 2000）。而且，憂鬱症患者的親屬，有較高的分裂病型人格疾患比率，反過來說，也是如此。因此，我們至少可以說，這種人格疾患並不只跟精神分裂症有關聯。

分裂病型人格疾患的治療

對分裂病型人格疾患個案的治療，跟妄想型及類分裂型人格疾患的個案一樣困難。大部分的治療師同意，有需要幫助這些患者重新和世界建立關係，而且了解本身想法以及權力的限度。治療師可能要設定一個明顯的界線——例如，要求守時——而且要幫助患者了解他們想法的盡頭，以及治療師想法的開端（Stone, 1989）。其他的治療目標，包括增加正面的社會接觸、減輕寂寞、減少過度的刺激，以及幫助這些人更了解自

✪人格何時爆發　在一個漫談的錄影帶中，維吉尼亞大學工學院學生 Seung-Hui Cho 敘述少許他的一生經歷，及他的強烈報復慾望。在製作了這個 DVD 並寄給 NBC 新聞之後，他著手在 2007 年 4 月 16 日，殺死包括自己的 32 人，並且在校園橫衝直撞開槍中，使另外 25 人受傷。他有什麼毛病？大多數的臨床觀察家認為，他顯示反社會型、邊緣型、妄想型、類分裂型、分裂病型及自戀型等人格疾患特徵的組合。

己的感覺（Sperry, 2003; Piper & Joyce, 2001）。

認知—行為治療師，進一步結合認知和行為的技術，幫助分裂病型人格疾患患者更有效的運作。運用認知的方法，治療師試圖教導患者，客觀的評估自己不尋常的思想和知覺，並忽視不適當的思想和知覺（Leahy et al., 2005; Beck et al., 2004）。例如，治療師持續追蹤患者怪異或魔幻般的預測，然後指出它們的不正確。當一個患者在言談中開始離題時，治療師可能要求患者總結他所要說的。此外，特殊的行為方法，如上語言課程、社會技能訓練，以及適當的衣著和舉止，幫助患者學習到如何和別人相處得更加融洽，以及和其他人在一起更加的舒坦（Farmer & Nelson-Gray, 2005）。

由於分裂病型人格疾患和精神分裂症很相似，抗精神病藥物已用來治療此疾患的人（Bollini & Walker, 2007）。在低的劑量，這些藥物顯然可以幫助一些人，通常是減少某些他們的思想問題（Markovitz, 2004, 2001; Koenigsberg et al., 2003, 2002）。

「戲劇化的」人格疾患

戲劇化（dramatic）的人格疾患群，包括反社會型、邊緣型、戲劇型，以及自戀型人格疾患。有這些問題者的行為，通常是戲劇化、情緒化，或反覆無常的。因此，他們幾乎不可能建立真正有利的或滿意的人際關係。

這些人格疾患，比其他的疾患更普遍地被診斷。不過，只有反社會型和邊緣型人格疾患受到廣大的研究，部分因為這些人給別人製造許多的問題。此種疾患的原因，像那些怪異的人格疾患一樣，我們並沒有全然的了解。治療的效果，從無效到中等效果不等。

反社會型人格疾患

有**反社會型人格疾患**（antisocial personality disorder）的患者，有時被描述為「精神變態者」（psychopaths）或「反社會病態人格者」（sociopaths），他們會一再忽視及侵犯他人的權益（APA, 2000）。除了物質關聯疾患以外，此種疾患與成人的犯罪行為最有密切關係。DSM-IV-TR 規定，一個人至少要到 18 歲才會獲得這種診斷。然而，大部分的反社會型人格疾患患者，在 15 歲以前就出現某些行為問題的模式，包括逃學、離家出走、對動物或人的殘酷行為，以及破壞財物。

Robert Hare（1993）是一位反社會型人格疾患最重要的研究者，他回憶早期從事專業治療時，遇到一個監獄的囚犯，名字叫 Ray，以下是他們兩人的會晤：

在 1960 年代初期，我是英屬哥倫比亞監獄雇用的唯一心理師……第一個患者來看我的時候，我到辦公室上班還不到一小時。他是一個高個子、纖瘦、頭髮深色、大約 30 幾歲的男人。他身邊的空氣似乎都會嗡嗡作響，他跟我的視線接觸是如此的直接和強烈，以至於我甚至懷疑我是否曾經跟其他人這樣注視過。那種凝視是冷酷無情的──他絲毫沒有移開他的視線；很多人通常會使用柔和的凝視。

沒有等待正式的介紹，這個囚犯──我叫他 Ray，就開口了：「嘿！醫生你好嗎？想想看，我有一個問題。我需要你的幫助。我真的想和你談談這個問題。」

因為急切的要開始作一位真正的心理治療師，我就要他告訴我到底是怎麼一回事。剎那間，他拔出一把刀，在我的鼻子前面晃來晃去，同一時候他露出微笑，並保持強烈的眼神接觸。

一旦確定我不會輕舉妄動，他解釋說他並不是用這把刀子來對付我，而是用來防範另外一個囚犯，這個人過分想要與他建立同性戀的關係。這個時候我還沒有弄清楚他為什麼要告訴我這件事情，但我立刻懷疑他可能是要試探我，看我是怎麼樣的工作人員。接下來的會談，他談到他的問題，不只一、兩次，而是很多次；我對這把刀的事件一直保持沉默。使我寬心的是，他並沒有用這把刀子來對付其他的囚犯。但是不久，已經很清楚的看出 Ray 把我推進他的陷阱：為了在專業上建立與囚犯的密切關係，我顯示出心腸軟弱的一面，因此疏忽這明顯地違背監獄的基本規定。

從第一次的見面開始，Ray 總是想辦法讓我在八個月的工作期限中，覺得非常的痛苦。他不斷的要求和我面談，而且企圖操縱我來替他做事情，而這種情況總是沒完沒了。在一個場合中，他說服我，說他會變成一個稱職的廚師……我也支持他的請求，從一個機械工廠轉換過去（很顯然地，他在這個工廠製作了這把刀）。我沒有預料到的是，在廚房裡面有很多的糖、馬鈴薯、水果，以及其他的原料，可以變成酒精。在我建議他轉換工作幾個月以後，就在典獄長的辦公桌地板下發生了強大的爆炸。當這件動亂平息後，我們發現在地板下，有一個精密的酒精提煉系統。某些錯誤發生，並有一個鍋子爆炸。對於一個防備極端嚴密的監獄來講，這種事的存在非比尋常，但是大膽的把一個鍋爐放在典獄長桌子底下的地板，對很多人來講是一件震驚的事。當他們發現 Ray 是這個非法運作的幕後主腦時，他在監獄裡單獨監禁了一段時間。

就在他從這個「洞」裡出來，Ray 出現在我的辦公室，好像什麼事都沒有發生，而且要求從廚房轉調到汽車修護廠去──他的確覺得他有這個技能，他認為他有需要為出獄後的生涯做準備。如果他能學修車，將來在外面

的世界中可以開一個汽車修護廠……我依然為第一次調動的安排感到痛心，但是最後他把我磨折到不得不答應。

不久以後，我決定離開監獄去攻讀心理學博士學位，但是在我離開前的一個月，Ray 幾乎說服我去請求我的父親（一個蓋屋頂的建造商），請他提供 Ray 一個工作，他申請假釋的時候才有正當的理由。

Ray 有非常高超的能力，去欺詐我和其他任何人。他能言善道又說謊騙人，他的口齒伶俐和率直，有時候甚至會使一些最有經驗及懷疑世人善意的監獄工作人員，也會暫時解除武裝。當我碰見他的時候，他已有一段很長的犯罪紀錄（結果是有一段很長的犯罪路途在等著他）。他的成年生活大半是在監獄裡面度過，而他很多的犯罪行為都是非常暴力的……他不斷的說謊，對任何事情都是偷懶，而且在他的紀錄當中，有些事情跟他的謊話根本是矛盾的，這一點他絲毫不覺得困擾。他只是改變談話的主題，移轉到不同的方向。最後，我認為他不可能是我父親公司的好工作人員，所以我拒絕他的要求；而他在遭我拒絕的時候，他表現出的惡行惡狀使人非常震驚。

就在我離開監獄到大學去的時候，我利用監獄工作人員的車子可以在監獄汽車修護廠修護的政策之便，去維修車子——Ray 還繼續在那裡工作，而這個工作是我幫他爭取來的。我的汽車經過重新噴漆煥然一新，傳動系統也重新整理過。

我們把所有的東西放在車頂上，我們的寶寶就放在後座的嬰兒座上，我的妻子和我開車朝向安大略的方向行進。但是，在我們離開溫哥華不久，第一個問題就出現了，引擎聽起來有點不平順。之後，我們發現車身有一些傾斜，然後是冷卻器沸騰。一個汽車修理廠的機械工人發現，球狀的軸承夾在化油器中；他也指出接到冷卻器的水管已被人破壞。這些問題很容易的修復了。但接下來的是，當我們開在一段很長的下坡路時，情況變得更加嚴重，煞車板非常鬆軟，後來都快壓到地板還是不能煞車，而且我們面臨的是一段很長的下坡路。幸運的是，我們設法開到一個汽車修護站，在那裡我們發現煞車線已經被切斷，所以煞車油慢慢的流失。也許是巧合，那一天 Ray 在監獄的汽車修護廠工作，我的車剛好送進去修護。我毫不懷疑有人打報告告訴他，那部車的車主是誰。

（Hare, 1993）

有反社會型人格疾患的人，就像 Ray 一樣，會不斷的說謊（Patrick, 2007）。很多人沒辦法持續一個工作，他們經常曠職及可能辭職。通常他們對金錢揮霍無度，而且經常不能償還他們的債務。他們常常很衝動，採取一些不顧及後果的行動（Blair, Mitchell, & Blair, 2005）（見 586 頁「深度探索」專欄）。換言之，他們也可能是暴躁的、具有攻擊性的，而且容易跟他人打鬥。另外，有許多人會到

處遊蕩。

行事魯莽是另一個常見的特色：有反社會型人格疾患患者，對自己或他人的安全很不在乎，甚至對自己的孩子也是如此。他們也是自我中心的，因此難以維持親密的關係。通常他們會用巧妙的手法去獲得個人的利益，而犧牲別人的利益。他們對於造成別人的痛苦或損失，很少關心，因此臨床工作人員通常說，他們缺乏道德良知（Kantor, 2006）。他們認為他們的受害者太軟弱，應被騙、被搶或甚至身體傷害（見表 16-2）。

研究指出，2% 至 3.5% 的美國人，符合反社會型人格疾患的診斷標準（O'Connor, 2008; Mattia & Zimmerman, 2001）。而此種疾患發生在男性身上，超過女性四倍（Patrick, 2007）。

表 16-2 在美國仇恨所造成的犯罪（2006）

攻擊團體	報導事件的數目
種族團體	
● 反白人	890
● 反非裔美國人	2,640
● 反美洲印第安人	60
● 反拉丁美洲裔美國人	576
● 反亞裔美國人	181
● 反所有種族團體	637
所有種族團體	**4,984**
宗教團體	
● 反猶太教	967
● 反天主教	76
● 反新教	59
● 反伊斯蘭教	156
● 反其他宗教團體	204
所有宗教團體	**1,462**
性取向團體	
● 反同性戀	1,148
● 反異性戀	26
● 反雙性戀	21
所有性取向團體	**1,195**
殘障團體	
● 反肢體殘障	17
● 反智能障礙	62
所有殘障團體	**79**

資料來源：*Infoplease, 2006;* FBI, Uniform Crime Reports, 2004.

「深度探索」專欄

賭博和其他的衝動問題

　　衝動是很多心理疾患的一種症狀，包括反社會型及邊緣型人格疾患。DSM-IV-TR也列出幾個衝動性疾患，衝動是它們的主要特徵，而不是人格。有衝動控制疾患的人，通常不能抗拒衝動、驅力或誘惑，而從事傷害自我或他人的行動（APA, 2000）。通常在他們產生行動之前，都會經驗到逐漸增加的緊張，然後他們屈服在衝動之下，而得到緊張的緩和。有些人在事後會後悔或內疚，但不是所有的人都是這樣子。每年約有 9%的成人表現衝動控制疾患（Kessler et al., 2006, 2005）。衝動控制疾患包括縱火狂、竊盜狂、陣發性暴怒疾患、拔毛癖以及病態性賭博。

- 縱火狂（pyromania）是一種故意及一再地放火，來達成強烈的愉快或從緊張狀態中釋放。這種情況和縱火（arson）不一樣。縱火是燒掉別人的財物，作為報復或得到財物的利益。

- 盜竊狂（kleptomania）是反覆不能抗拒偷竊的衝動。有這種疾患的人，通常有足夠的錢去買他們所要偷的物品。

- 有陣發性暴怒疾患（intermittent explosive disorder）者，他們有周期性的攻擊爆發行為。在這種行為中，他們可能嚴重的攻擊他人或破壞財物。他們的爆發程度，遠遠超出被人觸怒的情況。

- 有拔毛癖（trichotillomania）者，反覆從身上各個部位把毛拔掉，特別是他們的頭髮、眉毛，以及眼睫毛。

- 最常見的衝動控制疾患，是病態性賭博（pathological gambling）。它是持續及反覆出現賭博行為，不但干擾個人的家庭生活，也干擾個人的工作（APA, 2000）。

　　根據估計，有2.3%的成人，以及3%至8%的少年和大學生，遭受病態性賭博之苦（Griffiths, 2006; APA, 2000）。然而，臨床工作人員很小心的區分，病態性以及社會性的賭博（Kaminer et al., 2002）。病態性賭博的界定，並不是看他花多少錢和時間在賭博上，而是看他行為的上癮和衝動性質（Petry, 2005, 2001）。有此種疾患的人，就無法從他的賭注上離開，而且一旦不能賭博就變得坐立不安或暴躁。一再地輸錢導致更多的賭博行為，因為他們要把輸的錢贏回來。他們會持續的賭博，甚至面臨財物、社會關係，以及健康上的問題（Griffiths, 2006）。

　　近年來，如何治療病態性賭博，已引起極大的關注。治療通常是結合認知的、行為的、生物的以及其他的方法，以幫助病人建立因應技能，而這種作法被認為是最有效的方法（Black et al., 2008, 2007; Weinstein, 2007）。有些人加入自助支持團體，如戒賭者匿名會，似乎有較高的恢復率，也許部分因為他們承認他們有問題，而且尋求去克服問題。

　　最近有些媒體和異議者質疑，將這種病態賭博「病理化」，會不會影響不負責及有時不合法的行為模式（Castellani, 2000）？然而，一些研究指出，病態性賭博和其他衝動控制疾患，都是非常複雜的問題，而這些問題經常包含各種不同的原因，包括生物化學因素（Petry, 2005; Szegedy-Maszak, 2005）。

由於此種疾患患者經常被逮捕，研究人員經常在監獄，尋找這種反社會型型態的人（Hare, 2003; Blair et al., 2005）。事實上，根據估計約有 30% 在監獄中的人，符合此疾患的診斷標準（O'Connor, 2008）。關在城市監獄中的男性，反社會型人格模式，與過去的暴力犯罪被逮捕，有重大的關聯（De Matteo et al., 2005; Abram & Teplin, 1990）。很多此種疾患的人，在 40 歲以後犯罪行為會下降；然而，有些人會終生繼續他們的犯罪活動（Hurt & Oltmanns, 2002）。

研究結果和臨床的觀察也指出，反社會型人格疾患者比其他的人，有較高的酗酒率及物質關聯疾患（Patrick, 2007; Westermeyer & Thuras, 2005）。也許酒醉及物質濫用，會鬆懈個人的抑制，而有助於引發反社會型人格疾患的發展。或許這種人格疾患，使個人更傾向於物質濫用模式。但是也許反社會型人格疾患及物質濫用，兩者有共同的起因，例如有冒險的深層需求。有趣的是，此種人格疾患的藥物濫用者，經常說他們開始及維持使用藥物，是當作娛樂活動（Mirin & Weiss, 1991）。

最後，品行疾患及伴有注意力缺失／過動疾患的孩子，有升高發展出反社會型人格疾患的風險（Lahey et al., 2005; APA, 2000）。這兩種兒童期的疾患，我們在第十七章中會提到，它經常和反社會型人格疾患有相似的地方。就像反社會型人格疾患的成人一樣，有品行疾患的兒童也一再地說謊，並且違反規則及侵犯他人的權益；有注意力缺失／過動疾患的兒童，則缺乏遠見和判斷力，而且不能從經驗中學習。雖然這些觀察所得引起興趣，但是這種兒童期的疾患和人格疾患之間的關聯，很難準確地確定。

反社會型人格疾患的解釋

對於反社會型人格疾患的解釋，通常來自心理動力、行為的、認知的，以及生物的模式。就像其他很多的人格疾患一樣，心理動力理論家認為，這種人格疾患也是來自嬰兒期缺乏父母親的關愛，導致缺乏基本的信任（Sperry, 2003）。根據此種觀點，有些發展反社會型人格疾患的兒童，是對早年不適當教養的反應，變成情緒上的疏遠，他們和別人之間連結的唯一途徑，是經由權力的運用和破壞。心理動力解釋的支持，研究人員已發現，此種疾患的患者在兒童時期，可能

✪ **負面的示範** 行為理論家主張，攻擊及其他的反社會行為，可能經由示範或模仿學得。模仿是一種學習的過程，開始於人生很早期。反社會行為比率的增加，也發現在反社會型人格疾患者的父母中，此與行為理論家的主張相當一致。

比其他人遭受更重大的壓力，尤其是家庭貧困、家庭暴力，以及父母衝突或離婚（Martens, 2005; Paris, 2001）。

很多行為理論家認為，反社會的症狀可能是經由示範或模仿而學得（Gaynor & Baird, 2007）。為了證明此觀點，他們也指出，反社會型人格疾患兒童的父母，也有較高比率的反社會型人格疾患（Paris, 2001）。其他的行為主義者指出，有些父母由於經常增強兒童的攻擊行為，無意間教導兒童反社會行為（Kazdin, 2005）。例如，當一個孩子對父母親的要求或命令，用不適當的行為來抵制，或變成暴力相向，父母親就讓步以恢復平靜。他們可能無意間教導孩子變得頑強，甚至有暴力傾向。

認知的觀點指出，反社會型人格疾患患者，常持有一種態度，把別人需要的重要性淡化（Elwood et al., 2004; Levenson, 1992）。有些理論家相信，持有這種生活哲學的人，可能比我們一般人所了解的更常見（見圖 16-3）。認知理論家進一步提出，有此種疾患的人確實難以了解，除了自己的觀點以外，還有別人的觀點。

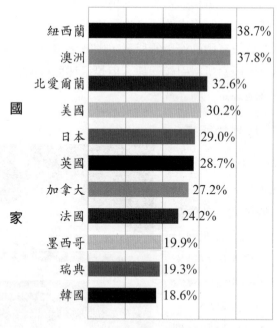

故事中含有暴力的百分比

圖 16-3　**是否某些文化有更多的反社會情況？**　在一個跨文化的研究中，少年們被要求寫故事，描述想像的人物在各種衝突情況中，如何反應。在紐西蘭、澳洲、北愛爾蘭和美國的少年，有三分之一描述暴力的反應，而韓國、瑞典和墨西哥的少年，不到五分之一會如此描寫（摘自 Archer & McDaniel, 1995）。

最後，有些研究指出，生物因素可能在反社會型人格疾患，扮演重要的角色。研究人員發現，反社會的人，尤其是有高度的衝動及侵略行為者，顯示比其他人有較低的血清素活性（Patrick, 2007）。正如前述，一些研究指出，衝動性和侵犯行為兩者，也與血清素低活性有關，因而反社會型人格疾患者存在著生物因素，不足為奇。

其他進一步的研究指出，反社會型人格疾患者，在其額葉顯示有功能缺陷（Morgan & Lilienfield, 2000）。就職責上而言，額葉幫助個人計畫及執行實際可行的策略，以及感受個人的特性，如同情、判斷及移情（Lambert & Kinsley, 2005）。當然所有這些特性，在反社會型人格疾患的人都欠缺。

另一路線的研究，研究人員發現，有這種疾患的患者比其他人，經驗較少的焦慮，也因此他們缺乏學習的重要因素（Blair et al., 2005）。這種觀點可以解釋，為什麼他們無法從負面的生活經驗中學習，或對別人情緒的暗示有所了解。為何反社會型人格疾患的人，比一般人經驗較少的焦慮呢？這個答案可能是存在於生物的領域（Kumari et al., 2005; Retz et al., 2004）。有此種障礙的受試者，可能對警告或壓力的預期反應，有較低的腦部或身體喚醒水平，如遲緩的自動喚醒及遲緩的腦電波活動（Gaynor & Baird, 2007; Lindberg et al., 2005）。也許由於這種低喚醒現象，此種人很容易把威脅和情緒的情況置之不顧，因而他們不受這種情況的影響。

這也可以解釋，由於反社會型人格疾患的人，生理的喚醒狀態比較低，他們比其他人更可能去冒險或尋找刺激。也就是說，他們可能被吸引到反社會活動中，因為它符合他們生物上需要更多刺激和喚醒的情況。這種觀點的支持，正如在早先已經提到的，反社會型人格疾患的人，經常和感覺行為的追求連結在一起（Patrick, 2007）。

反社會型人格疾患的治療

對反社會型人格疾患者的治療，通常沒有成效（Hilarski, 2007; Reid & Gacono, 2000）。治療這種人的一個主要障礙，是他們缺乏良知或缺乏改變的慾望（Kantor, 2006）。他們大部分是由他們的雇主、他們的學校，或法律判決強迫參加治療，或是他們也有其他的心理疾患，而引起治療師的注意，消極的接受治療（Agronin, 2006）。

有些認知治療師，試圖誘導反社會型人格疾患的患者，考慮道德的問題及其他人的需要（Leahy et al., 2005; Beck et al., 2004）。在同樣的脈絡下，一些醫院和監獄，嘗試為這種障礙的患者，開創一個治療性的社區，在一個結構化的環境中，教導他們對別人負責任（Harris & Rice, 2006; Piper & Joyce, 2001）。有些患者似乎從這種方案中獲益，但是對多數的患者似乎沒有什麼幫助。近年來，臨床工作人員也使用影響精神藥物，尤其是非典型抗精神病藥物，來治療這種患者。

雖然有些報告指出，這些藥物可減少此障礙的某些特徵，但是這種主張的系統研究，還是有需要（Markovitz, 2004）。

邊緣型人格疾患

有**邊緣型人格疾患**（borderline personality disorder）的人，顯示極端的不穩定，包括心情漂浮不定、不穩定的自我形象，以及衝動。這些特色的結合，使他們跟別人的關係變得非常不穩定（Paris, 2005; APA, 2000）。Ellen 所碰到的困難，就是這種疾患典型的情況：

> Ellen Farber 是一位 35 歲的單身女性，擔任一家保險公司的經理。她來到一個大學醫院的精神科急診室，抱怨說她有憂鬱症，而且想要開車衝入懸崖。這位善於表達、有些超重及世故的婦女 Farber 女士，看起來有相當大的痛苦。她說她 6 個月以來，持續的煩躁不安，並缺乏活力和快樂。她覺得自己好像是「鉛做的」。她最近一天之中有 15 到 20 小時，會待在床上。她也報告每天都有暴食發作，她說：「能夠找到的東西我都能夠吃下去。」包括整個巧克力蛋糕或整盒餅乾。她說她從青春期開始，就有間歇性的暴食現象，但是這種情況最近頻率愈來愈高，導致在過去幾個月體重增加了 20 磅。過去她的體重經常有極大的變化，如同她斷斷續續進行不同的節食一樣……
>
> 她把最近的症狀增加，歸因於財務的困難。她進入急診室的兩個禮拜以前，已被公司開除。她宣稱那是因為她「欠公司一筆小錢」。當問及更明確的數目時，她說她欠以前的老闆 15 萬美元，也欠當地不同的銀行 10 萬美元。進一步的詢問，顯示她處理財務一直有困難，而且在 27 歲時被迫宣告破產。從 30 到 33 歲，她用老闆的信用卡每週大採購，因此累積了 15 萬美元的債務。她報告……她花錢是為了要抒解長期的寂寞感、孤獨和悲傷。不過這種方式，她只能得到暫時的慰藉，因而每隔幾天她會很衝動的購買昂貴的首飾、手錶，或者好幾雙同樣的鞋子……
>
> 除了終身的空虛感，Farber 女士形容她有長期的不確定感，到底一生要做什麼以及要跟誰共度一生。她與男性和女性兩者，有很多短暫、強烈而親密的關係，但是她暴躁的脾氣經常導致口角，甚至打鬥。雖然她認為她的童年很愉快，而且無憂無慮，但是當她憂鬱的時候，她開始回憶小時候被母親語言和身體虐待的情況。
>
> （Spitzer et al., 1994, pp. 395-397）

有邊緣型人格疾患的患者，就像 Ellen Farber 一樣，在非常的憂鬱、焦慮，以及易怒的狀態中搖擺不定，有時候持續幾個小時到幾天，或更長的時間（見表

16-3）。他們的情緒總是跟周圍的世界有所衝突。他們很容易爆發憤怒，這種憤怒有時候導致身體的攻擊和暴力。不過，他們也經常把衝動的憤怒轉移到自己身上，而造成自己身體上的傷害。很多人被極度的空虛感所折磨。

表 16-3	人格疾患的比較		
	DSM-IV 群	與第一軸向相似的疾患	對治療的反應
妄想型	怪異的	精神分裂症；妄想症	不大
類分裂型	怪異的	精神分裂症；妄想症	不大
分裂病型	怪異的	精神分裂症；妄想症	不大
反社會型	戲劇化的	品行疾患	差
邊緣型	戲劇化的	情感性疾患	中等
戲劇型	戲劇化的	身體型疾患；情感性疾患	不大
自戀型	戲劇化的	循環性情感障礙症（輕微雙極性情感疾患）	差
迴避型	焦慮的	社交恐懼症	中等
依賴型	焦慮的	分離焦慮症；輕鬱症（輕微憂鬱症）	中等
強迫型	焦慮的	強迫症；焦慮症	中等

　　邊緣型人格疾患是一種複雜的疾患，它很快的成為臨床實務上一種更常見的疾患。很多邊緣型人格疾患的病人，來到心理健康急診室，是因為他們故意傷害自己。他們的衝動與自毀行動，包括酗酒和物質濫用、犯罪行為、不安全的性行為及魯莽飆車（Sherry & Whilde, 2008; Trull et al., 2003, 2000）。許多人從事所謂的自傷或自殘行為，如割傷或燒傷自己，或是猛撞自己的頭（Conklin & Westen, 2005）。雖然這些行為通常引起巨大的身體痛苦，但是邊緣型人格疾患患者，經常覺得身體上的不舒服，能使他們的情緒痛苦得到減輕。它也能使他們從情緒或人際關係的憤怒分散注意，或從「情緒的超載」重新振作起來（Stanley & Brodsky, 2005）。傷痕和青腫也提供個人一種憑證，或他們情緒痛苦的具體證據（Plante, 2006; Paris, 2005）。最後，就像 Ellen Farber 一樣，許多邊緣型人格疾患的患者，試圖以傷害自己，作為處理他們長期空虛感、無聊及認同混亂的方式。

　　他們自殺的威脅和行為也很普遍。研究顯示，約 75% 有此種障礙的人，在他們的一生中至少有一次企圖自殺；有 10% 的人確實自殺而喪生（Sherry & Whilde, 2008; Soloff et al., 2005）。此障礙者的自殺率，被發現高出一般人口的 50 倍。在

自殺未遂之後，經由急診室進入臨床的治療，也相當常見（Lambert, 2003）。

有邊緣型人格疾患的人，經常形成強烈的、衝突不斷的人際關係，在這種關係中，他們的感覺不一定和其他人分享。他們可能在一個短暫的相遇之後，把別人的特性和能力理想化。他們也往往違背人際關係該有的界線（Skodol et al., 2002）。他們的思考是二分法的（不是黑的就是白的），如果他們的期望沒有得到滿足，他們很快地變成暴怒；但是他們對人際關係依然保持非常的依戀（Bender et al., 2001）。事實上，邊緣型人格疾患者，一再害怕即將會被人遺棄，並發狂的努力去避免他們生活中重要的人，真正的或想像的分離（Sherry & Whilde, 2008）。有時他們割傷自己的身體，或從事其他自毀的行動，來阻止夥伴的離去。

邊緣型人格疾患的患者，通常在他們的自我認同經驗戲劇性的改變。他們自我的不穩定感可能在目標、渴望、朋友，甚至性取向，產生快速的改變（Skodol, 2005）。這些人也從自己的思想或身體，偶爾經驗解離或分離感。實際上，他們有時經驗完全沒有自己的感覺，導致早先所描述的空虛感（Linehan, Cochran, & Kehrer, 2001）。

一般人口中，約有 1% 至 2.5% 的人，罹患邊緣型人格疾患（Sherry & Whilde, 2008; Arntz, 2005）。接近 75% 得到此種診斷的病人是女性。此種疾患的病程因人而異。最常見的模式是，他們的不穩定性及自殺的風險，在成年期初期達到高峰，然後逐漸隨著年齡的增長而衰微（Hurt & Oltmanns, 2002; APA, 2000）。邊緣型人格疾患的男性比女性，顯示更多攻擊、破壞性及反社會行為（Bradley et al., 2005）。由於邊緣型人格疾患特有的混亂，以及不穩定的人際關係，此疾患比其他多數的人格疾患，有妨害工作表現的傾向，並不令人驚訝（Zanarini et al., 2005）。

邊緣型人格疾患的解釋

由於對遺棄的恐懼，折磨很多邊緣型人格疾患的人。因此，心理動力理論家再次檢視他們早年的親子關係，來解釋這種疾患（Gunderson, 2001, 1996）。例如，客體關係理論家認為，早年缺乏父母的接納，可能導致自尊的喪失，增加依賴性，以及不能因應分離的情況（Sherry & Whilde, 2008; Kernberg & Caligor, 2005）。

研究已發現，很多邊緣型人格疾患患者的童年時期，都符合心理動力的這種觀點。在許多的個案中，這些人的父母經常忽視或排斥他們、口頭辱罵他們，或父母本身行為非常不適當（Bradley et al., 2005; Guttman, 2002）。同樣地，他們的童年經常有多個父母代理人、離婚、死亡，或創傷，如身體或性的虐待（Sansone et al., 2005; Yen et al., 2002）。事實上，研究指出，早年的性虐待是發展邊緣型人格疾患，常見的促成因素（Bradley et al., 2005）；經歷這種虐待的兒童，比沒有此種情況的人，更有四倍的可能發展這種疾患（Zelkowitz et al., 2001）。同時，

我們能認清很多有身體、性或心理虐待史的人，並未發展出此種疾患，是很重要的（Skodol, 2005）。

有些邊緣型人格疾患的特徵，也可能和生物的異常有關聯。有些特別衝動的患者——企圖自殺，或攻擊別人的人——很顯然地，他們有比較低的腦部血清素活性（Norra et al., 2003）。而且，有幾個研究把這種低活性，與個人的 5 羥色胺（5-HTT）基因（血清素運送基因）異常連結在一起（Ni et al., 2006）。正如前述，這些基因也與重鬱症、自殺、侵略行為及衝動性有關。與這些生物的發現相一致的是，邊緣型人格疾患者的近親，有相同人格疾患者比一般人多五倍（Bradley et al., 2007; Torgersen, 2000, 1984; Kendler et al., 1991）。

目前有些理論家使用生物社會性的理論（biosocial theory），來解釋邊緣型人格疾患（Linehan & Dexter-Mazza, 2008; Linehan, 1993, 1987）。根據這種觀點，有此疾患的人是起因於內在力量（例如，識別及控制個人的情緒有困難、社會技能缺陷、神經傳導物質反應異常），及外在力量（例如，一個兒童的情緒在一種環境中，受處罰、忽視、輕視、不尊重）的結合。例如，父母可能誤解兒童的強烈情緒為誇大或企圖控制，而不是不安定的內在狀態的認真表達。根據生物社會性理論，假如兒童內在有識別及控制個人情緒的困難，而且父母進一步教導他們忽視他們強烈的感覺，兒童可能就不會學到如何認清和控制他們情緒的激發、如何忍受情感的痛苦，或什麼時間去信賴他們的情緒。這些兒童轉而有發展邊緣型人格疾患的風險。注意到此理論與飲食疾患的主要解釋相似。正如第十一章所述，理論家 Hilde Bruch 提出，兒童的父母對兒童內在的暗示，沒有適當的反應，他們可能無法學到識別飢餓的暗示，因此增加他們發展飲食疾患的風險。少數人對許多邊緣型人格疾患患者，也出現飲食性疾患感到驚奇（Sansone et al., 2005）。舉例來說，我們可回想前面，Ellen Farber 的功能失常飲食模式。

最後，有些社會文化理論家指出，邊緣型人格疾患的個案，特別可能在急速的文化變遷中出現。他們認為，當一個文化缺乏穩定性時，無可避免的使很多人有認同問題、空虛感、高度的焦慮，以及害怕被遺棄（Paris, 1991）。家庭結構可能解體，而使一些人缺乏歸屬感。今天社會一再地變遷，可解釋這種疾患增加的原因。

邊緣型人格疾患的治療

心理治療似乎對邊緣型人格疾患患者，最後會引起某種程度的進步（Sperry, 2003; Gunderson, 2001）。然而，治療師要在移去病人的依賴性和憤怒，以及挑戰他的思考方式之間，達成有效的平衡，是相當困難的一件事情（Sherry & Whilde, 2008; Goin, 2001）。由於邊緣型人格疾患患者情緒上無止境的需求，有些治療師拒絕治療這種人。這種疾患患者瘋狂的人際態度波動，也使治療師與他們建立合作及有成效的治療關係，產生極大的困難（Bender & Oldham, 2005）。而且，這

種患者常違犯患者—治療師間，人際關係的界線（例如，打治療師的緊急聯絡電話，討論性質不急迫的事情）（Gutheil, 2005）。

傳統的精神分析，對這類患者成效不大（Bender & Oldham, 2005）。患者經常經驗精神分析治療師的保留風格，及鼓勵提出不關心和遺棄的自由聯想。患者也可能難以忍受精神分析心理師的解釋，體驗治療好像受到攻擊。

現代心理動力的方法，如關係精神分析治療（relational psychoanalytic therapy），此法的治療師，採取更支持及平等的姿態，已證明比傳統的精神分析方法更有效（Bender & Oldham, 2005）。在這種現代的方法，治療師提供移情的環境，患者在此環境之中，能探索他們的衝突，以及特別注意他們核心關係的困擾、自我感缺乏，及普遍的寂寞和空虛（Gabbard, 2001; Piper & Joyce, 2001）。研究已發現，現代心理動力的方法有時幫助減少自殺企圖、自我傷害行為，以及住院人數，並且對此疾患的患者帶來一些進步（Bradley et al., 2007; Roth & Fonagy, 2005; Clarkin et al., 2001）。

過去二十年來，一種邊緣型人格疾患的統合治療，稱為辯證式行為治療（dialectical behavior therapy, DBT），已逐漸得到研究的支持，並且目前成為許多臨床界治療選擇的考慮（Linehan & Dexter-Mazza, 2008; Linehan et al., 2006, 2002, 2001; Linehan, 1993, 1992）。DBT 的發展，大部分來自認知—行為治療模式，並包括一些應用在其他疾患的認知和行為技術：指定家庭作業、心理教育、教導社會及其他技能、治療師示範、設定清楚的目標、患者的行為和治療過程不間斷的評估，以及患者的思考方式，經由患者和治療師協同檢查（Sherry & Whilde, 2008）。此外，DBT大量採用人本主義和現代心理動力的方法，把患者和治療師的關係放置在治療互動的核心，堅持確定適當的治療界線，並同時提供患者接納和確認。事實上，DBT治療師經常與邊緣型患者移情，並且移開他們經驗的情緒混亂、找出患者抱怨或要求事實的核心，以及為他們檢查滿足有效需求的替代方法。DBT 頻繁地提供患者參與社會技能建立團體，在此團體他們可在安全的環境，練習與他人相處的新方法，同時從其他團體成員獲得認可和支持。

DBT 比任何其他邊緣型人格疾患的治療，得到更多研究的支持（Linehan & Dexter-Mazza, 2008; Linehan et al., 2006, 2002, 2001; Lieb et al., 2004）。許多接受此治療的患者，顯示忍受壓力的能力增加，發展新的、更適當的社會技能，並且對生活情境更有效的反應。這些人也比接受其他治療形式者，明顯的出現較少的自殺，及較少的住院需求。DBT患者更可能保持這種形式的治療，並且報告有較少發怒、較大的社會滿足、增進工作表現及減少物質濫用。

最後，抗憂鬱劑、抗雙極性疾患藥、抗焦慮症藥，及抗精神病藥，對這種疾患者多少有一些幫助，它們能使其情緒和攻擊的風暴平靜下來（Agronin, 2006; Gruettert & Friege, 2005）。不過，由於此種疾患的人有高度的自殺企圖風險，門診病人的使用藥物，經常引起爭論。同時，此疾患的患者往往沒有諮詢臨床工作

人員，就改變或中斷他們藥物的劑量。今天許多專業人員認為，對邊緣型人格疾患使用影響精神藥物的治療，應把它作為心理治療法的一種輔助方法，而且許多患者確實由於結合心理治療和藥物治療，而獲得更大的進步（Soloff, 2005; Livesley, 2000）。

戲劇型人格疾患

　　戲劇型人格疾患（histrionic personality disorder）患者，過去曾經被稱為歇斯底里人格疾患（hysterical personality disorder），他們極端的情緒化——通常被形容為「情緒激昂」——而且不斷尋求成為注意的焦點（APA, 2000）。他們誇大的情感表現，使他們的人生變得非常複雜化，我們在Hilde的例子可以看出來：

　　Hilde 是一位 42 歲的家庭主婦，她有……多種的抱怨，包括頭痛、輕度憂鬱症，及婚姻困難……Hilde 仍然很有吸引力，她顯然花了很多時間在個人的外表上。最初她和精神病醫師面談時，儘管有時漫談太多必須把她帶回主題上，但她看來是合作的。當她講話時，她似乎沒有對討論的問題真正深度的思考，而僅是抽走資料，就像一台電腦一樣。在面談中她表現出大量的情緒，但是那往往是對當時討論內容的誇張反應。她很高興地對過去的生活，給予廣泛的歷史描述……

　　事實上，她的許多描述，更大目的似乎是想加深治療師的印象，而不是為了達成問題的理解。當她面對她的故事有任何不恰當時，她首先採取可愛及迷人的舉止，假如這種方法證明對說服精神病醫師改變話題無效時，接著她就變得任性和惱怒。

　　當她描述目前的困難時，她總是有意把責任歸因於其他人或情境。她陳述丈夫對她很冷淡……這種情況以及「生活中的許多壓力」，就是造成她頭痛和憂鬱的原因。在被要求說出更多的細節時，她卻難以描述與丈夫互動的任何有意義細節。

　　同時與她的丈夫面談透露，他覺得他「僅僅是對於應付她變得厭倦」。他承認最初被 Hilde 吸引，是由於她的社會地位、她的「充滿活力」及身體外在的吸引力。經過幾年之後，很清楚的看出來，她的活力並不是豐富和熱愛生活的完整性格，而只是經常被放錯地方的長期浮誇和強烈情感。她的身體外在吸引力減少，但她卻花極多的時間及金錢試圖保持……他逐漸對她的幼稚與表面的態度感到厭煩……

　　Hilde 被養育在一個中等富裕的家庭中，是個受到珍視的孩子。她的父親擁有成功的事業；她的母親社交相當活躍，城裡的每個重要社交活動幾乎都參加。她沒有很多時間來陪 Hilde，然而她卻以對客人炫耀 Hilde 為樂。

Hilde 生來就有許多天賦……她的美貌顯然是珍貴的，她被教導了許多方式，把吸引力增加到極大的限度。

她的美貌和從父母社交圈的朋友得到的反應，也提供她不只單純的注意。她的母親喜歡她在派對中通宵及招呼賓客，這些事她卻堅持不許 Hilde 的姊妹來做。Hilde 不久也發現，假如她行為不端，只要迷人的說出「對不起」，他的父親就取消任何必要的懲罰。

Hilde 到了青春期，她有廣大的朋友圈，然而有趣的是，她從來沒有與任何人維持長期的關係……男人接近她就像蜜蜂接近花朵……

在整個高中時期，她是活躍的啦啦隊員，以及班級舞會和派對的幹部……Hilde 記得她的國中和高中時期是「生命中最快樂的時光」，根據評估可能是正確的。

Hilde 的大學歲月和高中時期沒有兩樣……她和許多人約會……當她允許「性行為」，那只是她想試試，而並不是她有任何強烈的慾望……

大學畢業之後，她在一家女性服飾店工作，她的顧客主要都是富有和時尚的。其中一位顧客介紹她的兒子 Steve 給 Hilde，他是該地區最有名望的公司的一位年輕律師……他們幾乎每個晚上外出，通常是去參加他們受邀的許多派對。他們彼此互相著迷，並在他們認識 5 個月之後結婚……

然而，幾年之後，促使他們進入婚姻的浪漫花朵逐漸凋謝。

（Meyer, 2005）

有戲劇型人格疾患的人，經常想成為注意的中心，使用做作的姿態、獨特的風格及誇張的語調，來描述普通的日常事件。就像一條變色龍，他們一再地改變是為了吸引及給觀眾留下深刻印象。他們追求的改變並不單單是他們表面的特色，而且也為了他們的見解和信念。事實上，他們的談話不論在細節上和實質上，都非常空泛，甚至他們到底是誰自己也都不清楚。

這些人的生命血液裡，所流的就是贊同和讚美；他們必須有其他的觀眾在場，目擊他們誇張的情緒狀態。他們愛虛榮、自我中心、苛求別人，而且不能延宕他的滿足。他們對芝麻小事過分的反應，結果反而妨礙獲得別人注意的尋求。有些人自殺，為的是用此操縱別人（Lambert, 2003; APA, 2000）。

有此種疾患的人，可能藉著誇大他們身體的疾病或疲勞，以引起注意。他們也會展現性挑逗，而且會利用性誘惑以達到目的。他們大部分都非常注意外表，或在乎別人如何看待他們，因此經常穿著鮮豔、引人注意的衣服。他們誇大人際關係的深度，認為他們是剛認識的人最親密的朋友。他們經常捲入興奮的羅曼蒂克關係，但這些伴侶並不會善待他們。

這種疾患過去被認為女性比男性常見，並且臨床工作人員也始終描述這種人

是「歇斯底里的妻子」（Anderson et al., 2001）。然而，研究已揭示，過去的診斷有性別偏見（Fowler et al., 2007）。臨床工作人員在幾個研究中，評鑑一些混合戲劇型和反社會特性者的個案研究，他們對女人診斷為戲劇型人格疾患比男人多（Blagov et al., 2007; Ford & Widiger, 1989）。最近的統計顯示，2% 至 3% 的成人有此種人格疾患，男性與女性的比率不相上下（O'Connor, 2008; Mattia & Zimmerman, 2001; APA, 2000）。

🌿 戲劇型人格疾患的解釋

心理動力的觀點，最初的發展是用來解釋歇斯底里的個案（見第七章）。因此，今天這些理論家繼續對戲劇型人格疾患保持強烈的興趣，一點也不令人驚訝。大部分的心理動力理論家相信，有此種疾患的人，在小時候經驗到不健康的人際關係，他們冷酷及嚴密控制的父母，使他們感覺未被喜愛，並且害怕被遺棄（Bender et al., 2001）。為了防衛深層的喪失恐懼，這些人學習到表現戲劇化的行為，並且製造一些危機情況，使其他人對他們採取保護措施（Gunderson, 1988; Kuriansky, 1988）。

認知的解釋認為，戲劇型人格疾患患者缺乏實質的內涵，而且很容易受到暗示。這種理論認為患者會愈來愈把注意力集中在自己身上，而且很情緒化，也愈來愈減少對外界的興趣。由於一些基本的人情世故他都沒有學到，他們必須依賴直覺，或是他人來提供生活的方向（Blagov et al., 2007）。有些認知理論家也提出，此種疾患的患者一般認定他們無力照顧自己，也因為如此，他們會一再求助他人來滿足自己的需要（Beck et al., 2004）。

最後，社會文化理論家，特別是多元文化理論家認為，戲劇型人格疾患有部分是由社會的規範以及期望所引起。直到最近，我們的社會都鼓勵女孩保持孩子氣以及依賴性，儘管她們已經長大成人也依然如此。這種戲劇型人格者的虛榮、戲劇性，以及自私的行為，事實上是女性化過度擴大的結果，也是我們社會從前的特色（Fowler et al., 2007; Beck et al., 2004）。同樣地，有些臨床觀察人員聲稱，戲劇型人格疾患的診斷，在亞洲和其他不允許公開性徵象的文化較少出現，而在更容忍公開性徵象的拉丁美洲裔美國人及拉丁美洲文化，較為常見（Patrick, 2007; Trull & Widiger, 2003）。不過，研究人員對此主張尚未有系統的調查。

🌿 戲劇型人格疾患的治療

和其他大部分人格疾患不同的是，戲劇型人格疾患的患者經常自己尋求治療（Tyrer et al., 2003）。不過，要治療他們可能非常困難，因為他們可能展開特殊的要求、發脾氣，及經常使用誘惑別人的伎倆（Gutheil, 2005）。另外的問題是，這種患者在治療中可能假裝有重大的洞察，或經驗到重大的改變，但真正的目的只是要令治療師高興。為了阻止這些問題，治療師必須保持客觀的態度及嚴格的

專業界線（Blagov et al., 2007; Sperry, 2003）。

　　認知的治療師試圖幫助此種疾患患者，改變他們是無助的信念，並發展出更適當、更深思熟慮的思考及解決問題方式。心理動力治療和團體治療也被應用在此種人身上。在這些方法中，治療師的終極目標，是幫助患者認識他們的過度依賴、發現內在的滿足及變為更自立（Beck et al., 2004; Freeman, 2002）。臨床的個案報告指出，每種方法可能都有幫助。然而，藥物治療較沒有效果，除非它是用來減輕某些病人的憂鬱症狀（Grossman, 2004; Fava et al., 2002; Koenigsberg et al., 2002）。

自戀型人格疾患

　　自戀型人格疾患（narcissistic personality disorder）的患者，通常在舉止上誇大、需要很多的讚美，及對他人缺乏同理心（APA, 2000）。他們確信自己有重大的成就、權力或美貌，他們不斷的期望周圍的人注意和讚美他們。我們在本章開始所提到的 Frederick，就是這樣的人。另外一個個案，是 30 歲、已婚，並有一個孩子的藝術家 Steven：

> 　　Steven 引起治療師的注意，是因為他的太太堅持說他們需要婚姻諮商。根據她的說法，Steven 是「自私、吝嗇，及只注意他的工作」。家裡每一件事情都必須「以他、他的舒適、心情及慾望為中心，而不顧其他人的需求」。她宣稱他對婚姻一點都沒有貢獻，拿回家的薪水也是少得可憐。他逃避家中應有的責任，把家中大小事丟在她的身上，她實在「無法再忍受煮飯和洗奶瓶的工作，也很厭煩一再地扮演他的母親和女傭的角色」。
>
> 　　從另一個積極面來看，Steven 的太太覺得他基本上是「溫和的，性情不錯，及有才華和智慧的人」。但這些對她而言是不夠的。她需要的是一個丈夫，能夠和她分擔家中大小事情的人。相對而言，根據她的說法，他想要的是「一個母親，而不是一個妻子；他不想要長大，他不知如何去對別人表示感情，只知道他想要就拿，一點也不多，一點也不少」。
>
> 　　Steven 呈現出一個友善的、自我滿足，以及有點傲慢的年輕人形象。他是受僱的商業畫家，但是他期望在晚上和週末，把他的注意力集中在藝術的創作上。他宣稱他要把他空閒的時間和精力用來「實現自我」，在他的創造性作品中展現特殊的才華……
>
> 　　他和他的同事及社交相識的人，都相處愉快和滿足，但是他承認大部分的人認為他是一個「有點自我中心、冷酷及勢利眼的人」。他承認他不知道如何和他人分享他的想法和感受，他也知道他對自己比對別人更有興趣，也許他總是「偏愛自己的歡樂，而不顧及別人的心境」。
>
> （Millon, 1969, pp. 261-262）

在希臘神話中，有一個美少年名叫Narcissus，由於被自己映在池中的美麗影像所迷惑，因渴望擁有自己的影像而憔悴，最後跳入水中溺斃。他的名字就變成極端的自我參與（self-involvement）的同義詞。事實上，自戀型人格疾患的患者，有自我最重要的誇大感。他們常誇大自己的成就和才能，也期望別人認定他們是卓越超群的，而且經常顯現傲慢自大。他們對朋友和同事都非常的挑剔，認為自己的問題是獨一無二的，而且只有一些「特殊」高位的人士才能真正的了解。由於他們的特殊魅力，給人的第一印象經常是美好的。但是他們很少能夠保持一個長期的人際關係（Shapiro & Bernadett-Shapiro, 2006）。

就像Steven一樣，有自戀型人格疾患的人，很少關心別人的感受。很多人會利用別人以達到自己的目的，也許有部分是來自於嫉妒；同時，他們也相信別人在嫉妒他們（O'Connor, 2008; Sperry, 2003）。雖然自視甚高，他們對批評和挫折仍會反應出暴怒或屈辱（Levy et al., 2007）。另一些人可能表現出冷酷的漠不關心。有些人變為極端的悲觀及充滿憂鬱；有幾個時期的強烈興趣，可能轉為幾個時期的失望（Bogart et al., 2004; Wink, 1996）。

約有 1% 的成人，顯示是自戀型人格疾患患者，其中高達 75% 是男性（Levy et al., 2007; Mattia & Zimmerman, 2001）。自戀型態的行為和思想，在少年中是很普遍及正常的，但是它們通常不會導致成人的自戀（APA, 2000）。

自戀型人格疾患的解釋

心理動力理論家比其他的理論家，對自戀型人格疾患建立更多的理論。他們認為此問題是源自於冷淡、排斥的父母。他們主張有此種背景的人，花他們一生在防禦不滿足、被排斥、無價值感，及對世界小心提防（Bornstein, 2005; Perry & Perry, 2004）。他們也反覆的告訴自己，他們真的是完美及令人滿意的，他們同時也尋求他人的讚美。客體關係理論家——特別強調人際關係的心理動力理論家——解釋這種誇大自我形象，是這些人說服自己，他們是完全自立自足的，不需要和他們的父母或其他人建立溫暖的人際關係的方式（Kernberg & Caligor, 2005; Fonagy et al., 2002）。對各種心理動力理論的支持，研究已發現受虐的兒童，或由於被領養、父母離異或死亡而失親的兒童，以後特別有發展出自戀型人格疾患的風險（Schneider et al., 2007; Kernberg, 1992, 1989）。研究也顯示，此種疾患的人確實認為，其他人基本上是對他們沒有幫助的（Bender et al., 2001）。

有些認知—行為理論家主張，自戀型人格疾患可能是在早期的生活中，別人對待他太好，而不是由負面的排斥發展出來。他們認為有些人養成優越感或自大的態度，是因為他們「讚賞和溺愛的父母」，教導他們「高估自己的價值」，反覆對一些不重要的成就或甚至完全沒有成就，加以獎賞所致（Sperry, 2003; Imbesi, 2000）。

最後，許多社會文化理論家認為，自戀型人格疾患與社會「某些時代的自

戀」有關（Levy et al., 2007; Rivas, 2001）。他們指出，家庭價值觀和社會理想，在某個社會時常發生的瓦解，結果造成某一代的青年以自我為中心、唯物主義及注意廣度不足。尤其是在西方社會中，特別鼓勵自我表現、個人主義、競爭等等，被認為可能造成了自戀的世代。事實上，一個在網路實施遍及全球的研究，發現美國的回應者有最高的自戀分數，依次遞減的是歐洲、加拿大、亞洲及中東的回應者（Foster, Campbell, & Twenge, 2003）。

🍃 自戀型人格疾患的治療

自戀型人格疾患，是所有人格模式中最難治療的一種，因為這些患者不能承認自己的缺點、體會他們的行為對別人的後果，或納入他人的回饋意見（Levy et al., 2007）。尋找治療師諮商的患者，通常是由於有其他相關的疾患，最常見的是憂鬱症（Piper & Joyce, 2001）。在治療中，他們可能試圖操縱治療師，來支持他們的優越感。有些人可能會把他們誇大的態度，投射到治療師身上，而對治療師發展出又愛又恨的態度（Shapiro, 2004; Uchoa, 1985）。

心理動力治療師試圖幫助此種疾患的患者，認清及重構他們基本的不安全感和防衛（Adler, 2000）。認知治療師主要集中於這些患者的自我中心思想，改變患者的注意力到其他人的意見上，同時教他們更理性的解釋別人的批評，增加他們的同理能力，以及改變他們「全有或全無」的觀念（Leahy et al., 2005; Beck et al., 2004）。然而，這些方法都沒有很大的成效。

「焦慮的」人格疾患

「焦慮的」（anxious）人格疾患群，包括迴避型、依賴型，以及強迫型的人格疾患。有這些行為模式者，通常顯示出焦慮及怕懼的行為。雖然這些人格疾患的症狀，很多與焦慮症及憂鬱症非常相似，但是研究人員並沒有發現此群與第一軸向的模式有直接的關聯（O'Donohue et al., 2007）。就像其他大部分的人格疾患，對各種解釋的研究支持非常有限。同時，對這些疾患的治療，顯現出少許到中度的幫助——比其他人格疾患的治療效果，顯然好多了。

迴避型人格疾患

有迴避型人格疾患（avoidant personality disorder）的患者，在社交情境中覺得非常不舒服和抑制、有不適當感，而且對負面的評價過度敏感（APA, 2000）。他們非常害怕被人拒絕，所以乾脆不給任何人有機會來拒絕他們，或接受他們。下面就是這樣的例子：

James 當記帳員已有 9 年，他是在高中畢業以後就從事這份工作。他說他自己從很小的時候就是一個害羞、膽小及安靜的孩子……

James 的上司認為他是一個獨行俠，一個安靜及有效完成工作的古怪年輕人。他們注意到他獨自在公司的餐廳吃飯，而且從來沒有和人喝茶聊天，或是在公司裡哄鬧……

至於他的社交生活，James 從來沒有和女性約會，甚至有 5 年已經沒有參加聚會……現在他把所有空閒時間用來閱讀、看電視、做白日夢及在家裡修理東西。

James 每次碰到新同事來他的部門上班，他就經歷很大的苦惱。他的辦公室大概有 40 個人工作，而且每年大約有 4 到 5 人會轉換……最近幾個月來，一個派系在他的辦公室形成。雖然 James 非常希望變成這個小團體的一份子，但他不敢提出加入派系的要求，因為他認為對這個小團體沒有任何的貢獻，可能會被拒絕。就在短時間內，James 和其他兩三個人，就變成這個派系領導者開玩笑和嘲弄的對象。經過幾個禮拜被人取笑作弄，他開始翹班，不能按時的完成記帳，他發現自己在工作中沒有自信，也造成很多以前沒有發生過的錯誤……

（Millon, 1969, pp. 231-232）

像 James 這種人，會想辦法避免社會接觸。這種社會退縮的情況，重點並不在於社會技能的缺乏，而是他害怕別人的批評、不贊同或排斥。他們在社交情境中非常羞怯及猶豫不決，他們害怕說一些愚蠢的話，或臉紅和行為緊張，使自己非常困窘。甚至在非常親密的關係中，他們對自己的表達也非常小心，害怕被人羞辱或取笑。

有此種疾患的患者，認為自己的外表沒有吸引力，或不如別人。他們過分誇大新情況可能的困難，所以他們很少冒險或嘗試新的活動。雖然他們非常渴望一個親密的關係，但是他們通常沒有或很少有親密的朋友，並經常感覺憂鬱和寂寞。有些人轉而逃避到自己內在的幻想和想像世界（Millon, 1990）。

迴避型人格疾患和社交恐懼症（見第五章）相似，而且很多人有其中的一種疾患，也經驗到另一種疾患（Ralevski et al., 2005）。他們的共同點，包括害怕被羞辱及低自信心。有些理論家認為，它們兩者之間主要的差別是，有社交恐懼症的人，主要是害怕社交「情境」，而人格疾患者是害怕親密的社會「關係」。然而，另外的理論家認為，兩種疾患反映相同核心的精神病態，因此在未來 DSM 的修訂版應該把它們結合在一起（Herbert, 2007）。

約有 1% 至 2% 的成人有迴避型人格疾患，男性與女性的比例相當（O'Connor, 2008; Mattia & Zimmerman, 2001）。很多兒童和青少年也非常害羞，並逃避與他

人接觸，但這通常是他們發展中的正常現象。

迴避型人格疾患的解釋

理論家經常假定，迴避型人格疾患和焦慮症有同樣的原因——如早年的創傷經驗、制約的恐懼、煩亂的信念，或生化的異常。然而，除了社交恐懼症外，研究尚未把人格疾患與焦慮症作直接的連結（Herbert, 2007）。同時，心理動力、認知和行為對此疾患的解釋，在臨床工作人員中最受歡迎。

心理動力理論家，把焦點放在迴避型人格疾患患者普遍的羞愧感（Newman & Fingerhut, 2005; Gabbard, 1990）。有些學者追溯患者兒童時期所經驗的羞辱，如早期大小便的意外事故。如果父母一再處罰和嘲笑孩子大小便的失禁，孩子可能發展出負面的自我形象。這種情形導致個人覺得他的一生都不會被人喜愛，而且不相信別人對他的愛。

同樣地，認知理論家相信，在兒童早期的嚴厲批評和拒絕，可能導致某些人認為，在他們環境中的其他人，會經常負面的批判他們。這種人會期待別人的拒絕，誤解別人的反應來符合那種期待，漠視別人正面的回饋，而且通常害怕社會參與——形成迴避型人格疾患的肇因（Beck et al., 2004, 2001）。在幾個研究中，此種疾患的受試者，被要求去回憶他們的兒童時期，他們的描述支持了心理動力和認知的理論（Herbert, 2007; Grilo & Masheb, 2002）。例如，他們記得被批評、拒絕及孤立；很少得到父母的鼓勵；父母的愛或自豪也很少顯示出來。

最後，行為理論家提出，迴避型人格疾患患者，通常無法發展正常的社交技能，這種失敗促成此疾患的維持。這種立場的支持，在一些研究確實發現，迴避型人格疾患患者中有社交技能缺陷的情況（Herbert, 2007）。然而，多數的行為主義者同意，這種缺陷最初的發展，是個人逃避許多社交情境的結果。

迴避型人格疾患的治療

迴避型人格疾患患者來接受治療，是因為他們希望能得到接納和情愛。不過，讓他們繼續接受治療可能變成一種挑戰，因為很多人不久開始逃避治療課程。他們通常不相信治療師的真誠，而開始害怕被他拒絕。因此，就像其他的幾種人格疾患，治療師的重要工作就是要獲得此人的信賴（Sadock & Sadock, 2007; Millon, 1999）。

除了建立信賴關係之外，治療師治療迴避型人格疾患的方法，跟治療社交恐懼症和其他的焦慮症相去不遠（Svartberg, Stiles, & Seltzer, 2004; Markovitz, 2001）。這些方法至少有少許的成功（Porcerelli et al., 2007; Crits-Christoph & Barber, 2002）。心理動力治療師試圖幫助患者，認識及消除可能起作用的潛意識衝突（Sperry, 2003）。認知治療師要協助他們，改變痛苦的信念和思考、繼續面對痛苦的情緒，以及改善自我形象（Leahy et al., 2005; Beck et al., 2004）。行為治療

師則提供社會技能訓練，及需要患者逐漸增加社會接觸的暴露治療法（Herbert, 2007; Farmer & Nelson-Gray, 2005）。團體治療形式，特別是遵循認知和行為原則的團體治療，進一步提供患者社會互動的演練（Herbert et al., 2005; Piper & Joyce, 2001）。抗焦慮和抗憂鬱劑，有時可用來減少迴避型人格疾患患者的社會焦慮，但是當停止使用藥物之後，症狀會重新出現（Herbert, 2007; Fava et al., 2002）。

依賴型人格疾患

依賴型人格疾患（dependent personality disorder）的患者，有廣泛而過度被照顧的需要（APA, 2000）。結果造成依附及順從行為，及害怕與父母、配偶，或其他有親密關係的人分離。他們對他人依賴太深，以至於自己無法作最小的決定。Matthew 的例子就說明這種情況：

> Matthew 是一位與母親住在一起，34 歲的單身男性，擔任會計師的工作。他來尋求治療是因為和女朋友分手後，變得非常不快樂。他的母親不贊成他的結婚計畫，看得出是由於這位女性的宗教不同。Matthew 覺得陷入困境，並被迫在母親和女友之間作選擇，而因為「血濃於水」，他決定不去違背母親的希望。但是他對自己和母親生氣，認為她絕不會讓他結婚，而且控制他緊握不放。他的母親在家庭「掌權當家」，並且是為所欲為的跋扈女人。Matthew 害怕不同意母親之後，恐懼她不會再支援他，然後他必須自己照料自己。他批判自己太軟弱，但同時也欽佩她的母親及尊敬她的判斷——「畢竟 Carol 可能不適合我」。他在怨恨和「母親最清楚」的態度之間交替。他認為自己的判斷是很差的。
>
> Matthew 的工作，低於他的教育及才能應有的職位幾個等級。由於他不願負起監督他人的責任，或獨立作決定，他拒絕了幾個晉升的機會。他為同一個老闆工作十年，與他也相處得很好，並被高度的評價為可靠及謙虛的員工。他有兩個很親密的朋友，他們從兒童時期就交往。每個工作日他和其中一位朋友吃午餐，假如他的朋友生病而這天沒來，他會感覺失落。
>
> Matthew 是四個孩子中最小的一個，並且是唯一的男孩。他被母親和姊姊「當成嬰兒及溺愛」。他在兒童時有相當大的分離焦慮——除非母親待在房間，否則他很難入睡；輕微的拒學；有時嘗試在朋友家過夜時，不能忍受想家。兒童時由於缺乏自信，被其他的男孩戲弄，並經常被稱為嬰兒。他的一生一直住在家裡，除了有一年的大學，他由於想家而回家……
>
> （Spitzer et al., 1994, pp. 179-180）

有些時候，依賴別人是正常的，也是健康的，但是有依賴型人格疾患的患者

☆ **手機依賴** 許多臨床工作人員相信,手機的激增,已引起人們對這種電子產品廣泛的依賴。他們注意到,就像圖中的女性一樣,很多使用者專心在用手機聯繫,而不是與人直接交往。研究顯示,當人們被迫關掉手機幾分鐘,有些手機使用者,反應出強烈的焦慮和擔心、身體不適、分離感覺及失去自尊(Chaparro, 2004)。

不斷地需要協助,甚至於芝麻小事也需要假手他人,並顯現出極端的不適應及無力感。因為害怕無能力照顧自己,他們會極度的依附朋友或親戚。

我們早先提到迴避型人格疾患患者,很難主動發展人際關係。相反地,依賴型人格疾患患者,則很難跟別人分離。此種人當一種親密關係結束時,就感覺全然無助和不知所措,而且他們會很快的尋求另一個關係,來填補這個空虛。很多人持續的依附在身心受伴侶虐待的關係中。

由於對自己的能力和判斷力缺乏自信,他們很少對他人表示不同意,甚至讓別人來替他們作重要的決定(Bornstein, 2007; APA, 2000)。他們依賴父母或配偶來決定要住在哪裡、要做哪種工作,或哪一種鄰居可以做朋友。因為太害怕被拒絕,他們對不贊同極度的敏感,而且會盡力想辦法來符合別人的希望和期望,甚至自願從事貶低身分或不愉快的工作。

很多依賴型人格疾患的患者,覺得很痛苦、寂寞及悲傷,他們經常不喜歡自己。因此,他們有憂鬱症、焦慮症及飲食疾患的風險(Bornstein, 2007)。他們的分離恐懼及無助感,使他們很容易有自殺想法,特別是他們認為跟別人的關係即將結束時(Kiev, 1989)。

研究指出,超過 2% 的人口遭遇依賴型人格疾患(Mattia & Zimmerman, 2001)。多年來,臨床工作人員相信,女性出現這種模式比男性多(Anderson et al., 2001),但是有些研究指出,此種疾患在男性中也十分的普遍(APA, 2000)。

🌿 依賴型人格疾患的解釋

心理動力對依賴型人格疾患的解釋,跟對憂鬱症的解釋非常相似。例如,依循 Freud 的理論家認為,口腔期性心理發展的衝突沒有解決,可能引發終身在關懷和照顧方面的需求,因此升高依賴型人格疾患的可能性(Bornstein, 2007, 2005)。同樣地,客體關係理論家說,早年的失親或被拒絕,可能妨礙正常的依附和分離經驗,使某些兒童在他們的一生,持續害怕被遺棄。相反地,另外的心理動力理論家指出,許多此疾患患者的父母,過度介入與過分保護,因此增加他們孩子的依賴、缺乏安全感,以及分離焦慮(Sperry, 2003)。

行為主義者認為，依賴型人格疾患患者的父母，在無意間獎勵孩子的依附和忠實行為，而也同時處罰獨立的行為，這種處罰也許透過收回對孩子表示愛。另一方面，有些父母本身的依賴行為，可能提供孩子一個榜樣（Bornstein, 2007）。

最後，認知理論家發現兩種不適應的態度，有助於產生及維持此種疾患：(1)「對應付世界，我是不適當及無助的」；以及(2)「我必須找一個人提供保護，如此我才能夠對付這個世界」（Beck et al., 2004, 2001）。二分法（非黑即白）的思考方式，也可能扮演重要的角色：「假使我是依賴的，我必定是完全無助的」，或「假使我是一個獨立的人，我就會孤單」。這類想法，阻止此疾患患者獨立自主的努力。

依賴型人格疾患的治療

在心理治療中，有此人格疾患的患者，通常把他們的治療責任和福祉，放在臨床工作人員身上（Gutheil, 2005）。因此，治療的重要工作，是要幫助病人接受他們應負的責任。因為配偶或父母擅權的行為，可能助長病人的症狀，所以有些臨床工作人員也提出伴侶或家族治療，或甚至對他們的配偶或父母分別治療（Nichols, 2004; Links et al., 2004）。

對依賴型人格疾患的治療，可以說效果不大。心理動力治療法對這種模式的治療，集中於和治療憂鬱症病人相似的問題，包括把依賴的需求移

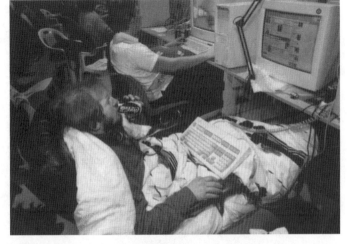

✪**網路依賴** 新名詞「網路上癮」已加入臨床的用語，用以描述過度的使用電腦及依賴，而嚴重的干擾日常生活。這種模式已與依賴型人格疾患、物質上癮、強迫性疾患，及衝動控制疾患等連結在一起。研究指出有1%的人表現此模式，導致有些理論家認為，「網路依賴」應列入DSM下一版的新類別中（Block, 2008; Young, 2007, 2005）。

情到治療師的身上（Sperry, 2003; Gabbard, 2001）。認知—行為治療，是結合行為和認知的方法，幫助患者控制他們的生活。在行為治療目標，治療師通常提供自我肯定訓練，來幫助患者更適當的表達他們在人際關係的希求（Farmer & Nelson-Gray, 2005）。在認知治療目標，認知治療師試圖幫助患者，挑戰及改變他們無能力和無助的假定（Beck et al., 2004; Freeman, 2002）。抗憂鬱藥物治療，通常對那些人格疾患伴有憂鬱症的人有幫助（Fava et al., 2002）。

最後，就像迴避型人格疾患一樣，團體治療模式通常是有效的，因為它提供患者從一些同伴中得到支持的機會，而不只從單一支配者得到支持（Perry, 2004; Sperry, 2003）。此外，團體的成員，當他們練習以適當的方法來表達他們的感受及解決問題時，可以作為彼此的榜樣。

強迫型人格疾患

　　強迫型人格疾患（obsessive-compulsive personality disorder）的患者，過度
專注於秩序、完美及控制，以至於失去所有的彈性、開放性及效率。他們堅持每
一件事情都要做得正確，因此損害他們的生產力，就像 Wayne 這個個案：

> 　　Wayne 在經過幾個月無法入睡的夜晚，逐漸發現身體動彈不得，以及在
> 工作上無決斷力後，被建議尋求治療師的協助。第一次看到治療師的時候，
> 他描述極端的自我懷疑及罪惡感，及長時間的緊張和擴散的焦慮。在治療的
> 開始，他說他以前也常經驗到這些症狀，但現在這些症狀比以前更加嚴重。
>
> 　　他最近突然增加不舒服的狀態，是來自於即將到來的學術職位變遷。新
> 的行政官員在這學院內使出他們的權威，要他辭去院長的職務，只擔任一般
> 系上的教學工作。在早期的療程中，Wayne 提到他怕再面對教室內的學生，
> 懷疑他是否能安排好他的教材，也懷疑他是否能適當的控制教室內的紀律，
> 並使學生對他的授課發生興趣。太過分專注於這些事情，他相信會影響到他
> 的全神貫注及完成目前的責任。
>
> 　　Wayne 在任何時候，對行政長官把他降級都不表現憤怒。他一再宣稱他
> 完全相信他們理性的決定。但當他與行政人員面對面的時候，他說話結巴，
> 而且非常的怯懦。
>
> 　　Wayne 是兩個孩子中的老二，比他的哥哥小三歲。他的父親是一位成功
> 的工程師，而他的母親是高中的老師。他們兩人都是「有效率、做事有條理
> 及非常嚴格」的父母。在家裡的生活「非常的有計畫」，「每天和每週都公
> 布出責任表」，而且「度假在一年或兩年之前就預先安排」。每樣事情都是
> 井井有條，沒有任何一件事是會偶發的……Wayne 從小就採取「好孩子」的
> 形象。沒有辦法在體能上、智力上，或社會關係上和他的兄長挑戰，他變成
> 「美德的模範」。他藉著精密細心、認真謹慎、講求方法及守秩序，能避免
> 和完美主義的父母對抗，有時候因為這樣可以得到較好的對待。他服從父母
> 的勸告，把他們的引導奉為聖旨，而且在他們點頭贊成之前，決不輕舉妄
> 動。雖然他記得在 6 歲或 7 歲之前和他的哥哥有過一次的打架，但從此以後
> 他就控制憤怒，而不再使他的父母親生氣。
>
> （Millon, 1969, pp. 278-279）

　　Wayne 過度的專注於規則和秩序，而且要把事情做得精確，因此無法從整體
來看事情。當他面對一個工作的時候，他和其他的強迫型人格疾患者，可能專注
在組織和細節，而不能理解活動主要的目的。結果他們的工作往往無法如期達成

（有些人甚至不能完成工作），他們也可能忽視休閒活動和友誼。

　　有強迫型人格疾患的人，會為自己和他人設定一個不合理的高標準。他們對自己的表現從未感到滿意，可是他們通常拒絕尋求幫助，或跟小組一起工作，因為他們認為別人都很粗心，或是沒有能力把這個工作做得很好。因為他們太害怕犯錯，所以他們可能不願作出決定。

　　這種人也有僵化和頑固的傾向，尤其在道德、倫理，以及價值觀方面。他們的生活嚴守個人的規則，而且把它作為衡量別人的標準。他們經常無法表達感情，而且他們的人際關係有時是不自然及表面的。此外，他們在時間和金錢上經常表現得很吝嗇。有些人甚至無法拋棄舊的或無用的物品（APA, 2000）。

　　在一般人口中約 1% 至 2% 的人，顯示有強迫型人格疾患，而白人、受過良好教育、已婚，以及有工作的人，最常得到這種診斷（Bartz et al., 2007; Mattia & Zimmerman, 2001）。顯現這種疾患的男性，可能為女性的兩倍。

　　很多臨床工作人員相信，強迫型人格疾患和強迫症（焦慮性疾患的一種）有密切的關聯。的確，這兩種疾患有一些共同的特性。而且，很多罹患其中一種疾患的人，也符合另一種疾患的診斷標準（Albert et al., 2004）。不過，值得注意的是，人格疾患的患者更可能罹患重鬱症、廣泛性焦慮症或物質關聯疾患，而不是強迫症（Pinto et al., 2008）。事實上，研究人員尚未發現，強迫型人格疾患與強迫症有特殊的關係（Nydegger & Paludi, 2006; Albert et al., 2004）。

強迫型人格疾患的解釋

　　大部分強迫型人格疾患的解釋，多數借用強迫症的解釋，雖然這兩種疾患之間的關聯，依然存在著懷疑。就像許多其他的人格疾患一樣，心理動力的解釋占主要的地位，但研究的證明相當有限。

　　依循 Freud 的理論家提出，強迫型人格疾患患者，是肛門期的退化作用。那就是，因為在肛門期受到過分嚴厲的便溺訓練，他們充滿了憤怒，於是就滯留及固著在此階段。為了控制他們的憤怒，他們持續的抗拒自己的憤怒以及排泄的本能。結果他們變為過度的守秩序及抑制；很多人變成熱衷的收集家。其他的心理動力理論家指出，任何早年和父母親爭取控制和獨立的競爭，也可能引發此種人格疾患根源的攻擊衝動（Pinto et al., 2008; Bartz et al., 2007）。

　　認知理論家對強迫型人格疾患的起因，沒有提出多少見解，但是他們認為不合邏輯的思考過程，可能幫助它的持續（Beck et al., 2004, 2001）。例如，他們指出二分法思考，可能產生僵化和完美主義的現象。同樣地，他們指出有此種人格疾患的人，對犯錯或錯誤的可能結果，會錯誤的解釋或過分誇大。

強迫型人格疾患的治療

　　有強迫型人格疾患的患者，通常不會意識到自己有什麼問題。因此，他們不

會尋求治療，除非他們也罹患其他的疾患（最常見的是焦慮疾患或憂鬱症），或除非跟他們很接近的人，堅持他們必須接受治療（Bartz et al., 2007）。強迫型人格疾患患者，經常對心理動力或認知治療，有較良好的反應（Pinto et al., 2008; Bartz et al., 2007; Beck et al., 2004）。心理動力治療師通常試圖幫助他們認清、經驗，並接受他們潛在的感覺及不安全感，甚至要冒接受他個人能力的限度之險。認知治療師把重點放在幫助患者，改變他們的二分法思考（全有或全無）、完美主義、優柔寡斷、拖延，以及長期的憂慮。最後，一些臨床工作人員報告，強迫型人格疾患患者，就像強迫症患者一樣，對提高血清素的抗憂鬱劑 SSRIs，有良好的反應；然而，研究人員尚未對此問題直接的研究（Pinto et al., 2008）。

多元文化因素：研究的忽視

根據DSM-IV-TR，作為人格疾患的典型診斷，「必須顯著的背離個人文化的期望」。由於文化定義這些疾患的重要性，在一些地區卻很少實施多元文化研究，確實引人注目（Sherry & Whilde, 2008）。當一切都說過和做過，臨床理論家也產生懷疑，但是沒有令人信服的證據，表明存在著文化上的差異，或這些差異在人格疾患方面的了解及治療是重要的（Bender et al., 2007）。

研究者特別關注邊緣型人格疾患，在多元文化研究上的缺乏；此障礙的特徵是極端的情緒波動、爆發強烈的忿怒、自傷行為、害怕被遺棄、空虛感、不確定的人際關係及認同混亂；許多理論家確信此疾患有性別和文化差異，因而這種疾患的發展和診斷特別重要。

大約有75%的人，得到邊緣型人格疾患診斷的是女性。雖然女性可能在生物上更有患此疾患的傾向，或是診斷偏見而產生。這種性別差異可能是，許多女性在兒童時蒙受異常創傷的反映。例如，我們曾提到邊緣型人格疾患患者的童年期，充滿情感創傷、受害、暴力及虐待，有時是性虐待。一些理論家認為，這種經驗是邊緣型人格疾患的必要條件。在我們的社會中女性特別會遭遇這種經驗，而且，事實上把這種障礙，當作創傷後壓力疾患的特殊形式，來看待和處理更為適當 （Sherry & Whilde, 2008; Hodges, 2003）。然而，由於缺乏系統的研究，這種替代的解釋，仍然未經試驗，且相應的治療也未發展。

在有關的脈絡上，由於兒童期的經驗通常先於邊緣型人格疾患，有些多元文化理論家認為，這種疾患事實上是持續的邊緣感、無能為力感及社會失敗的反應（Sherry & Whilde, 2008; Miller, 1999, 1994）。也就是這種疾患更可能被歸因於社會不平等（包括性別偏見、種族歧視，或對同性戀的恐懼），而不是心理因素。

對這些可能性，最近有一些邊緣型人格疾患的多元文化研究已經實施。一個是，研究人員評估美國各地，不同種族臨床人口人格疾患的盛行率（Chavira et al., 2003）。此研究發現，拉丁美洲裔患者比白人或非裔美國人，具有更多邊緣型人

格疾患的診斷標準。是否拉丁美洲裔的人，通常比其他的文化族裔，更可能顯示這種疾患？假定是這樣，為什麼？

最後，一些多元文化理論家認為，列在 DSM-IV-TR 的邊緣型人格疾患的特徵，可能在某些文化是完全被接受的特性和行為。例如，在波多黎各的文化，男人被期望顯示非常強烈的情緒，像憤怒、攻擊，以及性吸引力（Sherry & Whilde, 2008; Casimir & Morrison, 1993）。這些以文化為根基的特徵，有助於解釋在拉丁美洲裔當中，發現較高比率的邊緣型人格疾患患者嗎？這些文化為主的特徵是否也有助於解釋，此種疾患在拉丁美洲裔男性和女性有相似的比率，相反地，其他文化族裔女性與男性的比率是 3 比 1（Chavira et al., 2003; Akhtar et al., 1986）？此類文化之下的問題，需要更多人格疾患的多元文化研究。

DSM-IV-TR 的分類引起什麼問題？

今天多數的臨床工作人員承認，人格疾患是重大及困擾的行為模式。但是這些障礙的診斷非常困難，而且容易發生錯誤的診斷。這些難題，顯示 DSM-IV-TR 的分類，在效度（正確性）和信度（一致性）有嚴重的問題（Fowler et al., 2007）。

其中一個問題是，有些用來診斷人格疾患的標準，是無法直接觀察的。例如，要區分妄想症和類分裂型人格疾患，臨床工作人員不但要問此人是否逃避建立密切的關係，而且要問為什麼。換句話說，症狀的診斷往往過分依賴臨床工作人員的主觀解釋。另外一個相關問題是，在判斷一個正常的人格型態，如何跨過界線而應被稱為疾患，臨床工作人員的看法有極大的不同（Widiger, 2007）。有些人甚至認為，把人格型態當作心理疾病，就算他們多麼不易處理，也是錯誤的作法。

在同一組群內的人格疾患有很多相似性，甚至在兩個組群之間也有相似的地方，也引起另一個問題（Widiger, 2007）。例如，在 DSM-IV-TR 內的「焦慮」群裡，迴避型人格疾患和依賴型人格疾患的症狀之間，就有很多重疊的地方。兩者都同樣的有不適當感、害怕別人不贊同等等，臨床工作人員作出不同疾患的診斷，是否合理呢？同時，許多邊緣型的特性（「戲劇化」群），卻在依賴型人格疾患（「焦慮」群）患者身上發現，顯示這兩種疾患只是一種基本模式的不同版本而已。

事實上，有些研究人員指出，人格疾患的患者通常符合幾個人格疾患的診斷標準（O'Connor, 2008; Langenbucher & Nathan, 2006）。當同一個人出現兩種或更多的人格疾患，是否不同的疾患代表多重的精神病狀，或一個單獨潛在的病狀，目前尚不清楚。

DSM-IV-TR 分類的另一個問題是，有些人格相當不同的人，可能具備相同人

格疾患的診斷條件（Fowler et al., 2007; Widiger, 2007）。一個人必須符合 DSM-IV-TR 中的一些標準，才能得到特定的診斷，但並不是單一的特性就構成任何診斷的條件。例如，邊緣型人格疾患的診斷，需要出現 9 個可能症狀中的 5 個。此意味著 126 個不同症狀的組合，可以描繪有此障礙者的特性（Skodol, 2005）。

　　部分是由於這些問題，臨床工作人員不斷地修改診斷標準，用來更精確地評定每個人格疾患。事實上，這種診斷的分類本身已修改不只一次，而且毫無疑問的，以後還會再修改。例如，在 DSM-IV-TR 除去以前的一類——**被動攻擊性人格疾患**（passive-aggressive personality disorder），一種負面態度和消極抵制他人要求的模式。除去的原因是，研究無法顯示出這不只是單一的特質而已。這種模式現在正在更仔細而深入的研究，也可能包含在將來的 DSM 新版中。

對人格疾患的分類有更好的方式？

　　鑑於這些問題，今天 DSM-IV-TR 的方法，在人格疾患的主要評論是，其分類系統是使用種類（categories）來界定人格疾患——而不是用向度（dimensions）（Widiger, 2007）。就像電燈的開關，不是開就是關。DSM-IV-TR 絕對的分類法是假定：(1) 人們有問題的人格特質，不是出現就是沒有；(2) 個人的人格疾患，或者出現，或沒出現；及 (3) 一個患有人格疾患者，除人格特質的違常外，沒有其他明顯的困擾。

　　許多的理論家不贊同這些假定，認為人格疾患事實上並不是功能失常的形式，而是在程度的不同而已。因此他們建議，人格疾患應該根據某些重要人格特質（或向度）的嚴重性來分類，而不是根據某些特殊的特質出現，或未出現來作診斷（Widiger, 2007, 2006）。在這種方法，每一種重要特質（例如，愉悅性、誠實或自我），將被視為是沿著一個連續系列的不同現象，其間正常和異常之間沒有清楚的界線。人格違常者是那些在幾個主要特徵，顯示極端程度的人——這種程度在一般人口並不常見。

　　我們都可能產生廣泛的特質或向度清單，在此清單上我們的朋友各不相同。例如，他們細思問題、與人社交、輕率花錢，及喜愛輕音樂的程度不同。顯然地，有些向度在個人的功能上，比其他的向度更顯著。哪些重要的人格向度，臨床工作人員可用來確認有人格問題的人？一些理論家認為，他們應依賴「大五」（Big Five）人格理論確認的向度——這種向度理論已被多數的理論家研究。

「大五」人格理論和人格疾患

　　大量實施在不同人口的研究，一致指出人格的基本結構可能包含五個「超特質」或因素——神經質（neuroticism）、外向性（extroversion）、對經驗的開放性（openness to experience）、友善性（agreeableness）及嚴謹性（conscientiousness）（Costa & McCrae, 2005）。這些因素的每一種常被稱為「大五」，它包含一些子因素，例如，焦慮和敵意，是神經質因素的子因素，而樂觀與親切，是外向性因素的子因素。理論上來說，每個人的人格可以用這些超特質的組合概述。因此，一個人可能顯示高度的神經質和友善性、中度的外向性，以及低度的嚴謹性和對經驗的開放性。相反地，另一個人可能顯現高度的友善性和嚴謹性、中度的神經質和外向性，以及低度的對經驗的開放性等等。

許多五因素模式的擁護者進一步提出，描述所有人格疾患者最好的方式，是在五個超特質中，分高、中、低程度，並完全放棄目前 DSM 使用的人格疾患分類（Clark, 2005; Costa & McCrae, 2005）。因此，一個目前被診斷為迴避型人格疾患的人，可能的描述替代為：出現高度的神經質、中度的友善性和嚴謹性，以及低度的外向性和對新經驗的開放性。同樣地，一個目前被診斷為自戀型人格疾患的人，在五因素向度法的描述，可能是顯示非常高度的神經質和外向性、中度的嚴謹性和對新經驗的開放性，以及非常低度的友善性。

替代的向度方法

雖然今日的臨床理論家同意，以向度方法反映人格病狀，比 DSM-IV-TR 的分類法更準確，但是並非所有的人認為，「大五」模式是最有用的向度方法（Fowler et al., 2007）。有些人憂慮五因素模式包含太少的特質從屬，而其他人則指出，簡單的從屬等級表，不能掌握人格疾患者的複雜問題。因而，替代的向度模式已被提出（Bagby et al., 2005; Widiger & Simonsen, 2005）。一個此種模式是由研究者 Jonathan Shedler 及 Drew westen（2004）所發展，他們確認 12 個廣泛因素，而不是 5 個——這些廣泛因素，是共同由 200 個描述性陳述語句組成。如「個人傾向於引誘他人的喜愛」、「個人傾向於陷入權力之爭」及「個人的情緒傾向於快速改變及誇張」。臨床工作人員描述一個人格疾患者，是經由量表上 200 個語句中的每一個，從 0 到 7 作評定。研究指出，這種結果的描述，能有效的掌握人格功能失常的複雜性，同時提供數值的分數，可被使用在人格疾患的系統研究（Westen & Muderrisoglo, 2006; Shedler & Westen, 2004）。

雖然許多有影響力的理論家，預料下一版的 DSM（DSM-V）將使用一些這樣的模式，而不是目前的分類模式，但是這些被建議的人格病狀向度模式，會領先到何種程度，尚不能確定（Widiger, 2007）。至少目前的爭論再次指出，多數的臨床工作人員認為，人格功能失常是重要的異常類型，必須更適當的了解和治療。

 ## 整合：人格疾患的再發現

在二十世紀的前半期，臨床工作人員深信，我們所謂的人格有一種獨特的、

持久的型態，他們也試圖去界定重要的人格特質。然後他們發現，人們很容易在情境中塑造他們自己，而且是反向發展。有關人格的觀念，似乎喪失它的合法性，而且有一段時期，在某些圈子裡面，它幾乎變成一種令人厭惡的字眼。人格疾患的臨床分類，也經驗到相似的排斥。當心理動力及人本主義理論家主導臨床界時，神經質性格違常（neurotic character disorders）——一套診斷類似今天的人格疾患，曾被認為是有用的臨床分類（Millon et al., 2000）。但是，當其他的模式增加影響力時，它們的普遍性下降。

過去二十年期間，對人格與人格疾患的嚴重關注回升（Lenzenweger & Clarkin, 2005）。在一個接一個個案中，臨床工作人員下結論說，僵化的人格特性似乎確實造成特殊的問題，他們也發展出新的客觀的測驗和面談指引，來評估這些疾患，造成一波有系統的研究（O'Connor, 2008; Weiner & Greene, 2008）。到目前為止，只有反社會型人格疾患以及邊緣型人格疾患，受到大量的研究。然而，其他的人格疾患模式也引起研究人員的注意。臨床工作人員應該更能夠回答某些緊迫的問題：不同的人格疾患有多普遍？目前的分類有多大的用處？哪些治療最有效？

最重要的一個問題是：「為何有些人發展出困擾的人格模式？」就如前述，到目前為止，心理的理論比生物及社會文化的理論，提供最多的看法，但是這些提出的解釋，並不是非常精確，而且它們沒有得到強力的研究支持。由於目前熱衷在生物的解釋上，遺傳與生物因素，開始受到相當多的研究，這些改變不久應能幫助研究人員，確定生物和心理成因之間可能的交互影響（Herbert, 2007）。我們希望社會文化因素也能得到更多的研究。就像我們看到的，社會文化理論家只是偶爾提供人格疾患的解釋，然而，社會文化因素可能在這些疾患上扮演重要的角色，而應該更仔細的調查，每種被診斷為人格疾患的模式，跟一個人的文化期望，是否有顯著的差異。

無疑地，未來在人格疾患的解釋和治療，會帶來重大的改變，而且人格疾患的分類也可能經歷新改變。不過，這些改變更可能根據研究，而不是根據臨床的直覺。很多人被套牢在僵化及適應不良的人格特性中，這些改變將對他們造成重大的差異。

 摘要

● **人格疾患**　人格疾患（personality disorder）是內在經驗和外在行為，缺乏彈性的模式。這種模式是廣泛和持久的，與社會的標準有顯著的差異，而且造成痛苦或損傷。多數人格疾患的解釋，只得到有限的研究支持。DSM-IV-TR區分十種人格疾患，並把它們分為三個組群（clusters）。

● **「怪異的」人格疾患**　此群的三種人格疾患，顯示出古怪和異常的行為，常發現於第一軸向疾患中的精神分裂症。有妄想型人格疾患（paranoid per-

sonality disorder）患者，顯示廣泛的不信任和多疑模式。類分裂型人格疾患
（schizoid personality disorder）患者，會持續的避免社會關係，很少或沒有社會
興趣，並很少顯示情感的表現。分裂病型人格疾患（schizotypal personality dis-
order）患者，顯示出廣泛的人際關係問題，他們在親密的關係中，表現極端的不
自在、有很奇特的行為及思考方式，以及行為非常的古怪。具有這三類疾患的
人，通常會抗拒治療，而且治療的效果往往不顯著。

　　●「戲劇化的」人格疾患　　此群的四種人格疾患，顯示出高度的戲劇化、
情緒化，或反覆無常的症狀。反社會型人格疾患（antisocial personality disorder）
患者，顯示出忽視和侵犯他人權利的模式。沒有任何一種治療，對此疾患有顯著
的效果。邊緣型人格疾患（borderline personality disorder）患者，顯示在人際關
係、自我形象、情感的不穩定，及極端的衝動模式。治療顯然地有幫助，而且會
導致某些方面的進步。戲劇型人格疾患（histrionic personality disorder）患者（過
去稱為歇斯底里人格疾患），顯示出極端的情緒化，及尋求被注意的模式。臨床
的個案報告顯示，對他們的治療有時有效果。最後，自戀型人格疾患（narcissistic
personality disorder）患者，顯示出誇大、需求被讚美及缺乏同理心的模式。它是
一種最難以治療的人格疾患。

　　●「焦慮的」人格疾患　　此群的三種人格疾患，顯現出發現在第一軸向的
焦慮症和憂鬱症的症狀。迴避型人格疾患（avoidant personality disorder）患者，
一再地在社交情境中顯示出不自在或抑制，他們過度的感覺自我能力不足，及對
負面評價過分的敏感。依賴型人格疾患（dependent personality disorder）患者，持
續的需要被照顧。他們很順從及依附他人，而且害怕分離。強迫型人格疾患（ob-
sessive-compulsive personality disorder）患者，特別專注於秩序、完美和控制，以
至於喪失他們的彈性、開放性和效率。目前對這些人格疾患已發展出各種的治療
策略，而且有少許到中度的效果。

　　●多元文化因素　　儘管DSM-IV-TR在界定人格疾患時，重視文化因素，但
是有關性別和其他多元文化的研究相當少。然而，許多臨床工作人員認為，多元
文化因素在人格疾患的診斷和治療，扮演重要的角色，而且最近研究人員對這種
可能性開始研究。

　　●DSM-IV-TR 分類引起的問題　　似乎 DSM-IV-TR 的人格疾患，往往被人
作不適當的診斷，指出診斷的分類在效度（validity）和信度（reliability）有嚴重
的問題。由於DSM-IV-TR的分類方法，引起重大的問題，現今一些理論家認為，
人格疾患的描述和分類應該以向度方法替代，如五因素模式（five-factor-model）。

第十七章

兒童期與青少年期
的疾患

　　Billy 是一個 7 歲的男孩，由他的母親帶去心理健康診所，因為「他非常不快樂，而且經常抱怨說他生病了」。……他的母親描述 Billy 是一個從來沒有快樂過，以及從來不想和其他人一起玩耍的孩子。從他進入托兒所開始，他就抱怨肚子痛、頭痛，以及各種不同的生理問題……。

　　Billy 在一年級時各方面表現得不錯，但是現在升上二年級，完成功課就有困難。他要花許多時間寫功課，而且經常覺得要重新寫一次，以使它們達到完美。因為 Billy 經常有身體的病痛，每天早上都很難叫他去上學。如果讓他留在家裡，他又擔心學業會落後。他去學校上學，但是經常不能做功課，這使他對自己的情況覺得無望……。

　　他的擔憂超越了學校的範圍，他也經常依戀父母，並對父母提出很多的要求。他很害怕如果父母親太晚回家，或是他們離家到某些地方去，而他如果沒有跟著去，就擔心有些事情可能會發生在父母身上……。

　　雖然 Billy 的母親承認，他從來沒有真正的快樂過，但是她覺得在過去的六個月，他更加的憂鬱。他經常躺在家裡，說他實在太累了，什麼事也不能做。他對遊戲一點也不感興趣。他的胃口也一再地減少。他晚上難以入睡，而且在半夜經常醒來，或是一大早就醒來。三個星期以前，他談到他第一次有輕生念頭。

（Spitzer et al., 1994）

　　9 歲的 Eddie 由於過動和衝動行為，去年休學了兩次。最近，他爬到教室天花板上的吊燈，當他無法下來時引起騷亂。他的老師抱怨，只要 Eddie 在教室裡，其他孩子就無法專心，因為他會不停的走動。甚至他坐在位子上，快速的腳和手的動作，也會干擾其他的孩子。由於 Eddie 衝動和過動行為，他幾乎沒有朋友，也沒有和其他同學玩遊戲。放學之後，他喜歡和狗玩，或一個人騎腳踏車。

　　Eddie 的母親報告，他從幼童開始就極端的好動。在他 3 歲時，每天 4 點半就醒來，在沒有人看管下自己下樓。有時他破壞廚房或客廳，有時他會自己離開房子。在他 4 歲時，有一次清晨被發現獨自走在熱鬧的街上。幸運的是，在他走入車流之前被一位路人救回。

　　由於好動和衝動，Eddie 被托兒所拒絕之後，他進入了幼稚園，並開始一段艱難的歲月。一年級和二年級，他參加一個特殊行為方案。三年級他被允許進入正常的班級，以資源教室模式來協助他的行為。

（Spitzer et al., 1994）

　　Billy 和 Eddie 兩人都顯現心理的疾患。他們的疾患瓦解了他們的家庭關係、學業成就及社會關係，但是每一種疾患以特殊的方式表現，並且有特殊的原因。Billy 可能被診斷具有重鬱症（major depressive disorder），不斷的與悲傷、擔心、完美主義，以及腹痛和其他的身體疾病奮鬥。另一方面，Eddie 則是無法集中注

意力，過分活動及衝動——包含注意力缺失／過動疾患（ADHD）的困難。像 Billy、Eddie 和其他 ADHD 的孩子，可能經驗陣發的不快樂，但是 Eddie 等人的這種感覺，是由一再的受到批評和社會非難所引起；反之，Billy 的不快樂是他疾患的核心——主要是由他的疾病和功能損傷引起。

異常的功能，可能發生在生命的任何時段；不過，某些異常模式，較可能出現在某個特殊的時期——例如，在兒童時期或另外一個端點，也就是老年期。本章將探討兒童期或青少年早期開始的疾患。在下一章將討論老年常見的問題。

兒童期與青少年期

理論家經常視生命是從出生到死亡的道路，一連串階段的歷程。多數人以同樣的順序通過這些階段，然而，每個人有個人的速率及方法。正如第三章所述，Freud 認為每個兒童都經過五個同樣的階段——口腔、肛門、性器、潛伏及性徵期。最具有影響力的心理動力理論家 Erik Erikson（1963），補充說明老年期是個人生命中最有意義的階段之一。雖然有些理論家可能對這些體系的細節不完全贊同，但是多數人同意，在我們生命的每個階段都會遭遇到重大壓力，我們是成長或衰退，就根據我們如何應付這些壓力而定。每一個階段都提供許多功能失常的機會，不管是由於生物的缺陷、心理的掙扎，或特別的環境壓力。

人們經常想到兒童時期是個無憂無慮的快樂時光——然而它也可能是一個令人恐懼及令人煩惱的一段時期。事實上，各種不同文化的兒童，都經驗到一些情緒和行為的問題，尤其是在他們遇到陌生人和新情境時。調查顯示，憂慮是一種常見的經驗：接近半數的美國兒童有多重的恐懼，特別是有關學校、健康，以及個人的安全（Beidel Turner, 2005; Szabo & Lovibond, 2004）。而尿床、作惡夢、發脾氣及坐立不安，是很多兒童所經驗到的其他問題。

青少年期也是一個困難的時期。身體和性方面的改變、社交和學業壓力、個人的疑慮，以及外界的誘惑，使許多少年覺得焦慮、困惑和憂鬱（Weisz et al., 2006; King et al., 2005）。今天的少年們，雖然通常是很快樂的、樂觀的，而且經常是精神飽滿的，但是也可能比起幾十年前的青少年，更覺得不信任他人、更敏感，以及和家人更疏離（Begley, 2000）。

除了這些常見的心理困難外，在北美洲至少有五分之一的兒童與青少年，也經驗到可診斷出的心理疾患（Steele, Roberts, & Elkin, 2008）。雖然多數的成人心理疾患，在女性更為常見，然而有疾患的男孩數量超過女孩。有些兒童的疾患——兒童焦慮症、兒童憂鬱症，以及決裂性行為疾患，和成人的症狀也很相似，只是在重要的方面有明顯的區別。其他的兒童期疾患——例如，排泄性疾患——通常在成年期就會消失或完全的改變型態。另外也有些疾患，在出生或兒童期開始，會持續以穩定的模式進入成年期。這些包括智能障礙和自閉症，前者

是指在智能上廣泛的障礙，後者的特徵是缺乏對環境的反應。

兒童期的焦慮問題

焦慮，就某種程度而言，是兒童時期生活中正常及常見的部分。由於兒童的經驗比成人少，他們的世界經常是新的及可怕的。他們可能為一些普通的事件感到恐懼，如剛剛入學；或經驗特殊的苦惱，像搬到新房子或是嚴重的生病。此外，每一代的兒童也面對新的焦慮來源。例如，今天的兒童一再被警告，他們在家裡或學校中，都有網上漫遊或網路連線的危險、被綁架、被人唆使吸毒及遭遇恐怖行動的危險。他們在網路、電視或電影，一再被暴力的影像疲勞轟炸。甚至一些童話故事或兒歌，都包含攪亂許多兒童的恐懼影像。

✪ **啊，可怕的第一天！**　上幼稚園的第一天，是兒童或母親也無法招架的情況，母親要努力安撫她的孩子。這種焦慮反應通常發生在幼童，他們開始上學而必須暫時和父母分離時。然而，4%的兒童有廣泛的焦慮，以及表現分離焦慮症。

因為兒童非常依賴他們的父母，作為情緒的支持和指導，他們也可能受到父母問題或不適當極大的影響（Baldwin & Dadds, 2008; Barrett & Shortt, 2003）。例如，父母通常對某些事件反應出高度的焦慮，或對孩子過分的保護，那麼這些孩子也許更可能對世界發展出焦慮反應。同樣地，假使父母親一再地排斥、使孩子失望、避開他們的孩子，那麼這個世界對他們，就變成一個不愉快及使人焦慮的地方。假如父母離婚、嚴重的生病，或必須離開孩子一段長時間，可能產生兒童期的焦慮。

促成兒童期或青少年期的焦慮，不是只有這些因素（Baldwin & Dadds, 2008）。有些兒童在遺傳上證明，有焦慮氣質的傾向。此外，同儕關係會擾亂許多兒童。並且兒童期的醫療問題，可能產生相當大的焦慮。

兒童期焦慮症

對一些兒童來說，焦慮會變成慢性的，而且使人虛弱、干擾日常的生活及適當運作的能力，這些兒童可能罹患焦慮症。調查顯示，10% 和 21% 之間的所有兒童和青少年，顯現焦慮症（Baldwin & Dadds, 2008; Costello et al., 2003）。有些兒童期的焦慮症與成人很相似。例如，當兒童經驗特定對象恐懼症，他們的表情及行為，就像成年期的恐懼症一樣。事實上，有些兒童期沒有治療的恐懼症，發展為成人恐懼症。

不過，兒童期的焦慮症與成人的焦慮症，呈現有一點不同的特色。以廣泛性

焦慮疾患來說，特徵是不斷的擔心；社交恐懼症的特徵，是害怕在他人面前出現困窘。要具有這些疾患，個人必須能預期未來的負面事件（失去工作、遭遇車禍、在他人面前頭暈）、具有對他人的洞察力，及認識自己和他人的思想和信念不同。這些認知技能超出年幼兒童的能力，因此，廣泛性焦慮症和社交恐懼症的症狀，兒童要直到 7 歲或大一點才會出現。簡言之，它聽來有些奇特，兒童要直到認知、身體和情緒發展有足夠的優勢，某些焦慮模式才能完全顯露（Bengtsson, 2005; Selman, 1980）。

那麼年幼兒童的焦慮症看起來像什麼？通常他們是受行為和身體的症狀支配，而不是認知的症狀——例如，黏人、睡眠障礙及腹痛（Kendall & Pimentel, 2003）。他們傾向集中注意在特殊的、有時是幻想的物體和事件，如怪獸、鬼或大雷雨，而不是廣泛的擔心未來，或個人在世界的地位。並且它們多半由目前的事件和情境所觸發。

分離焦慮症（separation anxiety disorder）是兒童期最常見的焦慮疾患之一。這種疾患在兒童期是獨特的，開始於學齡前，所有兒童中有 4% 顯現這種症狀（Shear et al., 2006; Beidel & Turner, 2005）。每當離家或離開父母，有此焦慮症的兒童會覺得極端焦慮，經常發生恐慌。Carrie 是一個 9 歲的女孩，由學校的諮商人員把她送到當地的心理健康中心，因為她在學校沒有任何明顯的理由，變得非常焦慮。

> 　　她最初報告，感覺她的肚子不舒服，後來就變得非常的擔心，而且沒有辦法呼吸。她說她實在太緊張了，所以不能待在學校，因此她要媽媽來學校把她帶回去……學校的諮商人員表示，第二天類似的情形又發生，結果 Carrie 又被帶回家去，從此以後她就沒有再回到學校……
>
> 　　在心理健康中心初次評鑑時，她的母親表示 Carrie 太過分緊張，所以不能上學。她說她曾經在很多時機鼓勵她的女兒到學校去，但她似乎很怕上學，而且為這件事感到難過，所以她也就不強迫她上學……當問到 Carrie 是否會獨自到其他地方去，她的母親說 Carrie 不喜歡自己一個人到別的地方去，而且她們母女兩個人通常做什麼事情都在一起。母親繼續說，Carrie 真的是要母親所有的時間陪伴她，當她們母女被分開時，她就會非常生氣。
>
> （Schwartz & Johnson, 1985, p. 188）

類似 Carrie 的孩子，離家到別的地方去會遭遇很大的困難，他們常拒絕到朋友家裡作客、替父母到外面跑腿、參加露營，或到學校去。很多孩子甚至不能單獨待在房間裡，就算在家裡也要黏住父母。有些孩子還會大發脾氣、哭鬧，或要求父母不要離開。這些孩子可能害怕如果和父母分開，就會失去父母或父母會發

生意外或生病。只要兒童接近父母，並且沒有分離的威脅，他們的表現會十分正常。不過，在暗示分離之初，就可能促發戲劇性的症狀模式。

就像 Carrie 的個案，分離焦慮症有時候會進一步出現學校恐懼症（school phobia）或拒學症（school refusal），這是兒童害怕上學，而留在家裡一段很長的時間，常見的問題（Heyne et al., 2002）。不過，很多學校恐懼症的個案，不只是由分離恐懼引起，它也來自社交或課業的恐懼、憂鬱，以及對學校中特殊事物或人的恐懼。

兒童期焦慮症的治療

儘管焦慮症在兒童期和青少年期，有高的盛行率，但許多焦慮的兒童並沒有接受治療（Baldwin & Dadds, 2008）。在接受治療的兒童當中，心理動力的、行為的、認知的、認知─行為的，以及家庭和團體治療，不管是個別的或結合的，已經常被用來治療兒童焦慮症，而且每一種都有相當的成效（Baldwin & Dadds, 2008; Rapee, 2003）。這些治療與第五章所述的成人焦慮症方法類似，但是它們當然要修改配合兒童的認知能力、獨特的生活情境，及有限的生活控制。此外，臨床工作人員會提供心理教育及安排學校介入，治療焦慮症的兒童。臨床工作人員有時也使用藥物治療在一些個案上，特別是抗焦慮劑和抗憂鬱劑，它們經常結合心理治療。藥物治療對兒童期焦慮症似乎有效，但是此種方法，到目前才得到很多研究的注意（Walkup et al., 2008）。

由於兒童通常難以認識或了解他們的感覺和動機，因此很多治療師，特別是心理動力治療師，使用**遊戲治療**（**play therapy**）作為治療的一部分（Hall et al., 2002）。在這種方法中，治療人員讓兒童玩玩具、畫畫，或編故事。這樣做可以透露出在他們生命中的衝突，以及相關的感覺。然後，治療師使用更多的遊戲和想像，來幫助兒童化解他們的衝突，並且改變他們的情緒和行為。此外，因為兒童通常容易受到催眠，所以有些治療師使用催眠治療，來幫助兒童克服強烈的恐懼。

兒童期的情感問題

兒童可能經歷憂鬱症，就像我們在本章開始所討論過的男孩 Billy 一樣，Bobby 也有類似的症狀：

觀察 Bobby 在遊戲室的情形，顯示他的活動狀況，明顯的低於 10 歲兒童所期望的水平。他對很多身邊的玩具表現出缺乏興趣，面談的人也無法使他對任何遊戲維持幾分鐘的興趣。當問他有關家庭和學校時，Bobby 表示他

不喜歡上學，因為他沒有朋友，他不像其他孩子一樣，善於一些運動，如棒球和足球。他說：「我真的不擅長任何事情。」……當別人問他，如果他能夠實現三個願望的話，他會有什麼願望，他回答：「我希望我變成我父母想要的那種孩子、我希望我有朋友，以及我希望我不會感覺這麼悲傷。」

當與他的父母談話時，他的母親描述，她和她的丈夫在過去幾年來，對孩子的情況愈來愈擔心。她表示這個孩子看起來非常的悲傷，沒有任何明顯的理由就會傷心的哭起來，而且他顯示對過去那些很喜歡做的事情，現在已喪失興趣。這位母親證實 Bobby 沒有朋友的說法，她也表示在過去六到九個月之間，他變得愈來愈孤單。她說 Bobby 的功課也一落千丈，因為他無法集中精神在學校的課業上，而且似乎有「喪失興趣的情形」。不過這位母親說她最大的憂慮是，他最近一再地提到「要自殺」，而且說他如果不在這世界，他的父母會過得更好。

(Schwartz & Johnson, 1985, p. 214)

重鬱症

就像 Bobby 一樣，大約有 2% 的兒童及 9% 的青少年，目前經驗到重鬱症（major depressive disorder）。事實上，有 15% 的青少年經驗至少一次的憂鬱症發作（Avenevoli et al., 2008; Curry & Becker, 2008）。

就像焦慮症一樣，很年幼的兒童由於缺乏一些產生憂鬱症的認知技能，因而可以解釋在年幼兒童中的低憂鬱症比率 （Hankin et al., 2008; Weiss & Garber, 2003）。例如，為了經歷通常發現在憂鬱症成人的絕望感，兒童必須證明擁有預期未來的能力，這種技能在 7 歲以前很少完全成長。

然而，假定生活情境或生物傾向足夠顯著，即使極年幼的兒童有時也會經歷嚴重及持久的日趨向下心境（Cummings & Fristad, 2008; Nantel-Vivier & Pihl, 2008）。年幼兒童的憂鬱症可能由負面生活事件（特別是失落）、重大的變化、被排斥，或一再地受到虐待所引起（Abela & Hankin, 2008; Molnar et al., 2001）。有些兒童憂鬱症的特徵，與成人憂鬱症的特徵不同。例如，憂鬱症的孩子不能經驗到快樂（喜樂不能），通常是表現在對玩具和遊戲不感興趣，相反地，憂鬱症成人則是減少性的慾望（Weiss & Garber, 2003）。此外，兒童期憂鬱症較常見的特徵，是頭痛、肚子痛及易怒（Hankin et al., 2008）。

臨床憂鬱症在少年中比幼童更常見。青春期是一段困難和混亂的時期，顯著的特徵是不安、荷爾蒙和身體變化、情緒變化、複雜的人際關係及新的探索。一些少年青春期正常的混亂，越線進入臨床憂鬱症。正如第十章所述，自殺想法和企圖，在青少年特別普遍——每年有六分之一的少年考慮自殺——而憂鬱症是這

種自殺想法和企圖的主因（Spirito & Esposito-Smythers, 2008）。

　　有趣的是，憂鬱症的比率，在 13 歲以前的男孩和女孩，顯示沒有差異，但是 16 歲以後，女孩憂鬱症的數目是男孩的兩倍。為何有這種性別的變化？有幾個因素被提出來，包括荷爾蒙的變化、女性比男性經驗更多的壓力，以及女孩成熟時，比男孩在情感上更投入社會和親密關係（Hankin et al., 2008）。有一個解釋也集中在少女們愈來愈不滿意她們的身體。男孩喜歡增加肌肉質量，及其他伴隨青春期的身體變化；而女孩卻經常討厭在青春期和以後，經驗身體脂肪和體重的增加。社會價值和要求極端苗條升高，成為女性的審美典範，使許多少女感覺被自己的身體束縛，經驗低自尊，並且變成憂鬱（Stice et al., 2000; Allgood-Merten et al., 1990）。正如第十一章所述，許多人也發展飲食性疾患。

　　在整個 1990 年代期間，一般認為兒童和少年憂鬱症，對憂鬱症成人有效的相同治療法——認知—行為治療、人際關係治療及抗憂鬱劑——在這些兒童和少年也會有良好的反應，並且許多研究已顯示這些方法的有效性（Curry & Becker, 2008; Fombonne & Zinck, 2008; Reinecke & Ginsburg, 2008）。不過，最近有些研究及事件，使人對這些方法和發現提高了疑問。

　　第一，國家心理健康研究院最近發起一個 6 年、13 個地點的研究，稱為青少年憂鬱症治療研究（TADS），它比較了單獨的認知—行為治療、單獨的抗憂鬱劑治療、認知—行為和抗憂鬱劑治療結合，及安慰劑治療，在少年憂鬱症的成效（Curry & Becker, 2008; TADS, 2007, 2004）。這個受高度關注的研究，有三個令人意外的發現：(1)單獨的抗憂鬱劑或是單獨的認知—行為治療，對少年憂鬱症，都不如結合抗憂鬱劑及認知—行為治療有效；(2)單獨使用抗憂鬱劑對憂鬱症少年，比單獨使用認知—行為治療有更顯著的效果；(3)單獨使用認知—行為治療，只比安慰劑療法更有幫助。

　　由於認知—行為治療，在其他青少年憂鬱症研究的強勁表現，使許多研究者認為，TADS研究中某些特殊的受試者，可能對它出乎意外的發現有責任。然而，其他的臨床理論家認為，TADS研究確實是明確的保證，許多憂鬱症少年在認知—行為治療，可能實際上比大人反應較差，這是研究所設計的。臨床團體目前正在努力解決此重要問題。

　　近年來第二種發展已發現，抗憂鬱劑對憂鬱症兒童和少年有高度的危險。整個 1990 年代期間，多數精神科醫師認為第二代抗憂鬱劑，對兒童和青少年是安全的，他們很輕易的開抗憂鬱劑處方（Kutcher & Gardner, 2008; Holden, 2004）。然而，正如第十章所述，美國食品及藥物管理局（FDA）根據一些臨床報告，於 2004 年斷定，這些藥物會引起某些兒童和青少年自殺行為的風險增加，雖然數量很小，特別是在治療的最初幾個月。FDA指示所有的抗憂鬱劑盒子需附有黑框警語：此藥物「增加兒童自殺想法和行為的風險」。

　　對於 FDA 明智指示的爭論也隨之而來。雖然多數的臨床工作者同意，抗憂

鬱藥物確實增加了 2% 至 4% 年輕患者的自殺想法和企圖，一些觀察者注意到，由於大多數兒童服用這類藥物，整體的自殺風險實際上是減少了（Kutcher & Gardner, 2008; Henderson, 2005）。例如，他們指出，兒童和少年的自殺，到 2004 年的十年內減少 30%，而此時一些抗憂鬱劑處方提供給兒童和少年卻是遽增。

雖然 TADS 研究的發現，及抗憂鬱劑安全的問題繼續被挑出，這兩個問題最近的發展，再次強調研究的重要，特別是在治療領域。我們要記住，為某個年齡、性別或種族背景的個人治療可能無效，或甚至對其他團體的人可能是危險的。

雙極性情感疾患

過去幾十年，傳統臨床的看法認為，雙極性情感疾患是成人獨有的情感疾患，它的初發年齡是青少年晚期。然而，自 1990 年代中期，臨床理論家已向後轉，目前相信許多兒童顯示雙極性情感疾患的理論家快速成長。事實上，回顧 1994 至 2003 年全國性診斷趨勢，發現被診斷出雙極性情感疾患及治療的兒童（經常是很年幼的兒童）及青少年人數，在美國心理健康機構增加了 40 倍。從 1994 年，每 10 萬人診斷出 25 人，到 2003 年，每 10 萬人有 1,000 人（Moreno et al., 2007）。同樣地，在私人診所雙極性情感疾患兒童看診的人數也增加，從 1994 年的 2 萬人，到 2003 年的 80 萬人。而且，多數的臨床觀察者同意，兒童及青少年診斷為雙極性情感疾患，自 2003 年以來繼續急劇地上升（Carey, 2007）。

大部分的理論家認為，這些數目不是反映兒童雙極性情感疾患盛行率的增加，而是一種新的診斷趨勢。問題是此趨勢是否正確。在全國性成人雙極性情感疾患的調查中，33% 的反應者回憶他們的症狀，實際上開始於 15 歲以前，而另外 27% 的人說，他們首次出現症狀是在 15 歲到 19 歲之間（Hirschfield et al., 2003）。這些反應指出，雙極性情感疾患在兒童和少年中，確實存在多年，但是被診斷人員和治療師忽略。

不過有些臨床理論家，懷疑這些回顧報告的正確性，而認為雙極性情感疾患目前被過度應用在兒童和青少年上（Carey, 2007; Moreno et al., 2007）。事實上，他們指出這種歸類已變成臨床的收納箱，它幾乎可被應用在每個暴躁的、侵略性的兒童。事實上，盛怒、侵犯行為及憂鬱症狀，在得到雙極性情感疾患診斷兒童的臨床表徵中，占主要地位。這些兒童通常沒有顯現，雙極性情感疾患成人個案所具有的躁狂或情緒擺盪症狀。而且，三分之二得到雙極性疾患診斷的兒童和青少年，是男孩。然而，有雙極性情感疾患的成年男性和女性，數目相等。批評家詢問雙極性疾患的歸類，方便被應用在兒童期的模式，是否由於它目前在 DSM 沒有明確的類別？

這種爭論的結果是重要的，特別是由於最近診斷的改變，接受成人雙極性情感疾患藥物的兒童數目增加（Moreno et al., 2007; Olfman, 2007）。約有半數雙極性情感疾患兒童的治療，使用抗精神病藥物；三分之一的兒童接受抗雙極症藥

物，或情緒穩定劑；而其他許多的兒童接受抗憂鬱劑或興奮劑。事實上，大部分的兒童接受兩種或更多種的藥物，然而這些藥物很少被測試及批准特別給兒童使用。大約 40% 的雙極性情感疾患兒童接受心理治療，特別是家庭治療及認知—行為治療（Cummings & Fristad, 2008; Carey, 2007）。要清楚了解此議題需要仔細的研究。

對立性反抗疾患及品行疾患

兒童有時會違反規則或行為不端（見圖 17-1 及「心理觀察」專欄）。然而，如果他們一再地顯示極端的敵意或違抗，他們就具有被診斷為對立性反抗疾患或品行疾患的資格。有**對立性反抗疾患**（**oppositional defiant disorder**）的孩子，經常懷有敵意（會一再地和成人爭論、發脾氣，而且覺得非常的憤怒和怨恨）、違抗命令（經常不理成人的規定或要求）及顯示負面行為（故意惹惱他人，並且為自己的錯誤和問題指責別人）。有 10% 的兒童具有這種診斷的資格（McMahon & Kotler, 2008; Nock et al., 2007）。在青春期之前，此疾患的男孩比女孩更加普遍，但是在青春期之後，兩種性別的比率相等。

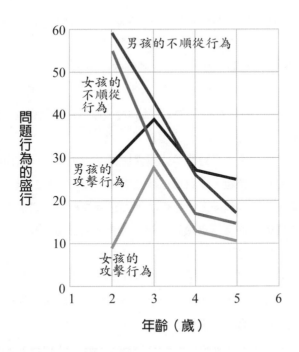

圖 17-1 **早期的問題行為** 老師對七百多名學齡前兒童的評量，顯示兒童的年齡愈大，不順從和攻擊行為的比率愈低（摘自 Crowther et al., 1981）。

「心理觀察」專欄

霸凌：正在增加的危機

霸凌是否可稱為全國性的危機？提出這似乎有點愚蠢的問題，讓人聯想到 *Calvin and Hobbes* 的連環圖畫或《辛普森家庭》中，校園暴徒的影像。但是許多認真的聲音說，霸凌不是可笑的問題，並警告如果社會繼續忽視此問題，會把市民（特別是兒童），置於相當大的危機中（Jacobs, 2008; Rigby, 2002）。

一項報告檢視自 1997 年以來，發生在美國許多學校的槍擊事件，發現其中三分之二是霸凌因素引起（Crisp, 2001）。在一些案例中，槍擊者曾被霸凌，他們經常是霸凌的受害者。由凱瑟家庭基金會（Kaiser Family Foundation）和 Nickelodeon 的調查，詢問 8 至 15 歲全國取樣兒童，他們在學校最擔心的問題是什麼。所有年齡組指出，取笑和霸凌是「最大問題」，其排名高於種族歧視、愛滋病，及同儕強迫嘗試性行為或飲酒（Cukan, 2001）。一般而言，有四分之一以上的學生報告經常被霸凌，以及超過 70% 的人報告，至少有一次是受害者；受害者通常反應羞辱感、焦慮或不喜歡上學（Jacobs, 2008; Nishina et al., 2005）。正如憂慮一樣，用插頭連接世界的進步科技，已擴大兒童和青少年被霸凌的方式，而且今天以電子郵件和文字通訊等方式上升中（Jacobs, 2008）。這些議題已將霸凌升高為，從範圍狹小的關心——最好學生自己處理（或教師及家長直接介入），到需要學校層級注意之方案及全州政策的廣泛問題。

因而，愈來愈多的學校——從小學到高中——提供各種特別計畫，如教導學生如何更有效地處理造成痛苦的人、系統地改變霸凌的心態、教師訓練、家長討論團體、學校預防措施，以及執行班規和介入（Jacobs, 2008; Frey et al., 2005; Twemlow et al., 2003; Rahey & Craig, 2002; Cunningham & Henggeler, 2001）。此外，公眾健康活動也發展、傳播反霸凌計畫的言詞，包括美國衛生及公共服務部的「立刻停止霸凌」宣導計畫。

承認霸凌在校園槍擊、電子郵件及文字通訊等的重大影響同時，有些專家擔心公眾、學校主管及政策制訂者，極度專注在此議題，以致更細微及重要的因素，被臨床工作人員及研究者忽視。為何公眾集中很多的注意在霸凌上，好像試圖挑起學校槍擊及兒童和青少年不可能的行動？有些專家認為，也許因為霸凌提供快速的解釋及介入和改變的現成焦點。

同時，有些人擔心霸凌陳腔濫調的性質，事實上可能使人逃避處理問題。假如 70% 的兒童曾遭遇霸凌，臨床工作人員如何容易的確認，兒童會轉向危險的暴力？我們如何使自己擺脫這種普遍的問題？有一位時事評論家說：「除了把孩子養育在孤立的房間外……霸凌行為絕不會，從稱之為成長的持久被欺侮儀式，完全的消除。」（Angier, 2001）

有品行疾患（conduct disorder）的兒童，呈現更嚴重的問題，他們更進一步的一再侵犯他人的基本權益。他們經常具有攻擊性，且對人或動物的身體殘暴、故意毀損他人的財物、逃學或離家出走（見表 17-1）。很多人偷竊、威脅或傷害

表 17-1　DSM 檢核表

品行疾患

1. 一種反覆而持續的行為模式，侵犯他人基本權益或違反與其年齡相稱的社會標準或規範，在過去一年中出現下列準則中三項以上（至少一項是發生於過去六個月之內）：
   (a) 經常欺凌、威脅或恐嚇他人
   (b) 經常引發打鬥
   (c) 使用危險的武器
   (d) 對他人的身體做出殘忍的行為
   (e) 對動物的身體做出殘忍的行為
   (f) 面對受害者偷竊
   (g) 強迫他人與自己發生性關係
   (h) 故意縱火
   (i) 故意毀壞他人的財物
   (j) 闖入他人的住宅、建築物或汽車
   (k) 經常操縱他人
   (l) 在未面對受害者的狀況下，竊取貴重的物品
   (m) 經常不顧父母禁止，夜間在外遊蕩，在 13 歲之前即開始
   (n) 至少有兩次逃家在外過夜
   (o) 經常逃學，在 13 歲之前即開始
2. 造成重大的損害。

資料來源：APA, 2000.

受害者，從事犯罪行為，如入商店行竊、偽造、侵入他人房屋或汽車，以及行兇和武力搶劫。當他們的年紀愈來愈大的時候，他們身體的暴力行為，可能包括強暴，或在某些較罕見的案例，會殺人（APA, 2000）。這種品行疾患的症狀，明顯的出現在 15 歲的男孩 Derek 的臨床晤談摘要中：

> 　　經詢問顯示 Derek 最近陷入……嚴重的麻煩。他在 4 週前由於入店行竊被捕。當時 Derek 是和十多位朋友湧入一家便利商店，搜刮能到手的東西，在開車離去前，與另一位年輕人被捕。此事件發生在相仿的 CD 店和衣服零售店行竊之後。Derek 把被抓歸咎於朋友，因為他們在四散離開商店時，明顯地把他留在後面。警察發現他僅持有三塊糖果和一袋洋芋片之後，他只被指控入店行竊。Derek 表示對偷竊不會懊悔，或憂慮被傷害的店員，當時少年中的一位把她推進一個玻璃櫃。例如，Derek 被告知店員受傷時，他回答：「我又沒有做，我為什麼要擔心？」

> 　　心理師決定要進一步詢問 Derek，有關其他過去的違犯法律行為。他被發現有相當廣泛的麻煩史。10 個月前，他因破壞學校公物被捕——打破窗戶及損壞汽車。由於他是初犯，他被緩刑 6 個月。此外，Derek 誇耀其他沒有被捕的功績，包括幾次入店行竊未遂、在週末大量使用大麻、駕偷來的車兜風，及曉課……自學校新學期開始，Derek 已曠課 23 天……此外，他描述企圖闖入鄰居的公寓，及早熟的性活動……只有在訪談期間，Derek 才難得的離開他的虛張聲勢。
>
> （Kearney, 1999, pp. 104-105）

　　品行疾患通常是在 7 歲到 15 歲之間開始（APA, 2000）。約有 10% 的兒童，四分之三的男孩具有這種診斷（Nock et al., 2006; Hibbs & Jensen, 2005）。品行疾患較輕微的兒童，可能在時間的流逝中，行為會慢慢的改善，但是嚴重的個案，經常會持續到成年期，而且發展出反社會型人格疾患或其他的心理問題（Phares, 2008）。通常品行疾患愈早開始，最後的結果愈糟。研究指出，超過 80% 發展品行疾患的人，最初表現出對立性反抗疾患的模式（Lahey, 2008; Lahey & Loeber, 1994）。

　　許多臨床理論家認為品行疾患可分為幾類。例如，一組研究人員將它區分成四種模式：(1) 公然破壞（overt-destructive）模式，此模式的人顯示公然的侵犯和對抗行為；(2) 公然非破壞（overt-nondestrutive）模式，此模式主要是公開的冒犯，但是非對抗的行為，如說謊；(3) 隱蔽的破壞（covert-destructive）模式，特徵是祕密的破壞行為，如毀壞他人的財物、闖入他人住宅及縱火；(4) 隱蔽的非破壞（covert-nondestructive）模式，此模式的人祕密從事非侵犯性行為，如逃學（McMahon & Frick, 2005）。有些品行疾患的人，只顯示其中一種模式，有些人則結合幾種。不同的模式可能有不同的原因。

　　其他的研究者，把發現在某些品行疾患個案的侵犯模式，區分為關係攻擊（relational aggression），在此情況中個人是社會孤立的，並且主要是顯示社會的不端行為，如誹謗他人、散布謠言，及操控友誼（Underwood, 2003）。關係攻擊在女孩中比男孩更常見。

　　在品行疾患中，超過三分之一的男孩及半數的女孩，也顯示有注意力缺失／過動疾患（ADHD），這種疾患我們馬上會談到（Waschbusch, 2002）。在多數的個案中，ADHD 被認為先出現，進而導致品行疾患。有這兩種疾患的人，通常有更嚴重的症狀、犯更多的侵犯行為，而且當他們到成人時，會顯示更暴力的行為（McMahon & Frick, 2005）。

　　許多品行疾患的兒童也經歷憂鬱症。在這些個案，其品行疾患通常先於憂鬱症狀的出現。兩種症狀的結合會使個人處於高度的自殺風險（Loeber & Keenan,

1994）。焦慮也可能伴隨品行疾患，特別是女孩。

　　很多品行疾患的兒童，被學校停學、安置在領養家庭，或被關在監獄。在 8 至 18 歲之間的孩子，如果犯法，司法制度通常稱他們為少年犯罪（juvenile delin-quents）（Lahey, 2008; Heilbrun et al., 2005）。超過半數每年被捕的少年是累犯，意指他們以前有被逮捕的紀錄。雖然女孩的犯罪率逐漸增加，男孩捲入少年犯罪還是遠多於女孩。女孩最可能被捕的原因，是藥物濫用、性犯罪，以及離家出走；男孩則是因為藥物濫用，以及破壞別人的財物而被捕。在過去二十年中，少年因為嚴重犯罪活動而被捕，至少增加 3 倍（U.S. Department of Justice, 2006, 2000, 1994）。

引起品行疾患的原因為何？

　　許多品行疾患的個案，與遺傳及生物因素有關聯，特別是有顯著破壞行為的個案（Blair et al., 2006; Simonoff, 2001）。此外，有一些個案與藥物濫用、貧窮、創傷事件，以及暴露在暴力同儕和社區的暴力有關聯（Hibbs & Jensen, 2005; Hill & Maughan, 2001）。不過，品行疾患最常與不良的親子關係、不適當的教養、家庭衝突、婚姻衝突，以及家庭的敵意相連結（Phares, 2003; Biederman et al., 2001）。有些兒童，因父母排斥、遺棄、強制或虐待他們，或是不能提供適當和一致的監督，顯然更可能發展出品行問題。同樣地，如果兒童的父母本身是反社會的、顯示極度的憤怒，或有物質關聯疾患、情感疾患，或精神分裂症，這些兒童似乎更有出現此疾患的傾向（Julien, 2008）。

臨床工作人員如何治療品行疾患？

　　由於侵略行為更加鎖定在年齡，因而品行疾患的治療，通常對 13 歲以下的兒童最有效（Hibbs & Jensen, 2005）。從社會文化到兒童中心的方法，在近年來已發展用來治療此疾患的兒童。這些方法有幾個有少許的成效（有時是症狀減輕），但很清楚的是它們之中沒有任何一個，是這種困難問題的答案。事實上，品行疾患影響兒童生活的各個層面──家庭、學校、社會及社區──現今的臨床工作者，愈來愈多結合幾個方法到廣泛的治療方案中（Boxer & Frick, 2008）。

社會文化治療

　　由於家庭因素在品行疾患的重要性，治療師經常使用家庭的介入。其中一種方法使用在學齡前兒童，稱為親子互動治療（parent-child interaction therapy）（Querido & Eyberg, 2005）。此法的治療師教導父母積極與他們的孩子活動、設定適當的界線、行動一貫、公正的懲戒決定，及對孩子設立更適當的期望。治療師也教導兒童更好的社交技能。理想地，這些努力增強親子之間的關係、改善父母的態度、導致更大的父母控制，並且引起兒童行為的改進。一個針對幼童的相

✪反社會行為滋生地？　品行疾患在經常暴露於社區暴力的兒童中，更為常見。因而臨床工作人員擔心，生活在受戰爭踐躪地區，也許促進養育在那裡的年輕居民之反社會行為。圖中一個伊拉克女孩玩一把玩具手槍，把它指向一個年輕玩伴的頭，而旁邊有個士兵在觀看。

關家庭方法，是錄影帶示範（video tape modeling），它利用錄影工具的幫助，達成相同的目標（Webster-Stratton, 2005）。

當兒童達到學齡，治療師使用的家庭方法稱為家長管理培訓（parent management training）。在此方法中：(1)父母再次被教導更有效的方法，去處理他們的孩子；(2)父母和兒童在一起，接受行為取向的家庭治療（McMahon & Kotler, 2008; Kazdin, 2007, 2003, 2002）。通常家庭和治療師把特殊行為的改變作為目標；接著利用手冊的幫助，治療師以複述、練習及家庭作業，教導父母如何更有效的確認問題行為、停止獎賞不良的行為，並且一致的獎賞適當的行為（Kendall, 2000）。就像學前的家庭方法一樣，家長管理培訓經常達到相當的成功（McMahon & Kotler, 2008）。

其他的社會文化方法，如社區的住宅治療及學校方案，都有助於某些兒童的改善（Boxer & Frick, 2008; Henggeler & Lee, 2003）。此法的一種是寄養服務治療（treatment foster care），有品行疾患的男孩和女孩罪犯，被社區的少年司法系統分配到領養家庭。兒童、養父母及親生父母，都在那裡接受訓練和治療介入，包括兩對父母的家庭治療、兒童的個別治療，以及與學校、假釋和緩刑官員見面。此外，在兒童離開寄養之後，兒童和他們的父母繼續接受治療和支持。在所有的介入要素同時應用時，此方案顯然最為有利。

相對於這些社會文化的方法，稱為少年訓練中心（juvenile training center）的機構，並沒有得到很大的成效（Heilbrun et al., 2005; Tate et al., 1995）。事實上，這些機構經常增強犯罪行為，而不是教導年輕的犯罪者如何適應社會生活（見圖17-2）。

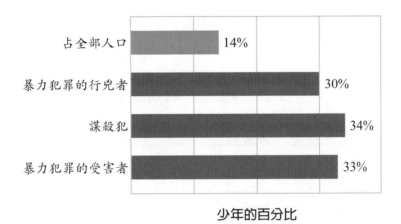

占全部人口　14%

暴力犯罪的行兇者　30%

謀殺犯　34%

暴力犯罪的受害者　33%

少年的百分比

圖 17-2　**少年犯罪**　雖然少年只占全部人口的 14%，但他們占所有暴力犯罪的 30%，及所有謀殺罪行的 34%。在所有暴力犯罪的受害中，也有 33%是少年（摘自 National Crime Victimization Survey, 2006, 1997, 1996, 1993; Levesque, 2002）。

兒童中心治療

　　此治療主要是針對有品行疾患的兒童，特別是使用認知—行為方法，近年來已達到相當的成功（Kazdin, 2007, 2003, 2002; Lochman, Barry, & Pardini, 2003）。一種稱為問題解決技能訓練（problem-solving skills training）的方法，治療師結合模仿、練習、角色扮演及系統的獎賞，幫助教導兒童建設性思考及正面的社會行為。在療程期間，治療師會和兒童遊戲及解決任務，然後幫助兒童應用，來自遊戲及實際生活情境任務的功課和技能。

　　另外的兒童中心方法，是憤怒調適及因應權力方案（Anger Coping and Coping Power Program）。品行問題的兒童參加團體研習，教導他們更有效的處理自己的情緒、以洞察力查看情境、解決問題、更能察覺自己的情緒、建立社會技能、設定目標，及處理同儕壓力（當兒童接受團體訓練時，父母參加自己的團體研習）。研究顯示，這些兒童中心法所做的，確實有助於減少青少年攻擊行為，及防止物質濫用（Boxer & Frick, 2008; Lochman et al., 2003）。

　　最近藥物治療，也被使用在有品行疾患的兒童。研究指出，興奮劑對減少他們在家或在學校的攻擊行為，特別有效（Connor et al., 2002; Gerardin et al., 2002）。

預防

　　處理品行疾患問題最大的希望，可能在於兒童期早期開始的預防方案（Boxer & Frick, 2008; Hill & Maughan, 2001）。這些方案試圖在品行疾患還沒出現以前，改變不利的社會情境。這種方案提供年輕人各種訓練機會、休閒活動設施、健康

照護，及減輕貧窮的壓力，並增進父母養育子女的技能。所有這些方法，當它們能夠教育家庭，並把家庭納入處理的範圍，效果最好。

注意力缺失／過動疾患

　　顯示出**注意力缺失／過動疾患**（attention-deficit/hyperactivity disorder, ADHD）的兒童，專心工作有極大的困難，或行為過度活動和衝動，或兩者都有（見表 17-2）。這種疾患往往在兒童入學以前就出現，就像本章開始提到的男孩 Eddie 的情況。Steven 是另一個孩子，他的症狀在一生的早期就開始：

　　Steven 的母親不記得有什麼時間，她的兒子沒有東碰西撞，或惹出麻煩。在嬰兒階段，他就非常的好動，事實上他是如此的好動，以至於幾乎把他的嬰兒床給搖壞了。所有的門栓和螺絲釘會變鬆，而必須定期的栓緊。Steven 總會進入他被禁止去的地方，他會到藥櫃拿藥來吃或跑到廚房的水槽下。他有一次吞下一些清潔劑，因而被送到醫院的急診室。事實上，Steven 比他的哥哥和妹妹有更多的意外事件，而且似乎更笨手笨腳……他看起來似乎總是動作很快。他的母親回憶 Steven 從爬的階段進展到跑的階段，中間只有少許的走路階段。

　　Steven 進入幼稚園之後，麻煩真正開始出現。自從他進入學校，他的生活非常的痛苦，老師也是。Steven 根本不能專心做功課，也沒有辦法聽從老師的指示。他寧願跟鄰座的同學講話，或沒有得到老師允許就在教室裡遊蕩。當他坐在位置上，而且老師密切注意他是不是在做功課的時候，Steven 的身體看來也是在移動；他不是在敲他的鉛筆，就是動個不停，或眼睛注視窗外做白日夢。他恨幼稚園的生活，而且很少有長期的朋友。事實上，學校的規則和要求，對他來說似乎是不可能承受的挑戰。這種配合錯誤的結果，現在顯現在 Steven 的學業和態度上。他的功課遠遠落後，他也難以掌握新概念；他不再遵守老師的指示，而且他會回嘴頂撞。

（Gelfand, Jenson, & Drew, 1982, p. 256）

| 表 17-2 | DSM 檢核表 |

注意力缺失／過動疾患

1. 下列兩組當中出現任何一種：

A. 下列**注意力不良**的症狀至少有六項，持續至少六個月，已達適應不良並與其發展水準不相稱的程度：

(a) 經常無法密切注意細節，或經常粗心犯錯

(b) 經常難以維持注意力

(c) 經常不能專心傾聽別人正對他說的話

(d) 經常不能依照指示，並且不能完成工作

(e) 規劃工作及活動有困難

(f) 逃避、不喜歡或排斥參與需全神貫注的工作

(g) 經常遺失工作或活動必備之物

(h) 容易受不相關的刺激影響而分心

(i) 在日常活動中經常遺忘事物

B. 下列**過動—易衝動**的症狀至少有六項，持續至少六個月，已達適應不良並與其發展水準不相稱的程度：

(a) 經常手忙腳亂或坐時扭動不安

(b) 在教室中或其他相似的場所，經常離開座位

(c) 在一些場合經常不適當的過度四處奔跑或攀爬

(d) 經常難以安靜地遊戲或從事休閒活動

(e) 經常處於活躍狀態，或常像「被馬達推動」般四處活動

(f) 經常說話過多

(g) 經常在問題未說完時即搶說答案

(h) 需依序等候時經常有困難

(i) 經常打斷或侵擾他人

2. 有些症狀在 7 歲以前即已出現。

3. 症狀所造成的損害，存在於兩種以上的場合。

4. 造成重大的損害。

資料來源：APA, 2000.

　　ADHD 的症狀往往彼此增長（Stevens & Ward-Estes, 2006）。無法集中注意力的兒童，可能從一個活動轉換到另一個活動，一直到他結束同時專注幾個方向為止。同樣地，不斷移動的兒童，可能發現難以專注在工作上或顯示適當的判斷力。許多個案的某些症狀比其他症狀更顯著。約有半數 ADHD 的孩子，有學習或溝通問題，許多人在學校的表現很差，有些孩子和其他同儕互動有困難，約有 80% 的孩子有不良行為，而且情況非常的嚴重（Phares, 2008; Watson et al., 2008）。這些兒童出現焦慮或情緒問題也很常見（Julien, 2008）。

✪「玩」轉注意力　許多技術被運用來了解和治療 ADHD 的兒童，包括稱為玩轉注意力（Play Attention）的電腦方案。圖中在行為專家的監督下，一個 ADHD 女孩戴著腳踏車頭盔，當她做功課時測量腦波，挑戰她的注意力。

大約有 5% 的學童顯示 ADHD 症狀，其中 90% 是男孩（Hoza, Kaisar, & Hurt, 2008; Rapport et al., 2008）。父母有 ADHD，他們的孩子比其他的孩子更可能發展這種疾患（APA, 2000）。這種疾患通常會持續整個兒童期。很多孩子進入青春期中期，顯示症狀明顯的減少，但是 35% 至 60% 受到 ADHD 影響的兒童中，繼續到成人還有同樣的症狀（Julien, 2008; Kessler et al., 2006, 2005）。坐立不安及過動的症狀，在成人的案例通常不顯著。

引起注意力缺失／過動疾患的原因為何？

今天的臨床工作人員通常認為，ADHD 有幾個互相影響的原因。生物因素在許多的個案已經確認，特別是神經傳導物質多巴胺的活性異常，及腦部額紋區的異常（Julien, 2008; Teicher et al., 2008）。此疾患也與高度的壓力，及家庭功能失常有關聯（Rapport et al., 2008; Barkley, 2006, 2004, 2002）。此外，社會文化理論家指出，ADHD 的症狀以及 ADHD 的診斷，本身可能會造成一些人際關係上的問題，而且使兒童產生另外的症狀。那就是，過動的兒童使同儕和父母，將他們的行為看成異常的負面，而他們自己也看待自己十分的負面（Rapport et al., 2008; McCormick, 2000）。

注意力缺失／過動疾患的其他三種解釋，已有相當多的新聞報導：(1) ADHD 是由糖或食物添加劑所引起；(2) ADHD 起因於環境中的毒素，如鉛；(3) 過度暴露於電視的孩子會造成 ADHD。只有第三種解釋，被發現有若干程度的研究支持。例如，一項研究指出，在 3 歲前過度的看電視，與 7 歲時注意力較差有關聯（Christakis et al., 2004）。

臨床工作人員如何衡鑑注意力缺失／過動疾患？

ADHD 是很難評估的疾患（Rapport et al., 2008; Nichols & Waschbusch, 2004）。理想的情況，兒童的行為應該在幾個環境中（學校、家庭、與朋友相處時）受觀察，因為要符合 DSM-IV-TR 的標準，過動及不專注的症狀，必須呈現

在多種不同的環境。由於ADHD兒童經常對自己的症狀給予不良的描述，並有少報自己行為的嚴重性和損傷的傾向，因此，由兒童父母及老師的報告，來獲得兒童的症狀是很重要的。除了這些報告和臨床觀察外，臨床工作人員通常使用診斷性晤談、評定量表及心理測驗，來評估ADHD。智力測驗及神經心理測驗也可能被使用。遺憾的是，雖然ADHD可以經由一系列的觀察、晤談、心理測驗及身體檢查，得到確實的診斷，然而研究卻指出，許多兒童是由小兒科醫師和家庭醫師獲得診斷，而且只有三分之一到二分之一的診斷，是根據心理和教育測驗（Ho-agwood et al., 2000）。

注意力缺失／過動疾患如何治療？

關於 ADHD 最有效的治療，往往引起激烈的爭論（DuPaul & Barkley, 2008; Hoza et al., 2008）。最常見的方法是藥物治療、行為治療，或結合兩者。

藥物治療

就像 Tom 一樣，數百萬 ADHD 的兒童和成人，目前以 **methylphenidate**（Ritalin，利他能）來治療，它是一種已經使用數十年的興奮劑，或使用其他的興奮藥物來治療。

> 當 Tom 剛出生的時候，他的行為就像一個瘋狂的嬰兒。他的母親 Ann 說：「即使輕輕的觸摸，他也會有暴力的反應，而且他從不睡覺。」在他兩歲之後不久，當地的托兒所要求把他帶回去。他們認為他實在太偏離常軌。Tom 的醫生們從事一系列的測驗，來審查腦部的損傷，但是他們找不出生理的原因，來解釋這種缺乏自我控制的現象。事實上，他的智商是高的——雖然他在學校的表現差。最後Tom被診斷為注意力缺失／過動疾患……精神科醫師告訴 Ann，就嚴重性而論，如果等級從 1 到 10 來排列，Tom 是在 15。在治療方面，這位醫生開 methylphenidate 藥物，此藥的商品名是利他能。
>
> （Leutwyler, 1996, p. 13）

雖然有不同的廠商目前生產 methylphenidate，此藥物大眾熟知的最有名商品名是**利他能（Ritalin）**。當研究人員已確認利他能，對ADHD的兒童有安定的效果，並可增加他們專注、解決複雜問題的能力、學業有較好的表現，以及控制攻擊行為時，此藥物的使用大量增加——根據一些估計，至少增加為 1990 年的 3 倍（Anderson, 2007; Barkley, 2006, 2004, 2002）（見圖 17-3）。這種使用的增加也擴展到學齡前兒童（Zito et al., 2000）。

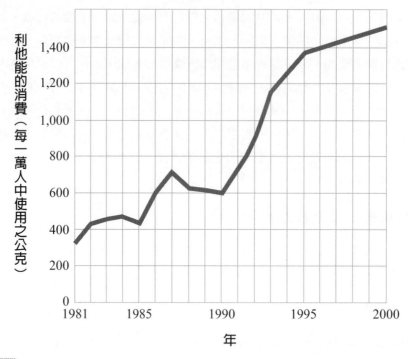

圖 17-3 **利他能使用量的增加**　自 1980 年代初期，當研究人員發現，利他能可以幫助有 ADHD 的人，它的使用量就逐年增加（摘自 Drug Enforcement Administration, 2002, 2000, 1996）。

　　美國所有男孩的 10%至 12%，由於 ADHD 而服用利他能，女孩服用的數目也逐漸增加。每年約有 8.5 噸的利他能被生產；而 90% 是使用在美國（DEA, 2000）。近年來，某些興奮劑也發現對 ADHD 的個案有效，導致它們的使用也相應的增加（Biederman, Spencer, & Wilens, 2005）。整體而言，興奮劑是目前對 ADHD 最常見的治療藥物（Hoza et al., 2008）。然而，許多臨床工作人員擔心，這些藥物的使用，可能會引起長期的副作用，而且其他人質疑，這種藥物有利的研究發現（多數是實施在白人兒童），是否適合應用在少數族裔的兒童（Biederman et al., 2005, 2004）。

　　大規模的調查指出，ADHD 在美國是被過度診斷，因此許多接受利他能的兒童，事實上是得到不正確的診斷（Rapport et al., 2008; DEA, 2000; UNINCB, 1996）。此外，有些臨床工作者及父母，懷疑利他能的安全。在 1980 年代晚期，幾個提出的訴訟，反對醫師、學校，甚至美國精神病學會，聲稱利他能的誤用（Safer, 1994）。多數的訴訟被駁回，然而它們造成媒體的攻擊，已影響公眾的知覺。同時，利他能在少年當中，成為流行的娛樂性藥物，有些人吸利他能以引起快感，而且有些人產生對它的依賴，進一步增加公眾對此藥物的擔心（Biederman et al., 2005）。

　　從積極面來看，利他能顯然對罹患 ADHD 的兒童和成人很有幫助。我們會看

到，行為方案在許多的個案也有成效，但不是所有人都有效。而且，當利他能或其他類似藥物結合使用，行為方案最為有效（MTA Cooperative Group, 2004, 1999）。當 ADHD 兒童停用這些藥物——經常由於藥物的負面宣揚——許多人的進展變差（Safer & Krager, 1992）。

迄今多數的研究指出，利他能對 ADHD 的多數人是安全的（Rapport et al., 2008; Biederman et al., 2005; Pennington, 2002）。它的不良作用，不會比失眠、腹痛、頭痛或喪失食慾更差。然而，一個最近的研究和個案報告指出，利他能和有關藥物可能增加心臟病的風險（特別是有高血壓的成人），並且產生精神病症狀或臉部抽筋（Carey, 2006）。它們也明顯的影響某些兒童的成長，因而需要「藥物假期」，以防止這種副作用。顯然地，需要更多的研究來確定利他能或其他 ADHD 藥物，全部的影響和長期的作用（Biederman et al., 2005）。

行為治療和組合治療

行為治療已被使用在許多ADHD的個案，它教導父母和老師們如何增強兒童的專注及自我控制行為，兒童經常納入代幣制方案。此種以操作制約為基礎的治療方法，經常對一些兒童很有幫助，尤其是當它們結合興奮劑治療，最為有效（Rapport et al., 2008; Barkley, 2006, 2004, 2002）。結合行為和藥物治療也是令人滿意的，因為根據研究，兒童接受兩種治療需要較少量的藥物，當然也就較少遭受藥物的不良影響（Hoza et al., 2008）。

由於ADHD兒童也經常出現其他的心理疾患（共病），研究人員進一步要確定，何種治療對不同組合的疾患最有效。對只有ADHD的兒童，藥物或藥物結合行為治療，比只有行為治療更為有效（MTA Cooperative Group, 2004, 1999）。對出現 ADHD 及品行疾患兩者的兒童，藥物看來是最有效的方法。有 ADHD 及焦慮症的兒童，藥物或是行為治療，或兩者都有益。有ADHD、品行疾患及焦慮症三種症狀者，結合藥物和行為治療反應最好（Stevens & Ward-Estes, 2006; Jensen et al., 2001）。對兒童和青少年有效的治療，也對 ADHD 的成人有效（Biederman et al., 2005; Faraone et al., 2004）。

多元文化因素和注意力缺失／過動疾患

貫穿本書，我們會發現種族經常影響人們各種心理疾患的診斷和治療。因此，種族似乎也對 ADHD 起作用，完全不會令人驚訝。

一些研究指出，非裔美國人和拉丁美洲裔美國人的兒童，有顯著的注意和動作問題，較不可能比有相似症狀的白人兒童，被評估為 ADHD、得到 ADHD 的診斷，或接受此疾患的治療（Bussing et al., 2005, 2003, 1998; Stevens et al., 2005）。而且，在這些接受ADHD診斷和治療的人中，少數族裔的兒童比白人兒童，較不可能接受興奮劑治療，或結合興奮劑和行為的治療——這些方法似乎對

ADHD 的孩子最有幫助（Stevens et al., 2005; Cooper, 2004; Hoagwood et al., 2000）。最後，在這些接受興奮劑治療的 ADHD 兒童中，少數族裔的兒童比白人兒童，較不可能接受近年來發展有希望的長效興奮劑（Cooper, 2004）。值得注意的是，這些模式不是種族差異在藥物耐受性的結果：研究澄清所有種族的兒童，對各種的興奮劑反應相似。

這些診斷和治療的種族差異，與經濟因素有關聯。研究一致的顯示，貧窮的兒童比富有的兒童，較不可能被鑑定有 ADHD，以及較不可能接受有效的治療。並且，少數族裔家庭比白人家庭，平均而言有較低的收入及較差的保險範圍。與此論點相符的研究發現，私人投保的非裔 ADHD 兒童，比醫療補助計畫的非裔 ADHD 兒童，事實上接受較高、更有效劑量的興奮劑（Lipkin et al., 2005）。

愈來愈多的臨床理論家進一步認為，社會偏見和刻板印象，可能促成已看到的診斷和治療的種族差異。一些理論家認為，當 ADHD 出現在白人的兒童，我們的社會經常把 ADHD 的學習和行為症狀，視為醫學問題；但是當它出現在非裔和拉丁美洲裔兒童，就是不良子女教養、低智商、物質使用或暴力的指標（Kendall & Hatton, 2002）。這種見解被某些發現支持：有 ADHD 孩子的白人父母更可能比非裔父母，相信 ADHD 是由遺傳和生物因素引起，較少像非裔父母一樣把 ADHD 的成因，援引教養問題和生活壓力問題（Stief, 2004）。根據幾個研究，有些奇怪的是，非裔和拉丁美洲裔美國人的父母比白人父母，較少認為他們的孩子有 ADHD，或為他們的孩子尋求 ADHD 評估和治療（Stevens et al., 2005; Kendall & Hatton, 2002）。同樣的脈絡，有些研究發現，所有的症狀相同，但教師更可能推斷過度活動的白人兒童有 ADHD，而過度活動的非裔和拉丁美洲裔兒童，有其他的困難問題（Raymond, 1997; Samuel et al., 1997）。

不管什麼原因——經濟不利、社會偏見、種族刻板印象，或其他因素——似乎來自少數族裔的兒童，較不可能接受適當的 ADHD 診斷和治療。而許多當今的臨床理論家正確地警惕我們，ADHD 可能被過度診斷和過度治療的可能性，但是認清社會某一部分的兒童，被診斷不足及治療不足，也是很重要的。

排泄性疾患

有排泄性疾患的兒童，會一再地在他們的衣服、床上，或地上小便或大便。他們已經達到被認為能夠控制這種生理功能的年齡，而且他們的症狀並不是由生理疾病所引起。

遺尿症

遺尿症（enuresis）是一再不自主的（或在某些情況是故意的）尿床，或尿在衣服上。它典型的發生在晚上睡覺中，但也可能發生在白天。兒童至少要 5 歲

以上才能得到這種診斷。這種問題可能由於壓力事件所引發，如住院、剛入學，或家庭問題，就像 Amber 的案例：

> Amber……是 7 歲的孩子……被轉介到兒童及家庭門診病人心理健康診所。在她最初評估的時候，Amber 是二年級。她被父親 Dillon 先生帶到診所，他對女兒的問題很苦惱。在電話審查訪談中，他報告 Amber 常在晚上尿床，並且在學校經常要小便。她也遭遇輕微的學業問題……
>
> 在心理師的評估期間，Amber 說她在家裡陷入很多麻煩，並且使父母生她的氣。問到他們為什麼發怒時，Amber 說她在學校表現不好，以及她感覺「緊張」……她說在新學年課程她的成績變差，而且她難以專注在指定的課業上。以前她顯然是一位優秀的學生，特別是閱讀，但是她現在與不同的課程奮鬥……
>
> 〔Amber 承認〕她每週有一或兩次晚上尿床。此外，她在學校經常必須使用浴室，一天三或四次。這種情況，對她的老師顯然是煩惱的來源……有時候，Amber 說她沒有及時上廁所，她的褲子就會些微弄濕。幸好，這種情況並不明顯，但是 Amber 對這種事十分困窘。事實上，她現在放衛生紙墊在她的內褲，以減少任何未來災難可能的結果……
>
> 在分開的評估會談，心理師問 Amber 的父母，是否家裡有任何重大的改變。此問題似乎觸擊神經，父母雙方停下來，並且在回答之前彼此緊張地看著對方。最後 Dillon 先生說，在去年中他和妻子有婚姻問題，他們比平常有更多的爭吵。事實上，離婚的可能性已升高，而且雙方現在正考慮分居。
>
> （Kearney, 1999, pp. 60-62）

遺尿症的盛行率，隨著年齡的增加而慢慢地減少。有 10%的 5 歲兒童遭受此疾患之苦，到 10 歲時就減少為 3% 到 5%，到 15 歲時為 1%。有遺尿症患者往往有近親（父母、兄弟姊妹）曾有或會有相同的疾患（Friman, 2008; APA, 2000）。

研究人員對遺尿症沒有支持任何一種解釋。心理動力理論家解釋，它是一種廣泛的焦慮以及潛在衝突的症狀（Friman, 2008; Olmos de Paz, 1990）。家族理論家指出，它是來自混亂的家庭互動（Fletcher, 2000）。行為主義學家把它視為是，不適當的、不切實際或高壓的便溺訓練的結果（Christophersen & Purvis, 2001）。生物理論家懷疑，它是由於有此疾患的兒童，往往膀胱的容量較小，或抑制小便的肌肉發展不完全（Friman, 2008; Nield & Kamat, 2004）。

多數的遺尿個案，都可以自行改正，不需要特別的治療。不過，某些治療法，尤其是行為治療，能加速此過程（Butler, 2004; Nield & Kamat, 2004）。在廣泛使用的古典制約方法，是使用電池控制鈴聲技術（bell-and-battery technique），

此法是把一個鈴和電池連接到一個包含兩片金箔紙的墊子上，在兒童睡覺時，全部的裝置就放在他的身體下（Houts, 2003; Mowrer & Mowrer, 1938）。只要微量的小便滴在此裝置上，就會引發鈴聲，所以每當兒童開始尿床，就立刻被喚醒。因此鈴聲（制約刺激）和膀胱漲滿的感覺（非制約刺激）一再配對出現，就產生醒來的反應。最後只要膀胱漲滿就可以把兒童喚醒。

另外有效的行為治療法是 dry-bed training，它是兒童接受潔淨和閉尿控制訓練，在晚上時常醒來，練習去浴室，並得到適當的獎賞（Friman, 2008；Christophersen & Purvis, 2001）。根據調查，這種行為的方法，往往像 bell-and-battery technique 一樣有效。

遺糞症

遺糞症（encopresis）是一再排便在個人的衣服上，它比遺尿症少，被研究也比較少。此問題在晚上睡眠中很少發生（Walker, 2003）。它通常是不自主的，在 4 歲以後開始出現，影響約 1% 的 5 歲兒童（見表 17-3）。此疾患男孩比女孩更常見（Friman, 2008; APA, 2000）。

表 17-3　兒童期疾患的比較

疾患	通常症狀確認的年齡	兒童中的盛行率	盛行率較多的性別	高的家庭史	成年期恢復
分離焦慮症	12 歲以前	4%	女性	是	通常
品行疾患	7-15 歲	1-10%	男性	是	經常
ADHD	12 歲以前	5%	男性	是	經常
遺尿症	5-8 歲	5%	男性	是	通常
遺糞症	4 歲以後	1%	男性	不清楚	通常
學習障礙	6-9 歲	5%	男性	是	經常
自閉症	0-3 歲	0.17%-0.63%	男性	是	有時
智能障礙	10 歲以前	1-3%	男性	不清楚	有時

遺糞症引起嚴重的社交問題、羞恥，以及困窘的情況（Cox et al., 2002）。有此疾患的兒童通常會試圖隱瞞他們的症狀，也會避免某些可能會使他們困窘的情況，如去露營或去學校（APA, 2000）。這些案例的發生，可能來自壓力、便祕、不適當的便溺訓練，或這些因素的結合。事實上，多數遺糞症兒童有反覆的便祕史，它可能促成不適當的腸功能（Friman, 2008; Partin et al., 1992）。由於生理問題經常與此疾患連結，通常最先實施醫學檢查，然後再作心理評估。

遺糞症最常使用及有效的治療，是行為和藥物的方法，或結合兩者使用（Friman, 2008; Christophersen & Purvis, 2001; McGrath et al., 2000）。其他治療的特色是，實務工作人員可能使用回饋訓練，幫助兒童更能察覺他們的腸充滿、消除兒童的便祕，以及以高纖維飲食、礦油、瀉藥及潤滑劑，刺激正常的腸功能（Friman, 2008; McClung et al., 1993）。家族治療也證明有效果（Murphy & Carr, 2000）。

兒童期開始的長期疾患

正如前述，多數兒童期的疾患，在年齡增長後會改變或消失。然而，有兩種在兒童時期出現的疾患，很可能持續整個一生都不會改變：廣泛性發展疾患和智能障礙。研究人員在這兩類疾患都有廣泛而深入的研究。此外，臨床工作人員也發展出一系列的治療方法，使有此種問題者的生活有重大的差別。

廣泛性發展疾患

廣泛性發展疾患是有顯著的社會互動損傷、不尋常的溝通方式，及對環境刺激有不適當反應的一類疾患。這類疾患包括自閉性疾患（autistic disorder）、亞斯伯格症（Asperger's disorder）、雷特症（Rett's disorder），以及兒童期崩解性疾患（childhood disintegrative disorder）。由於自閉症最初比其他疾患受到更大的注意，因此這些疾患被稱為自閉系列疾患（autistic-spectrum disorders）。雖然這些模式在許多方面相似，但患者經驗的社會損傷程度有顯著的不同，且開始的時間也不同。由於雷特症及兒童期崩解性疾患的盛行率低，所以本章只探討自閉症和亞斯伯格症。

自閉性疾患

一個名叫 Mark 的孩子，出現典型的自閉症表徵：

> Mark 的母親 Susan，回憶某些對她看起來古怪的事情。例如，她記得……Mark 從小當她接近他的時候，他不會期望被抱起來。此外，雖然 Mark 對他的奶嘴相當的依賴（把它放在找不到的地方時會生氣），但他對玩具則顯現出很少的興趣。事實上，Mark 看起來好像對任何事情都沒有興趣。他很少指一些事物，而且似乎不注意聲音……Mark 花很多時間重複敲打桌子，看起來似乎迷失在他自己的世界中。
>
> 在兩歲的生日之後，Mark 的行為開始給他的父母帶來困擾……他們說 Mark 總是把視線從人們身上移開，而很少注視他們。他會說幾個字，但他似乎是不了解所說的話。事實上，他甚至對自己的名字沒有反應。Mark 大部分的時間是用來檢視一些熟悉的東西，他會拿這些東西在眼前旋轉或轉動。

特別使人感到困擾的是，他的怪異動作──他會跳來跳去，拍打他的手臂，扭動手和指頭，而且扮各種的鬼臉，尤其當他激動的時候特別顯著──他的父親 Robert 描述 Mark 的行動僵化。Mark 會把一些東西排成一條直線，如果被干擾他就會大聲尖叫。他會堅持把那些東西放在固定的地方，而且當 Susan 想要重新安排客廳家具時，他就非常的生氣……

慢慢地，當他 5 歲時，Mark 的行為開始有一點進步……但是，他在句子中所使用的代名詞總是不適當，而且說出來的句子都是疑問句，也就是說別人怎麼問，他就跟著鸚鵡式的怎麼說。不過，他的意思相當清楚。

(Wing, 1976)

Mark 顯示出來的**自閉性疾患**（**autistic disorder**）或通常稱**自閉症**（**autism**），這種模式，最先是由美國精神科醫生 Leo Kanner 在 1943 年發現的。有這種疾患的兒童，對他人極端無反應、沉默寡言、反覆同樣的事情，以及行為僵化（見表 17-4）。他們的症狀出現在生命早期，一般是在 3 歲以前。十年前自閉症的出現率，是每 2,000 個兒童中約有 1 位（APA, 2000）。然而，近年來診斷出自閉症兒童數目穩定的增加，現在似乎是 600 位兒童中至少有 1 位，也許 160 位兒童中，就有 1 位顯示這種疾患（Teicher et al., 2008; Fombonne, 2003; Wing & Potter, 2002）。

大約 80% 的自閉症兒童是男孩。約有 90% 的自閉症兒童，到成年期仍維持嚴重的失能。他們在維持工作、執行家務上有極大的困難，且不能過獨立的生活（Siegel & Ficcaglia, 2006）。而且，甚至最高功能的自閉症成人，通常在顯示親密、同情心和支持的社會互動，以及溝通方面還有障礙，他們的興趣和活動也相當有限（Baron-Cohen & Wheelwright, 2003）。

個人缺乏反應（lack of responsiveness）──包括極端的冷漠、對他人缺乏興趣、低同情心及無法與他人分享注意──一直被認為是自閉症最主要的特徵（Siegel & Ficcaglia, 2006）。就像 Mark 一樣，有自閉症的孩子，在嬰兒時期通常不會尋找他們的父母或對父母有

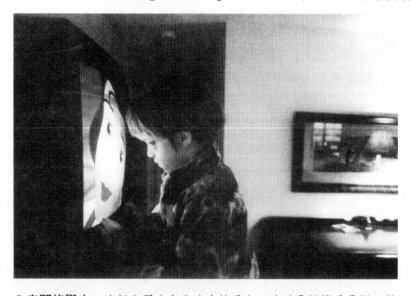

✪**自閉的舉止**　這個自閉症女孩站在椅子上，貼近電視機看電視。她經常重複這種行為。自閉症的人經常以不尋常的方式，與物品和人們互動，這些方式似乎會吸引他們，讓他們感到刺激、舒適或安心。

所反應。當別人抱他的時候，他通常會把背弓起來，而且似乎是不認識誰在抱他，也不在乎誰在他們的身邊。

> ### 表 17-4　DSM 檢核表
>
> **自閉性疾患**
>
> 1. 下列各組的症狀中全部至少出現六項：
>   A. **社會互動的障礙**，下列各項中至少顯示兩項：
>   (a) 使用多重非語言行為有明顯的障礙，如眼對眼凝視、面部表情、身體姿勢來協助社會互動
>   (b) 不能發展出適當的同儕關係
>   (c) 缺乏自發地尋求與他人分享快樂、興趣，或成就
>   (d) 缺乏社交或情緒的相互作用
>   B. **溝通的障礙**，下列各項中至少顯示一項：
>   (a) 口說語言的發展延遲或完全缺乏
>   (b) 在說話能力足夠的個案，引發或維持與他人談話的能力有明顯障礙
>   (c) 刻板及重複的使用語言，或使用怪異的字句
>   (d) 缺乏多樣而自發的假扮遊戲或社會模仿遊戲
>   C. **行為、興趣及活動的模式，相當局限、重複而刻板**。下列各項中至少顯示一項：
>   (a) 異常的專注於一種或多種刻板而局限的興趣模式
>   (b) 無彈性的固著於特定而不具功能性的例行活動或儀式行為
>   (c) 刻板而重複地從事某些肢體動作（如手掌或手指拍打或絞扭）
>   (d) 持續專注於物體之一部分
> 2. 三歲以前，在社會互動、語言、象徵或想像的遊戲中，至少出現一種以上的功能延遲或異常。
>
> 資料來源：APA, 2000.

　　語言和溝通問題（language and communication problems），在自閉症中有各種不同的形式。大約有半數的兒童不會說話，或沒有發展出語言技能（Gillis & Romanczyk, 2007）。有些會說話的人，可能在他們的說話表現得非常怪異。最常出現的一個語言問題，是語言模仿（echolalia），即正確的模仿他人所說的詞句。他們會用相同的腔調和音調變化重複那些字，但是看不出他們真正了解它的意義，或意圖溝通。有些人甚至在聽到一句話之後好幾天，才重複說這句話（延遲模仿）。

　　由於他們很難表達同情，及和他人共享一個參照的架構，自閉症的人也顯示其他的語言怪異，如代名詞顛倒（pronominal reversal）使用，或代名詞混淆──例如，用「你」而不用「我」。當 Mark 肚子餓的時候，他會說：「你要不要吃飯？」此外，自閉症患者還有物體命名問題（nominal aphasia）、使用抽象語言

問題、說話使用適當的音調、自發性說話、使用會話目的的語言，或了解他人的話等問題。

自閉症的人也顯示局限的想像遊戲，及重複（repetitive）而僵化（rigid）的行為。這些兒童不能從事多種、自發的方式遊戲。不像其他同齡的兒童，他們無法跟其他的孩子一起遊戲，或用遊戲代表社會經驗；事實上，他們往往不能像其他人看他們一樣，來看自己，也不想模仿他人，或與其他人一樣（Kasari et al., 2006; Siegel & Ficcaglia, 2006）。通常他們對物品、人或例行活動，有些微的變動就會非常生氣，並抗拒任何對他們反覆行為改變的努力。例如，Mark 會把東西排成列，而且如果它們受到擾亂，就會大聲哭叫。同樣地，自閉症的兒童，如果看到父母親戴上一副不熟悉的眼鏡、一張椅子移到房間的不同位置，或一首歌中改變一個字，他就會發脾氣。Kanner（1943）把這種反應稱為維持同一性（perseveration of sameness）。而且，很多患者強烈的依戀特殊的物體——塑膠蓋子、橡皮筋、鈕扣、水等等。他們可能會收集這些物品、帶著它們，或不停的玩它們。有些孩子會被某種活動所吸引，或觀看旋轉的東西，如電風扇，一看就好幾個小時。

自閉症患者的運動性動作（motor movement）也是不尋常的。Mark 會跳躍、拍打手臂、扭轉手掌和手指，及扮鬼臉，這些行為被稱為自我刺激行為（self-stimulatory behaviors）。有些人會從事自傷行為（self-injurious behaviors），如反覆的衝到牆壁，用頭撞牆、拔頭髮，或咬自己。

此疾患的症狀呈現一種非常混亂，及對刺激的矛盾反應模式（見以下「心理觀察」專欄）。有時候這些患者似乎易受聲光過分的刺激，而設法把它們排除，但在另外的時間，他們似乎刺激不足，而要從事一些自我刺激活動。例如，他們對大的聲音沒有反應，但是又能夠聽到倒汽水的聲音。同樣地，他們可能不知道自己已經處身於危險的高處邊緣，但是他們卻能夠立刻認出，在他們的房間裡有個小東西不在適當的位置。

亞斯伯格症

大約在 Kanner 首先發現自閉症的時間，維也納的一位醫生 Hans Asperger 開始注意到一種綜合症狀，有此症狀的兒童顯示嚴重的社會損傷，然而仍維持相當高水平的認知功能和語言能力。有**亞斯伯格症**（**Asperger's disorder**）或**亞斯伯格症候群**（**Asperger's syndrome**）的人，經驗多種社交缺陷、表達能力損傷、有特別的興趣，及自閉症者特有的局限和重複行為，但是他們往往有正常（或接近正常）的智力、適應及語言技能（Siegel & Ficcaglia, 2006; Ozonoff et al., 2002）。許多此疾患者想和其他人融洽相處及互動，但是他們受損的社會功能，使他們難以做到。結果他們顯現得笨拙，並且不知道傳統的社會規則（ASA, 2006）。

臨床研究指出，亞斯伯格症有幾種亞型，每一種有其特殊的症狀。有一組研

究人員將它分為三種亞型：規則男孩、邏輯男孩及情緒男孩（Sohn & Grayson, 2005）。規則男孩（rule boys），是亞斯伯格症患者需要有一套規則，來管理他們的生活。他們極端頑固的遵循這些規則，當這些規則沒有明確的規定，他們可能會攻擊別人。同時，他們通常尊重權威人物和組織。邏輯男孩（logic boys）是只有規則還不夠，他們主要是對規則背後的理由有興趣。他們想知道世界如何運作，經常問其他人推論的邏輯，並且對事情為何發生有自己的理由。因而，他們通常不願意接受不合邏輯的事件，並且經常變成過度的分析。情緒男孩（emotion boys）傾向受他們的感覺支配。他們比其他的亞斯伯格症者更易發怒，並且對他人似乎不是那麼有用。他們也很難用規則或理性來管理，他們經常行為不端。

　　亞斯伯格症似乎比自閉症，有更高的比率。大概 250 人中有 1 人出現此疾患，而且有 80% 是男孩（CADDRE, 2004）。在生命的早期，診斷和治療亞斯伯格症非常重要，以便他們在學校有較好的成功機會，以及能獨立生活。雖然亞斯伯格症的人一生必須與缺陷搏鬥，許多人仍能完成高級教育，如大學或職業學校。同樣地，他們也能在工作上成功，特別是在工作只要求專注於細部，且社交互動不多的情況（ASA, 2005）。儘管有社交上的缺陷，亞斯伯格症者能進一步設法有浪漫的（甚至婚姻）關係，特別是對有相同疾患的人。

「心理觀察」專欄

一種特殊的才華

　　多數的人都熟悉學者症候群（savant syndrome）；這要感謝 Dustin Hoffman 在《雨人》（*Rain Man*）這部電影中，飾演一個自閉症的人。Hoffman飾演的學者技能是——一盒掉落在地板上的牙籤，能夠立刻算出 246 根、能夠立刻記住電話簿上從 A 到 G 的電話號碼，及能夠以光速從事數目的計算——這些都是根據某些真實生活裡，展現出令人驚異才華的人，但是他們又受到自閉症或智能障礙的限制。

　　學者（savant）（從法語的「博學」或「聰明」轉化而來）是指一個有某種重要的心理疾患或智能障礙，但卻有某種驚人的能力，或某方面有異常才華的人。這些才能的出色，是因為他有某些障礙才特別顯眼，但是有時候它們也可以在任何標準中凸顯出來（Yewchuk, 1999）。

　　一個常見的學者技能，是日曆的計算，能計算出在哪一年的哪一日是星期幾，例如 2050 年的元旦是在星期幾（Kennedy & Squire, 2007; Heavey et al., 1999）。而一種常見的音樂技能，就是一個人有能力在聽過一次古典音樂後，能毫無瑕疵的將它演奏出來。有一些人則能把幾年前看過的景象，絲毫不差的重新畫出來（Hou et al., 2000）。

　　有些理論家相信，學者技能確實代表認知功能的特殊形式；其他人則認為，這些技能只是某種認知缺陷的建設性表現（Scheuffgen et al., 2000; Miller, 1999）。例如，特殊的記憶技能，經常被發現在很容易狹隘的及極度專注在某一點的自閉症個案。

🌀 引起廣泛性發展疾患的原因為何？

在自閉症實施的研究，比亞斯伯格症和其他的廣泛性發展疾患來得多。目前許多臨床工作人員和研究者認為，其他的廣泛性發展疾患是由與自閉症相似的因素引起，因而，這些人運用使自閉症個案產生積極改變的相似方法，也經常有效。不過，在未來幾年，當亞斯伯格症和其他的廣泛性發展疾患接受更多的研究之後，在這些疾患的原因和治療上的清楚差異，也將出現。

自閉症的原因有各種不同的解釋。這種疾患在社會文化的解釋，可能被過分強調。事實上，一開始就引導研究者到錯誤的方向。最近，在心理和生物領域的研究，使臨床理論家相信，認知的缺陷以及腦部的異常，可能是自閉症的主要原因。

社會文化起因　最初，理論家認為家庭功能失常以及社會壓力，是自閉症的主要原因。例如，Kanner（1954, 1943）首次發現自閉症的時候，認為是雙親特殊的人格特質，產生發展的不利氣氛，而造成兒童的自閉症。他發現這些父母都非常聰明，但是非常冷淡——「冰箱父母」。這種說法對大眾及父母本身的自我形象，造成巨大的影響。但是，研究結果完全無法支持有刻板、冷淡、排斥或有情緒障礙父母之狀況的說法（Jones & Jordan, 2008; Roazen, 1992）。

同樣地，一些臨床理論家指出，高度的社會與環境壓力，是造成自閉症的因素。然而，研究也沒有支持這種見解。研究人員在比較有自閉症和沒有自閉症的兒童之後，發現在父母親死亡、離婚、分居、財務問題，或環境刺激的比率上，它們之間並沒有差別（Cox et al., 1975）。

心理起因　根據一些理論家的說法，自閉症患者有主要的知覺或認知障礙，使正常的溝通和互動產生困難。一個具有影響力的解釋認為，有此疾患者無法發展出**心智理論（theory of mind）**——了解別人的行為是根據他們的信念、意圖，以及其他的心理狀態，而不是根據他們不知道的資訊（Hale & Tager-Flusberg, 2005; Frith, 2000）。

在 3 歲到 5 歲之間的兒童，大部分能夠考慮他人的觀點，而且用它來預測別人會做什麼事。在某種程度上，他們學會覺察他人的心思。例如，我們可以這樣解釋，我們看到 Jessica 把一個玻璃珠放到一個容器裡，然後我們看到 Frank 在 Jessica 午睡時，把這個玻璃珠拿到隔壁的一個房間。我們知道 Jessica 醒來以後，她首先會找尋容器查看這個玻璃珠，因為她並不知道 Frank 把它拿到隔壁去。我們知道這樣，因為我們會從 Jessica 的觀點來看這件事。一個正常的兒童，也會預期到 Jessica 找玻璃珠正確的程序；一個有自閉症的人就不會這樣。他可能會預測 Jessica 會到隔壁的房間找玻璃珠，因為那是玻璃珠所在的地方。Jessica 自己的心理過程對自閉症的人來講，是不重要的。

一些研究顯示，自閉症患者確實有這種「心靈盲目」（mindblindness）的現

象，雖然他們不是唯一有這種缺陷的人（Jones & Jordan, 2008; Dahlgren et al., 2003）。因此，他們在參加扮演遊戲、使用語言的方式包括他人的觀點、發展人際關係，或加入人與人之間的互動等，都有極大的困難。為什麼自閉症患者會有這種認知缺陷？有些理論家相信，他們早年遭受生物上的問題，而阻止適當的認知發展。

　　生物起因　多年來，研究人員試圖確定哪方面的生物異常，可能引起「心智理論」的缺乏，以及其他自閉症的特徵。他們到現在尚未發展出詳細的生物解釋，但是他們已揭示某些很有前景的線索（Teicher et al., 2008; Rodier, 2000）。首先，檢查自閉症患者的親戚，發現此疾患有遺傳因素。例如，自閉症的兄弟姊妹中之盛行率，在每 100 人中高達 6 到 8 位（Teicher et al., 2008; Gillis & Romanczyk, 2007），此比率高於一般人口。而且，在有自閉症的同卵雙胞胎之盛行率是 60%。此外，在此疾患者中，已發現 10% 到 12% 的人有染色體的異常（Sudhalter et al., 1990）。

　　有些研究也把自閉症和產前的困難，或生產併發症連結在一起（Teicher et al., 2008; Rodier, 2000; Simon, 2000）。如果母親在懷孕中得到德國麻疹、在懷孕之前或之中暴露於有毒的化學藥品，或在生產中有併發症，均有較高的機率發展此症。在 1998 年，一個調查小組提出，產後的事件——癲癇、腮腺炎，及德國麻疹疫苗——也可能產生某些自閉症的兒童，引起許多有幼兒的父母驚慌。然而，後來的研究發現，在疫苗與自閉症之間，並沒有關聯（Institute of Medicine, 2004）。

　　最後，研究人員已確認，特殊的生物異常可能造成自閉症。例如，最近的一些研究指向**小腦**（cerebellum）部分（Teicher et al., 2008; DeLong, 2005; Pierce & Courchesne, 2002, 2001）。腦部掃描及腦部解剖顯示，自閉症患者在生命的早期腦部地區即發生異常的發展。科學家早就發現，小腦是用來協調身體的活動，但是他們目前懷疑，小腦也幫助個人控制迅速轉移注意力的能力。因此，小腦發展異常的人，在調整他們的注意力、領會語言以及面部表情的暗示，及了解社會訊息方面，可能有極大的困難。這些都是自閉症的主要特徵。

　　在同樣的脈絡，神經影像研究指出，許多自閉症兒童有腦部體積和白質增加現象（Wicker, 2008），以及腦部邊緣系統、腦幹細胞核及杏仁核的結構異常（Gillis & Romanczyk, 2007）。很多自閉症的人在執行語言和動作啟動作業，也經驗到腦部顳葉和額葉的活動減少——這些工作常態地需要腦部左半球的活動（Escalante, Minshew, & Sweeney, 2003）。

　　很多研究人員認為，自閉症事實上有多重的生物起因（Mueller & Courchesne, 2000）。也許所有有關聯的生物因素（遺傳的、產前的、分娩的和產後的），最後導致一個共同的腦部問題——「最後共同的路徑」，就像神經傳導物質異常一樣，產生認知問題以及其他的此疾患特徵。

臨床工作人員和教育工作者如何處理廣泛性發展疾患？

雖然到目前為止，治療尚未完全改變自閉的行為模式，但治療卻能幫助自閉者，對他們的環境有較佳的適應。特別有幫助的治療方法，包括行為治療、溝通訓練、雙親訓練，以及社區的整合。此外，影響精神藥物及某些維他命，結合其他的方法，有時也可幫助自閉症患者（Teicher et al., 2008; Volkmar, 2001）。

行為治療　使用行為的方法，教導自閉症患者新的、適當的行為，已經超過三十年的歷史，包括語言、社會技能、教室技能，以及自理技能，同時也減少負面的、功能失常的行為。在各種方法中，治療師最常使用的是示範以及操作制約。在示範法中，他們顯示一種適當的行為，而且引導自閉症患者去模仿它。在操作制約中，他們增強這些行為，首先經由塑造——把一個活動分為數個小步驟，使他們能夠逐步地學習——然後在每個步驟學習時，很清楚及持續地獎勵（Campbell et al., 2008; Lovaas, 2003, 1987）。經過仔細的計畫和執行，這些程序經常會產生新的、更有功能的行為。

一個長期的研究，比較兩組自閉症兒童的進步情況（Campbell et al., 2008; McEachin et al., 1993; Lovaas, 1987）。有 19 位兒童接受密集的行為治療，另外 19 位作為控制組。兒童在 3 歲時開始治療，一直持續到 7 歲。到 7 歲的時候，行為治療組的兒童，在學校表現及智力測驗的得分，都比控制組的兒童優異。很多兒童都能夠去上學，並在普通班上課。這種進步持續到受試者進入少年時期。由於這些發現，目前很多臨床工作人員，考慮用早期的行為處理方案，作為治療自閉症的主要途徑。

最近行為的方案已有相當成效的，是針對學齡前自閉兒童的學習經驗替代方案（LEAP）（Kohler, Strain, & Goldstein, 2005）。在此方案中，4 個自閉兒童融合在 10 個正常兒童的班級。正常兒童學習如何使用示範和操作制約，以幫助教導自閉兒童社交、溝通、遊戲及其他技能。這個方案被發現顯著增進自閉兒童的認知功能，以及他們的社會語言、同儕互動、遊戲行為與其他的行為。而且，正常兒童在教室的經驗沒有負面影響，其獲致的結果就如其他的介入服務者。

這些方案指出，對於自閉症患者的治療，特別是行為的治療，在兒童生活的早期開始提供，會最有助益（Campbell et al., 2008; Palmer, 2003）。每個年幼的自閉症兒童之服務，經常從家裡開始；但理想的是，在 3 歲時參加家庭外的特殊方案。根據聯邦法案，《美國身心障礙者教育法案》（The Individuals with Disabilities Education Act），列出自閉症是十種疾患的一種，從出生到 22 歲，學校學區必須提供免費教育，在最少限制及最適當的環境。典型的服務是經由教育、健康或社會服務機構提供，一直到兒童 3 歲為止，然後每州的教育部門再決定提供哪些服務（NRC, 2001）。

由於最近自閉症的盛行率增加，許多學區目前試圖在學區本身擁有設施的特

殊班，為自閉症兒童提供教育和訓練。然而，在適應重度自閉症學生的需求上，多數學區仍保持不良的設備。最幸運的學生是被學區送到特殊學校，在那裡教育和治療能夠結合進行。在特殊學校，經過特殊訓練的老師，可以協助兒童增進他們的技能、行為，及跟外界的互動。高功能的自閉症患者，可能至少有部分的時間在普通班級上課，在普通班他們可在非自閉症學生的陪伴下，發展社會與學習技能（Smith et al., 2002）。

　　雖然有顯著的損傷，亞斯伯格症兒童比自閉症兒童，較少深度教育和治療的需求。他們一旦被診斷出來，這些兒童多數被指派到特殊方案（在自己的學校系統或特殊學校）。在這些地方他們接受為他們的特殊損傷，安排的教育和認知—行為治療。其中一個方案是認知社會整合治療（cognitive social integration therapy），兒童被教導更彈性的看待社會規則、問題解決及行為的選擇（Sohn & Grayson, 2005）。教師和亞斯伯格症兒童在團體中工作，認識他們的想法和感覺，教導他們在面對改變時如何防止焦慮，以及幫助他們發展新的社會技能和其他的能力。教師也幫助他們在團體療程中，使用演練、角色扮演及視覺影像的技術，以確保新學到的技能能類化到個人的生活。

　　溝通訓練　即使經過密集的行為治療，有半數的自閉症患者還是不能說話。結果許多的治療師也要教導其他的溝通方式，包括手語及同步溝通（simultaneous communication）。這是一種結合手語和口語的方法。他們也可能學習使用**輔助溝通系統**（augmentative communication system），如「溝通板」或用圖片、符號，或書寫文字來代表一些物品或需求的電腦 （Gillis & Romanczyk, 2007）。例如，一個孩子可能指著一個刀叉的畫面，傳送「我肚子餓了」的訊息，或指著收音機的畫面來表示「我想聽音樂」。

　　有些方案目前使用兒童主動參與互動（child-initiated interactions），以幫助改善自閉症兒童的溝通技能（Koegel, Koegel, & Brookman, 2005）。在這種方案，教師試圖確認內在的增強物，而不是普通的事物，如食物或糖果。兒童最初被鼓勵去選擇他們有興趣的東西，然後他們學習開始問問題（「那是什麼？」「它在哪裡？」「它是誰的？」）。研究發現，這種兒童中心的方法，經常增加自我主動參與溝通、增進語言發展，及提高互動的參與（Koegel et al., 2005）。

　　雙親訓練　今天的治療方案，在很多方面包含父母。例如，行為方案經常要訓練父母，使他們能夠在家裡應用行為技術（Schreibman & Koegel, 2005; Erba, 2000）。提供給父母親的教導手冊，以及老師和其他專業人員的家庭訪問，也經常包括在這些方案中。研究一致證明，行為方案經由訓練父母得到的結果，通常相當於或大於老師產生的結果。而且，父母經營的方法產生較大的技能類化。

　　除了父母訓練方案外，個別治療及支持團體，幫助自閉症兒童的父母，更有效的處理本身的情緒和需要（Hastings, 2008）。有些父母協會和遊說團體，也提供情緒的支持以及實際的協助。

社區的整合　今天有很多以學校和家庭為基礎的方案，用來教導自閉症兒童自助、自我管理及生活、社會和工作技能，而這些技能教導應該愈早愈好，以幫助兒童在他們的社區裡有較好的功能表現。此外，有很多精心設計的團體收容所和庇護工廠，目前也都用來幫助自閉症的少年和年輕的自閉症成年人。這些設施及相關的方案，都可以協助自閉症患者融入社區生活中。這種方案也可以減少年邁的父母，他們的孩子經常需要監督的掛慮。

智能障礙

26 歲的 Ed Murphy 能夠告訴我們，被診斷為智能障礙到底是怎麼一回事：

> 什麼是智能障礙？這實在很難說。我猜想它是在思考上有問題。有些人認為，單單看一個人的外表就能夠斷定這個人有智能障礙。如果你有這種想法，你就不會信任這個人，而且不會給他多少機會。你判斷一個人是基於他的外表，或談吐，或測驗結果。但是你永遠無法真正了解這個人的內在是怎麼一回事。
>
> （Bogdan & Taylor, 1976, p. 51）

在 Ed 的生命中，大部分的時間被貼上智能障礙的標籤，因此在一個特殊的教養機構中接受教育與照護。在他的成年階段，臨床工作人員發現，Ed 的智力事實上比別人估計的還要高，同時，他度過被標記為智能障礙的童年時期和青春期，他的訴說顯示，此種智能障礙者經常會面對各種的難題。

「智能障礙」（mental retardation）的術語，已被應用在各種不同的人，包括在醫院病房來回搖晃身體的兒童、在特殊職業方案工作的年輕人，以及從事沒有要求、不傷腦筋的工作，來養家糊口的男女。近年來，較少汙名化的名詞──智能殘障（intellectual disability），在許多臨床環境已成為智能障礙的同義詞。大約每 100 個人之中，有 3 個人符合這種診斷標準（Leonard & Wen, 2002; APA, 2000）。這些人中，大約有五分之三是男性，而且大部分是輕度的智能障礙。

根據 DSM-IV-TR 的診斷標準，當人們顯示出一般智力功能遠低於平均水準，並有適應行為的缺陷，他們就得到智能障礙（mental retardation）的診斷（APA, 2000）。那就是，除了低智商（智商在 70 或 70 以下）外，一個智能障礙者，也在溝通、家居生活、自我管理、工作或安全方面，有重大的困難（APA, 2000）。這種症狀也必須在 18 歲以前出現（見表 17-5）。雖然這些 DSM-IV-TR 的診斷標準似乎很易懂，但是它們應用起來相當的困難。

表 17-5 DSM 檢核表

智能障礙

1. 一般智力功能顯著低於一般水準：個人智力測驗智商分數約 70 或 70 以下。

2. 目前的適應功能中，在下列至少兩項同時有缺陷或障礙：

   (a) 溝通

   (b) 自我照顧

   (c) 家居生活

   (d) 社交／人際關係技能

   (e) 使用社區資源

   (f) 自我管理

   (g) 功能性學業技能

   (h) 工作

   (i) 休閒娛樂

   (j) 健康

   (k) 安全維護

3. 在 18 歲以前即初發。

資料來源：APA, 2000.

智力評估

教育學家和臨床工作人員實施智力測驗，來測量智力功能（見第四章）。這些測驗包括各種問題和任務，回答這些問題需要不同方面的智慧，如知識、推理，以及判斷。在這些分測驗或功能領域中，有一或兩種出現困難，不一定就反映有低智力。個人的整體測驗分數或**智力商數**（intelligence quotient, IQ），被認為可以顯示一般智力。

很多理論家質疑智力測驗是否確實正確。它們是否可以測量他們想要測量的特質？智商和學業成就的相關相當高——約.50——表示許多低智商的兒童，正如一般人的預期，在學校課業表現比較差，而許多高智商的兒童表現得比較好（Sternberg et al., 2001）。然而，這種相關也提示，這兩者間的關係並不是完美的。那就是說，一個特殊兒童的學業成就，往往高於或低於他智商所預測的。而且，智力測驗在測量極低智力的正確性，未被充分地評估，因而難以適當的評估嚴重智能障礙者（Bebko & Weiss, 2006）。

正如第四章中所述，智力測驗也顯示社會文化的偏見（Gopaul-McNicol & Armour-Thomas, 2002）。在中上社經水準家庭中養育的兒童，往往在測驗上處於優勢，因為他們經常接觸測驗所評量的語言和思考。智力測驗很少測量「街道知覺」——住在貧困、犯罪猖獗地區者，生存所必需——一種當然需要具有智能的本事。同樣地，有些少數文化族裔的成員，對他們而言，英文是第二語言，他們

在做智力測驗時經常顯示居於不利地位。

如果智力測驗不能夠正確及客觀的測量個人的智力，那麼對智能障礙的診斷，也可能有偏差。也就是說，有些人得到智能障礙的診斷，有部分是由於測驗不適當、文化的差異、對測驗情況不舒服，或測驗者對他們有偏見。

適應功能的評估

診斷工作人員不能僅依賴智商 70 分數的分界點，來斷定個人是否有智能障礙。有些低智商的人，很能夠管理自己的生活，而且有獨立的功能，而其他的人卻不能這樣。Brian 和 Jeffrey 的個案，顯示適應能力的不同情況。

> Brian 來自一個低收入的家庭。他在家裡和社區裡，言行舉止都相當得體。他自己穿衣服、自己吃飯，甚至每天都能妥善的照顧自己，一直到他母親下班回家。他和朋友也玩得不錯。然而，在學校裡他拒絕學習，也不想做功課。他的學習效果很差，有時候在教室裡迷糊不清。老師把他轉介到學校的心理師，Brian 得到智商 60 的診斷。

> Jeffrey 來自一個中上階層的家庭。他在各方面的發展都很緩慢。他開始坐、站和說話都遠落人後。在嬰兒和幼兒的幾年裡，就被安置在一個特殊刺激方案中，在家中也得到特殊的協助和照顧。不過他今天仍然不能自己穿衣服，不能獨自在院子裡，以免他會傷害自己或漫遊在街上。學校的功課對他來說非常困難。老師要非常緩慢的指導他，而且提供個別教學。在 6 歲的時候，智力測驗顯示他的智商是 60。

Brian 似乎除了學校以外，對他的環境適應相當良好。然而，Jeffrey 的缺陷卻是全面的。Jeffrey 除了智商低以外，應付家裡和其他地方的挑戰也有困難。因此，智能障礙的診斷，可能對 Jeffrey 比對 Brian 更加適當。

有幾個量表，如文蘭（Vineland）及美國智能障礙協會（AAMR）的適應行為量表（Adaptive Behavior Scales）和獨立行為量表修訂版（Scales of Independent Behavior Revised），都被發展來評估適應行為。然而，有些人在他們的生活功能比量表預測的更好，而其他的人則不符合標準。幾個臨床工作者和教育學者認為，適應量表沒有包括足夠的社會、溝通、學業、身體和社區能力的指標（Jacobson & Mulick, 1996）。

因此，要適當的診斷智能障礙，臨床工作人員應觀察每個人在他的日常環境中的功能，而且個人的背景以及社區的標準要列入考慮。儘管如此，這種判斷也可能是主觀的，而且臨床工作人員也不是經常熟悉某個特殊文化，或社區的標準。

智能障礙的特徵有哪些？

智能障礙最一致的特徵是，此人的學習非常緩慢（Sturmey, 2008; Hodapp & Dykens, 2003）。其他方面的困難，包括注意力、短期記憶、計畫及語言。那些被安置在教養機構的智障者，特別容易出現這些缺陷。它也可能是，在很多教養機構中，環境缺乏刺激、與工作人員互動太少，造成這些困難。

DSM-IV-TR 描述四個智能障礙層次：輕度（智商 50–70）、中度（智商 35–49）、重度（智商 20–34），及極重度（智商低於 20）。相反地，美國智能障礙協會（AAMR, 1992）認為，智能障礙應根據個人需要的支持程度來分類——間歇的（intermittent）、有限度的（limited）、多方面的（extensive），或是全面的（pervasive）。

輕度智障

在所有的智能障礙者中，約有 80% 到 85% 是在**輕度智障（mild retardation）**的範圍中（智商 50–70）（Leonard & Wen, 2002; APA, 2000）。他們有時又稱為「可教育性智障」，因為他們可以從學校中學習到一些技能，成年以後也可以獨立過活。輕度智障者，通常沒有被發覺，一直到這個兒童進入學校，在學校中接受評量時才發現。這些人證明有些語言、社會及遊戲技能，不過他們在面臨壓力下，仍然需要協助——當學業和社會要求增加時，這些缺陷愈加明顯。有趣的是，此種人智力的表現，往往隨著年齡的增長而有進步；有些人甚至在離開學校以後，這種標記就消失，而且在社區裡的功能還是相當不錯（Sturmey, 2008）。他們的工作傾向於非技術性或半技術性。

研究顯示，輕度智障主要和社會文化及心理因素有關。尤其是在兒童早年成長中，生活在貧困及缺乏刺激的環境、不適當的親子互動，以及缺乏學習經驗（Sturmey, 2008; Stromme & Magnus, 2000）。這些關係曾在比較被剝奪的環境和富足的環境之研究中，加以觀察（見圖 17-4）。事實上，有些社區計畫，請工作人員到這些低智商兒童的家庭中，幫助他們充實環境，這種介入經常對兒童的功能有所改善。如果這種計畫繼續實施，也可以幫助個人增進以後的學校及成人期的成就（Sparling et al., 2005; Ramey & Ramey, 2004, 1998, 1992）。

雖然社會文化和心理因素，似乎是導致輕度智障的主要原因，但是至少某些生物因素也可能有所影響。例如，研究顯示，一個母親在懷孕中適度的飲酒、使用藥物，以及營養不良，可能會降低她孩子的智力潛能（Ksir et al., 2008; Neisser et al., 1996; Stein et al., 1972）。同樣地，早年時期的營養不良，也會傷害幼兒智力的發展，雖然這種影響，在兒童年齡增加而營養改善的時候，情況會好轉，但是如果拖延太久，就無法增進他們的智力。

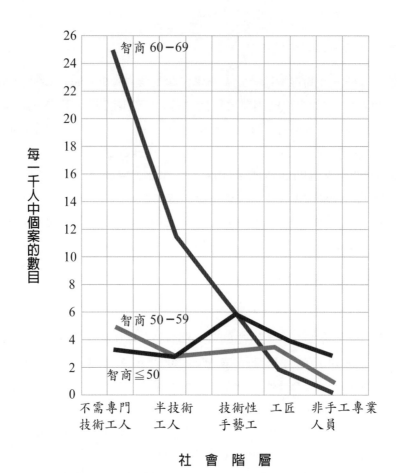

圖 17-4　智能障礙與社經階層　輕度智障在低社經階層的盛行率，高於高社經階層。相反地，各種形式的智障所造成的損害，卻平均分布在各個階層中（摘自 Popper, 1988; Birch et al., 1970）。

🌱 中度、重度以及極重度的智障

　　在所有智能障礙者中，約有 10% 的人有**中度智障**（**moderate retardation**）（智商 35-49）。他們通常比輕度智障者在生命早期診斷出來，由於他們在學齡前語言發展和遊戲，就有明顯的缺陷。在中學時期，他們更進一步在閱讀、數字技能及適應技能的學習，顯示嚴重的遲緩。然而到成年期，許多中度智障者有尚可的溝通技能，他們可以學習如何照顧自己，能夠從職業訓練中學習到一些技能，而且很多人可以從事非技術性或半技術性的工作，不過通常需要別人的監督。多數的中度智障者，如果有適當的督導，他們在社區的生活也有良好的功能（Bebko & Weiss, 2006; APA, 2000）。

　　所有智能障礙者中，約有 3% 至 4% 是屬於**重度智障**（**severe retardation**）（智商 20-34）。他們在嬰兒期，就顯示基本的動作和溝通的缺陷。許多人也顯示神經功能不良的徵象，並有增加腦部癲癇症或癲癇的風險。在學校中，他們說

話只能把兩三個字串在一起。他們通常需要密切的監督，只可從職業訓練中得到一點技能，只能在有結構的庇護工廠，從事一些基本的工作。在溝通中，他們對語言的了解，通常高於他們的語言表達能力。如果他們居住在團體收容所、社區的教養家園，或和他們的家人住在一起，大部分在社區的適應都還算適當（Bebko & Weiss, 2006; APA, 2000）。他們很少能獨立生活。

在所有智能障礙者中，約有 1% 至 2% 是屬於**極重度智障**（**profound retardation**）（智商低於 20）。這種智障在出生或嬰兒早期就非常顯著。如果加以訓練，他們可學習或改進一些基本技能，如走路、簡單語言，以及能夠自己飲食。他們需要一個非常結構性的環境、有嚴密的監督管理以及相當大的協助，包括與照顧者一對一的教學關係，以能使此人的潛能發展到極限（Sturmey, 2008; APA, 2000）。

重度和極重度的智能障礙，往往還有其他的症狀，包括嚴重的身體障礙。在很多案例中，身體問題甚至比個人的低智力功能更嚴重，並且使某些個案致命。

🍃 智能障礙的成因為何？

造成中度、重度，以及極重度智障的主要原因，是屬於生物因素的，雖然很多屬於這個功能層次的人，也往往受到家庭和社會環境的影響（Sturmey, 2008; Hodapp & Dykens, 2003）。有時，遺傳因素是這些生物問題的根源，由染色體的型態或新陳代謝異常造成。事實上，研究人員已經確認 1,000 個造成智能障礙的遺傳因素，不過這些因素很少做更多的研究（Dykens & Hodapp, 2001; Azar, 1995）。另外一些造成智能障礙的生物原因，來自出生前、出生時或出生後的不利情況，如生產受傷。

染色體原因 染色體異常導致的智能障礙，最普遍的一種是**唐氏症**（**Down syndrome**），它是以最先發現它的英國醫生 Langdon Down 來命名。雖然 1,000 個出生的嬰兒，還不到 1 個會導致唐氏症，但是在母親超過 35 歲時，這種比率會大大地增加。現在很多高齡的產婦，在懷孕第四個月時被鼓勵進行羊膜穿刺術（amniocentesis），來確認胎兒是否有唐氏症或其他的染色體異常。

有唐氏症者，可能有較小的頭、扁平的臉、向上傾斜的眼睛、高的顴骨，以及在某些個案中，會有突出的舌頭。後者可能影響他們的發音和說話的清晰。他們經常深愛家人，並且通常他們顯示跟一般人一樣的人格特質（Carr, 1994）。

有幾種染色體異常的型態，可能引起唐氏症（Teicher et al., 2008）。最常見的型態（94%的個案）是三染色體 21（trisomy 21）——個人的第 21 號染色體，有三條獨立的染色體，而不是只有兩條。第二種型態是染色體移位（translocation），個人有兩條正常的第 21 號染色體，多出第三條第 21 號染色體，與另外的染色體（第 15 號或第 13 號）結合。第三種非常罕見的型態是鑲嵌型（mosaicism），在同一個人發現兩種不同形式染色體的細胞系，不正常的細胞系有三條第 21 號染

色體。多數的唐氏症患者，智商的範圍從 35 到 55（AAMR, 2005）。這些人顯示很早老化，而且很多人甚至到 40 歲的時候，就顯現失智症的徵象（Bebko & Weiss, 2006; Lawlor et al., 2001）。研究顯示，唐氏症以及早發性失智症往往同時發生，因為造成這種情形的基因，緊密的位於第 21 號染色體（Selkoe, 1991）。

X 染色體脆折症（fragile X syndrome）是引起智能障礙第二個最常見的染色體。孩子出生帶有脆性 X 染色體（亦即，一個 X 染色體有基因的異常，使它容易破損或流失），通常有輕度到中度的智力功能不良、語言障礙，以及在某些個案的行為問題——在接近青春期時難題特別顯著（Teicher et al., 2008; Eliez & Feinstein, 2001）。通常這些人很害羞及焦慮，並且男性經常顯示「心智理論」缺陷（AAMR, 2005）。

新陳代謝原因　新陳代謝異常，是個人身體的損壞或化學物的製造受干擾。新陳代謝的異常影響智力和發展，通常是由兩個成對有缺陷的隱性基因所引起。這兩個基因一個來自父親，一個來自母親。一個異常基因如果跟一個正常的基因配對，並沒有影響，但是兩個有缺陷的基因配對在一起，就會導致孩子重大的問題。

智能障礙來自新陳代謝異常，最常見的是苯酮尿症（phenylketonuria, PKU），此症在每 14,000 名兒童中可能會出現一個。有苯酮尿症的嬰兒，在出生的時候顯示是正常的，但是他們無法分解胺基酸的苯丙氨酸（phenylalanine）。此化學成分就累積起來，並轉為破壞系統的物質，引起嚴重的智能障礙以及其他數種症狀。今天的嬰兒可以作苯酮尿症篩檢，而且如果在出生 3 個月內就開始特殊的飲食，他們可能發展出正常智力。

黑矇性家族性白癡（Tay-Sachs disease）是另外一種新陳代謝異常，它也是來自一對隱性基因，兒童在 2 至 4 年的病程中，逐漸喪失智力、視力，以及動作能力，最後死亡。在東歐猶太人的祖先中，每 30 個人有 1 人有這種隱性基因，造成這種症狀。因此每 900 個猶太夫婦中，他們的孩子有 1 個有黑矇性家族性白癡的風險。

產前與生產時相關原因　當胎兒在成長的時候，懷孕的母親如果有重大的生理問題，可能威脅孩子將來的正常生活（Bebko & Weiss, 2006; Neisser et al., 1996）。例如，一個懷孕的母親，若是她的飲食中過分缺乏碘，她的孩子可能發展出矮呆症（cretinism），特徵是甲狀腺異常、發展遲緩、智能障礙，以及像侏儒的外貌。今天此症很罕見，因為多數飲食中的鹽，含有附加的碘。同時，如果孩子出生時有這種症狀，也可能很快給與甲狀腺精萃，以引起正常的發展。

其他產前的問題，也可能引起智能障礙。正如第十二章所述，孩子的母親在懷孕中飲酒太多，可能孩子出生會有**胎兒酒精症候群**（fetal alcohol syndrome）。它是一群非常嚴重的問題，包括較低的智力功能。事實上，婦女在懷孕中安全的酒精消耗標準，並沒有被研究確立。此外，母親懷孕時得到某些傳染病——例

如，德國麻疹及梅毒——可能引起兒童期的一些問題，包括智能障礙。

生產併發症也會導致智能障礙。在生產中或生產後，若長時間缺氧，可能造成腦部的傷害及嬰兒的智障。同樣地，雖然早產不一定會導致兒童長期的問題，但是研究人員發現，出生時體重少於 3.5 磅，有時可能導致智能障礙（Neisser et al., 1996）。

兒童時期的問題　孩子在出生之後，尤其是在 6 歲以前，某種傷害或是意外事件，可能會影響智力功能，且在某些個案導致智能障礙。中毒、由意外或虐待引起嚴重的頭部傷害、過分暴露在 X 光線，以及過度使用某種藥物引起特殊的危險（Evans, 2006）。例如，嚴重的鉛中毒是來自吃含鉛的油漆，或吸進高量的汽車廢氣，會造成兒童的智障。水銀、放射線、亞硝酸鹽，以及殺蟲劑毒物，也會造成同樣的情況。此外，某些傳染疾病，例如腦膜炎和腦炎，如果沒有即時診斷和治療，也會導致智能障礙（MFA, 2008; Baroff & Olley, 1999）。

對智能障礙者的介入

智能障礙者生活品質的獲得，主要依賴社會文化因素：他們住在哪裡，以及跟誰住在一起、他們如何教育，以及在家和在社區裡的成長機會。因此對這些人的介入方案，主要的努力是朝向提供舒服及具有刺激作用的住所、適當的教育，以及社交與經濟上的機會。同時，這些方案對智能障礙者，也尋求增進他們的自我形象及增加自尊。一旦這些基本需求能夠滿足，正規的心理以及生物治療，也對某些個案有幫助。

什麼是適當的居住環境？　直到最近幾十年來，很多智能障礙兒童的父母，會盡快把他們送到公共教養機構——**州立特殊學校（state school）**。這些擁擠的教養機構，提供基本的教養照顧，但是住在裡面的人往往被忽略、虐待，且與社會孤立。早先提到被誤診的人 Ed Murphy，回憶在州立特殊學校第一天的情況：

> 只要有人隨便看看我，就把我送到 P-8——精神障礙病房。我是一個落魄的人。我留著鬍子及穿著政府提供的寬鬆衣服。我剛剛來到這個地方。我只是想要了解到底是怎麼一回事。我非常的困惑。為什麼我看起來是 P-8 的料子。那裡的監督者是一個女人，她來到病房，看著我說：「我把他安排到 P-8。」有一個年紀較大的管理員在那裡，他看著我，然後說：「他來這裡是對的，我想我們應該把他留下來。」……
>
> 當然那時我不知道 P-8 是什麼，但是，後來我了解了。在我打工時，曾經到那裡幾次，那個人救了我的命。在那裡有一個我從來不認識的女人，有人說她是這棟大樓中負責管理我的主管。那個時候我可以肯定說，如果我進到那個地方，我就會留下來。而且，我到現在還住在那個地方。
>
> （Bogdan & Taylor, 1976, p. 49）

在 1960 和 1970 年代中，大眾愈來愈了解這些惡劣的情況，以及部分由於廣泛的去機構化運動（見第十五章），要求智能障礙者從公共教養機構中釋放（Beyer, 1991）。對很多個案而言，這種釋放並沒有經過適當的準備和管理。就像很多精神分裂症病人從精神病院被釋放出來一樣，這些人實際上是被遺棄在社區裡。他們不能適應外界的生活，而必須再回到教養機構。

從那時候開始，有些改革導致很多小型教養機構，及社區住宅（團體收容所、中途之家、大型教養機構的地方分支機構，以及獨立住宅）的設立。它們教導自給自足、投入更多的人力資源照顧病人，以及提供教育和醫療服務。很多小型的機構和其他社區住宅，就仿效丹麥和瑞典最先開始的**正常化（normalization）**原則——它們試圖提供一個跟其他的社會所享有的相當一致的居住環境、有彈性的例行活動，以及正常發展的經驗，包括自我決定的機會、性的滿足，以及經濟的自由（Hodapp & Dykens, 2003）。

今天，極大多數的智障兒童都住在家裡，而不是在教養院。不過，當他們快到成年的時候，他們父母親的年紀愈來愈大，因此家庭就無法提供這些人所需要的協助和機會。因此，對某些人來講，社區住宅變成一個適當的變通辦法。大部分智障者，包括幾乎所有的輕微智障者，現在不是在自己的家裡，就是在社區收容所度過成人的生活（Sturmey, 2008）。

哪一種教育方案最有效？　因為早期的介入，似乎提供極大的前景，所以智能障礙者的教育計畫，愈早開始愈有成效。適當的教育視個人智能障礙的程度而定（Bebko & Weiss, 2006; Patton et al., 2000）。一旦進入學校，孩子到底要到特殊班或融合到普通班？這個問題引起教育家激烈的爭論（Hardman, Drew, & Egan, 2002）。**特殊教育（special education）**是把智能障礙的兒童，安排在一個個別的、特別設計的教育計畫中。相反地，**回歸主流（mainstreaming）**或**融合教育（inclusion）**，則是把他們安排在普通班級，與非智障的兒童一起受教育。沒有一種方法似乎看起來比其他的方法好（Bebko & Weiss, 2006）。也許融合教育對某些領域的學習及對某些兒童比較有幫助，而對另外一些兒童，則在特殊班比較合適（Cummins & Lau, 2003）。

教師準備（teacher preparedness）是決定融合教育或特教班的另一個因素。很多教師報告，對智能障礙兒童提供的訓練和支持感覺不充分，特別

✪**早期介入**　一個重要的研究顯示，有關自閉症和智能障礙的治療，早期介入的價值——包括心理和身體兩方面。根據這種概念，一個兩歲的男孩實施水療課程，此方案用來幫助建立肌肉強度和自我效能感。

是兒童有其他的失能或問題時（Scheuermann et al., 2003）。教師短期訓練課程用來因應這些擔心，以建立他們的信心，並提供兒童特殊需求的有用資訊（Campbell, Gilmore, & Cuskelly, 2003）。

很多老師使用操作制約原理，來增進智能障礙兒童的自助、溝通、社交及學科技能（Sturmey, 2008; Ardoin et al., 2004）。他們把學習活動分為一些小步驟，當完成某一個小步驟，就給予正增強。此外，很多機構、學校，以及私人家庭中，也設置代幣制方案──一種操作制約方案，也被用來治療精神病院中的精神分裂症病人。

什麼時候需要治療？　就像任何人一樣，智能障礙者也會遭受情緒和行為問題。除了智能障礙以外，至少有 25%的人還有其他的心理疾患（McBrien, 2003; Dykens & Hodapp, 2001）。不但如此，有些人蒙受低自尊、人際關係問題、社區生活適應困難之苦。這些問題在某種程度上，可以透過個人或團體治療加以改善（Rush & France, 2000）。此外，很多智能障礙者也給與精神治療藥物（Sturmey, 2008）。不過，很多臨床工作人員指出，藥物經常只是用來使個人比較容易管理而已。

如何增進個人的、社會的，以及職業的成長機會？　為了生命的推進，人們需要感覺有效能及有能力。智能障礙者，假定他們的社區允許他們不斷的成長，而且讓他們作許多的選擇，他們最可能贏得這種感覺。丹麥和瑞典是提倡正常化運動的創始國家，它們在這方面也居領導地位，兩個國家發展很多青少年俱樂部，鼓勵智能障礙者去冒險及有獨立的功能（Flynn & Lemay, 1999; Perske, 1972）。特殊奧林匹克方案，也鼓勵智能障礙者設定活動目標、參與他們的環境，及與他人社會互動 （Weiss et al., 2003）。

參與社交、性活動及結婚，都是智能障礙者及他們的家庭所面臨的難題，但是，透過適當的訓練和練習，智障者通常能學習如何使用避孕用具及有效地實施家庭計畫（Lumley & Scotti, 2001; Bennett-Gates & Zigler, 1999）。國家智障協會（National Association for Retarded Citizens）對這些事情提供指導原則，而且有些臨床工作人員也發展約會技能方案（Segal, 2008; Valenti-Hein et al., 1994）。

有些州限制智能障礙者結婚（Levesque, 1996）。然而，這些法律很少強制。事實上，有四分之一到半數的輕度智障者，最後還是結婚了（Grinspoon et al., 1986）。跟一般的迷思相反的是，他們的婚姻經常非常的成功。此外，有些人可能沒有能力養育子女，但有些人照顧家庭的能力還相當的高。這些可能需要特殊的幫助及社區的協助，但是他們往往也靠自己的能力（Sturmey, 2008）。

最後，智能障礙的成人──不管障礙的程度如何──需要擁有一份工作所帶來的個人及財務獎勵（Kiernan, 2000）。很多人在**庇護工場**（**sheltered work-shops**）工作，在那裡他們得到保護和管理，而且根據他們進度和能力層次來訓練他們。經過庇護工場的訓練後，很多有輕度和中度智障者，也可能得到一份正

常的工作（Moore, Flowers, & Taylor, 2000）。

　　雖然智能障礙者的訓練方案，過去三十年來在品質上有極大的進步，但是它們在數量上還是不足。結果是，大部分的人不能得到完整的教育和職業訓練。額外的計畫是需要的，以使更多智能障礙者能夠發揮潛能，像其他的人一樣，成為一個有用的工作者。

整合：臨床工作人員發現兒童期與青少年期

　　二十世紀初期，心理健康專業人員實際上是忽視兒童的（Phares, 2008）。充其量他們把兒童看成小大人，並把他們的心理疾患像成人問題一樣來治療（Peterson & Roberts, 1991）。今天這群年輕人的問題和特殊需要，已引起研究人員和臨床工作人員的注意。雖然所有重要的模式，都被用來幫助、解釋和治療這些問題，但是社會文化觀點——尤其是家庭的觀點——被認為扮演了特別的角色。

　　因為兒童和青少年對他們生活的掌控相當有限，他們特別容易受到家人的態度和反應的影響。因此，臨床工作人員在處理年幼兒童的問題時，必須處理這些親人的態度和反應。品行疾患、ADHD、智能障礙，以及其他兒童和青少年問題的治療，通常未達到預期，除非臨床工作人員能夠教育及治療家庭其他成員。

　　同時，臨床工作人員治療兒童和青少年時，已認識到如果他們只狹窄的專注在一個模式，可能會導致其他的問題。多年來，自閉症被解釋為家庭因素，結果誤導理論家和治療師，並增加已被他們孩子疾患蹂躪的父母之痛苦。同樣地，過去的社會文化模式，也經常導致專業人員，接受年幼兒童的焦慮和少年的憂鬱，是不可避免的這樣的錯誤說法，由於年幼的兒童面對許多新經驗，而少年是專注於同儕的認同。

　　今天臨床工作愈來愈專注於兒童和年輕人，增加他們人性和法律權益的注意也隨著發生。愈來愈多的臨床工作人員，特別呼籲政府機構要保障這種無權勢團體的權益和安全。為了做到這些，他們希望提供更多教育資源，並反對兒童虐待和忽視、性虐待、營養不良、胎兒酒精症候群。

　　由於這些問題及有時年幼者錯誤的治療，引起社會更廣泛的注意，這些人的特殊需要，現在變得更引人注目。因此，對兒童和青少年心理問題的研究和治療，可能會繼續的蓬勃發展。現在臨床工作人員和政府官員已經「發現」到這些人，他們不可能再低估這些人的需要及重要性。

摘要

　　●**兒童期和青少年期的疾患**　情緒與行為問題，在兒童期與青少年期相當普遍，此外，在美國有五分之一的兒童和青少年遭受符合診斷標準的心理疾患。

焦慮症（anxiety disorders）在兒童和青少年中特別普遍。此群的問題，包括像成人一樣的疾患，如社交恐懼症、廣泛性焦慮疾患，及兒童期特有的分離焦慮症（separation anxiety disorder），其特徵是每當和父母分離時，會過分焦慮，經常有恐慌現象。憂鬱症被發現在 2% 的兒童及 9% 的青少年。過去 15 年來也看到，得到雙極性情感疾患（bipolar disorder）診斷的兒童和青少年，數目大量的增加。

對立性反抗疾患（oppositional defiant disorder）及品行疾患（conduct disorder）的兒童，是超出常態的違反規則，及行為極具攻擊性。對立性反抗疾患的兒童，是一再和大人爭辯、發脾氣，並感到強烈的憤怒和憎恨。品行疾患是一種更嚴重的模式，這種兒童一再地侵犯他人的基本權利。有品行疾患的兒童，經常是兇暴及殘酷的，他們也會破壞財物、偷竊及離家出走。

表現注意力缺失／過動疾患（attention-deficit/hyperactivity disorder, ADHD）的兒童，是對工作的專注力缺乏，或行為過動及衝動，或兩者兼具。利他能（Ritalin）、其他的興奮劑（stimulant drugs）及行為方案（behavioral programs），在治療上經常有效。兒童有排泄疾患（elimination disorder）——遺尿症（enuresis）或遺糞症（encopresis）——會一再在不適當的地方小便或大便。在行為的方法，如使用電池操作鈴聲技術（bell-and-battery technique），是治療遺尿症的有效方式。

● **兒童期開始的長期疾患**　廣泛性發展疾患（pervasive developmental disorder）和智能障礙，是早期出現的問題，而且通常會持續整個人的一生。最嚴重的廣泛性發展疾患中，自閉症（autism）者，對他人極端無反應、溝通技能貧乏〔包括語言模仿（echolalia）及代名詞顛倒（pronominal reversal）〕，以及非常刻板而且重複的行為，包括維持同一性（preservation of sameness）、強烈地依戀物品（strong attachments to objects）、自我刺激行為（self-stimulatory behavior），以及自傷行為（self-injurious behavior）。亞斯伯格症（Asperger's disorder）是另一種廣泛性發展疾患，顯示重度的社會障礙，然而維持相當高的認知功能水平及語言技能。

對於自閉症的解釋，最主要是朝向認知的缺陷，例如無法發展出心智理論（theory of mind），以及生物的異常，如小腦的發展異常，是病症的起因。雖然到現在沒有一種治療方法，能完全逆轉自閉的模式，但是有些治療方案可以對他們提供重大的協助，包括行為治療（behavioral treatments）、溝通訓練（communication training）、雙親的治療和訓練（treatment and training for parents），以及社區整合（community integration）。

智能障礙（mental retardation）者，是在智力（intelligence）和適應力（adaptive ability）明顯地低於平均水準。大約 100 人中，會有 3 個人得到這種診斷。輕度智障（mild retardation）是智能障礙中最常見的層級，它主要與環境因素有關，

如缺乏刺激、不適當的親子互動，以及早期的學習經驗不足。雖然中度、重度以及極重度的智能障礙（moderate, severe, and profound mental retardation）者，也受到家庭和社會環境重大的影響，它主要由生物因素所引起。主要的生物起因，是染色體異常（chromosomal abnormalities）〔例如唐氏症（Down syndrome）〕；新陳代謝異常（metabolic disorders），通常是因為有一對缺陷的隱性基因所致〔例如苯酮尿症（PKU）及黑朦性家族性白癡（Tay-Sachs disease）〕；胎兒出生以前的問題（prenatal problems）所造成的疾患（矮呆症及胎兒酒精症候群）；生產併發症（birth complications）所造成的疾患，如缺氧（anoxia）或極度早產（extreme prematurity）；以及兒童期疾病和受傷。

　　今天，對智能障礙者的介入計畫，特別強調舒適和刺激性的居住環境，這些住所如家裡、小型的教養機構，或團體收容所，而且要根據正常化（normalization）的原則來安置他們。其他重要的介入，包括適當的教育、心理問題治療，以及提供訓練增進適應社會生活、性、婚姻、養育子女技能，以及職業技能的方案。對智障者的教育領域中，最引起強烈爭辯的一個問題是：這些人應在特殊班（special classes）或在回歸主流（mainstreaming）的班級，會得到較多的益處。研究的結果並沒有一致的證明，指出某一種方法優於其他的方法。

第十八章

老年與認知的疾患

58 歲的 Harry，依他的年紀，健康情形似乎非常良好……他在一個小鎮的自來水廠上班，也就在工作中第一次出現心理疾病明顯的徵象。面對一些不重要的緊急事件，他變得非常的混亂，忘記如何以正確的程序來拔出控制水流的槓桿。結果有幾千加侖的汙水流入河裡。Harry 一向是非常有效率而且勤奮的工作人員，所以經過一番質問之後，他的過失被歸因於感冒和疏忽。

幾個星期之後，Harry 回家時帶回一份他太太要他買的烘焙食物，卻忘記他在兩天以前也帶回同樣的食物。在那一週之後，他連續兩個晚上都到餐廳去接他打工的女兒，顯然他忘記女兒工作的時間已經從晚上換到白天。一個月以後，他反常的和電話公司一個事務員發生爭吵；他想要付一張帳單，而事實上他早在三天以前就付過了……

幾個月以後，Harry 的太太感到非常的困擾，她不知道為什麼他的問題愈來愈嚴重。她不但沒有辦法得到 Harry 有效的協助，而且 Harry 自己也變得愈來愈憎恨，有時候還懷疑她的企圖。他現在一再的堅持他沒有什麼不對；而她則觀察到他一直在注意她的一舉一動……有時候他會無緣無故的發一頓脾氣……對他太太來說更困難的是，Harry 的談話會一再重複：他經常重複過去的故事，有時候也會重複一些單獨的片語或句子。他所談到的主題都是無頭無尾，而且前後不連貫……

就在他把汙水放入河中的事件發生後兩年，Harry 變成另外一個不同的人。大部分的時間他看起來好像對某事出神；他通常在臉上掛著茫然的微笑，而他所說的一些事情如此的含糊籠統，以至於缺乏任何的意義……逐漸地他的太太要全神照顧他，每天早上叫他起床、上廁所及穿衣服……

Harry 的情況繼續緩慢地惡化。當他太太的學校開學時，他的女兒就要留下來照顧他，他的鄰居也提供一些幫助。但偶爾他也會想辦法從家中溜走。在那些時刻，他碰到人都會打招呼——不管是老朋友或者是陌生人——他會說：「嗨！天氣很好。」那就是他談話的內容；他可能重複：「很好、很好、很好」再三說個不停……有一次 Harry 把咖啡壺放在電爐上忘記拿起來，結果咖啡壺被火熔化了。他的太太情急拼命的尋求幫助，帶他去看另外一個醫生。此外，Harry 的健康情形非常良好，不過醫生還是做了電腦斷層掃描，而且最後診斷 Harry 有阿茲海默氏症，但不知道這種疾病的原因是什麼，也沒有有效的治療方法……

因為 Harry 是一位退伍軍人……他有資格住進地區性的退伍軍人醫院，離家有 400 英里遠。在工作意外事件之後五年，他的太太在極度絕望中終於接受了事實，把他送到醫院去……

在醫院裡，護士每天都要讓他坐在一張椅子上，然後有一個志工來協助他，確保他吃得飽。不過，他依然消瘦下來，而且愈來愈衰弱。當他太太來看他的時候，他會哭泣，但不講話，而他看起來並不認識他的太太。一年以後連哭泣都停止了。Harry 的太太不忍心再去看他。Harry 繼續的活到 65 歲生日，那時，因為

一片麵包哽住喉嚨，結果發展為肺炎，不久死亡。

（Heston, 1992, pp. 87-90）

　　Harry 罹患了失智症的一種類型——阿茲海默氏症。這個名詞在社會中的每個人，幾乎都很熟悉。似乎每十年，這種每個人所恐懼的疾病就很顯著——由於它好像死亡的宣判。除了癌症及 AIDS 的診斷，沒有人想聽到這種診斷。但是由於此疾病在醫學科學卓越的進展，現在的病人已有改善的希望和預期。另一方面，雖然目前研究人員對了解及逆轉它，或至少使它進行過程減緩有很大的進展，但阿茲海默氏症仍然無法治癒及難以治療。

　　阿茲海默氏症特別令人恐懼的是，它不僅意謂最終發生身體的死亡，而且就像 Harry 的案例一樣，心理會緩慢的死亡——一種漸進的失智症，或記憶力和有關的認知能力惡化。造成失智症的原因有很多種；不過，阿茲海默氏症是最常見的一種。

　　雖然失智症是目前老年人中，最眾所周知及恐懼的心理問題，但它不是唯一的問題。實際上，有種種的心理疾患與晚年生活有關。就如兒童期的疾患，有些老年的疾患，主要是由特別可能出現在此期間的壓力、獨特的創傷經驗及其他生物的異常——如失智症——所引起。

老年與壓力

　　我們社會通常界定一個人 65 歲以後的時期為老年。根據這種解釋，美國有超過 3,600 萬人是「老人」，占總人口的 12%；這種老年人從 1900 年以來到現在，已經增加 11 倍（Edelstein, Stoner, & Woodhead, 2008）（見圖 18-1）。而且根據估計，美國人口到 2030 年，會包含 6,500 萬的老人——占人口的 20%（Cherry, Galea, & Silva, 2007）。不但老人的總人口上升，而且超過 85 歲的人，在下一個十年會加倍的成長。事實上，在美國及全世界多數國家，超過 85 歲的人，代表人口最快速成長的部分（Cherry et al., 2007）。老年女性的人數超過老年男性，其比例是 3 比 2（Etaugh, 2008）。

　　就像兒童時期一樣，老年人也遭遇特殊的壓力、獨特的苦惱，以及嚴重的生理變化（Edelstein et al., 2008）。人們年紀愈大，也比較容易生病及受傷，而且更可能經驗到失落的壓力——喪失配偶、朋友及成年的子女，並且失去喜愛的活動，及扮演的角色（Etaugh, 2008; Inselmann, 2004）。很多人在退休之後，喪失他們的生活目的感。甚至連喜歡的寵物和所有物，有時候也會失去。

　　老年人所承受的壓力，並不一定會導致心理問題（Edelstein et al., 2008; Cherry et al., 2007）。事實上，有些老人把老年的變化，當作學習和成長的機會。例如，一些老年人——經常受限於生理情況——使用網際網路與年齡相似的人聯繫，在

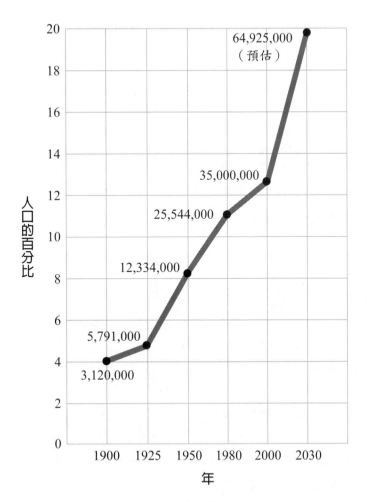

圖 18-1 **數量上升中**　在二十世紀時，美國 65 歲和 65 歲以上的老年人口增加了 11 倍。老年人口的百分比從 1900 年的 4%，到 2000 年增加為 12%，並預估在 2030 年可能會增加到 20%（Edelstein et al., 2008; U.S. Census, 2000）。

2002 至 2004 年間興趣加倍；然後在 2004 至 2007 年間又加倍（APA, 2007）。不過，另一些老人，其老年的壓力確實會導致心理的困難（Aldwin, Spiro, & Park, 2006）。研究顯示，有 50% 的老年人會由心理健康服務獲益，然而，還不到 20% 的人真的得到這種服務。**老人心理學**（Geropsychology）致力於老年人心理健康的領域，在過去三十年已經發展，但是，目前還不到 4% 的臨床工作人員，其工作主要是替老年人服務（Meyers, 2006; Dittman, 2005）。

　　老年人的心理問題可以分成兩組：一組是包括所有年齡層都會出現的疾患，但是它們發生在老年人身上，經常與老化的過程有關。這些包括憂鬱症、焦慮症及物質關聯疾患。另一組包括由於腦部異常的認知疾患，如譫妄和失智症。就如 Harry 的案例，這種腦部異常多數與老化有關，但是它們有時也發生在年輕人身上。有一種這些心理問題的老年人，往往也顯現其他的問題。例如，許多罹患失

智症的人，也有憂鬱症和焦慮症（Apostolova & Cummings, 2008）；而且有憂鬱症的人，增加出現酒精濫用模式的可能性（Devanand, 2002）。

晚年生活的憂鬱症

憂鬱是老年人最常出現的心理健康問題。老年人憂鬱症的特徵與年輕人相似，包括嚴重的悲傷和空虛感、低自尊、罪惡感、悲觀，以及喪失食慾和睡眠困擾（見「深度探索」專欄）。憂鬱症在最近經驗創傷的老年人中特別普遍，如喪失配偶或親密的朋友，或發展嚴重的生理疾病（Edelstein et al., 2008; Etaugh, 2008）。

> Oscar是一個83歲、有重鬱症的已婚男人……他說大約一年半前開始治療時，他的哥哥去世了。在接著的幾個月，他從小一起長大的兩個朋友也相繼去世。就在這些相識的人先後失去以後，他就變得更加焦慮，而且愈來愈悲觀。他不情願地承認：「我也曾經想到結束生命。」詳細的檢查他的症狀，顯示出他有焦慮症，這是他臨床表徵的重要部分，他也有憂鬱症……
>
> 在治療中，Oscar 討論他和他哥哥之間的關係，他談到當他看到他哥哥經過長期的生病，生理情況的惡化，使他感到非常的煩惱。他形容他哥哥在臨終及「嚥下最後一口氣」時的景象，他感到非常內疚，因為他無法照他哥哥的意願來替他辦喪事。雖然最初他描述跟他哥哥之間的關係，充滿了愛和友善，但是他後來承認，他對哥哥在很多方面的做法很不贊同。在治療的後期，他也回憶過去跟兩個去世的朋友之間的關係。他對長年來關係的結束表示非常的憂傷……Oscar 一生曾經花很多時間到他哥哥的家裡做客，以及和這兩個朋友一起出遊……雖然他的太太鼓勵他去拜訪其他的親友，但是這也變得愈來愈困難，因為他愈來愈憂鬱。
>
> （Hinrichsen, 1999, p. 433）

整體而言，有20%的人在老年的某個期間經驗憂鬱症（Knight et al., 2006; Blazer, 2002）。此比率在老年婦女中最高。在老年人中，此比率與年輕成人相似——根據一些研究，甚至較低。然而，相較於社區的老人，住在療養院的老人比率更高（Carlson & Snowden, 2007; Fisher et al., 2001）。

有幾個研究指出，老人的憂鬱症會增加發展重大醫療問題的機會（Edelstein et al., 2008; Alexopoulos, 2005）。例如，老年憂鬱症並有高血壓者，他們發生中風的可能，超出沒有憂鬱症而身心情況相似的老人近三倍。同樣地，有憂鬱症的老人，從心臟病發作、髖關節斷裂、肺炎，及其他的感染和疾病，復原更為緩慢

及較不完全。而老人臨床憂鬱症的增加，與死亡率的增加有關，並不足為奇（Holwerda et al., 2007）。

正如第十章所述，老年人也比年輕人更可能自殺，而且他們的自殺經常與憂鬱症有關（Vannoy et al., 2008）。在美國整體的自殺率，是每 10 萬人中有 12 人；老人中是每 10 萬人有 19 人。特別的是，自殺在 80 至 85 歲的老人中，每 10 萬人中有 27 人；而超過 85 歲的白人中，則每 10 萬人中有 65 人（NCHS, 2006; CDC, 2001; Fisher et al., 2001）。

✪**產生變化**　許多人在年老後感覺無價值及寂寞，而且發展低自尊——觸發憂鬱症的因素。為了防止這些感覺，現在有些老人，對努力精通新技能及進行營業計畫等的年輕人，提供他們的專門知識和智慧。圖中這位老人，自願定期到一所小學，教一年級的兒童數學。

像有憂鬱症的年輕成年人一樣，有憂鬱症的老人，可以透過認知—行為治療、人際關係治療、抗憂鬱藥物，或這些方法的結合加以改善（Knight et al., 2006; Alexopoulos, 2005）。個人或團體治療方式都可使用。有超過半數的老年憂鬱症病人，經過這些方法的治療而改善。然而，有時老年人在使用抗憂鬱劑的效力和安全較困難，因為身體的分解藥物在生命晚期相當不同（Rubin, 2005; Sadavoy, 2004）。而且，在老年人中使用抗憂鬱劑，引起某些認知損傷有較高的風險（Edelstein et al., 2008）。應用在某些醫療的電擊痙攣治療法，也被使用在嚴重憂鬱症及其他治療方法無效的老人（Wang, 2007; Blazer, 2002）。

「深度探索」專欄

老人和不太老者的睡眠和睡眠疾患

睡眠受生理和心理社會因素兩者影響。睡眠被剝奪 100 或更多小時後，會導致幻覺、妄想及怪異的行為。當人們維持清醒超過 200 小時，他們往往經驗幾段持續 2 或 3 秒的打盹。身體就是會抗拒長時間被剝奪睡眠。

為了認識睡眠，研究者帶領人們進到實驗室，並記錄他們睡眠時的活動。他們通常同時使用不同形式的記錄儀器。一個重要的發現是眼睛快速的活動，約占一個人睡眠時間的 25%；此現象稱為快速動眼期（rapid eye movement, REM）。REM 睡眠常被稱為「似是而非的睡眠」，因為它與深睡和清醒兩者極為類似（Wickwire et al., 2008）。儘管有微小的運動和肌肉抽動，但是身體是不動的，幾乎是麻木的。同時，眼睛來回的投射，血液流向腦部增加，而

且腦波的活動，幾乎和一個清醒和警覺的人完全相同。80% 由 REM 睡眠清醒過來的受試者，報告他們正在作夢。

DSM-IV-TR 確認了一些睡眠疾患。睡眠異常（dyssomnias）──失眠症、嗜眠症、呼吸關聯之睡眠性疾患、昏睡症及晝夜節律性睡眠疾患，是包含睡眠的量、質或時間上的障礙。類睡症（parasomnias）──夢魘疾患、睡眠驚恐症及夢遊症，是包含發生在睡眠當中的異常事件。

難以入睡或難以維持睡眠的失眠症（insomnia），是最常見的睡眠異常（Taylor et al., 2008）。每年有 20% 以上的人經驗這種模式（APA, 2000）。失眠者覺得他們好像不斷的醒來，他們在白天很想睡，並且難以有效的運作。這種問題可能由焦慮、憂鬱、醫學疾病、疼痛或藥物作用等因素引起（Andreasen & Black, 2006）。

老年人的睡眠障礙

失眠在老年人當中比年輕人更常見（Knight et al., 2006）。至少有 50% 人口超過 65 歲的人，經驗某種程度的失眠（Edelstein et al., 2008）。因為許多老年人有醫學疾病、遭受痛苦、服藥，或與憂鬱和焦慮搏鬥──每一種都是失眠的促成因素（Taylor et al., 2008; Asplund, 2005）。此外，有些發生在老年正常的身體變化，可能增加失眠的機會。例如，當我們到老年，身體的律動改變，自然花在睡眠的時間減少，睡眠更容易中斷，而且花更長的時間恢復睡眠（Edelstein et al., 2008）。

另外發現在老人常見的睡眠障礙，是呼吸關聯之睡眠性疾患（breathing-related sleep disorder），這是一種呼吸問題，這些人在睡眠時因腦部週期性缺氧，而經常醒來。睡眠呼吸暫停（sleep apnea）是這種疾患最常見的形式。發生在超過 10% 的老年人口，年輕人較少見（Wickwire et al., 2008; APA, 2000）。其受害者，典型的是超重且會打呼的男人，他們常在睡眠時中斷呼吸，達 30 秒鐘或更久。許多此類的發作，時常在夜間患者沒有察覺的情況下發生。

遍及一生的睡眠障礙

正如前述，失眠症和呼吸關聯之睡眠性疾患，雖然也出現在年輕人，但是在老人當中特別常見。其他的睡眠障礙，在其他年齡群中一樣常見。

與失眠症相反的是嗜眠症（hypersomnia），其特徵是顯著的睡眠需求及過度的想睡。患者每晚需要多睡幾個小時，且在白天也想要睡（APA, 2000）。

昏睡症（narcolepsy）的特徵，是在清醒時刻，快速動眼期（REM）睡眠一再突然發作，影響美國 135,000 名以上的人（NINDS, 2006）。雖然昏睡症是生理性病症，但快速動眼期睡眠的發作，常被強烈的情緒所引發。患者可能在爭辯中或激烈的足球賽中，突然陷入快速動眼期睡眠。

晝夜節律性睡眠疾患（circadian rhythm sleep disorder）的患者，經驗過度睡眠或失眠，是由於此人晝夜睡醒模式，與在他們的環境中多數人的睡醒時間表之間不能配合。此症患者常入睡延遲或遲醒，此種睡眠異常，常因夜班工作、經常變換輪班工作，或反覆的時差問題所引起（Ohayon et al., 2002）。

夢魘疾患（nightmare disorder）是最常見的類睡症。雖然大多數的人有時會作惡夢，但有

些患者惡夢連連，若引起個人很大的困擾，就需要接受治療。此種惡夢常在壓力下增加。

　　患有睡眠驚恐症（sleep terror disorder）的人，常在夜間睡眠時段的前三分之一突然驚醒，常極端恐懼和激動的尖叫。他們在恐慌的狀態中，經常思緒無條理及心跳加快。此症常出現在兒童期，而於青春期消失。有 6% 的孩童曾經驗此症（APA, 2000）。

　　患有夢遊症（sleepwalking disorder）的人──通常是小孩──睡眠中會一再的起床並四處走動，事後沒有意識到此種發作或不記得此事。此發作常發生於睡眠時段的前三分之一。患者從夢遊醒來的片刻常感到困惑。如果讓他繼續夢遊，他最後會回到床上。患者通常會在一種似乎沒有情緒的狀態下，避開障礙、爬樓梯，及執行複雜性的活動。然而也會發生意外：跌倒、無意中撞到家具，甚至掉到窗子外面等，時有所聞。有 5% 的兒童經驗此症一段時間，40% 偶然發作（Wickwire et al., 2008; APA, 2000）。夢遊通常於 15 歲時消失。

晚年生活的焦慮症

　　焦慮（anxiety）在老年人中也很常見（Schuurmans et al., 2005）。美國每年約有 6% 的老年男性及 11% 的老年女性，遭受至少一種的焦慮症（Fisher et al., 2001）。調查顯示，廣泛性焦慮疾患特別普遍，有高達 7% 的老年案例（Holwerda et al., 2007; Flint, 1994）。焦慮症的盛行率在整個老年期也增加。例如，超過 85 歲的人報告，比 65 至 84 歲間的人，有更高的焦慮症比率。事實上，這些數目可能低估了，因為老年的焦慮症有少報的傾向（Jeste, Blazer, & First, 2005）。老人本身及臨床工作人員，可能解釋焦慮症的生理症狀，如心悸和出汗，為一種醫學狀況的症狀。

　　老年人的許多事件，可能提高某些人的焦慮水平。例如，健康衰退報告經常指出，遭受重大疾病或受傷的老人，比健康或沒有受傷的老人，有更多的焦慮（Nordhus & Nielsen, 2005）。然而，研究人員不能確定，為何有些老年人遭遇這些問題會焦慮，而另一些人面對相似的情境卻保持相當的平靜。

　　有焦慮症的老人，常使用各種的心理治療法來處理，尤其是認知治療（Knight et al., 2006; Mohlman et al., 2003）。另外，很多老年病患使用 benzodiazepines 或其他的抗焦慮藥物。強迫症或恐慌症的老年患者，像其他的年輕病人一樣，使用提高血清素的抗憂鬱劑，如百憂解來治療。不過，這些藥物對老人使用時，要非常的小心（Tamblyn et al., 2005）。

晚年生活的物質濫用

　　雖然酒精濫用和其他形式的物質濫用，是許多老人嚴重的問題，但是也許由於老人的健康衰退或財務狀況下跌，這些疾患的盛行率，事實上在 60 歲以後就

慢慢下降（Aldwin et al., 2006; Oslin & Holden, 2002）。儘管變老有時有相當大的壓力，而且在我們的社會，有壓力時會廣泛的轉向酒精和藥物，但多數的老人並沒有濫用酒精或其他的物質。同時，由於許多老年人不願受懷疑，或不允許自己有這種問題，老人物質濫用比率的正確資料很難以蒐集（Jeste et al., 2005）。

調查發現，每年有 4% 到 7% 的老人，尤其是男性，有酒精關聯疾患（Knight et al., 2006; Adams & Cox, 1997）。30 歲的男性比 60 歲的男性，有 4 倍的可能顯現與酒精濫用有關的行為問題，如反覆跌倒、暈眩發作或暫時昏厥、隱藏喝酒或社會退縮。然而，住院的老人確實顯示有高比率的飲酒問題。例如，老年人的飲酒問題，住進一般病院或精神病院的比率，從 15% 到 49%，並且據估計，在療養院中有酒精相關問題的病人，比率從 26% 到 60%（Klein & Jess, 2002; Gallagher-Thompson & Thompson, 1995）。

研究人員經常區分，可能從 20 歲就開始經歷許多年酒精關聯問題的老年問題飲酒者，及一直到 50 或 60 歲才開始出現此種模式的老人。後面一組，通常開始酗酒是因為負面事件，及逐漸衰老的壓力之反應，例如，配偶死亡、獨居或被迫退休（Onen et al., 2005）。老人酒精濫用和依賴的治療，跟年輕的成人一樣（見第十二章）。此類的治療法包括解毒、戒酒硫、匿名戒酒會（AA）及認知—行為治療（Knight et al., 2006; Gurnack et al., 2002）。

老人主要的物質問題中，最常出現的是處方藥物的誤用（Beckman, Parker, & Thorslund, 2005），大部分的情況是無意的。老人買所有處方藥物的 30% 及所有非處方藥物的 40%。事實上，老人經常得到比年輕人多兩倍的處方；老人平均每天服用四種處方藥物，及兩種非處方藥物（Edelstein et al., 2008; Wilder-Smith, 2005）。因此，他們藥物混亂或忽略劑量的風險相當高。研究顯示，全世界超過 12% 的老人，沒有適當的服用藥物（Cooper et al., 2005）。為了因應這種問題，醫師和藥劑師現在也試圖簡化藥物制度，並且教育老年病人有關他們的處方、清楚的用法說明，而且教導他們注意副作用（Rubin, 2005）。

另一方面，如果發生處方藥物濫用的情況，如對老年病人處方過量藥物或輕率的混合某種藥物，醫生本身有時會加以指責（Spinewine et al., 2005; Wilder-Smith, 2005）。在《老年》（Aging）雜誌刊登的一封辛酸信件中，一位 72 歲婦女揭露，由於早年人生的問題，她的醫生最初給予鎮定劑處方，接著是興奮劑，然後是治療嚴重頭痛的藥物。最後因藥物不再有同樣的效力，而且她感覺身體不好，她增加了這些藥物的劑量。她說對所發生的事不感覺內疚，因為「畢竟我只是一直遵照醫生的指示」（Reynolds, 1990, p. 27）。然而，她的功能受到重大的損傷，以致她必須住院治療，以消除她的上癮。

另一個明顯在增加的藥物相關問題，是療養院中強有力藥物的濫用。研究指出，在美國的抗精神病藥物，目前是給予近 30% 療養院的老人，儘管他們多數人並沒有顯示精神病的狀況（Lagnado, 2007）。顯然地，這些強力及（對一些老年

病人）危險的藥物，經常用來平靜及管理病人。

晚年生活的精神病

　　老年人比年輕人有較高比率的精神病症狀（Broadway & Mintzer, 2007; Hassett et al., 2005）。在老年人中，這些症狀通常是由於潛在的醫學狀況，如譫妄及失智症，這些認知疾患將在下一節討論。然而，有些老人是罹患了精神分裂症或妄想症。

　　有精神分裂症的老年人，實際上比年輕人少見。事實上，許多精神分裂症患者發現他們的症狀，在晚年生活時減輕（Meeks & Jeste, 2008; Fisher et al., 2001）。精神分裂症發生 30 年或 30 年以上的人，大多會改善，特別是在社會技能和工作能力方面，就如諾貝爾獎得主 John Nash，在晚年生活有顯著的進步。

　　在晚年生活出現精神分裂症的新個案，是罕見的。因而，有些精神分裂症的老人，曾接受許多年的抗精神病藥物及心理療法，通常在老年時也繼續這些治療（Meeks & Jeste, 2008; Sadavoy, 2004）。相反地，其他很多年沒有接受治療的人，在老年時也繼續沒有治療，結果留在養老院、破敗的公寓、無家可歸，或監獄。

　　另外一種老人的精神病，是妄想症（delusional disorder），這些人發展出錯誤但不怪異的信念。此疾患在多數的年齡群很罕見——每 1 萬人中約有 3 人——但是它的盛行率在老年人口出現增加（Chae & Kang, 2006; Fisher et al., 2001; APA, 2000）。有妄想症的老人可能發展極度的被迫害懷疑，他們深信其他人——經常是家人、醫生或朋友——正密謀反對、欺騙、暗中監視，或誹謗他們。由於這種信念，他們會變為急躁、忿怒、憂鬱，或進行法律行動。為何此疾患在老人增多，原因不清楚，但是有些臨床工作人員指出，這種增加是與老人的聽力缺陷、社會孤立、壓力較大，或貧窮增加有關。

認知的疾患

　　我們多數人有時會擔心喪失記憶力或心智能力。像我們匆促出門而忘了帶鑰匙；遇到一個熟人但不記得他的姓名；或在一場重要的考試中，頭腦一片空白。事實上，這種不幸之事在壓力或年事增長過程中，是普遍及相當正常的現象（Edelstein et al., 2008; Hoyer & Verhaeghen, 2006）。一般人到中年的時候，這些記憶的困難及注意力不能集中的情況會增加，而到 60 或 70 歲的時候，這種情況就會一再發生。然而，有時有些人經驗記憶或其他認知的改變，在程度上會更嚴重及更有問題。

　　正如第七章所述，記憶和相關認知過程的問題，在解離疾患的形式，即使沒有其他的生物起因也會發生。然而，認知問題確實經常有器質的根源，特別是出

現在晚年生活的時候。老年人中主要的認知疾患，是譫妄（delirium）和失智症（dementia）。

譫妄

譫妄（delirium）是一種意識模糊的狀態。當一個人對環境認識的清晰度降低，他在集中精神、集中注意力，以及連貫的思考，會有極大的困難。它會導致誤釋、錯覺及有時出現幻覺（Trzepacz & Meagher, 2008; APA, 2000）。受害者可能把半夜當作是早晨，或把醫院當作是自己的家。

這種重大的混亂狀態，通常是在短期內發展，經常是幾小時或幾日。譫妄每年在美國，明顯地影響超過 200 萬人（Clary & Krishnan, 2001）。它可能發生在任何一個年齡群，包括兒童，但是最常出現在老人身上。事實上，當老人進到醫院，治療一般性醫學狀況時，10 人中就有 1 人顯示譫妄症狀（Trzepacz & Meagher, 2008; APA, 2000）。另外至少有 10% 的人，在住院中發展出譫妄（Inouye et al., 2003, 2001, 1999）。

發燒、某些疾病及感染、營養不良、頭部損傷、中風及壓力（包括手術的創傷），都可能引起譫妄（Wetterling, 2005; Schneider et al., 2002）。某些物質的中毒，如處方藥物，也會引起這種症狀。部分是因老人面臨很多此種的問題，當然也比年輕人更可能經驗譫妄。如果一位臨床工作人員正確的確認譫妄，它通常很容易改正過來——例如，治療潛在的感染，或改變病人的藥物處方（Sadavoy, 2004）。不過，譫妄並不一定能夠被真正的識別（Hustey et al., 2003; Monette et al., 2001）。例如，一個醫院的研究發現，15 個譫妄案例，只有 1 個被醫師查出（Cameron et al., 1987）。這種不正確的診斷，可能促成譫妄老人的高死亡率（Trzepacz & Meagher, 2008; Gonzalez et al., 2005）。

失智症

失智症（dementia）者遭受嚴重的記憶和認知功能喪失，如抽象思考或語言（APA, 2000）。有某種類型的失智症患者，也可能經歷人格上的變化——例如，他們開始表現不適當的行為——而且他們的症狀可能逐漸地惡化。

在任何特定時間，全世界約有 3% 至 9% 的成人患失智症（Berr et al., 2005）。失智症的發生，跟年齡有密切的關係（見圖 18-2）。在 65 歲的人當中，盛行率約 1% 至 2%，而超過 85 歲以上的人，則比率增加到 50%（Apostolova & Cummings, 2008; Knight et al., 2006）。

在美國合計有 500 萬人，經驗到某種類型的失智症（Soukup, 2006; Reuters, 2004）。目前已發現超過 70 種類型的失智症。就像譫妄一樣，有些失智症是來自營養，或其他可加以改正的問題。不過大部分的失智症，是由於腦部的疾病或受傷所引起，如阿茲海默氏症或中風；這些疾病目前還是很難或不可能改正過來。

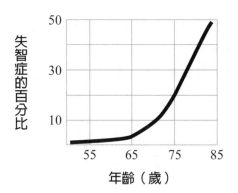

圖 18-2　**失智症與年齡**　失智症的發生與年齡有密切的關係。60 歲有失智症的人還不到 1%，但 85 歲的人高達 50%。人到 60 歲以後，失智症的盛行率每六年就加倍，一直到 85 歲，然後又逐漸減少（摘自 Julien, 2008; Nussbaum & Ellis, 2003; Alzheimer's Association, 1997）。

阿茲海默氏症

　　阿茲海默氏症（**Alzheimer's disease**）是根據德國的醫師 Alois Alzheimer 而命名；他在 1907 年最先確認這種病症。Alzheimer 醫師最早察覺到這種綜合症狀是在 1901 年，當時一位新病人 Auguste D. 來接受他的治療：

　　1901 年 11 月 25 日，一位……沒有精神疾病個人史或家族史的婦女，被她的丈夫送到德國法蘭克福的精神病院。最近幾個月來，她不再忽略或隱藏突然侵襲的藉口及失誤。最先她有無法說明的憤怒爆發，然後有一連串奇怪的記憶問題。她逐漸無法找出在家裡的東西，並且開始在廚房犯意外的錯誤。當她因為心理疾病和癲癇症來到醫院時，她的症狀和她的古怪一樣嚴重。資深的主治醫師 Alois Alzheimer，開始新檔案的記錄……

　　她以無助的表情坐在床上。

　　「妳的名字是什麼？」

　　Auguste。

　　「妳的姓是什麼？」

　　Auguste。

　　「妳丈夫的名字是什麼？」

　　我認為是 Auguste。

　　「妳在這裡有多久？」

　　（她似乎努力在回想。）

　　三個星期。

> 這是她住院的第二天。37 歲的神經病理學家及臨床醫生 Alzheimer……觀察他的新病人有顯著的症狀群：嚴重的喪失方向感、理解力降低、失語症（語言受損）、妄想、幻覺，以及喪失短期記憶能力，因而當他說出病人的全名是 Frau Auguste D_____，而要她寫出名字時，病人在需要醫生重複其他部分之前，只能寫「Frau」。
>
> Alzheimer 再說出她的名字。她寫了「Augu」又停下來。
>
> Alzheimer 第三次鼓勵她，她能寫出完整的名字及姓開頭的字母「D」，最後她放棄，告訴醫生「我失去了自己」。
>
> 她的症狀沒有改善。顯然沒有任何人或其他的醫院能醫治她，因此在其餘的日子，只能盡量確保她的安全及保持她的清潔和舒適。在後來四年半的時間，她愈來愈缺乏方向感，妄想及語無倫次也增多。她也經常有敵意。
>
> 「她的姿勢顯示一種完全的無助。」Alzheimer 在後來發表的紀錄中報告：「她對時間和空間喪失方向感。有時她說她不了解任何事情，她感覺混亂和完全迷失……她經常以可怕的聲音尖叫好幾個小時。」
>
> 在 1904 年 11 月，Auguste D. 生病進入三年半，她臥床不起、大小便失禁，並且大部分不能動……1905 年 10 月後的紀錄顯示，她固定像胎兒的姿勢捲成一團，膝蓋靠近胸部，喃喃自語但不會說話，並且需要協助餵食。
>
> （Shenk, 2001, pp. 12-14）

阿茲海默氏症是在失智症中，最普遍的一種類型，占三分之二的失智症案例。美國目前約 500 萬人患這種逐漸進展的疾病（Julien, 2008; Hebert et al., 2003）。它有時候出現在中年（早期發病），但是大部分案例是發生在 65 歲以後（晚期發病），並且它的盛行率在 70 歲後期到 80 歲早期，會急遽的增加（見表 18-1）。

表 18-1 DSM 檢核表

阿茲海默型失智症

1. 發展出多重認知缺陷，同時表現記憶損害，及下列認知障礙至少一種：
   (a) 失語症（aphasia）（語言障礙）。
   (b) 運用不能（apraxia）（即使運動功能良好，仍有執行運動活動之能力損害）。
   (c) 認識不能（agnosia）（即使感官功能良好，仍無法認識或分辨物體）。
   (d) 執行功能的障礙。
2. 在社會或職業功能有顯著損害，而且比原先的功能水準顯著下降。
3. 病程特徵是逐漸發生，且認知功能持續地變差。

資料來源：APA, 2000.

　　雖然患阿茲海默氏症的人可存活 20 年，但它的病程從開始到死亡，一般是 8
到 10 年（Julien, 2008; Soukup, 2006）。這種病症的開始，通常是輕微的記憶問
題、注意力下降，以及在語言和溝通的困難（Apostolova & Cummings, 2008;
Lyketsos et al., 2002, 2000）。當症狀惡化時，此人較難完成複雜的工作，或記得
重要的約會。最後患者對簡單的工作也有困難，忘記久遠的記憶，並且人格的改
變非常明顯。例如，一個人可能反常的具有攻擊性。

　　有阿茲海默氏症的人，最初可能否認他們有問題，但是不久就為他們的心智
狀態感到焦慮或憂鬱；有許多人變得容易激動。一位來自 Virginia 的婦女，描述
她疾病進展中的記憶喪失如下：

> 　　我經常到處閒晃尋找事物，我確信是很恰當的，但是過了一會兒，我就
> 忘記我要尋找的是什麼……一旦想法失去蹤影，一切就失去，然後我什麼事
> 也沒有做，除了閒晃努力去推測早先的想法是什麼、它的重要性為何。
>
> （Shenk, 2001, p. 43）

　　當失智症的症狀更加惡化時，阿茲海默氏症的患者對自己的缺陷，愈來愈無
法察覺。在疾病的晚期，他們從人群退縮、對時間和地點變得更混亂、無意義的
漫遊，並顯示非常缺乏判斷力。最後他們就完全依賴別人過活。他們可能喪失所
有過去的知識，甚至不認識最親密親人的面貌。他們在晚上也會變得更加不能成
眠，白天則時常打盹（Edelstein et al., 2008; Tractenberg, Singer, & Kaye, 2005）。
在疾病的晚期階段，他們需要別人不斷的照顧。

　　阿茲海默氏症的患者，通常保持相當好的健康，直到疾病的晚期。不過，當
他們的心理功能衰退時，他們變得沒有先前活躍，而且花很多的時間呆坐，或躺
在床上（Apostolova & Cummings, 2008）。結果他們就容易發展出疾病，例如能
導致死亡的肺炎。阿茲海默氏症每年在美國，造成了 71,000 人死亡，在美國的主
要死亡原因中占第七位（CDC, 2008）。

　　在多數的阿茲海默氏症個案，只有在死後才能確實的診斷出來（Julien, 2008;
APA, 2000）。在那時個人腦部結構的改變，如過度的神經纖維糾結及老化斑塊，
能夠完全的檢查出來。**神經纖維糾結**（**neurofibrillary tangles**）是蛋白質纖維糾
結在一起，發現在海馬迴及某些腦部區域的細胞內。這種現象在所有的人變老時
會發生，但是有阿茲海默氏症的人，會形成異常多的數目。

　　老化斑塊（**senile plaques**）是球型的小顆粒沉澱物，稱為乙型澱粉樣蛋白質
（beta-amyloid protein），形成於海馬迴、大腦皮質和某些腦部地區細胞之間的空
間，以及某些臨近的血管。這種斑塊的形成，也是人類老化的正常現象，但是它
在阿茲海默氏症者的數量特別高（Selkoe, 2002, 2000, 1992）。大部分的人，乙型

澱粉樣蛋白質，多數是由氨基酸 40（AB40）組成，少數為氨基酸 42（AB42）。研究指出，阿茲海默氏症患者，有相當高量的氨基酸 42 的乙型澱粉樣蛋白質，而且這些會形成斑塊（Graff-Radford, 2005）。這些斑塊可能干擾細胞之間的溝通，並且因而引起細胞的破壞或死亡。

科學家並不完全了解，為什麼有些人會發展出這些問題和阿茲海默氏症。然而，研究指出幾個可能的原因，包括遺傳因素，以及腦部結構和生化的異常。

阿茲海默氏症有何遺傳的原因？　很明顯地，阿茲海默氏症經常有遺傳的基礎。因為很多的案例是世代相傳，所以臨床工作人員現在把它區分為家族性的阿茲海默氏症，以及與家族腦部疾病史無關，偶發性的阿茲海默氏症。研究發現，有某些特殊的基因，可能製造稱為乙型澱粉樣前驅蛋白質（beta-APP）、早老素（presenilin）及第一型介白質（interleukin-1）。許多理論家現在相信，某些家庭遺傳突變的基因或異常型態，增加斑塊和神經纖維糾結形成的可能性，轉而造成阿茲海默氏症（Jia et al., 2005; Doran & Larner, 2004; Farlow et al., 2001）。遺傳的研究也把某種阿茲海默氏症，與染色體 1、14、19 及 21 的缺陷相連結（Apostolova & Cummings, 2008）。這些研究發現帶來了希望；然而，大部分的阿茲海默氏症者，並沒有很明顯的疾病家族史，科學家無法確定此症在整個人口的發展上，基因突變的影響。

阿茲海默氏症有何結構和生化的原因？　不管是遺傳因素或其他因素，使個人有阿茲海默氏症的傾向，我們仍需要知道促成腦部異常的原因。也就是，何種腦部結構及生化的異常，導致阿茲海默氏症，以及造成過多數量的神經纖維糾結及斑塊？研究人員已確認一些可能性。為了了解這些可能的解釋，我們首先要了解有關記憶的運作及生物學的基本知識。

人類的頭腦有兩個記憶系統，它們共同幫助我們學習和記憶。**短期記憶**（short-term memory）或**工作記憶**（working memory），是蒐集新的資訊。**長期記憶**（long-term memory）是過去幾年所儲存資訊的累積，這種資訊首先是透過短期記憶系統蒐集而來。在短期記憶的資訊，假如我們要繼續保存，就必須經轉換或加以強化，進入長期記憶中。把儲存在長期記憶當中的資訊回憶起來，稱為提取（retrieval），亦即進入長期記憶，把資訊取出來，在短期記憶或工作記憶中使用。在長期記憶中所儲存的資訊，可分為程序性或陳述性。程序性記憶（procedural memory）是一些精熟的技能，我們可以使用而不需要思考，像走路、使用剪刀，或書寫。陳述性記憶（declarative memory）包括名字、日期，以及其他我們所學習到的事實。大部分的器質性記憶疾患，通常陳述性記憶比程序性記憶，對失智症個案有更重大的影響。

有些腦部的結構，似乎對記憶特別的重要。在短期記憶中，最重要的結構是前額葉（prefrontal lobes），它位於前額後面。當動物或人類獲得新資訊時，他們的前額葉變得非常的活躍（Jiang et al., 2000; Haxby et al., 1996）。很顯然，這種

活動使他們能把資訊暫時的保存，而且只要有需要，就會繼續與這些資訊工作。在腦部中對長期記憶最重要的區域是顳葉（temporal lobes）（包括在顳葉之下的主要結構：海馬迴及杏仁核），及間腦（diencephalon）（包括乳頭體、視丘及下視丘），它們似乎幫助短期記憶轉換存入長期記憶中。失智症的案例，大部分是涉及這些區域的損害（van der Flier et al., 2005; Caine et al., 2001）（見圖 18-3）。

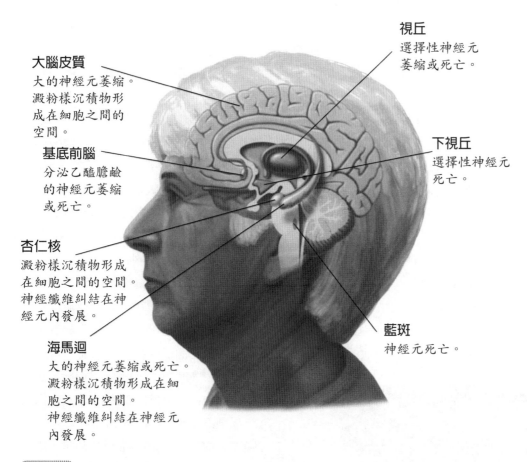

視丘
選擇性神經元萎縮或死亡。

大腦皮質
大的神經元萎縮。澱粉樣沉積物形成在細胞之間的空間。

基底前腦
分泌乙醯膽鹼的神經元萎縮或死亡。

下視丘
選擇性神經元死亡。

杏仁核
澱粉樣沉積物形成在細胞之間的空間。神經纖維糾結在神經元內發展。

藍斑
神經元死亡。

海馬迴
大的神經元萎縮或死亡。澱粉樣沉積物形成在細胞之間的空間。神經纖維糾結在神經元內發展。

圖 18-3　老年的頭腦　人到老年，頭腦會出現變化，而影響記憶、學習，以及推理能力到某種程度。相同的變化，在阿茲海默氏症的人尤其嚴重（摘自 Selkoe, 1992, p. 136）。

　　記憶研究人員也發現，在記憶形成時細胞有生化的變化。例如，當我們獲得及儲存新資訊的時候，主要的腦細胞會生產蛋白質。有幾種化學物質幫助製造蛋白質，包括乙醯膽鹼、谷氨酸鹽、RNA（核醣核酸）及鈣。要是這些化學物質的活動受到干擾，蛋白質的製造就會受阻，並且記憶的形成中斷（Wu et al., 2008; Steward & Worley, 2002; Rosenzweig, 1996）。例如，動物研究人員如果阻斷谷氨酸鹽的活動，就會妨礙短期記憶。同樣地，阻斷細胞製造鈣或RNA的化學物質，就會妨礙長期記憶的形成。

根據這些背景知識，我們回到阿茲海默氏症的生物起因。有一線的研究指出，某些與記憶形成有關的蛋白質，在阿茲海默氏症者有異常的形式且橫行（Apostolova & Cummings, 2008; Graff-Radford, 2005）。例如，研究指出兩種重要的蛋白質——乙型澱粉樣蛋白質及 tau 蛋白質——在這些人的運作異常。正如前述，乙型澱粉樣蛋白質的異常結構和活動，似乎會在海馬迴和某些腦部地區形成斑塊。同樣地，tau 蛋白質的活動，明顯地會導致那些腦部地區神經纖維糾結的形成。

另一線的研究指出，神經傳導物質及生產記憶蛋白質有關的化學物質，有異常的活動。許多研究發現，兩種神經傳導物質乙醯膽鹼和谷氨酸鹽，在阿茲海默氏症者的腦部供應量低，或至少是功能不穩定的（Chin et al., 2007; Akaike, 2006; Bissette et al., 1996）。另外的研究則指出，患者可能顯現鈣的新陳代謝不平衡。

第三種阿茲海默氏症的解釋，認為某些天然物質具有毒素，而且會損傷腦部。例如，研究人員發現，在阿茲海默氏症患者的腦部，發現有高量的鋅（Shcherbatykh & Carpenter, 2007）。此發現已引起特殊的注意，因為在一些動物的研究中，已看到鋅會促發乙型澱粉樣蛋白質塊的形成，與發現在阿茲海默氏症者腦部的斑塊相似（Turkington & Harris, 2001）。

另外的解釋指出，某些環境中的毒素（如鉛），可能促成阿茲海默氏症的發展（Ritter, 2008）。鉛是 1976 至 1991 年間，逐步採用汽油的產物，導致人類80%的血液中有微量的鉛。然而今日許多老年人，在 1960 及 1970 年代暴露於高量的鉛之下，經常吸入汽車排出廢氣的汙染物——這種暴露會損傷或破壞他們許多的神經元。是否過去吸收的鉛及其他的汙染源，對他們目前的認知功能有負面影響？有些環境的證據支持此見解。例如，一項研究是檢查老人及掃描他們脛骨的鉛（Schwartz & Stewart, 2007），以解釋脛骨的鉛量，來作為個人一生暴露在此毒物的指標。研究人員發現，一個人一生暴露在鉛的量愈高，他在記憶和語言測驗的表現愈差。幾個其他的研究也指出，早期的鉛暴露，是發展阿茲海默氏症的可能禍首（Ritter, 2008; Hu et al., 2005）。有一個重要問題是：為何認知失功能最初出現，是在暴露毒素之後的幾十年？醫學研究人員 Philip Landrigan（2007）指出：「假定有毒物質在早期生活破壞腦

✪ **發現正當的活動**　這是法國一所阿茲海默氏症受害者之家，一個病人在花園採蕃茄。知道這位阿茲海默氏症病人對園藝的興趣，工作人員就營造一個治療性的花園，使她能在裡面活動，並經驗快樂和滿足。

細胞，腦部可能利用它的儲備容量來因應，直到老年喪失更多的細胞時……到那時候像健忘或顫抖的症狀才開始。」

最後，有兩種其他阿茲海默氏症的解釋被提出。一是自我免疫理論（autoimmune theory）。根據阿茲海默氏症者免疫系統所發現的不規則，有些研究人員推測，因老化腦部細胞的改變，可能促發自我免疫反應（亦即，由免疫系統錯誤的攻擊本身），而導致此疾病（Zip & Aktas, 2006; McGeer & McGeer, 1996）。另外的解釋是病毒理論（viral theory）。由於阿茲海默氏症與庫賈氏症（Creutzfeldt-Jakob disease）相似，庫賈氏症是另一種類型的失智症，由緩慢發作的病毒引起。因此有些研究者指出，相似的病毒可能引起阿茲海默氏症（Doty, 2008; Prusiner, 1991）。然而，至今並沒有發現此種病毒，在阿茲海默氏症患者的腦部。

其他類型的失智症

有些其他疾患也可能導致失智症（Apostolova & Cummings, 2008）。**血管性失智症**（vascular dementia）又叫作**多重梗塞失智症**（multi-infarct dementia），可能是腦血管事故或中風所造成。在此情況下，血液流到腦部特殊地區被阻斷，因而損害此地區（Ghika & Bogousslavsky, 2002）。在許多的案例，病人甚至不知道自己中風。就像阿茲海默氏症一樣，血管性失智症也是漸進的，但是它的症狀開始是突然的，而不是逐漸發展的。而且，腦部裡面沒有受到中風影響的部分，認知功能可能繼續保持正常狀態，而不像阿茲海默氏症病人那樣，引起全面的認知功能損害。在老人失智症中，血管性失智症占有10%到30%的失智症個案（Sadock & Sadock, 2007; Corey-Bloom, 2004）。有些人同時有阿茲海默氏症和血管性失智症。

畢克氏症（Pick's disease）是一種很少見的疾患，它影響額葉及顳葉。從臨床上來講，它跟阿茲海默氏症非常相似。但是，在解剖時就可以清楚的發現這兩者之間有區別。庫賈氏症是另外一種失智症的來源，它的症狀包括身體的痙攣。正如前述，它是由緩慢發作的病毒所引起，這種病毒在疾病發展之前，可能寄住在身體裡多年。不過，一旦發展出來，此疾病有快速的病程。亨丁頓氏症（Huntington's disease）是一種遺傳性漸進的疾病，其記憶問題經年累月的惡化，同時伴隨人格的變化及情緒的困障。亨丁頓氏症患者，也有動作上的問題，如嚴重的抽搐和痙攣。亨丁頓氏症患者的子女，有50%的機會發展此病。而帕金森氏症（Parkinson's disease）是緩慢漸進的神經疾患，主要症狀是抖顫、僵硬，以及步行不穩定，它會導致失智症，尤其是年紀較老的人，或病症較深的人。最後，有一些失智症的個案，也可能由病毒或細菌的傳染性疾病所引起，如愛滋病病毒、愛滋病、腦膜炎、梅毒；或由腦部癲癇、藥物濫用、毒素，如水銀、鉛，以及一氧化碳中毒所引起。

✪ **帕金森氏症的受害者** 兩個當今最有名的帕金森氏症受害者，拳擊傳奇人物 Muhammad Ali（左），及演員 Michael J. Fox（右），在向參議院基金小組委員會證實罹病之前，閒談這種疾病造成他們和其他人，生活上的破壞性結果。

🌿 失智症的評估和治療

正如前述，大部分的阿茲海默氏症，只能在死亡後經由解剖，明確的診斷出來。不過，由於電腦斷層攝影（CAT）及核磁共振掃描（MRI），能顯示腦部結構的異常，它們目前已普遍使用作為評估工具，而且提供臨床工作人員，在診斷阿茲海默氏症有更大的信心（Apostolova & Cummings, 2008; Julien, 2008）。阿茲海默氏症的治療雖說充其量有適度的成效，不過，發展中的研究，對評估和更有效的治療阿茲海默氏症及其他類型的失智症，或甚至在未來預防此症的希望上已經提高。

失智症可預測嗎？ 有些研究團隊目前試圖發展出，能確認個人有失智症的工具。最有前景的一線研究，是來自腦部實驗室研究者 Lisa Mosconi 及她的同事（Mosconi et al., 2008; deLeon et al., 2007）。運用特殊的 PET 掃描，此研究團隊檢查數十位年老參與者，海馬迴某些部分的活動（海馬迴在長期記憶扮演重要角色），然後對他們執行高達 24 年的追蹤研究。最後，有 43% 的研究參與者，發展輕微的認知障礙（輕度失智症），或阿茲海默氏症。研究人員發現，那些發展認知障礙者比保持健康的受試者，事實上在最初的PET掃描，就顯示海馬迴有較低的活動。整體而言，這種特殊的掃描，在症狀開始前實施許多年，能預測正確率 71% 的認知障礙，及正確率 83% 的阿茲海默氏症。

另外一線的研究者 Neill Graff-Radford（2005）和他的同事，對數百位正常的老年研究受試者，一再採其血液樣本經過多年，並測量乙型澱粉樣蛋白在血液樣本的量（前述乙型澱粉樣蛋白塊，特別是 AB42，會形成老年斑塊）。研究小組發現，血液中含有不尋常高比率的 AB42 乙型澱粉樣蛋白的人，有三倍的可能發展輕度失智症或阿茲海默氏症。

我們接下來會看到，阿茲海默氏症及其他類型的失智症，最有效的方法是預防這些問題產生，或至少是能在早期應用的方法。然後最重要的是有工具，在症狀開始的幾年，能盡早確認疾病愈好。這是研究進一步在評估和診斷上令人興奮的事。

目前失智症可用的治療是哪些？ 對有認知問題特色的阿茲海默氏症及其他類型的失智症，治療充其量有些微助益。最常使用的治療方法，是使用藥物來影

響，在個人的記憶上扮演相當重要角色的神經傳導物質。有四種藥物——tacrine（商品名 Cognex）、donepezil（Aricept）、rivastigmine（Exelon）及 galantamine（Reminyl）——可以預防乙醯膽鹼的衰退，此神經傳導物質在阿茲海默氏症病人的供應量較低（Julien, 2008）。有些患阿茲海默氏症的病人使用這些藥物，對短期記憶及推理能力有些許幫助，對於語言的使用及在壓力下的因應能力也有些作用（Apostolova & Cummings, 2008; Olsen et al., 2005）。雖然這些藥物的效果相當有限，而且有不良副作用的風險（特別是 tacrine），它們已經由美國食品及藥物管理局（FDA）批准使用。事實上，一種皮膚貼片的藥物 rivastigmine，FDA 已在2007 年批准（Hitti, 2007）。臨床工作人員認為這種藥物，對阿茲海默氏症初期階段，或輕微認知障礙的病人最有用處。另外的方法是服用維他命 E，單獨服用或結合其他一種藥物使用，也有助於預防輕微失智症的病人進一步的認知衰退（Sano, 2003）。

有一種替代藥物 memantine（Namenda），會影響谷氨酸鹽——與記憶有關的神經傳導物質。即使在認知嚴重受損的病人，此藥物能改善認知，雖然這種改善是些微的（Julien, 2008; Soukup, 2006）。除了這些藥物之外，一些可能的藥物治療，目前正在研發當中。

在此討論的每一種藥物，是在一個人已經出現輕微認知改善，或有阿茲海默氏症之後才使用。相反地，有些研究小組，目前試圖對這種疾病發展免疫法，但是到目前為止，這種努力仍大部分停留在動物研究階段（Bussiere et al., 2004; Bard et al., 2003, 2000; Cribbs et al., 2003）。在相似的脈絡，有些研究指出，某些物質可以用來預防或延緩疾病的發病。例如，有一個研究小組做成結論：女性在更年期以後數年，服用女性荷爾蒙雌激素（estrogen），可以減少發展阿茲海默氏症一半的風險（Kawas et al., 1997）。同樣地，長期使用非類固醇抗發炎藥物，如 ibuprofen 和 naprosyn，似乎可以大大的減少患阿茲海默氏症的風險（Julien, 2008），雖然近來這種可能性的研究，並沒有完全獲得支持（Apostolova & Cummings, 2008; Weggen et al., 2003）。

認知治療法應用在阿茲海默氏症的個案，只得到短暫性的成效（Sadock & Sadock, 2007; Knight et al., 2006; Fabre, 2004）。例如，日本有一些阿茲海默氏症的患者定期在教室聚會，做簡單的計算，及大聲讀散文和小說。此法的擁護者聲稱，它可作為心智運動，幫助恢復腦部連接記憶、推理和判斷的部分。相同脈絡的研究指出，認知活動能真正有助於預防、或延緩輕微認知損傷，或阿茲海默氏症的開始（Meyers, 2008; Willis et al., 2006）。一項針對 700 位 80 歲老人的研究發現，從事認知活動超過五年的研究參與者（例如，參觀圖書館、閱讀報紙或書籍、參加音樂會或演奏，及寫信），像心智不活動的參與者一樣，發展為阿茲海默氏症的可能性不到半數（Wilson et al., 2007）。

行為的方法也被應用在阿茲海默氏症的病人，其成效不大。此法通常專注在

改變家庭充滿壓力病人的日常行為，如晚上到處漫遊、小便失禁、過分要求注意及不適當的個人照料（Knight et al., 2006; Fisher & Carstensen, 1990）。行為治療師結合使用角色扮演練習、模仿，及教導家庭成員如何使用增強，來塑造更正面的行為。

照顧失智症患者，對其親密的家屬是一個沉重的負擔（Sadock & Sadock, 2007; Cummings, 2005）。接近 90% 的失智症患者，是由他們的親屬照顧（Alzheimer's Association, 2007; Kantrowitz & Springen, 2007）（見圖 18-4）。然而，照顧一個逐漸失憶、無助及生病的人，是極為辛苦的事；而且目擊你所愛的人心理和身體衰退，是極為痛苦的事：

> 我確實在為誠實問題奮鬥。如果有人坐在床上說，她從來沒有在外面待一整夜，而不讓父母知道她在何處，你會說什麼？如果有人認為她是一個老師，假定她沒有回到家，並且進入教室，整個班級的孩子就沒有人照顧，你會說什麼？如果有人認為她沒有回家工作，就會沒有錢付帳單，並失去她所擁有的一切，而你知道她已經退休好幾年，你會說什麼？我找不到理由反覆告訴她，她有嚴重可怕的衰退疾病，這種疾病使她有這樣的感覺方式。
>
> 我發現如果我只傾聽她說話，以及了解她有何感受，她的焦慮就減少。有時我什麼都不說，甚至比說了更好。告訴她我會處理一些她關心的事物，使她更加輕鬆自在。以語言表達事實可能讓我感覺較好，但是她所需要的只是舒適和安全——不是真相。真相不會改變任何事情。
>
> （Shenk, 2001, p. 147）

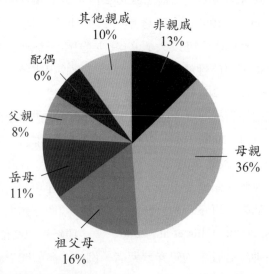

圖 18-4　**為患者提供照顧的是什麼人？**　提供照料的照顧者，有 36% 是阿茲海默氏症者的母親，有 11% 的案例是岳母，以及 16% 的案例是祖父母（摘自 Kantrowitz & Springen, 2007; Alzheimer's Association, 2007）。

把一個阿茲海默氏症的受害者安置在教養機構或養老院，最常見的理由之一，是照顧者已經沒有辦法在自己的家裡承受這個重擔（Apostolova & Cummings, 2008; Cummings, 2005）。很多照顧者經驗到憤怒和憂鬱，而他們自己的身體和心理健康也經常跟著下降（Kantrowitz & Springen, 2007; Sherwood et al., 2005）。臨床工作人員現在已認識，在治療阿茲海默氏症和其他類型的失智症，最重要的一個方向，是專注於照顧者的情緒需求：他們經常需要定期的休息時間、有關疾病的教育，及當壓力開始擴大時的心理治療（Knight et al., 2006; Gaugler et al., 2003）。有些臨床工作人員也提供照顧者的支持團體（Pillemer & Suitor, 2002; Gallagher-Thompson et al., 2000）。

近年來，社會文化的方法，也開始在此症的治療扮演重要的角色（Brooks, 2005; Hirshom, 2004; Kalb, 2000）。有一些專門收留失智症病人的日托設施（day-care facilities），已經逐漸發展出來，它在白天為病人提供治療計畫及活動，晚上患者就可以回到家裡和家人在一起。此外，許多協助生活起居的設施也已建立，讓失智症患者住在愉快的公寓裡，接受照顧和管理，並參與對他們的生活帶來更多歡樂和刺激的各種活動。這些公寓一般是經過特別的設計，來滿足這種居民的特殊需要——例如，提供更多的光線、

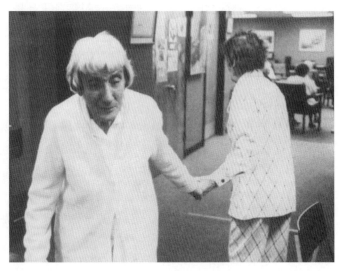

❂ **白天的治療**　在紐澤西州，一個阿茲海默氏症病人的日托設施，兩位老人各自分頭回家。病人白天在此接受治療，晚上回家。

圍住的花園裡有環形的小徑，使病人能夠單獨散步而不致迷失。研究證實，這些設施能夠幫助病人減緩認知的退化，而且增加他們人生的快樂。此外，愈來愈多的實用裝置，如配戴在阿茲海默氏症病人手腕的追蹤感知器，已發展出來，幫助確定漫遊病人的正確位置（Neergaard, 2007）。

由於目前在了解和治療阿茲海默氏症，及其他類型的失智症呈現的進展，研究人員盼望在未來幾年更向前推進。腦部的改變造成失智症非常複雜，但是，由於目前有很多正在積極進行中的研究，大部分的研究人員相信，具有突破性的重大發展確實很快就會出現。

❂ **保持聯繫**　這位阿茲海默氏症患者戴著一個追蹤手環，假如他離家漫遊，他的家屬就很快能找到他。這種腕部的儀器對漫遊的問題，是比植入晶片或其他侵入性的追蹤技術，更不會引起爭議的解決方法。

影響老人心理健康的問題

　　隨著老人的研究和治療的進步，有三個問題引起臨床工作人員的關切：少數族裔老人所面臨的問題、長期照護的嚴重欠缺，以及老人健康維護到醫療照護的需求（Gallagher-Thompson & Thompson, 1995）。

　　第一，由於美國的種族歧視，已經是一個長久的問題（見第三章），有很多人遭遇此問題，尤其那些老人（Utsey et al., 2002; Cavanaugh, 1990）。年老又屬少數族裔的成員，被許多的觀察者認為是一種「雙重危險」。在少數族裔中，老年婦女面臨更多的困境，有時候被稱為「三重危險」，因為年老的女人遠比年老的男人更容易獨居、成為寡婦，而且貧窮。在診斷和治療心理健康問題的時候，臨床工作人員必須特別考慮，年老病人的種族背景及性別（Knight et al., 2006; Sadavoy et al., 2004）（見圖 18-5）。

　　有些少數族裔的老人面臨語言的障礙，而妨害他們醫療及心理健康的照顧。另一些人可能持有某些文化信念，阻止他們尋求治療。此外，還有很多少數族裔的成員，不信任多數族裔的設施，或不知道醫療和心理健康服務，能針對他們的文化和特殊需要做審慎處理（Ayalon & Huyck, 2001; Ralston, 1991）。結果，很多少數族裔的老人，只依靠他們的家人或是朋友，來治療及健康照護，這樣的情況極為普遍。

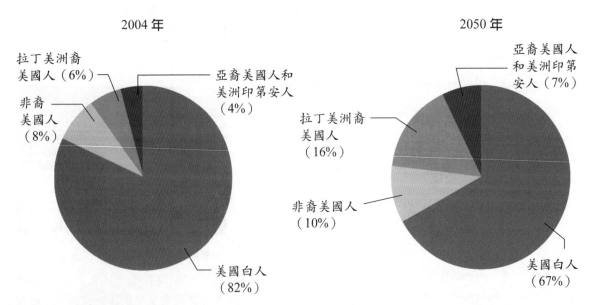

圖 18-5　**種族與老人**　在老年人口中，種族的變化有更大的不同。今日的美國社會中，65 歲以上的美國白人占 82%；到 2050 年，白人老人則會只有 67%（摘自 Edelstein et al., 2008; Cavanaugh & Blanchard-Fields, 2006; U.S. Census, 2004, 2000; Hobbs, 1997）。

通常由於漸增的健康問題，今天有 10% 至 20% 的老人，與他們的孩子或親屬住在一起（Etaugh, 2008）。在美國，這種的生活安排，少數族裔的老人比白人老人更普遍。亞裔的老人最可能和他們的孩子同住，非裔及拉丁美洲裔的老人較少，而白人老人最不可能（Etaugh, 2008; Armstrong, 2001）。

第二，許多老人需要家庭外的照護，稱為長期照護（long-term care），它是指各種不同服務的一般性名稱，包括提供部分有督導的公寓給輕微身心障礙的老人，或是有專業訓練的醫療和照顧人員，日以繼夜提供服務的療養院。這些地方的老人照顧服務措施，在品質上有相當大的差別。

美國每年只有 5% 的老人確實住在療養院，但有 25% 至 30% 的人最後被放在這種設施（Edelstein et al., 2008）。因而許多老人生活在被家人「送入精神病院」的恐懼中，他們害怕搬出家門、喪失獨立自主，以及住在醫療的環境。許多老人知道某些人，在被送入長期照護設施之後不久就去世了，此情況增加他們對這種環境生活品質的恐懼。

很多人也擔心長期照護設施的費用（Papastavrou et al., 2007）。今天很多家庭盡量讓老年的親屬住在家裡，因而多數的老人進入療養院，只是在疾病的最後階段，需要別人全天候的照顧。全天候的照護非常昂貴，而且療養院的費用持續上漲。今日的健康保險計畫，甚至不包含長期照護或永久性安置的費用（Newcomer et al., 2001）。對於這些問題的擔憂，可能對老人的心理健康有重大傷害，也許導致憂鬱、焦慮及家庭衝突。

最後，醫學科學家指出，這一代的年輕人，應該採取健康的維護或增進健康的方法，來保護衰老的過程（Meyers, 2008; Aldwin et al., 2006）。換句話說，他們應該做一些增進身體和心理健康的事情——避免吸菸、吃均衡及有益健康的飲食、規律的運動、從事正向的社會關係，以及其他的心理健康計畫（Cherry et al., 2007; Peterson, 2006）。現在的人愈來愈相信，假定老人的生理和心理健康，保持在相當良好的狀態，他們將更容易去適應變化及負面的事件。

 ## 整合：臨床工作人員發現老年人

在二十世紀初期，心理健康專業人員很少注意老年人。但是就像兒童的問題一樣，老年人的問題，已引起研究人員和臨床工作人員的注意。當前工作引起的重要變化，是如何了解及治療老年人的心理問題。臨床工作人員，不再接受老人的憂鬱和焦慮是不可避免的錯誤說法；他們不再忽視老人處方藥物濫用的問題、不再低估譫妄的危險或失智症的盛行率。同樣地，老人心理學家更能察覺，因應老人健康照護及財務需求的重要性，這是他們心理滿足的關鍵。

當老年人口愈來愈多，此年齡群的特殊需要更顯而易見。因而，研究和治療他們的心理問題，就像兒童的問題一樣，將會繼續的蓬勃發展。臨床工作人員和

政府官員不可能再低估他們的需要和重要性。

　　特別急迫的是，失智症及其極大的毀壞性，對老人和他們家庭的影響。由於腦部的複雜性，使失智症難以了解、診斷和治療。不過，研究人員幾乎每日宣布令人興奮的新發現。到現在為止，研究大部分在生物方面，但失智症對病人及其家庭有重大影響的心理和社會文化研究，不會長期落後。事實上，社會對阿茲海默氏症的特殊關心和注意，提醒大家記憶和相關認知功能的重要。記憶是我們生活和自我觀念的中心，因而在此領域心理和社會文化的研究，對每個人的福利有潛在的價值。因此，我們期望這些研究工作，在未來幾年將會成長及擴大。

 ## 摘要

　　●**晚年生活的疾患**　老人的問題，經常與伴隨年齡增長而來的失落感及其他的壓力與變化有關。有 50% 的老人，可以從心理健康服務中獲益，但是只有少於 20% 的人得到這種服務。憂鬱（depression）是老人最常見的心理健康問題。老人也同樣遭受焦慮症（anxiety disorders）之苦。此外，每年有 4% 至 6% 的人出現酒精關聯問題（alcohol-related problems），而且很多人誤用處方藥物（misuse prescription drugs）。此外，有些老人出現精神病，如精神分裂症或妄想症（delusional disorder）。

　　●**認知的疾患**　老年人比其他年齡群的人，更容易經驗譫妄（delirium），它是一種意識模糊的情況。在此情況中，一個人可能對集中精神和注意力，有極大的困難，而且無法連貫的思考。

　　失智症（dementia）是嚴重的記憶力喪失，以及其他認知障礙的症候群，老人出現這種情況愈來愈多。它起因於許多的腦部疾病或受傷，最常見的是阿茲海默氏症（Alzheimer's disease）或血管性失智症（vascular dementia）。阿茲海默氏症是由於相當高數目的神經纖維糾結（neurofibrillary tangles）以及老化斑塊（senile plaques）在腦部造成。這種疾病有幾種原因被提出，包括遺傳因素、蛋白質及神經傳導物質的活性異常、高量的鋅、鉛及其他毒素、免疫系統的問題及緩慢發作的病毒感染。

　　研究人員在評估失智症，以及確認一個人最後會發展此問題上，已有重大的進展。藥物、認知及行為治療，已應用來治療失智症，但是成功率相當有限。滿足照顧者的需求，目前也被認為是治療的重要部分。此外，社會文化方法，如日托設施（day-care facilities）也不斷地增加。不久的將來，我們期望會看到治療有重大的突破。

　　● 在研究和治療老人的問題，臨床工作人員對三個問題特別的關切：少數族裔的老人問題、長期照護的欠缺，以及年輕成年人提供健康維護的需要。

第十九章

法律、社會及心理健康專業

親愛的茱蒂：

　　當我去刺殺雷根總統的時候，絕對有可能會被殺掉。因此，我現在特別寫信給妳。妳現在應該知道我是非常愛妳的。過去這七個月來，我寫給妳很多詩、信件，以及簡訊，為的是妳會對我有興趣的些微希望……。茱蒂，如果我能贏得妳的心，而且在剩下的歲月能夠和妳在一起，我就立刻打消刺殺雷根的念頭，雖然似乎是不太可能的。我要承認的是，我要勇往直前去刺殺雷根，唯一的理由是因為我不能再等下去，我要讓妳對我有深刻的印象。我現在要做一些事情好確實讓妳知道，我這樣做一切都是為了妳。經由犧牲我的自由，甚至於我的生命，我希望能改變妳對我的看法。這封信是我離開希爾頓飯店之前一個小時寫的。茱蒂，我要求妳，請妳看看妳的心，也至少給我一個機會，在這個具有歷史性的事件中，能夠得到妳的尊敬和愛。我永遠愛妳。

John Hinckley

　　John Hinckley 在 1981 年 3 月，寫了這一封信給女明星茱蒂佛斯特（Jodie Foster）。寫了這封信不久，他站在華盛頓希爾頓飯店的門前等待，他的手槍已經準備好。不久，雷根總統從大飯店的門口走出來，然後射擊的槍聲響起。便衣警察把雷根帶入他的車子裡，有一位警察和總統的新聞秘書倒在人行道上。總統遇刺了，那天晚上，大部分的美國人都看到這個殺手的臉，也聽到他的名字，他是從科羅拉多州來的心理失常年輕人。

　　我們在整本書中了解到，一個人心理功能失常絕不是孤立事件。它往往受到社會因素以及社會壓力的影響，這些社會因素甚至是問題的肇因，而且它會影響到個人的親屬、朋友，以及相識的人。John Hinckley 的案例，也顯示出強力的證據，即一個人的功能失常，就某些案例而言，也會影響到不相關者的福祉和權益。

　　同樣地，臨床科學家和實務工作人員，並不是在孤立的情況下從事工作。當他們研究和治療有心理問題的人時，他們影響了社會上其他的機構，同時也受到它們的影響。例如，我們看到政府如何規範臨床工作人員，使用治療精神異常藥物；臨床工作人員如何協助政府，落實去機構化政策，以及如何喚起社會對伊拉克戰爭及越戰退伍軍人心理痛苦的注意。

　　總之，就像他們的患者一樣，臨床專業人員也是在一個複雜的社會系統內運作。事實上，這個系統不但界定並且規範他們專業上的責任。正如同我們必須了解，變態行為產生的社會背景，以期了解此行為一樣，我們也必須了解此行為被研究和治療的社會背景。

　　有兩個社會機構，特別對心理健康的專業人員有重大的影響力──立法和司法系統。這些機構整體而言，都是法律的領域，他們長久以來一直負責促進，以及保護大眾的利益和個人的權益。有時候法律和心理健康兩個領域之間的關係，相當協調和一致。他們一起攜手合作來保護心理有問題者的權益和需要，以及整

個社會的安全。有些時候，他們之間會發生衝突，有一方可能把己方的意願，強加在另一方的身上。

這種關係有兩個明顯的層面。一方面是心理健康專業人員在刑事司法系統中，經常扮演重要的角色，例如，法庭經常傳喚他們，去評估犯罪被告者的心理穩定性。他們被傳喚到法庭上去作證，討論 Hinckley 這種案例，以及其他成千上萬的案例。這方面的關係，有時稱為法律心理學（psychology in law）；亦即，臨床實務人員和研究人員，在法律系統內運作。另一方面的關係，稱為心理學的法規（law in psychology）。立法和司法系統影響臨床領域，規範心理健康照護的某些層面。例如，法庭可能強迫某些人接受治療，即使違背他們的意願。此外，法律也保障病人的權益。

心理健康領域與法律和司法系統，合稱為**司法心理學**（forensic psychology）（McGrath & Torres, 2008; Packer, 2008）。司法心理學家或精神科醫師（或有關的心理健康專業人員），執行各種的活動，如審判時作證、調查目擊者證詞的可靠性，或協助警方描繪逍遙法外的連續殺人犯之人格。

臨床工作人員如何影響刑事司法系統？

法庭為了給予公正及適當的處罰，他們需要知道，被告是不是對他們所犯的罪行有刑事責任，而且能夠在法庭上為自己辯護。如果不是，去判定這個人有罪，而且用一般的方法來處罰他們，是不適當的。法庭已確定，在某些情況當中，有嚴重的心理不穩定者，可能對自己的行為沒有辦法負責，或無法在法庭上為自己辯護，因此就不能用通常使用的方法來處罰他們。雖然法庭要對心理的不穩定性，做最後的判決，但是他們的決定，絕大部分是由心理健康專業人員所提供的意見作為導引。

當人們被指控犯罪，而且被判定為心理不穩定，他們通常被送到精神治療機構接受治療，這種程序稱為**刑事安置**（criminal commitment）。事實上，有幾種形式的刑事安置。有一種是個人被判定在犯下罪行時，心理有不穩定的情況，所以他們的犯罪行為是無罪的。他們可能請求庭上裁定**因精神失常而無罪**（not guilty by reason of insanity, NGRI），而且請求心理健康專業人員，到法庭上支持他們的要求。如果法庭根據這種情況判決他們無罪，他們就要被安置到治療機構，直到他們的情況進步到一定程度，才把他們釋放。

✪ **可能會是刺客**　很少法庭的裁決會激發許多的爭議和立法的行動。John Hinckley 舉槍射殺美國總統雷根被捕，陪審團裁定他因精神失常而無罪，這件事使全國譁然。

另一種刑事安置，是一個人被判決在審判的時候心理不穩定，所以無法了解審判的過程，以及在法庭上自我辯護。他們就要被安置到治療機構，一直到他們具備接受審判的能力。同樣地，心理健康專業人員的證詞，也可以協助法庭確定這個被告的心理功能。

這些心理不穩定的判決，已引發很多的爭議。有人認為這種判決是法律制度的漏洞，它允許犯罪的人，對他們的罪行逃避應有的處罰。另一些人爭辯說，如果法律制度不能斟酌犯罪的情況，包括心理的不穩定，那麼這種制度就不公平。這種刑事安置的實施，各國都不同。本章主要論述美國如何實施這種制度。雖然每個國家所依循的主要原則和程序有所不同，多數國家所面對的類似問題、關切及判決，都將在這裡加以檢討。

刑事安置及犯罪時的精神失常

我們再來看看 John Hinckley 的案子。他在舉槍射殺總統的時候，是不是精神失常？如果他有精神失常，他是否不必為他的行為負責？在 1982 年 6 月 21 日，也就是他在美國首府射傷 4 個人之後 15 個月，一個法庭陪審團宣布，Hinckley 因精神失常而判決無罪。Hinckley 因而與一些案例為伍，包括 Richard Lawrence 的案例，此油漆工人在 1835 年射殺 Andrew Jackson，以及 John Schrank，這個酒館主人在 1912 年射殺前總統羅斯福（Teddy Roosevelt）。這些都是刺客，但是他們都因精神失常的原因，被判決無罪。

雖然大部分的美國人，對 Hinckley 案件的判決感到震驚，但是那些熟悉以精神失常辯護的人，並未感到驚訝。本案與其他聯邦法庭在那時判決的案件一樣，檢察官有責任證明這個被告，其心智正常超越合理的懷疑範圍。很多州級法庭也同樣的賦與檢察官相似的責任。要清楚明確的證明精神正常，可能有困難，尤其當這個被告在生活中的其他領域，顯示出古怪的行為。事實上，幾年之後國會通過一個法案，在聯邦的訴訟案中，被告應該證明他們有精神失常，而不是由檢察官證明他們精神正常。大部分州級立法機關也採用這種決定。

了解「精神失常」（insanity）是一個法律名詞很重要（Hartocollis, 2008）。亦即「精神失常」使用在犯罪的案例中，是由立法者界定的，而不是由臨床工作人員訂定的。被告可能有心理疾患，但不一定符合法律上對精神失常的界定。現代西方國家所作的界定，可追溯到 1843 年英國 Daniel M'Naghten 的謀殺案件。M'Naghten 射殺了英國首相 Robert Peel 的秘書 Edward Drummond，事實上他射殺的對象應該是 Peel。因為 M'Naghten 有明顯的被迫害妄想，所以陪審團基於精神失常的原因判決他無罪。公眾對這個裁決非常震驚，他們的憤怒迫使英國的法律，對精神失常的辯護作更清楚的界定。這個法律界定，是知名的**麥諾頓測試**（**M'Naghten test**）或**麥諾頓法規**（**M'Naghten rule**）。它聲明在犯罪時遭受心理疾患，並不表示此人就是精神失常；此被告也必須是不能分辨對錯。美國州級和

聯邦級法院也採用這種測試。

在十九世紀末期，美國有些州級和聯邦法庭，對麥諾頓法規感到不滿意，所以採取另外一種測試——**不可抑制的衝動測試**（irresistible impulse test）。這個測試第一次的使用，是 1834 年在俄亥俄州，強調一個人無法控制自己的行為。一個人在犯罪的時候，有一種無法控制的情緒，就被視為精神失常，而且根據這種測試他是無罪的。

過去多年來，州級和聯邦法庭，在麥諾頓測試和不可抑制的衝動測試中，作一個選擇來決定犯罪被告的精神狀態。有一段時期，第三種測試，稱為**杜漢測試**（Durham test）也曾經廣受採用，但是不久就被大部分的法庭替換了。這個測試，是根據 1954 年最高法院立下的 *Durham v. United States* 案例。這個案例簡單的說，一個人如果他的違法舉動，是心理疾病或心理缺陷所產生的結果，那麼這個人不必對他的犯罪負責。這個測試主要的用意，是在法庭的裁定中提供更多的彈性，但是後來證明它太過於有彈性。以精神失常的辯護，可以指向一些問題，如酒精中毒或其他形式的物質依賴，甚至像頭痛或胃潰瘍的問題，這些都是列在 DSM-I 的心理生理疾病中。

1955 年，美國法學會（American Law Institute, ALI）結合麥諾頓、不可抑制的衝動，以及杜漢測試的觀點，而形成另一個測試。這項**美國法學會測試**（American Law Institude test）主張，如果被告在犯罪時有心理疾患或缺陷，而阻止他們知道什麼是對錯，或無法控制自己遵守法律，那麼此人就不必為他的罪行負責。有一段時期，這個新測試，變成判定精神失常最廣泛接受的法定測試。不過，在 Hinckley 的判決之後，社會大眾對 ALI 指導方針的「寬大」非常憤怒，大眾要求有更嚴格的標準。

部分為了回應此種憤怒，美國精神醫學會（American Psychiatric Association）在 1983 年建議：如果這個人因精神失常而被判無罪，只有當他們在犯罪時不能辨別對錯才算；沒有能力控制自我及沒有能力遵守法律，不能再作為判定精神失常的充分根據。總之，這個學會要求法庭回歸到麥諾頓測試的標準。這個測試現在使用在聯邦法庭所有的案例，以及在州級法庭約一半的案例（Doherty, 2007）。比較寬鬆的 ALI 標準，到現在還在一些州級的法庭上使用，只有愛達荷、堪薩斯、蒙大拿、內華達及猶他等州，完全不採用精神失常的請求（Greenberg & Felthous, 2007; Lohr, 2007）。不過，研究沒有發現，麥諾頓嚴格的界定，事實上減少了因精神失常而無罪的可能性（Ogloff et al., 1992）。

遭受嚴重心理疾患之苦的人，心智混亂是主要的特色，使他們無法辨別對錯或控制他們的行為。大約有三分之二的被告，由於精神失常符合精神分裂症的診斷而被判無罪，就不足為奇了（Novak et al., 2007; Steadman et al., 1993）。這些被判無罪的被告，絕大多數過去曾有住院史或被捕，或兩者都有。以精神失常作為辯護成功的約有半數是白人，其中 86% 是男性，他們的平均年齡是 32 歲。這些

因精神失常被判無罪的被告，犯罪的性質有極大的不同，不過，大約 65% 都是暴力犯罪（APA, 2003; Steadman et al., 1993）。那些被判無罪的人中，將近有 15% 被控告的理由是謀殺（見圖 19-1）。

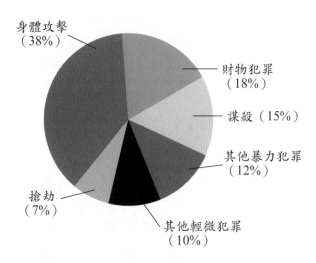

身體攻擊
（38%）

財物犯罪
（18%）

謀殺（15%）

其他暴力犯罪
（12%）

其他輕微犯罪
（10%）

搶劫
（7%）

圖 19-1　**因精神失常而無罪（NGRI）者的罪行**　復審美國 8 個州 NGRI 案件中的裁定，顯示多數被判無罪的人是被控暴力的罪行（資料來源：APA, 2003; Steadman et al., 1993; Callahan et al., 1991）。

以精神失常來辯護會引起哪些憂慮？

儘管精神失常的測試一再地變動，以精神失常為辯護的批評卻持續不斷（Sales & Shuman, 2005; Slovenko, 2004, 2002）。憂慮之一，是法律與人類行為科學之間的基本法則不同（Dennison, 2007）。法律的觀點認為，人有自由意志，而且通常都應該為他們的行為負責。相反地，幾個人類行為的模式認為，生理和心理的力量會決定一個人的行為。於是無可避免的，法律對精神失常和行為責任的界定，跟臨床研究所提出的觀點有很大的出入。

第二個批評是指向有關變態行為的科學知識，還有一些不確定的地方。通常在一個以精神失常作為辯護的審判中，被告的臨床工作人員之證詞，往往會和檢察官所雇用的臨床工作人員的證詞互相衝突，因此陪審團要對這些「專家」的不一致證詞做一個評估（Koocher & Keith-Spiegel, 2008）。有些人認為這種缺乏專業的一致性，顯示臨床知識在某些方面很不完整，不能用來作為法庭審判程序中的重要依據。另有一些人認為，此領域已經有相當大的進展，例如，他們發展了幾個心理量表來協助臨床工作人員，依據麥諾頓的界定標準，對精神正常與失常之間更有一致性的區分（Rogers, 2008）。

不過，即使手上有一些有效的量表，臨床工作人員在進行法定精神失常的判

斷時，也面臨一個難以克服的問題：他們必須評定被告在事件發生中的心理狀態，它可能發生在幾個星期以前、幾個月以前，甚至幾年以前。由於時間的變遷以及各種情況的不同，心理狀態也有很大的變化，因此臨床工作人員就不能完全確定，他們對此人犯罪時心理不穩定的評估是正確的。

對於以精神失常來辯護，最常聽到的批評是，它允許危險的罪犯逃避處罰。的確，有些人成功的以精神失常來辯護，宣告無罪之後，只幾個月就從治療機構釋放出來。不過，這種案例相當少（MHA, 2007, 2004; Steadman et al., 1993）。根據調查，社會大眾高估了以精神失常來辯護的比例，人們猜測它從 30% 至 40%，而事實上是不到 1%。此外，只有少數的人假裝或誇大他們的心理症狀（Resnick & Harris, 2002; Perlin, 2000），而且以精神失常為理由來辯護，而被判無罪的才只占四分之一（APA, 2003; Callahan et al., 1991）。結果，在美國每 400 個被告中，因精神失常被判無罪的還不到 1 人。值得注意的是，因精神失常而無罪的被告，有 80% 的案例，檢察官同意其請求是適當的。

在美國大部分的歷史中，一個人成功的被判定精神失常，事實上跟一個人被判長期入獄的結果差不多。事實上，判決進入精神病院從事治療，其幽禁時間往往長過於被判有罪而入監服刑的時間（Nwokike, 2005; Perlin, 2000）。因為住院治療效果相當有限，即使有改善，臨床工作人員也不願意預測這個罪犯不會重複他們的罪行。而且，由於悲劇的案例偶爾會發生，使人更質疑臨床工作人員作這種判決的能力，以及預測未來危險性的能力（Hooper et al., 2005）。例如，在愛達荷州，有一個年輕人強暴兩名婦女，並以精神失常的理由被判無罪。他治療不到一年就被釋放，結果他又射殺一名護士，而這次被判決是蓄意殺人的攻擊。社會大眾對這個 1981 年案例的憤怒，導致愛達荷州的州議會，廢除以精神失常為理由的抗辯。

不過，今天犯罪者從精神病院釋放出來的時間愈來愈早。這種趨勢是因為藥物治療，及其他治療的效果愈來愈好，一般人反對長期住院，及更強調病人的權益（Slovenko, 2004; Salekin & Rogers, 2001）。1992 年，在 *Foucha v. Louisiana* 的案例中，美國最高法院清楚的規定，決定釋放住院被告唯一能夠接受的準則是，此人是否還是精神失常；如果唯一的理由是他們具有危險性，則這種人不能無限期的安置在精神病院中。此類犯罪者雖然已經從病院釋放出來，但有些州還是繼續的控制監視（Swartz et al., 2002）。這些州可能堅持從事社區治療、嚴密的監視病人，甚至有必要時再把他們重新安置到病院。

還有其他可用的裁決？

過去幾十年來，有 14 個州又加上裁決的另類選擇——**犯罪但有心理疾病（guilty but mentally ill）**。被告被判無罪，是因為他們發現此人在犯罪時有心理疾病，但是這個疾病與犯罪無關，或者無法對犯罪負責。這種犯罪但有心理疾病

的選擇，使陪審團可去裁決一個他們認為有危險性的人，同時也建議此人應接受需要的治療。即一些被判決犯罪但有心理疾病的被告，他們需要入獄服刑，但是加上一項建議，如果有必要，他們也要接受治療。

在開始熱衷這種裁決的選擇之後，法律和臨床的理論家逐漸發現它的不足（Melville & Naimark, 2002）。根據研究，它並沒有減少因精神失常而無罪的人數。而且，它經常在真正和模擬審判時，給陪審團帶來困惑。而更重要的是，批評家指出，適當的心理健康照護，照理是每個受刑人都應一視同仁，而不管判決的結果。他們認為這個新選擇，對一個被判有罪的人，唯一的差別只是名稱上的不同而已（Sadock & Sadock, 2007; Slovenko, 2004, 2002）。

有些州甚至允許另外一種辯護——犯罪但能力減損（guilty with diminished capacity）。亦即被告的心理失功能被視為一種情有可原的情況，法庭應該考慮其情況，來判決他犯罪的確切罪行（Benitez & Chamberlain, 2008; Leong, 2000）。辯護律師會辯稱，由於此人的心理失功能，被告不會有意去犯某種特殊的罪行。因此這個人可能被判有罪，但卻是一個比較輕的罪，例如，過失殺人罪（無意的非法殺人）而不是一級的謀殺罪（預謀殺人）。著名的 Dan White 案例，他在 1978 年開槍射殺舊金山市長 George Moscone 以及市府督導 Harvey Milk，說明了此種裁決的使用：

在 1978 年 11 月 27 日早上，Dan White 把他的.38 口徑手槍裝滿了子彈。White 由於家庭以及財務上的壓力，辭去了舊金山市政府督導的職務。現在他改變心意，想要恢復他的工作。不過當他向市長 George Moscone 提出復職的要求時，市長拒絕了。市府督導 Harvey Milk 是極力勸阻市長重新雇用他的人員之一。因為 Milk 是美國第一個公開支持同性戀的政治家，而 Dan White 則是支持同性戀權益的反對者。

White 避過市政府大樓入口的金屬檢測器，他告訴認識他的建築工人說他忘記帶他的鑰匙，所以要從地下室的窗戶爬進去。當這些工人把窗戶打開讓他進去以後，他直接進入市長辦公室……White 掏出他的手槍，打中市長的手臂和胸部。就在市長躺在地上血流不止的時候，White 走向他，就在幾吋遠對著市長的頭上再開了兩槍。

然後 White 重新裝上子彈，跑過大廳，碰到 Harvey Milk。White 要求跟他談話。就在這兩個人進入 White 以前的辦公室之後，立刻傳出了三響槍聲。Milk 癱瘓在地板上。再一次，White 在近距離向受害者的頭上補了兩槍。不久之後，他向警方自首。幾個月以後，陪審團作出這樣的判決：Dan White 沒有犯謀殺罪，他只是過失殺人。

謀殺罪是一種非法的、帶有惡意的預謀殺人，也就是他有意圖要殺人。

⭐**公道在哪裡？** Dan White 殺死市長 George Moscone 及督導 Harvey Milk，被判決過失殺人而不是預謀殺人之後，民眾在舊金山街上遊行抗議。對很多人來說，這件 1979 年的判決，強調「能力減損」的辯護，有嚴重的缺陷。

過失殺人罪是非法的殺人，但是沒有惡意的預謀。這個攻擊者可能有意圖要傷害受害者，但是沒有致人於死的意圖。如果受害者因此死亡，這個犯罪就是過失殺人……

……他的辯護律師 Douglas Schmidt 辯稱：像 White 這樣一個愛國者、熱心公益者——高中時代的運動員、得過獎章的退役軍人、曾擔任救火員、警察及市政府的督導——不可能犯下這種罪行，除非在他的內心裡有一些事情爆發。對這個人最後射擊每個受害者腦部的殘暴情況，只能證明 White 的確是能力喪失。White 不能完全對他的行動負責，因為他有「能力減損」的情況。雖然 White 殺死了市長和督導，但是他並沒有事先計畫行動。在殺人這天，White 心理上並不能計畫去執行殺人的行動，甚至沒有意圖要去做這件事情。

在刑事精神醫學界著名的 Martin Blinder，是加州大學舊金山校區 Hastings 法學院教授和精神科醫師。他以學術上的傑出成就參與 White 的辯護。Blinder 對陪審團解釋說：「他自己狼吞虎嚥的吃下大量的垃圾食物：蛋糕、可口可樂等等……他吃得愈多，他的感覺愈差，而且他對憂鬱症一再出現的反應，是吃更多的垃圾食物。」Schmidt 後來請 Blinder 對這一點加以解釋。Blinder 回答說：「他如果不吃這一大堆垃圾食物，我懷疑這件殺人罪行就可能不會發生。」從這個時候開始，Blinder 就因為「蛋糕辯護」的創始者而出名：

White 只被判決過失殺人，並入獄服刑 7 年 8 個月（他在 1984 年 1 月 6 日獲得假釋）。精神科醫師的證詞說服了陪審團，White 並不是想要去殺死 George Moscone 或 Harvey Milk。

憤怒的大眾對這個判決的反應，是遊行、叫囂、破壞市政大樓、燒毀警車，同時也以此保護同性戀的人權。同性戀的督導 Harvey Milk，對他們的理想有很多的貢獻，並且他的死亡對舊金山的人權來講是一個嚴重的傷害。但是不只是同性戀者對這個結果感到震驚，舊金山大部分的市民也對這種惡行感到憤怒。

（Coleman, 1984, pp. 65-70）

　　由於在審判中有可能失去公正，很多法律專家反對這種所謂的「能力減損」的辯護，也有些州因此廢除這種判決，包括在 Dan White 判決不久後的加州（Gado, 2008; Slovenko, 2002, 1992）。不過，有些研究發現，陪審團通常能夠以小心及適當的方式，採用這類選擇（Finkel & Duff, 1989）。

🌿 什麼是性犯罪法規？

　　自從 1937 年密西根州通過第一個「性病態人格」（sexual psychopath）法規以來，有些州就把性犯罪者放在一個特殊的法律分類中（Strutin, 2007; Zonana et al., 2004）。這些州相信，那些一再從事性犯罪而被判罪者，都有心理疾病，所以這些州就把他們列為心理疾病的性犯罪者（mentally disordered sex offenders）。

　　把這種人如此分類，是說他們因從事犯罪行為被判罪，而且被判定要對他們自己的行為負責。然而，就像有些人因精神失常被判無罪一樣，這些心理疾病的性犯罪者，通常被安置到心理健康的設施裡。在某種程度上，此法規至少反應出一種理念，亦即許多立法人員認為，性犯罪者都有心理的障礙。從實際的層面來看，此法規要保護這些性犯罪者，避免他們在監獄中受到別人身體的虐待。

　　然而，過去二十年來，多數的州已改變或廢除心理疾病的性犯罪法規，只有少數的州還有此法規（Sreenivasan et al., 2003）。這種發展趨勢有幾個理由。第一，有些州發現這個法規很難執行。例如，有些州的法律規定，犯罪者一定要被發現為「性行為的危險性已經超越合理的懷疑外」——這種判斷往往超越了臨床界的專業範圍之外。同樣地，州的法規要求，為了被分類為心理疾病的性犯罪，他必須是治療的好候選人；這是臨床工作者作判斷的另一個難題，尤其是對這種人。第三，證據顯示，種族偏見會重大的影響性犯罪分類的使用（Sturgeon & Taylor, 1980）。從被告的觀點而言，這種分類是一種變通的監禁——經常對白人比其他少數族裔成員，更有利的變通方式。事實上，美國白人和非裔美國人以及拉丁美洲裔美國人，判決同樣的罪行，白人引用這種分類的機會超出兩倍。

　　但是心理疾病的性犯罪法規，失去支持的主要原因，或許是州的立法機關和法庭目前不像過去一樣，關心性犯罪者的權利和需求；由於發生在全國性犯罪的數量逐漸增加，而兒童特別的成為那些事件的受害者。事實上，為了反應公眾對高數量性犯罪的義憤，有 17 州已通過高危險性犯罪法規（sexually violent predator laws）（或性危險者法規）。這些新法規要求某些性犯罪者——已經被判性犯罪並在監獄服刑——在由監獄釋放之前，假定法庭判定他們由於「心理異常」或「人格違常」，可能會進一步從事「高危險性犯罪行動」，他們就被強迫到精神病院接受治療（Jackson & Richards, 2008; Sreenivasan et al., 2003）。亦即，相對於心理疾病的性犯罪法規，要求性犯罪者去接受治療，代替監禁；高危險性犯罪法規，要求性犯罪者接受監禁，此外，並判處一段時期的強迫治療。高危險性犯罪法規的合法性，已經由美國最高法院，於 1997 年在 *Kansas v. Hendricks* 的案例

中，以 5 對 4 的差數確認。實施此法規之一的加州，約有 1% 至 2% 的性罪犯，在服完刑期之後，已指定付諸心理健康治療計畫（Sreenivasan et al., 2003）。

刑事安置及不具備接受審判的能力

不管在犯罪的時候他們的心理狀態如何，有些被告可能被判斷為**心智無能力**（mentally incompetent）接受審判。所謂能力的必要條件，是要確保這個被告的確了解他所面臨的控訴，而且可以跟他的律師合作，來準備和從事適當的辯護（Fitch, 2007）。這種最低限度的能力標準，美國最高法院在 *Dusky v. United States*（1960）的案例中，有特別的規定。

能力的問題，通常是由被告的辯護律師提出，雖然有時候檢察官、逮捕的警察，甚至於法官都能可提出這個問題。他們情願因過度謹慎而犯錯，因為在上訴當中，被告的能力如果在開始沒有被建立起來的話，有些犯罪判決會被推翻。當能力的問題被提出時，法官會指定做心理的評估，通常是在住院的情況之下進行（見表 19-1）。在美國每年有 40,000 件的能力評估被處理（Zapf & Roesch, 2006; Roesch et al., 1999）。大約 20% 接受這種評估的被告，發現事實上他們沒有具備接受審判的能力。如果法庭判決被告沒有能力，此人就要被安置在心理健康的設施接受治療，直到他具有接受審判的能力（Fitch, 2007; Perlin, 2003）。

（表 19-1） **多元文化問題：種族和司法心理學**

- 少數族裔的心理障礙者比白人的心理障礙者，更可能被送到監獄，而不是心理健康機構。

- 在評估具備接受審判能力的被告中，少數族裔的被告比白人的被告，更可能被歸類於住院的評估。

- 在評估具備接受審判能力的被告中，少數族裔的被告比白人的被告，更可能評估為發生在防護嚴格的住院環境，而不是在非矯治的心理健康體系。

- 當非白人和白人的被告，在作具備接受審判能力的評估時，少數族裔的被告，更可能被判定為不具備接受審判的能力。

- 在紐約州，所有指定的非自願住院治療者當中，42% 是非裔美國人，34% 是白人，21% 是拉丁美洲裔美國人。與紐約人口相比，三個群體分別包含 17%（非裔），61%（白人）及 16%（拉丁美洲裔）。

資料來源：Haroules, 2007; Pinals et al., 2004; Grekin et al., 1994; Arvanites, 1989.

最著名的不具備接受審判能力的案例，是一位男性 Russell Weston，他在 1998 年進入美國國會大廈，顯然是在人群中尋找眾院多數黨秘書 Tom DeLay。Weston 在被逮捕之前連續射殺兩位警官。1999 年，這位患有嚴重精神病的被告，由於停

止服藥，被判定不具備接受審判的能力，而且被送到精神病院。2001 年，法官判決他應強迫服藥，但是即使服用藥物，Weston 仍有嚴重的症狀，因而繼續保留1998 年殺人的不具備接受審判能力之裁定。

有很多的案例被判定刑事安置，起因於他們的心智無能力，而不是因為精神失常而無罪的判決（Zapf & Roesch, 2006; Roesch et al., 1999）。不過，目前在美國精神病院中接受心理治療的犯罪者，大部分並不是來自這兩種。事實上，他們是被判刑的罪犯，他們有心理的問題，使監獄的工作人員認定他們需要治療——在監獄裡的心理健康單位或在精神病院（Senior et al., 2007; Way et al., 2005）（見圖 19-2）。

另外，也有可能一個無辜的被告，被裁決不具備接受審判的能力，可能會在心理健康機構度過好幾年，沒有機會去反駁他犯罪的指控。事實上，有一些被告在心理健康機構等待裁決為有能力的時間，可能超過被判罪而需要在監獄裡服刑的期間。要不是最高法院在 Jackson v. Indiana（1972）的案例中規定，一個被判決無能力的被告，不能無限期的安置在精神病院，這種可能性不會減少。經過一個適當的時間之後，他必須被判定為有能力接受審判、釋放，或是根據民法安置的過程，轉換到一個心理健康的治療機構。

一直到 1970 年代初期，多數的州規定把心智無能力的被告，安置在用來看管犯罪的精神病患，最嚴密而安全的機構。在目前的法律下，法庭有更多的彈性。在某些案例，尤其是此人被指控是輕微的犯罪行為，那麼這個被告甚至只是接受門診治療，這是一種稱為拘留所部門的安置，有輕微心理障礙的罪犯，由監獄轉到社區的心理健康照護治療，不必住院（Morrissey & Cuddeback, 2008）。

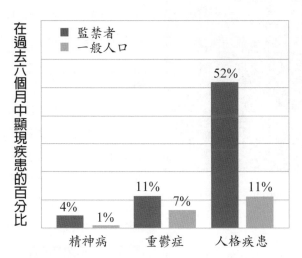

圖 19-2 **監禁與心理健康** 根據幾個西方國家實施的研究顯示，心理疾患在監禁者當中的盛行率高於一般人口。例如，監禁者比一般人，在精神分裂症高 4 倍，在人格疾患高 5 倍。事實上，反社會人格疾患高 10 倍（資料來源：Butler et al., 2006; Fazel & Danesh, 2002）。

立法與司法系統如何影響心理健康醫療？

就像臨床科學和實務工作會影響司法體系，同樣地，司法體系對臨床的實務工作也有重大的影響。第一，法庭和立法機構已發展出**民事安置**（civil commitment）的程序，這種程序允許某些人被迫接受心理健康治療。雖然很多有心理障礙跡象的人自願尋求治療，但大部分的人並不了解他們的問題，或只是對接受治療沒有興趣。臨床工作人員對這些人要怎麼辦？他們能不能強迫這些人接受治療？或人們有沒有權利去感受痛苦及不良的功能？法律已回答這個問題，並發展出民事安置的準則，根據這些準則，有些人可以強迫接受治療。

第二，有半數的州，司法體系在治療中負起保護病人權益的責任。這種保護不只針對那些被迫參與治療的人，也針對那些自願尋求治療的人，即使他們是接受門診治療。

民事安置

美國每年有很多心理疾患者，被迫接受治療。通常他們被安置在精神病院，

✪盯梢他人：犯罪或有病？ Jack Jordan 被指控盯梢女演員烏瑪舒曼（Uma Thurman），在 2008 年的審判中休息時吃三明治。Jordan 被控以令人不安的便條和信件，騷擾烏瑪舒曼及她的家人和朋友，被判刑事犯罪及緩刑 3 年。臨床及司法界在為如何處理盯梢問題奮鬥——刑事犯罪或是心理疾患？這種模式有某些因素，可能會對受害者產生巨大的壓力，而且有時導致悲劇（Petherick, 2008; Martin, 2007）。

但是有 27 個州也有門診民事安置法，允許強迫病人接受社區治療計畫（Haroules, 2007; Monahan et al., 2005）。這些民事安置，長久以來一直引起爭論和辯論。在某些方面，此法提供嫌犯更多的保護，而不只是保護那些被懷疑有精神病的人（Strachan, 2008; Burton, 1990）。

◣ 為什麼安置？

一般而言，美國的司法系統允許把一個被認為有需要接受治療，及對自己或對別人具有危險性的人，非志願性的安置在心理治療機構裡。有些人可能被斷定為對自己有危險，假如他們會自殺或行動不顧後果（例如，飲用有毒的清潔劑，來證明他們對這種毒物免疫）。他們也可能對別人有危險性，假如他們要去傷害別人（見「心理觀察」專欄），或他們無意間讓別人處在一個危險的情況中。州政府的當權者安置有心

理障礙者，是基於他的職責要保護個人的利益以及社會的安全：國家親權主義（parens patriae）原則及治安權（police power）（Swallow et al., 2005）。根據國家親權主義的原則，州政府有權促進病人最大的福祉，並且提供自我傷害的保護，包括把他們強制送入醫院。相反地，治安權允許州政府採取行動，來保護社會，不至於受到個人暴力以及危險行為的侵犯。

民事安置的程序如何？

民事安置的法律，各州都不盡相同（Bindman & Thornicroft, 2008）。然而，多數的安置法，一些基本的程序仍有其相似性。通常由家庭成員開始安置的行動。例如，兒子有精神病行為，以及對他人一再的攻擊，他的父母會嘗試說服他進入精神治療機構。如果兒子拒絕，父母就可以到法庭尋求強制安置命令。要是兒子未成年，那麼這個程序就很簡單。美國最高法院在 1979 年的 *Parham v. J. R.* 案例中，裁定這種案例沒有必要開公聽會，只要心理健康的專業人員認為，這種安置有需要即可。不過，如果兒子已經成年，這個程序就比較複雜。法庭通常會指定做心智的檢查，而且允許此人在法庭中對這種安置提出爭辯，通常由律師代表。

雖然最高法院已提供一些指導方針，來引導民事安置的特殊過程，但在 1979 年 *Addington v. Texas* 案例中，重要的裁定是，提出證明個人需要安置的最低標準。法庭規定在安置一個人之前，必須「清楚並有說服力」的證明，他有心理疾病，而且符合州政府的強制安置標準。這個法規並沒有提出到底要用哪一個標準。這個標準仍由各州去作決定。但是不管州政府採取哪一種標準，臨床工作人員必須提供清楚並具有說服力的證明，此人符合那些標準。根據法庭的規定，什麼是清楚而且具有說服力的證明呢？那就是有 75% 符合安置的標準。這就跟判定一個人有罪行必須完全的確定，差了一大截（超越了合理的懷疑）。

「心理觀察」專欄

對治療師的暴力行為

2008 年一個冬天的晚上，名叫 David Tarloff 的 39 歲男性，前往精神病醫師 Kent Shinbach 的紐約市辦公室。Tarloff 有長期的嚴重精神疾病史，而且 Shinbach 醫生，顯然在 1991 年對他的診斷及離開病院扮演重要的角色。Tarloff 後來對警察解釋，他去 Shinbach 醫生的辦公室搶劫，是希望有足夠的錢，把母親從療養院遷移，帶她去夏威夷。不過，在他到達時最先碰到心理學家 Kathryn Faughey，他的辦公室靠近 Shinbach 醫師的辦公室。在事件的過程，Tarloff 用切肉刀砍死 Faughey，並使 Shinbach 醫生嚴重受傷，後者試圖向心理學家求助。

正如前述，多數有嚴重心理疾患的人不會施暴，事實上他們比加害者，更可能是暴力的受害者。然而，像 Faughey 悲慘的兇殺案，週期性的案例確實發生，提醒心理治療師的職業有某些程度的危險──一種要求患者暴露及說出他們最內在的感覺和擔心的職業。在患者顯示有暴力史的個案，這種危險特別有可能。

根據調查顯示，超過 80% 的心理治療師，至少有一個場合擔心患者可能完全的攻擊他們（Pope et al., 2006; Pope & Tabachnick, 1993）。這種擔心是否誇大？不盡然（Lion, 2008; Freed & Geller, 2005; Fry et al., 2002）。估計有 13% 的治療師，在私人的治療中，至少有一次曾被他們的病人以某種方式攻擊，而在精神病院被攻擊的比例更高（Barron, 2008; Tryon, 1987; Bernstein, 1981）。同樣地，有些治療師曾被病人追蹤或騷擾（Hudson-Allez, 2006）。

病人在攻擊時使用各種武器，包括一般的用品，如鞋子、檯燈、滅火器及手杖等。有些人使用刀或槍，並嚴重的傷害或甚至殺死他們的治療師，就像 Faughey 的案例。

許多治療師在被攻擊之後，有一段長時間，在他們的工作中繼續感覺焦慮和不安全。有些治療師想辦法去挑選病人，而且尋找病人產生暴力行為的徵兆。當治療師在患者的療程中，有這種擔心而使手邊的工作分心，是有可能的。

緊急的安置

很多的情況需要立即採取行動；當一個人的生命有危險的時候，沒有一個人能夠等待安置的程序，例如，在急診室裡有病人要自殺，或聽說將對別人採取敵對的行動。他（她）可能需要立刻的治療，以及一天 24 小時的監督。在這種情況之下，非經病人完全的同意就不能治療的話，其後果可能是一場悲劇。

因此，很多州授權臨床工作人員，去證明某些病人需要暫時的安置和醫療。過去多年來，這些州要求有兩位醫師開出證明（有些州並沒有規定這兩位醫師都是精神科醫師）。今天有些州也允許由不具醫師資格的心理健康專業人員來給予證明。這些臨床工作人員必須聲明，病人的心理狀態使他們對自己或別人具有危險性。傳統上，這種證明通常稱為雙醫師證明（two-physician certificates）或「2 PCs」。這種緊急安置時間的長短，各州都不同，但通常都限定在三天以內（Strachan, 2008）。如果臨床工作人員認為病人需要住得更長，那麼在緊急安置中，就要加入正式安置的程序。

誰是危險的？

過去，有心理疾患的病人，事實上比其他人較少從事暴力或危險的行動。這種低比率的暴力現象，很明顯地跟一個事實有關，即這種人很多是住在治療機構

裡面。不過,由於去機構化的結果,成千上萬有嚴重心理障礙者,就住在社區裡面,而很少接受治療。這種人有些的確會對自己或對別人構成危險。

雖然大約有 90% 心理疾患患者,根本不具暴力傾向或危險性(Pilgrim, 2003; Swanson et al., 1990),現在的研究顯示,至少在嚴重的心理疾患及暴力行為之間有些許相關(Norko & Baranoski, 2008; Cole Glass, 2005)。在回顧一些研究之後,法律及心理學教授 John Monahan(2008, 2001, 1993, 1992)下結論說,在有嚴重心理疾患的人中,產生暴力行為的比率,比沒有此種疾患的人高:

- 約有 15% 住在精神病院的病人,在沒有住院之前,有攻擊他人的情況。
- 約有 25% 精神病院的病人,在住院期間攻擊他人。
- 約有 12% 的精神分裂症、重鬱症,或雙極性情感疾患的病人,攻擊過別人,而沒有心理疾患者只有 2% 的案例。
- 約有 4% 的精神分裂症患者,報告在過去一年中有暴力行為,而只有 1% 非暴力的人有精神分裂症。

Monahan 謹慎的說,這種發現並不是指有心理疾患者通常是危險的,或因這些發現就認為有心理異常的人應該監禁起來。不過,這種誤會往往被大眾媒體,或某些政客提出的法規:「把他們關起來」所渲染。不過,這些調查的確顯示,有嚴重心理疾患的病人,可能比心理健康專家普遍相信的,更具有暴力的風險因素。

判決具有危險性,通常是強制執行民事安置的必要條件。但是,心理健康專業人員是不是能夠正確的預測,誰會從事暴力行為?研究結果顯示,精神科醫師和心理師在作長期的暴力預測時,他們預測錯誤比正確的還多(Litwack et al., 2006; Eccleston & Ward, 2004)。他們經常高估一個病人最後會變成暴力傾向的可能性。另一方面,研究結果顯示,短期的預測——預測立即的暴力現象——就可能較精確(Litwack et al., 2006)。研究人員現在正發展新的,且部分成功的評量技術,使用統計方法更客觀的預測長期和短期的危險性,而不是由臨床工作人員作主觀的判斷(Norko & Baranoski, 2008; Heilbrun & Erickson, 2007)。

民事安置有哪些問題?

民事安置在幾方面曾經受到批評(Winick, 2008; Morse, 1982; Ennis & Emery, 1978)。第一,是評估一個人的危險性很困難。如果危險性的判斷經常有誤,我們如何能夠以此作為剝奪個人自由的正當理由?第二,「心理疾病」和「危險性」的法律界定非常模糊。此名詞的界定可能太廣泛,以至於可以用在每個人身上,只要評量者認為他們是不受歡迎的人,就能冠上這些名稱。事實上,很多民權自由派的人士擔心,強制性安置可能會被誤用來控制某些人,就像發生在以前的蘇聯及現在的中國,那些地方的精神病院,往往是用來監禁政治的異議份子

（Charatan, 2001）。第三個問題，是涉及民事安置所提供的治療，是否有價值的懷疑。研究指出，很多人被強迫接受治療，他們對治療的反應並不良好（Winick, 2008）。

由於這些批評以及其他引起的爭論，有些臨床工作人員建議，這種強迫性的安置應該廢除（Haroules, 2007; Szasz, 2007, 1977, 1963）。不過，另外一些人主張，在我們決定對一個人作安置的時候，應以更有系統的方法來評估危險性。他們建議建立一個風險性評估程序，而能得到類似下列的陳述：「此病人被認為有某種程度的可能性，對下列的人，或在下列情況中的某段時間，會有暴力的行為。」擁護者認為這種方法比較有效而且適當，可用來決定心理疾患的人在哪裡，及如何接受治療（Heilbrun & Erickson, 2007; Litwack et al., 2006）。

民事安置的趨勢

強制安置法的彈性大概在 1962 年達到最高峰。在這一年 *Robinson v. California* 的案例中，最高法院裁決把藥物上癮者關入監獄，可能違背憲法的禁止使用殘忍及不尋常處罰，因此建議強制民事安置到精神病院，是比較合理的行動。這個規定鼓勵民事安置很多類的「社會行為異常的人」。在接下來的幾年，民事安置程序比刑事法庭，給予被告較少的權利（Holstein, 1993）。此外，強制性安置的病人也被發現，他們較不容易獲得釋放。

在 1960 年代晚期和 1970 年代早期，記者、小說家、民權自由派人士及其他人出言反對，輕易的將許多人沒有經過公正的審判，就安置在精神病院。當大眾更注意這些實際問題的時候，州議會對強制安置通過比較嚴格的標準（Pekkanen, 2007, 2002; Perlin, 2000）。例如，有些州規定，特殊的行為必須加以觀察記錄，然後才可以作出危險性的評估。結果是強制性安置率下降，而釋放率增加。

今天，透過民事安置程序而進入精神病院的案例，已經比過去減少。安置率的降低，並沒有導致更多犯罪的行為或逮捕更多的人，他們如果根據更有彈性的標準，可能就會被安置在精神病院（Hiday, 2006; Hiday & Wales, 2003; Teplin et al., 1994）。不過，有些州及臨床工作人員，關心現在的安置標準過分嚴格，他們提議把標準再放寬（Large et al., 2008; Bloom, 2004）。到目前為止，還不清楚到底這種放寬，是否會回復到過去模糊不清的安置程序。

保障病人的權益

過去二十年來，法院的決定以及州和聯邦法律，都對心理疾患病人的權利有重大的擴充，特別是接受治療的權利及拒絕治療的權利。

治療的權利如何保障？

當人們被安置在精神病院，卻沒有得到治療，這個機構事實上變成一個未定

罪的監獄。對很多病人而言，1960 年代後期以及 1970 年代，很多大型的公立精神病院都是這個樣子。因而有些病人及他們的律師，開始要求州政府要尊重他們**接受治療之權利**（right to treatment）。在一個指標性的 *Wyatt v. Stickney* 案例中，1972 年阿拉巴馬州精神病院的病人提出訴訟，聯邦法院判決州政府有憲法上的責任，提供「適當的治療」給所有強制安置的病人。由於州立精神病院的情況非常悲慘，法官就設定一些州政府的官員必須達到的目標，包括更多的治療師、更好的居住環境、更多的隱私權、更多的社會互動，以及更多的運動機會，而且在生理上的限制和藥物的使用要更適當。其他州自此以後也採行許多這些標準。

另外一個重要的決定，是在 1975 年，由最高法院在 *O'Connor v. Donaldson* 的案例所宣布的。Kenneth Donaldson 在佛羅里達州的精神病院被關了 14 年之後，申訴要求釋放。Donaldson 一再的要求釋放，卻一再被醫院的精神科醫師駁回。他指控他和其他的病人都得到不適當的治療，大部分的時間被工作人員忽視，而且很少有個人的自由。最高法院的判決對他有利，給這個醫院主管處以罰金，並且規定精神病院要定期檢討病人的病情。這個司法單位同時判定州政府不能一再違背對那些沒有顯示危險性者，及能夠自己獨立生活，或是得到親友的協助而能生活者，把他們扣留在精神病院中。後來在 1982 年一個重要的 *Youngberg v. Romeo* 案例中，最高法院進一步裁決，被強制安置者有權利獲得「合理的無限制的監禁情況」以及「合理的照顧和安全」。

為了保障病人的權利，美國國會在 1986 年，通過《心理疾病者的保護與辯護法案》。這個涉及保護和代言制度的法律，在所有的州建立起來，並在美國的領土內同時賦與公共代言人，他們在替病人代言時，有權利調查可能的虐待和忽視，及合法的提出這些問題。

最近幾年來，公共代言人爭論說，有權接受治療的規定，必須延伸到成千上萬患有嚴重的心理疾患，卻一再被釋放到設備不全的社區去的人。這些人沒有地方可以去，也無法照顧自己，結果變成無家可歸的遊民或關入監牢（Felix et al., 2008; Torrey, 2001）。現在有些代言人控訴全國的聯邦和州政府機構，要求他們實現社區心理健康運動的諾言（見第十五章）。

拒絕治療的權利如何保障？

過去二十年來，法庭也裁定病人，特別是精神病院的患者，有**拒絕治療之權利**（right to refuse treatment）（Rolon & Jones, 2008; Perlin, 2004, 2000）。法庭對這種權利不願作一般性的規定，因為現在有很多種類的治療，如果根據其中一種來作一般性的規定，可能會無意間造成不良的影響。因此規定通常是針對特殊的治療。

大部分拒絕治療權利的規定，是屬於生物治療（biological treatments）（Rolon & Jones, 2008）。這些治療比心理治療容易強加在病人身上，而不需要得到病人

的合作，而且這種治療經常是更具有危險性的。例如，州政府一再規定病人有權利拒絕精神外科（psychosurgery），這是最不可逆的一種生物治療形式，因此也是最有危險性的。

有些州也承認，病人有權利拒絕電擊痙攣治療法（electroconvulsive therapy, ECT），這種治療是用在許多嚴重的憂鬱症案例（見第九章）。不過拒絕治療的權利，ECT的問題比精神外科更複雜。ECT對很多嚴重的憂鬱症病人相當有效；但是它可能引起情感的創傷，也可能被誤用。今天，很多州賦與病人，尤其是志願接受治療的病人，有權拒絕ECT。通常一個病人要對這種治療的性質有通盤的了解，而且必須給予書面的同意才能夠實施。有些州繼續允許醫院強制使用ECT，來治療安置在醫院的病人（Baldwin & Oxlad, 2000），另外有些州需要病人的近親或第三者在這個事件中同意，才能夠實施。

過去，病人並沒有權利拒絕精神治療藥物。不過，正如前述，我們看到很多精神治療藥物太強烈，而且有些藥物產生惡性及危險的副作用。當這些有害的副作用變得愈來愈明顯的時候，有些州賦與病人有拒絕藥物的權利。通常這些州要求醫生對病人解釋藥物的目的，而且要得到他們書面的同意。如果病人的拒絕，是因為他是無能力的、危險的，或非理性的，那麼很多州允許一個獨立的精神科醫師、醫療委員會，或地方法院來推翻病人的權利（Rolon & Jones, 2008）。然而，拒絕藥物的病人，在此過程中，會得到律師或其他病人代言人的支持。

病人還有其他的權利嗎？

過去幾十年來，法庭的判決也要保障病人其他的權利。在精神醫院工作的病人，特別是在私人的醫院裡面，現在被保障會得到最低工資。此外，1974年一個地方法院裁決，病人從公立的精神病院釋放出來，有權獲得事後的照顧，而且能夠獲得適當的社區住宅，就像中途之家一樣。1999年最高法院在 *Olmstead v. L. C. et al.* 案例中，再一次的堅持病人有權得到社區的治療；並且在1975年 *Dixon v. Weinberger* 的案例中，另一個地方法院裁決，有心理疾患者必須在限制最少的設施裡得到治療。例如，在社區心理健康中心住院治療是可行的話，那麼他們就要把他安置在這種機構，而不是到精神病院裡（Bindman & Thornicroft, 2008）。

對「權利」的爭議

無疑地，心理疾患者有公民權，不管在什麼時候都應該得到保障。不過，很多臨床工作人員表示他們的憂慮：有關病人權利的規定和法律的保障，可能無意間剝奪這些病人復原的可能性。就以拒絕藥物的權利為例，如果藥物能夠幫助精神分裂症病人復原，病人不是有權去得到復原嗎？如果因為病人神智不清而拒絕藥物，那麼，一個有良知的臨床工作人員，能不能在法定的程序清楚以前，延緩藥物的使用呢？心理師 Marilyn Whiteside 提出相似的考量問題。她對一個25歲

有智能障礙的病人如此的描述：

> 　　他現年 25 歲，有重度智障。在他喜愛的照顧人員離開以後，就從事自傷行為。他用他的拳頭捶打自己的頭，直到一個美式足球的安全帽，戴在他的頭上作為保護為止。然後他抓自己的臉，並把一個眼球挖出來。
>
> 　　這個機構的心理師，開始實施溫和的嫌惡後果行為改變方案：每一次他從事自傷行為，他們就在他的臉上噴射溫水。當這種方法無效時，他們要求允許用電擊棒。人權委員會否決了這種「過分而不人道的行為矯治方法」，因為基本上這個年輕人是智障而不是罪犯。
>
> 　　如果只為保障他的權利和尊嚴，那麼沒有一個方法是有效的。因為他是一個發展上失能的病人，我們只能對他的行為給予口頭的申誡——允許他把拇指插到另一個眼球裡面。當然，他現在是兩眼全盲，但是他有他的權利，而且假定他也有尊嚴。
>
> （Whiteside, 1983, p. 13）

✪ **電擊槍的解決法**　心理疾病的辯護者最近抗議，警察使用震撼槍或電擊槍，制服心理疾病患者的案例一直增加。電擊槍是會立即影響神經肌控制，並暫時使人無能力的武器，被辯護者視此為違反心理病人的權益——它是快速但殘忍的方法，對困惑或恐懼的人，則是耐性和支持的粗劣代替品。

　　儘管這種合法的關心，臨床界在保護病人的權益上經常沒有做得很好。過去多年來，很多病人接受過量藥物，以及不適當的治療。此外，我們必須質問目前此領域的知識，是不是可以讓臨床工作人員的決定，超越了病人的權利？臨床人員是不是能有信心的說，某種治療一定會幫助病人？他們能不能預測某種治療可能會產生有害的副作用？事實上，臨床工作人員自己經常彼此意見相左。看起來，讓病人、他們的代言人，以及外界的評估者，在作決定中扮演重要的角色，似乎是適當的。

臨床與法律領域有何其他互動的途徑？

　　心理健康和法律的專業人員，可能也在其他方面影響彼此的工作。過去二十年來，他們的專業途徑在四方面有新的交集：治療失當訴訟、專業的界線、陪審團的選擇，以及法律問題的心理研究。

治療失當訴訟

　　控告治療師*治療失當訴訟*（malpractice suits）的案件，近年來急速增加，以致臨床工作人員杜撰恐懼被告的新詞：「被告恐懼症」、「被告壓力症」。控告臨床工作人員的理由，包括：病人企圖自殺的處置失當、與病人的性活動、沒有知會同意就給予治療、藥物治療的疏失、隱瞞特效藥物的治療結果、不當的停止治療，以及錯誤的安置等等（Koocher & Keith-Spiegel, 2008; Feldman, Moritz, & Benjamin, 2005）。

　　1985 年，有一個不當停止治療的案例轟動一時。一個住在阿拉巴馬州的男性，因為有酒精關聯的憂鬱症而接受治療，但是他被州立醫院釋放。兩個半月之後，他在一間汽車旅館的休息室，開槍射殺一個剛認識的人。他被判謀殺及終身監禁。這名受害者的父親聲稱疏忽造成過失，提出民事訴訟控告這個州立醫院的心理師、醫師，以及社工人員。在經過兩年的纏訟之後，陪審團判定他獲得總數約 700 萬美元的賠償。州的最高法院推翻了這個判決，認為州立醫院在某種程度內有權豁免這種責任。

　　有兩位調查者追蹤這個案例的影響發現，在這個訴訟案件提出以前六個月中，醫院釋放了 11% 的病人，而且過去兩年來有 10% 的訴訟案件提出。但是，在這次的判決之後，六個月中只有 7% 提出訴訟（Brodsky & Poythress, 1990）。雖然判定一個病人病情的進步，應該由他本身的情況決定，但是很顯然，他的治療會受到這個醫院恐懼被控告的影響。

　　同樣地，一個對北英格蘭 98 位精神科醫師最近的研究，發現多數醫師有時實施「防衛性醫療」──選擇某些治療、檢驗及程序，以免於受到指責，而不是因為這些方法，對病人顯然最有益（Beezhold, 2002）。其中有 71 位精神科醫師

報告，在研究前的一個月期間，他們確實在工作上採取一些防衛行動，包括對病人住院更謹慎（21%），及把住院病人放在更高水平的人員觀察（29%）。顯然地，治療失當訴訟，或怕有這種訴訟，對於臨床的決定和治療工作有重大的影響，這個影響可能是正面的，也可能是負面的（Feldman et al., 2005）。

專業的界線

過去幾年來，立法和司法系統重新劃分臨床專業彼此間的界線（boundaries）。尤其是它們對心理師賦與更多的權限，而且把精神科醫師和心理師之間的界線變得較不明顯。例如，很多州現在也規定，心理師能夠安置病人到州立精神病院，這種權力在過去只有精神科醫師才有（Halloway, 2004）。

1991 年，由於國會的善意，美國國防部開始重新考慮，在精神科醫師和心理師的實務工作最大的差異——對藥物處方的權力。過去並沒有賦與這種權力給心理師。國防部設置一個試用訓練方案，訓練陸軍的心理師。由於此試驗方案相當成功，後來美國心理協會（American Psychological Association）建議，所有的心理師應該被允許參加特殊的教育計畫，以能夠給予開藥方的服務，而且如果他們通過這項課程，可取得開藥方的證明（Poling et al., 2008, 2007）。新墨西哥州與路易斯安那州，及美國領土的關島，目前賦予接受藥物學訓練計畫的心理師，有開處方的特權。

根據美國心理協會的建議，立法和司法系統並不是單純的承擔介入臨床專業人員的活動。事實上，專業的協會包括心理師、精神科醫師，以及社工人員協會，都向州議會遊說通過新的法律，讓它們的會員有更大的權限。在每種案例中，臨床工作人員也希望參與其他機構的活動，再次顯示心理健康系統如何與社會其他的部門互動。

陪審團的選擇

過去 25 年來，愈來愈多的律師在處理審判時，求助於臨床工作人員作心理方面的建言（Lieberman & Sales, 2007）。有一批新類型的臨床專家已形成，通常稱為「陪審團專家」。他們對律師提供一些建議，包括哪一種陪審團的人可能會站在他們這邊，哪一種策略在審判中可能比較會贏得陪審團的支持。這種陪審團專家作出建議，是根據調查研究、訪談、陪審團人員背景和態度的分析，以及對即將來臨的審判事先的摹擬演練提出建議。不過，到現在還不很清楚，這些臨床工作者的建言，比律師本身的直覺更有效，或哪一種判斷特別的正確。

法律問題的心理研究

心理師有時實施研究及發展，對刑事司法系統極為重要的法律問題專門知識。這些研究也轉而影響系統如何執行它的工作。心理研究的兩個主題：目擊者

證詞（eyewitness testimony）及犯罪的模式（patterns of criminality），已得到特別的注意。

目擊者證詞

在犯罪案件中目擊者的證詞，有極大的影響。它經常可決定一個被告，被判決有罪或無罪。但是目擊者的證詞正確性如何？當一些麻煩的犯人（許多人是在死囚行刑前的監房）在 DNA 的證明下，顯示他們沒有犯已被判決的罪行之後，此問題變得相當急迫。它證明 90% 不正當的定罪，大部分是根據錯誤的目擊者證詞（Fisher & Reardon, 2007; Wells et al., 1998）。

雖然有些目擊者有動機導致欺騙（例如，檢察官以證詞交換目擊者減輕處罰），多數的目擊者試圖說出，他們真正看到的事或人是什麼。然而研究顯示，部分由於大多數的犯罪活動，是不可預期及短暫的，不是那種容易記住的事件，因此目擊者證詞有高度的不可靠（Lindsay et al., 2007; Wells & Loftus, 2006）。例如，在犯罪活動當中，燈光不好或出現其他分散注意力的事物；目擊者腦中有別的事，如擔心自己的安全或有旁觀者。這些擔心可能對後來的記憶有極大的損害。

在實驗室的研究也發現，只要引進錯誤的訊息，就能輕易欺騙那些努力回憶觀察事件細節的研究受試者。在研究人員暗示性的描述之後，停車信號能變成讓路信號，白色車子變為藍色車子，Mickey Mouse 變成 Minnie Mouse（Pickel, 2004; Loftus, 2003）。此外，實驗室的研究指出，高度易受暗示的人，對觀察的事件有最差的回憶（Liebman et al., 2002）。

至於真正行兇者的確認，研究發現其正確性，受證明身分使用方法的重大影響（Fisher & Reardon, 2007; Wells & Olsen, 2003）。例如，傳統警方讓數人排成一列，由見證人指出誰為嫌犯的方法，並不是很可靠的技術，並且目擊者錯誤的行列指認有敵意傾向（Wells, 2008; Haw & Fisher, 2004）。研究人員也理解到目擊者的自信，並不必然與正確性有關（Ghetti et al., 2004）。「完全確信」的目擊者，他們的記憶可能比「相當有把握」者不正確。然而目擊者自信的程度，經常影響陪審員是否相信他的證詞。事實上，法官往往教導陪審員，他們可用目擊者的自信作為正確性的指標（Greene & Ellis, 2007; Golding et al., 2003）。

目擊者記憶的心理研究，尚未解開司法系統對目擊者證詞的信任和敬重。它也不應該這樣。因為實驗室的研究和真實生活事件之間，經常有很大的距離存在，因此這些研究的內涵必須小心的應用（Wagstaff et al., 2003）。然而，目擊者的研究已造成影響。例如，催眠及催眠產生錯誤記憶能力的研究，導致許多的州禁止目擊者有關事件或細節的證詞，如果他們對事件的回憶是藉助催眠的結果（Knight, Meyer, & Goldstein, 2007）。

⬤ 犯罪的模式

愈來愈多的電視、電影及書籍指出，臨床工作人員在警方所提供的行兇者心理檔案（psychological profiles）的犯罪研究，扮演重要角色——「他可能是白人，30 多歲，有虐待動物的歷史，朋友很少，及容易情緒爆發」。犯罪行為的模式及犯罪檔案實施的研究，近年來已增加；然而，它幾乎不像我們相信的媒體和藝術一樣展現或有影響力（Turvey, 2008; Alison & Ogan, 2006）。

在積極方面，研究人員收集了各種犯罪的心理特徵資訊，而且他們確實發現行兇者特殊的犯罪性質——例如，連續謀殺或連續性侵——屢次共有一些特質和背景特徵。然而這些經常出現的特徵，並不是每次出現，因此對特殊的犯罪活動，應用檔案資訊會造成錯誤或誤導。愈來愈多的警察查閱心理檔案，只要能認識檔案資訊的限制，並結合其他方面的資訊來源，這種做法似乎有幫助，它經常幫助警察加強追蹤線索，並縮小他們的調查範圍（Turvey, 2008; Wright, Hatcher, & Willerick, 2006; Palermo et al., 2005）。

一個關於檔案資訊缺點的提示，是來自 2002 年 10 月，狙擊手恐怖攻擊華盛頓 3 週的案例，他的射擊造成 10 人死亡及 3 人嚴重受傷（Turvey & McGrath, 2006）。多數的 FBI 心理學家所做的檔案，指出這位狙擊手是單獨行動；結果這些攻擊卻是由兩個人作案：中年男子 John Allen Muhammad，及少年 Lee Boyd Malvo。雖然根據檔案資料指出，激進的狙擊者 Muhammad 是 41 歲。而檔案認為攻擊者是白人，但是 Muhammad 和 Malvo 都不是白人；預測攻擊者為男性是正確的，但實際上女性的連續殺人者相當少（Scott, 2008）。由於這些缺點，經常導致連續殺人兇手被捕的因素，不是靠心理檔案，而是目擊者的報告，並不令人意外（Alison & Ogan, 2006）。

有何倫理準則來引導心理健康專業人員？

討論到法律和心理健康制度時，有時候可能會給人一種印象，認為臨床工作人員是一群不在乎別人的利益，及在逼不得已才會考慮到病人的權利和需要的人。這當然不符實情。大部分的臨床工作人員，對他們的病人相當照顧，而且盡力的幫助他們，同時尊重他們的權利和尊嚴。事實上，臨床工作人員不單要依賴立法和法院的體制，來確保適當及有效的執行臨床實務工作。他們也要繼續發展和修正臨床界的倫理指引，才能夠規範和管制臨床領域的人員。很多法律上的決定，就把這些早已存在的專業守則變成法規。

在心理健康領域中，每種專業人員都有其專業的**倫理法則**（code of ethics）（Koocher & Keith-Spiegel, 2008）。美國心理學會的法則（2002, 1992）就是一個典範。這個法則受到其他心理健康專業人員及政府官員高度的尊重。此法則包含

特殊的指引如下：

1. 允許心理師在自助書刊、DVD、電視和無線電廣播節目、報紙和雜誌文章、透過郵件傳送的資料，以及其他地方提供一些忠告，但是他們這樣做必須是負責任的，要具有專業性，而且所提建議是根據適當的心理文獻和實務工作。心理師提供線上的忠告和意見，不管是在個人網頁、部落格、電子社群、電腦佈告欄或聊天室，受到相同的倫理要求所約束（Koocher & Keith-Spiegel, 2008）。不過，網際網路為主的專業忠告，已證明難以管理，因為它提供資訊的數量愈來愈多，並且許多忠告的提供者（至少三分之一的人），沒有任何的專業訓練及證照（Heinlen et al., 2003）。

2. 心理師不可以從事不誠實的研究、抄襲他人的文獻，或發表不實的資料。過去 25 年來，有些科學上的造假和不適當的行為，在各種科學中被揭發出來，包括心理學的領域。這些舉動導致很多重要問題的誤解，誤導科學研究到錯誤的方向，並且損害大眾的信賴。不幸的是，這種研究不負責的情況，甚至在發現之後還是很難扭轉過來。不正確的研究發現造成的印象，可能繼續影響大眾以及科學家好幾年。

3. 心理師必須承認，他們對病人的失能、性別、種族、語言、社經地位及性傾向的了解，有其限制，而且病人與治療師在這些方面有不同（Philogene, 2004）。這個指引常需要心理治療師，接受額外的訓練或監督，和更有知識的同事諮商，或轉介病人給更適當的專業治療人員。

4. 心理師對法律案件的評估和證詞，必須根據足夠資訊的評量，並證實他們的發現適當（Koocher & Keith-Spiegel, 2008; Costanzo et al., 2007）。如果對一個有問題的人不能作適當的調查，那麼心理師必須很清楚的在證詞中，指出這種評估的限制。

5. 心理師不可以占病人及學生在性或其他方面的便宜。這個指引是屬於廣泛的性騷擾的社會問題，以及治療師在治療中對病人性侵犯問題。這個法則特別禁止對目前或過去的病人，在治療結束之後兩年內，有任何性關係；甚至這種關係如果容許存在，也只能夠在「最不尋常的情況之下」發生。還有，心理師不能治療過去曾經跟他有性關係的病人。

　　　患者可能由於和治療師有性關係，造成極大的感情傷害（Koocher & Keith-Spiegel, 2008; Pope & Wedding, 2008）。事實上，有些治療師現在治療的患者，他們主要的問題是過去有被心理治療師性侵犯的經驗。許多這種患者遭受創傷後壓力疾患或重鬱症的症狀。

　　　有多少治療師確實跟患者有性關係？根據不同的研究，審閱者估計現今的治療師，約有 5% 至 6% 的人，與病人從事性的不當行為，低於十年前的 10%（Koocher & Keith-Spiegel, 2008; Pope & Wedding, 2008）。雖然絕大多數的治療師，沒有和任何患者從事性行為，但是他們控制私人感覺的

能力，顯然是另外一回事。在一個研究中，將近 90% 的治療師報告，他們有時對病人有性方面的幻想（Koocher & Keith-Spiegel, 2008; Pope & Vasquez, 2007; Pope et al., 2006）。雖然少數治療師由於這種感覺而產生不當行為，但是有多數的人覺得內疚、焦慮，以及擔憂被病人吸引。由於性的爭議問題，許多性倫理的訓練，在現今的臨床訓練計畫中占相當重要的地位（Lamb et al., 2003）。

6. 治療師必須堅持**保密**（**confidentiality**）原則。所有州和聯邦法院，都要遵守保護治療師的機密性法律。為了保持心境的安寧，並且確保有效的治療，患者必須相信他們與治療師之間的私人交流，不會傳布給其他人（Green & Bloch, 2006）。不過，在某些時候，保密的原則必須折衷（Koocher & Keith-Spiegel, 2008）。例如，在治療師的訓練中，他必須跟督導定期討論案例。反過來說，當這種討論情況發生時他們也必須告訴患者。

　　第二個例外是，針對某些明顯具有危險性的不住院病人。1976 年發生的 *Tarasoff v. Rogents of the University of California* 案例，是影響患者與治療師關係最重要的案例之一。他對治療師透露他要傷害他的前女友 Tanya Tarasoff。在治療結束後幾天，這個病人實踐他的諾言，他把 Tanya Tarasoff 亂刀砍死。

　　在這個案例中，保密是不是應該被解除？事實上，這位治療師認為他應該提報出來。他也通報校園的警察，但是這個病人在經過一些詢問以後就被釋放了。受害者的雙親提出控訴，控告醫院以及治療師。他們認為治療師也應該警告他們以及他們的女兒，這個病人意圖傷害 Tarasoff。加州的高等法院同意：「當社會大眾面臨危險時，保護的特權就終止。」

　　目前心理師的倫理法則，因而規定治療師有**保護責任**（**duty to protect**），如果他「必須保護這個病人或其他人免於受到傷害」，他有責任去違背保密原則，甚至於不需要得到患者的同意。自從 Tarasoff 的規定後，加州的法庭進一步主張，治療師有責任去保護那些患者有意傷害、並因此處於危險中的受害者。例如，有一個孩子可能處於危險中，因為有個患者準備攻擊他的母親。此外，加州的法庭也規定，治療師必須對保護人們有所行動，即使患者具有危險性的訊息是由患者的家庭得知，而不是來自患者本人（Thomas, 2005）。很多州都採用加州法庭的裁決或類似的規定；另外也有些州通過了「責任保護法案」，清楚的規定治療師保密原則，同時也保護治療師不致受到某種民事訴訟（Koocher & Keith-Spiegel, 2008）。

心理健康、商業和經濟

　　立法和司法系統，並不是心理健康專業人員唯一有互動的社會機構。商業和經濟領域，是另外也會影響及受到臨床實務和研究影響的兩個部分。我們可以確定，健康照護的各種形式本身就是一種商業活動，而且在臨床領域很多的決定，都是根據經濟上的考量，而心理健康領域也反過來影響商業及經濟的運作。

把心理健康服務帶入工作場所

　　根據估計，未接受治療的心理疾患，每年對美國喪失的生產力花費 1,050 億美元（Armour, 2006）。整體而言，在美國與工作有關的疾患和傷害中，心理疾患是 10 個領先項目中的一項（Kessler & Stang, 2006; Kemp, 1994）。事實上，約有 12% 的職員報告，他們遭受心理上的問題，而且已嚴重到足以干擾他們工作的程度。心理的問題造成 60% 的曠職、90% 的工業意外事故，以及 65% 的辭職。酒精濫用以及其他物質關聯疾患，特別會造成傷害，增加曠職率高達 6 倍，意外事件增加 4 倍，以及工人要求賠償增加 5 倍（Martin, Kraft, & Roman, 1994; Wright, 1984）。企業界經常求助於臨床專業人員，協助預防和改正這些問題（Wang, 2007）。在工作場所中提供心理健康服務，最常用的有兩種方法：在職員工協助方案以及解決問題研討會。

　　在職員工協助方案（employee assistance programs）是一種可以在營業場所進行的心理健康服務。這種協助方案，可以由心理健康專業人員直接去公司協助員工，也可以由外界的心理健康機構在外面辦理（Armour, 2006; Jacobson, 2005）。公司在工作場所舉辦這些方案，教育員工有關心理功能失常，以及教導主管如何確認有心理問題的員工。公司相信員工協助方案，經由防止心理問題干擾工作表現，以及減少員工保險理賠，最終可替他們省錢。不過這些信念還有待進一步的驗證（Wang, 2007; Kessler & Stang, 2006）。

　　減輕壓力研討會（stress-reduction seminars）和**解決問題研討會**（problem-solving seminars），是心理健康專業人員教導員工一些因應、解決問題，以及處理和減少壓力的技術（Russell, 2007; Daw, 2001）。這種方案可以針對高階主管或裝配線工人。通常工作人員被要求參加這種研討會；它有時候有好幾天，而且他們可以休假來參加研習。

心理健康的經濟學

　　我們早已看到政府的經濟決策，如何影響臨床領域對嚴重心理疾患者的治療。例如，州政府和聯邦政府想要減少開銷，是去機構化運動的重要原因，它造成很多住院的病人提早離開病院，而回到社區去。政府機構的經濟決定，也會影

響到其他的病人和治療措施。

正如第十五章所述，政府在過去四十年來，為心理疾患者提供的財源急速的增加，大約從 1963 年的 10 億美元，增加到今天的 1,040 億美元（Mark et al., 2008, 2005; Redick et al., 1992）。另一方面，這些經費大部分是用在收入資助、房租津貼，以及其他開銷，而不是直接用在心理健康服務（Sperling, 2005）。目前政府負擔的部分，約心理健康服務經費的三分之二；因此，留下 100 億美元的費用，都是由病人本身或私人保險公司來負責（Mark et al., 2008, 2005）。

私人保險公司在經濟負擔上，扮演愈來愈重的經濟角色，造成對臨床工作人員從事治療的重大影響。正如第一章所述，為了要盡量減少開銷，以及追蹤付款情況，很多保險公司設計出**管理式醫療方案**（**managed care programs**），由保險公司決定一些重大的問題，如患者可以選擇哪一位治療師、每期治療費用，以及有多少療期可以得到保險公司的補償（Koocher & Keith-Spiegel, 2008）。這些問題以及其他保險的計畫，也可利用**同業審查系統**（**peer review systems**）來控制花費，在此系統中，臨床工作人員受雇於保險公司，定期審查病人的治療計畫，並對患者的保險服務是要繼續或停止提出建議。通常保險公司需要治療師詳細的報告，或包括病人詳細個人資訊的治療紀錄。

很多治療師和患者，並不喜歡管理式醫療方案和同業審查系統（Koocher & Keith-Spiegel, 2008; Mechanic, 2004）。他們認為即使治療師盡力去隱姓埋名，治療師的報告總會破壞保密原則，而且要表達某個案例的治療價值，有時很不容易在一個簡短的報告中清楚的說明。他們也爭論管理式醫療方案，無可避免的會縮短治療時間，即使對某些長期治療比較有利的特殊案例。保險公司優先順序的抉擇，也可能偏愛能夠提供短期效果的治療（例如，使用藥物治療），而不採用比較花費財力，能達到更有希望的長期進步之方法。在醫療領域裡，人們經常會聽到一些使人困擾的故事，就是有些病人提早被管理式醫療方案，中斷心理健康服務。總之，很多臨床工作人員擔心，目前的制度是由保險公司來控制治療，而不是由治療師來決定。

心理健康圈內的專業人員

臨床研究者和實務工作人員的行動，不僅僅會影響其他機構及受到其他機構的影響，而且也與他們本身的需要和目標有密切的關聯。我們在臨床專業人員身上看到了人類的長處、缺陷、智慧，以及愚蠢，這些會影響到他們的理論取向、與病人的互動，以及選擇治療哪種病人。我們也看到個人的偏好有時超越專業的標準及顧慮，而且在某些極端的案例中，導致臨床科學家從事不誠實的研究，及臨床工作人員與患者從事不當的性行為。

一項對治療師心理健康的調查發現，84%的人報告，他們本身至少接受過一次的治療（Klitzman, 2008; Pope et al., 2006; Pope & Brown, 1996; Pope & Tabachnick,

1994）。他們接受治療的理由，大部分跟其他患者並無兩樣，其中主要是情緒問題、憂鬱，以及焦慮。而且就像其他人一樣，部分由於某些心理疾患的汙名仍存在，治療師往往不願去承認他們心理的問題。為什麼有許多治療師遭遇心理的問題，我們並不清楚。也許他們的工作有高度的壓力，事實上研究指出，治療師經常經歷某些程度的工作疲潰（Rosenberg & Pace, 2006）；或也許治療師更了解自己負面的感覺，或更可能為自己的問題尋求治療。反之，對人充滿關懷的人，可能更有選擇臨床工作作為他們職業的傾向。不管是基於哪一種理由，臨床工作人員在工作中帶來一連串心理問題，如果再加上其他重要的因素，可能會影響到他們如何去聆聽，及如何對患者作出反應（Friedman, 2008）。

變態心理學的科學和專業，尋求去了解、預測，及改變異常的功能。但是我們也要注意他們處理工作更廣大的背景。心理健康研究人員和臨床工作人員也是人，他們生活在人類社會中服務人群。因此，本書一再遇到的發現、誤導、諾言，以及挫折的混合體，當然這是本來就會預期到的。當我們想到這些問題時不禁要問：人類行為的研究和治療，能夠真正朝另一個方向進行嗎？

 ## 整合：在廣大的系統中運作

過去有一段時期，臨床研究者和專業人員，大部分在孤立的狀態下從事他們的工作。不過，今天他們的工作，和各種立法機構、司法機構、商業機構，及其他社會系統有許多的關聯。造成互相聯繫不斷增加的理由，是臨床的領域已獲得社會高度的尊重和接納。現在，臨床工作人員從各種不同的途徑，為數百萬人提供服務。他們對社會的每個層面都有很大的貢獻，從教育到生態學，他們都被廣泛的認定是專家的角色。當一個領域達到這樣顯著的地位，它無可避免地影響到其他機構的運轉。它也引起社會大眾的監督，以及各種機構開始注意它的活動。

今天，當有心理障礙的人尋求治療師的協助，他們就進入一個包括各種不同的部門互相聯繫的複雜系統中。就像他們的個人問題，是在一個社會結構裡面產生一般，他們的治療也可能受到廣大系統裡各種不同部分的影響——治療師的價值觀和需求、法律及經濟力量、社會的態度，及其他各種的影響力。這許多的力量也會影響臨床的研究。

這個廣大的系統，對個人心理需求的影響，可能是正面的，也可能是負面的，就像家庭對其每位家庭成員的影響，正負面都有。例如，當一個系統保護患者的權利和隱私，也是對患者提供服務。當經濟的、法律的，或其他社會的力量，限制治療的選擇，提早結束治療，或汙衊一個人，那麼此系統就給個人帶來更多的問題。

由於心理健康專業，在我們社會巨大的成長和影響，了解它的長處和短處是必要的。就像我們在整本書所看到的，此領域累積許多的知識，尤其是過去幾十

年期間。不過，心理健康專業人員不知道的和不能做的地方，依然超越他們所知道的以及所能做的。每個求助於臨床界的人，不管是直接的，或者間接的，必須了解它是個年輕的及不完美的領域。社會對人類行為有廣大的好奇，而且事實上他們也需要資訊和協助。不過，我們社會要記住的是，此領域正處於整合中。

 ## 摘要

●司法制度與心理健康領域　心理健康專業與立法和司法系統（legislative and judicial systems）的互動，有兩個重要的層面。第一，臨床工作人員協助評估，被指控有犯罪行為者的心理穩定性。第二，立法和司法系統幫助規範心理健康照護。

●刑事安置　一個人被判定有罪的懲罰，是假定個人對其犯罪行為要負責，而且有能力在法庭上為自己辯護。臨床工作人員的評估，可幫助法官和陪審團裁決被告是不是有罪，而且有時導致刑事安置（criminal commitment）。

如果被告被判決在他們犯罪時，有心理不穩定現象，他們可能被裁決因精神失常而無罪（not guilty by reason of insanity），並且把他們安置在一個治療機構，而不是關入監獄。精神失常（insanity）是一個法律名詞，它是由立法者來界定，而不是由臨床工作人員來界定。在美國聯邦法庭以及半數的州級法庭，精神失常的判決是根據麥諾頓測試（M'Naghten test），它堅守被告在從事犯罪行為的時候，如果他們並不知道這些犯罪行為的性質或實質，或是不知道什麼是對錯，那麼他們就被判定為精神失常。另有一些州級法庭，使用比較廣泛的美國法學會測試（American Law Institute test）。

以精神失常來辯護，在某些方面已受到批評，因此有些州加上額外的選擇，就是犯罪但有心理疾病（guilty but mentally ill）。被告得到這種判決，就被監禁到監獄，但是有個附帶條件，就是他們也要接受心理治療。另一種判決的選擇，是犯罪但能力減損（guilty with diminished capacity）。另一個相關的類別，包括被判有罪的性犯罪者（sex offenders），他們在某些州被認為有心理疾患，因此被指定要到心理健康設施接受治療。

不管被告在犯罪時的心理狀態如何，被告可能被發現在審判中，他們的心智上不具備接受審判的能力（mentally incompetent to stand trial），亦即，他們沒有能力完全了解對他們的控訴，或他們所面對的法律程序。如果是這樣，他們通常要被送到精神病院，一直到他們有能力接受審判為止。

●民事安置　司法制度也影響到臨床專業。第一，法庭可能決定把沒有罪行的人，送到精神病院去接受治療，這個程序稱為民事安置（civil commitment）。社會允許將被認為需要治療，以及對自己或他人有危險性者強制安置。管制民事安置程序的相關法令每個州不同，但是最低的證明標準（minimum standard of proof）——明確及具信服力安置必要的證明——由最高法院作明確的界定。

●**保障病人的權利**　法庭和立法機構對心理健康專業有重大的影響，因為它們規定病人法律上應該享有的權利。這些權利，最受到注目的是接受治療之權利（right to treatment）及拒絕治療之權利（right to refuse treatment）。

●**其他臨床與法律領域之間的互動**　心理健康和立法專業人員，在四方面有交集：第一，對治療師治療失當訴訟（malpractice suits）案件，近年來一再地增加。第二，立法和司法系統幫助界定專業領域的範圍（professional boundaries）。第三，律師可能尋求心理健康專業人員的意見，用來選擇陪審團（selection of jurors）以及作為辯護策略的根據。第四，心理師可調查法律的現象，如目擊證人證詞（eyewitness testimony）及犯罪的模式（patterns of criminality）。

●**倫理法則**　每個臨床專業都有倫理法則（code of ethics）。心理師的法則，包括禁止從事欺騙性的研究（engaging in fraudulent research），以及對患者和學生在性及其他方面占他們便宜。這些法則也建立尊重病人的保密（confidentiality）準則。*Tarasoff v. Regents of the University of California* 的案例，可以引用來決定在某些情況下，治療師有義務保護患者或其他人免於受到傷害，而打破保密原則。

●**心理健康、商業和經濟**　臨床實務和研究，也和商業及經濟領域發生互動。例如，臨床工作人員經常從事職場心理問題的處理，運用在職員工協助方案（employee assistance programs）、減輕壓力研討會（stress-reduction seminars），以及解決問題研討會（problem-solving seminars）等。

　　政府對臨床服務經費的削減，使大多數的心理醫療費用，必須由保險公司支付。私人保險公司建立管理式醫療方案（managed care programs），它的結構和償付程序，經常減少及影響治療的時間和治療重點。這些程序通常包括同業審查系統（peer review systems），它也可能犧牲病人的保密以及治療服務的品質。

●**心理健康圈內的專業人員**　心理健康活動受專業人員本身的需求、價值觀及提供臨床服務者的目標所影響。這些因素無可避免地會影響到治療的選擇和方向，甚至他們的工作品質。

語 彙

ABAB design　ABAB 設計

一種單一受試者實驗設計，此法在基線期間及實驗實施之後測量行為，然後回到基準線情境，再實施實驗之後測量比較行為。也稱逆轉實驗設計（reversal design）。

Abnormal psychology　變態心理學

人類異常行為的科學研究，用以描述、預測、解釋及改變異常功能的模式。

Acetylcholine　乙醯膽鹼

一種神經傳導物質，與憂鬱症和失智症有關。

Acute stress disorder　急性壓力疾患

一種焦慮症，在創傷事件之後不久，即經驗恐懼和有關的症狀，延續不超過一個月。

Addiction　上癮

身體對一種物質產生依賴，顯著的特徵，如出現在戒絕期間的耐受性或戒斷症狀，或兩者皆有。

Affect　情感

情緒或心情的主觀經驗。

Aftercare　後續照顧

在社區裡，出院後的護理和治療計畫。

Agoraphobia　懼曠症

焦慮症的一種，一個人若出現類似恐慌症狀，會害怕到難以逃脫（或困窘）或不易獲得幫助的場所或情境。

Agranulocytosis　顆粒性白血球缺乏症

有生命危險的白血球細胞數目減少。此情況有時由於藥物的不良作用，如一種非典型抗精神病藥 clozapine 所引起。

Alcohol　酒精

任何含有乙醇的飲料，包括啤酒、葡萄酒及烈酒。

Alcohol dehydrogenase　乙醇脫氫酵素

在酒精進入血液前，在胃部分解它的一種酵素。

Alcoholics Anonymous (AA)　匿名戒酒會

一種自助團體，它提供酒精濫用或酒精依賴者的支持和指導。

Alcoholism　酗酒

一個人濫用酒精或發展為酒精依賴的一種行為模式。

Alogia　貧語症

精神分裂症的一種症狀，個人在說話的量和內容顯示減少的現象。也稱為語言貧乏（poverty of speech）。

Alprazolam　阿普拉若南

一種鎮靜藥物，顯示對焦慮症的治療有效。商品名為贊安諾（Xanax）。

Altruistic suicide　利他型自殺

執行自殺者，是為社會的福祉而有意的犧牲他們的生命。

Alzheimer's disease　阿茲海默氏症

失智症最常見的類型，通常發生於 65 歲以後。

Amenorrhea　停經

沒有月經的週期。

American Law Institute (ALI) test　美國法學會測試

一種精神失常的法定測試，對犯罪時心智失常的人實施；由於一種心理疾患，他們不知道對錯，或不能抗拒無法控制的衝動而行動。

Amnesia　失憶症

喪失記憶。

Amnestic disorders　失憶性疾患

主要症狀是記憶喪失的器質性疾患。

Amniocentesis　羊膜穿刺術

一種產前的程序，用來檢驗圍繞子宮的羊水，以發現出生缺陷的可能性。

Amphetamine　安非他命

一種實驗室製成的興奮劑。

Amygdala　杏仁核

腦部的一種結構，在情緒和記憶扮演重要角色。

Anaclitic depression　依賴性憂鬱症

一種憂鬱行為的模式，發現在很年幼的兒童，起因於兒童與母親分離。

Analog observation　類比觀察

一種行為觀察法，人們在人為的環境接受觀察，如臨床工作人員的辦公室或實驗室。

Analogue experiment　類比實驗

一種研究方法，實驗者在實驗室對受試者引起類異常的行為，然後對受試者實施實驗。

Anal stage　肛門期

根據精神分析理論，人生的第二個 18 個月期中，兒童專注的快樂轉移到肛門。

Anesthesia　麻木

觸覺和痛覺喪失或減輕。

Anomic suicide　脫序型自殺

個人因其社會環境無法提供穩定性，因而使他們沒有歸屬感，而付諸自殺。

Anorexia nervosa　厭食症、心因性厭食症

特徵是極端的追求苗條，及極度減輕體重的一種疾患。

Anoxia　缺氧症

嬰兒的氧氣被剝奪的分娩併發症。

Antabuse (disulfiram)　戒酒硫（雙硫醒）

一種藥物，當它與酒精一起服用時，會引起強烈的反胃、嘔吐、心跳加速及頭昏眼花。嘗試戒酒者經常服用它。

Antagonist drugs　拮抗劑

一種能阻斷或改變上癮藥物之效力的藥物。

Anterograde amnesia　近事失憶症、順行性失憶

在引起失憶症之後，造成沒有能力去記憶新學習的資訊。

Antianxiety drugs　抗焦慮藥

幫助減輕緊張和焦慮的精神治療藥物。又稱弱效鎮定劑（minor tranquilizers）或抗焦慮劑（anxiolytics）。

Antibipolar drugs　抗雙極性疾患藥

幫助罹患雙極性情感疾患患者，安定情緒的精神治療藥物。也稱情緒穩定劑（mood stabilizing drugs）。

Antibodies　抗體

身體的化學物質，找出及破壞外來入侵者，如細菌或病毒。

Antidepressant drugs　抗憂鬱劑

改善憂鬱症者情緒的精神治療藥物。

Antigen　抗原

身體外來的侵入者，如細菌或病毒。

Antipsychotic drugs　抗精神病藥

幫助改正出現在精神病的錯亂及思考扭曲之治療藥物。

Antisocial personality disorder　反社會型人格疾患

一種人格疾患，顯著特徵是輕視及侵犯他人權利的廣泛模式。

Anxiety　焦慮

對威脅或危險的不明確感覺，中樞神經系統的生理和情緒反應。

Anxiety disorders　焦慮症、焦慮疾患

主要症狀為焦慮的一種疾患。

Anxiety sensitivity　焦慮敏感性

專注於個人身體的感覺，不合邏輯的評估它們，並將它們解釋為有害的傾向。

Anxiolytics　抗焦慮劑

減輕焦慮的藥物。

Arbitrary inference　任意推論

一種思考邏輯上的錯誤，個人根據很少或相反的證據，作出負面的結論。

Asperger's disorder　亞斯伯格症

一種廣泛性發展疾患，個人表現嚴重的社會損傷，然而維持相當高水平的認知功能和語言技能。又稱為亞斯伯格症候群（Asperger's syndrome）。

Assertiveness training　自我肯定訓練

增進社會所期望之果斷行為的認知─行為方法。

Assessment　衡鑑、評估

蒐集及解釋一個患者或受試者相關資料的過程。

Asthma　氣喘

特徵為氣管和支氣管狹窄的醫學問題，它會導致呼吸急促、喘息、咳嗽及窒息感。

Asylum　收容所、精神病院

最初建立於十六世紀，提供心理疾病者照顧的機構型態。多數實際上變為監獄。

Attention-deficit/hyperactivity disorder (ADHD)　注意力缺失／過動疾患、注意力缺陷過動症

患者表現特徵為缺乏專注力、過動及衝動行為，或兩者兼具的疾患。

Attribution　歸因

對起因於特殊原因之事件的一種解釋。

Atypical antipsychotic drugs　非典型抗精神病藥

一種新類型的抗精神病藥，它的生物作用與傳統的抗精神病藥不同。

Auditory hallucination　聽幻覺

一個人聽到不是實際出現的聲音之幻覺。

Augmentative communication system　輔助溝通系統

一種增進自閉症、智能障礙或腦性麻痺者溝通技能的方法，教導他們在溝通板或電腦上，指認圖片、符號、字母或文字。

Aura　前兆

偏頭痛發作前的警示感覺。

Autistic disorder　自閉性疾患

一種廣泛性發展疾患，表現特徵為對他人極度的缺乏反應、溝通技術不良及高度反覆和刻板的行為。又稱自閉症（autism）。

Autoerotic asphyxia　自體性慾窒息、窒息式自慰

人們在自慰中自我懸吊、悶窒或勒頸，無意中引起致命的缺氧。

Automatic thoughts　自動化思考

很多不愉快的思想進入腦中，助長引起或維持憂鬱症、焦慮症或其他形式的心理功能失常。

Autonomic nervous system (ANS)　自律神經系統

連接中樞神經系統到所有身體器官的神經纖維網。

Aversion therapy　嫌惡治療法

根據古典制約原理的治療法，在此法中，當患者表現不良的行為，如嗑藥，他們會反覆受到電擊或其他不愉快的刺激。

Avoidance personality disorder　迴避型人格疾患

一種人格疾患，個人在社交情境中一致的感覺不舒服和抑制、被不適當感壓制，及對負面的評價極端敏感。

Avolition　無動機

精神分裂症的一種症狀，表現特徵為冷漠，及無力開始或完成連續的活動。

Axon　軸突

由神經元本體延伸的長纖維。

Baroreceptors　壓力感受器

當血壓變得太高，在血管的敏感神經，負起警告腦部的責任。

Baseline data　基準線資料

在實施測驗或量表時，個人最初的反應水平。

Basic irrational assumptions　基本非理性信念

根據 Albert Ellis 的說法，有各種心理問題者，所持有的不正確和不適當的信念。

Battery　成套測驗

一系列的測驗，每一種測驗測量一種特殊的技能。

B-cell　B 細胞

產生抗體的一種淋巴細胞。

Behavioral medicine　行為醫學

結合心理和生理的方法，去處理或預防醫學問題的治療領域。

Behavioral model　行為模式

強調行為和學得行為的方法之理論觀點。

Behavioral self-control training (BSCT)　行為自我控制訓練

治療酒精濫用與依賴的一種認知—行為方法，此法教導患者記錄他們的飲酒行為，並應用因應策略於通常引發過度飲酒的情境。

Behavioral therapy　行為治療

尋求確認引起問題的行為，並改變它們的一種治療方法。又稱行為矯治（behavior modification）。

Behaviors　行為

有機體對其環境所做的反應。

Bender Visual-Motor Gestalt Test　班達視覺動作完形測驗

一種神經心理測驗，受試者被要求臨摹一套 9 個簡單的圖形，然後經由記憶複製這些圖形。

Benzodiazepines　苯二氮平類

最常見的抗焦慮藥物類，包括安定（Valium）及贊安諾（Xanax）。

Bereavement　傷慟

當所愛的對象死亡，個人經歷悲傷感覺的過程。

Beta-amyloid protein　乙型澱粉樣蛋白質

形成球狀稱為老化斑塊的沉澱小顆粒。這些沉澱物與老化及阿茲海默氏症有關。

Bilateral electroconvulsive therapy (ECT)　雙側電擊痙攣治療法

電擊痙攣治療法的一種形式，在前額的每側各放一個電極，使電流通過腦部。

Binge　暴食

無法控制的吃食發作，在此期間，一個人攝取非常大量的食物。

Binge-eating disorder　劇食症

一種飲食疾患的型態，一個人顯示暴食的模式，而沒有伴隨補償行為。

Binge-eating/purging-type anorexia nervosa　暴食／清除型厭食症

一種厭食症的類型，一個人從事暴飲暴食，但是經由在飯後自我催吐，或不當使用瀉藥或利尿劑，過度的減輕體重。

Biofeedback training　生理回饋訓練

一種治療技術，在此法中，給予患者有關他們發生的生理反應訊息，並學習以意志來控制其反應。

Biological challenge test　生理挑戰試驗

使用於產生恐慌的受試者或患者之程序，治療師或研究者在場的情況下，讓他們激烈的運動或做某些可能引發恐慌的作業。

Biological model　生物的模式

一種理論觀點，指出生理的過程是人類行為的關鍵。

Biological therapy　生物治療

利用物理及化學程序，幫助人們克服心理上的問題。

Biopsychosocial theories　生物心理社會理論

解釋變態的起因，是遺傳、生物、發展、情感、行為、認知、社會及社會影響等因素交互作用的理論。

Bipolar disorder　雙極性情感疾患、躁鬱症

一種情感疾患，表現特徵是躁狂及憂鬱期交替或混合出現。

Bipolar I disorder　第一型雙極性情感疾患

雙極性情感疾患的一種型態，一個人經驗躁狂發作和重鬱發作。

Bipolar II disorder　第二型雙極性情感疾患

雙極性情感疾患的一種型態，一個人經驗輕躁狂（輕躁）發作和重鬱發作。

Birth complication　生產併發症

在生產中有問題的生理狀況，會影響兒童的身心健康。

Blind design　欺瞞設計

在一個實驗中，受試者不知道他們是否處於實驗的或控制的情況。

Blunted affect　平板的情感

　　精神分裂症的一種症狀，一個人比其他人顯示較少的感情。

Body dysmorphic disorder　身體畸形性疾患

　　一種身體型疾患，特徵是過分擔心個人身體外貌某些方面的缺陷。也稱為畸形恐懼症（dysmorphophobia）。

Borderline personality disorder　邊緣型人格疾患

　　個人反覆在人際關係、自我形象和情感的表現很不穩定，以及極端衝動行為的人格疾患。

Brain region　腦部區域

　　腦部有不同的地區，由大群的神經元構成。

Brain wave　腦波

　　由腦部神經元產生的電位波動。

Breathing-related sleep disorder　呼吸關聯之睡眠性疾患

　　一種睡眠疾患，由於呼吸問題經常使睡眠中斷，而引起過度的睡眠或失眠。

Brief psychotic disorder　短期精神病、短期精神病性疾患

　　精神病症狀，在重大壓力事件或情緒混亂期之後突然出現，持續數小時到一個月。

Bulimia nervosa　暴食症、心因性暴食症

　　一種飲食疾患，表現特徵為經常暴食，然後用催吐或其他極端的補償行為，以避免體重的增加。也稱為暴食清除症候群（binge-purge syndrome）。

Cannabis drugs　大麻藥物

　　由不同種類的大麻植物 Cannabis sativa 製成的藥物。它們會產生一種幻覺、鎮靜及興奮的混合效果。

Case manager　個案管理者

　　社區治療師對精神分裂症患者，或其他嚴重疾患者，提供全方位的服務，包括治療、忠告、藥物、輔導及保護病人的權利。

Case study　個案研究

　　對一個人的生活和心理問題，詳細的描述。

Catatonia　緊張症

　　一種極端的精神運動性症狀模式，發現在某些類型的精神分裂症，包括緊張性木僵、緊張性僵硬，或緊張性姿態。

Catatonic excitement　緊張性興奮狀態

　　一種緊張症的類型，一個人興奮地走動，有時猛烈的擺動手臂和腿。

Catatonic stupor　緊張性木僵狀態

　　與精神分裂症有關聯的症狀，一個人幾乎對環境完全無反應，維持不動和靜默一段長時間。

Catatonic type of schizophrenia　緊張型精神分裂症

　　精神分裂症的一種型態，受嚴重的精神運動性障礙支配。

Catharsis　宣洩

為了解決內在的衝突及克服問題，釋放過去被壓抑的感覺。

Caudate nuclei　尾狀核

腦部的結構，位於基底核內區域，它幫助轉換感覺訊息為思想和行動。

Central nervous system　中樞神經系統

腦和脊髓。

Cerebellum　小腦

調節身體動作，及幫助控制個人快速對事物注意的腦部地區。

Checking compulsion　檢查強迫行為

一種強迫行為，人們感覺被迫一再地檢查某些事物。

Child abuse　兒童虐待

成人非偶發的對待兒童，過度使用生理或心理暴力，經常以傷害或殺害兒童為目的。

Chlorpromazine　氯普麻

一種鎮靜藥物，常用於治療精神分裂症。商品名為 Thorazine。

Chromosomes　染色體

細胞核中含有基因的結構。

Chronic headaches　慢性頭痛

在頭部或頸部經常有劇烈的疼痛，它不是由其他的醫學疾病所引起。

Circadian rhythms　晝夜節律

內在的「時鐘」，包含反覆的生理波動。

Circadian rhythm sleep disorder　晝夜節律性睡眠疾患

一種睡眠障礙，係由於患者的睡眠—清醒週期，與個人環境中的週期無法配合。

Cirrhosis　肝硬化

一種不可逆的疾病，經常由於過度飲酒引起，使肝臟結疤，形成纖維組織，並且開始改變它的結構和功能。

Civil commitment　民事安置

某些人被迫接受心理健康治療的法律程序。

Clang　押韻

一種用來引導精神分裂症者，形成思想和表達的韻語。

Classical conditioning　古典制約

一種學習的過程，兩個事件反覆緊密的一起發生，在個人的內心變為連結在一起，而產生相同的反應。

Classification system　分類系統

有症狀的描述及適當診斷的指引之疾患表。

Cleaning compulsion　清潔強迫行為

一種常見的強迫行為，個人感覺被迫不斷的洗澡、洗衣及打掃家裡。

Client-centered therapy 案主中心治療法

由 Carl Rogers 發展的人本治療法,使用此法的臨床工作者,試圖經由表達接納、精確的同理心及真誠來幫助患者。

Clinical interview 臨床晤談

一種面對面的接觸,臨床工作人員在晤談中,問患者問題、衡量他們的回答和反應,並了解他們及他們的心理問題。

Clinical psychologist 臨床心理師

獲得臨床心理學博士學位的心理健康專業人員。

Clinical psychology 臨床心理學

變態行為的研究、衡鑑、治療和預防。

Clitoris 陰核

女性的性器官,位於尿道和陰道的開口上方,在性興奮時會漲大。

Clozapine 氯氮平

一種常用的非典型抗精神病藥。

Cocaine 古柯鹼

一種會上癮的興奮劑,由古柯葉加工後獲得。它是已知最有效力的天然興奮劑。

Code of ethics 倫理法則

倫理行為的主要原理和原則,用來指導專業人員作判斷和行動。

Cognition 認知

思考、記憶和預測的能力。

Cognitive behavior 認知行為

一些思想和信念,它們大多是內隱行為。

Cognitive-behavioral model 認知—行為模式

一種理論觀點,視認知為習得的行為。

Cognitive model 認知模式

一種強調思考的歷程和內容,引起心理問題的理論觀點。

Cognitive therapy 認知治療

由 Aaron Beck 發展的治療法,幫助患者確認和改變不適當的假設,以及引起他們心理疾患的思考方式。

Cognitive triad 認知三元素

Aaron Beck 推論導致人們感覺憂鬱的三種負面思考的形式。三元素包括對個人的經驗、自己及未來的負面看法。

Coitus 性交

性交。

Community mental health center 社區心理健康中心

在社區提供藥物、心理治療、緊急住院病人的照護及協調治療的場所。

Community mental health treatment　社區心理健康治療

一種著重社區照護的治療方法。

Comorbidity　共病

同一個人出現兩種或兩種以上的疾病。

Compulsion　強迫行為

為了防止或減輕焦慮，個人感覺被迫去執行反覆和刻板的行為或心智活動。

Compulsive ritual　強迫性儀式行為

個人經常感覺被迫以相同的方式，去執行一組精細的動作。

Computerized axial tomography (CAT scan)　電腦斷層掃描

整合許多不同角度的 X 光影像，而產生的一種腦部合成影像。

Concordance　共患率

家庭成員（通常是雙胞胎成員）有相同特殊特性發生頻率的統計測量。

Conditioned response (CR)　制約反應

制約形成之後，由制約刺激引起的反應。

Conditioned stimulus (CS)　制約刺激

一種先前的中性刺激，聯結非中性刺激，然後產生由非中性刺激引發的相同反應。

Conditioning　制約

一種簡單的學習形式，一種特定的刺激，產生特定的反應。

Conditions of worth　價值條件

根據案主中心理論學家的說法，它是一個人判斷他自己可被愛及被接受的內在標準，由個人在兒童時所持有的標準決定。

Conduct disorder　品行疾患

一種兒童期的疾患，兒童一再侵犯他人的基本權利、表現攻擊行為，有時破壞他人的財物、說謊或逃家。

Confabulation　虛談

一種虛構個人經驗的描述，用來填補個人記憶的缺口。

Confederate　同謀者

一個實驗者的共犯，他在研究中假扮另一個受試者，製造一種特殊的印象。

Confidentiality　保密

某些心理專業人員的原則，不洩露他們由患者獲得的資料。

Confound　混淆因素

在一個實驗中，一個變項除了是自變項，也扮演依變項。

Continuous amnesia　連續性失憶

無法回憶新發生的事件，以及某些過去的事件。

Control group　控制組

在實驗中，沒有遭受自變項的一群受試者。

Conversion disorder　轉化症

　　一種身體型疾患，其心理社會需求或衝突，轉變為戲劇性的生理症狀，影響自發動作和感覺功能。

Convulsion　抽搐

　　腦部痙攣發作。

Coronary arteries　冠狀動脈

　　圍繞心臟的血管，負責輸送氧氣到心臟肌肉。

Coronary heart disease　冠狀動脈心臟病

　　由於冠狀動脈阻塞引起的心臟疾病。

Correlation　相關

　　事件或特性相互影響而變化的程度。

Correlational method　相關法

　　一種研究程序，用以決定事件或特性相互影響而變化的多寡。

Correlational coefficient (r)　相關係數

　　一種統計名詞，表示相關的方向及量，範圍從 -1.00 到 $+1.00$。

Corticosteroids　腎上腺皮質類固醇

　　一組荷爾蒙，有壓力時由腎上腺釋放。

Cortisol　可體松

　　當一個人有壓力時，由腎上腺釋放的荷爾蒙。

Counseling psychology　諮商心理學

　　一種心理衛生專業，類似臨床心理學，需要完成取得資格的訓練課程。

Countertransference　反移情

　　一種心理治療的現象，治療師自己的感覺、經歷及價值觀，微妙的影響他們解釋病人問題的方式。

Couple therapy　伴侶治療

　　一種治療型態，治療師與兩個分享長期關係的人工作。也稱為婚姻治療法（marital therapy）。

Covert desensitization　內隱減敏感法、內隱的去敏感化作用

　　在放鬆的狀態下，專注的想像對抗害怕之事物或情境的減敏感訓練。

Covert sensitization　內隱敏感法、內隱的敏感化作用

　　一種行為的治療，經由行為與不愉快的心像配對，來消除討厭的行為。

Crack　純古柯鹼、快克

　　一種強力的、立即可吸、精煉的古柯鹼。

Cretinism　呆矮病

　　一種天生的疾患，特徵是智能障礙及身體畸形，是由於懷孕的婦女食物中缺乏碘所引起。

Creutzfeldt-Jakob disease　庫賈氏症

　　失智症的一種類型，由一種緩慢發展的病毒所引起，它在疾病出現前即已存在體內多年。

Criminal commitment　刑事安置

一種法定程序，被控告的犯罪者，被判定心理不穩定，而且送到心理健康機構治療。

Crisis intervention　危機介入模式、危機處理

一種治療方法，試圖幫助有心理危機者，更正確的看待他們的情境、作更好的決定、作更有建設性的行動，並克服危機。

Critical incident stress debriefing　危機事件壓力釋放、危機事件減壓團體

訓練如何幫助災難或其他恐怖事件的受害者，說出他們對創傷事件的感覺和反應。

Cross-tolerance　交叉耐受性

一個人發展某種物質的耐受性，是由經常使用另一種與它相似的物質而產生。

Culture　文化

一個民族共有的歷史、價值、制度、習慣、技能、技術及藝術。

Culture-sensitive therapies　文化敏感治療法

尋求處理不同文化和種族成員，所面對的特殊問題之治療方法。

Cyclothymic disorder　循環性情感障礙症

一種疾患，表現特徵是很多週期的輕躁症狀和輕微憂鬱症狀。

Day center　日間護理站

僅在白天提供類似醫院的治療方案，也稱為日間醫院（day hospital）。

Death darer　死亡不確定者

一個人即使嘗試自殺，他對尋求死亡的願望仍很矛盾。

Death ignorer　死亡忽視者

一個嘗試自殺者，沒有認清死亡的結局。

Death initiator　死亡促發者

一個嘗試自殺者，相信死亡的過程已經在進行中，他只是加速此過程。

Death seeker　死亡尋求者

一個人在嘗試自殺時，對結束其生命的意向很清楚。

Declarative memory　陳述性記憶

學得的資訊之記憶，如姓名、日期和其他的事實。

Deep brain stimulation　深層腦部刺激術

一種憂鬱症的治療程序，在布羅德曼第 25 區植入電極，以節律器提供電極動力刺激腦部區域。

Deinstitutionalization　去機構化

由長期的公立精神醫院照護，釋放大量的病人，讓他們在社區方案接受治療。

Déjà vu　似曾相似感

以前看過或經驗過的一個新景象或情境，縈繞於心頭的感覺。

Delirium　譫妄

一種快速發展的意識混亂狀態，一個人很難專心、集中注意力及保持條理順序的思考。

Delirium tremens (DTs)　譫妄性震顫

某些酒精依賴者經驗的劇烈戒斷反應，包括心智混亂、模糊的意識及可怕的視幻覺。又稱酒精戒斷譫妄（alcohol withdrawal delirium）。

Delusion　妄想

儘管證明與事實不同，牢固的持有一種奇怪而錯誤的信念。

Delusional disorder　妄想症、妄想性疾患

一種疾患，包含持續的、不屬於精神分裂症的非怪異妄想。

Delusion of control　被控制妄想

認為個人的衝動、感覺、思想和行為，是被其他人所控制的信念。

Delusion of grandeur　誇大妄想

認為個人是偉大的發明家、歷史人物，或其他特別有權勢的人之信念。

Delusion of persecution　被迫害妄想

認為個人被密謀、歧視、暗中監視、中傷、威脅、攻擊或蓄意欺騙之信念。

Delusion of reference　關係妄想

認為他人的行為、各種事物或事件，對自己具有特殊意義之信念。

Dementia　失智症

表現特徵是記憶及至少一種認知功能，有嚴重問題的症候群。

Demonology　魔鬼論、惡魔論

相信異常的行為是由超自然的原因引起，如邪靈。

Dendrite　樹狀突

位於神經元末梢的分支或觸角，接收其他神經元的衝動。

Denial　否定

一種自我防衛機轉，一個人不承認不能接受的思想、感覺或行為。

Dependent personality disorder　依賴型人格疾患

一種人格疾患，表現特徵是依戀、服從、害怕分離，及持續極度需要被人照顧。

Dependent variable　依變項

在實驗中，當操控自變項時，期望被改變的變項。

Depersonalization disorder　自我感喪失疾患

一種疾患，表現特徵為持續及一再地經驗，由自己的心理歷程或身體脫離的感受；亦即一個人感覺不真實及疏離。

Depressant　鎮靜劑、抑制劑

一種可減緩中樞神經系統活動的物質，並在足夠的劑量時，能引起緊張的減輕和抑制。

Depression　憂鬱

一種心情低落的狀態，表現特徵是顯著的悲傷、失去活力、低自尊、罪惡感或相關的症狀。

Derailment　脫軌

一種精神分裂症常見的思考流程障礙，包括從一個談話主題快速的轉換到另一個主題。又

稱聯想鬆弛（loose associations）。

Desensitization　減敏感

見系統減敏感法（Systematic desensitization）。

Desire phase　性慾望階段

性反應週期中，包含對他人有性的強烈慾望、性幻想及性吸引力的階段。

Detoxification　解毒

系統和醫學上的管理藥物戒斷。

Deviance　偏差、異常

與常見的行為模式不一致。

Diagnosis　診斷

一個人反映特殊障礙問題的判定。

Diagnostic and Statistical Manual of Mental Disorders (DSM)　**《精神疾病診斷與統計手冊》**

美國精神醫學會所發展的精神疾病分類系統。

Diathesis-stress view　素質—壓力觀

一個人必須首先有一種疾患的體質，然後遭受立即的心理壓力，才發展出疾患的觀點。

Diazepam　待爾靜

一種鎮靜劑，商品名為「安定」（Valium）。

Dichotomous thinking　二分法思考

以僵化的「不是……就是」條件，看待問題及解決問題。

Diencephalon　間腦

在轉換短期記憶為長期記憶，扮演關鍵角色的腦部區域（包括乳頭狀體、視丘及下視丘）。

Directed masturbation training　指導自慰訓練

一種性治療，教導患有女性性興奮及性高潮障礙的女性，如何有效的自慰，及最後在性行為中達到高潮。

Disaster Response Network (DRN)　災害緊急應變網

一個動員數千個自願的心理健康專業人員之網狀系統，在全北美災區，免費的提供緊急情況的心理服務。

Disorganized type of schizophrenia　混亂型精神分裂症

精神分裂症的一種類型，表現特徵是行為混亂、語無倫次、平板及不合宜的情感表現。

Displacement　替代、移置

一種自我防衛機轉，將不能接受的本我衝動，轉向另一個較安全的替代者。

Dissociative amnesia　解離性失憶症

一種解離症，表現特徵為無法回憶重要的個人事件及資料。

Dissociative disorders　解離症、解離性疾患

表現特徵是沒有明顯的生理原因，在記憶上有重大改變之疾患。

Dissociative fugue　解離性漫遊症

一種解離性疾患，一個人旅行到新的地方，採用新的身分，同時忘記他的過去。

Dissociative identity disorder　解離性身分疾患

一個人發展兩個或更多個不同人格的疾患。又稱為多重人格疾患（multiple personality disorder）。

Disulfiram (Antabuse)　戒酒硫

一種拮抗劑，用來治療酒精濫用和依賴。

Dopamine　多巴胺

此神經傳導物的高活性，顯示與精神分裂症有關。

Dopamine hypothesis　多巴胺假說

精神分裂症起因於神經傳導物質，多巴胺過高活性的理論。

Double-bind hypothesis　雙重束縛假說

有些父母反覆以許多互相對立的訊息溝通，助長他們的孩子產生精神分裂症之理論。

Double-blind design　雙盲設計

實驗的程序，受試者和實驗者，都不知道受試者是接受實驗處理或安慰劑。

Double depression　雙重憂鬱症

由輕鬱症導致重鬱症的後果。

Down syndrome　唐氏症

一種智能障礙的類型，由染色體 21 異常所引起。

Drapetomania　漫遊狂

根據十九世紀的診斷分類，一種對自由的強迫性渴望，驅使某些奴隸試圖逃離囚禁。

Dream　夢

在睡覺中形成的連串思想和影像，被心理動力理論家解釋為潛意識的線索。

Drug　藥物

除了食物之外，能影響身心的任何物質。

Drug maintenance therapy　藥物維持治療

一種治療物質依賴的方法，患者給與合法及醫療監督的依賴藥物，或替代性藥物。

Drug therapy　藥物治療

使用治療精神異常的藥物，以減輕心理疾患的症狀。

DSM-IV-TR　《精神疾病診斷與統計手冊》第四版修正版

當前的《精神疾病診斷與統計手冊》版本。

Durham test　杜漢測試

一種精神失常的法定測試，拘留在犯罪時精神失常的人，如果他們的行為係由心理疾病或缺陷所導致。

Duty to protect　保護責任

治療師的信條，為了保護一個可能是患者計畫中的受害者，必須打破保密的原則。

Dyslexia 讀字困難

個人在認字及閱讀理解能力有明顯損傷的一種疾患,也稱為閱讀障礙（reading disorder）。

Dyspareunia 性交疼痛

在性活動中,一個人經驗生殖器嚴重疼痛的疾患。

Dyssomnias 睡眠異常、睡眠障礙

睡眠的量、品質、時間有障礙的睡眠疾患。

Dysthymic disorder 輕鬱症、低落性情感疾患

與重鬱症相似,但是持續的期間較長、症狀較輕微的情感性疾患。

Echolalia 語言模仿

一種自閉症或精神分裂症的症狀,一個人說話反覆他人的語句。

Ego 自我

根據 Freud 的觀點,運用理性及根據現實原則運作的心理力量。

Ego defense mechanisms 自我防衛機轉

根據精神分析理論,自我為控制不能接受的本我衝動,以及避免或減輕它們引起的焦慮,所發展的策略。

Egoistic suicide 利己的自殺

實施自殺的人,其社會甚少或無法予以控制,並且他不關心社會的規範或規則。

Ego theory 自我理論

心理動力的理論,強調自我的角色,並把它視為獨立的力量。

Eidetic imagery 遺覺像

在物體或景象已移去一段時間之後,某些人仍持續有物體或景象的強烈視覺影像。

Ejaculation 射精

在陰莖根部的肌肉收縮,而引起精液射出。

Electra complex 戀父情結

根據 Freud 的理論,所有女孩在性器期經驗的慾望模式,在此期她們對父親發展性的吸引力。

Electroconvulsive therapy (ECT) 電擊痙攣治療法

一種治療的方式,主要使用於憂鬱症的病人,此法附在病人前額的電極傳送電流到腦部,引起腦部的痙攣。

Electroencephalograph (EEG) 腦電描記器

記錄腦脈衝的儀器。

Electromyography (EMG) 肌動電流描記器

對身體肌肉緊張水平提供回饋的儀器。

Electrooculograph 眼動電記錄器

記錄眼球動作的儀器。

Emergency commitment 緊急安置

對表現怪異或暴力的病人,暫時安置到精神病院。

Employee assistance program 在職員工協助方案

一些公司對它們的員工，提供的心理健康方案。

Encopresis 遺糞症

一種兒童期的疾患，表現特徵是一再排便在不適當地方，如個人的衣服。

Endocrine system 內分泌系統

分布全身的腺體系統，幫助控制重要的活動，如生長和性活動。

Endogenous depression 內因性憂鬱症

一種憂鬱症，其發展似乎沒有外在原因，被假定由內在因素所引起。

Endorphins 腦內啡

幫助緩和痛苦及減輕情緒緊張的神經傳導物質，它們有時被稱為體內本身的鴉片。

Enmeshed family pattern 糾結的家庭模式

一種家庭系統，成員過分介入彼此的事物及過分關心彼此的福利。

Enuresis 遺尿症

一種兒童時期的疾患，表現特徵是一再地尿床或尿濕衣服。

Epidemiological study 流行病學研究

測量一種疾患，在人口的發生率及盛行率之研究。

Ergot alkaloid 麥角生物鹼

一種自然產生的化合物，LSD 由它衍生。

Essential hypertension 原發性高血壓

由心理社會和生理因素的結合，所引起的高血壓。

Estrogen 雌激素

主要的女性性荷爾蒙。

Ethyl alcohol 乙醇、酒精

在所有酒精飲料中的化學化合物，它快速的由血液吸收，而且立刻開始影響個人的功能。

Evoked potentials 誘發電位

當一個人在執行工作，如觀察閃光燈，腦電描記器記錄的腦部反應模式。

Excitement phase 性興奮階段

性反應週期的一個階段，表現特徵為骨盆區發生變化、整體的生理興奮，及心跳加快、肌肉緊張、血壓和呼吸率增加。

Exhibitionism 暴露症

一種性倒錯，個人一再發生性興奮慾望或幻想，對他人暴露性器官，並可能把這些慾望付諸行動。

Existential anxiety 存在焦慮

根據存在理論家的觀點，它是對個人存在的限制和責任普遍的恐懼。

Existential model 存在主義模式

認為人類生來絕對自由，不是勇敢地面對個人的存在，並對個人的生活賦予意義，就是逃

避責任的理論觀點。

Existential therapy　存在治療法

鼓勵人們接受他們的生活責任，及以較大的意義和價值去生活的治療法。

Exorcism　驅魔

早期社會治療精神異常的措施，它用勸誘讓邪靈離開個人的身體。

Experiment　實驗

操控一個變項，並觀察操控之影響的一種研究程序。

Experimental group　實驗組

在一個實驗中，受試者在研究中接受自變項的處理。

Exposure and response prevention　暴露與不反應

對強迫症的一種行為治療，讓患者暴露於激發焦慮的思想或情境中，然後禁止他們表現強迫行為。也稱為暴露及儀式行為防止法（exposure and ritual prevention）。

Exposure treatments　暴露治療法

讓恐懼者暴露於他們懼怕的事物，或情境的行為治療法。

Expressed emotion　情緒表達

在一個家庭中，表達批評、不贊同、敵意及干擾的一般水平。

External validity　外在效度

一個研究的結果，可以概括到研究之外的程度。

Extrapyramidal effects　錐體外徑作用

不想要的動作，如嚴重的抖動、扮怪異鬼臉、扭動身體，及極端的坐立不安，有時是由傳統的抗精神病藥物引起。

Eye movement desensitization and reprocessing　眼動心身重建法

一種行為的暴露治療法，當患者的腦中充滿怕懼事物和情境的影像時，讓患者的眼球平行來回移動，直到痛苦的回憶及不適的生理反應，被成功地「遞減敏感」為止。

Factitious disorder　人為疾患

一種沒有明確的生理原因之疾病，病人被認為有意產生或假冒症狀，以被當作病人看待。

Family pedigree study　家庭譜系研究、家族血緣研究

一種研究設計，研究者用來確定有疾患的人，其親屬有多少人患有同樣的疾患。

Family systems theory　家族系統理論

一種理論，視家族為成員交互影響的系統，並指出成員以一致的方式和未明說的規則互動。

Family therapy　家族治療

一種治療型態，治療師與一個家庭所有的成員接觸，並以有療效的方法，幫助他們改變。

Fantasy　幻想

一種自我防衛機轉，一個人運用想像事件，去滿足不能接受的衝動。

Fear　害怕

對個人福祉嚴重的威脅，中樞神經系統的身體和情緒反應。

Fear hierarchy　恐懼階層表

一個人害怕的事物或情境表，開始是輕微的怕懼，最後是非常嚴重的怕懼；使用在系統減敏感法。

Female orgasmic disorder　女性性高潮障礙、女性性高潮疾患

一種性功能障礙，在正常的性興奮期之後，一個女性很少有高潮或一再經驗高潮延遲。

Female sexual arousal disorder　女性性興奮障礙、女性性興奮疾患

一種女性的性功能障礙，表現特徵是在性活動中，持續無法達到或維持適當的潤滑，或性器腫脹。

Fetal alcohol syndrome　胎兒酒精症候群

幼兒的一群問題，包括智能較低、出生體重較輕、手和臉部畸形；此源自母親在懷孕中過度飲酒。

Fetishism　戀物症

一種性倒錯，包含一再經由使用無生命的物體，產生強烈的性慾望、幻想或行為，而經常排除其他的刺激。

Fixation　固著

根據 Freud 的理論，本我、自我和超我未完全的成熟，而使個人停留在早期的發展階段之情況。

Flashback　瞬間經驗再現、倒敘

迷幻藥誘發的知覺和情緒的改變，在藥物不再留在身體很久後再發生；或是創傷後壓力疾患，一再經驗過去的創傷事件。

Flat affect　平板的情感

一種精神分裂症的症狀，一個人幾乎完全沒有情感的表現。

Flooding　洪水法

一種恐懼症的治療法，讓患者反覆和密集地暴露於怕懼的事物，使他們理解到它實際上是無害的。

Forensic psychology　司法心理學

心理學的一支，關心心理學的實務和研究，與司法系統的交集。與司法精神醫學領域有關。

Formal thought disorder　思考流程障礙

在思想的產生和組織的障礙。

Free association　自由聯想

一種心理動力的技術，個人描述任何來自內心的想法、感覺或想像，即使它看來不重要。

Free-base　加熱精煉及吸用

一種攝取古柯鹼的技術，純古柯鹼基本的生物鹼，從加工處理的古柯鹼化學離析，用火加熱蒸發以管子吸用。

Free-floating anxiety　游離性焦慮

長期和持續的焦慮感，但不能清楚的指出，是屬於特定、可確認的威脅。

Frotteurism 觸摩癖、摩擦癖

一種性倒錯，包含一再發生強烈的性慾望、幻想或行為，對未經同意的人觸摸和摩擦。

Fusion 融合

多重人格疾患在最後過程，把兩個或更多的副人格合併起來。

Gamma aminobutyric acid (GABA) 伽馬氨基丁酸

一種神經傳導物質，它的低活性與廣泛性焦慮疾患有關。

Gender dysphoria 性別焦慮

對個人天生的性別感覺痛苦。

Gender identity disorder 性別認同疾患

一種疾患，一個人持續對他被分配的性別，感覺極端不舒服，強烈希望成為異性的一份子。

Gender-sensitive therapies 性別敏感治療法

調適西方女性特殊壓力的治療法。也稱女性主義治療法（feminist therapies）。

Generalized amnesia 廣泛性失憶症

一個人忘記發生在特定期間創傷事件的記憶，及創傷出現之前所有事件的記憶。

Generalized anxiety disorder 廣泛性焦慮疾患

表現特徵為持續和過度的焦慮感，及擔心很多事件和活動的一種疾患。

General paresis 全身輕性麻痺、全身輕癱症

一種不可逆的疾病，由梅毒所引起，症狀包括心理異常，如誇大妄想。

Genes 基因

控制遺傳特徵和特質的染色體構成單位。

Genetic linkage study 遺傳關聯研究

一種研究方法，為了確定是否疾患緊密伴隨其他的家庭特質分布型態，一種疾患高比率的大家庭，被觀察好幾代。

Genital stage 性徵期、生殖期

根據 Freud 的理論，此階段大約開始於 12 歲，兒童開始發現在異性關係的性愉悅。

Geropsychology 老人心理學

關心老年人心理健康的心理學領域。

Gestalt therapy 完形治療法

由 Fritz Perls 發展的人本治療法，臨床工作者使用如角色扮演，及精巧的挫折技術，積極地促使患者朝向自我認知和自我接受。

Glia 神經膠質

支持神經元的腦部細胞。

Glutamate 谷氨酸鹽、麩氨酸

一種常見的神經傳導物質，與記憶和失智症有關。

Grief 悲傷

當失去所愛的對象，個人經驗的反應。

Group home　團體收容所

教導有障礙或失能者自助、生活和工作技能的特殊收容所。

Group therapy　團體治療法

一種治療型態,有相似問題的一群人聚集在一起,與治療師解決那些問題。

Guided participation　引導式參與

一種示範技術,當治療師面對怕懼的事物,患者系統地觀察和模仿治療師。

Guilty but mentally ill　犯罪但有心理疾病

一種裁定的狀況,被告判處犯罪但也罹患心理疾病,因此在他們的監禁中應接受治療。

Halfway house　中途之家

一種專為不能獨居或與他們家人居住的嚴重心理問題者之住所,經常設置有輔助性專業人員。又稱團體收容所(group home)。

Hallucination　幻覺

沒有外在的刺激,而經驗某些景象、聲音或其他的知覺,好像它們是真的。

Hallucinogens　幻覺劑

一種主要在感覺知覺引起重大改變的物質,包括知覺增強、產生妄想及幻覺。也稱為迷幻劑(psychedelic drugs)。

Hallucinosis　幻覺症

一種幻覺劑引起的中毒形式,包括有知覺扭曲及幻覺。

Hardiness　堅韌性

對壓力反應的一套正向態度和反應。

Health maintenance　健康維持

年輕成人應促進身心健康,為老年過程作最好的準備之原則。

Helper T-cell　輔助性 T 細胞

一種淋巴細胞,它會識別外來入侵者,然後觸發其他免疫細胞的生產和繁殖。

Heroin　海洛因

一種高度上癮的物質,衍生自嗎啡;它在美國的任何情況都是非法。

High　快感

從某些消遣性藥品,引起愉快的放鬆和欣快感。

Hippocampus　海馬迴

位於大腦皮質之下的腦部區域,它涉及記憶。

Histrionic personality disorder　戲劇型人格疾患、做作性人格疾患

一種人格疾患,個人顯示過度的情緒化和吸引人注意的模式。以前稱為歇斯底里人格違常(hysterical personality disorder)。

Homosexuality　同性戀

對與自己相同性別者的性偏愛。

Hopelessness　絕望

對個人當前的情境、問題或心境，認為無法改變的悲觀信念。

Hormones　荷爾蒙

由腺體釋放到血液的化學物質。

Humanistic model　人本主義模式

人天生有友善、合作、建設性及追求自我實現的自然傾向之理論觀點。

Humanistic therapy　人本治療法

一種系統的治療法，試圖幫助患者正確的看待和接受自我，以使他們能實現他們積極的天生潛力。

Humors　體液

根據古希臘及羅馬醫生的說法，它是影響身心功能的身體化學物質。

Huntington's disease　亨丁頓氏症、亨丁頓氏舞蹈症

一種遺傳疾病，特徵是在認知、情緒和動作發生漸進性退化，並導致失智症。

Hypertension　高血壓

慢性的血壓過高。

Hypnosis　催眠狀態

一種類似睡眠、易受暗示的狀態，在此狀態中，一個人能被指示以不尋常的方式行動、經驗不尋常的感覺、記起遺忘的事件，或忘記記得的事件。

Hypnotic amnesia　催眠的失憶

一個人在催眠暗示之下，產生記憶喪失。

Hypnotic therapy　催眠治療

一種治療方法，病人接受催眠，然後被引導去回憶遺忘的事件或執行其他的治療性活動。又稱為催眠療法（hypnotherapy）。

Hypnotism　催眠術

誘發類似失神的心理狀態程序，在此狀態下，一個人變為極端易受暗示。

Hypoactive sexual desire disorder　性慾望不足疾患

一種性的障礙，特徵是缺乏性的興趣。

Hypochondriasis　慮病症

一種身體型疾患，患者錯誤地害怕他們身體功能微小的變化，是顯示一種嚴重的疾病。

Hypomanic pattern　輕躁型

一個人顯現躁狂症狀，但是症狀比躁狂發作不嚴重，及引起較少的損傷之型態。

Hypothalamic-pituitary-adrenal (HPA) pathway　下視丘—腦下腺—腎上腺路徑

能使腦部和身體產生激發和恐懼的一種途徑。在有壓力時，下視丘對腦下腺發出信號，然後信號轉到腎上腺。於是壓力荷爾蒙釋放到不同的身體器官。

Hypothalamus　下視丘

大腦的一部分，幫助調節控制各種身體的功能，包括吃和飢餓。

Hypothesis 假說、假設

一種預先提出的試驗性解釋，某些變項與某些方法有關。

Hypoxyphilia 缺氧性窒息、缺氧性癖

一個人勒住自己或使自己窒息，或要求他們的伴侶勒住他們或使他們窒息，以增加性快樂的模式。

Hysteria 歇斯底里

過去使用來描述目前稱為轉化症、體化症，及與心理因素有關的疼痛症之術語。

Hysterical disorder 歇斯底里症

沒有明顯的生理原因，而身體功能改變或喪失的疾患。

Hysterical somatoform disorders 歇斯底里身體型疾患

人們的身體功能經驗真正的改變之身體型疾患。

Id 本我

根據 Freud 所說，產生本能需求、驅力和衝動的心理動力。

Ideas of reference 關係意念、關聯信念

無關的事件以某種重要的方式，與個人連結在一起之信念。

Identification 認同

潛意識內化父母的價值觀和感覺，並合併它們成為個人的性格。也是一種自我防衛機轉，由於接納他人的價值觀和感覺，而引起焦慮。

Idiographic understanding 個人特性了解

一個特殊個體行為的了解。

Illogical thinking 不合邏輯的思考

根據認知的理論，不合邏輯的思考方式，可能導致不利自己的結論及心理問題。

Immune system 免疫系統

確認細胞，及破壞抗原和癌細胞的活動之身體網狀系統。

Impulse-control disorders 衝動控制疾患

一種疾患，人們一再不能抗拒一種衝動、驅力或誘惑，而做出傷害他們本身或他人的行為。

Inappropriate affect 不適當的情感

一種精神分裂症的症狀，一個人表現的情緒與情境不相稱。

Incest 亂倫

近親之間的性關係。

Incidence 發生率

在一個特定時間，一種疾患出現新個案在人口的總數。

Independent variable 自變項

一個實驗的變項，它被操控用以確定是否對另一個變項有所影響。

Individual therapy 個別治療

一種治療法，治療師在療程中單獨接見一個患者，可能持續 15 分鐘到兩小時。

Insanity defense　精神失常辯護

一種法定的辯護，個人被指控犯罪，以在犯罪期間精神失常為由要求無罪。

Insomnia　失眠

最常見的睡眠障礙，特徵是難以入睡或維持睡眠。

Integrity test　誠實測驗

測量做測驗者是否誠實或不誠實的測驗。

Intellectual disability　智能障礙

個人的一般智力功能和適應行為，顯示低於平均的疾患。又稱為智能障礙（mental retardation）。

Intelligence quotient (IQ)　智力商數

經由智力測驗而得的普通分數，被認為可代表個人全面的智力水準。

Intelligence test　智力測驗

用以測量一個人的智能之測驗。

Intermittent explosive disorder　陣發性暴怒疾患

一種衝動控制疾患，人們週期性地不能抗拒攻擊衝動，導致對他人表現嚴重的攻擊或破壞財物。

Internal validity　內在效度

一個研究不讓多種可能的因素，影響實驗結果的正確程度。

International Classification of Diseases (ICD)　國際疾病分類

由世界衛生組織使用的醫學及心理疾病分類系統。

Interpersonal psychotherapy (IPT)　人際心理治療法、人際關係治療

憂鬱症的一種治療法，所根據的信念是，澄清和改變個人人際關係問題，有助於導致復原。

Intoxication　中毒

一種暫時性的物質誘發狀態，個人顯示的症狀，如判斷力損傷、情緒改變、激動、說話含糊及統合力喪失。

In vivo desensitization　實景系統減敏感法

使用實際事物或情境的減敏感法，它與想像的方法相反。

Irresistible impulse test　不可抑制的衝動測試

一種精神失常的法定測驗，拘留在精神失常時犯罪的人，假定他們犯罪時是受無法控制的「一時衝動」所驅使。

Isolation　隔離

一種自我防衛機轉，人們下意識地孤立及否認不愉快及不想要的思想，經歷它們如同外來的侵入。

Kleptomania　偷竊狂

一種衝動控制疾患，特徵是一再不能抗拒地偷取不是個人必要用品，或有金錢價值的東西之衝動。

Korsakoff's syndrome　柯沙科夫症候群、柯沙科夫氏精神病

一種失憶疾患，表現特徵是極端混亂、記憶損傷及其他的神經性症狀；由長期的酗酒、不良的飲食，造成維他命 B 群不足而引起。

Latent content　隱性內容

夢境內容的象徵意義。

Lateral hypothalamus (LH)　下視丘外側區、下視丘外側核

被激發會產生飢餓的下視丘部位。

L-dopa　L-多巴

一種用來治療帕金森氏症的藥物，此疾病有多巴胺不足現象。

Learned helplessness　學得無助感

根據過去的經驗，個人無法控制個人的增強物之知覺。

Learning disorder　學習障礙

一種發展性疾患，表現特徵是像閱讀、數學及語文等認知技能的損傷。

Libido　慾力

融合本我和其他人格動力的性能量。

Life change units (LCUs)　生活變化單位

一種測量壓力與各種生活事件關聯的方式。

Light therapy　照光治療

一種季節性情感疾患的治療，讓病人暴露在特別的光線下數小時。又稱光療法（photo-therapy）。

Lithium　鋰鹽

產生於天然鹽礦的一種金屬元素，對雙極性情感疾患的治療，有很高的成效。

Lobotomy　腦葉切除術

精神外科療法，用手術切斷腦部額葉與腦中央下方的連結。

Localized amnesia　局部性失憶

個人無法回憶某特定時期所發生的任何事件。

Locus ceruleus　藍斑

腦中一個調節情緒的小區域，它的許多神經元使用正腎上腺素。

Longitudinal study　縱貫法

一種研究法，在不同時間觀察相同的受試者，經過一段很長的時期。

Long-term care　長期照護

對老人或能力減弱的人，提供長期的個人和醫療支持。它的範圍從有督導公寓的部分支持，到養老院的重病特別護理。

Long-term memory　長期記憶

包含個人儲存多年的所有資訊之記憶系統。

Loose associations　聯想鬆散

精神分裂症常見的思考障礙，主要特徵是在言談中快速的轉換話題，又稱為思維脫軌（derailment）。

Lycanthropy　變狼妄想狂、變獸妄想狂

一種心理狀態，一個人相信自己被野狼或其他的動物占有。

Lymphocytes　淋巴細胞

循環在淋巴系統和血液中的白血球，幫助身體辨認及摧毀抗原和癌細胞。

Lysergic acid diethylamide (LSD)　迷幻藥

一種取自麥角生物鹼的幻覺性藥物。

Mainstreaming　回歸主流

一種教育智能障礙兒童的方法，把有智能障礙的兒童安置在普通班級中，與非智障的兒童在一起上課。也稱為融合（inclusion）。

Major depressive disorder　重鬱症

使患者失能的嚴重憂鬱型態，這種狀態並非由藥物或一般的醫學情況等因素所引起。

Male erectile disorder　男性勃起障礙、男性勃起疾患

一種性功能障礙，特徵是男性在性活動當中，一再出現無法達到勃起或維持勃起的情況。

Male orgasmic disorder　男性性高潮障礙、男性性高潮疾患

一種男性的性功能障礙，其特徵是在正常的性興奮之後，一再出現無法達到高潮或高潮長久延遲的現象。

Malingering　詐病

故意捏造疾病以得到一些外在的好處，例如財物補償或免除兵役。

Malpractice suit　治療失當訴訟

一種法律訴訟，控訴治療師在治療過程中，有不當行為或作不當的判斷。

Managed care program　管理式醫療方案

一種健康保險體制，由保險公司決定大部分的治療費用、方法、治療提供者，以及治療的時間。

Mania　躁狂

一種欣快感的狀態或發作，或狂熱的活動，其間這些人有一種誇大的信念，認為這個世界是他的，所以可以予取予求。

Manifest content　顯性內容

有意識地記得夢中的情節。

Mantra　梵咒

一種聲音、說話或思想，使一個人在冥想中用來集中注意，由平常的思考與關切的事物中轉移。

MAO inhibitor　單胺氧化酶抑制劑

一種抗憂鬱劑，用來防止單胺氧化酶的作用。

Marijuana　大麻

一種大麻類藥物，從大麻植物 Connabis sativa 的葉和花提煉而成。

Marital therapy　婚姻治療法

一種治療的方法，治療師為共同擁有長期關係的雙方工作，也稱伴侶治療（couple therapy）。

Masturbation　自慰

自我刺激生殖器以達到性興奮。

Masturbatory satiation　自慰饜足

一種行為的治療，此法要患者詳細地想像性迷戀物，同時做長時間的自慰。這種步驟的用意是要使患者產生無聊感，進而使無聊感與性迷戀物產生連結。

Mean　平均數

一組分數的平均值。

Meditation　冥想

一種技術，用來使人專注於內在情況，以達到意識輕微轉變的狀態。

Melancholia　憂鬱病

一種早期希臘與羅馬哲學家和醫生所描述的心理狀況，包含一個人有揮之不去的悲傷，亦即今日所稱的憂鬱症（depression）。

Melatonin　褪黑激素

一種松果腺的荷爾蒙釋放，當一個人在黑暗中就會分泌。

Memory　記憶

回憶過去的事件及過去的學習之能力。

Mental incompetence　心智無能力

一種心智不穩定的狀況，使被告不能了解他面對的法律控訴和審判過程，而且無法和律師共同準備適當的辯護。

Mentally ill chemical abusers (MICAs)　濫用藥物心理疾病者

一個人同時罹患精神分裂症（或其他嚴重的心理疾病），以及物質關聯疾患。

Mental retardation　智能障礙、智能不足

一種智力功能和適應行為明顯低於一般人的疾患。

Mental status exam　心理狀態檢查

一組晤談的問題和觀察，用來了解個人異常功能的性質和程度。

Mesmerism　米斯瑪術、催眠術

奧地利治療師 F. A. Mesmer 用以治療歇斯底里症的方法，它是催眠術（hypnotism）的先驅。

Metabolism　新陳代謝

有機體的化學和物理作用，分解食物並把它轉化為活力的過程。同時，也是有機體中各種物質的生化轉換，肝臟可以把酒精分解為醋酸基乙醛。

Methadone　美沙酮

實驗室製造的類鴉片藥物。

Methadone maintenance program　美沙酮維持方案

一種治療海洛因依賴的方法，此法中患者給與合法及醫療監督劑量的美沙酮，它是由實驗室製造的鴉片，作為海洛因的替代藥物。

Methylphenidate　派醋甲酯

一種興奮劑，商品名為利他能（Ritalin），通常是用來治療注意力缺失／過動疾患（ADHD）。

Migraine headache　偏頭痛

一種極端嚴重的頭痛，發生在頭部的一邊。發作前經常有徵兆感，而且有時伴隨暈眩、噁心和嘔吐。

Mild retardation　輕度智能障礙

智能障礙的一種層次（智商在 50 到 70 之間）。這些人可以由教育獲益，而且在成年後可以獨立。

Milieu therapy　環境治療法

住院治療的人本策略，根據協助病人復原，院方要營造一種氣氛，促進病人的自尊、負責任的行為及具有意義的活動之信念。

Mind-body dualism　心身二元論

René Descartes 的見解，認為心靈與身軀是分開的。

Minnesota Multiphasic Personality Inventory (MMPI)　明尼蘇達多相人格測驗

一種廣泛使用的人格測驗，包括大量的陳述句，並要受試者表示每個陳述，對他們是「對」或「錯」。

Mixed design　混合設計

一種研究設計，相關法和實驗法混合使用，又稱為準實驗（quasi-experiment）。

M'Naghten test　麥諾頓測試

一種廣泛使用的精神失常法定測試。若個人被認定在犯罪時有精神失常，是指他的心理疾患造成他無法了解行為的性質，或不知對與錯。

Model　模式

一組假定和觀念，用來幫助科學家解釋和說明觀察到的現象。也稱派典（paradigm）。

Modeling　模仿

一種學習的過程，一個人由觀察和模仿他人而習得反應。同時，一種治療方法也根據同樣的原理。

Moderate retardation　中度智能障礙

智能障礙的一種層次（智商在 35–49 之間）。這些人可以學會如何照顧自己，也能由職業訓練獲益。

Monoamine oxidase (MAO)　單胺氧化酶

一種身體的化學物質，會破壞神經傳導體物質正腎上腺素。

Monoamine oxidase (MAO) inhibitors　單胺氧化酶抑制劑

一種抗憂鬱劑，用以減少單胺氧化酶的活動，因而增加腦中正腎上腺素的活性。

Mood disorder　情感性疾患

影響個人情緒狀態的疾患，包括重鬱症和雙極性情感疾患。

Mood stabilizing drugs　情緒穩定劑

用來幫助穩定雙極性情感疾患者情緒的精神治療藥物。也稱抗雙極性疾患藥（antibipolar drugs）。

Moral treatment　道德治療

十九世紀治療心理失功能病人的方法，強調道德的指導，以及人道和尊重的治療。

Morphine　嗎啡

一種高度上癮的物質，從鴉片中取得，對解除疼痛有特別的效果。

Multiaxial system　多軸向系統

一種有不同軸向或訊息分支的分類系統，是診斷者作診斷必備。DSM-IV-TR是採用多軸向系統。

Multicultural perspective　多元文化觀

在一個大社會內的每種文化，有其特殊的一組價值和信念，以及外在因素，可幫助解釋其成員之行為和功能的觀點。也稱為文化互異觀（culturally diverse perspective）。

Multicultural psychology　多元文化心理學

檢視文化、種族、種族特點、性別，及類似的因素對行為和思想的影響，並且也專注於這些因素，如何影響變態行為的起因、性質和治療之心理學領域。

Multidimensional risk perspective　多向度風險觀

確認幾種不同類的危險因子，結合起來會導致一種疾患的理論。出現的危險因子愈多，發展出疾患的風險愈大。

Multiple personality disorder　多重人格疾患

一種解離症，一個人發展出兩個或兩個以上截然不同的人格。又稱為解離性身分疾患（dissociative identity disorder）。

Munchausen syndrome　孟喬森症候群

一種極端及長期的人為疾患，一個人自己引發症狀，獲准住院及接受治療。

Munchausen syndrome by proxy　代理性孟喬森症候群

父母在他們的孩子身上，假造或引發症狀的人為疾患。

Muscle contraction headache　肌肉收縮性頭痛

一種頭痛，由於頭骨四周肌肉收縮所造成。又稱緊張性頭痛（tension headache）。

Narcolepsy　昏睡症

一種睡眠異常，其特徵是在清醒時間，突然出現快速動眼睡眠，此種情形通常是由強烈的情緒引起。

Narcotic　麻醉劑

任何天然的或是類鴉片的人造藥物。

Narcotic antagonist　麻醉拮抗劑

一種可連接腦部的鴉片類接受器，轉而阻斷鴉片效力的物質。

Natural experiment　自然實驗法

一種實驗，它是經由自然的過程，而非由實驗者來操縱自變項。

Naturalistic observation　自然觀察法

一種觀察行為的方法，臨床工作人員或研究人員，觀察人們在日常環境中的行為。

Negative correlation　負相關

一種統計的相關，某一變項的值增加，另一個變項的值就減少。

Negative symptoms　負性症狀

精神分裂症的症狀，特徵是正常的思考、情緒或行為不足。

Neologism　新語症

一種自我創造的字，只有使用的人才知道它的意義。

Nerve ending　神經末梢

神經元的末端地區，一個神經元的脈衝由此傳送到另外一個神經元。

Neurofibrillary tangles　神經纖維糾結、神經纖維叢

糾結在一起的蛋白質纖維，在某些老人的腦細胞內形成。

Neuroimaging techniques　神經影像技術

提供腦部結構或腦部活動影像的神經測驗，包括電腦斷層攝影（CT）、正子放射斷層造影（PET）、核磁共振造影（MRI），及功能性核磁共振造影（fMRI）。

Neuroleptic drugs　精神安定劑

傳統的抗精神病藥術語，它如此取名是因為它的副作用，與神經性疾患的症狀很相似。

Neuroleptic malignant syndrome　神經惡性症候群

對抗精神病藥物產生嚴重的、潛在的致命反應，主要特徵是肌肉僵硬、發燒、意識改變，以及自主功能失常。

Neurological　神經學的

有關腦部的結構或活動。

Neurological test　神經測驗

一種直接測量腦部結構和活動的測驗。

Neuromodulator　神經調節劑

一種神經傳導物質，可幫助改變或調節其他神經傳導物質的效力。

Neuron　神經元

即神經細胞。腦部包含數十億神經元。

Neuropsychological test　神經心理測驗

經由測量一個人的認知、知覺及動作表現，以發現腦部損傷的測驗。

Neurosis　神經官能症

Freud 所提的疾患名稱，特徵是強烈的焦慮，它被歸因於個人的自我防衛機轉無法因應潛

意識的衝突。

Neurotransmitter　神經傳導物質

從一個神經元釋放的化學物質,它跨越突觸的空隙,被鄰近神經元樹狀突的接受器所接收。

Neutralizing　中和作用

一個人為了消除不能接受的思想,而採取其他的想法或行為,把原來無法接受的想法壓入內心中。

Nicotine patch　尼古丁貼片

一種貼片,就像膠帶一樣貼在皮膚上,使貼片上的尼古丁由皮膚吸收,因此使戒菸者減輕戒斷反應。

Nightmare disorder　夢魘疾患

一種類睡症,特徵是一個人經驗長期痛苦而恐怖的夢。

Nocturnal penile tumescence (NPT)　夜間陰莖膨脹

在睡眠中出現生殖器勃起。

Nomothetic understanding　律則性了解

以法律的形式或原則,對變態心理功能的性質、起因及治療之一般性了解。

Norepinephrine　正腎上腺素

一種神經傳導物質,它的異常活性與憂鬱症和恐慌症有關。

Normalization　正常化

一種原則,社會機構和社區住宅,要盡量讓智障者和社區的其他人一樣,有相似的生活環境和機會。

Norms　規範

一個社會對適當行為的明文或非明文規定。

Not guilty by reason of insanity (NGRI)　因精神失常而無罪

一種聲明被告無罪的裁定,因為他們在犯罪時精神失常。

Observer drift　觀察者飄移

一個觀察者的傾向,他在實驗中評量受試者時,可能會逐漸地、不知不覺地改變評量標準,因此使資料喪失可靠性。

Obsession　強迫思考

經驗反覆及持續的思考、信念、衝動或影像,使人感到被入侵而造成焦慮。

Obssessive-compulsive disorder　強迫症、強迫性疾患

一種疾患,特徵是一再發生不想要的思想,或必須執行反覆和刻板的身體或心智活動。

Obsessive-compulsive personality disorder　強迫型人格疾患、強迫性人格違常

一種人格疾患,個人太專注於秩序、完美主義及控制,以致使人失去彈性、開放和效能。

Oedipus complex　戀母情結

根據 Freud 的理論,在性器期中男孩依戀母親將她視為性的對象,而把父親視為敵人,把他推到一邊的慾望模式。

Operant conditioning　操作制約

一種學習的歷程，行為導致滿意的後果或獎賞，比較有可能再出現。

Opioid　鴉片類

鴉片或任何從鴉片提煉出來的藥物，包括嗎啡、海洛因和可待因。

Opium　鴉片

一種高度上癮的物質，從罌粟種子汁提煉而來。

Oppositional defiant disorder　對立性反抗疾患

一種兒童期疾患，兒童反覆和成人爭吵、發脾氣，及經常充滿憤怒和憎恨。

Oral stage　口腔期

Freud的性心理發展理念中最早的階段，此期嬰兒最主要的滿足，是來自餵奶以及和母親身體的接觸。

Orbitofrontal cortex　眼眶額葉皮質

腦部的一個區域，有關排泄、性慾、暴力，以及其他原始活動的衝動從此產生。

Orgasm　性高潮

性愉悅的最高點，包括在骨盆區肌肉規律的收縮。此階段男性會射精，女性的陰道壁外側三分之一肌肉會收縮。

Orgasmic reorientation　高潮再教育

一種治療某種性倒錯的程序，教導患者對新的及更適當的性刺激來源反應。

Orgasm phase　性高潮階段

性反應週期的一個階段，在此階段個人的性愉悅達到高峰，骨盆區的肌肉規律的收縮，釋放性緊張。

Outpatient　門診病人

一個人在診所、醫院或治療師辦公室接受診斷或治療，但不住院。

Panic attack　恐慌發作

間歇性的出現短暫的恐慌，此種情形會突然發生，而且在數分鐘內達到高峰，然後逐漸消失。

Panic disorder　恐慌症、恐慌性疾患

一種焦慮症，特徵是一再發生未預期的恐慌發作。

Panic disorder with agoraphobia　伴隨懼曠症之恐慌症

一種恐慌症，由於恐慌發作而導致懼曠症的行為模式。

Paranoid personality disorder　妄想型人格疾患

一種人格疾患，表現特徵是極端不相信或懷疑他人的模式。

Paranoid type of schizophrenia　妄想型精神分裂症

一種精神分裂症的類型，患者有系統組織的妄想和幻覺。

Paraphilias　性倒錯

疾患主要的特徵，是一再出現強烈的性慾望、幻想或行為，涉及非人類的物體、兒童、非

經同意的成人，經驗到痛苦和羞辱。

Paraprofessional　半專業人員

一個未經專業訓練前的人，在心理健康專業人員的督導下，提供服務。

Parasomnias　類睡症

一種睡眠障礙，表現特徵是在睡眠中發生異常事件。

Parasuicide　假性自殺、自殺未遂

一種沒有造成死亡的自殺嘗試。

Parasympathetic nervous system　副交感神經系統

自律神經系統中的一群神經纖維，幫助維持器官的正常運作。它也在器官受到刺激後，減緩它的運作，並讓其他身體過程回到正常狀態。

Parens patriae　國家親權主義

政府可根據一項原則作決定，意在促進個人最大的福祉，並保護他免於自我傷害或忽略自己的基本需要。

Parkinsonian symptoms　帕金森氏症狀

出現類似帕金森氏症的症狀。精神分裂症病人長期服用傳統抗精神病藥，可能顯現一種或多種這類症狀。

Parkinson's disease　帕金森氏症

一種緩慢但逐漸惡化的神經性疾病，主要特徵是顫抖和僵硬，也會引起失智症。

Participant modeling　參與式示範

一種行為的治療，恐懼症的患者先觀察治療師（示範）與所恐懼的物體互動，然後自己和此物體互動。

Passive-aggressive personality disorder　被動攻擊型人格違常

在《精神疾病診斷與統計手冊》過去的版本中，所列出的一種人格疾患，主要特徵是對他人的要求，採取負面的態度和抵制的行為模式。

Pathological gambling　病態性賭博

一種衝動控制疾患，特徵是一再及持續出現不適當的賭博行為，而干擾個人、家庭，或職業的追求。

Pedophilia　戀童癖

一種性倒錯，一個人一再出現強烈的性衝動或幻想，觀看、觸摸，或與未達青春期兒童從事性活動，而且可能會從事這些衝動和幻想的活動。

Peer review system　同業審查系統

一種審查系統，保險公司付費給臨床工作人員，從事階段性的審查病人的進步，然後建議繼續或停止保險的津貼。

Penile prosthesis　人工陰莖植入術

一種手術，把一根半硬的橡皮棒和金屬線植入男性生殖器中，以產生人工的勃起。

Performance anxiety　執行焦慮

在性活動中，經驗表現失當的恐懼，以及有關的緊張情緒。

Perseveration　語句反覆症、固持性

持續重複某些詞或陳述。

Personality　人格

一種獨特而長期的內在經驗，及外在行為的模式，而且導致在各種不同情況中，都有一致的反應。

Personality disorder　人格疾患、人格違常

一種非常僵化的內在經驗和外在行為模式，它與個人的文化期望偏離甚遠，而且導致失功能。

Personality inventory　人格量表

一種用來測量廣泛的人格特質之測驗，包括有關行為、信念，以及感覺的陳述，受試者要衡量每一個陳述，是他的特質或不是他的特質。

Pervasive development disorder　廣泛性發展疾患

一種兒童期早期就已出現的廣泛性疾患，主要特徵是在人際互動、溝通技能，有嚴重而普遍的障礙，或出現刻板及反覆行為、興趣和活動。

Phallic stage　性器期

在精神分析理論中，一個孩子在 3 到 4 歲時，把性的樂趣集中在生殖器上。

Phalloplasty　陰莖形成術

一種手術的程序，用來建造一個具有功能的陰莖。

Phenothiazines　酚噻嗪類

一群抗組織胺藥物，變成第一群有效的抗精神病藥。

Phenylketonuria（PKU）　苯酮尿症

一種新陳代謝疾患，由於身體無法分解氨基酸苯丙胺酸為酪胺酸引起，而會導致智能障礙及其他症狀。

Phobia　恐懼症、畏懼症

持續及不合理的害怕特定的物體、活動或情境。

Pick's disease　畢克氏症、匹克症

一種神經性疾病，影響額葉和顳葉，因而造成失智症。

Placebo　安慰劑

一種假的治療，但受試者信以為真。

Placebo therapy　安慰劑治療

一種假的治療，實驗的受試者信以為真。

Play therapy　遊戲治療

一種治療兒童期疾患的方法，幫助兒童經由畫圖、玩玩具，以及編故事，間接表達他們的衝突和感受。

Pleasure principle　唯樂原則

本我功能的特徵，尋求滿足的傾向。

Plethysmograph　體積變化描記器

用來測量性興奮的儀器。

Polygraph　多種描記器、測謊器

一種測驗工具，經由測量受測者的生理反應，如呼吸、出汗，以及心跳，來確定受測者是不是說實話。

Polysubstance use　多種物質使用

同時使用兩種或兩種以上的物質。

Polysubstance-related disorder　多種物質關聯疾患

一種長期的不良適應行為模式，主要是濫用或依賴多種藥物。

Positive correlation　正相關

一種統計的相關，兩個變項的值一起增加，或一起減少。

Positive psychology　正向心理學、積極心理學

正向感覺、特質及能力的增進與研究。

Positive symptoms　正性症狀

精神分裂症的症狀，特徵是比正常的思考、情緒或行為，更過度或古怪。

Positron emission tomography (PET scan)　正子放射斷層攝影、正子斷層造影

一種電腦產生的活動畫面，顯示整個腦部的新陳代謝率。

Postpartum depression　產後憂鬱症

一些新母親在嬰兒出生後四週內，經歷憂鬱症發作。

Postpartum psychosis　產後精神病

少數新母親，在嬰兒出生後幾天或幾週內，經歷精神病發作。

Posttraumatic stress disorder　創傷後壓力疾患

焦慮症的一種，其恐懼與有關的症狀，在創傷事件過去很久仍持續發生。

Poverty of content　思考內容貧乏

雖然有強烈的情緒，卻言之無物；這種情形常出現在一些精神分裂症患者的語言。

Predisposition　傾向、素質

一種天生或後天獲得的弱點，使人容易發展某種症狀或疾患。

Prefrontal lobes　前額葉

腦部的一個區域，在短期記憶中扮演重要角色。

Premature ejaculation　早洩

一種性功能失常，男性在希望射精時機之前、當時或之後，短時間內即達到高潮並射精。也稱為快速射精（rapid ejaculation）。

Premorbid　前驅期

一種疾患開始之前的時期。

Preoccupation somatoform disorders　偏見性身體型疾患

人們對輕微、甚至正常的身體症狀或特徵，誤解和過度反應的身體型疾患。

Preparedness　準備

一種發展某種恐懼的傾向。

Prevalence　盛行率

在某特定時間，一種疾患的個案總數在人口中所占的比率。

Prevention　預防

社區心理健康方案的主要特色，致力於預防或至少把心理疾患減到最低。

Primary gain　初級收穫

在心理動力理論中，所謂收穫的達成，是指歇斯底里症狀，使內在的衝突無法進入意識。

Primary hypersomnia　原發性嗜睡症

一種睡眠障礙，主要的問題是至少一個月過度的嗜睡。

Primary insomnia　原發性失眠症

一種睡眠障礙，主要的問題是無法入睡或維持熟睡。

Primary personality　主人格

多重人格疾患的患者，最常出現的副人格。

Private psychotherapy　私人心理治療

一種治療的安排，患者直接支付治療師諮詢服務的費用。

Proband　淵源者

遺傳研究中所注意的關鍵人物。

Procedural memory　程序性記憶

人們學得的技能之記憶，在執行時無須經過思考。

Prodromal phase　前驅期

精神分裂症的症狀尚未顯著之時期，但病人已開始從以前的功能水平中退化。

Profound retardation　極重度智能障礙

智能障礙的一種層次（智商在 20 以下），個人需要非常結構化的環境，及持續不斷的幫助和監督。

Projection　投射作用

一種自我防衛機轉，一個人把自己不想承認的特性或衝動，歸咎於別人。

Projective test　投射測驗

包含一些曖昧不明材料的測驗，要受試者對它解釋或回應。

Protection and advocacy system　保護及聲援系統

一種保護系統，律師和患者權益代言人，調查病人的治療及保護他們的權益。

Prozac　百憂解

第二代的抗憂鬱劑，fluoxetine 的商品名。

Psychedelic drugs　致幻劑

會引起知覺重大改變的物質，如 LSD，又稱幻覺劑（hallucinogenic drugs）。

Psychiatric social worker　精神病社工師

一種合格的心理健康專業人員，可從事心理治療，他們具有社會工作的碩士或博士學位。

Psychiatrist　精神病醫師

一位醫師在醫學院畢業後，再接受心理功能異常的住院實習訓練三到四年。

Psychoanalysis　精神分析

異常心理功能的理論或治療，強調潛意識的心理力量，是造成心理病態的成因。

Psychodynamic model　心理動力模式

一種理論觀點，認為人類的功能都是由互動的心理動力所形成，並要檢視人類內在潛意識的衝突，以解釋他們的行為。

Psychodynamic therapy　心理動力治療

一種治療方法，其目標在於協助患者，揭開過去的創傷事件和引起疾病的內在衝突，解決或平息那些衝突，並恢復個人的發展。

Psychogenic perspective　心因性觀點

認為變態功能的主因，是心理因素造成的觀點。

Psychological autopsy　心理剖析

用來分析致死者資訊的程序，以確定個人的死亡是否來自自殺。

Psychological debriefing　危機減壓團體

一種危機介入方式，幫助創傷事件的受害者，說出對事件的感受和反應。又稱危機事件壓力釋放（critical incident stress debriefing）。

Psychomotor symptoms　精神運動性症狀

有時出現在某些疾患的動作障礙，如精神分裂症。

Psychoneuroimmunology　心理神經免疫學

研究壓力、身體的免疫系統及疾病之間，相互關聯的科學。

Psychopathology　精神病理學

心理功能異常的模式，有時被描述為異常的、痛苦的、失功能的，以及危險的。

Psychopathy　精神病態

見反社會型人格疾患（Antisocial personality disorder）。

Psychopharmacologist　精神藥理學家

專門開處方的精神科醫師，也稱為藥物治療師（pharmacotherapist）。

Psychophysiological disorders　心理生理疾病

由於心理社會與生理因素，交互作用所引發的疾病。DSM-IV-TR 把這些疾病稱為「心理因素影響醫學的情況」。又稱為心身症（psychosomatic disorders）。

Psychophysiological test　精神生理測驗

一種測量身體反應（如心跳率和肌肉緊張）的測驗，可作為心理問題的指標。

Psychosexual stages　性心理發展階段

由 Freud 界定的發展階段，在這些階段本我、自我、超我彼此互動。

Psychosis　精神病

個人在重要的層面與現實脫節的狀態。

Psychosomatic illnesses　心身的疾病

由生理與心理社會因素兩者，交互作用引發的疾病。DSM-IV-TR 把這些疾病稱為「心理因素影響醫學的情況」，又稱心理生理疾病（psychophysiological illnesses）。

Psychosurgery　精神外科

為心理疾患所做的腦部手術。

Psychotherapy　心理治療

一種治療方式，治療師和患者使用語言和動作，以幫助患者克服心理上的障礙。

Psychotropic medications　影響精神藥物

主要是影響腦部，並減少各種心理失功能症狀的藥物。

Pyromania　縱火狂

一種衝動控制疾患，其特徵是以縱火模式來尋求快樂、滿足，或釋放壓力。

Rape　強暴

未經對方同意，強制性交或其他性活動，或與未成年者發生性關係。

Rap group　討論小組

在一種相互支持的氣氛中，在一起交談並探討成員彼此間問題的小組。

Rapid eye movement (REM) sleep　快速動眼睡眠

睡眠周期中的一段時期，此期中個人的眼球快速來回轉動，顯示此人正在作夢。

Rapprochement movement　友善關係運動

致力於尋找一組通用的策略，使所有的治療師可以用來達成良好的治療效果。

Rational-emotive therapy　理情治療法

由 Albert Ellis 發展出來的認知治療，用來幫助患者確認並改變，那些引起他們心理障礙的非理性的假定和思考。

Rationalization　合理化

一種自我防衛機轉，個人對不想要的或令人不快的行為，編造一種可接受的理由。

Reaction formation　反向作用

一種自我防衛機轉，個人壓抑不能接受的慾望，而採取另一種與原來慾望相反的生活方式。

Reactive depression　反應性憂鬱

一種由某些明顯的事件所觸發的憂鬱症。又稱外因性憂鬱症（exogenous depression）。

Reactivity　反應

一個觀察者的出現，影響到個人行為的程度。

Reality principle　現實原則

自我功能具有的特徵，即我們不能經常表露或滿足本我衝動的認知。

Receptor　接受器

神經元接受神經傳導物質的部位。

Regression　退化作用

一種自我防衛機轉，個人退回與世界互動更原始的模式。

Reinforcement　增強

在個體行為發生之後，出現個體所希望的刺激或令人不愉快的刺激。

Relapse-prevention training　預防復發訓練

一種治療酒精濫用的方法。此法類似行為自我控制訓練，同時也要患者事先對危險情況和反應作計畫。

Relational psychoanalytic therapy　關係精神分析治療

一種精神動力治療的方式，認為治療師要成為病人感受和反應的主動參與者，並且要治療師在與病人討論時，顯露自己的經驗和感覺。

Relaxation training　放鬆訓練

教導患者以意志力放鬆的治療步驟。

Reliability　信度

測驗或研究結果一致性的測量。

Repression　壓抑作用

一種防衛機轉，自我防止不能被接受的衝動進入意識層。

Residential treatment center　住宅治療中心

一個以前依賴毒品的人，在沒有毒品的環境地區生活、工作及社交互動。又稱為治療性社區（therapeutic community）。

Residual type of schizophrenia　殘餘型精神分裂症

精神分裂症的一種類型，其疾患的急性症狀，在強度和次數上已經減輕，然而還遺留一些殘餘症狀。

Resistance　阻抗

一種防衛機轉，阻礙個人的自由聯想，或導致個人改變主題，以避開痛苦的討論。

Resolution phase　消退階段

性反應週期的第四階段，其特徵是性高潮後的放鬆及興奮的衰退。

Response inventories　反應量表

用來測量個人在特殊領域的功能，如情感、社會技能，或認知過程的反應之測驗。

Response prevention　預防反應

見暴露與不反應（Exposure and response prevention）。

Response set　反應心向

在測驗中對問題或陳述的一種特殊反應方式，例如不管問題的內容如何，一律回答「是」。

Restricting type anorexia nervosa　禁食型厭食症

厭食症的一種型態，一個人經由嚴格限制飲食來減輕體重。

Reticular formation　網狀結構

腦部的激發中心，幫助人們清醒、警覺及注意。

Retrograde amnesia　舊事（逆向）失憶症

在引發失憶症之前發生的事件，都沒有記憶。

Retrospective analysis　回溯分析

一種心理剖析，臨床工作人員和研究人員，把自殺者過去的資料拼湊在一起。

Reversal design　逆轉實驗設計

一種單一受試者的實驗設計，先要測量行為以建立基準線（A），然後在治療開始後再測量（B），接著再引進基準線時期的情況（A），最後治療再度引入，而且再測量行為（B）。又稱 ABAB 實驗設計。

Reward　獎賞

給予個體一種愉快的刺激，鼓勵他表現出特定的行為。

Reward center　獎賞中心

腦部充滿多巴胺的路徑，當它被激發時會產生愉快的感覺。

Reward-deficiency syndrome　獎賞缺乏症候群

某些人的腦部獎賞中心，不容易被生活中尋常事件激發的狀態。

Right to refuse treatment　拒絕治療之權利

一種法定的權利，病人可依法拒絕某種形式的治療。

Right to treatment　接受治療之權利

病人的法定權利，特別是那些無意的犯罪者，可接受適當的治療。

Risperidone　抗精神病藥物

一種常見的非典型抗精神病處方藥物。

Ritalin　利他能

Methylphenidate 的商品名，對很多 ADHD 患者有幫助的興奮劑。

Role play　角色扮演

一種治療的技術，患者根據治療師指定的角色表演出來。

Rorschach test　羅夏克墨跡測驗

一種投射測驗，利用受試者對墨跡圖形的反應，以揭露受試者的心理特性。

Rosenthal effect　羅氏效應

任何實驗的結果，經常符合實驗者之期望的一般發現。

Rush　快感

使用某些藥物如海洛因後，產生的溫暖及狂喜的發作。

Savant　學者症

一個有心理疾患或重大的智能障礙者，雖有疾患或障礙，卻有某些非凡的能力。

Schizoaffective disorder　情感性精神分裂症、分裂情感性疾患

一種心理疾患，精神分裂症和情感性疾患兩者的症狀都很明顯。

Schizoid personality disorder　類分裂型人格疾患

人格疾患的一種，個人持續避免社會關係，並很少有情緒的表現。

Schizophrenia　精神分裂症

一種精神病疾患，由於奇異的知覺、混亂的思考過程、異常的情緒，以及動作異常的結果，在個人的、社會的，以及職業的功能一再地惡化。

Schizophreniform disorder　類精神分裂症、類精神分裂性疾患

一種心理疾患，出現所有精神分裂症的主要特徵，但症狀只持續一到六個月。

Schizophrenogenic mother　引起精神分裂症的母親

一種母親的類型——據稱為冷淡、跋扈，而且對別人的需要漠不關心——此種母親曾被認為是造成其孩子精神分裂症的來源。

Schizotypal personality disorder　分裂病型人格疾患

一種人格疾患，個人呈現人際關係問題的模式，其特徵是在親密的關係中覺得很不舒服、有怪異的思考和認知方式，以及古怪的行為。

School phobia　學校恐懼症

兒童期的行為模式，此種兒童懼怕上學，而且經常長時間留在家中，又稱懼學症（school refusal）。

Scientific method　科學方法

經由仔細的觀察、系統的蒐集和評估資訊，以了解一種現象之過程。

Seasonal affective disorder (SAD)　季節性情感障礙症

一種情感性疾患，其情緒的發作與季節的變化有關。

Secondary gain　次級收穫

在心理動力理論中，當歇斯底里症狀出現時，引發別人的仁慈相待，或提供避免不愉快活動的藉口，患者得到的收穫。

Second-generation antidepressants　第二代抗憂鬱劑

新的抗憂鬱劑，在結構上與三環抗憂鬱劑，及單胺氧化酶抑制劑不同。

Second messengers　第二傳訊者

神經元在接受神經傳導物質的訊息之後，及尚未產生反應之前的化學變化。

Sedative-hypnotic drug　鎮靜安眠藥

一種藥物，通常使用低劑量可以減輕焦慮，使用高劑量可以幫助睡眠。又稱抗焦慮劑（anxiolytic drug）。

Selective amnesia　選擇性失憶

一個人在某特定期間發生的事件，有些部分無法回憶。

Selective serotonin reuptake inhibitors (SSRIs)　選擇性血清素回收抑制劑

一群第二代的抗憂鬱藥物，它們會增加血清素的活性，而不會影響其他的神經傳導物質。

Self-actualization　自我實現

人本主義的過程，人們透過這個歷程，實現美好與成長的潛能。

Self-efficacy　自我效能

一種判斷力，相信一個人在必要時，可以自己控制事物及從事必要的行為。

Self-help group　自助團體

一群問題相似的人，沒有臨床工作人員的直接引導，相互幫助和支持。又稱互助團體（mutual help group）。

Self-hypnosis　自我催眠

自己催眠的程序，例如，有時是用來忘記不愉快的事件。

Self-instruction training　自我指導訓練

由 Donald Meichenbaum 發展的認知治療，教導患者在面臨壓力或感到不舒服時，運用因應的自我陳述。又稱壓力免疫訓練（stress inoculation training）。

Self-monitoring　自我監督

一種行為的技術，患者觀察自己的行為。

Self-statement　自我陳述

根據某些認知理論家的說法，在面臨壓力情境時，關於自己的陳述，有時會產生不良後果。

Self theory　自我論

心理動力的理論，強調自我的角色——一個人統一的人格。

Senile　老年的

老人特有或有關的現象。

Senile plaques　老化斑塊

當人老年時，在某些腦細胞和血管之間的空間，囤積球狀的乙型澱粉樣蛋白質。

Sensate focus　感覺集中訓練

一種性疾患的治療，教導男女雙方不要專注在性高潮或性交上，而要集中在獲得愉快，如接吻、擁抱及互相按摩。又稱為無所求的愉悅（nondemand pleasuring）。

Separation anxiety disorder　分離焦慮症

一種兒童期的疾患，特徵是每當兒童要離家或與父母分離時，就過度的焦慮，甚至恐慌發作。

Serotonin　血清素

一種神經傳導物質，其異常的活性與憂鬱症、強迫症，以及飲食性疾患有關。

Severe retardation　重度智能障礙

智能障礙的一種層次（智商在 20–34 之間），這些人需要仔細的監督，但在結構性和庇護的環境中，可以學習做基本的工作。

Sex-change surgery　變性手術

一種手術程序，改變個人的性器官、性徵，以及性別認同。

Sex-offender statute　性犯罪者法規

有些州的立法機關推定，有些人一再地因性犯罪而被判有罪，是因有心理疾患，因此應列入「心理疾患性犯罪者」類。

Sexual aversion disorder　**性厭惡疾患、性厭惡障礙**

　　一種性障礙，主要特徵是嫌惡和逃避生殖器的性互動。

Sexual dysfunction　**性功能障礙**

　　一種性障礙，特徵是在人類性反應週期的某些方面，持續沒有正常的功能。

Sexual masochism　**性受虐狂**

　　一種性倒錯，特徵是重複強烈的性慾望、幻想或行為，包含被羞辱、毆打、綑綁，或其他受苦的行為。

Sexual pain disorder　**性疼痛障礙、性疼痛疾患**

　　在性興奮或性交中，一個人經驗疼痛的性功能失常。也見性交疼痛（Dyspareunia）及陰道痙攣（Vaginismus）。

Sexual response cycle　**性反應週期**

　　發生在性活動中，行為和感覺的一般順序，包括慾望、興奮、高潮，以及消退等階段。

Sexual sadism　**性虐待狂**

　　一種性倒錯，特徵是重複強烈的性慾望、幻想，或行為，包含強加他人遭受痛苦。

Shaping　**塑造**

　　一種學習程序，在此程序中，逐步接近預期的行為就得到獎賞，最後能學到正確及完整的行為。

Shared psychotic disorder　**共有型精神病、共有型精神病性疾患**

　　一種心理疾患，一個患者也持有另一個人的妄想。又稱 folie à deux。

Sheltered workshop　**庇護工場**

　　一種具有保護性及有人監督的工作場所，它提供工作機會和訓練，其進度和難易度，根據各種障礙者程度的不同而設計。

Short-term memory　**短期記憶**

　　蒐集新資訊的記憶系統。又稱為工作記憶（working memory）。

Shuttle box　**往返箱**

　　一個中間由柵欄隔開的箱子，一隻動物可以從一邊跳到另外一邊，以逃脫或避免電擊。

Sildenafil　**西地那非**

　　一種用來治療勃起障礙的藥物，在性活動中幫助增加血液流到陰莖。商品名為威而剛（Viagra）。

Single-subject experimental design　**單一受試者實驗設計**

　　一種研究方法，在操縱自變項之前和之後，單一受試者接受觀察和測量。

Situation anxiety　**情境性焦慮**

　　一個人因不同的情境，產生不同程度的焦慮。又稱狀態焦慮（state anxiety）。

Sleep apnea　**睡眠呼吸中止**

　　一個人在睡眠中，經常停止呼吸高達 30 秒或更久的一種疾患。

Sleep terror disorder　睡眠驚恐疾患

一種類睡症，一個人在主要睡眠時段的前三分之一，突然驚醒，因為極度害怕和激動而尖叫。

Sleepwalking disorder　夢遊症

一種類睡症，一個人重複地起床並四處走動，而沒有意識此發作，或過後不記得此事件。

Social phobia　社交恐懼症、社會畏懼症

嚴重而持續的恐懼社交或操作性情境，由於在此情境下可能有困窘的情形發生。

Social skills training　社交技能訓練

一種治療方法，經由角色扮演和演練適當的行為，幫助患者學習或增進社交技能及果敢行為。

Social therapy　社會治療

一種治療精神分裂症病人的方法，治療師以提供建言及調整生活適應為治療重點。治療中也專注在問題解決、作決定、發展社會技能，以及藥物的使用。又稱為個人化療法（personal therapy）。

Sociocultural model　社會文化模式

強調社會、文化，及社會和家庭團體，對個人行為造成影響的理論觀點。

Sociopathy　反社會病態

見反社會型人格疾患（Antisocial personality disorder）。

Sodium amobarbital (Amytal)　阿米妥鈉

一種催眠藥物，使人進入近乎睡眠狀態，在此期間個人可能回想起遺忘的事件。

Sodium pentobarbital (Pentothal)　戊巴比妥鈉

見阿米妥鈉（Sodium amobarbital）。

Somatization disorder　體化症、身體化疾患

一種身體型疾患，特徵是重複發生多起身體疾病，但無器質性的病因。又稱為布利卡氏症候群（Briquet's syndrome）。

Somatoform disorder　身體型疾患

一種生理的疾病，大部分是由心理社會因素造成，病人沒有想要引起這種症狀。

Somatogenic perspective　體因性觀點

心理功能異常來自生理因素的觀點。

Special education　特殊教育

教育智能障礙兒童的方法，把智能障礙的孩子聚集一起，並給予隔離和特別設計的教育。

Specific phobia　特定對象恐懼症

對特殊事物或情境有嚴重而持續的恐懼（不包括懼曠症和社交恐懼症）。

Spectator role　旁觀者角色

在性活動中某些人經驗到的心理狀態，他們因為太專注於性的表現，結果在性的表現和快樂大為減少。

Standardization　標準化

一種測驗的實施過程，測驗要先找一大群人來施測，他們在測驗中的表現，就作為普遍的標準或常模。和常模做比較，個人的分數可以測量出來。

State-dependent learning　情境依賴學習

學習與學習發生時的情境產生連結，以致在同樣的情境下，最能回想起學習的事物。

State hospitals　州立醫院

美國州政府所辦的公立精神病院或機構。

State school　州立學校

州政府所辦的公立學校或機構，專門用來教育智能障礙者。

Statistical analysis　統計分析

應用或然率的原則分析研究的結果，以找出這種結果有多少可能性是來自機會。

Statistical significance　統計顯著性

一種機率的測量方法。亦即研究發現的發生是屬於機率，而不是由於實驗操縱的結果。

Stimulant drug　興奮劑

一種增加中樞神經系統活動的物質。

Stimulus generalization　刺激類化

一種刺激與反應間的現象。某一種刺激引起某一種反應，相似的刺激也會引起相同的反應。

Stress management program　壓力管理方案

治療廣泛性焦慮疾患和其他焦慮症的方法，教導人們減輕或控制壓力的技術。

Stressor　壓力源

一種產生威脅感的事件，它使個人面對一個要求，或改變現況的機會。

Stress-reduction seminar　減輕壓力研討會

由企業公司提供研討會或一系列的小組討論，心理健康專業人員教導在職員工，如何因應和解決問題及減輕壓力。又稱為解決問題研討會（problem-solving seminar）。

Stress response　壓力反應

一個人對壓力的特殊反應。

Structured interview　結構式晤談

一種晤談的方式，臨床工作人員問事先預備好的問題。

Stutter　口吃

說話常態的流暢和時效之障礙。

Subintentional death　隱性死亡

受害者扮演一種間接的、隱藏的、部分的，或無意識角色的死亡。

Subject　受試者

被挑選來參與研究的個體。又稱參與者（participant）。

Sublimination　昇華作用

根據心理分析理論，把衝動引導到一個社會接受及個人滿足的努力方向。它也被使用作為

自我防衛機轉。

Subpersonalities　副人格

多重人格疾患的患者，所出現的各種不同人格。又稱為交替人格（alternate personalities）。

Substance abuse　物質濫用

一個人過度及一再的依賴藥物，而造成個人生活的混亂。

Substance dependence　物質依賴

一個人過度的依賴藥物，使它成為個人生活的中心，並養成對它的耐受性，或停止使用時出現戒斷症狀，或兩者都有。又稱上癮（addiction）。

Substance-related disorder　物質關聯疾患

一種適應不良的行為模式，其生活環繞在使用、濫用或依賴某種物質上。

Suicide　自殺

自我造成的死亡，此人的行動是故意的、直接的，而且是有意識的。

Suicide prevention program　自殺預防方案

一種方案，設法確認有自殺風險的人，並提供他們危機的處理。

Superego　超我

根據 Freud 的說法，它是強調個人的意識、價值與理想的心理力量。

Supportive nursing care　支持性護理照護

特別應用於厭食症患者的治療方法，由受過專業訓練的護士，每天在醫院中對患者實施的治療計畫。

Symbolic loss　象徵性喪失

根據 Freud 學說的理論，喪失有價值的事物（如失業），可能在潛意識中，解釋為所愛對象的喪失。又稱為想像的喪失（imagined loss）。

Sympathetic nervous system　交感神經系統

自律神經系統的神經纖維，使個人在經驗害怕或焦慮時，加速心跳或引起其他的生理變化。

Symptom　症狀

一種疾患的生理或心理徵象。

Synapse　突觸

在一個神經元的神經末梢，與另一個神經元的樹狀突之間，微小的空隙。

Syndrome　症候群

通常一起發生的一群症狀。

Synergistic effect　互相作用效應、相乘效果

在藥理學中，當一種以上的藥物同時使用在身體上時，會增強藥物的作用。

Synesthesia　共感覺

使用迷幻藥和其他幻覺劑，所引起的交叉感官知覺。例如，能感覺到顏色的變幻，同時看到巨響。

Systematic desensitization　系統減敏感法

一種行為治療法，使用放鬆訓練及怕懼階層表，幫助恐懼症患者對他們恐懼的事物或情境，平靜的反應。

Tarantism　舞蹈症

西元 900 到 1800 年間，在全歐洲發生的疾患，有一群人突然的跳來跳去、狂舞，而且引起痙攣。又稱聖維特斯舞（St. Vitus's dance）。

Tardive dyskinesia　遲發性運動異常

某些病人在長期服用傳統的抗精神病藥之後，出現錐體外徑作用的情況。

Tay-Sachs disease　黑矇性家族性白癡、戴薩克斯症

一種新陳代謝疾患，它會引起智力功能、視覺和動作功能逐漸喪失，並導致死亡。

Temporal lobes　顳葉

腦部的一個區域，在諸多功能中，把短期記憶轉換為長期記憶，扮演一個主要的角色。

Tension headache　壓力性頭痛

見肌肉收縮性頭痛（Muscle-contraction headache）。

Test　測驗、試驗

一種用來蒐集個人心理功能各層面資訊的工具或儀器。有關個人更廣泛的資訊可以由它推論出來。

Testosterone　睪固酮、睪丸素

主要的男性性荷爾蒙。

Tetrahydrocannabinol (THC)　四氫大麻酚

大麻物質中，發生作用的主要成分。

Thanatos　死亡本能

根據 Freud 學說的觀點，它是一種基本的死之本能（death instinct），它的功能與生之本能恰恰相反。

Thematic Apperception Test (TAT)　主題統覺測驗

一種投射測驗，它包含許多張出現在曖昧情境的人物圖片，要患者加以解釋。

Theory of mind　心智理論

了解別人的行為，是依據他們的信念、意圖，以及心理狀態，而不是根據捕風捉影的資訊。

Therapist　治療師

專業的臨床工作人員，他們應用系統的治療，幫助患者克服心理的困難。

Therapy　治療

幫助患者克服心理困難的一種特殊、系統的過程。它包含病人、受過訓練的治療師，及兩者連續的接觸。

Token economy program　代幣制方案

一種行為方案，個人良好的行為，會經由獲得代幣的獎賞而系統的增強。代幣也可換取物品或特權。

Tolerance　耐受性

在習慣性的使用藥物後，由於腦部和身體的需求，以至於患者需要更大的劑量，才能達到先前的藥效。

Trait anxiety　特質焦慮

個人在生活的各種事件，產生的一般焦慮水平。

Tranquilizer　鎮靜劑

一種減輕焦慮的藥物。

Transcranial magnetic stimulation　穿顱磁刺激術

憂鬱症的一種治療程序，此法是把一個電磁圈放在一個人的頭上，輸送電流到他的腦部。

Transference　移情作用

根據心理動力理論家的說法，在心理治療過程中，病人對治療師的反應，如同他們對生活中重要的人物一樣。

Transgender experience　超越性別經驗

個人真正的性別認同，不同於天生的生理性別，或在一般男性與女性的類別之外的一種感覺。

Transsexualism　變性慾

一個專有名詞，目前傾向用來描述性別認同障礙者中，那些想要及尋求真正完全改變性別的人。

Transvestic fetishism　扮異性戀物症

一種性倒錯，包括一再出現強烈的性衝動、幻想或行為，涉及穿異性的衣服，也稱異裝癖（transvestism）或穿異性服裝（cross-dressing）。

Treatment　治療

用來幫助患者，把變態行為改變為較正常行為的程序，又稱為 therapy。

Trephination　顱骨環鋸術

一種古代的手術，用石器把人的頭骨環形部分切開，以治療變態行為。

Trichotillomania　拔毛癖

一種衝動控制疾患（或強迫行為），個人一再地拉，甚至拔掉自己的頭髮、睫毛和眉毛。

Tricyclic　三環抗憂鬱劑

一種抗憂鬱劑，如丙咪嗪（imipramine），其分子結構有三個環。

Trisomy　三染色體

一種染色體異常，一個人有三個相同的染色體，而不是通常的兩個。

Tube and intravenous feeding　管子餵食和靜脈注射

厭食症病人在生命有危險時，有時強制灌入滋養品。

Type A personality style　A型性格類型

一種性格型態，其特性包括敵意、憤世嫉俗、鑽營、無耐心、好競爭，以及野心勃勃。

Type B personality style　B 型性格類型

一種性格型態，此種人比較悠閒、較少侵略性，及較不關心時間。

Type I schizophrenia　第一型精神分裂症

根據某些理論家，它是一種精神分裂症類型，主要受正性症狀支配，如妄想、幻覺，以及某些思考流程障礙。

Type II schizophrenia　第二型精神分裂症

根據某些理論家，它是一種精神分裂症類型，主要受負性症狀支配，如平板的情感、語言貧乏，以及缺乏意志力。

Tyramine　酪胺

一種化學物質，如果在體內累積太多，可能引起危險性的高血壓。很多食物含有這種物質，但可藉由單胺氧化酶來分解。

Unconditional positive regard　無條件積極關注

不管一個人如何說、如何想，或有何感受，都給予完全、溫暖的接納。這是案主中心治療法最重要的要素。

Unconditioned response (UCR)　非制約反應

由非制約刺激所引發的自然、自動的反應。

Unconditioned stimulus (UCS)　非制約刺激

引發自動、自然反應的刺激。

Unconscious　潛意識

深層隱藏的大量記憶、經驗及衝動，在 Freud 學說的理論中，被視為許多行為的原動力。

Undifferentiated type of schizophrenia　未分化型精神分裂症

精神分裂症的一種類型，它並沒有受一組明顯的精神病症狀（語無倫次、精神運動性障礙、妄想或幻覺）支配。

Undoing　抵消作用

一種自我防衛機轉，一個人潛意識地把不能接受的慾望和行為取消掉，代之以其他的行為。

Unilateral electroconvulsive therapy (ECT)　單側電擊痙攣治療法

電擊痙攣治療法的一種形式，電極附在頭部，使電流只通過腦部的一邊。

Unipolar depression　單極型憂鬱症

沒有躁狂歷史的憂鬱症。

Unstructured interview　非結構式晤談

一種晤談的方式，臨床工作人員根據晤談中出現的問題，自發的決定所問的問題。

Vaginismus　陰道痙攣

顯著特徵是在性活動中，陰道外三分之一肌肉不自主的收縮，阻止陰莖進入的狀態。

Vagus nerve stimulation　迷走神經刺激術

憂鬱症的一種治療程序，一個植入的脈衝產生器，傳送規律的電流信號到個人的迷走神經，然後刺激腦部。

Validity　效度

一個測驗或研究結果的正確性，亦即一個測驗或研究所測量或顯現的事實，與實際情況相符合的程度。

Valium　安定、煩寧

一種抗焦慮劑，diazepam 的商品名。

Variable　變項

任何可以變動的特質或事件。這種事項的變動，依時、依地、依人而定。

Vascular dementia　血管性失智症

由於腦血管事故或中風，限制血液流到腦部某些區域，因而引起失智症。又稱多重梗塞失智症（multi-infarct dementia）。

Ventromedial hypothalamus (VMH)　下視丘內側核

腦部下視丘的區域，如果受到激發，會抑制飢餓感。

Visual hallucinations　視幻覺

一個人可能經驗到模糊的視覺幻覺，也許是顏色或雲彩，或是不同的人、物體或景色，而這些事物事實上都不存在。

Voyeurism　窺視癖

一種性倒錯，一個人一再出現強烈的性慾望或衝動，在暗中窺視不知覺的人脫衣服或做愛，而且此人也會依這種慾望採取行動。

Weight set point　體重定點

一個人維持某種體重水平的傾向，此有部分是由下視丘所控制。

Windigo　巨神溫第高

一種強烈的恐懼被食人怪物變為食人者，此疾患曾發現在阿爾岡京族印第安獵人中。

Withdrawal　戒斷

濫用藥物的人，停藥或減少藥物的劑量後，產生不愉快的感受，而且有時出現危險的反應。

Working through　修通、逐步突破

一種精神分析的治療過程，在此過程中個人一再面對衝突、重新解釋感受，並克服他的問題。

國家圖書館出版品預行編目（CIP）資料

變態心理學／Ronald J. Comer 著；林美吟譯.
--二版.--臺北市：心理, 2012.03
面；　公分.--（心理學系列；11042）
譯自：Abnormal psychology, 7th ed.
ISBN 978-986-191-488-6（平裝附光碟片）

1. 變態心理學

175　　　　　　　　　　　　　　　　101001766

心理學系列 11042

變態心理學（第二版）

作　　　者：Ronald J. Comer
譯　　　者：林美吟
執 行 編 輯：林汝穎
總 編 輯：林敬堯
發 行 人：洪有義
出 版 者：心理出版社股份有限公司
地　　　址：台北市大安區和平東路一段 180 號 7 樓
電　　　話：(02) 23671490
傳　　　真：(02) 23671457
郵撥帳號：19293172　心理出版社股份有限公司
網　　　址：http://www.psy.com.tw
電子信箱：psychoco@ms15.hinet.net
駐美代表：Lisa Wu（Tel：973 546-5845）
排 版 者：臻圓打字印刷有限公司
印 刷 者：呈峰彩色印刷有限公司
初版一刷：2004 年 4 月
二版一刷：2012 年 3 月
二版二刷：2014 年 7 月
I S B N：978-986-191-488-6
定　　　價：新台幣 900 元（附光碟）